JN411833

제 8 판

경찰행정법

Police Administrative Law

박균성 김재광

박영사

제 8 판 머리말

이번 제 8 판에서는 2024년 2월 간행된 제 7 판 이후의 이론 및 판례의 발전과 법령의 제정 · 개정을 모두 반영하였다. 그리고 2년 만에 이루어지는 개정작업이라서 상당히 광범위하게 수정 · 보완이 이루어졌다는 점을 밝히고자 한다.

제 8 판의 주요 개정사항은 다음과 같다.

제 1 편 경찰행정법총칙에서는 ① 제 2 장 경찰행정법의 법원: 제 1 절 개설, 제 2 절 성문법원, 제 3 절 불문법원, ② 제 3 장 경찰행정상 법률관계: 제 1 절 행정법관계의 의의, 제 2 절 행정상 법률관계의 종류, 제 3 절 행정법관계의 당사자(행정주체와 행정객체), 제 4 절 행정법관계의 특질, 제 5 절 공권, 제 7 절 경찰행정법관계의 변동(발생 · 변경 · 소멸), 제 8 절 기간의 계산 등 전반적으로 내용 보완 및 수정이 이루어졌다.

제 2 편 경찰행정조직법에서는 '제 5 장 경찰공무원'과 관련한 법령 개정사항을 전부 반영하였다.

제 3 편 경찰행정작용법에서는 ① 제 1 장 경찰행정작용의 근거와 한계: 제 1 절 경찰권의 근거, 제 3 절 경찰권 행사의 한계, ② 제 2 장 행정입법: 제 2 절 법규명령, 제 3 절 행정규칙, 제 4 절 법규명령형식의 행정규칙과 법규적 성질(효력)을 갖는 행정규칙, ③ 제 3 장 행정계획, ④ 제 4 장 행정행위: 제 1 절 행정행위의 개념, 제 2 절 행정행위의 분류, 제 3 절 재량권과 판단여지, 제 4 절 행정행위의 법적 효과의 내용, 제 5 절 행정행위의 부관, 제 7 절 행정행위의 하자(흠)와 그 효과, 제 8 절 행정행위의 취소, 철회, 철회와 변경, 제10절 단계적 행정결정, 제11절 경찰행정의 자동결정과 자동적 처분, ⑤ 제 5 장 공법상 계약, ⑥ 제 6 장 행정상 사실행위, ⑦ 제 7 장 행정지도, ⑧ 제 8 장 행정조사, ⑨ 제 9 장 표준적 경찰직무조치: 제 1 절 권력적 행정조사에 해당하는 경찰직무조치, 제 2 절 경찰상 즉시강제에 해당하는 경찰직무조치(Ⅱ. 강제보호조치, Ⅲ. 위험발생의 방지조치, Ⅳ. 범죄의 제지, Ⅸ. 무기의 사용), 제 4 절 국민에게 사실상의 불이익을 줄 수 있는 비권력적 경찰직무조치(Ⅱ. 불심검문, Ⅶ. 사실조회 및 직접확인), ⑩ 제10장 행정의 실효성 확보수단: 제 1 절

의의, 제 2 절 행정상 강제(제 2 항 Ⅲ. 대집행), 제 4 절 새로운 행정의 실효성 확보수단(제 1 항 과징금, 제 2 항 가산세, 가산금, 제 3 항 명단의 공표, 제 6 항 시정명령, 제 7 항 행정법규 위반에 대한 제재처분), ⑪ 제11장 행정절차: 제 3 절 행정절차법의 기본구조와 적용범위, 제 4 절 행정절차법의 내용(제 2 항 처분절차), 제 6 절 복합민원절차(Ⅲ. 인허가의제제도), 제 7 절 절차의 하자, ⑫ 제12장 정보공개 · 개인정보보호 등의 내용을 보완 및 수정하였다. 특히 제 4 장 행정행위 분야에 많은 개정이 이루어졌다.

제 4 편 경찰행정구제법에서는 ① 제 1 장 행정구제법 개설, ② 제 2 장 행정상 손해전보: 제 2 절 행정상 손해배상, 제 3 절 행정상 손실보상, ③ 제 3 장 행정쟁송: 제 2 절 행정심판(제 1 항 행정심판의 의의, 제 9 항 행정심판기관, 제10항 행정심판의 심리), 제 3 절 행정소송(제 3 항 소송요건, 제 4 항 행정소송에서의 가구제, 제 5 항 행정소송의 심리, 제 6 항 행정소송의 판결) 등의 내용을 보완 및 수정하였다. 특히 제 2 장 제 3 절 행정상 손실보상에 대한 내용 보완이 많이 이루어졌다.

앞으로도 절차탁마(切磋琢磨)의 성실한 연구를 통해 학생과 수험생 등 독자들의 성원에 보답하고자 한다. 독자 제현의 뜨거운 격려와 질정(叱正)을 기대한다.

공저자가 오랜 기간 경찰청 성과평가위원회 위원(2006~2017), 경찰청 새경찰추진자문위원회 위원, 충남경찰청 경찰개혁자문위원회 위원장, 국립경찰대학 발전자문협의회 위원, 경찰수사연수원 발전자문위원회 위원 등으로 활동하는 동안 경찰실무와 경찰행정법이론에 대해 깊은 이해를 할 수 있도록 배려해 주신 경찰청장님을 비롯한 경찰관계자 여러분에게 이 자리를 빌려 감사한 마음을 전하는 바이다. 더한층 국민들에게 신뢰받고 존중받는 '국민의 경찰'이 되어 국민의 안전과 서민들의 고단한 민생을 책임져주기를 기대한다.

본서를 강의교재로 채택해 주시고 공저자에게 많은 조언을 아끼지 않는 경찰행정법을 강의하시는 교수님들께 깊은 감사를 드린다. 그리고 본서의 개정작업에 매우 유익하고 필요한 의견들을 제안해준 선문대학교 법과대학원 박사과정의 전희영 선생, 김진용 박사, 이경락 교수, 이호제 석사, 모야 아수데 세나 변호사, 남현 석사에게 고마움을 전하며 커다란 학운(學運)을 비는 바이다. 지방소재 대학이 안고 있는 녹록치 않은 연구환경에도 불구하고 성실하게 행정법 및 경찰행정법을 연구하는 제자들에게 부처님의 따뜻한 가피(加被)가 늘 함께하길 기원한다.

마지막으로 어려운 출판환경에도 불구하고 제 8 판의 출간을 허락해주신 박영사 안종만 회장님과 안상준 대표님께 감사드린다. 그리고 편집뿐만 아니라 교정까지 보며 좋은 교과서를 만들기 위해 각별히 애써주신 김선민 이사님과 개정작업을 적극적으로 지원해주신 정연환 과장님을 비롯한 박영사 관계자 여러분께 깊이 감사드린다.

2026년 2월

저 자

머 리 말

마침내 경찰행정법을 탈고하였다. 마치 오랫동안 묵혀둔 숙제를 끝낸 느낌이다. 그동안 행정법 교과서(행정법론(상)(하), 행정법강의, 행정법기본강의, 행정법사례연습, 판례행정법)의 집필과 개정작업에 매달리다 보니 경찰행정법의 집필은 엄두를 낼 수가 없었다. 그러나 극심한 사회갈등 속에서 경찰의 역할과 기능에 대한 재조명이 활발하게 이루어지고 있고, 대학에서도 경찰행정법에 대한 수요가 점차적으로 증가됨에 따라 경찰행정법의 출간을 요청하는 권유가 강해지면서 경찰행정법의 집필을 더 이상 미룰 수 없는 상황에 이르렀다.

주지하다시피 경찰행정법은 국민의 생명과 안전, 국민의 기본권, 국가치안정책 및 국가안전보장과 밀접한 관련이 있고, 법 중에서도 헌법, 형법, 민법 등 여러 법 분야에 걸쳐 있기 때문에 경찰행정법 교과서를 쓴다는 것은 그리 쉬운 일이 아니다. 더군다나 경찰행정법의 고유하면서도 독자적인 법 영역을 구축하는 문제 또한 부단한 연구와 심도 깊은 논의를 통해 해결해야 할 과제로 여전히 남아 있기 때문이다.

더욱이 공공의 안녕과 질서유지라는 이념을 구체화하는 것으로서의 경찰개념과 이를 보장하기 위한 유효한 기관을 의미하는 제도로서의 경찰은 한 국가의 정부 및 통치구조의 정신(spirit)과 질(quality)을 시험하는 시금석으로 볼 수 있기 때문에, 그러한 측면을 온전히 담아내기 위한 경찰행정법의 저술은 더욱 신중한 접근이 요구될 수밖에 없었다.

이 책은 박균성 교수의 20년여에 걸쳐 축적된 저서·연구보고서·논문 등 행정법분야 및 경찰행정법분야의 연구성과와 김재광 교수의 그동안의 저서·연구보고서·논문 등과 공저자의 공동검토에 의해 결실을 보게 되었다.

이 책을 집필하는 데 있어서 지침으로 삼은 것은 먼저 경찰행정법의 체계를 잡아야 한다는 것이었다. 행정법이 그러하듯이 경찰행정법도 한참 발전중에 있기 때문에 학문적 체계가 완결적으로 정립되어 있는 상태가 아니다. 따라서 학문적 체계를 정립한다는 점에 주안점을 두고 집필하였다. 다음으로는 경찰행정법이론에 기초를 두고, 판례연구 등 우리의 현실에 맞는 경찰행정법을 저술하는 것이었다. 경찰행정법은 전형적인 고권적 질서행정작용이기 때문에 국민들의 권익보호와의 균형이 무엇보다도 요구된다. 이러한 측면에서 공익과 사익의 균형을 도모할 수 있는 경찰행정법이론의 정치한 설계가 요청되는 것이다. 그리고 우리나라의 토양에 적합한 경찰행정법이 정립될 수 있도록 지금까지 축적된 경찰행정관련 판례를 수집하여 심층적인 분석을 하였다.

이러한 집필목적하에 경찰행정법이론의 상세하고도 체계적인 구성과 경찰행정관련 판례, 특히 최신 판례와 법령을 반영하여 이 책이 경찰행정법의 표준적인 교과서로 자리매김할 수 있도록 노력을 기울였다. 그리하여 대학에서 경찰공무원을 꿈꾸며 경찰행정법을 전공하거나 경찰행정학을 전공하는 학생들의 동반자가 될 수 있도록 한 동시에 일선에서 경찰행정을 집행하고 있는 경찰공무원들에게도 법집행의 지침서로서 활용될 수 있도록 배려하였다.

경찰행정법은 경찰행정법총론과 경찰행정법각론으로 구분될 수 있다. 이 책은 그중에서 경찰행정법총론에 해당하는 것이다. 따라서 경찰행정법각론도 조속히 수정·보완하여 개정판을 낼 것을 약속드리는 바이다.

고심 끝에 탈고한 경찰행정법이지만 내용상 다소 부족하고 미진한 점들을 내포하고 있음을 부인할 수 없다. 그러한 점들은 앞으로 경찰행정법이론, 경찰행정법판례 등을 보다 깊이 있고 체계적으로 검토·보완하여 실질적으로 개선해 나감으로써 독자들의 기대에 부응할 것을 다짐하는 바이다. 작년말(2009. 12. 29)에 행정심판법이 전부 개정되었는바, 비록 시행일이 2010년 7월 1일이지만, 법령의 최신성을 유지한다는 차원에서 개정내용 모두를 반영하였음을 밝혀둔다.

공저자가 경찰청 교통관리관실 평가위원 및 경찰청 자체평가위원회 위원으로 활동하는 동안 경찰행정법 실무와 경찰정책에 관해 보다 깊이 있는 이해를 할 수 있도록 해 주신 강희락 경찰청장님을 비롯한 경찰청 관계자들께 이 자리를 빌어 감사드리는 바이다.

끝으로 이 책의 출판을 허락해 주신 박영사 안종만 회장님과 편집 및 교정을 맡아 각별히 수고해 주신 노 현 부장님을 비롯한 편집부 직원 여러분께 깊이 감사드린다.

2010년 1월

저 자

차　　례

제 1 편　경찰행정법 총칙

제 1 장　경찰행정법 개설

제 2 장　경찰행정법의 법원(法源)

제 3 장 행정상 공법관계(행정법관계)와 사법관계

제 2 편 경찰행정조직법

제 1 장 경찰행정조직법 개설

제 2 장 경찰기관

제 3 장 경찰행정청의 권한

제 4 장 경찰행정기관 상호간의 관계

제 5 장 경찰공무원

제 3 편 경찰행정작용법

제 1 장 경찰행정작용의 근거와 한계

제 2 장 행정입법

제 3 장 행정계획

제 4 장 행정행위

제 5 장 공법상 계약

제 6 장 행정상 사실행위

제 7 장　행정지도

제 8 장　행정조사

제 9 장　표준적 경찰직무조치

제10장 행정의 실효성 확보수단

제11장 행정절차

제12장 정보공개·개인정보보호

제 4 편 경찰행정구제법

제 1 장 경찰행정구제법 개설

제 2 장 행정상 손해전보

제 3 장 행정쟁송

제 1 편

경찰 행정법 총칙

제1장 경찰행정법 개설

제1절 경찰의 개념

Ⅰ. 경찰개념의 연혁

경찰개념은 논리적인 개념이 아니라 역사적으로 발전되고 형성된 개념이다. '경찰'이라는 용어가 우리 법제상 처음으로 사용된 것은 1894년(고종 31년)의 「신관제」와 1895년의 「내무관제」(칙령 53호)에서인데, 이는 영어 및 불어의 Police와 독어의 Polizei의 번역어로 알려지고 있다. Police와 Polizei는 고대 그리스의 'politeia(국가관리)'와 고대 로마의 'politia'에서 연유한 것이다.

경찰은 행정법의 가장 오래된 제도이고 경찰개념의 내용은 국가관의 변천에 따라 크게 변하여 왔다.

경찰개념은 고대부터 중세에 이르기까지는 이상적인 상태, 국가·헌법 또는 국가활동 등을 의미하는 다의적(多義的)인 말이었다.

경찰개념은 15, 16세기에는 그 의미가 다소 축소되어 교회행정의 권한을 제외한 일체의 국가행정을 의미하였다.

17세기에 들어서면서 국가활동의 확대와 그에 따른 국가작용의 분화·전문화는 종래 경찰개념 속에 포함되었던 외정·군정·재정 및 사법 등이 경찰에서 분리됨으로써 경찰개념은 내무행정(일반행정)을 의미하게 되었다(박윤흔; 朴正勳).

18세기의 절대주의 국가하에서 경찰권은 군주가 갖는 절대적 국가권력, 즉 ius politiae(사회공공의 질서와 복리를 위해 봉건영주가 행사하는 특별한 통치권한을 뜻함)를 총칭하는 개념이 되었다. 그런 이유로 18세기의 절대주의 국가를 경찰국가, 경찰권에 따라 행해진 활동을 경찰이라고 부르기도 한다. 절대군주시대에는 경찰의 임무를 내무행정을 비롯한 복지행정영역을 통해 국가의 국민의 생활에 대한 경찰의 개입으로 이해하였다. 다만, 개개인의 이익 또는 복지가 아닌 일반적인 복지증진에 그쳤다. 유념할 것은 이 시기의 복지행정을 오늘날의 복지행정과 같은 것으로 보아서는 아니된다는 점이다.

18세기 중엽의 자유주의적이고 개인주의적 성향을 가진 계몽주의 사상가들은 이같은 광의의 실질적 의미의 경찰개념과 그에 상응하는 광범위한 군주의 경찰권에 대하여 반론을 제기하였다.

이러한 계몽기를 거쳐 자연법적 자유주의사상의 영향 아래 실현된 1776년의 미국독립, 1789년의 프랑스혁명을 계기로 시민적 법치국가가 성립함에 따라 시민의 자유보장을 주목적으로 하는 법치국가적 경찰개념이 성립하였다. 18~19세기에 등장한 법치국가는 절대주의적 경찰국가에 대항하는 의미에서 자유주의적 법치국가의 성격을 띠었다. 이와 같은 법치국가적 경찰개념이 처음으로 법제화된 것은 1794년의 「프로이센 일반주법」(Das Preußische Allgemeine Landrecht) 제17장 제 2 부 제10조와 1795년의 프랑스 「경범죄처벌법」(Code des délits et des peines) 제16조이다.

자유주의적인 법치국가의 원칙에 근거한 1882년의 크로이쯔베르크(Kreuzberg) 판결은 경찰개념에 중요한 변화를 가져온 사건이다. 프로이센의 고도(古都)인 베를린의 크로이쯔베르크라는 지역에 전승기념비(Kaiserdenkmal: 유럽 여러 나라가 동맹하여 나폴레옹 체제를 타파한 전쟁을 말하는 해방전쟁에서의 전승기념비)의 전망확보를 위해 일정한 지역에서 건축의 고도제한을 하는 베를린 경찰청장의 경찰명령(Polizeiver-ordnung)이 발령되었다. 이러한 건축물의 고도를 제한하는 법규명령에 따라 4층 높이의 주거용 건물을 지으려 했던 원고의 건축허가신청이 거부되었는바, 이 건축허가 거부처분에 대하여 제기된 행정소송에서, 프로이센 고등행정재판소는 1882년 6월 14일 경찰권은 소극적인 위험방지를 위한 조치만을 할 수 있고, 적극적으로 공공복리의 증진을 위한 조치를 할 권한이 없다는 이유로 위 경찰명령이 1794년의 「프로이센 일반주법」에 위반하여 위법·무효라고 판시하였다(ProVG 9, 353ff.). 이 판결을 통하여 법원은 경찰의 권한을 위험방지(공공의 안녕과 질서 유지)에 국한시켰으며, 공공복리 증진(복리행정)을 경찰의 임무에서 제외시켰다.

그 후 19세기 말부터 20세기에 걸쳐 국가가 공공복리 증진(복리행정)을 위한 활동을 광범위하게 전개하게 됨에 따라 국가는 일반공안의 유지 외에 복리행정에 부수하는 질서유지작용을 다시 그 임무로 하게 되었다.

현대국가에 있어서 경찰개념은 경찰행정과 복리행정 간의 관계를 보는 관점에 따라 달라진다(예 경찰적극설과 경찰소극설의 대립).

일반적으로 보안경찰 외에 다른 행정에 부수하는 질서유지작용을 의미하는 협의의 행정경찰은 관장기관은 다르지만 그 법적 성질 및 적용법원리가 같다는 점에서 학문상으로는 광의의 행정경찰개념에 양자를 포괄하여 이해되고 있다.

Ⅱ. 경찰의 개념

경찰개념은 역사적으로 발전되고 형성된 개념이기 때문에 근대국가에서의 일반적인 경찰개념, 즉 '공공의 안녕과 질서유지를 위한 권력작용'은 반드시 각국의 실정법상 경찰개념과 일치되는 것은 아니다.

세계 각국의 경찰제도는 형식적 의미의 경찰과 실질적 의미의 경찰이, 그리고 각종 경찰의 종류가 혼재되어 형성되고 있으므로 그 개념을 사전에 명확히 파악할 필요가 있다. 또한 경찰이 실제로 수행하는 과제와 기능이 매우 다양하기 때문에 경찰의 개념에 대한 올바른 이해를 위하여 다양한 접근방법이 요청된다.

1. 형식적 의미의 경찰(제도적 의미의 경찰)

형식적 의미의 경찰이란 실정법상 보통경찰기관의 권한으로 되어 있는 모든 작용을 말한다. 제도적 의미의 경찰이라고도 한다.

형식적 의미의 경찰에는 실질적 의미의 경찰(행정경찰: 위험방지에 기여하는 국가의 고권적 활동) 외에 사법경찰(=수사경찰: 범죄를 수사하고 범인을 체포하는 권력작용)이 포함되어 있다.

2. 실질적 의미의 경찰(행정경찰)

실질적 의미의 경찰이란 직접 공공의 안녕과 질서유지를 위하여 일반통치권에 근거하여 개인에게 명령하고 강제하는 작용을 말한다. 이러한 정의에 대해 위험방지작용은 명령과 강제와 같은 권력적 수단뿐만 아니라 비권력적 수단(예 교통교육의 실시, 교통방송을 통한 교통안내, TV에서의 범죄예방의 홍보 등)을 행사하는 경우가 점차 확대되고 있다고 보는 견해(정하중)가 있다.

실질적 의미의 경찰은 행정경찰이라고도 한다. 경찰행정법에서의 경찰은 행정경찰을 의미한다.

이러한 의미의 행정경찰을 광의의 행정경찰이라 하며 광의의 행정경찰을 보안경찰과 협의의 행정경찰로 구분하는 것이 일반적 견해이다. 보안경찰은 독립적인 경찰기관이 관할하지만, 협의의 행정경찰은 각종의 일반행정기관이 함께 그것을 관장하는 경우가 많다.

① **보안경찰**: 보통경찰기관이 수행하는 행정경찰과 같이 공공의 안녕과 질서를 유지하기 위하여 다른 종류의 행정작용에 부수하지 아니하고 **독립적으로 행하는 행정경찰**을 말한다(치안경찰이라고도 한다). 교통경찰, 해양경찰, 풍속경찰 등이 이에 해당한다. 보안경찰은 공공의 안녕과 질서 유지를 사명으로 하고 특히 그 중에서도 질서교란의 가장 큰 요인인 범죄의 예방을 주임무로 한다.

② **협의의 행정경찰**: 다른 행정작용을 수행하는 행정기관(경찰이라는 명칭이 붙지 않은 행정기관)이 부수적으로 행하는 행정경찰을 말한다. 소방경찰, 위생경찰, 건축경찰, 국립공원경찰, 철도경찰, 관세경찰 등이 이에 해당한다.

보안경찰과 협의의 행정경찰은 작용의 성질은 동일하므로 기본적으로 동일한 법리(경찰행정의 법리)에 구속된다. 다만, 수행기관의 차이 및 협의의 행정경찰의 다른 행정작용과의 융합경향에 비추어 보안경찰과 다른 규율을 할 필요가 있는 경우가 있다.

(1) 행정경찰과 사법경찰의 구별

「경찰관 직무집행법」은 경찰관의 직무범위에 대하여 규정하고 있으나 경찰기능에 따른 구별을 명백히 하고 있지 않으며, 조직상으로도 일반경찰기관으로 하여금 사법경찰사무를 겸하도록 하고 있다. 즉 동일한 기관 또는 공무원이 종종 행정경찰업무와 사법경찰업무를 동시에 담당하는 경우가 있고 이 경우에는 양자의 구분이 쉽지 않다(예 경찰관이 도로교통법에 따라 호흡측정 또는 혈액검사의 방법으로 운전자가 음주한 상태에서 운전했는지를 조사하는 활동).

현행법상 경찰기관은 행정경찰과 사법경찰을 함께 관장하고 있다(「경찰관 직무집행법」 제2조, 「경찰청과 그 소속기관 직제」 제11조, 형사소송법 제196조).

경찰기관이 아닌 행정기관에 사법경찰권이 부여되는 경우가 있다. 이를 **특별사법경찰권**이라 한다. 예를 들면, 환경공무원에게 일정한 요건 하에서 환경범죄에 대한 사법경찰권이 부여되고 있다.[1)]

---

1) 경찰수사에 대한 행정법적 이해에 따르면, 경찰수사 작용을 司法경찰이라고 부르면서 행정경찰과 대비시키는 것에 의문을 제기하는 견해(朴正勳)가 있다. 주장의 요지는 다음과 같다. "경찰수사는 엄연히 행정기관의 행정작용이다. 단지 그 최종 목적이 司法이 담당하는 형사소송일 뿐이다. '司法경찰'이라는 용어 때문에 경찰수사가 행정법과는 무관한 司法의 법, 즉 형사소송법의 관점으로만 파악될 우려가 있다. 따라서 형사소송법과 하위법령 등 현행법령에서 '사법경찰(관)'이라는 용어를 사용하고 있어서 부득이하지만, 최소한 학문적으로는 사법경찰 대신에 '수사경찰'이라는 용어가 적합하고, 그렇다면 행정경찰 대신에 '치안경찰' 또는 '공공안

1) 개념상 구별

행정경찰은 사법경찰과 그 목적 및 성질이 다르다.

① **사법경찰**은 범죄자를 재판에 넘기기 위하여 범죄자를 추적, 체포하는 것을 목적으로 하는 반면에, **행정경찰**은 공공질서에 대한 모든 혼란의 억제와 예방조치를 취하는 것을 목적으로 한다.

② **사법경찰**은 그 성질이 사법작용인 데 반하여, **행정경찰**은 그 성질이 행정작용이다.

③ **사법경찰**은 사후적·제재적 작용인 반면에, **행정경찰**은 사전적·예방적 작용이다.

2) 구별실익

행정경찰과 사법경찰의 구별실익은 **적용할 법 및 소송절차의 결정**에 있다. **행정경찰활동**에 대하여는 행정법원리가 적용되고 행정소송의 대상이 되지만, **사법경찰**은 소송법에 의해 규율되고 사법경찰에 대한 불복은 소송법상 특별한 절차의 대상이 된다.

3) 구별기준

양자의 구별은 **행위의 성격**과 함께 **업무수행자의 의도**를 기준으로 행하여져야 할 것이다.

① **행위의 성격상 양자가 구별되는 예**를 들면, 경찰관이 교통정리를 할 때에는 행정경찰의 임무를 수행하는 것이고, 범칙금을 부과할 때에는 사법경찰의 임무를 수행하는 것이 된다. 그런데 ② **조치를 취하는 경찰관의 의도가 기준이 될 때**에는 양자의 구분은 쉽지 않다. 예를 들면, 공공의 안녕과 질서에 대한 침해를 피하기 위하여 음란물의 압수를 명령할 때 그것은 행정경찰에 속하고, 그 음란물의 압수가 범죄를 확인하여 범죄자를 재판에 회부하기 위한 것일 때에는 사법경찰이 된다.

(2) 행정경찰의 개념상 특징

행정경찰(실질적 의미의 경찰)은 목적, 수단 및 권력적 기초 등 세 가지 점에서 다른 행정작용과는 다른 특징을 가지고 있다.

1) 경찰의 목적

경찰은 사회공공의 안녕과 질서를 유지하고 그에 대한 위험을 예방 또는 제

녕경찰'이 바람직하다고 할 것이다."

거하는 것을 목적으로 한다.

2) 경찰의 수단

경찰은 권력으로 개인에게 명령하고 강제하는 것을 그 주된 수단으로 한다. 그렇다고 하더라도 비권력적 수단이 전혀 사용되지 않는 것은 아니며 예외적으로 비권력적인 수단(예 행정지도)도 사용될 수 있다.

3) 경찰권의 기초

경찰은 국가의 일반통치권에 그 권력의 기초를 둔 작용이다. **통치권**은 국민과 영토를 지배하는 국가의 최고권력이다.

3. 경찰의 종류

(1) 예방경찰과 진압경찰

예방경찰이란 경찰상 위해의 발생을 방지하기 위하여 예방적으로 발동되는 경찰을 말한다(예 경찰의 방범활동). **예방**은 손해가 발생할 때를 기다리는 것이 아니라, 위험의 단계에서부터 대처하고 그를 통해 손해의 발생을 방지함으로써 일반국민을 그들의 권리영역에 대한 침해로부터 보호하는 것을 그 목적으로 한다.

진압경찰이란 이미 발생한 경찰상 위해를 제거하기 위하여 행해지는 경찰작용을 말한다(예 폭동진압, 인질구출). 진압경찰은 사법경찰인 경우(예 범인의 체포)도 있고, 행정경찰인 경우(예 교통사고의 수습)도 있다.

(2) 평시경찰과 비상경찰

평시경찰이란 일반경찰기관이 일반경찰법규에 따라 평시에 행하는 경찰작용을 말한다(① 국민의 생명·신체 및 재산의 보호, ② 범죄의 예방·진압 및 수사, ③ 범죄피해자 보호, ④ 경비, 주요 인사(人士) 경호 및 대간첩·대테러 작전 수행, ⑤ 치안정보의 수집·작성 및 배포, ⑥ 교통 단속과 교통 위해(危害)의 방지, ⑦ 외국 정부기관 및 국제기구와의 국제협력, ⑧ 그 밖에 공공의 안녕과 질서 유지).

비상경찰이란 전시나 계엄이 선포된 경우 등 비상시에 군대가 행하는 경찰작용을 말한다(예 비상계엄의 경우 계엄사령관이 경찰사무 집행).

(3) 국가경찰과 자치경찰

국가경찰은 국가에 속해 있는 경찰을 말하고, **자치경찰**은 지방자치단체에 속해 있는 경찰을 말한다. 「국가경찰과 자치경찰의 조직 및 운영에 관한 법률」(약칭: 경찰법)에서 자치경찰을 전국적으로 도입하였다[시행 2021. 7. 1.] [법률 제17990호, 2021.

3. 30., 일부개정].

「제주특별자치도 설치 및 국제자유도시 조성을 위한 특별법」(이하 '제주특별법'이라 한다)에 따라 제주도에 자치경찰이 설치되었다.

제 2 절 경찰행정법

경찰행정법이란 경찰행정조직, 경찰행정작용 및 경찰행정구제에 관한 '국내공법'이다.

경찰행정조직법이란 경찰의 조직에 관한 법이며 **경찰행정작용법**이란 경찰의 작용에 관한 법이며 **경찰행정구제법**은 경찰권 행사로 침해된 국민의 권익을 구제하기 위한 법을 말한다.

경찰행정법은 **역동적인 법영역**으로서 **복잡성**, 예기치 못한 상황에 신속하게 대처할 수 있기 위한 **융통성**, **규범적 다양성**과 **내용적 개방성**을 그 특징으로 한다.

경찰행정법의 최근의 발전은 경찰행정법과 형법 및 형사소송법과의 구분을 어렵게 만들고 있는데, 그 이유는 **경찰의 직무가 구체적 위험이 발생하기 전단계로까지 확장되는 경향**이 있기 때문이다. 특히 독일의 경우에 위험방지의 측면에서 범죄행위에 대하여 예방적으로 대처하고 장래의 형사소추를 위하여 사전에 예방하여야 할 직무(예 ① 범죄예방을 위한 개인정보의 수집과 저장, ② 순찰활동, ③ 일제검문식 음주운전의 단속, ④ CCTV를 통한 감시 등)가 나타나게 되었는바, 이러한 **'위험에 대한 사전배려'를 경찰법과 형사법 중 어느 법의 관할영역으로 귀속시킬 것인지의 문제**를 둘러싼 논의가 있다(Kugelman(서정범·박병욱 역), 「독일경찰법」).

Ⅰ. 경찰행정조직, 경찰행정작용 및 경찰행정구제의 개념

경찰행정조직이란 경찰행정을 행하는 법주체인 경찰행정주체의 조직을 말한다. 경찰행정주체는 경찰행정기관으로 구성되므로 경찰행정조직법은 경찰행정기관의 권한, 경찰행정기관 상호간의 관계 등 경찰행정기관에 관한 법이라고 할 수 있다.

경찰행정작용이란 경찰행정주체의 대외적인 활동을 말한다. 경찰행정작용법은 경찰행정주체와 경찰행정의 상대방인 국민 사이의 관계를 주된 규율대상으로 한다.

경찰행정구제란 경찰행정권 행사로 침해된 국민의 권익에 대한 구제를 말한다. 국가배상, 손실보상, 공법상 결과제거청구, 행정심판, 행정소송, 헌법소원 등이 대표적인 행정구제수단이다.

Ⅱ. 공법으로서의 경찰행정법

경찰행정법은 경찰행정에 관한 공법(公法)이다. 경찰행정에 관한 법이 모두 경찰행정법은 아니며 경찰행정에 관한 공법만이 경찰행정법이다. 경찰행정에 관한 사법(私法)은 경찰행정법이 아니다.

경찰행정작용 중 경찰행정주체가 공권력의 주체로서 행하는 작용, 즉 경찰행정주체가 법률상 우월한 의사주체로서 행하는 경찰작용(권력작용)과 경찰행정주체가 사인과 대등한 지위에서 하는 활동 중 그 작용이 공익과 밀접한 관련이 있는 작용(관리작용)은 경찰행정법의 규율대상이 된다. 그러나 물품의 구입, 경찰청사의 건설도급계약, 국유재산(일반재산)의 관리·매각과 같이 경찰행정주체가 국고(私法上의 재산권의 주체), 즉 사인(私人)으로서 행하는 작용(국고작용)은 사법에 따라 규율된다.

Ⅲ. 국내공법으로서의 경찰행정법

경찰행정법은 국내공법인 점에서 국제공법인 국제법과 구별된다. 국제법은 기본적으로 국가기관 상호간의 관계를 규율한다.

제2장 경찰행정법의 법원(法源)

제1절 개 설

법원(法源)이란 법의 존재형식 또는 실정법의 인식근거를 말한다. 법원론(法源論)은 구체적인 행정상 법률관계를 전제로 하여 과연 여기에 어떤 형태로 존재하는 어떠한 법규범들이 직접적으로 해석·적용될 것인가를 인식하는 동태적인 과정이다(김성수).

경찰행정법의 법원의 문제는 경찰행정법이 어떠한 형식의 법규범으로 이루어져 있는가에 관한 문제이다.

경찰행정법은 성문법(제정법)임을 원칙으로 한다. 그런데 행정법의 규율대상인 행정은 매우 복잡하고 다양하기 때문에 행정에 관한 단일 법전을 만드는 것이 매우 어렵다. 행정법에는 법전이 존재하지 않는다. 행정법은 수많은 성문법령과 불문법원으로 구성된다. 그러나 행정법총칙, 일반행정작용법, 행정기본법의 성격을 갖는 「행정기본법」과 행정절차에 관한 일반법인 「행정절차법」이 제정되어 있다. 「행정기본법」은 행정법의 일반원칙 등 행정법 총칙을 명문화하고, 행정에 관한 공통사항을 정하고 있다. 따라서 「행정기본법」은 행정법총칙과 일반행정작용법의 성격을 갖는다. 즉 행정에 관하여 다른 법률에 특별한 규정이 있는 경우를 제외하고는 「행정기본법」에서 정하는 바에 따른다(제5조 제1항). 또한 「행정기본법」은 기본법으로서의 성격을 갖는다. 즉 행정에 관한 다른 법률을 제정하거나 개정하는 경우에는 이 법의 목적과 원칙, 기준 및 취지에 부합되도록 노력하여야 한다(제5조 제2항). 다만, 「행정기본법」은 완결된 법은 아니다. 「행정기본법」이 완결된 행정법총칙, 일반행정작용법, 행정기본법이 되기 위해서는 보완해야 할 사항이 적지 않다.

경찰행정법의 성문법원에는 헌법, 법률, 행정입법 등이 있다. 성문법이 불비(흠결)된 경우에는 불문법이 적용된다. 불문법원에는 관습법, 판례, 법의 일반원칙, 조리 등이 있다. 불문법 중에서 법의 일반원칙이 특히 중요한 법원이 되고 있다.

제 2 절 성문법원

Ⅰ. 헌 법

헌법은 모든 법의 기본법이며 최고의 효력을 갖는 법이다. 헌법규정 중 행정조직에 관한 규정, 법규명령의 근거와 한계규정, 기본권규정, 국가배상규정, 손실보상규정, 행정심판규정, 행정소송규정, 지방자치제도에 관한 규정 등은 경찰행정법의 법원이 된다.

헌법규정 중 행정조직법정주의를 규정한 헌법 제96조, 국가안전보장·질서유지를 위한 국민의 자유와 권리의 제한의 법정주의를 규정한 헌법 제37조 제 2 항 등은 경찰행정법의 법원이 된다.

헌법에 위반되는 여타의 법규범은 위헌이고 위헌통제의 대상이 된다. **법규범의 위헌통제**는 법률에 대하여는 헌법재판소가 담당하고, 명령·규칙·처분에 대하여는 일반법원에서 담당한다. 헌법재판소는 명령에 대한 헌법소원을 통하여 명령의 위헌성을 통제할 수 있다.

법률이 헌법에 합치되는지 여부가 명백하지 않은 경우 헌법에 합치한다는 해석도 가능한 경우에는 가능한 한 법률을 헌법에 합치하는 것으로 해석하여야 한다. 이를 **헌법합치적 법률해석**(憲法合致的 法律解釋)이라 한다.

과거 **헌법과 행정법의 관계**에 관하여 행정법의 기술성을 강조하여 행정법의 정치 또는 헌법구조의 변화에 대한 무감수성(無感受性)을 강조하였다. 그리하여 '헌법은 변하여도 행정법은 존속한다'(오토 마이어)라는 명제가 지배하였다. 그러나 실질적 법치주의를 채택하고 헌법재판제도가 인정되어 헌법의 규범력이 강화되고 있는 오늘날의 헌법하에서 행정법은 **'헌법의 구체화법'**이라는 명제가 타당하게 되었다. 행정법은 헌법에서 제시된 국가운영의 기본원칙을 구체화하고 실현하여야 한다(실행되는 헌법).

그러나 행정법은 기술성을 갖는 법이므로 그 한도 내에서는 헌법의 변화에 크게 영향을 받지 않는 면도 있다는 것을 부인하여서는 안될 것이다. 또한 법률로 헌법을 구체화함에 있어서 입법자는 폭넓은 재량권(입법재량권)을 갖는다. 그리고 행정에는 헌법이나 그 시대의 상황과 어느 정도 독립된 업무와 조직이 존재한다.

이런 점에서도 행정법은 **헌법과 정치로부터 어느 정도 중립성**을 갖고 있다고 말할 수 있다.

Ⅱ. 국세법규 [2010 사시 사례(국제법규의 법단계상의 효력)]

우리나라 헌법은 국제법규를 국내법과 동일한 효력을 갖는다(제 6 조 제 1 항)라고 규정하면서 **국제법규**가 별도의 입법조치 없이 일반적으로 국내법으로 수용되는 것으로 하고 있다. **국회의 동의를 받은 조약**은 원칙상 법률과 같은 효력이 있고, **국회의 동의를 받지 않은 조약**은 명령과 같은 효력이 있다. 법률의 효력을 갖는 조약에 위반한 명령은 무효라는 것이 **일반적 견해**이며 **판례**도 전라북도교육감이 전라북도의회를 상대로 한 전라북도학교급식조례재의결무효확인소송에서 이러한 입장을 취하고 있다(대판 2005. 9. 9, 2004추10).

[판례] 학교급식을 위해 국내 우수농산물을 사용하는 자에게 식재료나 구입비의 일부를 지원하는 것 등을 내용으로 하는 지방자치단체의 **조례안이 「1994년 관세 및 무역에 관한 일반협정**(GATT)」 **제 3 조 제 1 항 · 제 4 항**(상품무역에 관한 내국민대우원칙), **제24조 제12항**(지방정부의 협정준수의무) **등에 위반되어 그 효력이 없다고 한 사례**(대판 2005. 9. 9, 2004추10 〈전라북도학교급식조례 재의결 무효확인〉).

국제법규는 본래 국가 간의 관계를 규율하는 것을 직접적인 목적으로 하는 것이므로 원칙상 국내에서 행정권 행사(행정법관계)에 직접 법적 구속력(효력)을 갖지 못한다. 국제법규는 통상 별도의 국내입법조치를 통하여 행정법관계에 대해 직접 구속력을 갖게 된다.

[판례 1] **반덤핑부과처분이 WTO 협정에 위반된다는 이유만으로 사인이 직접 국내 법원에 그 처분의 취소를 구할 수 없다:** WTO 협정의 일부인 「1994년 관세 및 무역에 관한 일반협정 (GATT 1994) 제 6 조의 이행에 관한 협정」은 **국가와 국가 사이의 권리 · 의무관계를 설정하는 국제협정**으로, 그 내용 및 성질에 비추어 이와 관련한 법적 분쟁은 WTO 분쟁해결기구에서 해결하는 것이 원칙이고, **사인(私人)에 대하여는 위 협정의 직접 효력이 미치지 아니한다고 보아야 할 것**이므로, 위 협정에 따른 회원국 정부의 반덤핑부과처분이 WTO 협정위반이라는 이유만으로 사인이 직접 국내 법원에 회원국 정부를 상대로 그 처분의 취소를 구하는 소를 제기하거나 위 협정위반을 처분의 독립된 취소사유로 주장할 수는 없다(대판 2009. 1. 30, 2008두17936〈반덤핑관세부과처분취소〉). [해설] WTO협정의 행정주체와 사인의 법률관계에 대한 직접적용을 부인한 판례이다.

[판례 2] 「**서비스 무역에 관한 일반협정**(General Agreement on Trade in Services, GATS)」 **및**

「**한-유럽연합 자유무역협정**(Free Trade Agreement)」(이 사건 각 협정)은 국가와 국가 사이의 권리·의무관계를 설정하는 국제협정으로서, 그 내용 및 성질에 비추어 이와 관련한 법적 분쟁은 협정에서 정한 바에 따라 국가간 분쟁해결기구에서 해결하는 것이 원칙이고, **특별한 사정이 없는 한 사인에 대하여는 협정의 직접 효력이 미치지 아니한다**. 따라서 이 사건 각 협정의 개별 조항 위반을 주장하여 사인이 직접 국내 법원에 해당 국가의 정부를 상대로 그 처분의 취소를 구하는 소를 제기하거나 **협정위반을 처분**(대형마트의 영업제한처분)**의 독립된 취소사유로 주장하는 것은 허용되지 아니한다**(대법원 2009. 1. 30. 선고 2008두17936 판결 참조). (대판 전원합의체 2015. 11. 19, 2015두295〈영업시간제한등처분취소〉〈대형마트 영업규제 사건〉) [해설] 그렇지만, 대형마트의 영업제한에 관한 조례의 이 사건 협정 위반은 조례의 무효사유가 된다. 또한 대형마트 영업제한에 관한 초기 조례는 대형마트의 영업제한처분을 기속행위로 규정하여 대형마트 영업제한처분을 재량행위로 정한 유통산업발전법 제12조의2에 위반되었지만, 그 후 조례는 영업제한처분을 재량행위로 규정하여 문제를 해결하였다.

그러나 예외적으로 국제법규가 국내에서 행정법관계에 직접 적용될 수 있는 성질을 갖는 경우에는 국내에서 행정법관계에 직접적인 법적 구속력을 갖는다. 예를 들면, 관세에 관한 협정, 난민의 지위에 관한 협약, 비자면제협정이 그 예이다. 이 경우 행정작용이 그러한 조약에 위반한 경우 그 행정작용은 위법한 것이 된다.

Ⅲ. 법 률

법률이란 헌법에 정해진 절차에 따라 국회에서 제정된 법규범을 말한다. 이는 형식적 의미의 법률 개념이다.

기본적이거나 중요한 사항은 법률로 정하여야 하고(중요사항유보설, 의회유보설), 국민의 기본권의 제한은 법률로 하여야 한다(헌법 제37조 제2항). 원칙상 행정권에 포괄적인 위임을 해서는 안 된다(헌법 제75조).

경찰행정법의 법원으로 중요한 법률로는 아래에 열거한 주요 경찰법률들 외에 「행정기본법」, 행정절차법, 행정대집행법, 국가배상법, 행정심판법, 행정소송법 등이 있다. 자치경찰과 관련한 것으로는 제주특별법 등이 있다.

「국가경찰과 자치경찰의 조직 및 운영에 관한 법률」(약칭: 경찰법)은 경찰의 민주적인 관리·운영과 효율적인 임무수행을 위하여 경찰의 기본조직 및 직무 범위와 그 밖에 필요한 사항을 규정함을 목적으로 한다.

「경찰관 직무집행법」은 국민의 자유와 권리를 보호하고 사회공공의 질서를 유지하기 위한 경찰관(국가경찰공무원만 해당)의 직무 수행에 필요한 사항을 규정함을 목적으로 한다.

경찰공무원법은 국가경찰공무원의 책임 및 직무의 중요성과 신분 및 근무 조건의 특수성에 비추어 그 임용, 교육훈련, 복무(服務), 신분보장 등에 관하여 국가공무원법에 대한 특례를 규정함을 목적으로 한다.

「경찰대학 설치법」은 국가치안 부문에 종사하는 경찰간부가 될 사람에게 학술을 연마하고 심신을 단련하게 하기 위하여 경찰청장 소속으로 설치하는 경찰대학의 근거법률이다.

경비업법은 경비업의 육성 및 발전과 그 체계적 관리에 관하여 필요한 사항을 정함으로써 경비업의 건전한 운영에 이바지함을 목적으로 한다.

「경범죄 처벌법」은 경범죄의 종류 및 처벌에 필요한 사항을 정함으로써 국민의 자유와 권리를 보호하고 사회공공의 질서유지에 이바지함을 목적으로 한다.

「사격 및 사격장 안전관리에 관한 법률」(약칭: 사격장안전법)은 사격과 사격장으로 인한 위험과 재해를 미리 방지하여 공공의 안전을 확보하는 것을 목적으로 한다.

「사행행위 등 규제 및 처벌 특례법」(약칭: 사행행위규제법)은 건전한 국민생활을 해치는 지나친 사행심(射倖心)의 유발을 방지하고 선량한 풍속을 유지하기 위하여 사행행위 관련 영업에 대한 지도와 규제에 관한 사항, 사행행위 관련 영업 외에 투전기(投錢機)나 사행성(射倖性) 유기기구(遊技機具)로 사행행위를 하는 자 등에 대한 처벌의 특례에 관한 사항을 규정함을 목적으로 한다.

유실물법은 타인이 유실한 물건을 습득한 사람이 이를 신속하게 유실자 또는 소유자에게 돌려주기 위한 사항을 규정한 법률이다.

「총포·도검·화약류 등의 안전관리에 관한 법률」(약칭: 총검단속법)은 총포·도검·화약류·분사기·전자충격기·석궁의 제조·판매·임대·운반·소지·사용과 그 밖에 안전관리에 관한 사항을 정하여 총포·도검·화약류·분사기·전자충격기·석궁으로 인한 위험과 재해를 미리 방지함으로써 공공의 안전을 유지하는 데 이바지함을 목적으로 한다.

「풍속영업의 규제에 관한 법률」(약칭: 풍속영업규제법)은 풍속영업(風俗營業: 게임제공업, 복합유통게임제공업, 비디오물감상실업, 노래연습장업, 숙박업, 목욕장업, 이용업, 식품접객업(단란주점영업, 유흥주점영업), 무도학원업 및 무도장업, 청소년 출입·고용금지업소에서의 영업)을 하는 장소에서 선량한 풍속을 해치거나 청소년의 건전한 성장을 저해하는 행위 등을 규제하여 미풍양속을 보존하고 청소년을 유해한 환경으로부터 보호함을 목적으로 한다.

「경찰직무 응원법」은 돌발사태를 진압하거나 공공질서가 교란(攪亂)되었거나 교란될 우려가 현저한 지역(특수지구)을 경비할 때 그 소관 경찰력으로는 이를 감당하기 곤란하다고 인정할 때에는 응원(應援)을 받는 데 필요한 사항을 규정한 법률이다.

「의무경찰대 설치 및 운영에 관한 법률」(약칭: 의무경찰대법)은 간첩(무장공비 포함)의 침투거부(浸透拒否), 포착(捕捉), 섬멸(殲滅), 그 밖의 대(對)간첩작전을 수행하고 치안업무를 보조하기 위하여 지방경찰청장 및 대통령령으로 정하는 국가경찰기관의 장 또는 해양경비안전기관의 장 소속으로 의무경찰대를 설치하는 근거법률이다.

청원경찰법은 청원경찰의 직무·임용·배치·보수·사회보장 및 그 밖에 필요한 사항을 규정함으로써 청원경찰의 원활한 운영을 목적으로 한다.

「화염병 사용 등의 처벌에 관한 법률」(약칭: 화염병처벌법)은 국민의 생명·신체 및 재산을 보호하고 공공의 안녕과 질서를 유지하기 위하여 화염병을 제조·보관·운반·소지 또는 사용한 사람을 처벌함을 목적으로 한다.

「집회 및 시위에 관한 법률」(약칭: 집시법)은 적법한 집회(集會) 및 시위(示威)를 최대한 보장하고 위법한 시위로부터 국민을 보호함으로써 집회 및 시위의 권리 보장과 공공의 안녕질서가 적절히 조화를 이루도록 하는 것을 목적으로 한다.

도로교통법은 도로에서 일어나는 교통상의 모든 위험과 장해를 방지하고 제거하여 안전하고 원활한 교통을 확보함을 목적으로 한다.

경찰공제회법은 경찰공제회를 설립하여 경찰공무원에 대한 효율적인 공제제도를 확립·운영함으로써 이들의 생활안정과 복지 증진에 이바지함을 목적으로 한다.

대한민국재향경우회법은 대한민국재향경우회(大韓民國在鄕警友會)를 설립하여 회원 상호간의 친목을 도모하고 상부상조하는 협동정신을 북돋움으로써 조국의 평화적 통일과 자유의 수호에 기여함을 목적으로 한다.

「디엔에이신원확인정보의 이용 및 보호에 관한 법률」(약칭: 디엔에이법)은 디엔에이(=생물의 생명현상에 대한 정보가 포함된 화학물질인 디옥시리보 핵산(Deoxyribonucleic acid, DNA))신원확인정보의 수집·이용 및 보호에 필요한 사항을 정함으로써 범죄수사 및 범죄예방에 이바지하고 국민의 권익을 보호함을 목적으로 한다.

「경찰공무원 보건안전 및 복지 기본법」(약칭: 경찰복지법)은 경찰공무원에 대한 보건안전 및 복지 정책의 수립·시행 등에 필요한 사항을 규정함으로써 경찰공무원의 근무여건 개선과 삶의 질 향상을 도모하는 한편, 경찰공무원의 위상과 사기를 높이고 치안업무에 전념할 수 있도록 함을 목적으로 한다.

「동의대 사건 희생자의 명예회복 및 보상에 관한 법률」(약칭: 동의대사건법)은 1989년 부산 동의대 사건(1989년 5월 3일 부산 동의대학교에 감금된 전투경찰순경을 구출하는 과정에서 농성학생들의 화염병 투척으로 경찰관 및 전투경찰순경 7명이 사망하고, 10명이 부상을 당한 사건)으로 사망하거나 부상을 당한 경찰관 및 전투경찰순경에 대한 명예회복과 적절한 보상을 통하여 유족의 생활안정을 도모하고 국민화합에 이바지함을 목적으로 한다.

「자율방범대 설치 및 운영에 관한 법률」(약칭: 자율방범대법)은 자율방범대의 설치·운영과 체계적인 관리 및 지원에 관하여 필요한 사항을 규정함으로써 자율방범대의 활동을 증진하고 치안유지·범죄예방·청소년 선도 등 지역사회 안전에 기여함을 목적으로 한다.

「실종아동등의 보호 및 지원에 관한 법률」(약칭: 실종아동법)은 실종아동등의 발생을 예방하고 조속한 발견과 복귀를 도모하며 복귀 후의 사회 적응을 지원함으로써 실종아동등과 가정의 복지증진에 이바지함을 목적으로 한다.

「경찰제복 및 경찰장비의 규제에 관한 법률」(약칭: 경찰제복장비법)은 경찰제복 및 경찰장비의 제조·판매와 그 착용·사용에 관한 사항을 규제함으로써 경찰제복 및 경찰장비의 무분별한 유통·사용을 방지하고 경찰의 명예와 품위를 유지·향상시키는 데 기여함을 목적으로 한다.

「교통사고처리 특례법」(약칭: 교통사고처리법)은 업무상과실(業務上過失) 또는 중대한 과실로 교통사고를 일으킨 운전자에 관한 형사처벌 등의 특례를 정함으로써 교통사고로 인한 피해의 신속한 회복을 촉진하고 국민생활의 편익을 증진함을 목적으로 한다.

Ⅳ. 명 령

명령(법규명령)이란 행정권에 의해 정립되는 법을 말한다. 명령은 헌법에서 인정한 것으로 긴급명령과 긴급재정·경제명령(헌법 제76조), 대통령령(헌법 제75조), 총리령과 부령(헌법 제95조), 중앙선거관리위원회규칙(헌법 제114조), 국회규칙(헌법 제64

조), 대법원규칙(헌법 제108조), 헌법재판소규칙(헌법 제113조)이 있다. 그리고 명령 중에는 법률에서 인정한 감사원규칙(감사원법 제52조), 노동위원회규칙(노동위원회법 제25조)이 있다. 법규명령 중에는 법령보충적 행정규칙(상위법령에 근거하여 제정되는 행정규칙으로서 법규명령의 효력을 갖는 것)도 있다.

그러나 행정규칙은 행정조직의 내부규범일 뿐 법이 아니므로 엄격한 의미에서의 행정법의 법원이 아니다.

경찰행정관련 명령 중 **대통령령**으로는 앞에서 언급한 경찰관련 주요 법률들의 시행령, 「경찰청과 그 소속기관 직제」, 경찰위원회규정, 치안행정협의회규정, 경찰공무원임용령, 「경찰공무원 승진임용 규정」, 「경찰대학의 학사운영에 관한 규정」, 「위해성 경찰장비의 사용기준 등에 관한 규정」, 「경찰공무원 복무규정」, 「경찰공무원 교육훈련규정」 등이 있다.

경찰행정관련 명령 중 **부령**으로는 앞에서 언급한 경찰관련 주요 법률들의 시행규칙, 「경찰청과 그 소속기관 직제 시행규칙」, 「경찰공무원임용령 시행규칙」, 「경찰공무원 승진임용 규정 시행규칙」, 「경찰복제에 관한 규칙」, 「경찰공무원 지급품에 관한 규칙」, 「어린이·노인 및 장애인 보호구역의 지정 및 관리에 관한 규칙」, 「경찰병원 수가규칙」, 「경찰병원 임상연구비 지급규칙」, 「경찰공무원 특수지근무수당 지급규칙」, 「실종아동등의 발견 및 유전자검사 등에 관한 규칙」 등이 있다.

Ⅴ. 자치법규

자치법규란 지방자치단체의 기관이 제정하는 지방자치에 관한 법규범을 말한다. 자치법규에는 지방의회가 제정하는 **조례**와 지방자치단체의 집행기관이 제정하는 **규칙**이 있다. 규칙에는 일반사무의 집행기관이 제정하는 규칙(지방자치법 제23조)과 교육집행기관이 제정하는 교육규칙이 있다.

조례와 규칙은 넓게 보면 국가법질서의 일부를 이루고 **행정입법**에 속한다. 그러나 조례는 다른 한편으로 주민의 대표기관인 지방의회가 제정하는 법규범인 점에서 지방자치단체의 **자주법**(自主法)으로서 법률에 준하는 성격을 갖는다. 따라서 조례는 행정입법으로서의 성격과 함께 지방자치단체의 자주법으로서의 성격을 아울러 갖는다고 보아야 한다.

국가법질서의 통일을 기하기 위하여 조례와 규칙은 법률과 명령에 위반할 수 없다. 그러나 조례는 지방자치단체의 자주법이므로 법령에 위반하지 않는 한도 내에서는 법률의 개별적인 수권 없이도 제정될 수 있다. 그러나 현행 지방자치법은 주민의 권리를 제한하거나 의무를 부과하거나 벌칙을 규정함에 있어서는 법률의 위임을 받아야 한다고 규정하고 있다(제28조 제1항). 다만, 자치조례에 대한 법률의 위임은 포괄적일 수 있다. 기초자치단체의 조례 및 규칙은 광역자치단체의 조례나 규칙을 위반할 수 없다. 동일 자치단체의 조례와 규칙 상호간에 있어서는 조례가 규칙보다 우월하다.

제 3 절 불문법원

Ⅰ. 관 습 법

관습법이란 사회의 거듭된 **관행**으로 생성한 사회생활규범이 사회의 **법적 확신과 인식**에 의하여 법적 규범으로 승인·강행되기에 이른 것을 말한다(대판 전원합의체 2005. 7. 21, 2002다1178, 법적 확신설).

> **[판례]** 농지소유자들이 수백년 전부터 공유하천에 보(洑: 둑을 쌓아 흐르는 냇물을 막고 그 물을 담아두는 곳)를 설치하여 그 주변의 농지에 관개(灌漑: 농사를 짓는 데에 필요한 물을 논밭에 댐)를 하여 왔다면, 공유수면(하천)으로부터 용수(用水)를 함에 있어서 하천법 제25조에 의하여 하천관리청으로부터 허가를 얻어야 한다고 하더라도 그 허가를 필요로 하는 법규의 공포·시행 전에 원고가 위화석상보에 의하여 용수를 할 수 있는 권리를 관습에 의하여 취득하였음이 뚜렷하므로 위 하천법의 규정에도 불구하고 그 기득권이 있다(대판 1972. 3. 31, 72다78). **[해설]** 하천은 공물이므로 하천을 사용하기 위해서는 지방자치단체로부터 허가를 얻어야 하나, 하천용수에 관하여 서로 협의를 맺고 국가의 제지함이 없이 다년간 사용해 옴으로써 마치 사용권이 있는 것처럼 여겨지고 있는 것이라면(법적 확신) 관습법이 성립된 것으로 볼 수 있다는 판례이다. 참고로 하천법은 1971년 1월 19일 공포되고 6개월 후 시행되었다.

관습법은 성문법 및 법의 일반원칙이 존재하지 않거나 불완전한 경우에 **보충적으로만 인정**된다. 관습법은 법원(法源)으로서 법령에 저촉되지 아니하는 한 법칙으로서의 효력이 있는 것이다. 사회의 거듭된 관행으로 생성된 사회생활규범이 관습법으로 승인되었다고 하더라도 사회 구성원들이 그러한 관행의 법적 구속력에 대하여 확신을 갖지 않게 되었다거나, 사회를 지배하는 기본적 이념이나 사회질서의 변화로 인하여 그러한 관습법을 적용하여야 할 시점에 있어서의 전체 법질서에 부합하지 않게 되었다면 그러한 관습법은 관습법으로서의 효력을 상실한다(대판 전원합의체 2005. 7. 21, 2002다1178).

행정법상 관습법에는 행정선례법과 민중적 관습법이 있다.

행정선례법이란 행정청이 취급한 선례(先例)가 상당히 오랫동안 반복됨으로써 성립되는 관습법이다. 행정선례법의 인정은 행정에 대한 신뢰보호의 관념에 기초를 두고 있다.

행정청의 관행이 일반적으로 국민들에게 받아들여진 때에는 법적 구속력을 갖는다. 법적 확신을 얻지 못한 관행은 자기구속력을 갖는다.

[관련규정 1] "행정청은 법령 등의 해석 또는 행정청의 관행이 일반적으로 국민들에게 받아들여졌을 때에는 공익 또는 제 3 자의 정당한 이익을 현저히 해칠 우려가 있는 경우를 제외하고는 새로운 해석 또는 관행에 따라 소급하여 불리하게 처리하여서는 아니 된다" (행정절차법 제 4 조 제 2 항).

[관련규정 2] "세법의 해석이나 국세행정의 관행이 일반적으로 납세자에게 받아들여진 후에는 그 해석이나 관행에 의한 행위 또는 계산은 정당한 것으로 보며, 새로운 해석이나 관행에 의하여 소급하여 과세되지 아니한다"(국세기본법 제18조 제 3 항).

[판례] 대법원은 4년 동안 과세를 하지 않다가 소급하여 과세한 것을 다투는 소송에서 **해당 비과세의 관행을 국세기본법 제18조 제 3 항의 국세의 관행에 포함되는 것**으로 보고 있다(대판 전원합의체 1980. 6. 10, 80누6).

민중적 관습법은 민중 사이의 오랜 기간의 관행에 의해 성립되는 관습법을 말한다. 그 예로는 관습상 어업권, 관습상 하천수사용권 및 지하수사용권을 들 수 있다.

Ⅱ. 판 례

판례법은 법원(法院)의 재판(판결·결정)을 통해서 형성된다고 생각하는 법이다. 판례가 법원(法源)인가가 문제된다. 영미법계 여러 나라의 법체계의 중요부분을 이루고 있는 것은 판례법이며, 판례가 주요한 법원(法源)으로 되어 있다.

대륙법계 국가에서처럼 우리나라에서는 영미법계 국가에서와 달리 선례(先例)가 **법상 구속력을 갖지 않는다**(판례의 법원성 부정). 법원은 기존의 판례를 변경할 수 있고, 하급법원도 이론상 상급법원의 판결에 구속되지 않는다. 그러나 실제에 있어서 판례는 **사실상 구속력**을 갖는다. 그 이유는 법원 특히 대법원은 법적 안정성을 위하여 판례를 잘 변경하지 않는 경향이 있고, 하급심이 상급심의 판결을 따르지 않는 경우 하급심의 판결이 상급심에서 파기될 가능성이 높으므로 하급심은 상급심의 판결을 존중하는 경향이 있기 때문이다.

우리나라는 성문법주의를 취하고 있고, 판례의 구속력은 위와 같은 사실상의 것에 지나지 않는 재판제도를 가지고 있을 뿐이나, 사실상의 구속력을 통해 많은 판례행정법이 생겨 성문행정법과 함께 중요한 지위를 차지하고 있다.

Ⅲ. 행정법상 일반 법원칙

1. 의 의

행정법상 일반 법원칙이란 현행 행정법질서의 기초를 이룬다고 생각되는 일반 법원칙을 의미한다. 이에는 법치행정의 원칙, 평등의 원칙, 비례의 원칙, 신뢰보호의 원칙, 부당결부금지의 원칙, 신의성실의 원칙 등이 있다.

법의 흠결이 있는 경우 행정법에서 법의 일반원칙은 중요한 법원이 되고 있다. 법의 일반원칙은 헌법이나 「행정기본법」 등 법률에 규정되어 있다고 하더라도 이들 규정은 불문법인 법의 일반원칙을 선언한 것에 불과하다고 보아야 한다.

행정법상 일반 법원칙 중 **헌법으로부터 도출되는 일반 법원칙**은 「행정기본법」에 규정되어 있다고 하더라도 **헌법적 효력**을 갖는다.

적극행정의 원칙, 행정계속성의 원칙, 보충성의 원칙(국가 등 행정주체는 사인이나 하위의 행정주체가 그들의 임무를 적정하게 수행하는 한 개입할 수 없고, 그 임무를 적정하게 수행하지 못해 공익상 개입할 필요가 있는 경우에 한하여 보충적으로 개입할 수 있다는 원칙) 등은 행정의 일반 원칙(원리)이지만 법원칙이 아니므로 행정법의 법원이 아니다.

2. 법치행정의 원칙

> **행정기본법**
>
> 제 8 조(법치행정의 원칙) 행정작용은 법률에 위반되어서는 아니 되며, 국민의 권리를 제한하거나 의무를 부과하는 경우와 그 밖에 국민생활에 중요한 영향을 미치는 경우에는 법률에 근거하여야 한다.

(1) 법치행정의 원칙의 의의

법치행정의 원칙이란 행정권도 법에 따라 행해져야 하며(법의 지배), 만일 행정권에 의해 국민의 권익이 침해된 경우에는 이의 구제를 위한 제도가 보장되어야 한다는 것(행정통제제도 또는 행정구제제도의 확립)을 의미한다.

「행정기본법」 제8조는 법률우위의 원칙과 법률유보의 원칙을 선언하고 있다. 즉 행정작용은 법률에 위반되어서는 아니 되며(법률우위의 원칙), 국민의 권리를 제한하거나 의무를 부과하는 경우와 그 밖에 국민생활에 중요한 영향을 미치는 경우에는 법률에 근거하여야 한다(법률유보의 원칙).

법우위의 원칙이 경찰활동의 실정법 위반을 금지하는 데 반하여, 법률유보의 원칙은 경찰활동의 법적 근거를 요구한다. 법의 부재(不在)는 법우위의 원칙이 아닌 법률유보의 원칙에 따라 경찰행정의 실행을 배제한다.

(2) 법치행정의 원칙의 내용

1) 법률의 법규창조력의 원칙

법률의 법규창조력이란 국가작용 중 법규(국민의 권리의무에 관한 새로운 규율)를 정립하는 입법은 모두 의회가 행하여야 한다는 원칙을 말한다.

헌법 제40조는 "입법권은 국회에 속한다"고 규정함으로써 국회입법의 원칙을 선언하고 있다. 다만, 입법의 법규명령에의 구체적 위임은 허용되고 있다. 따라서 현행법에서 '법률의 법규창조력'은 관철되고 있다고 평가할 수 있다.

위험방지를 위한 권력적 명령·강제를 뜻하는 경찰행정은 직접적으로 국민의 권리·의무에 영향을 미치므로, 경찰행정을 규율하는 규범은 법규이고, 따라서 반드시 법률로 정하여야 한다. 다만, 법률이 기본적인 사항을 정한 뒤에 법규명령에 위임하여 세부적인 사항을 보충하게 하는 것은 가능하다(최영규).

2) 법우위의 원칙

법우위의 원칙이란 법은 행정에 우월한 것이며 행정이 법에 위반하여서는 안 된다는 원칙이다. 따라서 경찰행정은 법에 위반될 수 없으며 법을 집행할 의무가 있다.

법우위의 원칙은 다음의 두 가지 의미를 갖는다. ① 행정은 법을 위반하여서는 아니 된다. 법적 행위뿐만 아니라 사실행위도 법에 위반하여서는 아니 된다. 행정은 법률뿐만 아니라 헌법, 자치법규, 행정법상 일반 법원칙 등 모든 법을 위반하여서는 아니 된다. 행정기관의 개별적 행위는 하급기관의 법규명령에도 종속된다. ② 법의 우위는 법률의 행정입법에 대한 우위를 포함한다. 법규명령이 법률에 위반되는 경우 위법한 명령으로 법원 및 헌법재판소에 의한 직접·간접적 통제의 대상이 된다.

행정작용이 법우위의 원칙을 위반하면 위법한 행정작용이 되는데, 위법한 행정작용의 효력은 행정의 행위형식에 따라 다르다. 즉 **행정행위**(예 허가, 시정명령 등 구체적·권력적·법적 행위)의 경우 그 위법이 중대하고도 명백하면 무효인 행정행위가 되고, 그 위법이 중대하고 명백하지 않은 경우에는 취소할 수 있는 행정행위가 된다. **위법한 법규명령**은 후술하는 법규명령의 하자론에 따른 효력을 갖는다. **위법한 공법상 계약**은 원칙상 무효이다. 또한 **위법한 행정작용으로 손해가 발생**한 경우에는 **손해배상이 인정**될 수 있다.

3) 법률유보의 원칙 [2013 경감승진 약술]

가. 의 의 **법률유보의 원칙**이란 행정권의 발동에는 법령의 근거(작용법)가 있어야 하며(보다 정확히 말하면 법률의 직접적 근거 또는 법률의 위임에 근거하여 제정된 명령에 의한 근거가 있어야 하며), 법률의 근거가 없는 경우에는 행정개입의 필요가 있더라도 행정권이 발동될 수 없다는 것을 의미한다. 법률유보의 원칙은 인권 보장 및 민주행정의 실현에 그 의의가 있다.

행정은 모든 경우에 조직법적 근거가 있어야 한다. 즉 행정은 모든 경우에 행정기관의 소관사무 내에서만 가능하다. **법률유보의 원칙에서 문제되는 것은** 조직법적 근거가 아니라 **행정의 작용법적 근거**이다(대판 2005. 2. 17, 2003두14765). 근거규범은 법률일 필요는 없고, 법률에 근거한 법규명령일 수도 있다.

[판례] **집회나 시위 해산을 위한 살수차 사용은 집회의 자유 및 신체의 자유에 대한 중대한 제한을 초래하므로 살수차 사용요건이나 기준은 법률에 근거를 두어야 하고,** 살수차와 같은 위해성 경찰장비는 본래의 사용방법에 따라 지정된 용도로 사용되어야 하며 다른 용도나 방법으로 사용하기 위해서는 반드시 법령에 근거가 있어야 한다. **혼합살수방법은 법령에 열거되지 않은 새로운 위해성 경찰장비에 해당**하고 **이 사건 지침에 혼합살수의 근거 규정을 둘 수 있도록 위임하고 있는 법령이 없으므로, 이 사건 지침은 법률유보원칙에 위배되고 이 사건 지침을 근거로 한 이 사건 혼합살수행위 역시 법률유보원칙에 위배**된다(헌재 2018. 5. 31, 2015헌마476). **[해설]** 혼합살수방법은 살수차로 최루액을 분사해 살상능력을 증가시키는 것을 말한다. 소수의견을 낸 김창종·조용호 재판관은 "혼합살수행위는 급박한 위험을 억제하고 사회공공의 질서를 유지하기 위한 것으로서 그 목적의 정당성 및 수단의 적절성이 인

정된다"고 합헌의견을 냈다.

나. 내 용 법률유보의 원칙이 적용되는 경우에는 행정상 필요하다는 사실만으로 행정권은 행사될 수 없고, 법적 근거가 있어야 행정권 행사가 가능하다.

법률유보의 원칙상 행정권 행사에 요구되는 작용법적 근거는 원칙상 개별적 근거를 말하는데, **예외적으로 경찰권 행사에서와 같이 포괄적 근거도 가능**하다.

[판례 1] 구 여객자동차운수사업법 제76조 제 1 항 제15호, 같은 법 시행령 제29조에는 관할관청은 **개인택시운송사업자의 운전면허가 취소된 때에 그의 개인택시운송사업면허를 취소할 수 있도록 규정되어 있을 뿐 그에게 운전면허 취소사유가 있다는 사유만으로 개인택시운송사업면허를 취소할 수 있도록 하는 규정은 없으므로,** 관할관청으로서는 비록 개인택시운송사업자에게 운전면허 취소사유가 있다 하더라도 그로 인하여 **운전면허 취소처분이 이루어지지 않은 이상 개인택시운송사업면허를 취소할 수는 없다**(대판 2008. 5. 15, 2007두26001〈개인택시운송사업면허취소처분 등〉). **[평석]** 개인택시운송사업자가 음주운전을 하다가 사망한 경우 그 망인(亡人)에 대하여 음주운전을 이유로 운전면허 취소처분을 하는 것은 불가능하고, **음주운전은** 운전면허의 취소사유에 불과할 뿐 **개인택시운송사업면허의 취소사유가 될 수는 없으므로, 음주운전을 이유로 한 개인택시운송사업면허의 취소처분은 위법하다고 한 사례.**

[판례 2] **법률의 시행령은** 모법인 법률에 의하여 위임받은 사항이나 법률이 규정한 범위 내에서 법률을 형식적으로 집행하는데 필요한 세부적인 사항만을 규정할 수 있을 뿐, **법률에 의한 위임이 없는 한** 법률이 규정한 **개인의 권리 · 의무에 관한** 내용을 변경 · 보충하거나 법률에 규정되지 아니한 **새로운 내용을 규정할 수 없다**(대판 전원합의체 2020. 9. 3, 2016두32992).

다. 법률유보의 원칙의 적용범위: 중요사항유보설(본질사항유보설) 법우위의 원칙은 행정의 모든 분야에 적용되지만 법률유보의 원칙에 있어서는 법률유보의 원칙이 적용되는 행정의 범위가 문제된다.

① 침해유보설 **침해유보설**은 국민의 자유와 재산을 침해하는 행정작용은 법률의 근거가 있어야 한다는 견해이다. 권력적 명령·강제를 주된 수단으로 하는 경찰행정은 전형적인 침해행정에 속한다. 따라서 경찰행정은 당연히 법률의 근거를 필요로 한다. 근대국가에서는 침해유보설이 통설적인 견해였는데, **오늘날에는 주장되고 있지 않다.**

② 전부유보설 **전부유보설**은 모든 행정에는 법률의 근거가 필요하다고 보는 견해이다. 이 견해는 민주주의원칙에 근거한다.

그러나 전부유보설에 따르면 법률의 수권이 없는 한 국민에게 필요한 급부를 할 수 없게 되는 문제가 있다.

③ **급부행정유보설** **급부행정유보설**은 국민의 자유와 재산에 대한 침해행정뿐만 아니라 급부행정(① 사회보장행정 ② 공급행정 ③ 자금을 보조하는 조성행정)에도 원칙상 법률의 근거가 있어야 한다고 주장하는 견해이다. 급부행정유보설은 오늘날의 사회적 복리국가에서는 급부가 자유 또는 재산과 같은 정도의 중요성을 갖는다는 인식에 근거를 두고 있다. 즉 급부의 거부는 자유와 재산에 대한 침해와 실질적으로 같다고 본다.

④ **권력행정유보설** **권력행정유보설**은 침해행정이거나 수익행정이거나를 막론하고 모든 권력행정은 법률의 근거를 요한다는 견해이다.

⑤ **중요사항유보설**(본질성설) **중요사항유보설**은 공동체나 시민에게 중요한(본질적인) 행정권의 조치는 침해행정뿐만 아니라 급부행정에 있어서도 법률의 근거를 요하고, 그 중요성의 정도에 비례하여 보다 구체적인(강도 있는) 규율을 하여야 한다는 견해이다. 이 견해는 공동체나 시민에게 중요한 결정은 입법기관이 행하여야 할 의무와 책임이 있다는 데 논거를 두고 있다. 「행정기본법」은 행정작용은 국민생활에 중요한 영향을 미치는 경우에는 법률에 근거하여야 한다고 규정하여 중요사항유보설을 취하고 있다(행정기본법 제 8 조).

중요사항유보설은 **독일의 연방헌법재판소의 판례**(1972년 3월 14일 재소자판결(BVerfGE 33, 1ff.), 1978년 8월 8일의 Kalkar원전 판결(BVerfGE 49, 89ff.),[2] 교육법상의 학생의 기본권실현과 관련한 판결(BVerfGE 34, 165(192ff.); 251(259ff.); 45, 400(417ff.); 47, 46(78ff.); 58, 257(264ff.))에서 채택된 이론인데 우리나라 헌법재판소도 이를 채택하고 있다. 중요성의 판단기준은 사물의 본질(das Wesen der Sache, die Natur der Sache)에 있는 것이 아니라, 어떤 규율이 기본권적인 측면에서 얼마나 의미가 깊고, 비중이 있으며, 기본적이고 결정적이며 집약적이냐에 초점을 두고 있다. 이때 기본권자인 시민의 이익만 중요한 것이 아니라, 보충되거나 상반되는 공공의 이익도 중요하다.

의회유보론은 "국가공동체와 그 구성원에게 기본적이고도 중요한 의미를 갖는 영역, 특히 국민의 기본권 실현과 관련된 영역에 있어서는 국민의 대표자인 입법

2) "원자력발전소의 설치와 같은 국가사회공동체 내에서 극단의 갈등요소가 존재하는 근본적인 결정은 전적으로 입법자인 의회의 몫이며, 입법자는 침해라는 특징과는 무관하게 기본적인 규범영역에서, 특히 기본권실현의 영역에서 국가 전체적인 규율의 필요성을 감안하여 모든 본질적인 결정을 스스로 하여야 한다."

자가 그 본질적 사항에 대해서 스스로 결정하여야 한다"(헌재 1999. 5. 27, 98헌바70)는 이론인데, 중요사항유보설은 의회유보론을 포함한다.

예를 들면, 자격이나 신분 등을 취득 또는 부여할 수 없거나 인가, 허가, 지정, 승인, 영업등록, 신고 수리 등(이하 "인허가"라 한다)을 필요로 하는 영업 또는 사업 등을 할 수 없는 사유(이하 "결격사유"라 한다)는 법률로 정한다(행정기본법 제16조 제1항).

[판례 1] 오늘날의 **법률유보원칙은** 단순히 행정작용이 법률에 근거를 두기만 하면 충분한 것이 아니라, 국가공동체와 그 구성원에게 기본적이고도 중요한 의미를 갖는 영역, 특히 국민의 기본권 실현에 관련된 영역에 있어서는 행정에 맡길 것이 아니고 국민의 대표자인 입법자 스스로 그 본질적 사항에 대하여 결정하여야 한다는 요구, 즉 **의회유보원칙까지 내포하는 것**으로 이해되고 있다. 여기서 어떠한 사안이 국회가 형식적 법률로 스스로 규정하여야 하는 **본질적 사항에 해당되는지는**, 구체적 사례에서 관련된 이익 내지 가치의 중요성, 규제 또는 침해의 정도와 방법 등을 고려하여 **개별적으로 결정**하여야 하지만, 규율대상이 국민의 기본권과 관련한 중요성을 가질수록 그리고 그에 관한 공개적 토론의 필요성 또는 상충하는 이익 사이의 조정 필요성이 클수록, 그것이 국회의 법률에 의하여 직접 규율될 필요성은 더 증대된다. 따라서 **국민의 권리·의무에 관한 기본적이고 본질적인 사항은 국회가 정하여야** 하고, 헌법상 보장된 국민의 자유나 권리를 제한할 때에는 적어도 그 **제한의 본질적인 사항에 관하여 국회가 법률로써 스스로 규율하여야** 한다(대판 전원합의체 2020. 9. 3, 2016두32992〈법외노조통보처분취소〉).

[판례 2] **도시환경정비사업시행인가 신청시 요구되는 토지등소유자의 동의정족수를 정하는 것**은 국민의 권리와 의무 형성에 관한 **기본적이고 본질적인 사항으로 법률유보 내지 의회유보의 원칙이 지켜져야 할 영역이다.** 따라서 **사업시행인가 신청에 필요한 동의정족수를 자치규약에 정하도록 한 이 사건 동의요건조항**(구「도시 및 주거환경정비법」 제28조 제5항)은 **법률유보 내지 의회유보원칙에 위배된다**(헌재 2012. 4. 24, 2010헌바1).

[판례 3] 헌법재판소는 "**수신료는** 국민의 재산권보장의 측면에서나 공사에게 보장된 방송자유의 측면에서나 **국민의 기본권실현에 관련된 영역에 속하는 것**이고, **수신료금액의 결정은** 납부의무자의 범위, 징수절차 등과 함께 **수신료에 관한 본질적이고도 중요한 사항**이므로, 수신료금액의 결정은 **입법자인 국회가 스스로 행하여야 할 것**이다"라고 판시하였다(헌재 전원재판부 1999. 5. 27, 98헌바70〈KBS 수신료사건〉: 한국방송공사법 제35조 등 위헌소원). **[해설]** 텔레비전방송수신료의 금액에 대하여 국회가 스스로 결정하거나 결정에 관여함이 없이 한국방송공사(KBS)로 하여금 결정하도록 한 구 한국방송공사법 제35조, 제36조 제1항이 법률유보원칙에 위반된다고 한 사례.

⑥ 결 론 법률유보의 범위에 관한 어느 학설도 아직은 완벽한 이론이 되지 못하고 어느 정도의 문제점과 약점을 가지고 있다.

일반적으로 말하면 **법률유보의 범위**는 법률유보의 이론적 기초인 국민의 기본권 보장 및 민주주의의 요청과 행정의 필요(공익의 실현) 및 행정의 탄력성을 조화시키는 것이어야 한다.

일응 중요사항유보설(본질성설)이 타당하다. 공동체나 시민에게 무시할 수 없는 영향을 미치는 행정작용과 국민의 권익에 직·간접으로 무시할 수 없는 영향을 미치는 행정작용은 본질적이고 중요한 것으로 보아 법률의 근거가 있어야 한다.

그리고 최근에는 이와 같은 법률유보의 범위의 문제에서 나아가 **법률유보의 강도**(밀도)도 행정작용의 성질에 따라 논하여야 한다고 보고 있다. 중요사항유보설(본질성설)은 이 문제까지도 포함하고 있다고 볼 수 있다.

극심한 자연재해 또는 전쟁과 같은 예외적 상황 하에서는 법률의 근거가 없어도 된다.

라. 행정유형별 고찰

① **침해행정** 침해행정은 법률의 유보가 필요하다. 헌법 제37조 제 2 항도 국민의 기본권에 대한 제한은 법률로 하도록 규정하고 있다. 또한 경찰행정과 같은 침해행정에서의 법률유보의 강도는 다른 행정분야에서보다 높아야 하며 침해행정의 중요사항이 예측가능하도록 침해의 대상, 내용, 범위 등이 법률에 명확하게 규정되어야 한다.

② **급부행정** 사회보장행정 등 급부행정 중 중요한 사항은 법률의 근거가 있어야 한다. 다만, 침해행정에서보다는 법률유보의 강도(밀도)가 낮을 수 있다. 즉 포괄적 근거도 가능한 경우가 있다.

③ **비권력행정** 비권력행정에 있어 상대방의 동의가 있는 경우에는 법률의 근거를 요하지 않는다. **판례와 통설**은 공법상 계약과 행정지도는 법률의 근거가 없어도 가능하다고 본다.

비권력행정 중 국민에게 침익적 영향을 가하는 행위 등 중요한 행위(예 개인정보 수집행위, 사실상 규제적 성질을 갖는 행정지도)는 침익적 영향을 받는 국민의 동의가 없는 한 법률의 근거를 요한다고 보아야 한다.

④ **법규명령의 제정·개정** 법규명령이나 법규명령의 효력을 갖는 행정규칙(법령보충적 행정규칙)의 제정·개정에는 법령의 수권이 있어야 한다. 또한 법률의 명령에 대한 수권은 일반적이거나 포괄적이어서는 안 되며 구체적이어야 한다. 다만, 자치조례에 대한 수권은 조례의 준법률적 성질에 비추어 어느 정도

일반적·포괄적일 수 있다.

⑤ **행정조직법정주의** 행정조직 중 기본적인 사항은 법률의 근거가 있어야 한다. 특히 행정기관의 성립 및 권한에 관한 사항은 국민의 권익에 중대한 영향을 미치므로 법률로 정하여야 한다(행정조직법정주의).

마. 법률유보원칙 위반의 법적 효과 법률유보의 원칙을 위반하는 행정권 행사는 하자(위법)가 있는 행위가 된다. 그 법적 효과는 행위형식(예 법규명령, 행정행위, 사실행위)에 따라 다르다.

4) 행정통제제도(행정구제제도)의 확립

위법·부당한 공권력 행사로 국민의 권익이 침해된 경우에는 이 침해된 권익을 구제해 주는 제도가 보장되어야만 법치행정의 원칙이 실질적으로 실현되고 있다고 말할 수 있다(실질적 법치행정의 원칙의 실현).

행정구제제도는 행정에 대한 통제를 수반하므로 행정구제제도는 행정에 대한 통제제도로서의 성격도 갖는다.

5) 법치행정의 원칙의 예외

오늘날에도 일정한 행정활동에는 법치행정의 원칙이 적용되지 않는다. 통치행위와 예외적 상황의 이론이 적용될 수 있는 일정한 경우 및 내부행위가 그러하다.

가. 통치행위 통치행위란 정치적 성격이 강하기 때문에 법에 의해 규율되거나 사법심사의 대상이 되는 것이 적당하지 않은 행위를 말한다(예 비상계엄의 선포(대판 1964. 7. 21, 64초4 제 1 부 재정), 국민투표의 실시, 법률의 공포, 외교적 권한의 행사, 국제조약의 체결절차, 남북정상회담의 개최, 이라크파병결정, 사면 등 국가원수로서의 행위 등).

대통령의 서훈취소는 통치행위가 아니고, 처분이므로 취소소송의 대상이 된다(대판 2015. 4. 23, 2012두26920[독립유공자서훈취소처분의 취소]).

나. 예외적 상황의 이론 **예외적 상황**이란 공권력으로 하여금 법규정을 준수하는 것을 불가능하게 하는 사회생활의 중대한 혼란을 말한다(예 전쟁, 극심한 자연재해 등). 이러한 경우에는 법치주의 원칙에 대한 예외가 인정될 수밖에 없다.

예외적 사항에서도 법치주의가 완전히 배제되는 것은 아니다. 법치주의의 원칙이 사건의 중대성에 비례하여 완화될 수 있을 뿐이다. 비례의 원칙은 이 경우에도 적용된다.

다. 내부행위 **내부행위**란 어떠한 행위가 아직 외부에 표시되지 아니한 채

내부적 단계에 머물러 있는 행위를 말한다(예 운전면허 정지 또는 취소처분의 준비를 위한 결정). 전통적으로 내부행위는 법에 의한 통제 및 사법심사의 대상이 되지 않는다고 보고 있다.

그런데 종래 내부행위로 보았던 것을 처분으로 보는 경우가 점점 늘고 있다. 특별권력관계 내에서의 행위, 공시지가의 결정, 지목 변경 등의 경우가 그러하다.

3. 평등원칙 [2014 변시 사례]

헌법

제11조 ① 모든 국민은 법 앞에 평등하다. 누구든지 성별·종교 또는 사회적 신분에 의하여 정치적·경제적·사회적·문화적 생활의 모든 영역에 있어서 차별을 받지 아니한다.

행정기본법

제 9 조(평등의 원칙) 행정청은 합리적 이유 없이 국민을 차별하여서는 아니 된다.

평등의 원칙이란 불합리한 차별을 하여서는 안 된다는 원칙을 말한다. 행정청은 합리적인 이유 없이 국민을 차별하여서는 아니된다(행정기본법 제 9 조). 따라서 합리적인 이유가 있어서 다르게 취급하는 것은 평등원칙 위반이 아니다. 합리적 이유 없는 차별취급은 두 경우로 나뉜다. 하나는 합리적 이유 없이 동일한 사항을 다르게 취급하는 경우이고, 다른 하나는 사정이 달라 차별취급이 정당화될 수는 있지만 비례원칙에 위반하여 과도하게 차별취급을 하는 경우이다. 전자는 자의금지원칙에 의한 심사를 말하고 후자는 비례원칙에 의한 심사를 말한다. 즉 평등원칙은 동일한 것 사이에서의 평등뿐만 아니라 상이한 것에 대한 차별의 정도에서의 평등을 포함한다.

[판례] 평등권의 침해 여부에 대한 심사는 그 심사기준에 따라 자의금지원칙에 의한 심사와 비례의 원칙에 의한 심사로 크게 나눌 수 있다(헌재 전원재판부 2006. 2. 23, 2004헌마675·981·1022(병합)).

예를 들어, 불법주차를 단속하는 경우에는 동일 지역, 동일 상황 하에 있는 모든 불법주차차량을 같은 방법으로 단속하여야 하며, 합리적인 사유가 없음에도 불구하고 소형 승용차는 단속하면서 대형 승용차는 경고에 그치거나 아예 단속을 하지 않는 것은 허용되지 아니한다(최영규).

[판례 1] **같은 정도의 비위를 저지른 자들 사이에 있어서도 그 직무의 특성 등에 비추어**, 반성 여부에 따라 징계의 종류의 선택과 양정에 있어서 **차별적으로 취급하는 것은**, 사안의 성질에 따른 **합리적 차별**로서 이를 자의적 취급이라고 할 수 없는 것이어서 평등원칙 내지 형평에 반하지 아니한다(대판 1999. 8. 20, 99두2611〈파면처분취소 등〉).

[판례 2] **행정청의 행정행위가 합리적 이유 없는 차별대우에 해당하여 헌법상 평등원칙을 위반했는지 판단하는 방법**: (1) 행정청의 행정행위가 합리적 이유 없는 차별대우에 해당하여 헌법상 평등원칙을 위반하였는지를 확정하기 위해서는 **먼저** 행위의 근거가 된 법규의 의미와 목적을 통해 행정청이 본질적으로 같은 것을 다르게 대우했는지, 즉 다른 대우를 받아 비교되는 **두 집단 사이에 본질적인 동일성이 존재하는지**를 확정해야 한다. **다음으로 그러한 차별대우가 확인되면 비례의 원칙에 따라 행위의 정당성 여부를 심사**하여 헌법상 평등원칙을 위반하였는지를 판단해야 한다. (2) 국민건강보험공단이 직장가입자와 사실상 혼인관계에 있는 사람, 즉 이성 동반자와 달리 동성 동반자인 甲을 피부양자로 인정하지 않고 위 처분(직장가입자를 지역가입자로 변경하는 처분)을 한 것은 합리적 이유 없이 甲에게 불이익을 주어 그를 사실상 혼인관계에 있는 사람과 차별하는 것으로 헌법상 평등원칙을 위반하여 위법하다고 한 사례(반대의견 있음)(대판 전원합의체 2024. 7. 18, 2023두36800〈보험료부과처분취소〉).

[판례 3] 헌법재판소는 공무원시험에서의 **군가산점제도**는 그 자체가 여성과 장애인들의 평등권과 공무담임권을 침해하는 **위헌**인 제도라고 보았고(헌재 1999. 12. 23, 98헌마363), 국가기관이 채용시험에서 **국가유공자의 가족에게 10%의 가산점을 부여하는 규정이 기본권(평등권과 공무담임권)을 침해**한다고 보았다(헌재 전원재판부 2006. 2. 23, 2004헌마675 · 981 · 1022(병합)).

헌법 제11조 제 1 항의 평등은 형식적 의미의 평등이 아니라 실질적 의미의 평등을 의미한다.

[판례] 국립대학교 총장인 피고가 제칠일안식일예수재림교(이하 '재림교') 신자인 원고의 **면접일시를 재림교의 안식일인 토요일 오전으로 지정**하자, 원고가 **토요일 일몰 후(토요일 오후 마지막순번)에 면접에 응시할 수 있게 해달라는 취지의 이의신청**을 하였으나 피고가 이를 거부하였고, 원고가 면접에 응시하지 않아 피고가 원고에 대하여 불합격처분을 하자, 원고가 피고를 상대로 **이의신청거부처분과 불합격처분의 취소를 구한 사안**에서 헌법이 보장하는 **실질적 평등을 실현할 의무와 책무를 부담하는 피고(국립대학교 총장)로서는** 재림교 신자들의 신청에 따라 그들이 받는 불이익을 해소하기 위한 **적극적인 조치를 취할 의무가 있고**, 이러한 적극적 조치(예 면접시간의 변경 등)없이 한 **이 사건 불합격처분이 평등원칙을 위반하여 위법하다**고 판단한 사례(대판 2024. 4. 4, 2022두56661〈입학전형이의신청거부처분 및 불합격처분 취소의 소〉).

평등원칙은 모든 공권력 행사를 통제하는 법원칙인데, 특히 **재량권을 통제**하는 원칙이다. 행정청이 재량권을 행사함에 있어 甲에게 어떤 처분을 한 경우에 그 자체로는 재량권의 일탈 또는 남용인 위법이 아니라고 하더라도 이미 행해진 동종 사안에서의 제 3 자에 대한 처분과 비교하여 불리한 처분에 해당하는 경우에는 평등원칙에 반하는 위법한 재량권 행사가 된다.

평등원칙은 헌법적 효력을 갖는다. 평등원칙에 반하는 행정권 행사 및 법률은 위헌이다.

불법(不法) 앞의 평등은 인정되지 않는다. 즉 평등원칙에 근거하여 불법을 요구할 수는 없다.

4. 행정의 자기구속의 원칙 [2005 행시 사례, 2010 경감승진 약술, 2011 입법고시 약술]

행정의 자기구속의 원칙이란 행정청이 같은 사안에서 이미 제 3 자에게 행한 결정(선례)과 같은 결정을 상대방에 대하여 하여야 한다는 원칙을 말한다. 행정의 자기구속의 원칙의 근거에 대하여는 ① 신뢰보호의 원칙 및 평등원칙에서 구하는 견해와 ② 평등의 원칙에서 구하는 견해로 나누어져 있다. **판례**는 전자의 견해를 취하고 있는 것으로 보인다(대판 2009. 12. 24, 2009두7967).

행정의 자기구속의 법리가 적용되기 위하여는 다음의 **적용요건**을 갖추어야 한다.

① **행정관행이 존재해야 한다**. 그런데 **재량준칙**(재량권 행사의 기준을 정한 행정규칙)**이 존재하는 경우** 재량준칙과 관련하여 행정의 자기구속의 원칙을 적용함에 있어서 행정선례가 필요한가에 대하여는 선례필요설과 선례불필요설(재량준칙을 예기된 관행(미리 정해진 행정관행 또는 선취된 행정관행)으로 보는 견해)의 대립이 있다. **통설 및 판례**는 재량준칙이 공표된 것만으로는 자기구속의 법리가 적용될 수 없고, **재량준칙에 따른 행정관행이 성립한 경우** 자기구속의 법리가 적용될 수 있다고 본다(대판 2009. 12. 24, 2009두7967: **선례필요설**). 한편 **재량준칙이 없는 경우**에는 선례로서 행정관행이 필요하다.

② 행정관행과 동일한 사안이어야 한다.

③ 그리고 불법에 있어서 평등대우는 인정될 수 없으므로, **행정관행이 위법한 경우**에는 행정청은 자기구속을 당하지 않는다(대판 2009. 6. 25, 2008두13132).

판례는 자기구속의 원칙이 인정되는 경우 행정관행과 다른 처분은 특별한 사정이 없는 한 위법하다고 본다.

[판례] [1] 상급행정기관이 하급행정기관에 대하여 업무처리지침이나 법령의 해석적용에 관한 기준을 정하여 발하는 이른바 '행정규칙이나 내부지침'은 일반적으로 행정조직 내부에서만 효력을 가질 뿐 대외적인 구속력을 갖는 것은 아니므로 행정처분이 그에 위반하였다고 하여 그러한 사정만으로 곧바로 위법하게 되는 것은 아니다. 다만, **재량권 행사의 준칙인 행정규칙이 그 정한 바에 따라 되풀이 시행되어 행정관행이 이루어지게 되면 평등의 원칙이나 신뢰보호의 원칙에 따라** 행정기관은 그 상대방에 대한 관계에서 **그 규칙에 따라야 할 자기구속을 받게 되므로,** 이러한 경우에는 **특별한 사정이 없는 한** 그를 위반하는 처분은 평등의 원칙이나 신뢰보호의 원칙에 위배되어 재량권을 일탈·남용한 위법한 처분이 된다(대판 2009. 3. 26, 2007다88828·88835 참조). [2] 시장이 농림수산식품부에 의하여 공표된 '2008년도 농림사업시행지침서'에 명시되지 않은 '시·군별 건조저장시설 개소당 논 면적' 기준(재량준칙)을 충족하지 못하였다는 이유로 신규 건조저장시설 사업자 인정신청을 반려한 사안에서, **위 지침이 되풀이 시행되어 행정관행이 이루어졌다거나 그 공표만으로 신청인이 보호가치 있는 신뢰를 갖게 되었다고 볼 수 없고,** 쌀 시장 개방화에 대비한 경쟁력 강화 등 우월한 공익상 요청에 따라 위 지침상의 요건 외에 '시·군별 건조저장시설 개소당 논 면적 1,000ha 이상' 요건을 추가할 만한 **특별한 사정을 인정할 수 있어,** 그 처분이 **행정의 자기구속의 원칙 및 행정규칙에 관련된 신뢰보호의 원칙에 위배되거나 재량권을 일탈·남용한 위법이 없다고 한 사례**(대판 2009. 12. 24, 2009두7967〈신규건조저장시설사업자인정신청반려처분취소〉). [해설] 1) **재량준칙의 공표만으로 예기된 자기구속을 위반한 것으로 본 원심을 파기한 판결**이다. 판례는 재량준칙이 되풀이 시행되어 행정관행이 이루어진 경우에 자기구속의 원칙이 인정된다고 보았다. 2) 판례는 재량준칙의 공표만으로는 신청인이 보호가치 있는 신뢰를 갖게 되었다고 볼 수 없다(신뢰보호의 원칙 위반으로 위법하다고 볼 수 없다)고 하였다(후술 '신뢰보호' 참조). 3) 판례는 재량준칙이 있지만 행정관행이 성립되지 않은 경우 특별한 공익상의 필요가 있을 때에는 재량기준을 추가하여 신청에 대한 거부처분을 할 수 있다고 하였다(후술 '재량준칙' 참조).

행정의 자기구속의 원칙은 **헌법적 효력**을 갖는다. 행정의 자기구속의 원칙에 위반하는 법령이나 행정권 행사는 위헌·위법한 것이 된다.

5. 비례의 원칙 [2001 사시 약술, 2008 경감승진 약술, 2013 행시(일반), 2014 변시 사례]

행정기본법

제10조(비례의 원칙) 행정작용은 다음 각 호의 원칙에 따라야 한다.

1. 행정목적을 달성하는 데 유효하고 적절할 것
2. 행정목적을 달성하는 데 필요한 최소한도에 그칠 것

3. 행정작용으로 인한 국민의 이익 침해가 그 행정작용이 의도하는 공익보다 크지 아니할 것

경찰관 직무집행법

제 1 조(목적) ① 이 법은 국민의 자유와 권리 및 모든 개인이 가지는 불가침의 기본적 인권을 보호하고 사회공공의 질서를 유지하기 위한 경찰관(경찰공무원만 해당한다. 이하 같다)의 직무 수행에 필요한 사항을 규정함을 목적으로 한다. 〈개정 2020. 12. 22.〉

② **이 법에 규정된 경찰관의 직권은 그 직무 수행에 필요한 최소한도에서 행사되어야 하며** 남용되어서는 아니 된다.

(1) 의 의

비례의 원칙이란 과잉조치금지의 원칙이라고도 하는데, 행정작용에 있어서 행정목적과 행정수단 사이에는 합리적인 비례관계가 있어야 한다는 원칙을 말한다. 특히 공권력 행사 중에서 경찰권발동의 법적 한계를 설정하는 원리로서 경찰비례의 원칙으로 성립하였다(김성수). 경찰이란 학문상 공공의 질서를 유지하기 위하여 사인의 자유와 재산을 제한하는 권력적 활동을 지칭하지만, 경찰비례의 원칙은 경찰작용이 시민의 자유와 자유를 위협하는 위험성이 있는 것에 대응하여 그 발동을 억제하기 위해 구성된 것이다(鹽野 宏).

(2) 근 거

비례의 원칙은 헌법 제37조 제 2 항 및 법치국가원리로부터 도출되는 법원칙이다. 「경찰관직무 집행법」은 “이 법에 규정된 경찰관의 직권은 그 직무 수행에 필요한 최소한도에서 행사되어야 하며 남용되어서는 아니된다”(제 1 조 제 2 항)고 규정하고 있다. 「행정기본법」도 제10조에서 규정하고 있다. 참고로 법치국가원리는 법우선의 원칙에 따라 국가공동생활에서 지켜야 할 행동지침을 마련하고 국가활동을 이에 입각해서 형성·조절함으로써 인간생활의 불가결한 기초가 되는 자유·평등·정의를 실현하려는 국가의 구조적 원리를 뜻한다(허영).

(3) 내 용

비례원칙(광의의)은 다음과 같은 세부원칙을 포함한다: 적합성의 원칙, 필요성의 원칙(최소침해의 원칙), 협의의 비례원칙(상당성의 원칙). 헌법재판소와 같이 목적의 정당성을 비례원칙의 한 내용으로 보는 견해도 있지만, 목적의 정당성은 목적

과 수단 사이의 이익형량의 문제가 아니므로 이 견해는 타당하지 않다. **목적의 정당성의 원칙**은 일반법원칙상 당연히 인정되는 **독자적 법원칙**이라고 보는 것이 타당하다.

「행정기본법」은 행정작용은 다음 각 호(1. 행정목적을 달성하는 데 유효하고 적절할 것, 2. 행정목적을 달성하는 데 필요한 최소한도에 그칠 것, 3. 행정작용으로 인한 국민의 이익 침해가 그 행정작용이 의도하는 공익보다 크지 아니할 것)의 원칙에 따라야 한다고 규정하고 있다(제10조).

1) 적합성의 원칙

적합성의 원칙이란 행정은 추구하는 행정목적의 달성에 적합한(유용한) 수단을 선택하여야 한다는 원칙을 말한다. 「경찰관직무 집행법」상 범죄행위의 예방과 제지를 위한 각종 수단들(예 경찰봉, 수갑, 포승, 분사기, 가스총, 최루탄, 무기 등)은 모두 이러한 경찰목적과 객관적 관련성을 가지고 있다.

[판례] 교통사고의 발생원인을 불문하고 졸업생이 낸 교통사고 비율에 따라 운전전문학원에게 운영정지 등을 할 수 있도록 한 것은 운전전문학원이 책임져야 할 범위를 넘어서는 것이므로, **도로교통법 제71조의15 제 2 항 제 8 호의 '교통사고' 부분은 입법목적을 달성하기 위한 수단으로서 부적절하며**, 운전전문학원의 영업 내지 직업의 자유를 필요 이상으로 제약하는 것이다(헌재 2005. 7. 21, 2004헌가30).

2) 필요성의 원칙(최소침해의 원칙)

필요성의 원칙이란 경찰위반의 상태를 배제하기 위해 필요한 경우여야 한다는 것이다. 또한 적합한 수단이 여러 가지인 경우에 국민의 권리를 최소한으로 침해하는 수단을 선택하여야 한다는 원칙이다(최소침해의 원칙). 예를 들면, 어떤 건물에 붕괴위험이 있는 경우에 적절한 보수로 붕괴위험을 막을 수 있음에도 철거라는 수단을 선택하여 철거명령을 내린 경우에 그 철거명령은 필요성의 원칙에 반하는 위법한 명령이다.

[판례 1] 입법자가 임의적(재량적) 규정으로도 법의 목적을 실현할 수 있음에도 **여객운송사업자가 지입제 경영을 한 경우** 구체적 사안의 개별성과 특수성(해당 사업체의 규모, 지입차량의 비율, 지입의 경위 등)을 전혀 고려하지 않고 **그 사업면허를 필요적으로(기속적으로) 취소하도록 한 여객자동차운송사업법 제76조 제 1 항 단서 중 제 8 호 부분이 비례의 원칙의 요소인 '피해최소성의 원칙' 및 '법익균형성의 원칙'에 반한다고 결정한 사례**(헌재 전원재판부 2000. 6. 1, 99헌가11 · 12(병합)).

[판례 2] **독서실 열람실 내 남녀별 좌석을 구분 배열하도록 하고 그 위반시 교습정지처분을 할 수 있도록 한**「전라북도 학원의 설립·운영 및 과외교습에 관한 **조례」제11조 제1호, 위 조례 시행규칙 제15조 제1항 〔별표 3〕은 과잉금지원칙에 반하여** 독서실 운영자의 직업수행의 자유와 독서실 이용자의 일반적 행동자유권 내지 자기결정권을 침해하는 것으로 헌법에 위반된다(대판 2022. 1. 27, 2019두59851).

3) 협의의 비례원칙(상당성의 원칙, 법익균형성의 원칙)

협의의 비례원칙(상당성의 원칙)이란 행정조치를 취함에 따른 불이익(사익)이 그 것에 의해 달성되는 이익(공익)보다 심히 큰 경우에는 그 행정조치를 취해서는 안 된다는 원칙을 말한다.

협의의 비례원칙을 적용함에 따른 이익형량에 있어서 행정조치로 인하여 달성되는 공익과 사익을 한쪽으로 하고 그로 인하여 침해되는 공익과 사익을 다른 한쪽으로 하여 이익형량을 하여야 한다. 이익형량이 상당한 정도로 심히 균형을 잃은 경우에 재량처분이 위법(違法)하게 되며 이익형량이 다소 균형을 잃은 경우에는 부당(不當)에 그친다. 그 이유는 이익형량에 있어서 행정청의 재량권을 인정하여야 하기 때문이다.

협의의 비례원칙상 재량처분시 이익형량을 하여야 하고, 이익형량의 전제로서 관련 이익에 대한 조사를 하여야 한다. 그리고 후술하는 바와 같이 재량권 행사시 관련 이익을 조사하지 않고, 고려하지 않은 것은 재량권의 불행사로서 재량권의 일탈·남용(위법)사유가 된다.

[판례 1] 행정청이 면허취소의 재량권을 갖는 경우에도 그 재량권은 **면허취소처분의 공익** 목적뿐만 아니라 공익침해의 정도와 그 취소처분으로 인하여 **개인이 입게 될 불이익을 비교교량하여…비례의 원칙…에 어긋나지 않게끔 행사되어야 할 한계를 지니고 있고** 이 한계를 벗어난 처분은 위법하다고 볼 수밖에 없다(대판 1985. 11. 12, 85누303〈운전면허취소처분의 취소사건〉).

[판례 2] 종전의 대법원 판례는 음주운전을 한 개인택시 운전사에게 음주운전을 이유로 운전면허를 취소한 것은 운전면허의 취소를 통하여 달성하고자 하는 공익(그러한 처분으로 음주운전을 막고 그로 인하여 국민의 안전을 보장한다는 이익)보다 운전면허의 취소로 개인택시 운전사가 받는 불이익(면허의 취소와 그로 인한 생업의 상실 및 개인택시 운전면허의 상실로 인한 불이익)이 크다고 보아 운전면허의 취소처분을 비례원칙 위반으로 위법한 것으로 보아 취소하는 경우가 적지 않았다. 그런데 그 후 대법원은 동종의 사건에서 **판례를 변경하여 음주운전을 이유로 한 운전면허의 취소로 인하여 달성하고자 하는 공익이 개인택시 운전사가 그로 인하여 받는 불이익보다 크다고 보면서 그 운전면허의 취소처분을 적법한 것으로 보는 경**

향이 있다(대판 1995. 9. 26, 95누6069; 대판 1996. 1. 26, 94누16168).

(4) 적 용 례

비례의 원칙은 모든 행정분야 및 모든 행정권 행사에 적용된다. 특히 **재량권 행사의 한계, 부관의 한계, 경찰권 발동의 한계, 급부행정의 한계**가 된다. 비례의 원칙의 파생원칙으로는 수익적 행정행위의 취소·철회의 제한법리(이익형량의 원칙), 형량명령이론, 과잉급부금지의 원칙 등이 있다.

[판례] 경찰관은 범인의 체포 또는 도주의 방지, 타인 또는 경찰관의 생명·신체에 대한 방호, 공무집행에 대한 항거의 억제를 위하여 **필요한 때에는 최소한의 범위 안에서 가스총을 사용할 수 있으나,** 가스총은 통상의 용법대로 사용하는 경우 사람의 생명 또는 신체에 위해를 가할 수 있는 이른바 **위해성 장비**로서 그 탄환은 고무마개로 막혀 있어 사람에게 근접하여 발사하는 경우에는 고무마개가 가스와 함께 발사되어 인체에 위해를 가할 가능성이 있으므로, 이를 사용하는 경찰관으로서는 인체에 대한 위해를 방지하기 위하여 상대방과 근접한 거리에서 상대방의 얼굴을 향하여 이를 발사하지 않는 등 **가스총 사용시 요구되는 최소한의 안전수칙을 준수함으로써 장비 사용으로 인한 사고발생을 미리 막아야 할 주의의무가 있다**(대판 2003. 3. 14, 2002다57218).

(5) 효 력

비례의 원칙은 평등의 원칙과 마찬가지로 헌법적 효력을 가진다. 비례의 원칙에 반하는 행정권 행사는 위법하고, 비례의 원칙에 반하는 법령은 위헌·무효가 된다.

6. 신뢰보호의 원칙 [1993 사시 사례, 1999 사시 사례, 2002 행시 약술, 2011 경감승진 약술, 2019 변시]

> 행정기본법
>
> 제12조(신뢰보호의 원칙) ① 행정청은 공익 또는 제 3 자의 이익을 현저히 해칠 우려가 있는 경우를 제외하고는 행정에 대한 국민의 정당하고 합리적인 신뢰를 보호하여야 한다.
>
> ② 행정청은 권한 행사의 기회가 있음에도 불구하고 장기간 권한을 행사하지 아니하여 국민이 그 권한이 행사되지 아니할 것으로 믿을 만한 정당한 사유가 있는 경우에는 그 권한을 행사해서는 아니 된다. 다만, 공익 또는 제 3 자의 이익을 현저히 해칠 우려가 있는 경우는 예외로 한다.

(1) 의 의

신뢰보호의 원칙이란 행정기관의 어떠한 언동(말 또는 행동)에 대해 국민이 신뢰를 갖고 행위를 한 경우 그 국민의 신뢰가 보호가치 있는 경우에 그 신뢰를 보호하여 주어야 한다는 원칙을 말한다.

「행정기본법」은 불문법인 신뢰보호의 원칙을 행정법의 일반원칙의 하나로 선언하고 있다. 즉 행정청은 공익 또는 제 3 자의 이익을 현저히 해칠 우려가 있는 경우를 제외하고는 행정에 대한 국민의 정당하고 합리적인 신뢰를 보호하여야 한다(제12조 제 1 항).

(2) 근 거

신뢰보호의 법적 근거로 신의성실의 원칙을 드는 경우도 있지만(신의칙설), 법치국가의 한 내용인 법적 안정성을 드는 것(**법적 안정성설**)이 일반적 견해이다.

[판례] 신뢰보호원칙은 법치국가원리에 근거를 두고 있는 헌법상 원칙으로서, 특정한 법률에 의하여 발생한 법률관계는 그 법에 따라 파악되고 판단되어야 하고 과거의 사실관계가 그 뒤에 생긴 새로운 법률의 기준에 따라 판단되지 않는다는 국민의 신뢰를 보호하기 위한 것이다(헌재 2016. 5. 26, 2015헌바263).

(3) 적용요건

신뢰보호의 원칙이 적용되기 위하여는 다음과 같은 요건이 충족되어야 한다.

① 행정권의 행사에 관하여 상대방인 국민에게 신뢰를 주는 선행조치(언동, 공적 견해표명)가 있어야 한다.

i) 선행조치(언동)는 적극적 언동뿐만 아니라 소극적 언동일 수도 있다. **적극적 언동**의 예로는 주택단지를 건설할 것이라는 것을 알리며 공중목욕탕의 건축을 권고하는 것을 들 수 있고, **소극적 언동**의 예로는 장기간 행정처분을 내리지 않는 것을 들 수 있다.

[판례] 교통법규 위반행위 후 3년 동안 제재처분(운전면허취소처분)을 하지 않은 경우를 소극적 언동으로 본 사례: 택시운전자가 1983. 4. 5. 위반행위(운전면허정지기간중의 운전행위)를 하다가 **적발되어 당시 형사처벌(벌금)을 받았으나 피고(행정청: 서울특별시장)로부터는 아무런 행정조치가 없어 안심하고 계속 운전업무(영업용택시)에 종사**하여 왔음을 엿볼 수 있는바, 피고가 원고의 판시 위반행위가 있은 이후 장기간에 걸쳐 아무런 행정조치를 취하지 않은 채 방치하고 있다가 **3년여가 지나서**(1986. 7. 7.) 이를 이유로 **행정제재를 하면서 가장 무거운**

운전면허를 취소하는 행정처분을 하였은즉, 이는 **원고가 그간 별다른 행정조치가 없을 것이라고 믿은 신뢰의 이익과 그 법적안정성을 빼앗는 것이** 되어 매우 가혹할 뿐만 아니라 비록 그 위반행위가 운전면허취소사유에 해당한다 할지라도 그와 같은 공익상의 목적만으로는 위 운전사가 입게 될 불이익에 견줄 바 못 된다 할 것이다(대판 1987. 9. 8, 87누373). **[평석]** 이 사례에서 판례는 신뢰보호의 원칙을 적용하였지만, 위반행위(운전면허정지기간중의 운전행위)를 단속한 것도 행정청이고, 운전면허취소처분을 하는 것도 행정청이므로 행정청이 철회사유를 알 수 있었고, 철회권 행사의 가능성도 있었다고 볼 수 있으므로 기타 요건이 충족되는 경우 **실권의 법리를 적용하는 것이 타당**하다.

ii) 행정권의 언동은 구체적인 행정권의 행사에 관한 언동이어야 한다. 행정권의 행사와 무관하게 단순히 법령의 해석에 대한 질의에 대하여 회신해 주는 것(그러나 구체적인 사안과 관련된 법령의 질의회신은 그러하지 아니하다) 등 일반적·추상적 견해표명은 신뢰보호원칙의 적용대상이 아니다.

[판례 1] 취득세 등이 면제되는 구 지방세법(2005. 1. 5. 법률 제7332호로 개정되기 전의 것) 제288조 제 2 항에 정한 '기술진흥단체'인지 여부에 관한 질의에 대하여 **건설교통부장관과 내무부장관이 비과세 의견으로 회신한 경우, 공적인 견해표명에 해당한다고 한 사례**(대판 2008. 6. 12, 2008두1115〈취득세 등 부과처분취소〉).

[판례 2] 병무청 담당부서의 담당공무원에게 공적 견해의 표명을 구하는 **정식의 서면질의 등을 하지 아니한 채** 총무과 민원팀장에 불과한 공무원이 민원봉사차원에서 **상담에 응하여 안내한 것을 신뢰한 경우, 신뢰보호원칙이 적용되지 아니한다고 한 사례**(대판 2003. 12. 26, 2003두1875).

[판례 3] 관할 교육지원청 교육장이 교육환경평가승인요청에 대한 보완요청서에서 '휴양 콘도미니엄업이 교육환경법 제 9 조 제27호에 따른 금지행위 및 시설로 규정되어 있지 않다'는 의견을 밝힌 것은 교육장이 최종적으로 교육환경평가를 승인해 주겠다는 취지의 공적 견해를 표명한 것이라고 볼 수 없다(대판 2020. 4. 29, 2019두52799).

[판례 4] 입법예고를 통해 법령안의 내용을 국민에게 예고한 것만으로 국가가 이해관계자들에게 법령안에 관련된 사항을 약속하거나 신뢰를 부여하였다고 볼 수 없다(대판 2018. 6. 15, 2017다249769).

[판례 5] 행정청이 공신력 있는 **주민등록번호와 이에 따른 주민등록증을 부여한 행위**는 甲과 乙(법적으로 혼인한 상태가 아닌 대한민국 국적인 부와 중화인민공화국 국적인 모 사이에 출생한 자)에게 대한민국 **국적을 취득하였다는 공적인 견해를 표명한 것**이라고 한 사례(대판 2024. 3. 12, 2022두60011).

iii) 행정청의 공적 견해표명이 있었는지의 여부를 판단하는 데 있어 반드시 행정조직상의 형식적인 권한분장에 구애될 것은 아니다(대판 1997. 9. 12, 96누

18380). 처분청 자신의 공적인 견해표명이 있어야 하는 것은 아니며 경우에 따라서는 보조기관인 담당공무원(예 담당과장)의 공적인 견해표명도 신뢰의 대상이 될 수 있다.

[판례] 행정청의 공적인 견해표명이 있었는지의 여부를 판단함에 있어서는 **반드시 행정조직상의 권한분배에 구애될 것은 아니고** 담당자의 조직상의 지위와 임무, 해당 언동을 하게 된 구체적인 경위 및 그에 대한 상대방의 신뢰가능성에 비추어 실질에 의해 판단하여야 한다(대판 1997. 9. 12, 96누18380). [평석] **처분청이 아닌 보조기관이 한 공적인 견해표명을 행정청의 공적인 견해표명으로 본 사례**.

iv) 행정청의 공적 견해표명은 특정 개인에 대한 것일 필요는 없다. 법규명령, 행정규칙 또는 행정계획에 대한 신뢰도 보호하여야 한다. 법률에 대한 신뢰도 신뢰보호의 대상이 된다(대판 2016. 11. 9, 2014두3228). 이에 반하여 신의성실의 원칙이 적용되기 위하여는 특정 개인에 대한 공적인 견해표명이어야 한다.

[판례] 재건축조합에서 일단 내부 규범이 정립되면 조합원들은 특정한 사정이 없는 한 그것이 존속하리라는 신뢰를 가지므로, 내부 규범 변경을 통해 달성하려는 이익이 종전 내부 규범의 존속을 신뢰한 조합원들의 이익보다 우월해야 한다(대판 2020. 6. 25, 2018두34732).

v) 행정청이 상대방에게 장차 어떤 처분을 하겠다고 확약 또는 공적인 의사표명을 하였다고 하더라도, 그 자체에서 상대방으로 하여금 언제까지 처분의 발령을 신청을 하도록 유효기간을 두었는데도 그 기간 내에 상대방의 신청이 없었다거나 확약 또는 공적인 의사표명이 있은 후에 사실적·법률적 상태가 변경되었다면, 그와 같은 확약 또는 공적인 의사표명은 행정청의 별다른 의사표시를 기다리지 않고 실효된다(대판 1996. 8. 20, 95누10877).

[판례] **신뢰보호의 원칙은** 행정청이 공적인 견해를 표명할 당시의 사정이 그대로 유지됨을 전제로 적용되는 것이 원칙이므로, **사후에 그와 같은 사정이 변경된 경우에는** 그 공적 견해가 더 이상 개인에게 신뢰의 대상이 된다고 보기 어려운 만큼, **특별한 사정이 없는 한 행정청이 그 견해표명에 반하는 처분을 하더라도 신뢰보호의 원칙에 위반된다고 할 수 없다**(대판 2015. 1. 29, 2014두3839 등 참조; 대판 2020. 6. 25, 2018두34732).

② i) 선행조치에 대한 신뢰상대방(상대방, 수임인 등)의 신뢰가 보호가치 있는(귀책사유 없는) 것이어야 한다. 즉 상대방 등 관계인(수임인 등)에게 책임 있는 사유

가 있어서는 안 된다. ii) 귀책사유(고의·중과실: 예 담당부서의 담당공무원에게 공적인 견해 표명을 구하는 정식의 서면질의 등을 하지 아니한 채 민원팀장의 안내만을 신뢰한 경우)의 유무는 상대방과 그로부터 신청행위를 위임받은 수임인 등 관계자 모두를 기준으로 판단하여야 한다(대판 2002. 11. 8, 2001두1512). iii) 신뢰보호의 원칙에서 **귀책사유**란 행정청의 견해표명의 하자가 상대방 등 관계자의 사실은폐나 기타 사위(詐僞: 양심을 속이고 거짓을 말함)의 방법에 의한 신청행위 등 부정행위에 기인한 것이거나 그러한 부정행위가 없다고 하더라도 공적인 견해표명에 **하자가 있음을 알았거나 중대한 과실로 알지 못한 경우 등을 의미한다고 해석함**이 상당하다(대판 2002. 11. 8, 2001두1512). 예를 들어, 건축주와 그로부터 건축설계를 위임받은 건축사가 상세계획지침에 의한 건축한계선의 제한이 있다는 사실을 간과한 채 건축설계를 하고 이를 토대로 건축물의 신축 및 증축허가를 받은 경우, 그 신축 및 증축허가가 정당하다고 신뢰한 데에 귀책사유가 있다(대판 2002. 11. 8, 2001두1512). 법규 위반에 대한 제재처분에 관한 명확한 법령규정이 있는 경우에는 이 규정을 잘 알 수 있었던 자는 귀책사유가 있으나(대판 1989. 6. 27, 88누6283), 이 규정을 잘 알 수 없었던 자에게는 귀책사유를 인정할 수 없다.

[판례 1] **교통사고가 일어난 지 1년 10개월이 지난 뒤 그 교통사고를 일으킨 택시에 대하여 운송사업면허를 취소**하였더라도 처분관할관청이 위반행위를 적발한 날로부터 10일 이내에 처분을 하여야 한다는 교통부령인 '자동차운수사업법 제31조 등의 규정에 의한 사업면허의 취소 등의 처분에 관한 규칙' 제 4 조 제 2 항 본문을 강행규정으로 볼 수 없을 뿐만 아니라 **택시운송사업자로서는 자동차운수사업법의 내용을 잘 알고 있어 교통사고를 낸 택시에 대하여 운송사업면허가 취소될 가능성을 예상할 수도 있었을 터이니**, 자신이 별다른 행정조치가 없을 것으로 믿고 있었다 하여 바로 **신뢰의 이익을 주장할 수는 없으므로** 그 교통사고가 자동차운수사업법 제31조 제 1 항 제 5 호 소정의 "중대한 교통사고로 인하여 많은 사상자를 발생하게 한 때"에 해당한다면 그 운송사업면허의 취소가 행정에 대한 국민의 신뢰를 저버리고 국민의 법생활의 안정을 해치는 것이어서 재량권의 범위를 일탈한 것이라고 보기는 어렵다(대판 1989. 6. 27, 88누6283).

[판례 2] 폐기물처리업에 대하여 사전에 관할 관청으로부터 적정통보를 받고 막대한 비용을 들여 허가요건을 갖춘 다음 허가신청을 하였음에도 **다수 청소업자의 난립으로 안정적이고 효율적인 청소업무의 수행에 지장이 있다는 이유로 한 불허가처분이 신뢰보호원칙 및 비례의 원칙에 반하는 것으로서 재량권을 남용한 위법한 처분**이라고 한 사례(대판 1998. 5. 8, 98두4061〈폐기물처리업허가신청에 대한 불허가처분취소〉).

[판례 3] 대한민국 국적의 부와 중국 국적의 모 사이의 혼외자로 출생한 원고들이 **국적법**

제 2 조에 따라 출생에 의한 국적을 취득할 수 없는데도, 행정청의 과실로 원고들이 대한민국 국민임을 전제로 주민등록번호가 부여되고 주민등록증이 발급되었는데, 원고들이 성인이 된 이후 피고에게 **국적보유판정 신청을 하자** 피고가 원고들이 대한민국 국적 보유자가 아니라는 이유로 **국적비보유 판정을 하였고,** 이에 원고들이 피고를 상대로 **그 판정의 취소를 구한 사안에서** ① 원고들이 대한민국 국적을 취득하였다는 공적 견해표명(즉 주민등록번호와 이에 따른 주민등록증을 부여한 행위)이 계속 유지되었고, ② 공적 견해표명을 신뢰한 원고들의 행위가 있었으며, ③ 이 사건 판정으로 인해 침해되는 원고들의 이익이 크고, ④ 행정청이 원고들의 부모에 대하여 원고들에 대한 국적취득절차를 밟아야 한다는 점을 안내하였는데도 **원고들의 부모가** 원고들의 대한민국 국적 취득을 신뢰하여 그 절차를 진행하지 않은 **과실이 있으나, 원고들 스스로는** 자신들이 대한민국 국적을 취득하였다고 신뢰한 데에 **귀책사유(고의 또는 중대한 과실)가 있었다고 보기 어렵고,** 원고들의 신뢰에 반하여 이루어진 이 사건 판정은 신뢰보호의 원칙에 위배된다고 한 사례(대판 2024. 3. 12, 2022두60011〈국적비보유판정 취소의 소〉).

iv) 귀책사유가 없는 한 위법한 행정조치에 대한 신뢰도 보호된다.

③ 상대방인 국민이 행정기관의 선행조치(언동)에 대한 신뢰에 입각하여 어떠한 조치를 취하였어야 한다.

④ 행정기관이 상대방의 신뢰를 저버리는 행정권 행사를 하였고 그로 인하여 상대방의 권익이 침해되어야 한다.

⑤ 신뢰를 주는 선행조치와 상대방의 조치 또는 권익의 침해 사이에 인과관계가 있어야 한다.

⑥ **신뢰보호 이익과 공익**(합법성원칙 포함) **사이의 이익형량: 판례는** '위 견해표명에 따른 행정처분을 할 경우 이로 인하여 공익 또는 제 3 자의 정당한 이익을 현저히 해할 우려가 있는 경우가 아니어야 한다는 것'을 신뢰보호의 원칙이 적용되기 위한 소극적 요건으로 보고 있으나 이를 신뢰보호의 원칙의 적용요건으로 보기보다는 신뢰보호의 원칙의 적용에 있어서의 신뢰보호 이익과 공익(합법성원칙 포함) 사이의 이익형량의 문제로 보는 것이 타당하다.

[판례] 행정청이 앞서 표명한 공적인 견해에 반하는 행정처분을 함으로써 달성하려는 공익이 행정청의 공적 견해표명을 신뢰한 개인이 그 행정처분으로 인하여 입게 되는 이익의 침해를 정당화할 수 있을 정도로 강한 경우에는 **신뢰보호의 원칙을 들어 그 행정처분이 위법하다고는 할 수 없다**(대판 1998. 11. 13, 98두7343).

신뢰보호 이익과 공익(합법성원칙 포함) 사이의 이익형량

신뢰보호의 원칙과 합법성원칙이 충돌하는 경우의 해결에 관하여 법적합성우위설과 동위설이 대립하고 있다. **법적합성우위설**은 행정의 합법성의 원칙이 행정의 법적 안정성의 원칙 및 그로부터 도출되는 신뢰보호의 원칙보다 우월하다고 보는 견해이다. **동위설(이익형량설)**은 법적합성의 원칙과 신뢰보호의 원칙은 다 같이 법치국가원리의 내용을 이루는 것이므로 동일한 효력을 갖는다고 보는 견해이다. **동위설이 타당**하다.

동위설에 따르면 합법성원칙과 신뢰보호의 원칙이 충돌하는 경우에는 합법성원칙에 따른 처분을 통하여 달성하는 공익과 행정작용의 존속에 대한 상대방의 신뢰가 침해됨으로써 발생되는 불이익을 이익형량하여 결정하여야 한다.

신뢰보호의 이익과 공익 또는 제 3 자의 이익이 상호 충돌하는 경우에는 이들 상호간에 이익형량을 하여야 한다(대판 2002. 11. 8, 2001두1512).

[판례 1] 선행처분인 여수경찰서장의 면허정지처분은 비록 그와 같은 처분이 도로교통법 시행규칙 제53조 제 1 항 〔별표 16〕에서 정한 행정처분기준에 위배하여 이루어진 것이라 하더라도 그와 같은 사실만으로 곧바로 당해 처분이 위법하게 되는 것은 아닐뿐더러, 원고로서는 그 면허정지처분이 효력을 발생함으로써 그 처분의 존속에 대한 신뢰가 이미 형성되었다 할 것이고 또한 그와 같은 처분의 존속이 현저히 공익에 반한다고 보이지 않으므로, 동일한 사유에 관하여 보다 무거운 운전면허처분을 하기 위하여 이미 행하여진 가벼운 면허정지처분을 취소하는 것은 선행처분에 대한 당사자의 신뢰 및 법적 안전성을 크게 저해하는 것이 되어 허용될 수 없다 할 것이다(대판 2000. 2. 25, 99두10520). **[해설] 혈중 알콜 농도가 0.15%인 상태에서 음주운전을 한 자**에 대해 담당 경찰공무원의 **전산입력 착오**로 운전면허정지 대상자로 분류되어 **100일 운전면허정지처분을 내린 후 운전면허취소처분을 한 것은 당사자의 신뢰 및 법적 안정성을 크게 저해**하는 것이 되어 허용될 수 없다고 판시한 사례. 즉 운전면허 취소사유에 해당하는 음주운전을 적발한 경찰관의 소속 경찰서장이 사무착오로 위반자에게 운전면허정지처분을 한 상태에서 위반자의 주소지 관할 지방경찰청장이 위반자에게 운전면허취소처분을 한 사례이다.[3] 원심은 선행처분인 여수경찰서장의 운전면허정지처분의 취소가 허용되지 않는다고 보아 그 후에 이루어진 이 사건 운전면허취소처분은 동일한 사유에 관한 이중처분으로서 위법하다고 보았다.

[판례 2] 종교법인이 도시계획구역 내 생산녹지로 답(畓, 논)인 토지에 대하여 종교회관 건립을 이용목적으로 하는 **토지거래계약의 허가를 받으면서 담당공무원이 관련 법규상 허용된다 하여 이를 신뢰하고 건축준비를 하였으나 그 후 당해 지방자치단체장이 다른 사유(이 사건 토지가 생산녹지역으로 지정된 곳으로 경지정리된 우량농지로서 보전의 필요가 있는 지역)를 들어 토지형질변경허가신청을 불허가 한 것을 다툰 사안**에서 지방자치단체장(충주시장)이

3) 2021 경감승진 사례형.

토지형질변경불허가로 달성하려는 공익, 즉 당해 토지에 대하여 그 형질변경을 불허하고 이를 우량농지로 보전하려는 공익이 위 형질변경이 가능하리라고 신뢰한 종교법인이 입게 될 불이익보다 더 큰 것이 아니라고 보면서 **당해 처분이 위법한 처분이라고 판시**한 사례 (대판 1997. 9. 12, 96누18380)

(4) 적 용 례

신뢰보호의 원칙이 적용되는 경우로는 ① 수익적 행정행위의 취소 또는 철회의 제한, ② 실권의 법리, ③ 확약의 법적 근거, ④ 행정계획에 있어서 계획보장청구권, ⑤ 행정의 자기구속의 법리, ⑥ 신뢰보호의 원칙에 반하는 처분의 취소, ⑦ 신뢰보호의 원칙 위반을 이유로 한 국가배상청구 등이 있다.

7. 실권(실효)의 법리

> 행정기본법
>
> 제12조(신뢰보호의 원칙) ① 행정청은 공익 또는 제 3 자의 이익을 현저히 해칠 우려가 있는 경우를 제외하고는 행정에 대한 국민의 정당하고 합리적인 신뢰를 보호하여야 한다.
>
> ② 행정청은 권한 행사의 기회가 있음에도 불구하고 장기간 권한을 행사하지 아니하여 국민이 그 권한이 행사되지 아니할 것으로 믿을 만한 정당한 사유가 있는 경우에는 그 권한을 행사해서는 아니 된다. 다만, 공익 또는 제 3 자의 이익을 현저히 해칠 우려가 있는 경우는 예외로 한다.

(1) 의　　의

실권(失權)의 법리란 행정청에게 취소권, 영업정지권 또는 철회권 등 권리 행사의 기회가 있음에도 불구하고 행정청이 장기간에 걸쳐 그의 권리를 행사하지 아니하였기 때문에 상대방인 국민이 행정청이 더 이상 그의 권리를 행사하지 아니할 것으로 신뢰할 만한 정당한 사유가 있게 되는 경우에는 그 권리를 행사할 수 없다는 법리를 말한다. 실권의 법리는 **신뢰보호원칙의 파생법리**이다.

(2) 근　　거

「행정기본법」은 실권의 법리를 행정법의 일반원칙의 하나로 선언하고 있다. 즉 행정청은 권한 행사의 기회가 있음에도 불구하고 장기간 권한을 행사하지 아니하여 국민이 그 권한을 행사해서는 아니 된다. 다만, 공익 또는 제 3 자의 이익을 현저히 해칠 우려가 있는 경우는 예외로 한다(제12조 제 2 항).

실권의 법리는 「행정기본법」 제23조의 제재처분의 제척기간과 중첩하여 적용될 수 있다.

(3) 요 건

실권의 법리가 적용되기 위한 요건은 다음과 같다.

① 행정청이 취소사유나 철회사유 등을 앎으로써 권리행사 가능성을 알았어야 한다. 법규 위반행위로 형사처벌을 받았지만 행정적 제재가 오랜 기간 행해지지 않은 경우에 교통법규 위반행위에 대한 운전면허의 취소 또는 정지와 같이 법규 위반행위를 단속한 행정기관과 제재처분행정기관이 동일한 행정조직체(경찰청)에 속하는 경우에는 이 요건을 충족한 것으로 볼 수 있지만, 법규 위반행위(예 감정평가사의 허위감정)를 단속한 행정기관(경찰 또는 검찰)과 제재처분행정기관(예 국토교통부장관)이 다르고, 법규 위반행위를 단속한 행정기관이 제재처분(예 자격의 취소, 업무정지 등)행정기관에게 그 위반사실을 통지하지 않은 경우 통상 이 요건을 충족하지 않은 것으로 보아야 한다.

② 행정권 행사가 가능함에도 불구하고 행정청이 장기간 권리행사를 하지 않았어야 한다.

③ 상대방인 국민이 행정청이 이제는 권리를 행사하지 않을 것으로 신뢰하였고 그에 정당한 사유가 있어야 한다.

[판례] 원고가 **행정서사업 허가를 받은 때**(1966. 7)**로부터 20년이 다 되어**(1986. 6) 피고(서울특별시 성동구청장)가 그 **허가를 취소**한 것이기는 하나 피고가 취소사유를 안 것이 최근이고, 취소사유를 알고서도 그렇게 장기간 취소권을 행사하지 않은 것이 아니고 1985. 9. 중순에 **취소사유를 알고** 그에 관한 법적 처리방안에 관하여 다각도로 **연구검토가 행해졌고** 그러한 사정은 **원고도 알고 있었음이 기록상 명백**하여 이로써 본다면 상대방인 원고에게 취소권을 행사하지 않을 것이란 신뢰를 심어 준 것으로 여겨지지 않으니 피고의 처분이 **실권의 법리에 저촉된 것이라고 볼 수 있는 것도 아니라고 한 사례**(대판 1988. 4. 27, 87누915 〈행정서사허가취소처분취소〉). **[평석]** 판례는 본건에서 왜정시대에 군청에서 2년 이상 근무한 사람이라도 1950년 지방공무원령, 1949년 국가공무원법이 정하는 고시 또는 전형에 합격한 사람이 아닌 한 1961년 제정된 행정사서법이 행정서사업 허가자격의 하나로 정하는 "행정기관에서 2년 이상 근무한 자"로 되지 못한다고 보았다. **이 사안에서 신뢰보호원칙도 문제**되었는데, 판례는 행정서사의 허가를 받을 자격이 없는 원고가 행정청의 착오로 그 허가를 받았다가 그 후 그것이 드러나 허가취소됨으로써 입게 되는 불이익보다는 자

격 없는 자에게 나간 허가를 취소하여 공정한 법 집행을 함으로써 법질서를 유지시켜야 할 공익상의 필요가 더 크다고 하면서 해당 행정서사허가취소처분이 신뢰보호의 원칙에 반하지 않는다고 보았다. 이 사건에서는 행정청이 처분의 위법을 인지한 시점이라는 주관적 기준에 따라 판단하고 있다.

실권의 법리는 신뢰보호의 원칙의 파생법리인 특별법리이다. 따라서 실권의 법리가 성립되면 신뢰보호의 원칙보다 우선 적용된다. 실권의 법리가 성립하지 않는 경우에 신뢰보호의 원칙의 적용요건이 충족되면 신뢰보호의 원칙이 적용된다.

(4) 효 력

실권의 법리의 적용요건에 해당하는 경우 행정청이 갖고 있는 취소권, 철회권, 영업정지권 등 제재권은 소멸되고, 실권의 법리에 위반한 제재처분은 위법하다.

8. 적법절차의 원칙

적법절차의 원칙이란 개인의 권익을 제한하는 모든 국가작용은 적법절차(due process)에 따라 행하여져야 한다는 원칙이다.

적법절차의 원칙은 헌법 제12조, 행정절차법에서 확인되고 있으며 법치국가원리, 기본권 보장규정, 정의의 원칙으로부터 도출된다.

적법절차의 원칙은 **절차상의 적법성**뿐만 아니라 법률의 구체적 내용도 합리성과 정당성을 갖춘 **실체적인 적법성**이 있어야 한다는 것을 포함한다(헌재 1992. 12. 24, 92헌가8).

헌법 제12조 제 1 항에서 규정하고 있는 적법절차의 원칙은 형사소송절차에 국한되지 아니하고 모든 국가작용 전반에 대하여 적용된다(헌재 1992. 12. 24, 92헌가8 등; 대판 2014. 6. 26, 2012두911). 행정절차법은 적법절차의 원칙을 구체화한 법이다. **행정절차법에 규정이 없는 경우에도 행정권 행사가 적정한 절차에 따라 행해지지 아니한 경우에는** 그 행정권 행사는 **적법절차의 원칙 위반**으로 **위헌·위법**이다(대판 전원합의체 2012. 10. 18, 2010두12347).

9. 신의성실의 원칙

> 행정기본법
>
> 제11조(성실의무 및 권한남용금지의 원칙) ① **행정청은 법령등에 따른 의무를 성실히 수행하여야 한다.**
>
> ② 행정청은 행정권한을 남용하거나 그 권한의 범위를 넘어서는 아니 된다.

신의성실의 원칙은 민법상 인정된 법의 일반원칙이지만(제2조) 민법만의 법원칙은 아니며 행정법을 포함한 모든 법의 일반원칙이다.

신의성실의 원칙이란 모든 사람은 공동체의 일원으로서 상대방의 신뢰를 헛되이 하지 않도록 성의 있게 행동하여야 한다는 원칙이다. 「행정기본법」은 신의성실의 원칙을 행정법의 일반원칙의 하나로 선언하고 있다. 다만, **성실의무의 원칙**으로 명칭을 달리하여 규정하고 있다. 즉 행정청은 법령등에 따른 의무를 성실히 수행하여야 한다(제11조 제1항).

행정청이 심히 부당하게 처분을 늦추고, 그 사이에 허가기준을 엄격하게 변경하는 법령개정을 하고 개정된 법령에 근거하여 거부처분을 하는 것은 신의성실의 원칙에 반한다(대판 1984. 5. 22, 84누77)〈아래 [모의사례] 참조〉.

신의성실의 원칙에 위배된다는 이유로 그 권리의 행사를 부정하기 위하여는 상대방에게 신의를 주었다거나 객관적으로 보아 상대방이 그러한 신의를 가짐이 정당한 상태에 이르러야 하고, 이와 같은 상대방의 신의에 반하여 권리를 행사하는 것이 **정의 관념**에 비추어 용인될 수 없는 정도의 상태에 이르러야 하고, **일반 행정법률관계에서 관청의 행위에 대하여 신의칙이 적용되기 위해서는** 합법성의 원칙을 희생하여서라도 처분의 상대방의 신뢰를 보호함이 정의의 관념에 부합하는 것으로 인정되는 특별한 사정이 있을 경우에 한하여 **예외적으로 적용된다**(대판 2004. 7. 22, 2002두11233).

> **[판례]** 지방자치단체가 행정재산인 토지를 매도한 후 20년 가까이 경과하고 공용폐지까지 된 이제 와서 당해 토지가 매매 당시에 행정재산임을 내세워 무효라고 주장하는 것은 신의칙에 반하는 권리행사에 해당되어 허용될 수 없다(대판 1986. 10. 14, 86다카204).

법에 따른 처분이 위법한 처분인가 하는 것은 구체적인 사안에서의 신의성실의 원칙의 보호가치와 적법성의 원칙의 보호가치를 비교형량하여 판단하여야 한다(대판 2004. 7. 22, 2002두11233).

> **[모의사례]** 甲이 건축법령상의 요건에 맞게 4층의 연립주택을 건축하려고 건축허가를 신청한 경우에 인근주민이 반대하는 민원을 제기하였고, 행정기관이 甲에게 민원을 제기한 인근주민과 협의하여 인근주민의 해당 건축에 대한 동의를 받을 것을 권고하며 건축허가를 보류하였고, 이에 따라 甲이 오랜 기간 동안 성의를 다하여 인근주민과 협의를 하였으나 협의에 이르지 못하였고, 그러던 중 건축관계법령이 바뀌어 3층 이하의 연립주택만 지을 수 있게 됨에 따라 행정기관이 처분시의 법령을 적용하여야 한다는 원칙에 따라 건축

허가거부처분을 내린 경우에 **그 건축허가거부처분은 신의성실의 원칙에 반하는 처분**이라고 보아야 한다.

신의성실의 원칙은 당사자간에 계약 등 구체적인 관계가 있을 때에만 적용되는 것으로 보는 것이 일반적 견해이다. 따라서 그러한 관계를 전제로 하지 않는 행정작용(예 행정규칙이나 행정계획)에는 적용될 수 없다.

10. 권한남용금지의 원칙

> 행정기본법
>
> 제11조(성실의무 및 권한남용금지의 원칙) ① 행정청은 법령등에 따른 의무를 성실히 수행하여야 한다.
>
> ② **행정청은 행정권한을 남용하거나 그 권한의 범위를 넘어서는 아니 된다.**
>
> 경찰관 직무집행법
>
> 제 1 조(목적) ① 생략
>
> ② 이 법에 규정된 경찰관의 직권은 그 직무 수행에 필요한 최소한도에서 행사되어야 하며 남용되어서는 아니 된다.

(1) 의 의

행정법상 권한의 남용이란 행정기관의 권한이 법상 정해진 공익 목적에 반(反)하여 행사되는 것을 말한다. 권리남용금지의 원칙은 법치국가원리 내지 법치주의에 기초한 것이다(대판 2016. 12. 15, 2016두47659). 권한남용금지의 원칙은 행정의 목적 및 행정권한을 행사한 행정공무원의 내심의 의도까지 통제하는 원칙이다.

「행정기본법」은 권한남용금지의 원칙을 행정법의 일반원칙의 하나로 선언하고 있다. 즉 행정청은 행정권한을 남용하거나 그 권한의 범위를 넘어서는 아니 된다(제11조 제 2 항).

(2) 내 용

행정권을 본연의 목적이 아니라 **부정한 목적**(사적 목적, 정치적 목적, 전혀 다른 공익목적 등)으로 행사한 경우 외형적으로 행정권한의 범위내의 행사라도 권한남용이 된다.

[판례] 세무조사가 과세자료의 수집 또는 신고내용의 정확성 검증이라는 본연의 목적이

아니라 **부정한 목적**을 위하여 행하여진 것이라면 이는 **세무조사에 중대한 위법사유가 있는 경우**에 해당하고 이러한 세무조사에 의하여 수집된 과세자료를 기초로 한 **과세처분 역시 위법**하다(대판 2016. 12. 15, 2016두47659).

① 행정법상의 권한이 사적(개인적) 목적으로 행사된 경우에 권한의 남용이 됨은 명백하다.

예를 들면, 공무원이 영업허가의 취소권을 허가취소의 대상이 되는 영업자와 경쟁관계에 있고 본인이 잘 알고 있는 다른 영업자의 이익을 위하여 행사한 것은 권한의 남용이 된다.

② 행정권을 정치적 목적으로 행사하는 것도 권한남용에 해당한다.

③ 행정기관의 권한이 법상 정해진 목적이 아닌 전혀 다른 공익 목적을 위하여 행사된 경우에 그것은 권한의 남용에 해당한다. 그러나 행정목적을 위하여 행정기관 상호간에 협력할 의무도 있다고 보아야 하므로 행정청의 권한과 실질적 관련이 있는 다른 공익목적을 실현하기 위하여 행사되는 한에서는 권한의 남용에 해당하지 않는다고 보아야 할 것이다.

11. 부당결부금지의 원칙 [1999 행시 사례, 2007 입법고시 약술, 2007 경감승진 약술, 2017 행시]

> 행정기본법
>
> 제13조(부당결부금지의 원칙) 행정청은 행정작용을 할 때 상대방에게 해당 행정작용과 실질적인 관련이 없는 의무를 부과해서는 아니 된다.

(1) 의 의

부당결부금지의 원칙이란 행정기관이 행정권을 행사함에 있어서 그것과 실체적인 관련이 없는 의무를 부과하거나 권익을 제한(급부의 배제)해서는 안 된다는 원칙을 말한다.

「행정기본법」은 부당결부금지의 원칙을 행정법의 일반원칙의 하나로 선언하고 있다. 즉 행정청은 행정작용을 할 때 상대방에게 해당 행정작용과 실질적인 관련이 없는 의무를 부과해서는 아니 된다(제13조).

「행정기본법」은 실질적 관련이 없는 '의무'의 부과만을 금지하는 것으로 규정하고 있지만, 실질적 관련이 없는 제한(급부의 배제 포함)(예 관허사업허가의 거부, 보조금지급의 거부, 수도나 전기공급의 거부, 관련 없는 운전면허의 취소)도 부당결부금지의 원칙상 금지된다고 보아야 한다.

부당결부금지의 원칙은 실질적 관련이 없는 것에 대한 행정권 행사를 통제하는 점에서는 권한남용금지의 원칙과 동일하다. 그러나 부당결부금지의 원칙은 행정권 행사의 객관적 관련성을 통제하는 반면에 권한남용금지의 원칙은 행정청의 주관적 의사(부정목적, 남용의사)를 통제하는 점에서 차이가 있다. 그리고 부당결부금지의 원칙은 행정기관의 법령상 규정된 권한 범위 밖의 권한행사를 실질적 관련성의 한도 내로 통제하는 반면에, 권한남용금지의 원칙은 외형적으로 법령상 규정된 권한 범위 내이지만 부정한 행정목적(의사)으로 행사하는 것을 통제한다.

[판례] **부당결부금지원칙의 의미**: 부당결부금지의 원칙이란 행정주체가 행정작용을 함에 있어서 상대방에게 이와 실질적인 관련이 없는 의무를 부과하거나 그 이행을 강제하여서는 아니된다는 원칙을 말한다(대판 2009. 2. 12, 2005다65500. 고속도로 관리청이 고속도로 부지와 접도구역에 송유관 매설을 허가하면서 상대방과 체결한 협약에 따라 송유관 시설을 이전하게 될 경우 그 비용을 상대방에게 부담하도록 한 부관이 부당결부금지의 원칙에 반하지 않는다고 한 사례).

(2) 내 용

행정권의 행사와 그에 결부된 반대급부나 의무 사이에 실체적 관련성이 있어야 하며 실체적 관련성이 없는 경우에 그 행정권 행사는 부당결부금지의 원칙에 반한다.

보다 구체적으로 말하면 행정권 행사(수익적 행정행위)가 반대급부(부관)의 원인이 되어야 하고(원인적 관련성(예 주택건설사업계획승인시 조건으로 환경피해방지 조치의무를 부과하는 것)), 반대급부(부관)가 행정권 행사(수익적 행정행위)의 목적과 실질적 관련(목적적 관련성(예 승용차 음주운전으로 인한 운전면허취소시 보통면허뿐만 아니라 대형면허도 취소하는 것))이 있어야 한다.

(3) 적 용 례

1) 기부채납의무의 부담

수익적 행정행위, 특히 주택사업계획 승인처분을 행하면서 일정한 토지 또는 시설의 기부채납의무를 부담(부관)으로 부과하는 것이 부당결부금지의 원칙에 반하는 것인지가 문제된다.

예를 들면, 주택사업계획을 승인하면서 ① 진입도로의 개설 또는 확장, ② 해당 아파트 공원조성(원인적·목적적 관련성), 학교부지의 조성과 함께 그의 기부를 의무지우는 것(원인적 관련성), ③ 사업시행자에게 학교용지부담금의 납부를 의무지우는 것은 해당 토지 또는 시설이 대규모주택사업으로 필요하게 된 것이고, 해당 공공시설은 주택사업계획의 승인에 따라 건설된 주택에 입주한 자가 주로 이용하는 시설이므로 주된 이용자가 이들 시설을 부담하는 것이 타당하다. 그러나 주택건설사업과 실질적 관련이 없는 토지(예 시립도서관부지, 주택건설사업으로 초래된 지방도 확장을 위한 부지)를 기부채납하라는 부관은 부당결부금지의 원칙에 반하여 위법하다. **기부채납**이란 국가 또는 지방자치단체가 무상으로 재산을 받아들이는 것을 말한다. 이 경우 기부(寄附)는 민법상의 증여와 같은 것이며, 채납(採納)은 승낙에 해당된다. 기부채납된 재산은 국유재산이 된다.

[판례] **기부채납**이란 지방자치단체 외의 자가 부동산 등의 소유권을 무상으로 지방자치단체에 이전하여 지방자치단체가 이를 취득하는 것으로서, 기부자가 재산을 지방자치단체의 공유재산으로 증여하는 의사표시를 하고 지방자치단체가 이를 승낙하는 채납의 의사표시를 함으로써 성립하는 **사법상 증여계약**에 해당한다(대판 2022. 4. 28, 2019다272053).

2) 관허사업의 제한

행정법규 위반에 대하여 관허사업을 제한(거부)하는 것이 부당결부금지의 원칙에 반하는 것인지가 문제된다. 이 경우에는 행정법규 위반과 해당 관허사업의 제한 사이에 실체적 관련이 있는지 여부가 그 판단기준이 된다.

예를 들면, 건축법에 위반하는 위법건축물을 사용하여 행할 영업에 대한 허가를 거부하는 것(관련관허사업의 제한)은 부당결부금지의 원칙에 반하는 것은 아닐 수 있지만, 해당 위법건축물을 사용하지 않는 다른 영업허가를 거부하는 것(일반관허사업의 제한)은 부당결부금지의 원칙에 반한다고 볼 수 있다.

3) 그 밖의 적용례

판례는 제 2 종 소형면허를 가지고 오토바이를 음주운전하였다는 이유로 제 1 종 대형운전면허를 취소한 것은 부당결부에 해당한다고 판시하였으나(아래 [판례 1] 참조), 제 1 종 대형면허로 운전할 수 있는 차량을 운전면허정지기간 중에 운전한 경우에는 이와 관련된 제 1 종 보통면허까지를 취소할 수 있다고 판시하였다(아래 [판례 2]).

[판례 1] 이륜자동차로써 **제 2 종 소형면허를 가진 사람만이 운전할 수 있는 오토바이는 제 1 종 대형면허나 보통면허를 가지고서도 이를 운전할 수 없는 것**이어서 이륜자동차의 운전은 제 1 종 대형면허나 보통면허와는 아무런 관련이 없는 것이므로 **이륜자동차를 음주운전한**

사유만 가지고서는 제 1 종 대형면허나 보통면허의 취소나 정지를 할 수 없다(대판 1992. 9. 22, 91누8289). [해설] 이륜자동차는 125cc 이상 배기량을 가진 오토바이(원동기장치자전거 제외)(도로교통법 제 2 조 18호 가목)를 말한다. 이륜자동차는 반드시 2종소형면허가 있어야 운전할 수 있다. 2종 보통, 1종 보통, 1종 대형 면허로는 운전할 수 없다.

[판례 2] 원동기장치자전거 면허를 취소할 경우, 제 1 종 대형, 제 1 종 보통, 제 1 종 특수면허를 아울러 취소하여도 부당결부금지원칙에 해당하지 않는다. 왜냐하면 이들 여러 면허 중 하나를 소지하면 법령상 원동기장치자전거를 운전할 수 있으므로 관련 면허를 모두 취소하지 않으면 원동기장치자전거 면허취소의 실익이 없기 때문이다(대판 2018. 2. 28, 2017두67476). [해설] 원동기장치자전거는 배기량 125cc 이하의 원동기를 단 차와 이륜자동차 가운데 배기량 125cc의 이륜자동차를 말한다(도로교통법 제 2 조 19호). 원동기장치자전거는 도로교통법상 "차"에 해당하며 면허가 있어야 운전할 수 있다. 2종 보통, 1종 보통, 1종 대형 같은 자동차면허증 및 원동기장치자전거면허로 운전할 수 있다.

(4) 근거 및 효력

부당결부금지의 원칙은 어디로부터 도출되며 어떠한 법적 효력을 갖는가.

부당결부금지의 원칙은 법치국가의 원리와 자의금지(恣意禁止)의 원칙으로부터 도출된다고 보면서 **부당결부금지의 원칙은 헌법적 효력을 갖는다는 견해**(헌법적 효력설)와, **부당결부금지의 원칙의 직접적 근거는 권한법정주의와 권한남용금지의 원칙에 있다고 보는 것이 타당하므로** 부당결부금지의 원칙은 법률적 효력을 갖는 법원칙으로 보는 견해(법률적 효력설)가 있다.

부당결부금지의 원칙의 효력의 문제는 법률에서 행정권의 행사에 있어서 반대급부와 결부시킬 수 있는 것으로 명문으로 규정한 경우에 논할 실익이 있다. 즉 **부당결부금지의 원칙이 법률적 효력을 가지는 원칙이라면** 법률에서 정한 반대급부가 행정권 행사와 실체적 관련이 없다고 여겨지는 경우, 따라서 이론상 부당결부금지의 원칙에 반하는 경우에도 해당 법률에 근거한 행정권 행사는 적법하다고 보아야 한다. 다만, 결부된 반대급부가 전혀 공익목적에 기여하지 않는 경우에는 그러한 사항을 정하는 법률규정은 비례원칙 위반으로 위헌이라고 보아야 한다. 만약 **부당결부금지의 원칙이 헌법적 효력을 갖는 원칙이라면** 부당결부금지의 원칙에 반하는 행정권 행사는 법률에 근거한 것이라도 위법한 것이 된다.

(5) 위반의 효과

부당결부금지의 원칙에 반하는 행정권 행사는 위법한데, 무효인가, 취소할 수 있는 행위인가는 **중대명백설**에 따른다. 행정권의 행사와 결부된 반대급부 사이에 실체적 관련성이 있는지 여부에 대하여 다툼의 여지가 있는 경우에는 그 행정권 행사가 위법한지 여부가 명백하지 않으므로 그 행정권 행사는 취소할 수 있는 행위에 불과한 것으로 보아야 할 것이다. 이에 반하여 행정권 행사와 아무런 관련이 없는 급부를 명하는 경우에는 그 부관은 무효라고 보아야 할 것이다.

주택사업계획승인에 붙여진 그 주택사업과는 아무런 관련이 없는 토지를 기부채납하도록 하는 부관을 위법하지만 당연무효라고 볼 수 없다고 한 **대법원 판례**가 있는데(대판 1997. 3. 11, 96다49650), 이는 중대명백설에 비추어 타당하지 않다.

[판례] **한 사람이 여러 종류의 자동차운전면허를 취득하는 경우뿐 아니라 이를 취소 또는 정지함에 있어서도 서로 별개의 것으로 취급하는 것이 원칙**이라 할 것이고 그 취소나 정지의 사유가 특정의 면허에 관한 것이 아니고 다른 면허와 공통된 것이거나 운전면허를 받은 사람에 관한 경우에는 여러 운전면허 전부를 취소 또는 정지할 수도 있다고 보는 것이 상당할 것이지만, 이륜자동차로서 제 2 종 소형면허를 가진 사람만이 운전할 수 있는 오토바이는 제 1 종 대형면허나 보통면허를 가지고서도 이를 운전할 수 없는 것이어서 이와 같은 **이륜자동차의 운전은 제 1 종 대형면허나 보통면허와는 아무런 관련이 없는 것**이므로 이륜자동차를 음주운전한 사유만 가지고서는 제 1 종 대형면허나 보통면허의 취소나 정지를 할 수 없다(대판 1992. 9. 22, 91누8289).

12. 공익(목적)의 원칙

공익의 원칙(공익목적의 원칙)이란 행정권은 공익목적을 위해 행사되어야 한다는 원칙이다(대판 2015. 1. 29, 2014두40616). 행정권을 공익목적이 아닌 목적(사적 목적, 정치적 목적)으로 행사하면 권한남용에 해당하여 그것만으로 위법하다. 또한 재량권 행사에 있어서는 공익의 실현을 고려하여야 하고, 이익형량에서 관련 공익을 고려하여야 한다. 다만, 공익을 목적으로 하면서 관련되는 사익을 부수적으로 고려하고 조정하는 것은 가능하다.

13. 자기책임의 원칙(책임주의원칙)

자기책임의 원칙이란 누구든지 자기에게 책임이 있는 경우에 한하여 책임을 지며 불가항력이나 전혀 무관한 제 3 자의 행위로 인한 것에 대해서는 책임을 지지 않는다는 원칙이다. 자기책임의 원칙은 **책임주의** 또는 **책임주의원칙**이라고도 한다.

자기책임원리는 법치주의에 당연히 내재하는 원리이다(헌재 2013. 5. 30, 2011헌바360등; 헌재 2015. 3. 26, 2012헌바381등). 책임의 원칙 또는 책임주의는 행정법상 처분에도 적용된다는 것이 판례의 입장이다(대판 전원합의체 2019. 2. 21, 2014두12697; 대판 2017. 4. 26, 2016두46175).

Ⅳ. 조 리

조리란 사회 일반의 정의감에서 마땅히 그러하여야 할 것이라고 인정되는 것을 말한다. 조리가 법원(法源)이 되는 것은 우리나라와 일본에 특유한 것으로 동양의 관념으로는 '도리', 서양의 관념으로는 '정의 또는 형평'과 동의어라고 할 수 있다.

조리는 법원으로서 어떠한 효력을 갖는가. ① 조리는 법해석의 기본원리가 된다. 법령은 가능한 한 조리에 맞도록 해석하여야 한다. ② 조리는 법의 흠결이 있는 경우에 최종적이고 보충적인 법원이 된다. 법원(法院)은 적용할 법이 없다는 이유로 재판을 거부할 수 없고 이 경우에는 조리에 따라 재판하여야 한다. ③ 판례는 조리에 기초하여 행정기관의 안전관리의무를 인정하고 있다(자세한 것은 후술 '국가배상' 참조).

판례는 예외적으로 조리상 취소 또는 철회신청권을 인정하고 있다(대판 2016. 1. 28, 2013두2938〈개발부담금환급거부취소〉).

제 4 절 법원의 단계구조

Ⅰ. 법원의 상호관계

행정법의 법원(法源)은 다음과 같은 상하의 관계에 있다. 가장 상위의 효력을 갖는 법으로부터 가장 하위의 효력을 갖는 법원의 순서로 열거하면 다음과 같다. 헌법 및 헌법적 효력을 갖는 법의 일반원칙－법률, 국회의 동의를 받은 조약, 국회의 승인을 받은 긴급명령 및 법률적 효력을 갖는 법의 일반원칙－명령(대통령령－총리령 또는 부령)－자치법규(조례－규칙).

명령은 제정권자의 우열에 따라 다음과 같이 상위법과 하위법의 효력관계에 있다. 대통령령－총리령 또는 부령(총리령과 부령은 상하의 관계에 있지 않다). 자치법규는 다음과 같이 상위법과 하위법의 관계에 있다. 광역자치단체의 자치법규(조례－규칙)－기초자치단체의 자치법규(조례－규칙). 동일단계인 자치단체의 조례와 규칙 사이에는 지방의회가 제정하는 조례가 지방자치단체의 장이 제정하는 규칙보다 상위법이다.

동일한 효력을 갖는 법 상호간에 모순이 있는 경우에는 특별법우선(特別法優先)의 원칙과 신법우선(新法優先)의 원칙에 의해 특별법이 일반법보다, 신법이 구법보다 우선한다. 또한 특별법우선의 원칙이 신법우선의 원칙보다 우월하므로 구법인 특별법이 신법인 일반법보다 우선한다.

Ⅱ. 위헌·위법인 법령의 효력과 통제

상위법에 위반되는 하위법규정은 위법한 법규정이 된다. 하위법령은 그 규정이 상위법령의 규정에 명백히 저촉되어 무효인 경우를 제외하고는 관련 법령의 내용과 입법 취지 및 연혁 등을 종합적으로 살펴서 그 의미를 상위법령에 합치되는 것으로 해석하여야 한다(대판 2012. 10. 25, 2010두3527 등). 이를 **상위법령합치적 법령해석**이라 한다. 하위법령의 의미를 상위법령에 합치되는 것으로 해석하는 것도 가능한 경우라면, 하위법령이 상위법령에 위반된다는 이유로 쉽게 무효를 선언할 것은 아니다(대판 2016. 12. 15, 2014두44502).

상위법령이 그보다 상위의 법에 반하는 위법한 경우에는 하위법은 최상위의 법에 위반하지 않는 한 위법한 법이 되지 않는다.

위법한 법규정의 효력은 어떠한가. ① 헌법에 위반되는 법률은 법원의 위헌법률심판의 제청에 따라 헌법재판소에 의한 위헌법률심사(違憲法律審査)의 대상이 된다. 헌법재판소법 제47조 제 3 항은 "제 2 항에도 불구하고 형벌에 관한 법률 또는 법률의 조항은 소급하여 그 효력을 상실한다. 다만, 해당 법률 또는 법률의 조항에 대하여 종전에 합헌으로 결정한 사건이 있는 경우에는 그 결정이 있는 날의 다음 날로 소급하여 효력을 상실한다"고 규정하여, 형벌에 관한 법률 또는 법률의 조항인지 여부와 종전에 합헌결정이 있었는지 여부를 구분하여 규정하고 있다. ② 헌법 및 상위법령에 위반하는 명령 또는 자치법규는 **구체적인 사건에서 재판의 전제가 된 경우**에 법원의 심사의 대상이 되며 위헌 또는 위법이 확인된 명령 또는 자치법규는 당연히 효력을 상실하는 것이 아니며 **해당 사건에 한하여 적용**이 **배제**된다. ③ 처분적 명령이 무효확인소송의 대상이 되어 무효확인된 경우에는 처음부터 효력이 없었던 것으로 확인된다. 다만, 그 처분적 명령에 근거하여 무효확인판결 전에 행해진 처분에 대하여도 소급효가 미치는지에 대하여는 논란의 여지가 있다. ④ 명령에 대한 헌법소원이 인용된 경우에는 해당 명령의 효력은 결정의 유형(단순위헌결정(명령이 위헌 및 위법임을 선언하는 결정), 불합치결정(위헌 및 위법적인 명령에 대한 입법개선촉구결정), 한정위헌결정(헌법 및 법률과 조화되지 않는 명령의 내용 배제), 한정합헌결정(헌법 및 법률과 조화되게 명령의 내용 축소 해석))에 따라 다르다. 명령에 대한 헌법소원에 대한 인용결정이란 헌법소원의 대상이 되고 있는 명령이 위헌이거나 위헌적인 법률에 근거하고 있다는 점을 결정으로 밝히는 것이다.[4] ⑤ 상위법령에 반하는 조례안은 일정한 요건하에 지방자치법상의 기관소송(무효확인소송)의 대상이 된다.

제 5 절 경찰행정법의 효력

경찰행정법령은 시간적·장소적·인적 범위 내에서 효력을 갖는다.

Ⅰ. 시간적 효력

1. 효력발생시기

행정법령은 시행일로부터 그 효력을 발생한다. 법령의 제정·개정시 시행일을 규정하는 것이 통례이다. 법령에서 시행일을 규정하지 않은 경우에는 공포한 날부터 20일을 경과함으로써 그 효력을 발생한다(「법령 등 공포에 관한 법률」 제13조).

국민의 권리제한 또는 의무 부과와 직접 관련되는 법률, 대통령령, 총리령 및 부령은 긴급히 시행하여야 할 특별한 사유가 있는 경우를 제외하고는 공포일부터 적어도 30일이 경과한 날부터 시행되도록 하여야 한다(동법 제13조의2).

2. 효력의 소멸

(1) 비한시법의 효력소멸

한시법(일정한 유효기간이 명문으로 정해져 있는 법)이 아닌 법령은 다음과 같은 경우 그 효력을 상실한다: ① 해당 법령 또는 동위 또는 상위의 법령에 의해 명시적으로 개폐된 경우, ② 해당 법령과 저촉되는 동위 또는 상위의 법령이 새로이 제정된 경우.

법령의 위반행위에 대해 해당 법령이 소멸된 후에도 처벌하거나 제재처분을 할 수 있는가 하는 것이 문제되는데, 법령은 원칙상 소멸 이전의 사실 또는 법률관계에

4) 허영, 「한국헌법론」(전정15판)(박영사, 2019), 939쪽.

적용되는 것으로 보고 이를 긍정하는 것이 타당하다.

[판례] 종전에 허가를 받거나 신고를 하여야만 할 수 있던 **행위의 일부를 허가나 신고 없이 할 수 있도록 법령이 개정되었다 하더라도** 이는 법률 이념의 변천으로 과거에 범죄로서 처벌하던 일부 행위에 대한 처벌 자체가 부당하다는 반성적 고려에서 비롯된 것이라기보다는 **사정의 변천에 따른 규제 범위의 합리적 조정의 필요에 따른 것이라고 보이므로,** 위「개발제한구역의 지정 및 관리에 관한 특별조치법」과「같은 법 시행규칙」의 신설조항들이 **시행되기 전에 이미 범하여진 개발제한구역 내 비닐하우스 설치행위에 대한 가벌성이 소멸하는 것은 아니다**(대판 2007. 9. 6, 2007도4197〈「개발제한구역의 지정 및 관리에 관한 특별조치법」 위반〉).

(2) 한시법의 효력소멸

한시법은 명문으로 정해진 유효기간이 경과하면 당연히 그 효력이 소멸된다.

한시법의 유효기간 내의 위반행위에 대하여 한시법이 소멸된 후에도 同 한시법을 적용하여 처벌하거나 제재를 가할 수 있는가 하는 것이 문제된다.

Ⅱ. 지역적 효력

1. 원 칙

행정법령은 해당 행정법령을 제정한 기관의 권한이 미치는 지역 내에서만 효력을 가지는 것이 원칙이다. 즉 국가의 법령은 대한민국의 영토 전역에 걸쳐 효력을 가지고, 지방자치단체의 조례·규칙은 지방자치단체의 구역 내에서만 효력을 가지는 것이 원칙이다.

2. 예 외

위의 원칙에는 다음과 같은 예외가 있다. ① 국제법상 치외법권이 인정되는 시설 내에는 국내법령의 효력이 미치지 않는다. ② 국가의 법령이 일부 지역에만 적용되는 경우가 있다. ③ 행정법령이 그 제정기관의 권한이 본래 미치는 지역을 넘어 적용되는 경우가 있다. 국가법령이 공해상에 있는 자국의 선박에 적용되고, 지방자치단체가 다른 지방자치단체의 구역 내에 공공시설을 설치한 경우 同 공공시설을 설치한 지방자치단체의 공공시설에 관한 조례는 同 공공시설에 적용된다.

Ⅲ. 대인적 효력

1. 원 칙

행정법령은 속지수의에 따라 원칙적으로 그 영토 또는 구역 내에 있는 모든 인(내국인, 내국법인, 외국인, 외국법인)에게 적용된다.

2. 예 외

① 국제법상 치외법권(治外法權: 다른 나라의 영토 안에 있으면서 그 나라 통치권의 지배를 받지 아니하는 국제법상의 권리)을 가지는 외국의 국가원수 또는 외교관에 대하여는 국내법령이 적용되지 않는다. ② 국내에 거주하는 미합중국군대 구성원에 대하여는 한·미행정협정에 의해 국내법령의 적용이 제한된다. ③ 외국인에 대하여 상호주의가 적용되는 경우가 있고, 외국인에 대하여 특칙을 두는 경우가 있다. ④ 국외의 자국인에 대하여 국내법령이 적용되는 경우가 있다.

제 6 절 행정법의 집행과 행정법의 해석

행정법의 집행은 구체적인 행정문제에 일반적 추상적인 행정법을 적용하는 과정이다. 이는 삼단논법의 방식에 의한다. ① 행정문제를 조사하여 사실관계를 확정하고, ② 적용할 행정법을 선택하여 일반적이고 추상적인 행정법을 해석하고, ③ 구체적인 행정문제를 행정법에 포섭하는 방식, 달리 말하면 행정법을 구체적인 행정문제에 적용하는 방식에 의한다.

일반법보다 특별법을 우선 적용하고, 특별법에 규정이 없는 사항에 대해서는 일반법을 적용한다.

법령에 따라 처분을 하려면 처분요건의 충족이 사실로 인정되어야 한다. 처분요건충족사실은 관련서류만으로 인정되는 경우도 있고, 관련서류만으로 인정되지 못하는 경우에는 관련서류와 함께 사실조사를 통해 인정되어야 한다. 처분사실의 존재는 단순히 가능성만으로는 아니되고 최소한 개연성(다만, 제재처분의 경우 고도의 개연성)이 인정되어야 한다. 판결에서는 행정에서보다 엄격한 입증(민사·행정소송에서는 고도의 개연성의 입증(통상인이라면 의심을 품지 않을 정도의 입증), 형사소송에서는 합리적 의심의 여지가 없을 정도의 입증)이 행해지므로 행정기관은 특별한 사정(고도로 전문적인 사실의 인정 등)이 없는 한 확정판결에 의해 인정된 사실을 따라야 한다. 사실조사는 행정조사에 관한 법령(예 행정조사기본법, 세무조사에 관한 국세기본법 등)에 따라야 한다. 후술하는 바와 같이 행정조사가 위법하면 그에 따른 처분도 원칙상 위법하다는 것이 판례의 입장이다. 처분 후 처분요건 충족 여부가 재판에서 다투어지는 경우에 원칙상 처분요건 충족사실에 대한 증명책임은 처분청이 진다. 처분의 예외가 되는 사유 등 처분의 장애가 되는 사실(사유)의 인정은 원칙상 원고인 처분의 상대방이 진다.

행정청의 해석은 행정법규정의 문언이나 문구의 의미를 명확히 하는 해석(**문언해석 또는 문리해석**)을 기본으로 하면서도 행정법의 입법목적에 합치되게 해석(**목적론적 해석**)하도록 노력하여야 하고, 상하 또는 동일 법규범 상호간에 모순 없이 체계적이고 논리적 해석(**체계적·논리적 해석**)하여야 한다. 그리고 최종적으로 행정법의 종국목적인 공익의 실현 및 상호간의 적절한 이익의 조정을 고려하여야 한다.

법해석의 목표는 어디까지나 법적 안정성을 저해하지 않는 범위 내에서 구체적 타당성을 찾는 데 두어야 한다. 그러기 위해서는 가능한 한 법률에 사용된 문언의 통상적인 의미에 충실하게 해석하는 것을 우선으로 하여야 한다. 다만 문언의 통상적 의미를 벗어나지 아니하는 범위 내에서는 법률의 **입법 취지와 목적**, 제·개정 연혁, 법질서 전체와의 조화, 다른 법령과의 관계 등을 고려하는 **체계적·논리적 해석방법**을 추가적으로 활용할 수 있다(대판 2017. 12. 22, 2014다223025).

누구든지 법령등의 내용에 의문이 있으면 법령을 소관하는 중앙행정기관의 장(이하 "법령소관기관"이라 한다)과 자치법규를 소관하는 지방자치단체의 장에게 법령해석을 요청할 수 있다(행정기본법 제40조 제 1 항). 법령소관기관의 법령해석을 **유권해석**이라 한다.

법령소관기관이나 법령소관기관의 해석에 이의가 있는 자는 대통령령으로 정하는 바에 따라 법령해석업무를 전문으로 하는 기관(민사·상사·형사, 행정소송, 국가배상 관계 법령 및 법무부 소관 법령과 다른 법령의 벌칙조항에 대한 해석인 경우에는 **법무부**, 그 밖의 모든 행정 관계 법령의 해석인 경우에는 **법제처**(법제업무운영규정 제29조 제 1 항))에 법령해석을 요청할 수 있다(행정기본법 제40조 제 3 항).

제3장 행정상 공법관계(행정법관계)와 사법관계

제1절 행정법관계의 의의 및 공법관계와 사법관계의 구별

Ⅰ. 행정상 법률관계와 행정법관계의 의의

행정활동을 기초로 하여 맺어지는 법률관계를 **행정상 법률관계**라고 말한다. **법률관계**란 법주체 상호간의 권리의무관계를 말한다. 행정상 성립되는 법률관계에는 ① 행정주체와 국민간에 맺어지는 법률관계와 ② 행정주체와 공무원간에 맺어지는 법률관계, ③ 행정주체 상호간에 맺어지는 법률관계가 있다.

행정상 법률관계가 모두 행정법관계는 아니다. **행정법관계**는 행정상 법률관계 중 공법이 적용되는 법률관계(공법관계)를 말한다. 따라서 행정법관계는 공법관계와 동의어로 사용된다.

Ⅱ. 공법관계(공법행위)와 사법관계(사법행위)의 구별

공법과 사법이 구별되므로 원칙상 공법에 의해 규율되는 공법관계와 원칙상 사법에 의해 규율되는 사법관계를 구별하여야 한다.

1. 공법관계와 사법관계의 구별실익

(1) 적용법규 및 적용법원리의 결정

우선 적용할 법규정과 적용할 법원리를 결정하기 위하여 문제의 법률관계가 공법관계(권력관계 또는 관리관계)인지 사법관계(국고관계 또는 행정사법관계)인지 구별할 필요가 있다.

행정상 법률관계 중 사법관계(국고관계)에는 사법규정 및 사법원리가 적용된다. 다만, 행정사법관계에는 일부 공법적 규율이 행해진다.

① 공법관계를 적용대상으로 하는 법은 공법이 되며 공법원리에 맞게 해석되어야 한다. ② 공법관계에 적용할 법규정이 존재하지 않는 경우에는 우선 공법규

정을 유추(類推)[5]적용하여야 한다. ③ 유추적용할 공법규정도 없는 경우에는 권력관계에 대하여는 공법원리에 맞게 민법상의 일반법원리적 규정을 유추적용하고, 관리관계에 대하여는 사법이 널리 적용되지만, 공익의 보호를 위하여 필요한 한도 내에서는 사법규정을 수정하여 적용하여야 한다.

(2) 소송형식 및 소송절차의 결정

① 공법관계에 관한 소송은 행정소송으로 제기하여야 하고, 사법관계에 관한 소송은 민사소송으로 제기하여야 한다. 처분에 대하여는 항고소송을 제기하고, 공법상 법률관계에 관한 분쟁에 있어서는 공법상 당사자소송을 제기하여야 한다.

민사소송의 관할법원은 1심이 지방법원 또는 지방법원지원 또는 시군법원이고, 2심이 고등법원이고, 3심이 대법원이다. 행정소송은 1심이 행정법원이 있는 서울에서는 행정법원이고, 행정법원이 없는 지역에서는 지방법원 합의부이고, 2심이 고등법원이고, 3심이 대법원이다.

② 행정소송은 행정소송법에서 민사소송과는 다른 특별한 소송절차를 규정하고 있다.

2. 공법관계(공법행위)와 사법관계(사법행위)의 구별기준

공법관계(공법행위)와 사법관계(사법행위)의 구별은 기본적으로 **관련법규정과 법률관계(행위)의 성질을 고려하여 결정**하여야 한다.

(1) 제 1 차적 기준: 관련법규정

우선 문제의 법률관계를 규율하는 관련법규정이 제 1 차적 기준이 된다.

① 관련법규가 문제의 법률관계가 공법관계라는 것을 전제로 하고 있는 법규정인 경우에는 그 법률관계는 공법관계이다.

예를 들면, 법규정이 행정상 강제집행 등 권력적 행위를 대상으로 하는 경우에 그 법규는 공법이며 그 대상이 되는 행위는 공법행위가 된다. 그리고 행정상 강제집행을 인정하고 있는 경우 그 대상이 되는 의무는 공법상 의무로 추정된다. 그러나 행정의 편의를 위하여 **사법상의 금전급부의무(예 국유재산법상 대부계약에 따른 대부료지급의무)의 불이행에 대하여 국세징수법 중 체납처분에 관한 규정을 준용하는 경우(예 국유재산법 제73조 제 2 항)**가 있는데, 이 경우에는 **해당 사법상 의무는** 법에 의해 행정상 강제징수의 대상이 되는 것으로 규정되어

5) 유추란 어떤 사항에 대하여 직접적인 법의 명문이 없는 경우 이와 유사한 사항에 대하여 규정한 법규정을 적용하여 같은 법적 효과를 인정하는 것을 말한다.

있다고 하더라도 **여전히 사법상 의무**이며 공법상 의무가 되지 않는다(대판 1993. 12. 21, 93누13735). 그러나 체납처분행위는 공법행위이고, 특별한 사정이 없는 한 민사소송의 방법으로 대부료 등의 지급을 구하는 것은 허용되지 아니한다(대판 2014. 9. 4, 2014다203588 〈건물인도등〉). 또한 법적 분쟁에 대하여 행정상 쟁송(행정심판 또는 행정소송)을 제기하도록 규정하고 있는 경우에 그 규율대상이 되고 있는 행위 또는 권리는 공법행위 또는 공권이라고 추정된다.

② 어떤 법률관계(행정작용)가 사법형식에 의해 규율되고 있는 것이 명백한 경우에 그 법률관계(행정작용)는 사법관계(사법행위)가 된다.

(2) 제 2 차적 기준: 법률관계(또는 행위)의 성질

관련법규에 의해 공법관계(공법행위)와 사법관계(사법행위)가 명확하게 구별되지 못하는 경우가 있는데, 이 경우에는 **관련법규정과 함께 법률관계(또는 행위)의 성질을 기준**으로 공법관계와 사법관계를 구별하여야 한다.

법률관계의 성질을 기준으로 한 공법관계와 사법관계의 구별에 관하여 공법과 사법의 구별에 있어서처럼 주체설, 권력설, 이익설 및 귀속설 등이 대립되고 있다.

1) 주 체 설

주체설이란 적어도 한쪽 당사자가 행정주체인 법률관계를 공법관계로 보고, 양 당사자 모두 사인인 법률관계를 사법관계라고 보는 견해이다.

2) 권력설(종속설, 복종설)

권력설이란 행정주체에게 우월적 지위가 주어지는 지배복종관계인 법률관계는 공법관계이고, 양 당사자가 대등한 법률관계는 사법관계로 보는 견해이다.

행정주체가 당사자가 되는 권력관계(권력행위)는 공법관계(공법행위)라는 점에서 권력설의 의의가 있다. 그러나 이 견해는 오늘날 비권력적인 공법관계(행정법관계)가 널리 인정되고 있는 점에서 문제가 있다. 그리고 사법관계에도 예외적이기는 하지만 지배복종관계가 있다.

3) 이 익 설

이익설이란 공익의 보호와 관계가 있는 법률관계를 공법관계로 보고, 사익에 관한 법률관계를 사법관계로 보는 견해이다.

공법관계는 권력관계이든 비권력관계이든 모두 공익의 보호와 관련이 있고, 사법관계는 사익에 관한 법률관계인 점에서 이익설이 공법관계와 사법관계의 일반적인 구별기준이 될 수 있다. 그러나 공익과 사익의 구별이 상대적이고, 공법관계는 공익의 보호와 함께 사익의 보호와도 관련이 있고, 사법관계도 공익과 관련이 있는 경우가 있다는 점에서 이익설의 한계가 있다. 또한 행정사법관계는 공익과 밀접한 관련이 있지만 기본적으로 사법관계이다.

4) 귀속설(신주체설)

귀속설이란 공권력의 담당자의 지위를 갖는 자에게만 권리 또는 의무를 귀속시키는 법률관계가 공법관계이고, 누구에게나 권리 또는 의무를 귀속시키는 법률관계가 사법관계라고 보는 견해이다. 여기에서 **공권력**은 공행정주체 일반에 부여되는 우월적 지위를 의미하며 일방적인 명령강제권을 의미하는 것은 아니다.

5) 결어: 복수기준설

가. 복수기준설의 타당성 공법관계와 사법관계의 구별기준으로 제시된 이익설, 종속설 및 귀속설은 모두 중요한 구별기준을 제시하고 있지만 공법관계와 사법관계의 구별에 관한 완벽한 이론이 되지 못한다. 그것은 공법관계와 사법관계의 구분 자체가 역사적 산물일 뿐만 아니라 상대적이기까지 하여 어느 하나의 기준에 따라 확연히 구분될 수 없는 관계로 이들 여러 학설을 종합 절충하여 구분할 수밖에 없다(법원행정처, 「법원실무제요 행정」, 4쪽). 따라서 위의 **세 이론을 종합적으로 고려**하여 문제의 법률관계(행위)가 공법관계(공법행위)인지 사법관계(사법행위)인지를 판단하여야 한다. 이를 **복수기준설**이라 한다. 복수기준설은 일관성 있는 법이론이 되지 못하는 문제점을 갖고 있지만 공법관계와 사법관계의 구별에 관한 이론 중 **가장 현실적인 이론**이라 할 수 있다.

나. 복수기준설의 적용

① 우선 **관계법규에 비추어 행정주체에게 우월한 법적 지위를 부여하고** 있는 경우에 그 법률관계(행위)는 공법관계(공법행위)인 권력관계(권력행위)일 가능성이 많다. 또한 문제의 공법관계(공법행위)가 권력관계(권력행위)인가 비권력관계(비권력적 공법행위)인가를 구별할 필요가 있는 경우가 있는데, 이 경우에 권력설은 중요한 기준이 된다.

② 그리고 이익설이 보충적인 기준이 될 수 있다. 즉 **공익의 보호가 고려되고 있는 것**은 해당 법률관계를 공법관계로 해석하는 데 유리하게 작용한다. 행정주체에게 우월한 법적 지위를 인정하고 있지 않는 경우에도 그 법률관계(행위)의 공공성이 강한 경우에는 공법관계(공법행위)인 관리관계(비권력적 공행정작용)로 된다.

③ 그러나 그 법률관계(행위)에 공공성이 인정되는 경우에도 그것을 규율하는 법이 명백한 사법규정이라고 판단되는 경우에는 사법형식에 의한 법률관계(또는 행정작용)로 되어 기본적으로 사법관계(사법행위)가 된다(행정사법관계(行政私法關係)).

④ 법률관계(행정작용)에 공공성이 없는 경우에는 그 법률관계(행정작용)는 사법관계(사법행위)가 된다. 문제의 법률관계가 사법관계와 유사하고, 사법관계와 다르게 규율할 필요가 없으면 사법관계이다.

⑤ 관련법규정 및 문제의 법률관계(또는 행위)의 성질에 의해 해당 법률관계(또는 행위)가 공법관계(또는 공법행위)인지 아니면 사법관계(또는 사법행위)인지 명확하지 않을 때, 달리 말하면 문제의 법률관계(또는 행위)가 공법관계(또는 공법행위)와 사법관계(또는 사법행위)의 한계선상에 있을 때에는 관련법규정 및 문제의 법률관계(또는 행위)의 성질 중 문제의 법률관계(또는 행위)를 공법관계(또는 공법행위)로 보아야 할 지표(指標)들과 문제의 법률관계(또는 행위)를 사법관계(또는 사법행위)로 보아야 할 지표들을 종합적으로 고려하여 개별적으로 판단하여야 한다.

다. 공법관계와 사법관계의 구별에 관한 판결례

(가) 국유 또는 공유재산의 매매 또는 사용관계

① 국유 또는 공유의 잡종재산(일반재산)의 매각이나 대부는 행정처분이 아니며 그 계약은 사법상 계약이다(대판 2000. 2. 11, 99다61675).

② 국유 또는 공유재산인 행정재산의 사용허가는 행정행위(특허)이다(대판 1998. 2. 27, 97누1105).

③ 국유 또는 공유재산(일반재산 포함)의 무단점유에 대한 변상금부과처분은 행정처분이다(대판 1988. 2. 23, 87누1046·1047). 변상금 부당이득환수와 제재의 성격을 동시에 가진다.

[판례] 국유재산법 제51조 제 1 항은 국유재산의 무단점유자에 대하여는 대부 또는 사용, 수익허가 등을 받은 경우에 납부하여야 할 대부료 또는 사용료 상당액 외에도 **그 징벌적 의미에서 국가측이 일방적으로 그 2할 상당액을 추가하여 변상금을 징수**토록 하고 있으며 동조 제 2 항은 변상금의 체납시 국세징수법에 의하여 강제징수토록 하고 있는 점 등에 비추어 보면 **국유재산의 관리청이 그 무단점유자에 대하여 하는 변상금부과처분은** 순전히 사경제 주체로서 행하는 사법상의 법률행위라 할 수 없고 이는 관리청이 공권력을 가진 우월적 지위에서 행한 것으로서 행정소송의 대상이 되는 **행정처분**이라고 보아야 한다(대판 1988. 2. 23, 87누1046·1047).

④ 항만공사의 항만시설 사용료 징수에는 공법상 법률관계가 적용되고, 항만시설 사용료 징수는 항고소송의 대상인 처분에 해당한다(대판 2021. 10. 28, 2021두45749).

(나) 입찰관련행위

① 판례는 입찰계약(조달계약)을 사법상 계약으로 보고, 입찰보증금의 국고귀속조치를 사법상 행위로 본다(대판 1983. 12. 27, 81누366).

② 법령에 근거한 행정기관의 입찰참가자격정지는 행정처분이다(대판 1983. 12. 27, 81누366). 계약(공법상 계약, 사법상 계약)에 근거한 입찰참가자격제한은 처분이 아니고 계약상의 의사표시(공법상 의사표시 또는 사법상 의사표시)이다.

(다) 국가나 지방자치단체에 근무하는 청원경찰의 근무관계

판례는 국가나 지방자치단체에 근무하는 청원경찰의 근무관계를 공법상의 근무관계로 보고 있다(대판 1993. 7. 13, 92다47564).

[판례] **국가나 지방자치단체에 근무하는 청원경찰**은 **다른 청원경찰과는 달리** 그 임용권자가 행정기관의 장이고, 국가나 지방자치단체로부터 보수를 받으며, 공무원연금법에 따른 재해보상과 퇴직급여를 지급받고, 직무상의 불법행위에도 국가배상법이 적용되는 등의 특질이 있으며… **그에 대한 징계처분의 시정을 구하는 소는 행정소송의 대상**이지 민사소송의 대상이 아니다(대판 1993. 7. 13, 92다47564〈수원시가 소속 청원경찰에 대하여 내린 파면처분을 다툰 사건〉).

Ⅲ. 개별적 구별

공법관계와 사법관계의 구별은 법률관계 전체에 대해 개괄적으로 하는 것이 아니라 개별적 법률관계마다 개별적으로 행하여진다. 그 이유는 오늘날 하나의 개괄적인 법률관계에 있어서 공법관계와 사법관계가 혼재되어 있는 경우가 적지 않기 때문이다.

Ⅳ. 2단계설

행정상 법률관계가 경우(예 보조금지급관계)에 따라서는 기본적 결정과 구체화결정(발전적 결정)으로 단계적으로 형성되는 것으로 보면서 기본적 결정(예 보조금지급결정)은 공법관계이고, 기본적 결정의 구체화결정(발전적 결정)(예 보조금지급계약)은 사법관계로 보는 견해가 있는데, 이를 2단계설이라 한다.

일반적으로 2단계설은 위의 사례와 같이 2단계가 공법관계와 사법관계로 형성되는 경우만을 의미하는 것으로 보고 있는데, 성질이 다른 2개의 공법관계로 형성되는 경우(예 행정행위인 우선협상대상자의 결정＋공법상 계약인 민자유치계약)도 2단계의 행정결정으로 보는 견해도 있다.

제 2 절 행정상 법률관계의 종류

행정상 법률관계는 공법관계와 사법관계로 구분되고 공법관계는 다시 권력관계와 관리관계로 구분된다. 사법관계에는 엄격한 의미의 사법관계인 국고관계와 사법관계이지만 일부 공법적 규율을 받는 행정사법관계가 있다.

Ⅰ. 공법관계 [2019 경감승진 약술형(공법관계와 사법관계의 구별)]

1. 권력관계

권력관계란 행정주체가 우월적인 지위에서 국민에 대하여 일방적인 조치(법률행위 또는 사실행위)를 취하는 관계를 말한다. 권력관계의 예로는 권력적 법률행위인 행정행위(예 운전면허 취소 및 정지처분)와 권력적 사실행위인 행정강제(예 주차위반차량의 견인·보관조치)가 있다.

권력관계는 경찰행정·보건행정 등과 같은 전통적인 질서행정의 분야에서 많이 발견된다.

권력관계는 사인 상호간의 관계와는 그 성질이 크게 다른 관계이므로 사법과는 다른 공법원리에 따라 규율된다.

2. 관리관계

관리관계란 행정주체가 사인과 대등한 관계에서 공행정을 수행함에 있어서(공익목적을 달성하기 위하여 사업을 수행하거나 재산을 관리함에 있어서) 국민과 맺는 관계를 말한다. 관리관계는 **비권력적 공행정관계**라고도 한다.

관리관계의 예로는 비권력적 행정작용인 **공법상 계약관계, 행정지도** 등을 들 수 있다. 우리나라에서는 관리관계의 예가 많지 않다. 그러나 **선진국에서는 '명령·강제에 의한 행정'에서 '협의에 의한 행정'으로 나아가고 있기 때문에 관리관계가 널리**

인정되고 있다.

관리관계는 **비권력관계**라는 점에서 권력관계와 구별된다. 사법관계와 유사하나 사법관계와 달리 **공익성**이 강하기 때문에 공익목적을 달성하기 위하여 필요한 한도에서는 **특수한 공법적 규율**이 행하여지는 관계이다. 특수한 공법적 규율이 행해지는 경우 이외에는 관리관계는 사법에 의해 규율된다.

행정사법관계가 발달한 오늘날 관리관계와 행정사법관계의 구별은 매우 어렵다. 종래 공기업이용관계는 관리관계로 보았으나 오늘날에는 행정사법관계로 규율되는 경우가 많다.

3. 권력관계와 관리관계의 구별

권력관계와 관리관계를 구별하는 이유는 상호 성질이 다르고(전자는 권력관계이고 후자는 비권력관계이므로) 그에 따라 적용되는 공법원리에도 차이가 있기 때문이다.

① 권력관계에는 공정력, 확정력(불가변력과 불가쟁력) 및 강제력 등 행정주체에게 법률상 우월한 힘이 인정되지만 관리관계는 비권력관계이므로 이러한 효력이 인정되지 않는다.

② 권력관계와 관리관계는 다 같이 공법관계이므로 법률에 의한 행정의 원칙의 적용을 받지만 권력관계는 관리관계와 비교하여 보다 엄격한 법적 규율을 받는다. 권력작용에는 원칙상 법률유보의 원칙이 적용되지만 관리관계에는 법률유보의 원칙이 적용되는 경우도 있겠지만 일정한 경우에는 법률유보의 원칙이 적용되지 않는다. 즉 공법상 계약과 행정지도에는 법률의 근거를 요하지 않는다. 관리관계에 법률유보의 원칙이 적용되는 경우에도 권력관계에서보다는 그 적용이 완화될 수 있다. 예를 들면, 비권력적인 급부행위에는 작용법적 근거는 필요하지만, 포괄적 근거만 있으면 족하다고 보는 견해가 있다.

③ 권력관계와 관리관계를 규율하는 법과 법원리는 상이하며, 사법규정의 적용에 있어서도 차이가 있다.

④ 권력행위를 다투는 소송은 항고소송이지만, 비권력적 공행정작용을 다투거나 관리관계에 관한 소송은 원칙상 공법상 당사자소송으로 제기된다.

Ⅱ. 사법관계

사법관계란 행정주체가 사인과 같은 지위에서 국민과 맺는 관계를 말한다. 사법관계는 국고관계와 행정사법관계로 구분되고 있다.

1. 국고관계 [2016 사시]

국고관계란 행정주체가 일반 사인과 같은 지위에서(사법상의 재산권의 주체로서) 사법상의 행위를 함에 있어 사인과 맺는 관계를 말한다. 그 예로는 **조달행정**(경찰행정에 필요한 물품의 구매계약, 경찰청사의 건설도급계약), **경제활동**(국유재산〈일반재산〉의 매각, 수표의 발행, 금전차입), 연구용역업무 등을 들 수 있다.

국고관계는 전적으로 사법에 의해 규율된다는 것이 통설의 입장이다. 행정주체의 국고관계에서의 활동에 대하여는 「국가를 당사자로 하는 계약에 관한 법률」, 국유재산법, 「공유재산 및 물품 관리법」 등에서 특수한 규율을 하고 있는 경우가 있는데, 이들 특수한 규정은 원칙상 공법규정이 아니라 사법규정이다.

2. 행정사법관계

(1) 의의와 필요성

행정사법관계란 행정주체가 사법형식으로 공행정(공적 임무)을 수행함에 있어서 국민과 맺는 법률관계를 말한다.

전통적으로 공행정은 공법적 수단으로 수행되는 것이 원칙이었으나 오늘날 행정주체가 공법규정 하에서의 여러 가지 부담과 제약에서 벗어나 사적 부문의 자율성과 창의성에 기초하여 공행정을 효율적으로 수행할 수 있도록 하기 위하여 일정한 경우에 행정주체를 공법적 제약으로부터 해방시켜 공행정을 사법형식으로 수행하도록 하고 있다.

(2) 행정사법관계의 인정 및 그 범위와 한계

행정사법관계는 법률에 의해 인정될 수 있다. 그리고 행정사법관계를 인정하는 법률이 존재하지 않는 경우에도 행정청은 일정한 한계 내에서 공행정을 수행함에 있어서 공법형식과 사법형식을 선택할 수 있는 권한을 갖는다.

사법형식에 의한 행정이 행해질 수 있는 대표적인 영역은 **급부행정**(예 철도사업·시영버스사업·전기·수도·가스 등 공급사업, 우편사업, 하수도관리사업, 쓰레기처리사업)과 자금 지원행정(예 보조금의 지급, 융자)이다. **판례**는 수돗물공급의무를 이행하지 못한 것에 대한 손해배상청구를 국가배상책임의 문제가 아니라 민법에 따른 손해배상책임(민법 제758조의 공작물의 설치·보존상의 하자로 인한 배상책임)의 문제로 본 점에 비추어보면(대판 2018. 7. 12, 2015다68348), **수돗물 공급관계를 사법관계**로 보고 있는 것으로 보인다. 다만, 현행법상 **수도료 부과징수와 이에 따른 수도료의 납부관계는 공법상 권리의무관계**로 규정되어 있다(대판 1977. 2. 22, 76다2517).

경찰, 조세 등 고권적 행정과 공익성이 강하게 요구되는 행정은 사법형식에 의한 관리가 인정될 수 없다고 보아야 한다.

(3) 행정사법관계의 법적 규율

행정사법관계를 규율하는 법을 행정사법(行政私法)이라 한다. 행정사법관계는 공법형식의 제약에서 벗어나 사법형식에 의해 규율되는 법률관계이므로 기본적으로 사법관계이며 사법에 의해 규율된다. 그러나 행정주체가 수행하는 작용의 실질은 공행정이므로 공행정의 공공성을 최소한으로 보장하고, 국민의 기본권을 보장하기 위하여 행정사법관계에는 **해석상 일정한 공법원리(公法原理)가 적용**된다고 본다. 사법형식에 의한 공행정에 적용되는 공법원리에는 평등의 원칙, 비례의 원칙, 공역무(공행정)계속성의 원칙, 행정권의 기본권 보장의무 등이다. 이와 같은 행정사법관계에 대한 일정한 공법원리의 적용은 행정권의 '사법으로의 도피'를 막기 위하여도 필요하다.

(4) 권리구제

행정사법관계는 기본적으로 사법관계이므로 행정사법관계에 관한 법적 분쟁은 **민사소송의 대상**이 된다.

제 3 절 행정법관계의 당사자(행정주체와 행정객체)

Ⅰ. 행정주체

1. 의 의

행정주체란 행정을 행하는 법주체를 말한다. 행정주체에는 국가, 지방자치단체, 공공조합, 영조물법인, 공법상 재단, 공무수탁사인이 있다. 행정을 실제로 행하는 것은 공무수탁사인에 있어서의 일정한 경우(공무수탁사인이 자연인인 경우)를 제외하고는 행정주체가 아니라 행정주체의 기관이다. 그러나 이들 기관의 행위의 법적 효과는 법인격체인 행정주체에게 귀속된다.

【용어정리】

- **행정주체**: 행정을 행하는 법주체(예 국가, 지방자치단체, 공공단체, 공무수탁사인)
- **행정기관**: 국가 또는 지방자치단체의 행정사무를 담당하는 기관(예 경찰청 등 정부부처)
- **행정청**: 행정주체의 의사를 결정하고 이를 외부에 표시할 수 있는 권한을 가진 행정기관(예 경찰청장)

2. 행정주체의 종류

(1) 국 가

국가행정의 주체는 국가가 된다. 국가는 법인격을 가진 법인으로서 행정법관계의 법주체가 된다.

(2) 지방자치단체(광의의 공공단체)

지방자치단체란 국가의 영토 내에서 일정한 지역 및 그 지역의 주민으로 구성되며 그 지역 내에서 일정한 통치권을 행사하는 법인격을 갖는 공공단체를 말한다.

지방자치단체도 넓은 의미에서는 공공단체에 포함되나 협의의 공공단체(공공조합, 영조물법인, 공법상 재단)와 달리 일정한 지역과 주민을 갖고 있다는 점과 일반적인 행정을 담당한다는 점에서 국가와 유사하며 다른 공공단체와 구별된다. 다른 공공단체(**협의의 공공단체)는 특정한 사업수행만을 담당**한다.

지방자치단체에는 보통지방자치단체와 특별지방자치단체가 있다. 보통지방자치단체는 광역자치단체와 기초자치단체로 구별된다.

지방자치단체는 지방자치단체에 고유한 고유사무(예 판례에서 인정된 사례: 학교급식 실시에 관한 사무, 호적사무(가족사무) 등)와 국가로부터 위임받은 위임사무(단체위임사무와 기관위임사무)를 수행한다. **고유사무와 단체위임사무**는 지방자치단체의 사무가 되므로 지방자치단체의 행정기관의 활동의 법적 효과는 법주체인 지방자치단체에 귀속된다(단체위임사무: 조세 등 공과금 징수, 전염병 예방접종, 하천 보수·유지, 국도 유지·수선 등). **기관위임사무**는 지방자치단체 자체가 아니라 지방자치단체의 행정기관(특히 지방자치단체의 장)에게 위임된 사무로 그 사무는 지방자치단체의 사무가 아니라 국가사무 또는 위임기관이 속한 지방자치단체의 사무이다(예 주민등록사무, 병무사무, 소방사무 등). 그리고 기관위임사무를 수행하는 지방자치단체의 장은 국가기관위임사무의 경우 국가기관의 지위를 가지고, 시·도지사로부터 기관위임을 받은 경우에는 해당 시·도 기관으로서의 지위를 갖는다. 따라서 그 기관위임사무의 수행의 법적 효과는 그 기관위임사무의 행정주체인 국가 또는 지방자치단체에 귀속된다. 따라서 **지방자치단체의 사무**(고유사무와 단체위임사무)와 **기관위임사무**(국가사무로 법적 효과는 국가에 귀속)를 **구별**하여야 한다.

(3) 협의의 공공단체

협의의 공공단체란 특정한 국가목적을 위하여 설립된 법인격이 부여된 단체를 말한다. 공공단체에는 공공조합, 영조물법인, 공법상 재단이 있다. 공공단체는 공법상의 법인(공법인)이다. **공법인**이란 공익목적사업을 위해 공법에 따라 설립된 법인을 말한다. 국가와 지방자치단체이외의 공법인을 모두 협의의 공공단체로 보는 견해도 있지만, 공법인 중 존립목적인 사업을 공행정작용의 형식으로 수행하지 않고 전적으로 사법작용의 형식으로 수행하는 공법인은 공공단체가 아니라고 보아야 한다.

협의의 공공단체는 특정한 행정목적을 수행함에 있어서 필요한 한도 내에서 행정주체의 지위에 서게 되며 그 자체가 행정청이 된다. **협의의 공공단체는 법정의 고유한 행정사무뿐만 아니라 행정기관이 임의로 위탁한 행정사무도 수행**한다. 공공단체는 공행정사무뿐만 아니라 사법상 사무도 수행한다. 농지개량조합 관련 판례와는 달리 **판례**는 대체로 공공단체 내부의 문제 중 징계문제에 관한 한 처분성을 부정하는 경향이 있다(김유환).

1) 공공조합

공공조합이란 법정의 자격을 가진 조합원으로 구성된 공법상의 사단법인이다. 공공조합에는 농지개량조합, 토지구획정리조합, 상공회의소, 의료보험조합, 재개발조합, 재건축조합 등이 있다. **판례**는 대한변호사협회를 공법인으로 보고, 변호사등록을 공행정사무로 본다(헌재 2019. 11. 28, 2017헌마759; 대판 2021. 1. 28, 2019다260197). 일반 사인인 증권회사를 회원으로 설립된 한국증권거래소는 민법상 사단법인에 준하는 것이고, 공공조합이 아니다(헌재 2005. 2. 24. 2004헌마442). 공공조합의 설치목적은 조합원의 이익을 도모하는 것, 보험과 같은 공제사업을 하기 위한 것 등 여러 가지가 있으며 그들 사업을 위하여 여러 가지 행정권을 행사한다.

> **[판례]** 농지개량조합과 그 직원과의 관계는 사법상의 근로계약관계가 아닌 공법상의 특별권력관계이고, 그 조합의 직원에 대한 징계처분의 취소를 구하는 소송은 행정소송사항에 속한다(대판 1995. 6. 9, 94누10870). **[해설]** 농지개량조합 직원에 대한 징계처분은 처분성이 인정된다.

2) 영조물법인

영조물법인이란 행정법상의 영조물에 독립된 법인격이 부여된 것을 말한다(예 국립서울대학교, 한국은행, 한국산업은행, 국립서울대병원, 한국과학기술원 등). **영조물**이란 특정한 국가목적에 제공된 인적·물적 종합시설을 말한다(예 국립경찰대학(교육시설+교수), 국립경찰병원(의료시설+의사), 국립도서관(도서+사서), 국공립학교 등). **영조물법인은 특별한 목적을 위하여 국가 및 지방자치단체 등 일반 행정조직과 분리시켜 독립채산제를 채택한 공공단체이다.**

영조물과 영조물법인의 관계는 다음과 같다. 행정주체가 운영하는 영조물은 인사·회계 등에 있어 법령상 엄격한 통제를 받기 때문에 능률적인 업무 수행에 제약을 받게 된다. 따라서 영조물의 능률적인 경영을 보장하기 위하여 독립적인 법인격을 부여하는 경우가 있는데, 이를 영조물법인이라 한다(이일세, 「행정법총론」, 66면).

영조물은 **공익사업을 수행**한다는 점에서 공기업과 유사하다. 공기업이 사법상의 경영방식에 의해 수행하는 수익적 사업인 반면에 영조물은 강한 공공성과 윤리성을 갖는 정신적·문화적·행정적 사업인 점에서 영리를 중시하는 공기업과 구별된다. 그리하여 영조물의 조직과 이용에는 공법이 적용되지만 공기업의 조직이나 이용은 원칙상 사법에 의해 규율된다.

3) 공법상 재단

공법상 재단이란 국가나 지방자치단체가 공공 목적을 위하여 출연한 재산을 관리하기 위하여 설립된 공법상의 재단법인을 말한다. 그 예로는 한국연구재단이 있다. 중앙행정심판위원회는 한국장학재단(국가장학사업 통합운영, 학자금 대출 및 보증업무 수행: 교육부 산하 위탁집행형 준정부기관)을 행정청으로 판단하지 않고 있고, 그 처분성 또한 부정하고 있다.

(4) 공무수탁사인 [2020 경감승진 약술형(공무수탁사인)]

공무수탁사인이란 공행정사무를 위탁받아 자신의 이름으로 처리하는 권한을 갖고 있는 행정주체인 사인을 말한다. 공무수탁사인은 처분을 함에 있어서는 행정주체이면서 동시에 행정기관(행정청)의 지위를 갖는다.

공무수탁사인의 예로는 ① 사립대학이 교육법에 의해 학위를 수여하는 경우, ② 사선(私船)의 선장 또는 해원(海員) 및 항공기의 기장이 일정한 경찰사무를 행하는 경우(「사법경찰관리의 직무를 수행할 자와 그 직무범위에 반한 법률」 제 7 조, 「항공안전 및 보안에 관한 법률」 제22조), ③ 사인이 별정우체국의 지정을 받아 체신업무를 경영하는 경우, ④ 사인이 사업시행자로서 토지를 수용하는 경우, ⑤ 교정업무를 위탁받은 민영교도소(「민영교도소 등의 설치·운영에 관한 법률」 제 3 조), ⑥ 사인이 산림 감시 또는 수렵 감시업무를 수행하는 경우가 있다.
또한 변호사회 등 공공성이 강한 직업별 협회를 공공단체로 보는 견해가 전통적인 견해이지만, 오늘날 **변호사회 등 직업별 협회는 공익성이 강한 자율적인 사법상 단체**로 보는 것이 타당하다. **변호사의 등록과 변호사에 대한 징계**는 처분으로서 행정행위의 성질을 갖지만 이는 **공무수탁사인이 위탁받은 행정권을 행사하는 것으로 보는 것이 타당**하다.

사인은 통상 행정주체의 상대방인 행정객체의 지위에 서지만 행정주체로부터 공행정사무를 위탁받아 처리하는 한도 내에서 행정주체의 지위에 선다. 이에 대하여 공무수탁사인의 법적 지위에 관하여 행정주체가 아니라 행정기관에 불과하다고 보는 견해도 있다.

공무수탁사인은 자연인일 수도 있고 사법인 또는 법인격 없는 단체일 수도 있다.

행정의 민간위탁이 확대됨에 따라 공무수탁사인이 늘고 있다. 행정의 민간위탁은 공무수탁사인뿐만 아니라 행정보조자 및 행정대행자가 수탁받아 행하는 행정업무 수행을 포함한다. 사인이 공행정사무를 수행하는 경우에도 행정기관의 보조인에 불과한 경우(= 행정보조인)나 행정을 대행하는 것에 불과한 경우(= 행정대행)에는 공무수탁사인이 아니다.

행정보조인의 예로는 도로교통법 제31조의2의 견인업무를 대행하는 자동차견인업자, 폐기물관리법 제13조 제 2 항의 생활폐기물의 수집·운반 및 처리의 대행업자, 건강보험료 원천징수의무자를 들 수 있다. 차량의 견인이나 생활폐기물의 수집은 공법적인 것이 아니고 행정사법적 또는 사법적인 것이라고 보는 견해가 있는데(홍정선), 차량의 견인이나 생활폐기물 수집은 공법상 사실행위로 보는 것이 타당하다.

행정대행의 **예로는** 차량등록의 대행, 자동차 검사의 대행을 들 수 있다. 그런데 자동차관리법 제13조 제 2 항의 자동차검사대행인을 국토교통부장관의 자동차 검사의 권한을 행사하는 공무수탁사인으로 보는 견해도 있다.

공무수탁사인, 공무대행사인, 행정보조자를 통칭하여 **공무수행사인**이라 한다.

행정권한은 부여되지 않고 단지 공적 임무의 실현을 위한 공의무를 부담하는 사인을 **공의무부담사인**이라 하는데, **공의무부담사인은 행정권을 수탁받아 행사하는 것이 아닌 점에서 공무수탁사인이 아니다.** 즉 행정권한이 부여되지 않기 때문에 사인의 신분을 그대로 유지하고 사법상으로만 활동할 수 있다는 점에서 공무수탁사인과 구별된다. **공의무부담사인의 예로는** 원천징수의무자(대판 1990. 3. 23, 89누4789), 석유비축의무자, 감정평가사, 공무원에 대한 원조의무자(경범죄처벌법 제 1 조 제36호) 등이 있다.

[판례] **원천징수의무자의 법적 성격**: 원천징수하는 소득세에 있어서는 납세의무자의 신고나 과세관청의 부과결정이 없이 법령이 정하는 바에 따라 그 세액이 자동적으로 확정되고, 원천징수의무자는 소득세법 제142조 및 제143조의 규정에 의하여 이와 같이 자동적으로 확정되는 세액을 수급자로부터 징수하여 과세관청에 납부하여야 할 의무를 부담하고 있으므로, **원천징수의무자가 비록 과세관청과 같은 행정청이더라도 그의 원천징수행위는 법령에서 규정된 징수 및 납부의무를 이행하기 위한 것에 불과한 것이지, 공권력의 행사로서의 행정처분을 한 경우에 해당되지 아니한다**(대판 1990. 3. 23, 89누4789).

공무의 사인에 대한 협의의 위탁에 있어서는 권한이 이전되므로 법률에 근거가 있어야 한다(예「사법경찰관리의 직무를 수행할 자와 그 직무범위에 관한 법률」제 7 조 등).

사인은 여러 방식에 의해 공무를 수탁받을 수 있다. 법률, 계약, 행정행위가 그것이다. **공무위탁(협의의 위탁)계약은** 국가적 공권을 부여하므로 그 법적 성질을 **공법상 계약으로 보아야 한다. 공무를 위탁하는 행정행위는** 통상 공무수행권을 사인에게 부여하므로 **특허(特許)**라고 **보아야** 한다.

Ⅱ. 행정객체

행정의 상대방을 **행정객체**라 한다. 행정객체에는 사인, 협의의 공공단체와 지방자치단체가 있다. 공공단체는 행정주체임과 동시에 국가나 다른 공공단체에 대한 관계에서 행정객체가 될 수 있다. 지방자치단체는 국가에 대한 관계에서 행정객체가 될 수 있다. 국가에 대한 수도료의 부과에서와 같이 국가도 예외적이지만 행정객체가 될 수 있다.

제4절 행정법관계의 특질

행정법관계(공법관계)에 대하여는 사법관계에서와는 다른 여러 특질이 인정되고 있다. 그 주된 이유는 공익목적을 달성하기 위하여 행정주체에게 일정한 우월적인 지위가 부여되어야 한다는 데 있다.

행정주체는 사인과 같은 지위에서 활동하는 경우를 제외하면 공행정을 수행함에 있어서 공권력주체로서 상대방인 국민에 대하여 우월한 지위에 서게 된다. 이와 같은 행정주체의 우월한 지위는 행정주체가 행정목적을 제대로 달성할 수 있도록 하기 위하여 필요하기 때문에 그 한도 내에서 인정되는 것이며 행정주체가 선험적으로 국민에 대하여 항상 우월한 것은 아니다. 여기에서 우월한 공권력의 주체라는 것은 일반적으로 행정주체가 사인보다 우월한 지위에 있다는 것을 말하며 구체적인 경우에 행정주체가 항상 일방적인 권력적 조치를 취한다는 것은 아니다. 행정주체는 공권력주체로서의 지위에서 권력적 조치를 취할 수 있을 뿐만 아니라 비권력적인 공행정작용을 할 수도 있는 것이다.

위와 같은 행정법관계의 일반적 특질 이외에 행정법관계에서는 행정주체에게 여러 구체적인 특권이 인정되고 있다. 행정주체에게 일방적으로 법질서에 변경을 가져올 수 있는 우월적 지위가 인정된다. 그리고 행정주체의 권력적 행위인 행정행위에 공정력(잠정적 통용력), 존속력(확정력) 및 강제력이라는 우월한 효력이 인정되고 있다. 이러한 행정권의 특권은 권력관계에 대하여 인정되는 것이다. 이 밖에도 행정법관계에 있어서의 권리 또는 의무에 사법상의 그것과는 다른 특수성이 인정되고 있고, 권리구제수단의 특수성이 인정되고 있는데 이들 특수성은 권력관계뿐만 아니라 비권력관계에도 인정된다.

공권력주체로서의 행정주체에게는 특권만이 부여되는 것은 아니다. 공권력주체로서의 행정주체에게는 특별한 부담이 가하여진다. 법에 의한 엄격한 기속과 엄격한 국가배상책임이 인정되고 있다.

Ⅰ. 행정주체의 특권

1. 일방적 조치권

일방적 소지권이란 법률유보의 원칙에 비추어 원칙상 법률의 근거가 있어야 하는데, 법률상 행정주체에게 '행정결정'에 따라 일방적으로 법질서에 변경을 가할 수 있는 권한이 주어지는 것을 말한다. 즉 행정결정에 따라 사인에게 권리가 창설되기도 하고 의무가 부과되기도 한다. 또한 공익상 필요한 경우에 행정주체는 행정행위의 철회에 의해 이미 발생된 권리를 상실시키거나 의무를 소멸시킬 수 있다.

또한 행정주체는 일방적으로 국민의 자유와 재산에 물리력을 행사할 수 있는 권한이 부여된다. 감염병환자를 물리력에 의해 강제격리하거나 화재진압에 장애가 되는 물건을 일방적으로 파괴하는 것을 그 예로 들 수 있다.

공법상 계약의 경우에 행정주체에게는 공익상 필요한 경우에 계약을 철회하거나 계약내용을 일방적으로 변경할 수 있는 권한이 부여되기도 한다.

2. 행정행위의 공정력과 구성요건적 효력

	공 정 력	구성요건적 효력
내 용	**행정행위가 무효가 아닌 한 상대방 또는 이해관계인은** 행정행위가 공적 기관(처분청, 행정심판위원회 또는 수소법원)에 의해 취소되기까지는 **그의 효력을 부인할 수 없는 힘**	**무효가 아닌 행정행위가 존재하는 이상** 비록 흠(하자) 있는 행정행위일지라도, 모든 국가기관(지방자치단체기관을 포함한 행정기관 및 법원 등)은 그의 존재, 유효성 및 내용을 **존중하며, 스스로의 판단의 기초 또는 구성요건으로 삼아야 하는 구속력**
범 위	상대방 또는 이해관계인에 대한 구속력	모든 국가기관(지방자치단체기관을 포함한 행정기관 및 법원 등)에 대한 구속력
이론적 근거	행정의 안정성과 실효성 확보	권한과 직무 또는 관할을 달리하는 국가기관은 상호 다른 기관의 권한을 존중하며 침해해서는 안 된다(국가기관간 권한존중의 원칙)
실정법상의 근거	행정기본법 제15조, 행정소송법상의 취소소송에 관한 규정, 직권취소에 관한 규정, 처분의 쟁송기간을 제한하는 규정, 처분의 집행정지제도	행정권과 사법권의 분립규정, 행정기관 상호간의 사무분장규정

(1) 공정력과 구성요건적 효력의 구별

전통적 견해는 공정력(公定力)과 구성요건적 효력을 구분하지 않는다. **전통적 견해**에 따르면 **공정력(公定力)**이란 일단 행정행위가 행하여지면 비록 행정행위에 하자(흠)가 있다 하더라도(위법 또는 부당하더라도) 그 흠이 중대하고 명백하여 무효로 되는 경우를 제외하고는 공적 기관(취소권 있는 행정기관 또는 수소법원(受訴法院))에 의해 취소되기 전까지는 **상대방 및 이해관계인뿐만 아니라 다른 행정청 및 법원**에 대하여 일단 유효한 것으로 통용되는 힘을 말한다고 정의하고 있다. 즉 전통적 견해는 공정력을 행정행위의 상대방 및 이해관계인뿐만 아니라 다른 국가기관에도 미치는 효력이라고 보고 있다.

그런데 최근에 **공정력과 구성요건적 효력을 구분하는 견해**가 제기되고 있고, 그 타당성에 관하여 학설이 대립되고 있다. 공정력과 구성요건적 효력을 구별하는 견해는 효력의 상대방의 차이에 따라 공정력과 구성요건적 효력을 구분하고 있다. 즉 공정력은 행정행위의 상대방 또는 이해관계인에 대한 구속력이고, 구성요건적 효력은 제 3 의 국가기관에 대한 구속력이라고 보고 있다.

생각건대, 공정력과 구성요건적 효력은 앞의 〈대비표〉에서와 같이 그 효력의 내용과 범위 및 이론적·법적 근거를 달리하므로 양자를 구별하는 것이 타당하다.

(2) 공정력(행정행위의 잠정적 통용력)

> **행정기본법**
>
> 제15조(처분의 효력) 처분은 권한이 있는 기관이 취소 또는 철회하거나 기간의 경과 등으로 소멸되기 전까지는 유효한 것으로 통용된다. 다만, 무효인 처분은 처음부터 그 효력이 발생하지 아니한다.

1) 개 념

공정력이란 일단 행정행위가 행하여지면 비록 행정행위에 하자(흠)가 있다 하더라도(위법 또는 부당하더라도) 그 흠이 중대하고 명백하여 무효로 되는 경우를 제외하고는 공적 기관(취소권 있는 행정기관 또는 수소법원)에 의해 취소되기 전까지는 **상대방 및 이해관계인에 대하여** 일단 **유효**한 것으로 통용되는 힘을 말한다(**행정행위의 잠정적 통용력**).

예를 들면, 위법한 금전부과처분에 근거하여 금전을 납부한 경우 행정처분이 취소되거나 당연무효가 아닌 이상 공정력이 인정되므로 그 위법한 금전부과처분은 효력이 있고, 납부한 금전은 법률상 원인 없는 이득(부당이득)이라고 할 수 없다.

[판례 1] **행정행위의 공정력의 의의: 행정처분의 하자가 중대하고 명백하여 당연무효인 경우를 제외하고는 아무도 그 하자를 이유로 무단히 그 효과를 부정하지 못하는 것**으로, 이러한 행정행위의 공정력은 판결의 기판력과 같은 효력은 아니지만 그 공정력의 객관적 범위에 속하는 **행정행위의 하자가 취소사유에 불과한 때에는 그 처분이 취소되지 않는 한 처분의 효력을 부정하여 그로 인한 이득을 법률상 원인 없는 이득이라 말할 수 없다**(대판 1994. 11. 11, 94다28000〈부당이득금〉) [해설] 조세의 과오납이 부당이득이 되기 위하여는 납세 또는 조세의 징수가 실체법적으로나 절차법적으로 전혀 법률상의 근거가 없거나 과세처분의 하자가 중대하고 명백하여 당연무효이어야 하고, 과세처분의 하자가 단지 취소할 수 있는 정도에 불과할 때에는 과세관청이 이를 스스로 취소하거나 항고소송절차에 의하여 취소되지 않는 한 그로 인한 조세의 납부가 부당이득이 된다고 할 수 없다고 한 사례

[판례 2] (1) 요양기관의 요양급여비용 수령의 법률상 원인에 해당하는 요양급여비용 지급결정이 취소되지 않았다면, **요양급여비용 지급결정이 당연무효라는 등의 특별한 사정이 없는 한** 그 결정에 따라 지급된 요양급여비용이 법률상 원인 없는 이득이라고 할 수 없고, **국민건강보험공단의 요양기관에 대한 요양급여비용 상당 부당이득반환청구권도 성립하지 않는다.** (2) 의사소견서 발급비용청구권 역시 요양급여비용청구권과 마찬가지로 공단의 지급결정에 의하여 구체적인 권리가 발생한다고 보아야 한다. 따라서 앞서 본 요양급여비용과 관련한 법리는 공단이 부당이득을 원인으로 의사소견서 발급비용의 반환을 구하는 경우에도 그대로 적용된다(대판 2023. 10. 12, 2022다276697).

과거에는 공정력을 적법성을 추정하는 효력으로 이해하였지만, 오늘날에는 공정력은 행정행위의 적법성을 추정하는 효력은 아니며 행정행위가 위법인가 아닌가를 묻지 않고 권한 있는 기관에 의해 취소되기 전까지 잠정적으로 통용되도록 하는 힘에 불과하다고 보고 있다.

2) 근 거

공정력의 이론적 근거로 **행정정책설**(또는 법적 안정성설)이 통설로 되어 있다. 즉 공정력은 행정의 원활한 수행, 행정법관계의 안정성(행정의 안정성과 행정행위의 상대방이나 제 3 자의 신뢰보호)을 보장하기 위하여 필요하다.

「행정기본법」 제15조는 공정력을 규정하고 있다. 즉 처분은 권한이 있는 기관이 취소 또는 철회하거나 기간의 경과 등으로 소멸되기 전까지는 유효한 것으로 통용된다. 다만, 무효인 처분은 처음부터 그 효력이 발생하지 아니한다(제15조).

3) 공정력의 한계

공정력은 행정행위 등 처분에 대해 인정되는 효력이다. 「행정기본법」 제15조도 행정쟁송법상 처분에 대해 공정력이 인정되는 것으로 규정하고 있다.

무효 또는 부존재인 행정행위에는 공정력이 인정되지 않는다는 것이 일반적 견해이다.

[판례] **공정력의 효력:** 피고인이 행정청으로부터 자동차 운전면허취소처분을 받았으나 나중에 그 행정처분 자체가 **행정쟁송절차에 의하여 취소되었다면, 위 운전면허취소처분은 그 처분시에 소급하여 효력을 잃게 되고,** 피고인은 위 운전면허취소처분에 복종할 의무가 원래부터 없었음이 후에 확정되었다고 봄이 타당할 것이고, **행정행위에 공정력의 효력이 인정된다고 하여 행정소송에 의하여 적법하게 취소된 운전면허취소처분이 단지 장래에 향하여서만 효력을 잃게 된다고 볼 수는 없다**(대판 1999. 2. 5, 98도4239〈도로교통법위반〉).

(3) 구성요건적 효력(構成要件的 效力) [1999 행시, 2002 사시]

1) 개 념

구성요건적 효력이란 행정행위가 존재하는 이상 비록 흠(하자)이 있는 행정행위일지라도 무효가 아닌 한, 제 3 의 국가기관은 법률에 특별한 규정이 없는 한, 그 행정행위의 존재 및 내용을 존중하며, 스스로의 판단의 기초 또는 구성요건으로 삼아야 하는 구속력을 말한다.

예를 들면, 법무부장관이 甲에게 귀화허가를 해 준 경우 그 귀화허가는 무효가 아닌 한 모든 국가기관을 구속하므로 각부 장관은 甲을 국민으로 보고 공무원으로 임명하여야 한다.

2) 근 거

구성요건적 효력을 직접 인정하는 법규정은 없다. 그러나 국가기관 상호간의 권한분배에서 그 근거를 찾을 수 있다. 국가는 법인체로서 통일된 의사를 가져야 하므로 국가기관은 특별한 규정이 없는 한 상호간에 다른 기관의 권한 및 그 권한의 행사를 존중하여야 한다. 다만, 법률에 의해 취소권이 부여된 경우에는 그 한도 내에서 구성요건적 효력이 배제된다.

3) 구성요건적 효력의 범위와 한계

행정행위가 무효인 경우에는 구성요건적 효력이 미치지 않는다.

구성요건적 효력은 법원에 대하여도 미치지만, 구성요건적 효력이 법원에 미치는 범위는 법원의 재판관할권의 문제와 밀접한 관계를 갖는다. 구성요건적 효력은 취소소송의 수소법원(受訴法院)에는 미치지 않는다. 문제는 구성요건적 효력이 민사소송이나 형사소송을 담당하는 법원에 미치는가, 미친다면 어느 범위에서 미치는가 하는 것이다.

4) 구성요건적 효력과 선결문제 [2002 사시 사례, 1999 행시 약술, 2016 변시, 2018 변시]

구성요건적 효력이 민사소송이나 형사소송에서의 선결문제에 미치는가 하는 문제가 제기된다. 보다 구체적으로 말하면 **① 행정행위의 위법 여부, ② 행정행위의 효력 유무 또는 ③ 행정행위의 효력 부인이 민사소송이나 형사소송에서 선결문제로 되는 경우**에 구성요건적 효력 때문에 민사소송이나 형사소송의 수소법원(受訴法院)이 해당 선결문제의 심리·판단을 할 수 없게 되는가 하는 문제이다. **선결문제**란 소송에서 본안판단을 함에 있어서 그 해결이 필수적으로 전제가 되는 법문제를 말한다.

가. 민사소송에서의 선결문제와 구성요건적 효력 구성요건적 효력은 행정행위의 적법성이 아니라 행정행위의 효력에 미치므로 행정행위의 효력을 부인하는 것이 선결문제인 경우와 행정행위의 위법성을 확인하는 것이 선결문제인 경우를 구분하여야 한다.

민사소송에서의 선결문제와 구성요건적 효력에 관한 논의는 행정소송인 당사자소송에도 그대로 타당하다.

(가) 행정행위의 효력을 부인하는 것이 선결문제인 경우(부당이득반환청구소송의 경우) 행정행위의 효력을 상실시키는(부인하는) 것이 민사소송에서 선결문제가 된 경우에 **민사법원은 위법한 행정행위의 효력을 부인할 수 없다.** 그 이유에 대해 공정력과 구성요건적 효력을 구분하지 않는 종래의 통설은 이것이 공정력에 위반하기 때문이라고 주장한다. 그러나 공정력과 구성요건적 효력을 구별하는 견해는 구성요건적 효력에 위반하기 때문이라고 한다.

> 예를 들면, 국민이 조세부과처분의 위법을 이유로 이미 납부한 세금의 반환을 청구하는 소송(부당이득반환청구소송)을 제기한 경우에 **해당 민사법원은 조세부과처분이 무효가 아닌 한 스스로 조세부과처분을 취소하고 납부된 세금의 반환을 명할 수 없다.** 조세부과처분의 취소가 본안문제(납부한 세금이 부당이득인지의 문제)에 대해 선결문제이며 **조세부과처분이 취소되지 않는 한 이미 납부한 세금은**, 위법하지만 유효한 조세부과처분에 따라 납부된 것이므로, **부당이득이 되지 않는다.**

(나) 행정행위의 무효를 확인하는 것이 선결문제인 경우(부당이득반환청구〈예: 조세과

오납환급청구〉의 경우) 구성요건적 효력은 행정행위가 무효인 경우에는 인정되지 않는다. 누구든지 행정행위의 무효를 주장할 수 있고, 어느 법원도 행정행위의 무효를 확인할 수 있다.

[판례] 국세 등의 부과 및 징수처분 등과 같은 행정처분이 당연무효임을 전제로 하여 민사소송(또는 당사자소송)을 제기한 때에는 그 행정처분의 당연무효인지의 여부가 선결문제이므로, 법원은 이를 심사하여 **그 행정처분의 하자가 중대하고 명백하여 당연무효라고 인정될 경우에는 이를 전제로 하여 판단할 수 있으나**, 그 하자가 단순한 취소사유에 그칠 때에는 법원은 그 효력을 부인할 수 없다 할 것이다(대판 1973. 7. 10, 70다1439).

(다) 행정행위의 위법성을 확인하는 것이 선결문제인 경우(국가배상청구소송의 경우) [2010 사시 사례] 행정행위의 효력을 부인하는 것이 아니라 행정행위의 위법성을 확인하는 것이 민사소송에서 선결문제가 된 경우에 행정행위의 효력 자체를 상실시키는 것이 아니라 행정행위의 위법성을 확인하는 데 그치는 것은 공정력(공정력과 구성요건적 효력을 구별하지 않는 견해) 또는 구성요건적 효력(공정력과 구성요건적 효력을 구별하는 견해)에 반하는 것이 아니므로 민사법원은 행정행위의 위법을 확인할 수 있다는 것이 다수견해이며 판례의 입장이다.

예를 들면, 영업허가의 취소로 손해를 입은 자가 국가배상을 청구한 경우에 영업허가의 취소가 위법한지의 여부가 국가배상청구소송에서 선결문제가 된다. 왜냐하면 가해행위(손해를 발생시킨 행위)의 위법이 국가배상의 요건 중의 하나이기 때문이다. **국가배상책임을 인정하기 위하여는 영업허가의 취소의 위법만을 인정하면 되는 것이지** 영업허가의 취소를 취소할 필요는 없다.

[판례] 계고처분, 즉 행정처분이 위법임을 이유로 배상을 청구하는 경우에는 미리 그 행정처분의 취소판결이 있어야만 그 행정처분이 위법임을 이유로 배상을 청구할 수 있는 것은 아니다(대판 1972. 4. 28, 72다337).

나. 형사소송에서의 선결문제와 구성요건적 효력(2016 변시) 형사소송에서도 행정행위의 효력을 부인하는 것이 선결문제인 경우와 행정행위의 위법성을 확인하는 것이 선결문제인 경우를 구분하여야 한다. 일반적 견해는 형사소송에서도 민사소송에서와 동일한 논거에 입각하여 동일한 해결을 하고 있다. 그러나 일부 견해는 형사소송의 특수성(신속한 재판, 인권보장 등)을 들어 공정력(또는 구성요건적 효력)은 형사재판에 미치지 않는다고 보고 있다.

(가) 행정행위의 효력을 부인하는 것이 선결문제인 경우 행정행위의 효력을 부인하는 것이 형사소송에서 선결문제가 된 경우에는 형사법원이 행정행위의 하자를 심사하여 행정행위의 효력을 부인하는 것은 민사소송에서처럼 공정력(또는 구성요건적 효력)에 반하므로 인정될 수 없다고 보는 것이 다수의 견해이며 판례의 입장이다.

[판례 1] 연령미달의 결격자인 피고인이 소외인(訴外人: 자신의 형)의 이름으로 운전면허시험에 응시하여 합격함으로써 교부받은 운전면허를 가지고 운전한 것에 대해 **무면허운전으로 기소된 사건에서 해당 운전면허는 당연무효가 아니고 취소되지 않는 한 유효하므로 무면허운전행위에 해당하지 않는다**고 판시한 사례(대판 1982. 6. 8, 80도2646).
[판례 2] 하자 있는 수입승인에 기초하여 **수입면허를 받고 물품을 통관한 경우** 해당 **수입면허가 당연무효가 아닌 이상 무면허수입죄가 성립되지 않는다**고 한 사례(대판 1989. 3. 28, 89도149).

이 견해에 따르면 아래 [판례 1]에서 보는 바와 같이 허가취소처분 후 영업을 하면 무허가영업이 되고, 형사법원이 허가취소처분의 효력을 부인할 수 없으므로 형사법원은 그 허가취소처분이 위법하더라도 유죄판결을 내려야 한다. 만일 형사법원이 판결을 내리기 전에 그 허가취소처분이 취소소송에서 취소되면 그 허가취소처분은 소급하여 효력을 상실하여 허가취소처분 후의 영업행위는 무허가행위가 아닌 것이 되므로 형사법원은 무죄를 선고하여야 한다.

[판례 1] **영업허가취소처분이 행정쟁송절차에 의하여 취소된 경우와 무허가영업:** 영업의 금지를 명한 영업허가취소처분 자체가 나중에 행정쟁송절차에 의하여 취소되었다면 **그 영업허가취소처분은 그 처분시에 소급하여 효력을 잃게 되며,** 그 영업허가취소처분에 복종할 의무가 원래부터 없었음이 확정되었다고 봄이 타당하고, 영업허가취소처분이 장래에 향하여서만 효력을 잃게 된다고 볼 것은 아니므로 **그 영업허가취소처분 이후의 영업행위를 무허가영업이라고 볼 수는 없다**(대판 1993. 6. 25, 93도277〈식품위생법위반〉).
[판례 2] **운전면허취소처분을 받은 후 자동차를 운전하였으나 위 취소처분이 행정쟁송절차에 의하여 취소된 경우, 무면허운전의 성립 여부(소극):** 피고인이 행정청으로부터 자동차 운전면허취소처분을 받았으나 나중에 그 행정처분 자체가 행정쟁송절차에 의하여 취소되었다면, 위 운전면허취소처분은 그 처분시에 소급하여 효력을 잃게 되고, 피고인은 위 운전면허취소처분에 복종할 의무가 원래부터 없었음이 후에 확정되었다고 봄이 타당할 것이고, 행정행위에 공정력의 효력이 인정된다고 하여 행정소송에 의하여 적법하게 취소된 운전면허취소처분이 단지 장래에 향하여서만 효력을 잃게 된다고 볼 수는 없다(대판 1999. 2. 5, 98도4239〈도로교통법위반〉).

[판례 3] **운전면허 취소처분을 받은 사람이 자동차를 운전하였으나 운전면허 취소처분의 원인이 된 교통사고 또는 법규 위반에 대하여 범죄사실의 증명이 없는 때에 해당한다는 이유로 무죄판결이 확정된 경우, 취소처분이 취소되지 않았더라도 도로교통법에 규정된 무면허운전의 죄로 처벌할 수 있는지 여부(소극):** (1) 자동차 운전면허가 취소된 사람이 그 처분의 원인이 된 교통사고 또는 법규 위반에 대하여 **혐의없음 등으로 불기소처분을 받거나 무죄의 확정판결을 받은 경우 지방경찰청장은** 구 도로교통법 시행규칙 제91조 제 1 항 [별표 28] 1. 마.항 본문에 따라 **즉시 그 취소처분을 취소하고,** 같은 규칙 제93조 제 6 항에 따라 도로교통공단에 그 내용을 통보하여야 하며, 도로교통공단도 즉시 취소당시의 정기적성검사기간, 운전면허증 갱신기간을 유효기간으로 하는 **운전면허증을 새로이 발급하여야 한다.** (2) 그리고 행정청의 자동차 운전면허 취소처분이 직권으로 또는 행정쟁송절차에 의하여 취소되면, 운전면허 취소처분은 그 처분 시에 소급하여 효력을 잃고 운전면허 취소처분에 복종할 의무가 원래부터 없었음이 확정되므로, 운전면허 취소처분을 받은 사람이 운전면허 취소처분이 취소되기 전에 자동차를 운전한 행위는 도로교통법에 규정된 무면허운전의 죄에 해당하지 아니한다. (3) 위와 같은 관련 규정 및 법리, 헌법 제12조가 정한 적법절차의 원리, 형벌의 보충성원칙을 고려하면, 자동차 운전면허 취소처분을 받은 사람이 자동차를 운전하였으나 **운전면허 취소처분의 원인이 된 교통사고 또는 법규 위반에 대하여 범죄사실의 증명이 없는 때에 해당한다는 이유로 무죄판결이 확정된 경우에는 그 취소처분(운전면허 취소처분)이 취소되지 않았더라도 도로교통법에 규정된 무면허운전의 죄로 처벌할 수는 없다**고 보아야 한다. (4) 피고인은 '이 사건 음주운전'을 이유로 이 사건 취소처분을 받았음에도 2018. 11. 1. 20:20경 도로에서 자동차를 운전하다가 경찰관에게 적발되었다(이하 '이 사건 무면허운전'이라 한다). 검사는 2018. 9. 18. 피고인을 이 사건 음주운전을 이유로 도로교통법 위반**(음주운전)으로 기소**하고, 2018. 11. 21. 재차 피고인을 이 사건 무면허운전을 이유로 도로교통법 위반**(무면허운전)으로 기소**하였다. 제 1 심은 위 두 사건을 병합하여 심리한 후 이 사건 공소사실 중 도로교통법 위반(음주운전) 부분에 대하여는 범죄의 증명이 부족하다는 이유로 무죄로 판단하고, 나머지 도로교통법 위반(무면허운전) 부분에 대하여는 유죄로 판단하였다. 원심은 제 1 심판결을 그대로 유지하였다. 피고인은 원심판결 중 도로교통법 위반(무면허운전) 부분에 대하여 상고를 제기하였으나, **검사는 상고를 제기하지 않아 원심판결 중 도로교통법 위반(음주운전) 부분은 무죄가 확정**되었다. 그러므로, 앞서 살펴본 법리에 따라 **운전면허 취소처분이 취소되지 않았더라도 피고인을 도로교통법 위반(무면허운전)죄로 처벌할 수는 없다**(대판 2021. 9. 16, 2019도11826).

[판례 4] 피고인 갑이 어업면허를 받아 피고인 을과 동업계약을 맺고 피고인 을의 비용으로 어장시설을 복구 또는 증설하여 어류를 양식하던 중 **어업면허가 취소되었으나** 피고인 갑이 행정소송을 제기하여 면허취소처분의 효력정지가처분결정을 받은 후 **면허취소처분을 취소하는 판결이 확정되었다면,** 피고인들간의 거래는 어업권의 임대가 아니며 **면허취소 후 판결로 그 처분이 취소되기까지 사이에 어장을 그대로 유지한 행위를 무면허어업행위라고 보아서 처벌할 수는 없다**(대판 1991. 5. 14, 91도627). **[평석]** 위의 판례는 유죄(무면허영업으로 인한 죄)의 판결이 선고되기 전에 그 행정행위(면허취소처분)가 하자 있는 행정행위로서 취

소되었다면 그 행정행위는 처분시에 소급하여 효력을 잃게 되므로 범죄가 성립되지 않는다고 본 것이다.

[판례 5] 그 위법한 행정행위(조세부과처분)의 취소가 유죄판결(조세포탈죄)확정 후에 이루어진 경우에 형사소송법 제420조 제 5 호 소정의 **재심사유에 해당**한다(대판 1985. 10. 22, 83도2933).

이에 대하여 형사소송에서는 피고인의 인권보장이 고려되어야 하고 신속한 재판을 받을 권리가 보장되어야 한다는 **형사소송의 특수성(신속한 재판, 인권보장 등)을 이유로 형사재판에는 공정력(또는 구성요건적 효력)이 미치지 않는다고 보는 견해도 있다**(박윤흔). 생각건대, 명문의 규정이 없는 한 인권보장을 위하여 형사법원이 위법한 행정행위의 효력을 부인하고 범죄의 성립을 부인할 수 있는 것으로 보는 것이 타당하다.

[판례] 도시계획법 제78조 제 1 항에 정한 처분이나 조치명령에 위반한 자에 대한 동법 제92조의 위반죄는 **동 처분이나 조치가 위법한 경우에는 성립될 수 없다**(대판 1992. 8. 18, 90도1709〈도시계획법위반〉).

영업정지기간 중 영업은 허가를 받지 아니하고 한 영업은 아니다(아래 [판례] 참조).

[판례] **구 담배사업법 제27조의3 제 1 호의 적용대상이 되는 '소매인 지정을 받지 아니한 자'는** 처음부터 소매인 지정을 받지 않거나 소매인 지정을 받았으나 이후 소매인 지정이 취소되어 소매인 자격을 상실한 자만을 의미하는 것으로 보아야 하고, **영업정지처분을 받았으나 아직 적법하게 소매인 지정이 취소되지 않은 자는 여기에 해당하지 않는다**(대판 2015. 1. 15, 2010도15213〈담배사업법위반〉).

(나) 행정행위의 위법성을 확인하는 것이 선결문제인 경우 형사소송에서 행정행위의 위법성을 확인하는 것이 선결문제인 경우 민사소송에서와 동일하게 행정행위의 위법성을 확인하는 것은 행정행위의 효력을 부인하는 것은 아니므로 공정력(또는 구성요건적 효력)에 반하지 않고, 따라서 **형사법원이 同 행정행위의 위법성을 확인할 수 있다**고 보는 것이 일반적 견해이다.

[판례 1] 도시계획법 제78조 제 1 항에 정한 처분이나 조치명령을 받은 자가 이에 위반한 경우 이로 인하여 같은 법 제92조에 정한 처벌을 하기 위하여는 그 처분이나 조치명령이 적법한 것이라야 하고, **그 처분이 당연무효가 아니라 하더라도 그것이 위법한 처분으로 인정**

되는 한 같은 법 제92조 위반죄가 성립될 수 없다(대판 1992. 8. 18, 90도1709).

[판례 2] 「개발제한구역의 지정 및 관리에 관한 특별조치법」(이하 '개발제한구역법'이라 한다) 제30조 제 1 항에 의하여 행정청으로부터 시정명령을 받은 자가 이를 위반한 경우, 그로 인하여 개발제한구역법 제32조 제 2 호에 정한 처벌을 하기 위하여는 시정명령이 적법한 것이라야 하고, **시정명령이 당연무효가 아니더라도 위법한 것으로 인정되는 한 개발제한구역법 제32조 제 2 호 위반죄가 성립될 수 없다**(대판 2017. 9. 21, 2017도7321). [해설] 관할관청이 침해적 행정처분인 시정명령을 하면서 적법한 사전통지를 하거나 의견제출 기회를 부여하지 않았고 이를 정당화할 사유도 없어 시정명령은 **절차적 하자가 있어 위법하므로**, 피고인 乙에 대하여 같은 법 제32조 제 2 호 위반죄가 성립하지 않는다고 한 사례

행정행위의 위법 여부가 범죄구성요건의 문제로 되는 경우, 즉 위법한 명령에 따르지 않은 경우에는 범죄가 성립하지 않는다고 보는 경우에는 행정행위의 효력의 부인이 아니라 행정행위의 위법성을 확인하는 것이 형사소송의 선결문제가 된다. 행정기관의 하명 위반죄의 경우에는 명문의 규정이 없는 경우(통상 법률은 하명위반죄의 경우 하명의 적법성을 구성요건으로 명시하고 있지 않다)에도 해당 하명이 적법할 것이 범죄구성요건이 된다고 보는 것이 일반적 견해이다. 왜냐하면, 통상 하명처분 위반죄의 보호법익은 해당 하명을 통해 보호하고자 하는 법익이 보호법익이고, 하명의 이행 자체가 보호법익이 아니며(최계영, 「행정처분과 형벌」, 261쪽), **위법한 명령에 따르지 않았다고 하여 처벌하는 것은 법치주의의 원칙 및 기본권보장규정을 위반하는 것**이기 때문이다.

(다) 행정행위의 무효를 확인하는 것이 선결문제인 경우 구성요건적 효력은 행정행위가 무효인 경우에는 인정되지 않는다. **형사법원은 행정행위의 무효를 확인**하여 무죄를 선고할 수 있다.

[판례] **무효인 처분을 위반한 경우에 행정형벌을 부과할 수 있는지 여부(소극)**: 「소방시설 및 안전관리에 관한 법률」 제19조에 의한 소방시설 등의 설치 또는 유지·관리에 대한 명령을 정당한 사유 없이 위반한 자는 같은 법 제48조의2 제 1 호에 의하여 행정형벌에 처해지는데 **위 명령이 행정처분으로서 하자가 있어 무효인 경우에는 위 명령에 따른 의무위반이 생기지 아니하므로 행정형벌을 부과할 수 없다**(대판 2011. 11. 10, 2011도11109).

3. 구 속 력

(1) 의 의

행정행위의 **구속력**이란 유효한 행정행위의 내용상 구속력을 말한다. 행정행위는 효력이 있는 한 처분청 및 관계 행정청 그리고 상대방 및 이해관계인에 대하여 미친다. 무효인 행정행위는 구속력이 없다.

구속력은 공정력과 다르다. 공정력은 위법하더라도 무효가 아닌 한 유효한 행위로 하는 효력이고, 구속력은 적법한 행위 그리고 위법한 행위에서는 공정력을 전제로 유효한 행정행위의 내용상의 구속력이다.

행정행위가 철회 또는 취소되거나 실효되면 행정행위는 효력과 구속력을 상실한다.

(2) 종류 및 한계

행정행위의 구속력은 **그 상대방에 따라** 자기구속력(처분행정청), 구성요건적 효력(행정청, 법원 등 국가기관), 규준력(행정청, 상대방 및 이해관계인)으로 나뉜다.

1) 자기구속력

자기구속력이란 행정행위가 내용에 따라 처분행정청을 구속하는 힘을 말한다. 처분청은 자신이 한 행정행위의 내용에 구속되며 그 내용과 모순되는 결정을 하여서는 안 된다는 효력이다. 자기구속력은 자박력(自縛力)이라고도 한다.

단계적 행정결정에 해당하는 ① 부분허가의 자기구속력에 관하여는 이견(異見)이 없다. ② 사전결정이 자기구속력을 갖는지에 관하여는 후술하는 바와 같이 긍정설과 부정설이 대립하고 있다. **판례**는 부정하고 있다. 긍정설에서도 자기구속력의 정도에 관하여 견해의 대립이 있다. ③ 가행정행위(잠정적 행정행위)는 자기구속력을 갖지 않는다(자세한 것은 후술 '단계적 행정결정' 참조). ④ 확약의 자기구속력에 대해 **판례**는 확약의 처분성을 부인하고 있으나, 학설은 처분성 긍정설(다수설)과 처분성 부정설로 대립하고 있다.

행정결정이 되풀이 시행되어 관행이 성립된 경우 자기구속력을 갖는다는 것이 **판례**의 입장이다.

2) 구성요건적 효력

구성요건적 효력은 행정행위가 관계 행정청 및 법원 등 국가기관을 구속하는 효력이다. 이에 관하여는 전술한 바와 같다. 구성요건적 효력은 위법하더라도 무효가 아닌 한 효력을 부인할 수 없게 하는 효력과 그 내용에 따라 관계 행정청 및 법원을 구속하는 효력이다.

3) 규 준 력

규준력(規準力)이란 선행행정행위를 전제로 후행행정행위가 행해지는 경우에 선행행정행위(예 행정대집행법상 계고처분)가 후행행정행위(예 대집행영장발부통보처분)에 미치는 구속력을 말한다(자세한 것은 후술 '하자의 승계' 참조).

4. 존 속 력

행정행위가 일단 행하여진 경우에는 그 행정행위의 효력을 가능한 한 존속시키는 것이 법적 안정성을 위하여 필요하다. 그리하여 **하자 있는 행정행위라도 일정한 경우**(불복제기기간의 경과 또는 준사법적 행정행위 등 특수한 성질의 행정행위)에는 **행정행위에 취소될 수 없는 힘이 부여**되는데 이것을 **존속력**이라 한다. 원래 확정력이란 용어를 사용하였으나 이는 소송법에서 쓰이는 것이기 때문에 존속력이라는 용어가 더 적합하다. 종래의 판례는 확정력이라 하였다(박윤흔). 존속력에는 불가쟁력과 불가변력이 있다.

(1) 불가쟁력(형식적 존속력)

불가쟁력이란 하자 있는 행정행위라 할지라도 그에 대한 불복기간(행정불복제기기간 또는 출소기간)이 경과하거나 쟁송절차가 종료된 경우에는 더 이상 그 행정행위의 효력을 다툴 수 없게 하는 효력을 말한다.

이와 같은 불가쟁력을 인정하는 것은 행정행위의 효력을 신속히 확정하여 행정법관계의 안정성을 확보하기 위한 것이다.

위법한 행정행위를 다투고자 하는 자는 법상 정해진 단기의 불복기간 내에 행정심판 또는 행정소송을 제기하여야 하며 그러하지 않으면 더 이상 다툴 수 없게 된다. 만일 불복기간이 지나 행정심판이나 행정소송을 제기하면 부적법으로 각하된다.

판례는 원칙상 불가쟁력이 발생한 행정행위의 취소 또는 철회청구권을 인정하지 않지만, 예외적으로 조리상 취소 또는 철회청구권을 인정하고 있다.

불가쟁력은 일정한 불복기간이 지난 후에는 더 이상 다툴 수 없게 함으로써 행정법관계의 조속한 안정을 확보할 수 있지만, 개인의 권리구제가 크게 희생되는 문제가 있다. 더욱이 확정판결의 경우에도 일정한 경우에 재심이 인정되는데 일정한 불복기간 내에 불복을 제기하지 않았다고 하여 행정처분에 대한 재심사의 기회를 전혀 주지 않는 것은 타당하지 않다. 이러한 이유로 **「행정기본법」 제37조는 불가쟁력이 발생한 처분에 대한 재심사청구를 인정**하고 있다.

그런데 「행정기본법」은 광의의 재심사청구를 규정하고 있다. **광의의 재심사는** 불가쟁력이 발생한 처분에 대한 취소신청뿐만 아니라 철회의 신청에 따른 재심사를 의미한다. 광의의 재심사는 불가쟁력이 발생한 처분에 대해 인정되는 행정절차의 재개로서 일종의 불복절차이다. 「행정기본법」은 ① 철회형재심사(제37조 제 1 항 제 1 호: 처분의 근거가 된 사실관계 또는 법률관계가 추후에 당사자에게 유리하게 바뀐 경우)와 ② 취소형재심사(제37조 제 1 항 제 2 호: 당사자에게 유리한 결정을 가져다 주었을 새로운 증거가 있는 경우) 및 ③ 제37조 제 1 항 제 3 호(민사소송법 제451조에 따른 재심사유에 준하는 사유가 발생한 경우 등 대통령령으로 정하는 경우)의 재심사)를 인정하고 있다. 광의의 재심사 중 처분의 위법 또는 부당을 다투는 취소형재심사만을 엄격한 의미의 재심사로 보는 것이 타당하다. 철회형재심사는 적법한 행위를 대상으로 하므로 불복절차가 아니라 새로운 처분절차(철회·변경처분절차)에 해당한다. 취소형 재심사청구(엄격한 의미의 재심사청구)는 처분시에 존재하던 위법 또는 부당사유를 이유로 하는 것이고, 그에 따른 취소는 강학상 직권취소·변경에 해당하는데, 철회형재심사는 적법한 처분 후의 후발적 사정을 이유로 하는 재심사로 그에 따른 철회·변경은 학문상 철회·변경에 해당한다.

그리고 「행정기본법」에 따르면 행정청의 제18조(위법 또는 부당한 처분의 취소)에 따른 취소와 제19조(적법한 처분의 철회)에 따른 철회는 처분의 재심사에 의하여 영향을 받지 아니한다(제37조 제 6 항). 따라서 행정청은 처분의 재심사와 별도로 직권 취소 또는 직권 철회를 할 수 있고, 민원인은 처분의 재심사와 별도로 직권취소 또는 철회를 신청할 수 있다. 취소 또는 철회의 신청을 받은 행정청은 법령상 또는 조리상 신청권에 따른 신청인 경우에는 그 신청에 응답할 의무를 진다.

판례는 원칙상 불가쟁력이 발생한 행정행위의 취소 또는 철회 신청권을 인정하지 않지만, 예외적으로 조리상 취소 또는 철회 신청권을 인정하고 있다.

[판례 1] **제소기간이 도과하여 불가쟁력이 생긴 행정처분에 대하여 국민에게 그 변경을 구할 신청권이 있는지 여부(원칙적 소극)**: 제소기간이 이미 도과하여 불가쟁력이 생긴 행정처분에 대하여 개별 법규에서 그 변경을 요구할 신청권을 규정하고 있거나 관계 법률의 해석상 그러한 신청권이 인정될 수 있는 등 **특별한 사정이 없는 한 국민에게 그 행정처분의 변경을 구할 신청권이 있다 할 수 없다**(대판 2007. 4. 26, 2005두11104〈주택건설사업계획승인처분일부무효등〉).

[판례 2] 개발사업시행자가 납부한 개발부담금 중 그 부과처분 후에 납부한 **학교용지부담금에 해당하는 금액에 대하여는 조리상 개발부담금 부과처분의 취소나 변경 등 개발부담금의 환급에 필요한 처분을 할 것을 신청할 권리가 인정**되므로, 그 부분 환급을 거부한 행위는 행정처분에 해당한다고 판단한 사례(대판 2016. 10. 28, 2013두2938〈개발부담금환급거부취소〉).

재심사신청에 따른 취소·철회와 일반 직권취소·철회는 다음과 같이 구별된다. 재심사청구는 명문의 근거가 필요한 불복절차의 일종이고 재심사청구를 전제로 하는데, 일반 직권취소·철회는 직권 또는 신청에 따라 행해지고, 불복절차가 아니며 명시적인 근거를 요하지 않는다.

(2) 불가변력(실질적 존속력)

불가변력이란 행정행위를 발급한 행정청이 그 행정행위를 직권으로 취소 또는 변경할 수 없게 하는 힘을 말한다.

행정행위의 불가변력은 해당 행정행위에 대해서만 인정되는 것이고, 동종의 행정행위라 하더라도 그 대상을 달리할 때에는 이를 인정할 수 없다(대판 1974. 12. 10, 73누129).

불가변력은 법령에 명문의 규정이 없는 경우에도 **행정행위의 성질에 비추어 인정되는 효력**이다.

① 행정심판위원회의 재결과 같이 **준사법적**(準司法的) **행정행위**에 불가변력을 인정하는 것이 일반적 견해이다. 준사법적 행정행위에는 소송법상의 확정력에 준하는 불가변력(절대적 불가변력)이 인정된다.

② 토지수용위원회의 **토지수용재결**은 행정심판의 재결이 아니라 원행정행위이지만 사법절차에 준하는 절차에 따라 행해지므로 불가변력을 인정할 필요가 있다.

③ **판례는 과세처분**에 **관한 이의신청절차**도 불복절차라는 점 등을 근거로 **이의신청**에 **따른 직권취소**에도 특별한 사정이 없는 한 번복할 수 없는 효력(불가변력)을 인정하고 있다(대판 2010. 9. 30, 2009두1020).

④ **확인행위**(예 국가시험합격자 결정, 당선인 결정 등)는 쟁송절차를 거쳐 행해지지는 않지만 다툼이 있는 사실 또는 법률관계에 대하여 공적 권위를 가지고 확인하는 행위이므로 성질상 처분청이 스스로 변경할 수 없고, 다만 중대한 공익상 필요가 있거나 상대방에게 귀책사유가 있는 경우에는 예외적으로 취소할 수 있는 상대**적 불가변력이 발생하는 것으로 보는 것이 다수 견해**이지만, **취소권이 제한되는 경우로 보는 것이 타당하다.**

⑤ **수익적 행정행위도 불가변력이 인정되는 행위로 보는 견해가 있으나, 수익적 행정행위의 취소권이 제한되는 경우로 보는 것이 타당하다.** 왜냐하면 수익적 행정행위의 취소가 제한되는 것은 행정행위의 성질상 그러한 것이 아니라 외부사유인 상대방의 신뢰보호나 법률생활의 안정성을 보장하기 위한 것이기 때문이다.

행정청은 불가변력이 있는 행정행위를 직권으로 취소 또는 철회할 수 없다. 불가변력이 있는 행정행위에 대하여도 그 상대방 또는 이해관계인은 행정불복제기기간 내에 행정쟁송수단을 통해 해당 행정행위의 효력을 다툴 수 있다.

5. 강 제 력

행정결정의 실효성을 확보하기 위하여 행정결정에 **강제력**이라는 우월한 힘이 인정된다. 강제력에는 자력집행력과 제재력이 있다.

(1) 자력집행력

자력집행력이란 행정법상의 의무를 이행하지 아니할 경우에 행정청이 직접 실력을 행사하여 자력(自力)으로 그 의무의 이행을 실현시킬 수 있는 힘을 말한다.

사법관계에서 의무의 이행을 강제하기 위하여 채권자의 자력(自力)에 의해 의무를 이행시키는 것은 인정되지 않고, 우선 법원의 이행판결을 받아 그것을 채무명의로 하여 국가의 집행기관(집행법원 및 집행관)에 의해 강제집행을 하게 된다. 그러나 국민의 행정법상의 의무불이행에 대하여는 법원에 소송을 제기하여 의무의 존재를 확인받을 필요도 없고 국가의 집행기관을 통하지 않고도 행정청이 자력으로 의무의 이행을 강제할 수 있도록 되어 있다.

물론 자력집행력이 인정되기 위하여는 법률의 근거가 있어야 한다. **행정대집행법**은 대체적 작위의무에 대한 **행정상 강제집행의 일반적인 근거법**이 된다. **국세징수법**은 국세납부의무에 대한 강제징수의 근거법이지만 지방세기본법 등 법률에서 공법상 금전급부의무의 강제징수에 준용하도록 하고 있으므로 그 한도 내에서 국세징수법은 **공법상 금전급부의무의 강제징수의 일반적 근거법**이 되고 있다. 그 이외에도 행정상 강제집행을 정하는 개별법이 존재한다.

(2) 제 재 력

제재력이란 행정행위의 상대방이 행정행위에 의해 부과된 의무를 위반하는 경우에는 그에 대한 제재로서 **행정벌**(행정형벌 또는 행정질서벌)**이 과해지는** 것을 말한다. 물론 행정벌이 과하여지기 위하여는 명시적인 법률의 근거가 있어야 한다.

Ⅱ. 공권과 공의무의 특수성

1. 개 설

공법상의 권리 또는 의무는 공익의 실현을 위하여 인정되는 것이므로 공법상의 권리 또는 의무에는 사익만을 위하여 인정되는 사법상의 권리 또는 의무와는 다른 특수성이 인정된다.

① 공법상의 권리는 동시에 의무의 성격을 띠는 상대적 성질을 가진다.
② 공권과 공의무는 이전성과 포기성이 제한되는 경우가 있다. 예를 들면, 공무원연금청구권이나 생활보호를 받을 권리는 양도가 금지된다. 그러나 공권 중에서도 경제적 가치를 주된 대상으로 하는 것은 사권과 같이 이전성이 인정되는 경우가 있다. 즉 공무원 봉급청구권은 2분의 1 이하의 한도 내에서 압류의 대상이 된다.
공권의 포기와 불행사는 구별하여야 하며 공권의 포기가 인정되지 않는 경우에도 공권의 불행사는 허용된다.
일신전속적인 공의무는 법령상 또는 이론상 그 포기와 이전이 제한된다.
③ 공권에는 특별한 보호가 행하여지고, 공의무에는 특별한 강제가 가하여진다.

2. 공권과 공의무의 승계

사인이 부담하는 공의무의 승계가 가능한지는 공의무가 일신전속적인가 아니면 대체성이 있는가에 좌우된다. 일신전속적인 공의무(예 이행강제금 납부의무)는 이전과 승계가 인정되지 않는다. 대체적(代替的) 공의무(예 과징금 납부의무)는 원칙상 승계가 가능하다. 다만, 대체적 공의무가 공익성이 강한 경우(예 유해폐기물 처리의무)에는 승계는 되지만 본래의 공의무를 지는 자도 여전히 공의무를 지는 것으로 보아야 한다.

대물적 하명(예 철거명령)에 의해 부과된 공의무(예 위법건축물 철거의무)는 승계에 관한 합의나 법률의 근거 없이도 물건의 승계인에게 자동적으로 승계되지만 ('대물적 행정행위의 효과의 승계' 참조), 대인적 하명에 의해 부과된 공의무는 명문의 규정이 없는 한 이전되지 않는다. 이에 대하여 공의무의 승계는 승계인에게 침익적인 효과를 발생시키므로 법률유보의 원칙상 대물적 하명에 의해 부과된 공의무의 경우에도 법률의 근거가 필요하다는 견해가 있다.

[판례] **이행강제금 납부의무는** 상속인 기타 사람에게 승계될 수 없는 **일신전속적인 성질의**

것이므로 이미 **사망한 사람에게 이행강제금을 부과하는 내용의 처분이나 결정은 당연무효**이고, 이행강제금을 부과받은 사람의 이의에 의하여 비송사건절차법에 의한 재판절차가 개시된 후에 그 **이의한 사람이 사망한** 때에는 사건 자체가 목적을 잃고 **절차가 종료**된다(대결 2006. 12. 8, 2006마470〈건축법위반이의〉).

Ⅲ. 권리구제수단의 특수성

행정권의 행사로 국민의 권리가 침해된 경우에는 사권(私權)의 구제수단과는 다른 특별한 구제수단이 인정되고 있다. 그 주된 이유는 권리침해가 우월한 지위에 있는 공권력주체에 의해 행하여졌다는 점과 국민의 권리구제와 함께 공익의 보장도 고려하여야 한다는 데 있다. 이에 관하여는 경찰행정구제법편에서 살펴보기로 한다.

Ⅳ. 특별한 부담

1. 법에 의한 엄격한 기속

행정권의 우월적 지위가 잘못 행사되어 국민의 권익을 침해할 수 있다. 따라서 공권력 행사에는 엄격한 법적 규율이 가해진다. 특히 권력관계는 법에 의한 엄격한 기속을 받는다.

2. 엄격한 국가배상책임

국가배상책임은 위법한 공권력 행사로 인하여 가해진 손해에 대한 배상책임을 정하는 것이므로 민사상 불법행위책임보다 엄격하게 인정되고 있다.

제 5 절 공 권

Ⅰ. 공법관계와 공권

공법관계란 공법상의 권리의무관계, 즉 공권과 공의무로 이루어지는 관계를 말한다. **공권**(公權)이란 공법관계에서 직접 자기를 위하여 일정한 이익을 주장할 수 있는 법률상의 힘을 말한다. **공의무**(公義務)란 의무자의 의사에 가하여진 공법상의 구속을 말한다.

공권에는 국가적 공권과 개인적 공권이 있다. 행정법에서 통상 공권이라고 하면 개인적 공권을 말한다.

국가적 공권이란 행정주체가 우월한 의사의 주체로서 행정객체에 대하여 가지는 권리를 말한다. **그 권리의 목적**을 기준으로 할 때 조직권, 경찰권, 행정계획권, 공용부담특권, 공기업특권, 조세권, 전매권, 재정권으로 나누어지고, **권리의 내용을 기준**으로 명령권, 강제권, 형성권, 공법상의 물권으로 나누어진다. 국가적 공권은 권한의 성격이 강하다. 국가적 공권은 국가가 행정강제, 행정벌 등을 통해 스스로 보호하므로 침해의 가능성이 별로 없어 법이론상 깊이 따질 실익이 없다. 그러나 개인이 행정주체에 대해 가지는 개인적 공권은 침해될 가능성이 크다. 따라서 공권론의 핵심은 개인적 공권이 된다(김유환, 현대행정법 제 9 판(2024), 66쪽).

개인적 공권이란 개인이 직접 자기의 이익을 위하여 행정주체에게 일정한 행위를 할 것을 요구할 수 있는 공법에 의해 주어진 법적인 힘이다. 개인적 공권에 대응하여 행정권에게는 일정한 작위 또는 부작위의 의무가 부과된다.

Ⅱ. 개인적 공권의 성립요건(공권의 3요소론에서 공권의 2요소론으로)

공권이론에 중요한 기여를 한 독일의 뷜러는 개인적 공권(이하 '공권'이라 한다)의 성립요소로 ① 강행법규에 의한 행정권에 대한 의무의 부과(강행법규성), ② 법규의 사익보호성, ③ 청구권능 부여성을 들었다. 이 중에서 청구권능의 부여는 구체적으로 말하면 재판을 통한 이익의 실현을 의미한다. 그런데 **오늘날에는** 헌법상 재판을 받을 권리가 보장되고 실정법(행정소송법)상 개괄적으로 권리구제제도가 보장되고 있으므로 **공권의 성립요소 중 청구권능의 부여는 별도의 성립요소로 보지 않게 되었다.**

오늘날 공권이 성립하기 위하여는 다음의 두 요건(강행법규성과 사익보호성)을 갖추어야 한다. ① 강행법규(공법)에 의해 행정주체에게 일정한 행위(作爲 또는 不作爲)를 하여야 할 의무가 부과되고 있어야 한다(**강행법규성**). 행정주체의 의무에는 기속행위에서의 특정행위를 할 의무뿐만 아니라 재량행위에서의 하자 없이 행정권을 행사할 의무도 포함된다. 즉 재량행위에서도 공권이 성립될 수 있다. ② 그 법규가 공익의 보호와 함께 사익의 보호를 목적으로 하고 있어야 한다(**사익보호성**). 일반적으로 공법법규는 공익의 보호를 제 1 차적 목적으로 한다. 그런데 공법법규가 공익의 보호와 함께 사익의 보호를 목적으로 하는 경우가 있는바, 이 경우에만 공권이 성립하게 된다. 공권의 경우 소송법상 완비되어 있기 때문에 뷜러의 이론에 따르면, 그 강행법규가 사익보호성을 가지고 있느냐의 여부에 따라 공권의 성립 여부가 결정이 된다고 할 것이다(김유환, 67쪽).

따라서 오늘날 공권은 개인이 행정주체에 대해 가지는 법에 의해 보호된 이익을 말한다.

Ⅲ. 공권, 법적 이익 및 반사적 이익의 구별

1. 공권과 법적 이익

종래에는 공권과 법적 이익을 구별하였다. 그것은 법에 의해 보호된 이익이라도 재판을 통한 이익 실현이 보장되지 않는 경우(청구권능이 부여되지 않은 경우)가 있었고 이 경우는 법적 이익(법상 보호된 이익)이지만 권리는 아니라고 보았다.

그러나 앞에서 보았듯이 오늘날 공권의 성립에 별도의 청구권능의 부여는 요구되지 않게 되었고 공법에 의한 사권의 보호만으로 공권이 성립되는 것으로 되었으므로 공권과 법적 이익의 구별은 없어졌고 **법적 이익은 공권에 포섭되었다.**

2. 공권(법적 이익)과 반사적 이익의 구별

공권(법적 이익)과 반사적 이익은 구별하여야 한다. **반사적 이익**이란 공법이 공익을 위하여 행정주체나 그 객체에게 어떠한 작위 또는 부작위의 의무를 부과하거나 또는 행정주체가 어떠한 공공시설을 운영함으로써 결과적으로 개인이 반사적으로 받게 되는 이익을 말한다.

예컨대, 의료법에서 의사에게 환자를 진료할 의무를 부과함으로써 일반인이 반사적으로 진료를 받게 되는 이익이 그 예이다.

(1) 공권과 반사적 이익의 구별실익

공권(법적 이익 포함)이 침해된 자는 재판을 통하여 권익의 구제를 청구할 수 있지만, 반사적 이익이 침해된 자는 재판을 통한 구제를 청구할 수 없고 그 이익의 침해를 감수하여야 한다. 여기에 공권(법적 이익)과 반사적 이익을 구별할 실익이 있다. 달리 말하면 공권이 침해된 자는 행정소송에서 원고적격(소송을 제기할 자격)이 인정되지만, 반사적 이익이 침해된 자는 원고적격이 인정되지 않는다. **원고적격은 소송요건**이므로 원고적격이 인정되지 않는 경우 그 소송은 부적법 각하된다.

(2) 공권과 반사적 이익의 구별기준

공권(법적 이익)이란 처분의 근거법규 및 관계법규에 의해 보호된 개인의 이익(사익)을 말한다. 보다 정확히 말하면 공익을 보호하는 법규가 개인의 이익도 아울러 보호하고 있는 경우에 그 보호된 개인의 이익이 공권이다. 이에 반하여 실정법규가 공익의 보호만을 목적으로 하고 있고 개인은 그로 인하여 반사적으로 이익을 누리는 경우에는 그 개인의 이익은 반사적 이익이다. 즉 공권과 반사적 이익의 구별기준은 **처분의 근거법규 및 관계법규**의 목적이 된다.

예를 들면, 이웃의 채광(採光)을 보호하는 건축법의 규정은 주거환경의 보호라는 공익목적과 함께 인근주민의 채광(일조)의 이익(주거 등에서 햇볕을 쬘 수 있는 개인적 이익)을 아울러 보호하는 것을 목적으로 하고 있다라고 해석되는데 이 경우 **인근주민의 채광의 이익은 공권**이다. 이에 반하여 건축법에 의한 건축물의 색채의 규제는 미관의 보호라는 공익목적만을 갖는 규정이므로 **인근주민의 미관의 이익은 반사적 이익**이다. 참고로 「건축법」에 '일조권(日照權)'이라는 용어가 명시적으로 등장한 것은 1976년이며, 1980년에 들어서 정북(正北) 방향의 일정거리를 띄우는 형식의 일조(日照) 규정이 현재와 유사한 형태로 완성되었다(건축법시행령 제86조 제 1 항 참조).

3. 공권의 범위: 공권(법적 이익)의 확대

공권의 확대는 여러 측면에서 행해졌다. 반사적 이익의 보호이익화, 기본권의 공권화, 적극적 청구권, 무하자재량행사청구권 등의 인정이 그것이다.

전통적 견해에 따르면, 공권이 성립되기 위해서는 근거법령이 강행법규(기속법규)이어야 하며, 따라서 법이 행정청에게 재량권을 부여하고 있는 경우에는 공권이 성립할 수 없다고 보았다. 그런데 오늘날 재량에 대한 통제이론이 발전함에 따라 재량행위의 경우에도 일정한 범위에서 공권이 성립할 수 있음이 인정되게 되었다(이일세, 「행정법총칙」, 73쪽). 그 대표적인 예가 무하자재량행사청구권과 행정권발동청구권이다.

(1) 반사적 이익의 보호이익(공권)화

종래 반사적 이익으로 여겨졌던 것이 법적 이익으로 인정되고 있는 경향에 있다. 그러나 법적 이익과 반사적 이익의 구별기준이 변경된 것은 아니다. **구별기준은 여전히 근거법규 및 관계법규의 목적**이다. 다만, 근거법규 및 관계법규의 해석에 있어서 근거법규 및 관계법규가 공익의 보호뿐만 아니라 개인의 이익을 또한 보호하고 있다는 것을 널리 인정함으로써 반사적 이익이 공권으로 발전되고 있는 것이다.

반사적 이익의 보호이익화는 주로 행정처분에 대하여 이해관계 있는 **제 3 자의 이익(인근주민의 이익 및 경업자의 이익)이 반사적 이익에서 법적 이익으로 발전됨에 따라 이루어지고 있다.** 종래 행정처분의 상대방이 아닌 제 3 자가 갖는 이익은 반사적 이익에 불과하다고 보는 경우가 많았으나 오늘날에는 법적 이익으로 보는 경향이 있다.

1) 인근주민의 이익

건축, 개발 등을 제한하는 행정법규가 공익뿐만 아니라 인근주민의 이익도 보호하고 있다고 여겨지는 경우에 그로 인하여 인근주민이 받는 이익은 법적 이익이다. 이에 반하여 개발 등을 제한하는 행정법규(예 「개발제한구역의 지정 및 관리에 관한 법률」에 따른 개발제한구역의 지정)가 공익만의 보호를 목적으로 하고, 이로 인하여 인근주민이 사실상 이익을 보는 경우에도 인근주민의 이익은 반사적 이익에 불과하다.

가. 법적 이익을 긍정한 사례

[판례 1] **연탄공장 건축허가처분의 요건을 제한하는 규정(주거지역 내 원동기를 사용하는 공장의 건축을 금지·제한하는 규정〈구 도시계획법 제19조, 구 건축법 제32조〉)**이 공익(공공복리의 증진)뿐만 아니라 인근주민의 이익(주거지역 내 거주하는 사람의 주거의 안녕과 생활환경의 이익)을 아울러 보호하고 있다라고 본 사례(대판 1975. 5. 13, 73누96·97).

[판례 2] **자동차 LPG 충전소설치허가의 요건을 정하는 규정**(「액화석유가스의 안전관리 및 사업법」 제 8 조(저장소의 설치허가) 및 동법시행령 제 4 조)이 공익뿐만 아니라 인근주민의 이익도 보호하고 있다라고 본 사례(대판 1983. 7. 12, 83누59).

[판례 3] **환경영향평가에 관한 자연공원법령 및 환경영향평가법령의 규정**들의 취지가 환경공익을 보호하려는 데 그치지 않고 **환경영향평가 대상지역 안의 주민들**이 수인한도를 넘는 환경침해를 받지 아니하고 쾌적한 환경에서 생활할 수 있는 개별적 이익(환경사익)을 보호하는 데 있다라고 본 사례(대판 1998. 4. 24, 97누3286; 대판 1998. 9. 22, 97누19571).

나. 법적 이익을 부정한 사례

[판례] 상수원보호구역 설정의 근거가 되는 **수도법 제 5 조 제 1 항 및 동 시행령 제 7 조 제 1 항이 보호하고자 하는 것은 상수원의 확보와 수질보전**일 뿐이고, 그 상수원에서 급수를 받

고 있는 **지역주민들이 가지는 상수원의 오염을 막아 양질의 급수를 받을 이익은 직접적이고 구체적으로는 보호하고 있지 않음이 명백**하여 위 지역주민들이 가지는 이익은 상수원의 확보와 수질보호라는 공공의 이익이 달성됨에 따라 **반사적으로 얻게 되는 이익에 불과**하므로 지역주민들에 불과한 원고들에게는 **위 상수원보호구역변경처분의 취소를 구할 법률상의 이익이 없다**(대판 1995. 9. 26, 94누14544). **[평석]** 그런데 상수원보호구역 설정 및 해제의 근거가 되는 수도법규정이 상수원의 수질보호와 함께 물이용자의 개인적 이익도 직접 보호하는 것을 목적으로 하고 있다고 볼 수도 있고, 현재와 같이 「한강수계 상수원수질개선 및 주민지원 등에 관한 법률」 및 동법 시행령 제19조에 따라 수도사업자가 물이용부담금을 납부하고(이 물이용부담금은 수도요금에 전가될 것이다) 이 재원으로 상수원보호구역에 재정지원을 하고 있는 점 등을 아울러 고려하면 **상수원보호구역을 규율하는 수도법규정으로 인하여 수돗물 이용자가 받는 이익은 법적 이익이라고 볼 수도 있다.** 참고로 상수원(上水源)으로부터 반경 4㎞까지가 상수원보호구역에 해당하며, 경계로부터 상수원의 물길을 따라 상류 10㎞ 이내는 "규제지역"으로 지정, 보호대상에 포함된다.

2) 경업자의 이익

영업을 규제하는 법령으로 인하여 경쟁관계에 있는 영업자가 받는 이익이 법적 이익인지 반사적 이익인지가 문제된다. 영업을 규제하는 법령이 공익뿐만 아니라 경쟁관계에 있는 영업자의 영업상 이익도 아울러 직접 보호하고 있는 경우에 경쟁관계에 있는 영업자의 영업상 이익은 법적 이익이고, 영업을 규제하는 법령이 공익의 보호만을 목적으로 하고 이로 인하여 경쟁관계에 있는 영업자가 반사적으로 이익을 얻는 경우에는 경쟁관계에 있는 영업자의 영업상 이익은 반사적 이익이다.

판례는 일반적으로 특허로 받는 기존영업자의 이익은 법률상 이익으로 보고(예 ① 직행버스 정류장설치를 제한하는 법규정으로 인하여 기존 시내버스 또는 시외버스 운송업자가 받는 이익, ② 선박운송사업의 제한으로 기존 선박운송업자가 받는 이익), 허가로 받는 기존 영업자의 이익은 원칙상 반사적 이익 또는 사실상 이익에 불과한 것으로 본다(예 ① 목욕탕영업허가에 대하여 기존 목욕탕업자(대판 1963. 8. 31, 63누101), ② 양곡가공업허가에 대하여 기존업자(대판 1981. 1. 27, 79누433), ③ 약사들에 대한 한약조제권 인정에 대하여 한의사(대판 1998. 3. 10, 97누4289)). 예외적이기는 하지만 허가로 받은 영업자의 이익을 법률상 이익으로 본 판례도 있다(예 주유소 거리제한으로 인하여 기존업자가 받는 이익).

[판례] **신규 목욕장업 허가로 인한 기존 목욕장업의 이익감소가 권리침해에 해당하는지 여부:** 공중목욕장업허가는 경찰금지의 해제로 인한 영업자유의 회복이라고 볼 것이므로 이 영업의 자유는 법률이 직접 공중목욕장업 피허가자의 이익을 보호함을 목적으로 한 경우에 해당하는 것이 아니고 … 원고가 이 사건 허가처분에 의하여 목욕장업에 의한 이익이 사

실상 감소된다 하여도 이 불이익은 본건 허가처분의 단순한 사실상의 반사적 결과에 불과하고 이로 말미암아 원고의 권리를 침해하는 것이라고는 할 수 없다(대판 1963. 8. 31, 63누101).

(2) 공권과 기본권

행정법상 공권은 법적으로 주장할 수 있는 구체적 권리이다. 헌법상의 기본권도 그것이 구체적인 내용을 갖고 있어 **법률에 의해 구체화되지 않아도 직접 적용될 수 있는 경우**에는 재판상 주장될 수 있는 구체적 공권이다. **자유권, 평등권, 재산권이 그 예**이다.

생존권은 원칙상 추상적 권리로서 구체적 공권이 아니지만 적극적 공권력 행사에 의해 생존권이 침해된 경우에 그 침해를 배제하기 위하여 그 공권력 행사의 취소를 청구함에 있어서 또는 최소한도의 보장을 적극적으로 청구함에 있어서는 구체적 권리성을 갖는 것으로 보아야 하며, 이 경우에 국민은 개인적 공권의 주체가 된다고 보아야 한다.

관계법령에 따라 보호되는 개인적 이익이 침해되지 않은 경우에도 구체적 공권인 헌법상 기본권이 침해된 때에는 보충적으로 헌법상 기본권을 재판상 주장할 수 있는 행정법상 공권으로 볼 수 있다.

[판례] 국세청장의 지정행위(납세병마개 제조자지정행위)의 근거규범인 이 사건 조항들이 단지 공익만을 추구할 뿐 청구인 개인의 이익을 보호하려는 것이 아니라는 이유로 청구인(지정행위의 상대방이 아닌 제 3 자)에게 취소소송을 제기할 법률상 이익을 부정한다고 하더라도, **국세청장의 지정행위는 행정청이 병마개 제조업자들 사이에 특혜에 따른 차별을 통하여 사경제 주체간의 경쟁조건에 영향을 미치고 이로써 기업의 경쟁의 자유를 제한하는 것임이 명백한 경우**에는 국세청장의 지정행위로 말미암아 기업의 경쟁의 자유를 제한받게 된 자들은 적어도 **보충적으로 기본권에 의한 보호가 필요**하다. 따라서 일반법규에서 경쟁자를 보호하는 규정을 별도로 두고 있지 않은 경우에도 **기본권인 경쟁의 자유가 바로 행정청의 지정행위의 취소를 구할 법률상의 이익이 된다** 할 것이다(헌재 전원재판부 1998. 4. 30, 97헌마141). **[해설]** 납세병마개는 술에 부과되는 고세율의 세금탈루를 막기 위해 도입된 제도이다.

(3) 새로운 형태의 공권: 무하자재량행사청구권

1) 의 의

무하자재량행사청구권이란 행정청에게 재량권이 부여된 경우에 행정청에 대하여 재량권을 흠 없이 행사하여 줄 것을 청구할 수 있는 권리를 말한다.

행정청에게 재량권이 인정되는 경우에는 행정청이 처분을 함에 있어서 재량권의 한계를 준수하여 줄 것을 청구할 수밖에 없고, 어떤 특정한 행위를 하여 줄 것을 청구하는 권리가 개인에게 주어질 수 없다.

2) 법적 성질

가. 형식적 권리 무하자재량행사청구권은 특정한 내용의 처분을 하여 줄 것을 청구하는 권리가 아니고, 재량권을 흠 없이 행사하여 어떠한 처분을 하여 줄 것을 청구하는 권리인 점에서 형식적 권리라고 할 수 있다.

나. 실체적 권리 무하자재량행사청구권은 자신의 권익을 위하여 일정한 행정결정을 청구하는 권리이므로 절차적 권리가 아닌 실체적 권리이다. 무하자재량행사청구권은 재량법규가 사익을 보호하는 경우에 인정되는 실체적 권리이다.

3) 무하자재량행사청구권의 독자성 인정 여부

무하자재량행사청구권을 독자적 권리로 인정할 필요가 있는가에 관하여 견해가 대립하고 있다.

무하자재량행사청구권은 재량행위에 대한 항고소송에서 원고적격을 인정하기 위하여는 그 실익이 없으나(무하자재량행사청구권이라는 개념이 없어도 원고적격이 인정될 수 있다), 재량행위에서도 공권이 인정될 수 있다는 것과 재량행위에서 인정되는 권리가 어떠한 권리인지를 설명하여 줄 수 있고, 의무이행심판이나 의무이행소송에서 적법재량행사를 명하는 재결이나 판결의 실체법적 근거가 된다는 점에서 그 인정실익이 있다.

4) 무하자재량행사청구권의 인정범위

무하자재량행사청구권은 재량권이 인정되는 모든 행정권의 행사에 인정된다.

5) 무하자재량행사청구권의 성립요건

무하자재량행사청구권도 공권이므로 무하자재량행사청구권의 성립요건은 공권의 성립요건과 같다. 즉 ① 행정청에게 강행법규에 의해 재량권을 행사하여 어떠한 처분을 하여야 할 의무가 부과되어야 한다(처분의무). 행정청의 처분의무는 법령상 인정될 수 있을 뿐만 아니라 조리상 인정될 수도 있다. 여기에서의 행정청의 처분의무는 특정한 내용의 처분의무가 아니라 하자 없이 재량권을 행사하여 어떠한 처분을 해야 할 의무이다. ② 재량권을 부여하는 법규가 공익뿐만 아니라 관계 개인의 이익도 보호하는 것을 목적으로 하는 것이어야 한다(사익보호성).

6) 무하자재량행사청구권의 내용

무하자재량행사청구권이 인정되는 경우는 행정청에게 그의 재량권을 올바르게 행사하여 처분할 의무가 있고 이에 대응하여 해당 개인은 재량권의 올바른 행사에 따른 처분을 받을 권리(= 실체적 권리)를 갖게 된다. 즉 재량권의 한계 일탈이나 남용이 없는 적법한 응답을 요구할 권리를 가진다.

재량권이 영으로 수축하는 경우에는 무하자재량행사청구권은 특정한 내용의 처분을 하여 줄 것을 청구할 수 있는 행정행위발급청구권 또는 행정개입청구권으로 전환된다.

[판례] 검사의 임용에 있어서 임용권자가 임용 여부에 관하여 어떠한 내용의 응답을 할 것인지는 임용권자의 자유재량에 속하므로 일단 임용거부라는 응답을 한 이상 설사 그 응답내용이 부당하다고 하여도 사법심사의 대상으로 삼을 수 없는 것이 원칙이나, 적어도 **재량권의 한계일탈이나 남용이 없는 위법하지 않은 응답을 할 의무가 임용권자에게 있고 이에 대응하여 임용신청자로서도 재량권의 한계일탈이나 남용이 없는 적법한 응답을 요구할 권리가 있다**고 할 것이며, **이러한 응답신청권에 기하여 재량권남용의 위법한 거부처분에 대하여는 항고소송으로서 그 취소를 구할 수 있다고 보아야 하므로** 임용신청자가 임용거부처분이 재량권을 남용한 위법한 처분이라고 주장하면서 그 취소를 구하는 경우에는 법원은 재량권남용 여부를 심리하여 본안에 관한 판단으로서 청구의 인용 여부를 가려야 한다(대판 1991. 2. 12, 90누5825〈사법시험에 합격하고 사법연수원의 소정과정을 마친 후 검사임용신청을 하였으나 성적 순위 미달을 이유로 그 임용이 거부된 자가 재량권을 남용한 처분이라고 주장하며 제기한 취소소송〉). **[평석]** 위의 판례가 무하자재량행사청구권을 독자적 권리로 인정하였다고 해석하는 견해(정하중)도 있지만, **위의 판례는 기본적으로 재량행위인 검사임용의 경우에 임용신청자에게 조리상 응답신청권을 인정한 판례이다.** 판례가 무하자재량행사청구권의 개념을 인정하고 검사임용거부의 처분성 인정논거의 하나로 들고 있지만, **위의 판례가 무하자재량행사청구권을 독자적 권리로 인정하였다고 해석하는 것은 타당하지 않다. 무하자재량행사청구권이라는 개념의 인정과 무하자재량행사청구권의 독자성 인정은 별개의 문제**이다. 또한 **판례가 무하자재량행사청구권과 응답청구권을 동일한 것으로 본 것은 타당하지 않다.** 전술한 바와 같이 **무하자재량행사청구권과 신청권은 구별되는 개념**이다. 이 판례에 대해서는 검사임용신청권은 헌법(제 7 조, 제25조), 사법시험법, 국가공무원법(제26조, 제33조) 및 검찰청법(제34조) 등 법령으로부터 도출되는 것이지 조리상 인정된 것은 아니라는 비판도 있다.

7) 재량권의 영으로의 수축

가. 의 의 　재량권의 영으로의 수축이란 일정한 예외적인 경우에 재량권이 있는 행정청에게 선택의 여지가 없어지고 특정한 내용의 처분을 하여야 할 의

무가 생기는 것을 말한다. 중요한 법익(예 생명)이 중대한 위험에 처해 있고, 경찰의 다른 임무가 우위에 있지 않은 경우에 재량권이 영으로 수축된다(예 경찰에게는 일반적으로 결정재량이 있지만, 위험의 정도와 비중, 침해의 우려가 있는 법익의 의미가 중대하면 개입의무가 발생하며, 이것은 오직 하나의 결정만이, 즉 개입하는 것만이 적법하게 될 만큼 수축될 수 있다).

나. 판단기준 다음과 같은 경우에 재량권이 영으로 수축된다. ① 사람의 생명·신체 및 재산 등 중요한 법익에 중대하고 급박한 위험이 존재하고(예 공장으로부터 배출기준을 초과하는 유해한 폐수가 하천으로 배출되어 식수로 사용하는 인근의 지하수를 오염시키고 있는 경우), ② 그러한 위험이 행정권의 발동(예 시정명령 또는 조업중지명령)으로 제거될 수 있는 것으로 판단되며, ③ 피해자의 개인적인 노력으로는 권익침해의 방지가 충분하게 이루어질 수 없다고 인정되어야 한다.

다. 효 과 경찰관청의 재량권이 영으로 수축된다면, 행정청은 특정한 내용의 처분을 하여야 할 의무를 진다.

[판례] **경찰관의 주취운전자에 대한 권한 행사가 관계법률의 규정형식상 경찰관의 재량에 맡겨져 있다고 하더라도, 그러한 권한을 행사하지 아니한 것**이 구체적인 상황하에서 현저하게 합리성을 잃어 **사회적 타당성이 없는 경우에는 경찰관의 직무상 의무를 위배한 것으로서 위법**하게 된다(대판 1998. 5. 8, 97다54482〈교통사고 피해자들에게 손해를 배상해 준 보험회사가 주취운전을 방치한 단속경찰관의 위법행위와 상법상의 보험자 대위의 법리에 따라 대한민국에게 구상금을 청구한 사건〉).

8) 무하자재량행사청구권과 원고적격의 관계

무하자재량행사청구권은 재량법규가 사익을 보호하는 경우에 인정되는 실체적 권리이므로 무하자재량행사청구권이 인정되는 경우에는 원고적격이 인정된다. 다만, 원고적격을 인정하기 위해 무하자재량행사청구권이라는 개념이 반드시 필요한 것은 아니다. 원고적격론에 따라 재량처분의 근거법규가 사익을 보호하는 경우에는 원고적격이 인정되는 것이다. 무하자재량행사청구권이라는 개념을 인정하지 않더라도 원고적격을 인정할 수 있다는 점에서 오늘날 원고적격과 관련하여서는 그 개념인정의 실익은 없다.

(4) 새로운 형태의 공권[6]: 행정권발동청구권(광의의 행정개입청구권)

행정권발동청구권이란 자신의 권익을 위하여 행정권의 적극적 발동을 청구할 수 있는 권리를 말한다. **광의의 행정개입청구권**이라고도 한다. 행정권발동청구권은 자신에 대하여 행정권의 발동을 청구하도록 요구하는 권리(행정행위발급청구권)와 제 3 자에 대한 행정권의 발동을 청구하는 권리(협의의 행정개입청구권)로 나눌 수 있다.

1) 행정행위발급청구권

행정행위발급청구권이란 개인이 자기의 권익을 위하여 자기에 대하여 일정한 내용의 행정권을 발동하여 줄 것을 청구할 수 있는 권리를 말한다.

행정행위발급청구권이 인정되기 위하여는 ① 강행법규가 행정청에게 일정한 행위를 하여야 할 의무를 부과하고 있고(강행법규성, 발급의무), ② 그러한 법규가 공익의 보호뿐만 아니라 개인의 이익도 보호하는 것을 목적으로 하고 있어야 한다(사익보호성).

행정행위발급청구권은 **원칙적으로 기속행위**(羈束行爲)**에 인정**되고 재량행위에는 원칙상 인정되지 않는다. 다만, 재량행위의 경우에도 재량권이 영으로 수축되는 경우에는 행정청에게 특정 행정행위를 할 의무가 생기므로 행정행위발급청구권이 인정된다.

2) 협의의 행정개입청구권 [1995 사시 사례, 2009 경감승진 약술, 2011 입법고시 사례, 2013 사시 사례, 2014 행시 사례, 2014 경감승진 사례]

가. 개 념 **협의의 행정개입청구권**이란 어떠한 행정권의 발동(예 유해한 폐수를 배출하는 기업에 대한 조업중지명령)이 그 상대방(예 기업)에 대하여는 침해적이고 제 3 자(예 인근주민)에 대하여는 수익적인 경우에, 그 행정권의 발동으로 이익을 받는 자(예 인근주민)가 행정청에게 그 상대방(예 기업)에 대한 행정권의 발동을 청구할 수 있는 권리를 말한다. 원래 이 권리는 경찰행정법의 영역에서 경찰에게 인정되는 편의재량을 제한하고 재량행위라 하더라도 '재량권이 영으로 수축'되는 경우에는 경찰권의 발동의무가 있음을 인정하기 위하여 개념화된 것이다(김유환).

독일에서 행정규제권한의 발동을 구하는 청구권은 먼저 경찰권한의 위법한 불발동을 이유로 한 국가배상청구소송에서 인정되었다. 그러나 행정청에 대하여

---

6) 무하자재량청구권과 행정개입청구권을 '특수한 공권'으로 부르는 견해도 있다. 정남철, 「한국행정법론」(법문사, 2020), 47쪽.

직접 규제권한의 행사를 의무지우는 것은 주로 경찰법에 타당한 반사적 이익론과 행정편의주의에 따라 인정하지 아니하였다. 독일에서 행정개입청구권은 1960년 8월 8일의 독일 연방행정법원의 띠톱판결(Bandsägen Urteil)에서 시작하여 학설·판례상 정착되었다.[7] 따라서 띠톱판결의 의의는 행정개입(경찰개입)청구권은 과거의 경찰편의주의(경찰권 발동은 공공의 안녕·질서유지 등의 공익을 위해서만 이뤄지고, 그 발동여부는 경찰의 재량)를 수정했다는 점에서 찾을 수 있다. 즉 경찰재량을 축소시켜서 개인의 이익을 위한 경찰권의 발동의무를 이끌어냈다는 점에 커다란 의미가 있는 것이다(김남철).

「경찰관직무 집행법」의 각 규정을 보면, 요건규정에서 불확정개념을 사용하여 경찰관에게 판단의 여지를 부여하는 한편, 효과면에도 경찰권 발동에 대하여 상당한 재량권을 부여하고 있다(김성수).

나. 성립요건 협의의 행정개입청구권이 인정되기 위하여는 ① 행정청에게 개입의무(행정권 발동의무)가 있어야 하고(강행법규성 및 개입의무), ② 행정권의 발동에 관한 법규가 공익뿐만 아니라 제 3 자의 사익을 보호하고 있어야 한다(사익보호성).

(가) 행정청의 개입의무(행정권 발동의무)의 존재 행정권의 발동 여부는 원칙상 행정청의 재량에 속한다. 왜냐하면, 행정권 발동의 대상이 되는 행정현실이 매우 다양하며 행정수단이 제약되어 있기 때문이다. 그러나 법에서 행정권의 발동 여부에 관하여 행정권의 재량을 인정하지 않고 있는 경우가 있고, 법에서 행정권의 발동에 관하여 행정청에게 재량권을 부여하고 있는 경우에도 일정한 경우에는 그 재량권이 영으로 수축하는 경우가 있다. 이 경우에는 행정청에게 개입의무(발동의무)가 존재한다.

[판례 1] 경찰관직무집행법 제 5 조는 경찰관은 인명 또는 신체에 위해를 미치거나 재산에 중대한 손해를 끼칠 우려가 있는 위험한 사태가 있을 때에는 그 각 호의 조치를 취할 수 있다고 규정하여 형식상 경찰관에게 재량에 의한 직무수행권한을 부여한 것처럼 되어

7) 띠톱판결은 주거지역에 설치된 석탄제조 및 하역업소에서 띠톱사용으로 먼지와 소음이 심각하자, 인근 주민이 건축행정청에 금지처분을 해줄 것을 요청하였으나 행정청이 이 신청을 받아들이지 않아 행정소송을 제기하게 되었다. 이에 대하여 베를린고등행정법원에서는 이 청구를 기각하였으나, **연방행정법원은** 경찰법상의 일반수권조항에 따른 경찰권 발동은 재량이고, 이에 대하여 인근 주민은 무하자재량행사청구권을 갖는데, **재량권이 수축되면 인근 주민은 경찰권의 발동을 요구하는 권리를 갖게 된다고 하여, 원고의 청구를 인용**하였다. 즉 "흠 없는 재량의 행사에는 다른 여러 가지 사정과 함께 방해 또는 위험의 정도와 중대성이 결정적 중요성을 가진다. 따라서 중대한 방해·위험이 존재하는 경우에는 행정청의 불개입결정은 그것만으로도 재량의 남용이 된다"고 판시하였다.

있으나, **경찰관에게 그러한 권한을 부여한 취지와 목적에 비추어 볼 때 구체적인 사정에 따라 경찰관이 그 권한을 행사하여 필요한 조치를 취하지 아니하는 것이 현저하게 불합리하다고 인정되는 경우에는 그러한 권한의 불행사는 직무상의 의무를 위반한 것이 되어 위법하게 된다**(대판 1998. 8. 25, 98다16890). **[평석]** 경찰관이 농민들의 시위를 진압하고 시위과정에 도로상에 방치된 트랙터 1대에 대하여 이를 도로 밖으로 옮기거나 후방에 안전표지판을 설치하는 것과 같은 위험발생방지조치를 취하지 아니한 채 그대로 방치하고 철수하여 버린 결과, 야간에 그 도로를 진행하던 운전자가 위 방치된 트랙터를 피하려다가 다른 트랙터에 부딪혀 상해를 입은 사안에서 국가배상책임을 인정한 사례이다. 이 사례는 개입청구의 거부에 대해 다투는 것이 아니라 국가배상사건이어서 개입청구권문제가 직접 쟁점이 되지는 않았다. 따라서 이 사례에서 행정기관에게 개입의무를 인정하였지만, 누구에게 개입청구권을 인정할 것인지(즉 누구에게 항고소송의 원고적격을 인정할 것인지)는 심판의 대상이 되지 않았다. 대판 2017. 11. 9, 2017다228083〈손해배상〉도 같은 취지임.

[판례 2] **건축법 및 기타 관계 법령에 국민이 행정청에 대하여 그러한 조치를 요구할 수 있다는 규정이 없고,** 같은 법 제69조 제 1 항 및 제70조 제 1 항은 각 조항 소정의 사유가 있는 경우에 시장에게 건축허가의 취소, 건축물의 철거 등 필요한 조치를 명할 수 있는 권한 내지 권능을 부여한 것에 불과할 뿐, **시장에게 그러한 의무가 있음을 규정한 것은 아니다**(대판 1999. 12. 7, 97누17568〈행정개입청구권을 인정하지 아니한 사례〉).

(나) 사익보호성 행정권의 발동을 규율하는 법규가 공익의 보호뿐만 아니라 개인의 이익도 보호하는 것을 목적으로 하고 있는 경우에 그 개인이 받는 이익은 법적 이익이 된다.

다. 인정범위 행정개입청구권은 이론적으로는 모든 행정영역에서 인정될 수 있다. 그런데 행정개입청구권은 주로 행정개입을 청구하는 국민의 생명, 신체 및 재산을 보호하기 위하여 인정되는 것이기 때문에 **경찰행정(질서행정)분야에서 주로 인정된다.**

행정개입청구권은 기속행위의 경우에는 당연히 인정된다. 재량행위의 경우에는 무하자재량행사청구권이 인정되고 행정개입청구권은 원칙상 인정되지 않지만, 전술한 바와 같이 재량권이 영으로 수축하는 경우에는 무하자재량행사청구권은 행정개입청구권으로 전환되어 행정개입청구권이 인정된다.

라. 실현수단

(가) 행정쟁송 행정심판으로는 **의무이행심판**이 인정되고 있다. 행정개입청구권의 보장을 위한 가장 적절한 소송수단은 의무이행소송이지만 현행법상 인정되고 있지 않다. 그러나 현행법상 행정개입청구권은 **거부처분의 취소소송 또는 부작위**

위법확인소송을 통하여 실현될 수 있다(행정소송법 제34조, 제38조 제 2 항).

(나) 국가배상 행정권이 발동되지 않음으로써 손해를 입은 경우에는 항고쟁송의 제기와 별도로 국가배상을 청구할 수 있다.

> **[판례]** 경찰은 범죄의 예방, 진압 및 수사와 함께 국민의 생명, 신체 및 재산의 보호 등과 기타 공공의 안녕과 질서유지를 직무로 하고 있고 그 직무의 원활한 수행을 위하여 법령에 의하여 여러 가지 권한이 부여되어 있으므로(경찰관직무집행법 제 1 조·제 2 조), 구체적인 직무를 수행하는 경찰관으로서는 범죄수사뿐만 아니라 범죄의 예방 및 공공의 안녕과 질서유지를 위하여 제반 상황에 대응하여 자신에게 부여된 여러 권한을 적절하게 행사하여 필요한 조치를 취할 수 있는바, 이러한 경찰관의 조치권한은 일반적으로 경찰관의 전문적인 판단에 기한 합리적인 재량에 위임되어 있기는 하나, 그렇다고 하더라도 경찰관에게 이러한 조치권한을 부여한 취지나 목적에 비추어볼 때, **구체적인 상황에서 그 불행사가 현저하게 불합리하다고 인정되는 경우에는 이러한 권한의 불행사는 법령에 위반하는 행위에 해당**하게 되어 국가는 이로 인하여 피해를 입은 자에 대하여 배상책임을 지게 된다고 할 것이다(서울지법 96기합40313; 같은 취지의 판례로는 대판 1996. 10. 25, 95다45927).

권리침해가 이미 발생하여 항고쟁송의 제기로 구제될 수 있는 이익(소의 이익)이 존재하지 않는 경우에는 국가배상만이 가능하다.

> 예를 들면, 무장공비가 민가에 침입하여 주민과 격투가 벌어지고 있는 경우에 경찰력의 출동을 요청하였음에도 경찰력이 출동하지 않아 공비와 격투를 벌이던 주민이 사망하게 된 경우에는 국가배상청구만이 가능하다.

제 6 절 특별행정법관계(종전의 특별권력관계)

[1999 사시 사례(공무원의 신분상 불이익처분), 2002 행시 사례(교도소 재소자의 이송조치)]

Ⅰ. 특별행정법관계의 개념

특별행정법관계란 특별한 행정목적을 달성하기 위하여 특별권력기관과 특별한 신분을 가진 자와의 사이에 성립되는 특별한 법률관계를 말한다. 특별행정법관계는 행정주체와 일반국민 사이에 성립되는 일반행정법관계에 대응하는 개념이다. 특별행정법관계의 예로는 군인의 군복무관계, 공무원의 근무관계, 교도소재소관계, 국공립학교의 재학관계 등을 들 수 있다.

특별행정법관계는 특별권력관계라는 개념을 대체하는 개념으로 사용된다. 특별권력관계이론이 오늘날의 법치국가 하에서는 더 이상 타당할 수 없다는 점과 특별권력관계라는 개념 자체가 법치주의를 배제하는 인상을 주어 법치국가에서는 적절하지 않은 개념이라는 점에 있다.

Ⅱ. 특별권력관계이론

특별권력관계란 특별한 행정목적을 달성하기 위하여 성립된 관계로서 특별권력주체에게 포괄적인 지배권이 부여되고 상대방인 특별한 신분에 있는 자는 이에 복종하여야 하는 관계를 말한다. 특별권력관계는 일반권력관계에 대응하는 개념이다.

특별권력관계이론은 19세기 후반 독일에서 성립된 독일법에 특유한 이론인데, 특별권력관계를 행정의 내부관계로 보고 그 결과 법치주의가 적용되지 않는다고 보았다.

그러나 오늘날 법치주의 하에서는 특별권력관계이론을 부정하고 종래 특별권력관계라고 보았던 관계에도 법치주의가 원칙적으로 적용된다고 보는 견해(부정설)가 다수견해이다. 아직도 소수견해이기는 하지만 특별권력관계를 제한적으로 인정하는 견해(제한적 긍정설)도 있다. 판례는 부정설을 취하고 있다(반대의견 있음).

[판례] 〈다수의견〉 상명하복에 의한 지휘통솔체계의 확립이 필수적인 군의 특수성에 비추어 군인은 상관의 명령에 복종하여야 한다. … 군인이 일반적인 복종의무가 있는 상관의 지시나 명령에 대하여 재판청구권을 행사하는 경우에는 재판청구권이 군인의 복종의무와 외견상 충돌하는 모습으로 나타날 수 있다. **그러나 상관의 지시나 명령 그 자체를 따르지 않는 행위와 상관의 지시나 명령은 준수하면서도 그것이 위법·위헌이라는 이유로 재판청구권을 행사하는 행위는 구별되어야 한다.** 법원이나 헌법재판소에 법적 판단을 청구하는 것 자체로는 상관의 지시나 명령에 직접 위반되는 결과가 초래되지 않으며, 재판절차가 개시되더라도 종국적으로는 사법적 판단에 따라 위법·위헌 여부가 판가름 나므로 재판청구권 행사가 곧바로 군에 대한 심각한 위해나 혼란을 야기한다고 상정하기도 어렵다. **따라서 군인이 상관의 지시나 명령에 대하여 재판청구권을 행사하는 경우에 그것이 위법·위헌인 지시와 명령을 시정하려는데 목적이 있을 뿐, 군 내부의 상명하복관계를 파괴하고 명령불복종 수단으로서 재판청구권의 외형만을 빌리거나 그 밖에 다른 불순한 의도가 있지 않다면, 정당한 기본권의 행사이므로 군인의 복종의무를 위반하였다고 볼 수 없다**(대판 2018. 3. 22, 2012두26401 전원합의체판결〈전역처분등취소〉).

Ⅲ. 특별행정법관계의 성립

특별행정법관계는 다음과 같은 공법상의 특별한 성립원인에 의해 성립한다:

① **상대방의 동의 없는 법률의 규정에 의한 성립** 특별행정법관계가 법률의 규정에 근거하여 상대방의 동의 없이 성립하는 경우이다. 군입대(병역법 제 4 장), 수형자의 교도소 수감(「형의 집행 및 수용자의 처우에 관한 법률」 제 1 조, 제16조), 감염병환자의 강제입원(「감염병의 예방 및 관리에 관한 법률」 제42조), 공공조합에의 강제가입(산림조합법 제 3 장, 「도시 및 주거환경정비법」 제19조) 등이 그 예이다.

② **상대방의 동의에 의한 성립** 특별행정법관계가 상대방의 동의에 근거하여 성립되는 경우이다. 상대방의 동의가 그의 자유로운 의사에 의한 경우(예 공무원의 임명, 국공립학교에의 입학, 국공립도서관의 이용)와 상대방의 동의가 법률에 의해 강제되는 경우(예 학령아동의 초등학교에의 취학)가 있다.

Ⅳ. 특별행정법관계의 종류

특별행정법관계는 공법상의 근무관계(예 국가공무원의 근무관계, 군복무관계, 지방공무원의 근무관계), 공법상의 영조물이용관계(예 국공립학교에의 재학관계, 국공립도서관 이용관계, 교도소 재소관계, 경찰교육원 이용관계, 감염병환자의 국공립병원에의 입원관계), 공법상 특별감독관계(예 공공조합, 공무수탁자와 국가와의 특별감독관계), 공법상의 사단관계(예 공공조합과 그 조합원과의 관계)로 분류된다.

Ⅴ. 특별행정법관계에 있어서의 특별권력

특별행정법관계에 있어서 특별한 행정목적을 달성하기 위하여 행정주체에게 일반권력관계에서와는 다른 특별한 권력 또는 권한이 법령에 의해 또는 법해석상 부여된다. 특별권력에는 포괄적 명령권, 징계권이 있다.

1. 명 령 권

특별권력의 주체에게는 행정목적을 효율적으로 달성할 수 있도록 하기 위하여 포괄적인 명령권이 부여된다. 명령권은 **일반적·추상적 형식**(예 공무원관계에서의 훈령 등 행정규칙, 영조물이용관계에서의 영조물규칙, 특별감독관계에서의 특허명령서, 공·사단관계에서의 공공조합규약 등) 또는 **개별적·구체적인 형식**(예 직무명령, 상대방에 대한 명령 등)으로 발동된다.

2. 법규명령제정권

특별권력주체에게 고유한 법규명령제정권이 있는가에 관하여 견해의 대립이 있다.

특별권력주체에게는 법령의 수권이 없는 경우에도 법규명령의 효력을 갖는 특별명령을 제정하는 권한이 있다는 견해가 있다. 특별명령은 단순한 행정규칙은 아니며 특히 특별권력주체와 상대방과의 관계를 규율하는 사항을 내용으로 하는 명령으로서 그 상대방의 권리와 의무를 규율하므로 실질에 있어서 법규명령의 성질을 갖는다.

그러나 오늘날 법치행정의 원칙상 행정권에게 고유한 법규제정권을 인정할 수 없다. 다만, 특별권력주체는 법률의 수권이 있는 경우에 법규명령의 효력을 갖는 행정규칙(법령보충적 행정규칙)을 제정할 수 있고, 법률에 의한 수권은 다소 포괄적일 수도 있다.

3. 징 계 권

특별권력주체는 내부의 질서를 유지하기 위하여 징계를 행할 수 있는 권한을 갖는다. 징계가 상대방의 법적 지위와 관계가 없을 때에는 법령에 근거가 없어도 가능하지만 상대방의 법적 지위에 영향을 미칠 때에는 법령에 근거가 있어야 한다.

Ⅵ. 특별행정법관계와 법치주의

① 특별권력관계를 부정하는 견해에 따르면 종전에 특별권력관계라고 보았던 관계에도 법치주의가 전적으로 적용되는 것으로 보아야 한다. 그러나 특별권력관계를 부정하는 견해에도 그러한 관계에는 국가와 일반국민 사이의 관계인 일반행정법관계와는 다른 특별한 법적 규율(예 포괄적 수권)이 행하여질 수 있다는 것을 인정하는 견해가 있고 이러한 견해는 통상 그러한 관계를 특별행정법관계로 본다. 또한 ② 특별권력관계를 전적으로 부인하고 그 관계를 일반행정법관계로 보는 견해가 있다. 이에 대하여 ③ 오늘날에도 아직 수정된 형태의 특별권력관계의 존재를 인정하는 견해가 있다. 이 견해에 따르면 특별권력관계에서는 법치주의(특히, 법률유보의 원칙)가 부분적으로 배제 또는 완화될 수 있다고 본다.

[판례] **사관생도는** 군 장교를 배출하기 위하여 국가가 모든 재정을 부담하는 특수교육기관인 **육군3사관학교의 구성원으로서,** 학교에 입학한 날에 육군 사관생도의 병적에 편입되고 준사관에 준하는 대우를 받는 특수한 신분관계에 있다(육군3사관학교 설치법 시행령 제3조). 따라서 그 존립 목적을 달성하기 위하여 필요한 한도 내에서 **일반국민보다 상대적으로 기본권이 더 제한될 수 있으나, 그러한 경우에도 법률유보원칙, 과잉금지원칙 등 기본권 제한의 헌법상 원칙들을 지켜야 한다.** (중략) 구 예규 및 예규 제12조에서 사관생도의 모든 사적 생활에서까지 예외 없이 금주의무를 이행할 것을 요구하면서 제61조에서 사관생도의 음주가 교육 및 훈련 중에 이루어졌는지 여부나 음주량, 음주 장소, 음주 행위에 이르게 된 경위 등을 묻지 않고 **일률적으로 2회 위반시 원칙으로 퇴학 조치하도록 정한 것은 사관학교가 금주제도를 시행하는 취지에 비추어 보더라도 사관생도의 기본권을 지나치게 침해하는 것이므로, 위 금주조항은 사관생도의 일반적 행동자유권, 사생활의 비밀과 자유 등 기본권을 과도하게 제한하는 것으로서 무효인데도 위 금주조항을 적용하여 내린 퇴학처분이 적법하다고 본 원심판결에 법리를 오해한 잘못이 있다고 한 사례**(대판 2018. 8. 30, 2016두60591〈퇴학처분취소〉).

위와 같이 종전의 특별권력관계를 어떠한 성질의 관계로 보는가에 따라 그 관계에 대한 법치주의의 적용에 관하여 다른 견해를 취하게 된다.

특별권력주체에 대한 사법심사에 관하여 특별권력관계의 존재를 제한적으로 긍정하는 수정설은 특별권력관계를 기본관계(基本關係)와 경영수행관계(經營遂行關係)로 구분하고 기본관계에서의 행위에 대하여는 사법심사가 허용되지만 경영수행관계에서의 행위에 대하여는 사법심사가 인정되지 않는다고 본다. 기본관계와 경영수행관계의 구분은 **독일의 학자 울레(Ule)에** 의해 행해진 것이다. **기본관계란** 특별권력관계 자체의 성립, 변경 및 소멸이나 그 밖의 특별권력주체의 상대방의 법적 지위의 본질적 사항에 관련된 법률관계(경찰공무원법에 따른 경찰공무원임명, 국립경찰대학 입학, 병역법에 따른 군입대, 형집행 등 법적 지위의 본질적인 사항과 관련된 것으로 기본관계에서의 행위는 행정행위이며 사법심사가 가능)를 말한다. 그리고 **경영수행관계란** 특별권력관계의 성립목적을 달성하기 위하여 필요한 내부적 질서유지와 관련된 법률관계(경찰공무원의 직무명령, 경찰의 각종 훈련, 경찰대학생의 수업 등 관계 구성원이 특별권력관계 내부에서 가지는 직무관계 또는 영조물관계에서 성립되는 것으로 사법심사가 배제)를 말한다.

특별권력관계를 부인하는 견해는 문제의 행위가 처분인지에 따라 사법심사의 범위를 정한다. 경찰공무원관계를 예로 들면, 경찰공무원의 임명, 해임, 강등, 정직, 감봉 및 견책은 처분이다. 이에 반하여 경찰공무원의 훈련이나 그 방법과 관련된 행위, 단순 경고행위는 내부행위로 처분이 아니다. 서면경고는 처분이라고 보아야 한다. 경찰공무원의 승진 또는 승진에서의 탈락도 처분으로 보아야 한다.

경찰공무원에 대한 전보명령이 처분인가에 대하여는 논란이 있다. **헌법재판소는 시위진압명령**이 행정 내부에서 이루어진 업무명령임에도 불구하고 그를 **처분**이라고 **보아 헌법소원의 대상성을 인정**하였다(헌재 1995. 12. 28, 91헌마80).

> [판례] 이 사건 진압명령은 경찰공무원관계 내에서의 직무상의 명령 내지 직무명령의 하나이고, 직무명령도 구체적 사실에 관한 법집행으로서의 공권력의 행사 내지 이에 준하는 행정작용이라고 평가되는 경우에는 행정심판법 제 2 조 제 1 항 제 1 호 소정의 처분으로 볼 수 있으므로 그로 인하여 권리 또는 법적 이익을 침해당한 자는 행정심판 및 행정소송 등을 통하여 그 취소를 구할 수 있다(헌재 1995. 12. 28, 91헌마80).

제 7 절 경찰행정법관계의 변동(발생 · 변경 · 소멸)

Ⅰ. 법률요건

법률요건이란 법률관계의 발생·변경·소멸의 원인이 되는 것을 말한다. 법률요건은 법률관계의 변동원인이다. 법률요건에는 행위, 사건 등이 있다. **행위**란 법률상의 효과 발생의 원인이 되는 의사 활동을 말한다. 즉 사람의 정신작용에 의거하는 것이다. 한편 **사건**이란 사람의 정신작용에 의거하지 않은 법률사실을 말한다(예 사람의 출생과 사망·실종·시간의 경과·물건의 자연적인 발생과 소멸 등).

행정법상의 법률관계는 행정주체의 공법행위 또는 사인의 공법행위 및 사건에 의해 발생·변경·소멸된다.

Ⅱ. 행정주체의 공법행위

행정주체의 공법행위는 매우 다양하다. 행정주체의 공법행위를 성질에 따라 유형화한 것이 행위형식인데, 행정입법, 행정행위, 공법상 계약, 사실행위 등이 이에 속한다. 이에 관하여는 후술한다.

법적 행위만이 법률관계에 변동을 가져오며 사실행위는 법률관계의 변동을 가져오지 않는다.

법률행위는 의사표시를 불가결의 요소로 하는 법률요건을 말하고, **사실행위**는 외부에 표시하지 않는 내심적 의사로서 일정한 사실을 행하는 것이며 법률요건

중의 적법행위의 하나이다.

Ⅲ. 사인의 공법상 행위

1. 개 념

사인의 공법상 행위란 사인(私人)이 공법상의 권리와 의무로서 하는 행위를 말한다. 사인의 공법행위는 사인의 공법상 행위 중 법률행위의 성질을 갖는 것만을 지칭하는 것이다.

사인은 단순히 행정객체의 지위에서 행정의 상대방만이 되는 것은 아니다. 사인은 공법상 여러 행위를 할 권리와 의무를 갖는다. ① 국민은 행정객체이면서도 권리 또는 이익을 실현하기 위하여 행정에 대하여 여러 행위를 한다(예 이의신청 및 행정심판의 제기, 신청행위 등). ② 특히 오늘날 사인의 행정에 대한 참여와 협력이 강조되고 확대되고 있다. 이에 따라 공익을 위하여 여러 활동을 수행하게 된다(예 의견진술, 공청회에의 참가, 공법상 계약, 공법상 합동행위, 주민투표, 행정감시, 납세신고, 보고 등). ③ 오늘날 선진국에서는 국민의 행정참여가 확대되고 일방적 행정은 협의에 의한 행정으로 대체되고 있다. 또한 환경행정에서처럼 행정목적 달성에 있어서 시민이나 시민단체의 협력이 강조되고 있다.

2. 사인의 공법상 행위의 종류

사인의 공법상 행위는 여러 기준에 의해 분류할 수 있다.

① 법적 행위인 경우도 있고, 사실행위인 경우도 있다. 사실행위의 예로는 행정감시행위, 쓰레기 분리배출행위 등이 있다. 법적 행위는 다시 다음과 같이 구분될 수 있다. 행위의 성질을 기준으로 단독행위(예 허가신청, 이의신청, 신청, 신고 등), 공법상 계약(예 사인 상호간의 토지수용에 관한 협의, 사이버범죄 전문가 채용계약), 공법상 합동행위(예 공공조합 설립행위)로 나누어진다.

② 행위의 효과를 기준으로 그 행위 자체로서 법률효과를 완결하는 자기완결적 공법행위(예 자기완결적 신고, 사인 상호간의 공법행위, 투표행위)와 행정주체의 어떠한 공법행위의 요건이 되는 데 그치고 그 자체로서 완결된 법률효과를 발생시키지 못하는 행위요건적 공법행위(예 신청행위, 동의, 승낙, 사직원의 제출)로 나눈다.

③ 행위의 기능상 행정에의 참여행위(예 의견진술행위, 공청회에의 참여행위, 행정감시행위), 협력행위(예 납세신고, 임의적 공용부담신고, 쓰레기분리 배출행위, 행정지도에 대한 협력행위), 권리의 실현을 위하여 행하는 행위(신청행위)와 공법상 의무의 이행으로 행하여지는 행위(신고행위)가 있다.

3. 사인의 공법행위

(1) 개 념

사인의 공법행위란 사인의 공법상 행위 중 공법적 효과의 발생을 목적으로 하는 사인(私人)의 법적 행위(法的行爲)를 말한다.

(2) 사인의 공법행위에 대한 적용법규

사인의 공법행위에 대한 일반법은 없다. 다만, 행정절차법은 처분의 신청절차, 신고절차에 대한 일반적 규정을 두고, 「행정기본법」에서는 수리를 요하는 신고에 대한 일반적 규정을 두고 있다.

사인의 공법행위에 적용할 법규정이 없는 경우에는 민법상의 법원칙, 의사표시나 법률행위에 관한 규정을 원칙상 적용할 수 있다.

다만, 사인의 공법행위와 사법행위 사이에 성질상의 차이가 있는 경우에는 그 한도 내에서 사법규정을 적용할 수 없거나 수정하여 적용하여야 할 것이다. 즉 사인의 공법행위는 공법적 효과의 발생을 목적으로 하는 점에서 사법행위와 다르다. 또한 행정의 일환으로 행하여지는 행위이므로 법적 안정성과 행위의 정형화가 요청된다.

예를 들면, 민법상 비진의(非眞意) 의사표시의 무효에 관한 규정은 그 성질상 영업재개신고나 사직(일괄사직)의 의사표시와 같은 사인의 공법행위에 적용되지 않는다(대판 1978. 7. 25, 76누276; 대판 2001. 8. 24, 99두9971). 투표와 같은 합성행위(合成行爲)는 단체적 성질의 행위이므로 민법상 착오를 주장할 수 없다.

사인의 공법상 행위는 명문으로 금지되거나 성질상 불가능한 경우가 아닌 한 그에 따른 행정행위가 행하여질 때까지 자유로이 철회하거나 보정할 수 있다(대판 2014. 7. 10, 2013두7025〈도시계획시설사업시행자지정및실시계획인가취소처분취소〉).

[판례] 공무원에 의해 제출된 사직원은 그에 터잡은 의원면직처분(依願免職處分: 본인의 뜻에 따라 그만두게 하는 처분)이 있을 때까지는 철회될 수 있다고 한 사례(대판 2001. 8. 24, 99두9971).

특별한 규정이 없는 한 사인의 공법행위는 행위시의 법령에 따른다.

[판례] **신고사항이 아니었다가** 2003년 시행령 개정으로 **변경신고 사항이 된 경우**, 2016년에 변경행위를 한 후 변경신고를 하지 않은 채 영업을 계속하면 처벌대상이 된다고 한 사례

(대판 2022. 8. 25, 2020도12944).

(3) 사인의 공법행위의 효과

사인의 공법행위 중 자기완결적 공법행위는 사인의 공법행위로 효력이 발생하고 행정청의 별도의 조치가 필요 없다. 그런데 신청 등 일정한 행위요건적 공법행위에 대하여는 행정청에게 처리의무(응답의무 또는 신청에 따른 처분의무)가 부과된다.

(4) 사인의 공법행위의 하자의 효과

1) 사인의 공법행위의 하자의 효력

사인의 공법행위의 하자의 효력도 원칙상 행정행위의 하자의 효력과 동일하게 **중대명백설**에 따른다고 보는 것이 타당하다. 다만, 다음의 경우에는 특별한 고찰을 요한다.

가. 의사표시의 하자의 효력 사인의 공법행위가 의사표시인 경우 원칙상 민법의 법률행위에 관한 규정이 유추적용된다. 그러나 전술한 바와 같이 사인의 공법행위의 성질상 민법상 의사표시의 하자에 관한 규정을 유추적용할 수 없는 경우에는 그러하지 아니하다.

나. 신고의 하자의 효력 자기완결적 신고가 부적법한 경우에는 신고의 효력이 발생하지 않는다. 수리를 요하는 신고의 경우에는 중대명백설에 따르는 것이 타당하다.

납세신고의 경우 원칙상 중대명백설을 따르지만, 예외적으로 명백성보충요건설을 취한 판례도 있다(대판 2009. 2. 12, 2008두11716).

2) 행위요건적 공법행위의 하자의 행정행위에 대한 효력

사인의 공법행위는 그 위법이 중대하고 명백하면 무효이고, 그 위법이 중대·명백하지 않은 경우에는 취소할 수 있는 행위가 된다.

사인의 공법행위의 흠은 그에 따라 행해진 행정행위의 효력에 어떠한 영향을 미치는가.

① 사인의 공법행위가 행정행위를 행하기 위한 **단순한 동기인 경우**(예 통행금지해제나 입산금지해제의 경우에 사인의 신청이 동기(動機)가 되어 해제하는 경우)에는 사인의 공법행위의 흠결은 행정행위의 효력에 아무런 영향을 미치지 않는다는 것이 일반

적 견해이다.

② 사인의 공법행위가 **행정행위의 전제요건인 경우**(신청, 동의 등)에는 그 사인의 공법행위가 **무효인 경우**에 행정행위는 전제요건을 결하게 되어 무효라고 보고, 사인의 공법행위에 **단순한 위법사유가 있는 때**에는 그에 따른 행정행위는 원칙적으로 유효하다고 보는 것이 다수설의 견해이다.

판례는 명확하지는 않지만, 사인의 공법행위에 취소사유인 위법사유가 있는 경우에 그에 따른 행정행위는 취소할 수 있는 행정행위가 된다고 본다.

[판례 1] **본인의 진정한 의사에 의하여 작성되지 아니한 사직원에 의한 면직처분의 적법여부:** 조사기관에 소환당하여 구타당하리라는 공포심에서 조사관의 요구를 거절치 못하고 작성 교부한 사직서이라면 이를 본인의 진정한 의사에 의하여 작성한 것이라 할 수 없으므로 그 사직원에 따른 면직처분은 위법이다(대판 1968. 3. 19, 67누164〈면직처분취소〉).

[판례 2] **공무원이 감사기관이나 상급관청 등의 강박에 의하여 사직서를 제출한 경우, 그 강박의 정도와 해당 사직서에 터잡은 면직처분의 효력:** 사직서의 제출이 감사기관이나 상급관청 등의 **강박에 의한 경우**에는 그 정도가 의사결정의 자유를 박탈할 정도에 이른 것이라면 그 **의사표시가 무효로 될 것**이고 그렇지 않고 **의사결정의 자유를 제한하는 정도에 그친 경우라면 그 성질에 반하지 아니하는 한 의사표시에 관한 민법 제110조의 규정을 준용하여 그 효력을 따져보아야 할 것이나,** 감사담당 직원이 해당 공무원에 대한 비리를 조사하는 과정에서 사직하지 아니하면 징계파면이 될 것이고 또한 그렇게 되면 퇴직금 지급상의 불이익을 당하게 될 것이라는 등의 강경한 태도를 취하였다고 할지라도 **그 취지가 단지 비리에 따른 객관적 상황을 고지하면서 사직을 권고·종용한 것에 지나지 않**고 위 **공무원이 그 비리로 인하여 징계파면이 될 경우 퇴직금 지급상의 불이익을 당하게 될 것 등 여러 사정을 고려하여 사직서를 제출한 경우라면** 그 의사결정이 의원면직처분의 효력에 영향을 미칠 하자가 있었다고는 볼 수 없다(대판 1997. 12. 12, 97누13962〈의원면직처분취소〉).

(5) 신 청

1) 신청의 의의

신청이란 사인이 행정청에 대하여 일정한 조치를 취하여 줄 것을 요구하는 의사표시를 말한다.

행정절차법은 제17조에서 처분을 구하는 신청의 절차를 규정하고 있다.

2) 신청의 요건

신청의 요건이란 신청이 적법하기 위하여 갖추어야 할 요건을 말하며 신청의 대상인 처분의 요건(허가요건 등)과는 구별하여야 한다. 신청이 적법하기 위하여는 신청인에게 신청권이 있어야 하며 신청이 법령상 요구되는 구비서류 등의 요건을 갖추어야 한다.

3) 신청의 효과

가. 접수의무 행정청은 신청을 받았을 때에는 다른 법령 등에 특별한 규정이 있는 경우를 제외하고는 그 접수를 보류 또는 거부하거나 부당하게 되돌려 보내서는 아니 된다(행정절차법 제17조 제 4 항).

나. 부적법한 신청의 효과(보완조치의무) 행정청은 신청에 구비서류의 미비 등 흠이 있는 경우에는 보완에 필요한 상당한 기간을 정하여 지체 없이 신청인에게 보완을 요구하여야 한다(행정절차법 제17조 제 5 항). 신청인이 제 5 항에 따른 기간 내에 보완을 하지 아니하였을 때에는 그 이유를 구체적으로 밝혀 접수된 신청을 되돌려 보낼 수 있다(제 6 항). 보완요구는 처분은 아니며 보완하지 아니한 것을 이유로 한 신청서 반려조치는 거부처분으로 항고소송의 대상이 된다.

다. 처리의무(응답의무) 적법한 신청이 있는 경우에 행정청은 상당한 기간 내에 신청에 대하여 응답(可否간의 처분 등)을 하여야 한다. 여기에서의 응답의무는 신청된 내용대로 처분할 의무와는 구별되어야 한다.

처분을 구하는 신청행위에 대하여 행정기관은 신청에 따른 행정행위를 하거나 거부처분을 하여야 한다. 신청을 받아들이는 처분에는 신청을 전부 받아들이는 처분과 일부 받아들이는 처분이 있다. 경우에 따라서는 신청을 일부 받아들이는 처분을 하여야 하는 경우도 있다(대판 2013. 7. 11, 2013두2402〈국가유공자유족등록거부처분취소〉). 신청한 내용과 다른 내용으로 행정행위를 행하는 것, 즉 변경허가는 상대방이 이를 받아들이면 그대로 유효하고, 상대방이 받아들이지 않으면 그 변경허가를 거부처분으로 보고 거부처분취소소송 등을 제기하여야 한다.

상당한 기간이 지났음에도 응답하지 않으면 부작위가 된다.

4) 신청과 권리구제

신청에 대한 거부처분에 대하여는 의무이행심판이나 취소심판 또는 취소소송으로, 부작위에 대하여는 의무이행심판 또는 부작위위법확인소송으로 다툴 수 있다.

신청인은 접수거부 또는 신청서의 반려조치를 신청에 대한 거부처분으로 보고 항고소송을 제기할 수 있고, 그로 인하여 손해를 입은 경우에 국가배상을 청구할 수 있다.

(6) 신 고 [2005 행시 약술(수리를 요하는 신고), 2021 경감승진 약술형(사인의 공법행위로서의 신고)]

> 행정기본법
>
> 제34조(수리 여부에 따른 신고의 효력) 법령등으로 정하는 바에 따라 행정청에 일정한 사항을 통지하여야 하는 신고로서 법률에 신고의 수리가 필요하다고 명시되어 있는 경우(행정기관의 내부 업무 처리 절차로서 수리를 규정한 경우는 제외한다)에는 행정청이 수리하여야 효력이 발생한다.

1) 신고의 의의

신고란 사인이 행정기관에게 일정한 사항에 대하여 알려야 하는 의무가 있는 경우에 그것을 알리는 것을 말한다.

등록(**전형적 등록, 공시적 등록**)은 등록사항을 공적 장부인 등록부에 등재하여 공시하는 행정행위(공증행위)의 성질을 갖는다. 전형적 등록(예 자동차등록, 정당등록, 선거후보자등록 등)은 신청을 전제로 하는 점에서 신고와 구별되고, 항상 금지해제의 효과를 갖는 것은 아닌 점에서 허가와 구별된다. 그런데 실정법령상 전형적 등록과 신고는 명확히 구별되지 않고 있다. 예를 들면, 주민등록은 강학상 등록으로 보아야 하는데, 실정법령상 신고로 규정되어 있다. 등록은 기속행위인 점, 오늘날 신고의 경우에도 신고된 사항을 기재하여 공시하는 경우가 늘어나고 있는 점 등에서 **신고와 전형적 등록은 접근**해가고 있다. 실정법령상 등록이라는 명칭을 사용하는 경우 중 요건이 완화되었을 뿐 실질은 허가인 경우(예 석유판매업등록)가 많다. 이러한 등록을 **변형된 등록(허가적 등록)**이라 할 수 있는데, 변형된 등록은 허가 보다 요건이 완화되었을 뿐 **실질은 허가**라고 보아야 한다.

2) 신고의 종류 [2011 행시(재경직) 사례]

가. 자기완결적 신고와 수리를 요하는 신고 [2012 행시(재경직) 사례]

「행정기본법」은 수리를 요하는 신고를 규정하고 있고, 행정절차법은 자기완결적 신고를 규정하고 있다.

> 행정기본법
>
> 제34조(수리 여부에 따른 신고의 효력) 법령등으로 정하는 바에 따라 행정청에 일정한 사항을 통지하여야 하는 신고로서 법률에 신고의 수리가 필요하다고 명시되어 있는 경우(행정기관의 내부 업무 처리 절차로서 수리를 규정한 경우는 제외한다)에는 행정청이 수리하여야 효력이 발생한다.

행정절차법

제40조(신고) ① 법령등에서 행정청에 일정한 사항을 통지함으로써 의무가 끝나는 신고를 규정하고 있는 경우 신고를 관장하는 행정청은 신고에 필요한 구비서류, 접수기관, 그 밖에 법령등에 따른 신고에 필요한 사항을 게시(인터넷 등을 통한 게시를 포함한다)하거나 이에 대한 편람을 갖추어 두고 누구나 열람할 수 있도록 하여야 한다.

② 제 1 항에 따른 신고가 다음 각 호의 요건을 갖춘 경우에는 신고서가 접수기관에 도달된 때에 신고 의무가 이행된 것으로 본다.

1. 신고서의 기재사항에 흠이 없을 것
2. 필요한 구비서류가 첨부되어 있을 것
3. 그 밖에 법령등에 규정된 형식상의 요건에 적합할 것

③ 행정청은 제 2 항 각 호의 요건을 갖추지 못한 신고서가 제출된 경우에는 지체 없이 상당한 기간을 정하여 신고인에게 보완을 요구하여야 한다.

④ 행정청은 신고인이 제 3 항에 따른 기간 내에 보완을 하지 아니하였을 때에는 그 이유를 구체적으로 밝혀 해당 신고서를 되돌려 보내야 한다.

(가) 자기완결적 신고 **자기완결적 신고**란 신고의 요건을 갖춘 신고만 하면 신고의무를 이행한 것이 되는 신고를 말한다. **자족적 신고**라고도 한다.

자기완결적 신고의 경우 적법한 신고(신고요건을 갖춘 신고)만 있으면 신고의무를 이행한 것이 된다. 따라서 적법한 신고만 있으면 행정청의 수리가 없더라도 신고의 대상이 되는 행위를 적법하게 할 수 있고, 과태료나 벌금의 부과 등 어떠한 불이익도 받지 않는다. 달리 말하면 **자기완결적 신고의 수리는 법적 효과를 발생시키지 않는 사실행위**이다.

따라서 자기완결적 신고의 수리행위나 수리거부행위는 원칙상 항고소송의 대상이 되는 처분이 아니다. 다만, 자기완결적 신고 중 **금지해제적 신고**의 경우에 신고가 반려될 경우 해당 신고의 대상이 되는 행위를 하면 시정명령, 이행강제금, 벌금의 대상이 되는 등 신고인이 법적 불이익을 받을 위험이 있는 경우(예 착공신고)에는 그 위험을 제거할 수 있도록 하기 위하여 **신고거부(반려)행위의 처분성을 인정할 필요**가 있다. **판례**도 이러한 입장을 취하고 있다(대판 2011. 6. 10, 2010두7321).

인허가의제 효과를 수반하는 자기완결적 신고는 일반적인 자기완결적 신고와는 달리, 특별한 사정이 없는 한 신고수리 행정기관이 **의제되는 인허가의 실체적 요건**

에 관한 심사를 한 후 수리하여야 하므로 해당 신고를 '수리를 요하는 신고'로 보는 것이 타당하다(대판 전원합의체 2011. 1. 20, 2010두14954).

(나) 수리를 요하는 신고[2005 행시 약술, 2009 행시(일반행정직) 사례형 약술, 2015 사시, 2017 사시]

수리를 요하는 신고란 신고가 수리되어야 신고의 효과가 발생하는 신고를 말한다. 행위요건적 신고, 수리행위가 있는 신고 등으로도 불린다.

수리를 요하는 신고의 경우에 수리거부는 거부처분에 해당하며 항고소송의 대상이 된다.

수리를 요하는 신고의 법적 성질에 대하여는 ① 수리를 요하는 신고를 실질적으로 허가라고 보는 견해, ② 수리를 요하는 신고를 실질적으로 등록이라고 보는 견해, ③ 수리를 요하는 신고를 허가 및 등록과 구별되는 독자적 행위형식으로 보는 견해가 있다. 판례는 수리를 요하는 신고를 허가와 구별하고 있지만(대판 2014. 4. 10, 2011두6998〈노동조합설립신고반려처분취소〉), 수리를 요하는 신고와 허가가 어떻게 구별되는지에 관하여는 아직 판례가 충분히 형성되어 있지 못하다.

(다) 자기완결적 신고와 수리를 요하는 신고의 구별

① 구별기준 i) 개별법률에서 수리를 요하는 신고를 명시한 경우: 「행정기본법」 제34조에 따르면 자기완결적 신고와 수리를 요하는 신고의 구별기준은 신고를 규정한 개별법령의 규정 달리 말하면 입법자의 의사이다. 즉 「행정기본법」에 따르면 '법률에 신고의 수리가 필요하다고 명시되어 있는 경우에 해당 신고'는 '수리를 요하는 신고'이고, 그러한 규정이 없는 신고는 자기완결적 신고이다. 다만, '행정기관의 내부 업무 처리 절차로서 수리를 규정한 경우'(예 「가족관계의 등록 등에 관한 법률」 제21조 출생·사망의 동(洞) 경유 신고 등)는 「행정기본법」 제34조의 수리를 요하는 신고로 보지 않는다.

「행정기본법」 제34조에 따라 수리를 요하는 신고를 규정하는 개별법률에서는 '신고의 효력이 발생하기 위해 신고의 수리가 필요하다는 규정'을 두어야 하는데, 문제는 '신고의 수리가 필요하다'는 규정을 어떠한 문언으로 표현하여 규정할 것인가 하는 것이다. 실제 개별법률에서는 문언상 '신고의 수리가 필요하다'고 규정되어 있지 않다. 법제처의 입장에 따르면 '신고의 수리가 필요하다고 명시된 경우'란 '신고의 수리가 필요하다'라는 문언을 의미하는 것이 아니라 신고의 수리가 필요하다는 것을 인지할 수 있는 수준의 표현이면 족하다. 예를 들면, 개별법률에서 '수리여부를 통지하여야 한다', '조건을 붙이거나 유효기간을 정하여 수리할 수 있다', '신고수리 전에'와 같은 문언으로 규정되어 있거나, 신고 수리 간주규정[8]을 두고 있는 경우에는 '신고의 수리가 필요하다'고 규정한 것으로 본다. 즉 해당 신고를 수리를 요하는 신고로 본다(법제처, 행정기본법 해설서, 350면).

체육시설의 설치·이용에 관한 법률

제20조(체육시설업의 신고) ① 제10조 제1항 제2호에 따른 체육시설업을 하려는 자는 제11조에 따른 시설을 갖추어 문화체육관광부령으로 정하는 바에 따라 특별자치시장·특별자치도지사·시장·군수 또는 구청장에게 신고하여야 한다.

② (생략)

③ 특별자치시장·특별자치도지사·시장·군수 또는 구청장은 제1항에 따른 신고를 받은 경우에는 신고를 받은 날부터 7일 이내에, 제2항에 따른 변경신고를 받은 경우에는 변경신고를 받은 날부터 5일 이내에 신고수리 여부를 신고인에게 통지하여야 한다.

④ 특별자치시장·특별자치도지사·시장·군수 또는 구청장이 제3항에서 정한 기간 내에 신고수리 여부나 민원 처리 관련 법령에 따른 처리기간의 연장 여부를 신고인에게 통지하지 아니하면 그 기간이 끝난 날의 다음 날에 신고를 수리한 것으로 본다.

그러나 이러한 문언상의 규정, 특히 '수리 여부를 통지하여야 한다'는 문언이 자기완결적 신고와 수리를 요하는 신고의 구별을 명확하게 하는 기준이 될 수 있는지 의문이 제기될 수 있다. 자기완결적 신고라 할지라도 금지해제적 신고의 경우 신고 상대방에게 수리 여부를 통지하는 것은 절차의 통지로 민원의 투명하고 신속한 처리와 일선 행정기관의 적극행정을 유도할 수 있다는 점에서 바람직하다. 그런데 수리 여부 통지를 자기완결적 신고와 수리를 요하는 신고의 구별기준으로 삼는다면 자기완결적 신고에 대해서는 수리(접수) 통지를 규정할 수 없게 된다는 모순이 발생한다. 따라서 '수리 통지 여부'나 '수리 간주규정'이 수리를 요하는 신고로 보는데 있어 고려사항은 될 수 있지만 결정적인 근거가 되지는 못한다고 보는 것이 타당하다. 신고수리 여부 통지 규정 및 수리 간주 규정이 있는 경우는 수리를 요하는 신고로 추정하는 것이 타당하다. 입법론으로는 수리를 요하는 신고를 규정하는 경우에는

8) **수리 간주규정**이란 법령에서 정한 처리기간 내에 신고수리 여부 또는 처리기간의 연장을 신고인에게 알리지 않으면 신고를 수리한 것으로 보는 것으로 규정하고 있는 규정을 말한다.

'신고의 수리가 있어야 신고의 효력이 발생한다.'라고 명시하는 것이 바람직하다.

종래 판례는 건축신고를 자기완결적 신고로 보았다. 그런데 2017. 4. 18. 건축법 제14조 제 3 항의 개정으로 수리 여부 통보규정이 두어졌으므로 건축신고는 수리를 요하는 신고가 되었다는 것이 법제처 실무의 입장이지만(법제처, 행정기본법 해설서 348면 각주 342 참조), 이러한 해석에는 전술한 바와 같이 문제가 없지 않다.

ii) 개별법률에서 수리를 요하는 신고를 명시하지 못한 경우: 입법의 착오나 결함에 의해 수리를 요하는 신고로 규정하려는 입법의사가 애매한 경우에는 '신고요건의 성질 및 신고요건에 대한 심사방식 등'을 기준으로 자기완결적 신고와 수리를 요하는 신고를 구별하여야 한다. 즉 행정절차법 제40조 규정에 비추어 신고요건이 형식적 요건만인 신고는 원칙상 자기완결적 신고로 보아야 한다. 신고요건이 형식적 요건뿐만 아니라 실체적 요건을 포함하는 경우에는 실체적 요건의 충족 여부에 대한 심사(필요한 경우에는 실질적 심사)를 거쳐 수리 여부를 결정하여야 하므로 원칙상 수리를 요하는 신고로 보아야 한다. 다만, 신고의 대상이 되는 활동의 실질적 기준이 규정되어 있고 그 기준을 갖추지 않고 신고의 대상이 되는 활동을 하면 처벌하는 것으로 규정하고 있는 경우에도 해당 기준이 신고요건으로 규정되지 않고 사후규제사유로 규정되어 있어 형식적 요건만 신고요건으로 규정된 것으로 볼 수 있는 경우에는 자기완결적 신고로 보아야 한다.

다음과 같은 경우는 예외에 속한다. 개별법상 신고요건에 실체적 요건이 포함된 경우에도 적법한 신고만으로 신고의 효력이 발생하는 것으로 규정되어 있는 경우에는 해당 신고를 자기완결적 신고로 보아야 한다.

형식적 요건이란 신고서, 첨부서류 등 신고서류만으로 확인되는 요건을 말한다. 실질적(실체적) 요건이란 안전 등 공익을 보장하기 위하여 요구되는 인적·물적 요건을 말한다. 형식적 심사란 신고요건의 충족 여부를 신고서류만에 의해 행하는 것을 말하고, 실질적 심사란 신고요건의 충족 여부를 심사함에 있어 신고서류를 심사할 뿐만 아니라 필요한 경우 현장조사 등을 통해 실질적으로 행할 수 있는 심사를 말한다. 신고요건 중 형식적 요건에 대한 심사는 신고서류만에 의한 형식적 심사를 행하고, 실질적 요건에 대해서는 실질적 심사가 가능하다.

② 구별실익 i) 신고의 효력 발생시점: 자기완결적 신고의 경우 적법한 신고가 있으면 신고(접수)시 신고의 효력이 발생한다. 수리를 요하는 신고의 경우 적법한 신고가 있더라도 수리행위가 있어야 신고의 효력이 발생한다. 그리하여 수리

를 요하는 영업신고에 있어서 신고가 적법하더라도 수리행위가 없는 경우 해당 영업은 불법영업이 된다.

ii) **신고 수리 및 신고 접수거부의 처분성:** 수리를 요하는 신고의 수리는 행정행위이므로 행정절차법이나 행정쟁송법상 처분이다. 자기완결적 신고의 수리나 수리 거부는 단순한 사실행위(접수행위)에 불과하므로 원칙상 처분이 아니다. 다만, 자기완결적 신고의 수리나 수리 접수거부가 국민의 권익에 직접 영향을 미치는 경우 즉 처분성을 갖는 경우에는 행정절차법이나 행정쟁송법상 처분이 된다. 전술한 바와 같이 **판례는 금지해제적 자기완결적 신고로서 신고의 접수 거부로 신고인이 법적 불이익을 받을 우려가 있는 경우에는 해당 신고 접수거부의 처분성을 인정한다.**

③ 신고의 수리가 거부된 경우 신고의무자의 처벌　　자기완결적 신고의 경우 적법한 신고가 있으면 신고가 접수거부되더라도 신고시 신고의 효력이 발생하므로 신고의 대상이 되는 행위를 한 자는 처벌의 대상이 되지 않는다. 수리를 요하는 신고의 경우에 적법한 신고를 하였지만, 수리가 거부되었음에도 신고의 대상이 되는 영업 등 행위를 한 경우 처벌의 대상이 되는지가 문제된다. 이 경우 해당 영업 등 행위는 불법행위이므로 처벌의 대상이 된다는 견해(처벌긍정설)가 있다. 그러나 **통상 처벌실정법령상 '수리 없이'가 아니라 '신고를 하지 아니하고 영업을 한 자'를 처벌의 대상(구성요건)으로 규정하고 있으므로 수리를 요하는 신고의 경우에도 적법한 신고를 하였다면** 수리가 거부된 경우에 신고의 대상이 되는 행위를 하였어도 처벌할 수 없다고 보는 것이 타당하다(처벌부정설).

> **체육시설의 설치·이용에 관한 법률**
> 제38조(벌칙) ② 다음 각 호의 어느 하나에 해당하는 자는 1년 이하의 징역 또는 1천만원 이하의 벌금에 처한다.
> 1. 제20조 제1항에 따른 신고를 하지 아니하고 체육시설업(문화체육부관광부령으로 정하는 소규모 업종은 제외한다)의 영업을 한 자

나. 사실파악형신고와 규제적 신고

(가) 사실파악형신고(정보제공적 신고)　　행정청에게 행정의 대상이 되는 사실에 관한 정보를 제공하는 기능을 갖는 신고를 **사실파악형신고**(정보제공적 신고)라고 한다. 사실파악형신고의 경우에는 신고 없이 행위를 하여도 신고 없이 한 행위 자

체는 위법하지 않다. 따라서 정보제공적 신고에서의 신고의무 위반에 대하여는 논리상 형벌이 아니라 과태료를 부과하여야 한다. **집회신고**는 정보제공적 신고인데(대판 전원합의체 2012. 4. 19, 2010도6388〈국가공무원법위반·집회및시위에관한법률위반〉), 그 신고의무 위반에 대해 형벌을 과하는 것으로 규정되어 있다(「집회 및 시위에 관한 법률」 제24조). 사실파악형신고는 항상 자기완결적 신고이다.

(나) 규제적 신고(금지해제적 신고) 금지된 행위를 해제하는 효력을 갖는 신고를 **규제적 신고** 또는 **금지해제적 신고**(신고유보부 금지)라 한다. 금지해제적 신고의 대상은 법상 금지된 행위로서 신고에 의해 그 금지가 해제된다. 금지해제적 신고의 경우에는 신고 없이 한 행위는 법상 금지된 행위로서 위법한 행위가 되므로 행정형벌의 대상이 될 수 있으며 시정조치의 대상이 된다.

수리를 요하는 신고는 금지해제적 신고이다. **자기완결적 신고**는 정보제공적 신고인 경우도 있고, 금지해제적 신고인 경우도 있다. 금지해제적 신고로 해석되는 신고는 일응 정보제공적 신고로서의 성격을 포함한다고 볼 것이다.

다. 행정절차법상의 신고 행정절차법 제40조의 규율대상이 되는 신고는 자기완결적 신고이다. 그러나 행정절차법 제40조 제 3 항과 제 4 항은 수리를 요하는 신고에도 유추적용된다고 보아야 한다.

3) 신고요건과 신고요건의 심사

자기완결적 신고가 효력을 발생하기 위하여는 행정절차법 제40조 제 2 항의 신고요건을 갖추어야 한다. 자기완결적 신고의 요건은 형식적 요건이고, 형식적 요건에 대한 심사는 신고서류만에 의한 형식적 심사를 행한다. 그리고 신고의 대상이 되는 활동의 **실체적 기준**(인적·물적 기준)이 규정되어 있고 그 기준을 갖추지 않고 신고의 대상이 되는 활동을 하면 처벌하는 것으로 규정하고 있는 경우에도 예외적으로 **해당 기준이 신고요건으로 규정되지 않고 사후규제사항으로만 규정되어 있어 형식적 요건만 신고요건으로 규정된 것으로 볼 수 있는 경우에는 자기완결적 신고로** 보아야 한다. 그리고 이 경우에는 신고요건이 아닌 해당 실체적 기준의 결여라는 사유를 이유로 신고의 수리를 거부할 수 없다.

수리를 요하는 신고의 요건은 형식적인 요건 이외에 일정한 실질적 요건을 신고의 요건으로 하고 있는 경우가 있다. 예를 들면, 「체육시설의 설치·이용에 관한 법률」 제20조는 체육시설업의 신고에 일정한 시설기준(제11조 제 1 항, 규칙 제 8 조 [별표 4])을 갖출 것을 요건으로 하고 있다.

판례는 수리를 요하는 신고에서 행정청의 실질적 요건에 관한 심사는 해당 법령에 정한 요건만에 한정되는 것이 아니라 관계되는 다른 법령에서 요구하는 실질적 요건도 대상으로 할 수 있고, 이를 충족시키지 못하면 그 신고는 수리할 수 없는 것으로 본다(대판 1993. 4. 27, 93누1374 등).

4) 적법한 신고의 효력

적법한 신고란 신고요건을 갖춘 신고를 말한다.

신고의 효력에는 신고로서의 효력과 신고 및 수리에 따른 법적 효력으로 나누어 볼 수 있다. 신고로서의 효력은 신고의무의 이행을 말하고, 신고 및 수리에 따른 효력은 금지해제의 효과, 영업자의 지위의 취득 등을 말한다.

① 자기완결적 신고의 경우에 적법한 신고가 있으면 행정청의 수리 여부에 관계없이 신고서가 접수기관에 도달한 때에 신고의무가 이행된 것으로 본다(행정절차법 제40조 제2항). 따라서 행정청이 신고서를 접수하지 않고 반려하여도 신고의무는 이행된 것으로 본다. 자기완결적 신고에 있어서 적법한 신고가 있었지만 행정청이 수리를 하지 아니한 경우에 신고의 대상이 되는 행위를 하여도 행정벌의 대상이 되지 않는다.

금지해제적 자기완결적 신고의 경우 적법한 신고가 있으면 그것만으로 금지해제의 효과가 발생한다.

② 수리를 요하는 신고의 경우에는 행정청이 수리하여야 효력이 발생한다(행정기본법 제34조).

[판례] **납골당설치 신고는 이른바 '수리를 요하는 신고'라 할 것**이므로, 납골당설치 신고가 舊 장사법 관련 규정의 모든 요건에 맞는 신고라 하더라도 신고인은 곧바로 납골당을 설치할 수는 없고, 이에 대한 **행정청의 수리처분이 있어야만 신고한 대로 납골당을 설치할 수 있다고 한 사례**(대판 2011. 9. 8, 2009두6766).

다만, **형사판례**는 명확하지는 않지만, 자기완결적 신고와 수리를 요하는 신고를 **구별하지 않고**, 적법한 신고가 있었던 경우에는 신고의무를 이행한 것으로 보고 무신고행위가 아니므로 수리가 거부되었어도 신고의 대상이 되는 행위한 것을 형사처벌할 수 없는 것으로 보는 경향이 있는 것으로 보인다.

[판례] **당구장업과 같은 신고체육시설업 신고의 경우** 적법한 요건을 갖춘 신고의 경우에는 행정청의 수리처분 등 별단의 조처를 기다릴 필요 없이 그 접수시에 신고로서의 효력이

발생하는 것이므로 **그 수리가 거부되었다고 하여 무신고 영업이 되는 것은 아니라고 한 사례**(대판 1998. 4. 24, 97도3121〈체육시설의설치 · 이용에관한법률위반〉).

③ 적법한 신고가 있는 경우 원칙상 그 신고를 수리하여야 한다. 즉 신고의 수리는 원칙상 기속행위이다. 다만, **판례**는 사설봉안시설설치신고(대판 2010. 9. 9, 2008두22631), 건축신고(대판 2019. 10. 31, 2017두74320), 숙박업 영업신고(대판 2017. 5. 30, 2017두34087) 등의 경우에는 그 수리를 거부할 수 있다고 한다. 예외적으로 거부재량(기속재량)을 인정하고 있다. 악취방지법상의 악취배출시설 설치·운영신고를 수리를 요하는 신고로 보고 재량행위로 본 판례도 있다(대판 2022. 9. 7, 2020두40327).

5) 부적법한 신고와 신고요건의 보완

신고가 신고의 요건을 충족하지 않는 경우에 신고는 **부적법한 신고**가 된다. **판례**에 따르면 개별법령상 신고요건을 충족한 신고라도 다른 법령에 의해 신고의 대상이 되는 행위가 금지된 경우에는 적법한 신고로 보지 않는다(대판 2008. 12. 24, 2007두17076).

행정청은 요건을 갖추지 못한 신고서가 제출된 경우에는 지체 없이 상당한 기간을 정하여 신고인에게 보완을 요구하여야 한다(행정절차법 제40조 제 3 항). 행정청은 신고인이 보완기간 내에 보완을 하지 아니하였을 때에는 그 이유를 구체적으로 밝혀 해당 신고서를 되돌려 보내야 한다(행정절차법 제40조 제 4 항).

수리를 요하는 신고에 있어서도 행정절차법 제40조 제 3 항과 제 4 항을 준용하여 신고의 형식적 요건을 갖추지 않은 경우에는 보완을 명하여야 하며 그럼에도 보완하지 않는 경우에 수리를 거부할 수 있다고 보아야 한다. 부적법한 신고가 수리되면 하자있는 수리행위가 된다. 수리행위가 무효인 경우에는 신고의 효과가 발생하지 않고, 수리행위가 취소할 수 있는 행위인 경우에는 신고의 효과가 발생한다. 다만, 신고가 무효이면 신고수리행위도 당연 무효이다.

6) 신고의무 위반의 효과

신고사항을 신고하지 아니하거나 신고하였으나 신고요건을 충족하지 않은 부적법한 신고의 경우에 신고의무를 이행하지 않은 것이 된다.

① **사실파악형신고의 경우** 신고 없이(또는 적법한 신고 없이) 행위를 하여도 원칙상 신고의 대상이 되는 행위 자체가 위법한 것은 아니고 통상 과태료의 부과대상이 된다. ② **신고유보부금지와 수리를 요하는 신고의 경우**에는 신고 없이 행위를 한

경우에는 위법한 행위가 되며 통상 행정형벌의 부과대상이 되고 시정조치의 대상이 되지만, 행정형벌의 행정질서벌화 정책에 따라 과태료를 부과하는 경우도 있다.

Ⅳ. 행정법상 사건

사건이란 사람의 정신작용과는 관계가 없는 사실로서 법률요건이 되는 것을 말한다. 행정법상 사건에는 출생, 사망, 시간의 경과, 물건의 점유, 일정한 장소에의 거주 등이 있다.

1. 기간의 경과

행정상 법률관계가 일정한 기간의 경과에 의해 변동되는 경우가 있다. 예를 들면, 허가의 존속기간이 경과하면 허가의 효력은 상실한다.

2. 시 효

시효란 일정한 사실상태가 오랫동안 계속한 경우에 그 사실상태에 따라 권리관계를 형성(취득 또는 소멸)하는 법률요건을 말한다. 시효에는 소멸시효와 취득시효가 있다.

민법의 시효에 관한 규정은 행정법관계에도 유추적용된다.

(1) 소멸시효

소멸시효란 권리자가 그의 권리를 행사할 수 있음에도 불구하고 일정한 기간동안 그 권리를 행사하지 않은 경우에 그 권리를 소멸시키는 시효를 말한다. 소멸시효는 국가재정법, 지방재정법, 「경찰관 직무집행법」, 「질서위반행위 규제법」, 국세기본법, 「지방세 기본법」에 이미 규정되어 있다.

경찰관 직무집행법

제11조의2(손실보상) ① 국가는 경찰관의 적법한 직무집행으로 인하여 다음 각 호의 어느 하나에 해당하는 손실을 입은 자에 대하여 정당한 보상을 하여야 한다.

1. 손실발생의 원인에 대하여 책임이 없는 자가 생명·신체 또는 재산상의 손실을 입은 경우(손실발생의 원인에 대하여 책임이 없는 자가 경찰관의 직무집행에 자발적으로 협조하거나 물건을 제공하여 생명·신체 또는 재산상의 손실을 입은 경우를 포함한다)
2. 손실발생의 원인에 대하여 책임이 있는 자가 자신의 책임에 상응하는 정도를

> 초과하는 생명·신체 또는 재산상의 손실을 입은 경우
> ② 제 1 항에 따른 보상을 청구할 수 있는 권리는 손실이 있음을 안 날부터 3년, 손실이 발생한 날부터 5년간 행사하지 아니하면 시효의 완성으로 소멸한다.
> (이하 생략)

국가재정법은 금전의 급부를 목적으로 하는 국가의 권리 또는 국가에 대한 권리는 시효에 관하여 다른 법률에 규정이 없는 한 5년간 행사하지 아니할 때에는 시효로 인하여 소멸한다고 규정하고 있다(법 제96조). 여기서 **'다른 법률의 규정'**이란 5년의 소멸시효기간보다 짧은 기간의 소멸시효의 규정이 있는 경우(예 「경찰관 직무집행법」 제11조의2 제 2 항의 "보상을 청구할 수 있는 권리는 손실이 있음을 안 날부터 3년간 행사하지 아니하면 시효의 완성으로 소멸한다")를 가리키는 것으로, 이보다 긴 소멸시효를 규정하고 있는 것은 해당하지 않는다(대판 2001. 4. 24, 2000다57856). 공법상 금전채권뿐만 아니라 사법상 금전채권도 이 규정의 적용대상이 된다. 금전의 급부를 목적으로 하는 국가의 권리 및 국가에 대한 권리의 경우 소멸시효의 중단·정지 그 밖의 사항에 관하여 다른 법률의 규정이 없는 때에는 민법의 규정을 적용한다(제96조 제 3 항).

소멸시효기간이 지나면 당자자의 주장이 없더라도 권리가 당연히 소멸하지만, 권리를 소멸시키는 소멸시효 항변은 변론주의 원칙에 따라 당사자의 주장이 있어야만 법원의 판단대상이 된다(대판 2017. 3. 22, 2016다258124).

[판례 1] **소멸시효 완성 후에 한 조세부과처분의 효력(=당연무효): 조세에 관한 소멸시효가 완성되면 국가의 조세부과권과 납세의무자의 납세의무는 당연히 소멸한다** 할 것이므로 소멸시효완성후에 부과된 부과처분은 납세의무 없는 자에 대하여 부과처분을 한 것으로서 그와 같은 하자는 중대하고 명백하여 그 처분의 효력은 당연무효이다(대판 1985. 5. 14, 83누655).
[판례 2] 소멸시효는 객관적으로 권리가 발생하여 그 권리를 행사할 수 있는 때로부터 진행되는바, 산재보험법에 따른 보험급여를 받을 권리의 소멸시효는 특별한 사정이 없는 한 재해근로자의 업무상 재해가 산재보험법령이 규정한 보험급여 지급요건에 해당하여 공단에 보험급여를 청구할 수 있는 때부터 진행된다(대판 2019. 7. 25, 2018두42634).

(2) 취득시효

취득시효란 어떤 사람이 권리자인 것과 같이 권리를 행사하고 있는 상태가 일정한 기간 동안 계속한 경우에 처음부터 그 사람이 권리자이었던 것으로 인정하

는 제도를 말한다.

국가도 부동산 점유취득시효의 주체가 되며(민법 제245조 제 1 항), 이 조항은 헌법에 위반되지 아니한다(헌재 2015. 6. 25, 2014헌바404).

3. 제척기간

> 행정기본법
>
> 제23조(제재처분의 제척기간) ① 행정청은 **법령등의 위반행위가 종료된 날부터 5년이 지나면** 해당 위반행위에 대하여 제재처분(인허가의 정지·취소·철회, 등록 말소, 영업소 폐쇄와 정지를 갈음하는 과징금 부과를 말한다. 이하 이 조에서 같다)을 할 수 없다.
>
> ② 다음 각 호의 어느 하나에 해당하는 경우에는 제 1 항을 적용하지 아니한다.
>
> 1. 거짓이나 그 밖의 부정한 방법으로 인허가를 받거나 신고를 한 경우
> 2. 당사자가 인허가나 신고의 위법성을 알고 있었거나 중대한 과실로 알지 못한 경우
> 3. 정당한 사유 없이 행정청의 조사·출입·검사를 기피·방해·거부하여 제척기간이 지난 경우
> 4. 제재처분을 하지 아니하면 국민의 안전·생명 또는 환경을 심각하게 해치거나 해칠 우려가 있는 경우
>
> ③ 행정청은 제 1 항에도 불구하고 행정심판의 재결이나 법원의 판결에 따라 제재처분이 취소·철회된 경우에는 재결이나 판결이 확정된 날부터 1년(합의제행정기관은 2년)이 지나기 전까지는 그 취지에 따른 새로운 제재처분을 할 수 있다.
>
> ④ 다른 법률에서 제 1 항 및 제 3 항의 기간보다 짧거나 긴 기간을 규정하고 있으면 그 법률에서 정하는 바에 따른다.
>
> [시행일 : 2023. 3. 24.]

제척기간이란 일정한 권리에 관하여 법률이 정한 존속기간이다. 제척기간은 법률관계를 조속히 확정시키는 것을 목적으로 하는 제도이다. 제척기간이 소멸시효와 다른 점은 제척기간의 목적은 법률관계를 속히 확정하려는 데 있으므로 그 기간이 상대적으로 짧고, 중단제도가 없다는 점 등이다.

제척기간의 예로는 제재처분의 제척기간, 과태료부과의 제척기간, 행정심판제기기간, 행정소송제기기간 등이 있다.

[판례] (1) **제척기간은 권리자로 하여금 권리를 신속하게 행사하도록 함으로써 그 권리를 중심으로 하는 법률관계를 조속하게 확정하려는 데에 그 제도의 취지가 있는 것**으로서, 소멸시효

가 일정한 기간의 경과와 권리의 불행사라는 사정에 의하여 그 효과가 발생하는 것과는 달리 관계 법령에 따라 정당한 사유가 인정되는 등 특별한 사정이 없는 한 그 기간의 경과 자체만으로 곧 권리 소멸의 효과를 발생시킨다. 따라서 추상적 권리행사에 관한 **제척기간은 권리자의 권리행사 태만 여부를 고려하지 않으며,** 또 당사자의 신청만으로 추상적 권리가 실현되므로 **기간 진행의 중단·정지를 상정하기 어렵다.** 이러한 점에서 제척기간은 소멸시효와 근본적인 차이가 있다. (2) 앞서 본 입법 유형 중 **제척기간에 관한 규정과 소멸시효에 관한 규정이 병존하는** 첫째 유형이 사회보장수급권의 각 권리행사기간을 잘 구현한 모습이라 할 수 있다. 이 경우 각 규정은 각각 존재 의의가 있고, 서로 충돌하거나 저촉된다고 할 수 없다. 그리고 **제척기간은 종기를 특정일로 하여 정할 수도 있고, 또 시기와 종기를 가진 기간으로 하여 정할 수도 있다.** 앞서 든「지뢰피해자 지원에 관한 특별법」제 8 조 제 2 항은 추상적 권리 단계의 위로금 청구권(위로금 지급 신청)의 행사기간을 '2021년 5월 31일까지'로, 제16조는 위로금 지급결정이 있은 후 구체적 권리 단계의 위로금 청구권의 행사기간을 '지급결정서 정본 송달일로부터 3년'으로 각 규정하고 있다. **이 경우** 전자는 기간 진행의 중단·정지를 상정하기 어려우므로 **제척기간 규정**이라고 보아야 하고, **후자는** 권리자의 구체적 권리 불행사로 인해 권리 소멸이라는 결과를 안게 되는 법문 그대로 소멸시효 규정이라고 보아야 한다. (3) **구 고용보험법(2019. 1. 15. 법률 제16269호로 개정되기 전의 것, 이하 같다)**은 육아휴직급여 청구권의 행사에 관하여 제70조 제 2 항에서는 신청기간을 규정하고, 이와 별도로 제107조 제 1 항에서는 육아휴직급여 청구권의 소멸시효기간을 규정하고 있다. 제70조 제 2 항은 통상적인 '제척기간'에 관한 규정 형식을 취하고 있는 반면, 제107조 제 1 항은 소멸시효에 관한 규정임을 명시하고 있다. 이러한 점으로 볼 때, 제70조 제 2 항과 제107조 제 1 항은 사회보장수급권의 권리행사기간에 관한 입법 유형 중 **제척기간에 관한 규정과 소멸시효에 관한 규정이 병존하는 유형에 해당하는 경우로서, 제70조 제 2 항에서 정한 신청기간은 추상적 권리의 행사에 관한 '제척기간'이다.** 육아휴직급여 신청기간을 정한 제70조 제 2 항은 **강행규정**이고, 훈시규정이라고 볼 수 없다(대판 전원합의체 2021. 3. 18, 2018두47264).

한편 행정제재처분에 대한 제척기간제도는 처분권자인 행정청이 일정기간 동안 권한행사를 하지 않는 경우에 해당 권리를 소멸시켜서 처분의 상대방인 일반 국민을 보호하는 차원에서 도입하려는 것으로「형사소송법」제249조에서 규정하고 있는 공소시효와 유사한 성격을 갖고 있다.

4. 공법상 사무관리

사무관리란 법률상 의무 없이 타인의 사무를 관리하는 행위를 말한다. 공법분야에서도 사무관리가 인정된다는 것이 일반적 견해이다. 공법상 사무관리의 예로는 시·군·구의 행려병자(行旅病者: 떠돌아 다니다가 병든 사람)의 관리, 자연재해 시

빈 상점의 물건의 관리 등이 있다. 그러나 「경찰관 직무집행법」상 보호조치(법 제4조) 등 법령상 또는 조리상 보호조치의무에 근거한 행위는 사무관리가 아니다.

※ 공법상 사무관리의 유형[9)]

유형1	행정주체가 사인을 위하여 사무를 관리한 경우
	예) 행정청이 위험방지를 위하여 경찰행정상 조치를 취한 후 위험 발생에 책임이 있는 자에게 비용의 상환을 청구하고자 하는 경우 ① 시·군·구의 행려병자 관리 ② 자연재해시 빈 상점의 물건의 관리
유형2	사인이 행정주체를 위하여 사무를 관리한 경우
	예) 유조선에서 원유가 유출되는 사고가 발생하자 해상방제업 등을 영위하는 주식회사가 피해 방지를 위해 해양경찰의 직접적인 지휘를 받아 방제작업을 보조하였던 실제 사례
유형3	사인이 다른 사인을 위하여 사무를 관리한 경우
	예) 겨울에 통행로의 눈을 이웃을 대신하여 치워주는 경우
유형4	행정주체 상호간의 사무관리
	예) 경찰이 서울시가 설치·관리하는 쓰레기통에 발생한 화재를 진화한 경우, 경찰이 서울시에 대하여 화재 진화에 소요된 비용의 상환을 청구하는 경우

공법상 사무관리에는 특별한 규정이 없는 한 민법상 사무관리에 관한 규정이 준용된다. 공법상 사무관리를 행한 행정기관은 통지의무를 지고, 비용상환청구권을 갖는다.

[판례 1] 갑 주식회사 소유의 유조선에서 원유가 유출되는 사고가 발생하자 해상 방제업 등을 영위하는 을 주식회사가 피해 방지를 위해 해양경찰의 직접적인 지휘를 받아 방제작업을 보조한 사안에서, 갑 주식회사의 조치만으로는 원유 유출사고에 따른 해양오염을 방지하기 곤란할 정도로 긴급방제조치가 필요한 상황이었고, **위 방제작업은 을 주식회사가 국가를 위해 처리할 수 있는 국가의 의무 영역과 이익 영역에 속하는 사무이며, 을 주식회사가 방제작업을 하면서 해양경찰의 지시·통제를 받았던 점 등에 비추어 을 주식회사는 국가의 사무를 처리한다는 의사로 방제작업을 한 것으로 볼 수 있으므로, 을 주식회사는 사무관리에 근거하여 국가에 방제비용을 청구할 수 있다고 본 원심판결을 수긍한 사례**(대판 2014. 12. 11, 2012다15602).

[판례 2] **압수물에 대한 환가처분 후 해당 압수물이 그 후의 형사절차에 의하여 몰수되지 아니한 경우, 그 환가처분의 법적 성질**(=사무관리에 준하는 행위) **및 국가가 압수물 소유자에게 상환을 구할 수 있는 압수물에 대한 환가처분 비용의 범위**(=압수물의 매각비용의 한도 내): 몰수할

9) 최계영, "행정법에서의 법정채권－공법상 사무관리와 부당이득을 중심으로－", 「제45회 (사) 한국행정법학회 정기학술대회 발표논문」(한국행정법학회, 2020. 9. 25), 77쪽 이하.

수 있는 압수물에 대한 수사기관의 환가처분은 그 경제적 가치를 보존하기 위한 형사소송법상의 처분이라고 할지라도 해당 압수물이 그 후의 형사절차에 의하여 몰수되지 아니하는 경우 **그 환가처분은 그 물건소유자를 위한 사무관리에 준하는 행위라 할 것**이므로, 검사가 압수물에 대한 환가처분을 하며 **소요된 비용은 물건의 소유자에게 상환을 구할 수 있다 할 것**이지만, 압수는 물건의 소유자 등의 점유를 배제하고 수사기관 등이 그 점유를 취득하는 강제처분이고, 환가처분 또한 수사기관 등이 그 권한과 책임하에 본인의 의사 여하를 불문하고 행하는 것이므로, 사무관리자가 본인의 의사에 반하여 관리한 때의 관리비용 상환 범위에 준하여 수사기관 등이 환가처분을 함으로써 압수물 소유자가 지출하지 않아도 되게 된 **그 물건의 매각비용의 한도, 즉 현존이익의 한도 내에서 환가처분 비용의 상환을 구할 수 있다**(대판 2000. 1. 21, 97다58507〈손해배상〉).

5. 공법상 부당이득 [2015 사시, 2018 변시]

부당이득이란 법률상 원인 없이 타인의 재산 또는 노무로 인하여 이익을 얻고 이로 인하여 타인에게 손해를 가하는 것을 말한다. 부당이득은 이를 반환하여야 하는데(민법 제741조), 이를 **부당이득반환의 법리**라고 한다.

공법상 부당이득이란 공법상 원인(예 무효인 조세부과처분에 근거한 조세의 납부)에 의하여 발생한 부당이득을 말한다. 공법상 부당이득의 예로는 조세과오납, 처분이 무효 또는 소급 취소된 경우의 무자격자의 기초생활보장금의 수령 등이 있다.

※ 공법상 부당이득의 유형[10)]

유형1	사인의 부당이득(행정주체의 사인에 대한 부당이득반환청구권)
	예) 보조금, 사회보장급여, 조세환급금 등을 잘못 지급하거나 과다하게 지급한 경우(과오급(過誤給))
유형2	행정주체의 부당이득(사인의 행정주체에 대한 부당이득반환청구권)
	예) 조세나 공과금을 잘못 납부하거나 과다하게 납부한 경우(과오납(過誤納))
유형3	행정주체 상호간의 부당이득(행정주체의 행정주체에 대한 부당이득반환청구권)
	예) 행정주체의 행정주체에 대한 부당이득반환청구권

공법상 부당이득에 관하여 특별한 규정이 없는 경우에는 민법의 부당이득반환의 법리가 준용된다.

공법상 원인에 의한 부당이득반환청구권이 공권인지 사권인지가 권리구제수

10) 최계영, 앞의 발표논문, 84쪽 이하.

단과 관련하여 다투어진다. 부당이득반환청구권을 공권으로 보면 부당이득반환청구소송을 당사자소송으로 제기하여야 하고, 사권으로 보면 부당이득반환청구소송을 민사소송으로 제기하여야 한다. **판례**는 공법상의 원인에 의한 부당이득반환청구권은 사권이라고 본다(**사권설**). 행정상대방이 행정청에 이미 납부한 돈이 민법상 부당이득에 해당한다고 주장하면서 그 반환을 청구하는 것은 민사소송절차를 따라야 한다고 한다(대판 2021. 12. 30, 2018다241458).

제 8 절 기간의 계산 등

Ⅰ. 기간의 계산

1. 행정에 관한 기간의 계산

> 행정기본법
>
> 제 6 조(행정에 관한 기간의 계산) ① 행정에 관한 기간의 계산에 관하여는 이 법 또는 다른 법령등에 특별한 규정이 있는 경우를 제외하고는 「민법」을 준용한다.
> ② 법령등 또는 처분에서 국민의 권익을 제한하거나 의무를 부과하는 경우 권익이 제한되거나 의무가 지속되는 기간의 계산은 다음 각 호의 기준에 따른다. 다만, 다음 각 호의 기준에 따르는 것이 국민에게 불리한 경우에는 그러하지 아니하다.
> 1. 기간을 일, 주, 월 또는 연으로 정한 경우에는 기간의 첫날을 산입한다.
> 2. 기간의 말일이 토요일 또는 공휴일인 경우에도 기간은 그 날로 만료한다.

행정에 관한 기간의 계산에 관하여는 이 법 또는 다른 법령등에 특별한 규정이 있는 경우를 제외하고는 「민법」을 준용한다(행정기본법 제 6 조 제 1 항).

법령등 또는 처분에서 국민의 권익을 제한하거나 의무를 부과하는 경우 권익이 제한되거나 의무가 지속되는 기간의 계산은 다음 각 호(1. 기간을 일, 주, 월 또는 연으로 정한 경우에는 기간의 첫날을 산입한다. 2. 기간의 말일이 토요일 또는 공휴일인 경우에도 기간은 그 날로 만료한다)의 기준에 따른다. 다만, 다음 각 호의 기준에 따르는 것이 국민에게 불리한 경우에는 그러하지 아니하다(행정기본법 제 6 조 제 2 항).

예를 들면, 행정심판 제기기간은 '국민의 권익을 제한하거나 의무를 부과하는 경우'가 아니므로 행정심판 제기기간의 계산에는 「행정기본법」 제 6 조 제 2 항이 아니라 「행정기본법」 제 6 조 제 1 항이 적용된다. 이에 반하여 공법상 의무의 지속기간(예 부작위의무기간)은 법령등에 의한 것이든 처분(하명)에 의한 것이든 원칙상 「행정기본법」 제 6 조 제 2 항이 적용된다. 그리고 「행정기본법」 제 6 조 제 2 항 제 2 호의 기준에 따르는 것이 국민에게 불리한 경우의 예로는 공법상 의무 이행기한(예 시성(개선)명령에 따른 시정(개선)의무 이행기한, 공법상 금전납부기한 등)을 들 수 있다. 그러나 대기환경보전법령상 초과배출부과금 산정의 기초가 되는 개선기간 만료일(대기환경보전법 시행령 제25조 제 1 항 제 2 호)은 「행정기본법」 제 6 조 제 2 항 제 2 호의 기준에 따르는 것이 국민에게 불리한 경우에 해당하지 않는다.

민법에 따른 기간의 계산은 다음과 같다. 기간을 일, 주, 월 또는 연으로 정한 때에는 기간의 초일은 산입하지 아니한다. 그러나 그 기간이 오전 영시로부터 시작하는 때에는 그러하지 아니하다(민법 제157조). 기간을 일, 주, 월 또는 연으로 정한 때에는 기간말일의 종료로 기간이 만료한다(제159조). 기간의 말일이 토요일 또는 공휴일에 해당한 때에는 기간은 그 익일로 만료한다(제161조).

민원의 처리기간을 5일 이하로 정한 경우에는 민원의 접수시각부터 "시간" 단위로 계산하되, 공휴일과 토요일은 산입(算入)하지 아니한다. 이 경우 1일은 8시간의 근무시간을 기준으로 한다(민원처리법 제19조 제 1 항). 민원의 처리기간을 6일 이상으로 정한 경우에는 "일" 단위로 계산하고 첫날을 산입하되, 공휴일과 토요일은 산입하지 아니한다(제 2 항). 민원의 처리기간을 주·월·연으로 정한 경우에는 첫날을 산입하되, 「민법」 제159조부터 제161조까지의 규정을 준용한다(제 3 항).

2. 법령등(훈령·예규·고시·지침 등을 포함) 시행일의 기간 계산

> 행정기본법
>
> 제 7 조(법령등 시행일의 기간 계산) 법령등(훈령·예규·고시·지침 등을 포함한다. 이하 이 조에서 같다)의 시행일을 정하거나 계산할 때에는 다음 각 호의 기준에 따른다.
> 1. 법령등을 공포한 날부터 시행하는 경우에는 공포한 날을 시행일로 한다.
> 2. 법령등을 공포한 날부터 일정 기간이 경과한 날부터 시행하는 경우 법령등을 공포한 날을 첫날에 산입하지 아니한다.
> 3. 법령등을 공포한 날부터 일정 기간이 경과한 날부터 시행하는 경우 그 기간의 말일이 토요일 또는 공휴일인 때에는 그 말일로 기간이 만료한다.

법령등(훈령·예규·고시·지침 등을 포함한다. 이하 이 조에서 같다)의 시행일을 정하거나 계산할 때에는 다음 각 호(1. 법령등을 공포한 날부터 시행하는 경우에는 공포한 날

(훈령·예규·고시·지침 등은 고시·공고 등의 방법으로 발령한 날을 말한다. 이하 이 조에서 같다)을 시행일로 한다. 2. 법령등을 공포한 날부터 일정 기간이 경과한 날부터 시행하는 경우 법령등을 공포한 날을 첫날에 산입하지 아니한다. 3. 법령등을 공포한 날부터 일정 기간이 경과한 날부터 시행하는 경우 그 기간의 말일이 토요일 또는 공휴일인 때에는 그 말일로 기간이 만료한다)의 기준에 따른다(행정기본법 제 7 조).

법령 등의 공포일 또는 공고일은 해당 법령 등을 게재한 관보 또는 신문이 발행된 날로 한다(법령공포법 제 7 조).

Ⅱ. 행정에 관한 나이의 계산

> 행정기본법
>
> 제 7 조의2(행정에 관한 나이의 계산 및 표시) 행정에 관한 나이는 다른 법령등에 특별한 규정이 있는 경우를 제외하고는 출생일을 산입하여 만(滿) 나이로 계산하고, 연수(年數)로 표시한다. 다만, 1세에 이르지 아니한 경우에는 월수(月數)로 표시할 수 있다.

행정에 관한 나이의 계산은 다른 법령등에 특별한 규정이 있는 경우를 제외하고는 만(滿) 나이로 한다(행정기본법 제 7 조의2 제 1 항). 만 나이는 출생한 날을 포함하여 계산한 연수(年數)로 표시한다. 다만, 1세에 이르지 아니한 경우에는 개월 수로 표시한다(제 2 항).

Ⅲ. 수수료 및 사용료

> 행정기본법
>
> 제35조(수수료 및 사용료) ① 행정청은 특정인을 위한 행정서비스를 제공받는 자에게 법령으로 정하는 바에 따라 수수료를 받을 수 있다.
>
> ② 행정청은 공공시설 및 재산 등의 이용 또는 사용에 대하여 사전에 공개된 금액이나 기준에 따라 사용료를 받을 수 있다.
>
> ③ 제 1 항 및 제 2 항에도 불구하고 지방자치단체의 경우에는 「지방자치법」에 따른다.

수수료란 행정기관의 서비스를 받거나 공공시설을 이용할 때에 부담하는 경비를 말한다. 이 가운데 행정의 서비스 제공에 대한 반대급부를 좁은 의미의 수수료라 하며, 시설의 이용에 대한 반대급부를 사용료라고 한다. 넓은 의미의 수수료 개념에는 사용료가 포함된다.

수수료는 이익을 얻는 특정인에 대하여 부과·징수한다는 점에서 개별적·구체적인 대가성(代價性)이 있다. 이런 점에서 수익자(受益者) 부담금과 유사한 반면, 조세(租稅)와는 구별된다. 또한 수수료는 공익사업 자체에 수반하여 드는 경비의 분담으로서 그 사업에 특별한 이해관계가 있는 모든 자에게 부과되는 부담금과도 구별된다.

행정청은 특정인을 위한 행정서비스를 제공받는 자에게 법령으로 정하는 바에 따라 수수료를 받을 수 있다(행정기본법 제35조 제 1 항).

수수료란 행정서비스에 대한 금전적 대가를 말한다. 텔레비전방송수신료는 공영방송사업이라는 특정한 공익사업의 소요경비를 충당하기 위한 것으로서 조세나 수수료가 아니라 특별부담금에 해당한다(헌재 1999. 5. 27, 98헌바70). 수수료부과행위는 행정행위로서 수수료를 부과하려면 법령에 근거를 두어야 한다.

행정청은 공공시설 및 재산 등의 이용 또는 사용에 대하여 사전에 공개된 금액이나 기준에 따라 사용료를 받을 수 있다(행정기본법 제35조 제 2 항). 사용료란 공공시설 또는 공공재산에 대한 사용의 금전적 대가를 말한다. 사용료부과행위는 행정행위로서 사용료를 부과하려면 법령에 근거를 두어야 한다. 일반재산(잡종재산) 사용의 대가는 임대차계약으로 결정된다. 사용료는 사용료(예 행정재산 사용료), 이용료(예 자연휴양림 등의 이용료), 점용료(예 도로 점용료, 공유수면 점용료), 입장료(예 자연공원 입장료) 등 다양한 명칭으로 사용되고 있다.

제 1 항 및 제 2 항에도 불구하고 지방자치단체의 경우에는 「지방자치법」에 따른다(행정기본법 제35조 제 3 항)(제153조, 제154조, 제156조).

제 2 편

경찰 행정 조직법

제1장 경찰행정조직법 개설

제1절 경찰행정조직법의 의의

경찰행정조직법이란 경찰행정조직에 관한 법을 말한다. 보다 구체적으로 정의하면 경찰기관의 설치, 폐지, 구성, 권한 및 경찰기관 상호간의 관계를 정한 법이다.

경찰행정조직법은 경찰행정의 내부조직을 규율하는 법으로서 경찰작용을 규율하는 경찰행정작용법과 구별된다. 다만, 경찰행정조직에 관한 사항 중 경찰기관의 권한 및 행정규칙 등은 국민의 권리의무에 법상 또는 사실상 일정한 영향을 미치므로 그 한도 내에서는 경찰행정작용법상의 법적 통제의 대상이 될 수 있다. 또한 경찰 내부에서의 의사형성과정과 결정과정 중 국민의 권익과 관련이 있는 절차는 행정절차로 보아 작용법적 통제의 대상이 되고 있다.

제2절 행정조직법정주의

행정조직에 관한 사항은 기본적으로 법률로 정하여야 한다는 원칙을 **행정조직법정주의(行政組織法定主義)**라고 한다. 현행 헌법 제96조는 "행정각부의 설치·조직과 직무범위는 법률로 정한다"고 규정하여 행정조직법정주의를 채택하고 있다. 이에 근거하여 제정된 정부조직법은 국가의 행정조직에 관한 기본법이며, 경찰법은 경찰의 조직에 관한 기본법이다.

경찰조직은 경찰에 관한 국가의사를 결정하여 표시할 수 있는 기관인 경찰행정청과 그 의사를 구체적으로 실현하는 경찰집행기관으로 나눌 수 있으며, 상하 계층적 및 지역적으로는 중앙의 경찰청과 지방의 시·도경찰청, 경찰서로 나눌 수 있고, 치안에 관한 의결 및 합의기관으로서의 국가경찰위원회와 시·도자치경찰위원회가 있다.

이와 같은 경찰행정조직법의 특징은 경찰기관이 국민의 통제 하에 국민에 대하여 통일적인 책임을 지면서 민주적이면서 효율적으로 경찰사무를 수행할 수 있도록 하는 데 있다(경찰법 제 1 조).

제 2 장 경찰기관

제 1 절 경찰기관의 개념

경찰기관이란 경찰권한을 행사하는 경찰조직의 구성단위를 말한다. 경찰기관은 경찰기관의 구성자인 경찰공무원과는 구별된다. 경찰기관은 그를 구성하는 경찰공무원의 변경과 관계없이 통일적인 일체로서 존속한다.

경찰기관에는 보통경찰기관, 협의의 행정경찰기관, 비상경찰기관 등이 있다.

제 2 절 보통경찰기관

보통경찰기관이란 경찰작용을 주된 업무로 수행하는 행정기관을 말한다. 보통경찰기관에는 행정관청의 지위를 갖는 보통경찰관청, 합의제 행정기관인 시·도자치경찰위원회, 의결기관인 국가경찰위원회 그리고 집행기관인 경찰집행기관이 있다.

보통경찰관청으로는 경찰청장, 시·도경찰청장, 경찰서장, 해양수산부 소속 하의 해양경비안전본부장, 지방해양경비안전본부장, 해양경비안전서장 등이 있다.

Ⅰ. 보통경찰관청

1. 경찰청장

치안에 관한 사무를 관장하게 하기 위하여 행정안전부장관 소속으로 경찰청을 두며(동법 제12조), 경찰청에 경찰청장을 둔다. 경찰청장은 치안총감으로 보하며(경찰법 제14조 제 1 항), 국가경찰위원회의 동의를 받아 행정안전부장관의 제청으로 국무총리를 거쳐 대통령이 임명하는데, 인사청문을 거쳐야 한다(제 2 항). 경찰청장은 국가경찰사무를 총괄하고 경찰청 업무를 관장하며 소속 공무원 및 각급 경찰기관의 장을 지휘·감독한다(제 3 항). 경찰청장의 임기는 2년으로 하고, 중임(重任)할 수 없다(제 4 항).

경찰청장은 비상사태시 자치경찰에 대한 지휘·명령권을 가진다(경찰법 제32조).

2. 국가수사본부장

경찰청에 국가수사본부를 두며, 국가수사본부장은 치안정감으로 보한다(경찰법 제16조 제 1 항). 국가수사본부장은 「형사소송법」에 따른 경찰의 수사에 관하여 각 시·도경찰청장과 경찰서장 및 수사부서 소속 공무원을 지휘·감독한다(제 2 항). 국가수사본부장의 임기는 2년으로 하며, 중임할 수 없다(제 3 항).

3. 시·도경찰청장

경찰의 사무를 지역적으로 분담수행하기 위하여 시·도에 시·도경찰청을 둔다(경찰법 제13조). 과거에는 '지방경찰청'의 명칭으로 '경찰청의 사무'를 지역적으로 분담하여 수행하게 하기 위한 기구였으나, '시·도경찰청'은 '경찰의 사무'를 지역적으로 분담하여 수행하는 기구로 변경되었다. 즉 과거 '지방경찰청'이 경찰청의 지방행정기관에 불과했으나 현재의 '시·도경찰청'은 광역시·도 소속의 기관으로 지위가 변경된 것이다(황문규). 시·도경찰청에 시·도경찰청장을 두며, 시·도경찰청장은 치안정감·치안감(治安監) 또는 경무관(警務官)으로 보한다(경찰법 제28조 제 1 항). 「경찰공무원법」 제 7 조에도 불구하고 시·도경찰청장은 경찰청장이 시·도자치경찰위원회와 협의하여 추천한 사람 중에서 행정안전부장관의 제청으로 국무총리를 거쳐 대통령이 임용한다(제 2 항). 시·도경찰청장은 국가경찰사무에 대해서는 경찰청장의 지휘·감독을, 자치경찰사무에 대해서는 시·도자치경찰위원회의 지휘·감독을 받아 관할구역의 소관 사무를 관장하고 소속 공무원 및 소속 경찰기관의 장을 지휘·감독한다. 다만, 수사에 관한 사무에 대해서는 국가수사본부장의 지휘·감독을 받아 관할구역의 소관 사무를 관장하고 소속 공무원 및 소속 경찰기관의 장을 지휘·감독한다(제 3 항). 제 3 항 본문의 경우 시·도자치경찰위원회는 자치경찰사무에 대해 심의·의결을 통하여 시·도경찰청장을 지휘·감독한다. 다만, 시·도자치경찰위원회가 심의·의결할 시간적 여유가 없거나 심의·의결이 곤란한 경우 대통령령으로 정하는 바에 따라 시·도자치경찰위원회의 지휘·감독권을 시·도경찰청장에게 위임한 것으로 본다(제 4 항).

4. 경찰서장

경찰서에 경찰서장을 두며, 경찰서장은 경무관, 총경(總警) 또는 경정(警正)으로 보한다(경찰법 제30조 제 1 항). 경찰서장은 시·도경찰청장의 지휘·감독을 받아 관할구역의 소관 사무를 관장하고 소속 공무원을 지휘·감독한다(제 2 항). 경찰서장 소속으로 지구대 또는 파출소를 두고, 그 설치기준은 치안수요·교통·지리 등 관할구역의 특성을 고려하여 행정안전부령으로 정한다. 다만, 필요한 경우에는 출장소를 둘 수 있다(제 3 항). 시·도자치경찰위원회는 정기적으로 경찰서장의 자치경찰사무 수행에 관한 평가결과를 경찰청장에게 통보하여야 하며 경찰청장은 이를 반영하여야 한다(제 4 항).

Ⅱ. 경찰의결기관: 국가경찰위원회

국가경찰행정에 관하여 제10조 제 1 항 각 호의 사항을 심의·의결하기 위하여 행정안전부에 국가경찰위원회를 둔다(경찰법 제 7 조 제 1 항). 국가경찰위원회는 위원장 1명을 포함한 7명의 위원으로 구성하되, 위원장 및 5명의 위원은 비상임(非常任)으로 하고, 1명의 위원은 상임(常任)으로 한다(제 2 항). 제 2 항에 따른 위원 중 상임위원은 정무직으로 한다(제 3 항).

위원의 임기는 3년으로 하며, 연임(連任)할 수 없다. 이 경우 보궐위원의 임기는 전임자 임기의 남은 기간으로 한다(경찰법 제 9 조 제 1 항). 위원은 중대한 신체상 또는 정신상의 장애로 직무를 수행할 수 없게 된 경우를 제외하고는 그 의사에 반하여 면직되지 아니한다(제 2 항).

국가경찰위원회의 사무는 경찰청에서 수행한다(동법 제11조 제 1 항). 국가경찰위원회의 회의는 재적위원 과반수의 출석과 출석위원 과반수의 찬성으로 의결한다(경찰법 제11조 제 2 항).

국가경찰위원회의 심의·의결 사항은 다음과 같다(경찰법 제10조).

경찰법

제10조(국가경찰위원회의 심의·의결 사항 등) ① 다음 각 호의 사항은 국가경찰위원회의 심의·의결을 거쳐야 한다.

1. 국가경찰사무에 관한 인사, 예산, 장비, 통신 등에 관한 주요정책 및 경찰 업무 발전에 관한 사항
2. 국가경찰사무에 관한 인권보호와 관련되는 경찰의 운영·개선에 관한 사항
3. 국가경찰사무 담당 공무원의 부패 방지와 청렴도 향상에 관한 주요 정책사항
4. 국가경찰사무 외에 다른 국가기관으로부터의 업무협조 요청에 관한 사항
5. 제주특별자치도의 자치경찰에 대한 경찰의 지원·협조 및 협약체결의 조정 등에

관한 주요 정책사항

6. 제18조에 따른 시·도자치경찰위원회 위원 추천, 자치경찰사무에 대한 주요 법령·정책 등에 관한 사항, 제25조 제 4 항에 따른 시·도자치경찰위원회 의결에 대한 재의 요구에 관한 사항
7. 제 2 조에 따른 시책 수립에 관한 사항
8. 제32조에 따른 비상사태 등 전국적 치안유지를 위한 경찰청장의 지휘·명령에 관한 사항
9. 그 밖에 행정안전부장관 및 경찰청장이 중요하다고 인정하여 국가경찰위원회의 회의에 부친 사항

② 행정안전부장관은 제 1 항에 따라 심의·의결된 내용이 적정하지 아니하다고 판단할 때에는 재의(再議)를 요구할 수 있다.

Ⅲ. 해양보통경찰관청

해양에서의 경찰 및 오염방제에 관한 사무를 관장하기 위하여 해양수산부장관 소속으로 해양경찰청을 둔다(정부조직법 제43조 제 2 항). 해양경찰청에 청장 1명과 차장 1명을 두되, 청장 및 차장은 경찰공무원으로 보한다(제 3 항). 해양경찰청장은 치안총감으로 보한다(「해양경찰청과 그 소속기관 직제」 제 4 조). 해양경찰청 차장은 치안정감으로 보한다(직제 제 5 조).

해양경찰청장의 관장사무를 지원하기 위하여 해양경찰청장 소속으로 해양경찰교육원 및 중앙해양특수구조단을 둔다(직제 제 2 조 제 1 항). 해양경찰청장의 관장사무를 분장하기 위하여 해양경찰청장 소속으로 지방해양경찰청을 두고, 지방해양경찰청장 소속으로 해양경찰서를 둔다(제 2 항). 해양경찰청장의 관장사무를 지원하기 위하여 해양경찰청장 소속의 책임운영기관으로 해양경찰정비창을 둔다(제 3 항).

지방해양경찰청은 관할 해양에서의 경찰 및 오염방제에 관한 사무를 수행한다(직제 제24조). 지방해양경찰청장은 해양수산부령으로 정하는 범위에서 그 밑에 각각 직할단과 직할대를 둘 수 있다(직제 제29조). 해양경찰서에 서장 1명을 둔다(직제 제30조). 지방해양경찰청장은 해양경찰서장의 소관 사무를 분장하기 위하여 해양수산부령으로 정하는 바에 따라 해양경찰서장 소속으로 파출소를 둘 수 있다(직제 제31조). 지방해양경찰청의 소관 사무를 분장하기 위하여 지방해양경찰청장 소속으로 해상교통관제센터를 둔다(직제 제32조).

해양경찰청은 협의의 행정경찰기관이 아니고, 경찰청과 마찬가지로 보통경찰

관청의 하나라 할 것이다. 그것은 경찰청이 육상에서의 모든 경찰사무를 관장하는 것과 마찬가지로 해양경찰청은 해양수산부장관이 관장하는 행정작용에 부수하여 일어나는 질서유지에 관한 사무만을 담당하는 것이 아니고, 해양에서의 모든 경찰사무를 담당하며, 그 구성원도 경찰청의 구성원과 동일한 경찰공무원법에 따른 경찰공무원이기 때문이다.

Ⅳ. 보통경찰집행기관

경찰집행기관은 소속 경찰관청의 명을 받아 경찰에 관한 국가의사를 실력으로써 사실상 집행하는 경찰기관이다.

경찰집행기관은 그 직무의 일반성 여하에 따라 일반경찰집행기관과 특별경찰집행기관으로 구분할 수 있다.

1. 일반경찰집행기관

경찰업무 일반에 관한 집행기관을 말하는바, 이러한 경찰집행기관으로는 경찰공무원(치안총감·치안정감·치안감·경무관·총경·경정·경감·경위·경사·경장·순경)을 들 수 있는데, 이들은 경찰공무원법의 적용을 받는 특정직국가공무원이다(경찰공무원법 제 2 조). 경찰공무원은 한 사람 한 사람이 경찰집행기관이 된다는 점에서 그 특색을 엿볼 수 있다.

일반경찰기관인 경찰공무원은 제복을 착용하고, 무기를 휴대할 수 있음(경찰공무원법 제20조)을 특징으로 한다.

경찰청장은 돌발사태를 진압하거나 특수지구를 경비하기 위하여 특히 필요한 경우(「경찰직무 응원법」 제 4 조), 지방경찰청장은 경찰청장의 승인을 얻어 경비단 또는 경비대·기동대·경찰특공대 등 직할대를 둘 수 있다(「경찰청과 그 소속기관 직제」 제42조, 동 시행규칙 제34조 제 9 항). 기동대·경비대 등은 경찰관청이 아니고 경찰집행기관의 하나이다.

일반경찰집행기관을 이루는 경찰공무원은 사법경찰에 관한 사무를 아울러 담당하며(형사소송법 제196조), 이 지위에서의 경찰공무원을 특히 사법경찰관리(일반사법경찰관리)라 한다.

2. 특별경찰집행기관

일반경찰작용 중에서도 특정한 분야의 경찰작용에 관한 경찰집행기관을 말하는데, 국가정보원·군사경찰·소방공무원·청원경찰, 민간경비원 등을 들 수 있다.

(1) 국가정보원

국가안전보장에 관련되는 정보·보안 및 범죄수사에 관한 사무를 담당하기 위하여 대통령 소속으로 국가정보원을 둔다(정부조직법 제17조 제 1 항). 국가정보원의 직무는 행정경찰에 속하는 직무와 사법경찰에 속하는 직무를 포함하고 있는바, 행정경찰의 성질에 속하는 직무도 위해방지 전반이 아니라 국가의 통일성 및 기능유지에 관한 것(이른바 고등경찰)에 한정되므로 특수한 경찰기관으로 볼 수 있다(최영규).

1) 국가정보원의 지위

국가정보원은 대통령 소속으로 두며, 대통령의 지시와 감독을 받는다(국정원법 제 2 조).

2) 국가정보원의 운영 원칙

국정원은 운영에 있어 정치적 중립성을 유지하며, 국민의 자유와 권리를 보호하여야 한다(국정원법 제 3 조 제 1 항). 국가정보원장·차장 및 기획조정실장과 그 밖의 직원은 이 법에서 정하는 정보의 수집 목적에 적합하게 정보를 수집하여야 하며, 수집된 정보를 직무 외의 용도로 사용하여서는 아니 된다(제 2 항).

3) 국가정보원의 직무

국정원의 직무는 다음과 같다(국정원법 제 4 조).

국정원법

제 4 조(직무) ① 국정원은 다음 각 호의 직무를 수행한다.

1. 다음 각 목에 해당하는 정보의 수집·작성·배포
   가. 국외 및 북한에 관한 정보
   나. 방첩(산업경제정보 유출, 해외연계 경제질서 교란 및 방위산업침해에 대한 방첩을 포함한다), 대테러, 국제범죄조직에 관한 정보
   다. 「형법」 중 내란의 죄, 외환의 죄, 「군형법」 중 반란의 죄, 암호 부정사용의 죄, 「군사기밀 보호법」에 규정된 죄에 관한 정보
   라. 「국가보안법」에 규정된 죄와 관련되고 반국가단체와 연계되거나 연계가 의심되는 안보침해행위에 관한 정보
   마. 국제 및 국가배후 해킹조직 등 사이버안보 및 위성자산 등 안보 관련 우주 정보
2. 국가 기밀(국가의 안전에 대한 중대한 불이익을 피하기 위하여 한정된 인원만이

알 수 있도록 허용되고 다른 국가 또는 집단에 대하여 비밀로 할 사실·물건 또는 지식으로서 국가 기밀로 분류된 사항만을 말한다. 이하 같다)에 속하는 문서·자재·시설·지역 및 국가안전보장에 한정된 국가 기밀을 취급하는 인원에 대한 보안 업무. 다만, 각급 기관에 대한 보안감사는 제외한다.

3. 제 1 호 및 제 2 호의 직무수행에 관련된 조치로서 국가안보와 국익에 반하는 북한, 외국 및 외국인·외국단체·초국가행위자 또는 이와 연계된 내국인의 활동을 확인·견제·차단하고, 국민의 안전을 보호하기 위하여 취하는 대응조치
4. 다음 각 목의 기관 대상 사이버공격 및 위협에 대한 예방 및 대응
   가. 중앙행정기관(대통령 소속기관과 국무총리 소속기관을 포함한다) 및 그 소속기관과 국가인권위원회, 고위공직자범죄수사처 및 「행정기관 소속 위원회의 설치·운영에 관한 법률」에 따른 위원회
   나. 지방자치단체와 그 소속기관
   다. 그 밖에 대통령령으로 정하는 공공기관
5. 정보 및 보안 업무의 기획·조정
6. 그 밖에 다른 법률에 따라 국정원의 직무로 규정된 사항

② 원장은 제 1 항의 직무와 관련하여 직무수행의 원칙·범위·절차 등이 규정된 정보활동기본지침을 정하여 국회 정보위원회에 이를 보고하여야 한다. 이 경우 국회 정보위원회는 정보활동기본지침에 위법하거나 부당한 사항이 있다고 인정되면 재적위원 3분의 2 이상의 찬성으로 시정이나 보완을 요구할 수 있으며, 원장은 특별한 사유가 없으면 그 요구에 따라야 한다.

③ 제 1 항 제 1 호부터 제 4 호까지의 직무 수행을 위하여 필요한 사항과 같은 항 제 5 호에 따른 기획·조정의 범위와 대상 기관 및 절차 등에 관한 사항은 대통령령으로 정한다.

[시행일 : 2024. 1. 1.]

4) 국가기관 등에 대한 협조 요청 등

원장은 직무 수행과 관련하여 필요한 경우 국가기관이나 그 밖의 관계 기관 또는 단체(이하 "국가기관 등"이라 한다)에 대하여 사실의 조회·확인, 자료의 제출 등 필요한 협조 또는 지원을 요청할 수 있다. 이 경우 요청을 받은 국가기관 등의 장은 정당한 사유가 없으면 그 요청에 따라야 한다(국정원법 제 5 조 제 1 항). 직원은 제 4 조 제 1 항 제 1 호 나목부터 마목까지 및 같은 조 같은 항 제 2 호의 직무수행을 위하여 필요한 경우 현장조사·문서열람·시료채취·자료제출 요구 및 진술요청 등의 방식으로 조사할 수 있다(제 2 항). 국정원은 제 4 조 제 1 항 제 1 호 나목부터 라

목까지에 관한 직무수행과 관련하여 각급 수사기관과 정보 공조체계를 구축하고, 국정원과 각급 수사기관은 상호 협력하여야 한다(제 3 항). 직원은 정보수집을 위하여 필요한 최소한의 범위 안에서 조사를 행하여야 하며, 다른 목적을 위하여 조사권한을 남용하여서는 아니된다(제 4 항).[11]

5) 조 직

국정원의 조직은 원장이 대통령의 승인을 받아 정한다(국정원법 제 6 조 제 1 항). 제 1 항에도 불구하고 원장은 제 4 조에 따른 직무범위를 일탈하여 정치관여의 우려가 있는 정보 등을 수집·분석하기 위한 조직을 설치하여서는 아니 된다(제 2 항). 국정원은 직무 수행상 특히 필요한 경우에는 대통령의 승인을 받아 특별시·광역시·특별자치시·도 또는 특별자치도에 지부(支部)를 둘 수 있다(제 3 항).

6) 직 원

국정원에 원장·차장 및 기획조정실장과 그 밖에 필요한 직원을 둔다. 다만, 그 직무 수행상 필요한 경우에는 차장을 2명 이상 둘 수 있다(국정원법 제 7 조 제 1 항). 직원의 정원은 예산의 범위에서 대통령의 승인을 받아 원장이 정한다(제 2 항).

7) 원장·차장·기획조정실장

원장은 국회의 인사청문을 거쳐 대통령이 임명하며, 차장 및 기획조정실장은 원장의 제청으로 대통령이 임명한다(국정원법 제 9 조 제 1 항). 원장은 정무직으로 하며, 국정원의 업무를 총괄하고 소속 직원을 지휘·감독한다(제 2 항). 차장과 기획조정실장은 정무직으로 하고 원장을 보좌하며, 원장이 부득이한 사유로 직무를 수행할 수 없을 때에는 그 직무를 대행한다(제 3 항). 원장·차장 및 기획조정실장 외의 직원 인사에 관한 사항은 따로 법률로 정한다(제 4 항).

(2) 군사경찰

군사경찰은 군사 및 군인·군무원에 관한 경찰집행기관으로서, 그에 대한 행정경찰 또는 사법경찰작용을 담당한다. 군사경찰은 단순히 군조직 내부질서를 유지하는 데 그치지 않고, 군인·군무원 또는 군사에 관한 일반경찰작용을 관장하며, 그 범위 안에서는 경찰집행기관이 된다.

11) [시행일 : 2024. 1. 1.] [제 5 조 제 2 항(제 4 조 제 1 항 제 1 호 다목 및 라목과 관련된 조사에 한정한다)].

(3) 소방공무원

소방공무원은 화재를 예방·진압·경계하는 데 종사하는 기관이다. 국가소방공무원은 국가에 의해 임명되는 소방공무원을 말하고, 지방소방공무원은 지방자치단체에 의해 임명되는 소방공무원을 말한다.

(4) 청원경찰

청원경찰이란 ① 국가기관 또는 공공단체와 그 관리 하에 있는 중요 시설 또는 사업장, ② 국내 주재(駐在) 외국기관, ③ 그 밖에 행정안전부령으로 정하는 중요 시설(1. 선박, 항공기 등 수송시설, 2. 금융 또는 보험을 업(業)으로 하는 시설 또는 사업장, 3. 언론, 통신, 방송 또는 인쇄를 업으로 하는 시설 또는 사업장, 4. 학교 등 육영시설, 5. 「의료법」에 따른 의료기관, 6. 그 밖에 공공의 안녕질서 유지와 국민경제를 위하여 고도의 경비(警備)가 필요한 중요 시설, 사업체 또는 장소), 사업장 또는 장소에 해당하는 기관의 장 또는 시설·사업장 등의 경영자가 경비(청원경찰경비(請願警察經費))를 부담할 것을 조건으로 경찰의 배치를 신청하는 경우 그 기관·시설 또는 사업장 등의 경비(警備)를 담당하게 하기 위하여 배치하는 경찰을 말한다(청원경찰법 제 2 조).

(5) 민간경비원

경비업이란 경비업무(가. 시설경비업무: 경비를 필요로 하는 시설 및 장소(이하 "경비대상시설"이라 한다)에서의 도난·화재 그 밖의 혼잡 등으로 인한 위험발생을 방지하는 업무, 나. 호송경비업무: 운반중에 있는 현금·유가증권·귀금속·상품 그 밖의 물건에 대하여 도난·화재 등 위험발생을 방지하는 업무, 다. 신변보호업무: 사람의 생명이나 신체에 대한 위해의 발생을 방지하고 그 신변을 보호하는 업무, 라. 기계경비업무: 경비대상시설에 설치한 기기에 의하여 감지·송신된 정보를 그 경비대상시설외의 장소에 설치한 관제시설의 기기로 수신하여 도난·화재 등 위험발생을 방지하는 업무, 마. 특수경비업무: 공항(항공기를 포함한다) 등 대통령령이 정하는 국가중요시설의 경비 및 도난·화재 그 밖의 위험발생을 방지하는 업무)의 전부 또는 일부를 도급받아 행하는 영업을 말한다(경비업법 제 2 조 제 1 호).

제 3 절 협의의 행정경찰기관

협의의 행정경찰기관이란 협의의 행정경찰을 수행하는 행정기관을 말한다. 협의의 행정경찰관청은 협의의 행정경찰을 담당하는 중앙행정기관(예 환경경찰에 관하여는 환경부장관, 지방환경청장)이 된다. 중앙행정기관의 행정경찰사무가 지방자치단체의 장에게 기관위임된 경우에는 해당 지방자치단체의 장이 협의의 행정경찰관청이 된다.

협의의 행정경찰집행기관은 협의의 행정경찰관청의 집행권한 있는 소속공무원이 된다. 협의의 행정집행경찰기관이 해당 행정작용과 관련하여 발생하는 범죄를 수사하고 범인을 체포하는 특별사법경찰관리가 되는 경우가 있다(형사소송법 제197조, 「사법경찰관리의 직무를 수행할 자와 그 직무범위에 관한 법률」 참조〈예 환경공무원〉).

제 4 절 비상경찰기관: 계엄사령관

전시 · 사변 또는 이에 준하는 국가비상사태에 있어서 병력으로써 군사상의 필요에 응하거나 공공의 안녕질서를 유지할 필요가 있을 때에는 대통령은 계엄을 선포할 수 있는데(헌법 제77조 제 1 항), 계엄이 선포되면 계엄사령관이 병력으로 해당 지역 내의 경찰작용을 수행한다(계엄법 제 1 조부터 제12조까지).

계엄은 경비계엄과 비상계엄으로 구분한다(헌법 제77조 제 2 항). 경비계엄의 경우에는 계엄사령관은 계엄지역 내의 군사에 관한 행정사무와 사법사무를 관장한다(계엄법 제 7 조 제 2 항). 비상계엄의 경우에는 계엄사령관은 계엄지역 내의 모든 행정사무와 사법사무를 관장한다(법 제 7 조 제 1 항). 계엄의 시행에 관하여 계엄사령관은 계엄지역이 전국에 걸치는 경우에는 대통령의, 일부지역에 국한되는 경우에는 국방부장관의 지휘 · 감독을 받는다(법 제 6 조).

제 5 절 자치경찰기관

Ⅰ. 합의제 행정기관: 시 · 도자치경찰위원회

「경찰법」 제18조 제 2 항은 시 · 도자치경찰위원회를 "합의제 행정기관"이라고 명시하고 있다. 즉 "시 · 도자치경찰위원회는 합의제 행정기관으로서 그 권한에 속하는 업무를 독립적으로 수행한다."라고 규정하고 있다. 또한 동법 제27조 제 1 항은 "시 · 도자치경찰위원회의 사무를 처리하기 위하여 시 · 도자치경찰위원회에 필요한 사무기구를 둔다."라고 규정하고 있고, 제27조 제 4 항은 "사무기구의 조직·정원·운영 등에 관하여 필요한 사항은 경찰청장의 의견을 들어 대통령령으로 정하는 기준에 따라 시·도조례로 정한다."라고 규정하고 있다.

자치경찰사무를 처리하기 위하여 「경찰법」 제18조에 따라 설치되는 제주특별자치도자치경찰위원회 소속으로 자치경찰단을 둔다(제주특별법 제88조 제 1 항).

시·도자치경찰위원회가 시·도경찰청장을 지휘·감독하고, 시·도경찰청장이 경찰서장을 지휘·감독한다. 제주특별자치도자치경찰위원회는 제주특별자치도경찰청 및 제주자치경찰단을 지휘·감독한다.

1. 시·도자치경찰위원회

(1) 시·도자치경찰위원회의 설치

자치경찰사무를 관장하게 하기 위하여 특별시장·광역시장·특별자치시장·도지사·특별자치도지사(이하 "시·도지사"라 한다) 소속으로 시·도자치경찰위원회를 둔다. 다만, 제13조 후단에 따라 시·도에 2개의 시·도경찰청을 두는 경우 시·도지사 소속으로 2개의 시·도자치경찰위원회를 둘 수 있다(경찰법 제18조 제 1 항). 시·도자치경찰위원회는 합의제 행정기관으로서 그 권한에 속하는 업무를 독립적으로 수행한다(제 2 항). 제 1 항 단서에 따라 2개의 시·도자치경찰위원회를 두는 경우 해당 시·도자치경찰위원회의 명칭, 관할구역, 사무분장, 그 밖에 필요한 사항은 대통령령으로 정한다(제 3 항).

시·도자치경찰위원회는 자치경찰사무에 대해 시·도 경찰청창 지휘감독권을 가지고, 담당공무원 임용권, 사무 목표 수립 및 평가, 예산·인력·정책 등의 심의·의결권, 자치경찰사무 규칙 제정·개정·폐지권, 국가·자치경찰사무 및 지방·치안행정에 대한 협의·조정권, 국가경찰위원회 심의·조정 요청권 등을 가져 사실상 자치경찰을 진두지휘하게 된다.

시·도지사는 일부 인사권 외에도 시도자치경찰위원회 위원 1명 지명권 및 위원장·상임위원 포함 위원 임명권, 위원추천위원회 설치·구성권, 사무기구 조직권, 회의 안건 제안권, 재의요구권, 개최 요구권, 자치경찰사무 수행 예산 수립권 등의 권한을 갖게 된다.

(2) 시·도자치경찰위원회의 구성

시·도자치경찰위원회는 위원장 1명을 포함한 7명의 위원으로 구성하되, 위원장과 1명의 위원은 상임으로 하고, 5명의 위원은 비상임으로 한다(경찰법 제10조 제 1 항). 위원은 특정 성(性)이 10분의 6을 초과하지 아니하도록 노력하여야 한다(제 2 항). 위원 중 1명은 인권문제에 관하여 전문적인 지식과 경험이 있는 사람이 임명될 수 있도록 노력하여야 한다(제 3 항).

(3) 시·도자치경찰위원회 위원추천위원회

시·도자치경찰위원회 위원 추천을 위하여 시·도지사 소속으로 시·도자치경찰위원회 위원추천위원회를 둔다(경찰청 제21조 제 1 항). 시·도지사는 시·도자치경찰위원회 위원추천위원회에 각계각층의 관할 지역주민의 의견이 수렴될 수 있도록 위원을 구성하여야 한다(제 2 항). 시·도자치경찰위원회 위원추천위원회 위원의 수, 자격, 구성, 위원회 운영 등에 관하여 필요한 사항은 대통령령으로 정한다(제 3 항).

(4) 시·도자치경찰위원회 위원장의 직무

시·도자치경찰위원회 위원장은 시·도자치경찰위원회를 대표하고 회의를 주재하며 시·도자치경찰위원회의 의결을 거쳐 업무를 수행한다(경찰법 제22조 제 1 항). 시·도자치경찰위원회 위원장이 부득이한 사유로 직무를 수행할 수 없을 때에는 상임위원, 시·도자치경찰위원회 위원 중 연장자순으로 그 직무를 대행한다(제 2 항).

시·도자치경찰위원회 위원장은 경찰청장과 시·도경찰청장 임용을 협의할 수 있는 권한을 가진다.

(5) 시·도자치경찰위원회 위원의 임기 및 신분보장

시·도자치경찰위원회 위원장과 위원의 임기는 3년으로 하며, 연임할 수 없다(경찰법 제23조 제 1 항). 보궐위원의 임기는 전임자 임기의 남은 기간으로 하되, 전임자의 남은 임기가 1년 미만인 경우 그 보궐위원은 제 1 항에도 불구하고 한 차례만 연임할 수 있다(제 2 항). 위원은 중대한 신체상 또는 정신상의 장애로 직무를 수행할 수 없게 된 경우를 제외하고는 그 의사에 반하여 면직되지 아니한다(제 3 항).

(6) 시·도자치경찰위원회의 소관 사무

시·도자치경찰위원회의 소관 사무는 다음과 같다(경찰법 제24조).

경찰법

제24조(시·도자치경찰위원회의 소관 사무) ① 시·도자치경찰위원회의 소관 사무는 다음 각 호로 한다.

1. 자치경찰사무에 관한 목표의 수립 및 평가
2. 자치경찰사무에 관한 인사, 예산, 장비, 통신 등에 관한 주요정책 및 그 운영지원
3. 자치경찰사무 담당 공무원의 임용, 평가 및 인사위원회 운영
4. 자치경찰사무 담당 공무원의 부패 방지와 청렴도 향상에 관한 주요 정책 및 인권침해 또는 권한남용 소지가 있는 규칙, 제도, 정책, 관행 등의 개선
5. 제 2 조에 따른 시책 수립
6. 제28조 제 2 항에 따른 시·도경찰청장의 임용과 관련한 경찰청장과의 협의, 제30조 제 4 항에 따른 평가 및 결과 통보
7. 자치경찰사무 감사 및 감사의뢰
8. 자치경찰사무 담당 공무원의 주요 비위사건에 대한 감찰요구
9. 자치경찰사무 담당 공무원에 대한 징계요구
10. 자치경찰사무 담당 공무원의 고충심사 및 사기진작
11. 자치경찰사무와 관련된 중요사건·사고 및 현안의 점검
12. 자치경찰사무에 관한 규칙의 제정·개정 또는 폐지
13. 지방행정과 치안행정의 업무조정과 그 밖에 필요한 협의·조정
14. 제32조에 따른 비상사태 등 전국적 치안유지를 위한 경찰청장의 지휘·명령에 관한 사무
15. 국가경찰사무·자치경찰사무의 협력·조정과 관련하여 경찰청장과 협의
16. 국가경찰위원회에 대한 심의·조정 요청
17. 그 밖에 시·도지사, 시·도경찰청장이 중요하다고 인정하여 시·도자치경찰위원회의 회의에 부친 사항에 대한 심의·의결

② 시·도자치경찰위원회의 업무와 관련하여 시·도지사는 정치적 목적이나 개인적 이익을 위해 관여하여서는 아니 된다.

(7) 시·도자치경찰위원회의 심의·의결사항 등

시·도자치경찰위원회는 제24조의 사무에 대하여 심의·의결한다(경찰법 제25조 제 1 항). 시·도자치경찰위원회의 회의는 재적위원 과반수의 출석과 출석위원 과반수의 찬성으로 의결한다(제 2 항). 시·도지사는 제 1 항에 관한 시·도자치경찰위원회의 의결이 적정하지 아니하다고 판단할 때에는 재의를 요구할 수 있다(제 3 항).

위원회의 의결이 법령에 위반되거나 공익을 현저히 해친다고 판단되면 행정안전부장관은 미리 경찰청장의 의견을 들어 국가경찰위원회를 거쳐 시·도지사에게 제 3 항의 재의를 요구하게 할 수 있고, 경찰청장은 국가경찰위원회와 행정안전부장관을 거쳐 시·도지사에게 재의를 요구하게 할 수 있다(제 4 항). 시·도자치경찰위원회의 위원장은 재의요구를 받은 날부터 7일 이내에 회의를 소집하여 재의결하여야 한다. 이 경우 재적위원 과반수의 출석과 출석위원 3분의 2 이상의 찬성으로 전과 같은 의결을 하면 그 의결사항은 확정된다(제 5 항).

(8) 시·도자치경찰위원회의 운영 등

시·도자치경찰위원회의 회의는 정기적으로 개최하여야 한다. 다만 위원장이 필요하다고 인정하는 경우, 위원 2명 이상이 요구하는 경우 및 시·도지사가 필요하다고 인정하는 경우에는 임시회의를 개최할 수 있다(경찰법 제26조 제 1 항). 시·도자치경찰위원회는 회의 안건과 관련된 이해관계인이 있는 경우 그 의견을 듣거나 회의에 참석하게 할 수 있다(제 2 항). 시·도자치경찰위원회의 위원 중 공무원이 아닌 위원에게는 예산의 범위에서 직무활동에 필요한 비용 등을 지급할 수 있다(제 3 항). 그 밖에 시·도자치경찰위원회의 운영 등에 필요한 사항은 대통령령으로 정하는 기준에 따라 시·도조례로 정한다(제 4 항).

(9) 사무기구

시·도자치경찰위원회의 사무를 처리하기 위하여 시·도자치경찰위원회에 필요한 사무기구를 둔다(경찰법 제27조 제 1 항). 사무기구에는 「지방자치단체에 두는 국가공무원의 정원에 관한 법률」에도 불구하고 대통령령으로 정하는 바에 따라 경찰공무원을 두어야 한다(제 2 항). 제주특별자치도에는 「제주특별자치도 설치 및 국제자유도시 조성을 위한 특별법」 제44조 제 3 항에도 불구하고 같은 법 제 6 조 제 1 항 단서에 따라 이 법 제27조 제 2 항을 우선하여 적용한다(제 3 항). 사무기구의 조직·정원·운영 등에 관하여 필요한 사항은 경찰청장의 의견을 들어 대통령령으로 정하는 기준에 따라 시·도조례로 정한다(제 4 항).

(10) 세종특별자치시자치경찰위원회에 대한 특례

세종특별자치시자치경찰위원회에 대해서는 제19조 제 1 항 및 제20조 제 3 항에도 불구하고 위원장 및 상임위원을 비상임으로 할 수 있다(경찰법 제36조 제 1 항). 제27조에도 불구하고 세종특별자치시자치경찰위원회에는 사무기구를 두지 아니하며 세종특별자치시자치경찰위원회의 사무는 세종특별자치시경찰청에서 처리한다(제 2 항).

(11) 자치경찰에 대한 지원

1) 자치경찰사무에 대한 재정적 지원

국가는 지방자치단체가 이관받은 사무를 원활히 수행할 수 있도록 인력, 장비 등에 소요되는 비용에 대하여 재정적 지원을 하여야 한다(경찰법 제34조).

2) 예 산

자치경찰사무의 수행에 필요한 예산은 시·도자치경찰위원회의 심의·의결을 거쳐 시·도지사가 수립한다. 이 경우 시·도자치경찰위원회는 경찰청장의 의견을 들어야 한다(경찰법 제35조 제 1 항). 시·도지사는 자치경찰사무 담당 공무원에게 조례에서 정하는 예산의 범위에서 재정적 지원 등을 할 수 있다(제 2 항). 시·도의회는 관련 예산의 효율적인 관리를 위하여 의결로써 자치경찰사무에 대해 시·도자치경찰위원장의 출석 및 자료 제출을 요구할 수 있다(제 3 항).

(12) 경찰법상 자치경찰사무

경찰법상 자치경찰사무는 다음과 같다(경찰법 제 4 조 제 1 항 제 2 호).

경찰법

제 4 조(경찰의 사무) ① 경찰의 사무는 다음 각 호와 같이 구분한다.

1. 국가경찰사무: 제 3 조에서 정한 경찰의 임무를 수행하기 위한 사무. 다만, 제 2 호의 자치경찰사무는 제외한다.
2. 자치경찰사무: 제 3 조에서 정한 경찰의 임무 범위에서 관할 지역의 생활안전·교통·경비·수사 등에 관한 다음 각 목의 사무
   가. 지역 내 주민의 생활안전 활동에 관한 사무
      1) 생활안전을 위한 순찰 및 시설의 운영
      2) 주민참여 방범활동의 지원 및 지도
      3) 안전사고 및 재해·재난 시 긴급구조지원
      4) 아동·청소년·노인·여성·장애인 등 사회적 보호가 필요한 사람에 대한 보호업무 및 가정폭력·학교폭력·성폭력 등의 예방
      5) 주민의 일상생활과 관련된 사회질서의 유지 및 그 위반행위의 지도·단속. 다만, 지방자치단체 등 다른 행정청의 사무는 제외한다.
      6) 그 밖에 지역주민의 생활안전에 관한 사무

나. 지역 내 교통활동에 관한 사무
1) 교통법규 위반에 대한 지도·단속
2) 교통안전시설 및 무인 교통단속용 장비의 심의·설치·관리
3) 교통안전에 대한 교육 및 홍보
4) 주민참여 지역 교통활동의 지원 및 지도
5) 통행 허가, 어린이 통학버스의 신고, 긴급자동차의 지정 신청 등 각종 허가 및 신고에 관한 사무
6) 그 밖에 지역 내의 교통안전 및 소통에 관한 사무
다. 지역 내 다중운집 행사 관련 혼잡 교통 및 안전 관리
라. 다음의 어느 하나에 해당하는 수사사무
1) 학교폭력 등 소년범죄
2) 가정폭력, 아동학대 범죄
3) 교통사고 및 교통 관련 범죄
4) 「형법」 제245조에 따른 공연음란 및 「성폭력범죄의 처벌 등에 관한 특례법」 제12조에 따른 성적 목적을 위한 다중이용장소 침입행위에 관한 범죄
5) 경범죄 및 기초질서 관련 범죄
6) 가출인 및 「실종아동등의 보호 및 지원에 관한 법률」 제 2 조 제 2 호에 따른 실종아동등 관련 수색 및 범죄

② 제 1 항 제 2 호 가목부터 다목까지의 자치경찰사무에 관한 구체적인 사항 및 범위 등은 대통령령으로 정하는 기준에 따라 시·도조례로 정한다.
③ 제 1 항 제 2 호 라목의 자치경찰사무에 관한 구체적인 사항 및 범위 등은 대통령령으로 정한다.

2. 제주특별자치경찰위원회

(1) 자치경찰기구의 설치

자치경찰사무를 처리하기 위하여 「경찰법」 제18조에 따라 설치되는 제주특별자치도자치경찰위원회(이하 "자치경찰위원회"라 한다) 소속으로 자치경찰단을 둔다(제주특별법 제88조 제 1 항). 자치경찰단의 조직과 자치경찰공무원의 정원 등에 관한 사항은 도조례로 정한다(제 2 항).

(2) 자치경찰단장의 임명

자치경찰단장은 도지사가 임명하며, 자치경찰위원회의 지휘·감독을 받는다(제주특별법 제89조 제 1 항). 자치경찰단장은 자치경무관으로 임명한다. 다만, 도지사

는 필요하다고 인정하면 개방형직위로 지정하여 운영할 수 있다(제 2 항). 도지사는 자치경찰단장의 직위를 개방형직위로 지정하여 운영하는 경우에는 임용기간이 끝나는 날에 60세를 넘지 아니하는 사람으로서 다음 각 호(1. 자치경찰단장에 임명할 수 있는 계급에 있거나 비로 아래 하위 계급에 있는 사람으로서 승진에서 제112조 제 5 항·제 6 항에 따른 계급별 최저근무연수가 지난 자치경찰공무원, 2. 제 1 호에 상응하는 경찰공무원, 3. 제 1 호 또는 제 2 호에 해당하였던 사람으로서 퇴직한 날부터 2년이 지나지 아니한 사람, 4. 법관·검사 또는 변호사의 직에 5년 이상 근무한 사람)의 어느 하나에 해당하는 사람을 임용하여야 한다. 이 경우 미리 제108조에 따른 자치경찰공무원 인사위원회의 심의·의결을 마쳐야 한다(제 3 항). 개방형직위로 지정·운영되는 자치경찰단장의 임용절차·임용기간 등은 도조례로 정한다(제 4 항).

(3) 재정 지원

국가는 제주자치도가 자치경찰을 설치·운영하는 데 필요한 경비를 지원할 수 있다(제주특별법 제103조).

(4) 제주특별법상 자치경찰사무

제주특별법상 자치경찰사무는 다음과 같다(제주특별법 제90조).

제주특별법

제90조(사무) 자치경찰은 다음 각 호의 사무(이하 “자치경찰사무”라 한다)를 처리한다.

1. 주민의 생활안전활동에 관한 사무
  가. 생활안전을 위한 순찰 및 시설 운영
  나. 주민참여 방범활동의 지원 및 지도
  다. 안전사고와 재해·재난 등으로부터의 주민보호
  라. 아동·청소년·노인·여성 등 사회적 보호가 필요한 사람의 보호와 가정·학교폭력 등의 예방
  마. 주민의 일상생활과 관련된 사회질서의 유지와 그 위반행위의 지도·단속
2. 지역교통활동에 관한 사무
  가. 교통안전과 교통소통에 관한 사무
  나. 교통법규위반 지도·단속
  다. 주민참여 지역교통활동의 지원·지도
3. 공공시설과 지역행사장 등의 지역경비에 관한 사무
4. 「사법경찰관리의 직무를 수행할 자와 그 직무범위에 관한 법률」에서 자치경찰공무

원의 직무로 규정하고 있는 사법경찰관리의 직무
5. 「즉결심판에 관한 절차법」 등에 따라 「도로교통법」 또는 「경범죄 처벌법」 위반에 따른 통고처분 불이행자 등에 대한 즉결심판 청구 사무

Ⅱ. 자치경찰집행기관

자치경찰집행기관은 자치경찰공무원이 된다.

제 3 장 경찰행정청의 권한

제 1 절 권한의 의의

행정청의 권한이란 행정청이 행정주체를 대표하여 의사를 결정하고 표시할 수 있는 범위를 말한다.

행정청의 권한에는 일반적 권한과 개별적인 작용법적 권한이 있다. **행정청의 일반적 권한**이란 행정청이 가지는 일반적인 사항적·지역적·대인적 권한을 말하며 **행정조직법상의 권한**이다. **개별적 작용법적 권한**이란 행정청이 국민에 대하여 행사할 수 있는 개별적인 권한을 의미한다.

제 2 절 행정권한법정주의

행정청의 권한은 원칙상 법률에 의해 정해져야 한다. 이를 **행정권한법정주의**(行政權限法定主義)라 한다. 다만, 권한에 관한 세부적인 사항은 명령에 위임할 수 있다.

행정청은 조직규범에서 정한 소관사무의 범위 내에서 일반적인 권한을 갖는다. 소관사무의 범위는 경찰법이 정한다.

법률유보의 원칙에 따라 다른 법주체에 대한 특정한 권한의 행사에 있어서는 작용법적인 법률의 근거가 있어야 한다. 작용법적 권한은 각 개별법에 의해 정해진다.

제 3 절 권한의 한계

행정청의 권한에는 사항, 지역, 상대방, 형식에 따른 일정한 한계가 있다.

Ⅰ. 사항적 한계

행정청은 법령에 의해 정해진 일정한 사무에 관한 권한만을 갖는다. 이를 행정청의 **권한의 사항적 한계**라 한다.

행정청의 권한의 사항적 한계 중 일반적 권한의 한계인 **행정청의 소관사무의 범위는 정부조직법과 경찰법에 따라 정해진다.**

행정청의 권한 중 대외적인 개별적 권한은 개별작용법에 따라 정해진다. 도로교통법규 위반에 대한 운전면허의 취소권 등이 그 예이다.

행정청은 법률유보의 원칙이 적용되는 경우 작용법에서 정한 권한의 범위 내에서 권한을 행사하여야 하고, 경찰지도와 같이 작용법적 법률의 근거가 필요 없는 경우에 행정청은 조직규범에 의해 정해진 사항적 한계(소관사무의 범위) 내에서 권한을 행사하여야 한다.

Ⅱ. 지역적 한계

행정청의 권한은 지역적으로 미치는 범위가 한정되어 있다. 다만, 행정청에 의한 처분의 효과가 처분행정청의 관할구역을 넘어 미치는 경우도 있다. 예를 들면, 충남지방경찰청장이 부여한 운전면허는 전국적으로 효력을 갖는다.

Ⅲ. 대인적 한계

행정청의 권한이 미치는 인적 범위가 한정되는 경우가 있다. 경찰청장의 권한은 그 소속직원에게만 행사될 수 있다.

Ⅳ. 형식적 한계

행정청의 권한행사의 형식에 일정한 한계가 정해져 있는 경우를 **형식적 한계**라 한다. 예를 들면, 장관의 입법권 행사는 부령의 형식에 따라야 하는 것을 들 수 있다. 형식적 한계가 있는 권한(부령제정권 등)의 경우 위임할 수 없다. 경찰청장은 법규명령제정권이 없고, 소관사무에 관한 법규명령을 제정하고자 하는 경우에는 행정안전부장관의 법규명령의 형식으로 제정할 수밖에 없다. 다만, 법령의 구체적 위임을 받은 경우에는 행정규칙의 형식으로 새로운 법규사항을 정할 수 있다(법령보충적 행정규칙).

제 4 절 권한의 효과

Ⅰ. 외부적 효과

행정청은 독립된 법인격을 갖지 않고 행정주체를 대표하는 기관이므로 경찰행정청의 대외적인 권한행사의 법적 효과는 행정청 자신이 아니라 행정주체에 귀속된다.

법령에서 정해진 행정권한의 한계를 벗어난 행정권 행사는 주체의 하자(무권한의 하자)가 있는 위법한 행위가 되며 무권한의 하자는 원칙상 무효사유가 된다.

Ⅱ. 내부적 효과

행정청의 권한은 행정청 상호간에 있어서 활동범위의 한계를 정한다. 즉 행정청은 권한의 범위 내에서 활동할 수 있고, 다른 행정청의 권한에 속하는 행위를 할 수 없다.

이러한 제한은 대등한 행정청 사이에서 뿐만 아니라 상하관계의 행정청 사이에서도 타당하다. 즉 상급관청이라 하여도 법령의 명시적인 규정이 없는 한 하급관청의 권한 내에 속하는 행위를 할 수 없다.

제 5 절 권한의 대리

Ⅰ. 권한의 대리의 의의

권한의 대리란 행정청의 권한의 전부 또는 일부를 다른 행정기관(다른 행정청 또는 보조기관)이 대신 행사하고 **그 행위가 수권행정청의 행위로서 효력을 발생**하는 것을 말한다.

권한의 대리는 다음의 개념과 구별된다.

① **대표와의 구별**: 대리와 대표는 모두 대외적인 권한행사를 대신하며 그 행위의 효과가 대표 또는 대리되는 기관의 행위로서 효력이 있는 행위인 점에서는 동일하지만, 다음과 같이 구별된다. **대표**는 대표기관의 행위가 직접 대표되는 기

관(행정주체)의 행위가 되는 것인 반면에, 대리는 피대리기관과 구별되는 기관의 행위로서 그 효과가 피대리기관에 귀속될 뿐인 점에서 구별된다.

② **권한의 위임과의 구별**: 권한의 대리와 권한의 위임은 양자 모두 행정청의 행위를 다른 행정기관이 대신하여 행사한다는 점에서 공통점을 가지지만, 다음과 같이 구별된다. i) 권한의 위임에 있어서는 위임청의 권한이 수임행정기관에 이전되는데 반하여 권한의 대리는 행정청이 그의 권한을 일시적으로 대리기관으로 하여금 대신하여 행사하게 하는 것에 지나지 않으며 권한 자체가 이전되는 것은 아니다. ii) 권한의 위임은 법령상 정해진 권한분배를 변경하는 것이므로 법적 근거를 요하지만, 권한의 대리 중 수권대리는 통설에 따르면 법적 근거를 요하지 않는다. iii) 권한의 위임에 있어서 수임자는 보통 하급행정기관(특히 하급행정청)이지만, 권한의 대리에 있어서 대리자는 보통 보조기관이다.

③ **위임전결, 내부위임과의 구별**: 대리와 위임전결 및 내부위임에 있어서 모두 권한이 이전되지 않고, 다른 행정기관이 행정청을 대신하여 권한행사를 위한 최종적인 결정을 내린다는 점에서는 공통점을 가지지만, 다음과 같이 구별된다. i) 대리는 대외적인 권한행사에 관한 것이고, 수권대리의 경우 법적 근거의 필요성에 관하여 견해의 대립이 있다. 이에 반하여 위임전결 및 내부위임은 기본적으로 행정조직 내부의 권한분배에 관한 것이며 법률의 근거를 요하지 않는다. ii) 대외적인 권한행사에 있어서 위임전결이나 내부위임의 경우 전결권자나 수임기관은 대외적으로 권한 있는 행정청과의 관계를 명시함이 없이 권한 있는 행정청의 이름으로 행위를 하지만, 대리의 경우에는 원칙상 대리행위임을 표시하고 행정청의 권한을 자신의 명의로 행한다. 다만, 대리의 경우에도 대리관계를 표시함이 없이 피대리청의 이름으로 행정권을 행사하는 것도 가능하다.

④ **대결과의 구별**: 대리와 대결은 모두 권한의 이전이 없고, 다른 행정기관이 행정기관을 대신하여 권한행사를 한다는 점에서는 공통점을 가지지만, 다음과 같이 구별된다. 대결은 결재권자의 부재시 및 사고가 있는 경우 등에 권한 있는 기관이 대신 결재하는 것인 행정조직상 내부행위인 반면에 대리는 행정권한의 대외적인 권한행사를 대신하는 것이다.

Ⅱ. 종 류

대리는 발생원인에 따라 수권대리(임의대리)와 법정대리로 구분된다.

1. 수권대리(임의대리)

(1) 의 의

수권대리란 수권행정청의 수권으로 대리관계가 발생하는 경우를 말한다. 임의대리라고도 한다.

(2) 근 거

수권대리를 인정하는 명문의 근거가 있는 경우도 있지만, 수권대리를 인정하는 법적 근거가 없는 경우에도 수권대리가 허용될 것인지에 관하여 적극설과 소극설이 대립하고 있다.

(3) 수권의 범위 및 한계

대리권의 수권은 권한분배를 정한 법령의 취지에 반하는 것이 되어서는 안 되므로 다음과 같은 한계 내에서만 인정된다.

① 수권은 일반적·포괄적 권한에 한하여서만 인정된다. 행정청의 권한이 법령에서 개별적으로 특정되어 부여된 경우에는 해당 행정청이 스스로 행할 것이 요구되고 있다고 해석되므로 그 수권은 허용되지 않는다.

② 수권은 권한의 일부에 한하여 인정되며 권한의 전부를 대리시킬 수는 없다. 그 이유는 권한 전부의 대리를 허용하는 것은 그 권한을 해당 행정청에 준 입법취지에 반하는 것이 되며 수권한 행정청의 권한이 전혀 없게 되어 수권행정청의 존재이유가 없어지기 때문이다.

(4) 수권행정청(피대리행정청)과 대리기관과의 관계

수권행정청과 대리기관 사이에는 대리관계가 형성된다. 대리기관은 수권받은 권한을 수권행정청에 대신하여 행사하되 대리관계를 표시하여야 하며 대리행위는 수권행정청의 행위로서 효력을 발생한다.

수권행정청은 대리기관을 지휘·감독하는 권한을 가지며 대리기관의 권한행사에 대하여 책임을 진다.

2. 법정대리

(1) 의 의

법정대리란 일정한 법정사실이 발생한 경우에 수권행위 없이 법령의 규정에 따라 대리관계가 발생하는 경우를 말한다.

「직무대리규정」(대통령령)은 '기관장, 부기관장이나 그 밖의 공무원에게 사고가 발생한 경우에 직무상 공백이 생기지 아니하도록 해당 공무원의 직무를 대신 수행하는 것'을 '직무대리'라 정의하고 있는데(제 2 조 제 1 호), 동 규정상의 직무대리는 법정대리이다.

(2) 종 류

법정대리에는 대리자의 결정방법에 따라 지정대리, 서리와 협의의 법정대리가 있다.

1) 지정대리

지정대리란 일정한 법정사실이 발생한 경우에 일정한 자가 대리자를 지정함으로써 법상 정해진 대리관계가 발생하는 경우를 말한다.

지정대리는 원래 행정청의 구성자가 존재하고 다만 그에게 사고가 있는 경우에 행하여지는 것이다.

2) 서 리

행정청구성자가 사망·면직 등 사유로 궐위된 경우 정식으로 후임자를 임명하기 전에 임시로 대리자를 임명하는 경우가 있는데, 이를 **서리(署理)**라 한다. 서리가 지정대리의 일종인가에 관하여 견해가 대립하고 있다. **직무대리규정은 서리를 지정대리로 규정하고 있다.**

서리와 본래의 지정대리는 법정사실이 발생하여 행정청이 그 권한을 행사할 수 없게 된 경우에 법령의 규정에 따라 대리자가 지정되고, 대리자는 수권행정청의 권한 전부를 행사한다는 점에서는 동일하나, **수권행정청의 지위에 있는 자가** 본래의 지정대리에 있어서는 존재하고, **서리에 있어서는 존재하지 않는다는** 점에서는 차이가 있다.

국무총리서리제도가 헌법에 합치하는지에 관하여는 견해가 대립하고 있다.

서리는 잠정적으로 행정청의 지위를 갖는다. 서리는 서리라는 지위를 표시하여 자기의 이름과 책임으로 해당 행정청에 부여되는 모든 권한을 행사한다.

3) 협의의 법정대리

협의의 법정대리란 법정사실이 발생한 때에 법률상 당연히 대리관계가 발생하는 경우를 말한다. 대리자가 법령에 의해 정해져 있어 지정행위가 요구되지 않는다.

경찰청장이 부득이한 사유로 직무를 수행할 수 없을 때에는 차장이 그 직무를 대

행한다(경찰법 제12조 제 2 항).

(3) 근 거

법정대리는 본질상 당연히 법령에 근거가 명시되어 있다. 법정대리의 일반법으로는 「직무대리규정」(대통령령)이 있다. 그리고 헌법(제71조)과 각 개별법에서 법정대리를 규정하고 있는 경우가 있다(정부조직법 제22조 등).

(4) 대리권의 범위

법정대리는 특별한 규정이 없는 한 수권행정청의 권한 전부에 미친다.

(5) 수권행정청과 대리기관과의 관계

법정대리의 경우 원칙상 수권행정청은 대리자를 지휘·감독할 수 없고, 대리자는 자기의 책임으로 그 권한을 행사한다. 그러나 수권행정청의 국외여행 등으로 인한 법정대리에 있어서는 오늘날 통신기술의 발달로 수권행정청이 대리자에 대하여 지휘·감독권을 행사할 수 있을 것이며 수권행정청은 그 한도 내에서 책임을 진다.

Ⅲ. 권한의 복대리

복대리란 권한의 대리에 있어 대리자가 그 대리권의 행사를 다른 자로 하여금 대리하게 하는 것을 말한다.

명문의 규정이 없음에도 복대리가 가능한가 하는 것이 문제된다. ① 수권대리의 경우에 있어서는 권한의 일부에 한하여 대리가 행하여지며 대리인의 구체적 사정을 고려한 대리인에 대한 신임에 기초하여 행하여지는 점 등에 비추어 볼 때 복대리는 원칙상 인정되지 않는다고 보아야 한다. ② 법정대리의 경우에는 수권행정청의 대리자에 대한 신임에 기초한 것이 아니고 일정한 법정사실의 발생에 따라 성립되는 것이며 수권행정청의 권한 전부에 미치고 대리자가 자기의 책임으로 대리행위를 하는 것이므로 대리자는 그 대리권의 일부에 대하여 복대리자를 선임할 수 있다고 보아야 할 것이다.

Ⅳ. 대리권의 행사방식

권한의 대리에는 민법 제114조의 현명주의(顯名主義) 및 제125조 및 제126조의 표현대리(表見代理)에 관한 규정이 유추적용된다.

① 현명주의: 대리자는 수권행정청과의 대리관계를 표시하여 대리권을 행사하여야 한다. 이와 같은 현명(顯名)을 하지 않고 대리자 자신의 이름으로 행정권을 행사한 경우에는 대리자의 행위는 대리자 자신의 무권한의 행위로 보면 무효라고 볼 수 있지만, 대리권 행사방식에 하자가 있는 행위로서 형식의 하자가 있는 행위로 보는 것이 타당하므로 취소할 수 있는 행위로 보는 것이 타당하다.

② 표현대리: 대리자가 자신의 이름으로 행정권을 행사한 경우에도 이해관계인이 수권행정청의 행위로 믿을 만한 사정이 있을 때에는 민법상 표현대리에 관한 규정을 유추적용하여 적법한 대리행위로 볼 수 있을 것이다.

③ 대리자가 수권행정청의 이름으로 대리권을 행사한 경우에도 적법하다고 보아야 할 것이다.

Ⅴ. 대리권 행사의 효과

법상 권한은 여전히 수권행정청이 가지며 대리권 행사의 법적 효과는 수권행정청이 속한 행정주체에 귀속된다. 따라서 처분청은 수권행정청이며 대리행위에 대한 항고소송은 수권행정청을 피고로 하여 제기하여야 한다.

Ⅵ. 대리권의 소멸

수권대리의 경우에 대리권은 수권행정청에 의한 대리권부여의 철회에 의하여 소멸하고, 법정대리의 경우에 대리권은 대리권을 발생하게 한 법정사실의 소멸에 따라 소멸한다.

Ⅶ. 대리권 없는 대리자의 행위의 효력

대리권 없는 자가 대리자로서 행한 행위는 무권한의 행위로 원칙상 무효이다(대판 1967. 12. 29, 67다1694). 다만, 상대방이 행위자에게 대리권이 있다고 믿을 만한 상당한 이유가 있을 때에는 표현대리가 성립되어 해당 행정행위가 유효하게 된다(대판 1963. 12. 5, 63다519: 수납기관이 아닌 군청직원에 의한 양곡대금수납행위).

Ⅷ. 대리기관의 처분에 대한 권리구제

대리기관이 대리관계를 밝히고 처분을 한 경우 수권행정청이 처분청으로 피고가 된다.

대리권을 수여받은 행정기관이 대리관계를 밝힘이 없이 자신의 명의로 행정처분을 한 경우, 처분명의자인 해당 행정기관(대리기관)이 항고소송의 피고가 되어야 하는 것이 원칙이다. 다만, 비록 대리관계를 명시적으로 밝히지는 아니하였다 하더라도 처분명의자가 수권행정청 산하의 행정기관으로서 실제로 수권행정청으로부터 대리권한을 수여받아 수권행정청을 대리한다는 의사로 행정처분을 하였고 처분명의자는 물론 그 상대방도 그 행정처분이 수권행정청을 대리하여 한 것임을 알고서 이를 받아들인 예외적인 경우에는 수권행정청이 피고가 되어야 한다(대결 2006. 2. 23, 2005부4).

제 6 절 권한의 위임

Ⅰ. 권한의 위임의 의의

권한의 위임이란 행정청이 그의 권한의 일부를 다른 행정기관에 위양(委讓)하여 수임기관의 권한으로 행사하게 하는 것을 말한다. 광의의 권한의 위임 중 지휘·감독하에 있는 행정기관에 대한 위임을 협의의 권한의 위임이라 하고, 지휘·감독하에 있지 않는 행정기관이나 단체에 대한 위임을 권한의 위탁이라 한다.

촉탁이란 권한의 위탁 중에서 등기, 소송에 관한 사무를 위탁하는 것을 말한다.

권한의 위임은 다음과 같은 개념과 구별된다.

① 권한의 대리와의 구별: 이에 관하여는 전술한 바와 같다.

② 내부위임과의 구별: 내부위임이란 행정청이 보조기관 또는 하급행정기관에게 내부적으로 일정한 사항의 결정권을 위임하여 수임기관이 위임청의 이름으로 그의 권한을 사실상 대리행사하도록 하는 것을 말한다. 내부위임에서는 대외적으로 권한의 이전이 없는 점에서 권한의 위임과 구별된다. 따라서 내부위임은 법률의 근거가 없이도 가능하나 권한위임은 법률의 근거를 요한다.

권한위임의 경우에는 수임자가 자기의 이름으로 그 권한을 행사할 수 있다 할 것이나 내부위임의 경우에는 수임자는 위임청의 이름으로 이를 할 수 있을 뿐 자기의 이름으로는 할 수 없다.

[판례] 행정권한의 위임은 위임관청이 법률에 따라 하는 특정권한에 대한 법정귀속의 변

경임에 대하여 내부위임은 행정관청의 내부적인 사무처리의 편의를 도모하기 위하여 그 보조기관 또는 하급행정관청으로 하여금 그 권한을 사실상 행하게 하는 데 그치는 것이므로 **권한위임의 경우에는 수임자가 자기의 명의로 권한을 행사할 수 있으나 내부위임의 경우에는 수임자는 위임관청의 명의로 이를 할 수 있을 뿐이다**(대판 1989. 3. 14, 88누10985).

③ **위임전결과의 구별**: 위임전결(委任專決)이란 행정청 내의 의사결정권을 보조기관에 위임하여 해당 보조기관의 결재로서 행정청의 내부적인 의사결정이 확정되도록 하는 것을 말한다. **위임전결에서는 대외적으로 권한의 이전이 없는 점에서 권한의 위임과 구별된다.**

위임전결과 내부위임은 모두 행정청의 권한이 내부적으로만 이전되는 점에서 동일하지만, 위임전결은 원칙상 결재단계에 있는 행정청의 보조기관에 대하여 부여되지만, 내부위임은 행정청의 보조기관뿐만 아니라 하급행정청에 대하여도 행하여지는 점에서 차이가 있다.

④ **대결과의 구별**: 대결(代決)이란 결재권자가 휴가·출장 그 밖의 사유로 결재할 수 없는 때에 그 직무를 대리하는 자가 그에 갈음하여 외부에 표시함이 없이 결재하는 것을 말한다. **대결에서는 권한의 이전이 없는 점**에서 권한의 위임과 구별된다. 대결에 관한 사항은 행정규칙으로 정한다.

대결은 권한을 내부적으로 대신 행사한다는 점에서는 위임전결이나 내부위임과 동일하지만, 내부적으로라도 권한의 이전이 없고 결재를 대리하는 것이고, 또한 대결은 **일시적으로만 행하여진다는 점**에서 계속적으로 권한이 내부적으로 이전되는 위임전결 및 내부위임과 구별된다.

⑤ **권한의 이양과의 구별**: 권한의 위임이나 권한의 이양(移讓)이나 대외적으로 권한의 이전이 있는 점에서는 같지만, 권한의 위임의 경우에는 권한을 정하는 법령의 규정은 그대로 둔 채 별도의 위임규정에 근거하여 권한이 위임되는 경우를 말하고, **권한의 이양**이란 권한을 정하는 법령 자체를 개정하여 권한을 다른 행정기관의 고유한 권한으로 이관시키는 것을 말한다.

예를 들면, 국가의 권한을 지방자치단체에 이전함에 있어서 **국가의 권한을 지방자치단체의 장에게 이전하는 것은 협의의 권한의 위임이고, 지방자치단체에게 위임하는 것은 권한의 위탁이며 법령을 개정하여 국가사무를 지방자치단체의 고유사무(자치사무)로 변경하는 것은 권한의 이양**이다.

권한의 위임의 경우에 위임기관은 수임기관의 권한행사를 지휘·감독할 수 있으나, 권한의 이양의 경우에는 지휘·감독관계가 성립하지 않는다.

Ⅱ. 위임의 근거[2003 행시 사례]

권한의 위임은 법률이 정한 권한분배를 대외적으로 변경하는 것이므로 법률의 명시적 근거를 필요로 한다.

위임의 근거는 원칙상 개별적이어야 한다. 포괄적인 위임 또는 재위임의 근거가 가능한지가 문제된다. 즉 포괄적 위임 및 재위임의 근거를 정하고 있는 정부조직법 제 6 조 제 1 항과 「행정권한의 위임 및 위탁에 관한 규정」(이하 '권한위임규정'이라 한다) 제 3 조 또는 제 4 조가 위임 또는 재위임의 일반적 근거가 될 수 있는가 하는 것이다. 이에 관하여 긍정설과 부정설이 대립하고 있다.

긍정설의 논거는 다음과 같다. 국민의 권리 또는 의무에 직접적으로는 관계없는 행정조직에 있어서는 어느 정도 포괄적인 위임도 가능하다.

부정설의 논거는 다음과 같다. 만일 정부조직법 제 6 조 제 1 항이 대통령령인 「권한위임규정」에 대한 수권규정이라고 한다면 행정권한법정주의에 반하는 포괄적 수권을 한 것이므로 위헌·위법인 법률규정이라고 보아야 하고 「권한위임규정」은 위헌인 법률에 근거한 무효인 명령이라고 보아야 한다.

판례는 **긍정설**을 취하고 있다.

[판례 1] 정부조직법 제 6 조 제 1 항은 법문상 권한의 위임 및 재위임의 근거규정임이 명백하고, 권한의 위임 및 위탁에 관한 규정은 이 법률규정에 근거하여 권한의 위임 및 위탁에 관한 구체적 근거를 규정하고 있다(대판 1990. 2. 27, 89누5287).

[판례 2] 정부조직법 제 5 조 제 1 항과 이에 기한 행정권한의 위임 및 위탁에 관한 규정 제 4 조에 재위임에 관한 일반적인 근거규정이 있으므로 시·도지사는 그 재위임에 관한 일반적인 규정에 따라 위임받은 위 처분권한을 구청장 등에게 재위임할 수 있다(대판 전원합의체 1995. 7. 11, 94누4615).

생각건대, 행정권한법정주의에 비추어 **부정설이 타당**하다. 법률로 위임에 관한 사항을 명령에 위임하는 것은 가능하지만 법률에 의한 위임은 행정권한법정주의를 침해하는 정도의 포괄적인 위임이 되어서는 안 된다.

Ⅲ. 위임의 방식

권한의 위임은 권한을 대외적으로 변경하는 것이므로 권한을 위임함에 있어서는 그것을 **국민에게 주지시킬 수 있는 방식**에 의하여야 한다.

법령에 정해진 위임방식을 위반한 위임은 위법하다. **판례**는 법령상 규칙의 방식으로 위임하여야 함에도 조례의 방식으로 행한 위임에 따라 행해진 수임기관의 처분을 위법하다고 하면서 중대명백설에 따를 때 **취소할 수 있는 행위**로 보았다(대판 전원합의체 1995. 7. 11, 94누4615).

Ⅳ. 위임의 한계

위임은 위임청의 **권한의 일부에 한하여 인정**되며 권한의 전부 또는 위임청의 존립근거를 위태롭게 하는 **주요부분의 위임은 인정되지 않는다.**

법령에 의해 특정적·개별적으로 정하여진 권한을 위임하는 것은 그 권한을 정하는 법률을 사실상 폐지하는 결과를 가져오므로 인정될 수 없다.

Ⅴ. 수임기관

1. 보조기관 및 하급행정청에 대한 위임

보조기관이나 하급경찰행정청에 대한 위임은 위임에 있어 수임기관의 동의를 요하지 않는다.

2. 지방자치단체 등의 기관에 대한 위임

행정기관의 권한의 일부를 다른 행정기관에 위임하는 것을 **기관위임**이라 하며 기관위임된 사무를 **기관위임사무**라 한다.

예를 들면, 국가사무가 지방자치단체의 장에게 위임된 경우, 광역자치단체의 사무가 기초자치단체의 장에게 위임된 경우, 지방자치단체의 사무가 국가기관에게 위임된 경우(예 도로교통법 제 3 조 제 1 항에 따라 특별시장·광역시장·제주특별자치도지사 또는 시장·군수의 권한으로 규정되어 있는 도로에서 신호기 및 안전표지의 설치·관리에 관한 권한이 같은법 시행령 제86조에 따라 지방경찰청장(위임) 또는 경찰서장에게 위탁된 경우(특별시장·광역시장→지방경찰청장에게 위임/시장·군수(광역시 군수 제외)→경찰서장에게 위탁)) 기관위임에 해당한다.

기관위임의 경우 수임기관은 위임청이 속한 행정주체의 기관의 지위를 가지며 수임기관의 기관위임사무 처리의 법적 효과는 관리주체인 위임청이 속한 행정주체에 귀속된다.

지방자치단체의 기관은 국가의 기관위임사무를 수행함에 있어서는 국가기관의 지위에 서고 위임청의 지휘·감독을 받는 하급행정기관이 된다고 보는 것이 일반적 견해이다.

Ⅵ. 수임사무처리비용의 부담

수임사무의 처리에 드는 비용은 위임기관이 부담하는 것이 원칙이다. 그런데 기관위임사무에 대하여 해당 지방자치단체가 경비를 부담하도록 규정하고 있는 경우(예 도로법)도 있다.

Ⅶ. 위임의 효과[2007 사시 사례]

권한이 위임되면 위임기관은 그 사무를 처리할 권한을 잃고 그 권한은 수임기관의 권한이 된다. 수임기관은 자기의 이름과 책임 아래 그 권한을 행사한다.

내부위임의 경우에 권한이 대내적으로 이전될 뿐이며 대외적으로는 이전되지 않는다. 따라서 수임기관은 수임사무의 처리를 위해 처분을 할 때에는 위임청의 이름으로 하거나 내부위임관계를 명시하여야 한다.

만일 내부위임의 경우 수임기관이 자신의 이름으로 처분을 한 경우 그 처분은 위법하다. 문제는 이 위법이 무효사유인가 아니면 취소사유에 불과한 것인가 하는 것이다. 판례는 수임기관은 대외적으로는 처분권을 갖고 있지 못하므로 무권한의 행위로 보고 무효인 행위가 된다고 한다(대판 1986. 12. 9, 86누569; 대판 1995. 11. 28, 94누6475).

제7절 권한의 위탁

Ⅰ. 권한의 위탁의 의의

권한의 위탁이란 국가 또는 지방자치단체가 행정권한을 독립적 지위에 있는 자에게 위탁하는 것을 말한다. 수탁받는 자는 단체(예 사단 또는 재단, 공공단체 또는 사법인)인 경우도 있고, 개인인 경우도 있다.

Ⅱ. 법적 근거

권한의 위탁은 법률이 정한 권한을 이전하는 것이므로 행정권한을 위탁함에 있어서는 법률의 근거가 있어야 한다.

Ⅲ. 위탁의 유형

위탁은 위탁기관과 수탁사인 사이의 관계를 기준으로 위탁, 대행, 보조위탁으로 구분할 수 있다. 실정법률상 대행이라는 용어를 사용하는 경우에도 실질에 있어서는 권한의 대행이 아니라 권한의 위탁인 경우도 있고, 행정보조에 불과한 경우도 있다.

정부조직법 제 6 조 제 3 항, 지방자치법 제104조 제 3 항, 「행정권한의 위임 및 위탁에 관한 규정」은 협의의 위탁, 대행위탁과 보조위탁을 구분함이 없이 광의의 위탁 개념을 사용하고 있다.

대행을 위탁의 독자적인 유형으로 보지 않고, 실정법상 대행 중 권한의 이전이 있는 것은 협의의 위탁, 그리고 권한의 이전이 없는 것은 보조위탁으로 보는 견해도 있는데, 대행은 아래에서 보는 바와 같이 협의의 위탁 및 보조위탁과 구별하는 것이 타당하므로 대행을 위탁의 독자적인 유형으로 분류하는 것이 타당하다. 이에 반하여 권한의 대행을 독자적인 유형으로 분류하지 않는 견해에서는 위탁을 협의의 위탁과 보조위탁으로 2분하고, 권한의 대행에 해당하는 경우를 '독립적인 행정보조자'로 분류하는 견해도 있다.

1. 협의의 위탁

협의의 위탁이란 **행정기관의 권한이** 위탁에 의해 독립적 지위에 있는 공공단체 또는 사인 등에게 **법적으로 이전되는 경우**를 말한다. 협의의 위탁의 경우 행정권한이 독립된 법주체인 공무수탁자에게 법적으로 이전되는 것이므로 공무수탁자는 자율적으로 의사를 결정하여 자신의 이름으로 행정권한을 행사할 수 있고, 그 행정권 행사의 법적 효과는 공무수탁자에게 귀속된다.

협의의 위탁의 경우에 위탁기관의 공무수탁자에 대한 감독은 원칙상(이론상) 적법성 통제에 한정되는 것으로 보는 것이 타당하며 위탁기관의 포괄적이고 후견적인 지휘·감독은 인정되지 않는 것으로 보는 것이 타당하다.

「행정권한의 위임 및 위탁에 관한 규정」 제14조 제 1 항은 "위탁기관은 민간위탁사무의 처리에 대하여 민간수탁기관을 지휘·감독하며, 필요하다고 인정될 때에는 민간수탁기관에 민간위탁사무에 관하여 필요한 지시를 하거나 조치를 명할 수 있다"라고 규정하고 있어 문언대로 해석하면 협의의 위탁의 경우에도 위탁기관이 민간수탁기관에 대해 일반적인 지휘·감독권을 갖는 것으로 볼 수도 있다. 그러나 협의의 위탁의 경우 권한이 법적으로 이전되며 협의의 위탁의 취지가 독립된 법주체로 하여금 자율적으로 행정권한을 행사하도록 하는 것이므로 「행정권한의 위임 및 위탁에 관한 규정」 제14조 제 1 항을 협의의 위탁에 문언대로 적용하는 것에는 문제가 있다.

2. 권한의 대행(대행위탁)

행정권한의 대행이란 위탁에 의해 공무수탁자에게 행정권 행사를 사실상 독립적으로 행하는 권한이 주어지지만, 위탁기관의 권한이 법적으로는 이전되지 않는 경우를 말한다(예 자동차등록의 대행, 자동차검사의 대행).

권한의 대행은 권한의 대리와 유사한 것으로 볼 수 있다.

권한의 대행에서는 권한의 행사가 사실상 대행기관으로 이전되지만, 법상의 처분권이 이전되는 것이 아닌 점에서 협의의 위탁과 구별된다. 권한의 위탁의 경우에는 수탁자가 자신의 이름으로 권한을 행사하고, 그 권한행사의 효과는 수탁자에게 귀속된다. 이에 반하여 권한의 대행에 있어서 대행기관은 자신의 이름으로 권한을 행사하지만, 대행의 법적 효과는 피대행기관이 속한 행정주체에 귀속된다.

도로교통법은 경찰서장 또는 시장 등은 제35조에 따라 견인하도록 한 차의 견인·보관 및 반환 업무의 전부 또는 일부를 그에 필요한 인력·시설·장비 등 자격요건을 갖춘 법인·단체 또는 개인으로 하여금 대행하게 할 수 있다고 규정하고 있다(제36조 제 1 항).

3. 보조위탁

보조위탁이란 위탁에 의해 행정기관의 권한이 수탁자에게 이전되지 않고, 수탁자는 위탁기관의 행성보조자로서 활동하는 경우를 말한다. 보조수탁자는 권한행사를 독립적으로 할 수 없고, 위탁기관의 지시를 받아 권한을 행사한다. 보조수탁자는 위탁기관을 보조하는 지위를 가지며 위탁기관의 도구에 불과하다. 보조위탁의 경우 행정권 행사의 법적 효과는 위탁기관이 속한 행정주체에 귀속되며 공무수탁자는 행정권한의 상대방 및 제 3 자와의 관계에서 권리의무의 주체가 되지 못한다.

보조위탁은 권한의 이전을 수반하지 않으므로 법률의 근거 없이도 가능하다.

Ⅳ. 민간위탁의 한계

헌법상 행정권이 행정부 및 지방자치단체에 부여되고 있는 점에 비추어 경찰권 등 행정권 중 공권력적 성격이 강한 핵심적인 권한은 민간(공공단체 또는 사인)에 위탁될 수 없다고 보아야 한다.

제4장 경찰행정기관 상호간의 관계

제1절 상하 경찰행정관청간의 관계

상급관청은 하급관청 또는 보조기관(이하 '하급기관'이라 한다)을 지휘·감독하는 관계에 있다. 상급관청의 지휘·감독권의 내용으로는 감시권, 지휘권(훈령권), 인가·승인권, 취소·정지권, 권한쟁의결정권 등이 있다.

Ⅰ. 감 시 권

상급관청은 하급기관의 업무처리에 관하여 조사할 수 있다. 상급관청은 하급기관의 업무처리상황을 파악하기 위하여 보고를 받고, 서류·장부를 검사하고, 사무감사를 행할 수 있다. 감시권의 발동에는 개별적인 법적 근거를 요하지 않으나 관계법령(「행정업무의 효율적 운영에 관한 규정」, 행정감사규정)의 구속을 받는다.

Ⅱ. 훈 령 권

1. 훈령의 의의

훈령이란 상급관청이 하급기관의 권한행사를 지휘하기 위하여 발하는 명령을 말한다. 훈령은 개별적·구체적 처분에 대하여 발령되기도 하고, 동종의 처분에 대하여 일반적·추상적 규범의 형식으로 발령되기도 한다.

훈령은 직무명령과 다음과 같이 구별된다. ① 훈령은 상급청이 하급기관에 대하여 그 소관사무에 관하여 발하는 명령인 반면에 **직무명령**은 상관이 부하인 공무원 개인에 대하여 그 직무에 관하여 발하는 명령이다. ② 훈령은 행정기관에 대하여 발령된 것이기 때문에 행정기관을 구성하는 공무원이 변경된 경우에도 계속 효력을 갖지만, 직무명령은 직무명령을 받은 공무원 개인에 대하여서만 효력을 갖기 때문에 공무원이 그 지위에서 물러나면 효력을 상실한다. ③ 훈령은 하급기관의 소관사무에 관한 권한행사를 대상으로 하는 반면에 직무명령은 공무원의 직무를 대상으로 한다. 따라서 직무명령은 공무원의 소관사무에 관한 권한행사뿐만 아니라 공무원의 직무수행과 관련한 활동도 대상으로 한다. ④ 이와 같이 훈령과 직무명령은 구별되지만, 훈령은 하급기관을 구성하는 공무원에 대하여는 동시에 직무명령으로서의 성질도 갖는다.

2. 훈령의 근거

상급기관의 훈령권은 특별한 법적 근거를 요하지 아니하고 감독권의 당연한 결과로서 인정된다.

3. 훈령의 종류

훈령에는 행정규칙의 성질을 갖는 것도 있고 그렇지 않은 것도 있다. 훈령 중 동종의 처분에 대하여 일반적·추상적 규범의 형식으로 발령되는 것은 행정규칙이라고 할 수 있다.

4. 훈령의 요건

훈령은 다음과 같은 형식적·실질적 요건을 갖추어야 적법한 훈령이 된다.

(1) 형식적 요건

① 훈령권이 있는 상급관청이 발령하여야 한다.

② 하급기관의 권한에 속하는 사항에 대하여 발령하여야 한다.

③ 권한행사의 독립성이 보장되는 하급관청에 대한 것이 아니어야 한다.

(2) 실질적 요건

① 적법·타당한 것이어야 한다.

② 가능하고 명백한 것이어야 한다.

5. 훈령의 형식·절차

훈령은 문서 또는 구술로 발할 수 있다.

관보규정은 일정한 훈령을 관보에 게재하도록 하고 있으나, 관보에의 게재나 공표는 훈령의 효력요건은 아니다.

6. 훈령의 성질 및 구속력

(1) 훈령의 성질과 대내적 구속력

훈령은 하급기관에 대한 지시 또는 명령의 성질을 가지며 하급기관은 훈령에 구속된다. 훈령 위반은 명령복종의무 위반이 되므로 훈령 위반자는 징계의 대상이 된다.

(2) 훈령의 대외적 구속력

훈령은 대내적 구속력은 있으나 원칙상 대외적 구속력은 없다. 따라서 훈령에 위반하여 행한 행위가 훈령에 위반하였다는 사실만으로 위법하게 되지 않는다.

훈령 중 일반적이고 추상적인 규범의 형식을 취하는 것은 행정규칙의 성질을 가지며 행정규칙의 유형(해석규칙, 재량준칙 등)에 따른 구속력을 갖는다.

훈령이 대외적 구속력이 있는 행정규칙인 경우 해당 훈령에 위반한 행위는 위법한 행위가 된다.

7. 훈령의 경합

둘 이상의 상급관청의 훈령이 상호 모순되는 경우에 하급기관은 주관상급관청의 훈령을 따라야 한다. 주관상급관청이 불명확한 경우에는 주관쟁의결정의 방법에 의해 해결하여야 한다.

상호 모순되는 훈령을 발한 상급관청이 서로 상하의 관계에 있는 경우에는 행정조직의 계층적 질서를 보장하기 위하여 직근(直近) 상급관청의 훈령에 따라야 한다.

Ⅲ. 승인권(인가권)

1. 의 의

행정청이 일정한 권한행사를 하는 경우에 상급관청 또는 감독관청의 승인을 받도록 하고 있는 경우가 있다. 이 승인은 사전적인 감독수단의 하나이다.

2. 승인요건 결여의 효력

법령에 의해 하급관청이 어떠한 행위를 하기 전에 승인을 받도록 규정되어 있는 경우에 승인을 받지 않고 행위를 하면 해당 행위는 위법·무효가 된다. 그러나 승인이 법령에 근거한 것이 아닌 때에는 승인을 받지 않고 행한 행위는 위법·무효가 되지 않는다.

3. 승인받은 행위의 효력

승인을 받은 행위가 하자가 있는 경우에는 승인이 있다 하더라도 그 하자가 치유되는 것은 아니며 그 행위는 무효가 되거나 또는 취소될 수 있다.

4. 승인의 성질

승인은 행정조직법상의 내부행위이며 행정행위인 인가와는 성질이 다르다. 따라서 승인이 거부되었다고 하더라도 승인을 받지 못한 하급관청은 승인의 거부에 대해 항고소송을 제기할 수 없다.

Ⅳ. 주관쟁의결정권

상급행정청은 하급행정청 상호간에 권한에 관한 다툼이 있을 때에 권한 있는 기관을 결정하는 권한을 갖는다. 이 권한을 **주관쟁의결정권**이라 한다.

행정청 사이의 권한쟁의는 행정조직 내부의 문제이므로 원칙상 소송의 대상이 되지 않는다. 행정청간에 권한에 관한 다툼이 있는 경우에는 해당 행정청을 공통으로 감독하는 상급행정청이 그 관할을 결정하며, 공통으로 감독하는 상급행정청이 없는 경우에는 각 상급행정청의 협의로 그 관할을 결정한다(행정절차법 제6조). 공통의 상급관청 사이에 협의가 이루어지지 않을 때에는 최종적으로는 행정각부간의 주관쟁의가 되어 국무회의의 심의를 거쳐 대통령이 결정한다(헌법 제89조 제10호).

주관쟁의를 결정할 상급기관이 없는 경우 중 일정한 경우에는 기관소송 또는 권한쟁의심판에 의해 해결된다.

Ⅴ. 취소·정지권

상급행정청은 법적 근거가 없는 경우에도 지휘·감독권에 근거하여 하급행정청의 위법 또는 부당한 행위를 취소 또는 정지할 수 있는가에 관하여 이를 긍정하는 적극설과 이를 부정하는 소극설이 대립하고 있는데, 권한법정주의의 원칙상 소극설이 타당하다.

Ⅵ. 대집행권

명문의 규정이 없는 한 상급행정청에게 하급행정청의 권한을 대집행할 권한은 없다.

제 2 절 대등행정관청간의 관계

Ⅰ. 권한의 상호 존중

대등한 행정청은 서로 다른 행정청의 권한을 존중하여야 하며 그를 침범하여서는 아니 된다. 권한존중의 원칙은 행정법상 법의 일반원칙이라고 할 수 있다.

행정청의 행위는 권한존중의 원칙에 근거하여 무효가 아닌 한 구성요건적 효력(또는 공정력)을 가지므로 다른 행정청은 이에 구속된다.

Ⅱ. 상호 협력관계

행정절차법은 행정청 상호간의 협조의무를 규정하고 있고(행정절차법 제 7 조), 대통령령인 「행정효율과 협업 촉진에 관한 규정」은 제41조 이하에서 행정협업의 촉진에 관한 사항을 규정하고 있다.

1. 협의 · 동의 · 공동결정

행정청의 사무가 다른 행정청의 사무 또는 권한과 관련이 있는 경우 관계행정청 사이에 협력이 필요하다. 관계행정청 사이의 협력은 크게 협의·동의·공동결정의 세 방식으로 나눌 수 있다.

(1) 협 의

관계기관의 협의의견은 원칙상 주무행정청을 구속하지 않는다.

판례는 법에 정해진 협의를 거치지 않은 처분을 원칙상 취소할 수 있는 행위로 본다. 협의절차가 법령에 의해 정해진 것이 아닌 경우에는 협의절차를 이행하지 않고 처분을 하여도 그것만으로 그 처분이 위법하다고 할 수 없다.

[판례] 1. 구 택지개발촉진법 제 3 조에서 건설부장관이 **택지개발예정지구**를 **지정**함에 있어 미리 **관계중앙행정기관의 장과 협의**를 하라고 규정한 의미는 그의 **자문을 구하라는 것**이지 그 의견을 따라 처분을 하라는 의미는 아니라 할 것이므로 이러한 **협의를 거치지 아니하였다고 하더라도** 이는 위 지정처분을 **취소할 수 있는 원인이 되는 하자** 정도에 불과하고 위 지정처분이 당연무효가 되는 하자에 해당하는 것은 아니다(대판 2000. 10. 13, 99두653).
2. 환경영향평가에 대한 환경부장관의 협의의견의 승인기관의 장에 대한 구속력을 부인한 사례(대판 2001. 7. 27, 99두2970).

그러나 예외적으로 협의가 동의의 성질을 갖는 경우에는 그 협의(동의 또는 부동의)의견은 법적 구속력을 갖고, 그 협의(동의)절차를 거치지 않거나 협의(동의 또는 부동의)의견에 반하는 처분은 무권한의 위법으로 원칙상 무효가 된다.

[판례] 1. 건설공사시 문화재보존의 영향 검토에 관한 문화재보호법 제74조 제 2 항 및 같은 법 시행령 제43조의2 제 1 항에서 정한 '**문화재청장과 협의**'가 '**문화재청장의 동의**'를 말한다고 한 사례(대판 2006. 3. 10, 2004추119).
2. 군사기지 및 군사시설 보호구역내에서의 건축 및 토지형질의 변경에 대한 **국방부장관 및 관할부대장의 협의를 동의로 본 사례**(대판 1995. 3. 10, 94누12739; 대판 2020. 7. 9, 2017두39785).

(2) 동 의 [2006 행시 사례]

주무행정청은 업무처리에 관한 결정을 함에 있어 동의기관의 동의를 받아야 한다(예 건축허가는 시장·군수가 권한을 갖지만 소방서장의 동의를 얻어야 함).

처분청은 동의기관의 동의의견 또는 부동의의견에 구속된다.

동의를 받아야 함에도 불구하고 동의 없이 한 처분은 무권한의 하자로 원칙상 무효로 보아야 한다.

동의기관의 부동의는 내부행위로 처분이 아니므로 그 자체를 다투는 항고소송을 제기할 수 없고, 처분청이 동의기관의 부동의의견을 이유로 거부처분을 한 경우에 그 거부처분의 취소를 구하면서 처분사유가 된 부동의를 다투어야 한다(대판 2004. 10. 15, 2003두6573: 건축불허가처분을 받은 사람은 그 건축불허가처분에 관한 쟁송에서 건축법상의 건축불허가 사유뿐만 아니라 소방서장의 부동의 사유에 관하여도 다툴 수 있다).

(3) 공동결정

행정업무가 둘 이상의 행정청의 권한과 관련되어 있고 관계행정청 모두 주된 지위에 있으며 동일하게 업무와 깊은 관계가 있는 경우에는 모든 관계행정청이 주무행정청이 되며 이 경우에 업무처리는 공동의 결정에 의해 공동의 명의로 하게 된다.

2. 사무위탁(촉탁)

행정청이 사무를 스스로 처리하지 않고 그의 지휘·감독하에 있지 아니하고 대등한 지위에 있는 다른 행정청에 맡기고자 하는 경우에 앞에서 말한 사무위탁의 방식에 의해 다른 행정청의 협력을 받을 수 있다. 사무위탁 중에서 등기·소송에 관한 사무의 이양을 **촉탁**이라 한다.

3. 행정응원

대등한 행정청 상호간의 협력의 요청과 이에 따른 협력의 제공을 **행정응원**이라 한다.

행정응원요청에는 법적 근거가 필요 없다. **행정절차법 제 8 조는 행정응원**에 관한 **일반적 규정**을 두고 있다.

비상시의 행정응원으로 「경찰직무 응원법」에 따른 경찰응원이나 소방기본법에 따른 소방응원(법 제11조)을 들 수 있다.

제 3 절 국가경찰기관과 자치경찰기관간의 관계

Ⅰ. 감독관계

국가경찰기관과 자치경찰기관은 상호 대등한 관계이다. 그러나 경찰작용의 통일성과 효율성을 위해 필요한 경우(비상사태시)에는 국가경찰이 자치경찰에 대한 지휘·명령을 행사할 수 있다. 즉 경찰청장은 다음 각 호(1. 전시·사변, 천재지변, 그 밖에 이에 준하는 국가 비상사태, 대규모의 테러 또는 소요사태가 발생하였거나 발생할 우려가 있어 전국적인 치안유지를 위하여 긴급한 조치가 필요하다고 인정할 만한 충분한 사유가 있는 경우, 2. 국민안전에 중대한 영향을 미치는 사안에 대하여 다수의 시·도에 동일하게 적용되는 치안정책을 시행할 필요가 있다고 인정할 만한 충분한 사유가 있는 경우, 3. 자치경찰사무와 관련하여 해당 시·도의 경찰력으로는 국민의 생명·신체·재산의 보호 및 공공의 안녕과 질서유지가 어려워 경찰청장의 지원·조정이 필요하다고 인정할 만한 충분한 사유가 있는 경우)의 경우에는 제 2 항에 따라 자치경찰사무를 수행하는 경찰공무원(제주특별자치도의 자치경찰공무원을 포함한다)을 직접 지휘·명령할 수 있다(경찰법 제32조 제 1 항). 경찰청장은 제 1 항에 따른 조치가 필요한 경우에는 시·도자치경찰위원회에 자치경찰사무를 담당하는 경찰공무원을 직접 지휘·명령하려는 사유 및 내용 등을 구체적으로 제시하여 통보하여야 한다(제 2 항). 제 2 항에 따른 통보를 받은 시·도자치경찰위원회는 정당한 사유가 없으면 즉시 자치경찰사무를 담당하는 경찰공무원에게 경찰청장의 지휘·명령을 받을 것을 명하여야 하며, 제 1 항에 규정된 사유에 해당하지 아니한다고 인정하면 시·도자치경찰위원회의 의결을 거쳐 경찰청장에게 그 지휘·명령의 중단을 요청할 수 있다(제 3 항). 경찰청장이 제 1 항에 따라 지휘·명령을 하는 경우에는 국가경찰위원회에 즉시 보고하여야 한다. 다만, 제 1 항 제 3 호의 경우에는 미리 국가경찰위원회의 의결을 거쳐야 하며 긴급한 경우에는 우선 조치 후 지체 없이 국가경찰위원회의 의결을 거쳐야 한다(제 4 항). 제 4 항에 따라 보고를 받은 국가경찰위원회는 제 1 항에 규정된 사유에 해당하지 아니한다고 인정하면 그 지휘·명령을 중단할 것을 의결하여 경찰청장에게 통보할 수 있다(제 5 항). 경찰청장은 제 1 항에 따라 지휘·명령할 수 있는 사유가 해소된 때에는 경찰공무원에 대한 지휘·명령을 즉시 중단하여야 한다(제 6 항). 시·도자치경찰위원회는 제 1 항 제 3 호에 해당하는 경우 의결로 지원·조정의 범위·기간 등을 정하여 경찰청장에게 지원· 조정을 요청할 수 있다(제 7 항). 경찰청장은 제주특별자치도경찰청의 관할구역에서 제 1 항의 지휘·명령권을 제주특별자치도경찰청장에게 위임할 수 있다(제 8 항).

Ⅱ. 협력관계

1. 국가경찰과의 협약체결

제90조에도 불구하고 같은 조 제 1 호부터 제 3 호까지의 사무를 처리할 때 국가경찰과 자치경찰 간의 사무분담과 사무수행방법은 도지사와 제주자치도경찰청장이 협약으로 정하여 공표하여야 한다. 이 경우 도지사는 미리 자치경찰위원회의 의견을 들어야 한다(제주특별법 제91조 제 1 항). 제 1 항에 따라 협약을 체결할 때 협약당사자가 의견을 달리하여 협약이 체결되지 아니하는 경우에는 협약당사자의 신청으로 「국가경찰과 자치경찰의 조직 및 운영에 관한 법률」 제 7 조에 따른 국가경찰위원회(이하 "국가경찰위원회"라 한다)의 심의·의결을 거쳐 행정안전부장관이 조정한다. 다만, 협약이 체결되지 아니하는 상태가 지속되어 공익을 현저히 저해하여 조속한 조정이 필요하다고 인정되는 경우에는 협약당사자가 신청하지 아니하였을 때에도 국가경찰위원회의 심의·의결을 거쳐 행정안전부장관이 조정할 수 있다(제 2 항). 제 2 항에 따라 행정안전부장관이 협약의 체결을 조정하였을 때에는 서면으로 지체 없이 협약당사자에게 통보하여야 하며, 통보를 받은 협약당사자는 그 내용을 협약에 포함시켜야 한다. 제 1 항에 따른 국가경찰과 자치경찰 간의 사무분담과 사무수행의 방법에 관한 기준 및 협약의 공표에 필요한 사항은 도조례로 정

한다. 이 경우 제주자치도경찰청장의 의견을 들어야 한다(제 4 항).

2. 국가경찰과 자치경찰의 상호 협조

국가경찰과 자치경찰은 치안행정의 연계성을 확보하고 지역특성에 맞는 치안서비스를 제공하기 위하여 자치경찰사무의 범위 안에서 필요한 정보와 기술을 제공하는 등 협조하여야 한다(제주특별법 제100조 제 1 항). 국가경찰과 자치경찰은 직무수행에 필요한 범위에서 유·무선의 통신망과 시설물을 함께 이용할 수 있다(제 2 항). 도지사와 제주자치도경찰청장은 경찰인력 및 장비 등의 효율적인 운영을 위하여 경찰인력 및 장비 등의 운영상황과 계획을 서로 통보하여야 한다. 이 경우 통보절차 및 방법 등에 관한 사항은 도조례로 정하되, 제주자치도경찰청장의 의견을 들어야 한다(제 3 항).

3. 국가경찰공무원과 자치경찰공무원 간의 인사교류 등

경찰청장과 도지사는 자치경찰공무원의 능력을 발전시키고 국가경찰사무와 자치경찰사무의 연계성을 높이기 위하여 국가경찰과 자치경찰 간 또는 다른 지방자치단체의 자치경찰 상호간에 긴밀한 인사교류가 될 수 있도록 노력하여야 한다(제주특별법 제111조 제 1 항). 도지사는 제 1 항에 따른 인사교류를 하는 경우 매년 소속 자치경찰공무원 정원의 100분의 5 범위에서 국가경찰 또는 소속을 달리하는 자치경찰조직에 근무할 수 있도록 해당 임용권자와 협의를 거쳐야 한다(제 2 항). 인사교류의 기준·방법 및 절차 등에 관하여 필요한 사항은 도조례로 정한다. 이 경우 제주자치도경찰청장의 의견을 들어야 한다(제 3 항).

제5장 경찰공무원

제1절 경찰공무원의 의의와 종류

Ⅰ. 경찰공무원의 의의

경찰공무원이란 국가공무원법, 지방공무원법, 경찰공무원법 및 제주특별법의 적용을 받는 공무원으로 국민의 자유와 권리의 보호 및 사회공공의 안녕과 질서유지를 목적으로 하는 공무원을 말한다.

Ⅱ. 경찰공무원의 종류

경찰공무원에는 국가공무원인 국가경찰공무원과 자치경찰공무원이 있다.

국가경찰공무원은 국가에 의해 임명되며 특정직 공무원으로 분류되고 있다.

자치경찰사무를 수행하는 경찰공무원의 신분은 국가공무원 신분을 그대로 유지하며, 임용권도 국가(경찰청장)에게 있다. 다만, 시·도자치경찰위원회의 지휘·감독권 보장을 위해 경찰청장의 일부 임용권을 시·도지사와 시·도자치경찰위원회에 위임하고 있다.

제주특별자치도 자치경찰공무원은 제주특별자치도지사에 의해 임명된다.

Ⅲ. 경찰공무원의 계급

국가경찰공무원의 계급은 치안총감, 치안정감, 치안감, 경무관, 총경, 경정, 경감, 경위, 경사, 경장, 순경으로 구분한다(경찰법 제23조 제1항, 경찰공무원법 제2조). 제주특별자치도 자치경찰공무원의 계급은 자치경무관, 자치총경, 자치경정, 자치경감, 자치경위, 자치경사, 자치경장, 자치순경으로 구분한다(제주특별법 제106조).

제 2 절 경찰공무원관계의 변동

Ⅰ. 개 설

경찰공무원관계의 변동이란 경찰공무원관계의 발생, 변경, 소멸을 말하는데, 경찰공무원관계를 발생, 변경, 소멸시키는 행위를 통틀어 임용이라 한다.

임용이란 경찰공무원관계를 발생시키는 임명행위 등 신규채용행위, 경찰공무원관계를 변경시키는 승진 · 전직 · 전보 · 겸임 · 파견 · 강임 · 휴직 · 직위해제 · 정직 · 복직 등 경찰공무원관계를 소멸시키는 면직 · 해임 및 파면 등을 말한다(경찰공무원법 제 2 조 제 1 호 참조).

Ⅱ. 경찰공무원관계의 발생

1. 임명행위

통설은 임명행위를 공무원이 되고자 하는 자의 신청이나 동의를 요하는 행정행위(쌍방적 행정행위)로 본다.

임명행위는 쌍방적 행정행위이므로 당사자의 신청이나 동의가 결여된 임명행위는 당연무효라고 보아야 한다.

2. 임용권자

① 총경 이상 경찰공무원은 경찰청장 또는 해양경찰청장의 추천을 받아 행정안전부장관 또는 해양수산부장관의 제청으로 국무총리를 거쳐 대통령이 임용한다. 다만, 총경의 전보, 휴직, 직위해제, 강등, 정직 및 복직은 경찰청장 또는 해양경찰청장이 한다(경찰공무원법 제 7 조 제 1 항).

② 경정 이하의 경찰공무원은 경찰청장 또는 해양경찰청장이 임용한다. 다만, 경정으로의 신규채용, 승진임용 및 면직은 경찰청장 또는 해양경찰청장의 제청으로 국무총리를 거쳐 대통령이 한다(경찰공무원법 제 7 조 제 2 항).

③ 경찰청장은 대통령령으로 정하는 바에 따라 경찰공무원의 임용에 관한 권한의 일부를 시 · 도지사나, 시 · 도경찰청장에게 위임할 수 있다(경찰공무원법 제 7 조 제 3 항).

④ 해양경찰청장은 대통령령으로 정하는 바에 따라 경찰공무원의 임용에 관

한 권한의 일부를 소속 기관의 장, 지방해양경찰관서의 장에게 위임할 수 있다(경찰공무원법 제 7 조 제 4 항).

⑤ 경찰청장, 해양경찰청장 또는 제 3 항 및 제 4 항에 따라 임용권을 위임받은 자는 행정안전부령 또는 해양수산부령으로 정하는 바에 따라 소속 경찰공무원의 인사기록을 작성·보관하여야 한다(경찰공무원법 제 7 조 제 5 항).

「경찰법」 제24조 제 1 항 제 3 호는 시·도자치경찰위원회의 소관사무로 "자치경찰사무 담당 공무원의 임용"을 규정하고 있다. 「경찰법」 제 7 조 제 3 항은 "경찰청장은 대통령령으로 정하는 바에 따라 경찰공무원의 임용에 관한 권한의 일부를 특별시장·광역시장·도지사·특별자치시장 또는 특별자치도시자(이하 "시·도지사"라 한다), 국가수사본부장, 소속 기관의 장, 시·도경찰청장에게 위임할 수 있다. 이 경우 시·도지사는 위임받은 권한의 일부를 대통령령으로 정하는 바에 따라 「경찰법」 제18조에 따른 시·도자치경찰위원회, 시·도경찰청장에게 다시 위임할 수 있다."라고 규정하고 있다.

한편 「경찰공무원임용령」 제 4 조 제 1 항은 "경찰청장은 법 제 7 조 제 3 항 전단에 따라 특별시장·광역시장·특별자치시장·도지사 또는 특별자치도지사(이하 "시·도지사"라 한다)에게 해당 특별시·광역시·특별자치시·도 또는 특별자치도(이하 "시·도"라 한다)의 자치경찰사무를 담당하는 경찰공무원[「경찰법」 제18조 제 1 항에 따른 시·도자치경찰위원회(이하 "시·도자치경찰위원회"라 한다), 시·도경찰청 및 경찰서(지구대 및 파출소는 제외한다)에서 근무하는 경찰공무원을 말한다] 중 경정의 전보·파견·휴직·직위해제 및 복직에 관한 권한과 경감 이하의 임용권(신규채용 및 면직에 관한 권한은 제외한다)을 위임한다."고 규정하고 있다.

「경찰공무원임용령」 제 4 조 제 4 항은 "제 1 항에 따라 임용권을 위임받은 시·도지사는 「경찰법」 제 7 조 제 3 항 후단에 따라 경감 또는 경위로의 승진임용에 관한 권한을 제외한 임용권을 시·도자치경찰위원회에 다시 위임한다."라고 규정하고 있으며, 「경찰공무원임용령」 제 4 조 제 5 항은 "제 4 항에 따라 임용권을 위임받은 시·도자치경찰위원회는 시·도지사와 시·도경찰청장의 의견을 들어 그 권한의 일부를 시·도경찰청장에게 다시 위임할 수 있다."라고 규정하고 있다. 「경찰공무원임용령」 제 4 조 제 8 항은 "시·도자치경찰위원회는 임용권을 행사하는 경우에는 시·도경찰청장의 추천을 받아야 한다."라고 규정하고 있고, 「경찰공무원임용령」 제 4 조 제 9 항은 "시·도경찰청장 및 경찰서장은 지구대장 및 파출소장을 보직하는 경우에는 시·도자치경찰위원회의 의견을 사전에 들어야 한다."라고 규정하고 있다.

한편 제주특별자치도 자치경찰공무원은 제주특별자치도지사가 임명한다(제주특별법 제107조).

3. 인사위원회

경찰공무원의 인사에 관한 중요사항에 대하여 경찰청장 또는 해양경찰청장의 자문에 응하게 하기 위하여 경찰청과 해양경찰청에 경찰공무원인사위원회를 둔다(경찰공무원법 제 5 조 제 1 항).

한편 제주특별자치도 자치경찰공무원에 대해서는 자치경찰공무원인사위원회가 심의·의결한다(제주특별법 제108조 제 1 항).

4. 임명의 요건

경찰공무원으로 임명되기 위해서는 일정한 능력요건과 성적요건을 갖추어야 한다. 그리고 결격사유에 해당하는 자는 공무원으로 임명될 수 없다.

(1) 결격사유

경찰공무원의 결격사유는 경찰공무원으로 임용되기 위한 절대적·소극적 요건이다.

다음의 결격사유에 해당하는 사람은 경찰공무원으로 임용될 수 없다(경찰공무원법 제 8 조 제 2 항): ① 대한민국 국적을 가지지 아니한 사람(제 1 호), ② 국적법 제11조의2 제 1 항에 다른 복수국적자(제 2 호), ③ 피성년후견인 또는 피한정후견인(제 3 호), ④ 파산선고를 받고 복권되지 아니한 사람(제 4 호), ⑤ 자격정지 이상의 형(刑)을 선고받은 사람(제 5 호), ⑥ 자격정지 이상의 형의 선고유예를 선고받고 그 유예기간 중에 있는 사람(제 6 호), ⑦ 공무원으로 재직기간 중 직무와 관련하여 「형법」 제355조 및 제356조에 규정된 죄를 범한 자로서 300만원 이상의 벌금형을 선고받고 그 형이 확정된 후 2년이 지나지 아니한 사람(제 7 호), ⑧ 다음 각 목(가. 「성폭력범죄의 처벌 등에 관한 특례법」 제 2 조에 따른 성폭력범죄, 나. 「정보통신망 이용촉진 및 정보보호 등에 관한 법률」 제74조 제 1 항 제 2 호 및 제 3 호에 따른 죄, 다. 「스토킹범죄의 처벌 등에 관한 법률」 제 2 조 제 2 호에 따른 스토킹범죄)의 어느 하나에 해당하는 죄를 범한 사람으로서 100만원 이상의 벌금형을 선고받고 그 형이 확정된 후 3년이 지나지 아니한 사람(제 8 호), ⑨ 미성년자에 대한 다음 각 목(가. 「성폭력범죄의 처벌 등에 관한 특례법」 제 2 조에 따른 성폭력범죄, 나. 「아동·청소년의 성보호에 관한 법률」 제 2 조 제 2 호에 따른 아동·청소년대상 성범죄)의 어느 하나에 해당하는 죄를 저질러 형 또는 치료감호가 확정된 사람(집행유예를 선고받은 후 그 집행유예기간이 경과한 사람을 포함한다)(제 9 호), ⑩ 징계에 의하여 파면 또는 해임처분을 받은 사람(제10호).

재직 중에 위의 결격사유에 해당하게 되면 당연퇴직사유가 된다(국가공무원법 제69조).

(2) 능력요건

경찰공무원은 신체 및 사상이 건전하고, 품행이 방정(方正)한 사람 중에서 임용한다(경찰공무원법 제 7 조 제 1 항).

(3) 성적요건

경정 및 순경의 신규채용은 공개경쟁시험으로 한다(경찰공무원법 제10조 제 1 항).

경위의 신규채용은 경찰대학을 졸업한 사람 및 대통령령으로 정하는 자격을 갖추고 공개경쟁시험으로 선발된 사람(이하 "경위공개채용시험합격자"라 한다)으로서 교육훈련을 마치고 정하여진 시험에 합격한 사람 중에서 한다(법 제10조 제 2 항).

다음에 해당하는 경우에는 경력 등 응시요건을 정하여 같은 사유에 해당하는 다수인을 대상으로 경쟁의 방법으로 채용하는 시험(이하 "경력경쟁채용시험"이라 한다)으로 경찰공무원을 신규채용할 수 있다. 다만, 다수인을 대상으로 시험을 실시하는 것이 적당하지 아니하여 대통령령으로 정하는 경우에는 다수인을 대상으로 하지 아니한 시험으로 경찰공무원을 채용할 수 있다(법 제10조 제 3 항).

① 「국가공무원법」 제70조 제 1 항 제 3 호의 사유로 퇴직하거나 같은 법 제71조 제 1 항 제 1 호의 휴직 기간 만료로 퇴직한 경찰공무원을 퇴직한 날부터 3년(「공무원 재해보상법」에 따른 공무상 부상 또는 질병으로 인한 휴직의 경우에는 5년) 이내에 퇴직 시에 재직한 계급의 경찰공무원으로 재임용하는 경우(제 1 호), ② 공개경쟁시험으로 임용하는 것이 부적당한 경우에 임용예정 직무에 관련된 자격증 소지자를 임용하는 경우(제 2 호), ③ 임용예정직에 상응하는 근무실적 또는 연구실적이 있거나 전문지식을 가진 사람을 임용하는 경우(제 3 호), ④ 「국가공무원법」에 따른 5급 공무원의 공개경쟁채용시험이나 「사법시험법」에 따른 사법시험에 합격한 사람을 경정 이하의 경찰공무원으로 임용하는 경우(제 4 호), ⑤ 섬, 외딴곳 등 특수지역에서 근무할 사람을 임용하는 경우(제 5 호), ⑥ 외국어에 능통한 사람을 임용하는 경우(제 6 호), ⑦ 제주특별자치도의 자치경찰공무원(이하 "자치경찰공무원"이라 한다)을 그 계급에 상응하는 경찰공무원으로 임용하는 경우(제 7 호).

(4) 부정행위자에 대한 제재

경찰청장 또는 해양경찰청장은 경찰공무원의 채용시험 또는 경찰간부후보생 공개경쟁선발시험에서 부정행위를 한 응시자에 대하여는 해당 시험을 정지 또는 무효로 하고, 그 처분이 있은 날부터 5년간 시험응시자격을 정지한다(법 제11조).

(5) 채용후보자명부의 작성 및 채용

경찰청장 또는 해양경찰청장(제 7 조 제 3 항 및 제 4 항에 따라 임용권을 위임받은 자를 포함한다)은 신규채용시험에 합격한 사람(경찰대학을 졸업한 사람과 경위공개채용시험 합격자를 포함한다)을 대통령령으로 정하는 바에 따라 성적 순위에 따라 채용후보자 명부에 등재하여야 한다(법 제12조 제 1 항). 경찰공무원의 신규채용은 제 1 항에 따른 채용후보자 명부의 등재 순위에 따른다. 다만, 채용후보자가 경찰교육기관에서 신임교육을 받은 경우에는 그 교육성적 순위에 따른다(법 제12조 제 2 항). 임용권자는 경찰공무원의 결원을 보충할 때 채용후보자명부 또는 승진후보자명부에 등재된 후보자수가 결원수보다 적고, 인사행정운영상 특히 필요하다고 인정할 때에는 그 결원된 계급에 관하여 다른 임용권자가 작성한 자치경찰공무원의 신규임용후보자명부 또는 승진후보자명부를 해당 기관의 채용후보자명부 또는 승진후보자명부로 보아 해당 자치경찰공무원을 임용할 수 있다. 이 경우 임용권자는 그 자치경찰공무원의 임용권자와 협의하여야 한다(법 제12조 제 7 항).

(6) 경쟁시험합격자의 우선임용

결원을 보충함에 있어서 각 임용권자나 임용제청권자는 공개경쟁채용시험합격자와 공개경쟁승진시험합격자를 우선하여 임용하거나 임용제청하여야 한다(국가공무원법 제31조 제 1 항).

(7) 시보임용

경정 이하의 경찰공무원을 신규채용할 때에는 1년간 시보로 임용하고, 그 기간이 만료된 다음날에 정규경찰공무원으로 임용한다(경찰공무원법 제13조 제 1 항). 휴직기간·직위해제기간 및 징계에 의한 정직처분 또는 감봉처분을 받은 기간은 제 1 항에 따른 시보임용기간에 산입하지 아니한다(법 제13조 제 2 항). 시보임용기간 중에 있는 경찰공무원이 근무성적 또는 교육훈련성적이 불량할 때에는 「국가공무원법」 제68조 및 이 법 제28조에도 불구하고 면직시키거나 면직을 제청할 수 있다

(법 제13조 제 3 항).

다음에 해당하는 경우에는 시보임용을 거치지 아니한다(법 제13조 제 4 항):

① 경찰대학을 졸업한 사람 또는 경위공개채용시험합격자로서 정하여진 교육을 마친 사람을 경위로 임용하는 경우(제 1 호), ② 경찰공무원으로서 대통령령으로 정하는 상위계급으로의 승진에 필요한 자격요건을 갖추고 임용예정계급에 상응하는 공개경쟁채용시험에 합격한 사람을 해당 계급의 경찰공무원으로 임용하는 경우(제 2 호), ③ 퇴직한 경찰공무원으로서 퇴직 시에 재직하였던 계급의 채용시험에 합격한 사람을 재임용하는 경우(제 3 호), ④ 자치경찰공무원을 그 계급에 상응하는 경찰공무원으로 임용하는 경우(제 4 호).

5. 요건결여의 효과

(1) 결격사유의 효과

결격사유의 효과에 대해서는 무효설과 취소사유설이 있다. **무효설이 통설**이다.

판례는 다음과 같이 본다. ① 공무원임용결격사유가 있는지의 여부는 채용후보자 명부에 등록한 때가 아닌 **공무원관계가 설정되는 임용 당시에 시행되던 법률을 기준으로 판단하여야** 한다. ② **임용 당시 공무원임용결격사유가 있었다면** 비록 국가의 과실에 의하여 임용결격자임을 밝혀내지 못하였다 하더라도 **그 임용행위는 당연무효**로 보아야 한다(대판 1996. 2. 27, 95누9617: 원고는 경찰공무원으로 임용된 후 정년시까지 30년 3개월 동안 경찰공무원으로 근무하였다. 그런데 원고는 임용 당시 형의 선고를 받고 복권되기 이전이었다. 그러나 임용 후 70여 일만에 사면되어 형의 효력이 실효, 복권되었다. 그런데 1982.**경에 원고가 임용 당시 결격자였다는 사실이 밝혀졌다. 그럼에도 불구하고 서울특별시 경찰국장이 일반사면령 등의 공포로 현재 결격사유에 해당하지 아니한다는 이유로 원고의 당연퇴직은 불가하다는 조치를 내렸고, 그 후 원고는 정년퇴직시까지 계속 근무하였던 사례**이다〈퇴직급여청구반려처분취소〉).

다만, 결격사유가 있는 공무원에 대하여 경력을 고려하여 별도의 특별임용행위가 있었고 별도의 임용행위시에는 결격사유가 해소된 경우에는 별도의 임용행위는 결격사유가 있는 임용이 아니라 경력요건이 결여된 취소할 수 있는 행위라고 보고 있다(대판 1998. 10. 23, 98두12932〈공무원지위확인의 소〉).

생각건대, **결격사유 있는 자를 공무원으로 임용하는 행위는 원칙상 무효이지만,** 1996. 2. 27, 95누9617 사건에서 임용권자가 아닌 서울특별시 경찰국장이 일반사면령 등의 공포로 현재 결격사유에 해당하지 아니한다는 이유로 원고의 당연퇴직은 불가하다는 조치를 내렸던 것과 같이 결격사유가 치유된 것으로 믿을 만한 신뢰를 준 행정청의 적극적 행위가 있었던 경우 등 그 밖에 신뢰를 보호할 필요가 현저하고, 상당히 오랜 기간 정상적으로 근무하여 온 경우에는 신뢰보호 및 법적 안정성을 위하여 그때부터 공무원의 결격사유의 하자가 치유된다고 보는 것이 타당하다. 그러나 신뢰를 주는 행정청의 적극적인 조치가 없었던 경우에는 결격자인 공무원은 신뢰보호의 원칙을 주장할 수 없다고 보아야 한다.

(2) 능력요건 또는 성적요건의 결여

능력요건 또는 성적요건의 결여한 자에 대한 임명행위는 원칙상 취소할 수 있는 행위이며 취소도 원칙상 장래에 향하여 효력이 있는 것으로 보아야 한다. 다만, 당사자에게 귀책사유가 있을 때에는 소급하여 취소할 수 있다.

(3) 봉급의 반환 여부

결격사유가 있거나 능력요건을 결한 공무원이라도 사실상 근무를 한 것이므로 해당 공무원이 받은 봉급은 이미 제공된 노무에 대한 대가라고 볼 수 있고 그가 받은 봉급을 부당이득이라고 할 수는 없으므로 그 봉급을 반환할 의무는 없다고 보아야 한다.

(4) 퇴직금의 지급

판례는 공무원연금법이나 근로기준법에 의한 퇴직금청구권을 부인하였다(대판 1987. 4. 14, 86누459; 대판 1996. 2. 27, 95누9617〈퇴직급여청구반려처분취소〉).

그러나 연금은 공무원이 납부한 기여금(연금의 2분의 1)에 한하여는 봉급연불적(후불임금적) 성격이 있으므로 공무원이 납부한 기여금(연금의 2분의 1)은 지급하여야 하는 것으로 보는 것이 타당하다.

(5) 공무원의 행위의 효과

임용요건이 결여된 공무원이 사실상 공무원으로 보여지는 경우에는 해당 공무원의 행위는 사실상 공무원이론(事實上 公務員理論)에 의해 유효한 것으로 보아야 한다.

6. 채용계약

임기제공무원을 채용하는 계약은 공법상 계약이다. 행정의 사법상 근로자를 채용하는 계약은 사법상 계약이다.

7. 임명형식 및 효력발생시기

경찰공무원의 임명 등 임용은 통상 임용장 또는 임용통지서의 교부에 의해 행해진다. 그러나 임용행위는 요식행위는 아니며 임용장 또는 임용통지서의 교부는 임용의 유효요건은 아니다.

공무원은 임용장이나 임용통지서에 적힌 날짜에 임용된 것으로 보며, 임용일자를 소급해서는 아니된다(공무원임용령 제 6 조 제 1 항). 다만, 특수한 사정으로 말미암아 임용장에 적힌 날짜까지 임용장을 받지 못하였을 때에는 임용장을 실제 받은 날에 임용된 것으로 본다(「지방공무원 임용령」 제 5 조 제 1 항 단서).

Ⅲ. 경찰공무원관계의 변경

1. 의 의

경찰공무원관계의 변경이란 경찰공무원으로서의 신분은 유지하면서 경찰공무원관계의 내용을 변경하는 것을 말한다.

경찰공무원관계의 변경으로는 승진, 전직, 전보, 파견, 휴직, 정직, 직위해제, 강임, 감봉, 복직 등이 있다.

경찰공무원관계의 변경은 경찰공무원의 법적 지위에 변경을 가져오는 것과 그렇지 않은 것, 경찰공무원에게 이익이 되는 것과 경찰공무원에게 불이익이 되는 것, 징계처분인 것과 그렇지 않은 것 등으로 분류될 수 있다.

2. 승 진

(1) 승진의 의의

승진이란 하위직급에서 상위직급으로 임용되는 것을 말한다.

(2) 승진의 종류

1) 승진의 종류

승진의 종류에는 일반승진과 특별승진이 있다. **일반승진**이란 해당 직급에서 일정기간(승진소요연수) 이상을 근무한 자를 승진시키는 것을 말하고, **특별승진**이란 우수공무원 등에 대하여 승진소요연수와 승진후보자명부상의 순위에 의한 제한을 받지 않고 승진시키는 것을 말한다(공무원임용령 제35조의2).

경찰공무원법은 시험승진, 심사승진, 근속승진(법 제16조), 특별유공자특별승진(법 제19조)에 대해 규정하고 있다.

2) 시험승진

경찰공무원은 바로 아래 하위계급에 있는 경찰공무원 중에서 근무성적평정·경력평정, 그 밖의 능력을 실증하여 승진임용한다(경찰공무원법 제15조 제 1 항).

3) 심사승진

경무관 이하 계급으로의 승진은 승진심사에 의하여 한다. 다만, 경정 이하 계급으로의 승진은 대통령령으로 정하는 비율에 따라 승진시험과 승진심사를 병행할 수 있다(법 제15조 제 2 항).

4) 근속승진

경찰청장은 경찰공무원법 제15조 제 2 항에도 불구하고 해당 계급에서 일정기간 재직한 사람을 경장·경사·경위·경감으로 각각 근속승진임용할 수 있다(법 제16조 제 1 항). 경찰청장은 근속승진임용대상자의 요건을 정함에 있어 ① 순경을 경장으로 근속승진임용하려는 경우: 해당 계급에서 4년 이상 근속자로, ② 경장을 경사로 근속승진임용하려는 경우: 해당 계급에서 5년 이상 근속자로, ③ 경사를 경위로 근속승진임용하려는 경우: 해당 계급에서 6년 6개월 이상 근속자로, ④ 경위를 경감으로 근속승진임용하려는 경우: 해당 계급에서 8년 이상 근속자로 한다(법 제16조 제 1 항). 근속승진한 경찰공무원이 근무하는 기간에는 그에 해당하는 직급의 정원이 따로 있는 것으로 보고, 종전 직급의 정원은 감축된 것으로 본다(법 제16조 제 2 항).

5) 특별유공자특별승진

경찰공무원으로서 다음 각 호의 어느 하나에 해당되는 사람에 대하여는 제15조에도 불구하고 1계급 특별승진시킬 수 있다. 다만, 경위 이하의 경찰공무원으로서 모든 경찰공무원의 귀감이 되는 공을 세우고 전사하거나 순직한 사람에 대하여는 2계급 특별승진시킬 수 있다(법 제19조 제 1 항): ①「국가공무원법」 제40조의4 제 1 항 제 1 호부터 제 4 호까지의 규정 중 어느 하나에 해당되는 사람(제 1 호), ② 전사하거나 순직한 사람(제 2 호), ③ 직무수행 중 현저한 공적을 세운 사람(제 3 호).

(3) 승진과 권리구제

공무원은 승진에 대한 권리(승진청구권)를 갖지 않는다. **승진을 실시할 것인지의 여부는 인사권자의 재량**에 속한다. 그러나 일단 승진이 행해지면 해당 공무원은 기득권을 갖게 된다.

승진후보자 및 순위의 결정도 처분으로 보아야 한다.

승진결정은 재량행위이므로 재량권의 일탈이나 남용이 없는 한 위법하지 않다.

3. 전직 · 전보 · 전입 · 파견근무 · 겸임

(1) 전 직

전직이란 직렬을 달리하는 임명을 말한다(국가공무원법 제 5 조 제 5 호). 그 예로 기술사무관을 행정사무관으로 임명하는 것 등을 들 수 있다. **직렬**이란 직무의 종류가 유사하고 그 책임과 곤란성의 정도가 상이한 직급의 군을 말한다.

전직은 직위분류제의 원칙에 대한 예외가 된다. 그러므로 공무원을 전직 임용하고자 할 때에는 전직시험을 거쳐야 한다. 다만, 대통령령 등으로 정하는 전직의 경우에는 시험의 일부 또는 전부를 면제할 수 있다(법 제28조의3).

(2) 전 보

전보란 같은 직급 내에서의 보직 변경 또는 고위공무원단 직위 간의 보직 변경을 말한다(법 제 5 조 제 6 호).

(3) 전 입

국회, 법원, 헌법재판소, 선거관리위원회 및 행정부 상호간에 다른 기관 소속 공무원을 **전입**하려는 때에는 시험을 거쳐 임용하여야 한다. 이 경우 임용 자격 요건 또는 승진소요최저연수 · 시험과목이 같을 때에는 대통령령등으로 정하는 바에 따라 그 시험의 일부나 전부를 면제할 수 있다(법 제28조의2).

(4) 파견근무

국가기관의 장은 국가적 사업의 수행 또는 그 업무 수행과 관련된 행정 지원이나 연수, 그 밖에 능력 개발 등을 위하여 필요하면 소속 공무원을 다른 국가기관 · 공공단체 · 국내외의 교육기관 · 연구기관, 그 밖의 기관에 일정 기간 **파견근무**하게 할 수 있으며, 국가적 사업의 공동 수행 또는 전문성이 특히 요구되는 특수 업무의 효율적 수행 등을 위하여 필요하면 국가기관 외의 기관 · 단체의 임직원을 파견받아 근무하게 할 수 있다(법 제32조의4).

(5) 겸 임

직위와 직무 내용이 유사하고 담당 직무 수행에 지장이 없다고 인정하면 대통령령등으로 정하는 바에 따라 경력직공무원 상호간에 겸임하게 하거나 경력직 공무원 또는 대통령령으로 정하는 관련 교육·연구기관, 그 밖의 기관·단체의 임 지원간에 서로 겸임하게 할 수 있다(법 제32조의3).

4. 휴직 · 정직 · 직위해제

(1) 휴 직

휴직이란 공무원의 신분을 보유하면서 일시적으로 직무에 종사하지 못하게 하는 것을 말한다. 휴직에는 직권휴직과 의원(依願)휴직이 있다.

휴직중인 공무원은 신분은 보유하나 직무에 종사하지 못한다(법 제73조 제 1 항).

(2) 정 직

정직이란 공무원의 신분은 보유하나 정직기간중 직무에 종사하지 못하게 하는 것을 말한다. 정직은 징계처분의 하나이다.

(3) 직위해제

직위해제란 공무원 본인에게 직위를 계속 보유하는 데 장애가 되는 사유가 있는 경우에 공무원의 신분을 보유하게 하면서 직무를 잠정적으로 박탈하는 행위를 말한다.

직위해제는 징계처분이 아니다(대판 1983. 10. 25, 83누184).

직위해제된 공무원은 직무에 종사하지 못하며 따라서 출근을 할 수도 없다.

직위해제된 공무원에 대하여는 연봉월액의 일부를 지급한다(공무원보수규정 제48조).

[판례] 국가공무원법상 직위해제처분은 행정작용의 성질상 행정절차를 거치기 곤란하거나 불필요하다고 인정되는 사항 또는 행정절차에 준하는 절차를 거친 사항에 해당하므로 행정절차법의 규정이 적용되지 않는다(대판 2014. 5. 16, 2012두26180).

(4) 강 임

강임이란 동일한 직렬 내에서의 하위의 직급에 임명하거나 하위직급이 없어 다른 직렬의 하위직급으로 임명하는 것을 말한다.

(5) 감 봉

감봉이란 징계의 대상이 되는 공무원에 대하여 직무담임을 계속하게 하면서 보수만을 감하는 행위이다. 감봉은 징계처분의 하나이다.

(6) 복 직

복직이란 휴직·직위해제 및 정직중에 있는 공무원을 직위에 복귀시키는 임용을 말한다.

Ⅳ. 경찰공무원관계의 소멸

1. 당연퇴직

(1) 의 의

당연퇴직이란 임용권자의 처분 없이 일정한 사유의 발생에 의하여 공무원관계가 소멸되는 것을 말한다.

(2) 사 유

경찰공무원의 당연퇴직사유는 다음과 같다(경찰공무원법 제27조 본문).

① 대한민국국적을 가지지 아니한 사람(법 제 8 조 제 2 항 제 1 호)

② 국적법 제11조의2 제 1 항에 따른 복수국적자(법 제 8 조 제 2 항 제 2 호)

③ 피성년후견인 또는 피한정후견인(법 제 8 조 제 2 항 제 3 호)

④ 파산선고를 받고 복권되지 아니한 사람(법 제 8 조 제 2 항 제 4 호)

⑤ 자격정지 이상의 형을 선고받은 사람(법 제 8 조 제 2 항 제 5 호)

⑥ 자격정지 이상의 형의 선고유예를 선고받고 그 유예기간 중에 있는 사람(법 제 8 조 제 2 항 제 6 호)

⑦ 징계에 의하여 파면 또는 해임처분을 받은 사람(법 제 8 조 제 2 항 제 7 호)

다만, 제 8 조 제 2 항 제 4 호는 파산선고를 받은 사람으로서 「채무자 회생 및 파산에 관한 법률」에 따라 신청기한 내에 면책신청을 하지 아니하였거나 면책불허가 결정 또는 면책 취소가 확정된 경우만 해당하고, 제 8 조 제 2 항 제 6 호는 「형법」 제129조부터 제132조까지, 「성폭력범죄의 처벌 등에 관한 특례법」 제 2 조, 「정보통신망 이용촉진 및 정보보호 등에 관한 법률」 제74조 제 1 항 제 2 호·제 3 호, 「스토킹범죄의 처벌 등에 관한 법률」 제 2 조 제 2 호, 「아동·청소년의 성보호에 관한 법률」 제 2 조 제 2 호 및 직무와 관련하여 「형법」 제355조 또는 제356조에 규정된 죄를 범한 사람으로서 자격정지 이상의 형의 선고유예를 받은 경우만 해당한다(법 제27조 단서).

[판례] **경찰공무원이 자격정지 이상의 형의 선고를 받은 경우 공무원직에서 당연퇴직하도록 규정하고 있는 이 사건 법률조항**은 자격정지 이상의 선고유예 판결을 받은 모든 범죄를 포괄하여 규정하고 있을 뿐만 아니라 심지어 오늘날 누구에게나 위험이 상존하는 교통사고 관련범죄 등 과실범의 경우마저 당연퇴직의 사유에서 제외하지 않고 있으므로 **최소침해성의 원칙에 반한다.** 또한 오늘날 **사회국가원리에 입각한 공직제도의 중요성이 강조**되면서 개개 공무원의 공무담임권 보장의 중요성은 더욱 큰 의미를 가지고 있다. 일단 공무원으로 채용된 공무원을 퇴직시키는 것은 공무원이 장기간 쌓은 지위를 박탈해 버리는 것이므로 같은 입법목적을 위한 것이라고 하여도 **당연퇴직 사유를 임용결격사유와 동일하게 취급하는 것은 타당하다고 볼 수 없다.** 따라서 이 사건 법률조항은 헌법 제25조의 공무담임권을 침해한 위헌법률이다(헌재 전원재판부 2004. 9. 23, 2004헌가12).

(3) 효 과

당연퇴직사유가 발생하면 당연퇴직된 자는 그 시점부터 더 이상 공무원이 아니다. 따라서 당연퇴직된 자가 행한 행위는 원칙상 무권한으로 무효이다. 그러나 그 행위가 사실상 공무원이론에 의해 유효한 행위가 될 수 있다.

(4) 권리구제

당연퇴직의 경우에 통상 퇴직발령통지서가 발부되는데, **퇴직발령통지는 처분이 아니며 단순한 사실상의 통지에 불과하므로** 취소소송의 대상이 되지 않는다(대판 1995. 11. 14, 95누2036〈당연퇴직무효확인〉). **당연퇴직을 다투기 위하여는 공무원 지위의 확인을 구하는 공법상 당사자소송을** 제기하여야 한다.

2. 정 년

(1) 법정 정년

국가경찰공무원의 정년에는 연령정년과 계급정년이 있다. 연령정년은 60세이다(경찰공무원법 제30조 제 1 항 제 1 호). 계급정년은 치안감 4년, 경무관 6년, 총경 11년, 경정 14년이다(제 2 호).

자치경찰공무원의 정년은 60세로 한다.

(2) 정년의 연장

수사, 정보, 외사(外事), 안보, 자치경찰사무 등 특수 부문에 근무하는 경찰공무원으로서 대통령령으로 정하는 바에 따라 지정을 받은 사람은 총경 및 경정의 경우에는 4년의 범위에서 대통령령으로 정하는 바에 따라 제 1 항 제 2 호에 따른 계급정년을 연장할 수 있다(경찰공무원법 제30조 제 3 항). 경찰청장과 해양경찰청장은 전시·사변이나 그 밖에 이에 준하는 비상사태에서는 2년의 범위에서 제 1 항 제 2 호에 따른 계급정년을 연장할 수 있다. 이 경우 경무관 이상의 경찰공무원에 대하여는 행정안전부장관 또는 해양수산부장관과 국무총리를 거쳐 대통령의 승인을 받아야 하고, 총경·경정의 경찰공무원에 대하여는 국무총리를 거쳐 대통령의 승인을 받아야 한다(법 제30조 제 4 항).

경찰공무원은 그 정년이 된 날이 1월에서 6월 사이에 있으면 6월 30일에 당연퇴직하고, 7월에서 12월 사이에 있으면 12월 31일에 당연퇴직한다(법 제30조 제 5 항).

계급정년을 산정할 때 자치경찰공무원으로 근무한 경력이 있는 경찰공무원의 경우에는 그 계급에 상응하는 자치경찰공무원으로 근무한 연수를 산입한다(법 제30조 제 6 항).

3. 면 직

면직이란 임용권자의 결정에 의하여 공무원의 지위를 상실시키는 것을 말한다. 면직에는 의원면직과 일방적 면직이 있다.

(1) 의원면직

1) 의 의

의원면직(依願免職)이란 공무원 자신의 사직의사표시에 의거하여 임용권자가 해당 공무원의 공무원관계를 소멸시키는 처분을 말한다. 권고사직, 명예퇴직은 의원면직에 속한다.

사직원을 제출함으로써 공무원관계가 소멸되는 것은 아니며 임용권자의 면직행위(사직원의 수리)가 있을 때까지 공무원관계는 존속한다. 따라서 사직원을 제출한 공무원도 사직원이 수리될 때까지는 출근하여 직무를 수행하는 등 공무원으로서의 모든 의무를 다하여야 한다. 그러하지 않으면 징계책임 등 그에 따른 책임을 져야 한다. **판례**도 이러한 입장을 취하고 있다(대판 1991. 11. 22, 91누3666〈파면처분취소〉).

[판례] 경찰서 수사과 형사계 반장이 검찰의 뇌물수수사건 수사를 피하기 위하여 제출한 사직원이 수리되지 아니한 상태에서 3개월여 동안 출근하지 아니한 경우, 직장이탈을 이유로 한 파면처분이 재량권의 남용 또는 일탈에 해당하지 않는다(대판 1991. 11. 22, 91누3666〈파면처분취소〉).

2) 사직원의 제출

사직원의 제출은 사인의 공법행위이고, 사직원의 제출에는 사인의 공법행위의 법리가 적용된다.

3) 사직원의 수리

사직원의 수리는 준법률행위적 행정행위로서의 수리행위이다. 사직원이 제출된 경우에 임용권자에게 수리의무가 있는가 하는 문제가 제기된다. 공무담임은 권리이지만 의무는 아니며 공무원의 직업선택의 자유 등을 고려할 때 병역의무 등 법률상 복무의무가 있는 경우를 제외하고는 임용권자에게 수리의무가 있다고 보아야 한다(이상규; 홍정선).

4) 명예퇴직 등

명예퇴직이란 공무원으로 20년 이상 근속한 자가 정년 전에 스스로 퇴직하는 것을 말한다. 명예퇴직은 의원면직의 하나이다.

명예퇴직하는 경우에는 예산의 범위에서 명예퇴직수당을 지급할 수 있다(국가공무원법 제74조의2 제 1 항).

직제와 정원의 개폐 또는 예산의 감소 등에 따라 폐직 또는 과원이 되었을 때에 20년 미만 근속한 자가 정년 전에 스스로 퇴직하면 예산의 범위에서 수당을 지급할 수 있다(법 제74조의2 제 2 항).

(2) 일방적 면직

1) 의 의

일방적 면직이란 공무원 본인의 의사와 관계없이 임용권자가 일방적인 의사결정에 의하여 공무원관계를 소멸시키는 처분을 말한다. 강제면직이라고도 한다. 일방적 면직에는 징계면직과 직권면직이 있다.

2) 징계면직

징계면직이란 공무원의 공무원법상의 의무위반에 대한 징계로서 내려지는 파면과 해임을 말한다. 파면과 해임은 모두 공무원의 신분을 박탈하는 징계처분인 점에서는 동일하지만 공직에의 취임제한, 퇴직급여 및 퇴직수당급여의 제한 등 그 부수적인 효과가 다르다.

3) 직권면직

직권면직이란 법령으로 정해진 일정한 사유(국가공무원법 제70조 제 1 항)가 있는 경우에 본인의 의사와 관계없이 임용권자가 직권으로 공무원의 신분을 박탈하는 것을 내용으로 하는 처분을 말한다. **직권면직은 징계처분이 아니다.**

경찰공무원법상 직권면직사유는 다음과 같다(제28조 제 1 항): ①「국가공무원법」 제70조 제 1 항 제 3 호부터 제 5 호까지의 규정 중 어느 하나에 해당될 때(제 3 호: 직제와 정원의 개폐 또는 예산의 감소 등에 따라 폐직 또는 과원이 되었을 때, 제 4 호: 휴직기간이 끝나거나 휴직사유가 소멸된 후에도 직무에 복귀하지 아니하거나 직무를 감당할 수 없을 때, 제 5 호: 제73조의3 제 3 항의 규정에 따라 대기명령〈직위해제〉을 받은 자가 그 기간에 능력 또는 근무성적의 향상을 기대하기 어렵다고 인정된 때)(제 1 호), ② 경찰공무원으로는 부적합할 정도로 직무 수행능력이나 성실성이 현저하게 결여된 사람으로서 대통령령으로 정하는 사유에 해당된다고 인정될 때(제 2 호), ③ 직무를 수행하는 데에 위험을 일으킬 우려가 있을 정도의 성격적 또는 도덕적 결함이 있는 사람으로서 대통령령으로 정하는 사유에 해당된다고 인정될 때(제 3 호), ④ 해당 경과에서 직무를 수행하는 데 필요한 자격증의 효력이 상실되거나 면허가 취소되어 담당직무를 수행할 수 없게 되었을 때(제 4 호).

제 1 항 제 2 호·제 3 호 또는「국가공무원법」제70조 제 1 항 제 5 호의 사유로 면직시킬 경우에는 제32조에 따른 징계위원회의 동의를 받아야 한다(법 제28조 제 2 항).

4) 면직처분의 효력발생

임용중 면직의 경우에는 면직발령장 또는 면직통지서에 기재된 일자에 면직의 효과가 발생하여 그날 영시(00:00)부터 공무원의 신분을 상실한다(대판 1985. 12. 24, 85누531〈퇴직급여추가지급청구부결처분취소〉).

Ⅴ. 불이익처분에 대한 구제

행정기관소속 공무원의 징계처분 그 밖에 그 의사에 반하는 불리한 처분이나 부작위에 대한 구제수단으로 소청과 행정소송이 있다.

1. 소 청

(1) 의 의

소청이란 행정기관소속 공무원의 징계처분 그 밖의 그 의사에 반하는 불리한 처분이나 부작위에 대하여 소청심사위원회에 제기하는 불복신청을 말한다. 소청은 행정심판의 일종이다.

소청은 국가공무원뿐만 아니라 지방공무원에도 적용된다(국가공무원법 제 9 조부터 제16조까지 지방공무원법 제13조부터 제21조까지).

(2) 소청사항

징계처분, 그 밖에 그 의사에 반하는 불리한 처분이나 부작위가 소청의 대상이 된다(국가공무원법 제 9 조 제 1 항). '**그 밖에 그 의사에 반하는 불리한 처분**'에는 면직처분(의원면직 포함), 강임, 휴직, 복직거부 등이 포함된다. 퇴직금지급청구에 대한 거부는 이에 포함되지 않는다고 본다. 승진시험불합격처분이 소청의 대상이 되는지 일반행정심판의 대상이 되는지에 관하여는 견해의 대립이 있다. 생각건대, 현행법상 소청은 행정소송의 필요적 전치절차로 되어 있고, 소청에 대한 소청심사위원회의 결정에 불복하는 경우에 행정소송을 제기하도록 하고 있는 점에 비추어 현행법의 해석론으로는 특별한 명문의 규정이 없는 한 소청의 대상을 행정심판의 대상에 한정하는 견해가 타당하다.

(3) 소청심사위원회

소청심사위원회는 소청에 대한 심사·결정권을 갖는다. 소청심사위원회는 합의제 행정청이다.

행정기관 소속 공무원의 징계처분, 그 밖에 그 의사에 반하는 불리한 처분이나 부작위에 대한 소청을 심사·결정하게 하기 위하여 인사혁신처에 소청심사위원회를 둔다(국가공무원법 제 9 조 제 1 항). 국회·법원·헌법재판소 및 선거관리위원회 소속 공무원의 소청에 관한 사항을 심사·결정하는 소청심사위원회는 각각 국회사무처·법원행정처·헌법재판소사무처 및 중앙선거관리위원회사무처에 둔다(법 제 9 조 제 2 항).

교육공무원은 교원소청심사위원회에 소청을 제기하여야 한다(교육공무원법 제53조 제 1 항).

(4) 소청절차

1) 소청의 제기

공무원이 그에 대한 불리한 처분을 다투는 경우에는 소청전치주의가 적용된다(국가공무원법 제16조 제 1 항).

2) 심 사

소청심사위원회는 소청사건을 심사를 할 때 필요하면 검증·감정 그 밖의 사실조사를 하거나 증인을 소환하여 질문하거나 관계서류를 제출하도록 명할 수 있고(법 제12조 제 2 항), 징계요구기관이나 관계기관의 소속 공무원을 증인으로 소환할 수 있고(법 제12조 제 3 항), 진술기회를 주지 아니한 결정은 무효로 한다(법 제13조 제 2 항). 소속 직원에게 사실조사를 하게 하거나 특별한 학식·경험이 있는 자에게 검증이나 감정을 의뢰할 수 있다(법 제12조 제 4 항).

소청인 또는 대리인에게 진술권이 부여되고 있다(법 제13조 제 1 항). 제 1 항에 따른 진술 기회를 주지 아니한 결정은 무효로 한다(법 제13조 제 2 항).

3) 결　　정

소청심사청구가 파면 또는 해임이나 국가공무원법 제70조 제 1 항 제 5 호에 따른 면직처분으로 인한 경우에는 소청심사위원회는 그 청구를 접수한 날부터 5일 이내에 해당 사건의 최종결정이 있을 때까지 후임자의 보충발령을 유예하게 하는 임시결정을 할 수 있다(법 제76조 제 3 항).

소청심사위원회는 심사결과 다음과 같은 결정을 내린다(법 제14조 제 5 항).

① 심사청구가 이 법이나 다른 법률에 적합하지 아니한 것이면 그 청구를 각하한다.

② 심사청구가 이유 없다고 인정되면 그 청구를 기각한다.

③ 처분의 취소 또는 변경을 구하는 심사청구가 이유 있다고 인정되면 처분을 취소 또는 변경하거나 처분행정청에 취소 또는 변경할 것을 명한다. 변경은 소극적 변경(일부취소)뿐만 아니라 적극적 변경(예 파면을 정직처분으로 변경하는 것)을 포함한다.

④ 처분의 효력 유무 또는 존재 여부에 대한 확인을 구하는 심사청구가 이유 있다고 인정되면 처분의 효력 유무 또는 존재 여부를 확인한다.

⑤ 위법 또는 부당한 거부처분이나 부작위에 대하여 의무이행을 구하는 심사청구가 이유 있다고 인정되면 지체 없이 청구에 따른 처분을 하거나 이를 할 것을 명한다.

소청심사위원회의 취소명령 또는 변경명령 결정은 그에 따른 징계나 그 밖의 처분이 있을 때까지는 종전에 행한 징계처분 또는 제78조의2에 따른 징계부가금(이하 "징계부가금"이라 한다) 부과처분에 영향을 미치지 아니한다(법 제14조 제 7 항). 소청심사위원회가 징계처분 또는 징계부가금 부과처분(이하 "징계처분등"이라 한다)을 받은 자의 청구에 따라 소청을 심사할 경우에는 원징계처분보다 무거운 징계 또는 원징계부가금 부과처분보다 무거운 징계부가금을 부과하는 결정을 하지 못한다(법 제14조 제 8 항).

소청심사위원회의 결정은 그 이유를 구체적으로 밝힌 결정서로 하여야 한다(법 제14조 제 9 항).

4) 결정의 효력

소청심사위원회의 결정은 처분행정청을 기속한다(법 제15조).

2. 행정소송

소청심사위원회의 결정에 불복하는 경우 행정소송을 제기할 수 있다. 이 경우 특별한 규정이 없으므로 원처분을 대상으로 하여야 하고 다만 소청심사위원회의 결정에 고유한 위법이 있는 경우에는 소청심사위원회의 결정을 대상으로 하여야 한다(원처분주의).

제 3 절 경찰공무원의 권리와 의무

Ⅰ. 경찰공무원의 권리

경찰공무원의 권리는 매우 다양하며 여러 기준에 의해 분류될 수 있다. 경찰공무원의 권리를 그 내용을 기준으로 신분상의 권리와 재산상의 권리로 구분하는 것이 일반적인데, 이 두 권리 이외에 경찰공무원의 기본적 인권을 추가하여 고찰하는 것이 타당하다. 공무원의 권리는 공권이므로 그에 대하여는 공권으로서의 특수한 법적 규율이 행해진다.

1. 신분상의 권리

신분상의 권리는 신분보장에 관한 권리, 직무수행에 관한 권리 및 이 두 실체적 권리를 보장하는 절차적 권리(보장청구권)로 구분할 수 있다.

(1) 신분보장권

1) 의 의

공무원의 신분을 보장받을 권리를 **신분보장권**이라 한다. 신분보유권이라고도 한다.

2) 헌법적 보장

신분보장권은 헌법적 근거를 갖는다. 헌법 제 7 조 제 2 항은 "공무원의 신분은 법률이 정하는 바에 의하여 보장된다"라고 규정하고 있다.

3) 실정법령상 보장

국가공무원법 제68조는 "공무원은 형의 선고·징계처분 또는 이 법에서 정하는 사유에 따르지 아니하고는 본인의 의사에 반하여 휴직·강임 또는 면직을 당하지 아니한다. 다만, 1급 공무원과 제23조에 따라 배정된 직무등급이 가장 높은 등급의 직위에 임용된 고위공무원단에 속하는 공무원은 그러하지 아니하다"라고 규정하고 있다. 국가공무원법 및 경찰공무원법은 징계처분은 일정한 법정사유가 있는 경우에 한하여 일정한 법정절차에 따라 행하도록 규정하고 있다. 그리고 위법·부당한 불이익처분에 대하여는 불복제도가 마련되어 있다.

4) 인정범위

신분보장권은 원칙상 직업공무원(경력직공무원 등)에 한하여 보장된다. 다만, 시보임용기간중에는 이 권리가 인정되지 아니하며, 치안총감 및 치안정감에 대하여도 이 권리가 인정되지 아니한다(구 경찰공무원법 제30조).

(2) 직무수행권

경찰공무원의 직무수행권은 헌법상 보장되고 있는 공무담임권으로부터 도출되는 권리이다.

1) 직위보유권

공무원의 직위보유권은 일정한 직위를 부여받을 권리와 부여받은 직위를 부당하게 박탈당하지 않을 권리를 내용으로 한다.

2) 직무집행권

공무원은 부여된 직무를 집행할 권리를 갖는다. 임용권자나 상급자라 하여도 공무원의 직무집행권을 부당하게 침해하여서는 안 된다.

3) 직명사용권

직명사용권은 행정조직 및 행정업무수행의 편의상 인정되는 것이므로 직명사용권을 공무원의 공권으로 보는 것은 타당하지 않다.

4) 제복착용권

제복착용권은 권리라기보다는 의무로 보는 것이 타당하다(경찰공무원법 제25조

제 1 항).

5) 무기휴대 및 사용권

경찰공무원은 직무수행을 위하여 필요한 때에는 무기를 휴대할 수 있고(법 제20조 제 2 항), 일정한 경우에 이를 사용할 수 있다(「경찰관 직무집행법」 제10조의4).

(3) 보장청구권

1) 소청제기권

징계처분 등 공무원의 신분에 관하여 불이익처분을 받은 경찰공무원은 인사혁신처 소청심사위원회에 소청을 제기할 권리가 있다(국가공무원법 제76조 제 1 항).

2) 고충심사청구권

공무원은 누구나 인사·조직·처우 등 각종 직무조건과 그 밖에 신상문제와 관련한 고충에 대하여 상담을 신청하거나 심사를 청구할 수 있으며, 누구나 기관 내 성폭력 범죄 또는 성희롱 발생 사실을 알게 된 경우 이를 신고할 수 있다. 이 경우 상담 신청이나 심사 청구 또는 신고를 이유로 불이익한 처분이나 대우를 받지 아니한다(법 제76조의2 제 1 항).

2. 재산상의 권리

공무원의 재산상의 권리로는 보수청구권, 연금권, 실비변상청구권, 공무재해보상청구권 등이 있다.

(1) 보수청구권

공무원은 보수청구권을 갖는다. 공무원의 보수는 원칙상 법령에 의해 정해진다(법 제46조·제47조).

1) 보수의 의의 및 내용

보수란 봉급과 그 밖의 각종 수당을 합산한 금액을 말한다. 다만, 연봉제 적용대상 공무원은 연봉과 그 밖의 각종 수당을 합산한 금액을 말한다(공무원보수규정 제 4 조 제 1 호).

2) 보수의 성격

현행법상 경찰공무원의 보수는 노동의 대가로서의 성질과 생활보장적 성질(생활자료로서의 성질)을 아울러 가진다고 보아야 한다.

3) 보수청구권의 성질

보수청구권은 공법관계인 공무원관계를 이루는 것이므로 공권으로 보아야 한다. 따라서 보수지급청구소송이나 보수청구권확인소송은 공법상 당사자소송에 의하여야 한다.

보수청구권은 생활보장적 성격을 가지므로 포기나 양도가 금지되고, 압류가 제한된다.

보수청구권은 국가에 대한 권리로서 금전의 급부를 목적으로 하는 것이므로 시효에 관하여 다른 법률에 규정이 없는 것은 5년간 행사하지 아니할 때에는 시효로 인하여 소멸한다(국가재정법 제96조 제 2 항).

(2) 연 금 권

1) 의의 및 성질

연금이란 본래 일정한 기간 근무하고 퇴직(사망으로 인한 퇴직 포함)한 경우에 공무원 또는 그 유족에게 지급되는 급여를 말한다.

본래의 연금(퇴직금)은 공무원이 기여금을 납부하는 점에서 후불임금적 성격을 가지며 또한 기여금 이상으로 국가와 지방자치단체가 부담하는 부담금이 포함되어 지급되는 점에서 사회보장적 성격을 가진다.

2) 공무원연금법상 연금의 종류

공무원연금법상의 급여에는 단기급여와 장기급여가 있다.

단기급여는 공무원의 공무로 인한 질병·부상과 재해에 대하여 지급되는 급여를 말하는데, 공무상요양비, 재해부조금, 사망조위금 등을 내용으로 한다.

장기급여는 공무원의 퇴직·폐질 및 사망에 대하여 지급되는 급여를 말하는데, 장기급여는 퇴직급여, 장해급여, 유족급여, 퇴직수당을 내용으로 한다(법 제28조).

3) 연금청구권의 양도, 압류 등 금지와 시효

연금청구권은 공권이다. 따라서 지급결정된 연금의 지급청구소송은 공법상 당사자소송에 의하여야 한다(대판 2004. 7. 8, 2004두244〈연금지급청구서반려처분취소〉).

급여를 받을 권리는 이를 양도, 압류하거나 담보로 제공할 수 없다. 다만, 연금(퇴직연금, 장해연금, 유족연금)인 급여를 받을 권리는 이를 대통령령으로 정하는 금융회사에 담보로 제공할 수 있고, 국세징수법·지방세징수법 그 밖의 법률에 따른 체납처분의 대상으로 할 수 있다(공무원연금법 제39조 제 1 항).

4) 연금지급에 관한 결정과 쟁송방법

공무원연금법 소정의 급여는 법령에 따라 직접 발생하는 것이 아니라 급여를 받을 권리를 가진 자가 해당 공무원이 소속하였던 기관장의 확인을 얻어 신청하는 바에 따라 공무원연금관리공단이 그 지급결정을 함으로써 그 구체적인 권리가 발생하는 것이므로, 공무원연금관리공단의 급여에 관한 결정은 국민의 권리에 직접 영향을 미치는 것이어서 행정처분에 해당한다.

공무원연금관리공단의 급여에 관한 결정에 불복하는 자는 공무원연금급여재심위원회의 심사결정을 거쳐 공무원연금관리공단의 급여결정을 대상으로 취소소송을 제기하여야 한다(대판 1996. 12. 6, 96누6417〈퇴직급여지급처분취소〉).

(3) 실비변상청구권

경찰공무원은 보수를 받는 외에 대통령령이 정하는 바에 따라 직무수행에 소요되는 실비변상을 받을 수 있다(국가공무원법 제48조 제 1 항). 공무원은 규정에 따라 운임, 일비, 숙박비, 식비 등을 지급받는다(「공무원 여비 규정」 제 2 조 참조).

Ⅱ. 경찰공무원의 의무

경찰공무원의 의무로는 선서의무, 성실의무, 법령준수의무, 복종의무, 직무전념의무, 친절공정의무, 비밀엄수의무, 품위유지의무 및 청렴의무가 있다. 이들 경찰공무원의 의무는 직무와 직접 관련되는 의무와 직무와 직접 관련되지 않고 일반적으로 공무원으로서 부담하는 의무로 구분할 수 있다.

1. 공무원의 일반적 의무

(1) 선서의무

공무원은 취임할 때에 소속 기관장 앞에서 선서를 하여야 한다. 다만, 불가피한 사유가 있을 때에는 취임 후에 선서를 하게 할 수 있다(국가공무원법 제55조).

(2) 성실의무

모든 공무원은 성실히 직무를 수행하여야 한다(법 제56조). 판례는 '성실'을 자신의 임무수행에 있어서 자신의 전 인격과 양심에 입각하여 최선을 다하여야 함을 의미한다고 본다(대판 1989. 5. 23, 88누3161). 성실의무는 공무원에게 부과된 가장 기본적인 중요한 의무로서 최대한으로 공공의 이익을 도모하고, 그 불이익을 방지하기 위하여 전인격과 양심을 바쳐서 성실히 직무를 수행하여야 하는 것을 그 내용으로 한다(대판 1989. 5. 23, 88누3161〈견책처분취소〉).

성실의무는 경우에 따라서는 근무시간 외에 근무지 밖까지 미칠 수도 있다(대판 1997. 2. 11, 96누2125〈파면처분취소〉).

(3) 품위유지의무

공무원은 직무의 내외를 불문하고 그 품위를 손상하는 행위를 하여서는 아니 된다(법 제63조).

품위손상행위란 공직의 위신, 체면, 신용에 손상을 가하는 행위를 말한다. 품위손상행위의 예로는 도박, 마약복용, 축첩행위, 알콜중독 등을 들 수 있다.

품위유지의무는 직무 내에서뿐만 아니라 직무 외 사생활에 있어서도 적용된다.

(4) 청렴의무

공무원은 직무와 관련하여 직접 또는 간접을 불문하고 사례·증여 또는 향응을 수수할 수 없으며 직무상의 관계 여하를 불문하고 그 소속 상관에 증여하거나 소속 공무원으로부터 증여를 받아서는 아니 된다(법 제61조).

청렴의무 위반은 징계사유가 되며 경우에 따라서는 형법상 뇌물에 관한 죄(제129조부터 제135조까지)에 해당할 수도 있다.

공무원의 청렴성을 제도적으로 담보하기 위하여 공직자윤리법,「부정청탁 및 금품 등 수수의 금지에 관한 법률」이 제정되어 있다. 또한 부패행위의 신고, 비위면직자의 취업제한 등을 정하는「부패방지 및 국민권익위원회의 설치와 운영에 관한 법률」이 제정되어 있다.

> **[판례]** 설날 며칠 뒤 부하 경찰관을 통하여 관내 업소경영자로부터 금 80만원을 교부받은 파출소장에 대한 해임처분이 재량권을 일탈·남용한 것이 아니다(대판 1999. 3. 9, 98두18145).

(5) 병역사항신고의무

「공직자 등의 병역사항 신고 및 공개에 관한 법률」은 일정한 공직자와 공직후보자로 하여금 본인과 본인의 18세 이상의 직계비속의 병역사항을 신고하도록 하고 신고된 사항을 공개하도록 되어 있다.

2. 공무원의 직무상 의무

(1) 법령준수의무

모든 공무원은 법령을 준수하여야 한다(국가공무원법 제56조).

법령준수의무를 위반하여 행해진 행위는 취소의 대상이 되고, 국가배상법상의 요건을 충족하는 경우에는 국가배상책임 및 공무원의 배상책임을 발생시킨다.

그리고 법령준수의무 위반은 징계사유가 된다.

(2) 복종의무

1) 의 의

경찰공무원은 직무를 수행함에 있어서 소속상관의 직무상의 명령에 복종하여야 한다(법 제57조). 여기서 상관이란 직무상 소속상관을 말한다.

2) 직무상 명령

경찰공무원은 상관의 직무명령과 훈령에 복종하여야 한다(대판 2001. 8. 24, 2000두7704〈면직처분취소〉).

3) 복종의무의 한계

직무상 명령이 위법한 경우에는 직무상 명령의 형식적 요건이 결여된 경우에는 이를 심사할 수 있고 복종을 거부할 수 있다고 보는 것이 일반적 견해이다. 한편 실질적 요건이 결여된 경우에는 직무상 명령의 위법성이 명백하지 않는 한 위법(단순위법)한 직무상 명령에 대하여는 행정의 계층적 질서를 보장하기 위하여 복종하여야 하며 직무상 명령의 위법이 명백한 경우에는 복종하지 않을 수 있으며 또한 복종하여서도 안 된다고 보는 것이 일반적 견해이다. 판례도 그러하다(대판 1988. 2. 23, 87도2358 〈「특정범죄가중처벌 등에 관한 법률」 위반〉).

통설 및 판례가 타당하다. 다만, 공무원은 상관의 명령이 위법하다고 보이는 경우에는 단순한 위법의 경우에도 그 명령에 복종하기 전에 상관에게 그 직무상 명령의 위법성에 관한 의견을 제출할 수 있다고 보아야 한다.

4) 복종의무 위반에 대한 징계

단순위법한 직무명령에 복종하지 않은 것은 복종의무 위반으로 징계의 대상이 된다. 다만, 직무상 명령이 위법하다는 이유로 복종하지 않은 경우에는 구체적인 사안에 따라 징계의 감경사유가 된다고 보아야 할 것이다.

위법한 명령을 발한 상관은 법령준수의무 위반으로 징계의 대상이 된다.

(3) 직무전념의무

직무전념의무는 공무원은 근무시간 및 그의 능력과 주의력 전부를 그 직무수행을 위하여 사용하여야 한다는 것을 내용으로 한다. 직무전념의무는 원칙상 근무시간중에만 적용된다.

직무전념의무로부터 직장이탈금지(법 제58조 제 1 항), 영리업무 및 겸직의 금지(법 제64조 제 1 항) 등의 의무가 도출된다.

(4) 영예제한

공무원이 외국정부로부터 영예 또는 증여를 받을 경우에는 대통령의 허가를 받아야 한다(법 제62조).

(5) 정치운동금지 등: 정치적 중립의무

국가공무원법 등은 공무원의 정치운동을 금지하고 있다(제65조).

정당 등의 결성 금지, 선거운동 금지, 다른 공무원에 대한 정치적 행위의 금지, 그 밖에 정치적 행위의 금지 등을 규정하고 있다.

정치운동금지규정에 위반한 자는 다른 법률에 특별히 규정된 경우를 제외하고는 3년 이하의 징역 또는 3년 이하의 자격정지에 처한다(법 제84조 등).

(6) 친절공정의무와 종교중립의 의무

공무원은 국민 전체의 봉사자로서 친절하고 공정하게 직무를 수행하여야 한다(법 제59조). 공무원은 종교에 따른 차별 없이 직무를 수행하여야 하고, 소속상관이 그에 위배되는 직무상 명령을 한 경우에는 이에 따르지 아니할 수 있다(법 제59조의2).

(7) 비밀엄수의무

공무원은 재직 중은 물론 퇴직 후에도 직무상 알게 된 비밀을 엄수하여야 한다(법 제60조).

제 4 절 경찰공무원의 책임

Ⅰ. 징계책임[2023 경감승진 사례]

1. 의 의

징계란 공무원이 공무원으로서 부담하는 의무를 위반한 경우에 공무원관계의 질서를 유지하기 위하여 행정적 제재를 가하는 것을 말한다.

징계책임이란 징계를 받을 지위를 말한다. 그리고 징계를 위하여 가하는 제재를 징계벌이라 한다.

2. 징계벌과 형벌의 관계

징계벌과 형벌은 공무원의 법규 위반에 대한 제재인 점에서는 동일하고, 공무원의 동일한 행위가 징계벌과 형벌의 대상이 될 수 있으므로 양자는 상호 일정한 관계를 갖고 상호 영향을 미친다.

3. 징계사유

(1) 징계사유의 내용

국가공무원법은 징계사유를 다음과 같이 규정하고 있다(제78조 제 1 항): ① 국가공무원법 및 국가공무원법에 따른 명령에 위반한 경우(제 1 호), ② 직무상의 의무(국가공무원법 이외의 다른 법령에서 공무원의 신분으로 인하여 부과된 의무를 포함한다)에 위반하거나 직무를 태만히 한 때(제 2 호), ③ 직무의 내외를 불문하고 그 체면 또는 위신을 손상하는 행위를 한 때(제 3 호).

징계에 있어서는 징계벌의 성질상 공무원의 의무 위반에 고의나 과실을 요하지 않는다는 것이 판례(대판 1972. 2. 22, 71누200〈파면처분취소〉) 및 다수설이다.

(2) 징계사유의 발생시점

징계사유는 원칙상 공무원의 재직중 발생하여야 한다.

명문의 규정이 있는 경우(법 제78조 제 2 항)를 제외하고는 공무원 임용 전의 행위는 원칙적으로 공무원의 징계사유가 될 수 없다. 다만, 임용 전의 행위라 하더라도 이로 인하여 임용 후의 공무원의 체면 또는 위신을 손상하게 된 경우에는 국가공무원법 제78조 제 1 항 제 3 호의 징계사유로 삼을 수 있다고 보아야 한다(대판 1990. 5. 22, 89누7368). 그리고 임용 전의 행위가 재직을 허용하지 못할 중대한 것인 경우에는 임용행위를 취소 또는 철회할 수 있다(박윤흔).

(3) 징계사유의 시효

징계 등 사유가 다음 각 목(가. 「성매매알선 등 행위의 처벌에 관한 법률」 제 4 조에 따른 금지행위, 나. 「성폭력범죄의 처벌 등에 관한 특례법」 제 2 조에 따른 성폭력범죄, 다. 「아동·청소년의 성보호에 관한 법률」 제 2 조 제 2 호에 따른 아동·청소년대상 성범죄, 라. 「양성평등기본법」 제 3 조 제 2 호에 따른 성희롱)의 어느 하나에 해당하는 경우에는 10년(법 제83조의2 제 1 항 제 1 호), 징계 등 사유가 제78조의2 제 1 항 각 호의 어느 하나에 해당하는 경우에는 5년(제 2 호), 그 밖의 징계 등 사유에 해당하는 경우에는 3년(제 3 호)으로 한다.

4. 징계권자

징계권에는 징계요구권, 징계의결권과 징계처분권이 있다. 징계요구권만 있는 자가 있고, 징계요구권과 징계처분권이 있는 자도 있고, 징계처분권만 있는 자도 있다.

(1) 징계요구권자

징계의결요구는 5급 이상 공무원 및 고위공무원단에 속하는 일반직공무원은 소속 장관이, 6급 이하 공무원은 소속 기관의 장 또는 소속 상급기관의 장이 한다. 다만, 국무총리·인사혁신처장 및 대통령령등으로 정하는 각급 기관의 장은 다른 기관 소속 공무원이 징계사유가 있다고 인정하면 관계 공무원에 대하여 관할 징계위원회에 직접 징계를 요구할 수 있다(법 제78조 제 4 항).

(2) 징계의결권자

경무관 이상의 경찰공무원에 대한 징계의 의결은 국가공무원법에 따라 국무총리 소속으로 설치된 징계위원회에서 한다(경찰공무원법 제32조 제 1 항). 총경 이하의 경찰공무원에 대한 징계의결을 하기 위하여 대통령령으로 정하는 경찰기관 및 해양경찰관서에 경찰공무원 징계위원회를 둔다(법 제32조 제 2 항).

(3) 징계처분권자

임용권에는 징계권이 포함되므로 명문의 규정이 없는 한 임용권자가 징계처분권자가 된다.

파면과 해임은 각 임용권자 또는 임용권을 위임한 상급감독기관의 장이 이를 행한다(국가공무원법 제82조 제 1 항 단서).

파면과 해임 이외의 징계에 있어서는 원칙상 징계위원회가 설치된 소속 기관의 장이 징계처분권자이지만, 국가공무원법에 따라 국무총리 소속으로 설치된 징계위원회에서 행한 징계의결에 대하여는 중앙행정기관의 장이 행한다(국가공무원법 제82조 제 1 항 본문).

경찰공무원의 징계는 징계위원회의 의결을 거쳐 징계위원회가 설치된 소속기관의 장이 하되, 「국가공무원법」에 따라 국무총리 소속으로 설치된 징계위원회에서 의결한 징계는 경찰청장 또는 해양경찰청장이 한다. 다만, 파면·해임·강등 및 정직은 징계위원회의 의결을 거쳐 해당 경찰공무원의 임용권자가 하되, 경찰청 또는 해양경찰청 소속 경무관 이상의 강등 및 정직과 경정 이상의 파면 및 해임은 경찰청장 또는 해양경찰청장의 제청으로 행정안전부장관 또는 해양수산부장관과 국무총리를 거쳐 대통령이 하고(제 1 호), 총경 및 경정의 강등 및 정직은 경찰청장 또는 해양경찰청장이 한다(경찰공무원법 제33조).

5. 징계절차

(1) 징계의결의 요구

공무원이 국가공무원법 제78조 제 1 항 각 호의 징계사유에 해당하는 때에는 징계의결의 요구를 하여야 한다(국가공무원법 제78조 제 1 항).

판례는 징계사유에 해당하는 것이 명백한 경우에는 징계권자에게 징계를 요구할 의무가 있지만, 징계권자는 징계사유에 해당하는지 여부에 관하여 판단할 재량도 있다고 보고 있다(대판 2007. 7. 12, 2006도1390〈직무유기〉).

(2) 징계위원회의 의결절차 및 징계혐의자의 절차적 권리

공무원의 징계는 징계위원회의 의결에 따라 행해진다(국가공무원법 제82조 제 1 항 등).

징계위원회에서의 의결절차는 징계혐의자에게 충분한 절차적 권리를 보장하는 등 재판절차에 준하는 절차가 보장되는 것이 타당하다.

① 징계혐의자의 출석(「공무원 징계령」 제10조)

② 심문과 진술권(「공무원 징계령」 제11조)

③ 사실조사 및 감정(「공무원 징계령」 제12조)

④ 회의의 비공개(「공무원 징계령」 제20조)

⑤ 징계위원회의 의결

징계위원회는 위원 5명 이상의 출석과 출석위원 과반수의 찬성으로 의결하되 의견이 나뉘어 출석위원 과반수의 찬성을 얻지 못한 경우에는 출석위원 과반수가 될 때까지 징계등 혐의자에게 가장 불리한 의견에 차례로 유리한 의견을 더하여 가장 유리한 의견을 합의된 의견으로 본다(「공무원 징계령」 제12조 제 1 항).

⑥ 심사 또는 재심사청구

징계의결을 요구한 기관의 장은 징계위원회의 의결이 가볍다고 인정하면 그 처분을 하기 전에 다음 각 호(1. 국무총리 소속으로 설치된 징계위원회의 의결: 해당 징계위원회에 재심사를 청구, 2. 중앙행정기관에 설치된 징계위원회(중앙행정기관의 소속기관에 설치된 징계위원회는 제외한다)의 의결: 국무총리 소속으로 설치된 징계위원회에 심사를 청구, 3. 제 1 호 및 제 2 호 외의 징계위원회의 의결: 직근 상급기관에 설치된 징계위원회에 심사를 청구)의 구분에 따라 심사 또는 재심사를 청구할 수 있다. 이 경우 소속 공무원을 대리인으로 지정할 수 있다(국가공무원법 제82조 제 2 항). 징계위원회는 제 2 항에 따라 심사나 재심사가 청구된 경우에는 다른 징계 사건에 우선하여 심사나 재심사를 하여야 한다(제 3 항).

6. 징계처분

(1) 징계처분의 성질

징계처분은 행정처분의 성질을 갖는다. 따라서 행정심판 및 행정소송의 대상이 된다.

국가공무원법은 징계권자는 징계의결의 결과에 따라 징계처분을 행하여야 한다고 규정하고 있다(제78조 제 1 항).

공무원의 징계는 고도의 정책적 성격을 갖는 재량행위이다. 공무원의 징계사유의 경중 및 경위와 함께 공무원의 평소의 근무성적 및 근무태도를 고려하여 결정하여야 한다. 따라서 징계처분은 재량행위이다(대판 2007. 5. 11, 2006두19211〈해임처분취소 등〉).

[판례 1] **공무원에 대한 징계처분이 재량권의 범위를 벗어난 위법한 처분인지 여부의 판단기준:** 공무원인 피징계자에게 징계사유가 있어서 징계처분을 하는 경우, 어떠한 처분을 할 것인가 하는 것은 징계권자의 재량에 맡겨진 것이고, 다만 징계권자가 재량권의 행사로서 한 징계처분이 사회통념상 현저하게 타당성을 잃어 징계권자에게 맡겨진 재량권을 일탈하였거나 남용한 것이라고 인정되는 경우에 한하여 그 처분을 위법하다고 할 수 있고, **그 징계처분이 사회통념상 현저하게 타당성을 잃어 재량권의 범위를 벗어난 위법한 처분이라고 할 수 있으려면 구체적인 사례에 따라 수행직무의 특성, 징계의 원인이 된 비위사실의 내용과 성질, 징계에 의하여 달성하려는 행정목적, 징계양정의 기준 등 여러 가지 요소를 종합하여 판단할 때에 그 징계내용이 객관적으로 명백히 부당하다고 인정할 수 있는 경우**라야 한다(대판 1999. 4. 27, 99두1458). [평석] 아무런 변제 대책도 없이 과다채무를 부담한 경찰공무원에 대한 해임처분이 재량권의 범위를 일탈·남용한 것이라고 할 수 없다고 본 사례이다.

[판례 2] 경찰공무원이 혈중알콜농도 0.27%의 주취상태에서 승용차를 운전하다가 승용차 2대를 들이받고 그 차에 타고 있던 사람 4명에게 상해를 입히는 사고를 내어 벌금

3,000,000원의 약식명령을 받은 비위사실에 대하여, 그 비위의 내용과 성질 및 징계처분의 목적, 경찰공무원이 주장하는 여러 정상들을 종합하여 보면, 해당 경찰공무원에 대한 정직 2월의 징계처분은 적정하고 그것이 재량권의 범위를 일탈하거나 남용한 것이라고 볼 수 없다(대판 1997. 11. 14, 97누7325).

(2) 징계처분사유설명서의 교부

공무원에 대하여 징계처분등을 할 때나 강임·휴직·직위해제 또는 면직처분을 할 때에는 그 처분권자 또는 처분제청권자는 처분의 사유를 적은 설명서를 교부하여야 한다. 다만, 본인의 원(願)에 따른 강임·휴직 또는 면직처분은 그러하지 아니하다(국가공무원법 제75조 제 1 항).

처분권자 또는 처분제청권자는 피해자가 요청하는 경우 「성폭력범죄의 처벌 등에 관한 특례법」 제 2 조에 따른 성폭력범죄(제 1 호) 및 「양성평등기본법」 제 3 조 제 2 호에 따른 성희롱(제 2 호), 직장에서의 지위나 관계 등의 우위를 이용하여 업무상 적정범위를 넘어 다른 공무원 등에게 부당한 행위를 하거나 신체적·정신적 고통을 주는 등의 행위로서 대통령령등으로 정하는 행위(제 3 호)에 해당하는 사유로 처분사유 설명서를 교부할 때에는 그 징계처분결과를 피해자에게 함께 통보하여야 한다(국가공무원법 제75조 제 2 항).

징계처분사유설명서를 교부하지 않은 것은 징계처분의 절차상 하자로서 취소사유가 된다고 보아야 한다.

(3) 징계처분과 일사부재리의 원칙 및 복수의 징계사유

동일한 징계사유로 징계처분을 받은 자를 다시 징계를 할 수는 없다. 그러나 다른 징계사유를 근거로 다시 징계하는 것은 가능하며 징계받은 후 동일한 징계사유가 다시 발생하였거나 징계사유가 계속된 경우에 다시 징계처분하는 것이 가능하다.

두 개의 징계사유 중 그 일부가 인정되지 않는다 하더라도 인정되는 다른 일부 징계사유만으로도 해당 징계처분이 정당하다고 인정되는 경우에는 그 징계처분을 유지한다고 하여 위법하다고 할 수 없다(대판 1997. 5. 9, 96누1184; 대판 2002. 9. 24, 2002두6620).

7. 징계처분의 종류

국가공무원에 대한 징계에는 파면·해임·강등·정직(停職)·감봉·견책(譴責)이 있다(법 제79조).

징계 중 파면·해임·강등·정직을 중징계라 하고, 감봉·견책을 경징계라 한다(「공무원 징계령」 제 1 조의3, 「경찰공무원 징계령」 제 2 조).

실무상 경고가 징계의 하나로 행해지고 있다.

(1) 파면과 해임

파면과 해임은 모두 공무원의 신분을 박탈하는 징계처분인 점에서는 동일하지만 공직에의 취임제한(파면은 5년간, 해임은 3년간), **퇴직급여 및 퇴직수당급여의 제한**(파면은 2분의 1 감액, 해임은 전액 지급), **연금**(파면은 50% 삭감하여 지급, 해임은 25% 삭감하여 지급) 등 그 부수적인 효과가 다르다.

(2) 강 등

강등은 1계급 아래로 직급을 내리고 공무원신분은 보유하나 3개월간 직무에 종사하지 못하며 그 기간 중 보수는 전액을 감한다(국가공무원법 제80조 제 1 항).

강등(3개월간 직무에 종사하지 못하는 효력 및 그 기간 중 보수는 전액을 감하는 효력으로 한정한다), 정직 및 감봉의 징계처분은 휴직기간 중에는 그 집행을 정지한다(국가공무원법 제80조 제 6 항).

(3) 정 직

정직이란 공무원의 신분은 유지하나 일정기간 직무에 종사하지 못하도록 하는 징계벌이다.

정직은 1개월 이상 3개월 이하의 기간으로 하고 정직처분을 받은 자는 정직기간 동안 직무에 종사하지 못하며 정직기간중 보수는 전액이 감해진다(법 제80조 제 3 항). 정직을 받은 자는 승진·승급이 18개월 동안 제한된다(제 6 항, 공무원보수규정).

(4) 감 봉

감봉이란 징계의 대상이 되는 공무원에 대하여 직무담임을 계속하게 하면서 보수만을 감하는 징계벌이다.

감봉은 1개월 이상 3개월 이하의 기간으로 행해지며 감봉을 받은 자는 감봉기간 동안 보수의 3분의 1이 감해진다(법 제80조 제 4 항). 감봉을 받은 자는 승진·승급이 12개월간 제한된다.

(5) 견　　책

견책이란 전과에 대하여 훈계하고 회개하게 하는 징계벌이다(법 제80조 제 5 항). 견책을 받은 자는 6개월간 승진·승급이 제한된다.

(6) 경　　고

경고는 법령상 정해진 징계의 종류는 아니지만, 실무상 가장 가벼운 징계로 행해지고 있다.

경고는 원칙상 공무원의 신분에 법적 효과를 미치지 않으므로 처분이 아니지만, 실제상 공무원의 신분에 영향을 미치는 경우에는 처분으로 볼 수 있다.

[판례 1] 공무원이 소속 장관으로부터 **"직상급자와 다투고 폭언하는 행위 등에 대하여 엄중 경고하니 차후 이러한 사례가 없도록 각별히 유념하기 바람"이라는 내용의 서면에 의한 경고**가 공무원의 신분에 영향을 미치는 국가공무원법상의 징계의 종류에 해당하지 아니하고, 근무충실에 관한 권고행위 내지 지도행위로서 그 때문에 공무원으로서의 신분에 불이익을 초래하는 법률상의 효과가 발생하는 것도 아니므로, 경고가 국가공무원법상의 **징계처분이나 행정소송의 대상이 되는 행정처분이라고 할 수 없어** 그 취소를 구할 법률상의 이익이 없다(대판 1991. 11. 12, 91누2700).

[판례 2] 행정규칙에 의한 징계처분이 항고소송의 대상이 되는 행정처분에 해당한다고 한 사례: **행정규칙에 의한 '불문경고조치'**가 비록 법률상의 징계처분은 아니지만 위 처분을 받지 아니하였다면 **차후 다른 징계처분이나 경고를 받게 될 경우 징계감경사유로 사용될 수 있도록 표창공적의 사용가능성을 소멸시키는 효과와 1년 동안 인사기록카드에 등재됨으로써 그동안은 장관표창이나 도지사표창 대상자에서 제외시키는 효과 등이 있다는 이유로 항고소송의 대상이 되는 행정처분에 해당한다고 한 사례**(대판 2002. 7. 26, 2001두3532).

(7) 징계조치와 승진 또는 승급

공무원으로서 징계처분을 받은 자에 대하여는 그 처분을 받은 날 또는 그 집행이 종료된 날부터 대통령령 등으로 정하는 기간 동안 승진임용 또는 승급할 수 없다. 다만, 징계처분을 받은 후 직무수행의 공적으로 포상 등을 받은 공무원에 대하여는 대통령령등으로 정하는 바에 따라 승진임용이나 승급을 제한하는 기간을 단축하거나 면제할 수 있다(법 제80조 제 7 항).

Ⅱ. 변상책임

1. 의 의

변상책임이란 공무원의 직무상 의무에 위반하여 국가 또는 지방자치단체에게 재산상의 손해를 끼친 경우에 그 손해를 배상하여야 하는 책임을 말한다.

현행법은 일반공무원의 변상책임은 규정하지 않고 회계관계직원, 물품·재산관리공무원 등의 변상책임만을 인정하고 있다.

2. 법적 근거

「회계관계직원 등의 책임에 관한 법률」은 '회계관계직원'의 변상책임에 관한 일반법이다.

국유재산법 제79조는 회계관계직원의 변상책임에 준하여 국유재산관리공무원의 변상책임을 규정하고 있다.

3. 변상책임의 성질

변상책임은 공법상의 책임이다.

4. 변상책임의 성립요건

(1) 직무상 의무 위반

회계관계직원의 직무상 의무란 법령 그 밖의 관계규정 및 예산에 정하여진 바에 따라 성실하게 그 직무를 수행하여야 할 의무를 말한다(「회계관계직원 등의 책임에 관한 법률」 제 3 조, 제 4 조 제 1 항).

(2) 주관적 책임요건

회계관계공무원에게 고의 또는 중대한 과실이 있어야 한다(법 제 4 조 제 1 항). 다만, 현금 또는 물품을 출납·보관하는 회계관계직원은 선량한 관리자로서의 주의를 게을리한 경우에 변상책임을 진다(법 제 4 조 제 2 항).

(3) 국가 등의 재산에 대한 손해의 발생

회계관계직원의 변상책임에 있어서는 국가·지방자치단체 그 밖에 감사원의 감사를 받는 단체 등의 재산에 대하여 손해를 가했어야 한다.

5. 변상책임의 추급(追及)

(1) 변상책임의 결정

1) 행정기관의 장의 변상명령

중앙관서의 장, 지방자치단체의 장, 감독기관의 장 또는 해당 기관의 장은 회계관계직원이 제 4 조에 따른 변상책임이 있다고 인정되는 경우에는 감사원이 판정하기 전이라도 회계관계직원에 대하여 변상을 명할 수 있다(법 제 6 조 제 1 항).

변상명령은 내부행위이며 법적 행위가 아니므로 행정심판이나 항고소송의 대상이 될 수 없다. 변상명령에 따르지 않는 경우에 대한 강제집행규정도 없다.

2) 감사원의 변상판정

감사원은 감사의 결과에 따라 따로 법률이 정하는 바에 따라 회계관계직원 등에 대한 변상책임의 유무를 심리하고 판정한다(감사원법 제31조 제 1 항).

감사원의 변상판정은 변상책임의 유무, 변상책임자 및 변상액을 결정하는 행정행위(확인행위)이다.

3) 변상판정에 따른 변상명령

감사원이 변상책임이 있다고 판정하면 변상책임자의 소속 장관 또는 감독기관의 장은 변상책임자에게 변상명령을 내린다.

이 변상명령은 그 자체가 하나의 독립한 행정행위이며, 변상명령 자체의 위법을 이유로 하는 경우 변상명령에 대하여 항고소송을 제기할 수 있다.

(2) 변상책임의 강제집행

감사원의 변상판정 전의 소속 행정기관의 장의 변상명령에 대하여는 강제집행에 관한 규정이 존재하지 않는다. 또한 그 변상명령은 변상의무를 발생시키는 법적 행위는 아니다. 따라서 상대방이 이행하지 않더라도 강제집행을 할 수 없고 소속 기관의 장 등은 감사원에 변상판정을 청구하는 수밖에 없다.

감사원의 변상판정에 따른 변상의 책임을 변상책임자가 감사원이 정한 기한 내에 이행하지 아니하였을 때에는 소속 장관 또는 감독기관의 장은 관계 세무서장에게 위탁하여 국세징수법 중 체납처분의 규정을 준용하여 이를 집행한다(감사원법 제31조 제 5 항).

6. 해당 공무원의 불복절차

소속 행정기관의 장의 변상명령에 불복하는 해당 공무원은 감사원장이 정하는 판정청구서에 의하여 감사원에 판정을 청구할 수 있다(「회계관계직원 등의 책임에 관한 법률」 제 6 조 제 3 항).

감사원의 변상판정에 대하여 위법 또는 부당하다고 인정하는 본인·소속장관·감독기관의 장 또는 해당 기관의 장은 변상판정서가 도달한 날부터 3개월 이내에 감사원에 재심의를 청구할 수 있다(감사원법 제36조 제 1 항).

감사원의 재심의판정에 대하여는 감사원을 당사자로 하여 행정소송을 제기할 수 있다. 다만, 그 효력을 정지하는 가처분결정은 할 수 없다(감사원법 제40조 제 2 항).

감사원의 재심의는 행정심판의 성질을 갖는다. 재심의판정은 행정심판의 재결에 해당한다.

감사원법상의 감사원의 재심의는 필요적 전치절차이며 감사원법은 재심의판정에 대한 불복에 있어 원처분인 변상판정이 아닌 행정심판의 재결인 재심의판정을 대상으로 행정소송을 제기하도록 하여 재결주의를 취하고 있다.

Ⅲ. 공무원의 배상책임

공무원이 직무를 집행하면서 고의 또는 중과실로 국민에게 손해를 발생시킨 경우에는 피해자에 대하여 직접 배상책임을 지고, 공무원에게 고의 또는 중과실이 있는 경우에는 국가 또는 지방자치단체에 대하여 구상책임을 진다.

공무원이 직무와 무관하게 불법행위를 하여 손해를 발생시킨 경우에는 민법 제750조에 근거하여 배상책임을 진다.

제 3 편

경찰 행정 작용법

제 1 장 경찰행정작용의 근거와 한계

제 1 절 경찰권의 근거 [1996 입법고시 약술]

법률유보의 원칙에 따르면 일정한 행정권의 행사(중요사항유보설에 따르면 중요한 행정권의 행사)에는 법률의 수권(授權)이 있어야 한다. **법률유보원칙상의 수권**이란 원칙상 조직법상의 권한규정이 아니라 **작용법상의 수권**을 말한다. 그리고 **행정권의 수권**이란 원칙적으로 **개별적 수권**을 말한다. 그런데 경찰행정에 있어서는 경찰행정의 특수성에 비추어 일반적(개괄적) 수권도 가능하다는 견해가 제기되고 있다.

Ⅰ. 경찰법상 일반수권조항 [2003 행시 사례형 약술, 2006 행시 사례, 2006 경감승진 약술, 2009 입법고시 사례]

1. 일반수권조항의 인정문제

일반수권조항(一般授權條項)이란 경찰권의 발동근거가 되는 개별적인 작용법적 근거가 없을 때 경찰권 발동의 일반적·보충적 근거가 될 수 있도록 개괄적(概括的)으로 수권된 일반조항을 말한다.

공공의 안녕과 질서를 유지하기 위하여 경찰권을 발동하여야 할 필요가 있는 경우에 법률에 개별적인 수권규정이 없는 경우에 일반수권조항이 경찰권 발동의 근거가 될 수 있는지에 대하여 견해가 대립되고 있다.

우리나라에서 **일반수권조항**(개괄적 수권조항이라고도 한다)의 논의는 두 차원, 즉 **입법론과 해석론의 차원**에서 행해지고 있다. 즉 일반수권조항을 규정하는 것이 우리 헌법질서상 가능한가 하는 논의(입법론)와 「경찰관 직무집행법」 제 2 조[12] 제 7

12) 제 2 조(직무의 범위) 경찰관은 다음 각 호의 직무를 수행한다.
1. 국민의 생명·신체 및 재산의 보호
2. 범죄의 예방·진압 및 수사
2의2. 범죄피해자 보호
3. 경비, 주요 인사(人士) 경호 및 대간첩·대테러 작전 수행
4. 공공안녕에 대한 위험의 예방과 대응을 위한 정보의 수집·작성 및 배포
5. 교통의 단속과 교통 위해(危害)의 방지

호, 제2조 제7호와 제5조 제1항 제3호, 제5조 제1항 제3호, 제2조· 제5조·제6조의 결합 등이 경찰권 행사의 일반수권조항이 되는 것으로 해석될 수 있는가 하는 논의(해석론)가 그것이다.

(1) 일반수권조항의 합헌성

경찰권 행사의 특수성에 의해 경찰행정법에서는 독일에서와 같이 일반수권조항을 적법한 수권조항으로 인정하여야 한다는 견해가 과연 헌법상 인정될 수 있는가 하는 문제가 제기된다.

1) 일반수권조항 합헌설

이 견해는 경찰행정법분야에서는 경찰행정의 특성상 일반적 수권도 인정하여야 한다는 것이다. ① 경찰권 발동상황의 다양성과 경찰권 발동이 필요한 상황의 예측불가능성에 비추어 경찰분야에서는 일반수권조항이 필요하고, ② 일반수권조항도 법률에 의해 규정되는 것이므로 헌법 제37조 제2항(법률유보의 원칙)에 정면으로 위배되는 것은 아니라고 본다.

2) 일반수권조항 위헌설

이에 대하여 일반수권조항은 현행 헌법상 위헌이라는 소수 견해가 있다.

① 이 견해는 우리 헌법상의 법률유보의 원칙은 행정권의 발동에 있어서의 법률의 수권은 개별적 수권이어야 한다고 보는 데 근거하고 있다. ② 또한 이 견해는 일반수권조항을 인정하게 되면 경찰권의 행사에 관하여 백지의 포괄적 재량권을 부여하는 것이 되어 경찰권의 남용으로 국민의 기본권이 침해될 우려가 크다는 데에도 근거하고 있다.

3) 사 견

경찰행정의 특성에 비추어 일반수권조항 합헌설이 타당하다.

(2) 현행법상 일반수권조항의 존재 여부

「경찰관 직무집행법」상 일반수권조항의 존재 여부와 관련해서 종래에는 제2조 제7호(그 밖의 공공의 안녕과 질서유지), 제2조 제7호와 제5조 제1항 제3호의 유추해석에 의해 인정하는 견해와 부정설이 주로 논의되었으나, 최근 들어 제5조 제1항 제3호(위험발생의 방지 등), 제2조·제5조·제6조(범죄의 예방과 제지)

6. 외국 정부기관 및 국제기구와의 국제협력
7. 그 밖에 공공의 안녕과 질서 유지

의 결합을 통한 유추해석에 의해 인정하는 견해들도 논의되고 있다. 한편 부정설은 ① 입법필요설과 ② 입법불필요설로 나뉜다.

1) 긍 정 설

가. 제 2 조 제 7 호를 일반수권조항으로 보는 견해 먼저 **전면적 긍정설**은 일반수권조항이 명문으로 규정되는 것이 바람직하지만 일반수권조항의 필요성 및 현재에 있어서의 일반수권조항의 흠결에 비추어 **일반수권조항이 입법되기 전까지는 직무규범에 포함되어 있는 「경찰관 직무집행법」 제 2 조 제 7 호를 권한규범(수권규범)[13] 으로서의 일반조항으로 인정**하여 경찰권의 발동을 가능하게 하여야 한다고 본다(류지태 · 박종수).

다음으로 **부분적 인정설**은 현행법상 일반수권조항을 인정할 수 있는가의 문제는 **침해의 근거규범**으로서 일반수권조항의 인정가능성의 문제와 **비침해예방작용의 근거규범**으로서의 일반수권조항의 인정가능성의 **문제를 구분하여 보는 것이 타당하**다고 본다. ① **침해작용의 경우**에는 권한규범(수권규범)과 임무규정을 엄격히 구분하여야 하고, 침해적 경찰권의 발동에는 작용법적 수권규정의 근거가 있어야 하는데, 「경찰관 직무집행법」 제 2 조 제 7 호는 권한규범(수권규범)이 아니라 임무규범에 불과하며 사인에 대한 침해까지 가능하게 하는 규정으로 보아서는 아니 되며, 일반수권조항을 두는 입법조치가 필요하다. 그러나 ② **비침해예방작용**에서 법적 근거는 임무규정만으로 족하다고 본다. 다만, 이러한 작용의 경우에도 개인의 권리 · 이익을 침해하기 위해서는 권한규범(수권규범)의 근거를 요한다(홍정선).

나. 제 2 조 제 7 호와 제 5 조 제 1 항 제 3 호의 유추해석[14]에 의해 인정하는 견해 이 견해는 일반수권조항을 「경찰관 직무집행법」 제 2 조 제 7 호와 제 5 조 제 1 항 제 3 호의 유추해석에 따라 인정하는 견해이다. 제 5 조 제 1 항 제 3 호는 개인적 법익에 대한 일반수권조항이라고 보고, 공동체적 법익에 대해서는 제 2 조 제 7 호를 유추적용하여 일반수권조항을 인정할 수 있다고 본다(손재영; 이기우).

다. 제 5 조 제 1 항 제 3 호의 유추해석에 의해 인정하는 견해 이 견해는 「경찰관 직무집행법」 제 5 조 제 1 항 제 3 호는 개인적 법익에 대한 위험이 존재하는

---

13) 권한규범이라는 용어는 부적절하며 수권이라고 하는 것이 타당하다. 왜냐하면 일반적으로 행정법에서 **권한이라 하면 행정기관의 조직법상 권한**을 말하기 때문이다. 행정기관의 조직법상의 권한은 행정기관의 대외적 활동의 일반적인 한계를 의미한다.

14) 법률에 명시되어 있지 않은 사항에 대하여 그와 유사한 성질을 가지는 사항에 관한 법률을 적용하는 것을 유추해석이라고 한다.

경우 위험방지조치를 수권하는 규정이기 때문에 사회적 법익이나 국가적 법익 또는 공공의 질서에 대한 위험이 존재할 때에는 경찰이 위험방지조치를 취할 수 없는 문제점이 발생한다고 보고, 이러한 문제점을 해결하기 위하여 사회적 법익이나 국가적 법익 또는 공공의 질서에 대한 위험이 존재할 때에는 개인적 법익에 대한 위험이 존재하는 경우에 위험방지조치를 수권하고 있는 법 제 5 조 제 1 항 제 3 호를 유추적용할 수 있다고 한다(서정범; 김성태; 홍준형). 한편 이 규정을 완전한 의미의 일반수권조항이라고 할 수 없으며 제 5 조 제 1 항 제 3 호가 일반수권조항으로써 일반법으로 적용되는 것은 시기상조이며, 보호이익 측면과 수범자 측면, 비용상환 및 손실보상 측면 등의 법개정을 통해 보완될 때까지 유보되어야 할 것이라는 비판적인 견해도 있다(이기춘).

라. 제 2 조·제 5 조·제 6 조의 결합을 통한 유추해석에 의해 인정하는 견해

이 견해는 제 2 조 제 7 호에 규정된 "공공의 안녕과 질서유지"를 제 1 의 일반수권조항으로 보면서, 제 5 조 제 1 항 제 3 호를 개인적 법익의 보호를 위한 제 2 의 일반수권조항으로, 제 6 조를 국가적·사회적 법익의 보호를 위한 제 3 의 일반수권조항으로 보고 있다(朴正勳).

한편「경찰관 직무집행법」제 2 조 제 7 호를 일반수권조항으로 우선적으로 고려하여야 하나 동조항의 임무규범으로서의 성질이 강조되는 한, 제 5 조 제 1 항, 제 6 조가 보완적인 역할을 하여야 한다는 견해가 있다(이승민). 이 견해는 일반수권조항을 인정한다고 하더라도 이것이「경찰관 직무집행법」을 전제로 하는 이상, 이는 제도적 의미의 경찰 외에 일반행정기관에는 적용되기 어려울 것이라고 한다. 따라서 이에 대해서는 입법을 통해 보완할 필요가 있을 것이라고 주장한다.

2) 부 정 설

「경찰관 직무집행법」제 2 조 제 7 호, 제 5 조 제 1 항 제 3 호, 제 6 조를 일반수권조항으로 보는 것에 반대하는 견해이다. 부정설은 일반수권조항에 대한 입법필요성 여부에 따라 입법필요설과 입법불필요설로 나뉜다. 먼저 ① **입법필요설**(일반수권조항의 입법필요성 인정설)은「경찰관 직무집행법」제 2 조 제 7 호는 경찰의 직무범위 또는 조직법상의 일반적 권한을 정한 것이며 경찰권 발동의 작용법적 근거를 정한 것은 아니라고 보는데 근거하고 있다. 한편 현행「경찰관 직무집행법」상의 개별적 수권조항들은 경찰상의 위험에 해당하는 경우를 포괄하고 있고, 특히 제 5 조 제 1 항은 다른 규정에서 규정하고 있지 않은 공백상태를 상당부분 규율하고

있어서 실무상 일반조항의 필요성이 그리 큰 것은 아니라고 보는 견해도 있다(김동희).

다음으로 ② **입법불필요설**(일반수권조항의 입법필요성 부정설)은 현행법상 일반수권조항이 존재하지 않을 뿐만 아니라 경찰권 발동의 근거조항은 개별적 근거조항이어야 하고, 경찰권의 일반적·포괄적 수권은 법치주의에 반하는 것으로서 허용될 수 없다는 견해이다(최영규).

3) 판 례

아직 판례가 확립된 것이라고 볼 수는 없지만 「경찰관 직무집행법」 제 2 조에 근거하여 경찰권이 발동될 수 있다고 본 대법원 판결이 있다(아래 [판례 1]).

헌법재판소는 경찰법 제 3 조와 「경찰관 직무집행법」 제 2 조를 경찰권 발동의 일반수권조항으로 본다. 헌재 2011. 6. 30, 2009헌마406 결정에서 재판관 이동흡, 재판관 박한철의 반대의견도 이러한 입장을 취하고 있다(아래 [판례 3]). 그러나 재판관 김종대, 재판관 송두환의 보충의견은 "경찰의 임무 또는 경찰관의 직무 범위를 규정한 경찰법 제 3 조, 「경찰관 직무집행법」 제 2 조는 그 성격과 내용 및 일반수권조항이라 하여 국민의 기본권을 구체적으로 제한 또는 박탈하는 행위의 근거조항으로 삼을 수는 없다"고 하여 부정적인 입장을 취하고 있다(아래 [판례 4]).

[판례 1] 청원경찰법 제 3 조는 청원경찰은 청원주와 배치된 기관, 시설 또는 사업장 등의 구역을 관할하는 경찰서장의 감독을 받아 그 경비구역 내에 한하여 경찰관직무집행법에 의한 직무를 행한다고 정하고 있고, 한편 **경찰관직무집행법 제 2 조에 의하면** 경찰관은 범죄의 예방, 진압 및 수사, 경비, 요인 경호 및 대간첩작전수행, 치안정보의 수집작성 및 배포, 교통의 단속과 위해의 방지 기타 공공의 안녕과 질서유지 등을 그 직무로 하고 있는 터이므로 **경상남도 양산군 도시과 단속계 요원으로 근무하고 있는 청원경찰관이** 공소 외 2인이 원심판시와 같이 1984. 12. 29. 경상남도 양산군 장안면에 있는 피고인의 집에서 피고인의 형 공소 외 1이 **허가 없이 창고를 주택으로 개축하는 것을 단속한 것은 그들의 정당한 공무집행에 속한다고 할 것**이므로, 이를 폭력으로 방해한 피고인의 판시소위를 공무집행방해죄로 다스린 원심조치는 정당하다(대판 1986. 1. 28, 85도2448〈특수공무집행방해등〉). **[평석]** 판례는 단순히 위법건축물의 단속이 청원경찰의 직무범위에 속한다는 것을 판시하였을 뿐 단속조치가 구체적으로 어떤 수권규정에 근거하고 있는지를 언급하고 있지 아니하다.

[판례 2] **주민등록증을 발급할 때 열 손가락의 지문을 날인하도록 하고, 경찰청장이 주민등록증 발급 신청서에 날인되어 있는 지문정보를 보관 전산화하고 이를 범죄수사 목적으로 이용하는 것은 개인정보자기결정권을 침해하는지 여부(소극):** 주민등록법 제17조의8 제 2 항 본문은 주민등록증의 수록사항의 하나로 지문을 규정하고 있을 뿐 '오른손 엄지손가락 지문'이라

고 특정한 바가 없으며, 이 사건 **시행령조항에서는 주민등록법 제17조의8 제 5 항의 위임규정에 근거**하여 주민등록증발급신청서의 서식을 정하면서 보다 정확한 신원확인이 가능하도록 하기 위하여 **열 손가락의 지문을 날인하도록 하고 있는 것**이므로, 이를 두고 법률에 근거가 없는 것으로서 **법률유보의 원칙에 위배되는 것으로 볼 수는 없다**(헌재 2005. 5. 26, 99헌마513, 2004헌마190(병합) 전원재판부〈주민등록법제17조의8등위헌확인등〉)." **[평석]** 경찰청장이 명문의 규정이 없이 지문정보를 보관하는 행위가 법률유보의 원칙에 위배되는 것이라고 볼 수 없다고 한 사례로서 경찰법 제 3 조 및 「경찰관 직무집행법」 제 2 조에도 근거하고 있다고 보았다. 이에 대해서는 반대의견이 있다. 즉 경찰법 제 3 조는 조직법이며 「경찰관 직무집행법」 제 2 조는 일반적인 직무집행의 범위를 규정한 것에 불과하다는 것이다(재판관 송인준, 재판관 주선회, 재판관 전효숙의 반대의견).

[판례 3] "시의적절하고 효율적인 경찰권 행사를 위한 현실적 필요성이 있다는 점과 경찰권 발동의 근거가 되는 일반조항을 인정하더라도 경찰권 발동에 관한 조리상의 원칙이나 법원의 통제에 의해 그 남용이 억제될 수 있다는 점을 종합해 보면, **경찰 임무의 하나로서 '그 밖의 공공의 안녕과 질서유지'를 규정한 경찰법 제 3 조 및 경찰관직무집행법 제 2 조는 일반적 수권조항**으로써 경찰권 발동의 법적 근거가 될 수 있다고 할 것이다"(헌재 2011. 6. 30, 2009헌마406. 재판관 이동흡, 재판관 박한철의 반대의견). **[해설]** 일반수권조항 긍정설의 입장으로 「경찰관 직무집행법」 제 2 조를 일반수권조항의 법적 근거로 보고 있다.

[판례 4] "그 성격과 내용 및 아래와 같은 이유로 **'일반적 수권조항'이라 하여 국민의 기본권을 구체적으로 제한 또는 박탈하는 행위의 근거조항으로 삼을 수는 없으므로** 위 조항 역시 이 사건 통행제지행위 발동의 법률적 근거가 된다고 할 수 없다. 우선 우리 헌법이 국민의 자유와 권리를 제한하는 경우 근거하도록 한 '법률'은 개별적 또는 구체적 사안에 적용할 작용법적 조항을 의미하는 것이지, 조직법적 규정까지 포함하는 것이 아니다. 다음으로 이를 일반적 수권조항이라고 보는 것은 각 경찰작용의 요건과 한계에 관한 개별적 수권조항을 자세히 규정함으로써 **엄격한 요건 아래에서만 경찰권의 발동을 허용하려는 입법자의 의도를 법률해석으로 뒤집는 것**이다. 또한 **국가기관의 임무 또는 직무에 관한 조항을 둔 다른 법률의 경우에는 이를 기본권제한의 수권조항으로 해석하지 아니함에도 경찰조직에만 예외를 인정하는 것은 법치행정의 실질을 허무는 것**이다. 마지막으로 만약 위 조항들이 일반적 수권조항에 해당한다고 인정하더라도 **명확성의 원칙 위반**이라는 또 다른 위헌성을 피할 수 없으므로 결국 합헌적인 법률적 근거로 볼 수 없게 된다. **따라서 경찰청장의 이 사건 통행제지행위는 법률적 근거를 갖추지 못한 것이므로 법률유보원칙에도 위반하여 청구인들의 일반적 행동자유권을 침해한 것이다**"(헌재 2011. 6. 30, 2009헌마406. 재판관 김종대, 재판관 송두환의 보충의견). **[해설]** 일반수권조항 부정설의 입장으로 「경찰관 직무집행법」 제 2 조가 일반수권조항의 법적 근거가 될 수 없다고 한다.

4) 사 견

생각건대, ① 「경찰관 직무집행법」 제 2 조 제 7 호는 경찰의 임무규정일 뿐이며 수권규정이라고 할 수 없다. ② 그리고 법 제5조 제1항 제3호는 일반수권조항의 성격을 갖는다고 볼 여지가 있으나 개인적 법익의 보호만이 그 대상이 되며 공동체적 법익의 보호는 그 대상이 되지 않으며 또한 ③ 제5조에 의해 취할 수 있는 경찰조치도 경고와 제지에 국한된다는 점에서 한계가 있다. 따라서 **부정설이 타당하며** 독일[15)]처럼 **별도의 일반수권조항을 신설할 필요가** 있다(입법필요설).

다만, 국민에 대한 경찰권 발동이 아닌 경찰활동(예 국민의 프라이버시를 침해하지 않는 일반적인 정보의 수집)이나 국민에 대한 경찰권의 발동이라도 법률유보의 원칙이 적용되지 않는 사항인 경우(예 경찰상 지도)에는 법률의 수권 없이도 경찰작용이 가능하다(홍정선).

2. 일반수권조항에 따른 경찰권 발동의 요건

일반수권조항에 따라 경찰권이 발동되기 위하여는 일정한 요건을 갖추어야 한다. ① 공공의 안녕 또는 질서에 위해(危害) 또는 장애가 존재하여 이를 예방하거나 제거할 필요가 있어야 한다. ② 일반수권조항에 의한 경찰권의 발동은 개별수권조항에 의한 경찰권 발동이 불가능한 경우에 보충적으로 인정된다. ③ 경찰권의 발동은 원칙상 재량에 속한다. 이를 나누어 고찰하면 다음과 같다.

(1) 공공의 안녕 또는 질서에 위해 또는 장애가 존재하여 이를 예방하거나 제거할 필요가 있을 것

1) 공공의 안녕

공공의 안녕이란 ① 개인의 생명·건강·자유 및 재산의 안전과 ② 국가와 그 기관의 온전성을 말한다. 따라서 개인의 법익뿐만 아니라 공동체의 법익도 경찰상 보호의 대상이 된다.

가. 개인적 법익의 보호 개인의 생명·건강·자유·재산 등 개인적 법익도 경찰상 보호의 대상이 된다. 그러나 이에는 **다음과 같은 제한이 존재**한다. ① 사법상의 권리의 보호와 사인간의 법적 분쟁의 해결은 원칙적으로 경찰의 직무에 속하지 않는다. **개인의 법익이 타인에 의해 침해된 경우에 법원에 의해 구제될 수 없거나 법원에 의한 구제가 현저히 곤란한 경우에 한하여 보충적으로 경찰에 의한 보호의 대상이 된다.** 또한 경찰권에 의한 개인적 법익의 보호는 잠정적인 것이어야 한다. 이를

---

15) 「독일 통일경찰법모범초안」 제8조(일반적 권한) ① 경찰은 제9조로부터 제24조까지가 경찰의 권한을 특별히 규율하지 않는 한, 구체적인 경우에 존재하는 공공의 안녕 또는 질서에 대한 위험을 방지하기 위하여 필요한 조치를 취할 수 있다.

경찰권 행사의 보충성의 원칙이라 한다. ② 개인적 법익의 보호가 공익을 위하여 필요한 경우이어야 한다. 경찰권은 순수하게 사익의 보호만을 위하여는 행사될 수 없다.

예를 들면, 낭비벽이 있는 알콜중독자의 경우 ① 그 가족이나 알콜중독자의 재산을 보호하기 위하여는 경찰권이 행사될 수 없으나, ② 알콜중독자가 판단력을 상실하고 알콜중독자 자신의 생명 또는 신체에 큰 위해가 발생한 경우에는 **일시적으로 보호조치**를 취할 수 있다. ③ 이 경우에도 「경찰관직무 집행법」 제 4 조 제 1 항 제 1 호의 요건에 해당하는 경우에는 일반수권조항의 보충성의 원칙에 비추어 해당 개별조항에 따른 경찰권이 발동되어야 하며 일반수권조항에 따른 경찰권의 발동은 인정되지 않는다.

나. 공동체 법익의 보호 경찰권은 국가와 그 기관의 온전성을 보호하기 위하여 행사될 수 있다. 보호의 대상이 되는 기관에는 의회, 정부, 법원, 국가의 행정청, 지방자치단체 및 공공시설(영조물)이 포함된다. 공동체 법질서(객관적 법질서)의 보호도 경찰권의 대상이 될 수 있다. 즉 공법규정의 위반은 공공의 안녕에 대한 위해가 된다고 본다. 특별한 공적인 이해관계가 있는 경우(예 경찰정보원의 신원누설)에는 국가기관활동의 기능보호를 위해 촬영금지가 인정될 수 있다는 견해가 있다(류지태·박종수).

2) 공공의 질서

공공의 질서란 공동체 생활을 유지하기 위하여 불가결한 것으로 요구되는 가치질서 및 윤리질서를 말한다. 그때그때의 윤리관 및 가치관에 따를 때 공동생활을 위하여 불가결한 것으로 인식되는 불문규범의 총체를 말한다. 도덕적 질서는 공공의 질서의 유지와 관계있는 한에서만 경찰권 발동의 대상이 된다(예 혼인외 동거는 공공의 질서에 반하는 것이 아님).

공공의 질서를 형성하는 가치적·윤리적 질서는 시대에 따라 지역에 따라 다를 수 있으므로 공공의 질서의 내용은 시대에 따라 변하는 것이며 지역에 따라 다를 수 있다.

다원사회에서 개인의 윤리관과 가치관은 최대한 존중되어야 하므로 공공의 질서는 매우 엄격하게 최소한으로 인정되어야 한다.

독일의 판례는 ① 공동묘지에서 무도회를 개최하는 것 ② 사형수의 초상을 광고에 사용하는 것 ③ 화장 후에 남은 유골을 전시 판매하는 것 ④ 학교숙제를 대행하는 것 등을 공공의 질서에 반하는 행위의 예로 들고 있다(정하중).

[판례] 전기통신사업법 제53조 제 1 항은 '공공의 안녕질서 또는 미풍양속을 해하는 통신'

으로 규정하고 이를 금지하고 있는바, 여기서의 '공공의 안녕질서'는 위 헌법 제37조 제 2 항의 '국가의 안전보장·질서유지'와, '미풍양속'은 헌법 제21조 제 4 항의 '공중도덕이나 사회윤리'와 비교하여 볼 때 동어반복이라 해도 좋을 정도로 전혀 구체화되어 있지 아니하다. **적어도 공권력에 의하여 표현의 내용을 규제하는 입법에서 아무런 추가적인 제한요건 없이 막연히 '공공의 안녕질서 또는 미풍양속을 해하는'이라는 잣대로 일체의 표현을 규제하는 것은** 표현의 자유에서 요구하는 **명확성의 요청에 현저하게 부응하지 못한 것**이라 하지 않을 수 없다(헌재 2002. 6. 27, 99헌마480〈전기통신사업법 제53조등 위헌확인〉).

3) 공공의 안녕 또는 질서에 대한 위해 또는 장애의 존재

가. 위 해 공공의 안녕이나 공공의 질서에 대한 위해(危害)란 공공의 안녕이나 공공의 질서를 침해할 상당한 위험을 말한다. 경찰권의 발동요건이 되는 공공의 안녕이나 공공의 질서에 대한 위해는 개연성이 있는 위해이어야 한다(예 ① 야간에 운전자가 인적이 전혀 없는 도로에서 교통신호를 준수하지 않은 경우, ② 구체적인 경우에 그로 인하여 교통상 장해가 발생할 수 있다는 것에 대한 고려 없이 주차금지표지판을 무시한 경우). 침해의 가능성만으로는 안 되며 개연성(상당한 가능성)이 있어야 한다. 경찰권 발동으로 표현의 자유가 제한되는 경우에는 '명백하고 현존하는 위험'(clear and present danger)이 있어야 한다.

[판례] **「집회 및 시위에 관한 법률」상 집회의 사전 금지 또는 제한이 있는 경우 및 실제 이루어진 집회가 당초 신고 내용과 달리 타인의 법익이나 공공의 안녕질서에 직접적이고 명백한 위험을 초래하지 않은 경우, 사전에 금지통고된 집회라는 이유만으로 해산을 명하고 이에 불응하였다고 하여 처벌할 수 있는지 여부(소극)**: 「집회 및 시위에 관한 법률」(이하 '집시법'이라 한다)상 일정한 경우 집회의 자유가 사전 금지 또는 제한된다 하더라도 이는 다른 중요한 법익의 보호를 위하여 반드시 필요한 경우에 한하여 정당화되는 것이며, **특히 집회의 금지와 해산은 원칙적으로 공공의 안녕질서에 대한 직접적인 위협이 명백하게 존재하는 경우에 한하여 허용될 수 있고, 집회의 자유를 보다 적게 제한하는 다른 수단, 예컨대 시위 참가자수의 제한, 시위 대상과의 거리 제한, 시위 방법, 시기, 소요시간의 제한 등 조건을 붙여 집회를 허용하는 가능성을 모두 소진한 후에 비로소 고려될 수 있는 최종적인 수단이다.** 따라서 사전 금지 또는 제한된 집회라 하더라도 실제 이루어진 집회가 당초 신고 내용과 달리 평화롭게 개최되거나 집회 규모를 축소하여 이루어지는 등 **타인의 법익 침해나 기타 공공의 안녕질서에 대하여 직접적이고 명백한 위험을 초래하지 않은 경우에는 이에 대하여 사전 금지 또는 제한을 위반하여 집회를 한 점을 들어 처벌하는 것 이외에 더 나아가 이에 대한 해산을 명하고 이에 불응하였다 하여 처벌할 수는 없다**(대판 2011. 10. 13, 2009도13846).

공공의 안녕질서에 대한 위해의 존재와 관련하여 문제되는 것이 ① 오상위험, ②

잠재적 위험, ③ 외관상 위험이다.

① 오상위험(경찰공무원이 어떤 상황을 '주관적으로' 위험하다고 판단하였으나, 그 상황판단이 잘못되었거나 장래의 예측에 하자가 있어 그런 판단에 상응하는 '객관적인' 위험은 실제로 존재하지 않는 경우: 약간의 물적 손해를 일으킨 화재가 있은 후에 과민한 경찰관 갑은 가옥이 붕괴될 위험을 두려워하여 즉시 퇴거할 것을 명한 경우)은 경찰권 발동의 대상이 아니다.

② 잠재적 위험(처음에는 구체적인 위험이 존재하지 않고 장래의 외부적 사정이 부가됨으로써 비로소 경찰상의 보호이익에 대한 구체적인 위험이 발생하는 경우)에 있어서는 사전배려(사전예방)의 원칙이 적용될 수 있는 경우를 제외하고는 경찰권이 발동될 수 없다.

③ 외관상 위험(행정청이 개입하는 시점에서의 합리적인 판단에 의할 때 위험을 인정할 객관적인 근거는 존재하지만, 사후에 위험이 실제로는 존재하지 않았다는 것이 밝혀질 경우: 갑이 자동차열쇠를 잃어버려서 한밤중에 자신의 자동차문을 철사로 열려고 하는데, 경찰관 을이 절도를 저지하려고 갑에게 경찰권을 발동한 경우)에 있어서는 경찰권의 개입이 가능하다(박상희 · 서정범).

사전배려의 원칙(사전예방의 원칙)이란 종래의 전통적인 경찰법제에 의해 관리될 수 없는 위험인 불확실한 위험(잠재적 위험)이 중대하고 회복할 수 없는 손해를 발생시킬 수 있는 위험인 경우 공권력의 발동을 정당화하는 이론이다(예 순찰행위, 정보수집행위, 경찰상의 관찰행위 등).

공공의 안녕에 대한 위해와 공공의 질서에 대한 위해는 둘 중의 하나만 존재하면 족하다.

나. 장 애 공공의 안녕이나 공공의 질서에 대한 장애(障碍)란 공공의 안녕이나 공공의 질서에 대한 위험이 실현되어 손해가 이미 발생하여 계속되고 있는 상태를 말한다. 즉 손상이 발생했지만 법익침해가 계속되는 경우 혹은 손상이 발생된 상태가 또 다른 손상을 초래할 개연성이 있는 경우를 말한다. 법익에 대한 손상이 이미 발생하고 있기 때문에 장래에 대한 경찰작용은 방지가 아닌 제거로 설명되지만 이러한 장애제거 역시 위험방지의 한 형태로서 예방적 경찰작용으로 분류된다. 장애의 제거는 결과적으로 시간상 가장 급박한 위험에 대한 방지를 의미한다고 볼 수 있다.[16)]

공공의 안녕이나 공공의 질서에 대한 장애가 경찰권 발동의 대상이 되는 것은 장래의 위해를 제거하기 위한 것이다. 그러므로 공공의 안녕이나 공공의 질서

16) 김성태, 「경찰정보활동임무」, 84쪽.

에 대한 장애로 인한 경찰권 발동도 이미 발생한 손해를 제거하는 것을 내용으로 하지만 실질적으로는 예방적인 성격을 갖는다고 할 수 있다.

공공의 안녕이나 공공의 질서에 대한 장애의 경우에도 하나만 존재하면 된다.

4) 위해나 장애를 예방하거나 제거할 필요

공공의 안녕이나 공공의 질서에 대한 위해 및 장애라는 불확정개념은 원칙상 법개념이며 경찰권 발동기관에게 판단의 여지가 인정되지 않는다. 그러나 '위해나 장애를 예방하거나 제거할 필요'의 판단에는 경찰권 발동기관에게 판단여지 또는 재량권이 인정된다고 보아야 한다. 경찰재량은 통상 위해나 장애를 예방하거나 제거할 필요(경찰권 발동의 필요) 여부의 결정시에 인정된다.

(2) 개별수권조항에 의한 수권의 불비(보충성의 원칙)

공공의 안녕이나 공공의 질서에 위해 또는 장애가 존재하여 이를 예방하거나 제거할 필요가 있는 경우에도 이에 관하여 개별수권조항에 의해 경찰권 발동의 근거가 규정되어 있는 경우에는 일반수권조항에 근거한 경찰권 발동이 인정될 수 없다.

(3) 경찰재량

경찰권의 발동은 원칙상 재량권에 속한다. 다만, 재량권의 영으로의 수축이론에 의해 재량권 발동에 있어 재량권이 인정되지 않는 경우가 있다.

Ⅱ. 개별적 수권조항

「경찰관 직무집행법」상 개별적 수권조항으로는 「경찰관 직무집행법」 제 3 조(불심검문), 제 4 조(보호조치 등), 제 5 조(위험 발생의 방지 등), 제 6 조(범죄의 예방과 제지), 제 7 조(위험방지를 위한 출입) 등이 있다.

제 2 절 경찰권의 행사(발동)

경찰권의 행사(발동)는 「경찰관 직무집행법」상 경찰권의 발동에 관한 내용으로 이에 대해서는 제 9 장 '표준적 경찰직무조치'에서 구체적으로 기술하고자 한다.

제 3 절 경찰권 행사의 한계[2008, 2013 행시(일반행정직) 사례, 2011 경감승진 사례]

경찰권 행사의 한계는 ① 법규상의 한계와 ② 행정법의 일반원칙상의 한계로 나눌 수 있다.

경찰권 행사는 성문의 법규정에 구속될 뿐만 아니라 불문법인 행정법의 일반원칙에도 구속된다. 경찰행정분야에서는 **행정법의 일반원칙 중 특히 비례의 원칙이 중요**하다. 그리고 경찰권의 행사에는 **경찰의 본질에서 오는 일정한 한계**가 있다. 소극목적의 원칙, 공공의 원칙, 국민의 생명·신체 및 재산의 보호의무, 경찰책임의 원칙이 이에 해당한다.[17] 다만, 이러한 경찰의 본질에서 오는 경찰권의 한계는 경찰권의 한계에 관한 경찰행정법상의 독자적인 의의를 가지는 측면이 없지 않지만 경찰권 발동의 독자적인 위법근거로 볼 수는 없고, 권한남용금지의 원칙, 사생활보호의 원칙, 비례의 원칙 등 헌법원칙이나 법의 일반원칙 등을 통하여 법적 구속력을 갖는다고 보는 것이 타당하다.

Ⅰ. 비례의 원칙

비례의 원칙은 헌법적 효력을 갖는 법의 일반원칙으로서 경찰권의 발동에도 적용된다. 경찰행정에 관련된 법률규정에서 비례의 원칙을 규정하고 있는 경우도 있지만(「경찰관 직무집행법」 제 1 조 제 2 항, 제 7 조 제 1 항, 제10조의2 제 1 항 등), 비례원칙은 **실정법률의 규정과 관계없이 경찰권 행사를 구속하는 헌법적 효력을 갖는 법원칙이**다. 그리하여 경찰권 행사에 있어서는 공공의 안녕과 질서에 대한 위해를 예방하고 제거할 필요성과 경찰권의 발동으로 인하여 경찰권의 발동대상이 되는 당사자에게 가해지는 기본권 등 권익에 대한 제한 사이에 합리적인 비례관계가 유지되어야 한다. 비례의 원칙은 적합성의 원칙, 필요성의 원칙(최소침해의 원칙) 및 협의의 비례원칙(상당성의 원칙)을 그 내용으로 한다(자세한 것은 전술 '법의 일반원칙' 참조).

17) 경찰법상 일반원칙으로 과소보호금지원칙을 주장하는 견해(손재영)도 있다. 과소보호금지원칙은 국민의 생명·신체 등 법익 보호를 위해 국가가 적정하고 효율적인, 최소한도 이상의 보호조치를 취해야 한다는 원칙이다. 이에 대해서는 손재영, 「경찰법」(박영사, 2024), 92쪽 이하; 권남규, 「과소보호금지원칙의 경찰법상 적용에 관한 연구」(경찰대학 치안대학원 공공안전학과 법학석사학위논문, 2026. 2) 참조.

Ⅱ. 소극목적의 원칙: 권한남용금지의 원칙

경찰은 공공의 안녕과 질서를 유지하기 위하여 공공의 안녕과 질서에 대한 위해를 방지하고 제거하는 것을 목적으로 하는 소극적인 행정작용이다. 이를 **소극목적의 원칙**이라 한다. 따라서 경찰기관은 법령에 특별한 규정이 없는 한 이러한 소극적인 경찰목적을 넘어 공공의 복리를 증진시키거나 사회경제질서를 유도할 목적으로 경찰권을 행사할 수 없다.

소극적인 경찰목적을 넘는 경찰권의 행사는 권한남용금지의 원칙 위반으로 위법하다. 예를 들면, 과당경쟁을 막기 위하여 식품위생법규 위반행위를 단속하는 것은 위법하다. 다만, 경찰권 행사에 의해 달성하려는 행정목적이 경찰목적과 실체적으로 관련이 있는 경우에는 적법하다고 할 수 있을 것이다.

[판례] 구청장이 관할구역 내의 분뇨처리에 관하여 이미 허가를 받은 영업자와 대행계약을 체결하였고, 그 영업자의 관할구역 내 분뇨 등의 처리능력이 충분하며, **추가로 영업허가를 할 경우 과당경쟁으로 인하여 폐해가 발생할 수 있다는 등의 사유**는 분뇨 등 관련 영업허가의 기준을 갖추어 허가신청을 한 자에 대하여 **허가를 거부할 만한 특별한 사정이라고 볼 수 없다**(서울행판 1999. 12. 14, 99구4371〈영업허가신청반려처분취소〉).

Ⅲ. 공공의 원칙: 권한남용금지의 원칙 및 비례의 원칙

1. 의 의

경찰은 공공의 안녕과 질서의 유지를 목적으로 하는 작용이다. 따라서 개인의 활동에 대하여는 원칙상 개입할 수 없고, 예외적으로 그 개인의 활동이 공공의 안녕과 질서에 위해를 가하는 경우에 한하여 경찰권을 발동할 수 있다. 이를 **공공의 원칙** 또는 **사생활자유의 원칙**이라 한다.

2. 인정 근거

종래 공공의 원칙은 경찰권의 조리상의 한계로 보는 것이 일반적인 견해였으나, **오늘날에 있어서는 헌법원칙에 포섭되는 원칙으로 보는 견해가 유력하다.** ① 사생활불가침의 원칙·사주소불간섭의 원칙은 헌법상 거주의 자유와 사생활의 비밀과 자유(헌법 제14조, 제17조)의 경찰법에의 적용이며, ② 민사관계불간섭의 원칙은 권력분립의 원칙상 당연하다고 보는 견해, 공공의 원칙은 비례의 원칙의 한 내용이라고 보는 견해 등이 그러하다.

생각건대, 공공의 원칙은 기본적으로 경찰의 본질에 관한 이론으로 경찰권의 범위를 정하는 이론이다. 공공의 원칙은 오늘날에도 경찰권의 사적 관계에의 개입을 막는 이론으로서 독자적인 존재의의를 갖는다. 다만, 경찰권의 한계로서의 공공의 원칙은 그 자체가 독자적인 법원칙이 아니라 권한남용금지의 원칙과 비례의 원칙을 통하여 경찰권의 한계가 된다고 보는 것이 타당하다.

3. 내 용

(1) 사생활불가침의 원칙

사생활불가침(私生活不可侵)의 원칙이란 경찰기관은 공공의 안녕 및 질서와 관계없는 개인의 생활이나 행동에 간섭하여서는 안 된다는 원칙을 말한다. 사회공공의 안녕 및 질서와 관계없음에도 경찰이 사생활에 개입하는 것은 헌법상의 프라이버시권리를 침해하고 권한남용이 되어 위법하다. 또한 비례의 원칙(특히 적합성의 원칙)에도 반한다. 그러나 사생활이라 하여도 공공의 안녕 및 질서에 위해를 야기하는 경우(예 데이트폭력)에는 경찰권이 발동될 수 있다.

(2) 사주소불간섭의 원칙

사주소불간섭(私住所不干涉)의 원칙이란 경찰기관은 공공의 안녕 및 질서와 관계없는 개인의 사주소를 침해해서는 안 된다는 원칙을 말한다. 사주소란 일반공중의 통행으로부터 차단된 장소를 말한다. 주택뿐만 아니라 비거주건물이나 공간(예 공장·사무실·창고 등)도 사주소에 포함된다. 공공의 안녕 및 질서와 관계없음에도 경찰이 사주소에 들어가는 것은 헌법상의 프라이버시권리, 주거의 자유를 침해하고, 권한남용이 되어 위법하다. 또한 비례의 원칙(특히 적합성의 원칙)에도 반한다. 그러나 사주소 내의 행위라도 공공의 안녕 및 질서에 위해를 야기하는 경우에는 경찰권이 발동될 수 있다. 다만, 이 경우에도 비례의 원칙(특히 협의의 비례원칙) 등에 반하여서는 안 된다. 예를 들면, 사주소 내에서의 소음이 이웃의 생활의 평온을 해치는 경우에는 경찰권이 발동될 수 있다.

(3) 민사관계불간섭의 원칙

민사관계불간섭(民事關係不干涉)의 원칙이란 경찰기관은 공공의 안녕 및 질서와 관계없이 민사관계에 개입해서는 안 된다는 원칙을 말한다. 공공의 안녕 및 질서와 관계없음에도 경찰이 민사문제(예 임대차관계에서 임차인이 계약기간이 만료되었음에도 방을 빼지 않는 행위)에 개입하는 것은 헌법상의 사경제자유의 원칙을 침해하고, 권한남용이 되어 위법하다. 또한 비례의 원칙(특히 적합성의 원칙)에도 반한다. 그러나 민사문제라도 공공의 안녕 및 질서에 위해를 야기하는 경우에는 경찰권이 발동될 수 있다. 경찰이 개입할 수 있는 민사영역으로는 ① 사권(私權)의 실현에 경찰이 조력하는 경우와 ② 부당요구와 위법한 자력구제(自力救濟)가 행해지려고 하는 경우를 들 수 있는데, 후자가 대부분이라 할 수 있다(박웅광). 다만, 이 경우에도 비례의 원칙(특히 협의의 비례원칙) 등에 반하여서는 안 된다. 예를 들면, 경찰기관은 암표매매행위(범칙금 16만원)를 단속할 수 있다(「경범죄 처벌법」 제 3 조 제 2 항 제 4 호).

민사관계불개입원칙은 19세기 말 프로이센에서 경찰관이 민사분쟁에 개입하여 직권을 남용하는 것을 금지하는 것에서 비롯된 것인데, 일제강점기 일본을 거쳐 우리나라에 도입된 이후 금과옥조(金科玉條)처럼 굳어져버렸다는 비판적인 견해가 있다(朴正勳). 즉 "이미 20세기 초 프로이센 고등행정재판소는 사적인 재산권이라 하더라도 민사재판을 통한 법원의 보호를 적시에 받을 수 없는 급박한 상황하에서는 (당시에는 실질적 의미의) 경찰이 개입할 수 있는 권한이 있다는 여러 판례를 남겼다. 1945년 이후 「연방과 주의 통일적 경찰법의 모범초안」은 제 1 조 제 1 항 제 1 문의 "경찰은 공적 안전 또는 질서에 대한 위험을 방지할 임무를 갖는다"라는 개괄적 임무조항에 이어, 동조 제 2 항에서 "사권의 보호는 법원에 의한 보호가 적시에 이루어질 수 없고 경찰의 개입 없이는 권리의 실현이 불가능하게 되거나 현저히 곤란해 질 경우에 한하여 경찰이 이 법률에 따라 이를 행한다"라는 이른바 사권보호조항을 두었다. 독일의 대부분의 주에서 입법이 이루어졌다"라고 지적하고 있다.

Ⅳ. 국민의 생명, 신체 및 재산의 보호의무

경찰기관은 직무상 국민의 생명, 신체 및 재산을 보호하기 위하여 노력하여야 할 일반적인 의무를 진다. 경찰권의 발동에는 재량권이 인정되고, 경찰력에는 일정한 한계가 있으므로 경찰권이 발동되지 않았거나 경찰권이 잘못 행사되었다고 하여 그것만으로 경찰권의 행사나 불행사가 위법하다고 할 수는 없다. 그러나 재량권이 영(零)으로 수축하는 경우에는 경찰권의 불행사는 위법하게 되며 경찰권의 행사가 직무상 손해방지의무에 위반하는 경우에는 위법하고 과실이 있어 국가배상책임을 인정할 수 있다(대판 1998. 8. 25, 98다16890).

Ⅴ. 경찰책임의 원칙 [2010 경감승진 사례, 2015 경감승진 사례, 2023 경감승진 약술]

1. 경찰책임의 의의

경찰책임이란 경찰상 위해의 발생에 대한 책임을 말한다. 즉 경찰위반의 상태(위해)가 발생한 경우에 그 원인을 제공한 자가 경찰권 발동의 상대방이 되어 명령 또는 강제라는 불이익을 받을 지위를 말한다(최영규). 경찰책임이 있는 자를 **경찰책임자**라 한다. 발생된 위해를 제거하기 위한 경찰권의 행사는 원칙상 경찰책임이 있는 자에게 행하여져야 한다. 이것을 **경찰책임의 원칙**이라 한다. 그러나 경찰책임자에 대한 경찰권의 발동이 어려운 경우에는 예외적으로 경찰책임이 없는 자에게도 경찰권이 발동될 수 있다.

통상 경찰권의 발동은 고권적 조치로서 그 상대방의 기본권을 제한하게 되므로 법률유보의 원칙에 따라 경찰권 발동의 상대방은 법률로 규정되어야 한다. **경찰책임의 이론은** 경찰권 발동의 대상자를 법률로 정하는 경우에 그 **입법의 기준**이 된다. 그런데 경찰권 발동의 대상을 규정하는 법률의 규정이 추상적으로 규정되어 있거나, 일반수권조항의 경우 또는 개별수권조항의 경우에도 경찰권 발동의 대상자를 백지로 규정하고 있는 경우가 있을 수 있고, 이 경우에는 해석에 의해 경찰권 발동의 대상자를 정하여야 하고 이 해석에 있어서 경찰책임의 이론이 **해석기준**이 된다.

경찰책임에는 행위책임과 상태책임이 있다. 행위책임과 상태책임에는 1명의 경찰책임자가 있는 경우도 있지만 경찰책임자가 여러 명인 경우도 있다. 후자의 경우를 다수자책임의 문제라고 한다. 또한 행위책임과 상태책임이 경합하는 경우도 있다. 이와 같이 경찰책임자가 여러 명인 경우에 누가 우선적으로 경찰권 발동의 대상이 되는가 하는 문제가 제기된다. 그리고 경찰책임이 타인에게 승계되는가 하는 문제와 행정기관이 경찰책임자인 경우에 경찰권 발동의 대상이 될 수 있는가 하는 것이 또한 문제가 된다.

2. 경찰책임의 주체

자연인과 사법인이 경찰책임의 주체가 될 수 있다고 보는 것에는 이견(異見)이 없지만 **공법인이나 국가기관이** 경찰책임의 주체가 될 수 있는가에 관하여는 견해가 대립되고 있다.

(1) 자연인 및 사법인

경찰책임은 **경찰책임자의 고의 또는 과실을 요하지 않으므로** 행위능력이나 불법행위능력이 없는 자연인(自然人)도 경찰책임자가 될 수 있다. 다만, 행위능력이 없는 경찰책임자에 대한 경찰권의 발동으로 인한 의무부과처분은 법정대리인에게 송달되어야 한다.

사법인(私法人)뿐만 아니라 권리능력 없는 사단(예 동창회, 친목회)도 경찰책임자가 될 수 있다.

(2) 공법인 및 행정기관 [2013 행시 약술]

공법인 및 행정기관(이하 '공법인 등'이라 한다)이 경찰책임의 주체가 될 수 있는가 하는 문제가 제기된다(예 국방부가 관리하는 비행장, 사격장에서의 소음 등). 공법인 등의 경찰책임의 문제는 공법인 등이 경찰관계법령에 구속되는가 하는 **실질적 경찰책임**의 문제와 공법인 등이 경찰상 위해를 제거하기 위한 경찰권 발동의 대상이 될 수 있는가 하는 **형식상 경찰책임**의 문제를 구분하여야 한다.

1) 실질적 경찰책임

법우위의 원칙상 공법인등도 경찰법규를 준수하여야 할 의무를 진다는 것이 일반적 견해이다(박상희·서정범). 다만, 공법인 등이 담당하는 공적 임무의 수행을 위하여 실질적 경찰책임이 면제될 수 있다. 이에 관한 법률의 규정이 있는 경우는 물론이고, 명문의 규정이 없는 경우에도 공법인 등의 공적 임무의 수행을 통한 공익과 공공의 안녕과 질서의 유지라는 공익을 **비교형량**하여 공법인 등의 실질적 경찰책임이 면제될 수 있다(김성수).

2) 형식적 경찰책임

공법인 등의 형식적 경찰책임(공법인 등이 경찰상 위해의 제거를 위한 경찰권 발동의 대상이 될 수 있는가)에 관하여 부정설, 긍정설(제한적 긍정설)이 대립하고 있다. **부정설**은 다른 국가기관에 대한 경찰상 위해를 제거하기 위한 경찰권 발동을 부정하는 견해이다(홍정선). 그 이유는 조직법상 이러한 형식적 경찰책임이 인정된다면 이는 국가나 지방자치단체 또는 다른 공법인에 대한 경찰행정관청의 우위를 인정하는 결과가 되기 때문이라고 한다(김성수). **긍정설(제한적 긍정설)**은 경찰기관의 위해방지를 위한 경찰권 발동은 원칙적으로 다른 국가기관에 대해서도 인정되어야 한다고 본다. 다만, 다른 국가기관의 적법한 임무수행을 방해하지 않는 범위 안에서만 경찰기관의 경찰권 발동이 가능하다고 한다(박윤흔·정형근). 엄밀히 말하면, 이 견해는 제한적 긍정설이라 하는 것이 타당하다. 생각건대, 제한적 긍정설이 타당하다. 즉 경찰권의 발동으로 달성되는 공익이 다른 국가기관의 업무수행으로 인한 공익보다 훨씬 큰 경우에는 국가기관 등에 대한 경찰책임을 인정하는 것이 타당하다. 다만, 이 경우에 다른 국가기관에 경찰권을 발동하기 위하여는 행정권한법정주의의 원칙상 법률의 근거가 있어야 할 것이다.

3. 행위책임 [2010 행시(일반행정) 사례]

(1) 행위책임의 개념

행위책임(行爲責任)이란 자기 또는 자기의 보호·감독하에 있는 사람의 행위(예 ① 지하철의 선로 위에 드러눕는 행위, ② 주유소의 종업원이 부정휘발유를 판매한 경우, ③ 인터넷상의 콘텐츠에 대하여 콘텐츠를 작성하여 올리는 행위)로 인하여 질서위반의 상태가 발생한 경우에 행위자 또는 사용자가 지는 경찰상의 책임을 말한다. 행위책임은 우리나라 헌법재판소도 인정하는 자기책임원리(Selbstverantwortung)를 근거로 한다. 경찰상 행위책임은 민사책임이나 형사책임과는 다른 내용을 갖는다. ① 경찰상 행위책임은 민사책임이나 형사책임과 달리 행위자의 의사능력, 행위능력 및 과실 여부를 묻지 않고 인정되는 책임이다. ② 경찰상 행위책임에 있어서의 인과관계는 민사책임에서의 상당인과관계와는 다르다(후술 '인과관계' 참조).

(2) 행 위

경찰상 위해의 상태를 발생시킨 행위는 작위뿐만 아니라 부작위도 포함된다. 작위란 일정한 적극적 행위로 나아가 법적 책임을 져야 하는 일정한 행위를 하는 경우를 말한다. 반면 부작위란 질서위반상태의 발생을 방지할 법적 의무가 있는 자가 그 의무를 이행하지 않고 있는 것을 말한다.

(3) 타인의 행위에 대한 책임 여부

타인을 보호 또는 감독하는 자는 피보호자 또는 피감독자의 행위로 인하여 생긴 질서위반의 상태에 대하여 경찰상 책임을 진다. 타인의 행위에 대하여 경찰책임이 인정되는 경우에도 행위자의 경찰책임이 면제되는 것은 아니다. 즉 실제의 행위자와 감독자가 동시에 경찰책임을 진다. 경찰책임자는 법률로 정하여야 한다. 따라서 타인의 행위에 대하여 책임을 지도록 하는 경우에는 법률에 근거가 있어야 한다(양벌규정).

(4) 주관적 책임요건(고의·과실)의 불요

경찰책임의 경우 행위자인 피감독자나 감독자의 고의 또는 과실은 원칙상 그 요건이 되지 않는다. 타인의 행위에 대한 보호자 또는 감독자의 경찰책임은 민사상의 사용자나 후견인의 책임과 달리 보호자 또는 감독자의 고의·과실을 요하지 않는다. 피감독자의 고의나 과실을 요하지도 않는다. 다만, 경찰상 형벌에 처할 때에는 특별한 규정이 없는 한 형법총칙이 적용되어 고의가 있는 경우에 한하여 책임을 지고, 위법성에 대하여는 위법성인식가능성이 있어야 한다. 물론 법에서 과실이 있는 경우에도 처벌하는 규정을 둘 수 있다.

(5) 인과관계

1) 의 의

경찰책임이 인정되기 위하여는 발생된 경찰상의 위해와 경찰책임자의 행위(타인의 행위로 인한 책임의 경우에는 피감독자의 행위) 사이에 인과관계가 존재하여야 한다. 이에 대해서는 학설대립이 있다. **직접원인설**은 원칙적으로 경찰위반상태를 직접 야기한 행위자만이 경찰책임을 지고 간접적인 원인제공자는 경찰책임을 지지 않는다는 견해이다. **조건설**은 경찰위반상태의 조건이 된 모든 행위는 경찰위반상태의 원인이 된다는 견해이다. **상당인과관계설**은 인과관계를 일반경험칙에 따라 피해자 구제의 견지에서 인과관계를 판단하는 견해이다. **현재의 일반적 견해는 직접원인설**이다. 직접원인설에 따르면 경찰위반상태에 직접적인 원인을 제공한 자만이 경찰책임이 있고, 간접적인 원인만을 제공한 자는 경찰책임자가 되지 않는다.

2) 직접원인의 판단기준

행위자가 직접원인자인가 간접원인자에 불과한가는 어떠한 기준에 의해 판단되는가.

생각건대, **직접원인의 판단기준은 책임의 일반이론 및 관계기본권의 보장 및 경찰행정목적의 달성을 고려하여 결정되어야 할 것이다.** ① 경찰위반상태에 대한 행위자의 원인의 중대성이 고려되어야 한다. 경찰위반상태에 대하여 단순히 조건을 제공하거나 원인을 제공한 자를 경찰책임자로 보아서는 안될 것이다. ② 발생된 경찰위반의 상태의 중대성, 긴급성 및 행위자에게 경찰행정목적을 달성하기 위하여 위해의 제거의무를 부과하는 것의 타당성이 고려되어야 한다. ③ 경찰권 발동으로 인한 기본권의 제한 여부 및 정도를 고려하여 경찰권의 발동으로 그 대상자의 기본권이 지나치게 침해되어서는 안 될 것이다.

4. 상태책임

(1) 상태책임의 의의

상태책임이란 물건의 소유자 및 물건을 사실상 지배하는 자가 그의 지배범위 안에서 그 물건으로부터 경찰위반의 상태가 발생한 경우에 위해제거조치의 상대방이 됨으로써 지게 되는 책임을 말한다. 어떤 물건의 상태가 객관적으로 위해를 조성하고 있는 경우에 그 물건의 관리자가 지는 책임이다(최영규)(예 ① 자동차가 주차금지구역에 주차되어 있는 경우에 소유자의 책임, ② 인터넷상의 콘텐츠의 위법적 내용을 알 수 있고, 그를 차단하는 것이 기술적으로 가능한 경우의 서비스제공자의 책임). 상태책임은 물건의 위험한 상태가 경찰상 위해를 야기하고 있는 경우에 해당 물건에 대하여 지배력이 있는(해당 물건의 위험한 상태에 대하여 영향력을 미칠 수 있는) 자에게 그 경찰상 위해를 제거하도록 하는 것이 타당하다는 데 근거한다. 상태책임은 물건으로부터 경제적 이익을 얻는 사람은 물건으로부터 발생하는 위험 또는 장해에 대해서도 원칙적으로 책임을 부담하여야 한다는 사고에 기초하고 있다(홍정선). 따라서 상태책임의 근거는 헌법 제23조 제 2 항의 재산권의 공공복리적합의무라고 할 수 있다.

(2) 상태책임의 주체

상태책임의 주체는 경찰상 위해를 야기하고 있는 물건의 소유자, 해당 물건에 대하여 사실상 지배력을 미치고 있는 자이다. ① 사실상 지배력을 미치고 있는 자의 경우 점유자뿐만 아니라 물건에 대한 권원의 유무와 관계없이 물건을 현실적으로 지배하고 있는 자에게도 상태책임이 인정된다. ② 그리고 소유권자의 경우 물건의 소유권자는 통상 2차적인 책임자가 된다. ③ 그러나 물건이 도난당한 경우와 같이 사실상 지배력을 미치고 있는 자가 소유자의 의사와 관계없이 지배력을 행사하고 있는 경우에는 소유권자는 상태책임을 지지 않는다고 보아야 한다.

(3) 상태책임의 요건 및 한계

① 상태책임이 인정되기 위하여는 물건의 상태가 경찰상 위해를 야기하고 있어야 한다. ② 원칙상 경찰상 위해의 발생원인에 관계없이 상태책임이 인정된다. 그 이유는 해당 물건의 이용으로부터 일정한 이익을 얻은 때에는 이러한 이용과 연계되어 있는 불이익에 대해서도 책임을 져야 하기 때문이다(류지태·박종수). ③ 그러나 소유권자 등이 감당하여야 할 위험영역을 넘는 비정형적인(소유권자 등에게

전혀 책임이 없는) 사건에 의하여 해당 물건이 경찰상 위해를 야기하고 있는 경우에는 소유권자 등의 상태책임이 배제되는 것으로 보아야 한다. 다만, 후술하는 바와 같이 경찰상 긴급한 경우에 예외가 인정될 수 있다. ④ 애초에는 물건의 상태가 경찰상 위해를 야기하지 않았으나 물건의 소유자나 점유자의 귀책사유 없는 사정변경에 의해 공공의 안녕과 질서에 위해를 가하게 된 경우에 해당 물건의 소유자나 점유자는 상태책임을 지는가 하는 것이 문제된다. 이것이 바로 **잠재적 위험의 실현에 대한 경찰책임의 문제**이다. 이 경우에도 경찰책임을 인정하는 것이 타당하다. 왜냐하면 상태책임은 지배권자의 귀책사유와 관계없이 현재의 물건의 상태로 인하여 경찰상 위해가 발생된 경우에 인정되는 것이어야 하기 때문이다.

5. 다수자책임(복합적 책임)

경찰책임자가 다수인 경우에 누구에게 경찰권을 발동할 것인가 하는 문제가 제기된다. **다수자책임**의 문제는 경찰상 위해가 다수인의 행위에 의해 야기되거나 행위책임과 상태책임이 경합하게 되는 경우 등에 제기된다.

(1) 경찰권 발동 대상자의 결정

경찰책임자가 다수인 경우에는 경찰상 위해제거의 효율성과 비례의 원칙을 고려하여 경찰권 발동의 대상자를 결정하여야 한다. ① 일차적으로는 **경찰상 위해제거의 효율성을 고려**하여야 한다. 따라서 경찰권 발동을 누구에게 할 것인가는 원칙적으로 경찰권 발동자의 재량에 속한다. ② 이차적으로는 **경찰상 위해에 보다 중요한 원인을 제공한 자에게 우선적으로 경찰권이 행사**되어야 한다. 이러한 측면에서 행위책임과 상태책임이 경합하는 경우에는 우선적으로 행위책임자에 대하여 경찰권이 발동되어야 하고, 동일인이 복합적인 책임을 지는 경우에는 하나의 책임을 지는 자보다는 복합적 책임을 지는 자가 우선적으로 경찰권 발동의 대상이 되어야 한다.

(2) 다수책임자 사이의 비용부담: 비용상환청구권의 인정 여부

다수책임자의 경우에 경찰권 발동이 적법한 경우에 경찰책임의 이행에 드는 비용의 부담을 어떻게 할 것인가. 달리 말하면 민법상의 사무관리규정이나 연대채무에 기한 비용상환청구권이 인정될 것인가 하는 문제가 제기된다.

이에 관하여는 긍정설, 부정설과 절충설이 대립되고 있다. **긍정설**은 다수의 경찰책임자 중에서 어느 한 사람에게만 경찰권이 발동된 경우에는 그 사람은 다른 경찰책임자에게 민법상의 연대책임자 사이의 책임의 분담에 관한 규정과 법리를 유추적용하여 비용상환을 청구할 수 있다는 견해이다. 부정설은 다수의 경찰책임자 중에서 어느 한 사람에게만 경찰권이 발동된 경우에는 그 자는 다른 경찰책임자에게 비용상환을 청구할 수 없다는 견해이다. 절충설은 다수책임자의 경우에 경찰기관이 특정인에게만 경찰권을 발동하였다고 하더라도 해당 원인행위의 중대성에 비추어 해당 당사자에 대한 경찰권의 발동이 위해방지를 위한 흠 없는 재량권 행사로 볼 수 있는 경우에는 해당 당사자의 다른 당사자에 대한 민법상의 사무관리에 관한 규정이나 연대채무에 근거한 비용상환청구권은 인정될 수 없다고 본다(홍정선). 그러나 각 행위책임자들이나 상태책임자들이 부담하는 의무내용이 동일한 경우에는 민법상의 연대채무자 간의 내부구상권에 관한 규정이 유추적용될 수 있다고 본다(박윤흔·정형근). 생각건대, 긍정설이 타당하다. 그 논거는 다음과 같다. 경찰권의 발동의 문제와 다수책임자 사이의 비용부담의 문제는 별개의 문제로 보는 것이 타당하다. 즉 경찰권 발동은 경찰상 위해의 효율적인 제거가 주된 기준이 되는데 반하여 다수책임자 사이의 비용부담의 문제는 책임분담의 원리에 따라 결정되는 것이 정의의 원칙에 비추어 타당하다. 다수책임자 사이의 비용부담은 민법상의 연대채무자 사이의 책임분담의 법리를 유추적용하여 원인행위의 중대성과 경찰상 위해의 발생에 대한 기여의 정도에 비례하여 분배하고, 원인행위의 중대성과 위해의 발생에 대한 기여에 대한 입증이 어려운 경우에는 동일하게 비용을 분담하여야 할 것이다.

6. 긴급시 제3자의 경찰책임

(1) 의 의

경찰상 위해나 장애에 직접 책임이 없는 제3자에 대하여 경찰권이 발동될 수 있는가 하는 문제가 제기된다.

(2) 요 건

1) 경찰상 긴급상태

경찰상 긴급상태(緊急狀態)의 경우에 한하여 이를 긍정하여야 할 것이다. 경찰상 긴급상태란 경찰상 중대한 위해나 장애의 제거가 필요함에도 경찰책임자에게 경찰권을 발동할 수 없거나(예 경찰책임을 야기한 자의 사망) 발동하여도 경찰상 위해나 장애를 제거하기 어렵고, 경찰행정기관의 개입에 의해 경찰상 위해나 장애를 제거할 수 없는 상태를 말한다.

2) 비례의 원칙

제 3 자에게 경찰권을 발동하는 경우에는 비례의 원칙에 따라야 한다. 따라서 경찰행정기관 및 경찰책임자에 의해 경찰상 위해나 장애를 제거할 수 없어야 하고, 경찰상 위해나 장애를 제거할 필요성이 경찰권의 발동으로 제 3 자가 입게 되는 불이익보다 커야 한다.

3) 법률의 근거

제 3 자에 대한 경찰권의 발동에는 법률의 근거가 있어야 한다. 원칙상 개별법에 근거가 있어야 하지만, 예외적으로 일반수권조항에 근거하여서도 인정될 수 있을 것이다. 이에 대하여 법치행정의 원칙에 비추어 가장 전형적인 권력작용인 경찰권을 일반수권조항에 따라 비책임자인 제 3 자에 대해 발동할 수 없다고 보아야 한다는 반대견해가 있다.

(3) 손실보상

제 3 자에 대한 경찰권의 발동으로 제 3 자가 특별한 손실을 입은 경우에 그 손실을 보상해 주어야 한다(자세한 것은 후술 '적법한 경찰의 조치에 대한 손실보상청구권' 참조).

7. 경찰책임의 승계 [2000 사시 사례]

경찰책임자가 사망하거나 영업 또는 물건을 양도한 경우에 경찰상 책임이 상속인이나 양수인에게 이전되는가 하는 문제가 제기된다.

(1) 행위책임의 승계문제

행위책임은 인적 성질의 책임이고 공법상 책임이므로 원칙상 양수인에게 양도가 인정되지 않는다고 보아야 한다. **부정설이 다수설이며 타당하다. 다만, 상속은 포괄적인 승계이므로 행위책임도 원칙상 상속인에게 승계된**다고 보아야 할 것이다. 이에 대하여 경찰상 의무가 대체가능한 경우에는 법률의 근거가 있는 경우에 승계가 가능하다고 보는 견해가 있다(정하중). **행정법규 위반이 제재처분의 대상이 되거나 가중요건이 되는 경우에 이러한 행정법규 위반이라는 사실이 영업의 양수인에게 이전되는가 하는 문제도** 경찰책임(경찰의무)의 승계문제로 보는 견해가 많으나, 이는 **행정법규 위반효과의 이전이라는 별도의 문제로 보는 것이 타당하다.**

(2) 상태책임의 승계문제

상태책임의 승계문제에 관한 학설은 다음과 같다. **긍정설**은 소유권을 양도하거나 포기한 자는 원칙상 상태책임을 면하고, 양수인이 상태책임을 진다는 견해이다. 이 견해가 다수설이다. **승계규범필요설**은 일반적인 승계가능성 외에 승계요건을 정한 승계규범이 있어야 상태책임이 승계된다는 견해이다. 경찰책임의 승계에는 법률의 근거가 있어야 하고, 법률이 정한 승계요건을 충족하여야 한다고 본다. 다만, 포괄승계의 경우에는 상속에 관한 민법 제997조, 제1005조를 일반적 법사상의 표현으로 유추적용할 수 있다고 본다(정하중). **개별적 결정설**은 포괄승계와 특별승계, 구체적 책임(경찰책임이 경찰처분에 의해 구체화되어 있는 경우)의 승계와 추상적 책임(경찰처분에 따라 구체화되지 않은 법령상의 책임)의 승계를 구별하여 개별적으로 판단하여야 한다는 견해이다. 추상적 책임은 승계되지 않는다. 생각건대, 양수인은 양수 후에 경찰상 위해가 계속되는 한 상태책임을 진다. 그러나 이 경우에 양수인이 상태책임을 지는 것은 양도인의 상태책임을 승계하여 지는 것이 아니라 경찰상 위해가 발생하고 있는 현재 해당 물건을 소유하고 지배하고 있기 때문에 새로이 상태책임을 지는 것이다(신규책임설).

(3) 법률의 근거

경찰책임(경찰의무)의 승계에는 법률의 근거가 있어야 한다고 보는 견해가 있으나(정하중), 행위책임의 승계에는 법률의 근거가 있어야 하나 상태책임의 승계에는 법률의 근거가 없어도 된다고 보는 견해가 타당하다.

(4) 경찰책임의 승계와 비용부담

경찰책임의 이행에 필요한 비용부담에 관한 양도인과 양수인의 합의는 효력이 있다(예 토양이 오염된 토지를 매매하면서 명시적 또는 묵시적으로 토양의 오염으로 인한 경찰책임의 이행에 필요한 비용은 양수인이 부담한다는 합의가 있었던 경우).

양도인과 양수인 사이에 경찰책임의 이행에 필요한 비용부담에 관한 합의가 없었던 경우에는 경찰책임의 이행으로 인한 비용의 최종적 책임자는 양도인이라고 보아야 할 것이다. 다만, 양수인의 과실로 비용이 증가한 경우에는 그 한도 내에서는 양수인이 비용을 부담하여야 할 것이다.

8. 경찰권의 발동과 손실보상 [2016 사시]

① 경찰책임이 있는 자에 대한 적법한 경찰권의 발동으로 경찰책임자가 손실을 입어도 원칙상 손실보상을 해 줄 필요가 없다. 왜냐하면, 경찰책임자는 경찰권 발동의 원인을 제공한 자로서 책임을 지는 것이기 때문이다. 다만, 사회통념상 수인한도를 넘는 손실에 대하여는 손실보상을 해주어야 한다.

② 경찰책임이 없는 제 3 자에 대한 경찰권 발동으로 제 3 자가 특별한 손해를 입은 경우 손실보상을 해주어야 한다.

「경찰관 직무집행법」은 경찰관의 적법한 직무집행으로 인하여 손실발생의 원인에 대하여 책임이 없는 자가 생명·신체 또는 재산상의 손실을 입은 경우(손실발생의 원인에 대하여 책임이 없는 자가 경찰관의 직무집행에 자발적으로 협조하거나 물건을 제공하여 재산상의 손실을 입은 경우를 포함한다) 및 손실발생의 원인에 대하여 책임이 있는 자가 자신의 책임에 상응하는 정도를 초과하는 생명·신체 또는 재산상의 손실을 입은 경우에 국가는 정당한 보상을 하여야 한다고 규정하고 있다(제11조의2 제 1 항). 제 1 항에 따른 보상을 청구할 수 있는 권리는 손실이 있음을 안 날부터 5년간 행사하지 아니하면 시효의 완성으로 소멸한다(제 2 항). 경찰청장 또는 시·도경찰청장은 손실보상심의위원회의 심의·의결에 따라 보상금을 지급하고, 거짓 또는 부정한 방법으로 보상금을 받은 사람에 대하여는 해당 보상금을 환수하여야 한다(제 4 항).

외관상 위험(표현위험)의 경우 외관상 위험책임자(외관상 위험을 야기한 자)는 경찰책임자는 아니다. 외관상 위험의 경우 외관상 위험을 고의 또는 과실로 야기한 경우가 아닌 한 경찰권 발동으로 외관상 위험책임자가 손해를 입은 경우에는 특별한 희생으로 손실보상을 해주어야 한다.

비책임자를 보호하기 위하여 행해진 경찰조치로 비책임자에게 손해가 발생한 경우(예 경찰책임 없는 자의 주택의 화재를 진압하기 위하여 울타리를 파괴한 경우) 특별한 희생이라고 볼 수 없으므로 손실보상의 대상이 되지 않는다.[18] 손해를 입은 비책임자가 경찰권 발동의 대상이 아닌 제 3 자인 경우에는 특별한 희생에 해당하는 경우(예 화재시 전선을 끊음으로 인하여 제 3 자가 입은 특별한 손해) 손실보상의 대상이 된다.

경찰권 발동으로 인한 특별한 희생에 대한 보상규정이 없는 경우에는 보상규정 없는 공용침해의 문제가 된다.

18) 김병기, 한국경찰법학회 학술회의 발표문, 2008. 10. 10, 17~18쪽.

제2장 행정입법

제1절 개 설

광의의 행정입법이란 행정기관이 일반적·추상적 규범을 정립하는 작용 또는 그에 따라 정립된 규범을 말한다. 여기서 '일반적·추상적'이란 불특정 다수의 사람과 불특정 다수의 사례에 대한 규율을 말한다. 행정입법은 실정법상의 개념이 아니라 학문상의 개념이다. **광의의 행정입법은 법규명령과 행정규칙을 포함한다.** 그런데 법률에 대응하여 행정입법이라는 개념을 사용할 때에 행정입법을 **법규명령을 의미하는** 것으로도 사용한다. 지금까지 경찰상의 행정규칙은 경찰행정의 행위형식으로서 중요하게 다루어지지 않았으나 실무적으로 중요성이 증대되고 있어 구체적으로 다룰 필요가 있다.[19]

행정입법을 법규명령과 행정규칙으로 구별하는 것은 독일의 특별권력관계론의 영향 때문이라고 할 수 있다. 특별권력관계론은 행정 내부와 외부의 법률관계를 다르게 파악하고 그 규범형태도 다르게 파악하여 일반권력관계에 적용되는 규범을 법규명령이라고 보고 특별권력관계에 적용되는 규범을 행정규칙이라고 보았다. 그러나 세계 2차대전 이후 특별권력관계론이 붕괴하였기 때문에 행정입법에 대한 이론에서도 여러 부분에서 변화가 있어 왔다.

19) 학자들 중에는 공공의 안녕과 질서에 대한 위해방지를 위하여 경찰행정청에 의하여 재정되는 법규명령을 경찰명령(Polizeiverordnungen)이라고 하는 경우(김남철; 정남철; 정하중), 경찰상의 행정규칙을 경찰규칙이라고 부르는 경우(최영규), 경찰상 행정입법(경찰상 법규명령(경찰명령), 경찰상 행정규칙)으로 부르는 경우(홍정선), 경찰법규명령으로 부르는 경우(김성태) 등 다양하다. 생각건대, 경찰행정법도 행정법의 일환이기 때문에 경찰작용의 행위형식을 별도의 명칭으로 부르는 것은 용어상의 혼란을 가져올 수 있으므로, 행정법의 행정작용의 행위형식에 따르기로 한다.

제 2 절 법규명령

Ⅰ. 개 념

1. 개념정의

법규명령이란 행정권이 제정하는 법규(法規)를 말한다. 실무에서는 통상 명령이라는 용어를 사용한다. **법규**라는 개념은 실질적으로는 국민의 권리의무에 관한 법규범을 말하고, 형식적으로는 법규의 형식으로 제정된 규범을 말한다.

법규명령은 행정권이 제정하는 법인 점에서 의회가 제정하는 법률과 다르다. 법규명령은 행정권이 제정하는 법인 점에서 **행정입법**이라고도 부른다.

자치법규(조례와 규칙)도 행정입법의 성질을 가지는 것으로 볼 수 있다. 다만, 조례는 법률에 준하는 성격을 아울러 갖는다.

2. 법규명령과 행정규칙의 비교

(1) 유 사 점

법규명령과 행정규칙은 ① 다 같이 일반적·추상적 성질을 갖는 규범으로서 행정의 기준이 되는 규범이라는 점과 ② 행정기관은 이 둘을 모두 준수하여야 할 법적 의무를 진다는 점에서 유사하다.

(2) 상 이 점

① 법규명령은 행정주체와 국민간의 관계를 규율하는 법규범이다. 반면에 행정규칙은 행정조직 내부에서 적용하기 위하여 제정된 규범으로서 법규범이 아니다. ② 법규명령은 일반적으로 대외적 구속력을 갖고, 법규명령에 반하는 행정권 행사는 위법하다. 이에 반하여 행정규칙은 그 자체로서는 행정기관만을 구속하며 원칙상 대외적 구속력을 갖지 않는다. 다만, 후술하는 바와 같이 오늘날 학설은 재량준칙 등 일부 행정규칙에는 대외적 구속력이 있는 것으로 인정하고 있다. **판례**는 행정규칙의 대외적 구속력을 원칙상 인정하지 않고 있다.

③ 법규명령은 법규명령의 형식을 취하고 공포가 효력발생요건이다. 그러나 행정규칙은 법규명령의 형식을 취하지 않으며 공표도 의무적인 것이 아니다.

3. 법규명령과 행정행위의 구별

법규명령과 행정행위의 구별은 실질적 기준과 형식적 기준에 따라 구별된다.

(1) 실질적 기준에 따른 구별

법규명령은 법률관계의 '일반적·추상적 규율'인 점에서 법률관계의 '구체적 규율'인 행정행위와 실질적으로(성질상) 구별된다.

(2) 형식적 기준에 따른 구별

법규명령을 형식적으로 정의하는 형식설에 따르면 법규명령의 형식을 취하면 모두 법규명령에 속한다. 따라서 처분적 명령도 법규명령에 속하며 행정행위와 구별된다. 그리고 일반처분은 행정행위이며 법규명령이 아니다.

4. 법규명령과 행정소송법상 처분의 구별

법규명령과 행정소송법상의 처분과의 관계를 보면 법규명령은 일반적·추상적 규범이므로 원칙상 행정소송법상의 처분이 아니다. 그러나 후술하는 바와 같이 처분적 명령은 행정소송법상의 처분에 해당한다.

Ⅱ. 법규명령의 근거

1. 헌법상 근거

헌법 제76조는 대통령의 긴급명령 및 긴급재정·경제명령의 근거를, 제75조는 대통령령(위임명령과 집행명령)의 근거를, 제95조는 총리령과 부령(위임명령과 집행명령)의 근거를, 제114조는 중앙선거관리위원회규칙의 근거를 규정하고 있다.

2. 법률에 의한 행정입법 형식의 인정 여부 [2007 행시(일반행정) 사례]

감사원규칙과 같이 헌법에 근거하지 않은 행정입법의 형식을 법률로 인정할 수 있는가에 관하여 견해가 대립하고 있다. **헌법재판소**는 다음과 같이 **긍정설**을 취하고 있다. 즉 헌법재판소는 국회입법에 의한 수권이 입법기관이 아닌 행정기관에게 법률 등으로 구체적인 범위를 정하여 위임한 사항에 관하여는 해당 행정기관에게 법정립의 권한이 부여된다고 보고 있다(헌재 전원재판부 2004. 10. 28, 99헌바91).

3. 법령보충적 행정규칙의 인정 여부

명령에 근거하여 행정규칙의 형식으로 법규적 성질의 규범을 제정하는 경우가 있는데, 이러한 입법형식(법령보충적 행정규칙)이 헌법상 가능한가에 관하여도 후술하는 바와 같이 학설이 나뉘고 있다. **판례**는 이러한 행정입법의 가능성을 인정하고 있다.

4. 행정에 고유한 법규명령권의 인정 여부

행정유보론에 입각하여 행정에 고유한 법규명령제정권을 인정할 수 있는지, 달리 말하면 명문의 법적 근거가 없는 법규명령이 가능한지에 관하여 견해가 대립하고 있다.

행정유보론은 일정한 행정영역(예 독립적인 행정조직체에서의 해당 조직체의 조직과 운영에 관한 사항, 특별권력관계에서의 특별권력주체와 상대방과의 관계)에서 법률이 존재하지 않는 경우에 행정권에게 **보충적인 명령제정권**을 인정한다.

그러나 입헌주의 및 법치주의의 원칙상 법률 또는 상위명령의 근거가 없는 법규명령은 집행명령을 제외하고는 **일체 인정될 수 없다**고 보아야 한다.

Ⅲ. 법규명령의 종류

1. 법률과의 관계에 따른 분류

헌법적 효력을 가지는 계엄조치, 법률과 같은 효력을 갖는 긴급명령 및 긴급재정·경제명령, 법률보다 하위의 효력을 갖는 종속명령이 있다.

(1) 계엄조치

유신헌법과 제5공화국 헌법에서는 헌법의 효력을 일시적으로 정지시킬 수 있는 헌법적 효력을 가지는 비상명령(非常命令)을 인정하였다. 그러나 현행 헌법은 비상명령을 인정하지 않고 있다. 다만, 계엄선포시 헌법의 일부규정에 대한 변경을 가져올 수 있는 특별조치(特別措置)(= 계엄조치)를 인정하고 있다(헌법 제77조). **특별조치**는 헌법 및 명령의 효력을 정지하거나 그에 대한 변경을 가져오므로 그 한도 내에서 법규명령이라 할 수 있다. 특별조치로서의 **계엄조치**는 전시·사변 또는 이에 준하는 국가비상사태 때 그 지역에서의 행정권 또는 사법권을 군으로 이관하고 헌법에 보장된 개인의 기본권의 일부에 대하여 예외조치를 할 수 있는 조치를 말한다.

(2) 긴급명령, 긴급재정·경제명령

긴급명령 및 긴급재정·경제명령은 헌법에 근거를 두는 법률과 같은 효력을 갖는 명령이다. 「금융실명거래 및 비밀보장에 관한 긴급재정·경제명령」은 긴급재정·경제명령의 예이다.

(3) 종속명령

종속명령이란 법률보다 하위의 효력을 가지는 명령을 말한다. 종속명령은 새로운 법규사항(국민의 권리의무에 관한 사항)을 정하는지 여부에 따라 위임명령과 집행명령으로 구분된다.

위임명령이란 법률 또는 상위명령의 위임에 의해 새로운 법규사항을 정하는 명령이다. 우리나라에서는 새로운 법규사항을 정하는 명령은 법률 또는 상위명령의 위임에 의해 제정되어야 한다.

집행명령이란 상위법령의 집행을 위하여 필요한 사항(예 혼인신고서양식: 가족법상 혼인신고 수리 집행을 위해 필요한 서류양식)을 법령의 위임(근거) 없이 직권으로 발하는 명령을 말한다. 즉 권리의무관계의 내용자체가 아니고 그 내용을 실현하기 위한 절차에 관한 것이다. 따라서 집행명령에서는 새로운 법규사항을 정할 수 없다(예 구 사법시험령은 단지 **법률들이 규정한 사법시험의 시행과 절차 등에 관한 세부사항을 구체**화하고 국가공무원법상 **사법연수생이라는 별정직 공무원의 임용절차를 집행하기 위한 집행명령의 일종**이라 할 것이다. 사법시험령 제15조 제 2 항에 규정된 과락제도가 새로운 법규사항을 정한 것이 아니라고 보았다(대판 2007. 1. 11, 2004두10432)).

해석명령은 **집행명령의 일종**이라고 할 수 있다. 해석명령규정은 상위법령의 범위를 벗어나지 않은 경우 법적 효력이 있다(대판 2014. 8. 20, 2012두19526). 다만, 해석규정이 위임의 한계를 벗어난 것으로 인정될 경우에는 무효이다(대판 전원합의체 2017. 4. 20, 2015두45700).

위임명령과 집행명령은 입법 실제에 있어서 따로따로 제정되는 예는 거의 없으며 하나의 명령에 함께 제정되고 있다.

2. 제정권자에 따른 분류

대통령이 제정하는 명령을 **대통령령**, 총리가 발하는 명령을 **총리령**, 행정각부의 장이 발하는 명령을 **부령**이라 한다. 입법실제에 있어서 대통령령에는 통상 **시행령**이라는 이름을 붙이고 총리령과 부령에는 **시행규칙**이라는 이름을 붙인다. 예외적이기는 하지만, 대통령령 중에는 "규정"(規程)이라는 명칭을 붙인 것(예 국가정보원의 보안업무규정)도 있고, 부령에 '규칙'이라는 명칭을 붙이는 경우(예 건강보험요양급여규칙)도 있다. 독립행정위원회가 제정하는 법규명령에는 "규칙"이라는 명칭을 붙인다(예 공정거래위원회규칙, 금융위원회규칙, 중앙노동위원회규칙).

행정 각부가 아닌 국무총리 소속의 독립기관(예 법제처 등)이나 행정 각부 소속의 독립기관(예 경찰청 등)은 독립하여 명령을 발할 수 없고 총리령이나 부령으로 발하여야 한다.

대통령령은 총리령 및 부령보다 우월한 효력을 갖는다. 총리령과 부령의 관계에 대하여는 총리령 우위설과 동위설이 있다.

중앙선거관리위원회는 중앙선거관리위원회규칙을 발하고, 대법원은 대법원규칙을, 국회는 국회규칙을, 감사원은 감사원규칙을 발한다. 이들 명령은 대통령으로부터 독립되어 있는 기관이 발하는 법규명령이며 규칙이라는 이름을 붙인다.

협의의 학칙(교육에 관한 기본규칙)**의 법적 성질**에 관하여는 행정규칙(재량준칙)으로 보는 견해, 특별명령으로 보는 견해, 법령보충적 행정규칙으로 보는 견해, 자치법규로 보는 견해, 사립학교의 학칙은 약관으로 보는 견해 등이 있으나, 헌법상 교육의 자주성과 대학의 자율성이 보장되고 있고(제31조 제 4 항) **학교를 자치조직으로 보는 것이 타당하므로 학칙을 자치법규로 보는 견해가 타당하다.** 학칙은 자치법규이므로 학칙에 대한 포괄적 수권도 가능하다. **판례**는 학칙의 양면적 법적 구속력을 인정한다(대판 1991. 11. 22, 91누2144).

3. 법형식에 따른 분류

법규명령의 형식을 취하는 명령을 **형식적 의미의 법규명령**이라 한다.

명령의 형식을 묻지 않고 그 실질이 법규명령의 성질을 가지고 있는 명령을 **실질적 의미의 법규명령**이라 한다.

Ⅳ. 법규명령의 한계 [2010 입법고시 사례, 2012 경감승진 약술〈법규명령의 한계와 통제〉, 2015 변시]

1. 위임명령의 한계

위임명령의 한계는 법률의 명령에 대한 수권의 한계와 수권에 따른 위임명령 제정상의 한계로 나누어진다.

(1) 상위 법령의 위임

위임명령은 상위 법령의 위임(수권)이 있어야 한다.

어떤 법규명령이 위임의 근거가 없어 무효였더라도 사후에 법개정으로 위임의 근거가 부여되면 그 때부터는 유효한 법규명령이 된다. 그리고 위임에 의한 유효한 법규명령이 법개정으로 위임의 근거가 없어지게 되면 그 때부터 무효인 법규명령이 된다(대판 1995. 6. 30, 93추83〈경상북도의회에서의증언·감정등에관한조례(안)무효확인청구의소〉).

상위법령의 위임 없는 법규명령은 일반 국민에 대하여 구속력을 가지는 법규명령으로서의 효력은 없고(대판 전원합의체 2015. 6. 25, 2007두4995〈노동조합설립신고서반려처분취소〉), 행정조직 내에서 적용되는 행정명령의 성격을 지닐 뿐 국민에 대한 대외적 구속력은 없다(대판 2013. 9. 12, 2011두10584〈부정당업자제재처분취소〉).

(2) 수권의 한계

1) 일반적·포괄적 위임의 금지

법률의 명령에 대한 수권에 있어서 일반적·포괄적인 위임은 금지되며 구체적인 위임만이 가능하다(헌법 제75조). 다만, 법률이 조례나 정관에 **자치법적 사항을 위임하는 경우에는 헌법상의 포괄위임입법금지의 원칙이 원칙적으로 적용되지 않는다**고 볼 것이다(대판 2007. 10. 12, 2006두14476). 그러나 공법적 기관(예 농업기반공사)의 정관 규율사항이라도 그러한 정관의 제정주체가 사실상 행정부에 해당하거나, 기타 권력분립의 원칙에서 **엄격한 위임입법의 한계가 준수될 필요가 있는 경우에는** 헌법 제75조, 제95조의 **포괄위임입법금지 원칙이 적용되어야** 한다(헌재 2001. 4. 26, 2000헌마122〈「농업기반공사 및 농지기금관리법」 부칙 제 6 조 단서의 위헌확인〉).

수권법률규정만으로 대통령령에 위임된 부분의 대강을 국민이 예측할 수 있도록 수권법률이 구체적으로 정하여야 한다(헌재 1994. 7. 29, 93헌가12). 이 경우 '**예측가능하다는 것**'은 법률에 이미 대통령령으로 규정될 내용 및 범위의 기본사항이 구체적으로 규정되어 있어서 누구라도 해당 법률로부터 대통령령 등에 규정될 내용의 대강을 예측할 수 있어야 함을 의미한다(대판 2007. 10. 26, 2007두9884).

헌법에서 법률로 정하는 것으로 명시적으로 규정한 사항도 그에 관한 모든 사항을 법률로 정하여야 하는 것은 아니고 헌법 제75조에 따라 구체적 위임은 가능하다.

2) 법률전속사항(의회유보사항)의 위임금지

의회유보론은 일정한 사항은 법률로 정해야 하며 명령에 수권할 수 없다는 이론이다. 법률유보의 원칙에 관하여 본질성설(중요사항유보설)을 취하는 경우 공동체나 국민에게 본질적인 사항, 즉 의회유보사항은 구체적인 사항이라도 반드시 법률로 정하여야 하며 명령에 위임하여서는 안 된다. 생각건대, 병역복무기간(병역법 제18조 제 2 항)은 법률전속사항으로 보아야 한다.

헌법재판소는 중학교의무교육 실시 여부(헌재 1991. 2. 11, 90헌가27), 텔레비전방송수신료의 결정에 관한 규율(헌재 1999. 5. 27, 98헌마70) 등을 의회유보사항으로 보고 있다.

3) 수권의 상대방

법률의 명령에 대한 수권은 대통령·총리 또는 행정각부 장관에게 행해질 수 있는 것으로 헌법상 명문으로 정해져 있다.

문제는 헌법상 법규명령제정자가 아닌 자에게 수권할 수 있는가 하는 점인데, 이에 관하여는 감사원규칙과 관련하여 앞에서 고찰한 바와 같이 긍정설과 부정설이 대립되고 있는데 긍정설이 타당하다.

4) 수권의 한계 위반의 효과

수권의 한계를 넘는 법률은 위헌인 법률이 된다. 수권법률이 헌법재판소의 위헌법률심판에서 위헌으로 결정된 경우에 그 수권법률에 따라 제정된 명령은 위법한 명령이 된다.

(3) 위임명령의 제정상 한계

명령으로 새로운 법규사항을 정하기 위하여는 상위법령의 위임이 있어야 한다. 상위법령의 위임에 의해 위임명령이 제정될 때에도 다음과 같은 한계가 있다.

① 위임명령은 수권의 범위 내에서 제정되어야 한다. 수권의 범위를 일탈한 명령은 위법한 명령이 된다.

② 위임명령은 상위법령에 위반하여서는 안 된다.

③ 법률에서 위임받은 사항을 전혀 규정하지 아니하고 그대로 하위의 법규명령에 재위임하는 것은 허용되지 않으며 위임받은 사항에 관하여 대강(大綱)을 정하고 그 중의 특정사항을 범위를 정하여 하위의 법규명령에 다시 위임하는 경우에만 재위임이 허용된다(대판 2013. 3. 28, 2012도16383; 헌재 2002. 10. 31, 2001헌라1). 이러한 법리는 조례가 지방자치법 제22조 단서에 따라 주민의 권리제한 또는 의무부과에 관한 사항을 법률로부터 위임받은 후, 이를 다시 지방자치단체장이 정하는 '규

칙'이나 '고시' 등에 재위임하는 경우에도 마찬가지이다(대판 2015. 1. 15, 2013두14238). 그 재위임은 구체적으로 범위를 정한 개별적인 재위임이어야 한다(대판 2022. 4. 14, 2020추5169).

④ 시행령(대통령령)의 내용이 모법의 입법 취지와 관련 조항 전체를 유기적·체계적으로 살펴보아 모법의 해석상 가능한 것을 명시한 것에 지나지 아니하거나 모법 조항의 취지에 근거하여 이를 구체화하기 위한 것인 때에는 모법의 규율 범위를 벗어난 것으로 볼 수 없으므로 모법에 이에 관하여 직접 위임하는 규정을 두지 않았다고 하더라도 이를 무효라고 볼 수 없다(대판 2016. 12. 1, 2014두8650).

그러나 수권 규정에서 사용하고 있는 용어의 의미를 넘어 그 범위를 확장하거나 축소하여 위임 내용을 구체화하는 단계를 벗어나 새로운 입법을 한 것으로 볼 수 있다면 위임의 한계를 넘은 것이다(대판 2018. 8. 30, 2017두56193).

2. 집행명령의 한계

집행명령은 상위법령의 집행에 필요한 절차나 형식을 정하는 데 그쳐야 하며 새로운 법규사항을 정하여서는 안 된다.

집행명령은 새로운 법규사항을 규정하지 않으므로 법령의 수권 없이 제정될 수 있다.

Ⅴ. 법규명령의 성립·효력·소멸

1. 법규명령의 성립요건

법규명령은 법규명령제정권자가 제정하여 법규명령의 형식으로 공포함으로써 성립한다.

(1) 제정권자

법규명령은 의회입법의 원칙에 대한 예외이므로 법규명령제정권자는 원칙상 헌법에 의해 인정되어야 한다. 헌법에서 인정된 법규명령제정권자는 대통령·총리·행정 각부의 장·중앙선거관리위원회 등이다.

감사원규칙에서처럼 법규명령제정권자가 헌법이 아닌 법률에 의해 인정될 수 있는가에 관하여 학설이 대립되고 있으나 전술한 바와 같이 **긍정설**이 **타당**하다.

(2) 형식 및 공포

법규명령의 형식을 취하고 관보에 공포되어야 성립한다. 다만, 법규명령으로 정하여야 할 사항을 행정규칙으로 정한 경우에 판례는 일정한 경우에 법규명령의 효력을 가지는 것으로 보고 있다.

2. 법규명령의 효력요건

법규명령은 시행됨으로써 효력을 발생한다. 시행일이 정해진 경우에는 그날부터 효력을 발생하고, 시행일이 정하여지지 않은 경우에는 공포한 날로부터 20일을 경과함으로써 효력을 발생한다(헌법 제53조 제 7 항).

3. 법규명령의 적법요건과 위법한 명령의 효력

(1) 법규명령의 적법요건

① 위임명령은 상위법령의 수권이 있어야 제정될 수 있으며 수권의 범위 내에서 제정되어야 한다. 집행명령은 위임 없이 직권으로 제정될 수 있다.

② 근거가 되는 상위법령이 위법할 때에는 그에 근거한 명령도 위법하다.

③ 상위법령에 위반되는 명령은 위법하다.

④ 입법예고제 등 행정입법절차를 위반하여서는 안 된다.

(2) 위법한 법규명령의 효력

위법한 법규명령은 다음과 같은 효력을 갖는다.

① 성립요건을 결여하는 경우 법규명령 자체가 성립하지 아니하므로 누구도 구속되지 않는다. 효력요건을 결여한 경우에도 성립한 법규명령이 아직 효력을 발생하지 않았으므로 그 명령은 누구에 대하여도 구속력이 없다.

② 기존의 명령과 배치되는 동위의 명령 또는 상위의 법령이 제정된 경우에 기존의 명령은 폐지된 것이 되고 따라서 누구도 구속되지 않는다.

③ 동일한 사항에 대해 하위법이 상위법에 저촉되는 경우 전부가 무효가 아니라 저촉되는 한도 내에서만 효력이 없다(대판 2013. 9. 27, 2012두15234〈도로점용료부과처분취소〉). 하위법이 상위법에 저촉되는 한도 내에서는 상위법을 적용하여야 한다.

④ 그 이외에 **법규명령이 위법한 경우**(특히 법규명령이 내용상 상위법령에 저촉되는 경우)에 **법규명령의 효력**에 관하여는 다음과 같이 견해가 대립하고 있다.

[법규명령의 하자론]

1. 취소·무효구별설

이 견해는 행정행위의 무효이론을 법규명령의 하자론에 도입하여 **행정입법의 흠이 중대하고 명백한 경우에는 행정행위에서와 같이 당연히 무효**가 된다고 보고, **흠이 중대하고 명백하지 않은 경우에는 일단 유효**하며 헌법 제107조 제 2 항상의 통제제도에 의해 해당 법규명령에 근거한 처분을 다투는 소송에서 선결문제로서 다툴 수 있다고 본다(박윤흔).

2. 무 효 설

이 견해는 행정행위의 무효이론을 법규명령의 하자론에 도입하는 것에 반대하고 **위법한 법규명령은 모든 경우에 무효**(無效)라고 보아야 한다고 주장하면서 그의 근거를 법규명령에 대한 취소쟁송제도의 부존재에서 찾고 있다(김남진).

3. 상대적 무효설

이 견해는 **위법한 행정입법을 '무효(無效)'라고 하면서도 위법확인이 된 경우에도 해당 사건에 한하여 적용되지 않을** 뿐 해당 행정입법은 **그대로 '유효**(有效)'하다고 하고 있다(김동희).

4. 판례(무효설)

판례는 위법한 법규명령을 무효로 보고 있다. **처분적 명령에 대한 항고소송도 무효확인소송으로 하는 것이 실무**이다. 이에 반하여 법규명령의 효력을 갖는 행정규칙에 대한 항고소송은 통상 취소소송으로 하는 것이 실무이다.

그러나 법규명령과 법규명령의 효력을 갖는 행정규칙은 그 규범력에 관한 한 실질적으로 동일한 것임에도 소송형식과 관련하여 양자를 달리 취급하는 것은 타당하지 않다. 또한 위법한 법규명령은 무효라고 하면서 재판에서 선결문제로서 대법원에 의해 법규명령의 위법이 최종적으로 확인된 경우에도 일반적으로 효력을 상실하지 않고 해당 사건에 한하여 그 적용이 배제되는 것으로 보는 것은 논리적이지 못하다는 비판을 면할 수 없다. 판례가 말하는 법규명령의 무효는 행정행위의 무효와 다르다. 무효인 법규명령도 일응 효력을 갖고 존재한다.

5. 결어(유효설)

법의 공백을 막기 위하여 위법한 법규명령도 항고소송에 의해 **무효확인**(취소)**되기 전에는 효력을 유지**한다고 보고, **처분적 명령에 대한 항고소송은 취소소송의 형식으로 제기하도록 하는 것이 타당**하다.

⑤ 위법한 명령을 다투는 길은 법원에 의한 통제(항고소송, 부수적 통제)와 헌법소원에 의한 통제가 인정되고 있다. ㉠ 헌법소원에 의해 위헌이 확인된 경우에는 해당 명령은 효력을 상실한다. ㉡ 법원에 의해 선결문제에서 위헌 또는 위법이 확인된

경우에는 그 명령은 효력을 상실하는 것은 아니며 해당 사건에 한하여 적용되지 않고, 무효확인소송에서 무효확인된 경우 처음부터 효력이 없는 것이 확인되는 것이며 취소소송에서 취소된 경우에는 원칙상 소급적으로 효력을 상실한다.

⑥ 전술한 바와 같이 행정기관이 위법한 명령을 다툴 수 있는 길이 인정되고 있지 않으므로 **행정기관은 명령의 위법성이 명백하지 않는 한 위법한 명령도 집행하여야 한다.** 다만, 대법원에 의해 위법이 확인된 경우에는 이제는 그 위법이 명백하므로 행정기관은 그 명령을 집행해서는 안 된다. 대법원에 의해 위법이 확인되었음에도 그 후 해당 명령을 적용한 처분은 무효라고 보아야 한다.

⑦ 법규명령이 형식상 위법하여 효력이 없는 경우에 행정규칙으로서의 실질을 갖추고 있으면 행정규칙으로서 효력을 갖는다고 보는 것이 타당하다.

4. 법규명령의 소멸

① 법규명령은 **폐지**에 따라 소멸된다. 폐지는 그 대상인 명령과 동일한 형식의 법규명령 또는 상위의 법령에 의해 행해진다. 폐지는 명시적으로 행해질 수 있을 뿐만 아니라 해당 법규명령과 내용상 저촉되는 상위의 법령이 후일 제정된 경우에는 상위법우선의 원칙에 따라 종전의 명령은 상위법령과 저촉되는 한도 내에서 폐지된다.

② **한시적 명령**의 경우 해당 명령에 붙여진 종기가 도래하면 소멸되고, 해제조건이 붙여진 명령은 해제조건의 성취로 소멸된다.

③ **근거법령의 효력이 상실**되면 법규명령은 소멸한다.

④ **집행명령**의 경우 상위법령이 폐지된 것이 아니라 단순히 개정됨에 그친 경우에는 그 개정법령과 성질상 모순·저촉되지 아니하고 개정된 상위법령의 시행에 필요한 사항을 규정하고 있는 이상 그 개정법령의 시행을 위한 집행명령이 제정·발효될 때까지는 기존의 집행명령이 그 효력을 유지한다(대판 1989. 9. 12, 88누6962). 예를 들면, 서식의 내용을 변경하는 것으로 법률이 개정되었으나 구체적인 서식양식의 변경에 관한 명령의 규정이 마련되지 않고 있는 경우 기존의 명령에 의한 서식양식을 그대로 사용한다.

Ⅵ. 행정입법의 통제 [2005 입법고시 약술, 2007 행시(일반행정) 사례, 2012 경감승진 약술 〈법규명령의 한계와 통제〉, 2014 변시]

행정입법에 대한 통제에는 사전적 통제로서 절차적 통제가 있고, 통제기관에 따라 입법적 통제·행정적 통제·사법적 통제가 있다.

1. 절차적 통제

행정입법에 대한 절차적 통제에 관하여는 행정절차와 관련하여 후술하기로 한다.

2. 입법적 통제

(1) 직접적 통제

국회법 제98조의2는 "① **중앙행정기관의 장은** 법률에서 위임한 사항이나 법률을 집행하기 위하여 필요한 사항을 규정한 **대통령령·총리령·부령·훈령·예규·고시 등이 제정·개정 또는 폐지되었을 때에는 10일 이내에 이를 국회 소관 상임위원회에 제출**하여야 한다. 다만, 대통령령의 경우에는 입법예고를 할 때(입법예고를 생략하는 경우에는 법제처장에게 심사를 요청할 때를 말한다)에도 그 입법예고안을 10일 이내에 제출하여야 한다. ② 중앙행정기관의 장은 제 1 항의 기간 이내에 제출하지 못한 경우에는 그 이유를 소관 상임위원회에 통지하여야 한다. ③ 상임위원회는 위원회 또는 상설소위원회를 정기적으로 개회하여 그 소관 중앙행정기관이 제출한 대통령령·총리령 및 부령(이하 이 조에서 "대통령령등"이라 한다)의 법률 위반 여부 등을 검토하여야 한다. ④ 상임위원회는 제 3 항에 따른 검토 결과 대통령령 또는 총리령이 법률의 취지 또는 내용에 합치되지 아니한다고 판단되는 경우에는 검토의 경과와 처리 의견 등을 기재한 검토결과보고서를 의장에게 제출하여야 한다. ⑤ 의장은 제 4 항에 따라 제출된 검토결과보고서를 본회의에 보고하고, 국회는 본회의 의결로 이를 처리하고 정부에 송부한다. ⑥ 정부는 제 5 항에 따라 송부받은 검토결과에 대한 처리 여부를 검토하고 그 처리결과(송부받은 검토결과에 따르지 못하는 경우 그 사유를 포함한다)를 국회에 제출하여야 한다. ⑦ **상임위원회는 제 3 항에 따른 검토 결과 부령이 법률의 취지 또는 내용에 합치되지 아니한다고 판단되는 경우에는 소관 중앙행정기관의 장에게 그 내용을 통보할 수 있다.** ⑧ 제 7 항에 따라 검토내용을 통보받은 중앙행정기관의 장은 통보받은 내용에 대한 처리 계획과 그 결과를 지체 없이 소관 상임위원회에 보고하여야 한다. ⑨ 전문위원은 제 3 항에 따른 대통령령등을 검토하여 그 결과를 해당 위원회 위원에게 제공한다"고 규정하고 있다(행정입법 제출 또는 위법통보(행정규칙 제외) 및 처리결과제출제도).

의회는 법규명령과 내용상 저촉되는 법률을 제정하여 위법한 법규명령을 폐지시킬 수 있다.

(2) 간접적 통제

국회는 국정감사 또는 조사권·국무총리 등에 대한 질문권·국무총리 또는 국무위원의 해임건의권 및 대통령에 대한 탄핵소추권 등 행정권에 대한 **국정감시권**을 행사하여 위법한 법규명령을 간접적으로 통제할 수 있다.

3. 행정적 통제

상급행정청은 하급행정청의 행정입법권 행사의 기준과 방향을 지시할 수 있고, 위법한 법규명령의 폐지를 명할 수 있다. 상급행정청이라도 하급행정청의 법규명령을 스스로 개정 또는 폐지할 수 없다. 다만, 상위명령에 의해 하위명령을 배제할 수 있다.

국무회의에 상정될 법령안·조약안과 총리령안 및 부령안은 **법제처의 심사**를 받는다(정부조직법 제20조 제 1 항).

4. 사법적 통제 [2004 사시, 2006 행시 사례, 2014 변시 사례]

행정입법에 대한 사법적 통제란 사법기관인 법원 및 헌법재판소에 의한 통제를 말한다.

행정입법에 대한 사법적 통제는 직접적 통제와 간접적 통제(부수적 통제)로 구분하기도 하고, 추상적 통제와 구체적 통제로 구분하기도 한다.

직접적 통제란 행정입법 자체가 직접 소송의 대상이 되어 위법한 경우 그 효력을 상실시키는 제도를 말한다(예 법규명령에 대한 헌법소원 및 항고소송). **간접적 통제**란 행정입법 자체를 직접 소송의 대상으로 하는 것이 아니라 다른 구체적인 사건에 관한 재판에서 해당 행정입법의 위법 여부가 **선결문제가 되는 경우**(재판의 전제가 된 경우) 해당 행정입법의 위법 여부를 판단하는 제도이다. 간접적 통제는 **부수적 통제**라고도 한다.

(1) 간접적 통제 [2010 행시(재경직) 사례]

1) 의의와 근거

간접적 통제란 다른 구체적인 사건에 관한 재판에서 행정입법의 위법 여부가 **선결문제**가 되는 경우 해당 행정입법의 위법 여부를 통제하는 것을 말한다.

간접적 통제는 헌법 제107조 제 2 항에 근거한다. 헌법 제107조 제 2 항은 "명령·규칙 또는 처분이 헌법이나 법률에 위반되는 여부가 **재판의 전제가 된 경우에**

는 대법원은 이를 최종적으로 심사할 권한을 가진다"라고 규정하고 있다.

과거 법원 내에서 헌법재판이 활성화되지 못했던 잘못된 관행에 의하여 법원이 명령·규칙의 위헌심사에 소극적이었다는 비판이 있다.

2) 통제의 대상

헌법 제107조 제 2 항은 **'명령·규칙'**이 헌법이나 법률에 위반되는 여부가 재판에서 전제가 된 경우에 법원에 의한 통제의 대상이 된다고 규정하고 있다(예 변리사법 시행령 부칙 중 제 4 조 제 1 항에 관한 시행시기를 정한 규정 부분이 헌법에 위반되어 무효라고 판단한 사례(대판 전원합의체 2006. 11. 16, 2003두12899)). 여기에서 **'명령'**이란 법규명령을 의미한다. 위임명령과 집행명령 모두 통제의 대상이 된다. '명령·규칙' 중 **'규칙'**이란 중앙선거관리위원회규칙, 대법원규칙, 국회규칙과 같이 법규명령인 규칙을 의미한다. 헌법 제107조 제 2 항의 '명령·규칙'에는 자치법규인 조례와 규칙도 포함된다(대판 전원합의체 1995. 8. 22, 94누5694).

행정규칙 중 법규적 성질을 갖는 것(예 법령보충적 행정규칙)은 그 위법 여부가 그에 근거한 처분의 위법 여부를 판단함에 있어서 전제문제(선결문제)가 되므로 헌법 제107조 제 2 항의 구체적 규범통제의 대상이 된다. 그러나 법규적 효력이 없는 행정규칙은 헌법 제107조 제 2 항의 통제대상이 아니다(대판 1990. 2. 27, 88재누55).

원칙상 명령 전부가 아니라 개별법규정이 통제의 대상이 된다. 법규정 중 일부만 위헌·위법인 경우 그 일부가 분리가능한 경우에는 그 일부만의 무효확인도 가능하다(대판 전원합의체 2012. 12. 20, 2011두30878).

[판례] [1] 법률이 특정 사안과 관련하여 시행령에 위임을 한 경우 시행령이 위임의 한계를 준수하고 있는지를 판단할 때는 당해 법률 규정의 입법 목적과 규정 내용, 규정의 체계, 다른 규정과의 관계 등을 종합적으로 살펴야 한다. 법률의 위임 규정 자체가 그 의미 내용을 정확하게 알 수 있는 용어를 사용하여 위임의 한계를 분명히 하고 있는데도 시행령이 그 문언적 의미의 한계를 벗어났다든지, 위임 규정에서 사용하고 있는 용어의 의미를 넘어 그 범위를 확장하거나 축소함으로써 위임 내용을 구체화하는 단계를 벗어나 새로운 입법을 한 것으로 평가할 수 있다면, 이는 위임의 한계를 일탈한 것으로서 허용되지 않는다. **[해설]** 구 「화물자동차운수사업법 시행령」 제 6 조 제 1 항 〔별표1〕 제12호(가)목에 규정된 '2인 이하가 중상을 입은 때' 중 '1인이 중상을 입은 때' 부분은 모법인 구 「화물자동차운수사업법」 제19조 제 1 항 및 제 2 항의 위임범위를 벗어난 것으로서 무효라고 한 사례(대판 전원합의체 2012. 12. 20, 2011두30878〈화물자동차운행정지처분취소〉).

행정입법이 헌법이나 법률에 위반한 경우나 상위의 법규명령에 위반한 경우 모두 법원에 의한 통제의 대상이 된다.

3) 통제의 요건

행정입법은 그 위법 여부가 재판에서 전제문제(선결문제)로서 다투어지는 경우에 법원의 통제 대상이 된다. 행정처분의 근거가 된 행정입법의 위법이 당사자에 의해 주장되지 않은 경우에도 법원은 직권으로 해당 행정입법의 위법 여부를 심사할 수 있다.

4) 통제의 주체

각급 법원이 통제하고, **대법원이 최종적인 심사권**을 갖는다. 대법원이 최종적 심사권을 갖는다는 것은 대법원이 위헌·위법이라고 판단한 경우에는 해당 명령의 위헌 또는 위법이 확정되며 그 위헌 또는 위법이 명백하게 된다는 것을 의미한다.

5) 통제의 효력

① **판례**는 명령이 위법하다는 대법원의 판결이 있는 경우에 해당 명령이 일반적으로 효력을 상실하는 것으로는 보지 않고 **해당 사건에 한하여 적용되지 않는 것으로 본다**(대결 1994. 4. 26, 93부32〈위법여부심사청구〉). 행정소송규칙 제 2 조는 대법원은 재판의 전제가 된 명령·규칙이 헌법 또는 법률에 위배된다는 것이 **법원의 판결(하급심의 명령·규칙심사도 포함)에 의하여 확정된 경우**에는 그 취지를 해당 명령·규칙의 소관 행정청에 통보하도록 하여 소관 행정청이 그 명령·규칙을 개정하는데 참고하도록 하고 있다.

② 위법인 법령에 근거한 행정처분은 통상 취소할 수 있는 처분으로 보아야 한다. 왜냐하면 처분근거법령의 위헌·위법은 통상 중대한 하자이나 명백하지 않기 때문이다. 그렇지만 행정기관이 대법원에 의해 위법으로 판정되었음에도 그 후 해당 명령을 적용하여 행정처분을 한 경우에는 그 행정처분은 이제는 그 위법이 명백하므로 당연히 무효인 행정처분이 된다고 보아야 한다.

(2) 직접적 통제 [2007 공인노무사, 2019 변시〈처분적 법규명령〉]

1) 항고소송

법규명령이 **처분성을 갖는 경우**에는 항고소송의 대상이 된다. 원칙상 명령 전부가 아니라 개별법규정이 항고소송의 대상이 된다.

가. 법규명령에 대한 항고소송의 근거 최근 일부 견해는 헌법 제107조 제 2 항을 법규명령에 대한 간접적 통제뿐만 아니라 법규명령에 대한 직접적 통제의

근거로 본다. 그러나 헌법 제107조 제 2 항은 원칙상 법규명령에 대한 법원의 간접적 통제의 근거로 보고, 법규명령에 대한 직접적 통제로서의 항고소송의 근거는 사법권은 법원에 속한다고 규정하고 있는 헌법 제101조에서 구하는 것이 타당하다.

> 헌법
>
> 제101조 ① 사법권은 법관으로 구성된 법원에 속한다.
>
> ② 법원은 최고법원인 대법원과 각급법원으로 조직된다.
>
> ③ 법관의 자격은 법률로 정한다.

나. 행정입법의 처분성 행정입법이 항고소송의 대상이 되기 위하여는 처분성을 가져야 한다. 명령(법규명령의 효력을 갖는 행정규칙 포함) 중 처분적 성질을 갖는 명령(처분적 명령)은 항고소송의 대상이 된다는 것이 일반적 견해이다. 원칙상 명령 전부가 아니라 개별적 규정이 통제의 대상이 된다.

그런데 처분적 명령의 인정기준 및 인정범위에 관하여 다음과 같이 견해가 대립한다.

① 협의설: 이 견해는 법규명령이 별도의 집행행위 없이도 국민에 대하여 직접적이고 구체적인 법적 효과를 미치는 경우, 즉 국민의 권리의무에 직접 변동을 야기하는 경우에 한하여 처분적 명령으로 보는 견해이다(권리의무관계를 구체적으로 변동시키는 처분적 법규명령만이 항고소송의 대상이 된다고 봄).

처분적 법규명령과 집행적 법규명령을 구별하면서 처분적 법규명령만을 항고소송의 대상으로 보아야 한다는 견해도 이에 속한다. 처분적 법규명령은 형식은 법규명령이나 실질적으로는 개별적·구체적 규율로서 행정행위에 해당하는 것이라고 본다. 이러한 처분적 명령은 처분으로 발급되어야 하나 제정자의 착오에 의하여 법규명령의 형식으로 발급되는 경우에 해당한다. 반면에 집행적 법규명령은 일반적·추상적 규율이기는 하나, 다만 집행행위가 없이 직접 국민의 권리나 의무를 규율하는 법규명령을 의미하며 항고소송의 대상이 되는 처분이 아니라고 한다.[20] 이러한 집행적 법규명령은 형식뿐만 아니라 내용상으로도 법규명령에 해당한다. 따라서 항고소송의 대상이 아니라 규범통제의 대상이 되어야 한다.

② 중간설: 이 견해는 협의의 처분적 법규명령(행정행위 성질의 법규명령)과 함께 자동집행력을 갖는 법규명령(별도의 집행행위의 매개 없이 국민의 권리의무를 직접 규율하

20) 정하중, "집행적 법규명령과 처분적 법규명령의 개념", 법률신문(2006. 8. 17), 14쪽.

는 명령: 예 당구장업소에 18세 미만자의 출입을 금지시키는 의무를 부과하는 문화체육부장관의 부령)을 항고소송의 대상이 되는 처분적 명령으로 보는 견해이다(권리의무관계를 구체적으로 변동시키는 협의의 처분적 법규명령과 권리의무관계를 구체적으로 변동시키지 않고 국민의 권리의무를 직접 규율하는 집행적 법규명령을 항고소송의 대상이 된다고 봄).

③ 광의설: 처분적 법규명령과 자동집행적 법규명령을 포함한 **별도의 집행행위 없이 국민의 권익에 직접 영향을 미치는(침해를 가하는) 명령을 처분적 명령으로 보는 견해이다.** 법규명령의 처분성을 법규명령에 의한 개인적 법익 침해의 직접성·구체성을 기준으로 판단한다.

④ 결어: 명령도 행정권의 공권력 행사이므로 명령으로 국민의 권익이 직접 구체적으로 침해된(직접 영향을 받은) 경우에는 행정소송을 통한 권리구제의 길을 열어주는 것이 타당하므로 **광의설이 타당**하다.

판례는 원칙상 협의설을 취하고 있다([판례 1] 참조. 법규명령이 권리의무관계를 구체적으로 변동시킴). 그렇지만, **판례**는 어떠한 고시가 일반적·추상적 성격을 가질 때에는 법규명령 또는 행정규칙에 해당할 것이지만, 다른 집행행위의 매개없이 그 자체로서 직접 국민의 구체적인 권리의무나 법률관계를 규율하는 성격을 가질 때에는 행정처분에 해당한다고 본다(대판 2006. 9. 22, 2005두2506. [판례 2] 참조. 법규명령이 권리의무관계를 구체적으로 변동시키지 않고 직접 규율함).

[판례 1] **조례**가 집행행위의 개입 없이도 그 자체로서 **직접 국민의 구체적인 권리의무나 법적 이익에 영향을 미치는 등의 법률상 효과를 발생하는 경우** 그 조례는 항고소송의 대상이 되는 **행정처분**에 해당한다(대판 1996. 9. 20, 95누8003: 경기도 가평군 상색초등학교 두밀분교 폐교조례의 처분성 인정. 교육·학예에 관한 조례의 경우 피고는 교육감임).

[판례 2] 어떠한 **고시**가 일반적·추상적 성격을 가질 때에는 법규명령 또는 행정규칙에 해당할 것이지만, **다른 집행행위의 매개 없이 그 자체로서 직접 국민의 구체적인 권리의무나 법률관계를 규율하는 성격을 가질 때**에는 항고소송의 대상이 되는 **행정처분**에 해당한다(대결 2003. 10. 9, 2003무23: 항정신병 치료제의 요양급여에 관한 보건복지부 고시가 다른 집행행위의 매개 없이 그 자체로서 제약회사, 요양기관, 환자 및 국민건강보험공단 사이의 법률관계를 직접 규율하는 성격을 가진다는 이유로 항고소송의 대상이 되는 행정처분에 해당한다고 한 사례; 대판 2006. 9. 22, 2005두2506〈보험약가인하처분취소〉: 보건복지부 고시인 약제급여·비급여목록 및 급여상한금액표〈보건복지부 고시 제2002-46호로 개정된 것〉는 다른 집행행위의 매개 없이 그 자체로서 국민건강보험가입자, 국민건강보험공단, 요양기관 등의 법률관계를 직접 규율하는 성격을 가지므로 항고소송의 대상이 되는 행정처분에 해당한다고 한 사례). **[평석]** 위와 같은 판례의 해석에 있어 명령 등이 실질적으로 행정행위의 실질을 가질 때 처분으로 보는 것이 판례의 입장이라고 해석하는 견해가 있다. 그런데 **약가고시**(藥價告示)는 그

것만으로는 구체적인 권리의무관계에 변경을 가져오는 것은 아니며 **보험급여를 청구하여 거부당한 때에 국민의 권익이 구체적으로 침해되는 것이므로 약가고시는 협의설을 취하면 처분성을 인정할 수 없고, 중간설 및 광의설에 의하는 경우에만 처분이라고 볼 수 있는 것으로 보는 것이 이론상 타당**하다.

[판례 3] 의료기관의 명칭표시판에 진료과목을 함께 표시하는 경우 **글자 크기를 제한하고 있는 구 의료법 시행규칙 제31조가 그 자체로서 국민의 구체적인 권리의무나 법률관계에 직접적인 변동을 초래하지 아니하므로** 항고소송의 대상이 되는 **행정처분이라고 할 수 없다**고 한 사례(대판 2007. 4. 12, 2005두15168〈의료법시행규칙 제31조 무효확인등〉).

다. 소송형식 등 처분적 명령에 대한 항고소송은 해당 명령의 위법이 무효인지 취소할 수 있는 위법인지에 따라 취소소송 또는 무효확인소송(통상 법규명령의 위법 여부는 명백하지 않으므로 취소소송)을 제기하여야 한다고 보는 견해(취소소송 또는 무효확인소송설)와 위법한 법규명령은 무효이므로 처분적 명령에 대하여는 항상 무효확인소송을 제기하여야 한다고 보는 견해가 있다(무효확인소송설).

재판실무상 법규의 형식을 취하고 있는 명령과 조례에 대한 항고소송은 무효확인소송으로 제기되고 있고, 법규명령의 성질을 갖는 행정규칙(법령보충적 행정규칙)에 대한 항고소송은 취소소송의 형식으로 제기되고 있다.

생각건대, 법규명령은 위법하더라도 법질서의 공백을 막기 위하여 효력을 유지하므로 항상 취소소송을 제기하여야 한다는 견해(취소소송설)가 타당하다.

2) 법규명령에 대한 헌법소원

헌법소원이 인정되기 위하여는 기본권 침해의 자기관련성·직접성 및 현재성(권리보호의 이익)이 인정되어야 한다.

법규명령에 대해 헌법소원을 인정할 수 있는지에 관하여 이론상 견해의 대립이 있다. 이러한 견해의 대립은 헌법 제107조 제2항의 해석과 관련이 있다.

헌법 제107조

① 법률이 헌법에 위반되는 여부가 재판의 전제가 된 경우에는 법원은 헌법재판소에 제청하여 그 심판에 의하여 재판한다.

② 명령·규칙 또는 처분이 헌법이나 법률에 위반되는 여부가 재판의 전제가 된 경우에는 대법원은 이를 최종적으로 심사할 권한을 가진다.

③ 재판의 전심절차로서 행정심판을 할 수 있다. 행정심판의 절차는 법률로 정하되, 사법절차가 준용되어야 한다.

① **소극설**(부정설)은 현행 헌법, 즉 헌법 제107조 제 1 항과 제107조 제 2 항은 법률에 대한 위헌심판권은 헌법재판소에 부여하고, 명령·규칙에 대한 헌법심판권은 법원에 부여하고 대법원이 최종적으로 갖도록 하고 있으므로 행정입법에 대하여 헌법소원을 인정하는 것은 이와 같은 피통제규범을 기준으로 하여 정해진 헌법상의 관할권의 배분에 위반된다고 한다. ② **적극설**(긍정설)은 **명령·규칙에 대한 헌법소원은 헌법 제107조와는 무관한 것**이므로 헌법소원의 일반원칙에 의해 별도의 집행행위 없이도 직접 기본권을 침해하는 명령·규칙에 대하여는 헌법소원이 인정될 수 있다고 한다. **헌법재판소는 긍정설**을 취하고 있다(헌재 1990. 10. 15, 89헌마178 〈법무사법시행규칙에 대한 헌법소원〉: 법무사시험은 법원행정처장이 법무사를 보충할 필요가 있다고 인정하는 경우에 실시할 수 있다고 규정한 것(법무사법시행규칙 제 3 조 제 1 항)이 **기본권 침해의 직접성이 인정된다고 본 사례**). **헌법재판소**는 자동집행력을 갖는 법규명령을 헌법소원의 대상으로 보고 있다.

[판례 1] **사법부에서 제정한 규칙(법무사법시행규칙)(현 법무사규칙)의 헌법소원의 대상성 인정**: 헌법 제107조 제 2 항이 규정한 명령·규칙에 대한 대법원의 최종심사권이란 구체적인 소송사건에서 명령·규칙의 위헌 여부가 재판의 전제가 되었을 경우 법률의 경우와는 달리 헌법재판소에 제청할 것 없이 대법원이 최종적으로 심사할 수 있다는 의미이며, **명령·규칙 그 자체에 의하여 직접 기본권이 침해되었음을 이유로 하여 헌법소원심판을 청구하는 것은 위 헌법규정과는 아무런 상관이 없는 문제**이다. **따라서 입법부·행정부·사법부에서 제정한 규칙이 별도의 집행행위를 기다리지 않고 직접 기본권을 침해하는 것일 때에는 모두 헌법소원심판의 대상이 될 수 있는 것이다**(헌재 1990. 10. 15, 89헌마178〈법무사법시행규칙에 대한 헌법소원〉).

[판례 2] **당구장 경영자에게 당구장 출입문에 18세 미만자에 대한 출입금지표시를 하게 하는 이 사건 규정은 법령이 직접적으로 청구인에게 그러한 표시를 하여야 할 법적 의무를 부과하는 사례에 해당하는 경우**로서, 그 표시에 의하여 18세 미만자에 대한 당구장 출입을 저지하는 사실상의 규제력을 가지게 되는 것이므로, **모든 당구장 경영자의 직업종사·직업수행의 자유가 제한되어 헌법상 보장되고 있는 직업선택의 자유가 침해**된다(헌재 1993. 5. 13, 92헌마80〈체육시설의 설치·이용에 관한 법률 시행규칙 제 5 조에 대한 헌법소원〉). **〈해설〉 이 사건 규정은** 국민 개인의 구체적인 권리의무에 직접 변동을 초래하는 규정(행정행위의 성질의 규정)은 아니고, **집행행위의 매개 없이 국민의 권익을 직접 규율하는 규정(자동집행적 법규명령)**이다. 헌법재판소는 자동집행력을 갖는 법규명령(자동집행적 법규명령)을 헌법소원의 대상으로 보고 있다.

헌법소원의 요건의 하나로 헌법소원의 보충성이 요구된다. 처분적 명령·규칙에 의해 기본권이 침해된 경우에는 해당 명령·규칙의 무효확인소송 또는 취소소송을 제기하여야 하며 이 경우 헌법소원은 인정될 수 없다. 문제의 명령이 처분이 아니며 해당 명령에 의한 권리침해의 직접성, 현재성 및 자기관련성이 충족되는 경우 헌법소원이 인정된다. 헌법재판소는 법령이 집행행위의 매개없이 직접 기본권을 침해하고 있으면 널리 헌법소원을 인정하고 있다(헌재 1993. 5. 13. 92헌마80: 당구장 경영자인 청구인에게 당구장 출입문에 18세 미만자에 대한 출입금지 표시를 하게 하는 심판대상규정에 대한 헌법소원을 인정한 사례 등).

제68조 제1항에 따른 헌법소원을 인용할 때에 헌법재판소는 기본권 침해의 원인이 된 공권력의 행사를 취소하거나 그 불행사가 위헌임을 확인할 수 있다(제75조 제3항). 그런데 **헌법재판소는 법규명령에 대한 헌법소원에서는 인용결정의 형식으로 통상 단순위헌결정을 내리는데, 이 경우에 해당 행정입법은 원칙상 장래에 향하여 효력을 상실하게 되는 것으로 보는 것이 실무의 태도이다.**

Ⅶ. 행정입법부작위

1. 의 의

행정입법부작위란 행정권에게 명령을 제정·개정 또는 폐지할 법적 의무가 있음에도 합리적인 이유 없이 지체하여 명령을 제정·개정 또는 폐지하지 않는 것을 말한다.

2. 요 건

행정입법부작위가 인정되기 위하여는 ① 행정권에게 명령을 제정·개폐할 법적 의무가 있어야 하고, ② 상당한 기간이 지났음에도 불구하고, ③ 명령이 제정 또는 개정·폐지되지 않았어야 한다. ④ 다만, 행정입법의무의 불이행에 정당한 이유가 있다고 인정되는 경우에는 행정입법부작위가 성립하지 않는다.

(1) 명령제정·개폐의무

1) 시행명령제정의무

현행법상 행정권의 시행명령제정의무를 정하는 명시적인 법률규정은 없다. 그러나 삼권분립의 원칙·법치행정의 원칙을 당연한 전제로 하고 있는 헌법하에서 행정권의 시행명령제정의무는 헌법적 의무로 보아야 한다(헌재 1998. 7. 16, 96헌마246). 시행명령을 제정하여야 함에도 불구하고 제정을 거부하는 것은 법치행정의 원칙에 반하는 것이 된다.

주의할 것은 행정입법부작위가 인정되기 위하여는 시행명령의 제정이 수권법령집행의 전제조건이 되어야 한다. 시행명령의 개입 없이 수권법령의 규정만으로 집행될 수 있는 경우에는 행정권에게 시행명령제정의무는 없다. '시행명령의 개입 없이 법률의 규정만으로 집행될 수 있는 경우'란 법률의 규정이 그 내용에 있어서 무조건적이고 충분하게 명확한 경우를 말한다.

2) 위법한 명령의 개폐의무

법치주의의 원칙상 법규명령제정권자는 위헌·위법인 명령을 개폐할 의무가 있다고 보아야 한다. 「행정기본법」은 "정부는 권한 있는 기관에 의하여 위헌으로 결정되어 법령이 헌법에 위반되거나 법률에 위반되는 것이 명백한 경우 등 대통령령으로 정하는 경우에는 해당 법령을 개선하여야 한다."고 규정하고 있다(제39조 제1항). 법령의 위헌·위법이 명백한 대표적인 경우는 법령의 위헌·위법이 헌법재판소나 대법원에 의해 확인된 경우이다.

위법한 명령에 대한 개선입법의무가 있는 경우가 있고, 이 경우 위법한 명령에 대한 개선입법의무의 정당한 이유없는 불이행은 (진정)행정입법부작위로서 위법하다(대판 전원합의체 2024. 12. 19, 2022다289051).

(2) 상당한 기간의 경과

법률을 시행하는 명령을 제정하기 위하여는 행정권에게 상당한 기간이 필요하다. 시행명령제정권한을 갖는 행정기관은 시행명령제정에 필요한 '합리적인 기간'을 갖는다고 보아야 한다.

(3) 시행명령의 제정 또는 개폐가 없었을 것

위임법령의 시행을 위해 필요한 시행명령을 전혀 제정하지 않은 것은 행정입법부작위이다.

시행명령을 제정 또는 개정하였지만 그것이 불충분 또는 불완전하게 된 경우(부진정 행정입법부작위)에는 행정입법의 부작위가 아니다. 그러나 시행명령으로 제정될 입법사항이 여럿이 있고 이들이 상호 독립적인 경우에 시행명령이 제정되었지만 입법사항 중 일부는 빠뜨리고 있는 경우에는 그 입법사항에 관하여는 행정입법부작위에 해당한다.

입법부가 어떤 법률조항의 시행 여부나 시행 시기까지 행정권에 위임하여 재량권을 부여한 경우에는 행정권에게 행정입법의무가 있다고 볼 수 없다.

행정입법의무의 불이행에 정당한 이유가 있다고 인정되는 경우에는 행정입법부작위가 성립하지 않는다.

3. 행정입법부작위에 대한 권리구제

판례는 "부작위위법확인소송의 대상이 될 수 있는 것은 구체적 권리의무에 관한 분쟁이어야 하고 추상적인 법령에 관하여 제정의 여부 등은 그 자체로서 국민의 구체적인 권리의무에 직접적인 변동을 초래하는 것이 아니어서 행정소송의 대상이 될 수 없다"라고 행정입법부작위에 대한 부작위위법확인소송을 인정하지 않는다(대판 1992. 5. 8, 91누11261).

명령제정의 거부나 입법부작위도 '공권력의 행사나 불행사'이므로 당연히 헌법소원의 대상이 된다(헌재 2004. 2. 26, 2001헌마718). 다만, 헌법소원이 인정되기 위하여는 행정입법권의 불행사로 기본권이 직접적·구체적으로 침해되었어야 한다.

행정입법부작위로 인하여 손해가 발생한 경우에 과실이 인정되는 경우에는 국가배상청구가 가능하다(대판 2007. 11. 29, 2006다3561〈군법무관 보수청구사건〉). **판례는 입법재량이 인정되는 행정입법부작위로 인한 손해배상**도 재량권 행사에 따른 행정권한의 불행사로 인한 손해배상에서와 같은 기준에 따라 배상하여야 한다고 보고 있다. 즉 법률이 행정청에 대하여 행정입법을 할 재량을 부여하였다 하더라도, 그 재량을 부여한 취지와 목적에 비추어 행정청이 행정입법의 권한을 행사하지 아니한 것이 현저하게 합리성을 잃어 사회적 타당성이 없는 경우에는 그 부작위가 객관적 정당성을 상실하였다고 볼 수 있고, 객관적 정당성을 상실하였다고 볼 수 있는 경우에는 특별한 사정이 없으면 국가배상법 제 2 조 제 1 항에서 정한 공무원의 과실도 인정된다(대판 전원합의체 2024. 12. 19, 2022다289051: 위법한 부진정 행정입법부작위로 인해 장애인 접근권이 침해되었다고 주장하면서 국가배상으로 위자료를 청구한 사건). **입법재량이 인정되지 않는 행정입법부작위(기속행정입법부작위)의 경우**에는 행정입법부작위는 위법할 뿐만 아니라 그것만으로 원칙상 과실이 인정된다. 예를 들면 시정명령제정의무가 인정되는데 정당한 사유없이 시정명령을 전혀 제정하지 않은 경우(위임법률이 군법무관에게 법관에 준하는 보수를 규정하도록 위임하였음에도 시행명령을 전혀 규정하지 않은 사례)이다.

부진정 행정입법부작위는 입법부작위가 아니므로 입법부작위가 항고소송이나 헌법소원의 대상이 될 수 없고, 불완전 법령의 위법 여부를 다투어야 한다. 부진정입법부작위가 입법재량의 일탈·남용(수권의 범위 일탈, 상위법령에의 위반 등)에 해당하면 그 한도 내에서 위법·무효이고, 입법재량의 일탈·남용에 해당하지 않는 입법의 불비에 해당하는 경우에는 법령의 해석(확대해석, 엄격해석 등) 또는 유추적용을 통해 입법의 불비를 보충할 수 있다. 참고로 '진정 행정입법부작위'는 입법권의 불행사를 말하고, '부진정 행정입법부작위'는 결함이 있는 입법권의 행사를 말한다.

제 3 절 행정규칙

Ⅰ. 행정규칙의 의의

행정규칙이란 행정조직 내부에서의 행정의 사무처리기준으로서 제정된 일반적·추상적 규범을 말한다. 실무에서의 훈령·통첩·예규·고시 등이 행정규칙에 해당한다. 행정규칙은 통상 법적 근거 없이 제정되고 법규가 아닌 점에서 법규명령과 구별된다.

Ⅱ. 행정규칙의 종류

1. 행정규칙의 규율대상 및 내용에 따른 분류

(1) 조직규칙

조직규칙이란 행정조직 내부에서의 행정기관의 구성 및 권한배분 및 업무처리절차를 정하는 행정규칙을 의미한다. 예를 들면, 「전결권을 정하는 직무대리규정」은 조직규칙이다.

(2) 영조물규칙

영조물규칙이란 영조물의 관리청이 영조물의 조직·관리 및 사용을 규율하기 위하여 제정하는 규칙을 말한다. 영조물규칙은 영조물의 내부조직관계를 규율하는 경우도 있지만 영조물의 사용에 관한 부분은 대외적 관계에 영향을 미친다. 영조물규칙에는 조직규칙, 재량준칙, 해석규칙 등이 있다.

(3) 법령해석규칙

법령해석규칙(해석규칙)이란 법령의 해석을 규정한 행정규칙을 말한다. 법령해석규칙은 법령집행기관의 법령해석의 어려움을 덜어 주고 통일적인 법적용을 도모하기 위하여 제정된다.

(4) 재량준칙

재량준칙이란 재량권 행사의 기준을 제시하는 행정규칙을 말한다.

(5) 법률대체적 규칙

법률대체적 규칙이란 행정권 행사의 기준 및 방법에 관하여 법령에 의한 규율이 없는 영역(예 ① 법률유보의 원칙이 적용되지 않는 영역에서 법률이 전혀 없는 경우, ② 법률유보의 원칙이 적용되는 경우에도 행정권의 발동근거만 두고 있거나 지나치게 포괄적으로만 규정되어 있어서 행정권의 행사기준에 관하여 구체적인 기준을 두고 있지 않은 영역)에서 행정권 행사의 기준을 정하는 행정규칙을 말한다. 예를 들면, 법률이 특정분야에서 단지 "보조금을 지급할 수 있다"라고만 규정하고 있는 경우에 제정되는 보조금의 지급기준을 정하는 행정규칙은 법률대체적 규칙이다.

2. 법령상 및 실무상의 분류

행정규칙은 **실무상** 훈령, 예규, 고시, 규정, 규칙, 지시, 지침, 통첩 등의 명칭으로 제정된다. 행정규칙은 **법령상** "훈령·예규 등" 또는 "훈령·예규·고시"라는 명칭으로 표시된다(「훈령·예규 등의 발령 및 관리에 관한 규정」(대통령 훈령) 제 2 조).

훈령이란 상급기관이 하급기관에 대하여 상당히 장기간에 걸쳐서 그 권한의 행사를 지시하기 위하여 발하는 명령을 말한다. 훈령 중 일반적·추상적 성질을 갖는 것만이 행정규칙이다.

> 예를 들면, 수배차량등검색시스템 운영 규칙(경찰청 훈령 제780호), 웨어러블 폴리스캠(wearable PoliceCAM) 시스템 운영 규칙(경찰청 훈령 제778호), 범죄수사규칙(경찰청 훈령 제774호), 경찰청 공무원 행동강령(경찰청 훈령 제772호), 피해자 보호 및 지원에 관한 규칙(경찰청 훈령 제767호) 등이 있다.

예규란 법규문서 이외의 문서로서 반복적 행정사무의 기준을 제시하는 것을 말한다.

> 예를 들면, 경찰공무원 징계양정 등에 관한 규칙(경찰청예규 제504호), 우범자 첩보수집 등에 관한 규칙(경찰청 예규 제500호), 지능형교통체계 구축사업 지원 및 관리에 관한 규칙(경찰청예규 제503호) 등이 있다.

고시(일정한 사항을 불특정 다수인에게 알리는 것)가 행정사무의 처리기준이 되는 일반적·추상적 규범의 성질을 갖는 경우에는 행정규칙이다. 이 행정규칙인 고시는 행정기관이 일정한 사항을 불특정 다수인에게 통지하는 방법인 고시(예 특정사업자를 납세병마개 제조자로 지정하였다는 행정처분의 내용을 모든 병마개 제조자에게 알리는 통지수단인 국세청고시(헌재 1998. 4. 30, 97헌마141))와 구별되어야 한다.

예를 들면, 경비지도사 시험위탁 및 응시수수료 책정고시(경찰청고시 제2015－4호), 2015년도 청원경찰 경비기준액 고시(경찰청고시 제2015－3호), 최고속도 110km/h인 고속도로 지정 고시(경찰청고시 제2013－5호) 등이 있다.

② 고시가 일반적·구체적 성질을 가질 때에는 '일반처분'에 해당하며(예 청소년유해매체물 결정 및 고시처분(대판 2007. 6. 14, 2004두619)), 고시의 내용이 어떤 물건의 성질 또는 상태를 규율하는 내용을 담고 있을 때에는 '물적 행정행위'(예 교통표지판의 주정차 금지표시)라고 보아야 한다(김남진).

행정규칙인 고시가 법령의 수권에 의해 법령을 보충하는 사항을 정하는 경우에는 **법령보충적 고시**로서 근거법령규정과 결합하여 대외적으로 구속력 있는 법규명령의 효력을 갖는다(대판 1999. 11. 26, 97누13474). 법령보충적 고시는 법령(법규명령)이고, 행정규칙이 아니다.

Ⅲ. 행정규칙의 법적 성질 및 구속력[2002 입법고시 약술]

행정규칙의 법적 성질의 문제란 행정규칙이 법규인가 아니면 법규가 아닌가 또는 행정규칙은 준법규인가 하는 행정규칙의 법규성의 문제를 말한다.

행정규칙의 구속력이란 행정규칙이 법적 구속력을 갖는가 하는 문제이다. 행정규칙의 법적 구속력에는 행정조직 내부에서의 구속력(대내적 구속력)과 행정행위의 상대방인 국민 또는 법원에 대한 구속력(대외적 구속력)이 있다.

[판례] (1) 행정기관이 소속 공무원이나 하급행정기관에 대하여 세부적인 업무처리절차나 법령의 해석·적용 기준을 정해 주는 **'행정규칙'**은 상위법령의 구체적 위임이 있지 않는 한 **조직 내부에서만 효력을 가질 뿐 대외적으로 국민이나 법원을 구속하는 효력이 없다.** (2) 행정규칙이 이를 정한 행정기관의 재량에 속하는 사항에 관한 것인 때에는 그 규정 내용이 객관적 합리성을 결여하였다는 등의 특별한 사정이 없는 한 법원은 이를 존중하는 것이 바람직하다. (3) 그러나 **행정규칙의 내용이 상위법령이나 법의 일반원칙에 반하는 것이라면 법질서상 당연무효이고, 행정내부적 효력도 인정될 수 없다.** 이러한 경우 법원은 해당 행정규

칙이 법질서상 부존재하는 것으로 취급하여 행정기관이 한 조치의 당부를 상위법령의 규정과 입법 목적 등에 따라서 판단하여야 한다. (4) **한국수력원자력 주식회사**가 조달하는 기자재, 용역 및 정비공사, 기기수리의 공급자에 대한 관리업무 절차를 규정함을 목적으로 제정·운용하고 있는 **'공급자관리지침' 중 등록취소 및 그에 따른 일정 기간의 거래제한조치에 관한 규정들**은 공공기관으로서 행정청에 해당하는 한국수력원자력 주식회사가 **상위법령의 구체적 위임 없이 정한 것이어서 대외적 구속력이 없는 행정규칙이다**(대판 2020. 5. 28, 2017두66541). [해설] 엘에스전선 주식회사(원고)는 원자력 발전용 케이블 구매입찰에서의 입찰담합행위를 이유로 「공공기관운영법」에 따라 2년의 입찰참가자격제한처분을 받았다. 이에 한국수력원자력 주식회사(피고)는 위 처분을 이유로 한수원 내부규정에 근거하여 공급자 등록취소 및 10년의 공급자등록제한조치를 한 사례이다. 한수원은 「공공기관운영법」 제 5 조 제 3 항 제 1 호에 따라 '시장공기업'으로 지정·고시된 '공공기관'으로 「공공기관운영법」에 따른 '공기업'으로 지정됨으로써 「공공기관운영법」 제39조 제 2 항에 따라 입찰참가제한처분을 할 수 있는 권한을 부여받았으므로 '법령에 따라 행정처분권한을 위임받은 공공기관'으로서 행정청에 해당한다(공무수탁사인).

행정규칙에는 다양한 유형이 있으므로 유형에 따라 법적 성질 및 대외적 구속력을 다르게 보아야 하므로 행정규칙의 법적 성질이나 대외적 구속력의 문제를 행정규칙의 유형별로 논하여야 할 것이다.

1. 행정규칙의 법적 성질과 법규개념 [2002 입법고시]

행정법에서 **법규**라는 개념은 **협의**로 사용될 때에는 행정주체와 국민의 권리의무에 관한 사항을 정하는 일반적·추상적인 구속력 있는 규범(실질설) 또는 법령의 형식으로 제정된 일반적·추상적 규범(형식설)을 말한다. 광의로는 행정사무의 처리기준이 되는 일반적·추상적인 구속력있는 규범을 말한다. 광의의 법규개념을 취하면 행정규칙은 법규라고 할 수 있다. 그러나 **협의의 법규개념을 취하면 행정규칙은 원칙상 법규라고 할 수 없다.**

2. 행정규칙의 대내적 구속력(효력)

행정규칙은 원칙상 대내적 구속력이 있다. **행정규칙**(특히 훈령)은 상급행정기관의 감독권에 근거하여 하급행정기관에 대하여 발해지는 것이므로 행정규칙은 하급행정기관에 대한 상급행정기관의 **직무명령의 성격을 아울러 가지므로** 하급행정기관은 공무원법상의 복종의무(예 국가공무원법 제57조)에 따라 행정규칙을 준수할 법적 의무를 진다. 그리하여 하급행정기관이 행정규칙에 따르지 않고 처분을 한 것은 징계사유가 된다.

행정규칙은 행정규칙을 제정한 행정기관에 대하여는 대내적으로 법적 구속력을 갖지 않는다.

3. 행정규칙의 외부적 구속력과 법적 성질 [2009 행시]

행정규칙의 대외적인 법적 구속력이란 국민이 행정행위가 행정규칙에 위반하였다는 것을 이유로 행정행위의 위법을 주장할 수 있는 것과 행정규칙이 법원에 대하여 재판규범이 되는가 하는 문제이다. 행정규칙의 대외적 구속력을 인정하면 행정규칙을 위반한 행정작용은 그것만으로 위법하고, 행정규칙에 대외적 구속력을 인정하지 않으면 행정작용이 행정규칙에 위반하였다는 것만으로는 위법하게 되지 않는다.

판례는 원칙상 행정규칙의 대외적 구속력을 **부정**하지만(대판 2013. 5. 23, 2013두3207〈유가보조금환수처분취소〉), 행정규칙의 외부적 구속력 및 법적 성질은 행정규칙의 유형에 따라 다르다고 보는 것이 타당하므로 행정규칙의 유형별로 이 문제를 검토하기로 한다.

(1) 조직규칙

조직규칙에 대하여 외부적 구속력을 인정할 것인가에 관하여 긍정설, 부정설, 제한적 긍정설(행정기관의 권한에 관한 사항은 국민과도 무관치 않으므로 조직규칙 중 권한에 관한 조직규칙을 위반하는 행정행위는 위법하다는 견해) 등 견해가 대립하고 있다.

생각건대, 권한의 내부위임 또는 전결권한에 관한 조직규칙을 위반한 권한행사가 위법으로 되는 것은 해당 조직규칙을 위반하여서가 아니라 권한 없는 행위이기 때문이다. 따라서 **부정설이 타당**하다. 다만, 조직규칙인 「전결규정」을 위반하였어도 처분청의 이름으로 처분을 한 경우에는 해당 위법은 중대·명백한 위법은 아니므로 취소할 수 있는 위법으로 보는 것이 타당하다(대판 1998. 2. 27, 97누1105).

[판례] 행정관청 내부의 사무처리규정에 불과한 전결규정(조직규칙임)에 위반하여 원래의 전결권자 아닌 보조기관 등이 처분권자인 행정관청의 이름으로 행정처분을 한 경우 그 처분이 권한 없는 자에 의하여 행하여진 무효의 처분이라고는 할 수 없다고 한 사례(대판 1998. 2. 27, 97누1105). **[해설]** 이 판례의 해석에 관하여 긍정설 및 제한적 긍정설에서는 판례가 조직규칙의 하나인 전결규정의 예외적 구속력을 인정하였다고 해석하나, 그러한 해석은 타당하지 않다. 전결규정에 위반하여 한 처분이 위법한 것은 전결규정에 위반하여서가 아니라 권한없는 자의 처분이기 때문이라고 보아야 한다.

(2) **영조물규칙** [2007 행시(재경직 및 기타) 사례]

영조물규칙(예 학칙, 교도소규칙) 중에는 ① 조직규칙인 것도 있고 ② 재량준칙(예 영조물이용규칙의 경우)인 것도 있으며 ③ 학칙과 같이 법규명령(자치법규)인 것도 있다. 영조물이용규칙을 특별명령으로 보고 법규성을 인정하는 견해도 있다.

(3) **법령해석규칙**

법령해석규칙은 대외적 구속력을 갖지 않는다. 법령을 해석하는 권한은 최종적으로 법원에 있으므로 행정기관의 법령해석이 법원을 구속할 수 없다. 또한 법령해석이란 법령의 의미를 명확히 하는 것일 뿐 새로운 사항을 정하는 것은 아니므로 법령해석규칙이 독자적인 행위규범이 되지 못한다.

다만, 해석규칙에 대한 국민의 신뢰는 보호되어야 한다(행정절차법 제 4 조 제 2 항). 그리고 법령해석규칙이 불확정개념에 관한 것이고 그 불확정개념의 해석에 있어서 행정청에게 판단여지가 인정되는 경우(예 원자력안전에 관한 해석규칙)에는 그 해석규칙은 명백히 불합리하지 않은 이상 존중되어야 한다.

(4) **재량준칙** [2014 변시사례〈재량준칙에 대한 재판적 통제〉]

전통적 견해는 재량준칙은 행정조직 내부에서의 재량권 행사의 기준을 정한 행정규칙이므로 외부적 구속력이 없다고 본다(부정설).

그러나 **재량준칙은 평등원칙을 매개로 하여 간접적으로 대외적인 구속력을 갖는다고 보는 것이 다수의 견해**이며(간접적 · 대외적 구속력설(평등원칙설)) 타당하다. 재량준칙은 그 자체가 직접 대외적 구속력을 갖는 것은 아니지만 특별한 사유 없이 특정한 자에게 그 재량준칙을 적용하지 않고 재량준칙의 내용과 다른 처분을 하는 것은 평등원칙에 반하여 위법한 처분이 된다. 재량준칙은 평등원칙을 매개로 하여 구속력을 갖는 것이므로 합리적인 이유가 있는 경우, 즉 특별한 사정이 있어서 재량준칙을 적용하지 않는 것이 타당하다고 여겨지는 경우에는 예외적으로 재량준칙을 적용하지 않아도 그러한 행정처분은 위법한 처분이 되지 않는다고 보아야 한다. 이러한 점에서 **재량준칙은 법규보다는 다소 완화된 구속력을 갖는다.** 이러한 점을 고려하여 재량준칙의 법적 성질을 **준법규**(準法規)로 보는 것이 타당하다.

행정의 자기구속의 법리에 근거하여 재량준칙의 대외적 구속력을 인정하는 견해도 있다(자기구속설). 독일의 오센뷜 교수는 행정권에도 일정한 한도 내에서 고유한 법규제정권이 있다는 전제하에 재량준칙은 행정권이 독자적인 입법권에 근거하여 제정한 법규라고 보고 있다. 다만, 재량준칙은 신축적 구속력을 갖는다고 보면서 엄격한 구속력을 갖는 일반법규와 구별하고 있다(법규설).

헌법재판소 및 대법원 판례는 일정한 요건을 충족한 경우 행정의 자기구속의 원칙을 매개로 하여 재량준칙의 대외적 구속력을 인정하고 있다(헌재 1990. 9. 3, 90헌마13; 대판 2009. 3. 26, 2007다88828·88835).

[판례 1] 행정규칙이 법령의 규정에 의하여 행정관청에 법령의 구체적 내용을 보충할 권한을 부여한 경우, 또는 재량권 행사의 준칙인 규칙(재량준칙)이 그 정한 바에 따라 되풀이 시행되어 행정관행이 이룩하게 되면, 평등의 원칙이나 신뢰보호의 원칙에 따라 행정기관은 그 상대방에 대한 관계에서 **그 규칙에 따라야 할 자기구속을 당하게 되고**, 그러한 경우에는 대외적인 구속력을 가지게 된다 할 것이다(헌재 1990. 9. 3, 90헌마13).

[판례 2] **재량권 행사의 준칙인 행정규칙(재량준칙)이 그 정한 바에 따라 되풀이 시행되어 행정관행이 이루어지게 되면** 평등의 원칙이나 신뢰보호의 원칙에 따라 행정기관은 그 상대방에 대한 관계에서 **그 규칙에 따라야 할 자기구속을 받게 되므로,** 이러한 경우에는 **특별한 사정이 없는 한** 그를 위반하는 처분은 평등의 원칙이나 신뢰보호의 원칙에 위배되어 재량권을 일탈·남용한 위법한 처분이 된다(대판 2009. 3. 26, 2007다88828·88835 참조).

대법원 판례는 원칙상 행정규칙에 대해 대외적 구속력을 인정하지 않지만 판례 중에는 재량준칙이 객관적으로 합리적이 아니라거나 타당하지 아니하여 재량권을 남용한 것이라고 인정되지 않는 이상 행정청의 의사는 가능한 한 존중되어야 한다고 본다(대판 2013. 11. 14, 2011두28783〈과징금감경결정취소청구〉). 이러한 판례의 태도는 평등원칙을 매개로 재량준칙의 간접적인 대외적 구속력을 인정하는 다수설의 견해와 유사하다.

또한 대법원 판례는 재량준칙이 되풀이 시행되어 행정관행이 성립한 경우 그 재량준칙에 자기구속력을 인정한다.

(5) 법률대체적 규칙

법률대체적 규칙에 직접적·대외적 효력을 인정하는 견해(김향기)가 있으나, 법률대체적 규칙을 **재량준칙과 같은 효력**을 갖는 것으로 보는 것이 타당하다.

법률대체적 행정규칙에 근거한 처분은 법률유보의 원칙 위반으로 위법한 처분이 될 수 있다.

(6) 행정규칙형식의 법규명령

후술하는 바와 같이 판례는 법령의 수권에 의해 법령을 보충하는 사항을 정하는 행정규칙(법령보충적 행정규칙)을 법규와 같은 효력을 갖는 것으로 보고 있다.

Ⅳ. 위법한 행정규칙의 효력

행정규칙의 내용이 상위법령이나 법의 일반원칙에 반하는 것이라면 법치국가 원리에서 파생되는 법질서의 통일성과 모순금지 원칙에 따라 그것은 법질서상 당연무효이고, 행정내부적 효력도 인정될 수 없다. 이러한 경우 법원은 해당 행정규칙이 법질서상 부존재하는 것으로 취급하여 행정기관이 한 조치의 당부(當否)를 상위법령의 규정과 입법 목적 등에 따라서 판단하여야 한다(대판 2020. 5. 28, 2017두66541).

Ⅴ. 행정규칙의 시행일

행정규칙(훈령·예규·고시·지침 등)은 고시·공고 등의 방법으로 발령한 날부터 시행한다(행정기본법 개정안 제 7 조 제 1 호).

Ⅵ. 행정규칙의 통제 [2007 행시(재경직 및 기타) 약술]

1. 행정적 통제

대통령훈령과 국무총리훈령은 관례적으로 법제처의 사전심사를 받고 있다. 중앙행정기관의 훈령이나 예규에 대해서는 대통령령인 「법제업무운영규정」에 의해 법제처의 사전검토제(제25조) 및 사후심사검토제(제25조의2)가 실시되고 있다.

2. 사법적 통제 [2007 행시(재경직 및 기타) 약술]

(1) 법원에 의한 통제

1) 항고소송의 대상

행정규칙에는 원칙상 대외적 효력이 인정되지 않으며 간접적 대외적 효력이 인정되는 경우에도 행정의 기준이 될 뿐 국민의 권리의무에 직접 구체적 효과를 미치지 않기 때문에 행정규칙(예 교육부장관의 '내신성적산정지침')은 원칙상 행정소송법상의 처분에 해당하지 않고 따라서 항고소송의 대상이 되지 않는다. 다만, 직접 대외적 구속력이 있는 행정규칙으로 인하여 구체적으로 국민의 권익이 침해된 경우에는 그 행정규칙은 처분이 되므로 항고소송의 대상이 된다.

[판례] 교육부장관의 '내신성적산정지침'을 행정조직 내부에서의 내부적 심사기준을 시달

한 것에 불과하다고 보고 처분성을 부정하고 있다(대판 1994. 9. 10, 94두33〈대학입시기본계획 철회처분 효력정지〉).

2) 간접적 규범통제

행정규칙이 대외적 구속력을 갖지 않는 경우에는 행정처분의 위법 여부를 판단함에 있어서 행정규칙의 위법 여부가 전제문제가 되지 않으므로 법원에 의한 심판대상이 될 수 없을 것이다. 그러나 반대견해도 있지만 행정규칙이 대외적 구속력을 갖고 행정처분의 취소소송에서 행정규칙의 위법 여부가 전제문제가 되었을 때(선결문제)에는 법원에 의한 심판대상이 된다(헌법 제107조 제 2 항).

법령에 반하는 위법한 행정규칙은 무효이므로 위법한 행정규칙을 위반한 것은 징계사유가 되지 않는다(대판 2020. 11. 26, 2020두42262).

(2) 헌법재판소에 의한 통제

행정규칙은 대외적인 행위가 아니라 행정조직 내부에서의 행위이므로 원칙상 헌법소원의 대상이 되는 공권력 행사가 아니다.

그러나 행정규칙이 사실상 구속력을 갖고 있어 국민의 기본권을 현실적으로 침해하는 경우에는 헌법소원의 대상이 된다.

헌법재판소는 국립대학인 서울대학교의 '대학입학고사 주요요강'을 사실상의 준비행위 또는 사전안내로 보고 항고소송의 대상인 처분으로 보지 않으면서도 헌법소원의 대상이 되는 공권력 행사로 보고 있다(헌재 전원재판부 1992. 10. 1, 92헌마68·76〈1994학년도 신입생 선발 입시안에 대한 헌법소원〉). 이에 대하여 입시요강을 확약으로 보는 견해, 행정계획으로 보는 견해, 행정규칙으로 보는 견해, 법령보충적 행정규칙으로 보는 견해가 있다.

그리고 법규성 또는 대외적 구속력이 인정되는 행정규칙은 당연히 헌법소원의 대상이 되는 공권력 행사에 해당한다(헌재 2001. 5. 31, 99헌마413〈학교장초빙실시학교 선정기준위헌확인〉).

제 4 절 법규명령형식의 행정규칙과 법규적 성질(효력)을 갖는 행정규칙

Ⅰ. 법규명령형식의 행정규칙[1998, 2000, 2005, 2006, 2021 행시 사례, 2014 변시]

1. 의 의

'법규명령형식의 행정규칙'이란 법규명령의 형식을 취하고 있지만 그 내용이 행정규칙의 실질을 가지는 것을 말한다.

법규명령형식의 행정규칙은 재량권 행사의 기준(재량준칙, 특히 제재적 처분의 기준)을 법규명령의 형식으로 제정한 경우가 보통이다.

법규명령형식의 행정규칙은 법령의 위임에 따라 제정하는 경우가 많지만, 법령의 위임없이 제정되는 경우도 없지 않다.

2. 성질 및 효력

법규명령형식의 행정규칙이 법규명령인가 행정규칙(재량준칙)인가에 관하여 견해가 대립되고 있다.

(1) 실질설(행정규칙설)

실질설은 규범의 실질을 중시하여 행정기관 내부에서의 행정사무처리기준이 법규명령의 형식을 취하고 있다 하더라도 해당 규범을 행정규칙으로 보아야 한다고 보는 견해이다.

실질설에 따르면 법규명령형식의 행정규칙은 행정규칙(특히 재량준칙)으로서의 효력과 구속력을 가진다.

(2) 형식설(법규명령설)

형식설은 규범의 형식을 중시하여 법규의 형식으로 제정된 이상 법규라고 보아야 한다고 보는 견해이다.

형식설에 따르면 법규명령의 형식으로 된 처분의 기준은 법규명령으로서의 효력을 갖는다. 그런데 형식설 중에도 제재적 처분기준을 정하는 해당 법규명령의 대외적 구속력에 대하여는 엄격한 대외적 구속력을 갖는다는 견해, 신축적인 구속력만을 인정하는 견해 및 제재처분기준인 경우 최고한도로서의 구속력만을 갖는다는 견해가 있다.

(3) 수권여부기준설

수권여부기준설은 상위법에서 법규명령의 형식에 의한 기준설정이 근거를 부여하고 있는 경우에 이에 근거한 기준설정은 위임입법에 해당하므로 법규명령으로 보아야 하고, 법령의 수권 없이 제정된 처분의 기준은 법령의 위임 없이 법규사항을 정할 수 없으므로 법규명령으로 볼 수 없고 행정규칙으로 보아야 한다는 견해이다.

(4) 판　　례

판례는 제재기준을 정하는 재량준칙이 법규명령의 형식으로 제정된 경우에 해당 법규명령이 부령인 경우와 대통령령인 경우를 구별한다.

i) 판례는 제재적 행정처분의 기준이 부령의 형식으로 규정되어 있는 경우 여전히 행정규칙(재량준칙)으로 보면서도 법원은 해당 제재처분기준을 존중하여야 한다고 본다(대판 2007. 9. 20, 2007두6946). ii) 판례는 대통령령의 형식으로 정해진 제재처분의 기준을 법규명령으로 보면서 재량권 행사의 여지를 인정하기 위하여 제재처분기준(과징금 처분기준)을 최고한도(최고한도액)를 정한 것으로 보고 있다(대판 2001. 3. 9, 99두5207〈과징금부과처분취소〉).

(5) 결　　어

법규명령의 형식으로 규정되어 있는 한 법규명령으로 보아야 하므로 형식설이 타당하다. 그런데 현행법상 형식설에 따르면 재량권 행사의 기준을 정하는 법규명령에서 특별한 사정이 있는 경우 가중 또는 감경할 수 있다는 규정을 둔 경우를 제외하고는 법률에서 재량행위로 정한 것을 하위명령에서 기속행위로 정하는 문제가 있다.

행정법리에 따르면 재량권 행사의 기준은 행정규칙의 형식으로 제정하고, 판례는 다수설과 같이 평등원칙을 매개로 한 재량준칙의 간접적인 대외적 구속력을 인정하는 것이다.

만일 실무에서와 같이 법규명령의 형식으로 재량권 행사의 기준을 정하는 경우에는 가중·감경규정을 두어 재량권 행사가 가능하도록 하여야 할 것이다.

Ⅱ. 법규적 성질(효력)을 갖는 행정규칙 [2004 행시 약술, 2008 사시 사례, 2009 경감승진 약술, 2010 행시(재경직) 사례, 2015 변시 사례, 2019 변시]

1. 의 의

'법규적 성질을 갖는 행정규칙'이란 행정규칙의 형식으로 제정되었지만 그 내용이 실질에 있어서 법규적 성질을 갖고, 법규와 같은 효력을 갖는 행정규칙을 말한다. 이를 '행정규칙형식의 법규명령'으로 부르는 견해도 있다.

2. 법령보충적 행정규칙 [2004 행시 약술, 2008 사시 사례, 2010 행시(재경직) 사례, 2015, 2019, 2022 변시 사례]

(1) 의 의

법령보충적 행정규칙이란 법령의 위임에 의해 법령을 보충하는 법규사항을 정하는 행정규칙을 말한다. 「행정기본법」은 법령보충적 행정규칙을 「행정기본법」상 '법령'의 하나로 규정하고 있다(제 2 조 제 1 호 가목의 3).

판례는 법령보충적 행정규칙은 수권법령과 결합하여 대외적인 구속력이 있는 법규명령으로서의 효력을 갖는다고 본다(대판 1987. 9. 29, 86누484〈양도소득세부과처분취소〉; 대판 1992. 1. 21, 91누5334). 그러나 법령의 위임을 받은 것(예 소득금액조정합계표 작성요령)이어도 행정적 편의를 도모하기 위한 절차적 규정인 경우에는 법령보충적 행정규칙이 아니며 행정규칙의 성질을 가진다(대판 2003. 9. 5, 2001두403). 또한 위임근거인 법령이 예시적 규정에 불과한 이상, 그 위임에 따른 고시는 대외적으로 국민과 법원을 구속하는 효력이 있는 규범이라고 볼 수는 없고, 행정내부적으로 업무처리지침이나 법령의 해석·적용 기준을 정해주는 '행정규칙'이라고 보아야 한다는 사례도 있다(대판 2020. 12. 24, 2020두39297).

(2) 인정 여부

법령보충적 행정규칙이라는 입법형식을 인정하는 것이 헌법상 가능한지에 관하여 견해가 대립하고 있다. 법규적 성질을 갖는 행정규칙이라는 입법형식은 새로운 입법형식으로 국회입법의 원칙에 대한 예외인데, 그에 대하여 헌법에 규정이 없으므로 현행 헌법에 반한다고 보는 견해(부정설(위헌무효설))와 법령보충적 행정규칙은 법령의 위임을 받아 위임을 한 명령을 보충하는 구체적인 사항을 정하는 것이므로 국회입법의 원칙에 반하는 것으로 볼 것은 아니라고 보는 견해(긍정설)가 이론상 대립하고 있다. 긍정설이 타당하다. **판례는 긍정설**을 취하고 있다. **대법원 판례**는 명시적으로 법령보충적 행정규칙이 헌법상 인정될 수 있는지를 논하고 있지 않지만, 법령보충적 행정규칙에 대해 법규명령의 효력을 인정하므로 법령보충적 행정규칙이 인정될 수 있는 것으로 보고 있다고 할 수 있고, 헌법재판소는 명시적으로 법령보충적 행정규칙을 인정하고 있다(헌재 2016. 2. 25, 2015헌바191).

(3) 법적 성질 [2008 행시(재경직) 약술]

법령보충적 행정규칙의 법적 성질에 대하여는 견해가 대립하고 있다. ① 규범구체화 행정규칙으로 보는 견해, ② 법규명령으로 보는 견해, ③ 행정규칙으로 보는 견해, ④ 법규명령의 효력을 가지는 행정규칙으로 보는 견해가 있다.

대법원은 법령보충적 행정규칙을 행정규칙이지만 법규명령과 같은 효력을 갖는 것으로 보기도 하고(대판 1987. 9. 29, 86누484), 법규명령의 성질을 갖는 것으로 보기도 한다. **헌법재판소**는 법령보충적 행정규칙도 행정규칙으로 보며 법령보충적 행정규칙은 그 자체로서 직접적 대외적 구속력을 갖는 것이 아니라 상위법령과 결합하여 상위법령의 일부가 됨으로써 대외적 구속력을 가질 뿐이라고 본다(헌재 전원재판부 2004. 10. 28, 99헌바91).

생각건대, 법령보충적 행정규칙의 법적 성질은 법규명령의 효력을 갖는 **행정규칙으로 보는 것이 타당**하다. 즉 법규명령의 형식과 절차의 엄격성에 비추어 법규명령과 행정규칙은 형식에 따라 구분하는 것이 타당하다. 따라서 법령보충적 행정규칙은 행정규칙이지만, 수권법령과 결합하여 법규명령의 효력을 갖는 것이다.

(4) 법적 효력

법령보충적 행정규칙은 수권법령규정과 결합하여 대외적으로 구속력이 있는 법규명령으로서의 효력을 가진다.

(5) 법령보충적 행정규칙의 한계

① 법령보충적 행정규칙은 법령의 수권에 근거하여야 하고, 그 수권은 포괄위임금지의 원칙상 구체적·개별적으로 한정된 사항에 대하여 행하여져야 한다(헌재 2004. 10. 28, 99헌바91).

법령을 보충하는 행정규칙이 위임없이 제정된 경우에 단순한 행정규칙에 불과하며 법령보충적 행정규칙이라고 할 수 없다.

② 법령보충적 행정규칙이 법령의 위임의 범위를 벗어난 경우에는 법규명령

으로서의 대외적 구속력이 인정되지 않는다(대판 1999. 11. 26, 97누13474; 대결 2006. 4. 28, 2003마715). 이 경우 해당 법령보충적 행정규칙은 위법한 법규명령의 효력을 갖는 것이 아니라 행정규칙에 불과한 것이 된다. 법령의 규정이 특정 행정기관에 그 법령 내용의 구체적 사항을 정할 수 있는 권한을 부여하면서 그 권한 행사의 절차나 방법을 특정하고 있지 아니한 관계로(법령에서 법규사항 위임시 형식을 지정하지 않고 '장관이 따로 정한다'라고 규정한 경우), 수임행정기관이 행정규칙의 형식으로 그 법령의 내용이 될 사항을 구체적으로 정하고 있다면, 이와 같은 행정규칙은 해당 법령의 위임한계를 벗어나지 않는 한 그것들과 결합하여 대외적인 구속력이 있는 법규명령으로서의 효력을 가진다(대판 2019. 10. 17, 2014두3020, 3037). 그렇지만 상위 법령에서 세부사항 등을 시행규칙으로 정하도록 위임하였음에도 이를 고시 등 행정규칙으로 정한 경우, 대외적 구속력을 가지는 법규명령으로서 효력을 인정할 수 없다(대판 2017. 7. 5, 2010다72076〈손해배상(기)등1〉).

제3장 행정계획

Ⅰ. 개　　설[2010 행시(재경직) 약술]

행정절차법

제40조의4(행정계획) 행정청은 행정청이 수립하는 계획 중 국민의 권리·의무에 직접 영향을 미치는 계획을 수립하거나 변경·폐지할 때에는 관련된 여러 이익을 정당하게 형량하여야 한다.

행정계획이란 행정주체 또는 그 기관이 일정한 행정활동을 행함에 있어서 일정한 목표를 설정하고 그 목표를 달성하기 위하여 필요한 수단을 선정하고 그러한 수단들을 조정하고 종합화한 것을 말한다. 행정계획의 핵심적 요소는 목표의 설정과 수단의 조정과 종합화이다.[21] 행정계획의 예로는 토지관리계획, 경제개발계획, 환경계획 등을 들 수 있다.

행정계획은 구체화된 행정정책인 점에 비추어 행정계획의 법리는 행정정책에 준용될 수 있다.

경찰분야 행정계획의 예로는 「경찰공무원 보건안전 및 복지 기본법」상 경찰공무원 보건안전 및 복지증진 기본계획 등을 들 수 있다. 경찰공무원 보건안전 및 복지증진 기본계획은 ① 경찰공무원의 보건안전 및 복지증진 정책의 기본목표 및 추진방향, ② 경찰공무원의 근무여건 개선에 관한 사항, ③ 경찰공무원의 복지시설과 체육시설의 설치·운영에 관한 사항, ④ 경찰공무원의 업무적 특성을 감안한 건강검진 및 정신건강검사 등 의료지원에 관한 사항, ⑤ 경찰공무원의 보건안전 및 복지 사업에 사용되는 재원의 조달 및 운용에 관한 사항, ⑥ 경찰공무원의 보건안전 및 복지증진을 위한 연구에 관한 사항, ⑦ 그 밖에 경찰공무원의 보건안전 및 복지증진을 위하여 필요한 사항 등을 포함하고 있다(법 제5조 제3항).

21) 일부 학자들이 '경찰상 행정계획'으로 다루고 있지만(홍정선), 대부분의 경찰행정법 교과서에서는 행정계획을 별도로 다루고 있지 않다. 그러나 경찰분야에서도 행정계획이 수립되고 있으므로 고찰할 필요성이 있다.

그리고 환경설계를 통한 범죄예방활동(Crime Prevention through Environmental Design: CPTED)은 경찰질서행정영역에서의 대표적인 행정계획이라 할 수 있다(이성용). 셉테드이론에서는 물리적 환경, 주택설계, 주민의 참여, 행정적 지원 등과 같이 주거지형성과 관련된 다양한 사항의 종합적 고려를 강조한다. 또한 인간환경 및 사회·물리적 환경이 인간의 행태에 영향을 미치기 때문에 범죄발생 및 범죄에 대한 두려움을 줄일 수 있도록 물리적 환경을 설계하는 것은 물론, 주민참여와 경찰활동 등을 종합적으로 계획할 필요가 있다.[22]

Ⅱ. 행정계획의 법적 성질[2009 사시, 2011 행시(재경직) 사례]

행정계획의 법적 성질에 관한 논의에 치중하는 이유는 추상적 규범통제제도가 미흡하고, 행정소송에서도 주로 항고소송의 대상에 해당하는지 여부에 국한하고 있기 때문이다(정남철).

행정계획 중에는 ① 법령의 형식을 취하는 것도 있고(예 수도권정비계획법), ② 행정행위의 성질을 갖는 것(예 도시관리계획)도 있으며, ③ 행정 내부에서만 효력을 발생하는 내부지침적 성격의 것(예 기본계획)도 있다.

법령의 형식을 취하는 행정계획은 해당 법령으로서 법적 구속력을 갖는다.

법령의 형식을 취하지 않는 행정계획은 행정의 지침이 되는 점에서 행정규칙과 유사한 성질을 갖지만, 행정규칙과 달리 규범의 형식과 성질을 갖지 않는 점 등에서 **행정규칙과 구별**된다. 도시관리계획과 같이 대외적 구속력을 갖는 구속적 행정계획은 대외적인 법적 구속력을 갖는 점에서 법규명령과 유사하지만, 법령이 아닌 점에서 **법규명령과 구별**된다.

행정쟁송법(행정절차법)상 처분은 국민의 권익(권리·의무)에 직접 구체적인 영향을 미치는 공권력 행사 또는 그 거부이므로 국민의 권익에 아무런 영향을 미치지 않는 행정계획은 처분이라고 할 수 없다. 국민이나 행정기관에 대해 거의 구속력을 갖지 않거나, 행정기관에 대해 구속력을 갖지만 국민의 권익에 아무런 영향을 미치지 않는 행정계획도 처분으로 볼 수 없다. 또한 법적 구속력이 있는 행정계획이라 하더라도 일반성과 추상성을 갖고 처분의 매개 없이는 국민의 권익에 직접 구체적인 영향을 미치지 않는 것은 처분이라고 할 수 없다. 그러나 구속적 행정계획 또는 비구속적인 행정계획이라도 사실상 구속력을 갖는 것으로서 집행처분의

---

22) 한국셉테드학회 편찬위원회, 「셉테드원리와 운영관리」(박영사, 2015), 14~15쪽.

매개 없이 직접 국민의 권익에 구체적인 영향을 미치는 행정계획은 행정쟁송법상 처분으로 볼 수 있다.

「경찰공무원 보건안전 및 복지 기본법」상 **경찰공무원 보건안전 및 복지증진 기본계획은** 경찰청이 수립하는 것으로 구체적 사업을 확정짓는 것은 아니므로 대국민적 관계에서는 구속력이 없는 행정구속적인 계획이다. 즉 구체적 사업을 확정짓는 것은 아니므로 행정처분으로서의 법적 성질은 부여되지 아니하고, **경찰청 내부의 지침을 정하는데 불과하다.**

행정계획은 행정행위나 입법행위와도 다른 독자적인 성질을 갖는 독자적인 행위형식으로 보는 것이 행정계획의 성질에 비추어 타당하다.

한편 「국토의 계획 및 이용에 관한 법률」(이하 '국토계획법'이라 한다) 제30조의 도시·군관리계획(구 도시계획법 제12조의 도시계획)의 법적 성질에 관하여 입법행위설, 행정행위설 및 독자성설이 대립하고 있다. **판례**는 舊 도시계획법 제12조의 **도시계획결정을 행정청의 처분**이라고 하면서 **항고소송의 대상**이 된다고 본다(대판 1982. 3. 9, 80누105). 생각건대, 도시·군관리계획이 결정되면 도시계획 관계법령의 규정에 따라 건축이 제한되는 등 국민의 권리의무에 직접 구체적인 영향을 미치므로 **처분성을 갖는 것으로 보는 것이 타당**하다.

Ⅲ. 행정계획절차

행정계획절차는 ① 심의회 또는 위원회의 심의, ② 관계기관간의 협의 및 조정, ③ 국민 또는 주민의 참여, ④ 이해관계인의 참가, ⑤ 행정계획의 공고 또는 고시 및 공람 등으로 이루어진다.

행정계획의 특질상 행정계획의 내용에 대한 법적 통제나 사법적 통제가 어렵다. 그리하여 행정계획에 있어서는 **특히 절차적 통제가 중요한 의미**를 갖는다.

행정절차법 제40조의4는 '행정청은 행정청이 수립하는 계획 중 **국민의 권리·의무에 직접 영향을 미치는 계획**을 수립하거나 변경·폐지할 때에는 관련된 여러 이익을 정당하게 형량하여야 한다.'고 규정하고 있다. 이 규정은 '국민의 권리·의무에 직접 영향을 미치는 계획' 즉 처분성이 있는 행정계획에는 **형량명령의 원칙**이 적용된다는 것을 선언한 규정으로 볼 수 있다. 형량명령은 비례원칙(이익형량의 원칙)뿐만 아니라 형량조사를 포함한다. 그런데 비례의 원칙 또는 이익형량의 원칙은 처분에 한정하여 적용되지 않고, 모든 국가작용에 적용되는 헌법원칙이다. 그러므로 '국민의 권리·의무에 간접적으로 영향을 미치는 계획'을 포함하여 국민의 권리·의무에 직접 영향을 미치는 계획이 아닌 행정계획을 수립하거나 변경·폐지할 때에도 관련 이익 상호간에 갈등이 있는 경우에는 관련 이익을 정당하게 형량하여야 한다. 그리고 형량의 전제로서 형량조사를 하여야 한다. 또한 행정절차법은 국민생활에 매우 큰 영향을 주거나 많은 국민의 이해가 상충되는 행정계획은 예고하고 국민의 의견을 수렴하도록 규정하고 있다(제46조, 제47조). 그 외에 구체적인 행정계획절차는 개별법령에서 규정하고 있다.

행정계획절차의 하자는 하자의 일반이론에 따라 무효사유·취소사유가 된다. 경미한 절차의 하자인 경우와 순수하게 행정 내부적인 절차 위반은 취소사유가 되지 않는다.

Ⅳ. 계획재량과 통제

1. 계획재량의 개념

계획재량이란 행정계획을 수립·변경함에 있어서 계획청에게 인정되는 재량을 말한다. 일반적으로 행정계획을 수립함에 있어서 행정권에게 일반행정결정에서보다 훨씬 넓은 재량권이 부여된다. 그 이유는 계획재량은 행정목표의 설정이나 행정목표를 효과적으로 달성할 수 있는 수단의 선택 및 조정에 있어서 인정되기 때문이다.

[판례] 판례는 **개발제한구역지정처분**을 건설부장관이 법령의 범위 내에서 도시의 무질서한 확산방지 등을 목적으로 도시정책상의 전문적·기술적 판단에 기초하여 행하는 **일종의 행정계획**으로 그 입안·결정에 관하여 광범위한 형성의 자유를 가지는 **계획재량처분**으로 보고 있다(대판 1997. 6. 24, 96누1313).

2. 계획재량과 일반행정재량의 구분

계획재량이 일반의 행정재량과 질적으로 구별되는 것인지에 대하여는 양자 사이의 질적인 차이를 인정하는 견해와 양자 사이의 질적인 차이를 부정하는 견해가 대립하고 있다.

전자의 견해(구분설)는 양자는 재량의 내용이 다르다고 본다. 즉 일반행정재량의 수권규범은 행위요건부분과 효과부분으로 구성된 조건프로그램으로 되어 있고 일반행정재량은 구체적인 사실과 결부되어 행정행위의 요건과 효과에 있어서 인정되는 반면에, 계획재량의 수권규범은 계획목표의 설정과 목표의 달성을 위한 수단과 절차를 규정하는 목적프로그램으로 되어 있고 계획재량은 목표의 설정과 수단의 선택에 있어서 인정된다고 한다.

후자의 견해(구분부정설)는 양자에 있어서 재량이 인정되는 부분은 다르지만 양사에 있어서 재량의 의미는 다 같이 행정청에게 선택의 자유를 인정한다는 것으로 동일하다고 본다. 양자 사이에 질적인 차이를 인정할 수는 없고 계획재량에 있어서 일반행정재량에 비하여 재량권이 폭넓게 인정된다는 양적인 차이가 인정될 뿐이라고 한다.

3. 계획재량의 통제이론: 형량명령[2004 행시 사례, 2007 입법고시 약술, 2009 사시 사례]

(1) 의 의

형량명령이란 행정청은 행정청이 수립하는 계획 중 국민의 권리의무에 직접 영향을 미치는 계획을 수립하거나 변경·폐지할 때에는 관련된 여러 이익을 정당하게 형량하여야 한다는 원칙을 말한다. 형량명령은 비례원칙(이익형량의 원칙)뿐만 아니라 형량조사를 포함한다. 우리 **판례**는 1996년에 계획재량과 형량명령의 법리를 도입하였다(대판 1996. 11. 29, 96누8567). 형량명령은 행정계획의 실체적 위법성통제를 위한 중요한 척도가 되고 있다.

행정청은 행정청이 수립하는 계획 중 국민의 권리·의무에 직접 영향을 미치는 계획을 수립하거나 변경·폐지할 때에는 관련된 여러 이익을 정당하게 형량하여야 한다(행정절차법 제40조의 4).

(2) 내 용

형량명령의 구체적인 내용은 다음과 같다.

① 행정계획과 관련된 이익을 형량하기 위하여 계획청은 우선 행정계획과 관련이 있는 이익을 조사하여야 한다.

② 계획청은 이익형량에 관련된 이익을 모두 포함시켜야 한다. 공익과 사익이 모두 포함되어야 한다. 이익형량은 공익 상호간·공익과 사익 상호간 및 사익 상호간에 행하여진다.

법령에 의해 정해진 고려사항을 **법정고려사항**이라 한다. 법령에서 고려하도록 규정한 이익뿐만 아니라 법령에 규정되지 않은 이익도 행정계획과 관련이 있으면 모두 고려되어야 한다.

③ 관련된 공익 및 사익의 가치를 제대로 평가하여야 한다. 달리 말하면 개

개의 이익이 과소평가되거나 과대평가되어서는 안 된다.

④ 관련되는 이익의 형량은 개개의 이익의 객관적 가치에 비례하여 행하여져야 한다. 또한 목표를 달성할 수 있는 여러 안 중에서 공익과 사익에 대한 침해를 최소화할 수 있는 방안을 선택하여야 한다.

(3) 형량하자와 그 효과

① 행정계획결정이 형량명령의 내용에 반하는 경우에 **형량하자**가 있게 된다. 그 중에서 i) 조사의무를 이행하지 않은 하자를 **조사의 결함**이라 한다. ii) 고려하여야 할 이익을 빠뜨리는 것을 **형량의 흠결**(또는 형량의 누락)이라 한다. iii) 관련된 공익 또는 사익의 가치를 잘못 평가한 경우는 **평가의 과오**(=오형량)라 한다. iv) 형량에 있어 비례성을 결한 것을 **형량불비례**라 한다.

② 형량하자의 효과는 다음과 같이 형량하자의 유형별로 논하는 것이 타당하다. i) 행정계획의 수립에 있어서 이익형량을 전혀 하지 않은 경우(형량의 불행사) 행정계획은 위법하다. 행정계획과 관련이 있는 이익을 전혀 조사하지 않은 것(조사의 결함)은 위법하다. 조사가 미흡한 경우에는 형량의 결과에 영향을 미칠 정도의 미흡인 경우에 한하여 위법하다. ii) 고려하여야 할 이익을 빠뜨린 '**형량의 흠결**'의 경우에는 형량결과에 영향을 미치지 않을 정도의 가치가 적은 이익이 형량에서 고려되지 않은 경우에는 행정계획은 위법하다고 볼 수 없다. iii) **평가의 과오**는 사소한 이익에 대한 가치평가상의 과오가 아닌 한 위법사유가 된다고 보아야 한다. iv) **형량불비례**는 심히 균형을 잃은 경우 위법사유가 된다.

③ 형량하자 중 상기 i) (조사의 결함) ii) (형량의 흠결) 및 iii) (평가의 과오)는 **행정계획결정의 광의의 절차상 하자**(형식상 하자)이므로 이를 이유로 취소판결이 나면 처분청은 다시 적법하게 형량하여 동일한 내용의 행정계획결정을 할 수 있지만, iv)(형량불비례)는 **행정계획결정의 내용상 하자**이므로 이를 이유로 취소판결이 나면 특별한 사정이 없는 한 동일한 내용의 행정계획결정을 할 수 없다. 다만, 경우에 따라서는 부관을 붙여 동일한 내용의 행정계획결정을 할 수는 있다.

[판례] **행정계획**이라 함은 행정에 관한 전문적·기술적 판단을 기초로 하여 도시의 건설·정비·개량 등과 같은 특정한 행정목표를 달성하기 위하여 서로 관련되는 행정수단을 종합·조정함으로써 장래의 일정한 시점에 있어서 일정한 질서를 실현하기 위한 활동기준으로 설정된 것으로서, 관계 법령에는 추상적인 행정목표와 절차만이 규정되어 있을 뿐 행정계획의 내용에 관하여는 별다른 규정을 두고 있지 아니하므로 행정주체는 구체적인 행

정계획을 입안·결정함에 있어서 **비교적 광범위한 형성의 자유**(계획재량권)를 가지는 것이지만, 행정주체가 가지는 이와 같은 형성의 자유는 무제한적인 것이 아니라 그 행정계획에 관련되는 자들의 이익을 공익과 사익 사이에서는 물론이고 공익 상호간과 사익 상호간에도 정당하게 비교교량하여야 한다는 제한이 있으므로, **행정주체가 행정계획을 입안·결정함에 있어서 이익형량을 전혀 행하지 아니하거나 이익형량의 고려 대상에 마땅히 포함시켜야 할 사항을 누락한 경우 또는 이익형량을 하였으나 정당성과 객관성이 결여된 경우에는 그 행정계획결정은 형량에 하자가 있어 위법하게 된다**(대판 2007. 4. 12, 2005두1893〈도시계획시설결정취소: 원지동 추모공원 사건〉). **[평석]** 판례는 형량의 하자를 ① 이익형량을 전혀 행하지 아니한 경우(형량의 부존재), ② 이익형량의 고려 대상에 마땅히 포함시켜야 할 사항을 누락한 경우(형량의 누락), ③ 이익형량을 하였으나 정당성과 객관성이 결여된 경우(형량의 불비례)로 나누고 있다. 다만, 형량의 하자별로 위법의 판단기준을 달리 하여 개별화하지 못하고 있는 점은 미진한 점이다. 즉 형량의 부존재는 당연히 위법사유가 된다고 본 것은 타당하다. 형량의 누락의 경우에는 중요한 이익고려사항의 누락만을 위법사유로 보는 것이 타당한데, 판례가 이 점을 분명히 하지 않은 점은 아쉬운 점이다. 형량의 불비례의 경우에 판례는 "정당성과 객관성이 결여된 경우"에 위법사유가 된다고 하고 있는데, 정당성과 객관성이 심히(상당하게) 결여된 경우에 한하여 형량의 하자로 위법사유가 된다고 보아야 한다.

Ⅴ. 계획보장청구권(행정계획과 신뢰보호) [2013 변시]

1. 계획보장청구권의 의의

계획보장청구권이란 행정계획에 대한 관계국민의 신뢰를 보호하기 위하여 관계국민에 대하여 인정된 행정계획주체에 대한 권리를 총칭하는 개념이다. 계획보장청구권은 **행정계획분야에 있어서의 신뢰보호의 원칙의 적용례**라고 할 수 있다.

계획보장청구권의 인정에 있어서는 공익목적을 달성하기 위한 행정계획의 변경의 필요성과 관계국민의 신뢰보호의 가치를 조화시키는 해결을 하여야 한다.

계획보장청구권이 주관적 공권이 되기 위해서는 주관적 공권의 성립요건(강행법규성과 사익보호성)을 갖추어야 한다.

2. 계획보장청구권의 종류

계획보장청구권에 포함되는 권리로는 계획존속청구권·계획이행청구권·경과조치청구권(적응조치청구권) 및 손실보상청구권이 들어지고 있다.

Ⅵ. 계획변경청구권[2013 변시]

계획법규는 원칙상 공익의 보호를 목적으로 하는 것이며 사익의 보호를 목적으로 하지 않기 때문에 원칙상 주관적 공권으로서의 계획변경청구권은 인정될 수 없다(강행법규성(○)+사익보호성(×)). 그러나 예외적으로 법규상 또는 조리상 계획변경신청권이 인정되는 경우가 있다.

판례는 ① 장래 일정한 기간 내에 관계 법령이 규정하는 시설 등을 갖추어 일정한 행정처분을 구하는 신청을 할 수 있는 법률상 지위에 있는 자의 국토이용계획변경신청을 거부하는 것이 실질적으로 해당 행정처분 자체를 거부하는 결과가 되는 경우(대판 2003. 9. 23, 2001두10936), ② 도시계획구역 내 토지 등을 소유하고 있는 주민이 도시계획입안권자에게 도시계획시설변경입안을 신청하는 경우(대판 2004. 4. 28, 2003두1806〈도시계획시설변경입안의 제안거부처분취소〉), ③ 문화재보호구역 내의 토지소유자가 문화재보호구역의 지정해제를 신청하는 경우(대판 2004. 4. 27, 2003두8821), ④ 산업단지개발계획상 산업단지 안의 토지소유자로서 산업단지개발계획에 적합한 시설을 설치하여 입주하려는 자가 산업단지개발계획의 변경을 요청하는 경우(대판 2017. 8. 29, 2016두44186), ⑤ 도시계획시설(공원)구역 내 토지 등을 소유하고 있는 자가 그 도시계획시설(공원)구역을 도시자연공원구역으로 변경한 경우 그 도시관리계획(도시자연공원구역)결정의 해제를 신청한 경우(대판 2023. 11. 16, 2022두61816) 등에는 그 신청인에게 조리상 행정계획변경신청권을 인정한다.

통상 행정계획의 변경은 행정청의 폭넓은 재량에 속하므로 이 경우 계획변경청구권은 무하자재량행사청구권의 성질을 갖는다.

Ⅶ. 행정계획과 권리구제제도

국민의 권리침해는 행정계획의 수립으로 발생될 수 있을 뿐만 아니라 행정계획의 폐지 또는 변경으로 인하여 발생될 수 있다.

1. 행정계획과 국가배상

위법한 행정계획의 수립·변경 또는 폐지로 인하여 손해를 받은 자는 국가배상을 청구할 수 있다.

2. 행정계획과 손실보상

적법한 행정계획의 수립·변경 또는 폐지로 인하여 손실을 받은 경우에는 손실보상의 요건을 갖춘 경우에 손실보상을 청구할 수 있다. 특히 문제가 되는 것은 행정계획으로 인한 재산상의 손실이 보상을 요하지 않는 '재산권에 내재하는 사회적 제약'에 불과한지 아니면 보상을 요하는 '특별한 희생'인지를 판단하는 것이다.

[판례] 도시계획시설의 지정으로 말미암아 **당해 토지의 이용가능성이 배제되거나 토지소유자가 토지를 종래 용도대로도 사용할 수 없기 때문에** 이로 말미암아 현저한 재산상 손실이 발생하는 경우에는 원칙적으로 사회적 제약의 범위를 넘는 **수용적 효과를 인정하**여 국가나 지방자치단체는 이에 대한 **보상**을 하여야 한다(헌재 1999. 10. 21, 99헌바26).

행정계획으로 인한 손실이 특별한 희생에 해당하는 것이라 하더라도 관계법에 손실보상규정이 두어지지 않고 있는 것이 보통이다. 이 경우에는 ① 분리이론(공익목적을 위한 재산권의 제한을 입법자의 의사에 따라 헌법 제23조 제 1 항 및 제 2 항에 따른 재산권의 내용과 한계의 문제와 헌법 제23조 제 3 항의 공용침해와 손실보상의 문제로 구분하는 이론)을 따르면 헌법 제23조 제 1 항과 제 2 항의 재산권의 내용과 한계를 정하는 경우에는 입법자에 의한 조정조치를 통하여 구제를 받고, ② 분리이론을 따르면서도 헌법 제23조 제 3 항의 손실보상의 문제가 되는 경우와 경계이론(공공필요에 의한 재산권의 제한과 그에 대한 구제를 손실보상의 문제로 보는 이론)을 따를 때에는 보상규정이 흠결된 경우에 있어서의 손실보상의 문제가 된다.

3. 취소소송

행정계획에 대하여 취소소송이 인정되기 위하여는 우선 **행정계획의 처분성**이 인정되어야 한다. 행정계획으로 인하여 국민의 권리에 직접적인 영향을 미친 경우에 한하여 처분성이 인정된다. 대법원은 ① 도시관리계획(대판 1982. 3. 9, 80누105; 대판 2014. 7. 10, 2012두2467), ② 도시계획시설결정(대판 2007. 4. 12, 2005두1893), ③ 4대강사건에서의 하천공사시행계획(대판 2015. 12. 10, 2011두32515) 등에 대해 처분성을 인정하고 있다. 대체로 행정계획결정의 처분성을 넓게 인정하는 편이다. 그러나 도지사가 도내의 특정시를 공공기관이 이전할 혁신도시 최종입지로 선정한 행위는 항고소송의 대상이 되는 행정처분이 아니라고 보고 있다(대판 2007. 11. 15, 2007두10198). 행정계획의 폐지 또는 변경의 경우에도 그러하다.

취소소송으로 권리구제가 되기 위하여는 행정계획이 위법하다고 판단되어야 한다. 그런데 계획청에게 계획재량이라는 폭넓은 재량이 인정되므로 **행정계획의 위법성**을 인정하기가 쉽지 않을 것이다. 대법원은 행정계획결정의 절차적 하자에 대해 엄격한 판단을 하고 있다. 예컨대, 공고·공람(대판 1999. 8. 20, 97누6889), 공청회(대판 1990. 1. 23, 97누947) 등을 결한 경우에는 절차상 하자가 있어 위법으로 판단하고 있다(정남철).

행정계획이 위법한 경우에도 행정계획이 성립되면 그에 따라 많은 법률관계가 형성되고 이 경우에는 행정계획의 취소로 인하여 침해되는 공익이 크게 되기 때문에 **사정판결**에 의해 행정계획이 취소되지 않을 가능성이 많다.

4. 헌법소원

행정계획이 공권력 행사이지만 처분이 아닌 경우에는 헌법소원의 대상이 된다.

[판례] **비구속적 행정계획안이나 행정지침이 예외적으로 헌법소원의 대상이 되는 공권력 행사에 해당될 수 있는 요건**: 비구속적 행정계획안이나 행정지침이라도 국민의 기본권에 직접적으로 영향을 끼치고, 앞으로 법령의 뒷받침에 의하여 그대로 실시될 것이 틀림없을 것으로 예상될 수 있을 때에는, 공권력행위로서 예외적으로 헌법소원의 대상이 될 수 있다(헌재 2000. 6. 1, 99헌마538〈개발제한구역제도 개선방안 확정발표 위헌확인〉: **[해설]** 건설교통부장관이 1999. 7. 22. 구역지정의 실효성이 적은 7개 중소도시권은 개발제한구역을 해제하고, 구역지정이 필요한 7개 대도시권은 개발제한구역을 부분조정하는 등의 내용을 담은 비구속적 행정계획안인 「개발제한구역제도 개선방안」을 발표한 것이 공권력행사에 해당하지 않는다고 한 사례).

5. 사전적 구제

위에서 보았듯이 행정계획에 대한 사후적 구제에는 한계가 있다. 따라서 행정계획분야에서는 특히 행정절차에 의한 사전적 통제가 중요하다.

제 4 장 행정행위

제 1 절 행정행위의 개념

Ⅰ. 행정행위의 개념요소

행정행위란 행정청이 구체적인 사실에 대한 법집행으로서 행하는 외부에 대하여 직접·구체적인 법적 효과를 발생시키는 권력적 단독행위인 공법행위를 말한다.[23] 이러한 행정행위 개념은 '협의의 행정행위' 개념이라 하는데, '실체법상 행정행위' 개념이라고도 할 수 있다. 행정쟁송(행정심판 및 행정소송)의 대상이 되는 처분을 '쟁송법상 처분'이라고 할 수 있는데, 후술하는 바와 같이 '쟁송법상 처분' 개념은 실체법상 처분(협의의 행정행위)을 포함하는 보다 넓은 개념이다. 달리 말하면 쟁송법상 처분을 '넓은 의미의 처분'이라 할 수 있다. 이에 대하여 실체법상 행정행위을 '좁은 의미의 처분'이라 할 수 있다.

행정청이 행하는 행정행위는 행정행위의 개념요소에 행정목적을 달성하기 위하여 행한 것이라는 특징을 추가적으로 갖는다.

행정행위라는 개념은 학문상의 필요에 의해 만들어진 강학상 개념이며 실정법에서나 실무상 사용되는 개념이 아니다. 실무상으로는 '처분', '행정처분'이라는 개념이 사용되고 있다. 행정절차법 및 행정쟁송법상 처분 개념은 행정행위를 포함하는 행정행위보다 넓은 개념이다.

행정행위라는 개념을 개념적 요소로 나누어 설명하면 다음과 같다.

① 행정행위는 **행정청**[24]의 행위이다.

---

23) 본 장의 행위형식에 대한 학자들의 용어사용례가 다양하다. 경찰처분을 사용하는 경우(김남철; 정하중; 최영규), 경찰처분(경찰하명)과 경찰허가를 사용하는 경우(김성수), 경찰처분(경찰상의 행정행위)을 사용하는 경우(정남철), 경찰상 행정행위(Der Polizeiliche Verwaltungsakt)를 사용하는 경우(김성태; 서정범; 홍정선) 등이 그러하다.

24) 행정기본법에서 "행정청"이란 다음 각 목의 자를 말한다. 가. 행정에 관한 의사를 결정하여 표시하는 국가 또는 지방자치단체의 기관. 나. 그 밖에 법령등에 따라 행정에 관한 의사를 결정하여 표시하는 권한을 가지고 있거나 그 권한을 위임 또는 위탁받은 공공단체 또는 그 기관이나 사인(私人)(행정기본법 제 2 조 제 2 호).

② 행정행위는 **법적 행위**이다. 법적 행위란 외부에 대하여 직접 법적 효과를 발생시키는 행위를 말한다. 따라서 법적 효과를 발생시키지 않는 내부적 행위나 사실행위는 행정행위가 아니다.

③ 행정행위는 구체적 사실에 관한 법적 행위이다. 달리 말하면 **구체적인 법적 효과**를 가져오는 행위이다. 법규명령은 법질서에 변경을 가져오는 법적 효과를 발생시키므로 법적 행위이다. 그러나 법규명령은 원칙상 구체적인 법적 효과(국민의 권리의무관계에 대한 직접적인 변경)를 가져오지 않으므로 행정행위는 아니다.

④ 행정행위는 **권력적 단독행위**이다. 비권력적인 공법상 계약 및 공법상 합동행위는 행정행위가 아니다. 소극적 형태를 취하는 거부처분도 행정행위이다. 부작위도 행정행위로 보는 견해도 있으나 부작위를 행정행위와 구별하는 것이 타당하다.

⑤ 행정행위는 **공법행위**이다. 사법행위(私法行爲)는 행정행위가 아니다(예 도로교통경찰관청의 지시 없이 건설회사가 교통표지판을 공사현장에 설치하는 경우).

행정행위는 묵시적(추단적)으로도 행해진다. 예를 들면, 경원관계에 있는 일부에 대한 승인처분은 나머지에 대해서는 묵시적(추단적) 불승인 처분이 된다.

Ⅱ. 행정행위의 특질

행정행위의 특질이란 통상 사법상(私法上) 법률행위에 대한 특질을 말한다. 행정행위의 특질 중 가장 대표적인 것은 행정의사의 우월성이다. 이 외에 행정행위의 특수성으로는 공정력(잠정적 통용력), 구성요건적 효력, 존속력(불가쟁력, 불가변력), 강제력(자력집행력, 제재력), 권리구제수단의 특수성이 있는데, 이에 관하여는 전술하였다.

제2절 행정행위의 분류

행정행위는 여러 기준에 의해 다양하게 분류된다.

Ⅰ. 법률행위적 행정행위와 준법률행위적 행정행위의 구별

법률행위란 사람의 행위 중 일정한 법률효과를 의욕하고서 이루어지는 행위를 말한다. 그러므로 법률행위는 일정한 법률효과를 원하는 의사표시를 불가결의 요소로 한다.

종래 **통설**은 **행위자의 효과의사**(일정한 법률효과의 발생을 의도하는 생각)**의 유무** 또는 **행정행위의 법적 효과의 발생원인**에 따라 행정행위를 법률행위적 행정행위와 준법률행위적 행정행위로 구분하였다. **법률행위적 행정행위**는 행정행위의 효과의사를 구성요소로 하고 법적 효과가 효과의사의 내용에 따라 발생하는 행위인 데 대하여 **준법률행위적 행정행위**는 효과의사 이외의 정신작용(관념표시, 판단표시, 인식표시)을 구성요소로 하고 법적 효과가 행위자의 의사와는 무관하게 법규범에 의해 부여되는 행위이다.

그러나 오늘날에는 행정권 행사의 법적 효과는 어느 경우에나 기본적으로 법에 의해 인정되는 것이라는 이유에서 법률행위적 행정행위와 준법률행위적 행정행위의 구별에 대하여 **부정하는 견해가 유력**하다.

Ⅱ. 행정행위의 법적 효과의 내용에 따른 분류

법률행위적 행정행위는 법률효과의 내용에 따라 명령적 행위와 형성적 행위로 구분된다. **명령적 행위**는 인간이 본래 가지는 자연적 자유를 규율하는 행위(예 하명, 허가, 면제)인 반면에, **형성적 행위**는 상대방에게 권리나 능력을 창설하는 행위(예 특허, 인가, 대리)라는 점에서 양자를 구분하고 있다.

준법률행위적 행정행위는 법률효과의 내용에 따라 확인행위, 공증행위, 통지행위, 수리행위로 구분된다.

Ⅲ. 기속행위와 재량행위

행정행위는 법에 기속되는 정도에 따라 기속행위와 재량행위로 나누어진다. **기속행위**란 행정권 행사의 요건과 효과가 법에 일의적으로 규정되어 있어서 행정청에게 판단의 여지가 전혀 인정되지 않고 행정청은 법에 정해진 대로 행위를 하여야 하는 의무를 지는 행위를 말한다. **재량행위**란 행위의 요건이나 효과의 선택에 관하여 법이 행정권에게 판단의 여지 또는 재량권을 인정한 경우에 행해지는 행정청의 행정행위를 말한다.

재량행위와 기속행위의 구별에 대하여는 후술하기로 한다.

Ⅳ. 침해적 행정행위, 수익적 행정행위, 이중효과적 행정행위(복효적 행정행위) [2016 경감승진 약술〈제 3 자효(복효적) 행정행위〉]

행정행위가 초래하는 이익 및 불이익 상황에 따라 행해지는 구분이다. 행정행위를 행위의 상대방의 권익을 침해하는 **침해적 행정행위**(예 영업정지처분, 과징금부과처분), 행위의 상대방에게 이익을 부여하는 **수익적 행정행위**(예 보조금지급처분) 및 하나의 행정행위가 이익과 불이익을 동시에 발생시키는 **이중효과적 행정행위(복효적 행정행위)**가 있다. **불이익처분**은 처분 상대방에게 불이익이 되는 처분인데, 침해적 행정행위뿐만 아니라 신청에 대한 거부처분을 포함한다. 침해적 처분 중 법위반사실에 대해 제재로서 과하는 처분을 **제재처분**이라 한다.

이중효과적 행정행위(복효적 행정행위)는 하나의 행정행위가 이익과 불이익의 효과를 동시에 발생시키는 행위를 말한다. 이중효과적 행정행위는 **제 3 자효 행정행위**(상대방에게는 이익을 주고 제 3 자에게는 불이익을 주거나(예 건축허가) 상대방에게는 불이익을 주고 제 3 자에게는 이익을 주는 행정행위(예 공해배출시설조업정지명령))와 **혼합효 행정행위**(상대방에 대하여 동시에 수익적 효과와 침해적 효과를 발생하는 행정행위(예 부담부 행정행위))를 포함한다. 침해적 처분 중 법위반사실에 대해 제재로서 과하는 처분을 **제재처분**이라 한다.

Ⅴ. 일방적 행정행위와 쌍방적 행정행위

행정행위의 성립에 상대방의 협력(신청 또는 동의)이 필요한지 여부에 따른 구별이다. 성립에 상대방의 어떠한 협력도 필요 없는 행정행위를 **일방적 행정행위**(또는 단독적 행정행위)라 하고, 상대방의 협력이 성립요건인 행정행위를 **쌍방적 행정행위**라고 한다. 쌍방적 행정행위는 허가, 특허 및 인가와 같이 상대방의 신청을 요하는 행정행위와 경찰공무원의 임명행위와 같이 상대방의 동의를 요하는 행정행위가 있다.

쌍방적 행정행위는 공법상 계약과 다르다. 공법상 계약은 행정주체의 의사와 상대방인 국민의 의사의 합치에 의해 성립하는 비권력적 행위이지만 쌍방적 행정행위는 행정행위의 내용의 결정이 행정청에 의해 단독으로 행해지며 상대방인 국민과의 합의가 필요 없는 권력적 행위이다.

쌍방적 행정행위에 있어서 신청이나 동의가 없는 행정행위는 무효이다. 신청이나 동의가 있었으나 신청이나 동의에 하자가 있을 때에 행정행위가 무효인가 취소할 수 있는 행정행위인가에 대하여는 전술한 바와 같이 견해의 대립이 있다(자세한 것은 전술 '사인의 공법행위' 참조).

Ⅵ. 대인적 행정행위, 대물적 행정행위 및 혼합적 행정행위

행정행위의 대상에 대한 고려사항에 따른 구별이다. 이 구별의 실익은 행정행위의 효과의 이전성에 있다.

대인적 행정행위는 행위의 상대방의 주관적 사정에 착안하여 행해지는 행정행위이며 그 효과는 일신전속적인 것이므로 제 3 자에게 승계되지 않는다(예 운전면허 등).

대물적 행정행위는 행위의 상대방의 주관적 사정을 고려하지 않고 행위의 대상인 물건이나 시설의 객관적 사정에 착안하여 행해지는 행정행위이다(예 건축허가, 건축물사용승인, 차량검사합격처분, 공중위생업소폐쇄명령, 문화재지정처분, 채석허가, 환지처분, 법위반행위를 이유로 한 업무정지처분(대판 2022. 1. 27, 2020두39365) 등).

대물적 행정행위 중 ① 수익적 행정행위인 경우에는 그 효과가 승계된다는 데 이견이 없다. 대물적 허가 또는 등록은 명문의 규정이 없어도 양도가 가능하다. 대물적 허가의 양도에 신고를 하도록 하는 경우도 있다. ② 침해적·대물적 행정행위인 경우(예 석유판매업사업정지처분, 위법건축물 철거명령)에 그 효과가 제 3 자에게 승계되는지에 관하여 제한적 부정설과 긍정설의 견해의 대립이 있다. **허가받은 영업을 양도하는 경우에 양도인의 사업수행상의 의무 위반의 행정법상 효과가 양수인에게 승계되는지에 대하여 대물적 허가의 경우 이를 긍정하는 견해가 있고,** 이것이 판례의 입장이다. 생각건대, 대물적 행정행위는 물적 사정(예 건축물의 위법상태)에 기초하여 행해지며 행정행위의 무용한 반복을 피하는 것이 타당하므로 긍정설이 타당하다.

[판례 1] 대물적 허가의 경우 영업양도가 가능하고, 영업양도의 효과로 **양수인에게 승계되는 '양도인의 지위'**(석유정제업자의 지위)**에 양도인의 위법행위로 인한 제재사유가 포함**되고(대판 1986. 7. 22, 86누203), 제재처분은 대물적 처분으로 석유판매업자의 지위를 승계한 자에 대하여 종전의 석유판매업자가 유사석유제품을 판매하는 위법행위를 하였다는 이유로 사업정지 등 제재처분을 취할 수 있다(대판 2003. 10. 23, 2003두8005).

[판례 2] 처분 상대방의 **법위반행위를 이유로 한 업무정지처분**은 대물적 처분이다(대판 2022. 1. 27, 2020두39365). **[해설]** 시설에 대한 업무정지처분은 개인의 자격에 대한 제재가 아니라 시설의 업무 자체에 관한 것이다.

[판례 3] 요양기관이 속임수나 그 밖의 부당한 방법으로 보험자에게 요양급여비용을 부담하게 한 때에 국민건강보험법 제98조 제 1 항 제 1 호에 의해 받게 되는 **요양기관 업무정지처분은** 의료인 개인의 자격에 대한 제재가 아니라 요양기관의 업무 자체에 대한 것으로서 **대물적 처분**의 성격을 갖는다. 따라서 **폐업한 요양기관에서 발생한 위반행위를 이유로 그 요양기관의 개설자가 새로 개설한 요양기관에 대하여 업무정지처분을 할 수 없다**(대판 2022. 1. 27, 2020두39365). 이러한 법리는 보건복지부 소속 공무원의 검사 또는 질문을 거부·방해 또는 기피한 경우에 국민건강보험법 제98조 제 1 항 제 2 호에 의해 받게 되는 요양기관 업무정지처분 및 의료급여법 제28조 제 1 항 제 3 호에 의해 받게 되는 의료급여기관 업무정지처분의 경우에도 마찬가지로 적용된다(대판 2022. 4. 28, 2022두30546).

혼합적 행정행위는 행위의 상대방의 주관적 사정과 함께 행위의 대상인 물건이나 시설의 객관적 사정에 착안하여 행해지는 행정행위를 말한다(예 총포·도검·화약류판매업의 허가, 가스사업허가). 혼합적 행정행위의 이전은 명문의 규정이 있는 경우에 한하여 인정되며 통상 행정청의 승인 또는 허가 등을 받도록 규정하고 있다. 혼합적 행정행위의 양도시에 승인 대신 신고만을 요하는 경우도 있다(전술 '신고' 참조).

Ⅶ. 요식행위와 불요식행위

행정행위에 일정한 형식(서면 등)이 요구되는가에 따른 구별이다. 명문의 규정이 없는 한 행정행위는 구두로 가능하다. 그런데 행정절차법은 행정청의 처분은 다른 법령 등에 특별한 규정이 있는 경우를 제외하고는 문서(당사자 등의 동의가 있는 경우 전자문서도 가능)로 하도록 하고 있다. 요식행위가 형식을 결여하면 형식의 하자가 있는 행정행위가 된다.

Ⅷ. 일반처분과 개별처분

행정행위의 상대방이 불특정 다수인인가 특정되어 있는가에 따른 구별이다.

1. 개별처분

개별처분이란 행정행위의 상대방이 특정되어 있는 행정행위를 말한다. 개별처분의 상대방은 1명인 것이 보통이지만 다수일 수도 있다.

2. 일반처분 [2013 경감승진 약술]

일반처분이란 불특정 다수인을 상대방으로 하여 불특정 다수인에게 효과를 미치는 행정행위를 말한다.

일반처분은 **법규명령과 구별**된다. 일반처분은 일반적이기는 하나 구체적인 법적 효과를 가져오는 행위인 점에서 일반적·추상적인 성격을 갖는 법규명령과 구별된다. 다만, 법규명령에도 예외적이기는 하지만 구체적인 법적 효과를 가져오는 명령(협의설에 의한 처분적 명령)이 있고 이를 **처분적 명령**이라 하는데, 이 협의설에 의한 처분적 명령과 일반처분은 실질에 있어서는 동일하고 형식에 의해 구별될 수 있다. 즉 처분적 명령은 법규명령의 형식으로 제정되지만 일반처분은 그러하지 아니하다.

일반처분은 그 처분의 직접적 규율대상이 사람인가 물건인가에 따라 대인적 일반처분과 물적 행정행위로서의 일반처분으로 나누어진다. ① **대인적 일반처분**이란 일정한 기준에 의해 결정되는 불특정 다수인을 대상으로 하는 행정행위를 말한다. 일정장소에서의 집회금지처분, 코로나 예방을 위한 집합금지명령이나 통행금지처분은 대인적 일반처분의 예이다. 경찰관 또는 신호등에 의한 '정지! 다른 차선에 양보할 것', '허용최고속도', '주차금지' 등 교통규율은 수명자와 관련된 일반처분이다. ② **물적 행정행위**란 행정행위의 직접적 규율대상이 물건이고, 사람에 대해서는 물건과의 관계를 통하여 간접적으로 규율하는 행정행위를 말한다. 공물의 공용개시행위, 교통표지판, 개별공시지가결정은 물적 행정행위의 예이다.

> **[판례]** 지방경찰청장이 횡단보도를 설치하여 보행자 통행방법 등을 규제하는 것은 행정청이 특정사항에 대하여 부담을 명하는 행위이고, 이는 국민의 권리의무에 직접 관계가 있는 행위로서 행정처분이다(대판 2000. 10. 27, 98두8964).

제 3 절 재량권과 판단여지

> 행정기본법
>
> 제21조(재량행사의 기준) 행정청은 재량이 있는 처분을 할 때에는 관련 이익을 정당하게 형량하여야 하며, 그 재량권의 범위를 넘어서는 아니 된다.

Ⅰ. 재량권과 재량행위의 개념 [2002 입법고시 논술]

재량권이란 행정기관이 행정권을 행사함에 있어서 둘 이상의 다른 내용의 결정 또는 행태 중에서 선택할 수 있는 권한을 말한다. 재량권은 구체적 타당성(합목적성) 있는 행정을 위하여 입법자에 의해 행정권에 부여된다. 재량은 재량준칙을 정함에도 인정되고, 재량준칙을 적용하여 행하는 처분에도 인정된다.

재량행위란 재량권의 행사에 의해 행해지는 행정행위를 말한다.

학설은 재량권의 문제를 행정행위에서 재량행위의 문제로 다루고 있다. 그러나 이 견해는 다음과 같은 이유에서 적절하지 않다. ① 법적으로 재량권이 주로 문제되는 것은 행정행위에서이지만, 재량권은 행정행위에서만 인정되는 것은 아니고, 사실행위에서도 인정되며 행정입법 및 행정계획에서도 인정된다. ② 오늘날 재량행위에 있어 무한정의 재량이 인정되는 것은 아니며 재량권이 인정된 범위 내에서만 인정된다. 어떤 행정행위가 재량행위라고 하여도 모든 부분이 재량인 것이 아니라 통상 재량권이 인정된 부분과 재량권이 인정되지 않고 법에 엄격히 기속된 부분이 혼재한다. ③ 또한 재량권이 인정되는 경우에도 한계가 있는 것으로 보기 때문에 행정재량의 문제에서 재량권의 한계 또는 재량권의 사법적 통제가 중요한 문제가 되고 있다. 따라서 **재량행위보다는 재량권의 문제로 논하는 것이 타당**하다. 그런데 대부분의 교과서에서 재량권보다는 재량행위로 논하고 있으므로 당분간 이에 따르는 것으로 한다.

재량권이 행정기관에게 부여되는 경우에 행정기관이 행정권을 행사함에 있어 어떠한 행정결정을 하거나 하지 않을 수 있는 권한을 갖는 경우와 둘 이상의 조치 중 선택을 할 수 있는 권한을 갖는 경우가 있다. 전자를 **결정재량권**이라 하고 후자를 **선택재량권**이라 한다. 결정재량은 없고 선택재량만 있는 경우도 있고(예 사회복지사업법 제42조 제3항 단서 사유에 해당할 경우 행정청은 기속적으로 보조금환수처분을 하여야 하지만, 그 환수 범위를 재량으로 정할 수 있다(대판 2024. 6. 13, 2023두54112)), 결정재량권과 선택재량권을 모두 갖는 경우도 있다.

예를 들면, 경찰공무원이 직무상 과실로 잘못을 저지른 경우에 경찰행정기관은 해당 경찰공무원에 대하여 징계처분을 하는 결정과 해당 경찰공무원의 과거의 성실한 직무수행, 해당 경찰공무원의 건강상태 등과 같은 사정을 고려하여 징계처분을 하지 않는 결정 사이에 선택권을 갖고(**결정재량**), 경찰행정기관이 징계처분을 하기로 결정한 경우에도 해당 경찰공무원의 과실의 중대성을 고려하여 징계처분을 내림에 있어서 여러 종류의 징계처분 사이에 선택권을 갖는다(**선택재량**).

자유재량행위와 기속재량행위의 구별에 대하여 학설은 긍정설과 부정설이 대립하고 있으나, **판례**는 국민의 행정에 대한 예측가능성과 공익 보장 사이에 조화를 이루고자 원칙상 기속행위이지만 예외적으로 중대한 공익을 이유로 인·허가를 거부할 수 있는 행위(**기속재량행위 또는 거부재량행위**)를 인정하고 있다. 예를 들면, 개발행위허가를 의제하지 않거나 토지형질변경을 수반하지 않는 순수한 의미에서의 **건축허가는 원칙상 거부재량**(기속재량행위)이라는 것이 **판례**의 입장이다(대판 전원합의체 2012. 11. 22, 2010두22962). 즉 "건축허가신청이 건축법 등 관계법령에서 정하는 어떠한 제한에 해당하지 않는 이상 같은 법령에서 정하는 건축허가를 하여야 하고, 중대한 공익상의 필요가 없음에도 불구하고 요건을 갖춘 자에 대한 허가를 관계법령에서 정하는 제한사유 이외의 사유를 들어 거부할 수는 없다(대판 전원합의체 2012. 11. 23, 2010두22962).

판례는 구 약사법상 의약품제조업허가사항변경허가(대판 1985. 12. 10, 85누674), 채광계획인가(대판 1997. 6. 13, 96누12269; 2002. 10. 11, 2001두151), 불법전용산림신고지산림형질변경허가처분(대판 1998. 9. 25, 97누19564), 구 사설납골당설치허가(대판 1994. 9. 13, 94누3544), 납골당(현행법상 봉안당)설치신고(대판 2010. 9. 9, 2008두22631), 주유소등록(대판 1998. 9. 25, 98두7503), 건축허가(대판 2009. 9. 24, 2009두8946) 등을 기속재량행위로 보았다.

Ⅱ. 재량과 판단여지의 구분

1. 판단여지의 개념

판단여지란 행정행위의 요건을 이루는 불확정개념(예 환경오염의 발생 우려), 대한민국의 이익이나 공공의 안전 또는 경제질서를 해할 우려(출입국관리법 제 4 조 제 1 항 제 5 호)의 해석·적용에 있어서 이론상 하나의 판단만이 가능한 것이지만, 둘 이상의 판단이 모두 적법한 판단으로 인정될 수 있는 가능성이 있는 것을 말한다(자세한 것은 후술).

2. 재량과 판단여지의 구분

판단여지를 재량과 구별하는 견해와 그 구별을 부인하고 모두 재량의 문제로 보는 견해가 대립하고 있다.

재량과 판단여지는 아래 [대비표]에서 보는 바와 같이 그 개념, 필요성, 인정근거, 내용, 인정기준 및 범위 등에서 차이가 있으므로 양자를 구별하는 것이 타당하다. 또한 판단여지의 경우에는 명문의 근거가 없는 한 효과를 제한하는 부관을 붙일 수 없지만, 재량행위의 경우에는 효과를 제한하는 부관을 붙일 수 있는 점에서 **구별의 실익**이 있다.

판례는 판단여지설의 논리를 일부 수용하면서도 재량권과 판단여지를 구분하지 않고, 판단여지가 인정될 수 있는 경우도 재량권이 인정되는 것으로 본다. 판례는 요건판단에도 재량을 인정한다(대판 2021. 3. 25, 2020두51280).

[판례 1] 국토계획법상 개발행위허가는 허가기준 및 금지요건이 불확정개념으로 규정된 부분이 많아 그 요건에 해당하는지 여부는 행정청의 재량판단의 영역에 속한다(대판 2021. 3. 25, 2020두51280).

[판례 2] 건설공사를 계속하기 위한 고분발굴허가를 재량행위로 본 사례: 건설공사를 계속하기 위한 발굴허가신청에 대하여 그 공사를 계속하기 위하여 부득이 발굴할 필요가 있는지의 여부를 결정하여 발굴을 허가하거나 이를 허가하지 아니함으로써 원형 그대로 매장되어 있는 상태를 유지하는 조치는 허가권자의 재량행위에 속한다. … 행정청이 매장문화재의 원형보존이라는 목표를 추구하기 위하여 문화재보호법 등 관계 법령이 정하는 바에 따라 내린 **전문적·기술적 판단은 특별히 다른 사정이 없는 한 이를 최대한 존중하여야 한다**(대판 2000. 10. 27, 99두264).

[판례 3] 교과서검정의 위법성에 대한 판단기준: **교과서검정이 고도의 학술상·교육상의 전문적인 판단을 요한다는 특성**에 비추어 보면, 교과용 도서를 검정함에 있어서 법령과 심사기준에 따라서 심사위원회의 심사를 거치고, 또 검정상 판단이 사실적 기초가 없다거나 사회통념상 현저히 부당하다는 등 현저히 재량권의 범위를 일탈한 것이 아닌 이상 그 검정을 위법하다고 할 수 없다(대판 1988. 11. 8, 86누618; 대판 1992. 4. 24, 91누6634).

[판례 3] 공무원임용을 위한 면접전형에서 임용신청자의 능력이나 적격성 등에 관한 판단이 면접위원의 자유재량에 속하는지 여부(적극): 공무원임용을 위한 면접전형에서 **임용신청자의 능력이나 적격성 등에 관한 판단은 면접위원의 고도의 교양과 학식, 경험에 기초한 자율적 판단에 의존**하는 것으로서 오로지 **면접위원의 자유재량**에 속하고, 그와 같은 판단이 현저하게 재량권을 일탈·남용하지 않은 한 이를 위법하다고 할 수 없다(대판 2008. 12. 24, 2008두8970).

[재량과 판단여지의 상이점]

상이점	재 량	판단여지
필 요 성	구체적으로 타당한 행정 보장	행정의 책임성, 전문성 보장
인정근거	입법권자의 수권	입법자의 수권(판단수권설) 법원에 의한 행정의 책임성, 전문성의 존중
내 용	행정청의 선택의 자유	행정청의 판단의 여지
인정기준	법률규정, 행위의 성질 및 기본권 관련성, 공익관련성	고도의 전문적·기술적 판단 또는 고도의 정책적 판단
인정범위	효과의 선택	요건 중 일정한 불확정개념의 판단

Ⅲ. 재량행위와 기속행위의 구별[2008 사시, 2013 경감승진 약술]

1. 재량행위와 기속행위의 개념

재량행위란 행정결정에 있어 행정청에게 선택의 자유가 인정되는 행정행위를 말한다(예 대법원 판례가 인정한 사례－총포소지허가, 주택건설사업계획의 승인, 산림훼손허가, 공유수면매립면허 등).

기속행위란 행정행위의 요건 및 법적 결과(효과)가 일의적으로 명확하게 규정되어 있어서 법을 집행함에 있어서 행정청에게 어떠한 선택의 자유도 인정되지 않고 법을 기계적으로 적용하는 행정행위를 말한다(예 대법원 판례가 인정한 사례－대중음식점 영업허가(식품위생법), 위생접객업허가(공중위생법), 한의사면허 등).

2. 재량행위와 기속행위의 구별실익

(1) 행정소송에 있어서의 구별실익

재량행위는 재량권의 한계를 넘지 않는 한(재량권의 행사에 일탈 또는 남용이 없는 한) 재량을 그르친 경우에도 위법한 것이 되지 않고 부당한 행위가 되는 데 불과하므로 재량권의 한계를 넘지 않는 한 법원에 의해 통제되지 않는다. 이에 반하여 기속행위에 있어 행정권 행사에 잘못이 있는 경우에 위법한 행위가 되므로 기속행위에 대한 법원의 통제에는 그러한 제한이 없다.

재량행위와 기속행위는 계쟁행위에 대한 사법심사방식에 구별실익이 있다. 기속행위의 경우에 법원은 행정청의 판단과 결정 모두를 심사대상으로 하여 행정청의 판단이 법원의 판단과 다른 경우 법원의 판단을 행정청의 판단에 대체하여 행정청의 행위를 위법한 것으로 판단할 수 있다(완전심사 및 판단대체방식). 그러나 재량행위에 있어서는 행정청의 판단이 공익판단인 경우에는 재량권의 일탈·남용이 있거나 행정청의 판단이 심히 부당한 경우가 아닌 한 법원은 해당 행정청의 결정을 위법하다고 판단할 수 없다(제한심사방식). 판단여지에 있어서는 행정청의 판단이 심히 부당한 경우가 아니면 행정청의 판단은 존중되어야 한다.

판례에 따르면 '환경오염 발생 우려'와 같이 장래에 발생할 불확실한 상황과 파급효과에 대한 예측이 필요한 요건에 관한 행정청의 재량적 판단은 내용이 현저히 합리성을 결여하였다거나 상반되는 이익이나 가치를 대비해 볼 때 형평이나 비례의 원칙에 뚜렷하게 배치되는 등의 사정이 없는 한 폭넓게 존중될 필요가 있다(대판 2017. 10. 31, 2017두46783).

(2) 부관과의 관계

재량행위의 경우에는 법률의 명시적 근거가 없는 경우에도 재량권의 범위 내에서 행정행위의 법률효과를 일부 제한하거나 상대방에게 특별한 부담을 지우는 부관을 붙일 수 있지만, 기속행위의 경우에는 법상 요건이 충족되면 일정한 행위를 하여야 하므로 행위요건의 일부가 충족되지 않은 경우에 법령에 특별한 근거가 없는 한 그 요건의 충족을 조건으로 하는 부관만을 붙일 수 있을 뿐 행위의 효과를 제한하는 부관을 붙일 수 없는 점에서 기속행위와 재량행위를 구별할 실익이 있다.

(3) 요건의 충족과 효과의 부여[2008 사시 사례]

행정청은 ① **기속행위**에 있어서는 요건이 충족되면 반드시 법에 정해진 효과를 부여하여야 하지만, ② **재량행위**에 있어서는 요건이 충족되어도 공익과의 이익형량을 통하여 법에 정해진 효과를 부여하지 않을 수도 있다. ③ **기속재량행위**의 경우에는 거부처분을 할 중대한 공익상 필요가 없는 한 요건을 충족하면 신청에 따른 허가 등 처분을 하여야 한다.

또한 **경원관계**(競願關係: 인·허가 등의 수익적 행정처분을 신청한 자가 복수로서 서로 경쟁관계에 있고, 일방에 대한 허가 등의 처분이 타방에 대한 불허가로 귀결될 수밖에 없는 관계)에 있어 **기속행위의 경우** 선원주의(先願主義: 먼저 허가요건을 갖추어 신청한 자에게 허가를 해 주어야 한다는 원칙)가 적용되지만, 특허 등 **재량행위의 경우**에는 선원주의가 적용되지 않고 가장 적정하게 공익을 실현할 수 있는 자에게 효과가 부여된다.

요건을 갖추지 못한 경우에는 기속행위뿐만 아니라 재량행위에서도 요건충족적 부관부 행정행위를 할 수 있는 경우를 제외하고는 거부처분을 하여야 한다(대판 2018. 12. 13, 2016두31616).

3. 재량행위와 기속행위의 구별기준

① 재량행위와 기속행위의 구별에 있어 **법률규정이 일차적 기준**이 된다. 왜냐하면 재량권은 입법권에 의해 행정기관에 부여되는 것이기 때문이다. 다만, 법률규정의 문리적 표현뿐만 아니라 관련규정, 입법취지 및 입법목적을 아울러 고려하여야 한다.

법률에서 효과규정을 '(행정청은)…할 수 있다'라고 규정하고 있는 경우에는 원칙적으로 재량행위이고, '(행정청은)…하여야 한다'라고 규정하고 있는 경우에는 원칙적으로 기속행위이다(예 도로교통법 제93조(운전면허의 취소·정지) ① 지방경찰청장은 운전면허(연습운전면허는 제외한다. 이하 이 조에서 같다)를 받은 사람이 다음 각 호(1. 제44조 제 1 항을 위반하여 술에 취한 상태에서 자동차등을 운전한 경우. 2. 제44조 제 1 항 또는 제 2 항 후단을 위반한 사람이 다시 같은 조 제 1 항을 위반하여 운전면허 정지 사유에 해당된 경우(이하 생략))의 어느 하나에 해당하면 행정안전부령으로 정하는 기준에 따라 **운전면허**(운전자가 받은 모든 범위의 운전면허를 포함한다. 이하 이 조에서 같다)**를 취소하거나 1년 이내의 범위내에서 운전면허의 효력을 정지시킬 수 있다. 다만, 제 2 호, 제 3 호, 제 7 호부터 제 9 호까지**(정기 적성검사 기간이 지난 경우는 제외한다)**, 제14호, 제16호부터 제18호까지, 제20호의 규정에 해당하는 경우에는 운전면허를 취소하여야 한다**).

[판례] 도로교통법 제78조 제 1 항 단서 제 8 호(현행법 제93조 제 1 항 제 3 호)의 규정에 의하면, **술에 취한 상태에 있다고 인정할 만한 상당한 이유가 있음에도 불구하고 경찰공무원의 측정에 응하지 아니한 때에는 필요적으로 운전면허를 취소**하도록 되어 있어 처분청이 그 취소 여부를 선택할 수 있는 재량의 여지가 없음이 그 법문상 명백하므로, 위 법조의 요건에 해당하였음을 이유로 한 운전면허취소처분에 있어서 재량권의 일탈 또는 남용의 문제는 생길 수 없다(대판 2004. 11. 12, 2003두12042〈자동차운전면허취소처분취소〉).

② **법률규정만으로 재량행위인지 기속행위인지 판단할 수 없는 경우에는 법률규정의 표현뿐만 아니라 입법목적 및 입법취지를 고려**하고 아울러 다음과 같이 **문제된 행위의 성질, 기본권관련성 및 공익관련성을 함께 고려**하여야 한다.

i) 일반적으로 **불법행위에 대한 제재조치**는 재량행위에 친숙한 행위이다. 그러나 예외적으로 해당 제재조치를 기속행위로 규정하는 경우도 있다. 실제로 중대한 법규 위반의 경우 취소하여야 하는 것으로 규정하고 있는 경우가 있다.

ii) 새로이 권리를 설정하여 주는 **특허는 재량행위로 해석될 가능성**이 있는 반면에 인간이 본래 가지고 있는 자연적 자유의 회복을 내용으로 하는 **허가는 기속행위로 해석될 가능성**이 크다. 왜냐하면 허가의 요건이 충족된 경우에도 허가를 해 주지 않는 것은 신청자의 자연적 자유를 제한하는 결과가 되기 때문이다. 이에 반하여 특허에 있어서는 공익의 실현을 고려하여야 하므로 통상 재량행위로 보아야 한다. 허가의 경우도 환경보호, 문화재보호 등 이익을 형량하여야 하는 경우에는 그 한도 내에서 재량행위로 볼 수 있다(대판 2007. 6. 15, 2005두9736).

iii) **자유권 등 국민의 중대한 기본권이 관련되는 경우**에는 기속행위쪽으로 해석하여야 한다. 예를 들면, 관련 기본권의 중대성에 비추어 난민인정은 설권적 행위이지만 기속행위로 보는 것이 타당하다. 그러나 **판례**는 재량행위로 본다(서울행판 2008. 2. 20, 2007구합22115〈난민인정불허처분취소〉).

iv) **요건규정이 공백규정이거나 공익만이 요건으로 규정되어 있는 경우**에는 행정청에게 재량(효과재량)이 인정된다고 보는 것이 타당하다. 또한 **요건의 인정에 있어 이익형량이 예정되어 있는 경우**에 행정기관에게 재량권이 인정되고 있는 것으로 해석될 수 있다. 그러나 공익목적만이 요건으로 되어 있는 경우에도 관련규정 및 입법목적을 고려할 때 법개념인 행정의 중간목적이 특정될 수 있을 때에는 행정재량은 인정될 수 없다. 예를 들면, 경찰작용은 공공의 안녕질서 유지만을 목적으로 하여 행사된다. 따라서 경찰법규에서 공익목적만을 행위의 요건으로 규정하고 있는 경우에도 경찰권의 행사는 공공의 안녕질서가 침해될 우려(개연성)가 있거나 침해된 경우(중대한 기본권(예 집회·시위의 자유, 표현의 자유)이 제한되는 경우에는 질서에 대한 명백한 위험이 있는 경우)에 한하여 발동될 수 있고 공공의 안녕질서의 침해 여부의 판단에는 재량이 인정될 수 없다. 경찰권의 발동에는 재량이 인정된다.

[판례] 집회신고를 하지 아니하였다는 이유만으로 옥외집회 또는 시위를 헌법의 보호 범위를 벗어나 개최가 허용되지 않는 집회 내지 시위라고 단정할 수 없다. 따라서 집회 및 시위에 관한 법률(이하 '집시법'이라고 한다) 제20조 제 1 항 제 2 호가 **미신고 옥외집회 또는 시위를 해산명령 대상으로 하면서 별도의 해산 요건을 정하고 있지 않더라도**, 그 옥외집회 또는 시위로 인하여 **타인의 법익이나 공공의 안녕질서에 대한 직접적인 위험이 명백하게 초래된 경우에 한하여** 위 조항에 기하여 **해산을 명할 수 있고**, 이러한 요건을 갖춘 해산명령에 불응하는 경우에만 집시법 제24조 제 5 호에 의하여 처벌할 수 있다고 보아야 한다(대판 2012. 4. 19, 2010도6388).

v) 법령상 요건의 인정이나 효과의 선택에 있어서 이익형량이 예정되어 있는 경우에 행정기관에게 재량권이 인정되고 있는 것으로 해석될 수 있다.

vi) 인허가요건이 아니라 인허가기준을 열거하여 정하고 있는 경우에는 그 인허가기준을 종합적으로 고려하여 이익형량을 거쳐 인허가를 하라는 것이므로 통상 그 해당 인허가(예 개발행위허가)는 재량행위로 볼 여지가 크다.

③ 주된 인허가가 기속행위라도 의제되는 인허가 중 일부가 재량행위이면 그 주된 인허가는 재량행위가 된다.

Ⅳ. 재량권의 한계[2008 사시, 2011 사시, 2010, 2013 행시(일반행정) 사례, 2014 변시, 2016 변시]

재량처분이 적법하기 위해서는 처분사유가 존재하고, 재량권의 일탈·남용이 없어야 한다.

행정청에 재량권이 부여된 경우에도 재량권은 무한정한 것은 아니며 일정한 법적 한계가 있다. 재량권이 이 법적 한계를 넘은 경우에는 그 재량권의 행사는 위법한 것이 된다. 재량권의 한계는 **재량권의 일탈 또는 남용**을 말한다.

재량권의 일탈이란 재량권의 외적 한계(즉 법적·객관적 한계)를 벗어난 것을 말하고, **재량권의 남용**이란 재량권의 내적 한계, 즉 재량권이 부여된 내재적 목적을 벗어난 것을 의미한다. 다만, **판례**는 재량권의 일탈과 재량권의 남용을 **명확히 구분하지 않고** 재량권의 행사에 '재량권의 일탈 또는 남용'이 없는지 여부를 판단한다. 또한 재량권의 한계가 재량권의 일탈에 속하는지 재량권의 남용에 속하는지를 판단할 실익도 없다. 어떠한 재량권의 한계이든지 위반하게 되면 그 재량권 행사는 위법하게 된다.

[판례 1] 경찰공무원이 그 단속의 대상이 되는 신호위반자에게 먼저 적극적으로 돈을 요구하고 다른 사람이 볼 수 없도록 돈을 집어 건네주도록 전달방법을 구체적으로 알려 주었으며 동승자에게 신고시 범칙금 처분을 받게 된다는 등 비위신고를 막기 위한 말까지 하고 금품을 수수한 경우, 비록 그 받은 돈이 1만원에 불과하더라도 위 금품수수행위를 징계사유로 하여 해당 경찰공무원을 해임처분한 것은 징계재량권의 일탈·남용이 아니다(대판 2006. 12. 21, 2006두16274〈해임처분취소〉). **[해설]** 이 사안의 원심(부산고법 2006. 9. 29, 2006누1760)은 이 사건 징계사유만으로 피고가 원고로부터 공무원의 신분을 박탈하는 해임처분을 한 것은 그 비위 정도에 비추어 지나치게 무거워 재량권을 일탈·남용한 것으로서 위법하다고 판시하였다. 원심은 원고가 이 사건 처분시까지 14년 1개월 동안 경찰공무원으로 재직하면서 2회의 가벼운 징계를 받기는 하였으나 10여회 이상 표창 등을 수상하였고 대체로 성실하게 복무한 점 등을 종합적으로 판단하였다.

[판례 2] **연립주택을 건축할 의도에서 진입로확장공사를 했는데, 도시계획 용도지역을 일반주거지역에서 전용주거지역으로 변경한 처분으로 2층 이하의 일반주택을 건축할 수밖에 없게 되어 위 확장공사가 필요 없게 된 경우 그로 인해 원고가 입은 손실은 환경보전이라는 공공의 필요에 비해 크다고 볼 수 있는가?(소극)**: 토지가 북한산국립공원과 인접해 있고, 그 후면의 자연경관이 비교적 잘 보존되어 있어 북한산의 경관이 더 이상 훼손되는 것을 막기 위해서는 토지에 대한 이용상의 제한을 강화할 필요가 있다고 인정되고, **도시계획 용도지역을**

일반주거지역에서 전용주거지역으로 변경한 처분은, 도시계획법 등 관계 법률에 근거해서 환경의 보전이라는 공공의 필요 내지는 공익목적을 위해 이루어진 것으로서 그 내용이 건축상의 제한을 강화하는 것이기는 하나 건축을 전면적으로 금지하거나 하는 것은 아니고 그 목적 달성에 필요한 합리적인 정도에 그치고 있는 점, **원고가 토지형질변경허가를 받았다고 하나 그 허가는 토지상에 연립주택을 건축하는 것을 전제로 하는 것은 아니어서 원고에게 연립주택의 건축에 관해 보호해야 할 신뢰가 형성되었다고 보기도 어렵고**, 가사 연립주택을 건축할 의도에서 진입로확장공사를 했는데 위 처분으로 2층 이하의 일반주택을 건축할 수밖에 없게 되어 위 확장공사가 필요 없게 되었다 하더라도 그로 인해 원고가 입은 손실은 환경보전이라는 공공의 필요에 비해 크다고 할 수 없는 점 등을 고려하면, **원심이 앞에서 본 바와 같은 사정을 들어 위 처분에 재량권을 남용한 위법이 있다고 단정한 것은 결국 행정처분에 하자가 있음을 이유로 이를 취소하는 경우에 있어서의 처분청의 재량권에 관한 법리를 오해한 것이라고 한 사례**(대판 1995. 12. 22, 95누3831).

[판례 3] **재량행위에 대한 사법심사는** 행정청의 재량에 기초한 공익 판단의 여지를 감안하여 법원이 독자적인 결론을 내리지 않고 해당 처분에 **재량권 일탈·남용이 있는지 여부만을 심사**하게 되고, **사실오인과 비례·평등의 원칙 위반 여부 등이 그 판단기준이 된다**(대법원 2020. 9. 3. 선고 2019두60899 판결 등 참조). 행정청이 행정행위를 함에 있어 이익형량을 전혀 하지 아니하거나 이익형량의 고려대상에 마땅히 포함시켜야 할 사항을 누락한 경우 또는 이익형량을 하였으나 정당성·객관성이 결여된 경우 그 행정행위는 재량권을 일탈·남용하여 위법하다고 할 수 있다(대법원 2020. 6. 11. 선고 2020두34384 판결 등 참조). **이러한 재량권 일탈·남용에 관해서는 그 행정행위의 효력을 다투는 사람이 증명책임을 진다**(대법원 2019. 7. 4. 선고 2016두47567 판결 등 참조)(대판 2022. 9. 7, 2021두39096).

재량권의 한계를 넘은 재량권 행사에는 일의적으로 명확한 법규정의 위반, 사실오인, 평등원칙 위반, 자기구속의 원칙 위반, 비례원칙 위반, 절차 위반, 재량권의 불행사 또는 해태, 목적 위반 등이 있다.

1. 법규정 위반

법령이 재량권을 부여함에 있어 직접 재량권의 일정한 한계를 정하는 경우가 있고 이 경우에 이 법령상의 한계를 넘는 재량처분은 위법하다.

예를 들면, 법이 행정법규 위반에 대하여 영업허가취소 또는 6개월 이내의 영업정지처분을 내릴 수 있는 것으로 재량권을 부여한 경우에 당사자의 법규 위반이 매우 중대한 것이라 하더라도 취소하면 적법할 수 있는 경우에도 1년의 영업정지처분을 내리는 것은 위법하다.

절차법규정이 있는 경우에 그 절차법규정을 위반한 경우에는 절차의 위법이 있는 처분이 된다.

[판례] 「공무원징계령」 제 7 조 제 6 항 제 3 호, 「공무원징계령 시행규칙」 제 4 조 제 1 항 제 2 호 및 경찰청 예규인 「경찰공무원 징계양정 등에 관한 규칙」 제 9 조 제 2 호의 규정상 **경찰공무원에 대한 징계위원회의 심의과정에 감경사유에 해당하는 공적 사항이 제시되지 아니하는 경우**에는 그 징계양정이 결과적으로 적정한지와 상관없이 이는 관계 법령이 정한 징계절차를 지키지 아니한 것으로서 **위법**하다(대판 2012. 10. 11, 2012두13245〈해임처분취소〉).

2. 사실오인

사실의 존부에 대한 판단에는 재량권이 인정될 수 없으므로 사실을 오인하여 재량권을 행사한 경우에 그 처분은 위법하다(대판 1969. 7. 22, 69누38).

[판례] 임지(任地)에서 육지로 항해 도중, 심한 풍랑으로 인한 충격으로 입원하였고, 이러한 병세로 수로여행(水路旅行)을 할 수 없어서 부득이 임지로 돌아가지 못했다고 해서, 정당한 사유 없이 그 직무상의 의무에 위반하거나 직무를 태만한 때에 해당한다고 할 수 없고 이를 이유로 한 면직처분은 징계의 재량범위를 벗어난 것이다(대판 1969. 7. 22, 69누38).

[해설] 사실상의 근거 없음을 인정한 판례이다.

3. 평등원칙 위반

처분 자체만으로는 재량권의 범위를 넘지 않았지만 평등원칙에 위반되면 위법한 재량권 행사가 된다.

재량준칙이 정하여진 경우에 합리적 이유 없이 그 재량준칙을 따르지 않고 당사자에게 불리한 처분을 하면 그 처분은 평등원칙 위반으로 위법하다. **재량준칙이 정하여진 경우에도 재량준칙을 적용하는 것이 불합리한 특별한 사정이 있는 경우에는 재량준칙을 따르지 않을 수 있고,** 재량준칙을 그대로 적용하여 당사자에게 불리한 처분을 하면 그 재량처분은 위법하다.

4. 자기구속의 원칙 위반

행정관행이 존재하는 경우에 행정관행과 다른 재량권 행사는 특별한 사정이 없는 한 자기구속의 원칙에 반한다(자세한 것은 전술 '행정의 자기구속의 원칙' 참조).

5. 비례원칙 위반

비례원칙은 모든 국가작용에 적용되는 헌법상의 법원칙이지만 특히 재량권 행사의 통제에 있어서 중요한 수단이 된다. 예를 들면, 일반적으로 제재처분은 법령에 의해 재량행위로 규정되어 있는데 위법한 행위를 이유로 제재처분을 가하는 경우 해당 제재처분의 목적과 제재처분 사이 또는 법 위반의 정도와 제재처분 사이에 현저히 비례관계를 잃은 경우에는 해당 제재처분은 비례의 원칙에 반하는 위법한 처분이 된다.

[판례 1] 징계사유에 해당하는 행위가 있더라도, 징계권자가 그에 대하여 징계처분을 할 것인지, 징계처분을 하면 어떠한 종류의 징계를 할 것인지는 징계권자의 재량에 맡겨져 있다고 할 것이나, 그 재량권의 행사가 징계권을 부여한 목적에 반하거나, 징계사유로 삼은 비행의 정도에 비하여 균형을 잃은 과중한 징계처분을 택함으로써 **비례의 원칙**에 위반하거나 또는 합리적인 사유 없이 같은 정도의 비행에 대하여 일반적으로 적용하여 온 기준과 어긋나게 공평을 잃은 징계처분을 선택함으로써 **평등의 원칙**에 위반한 경우에는, 그 징계처분은 재량권의 한계를 벗어난 것으로서 위법하고, **징계처분에 있어 재량권의 행사가 비례의 원칙을 위반하였는지 여부**는, 징계사유로 인정된 비행의 내용과 정도, 그 경위 내지 동기, 그 비행이 해당 행정조직 및 국민에게 끼치는 영향의 정도, 행위자의 직위 및 수행직무의 내용, 평소의 소행과 직무성적, 징계처분으로 인한 불이익의 정도 등 **여러 사정을 건전한 사회통념에 따라 종합적으로 판단하여 결정하여야 한다**(대판 2001. 8. 24, 2000두7704 〈면직처분취소〉).

[판례 2] 경찰공무원이 담당사건의 고소인으로부터 금품을 수수하고 향응과 양주를 제공받았으며 이를 은폐하기 위하여 고소인을 무고하는 범죄행위를 하였다는 사유로 해임처분을 받은 경우, 위 징계사유 중 금품수수사실이 일부가 인정되지 않더라도 인정되는 다른 일부 징계사유만으로도 해당 징계처분의 타당성을 인정하기에 충분한 경우에는 그 징계처분은 위법하지 아니하다(대판 2002. 9. 24, 2002두6620〈해임처분취소〉).

6. 절차 위반

이해관계인의 의견진술 등 절차가 법률에 의해 명시적으로 규정된 경우에 그 절차를 거쳐야 하며 법률에 명시적인 규정이 없다 하더라도 헌법원칙인 적법절차의 원칙에 반하는 처분은 절차 위반만으로 위법한 처분이 된다.

7. 재량권의 불행사 또는 재량의 해태

재량권을 행사하지 않거나 재량을 해태한 경우에 재량행위는 위법한 처분이 된다.

재량권의 불행사란 재량권을 행사함에 있어 고려하여야 할 구체적 사정을 전혀 조사·고려하지 않은 경우를 말한다. 예를 들면, 행정법규를 위반한 영업에 대하여 영업허가를 취소 또는 정지할 수 있다고 규정되어 있는데 그러한 위반에 대하여는 영업허가를 취소하여야 하는 것으로 오인하고 법규 위반의 정도, 위반사유 및 상대방의 이해관계를 전혀 조사·고려함이 없이 영업허가를 취소한 경우 그 취소처분은 재량권을 불행사한 것으로 위법이 된다.

재량의 해태란 재량권을 행사함에 있어 고려하여야 하는 구체적 사정에 대한 고려를 하였지만 충분히 조사·고려하지 않은 경우를 말한다. 예를 들면, 재량권 행사시 고려하여야 하는 관계이익(공익 및 사익)을 충분히 고려하지 않은 경우를 말한다.

재량권 불행사 및 해태는 그 자체로서 재량권의 일탈·남용에 해당한다(대판 2019. 7. 11, 2017두38874). **판례**에 따르면 행정청이 제재처분 양정을 하면서 공익과 사익의 형량을 전혀 하지 않았거나 이익형량의 고려대상에 마땅히 포함하여야 할 사항을 누락한 경우에는 해당 제재처분은 재량권을 일탈·남용한 것이라고 보아야 한다. 또한 제재처분의 감경사유를 전혀 고려하지 않거나 그 사유에 해당하지 않는다고 오인한 나머지 감경하지 아니하였다면 해당 제재처분은 재량권을 일탈·남용한 위법한 처분이지만, 감경사유를 고려하고도 법령상 기준에 따라 감경 없이 제재처분을 한 것만으로는 재량권의 일탈·남용이 되지 않는다(대판 2016. 8. 29, 2014두45956〈영업정지처분취소〉등).

'재량권 불행사의 하자'로 거부처분을 취소하는 판결이 확정되면, 피고 행정청은 취소판결의 취지에 따라 그 하자를 보완하여 원고의 신청에 대하여 다시 처분을 하여야 한다(행정소송법 제30조 제 1 항·제 2 항).

8. 목적 위반

행정권의 행사가 법률에서 정한 목적과 다르게 행사된 경우에 재량처분은 위법하게 된다. 재량권이 사적 목적 또는 불법한 동기에 의해 행사된 경우에 재량행위가 위법하게 된다는 데에 이견이 없다(대판 1976. 6. 8, 76누63).

[판례] 학위수여규정에 의한 2종의 외국어시험에 합격하고 교육법시행령과 위 규정에 의한 박사학위논문 심사통과자에게 정당한 이유 없이 학위수여를 부결한 행정처분은 재량권의 한계를 벗어난 위법이 있다(대판 1976. 6. 8, 76누63). **[해설]** 행정청의 자의(恣意)·독단(獨斷)을 인정한 판례이다.

문제는 행정권이 법률에 의해 주어진 목적과 다른 공익목적으로 행사된 경우에 행정권의 행사가 위법인가이다. 행정권이 주어진 목적과 실체적 관련이 없는 전혀 다른 목적으로 행사된 경우에는 공익목적을 위하여 행사된 경우에도 재량권을 남용한 것이므로 위법한 것으로 보아야 한다.

9. 명백히 불합리한 재량권 행사

재량권의 행사가 명백히 불합리한 경우(사회통념상 현저하게 타당성을 잃은 경우)에 그 재량권 행사는 위법하다고 보아야 한다.

[판례 1] 행정청이 제재처분 양정(量定)을 하면서 이익형량을 하였으나 정당성 · 객관성이 결여된 경우에는 제재처분은 재량권을 일탈 · 남용한 것이라고 보아야 한다(대판 2020. 6. 25, 2019두52980).

[판례 2] (1) **재량권 일탈 · 남용의 판단기준**: 재량을 행사할 때 판단의 기초가 된 사실인정에 중대한 오류가 있는 경우 또는 비례 · 평등의 원칙을 위반하거나 **사회통념상 현저하게 타당성을 잃는 등의 사유**가 있다면 이는 재량권의 일탈 · 남용으로서 위법하다. (2) 피고의 체류자격변경 불허가처분은 그에 의해 얻는 공익에 비하여 원고가 입게 될 불이익이 지나치게 비례의 원칙을 위반하여 재량권 일탈 · 남용으로 위법한 것으로 볼 수 있다고 한 사례(대판 2016. 7. 14, 2015두48846; 대판 2019. 7. 11, 2017두38874).

10. 전문적 · 기술적 판단 및 정책재량 등에 대한 신중한 통제

처분에 전문성 · 기술성 · 자율성 · 정책성 또는 강한 공공성 등이 있는 경우 재량권 일탈 · 남용의 인정은 신중히 하여야 한다는 것이 판례의 입장이다(대판 2019. 2. 28, 2017두1031: 문화재의 보존을 위한 사업인정 등 처분; 대판 2019. 1. 10, 2017두43319: 민간공원조성계획 입안 제안을 받은 행정청이 제안의 수용 여부를 결정하는데 필요한 심사기준 등을 정하고 그에 따라 우선협상자를 지정하는 것).

또한 '환경오염 발생 우려'와 같이 장래에 발생할 불확실한 상황과 파급효과에 대한 예측이 필요한 요건에 관한 행정청의 재량적 판단은 그 내용이 합리성이 없거나 상반되는 이익과 가치를 대비해 볼 때 형평과 비례의 원칙에 뚜렷하게 배치되지 않는 한 폭넓게 존중되어야 한다(대판 2017. 3. 15, 2016두55490; 대판 2018. 4. 12, 2017두71789; 대판 2020. 7. 23, 2019두31839).

Ⅴ. 재량권에 대한 통제

재량권의 행사에 대한 통제로는 입법적 통제, 행정적 통제와 사법적 통제가 있다.

1. 입법적 통제

의회는 필요 이상으로 과도한 재량권이 행정권에게 주어지지 않도록 법률을 제정하여야 할 것이다. 가능한 구체적이고 명확하게 법규정을 제정하고, 직접 재량권의 한계를 법률로 정하는 등(예 영업정지기간의 상한을 정함) 필요 이상의 재량권이 부여되지 않도록 입법하여야 할 것이다.

2. 행정적 통제

① 상급행정청은 하급행정청의 위법한 재량권 행사뿐만 아니라 부당한 재량권 행사에 대하여도 취소 또는 변경을 요구하는 등 통제를 가할 수 있다.

② 재량권 행사의 기준을 정하는 **재량준칙**은 재량권의 자의적인 행사를 막고 재량권이 공정하게 행사되도록 하는 기능도 갖는다.

③ 이해관계인에게 의견진술의 기회를 부여하거나 행정처분에 이유를 제시하도록 하는 것은 행정청의 재량권 행사가 자의적으로 행사되는 것을 막고 보다 합리적으로 행사되도록 하는 기능을 갖는다.

3. 사법적 통제

① 재량권의 한계를 넘지는 않았지만 재량권의 행사를 그르친 경우 그 재량행위는 **부당한 행위**가 된다. **부당한 재량행위는 취소소송의 대상은 되지 않지만 행정심판에 의해 취소될 수 있다.**

② 행정청에 허용된 재량권 내에서 행한 행위는 적법하고, 그 자체로 법원에 의해 존중되어야 한다. 특히 경찰작용의 합목적성에 대해서는 사법부가 판단하는 것은 적절하지 않다. 법원은 재량결정에 대한 통제에 일반적으로 적용되는 원칙에 따라서 단지 행정청이 그의 재량을 행사함에 있어 그에게 법적으로 규정된 구속을 준수하였는지 여부에 대해서만 통제할 권한을 갖는다. 즉 법원은 단지 행정청이 그에게 허용된 재량을 전혀 행사하지 않았는지 여부(재량의 흠결의 금지), 재량을 일탈하였는지 여부 또는 재량을 수여한 목적에 상응하게 재량권이 행사되었는지 여부(재량의 일탈 및 남용)에 대해서만 심사할 수 있다.

③ 재량행위에 대하여 취소소송이 제기되어 재량권의 일탈 및 남용이 다투어지는 경우에 법원은 재량권의 일탈 및 남용이 없는지 여부에 관하여 본안심사를 하여 재량권의 일탈 및 남용이 있으면 취소판결을 내리고, 재량권의 일탈 및 남용이 없으면 각하판결을 하는 것이 아니라 기각판결을 한다.

[판례] 초등학교로부터 약 100여m 떨어진 곳에 저장용량 20t 규모의 액화석유가스(LPG) 충전소를 운영하기 위한 학교환경위생정화구역 내 금지시설해제신청을 교육청 교육장이 거부한 사안에서, 폭발 등의 사고가 발생할 경우 그 영향이 초등학교까지 미칠 것으로 보이는 점, 근처에 다른 가스충전소가 있어 이를 필요로 하는 주민들의 이익이 크게 침해받을 것으로 보이지 않는 점 등에 비추어, 위 처분이 재량권의 범위를 일탈하였거나 남용한 것으로 보기 어렵다고 한 사례(대판 2010. 3. 11, 2009두17643). [해설] 「교육환경보호에 관한 법률」 제 8 조에 따르면, 학교출입문(학교설립예정지의 경우에는 설립될 학교의 출입문 설치 예정 위치를 말함)으로부터 직선거리로 50미터까지인 지역(절대정화구역)과 학교 경계선 또는 학교 설립 예정지 경계선으로부터 직선거리로 200미터까지인 지역 중 절대정화구역을 제외한 지역(상대정화구역)을 학교위생정화구역으로 규정하고 있으며, 위 정화구역에 해당하는 경우에 동법 제 6 조 각 호의 행위 및 시설을 금지하고 있음.

④ 재량권의 일탈 또는 남용으로 손해를 입은 국민은 국가배상을 청구할 수 있다. 다만, 이 경우에 공무원의 과실을 별도로 입증하여야 국가배상책임이 인정된다.

Ⅵ. 재량축소

1. 재량축소의 의의와 내용

재량축소란 이익형량의 원칙상 재량이 축소되는 것을 말한다. 이익형량의 원칙상 재량이 축소되는 경우가 있다. 예를 들면, 국민의 권익 보호를 위해 결정재량은 없어지고, 선택재량만 남는 경우가 있을 수 있다. 또한 선택재량만 있는 경우에도 국민의 권익 보호를 위해 법령상의 선택재량이 일부 축소되어 인정될 수 있다.

2. 재량권의 영으로의 수축

전술한 바와 같이 일정한 경우에 재량권이 영으로 축소하게 된다. 이 경우에 행정청은 재량권을 갖지 못하며 특정한 행위를 하여야 할 의무를 지게 되고, 재량행위에 있어서 국민이 가지는 권리인 무하자재량행사청구권은 행정행위발급청구권이나 행정개입청구권으로 전환된다.

공공의 안녕과 질서에 대한 위험 또는 장해가 특히 유해한 것이 증명되어 경찰이 허용할 수 있는 손해의 한계를 벗어나는 경우에 재량권의 0으로의 수축을 인정할 수 있다. 즉 옐리네크(Jellinek)에 따르면 "사회적 가치관에 따를 때 경찰이 개입하여야만 하는 경우에" 재량권의 0으로의 수축이 행하여져야 한다고 한다.

[판례 1] 경찰권의 행사 여부는 원칙적으로 재량처분으로 인정되고 있으나, **목전의 상황이 매우 중대하고 긴박한 것이거나, 그로 인하여 국민의 중대한 법익이 침해될 우려가 있는 경우에는, 재량권이 영으로 수축하여 경찰권을 발동할 의무**가 있다. 따라서 사람이 바다에서 조난을 당하여 인명이 경각에 달린 경우에 해양경찰관으로서는 그 직무상 즉시 출동하여 인명을 구조할 의무가 있다(헌재 2007. 10. 25, 2006헌마869〈불기소처분취소〉).

[판례 2] 무장공비색출체포를 위한 대간첩작전을 수행하기 위하여 파출소 소장, 순경 및 육군장교 등이 파출소에서 합동대기하고 있던 중 그로부터 불과 60~70미터 거리에서 약 15분간에 걸쳐 주민들이 무장간첩과 격투하던 중 주민 1인이 무장간첩의 발사권총탄에 맞아 사망하였다면 위 **군경공무원들의 직무유기행위와 위 망인의 사망과의 사이에 인과관계가 있다**고 봄이 상당하다(대판 1971. 4. 6, 71다124〈손해배상〉).

[판례 3] 정신질환자인 세입자에 의해 살해당한 집주인의 유족이 정신질환자의 평소 행동에 대한 사법경찰관리의 수사 미개시 및 긴급구호권 불행사를 이유로 제기한 국가배상청구를 배척한 사례(대판 1996. 10. 25, 95다45927〈손해배상〉). [해설] **정신질환자의 평소 행동에 포함된 범죄 내용이 경미하거나 범죄라고 볼 수 없는 비정상적 행동에 그치고 그 거동 기타 주위의 사정을 합리적으로 판단해 보더라도 정신질환자에 의한 집주인 살인범행에 앞서 그 구체적 위험이 객관적으로 존재하고 있었다고 보기 어려운 경우**, 경찰관이 그때그때의 상황에 따라 그 정신질환자를 훈방하거나 일시 정신병원에 입원시키는 등 경찰관직무집행법의 규정에 의한 긴급구호조치를 취하였고, 정신질환자가 퇴원하자 정신병원에서의 정기입원치료를 받는데 도움이 되도록 생활보호대상자 지정의뢰를 하는 등 나름대로의 조치를 취하였으므로 **법령위반이 아니라고 본 사례**이다.

Ⅶ. 판단여지[2004 행시 사례, 2013 경감승진 약술]

1. 불확정개념과 판단여지[1996 입법고시 약술]

법률이 행위의 요건을 규정함에 있어서 개념상으로 명확한 확정개념을 사용하는 경우도 있지만 많은 경우에 불확정개념을 사용하고 있다.

불확정개념이란 그 개념 자체로서는 그 의미가 명확하지 않고 해석의 여지가 있는 개념을 말한다.「경찰관 직무집행법」제 2 조 제 7 호의 '공공의 안녕과 질서', '중대한 사유', '식품의 안전', '환경의 보전' 등을 그 예로 들 수 있다.

판단여지란 요건을 이루는 불확정개념의 해석·적용에 있어서 이론상 하나의 판단만이 가능한 것이지만, 둘 이상의 판단이 모두 적법한 판단으로 인정될 수 있는 가능성이 있는 것을 말한다.

일반적으로 불확정개념은 법개념(법원에 의해 논리법칙 또는 경험법칙에 따라 그 개념이 일의적으로 해석될 수 있는 개념)으로 본다. 따라서 행정기관이 불확정개념으로 된 행위의 요건을 판단함에 있어 재량권을 가질 수는 없다.

다만, 일정한 경우에 행정기관이 불확정개념을 해석·적용함에 있어 둘 이상의 상이한 판단이 행해질 수 있는 경우 중 행정기관에게 판단여지가 인정되는 경우가 있다고 보고 행정기관에게 판단여지가 인정되는 경우에는 판단의 여지 내에서 이루어진 행정기관의 판단은 법원에 의한 통제의 대상이 되지 않는다고 본다. 법원은 행정기관이 판단의 여지 내에서 내린 결정을 수용하여야 한다. 이러한 주장을 하는 학설을 **판단여지설**이라 한다.

2. 판단여지의 인정근거

판단여지의 인정근거인 판단여지설은 독일의 이론이 수용된 것인데, 독일에서 판단여지의 인정근거는 다음과 같고 그것은 우리나라에서도 타당하다고 볼 수 있다.

① 독일의 다수설인 판단수권설에 따르면 행정청의 판단여지는 입법자의 수권에 따른 판단수권이라고 한다(정하중). ② 불확정개념이 여러 상이한 가치판단을 허용한 것으로 해석될 경우 행정은 법원보다 전문성을 가지고 있고, 구체적인 행정문제에 보다 책임을 지고 있으므로 법원은 행정기관의 전문성과 책임성을 존중하여 행정기관의 판단을 존중하여야 한다.

3. 판단여지의 인정범위, 인정영역 및 인정기준

판단여지는 행정행위의 요건 중 일정한 불확정개념의 판단에서 인정된다. 판단여지는 불확정개념의 해석·적용 중 어디에서 인정되는가. 행위의 요건인 불확정개념을 해석·적용함에는 불확정개념을 해석하고, 사실을 조사·확인하고, 사실이 요건인 불확정개념에 포섭되는지를 판단하여야 한다.

판단여지는 주로 ① 비대체적 결정의 영역(예 학생성적 평가), ② 구속적 가치평가의 영역(예 청소년보호위원회에 의한 청소년유해매체물 여부에 관한 결정), ③ 예측결정의 영역(예 고준위방사성폐기물처분장이 환경에 미치는 영향에 관한 예측), ④ 정책적 결정의 영역(예 외국인의 체류갱신허가의 필요성 판단), ⑤ 고도의 전문성이 요구되는 영역(예 사전배려원칙의 적용요건으로서의 위험의 과학적 불확실성의 판단) 등에서 인정된다.

위의 사례처럼 판단여지는 고도로 전문적이고 기술적인 판단이나 고도로 정책적인 판단에 속하는 불확정개념의 적용에 한하여 인정된다. 시험의 경우에서와 같이 다시 실시할 수 없다는 점도 판단여지 인정에 있어 고려사항이 된다.

4. 판단여지의 법적 효과 및 한계

판단의 여지가 인정되는 범위 내에서 내려진 행정청의 판단은 법원에 의한 통제의 대상이 되지 않는다. 달리 말하면 판단의 여지가 인정되어 가능한 복수의 판단이 존재하는 경우 행정청이 그중 하나를 신중하게 판단하여 선택한 때에는 그 행정기관의 판단은 법원에 의해 배척될 수 없고 그 판단에 기초하여 내려진 행정행위는 위법한 처분이 되지 않는다.

판례는 법률요건이 불확정개념으로 규정된 경우에 그에 관한 판단을 함에 있어 행정청에 재량이 인정된 것으로 본다.

> **[판례]** 건설공사를 계속하기 위한 발굴허가신청에 대하여 그 공사를 계속하기 위하여 부득이 발굴할 필요가 있는지의 여부를 결정하여 발굴을 허가하거나 이를 허가하지 아니함으로써 원형 그대로 매장되어 있는 상태를 유지하는 조치는 허가권자의 재량행위에 속한다. … 행정청이 매장문화재의 원형보존이라는 목표를 추구하기 위하여 문화재보호법 등 관계법령이 정하는 바에 따라 내린 전문적·기술적 판단은 특별히 다른 사정이 없는 한 이를 최대한 존중하여야 한다(대판 2000. 10. 27, 99두264).

다만, 판단여지가 인정되는 경우에도 명확히 법을 위반하거나 사실의 인정을 잘못했거나 객관적인 기준을 위반하는 것은 위법이 된다. 또한 명백히 판단을 잘못한 경우에도 위법이 된다고 보아야 한다.

제 4 절 행정행위의 법적 효과의 내용

법률행위적 행정행위는 법률효과의 내용에 따라 명령적 행위와 형성적 행위로 구분된다. **명령적 행위**는 인간이 본래 가지는 자연적 자유를 규율하는 행위(하명, 허가, 면제)인 반면에 **형성적 행위**는 상대방에게 권리나 능력을 창설하는 행위(특허, 인가, 공법상 대리행위)라는 점에서 양자를 구분하고 있다.

준법률행위적 행정행위는 법률효과의 내용에 따라 확인행위, 공증행위, 통지행위, 수리행위로 구분된다.

[인·허가의 강학상 개념과 현행법상 특징]

구분	강학상 개념	현행법상 특징
허가	일반적으로 금지되는 행위를 특정한 경우에 해제하는 것	금지－해제의 관계가 명확하게 규정되지 않은 경우가 많음
특허	특정인에게 일정한 권리나 법률관계를 설정하는 것	특허라는 용어를 거의 사용하지 않고 면허란 용어를 주요 사용함
인가	타인의 법률행위의 효력을 보충하여 법률상의 효력을 완성시키는 것	특허적 성격이 강한 사업에 대한 허가의 의미로 사용
등록	일정한 사실이나 법률관계를 행정기관에 갖추어둔 장부에 등재하고 그 존부(存否)를 공적으로 증명하는 것	허가와 신고의 중간에 속하는 인·허가로 운영되는 사례가 많음
신고	특정한 사실이나 법률관계의 존부를 행정청에 알리는 것	신고에 따른 수리(受理)제도를 두어 완결화된 허가제도로 운영하는 사례가 많음

Ⅰ. 법률행위적 행정행위

1. 명령적 행위

명령적 행위는 주로 경찰행정에서 활용되며 하명, 허가와 면제로 구분된다. 다만 최근에 허가(특히 영업허가)를 명령적 행위로 분류하고 특허(특히 공기업 특허)를 형성적 행위로 분류하여 허가와 특허를 구분하는 것에 대하여는 비판이 제기되고 있다.

(1) 하 명 [2016 경감승진 약술〈경찰하명〉, 2021 변시]

하명이란 행정청이 국민에게 공법상 의무(작위, 부작위, 급부 또는 수인의무)를 명(命)하는 행정행위를 말한다. 이 중 부작위의무를 명하는 행위를 **금지**라 한다. 하명은 경찰법 영역에서 이루어지는 가장 전형적인 유형의 행정행위이다

예를 들면, 「경찰관 직무집행법」 제 5 조 제 1 항 제 3 호의 위험한 사태에 있어서 관리자 등에 대한 조치명령, 같은 법 제 5 조 제 2 항의 국가중요시설에 대한 접근제한명령, 「집회 및 시위에 관한 법률」 제18조 제 1 항의 집회·시위해산명령, 도로교통법 제71조 제 1 항의 도로의 위법 인공구조물에 대한 조치명령 등을 들 수 있다.

법령규정 자체에 의해 직접 하명의 효과(구체적인 의무)가 발생하는 경우가 있

는데, 그 법령규정을 **법규하명**이라 한다. **법규하명은 처분성을 가지며** ① 명령의 형식을 취하는 경우에는 항고소송의 대상이 되고, ② 법률의 형식을 취하는 경우(예 이륜자동차에 대한 고속도로 등 통행금지를 명하는 도로교통법 제63조)는 헌법소원의 대상이 된다(헌재 전원재판부 2007. 1. 17, 2005헌마1111, 2006헌마18(병합)〈도로교통법 제58조 위헌확인〉. 긴급자동차를 제외한 이륜자동차와 원동기장치자전거에 대하여 고속도로 또는 자동차 전용도로의 통행을 금지하고 있는 것이 청구인들의 통행의 자유(일반적 행동의 자유) 등을 침해하지 않는다는 결정). 법규하명은 엄밀한 의미의 하명(행정행위인 하명)이 아니다.

하명의 내용에 따라 상대방에게 일정한 공법상 의무가 발생한다. **작위하명**에 의해서는 상대방에게 일정한 행위를 적극적으로 행하여야 할 의무가 생기고(예 불법건축물의 철거의무), **부작위하명**에 의해서는 일정한 행위를 하지 않을 의무가 생기고(예 영업정지, 통행금지), **급부하명**에 의해서는 일정한 급부를 하여야 할 의무가 생기고(예 조세납부의무, 과태료납부의무), **수인하명**에 의해서는 행정청에 의한 강제를 감수하고 이를 수인할 의무가 생긴다(예 「경찰관 직무집행법」 제 4 조의 강제보호조치 대상자에 대한 응급을 요하는 구호조치에 따른 수인의무).

> [판례] **공사중지명령의 해제를 구하기 위한 요건**: 공사중지명령에 대하여 그 명령의 상대방이 해제를 구하기 위해서는 명령의 내용 자체로 또는 성질상으로 명령 이후에 원인사유가 해소되었음이 인정되어야 한다(대판 2014. 11. 27, 2014두37665〈공사중지명령해제신청거부처분취소등〉).

하명에 의해 부과된 의무를 이행하지 않는 자에 대해서는 행정상 강제집행이 행해지고, 하명에 의해 부과된 의무를 위반한 때에는 행정벌이 과하여진다. 그러나 원칙상 하명에 위반하여 행해진 행위의 사법상(私法上)의 효력이 부인되지는 않는다. 예를 들면, 사인이 불법으로 무기를 양도하여도 처벌은 받으나, 양도행위 자체는 유효하다. 다만, 하명 위반에 대한 처벌만으로는 하명의 목적을 달성할 수 없을 때에는 법률이 처벌과 함께 행위 자체를 무효로 규정하는 경우가 있다.

(2) 허 가 [2009 행시, 2012 사시, 2021 경감승진 약술형(경찰허가의 법적 성질과 효과)]

1) 허가의 개념

허가란 법령에 따른 일반적인 상대적 금지(허가조건부 금지)를 일정한 요건을 갖춘 경우에 해제하여 일정한 행위를 적법하게 할 수 있게 하는 행정행위를 말한다(예 운전면허, 무기소지허가, 영업허가, 건축허가 등).

허가는 학문상의 개념이다. 허가라는 개념은 실정법상으로도 사용되나 허가 이외에 면허, 인허, 승인 등의 용어가 실무상 사용되고 있다. 또한 실정법상 사용되는 허가라는 용어 중에는 학문상의 특허(예 광업허가) 또는 인가(예 토지거래허가)에 해당하는 것도 있다.

허가는 집행경찰 또는 제복을 입은 경찰에 있어서보다는 주로 질서행정청과 관련하여 의미를 갖는 행정행위이다(김성태).

2) 허가의 법적 성질

종래의 통설을 따르는 견해는 허가는 권리를 설정하여 주는 행위가 아니라 인간이 본래 가지고 있는 자연적 자유를 회복시켜 주는 것에 불과한 것으로 하명과 같이 자연적 자유를 대상으로 하는 행위이므로 형성적 행위가 아니라 하명과 함께 명령적 행위에 해당한다고 보고 있다. **판례**도 허가를 명령적 행위로 본다.

[판례] 한의사면허를 경찰금지를 해제하는 명령적 행위(강학상 허가)에 해당한다(대판 1998. 3. 10, 97누4289〈한약조제시험무효확인〉).

이에 대하여 **오늘날에는 허가도 형성적 행위라고 보는 견해가 유력**하다. 즉 허가는 단순히 자연적 자유를 회복시켜 주는 데 그치는 것이 아니라 적법하게 일정한 행위를 할 수 있는 법적 지위를 창설하여 주는 형성적 행위라고 본다. 이 견해가 타당하다. 다만, 허가를 형성적 행위라고 보더라도 허가는 특허와 달리 새로운 권리를 창설하여 주는 것이 아니라 상대방이 본래 가지고 있었던 일정한 행위를 할 수 있는 자유를 회복시켜 주는 것을 내용으로 한다는 점에서는 허가와 특허를 구별하여야 한다.

허가는 법령에 특별한 규정이 없는 한 **기속행위**라고 보아야 한다. 그 이유는 허가는 인간의 자유권을 공익목적상 제한하고 일정한 요건을 충족시키는 경우에 회복시켜 주는 행위이므로 허가요건을 충족하였는데도 허가를 거부하는 것은 정당한 사유 없이 헌법상 자유권을 제한하는 것이 되므로 허용되지 않는다고 보아야 하기 때문이다. 다만, 허가의 요건이 불확정개념으로 규정되어 있는 경우에 행정청에게 판단여지가 인정될 수 있는 경우가 있다.

허가는 원칙상 기속행위이지만, 예외적으로 심히 중대한 공익상 필요가 있는 경우 거부할 수 있는 기속재량행위인 허가(예 러브호텔 건축허가)가 있고, 허가시 중대한 공익(예 환경의 이익 등)의 고려가 필요하여 이익형량이 요구되는 경우 허가(예 토지형질변경허가)는 재량행위라고 보아야 한다.

[판례 1] 기속행위로 본 사례: **식품위생법상 대중음식점영업허가**는 성질상 일반적 금지에 대한 해제에 불과하므로 허가권자는 허가신정이 **법에서 정한 요건을 구비한 때에는 허가하여야 하고** 관계법규에서 정하는 제한사유 이외의 사유를 들어 허가신청을 거부할 수 없다(대판 1993. 5. 27, 93누2216).

[판례 2] 기속행위로 본 사례: **기부금품모집허가**의 법적 성질이 강학상의 허가라는 점을 고려하면, 기부금품 모집행위가 같은 법 제 4 조 제 2 항의 각 호의 사업에 해당하는 경우에는 특별한 사정이 없는 한 그 모집행위를 **허가하여야 하는 것으로 풀이**하여야 한다(대판 1999. 7. 23, 99두3690).

[판례 3] 재량행위로 본 사례: 산림형질변경허가(대판 1997. 9. 12, 97누1228), 산림훼손허가(대판 1997. 9. 12, 97누1228; 대판 2000. 7. 7, 99두66), 토지형질변경허가(대판 1999. 2. 23, 98두17845), 입목의 벌채·굴채허가(대판 2001. 11. 30, 2001두5866).

법령에서 허가를 재량행위로 규정하고 있는 경우(예 건축법 제11조 제 4 항의 건축허가)가 있다. 또한 주된 인·허가가 기속행위이더라도 허가에 의해 의제되는 인·허가가 재량행위인 경우에는 주된 인·허가의 결정이 재량결정이 되는 것으로 보아야 한다(대판 2002. 10. 11, 2001두151).

3) 허가의 효과

① **자유권의 회복**: 허가가 주어지면 금지가 해제되고 본래 가지고 있던 자유권이 회복된다. 그리하여 허가를 받은 자는 적법하게 일정한 행위(예 영업 또는 건축)를 할 수 있게 된다.

② **이익의 향유**: i) 허가를 받으면 상대방은 적법하게 허가의 대상이 된 일정한 행위를 할 수 있는 권리 또는 법률상 이익을 향유하게 된다. 따라서 정당한 사유 없이 철회를 당한 경우에는 취소소송을 통하여 철회의 취소를 청구할 수 있다. ii) 일반적으로 말하면 허가로 인하여 누리는 영업상 이익은 반사적 이익에 불과하다. 왜냐하면 허가제도를 설정하는 법규정은 공익(질서유지 등)의 달성을 목적으로 하고 있을 뿐 허가를 받은 자의 경제적인 영업상의 이익을 보호하고 있다고 볼 수 없기 때문이다. 다만, 허가요건 중 거리제한 또는 영업구역제한 규정이 두어지는 경우에 이 거리제한 또는 영업구역제한 규정에 의해 기존업자가 독점적 이익을 누리고 있는 경우에 그 이익은 법률상 이익에 해당하는 것으로 인정될 수 있는 경우가 있다(대판 1988. 6. 14, 87누873).

③ 허가가 있으면 해당 허가의 대상이 된 행위에 대한 금지가 해제될 뿐 타

법에 의한 금지까지 해제되는 것은 아니다. 예를 들면, 공무원이 영업허가를 받아도 공무원법상의 금지는 여전히 행해진다.

4) 무허가행위의 효과

무허가행위는 위법한 행위가 되고 통상 법률에서 그에 대하여 행정형벌을 부과한다. 그러나 해당 무허가행위의 사법상(私法上)의 법적 효력이 부인되는 것은 아니다. 다만, 처벌만으로는 무허가행위를 막을 수 없다고 보여지는 경우에 법률에서 처벌 이외에 무허가행위를 무효로 규정하는 경우가 있다.

5) 예외적 승인(허가) [2013 사시]

예외적 승인이란 사회적으로 바람직하지 않은 일정행위를 법령상 원칙적으로 금지하고 예외적인 경우에 이러한 금지를 해제하여 해당 행위를 적법하게 할 수 있게 하여 주는 행위를 말한다(예 ① 「토지보상법」 제 9 조의 타인의 토지에의 출입허가, ② 개발제한구역에서의 건축허가나 용도변경, ③ 교육환경구역(구 학교보건법) 제 9 조 단서의 상대보호구역(구 학교환경위생정화구역) 내 금지해제조치(대판 1996. 10. 29, 96누8253), ④ 사행행위영업허가 등).

예외적 승인은 사회적으로 바람직하지 않은 일정한 행위를 공익상 원칙적으로 금지하고 그 금지목적을 해하지 않는 한도 내에서 예외적으로 허가하는 것(억제적 금지의 해제)이므로 원칙상 재량행위이다. 예외적 승인은 절대적 금지는 아니지만 예외적인 사유가 없는 한 금지의 해제가 허용되지 않기 때문에 경찰행정청은 발급에 있어 허가에 비하여 보다 많은 재량권을 갖는다고 할 것이다(김성태).

(3) 면 제

면제란 법령으로 정해진 작위의무, 급부의무 또는 수인의무를 해제해 주는 행정행위를 말한다. 예를 들면, 예방접종면제를 들 수 있다.

2. 형성적 행위

형성적 행위란 상대방에게 특정한 권리, 능력, 법률상의 지위 또는 포괄적 법률관계 그 밖의 법률상의 힘을 발생, 변경 또는 소멸시키는 행위를 말한다. 직접 상대방을 위한 것과 타자를 위한 것이 있다.

형성적 행위는 특허, 인가, 대리행위로 나누어진다.

(1) 특 허 [1999 사시 사례, 2008 사시]

1) 의 의

특허란 상대방에게 직접 권리, 능력, 법적 지위, 포괄적 법률관계를 설정하는 행위를 말한다.

① **권리를 설정하는 행위의 예**로는 특허기업의 특허(예 버스운송사업면허, 국제항공운송사업면허, 통신사업허가, 폐기물처리업허가 등), 광업허가, 도로점용허가, 공유수면점용 및 사용허가, 어업면허 등을 들 수 있고, ② **능력을 설정하는 예**로는 행정주체 또는 공법인으로서의 지위를 설립하거나 부여하는 행위(예 주택재건축정비조합설립인가: 인가가 아니라 해당 조합에 정비사업을 시행할 수 있는 권한을 갖는 행정주체(공법인)로서의 지위를 부여하는 권리를 설정하는 처분인 특허에 해당됨(대판 2009. 9. 24, 2008다60568))를 들 수 있고, ③ **포괄적 법률관계를 설정하는 예**로는 공무원임명, 귀화허가를 들 수 있다.

이 중에서 권리를 설정하는 행위를 **협의의 특허**라 한다.

특허란 학문상의 개념이다. 실정법에서는 허가 또는 면허라는 용어를 사용한다. **특허법상의 특허**는 학문상의 특허가 아니고 준법률행위적 행정행위의 하나인 **확인행위**이다.

2) 특허의 성질

특허는 상대방에게 권리 등을 설정하여 주는 행위이므로 **형성적 행위**이다. 특허는 허가와 달리 상대방이 본래 가지고 있지 않았던 권리 등을 설정하여 준다.

특허는 상대방에게 권리나 이익을 새로이 설정하는 형성적 행위이고, 특허에 있어서는 공익목적의 효과적인 달성을 고려하여야 하므로 **원칙상 재량행위**로 본다. 다만, 법령상 특허를 기속행위로 규정할 수도 있다. 또한 특허의 요건규정이 불확정개념으로 규정되어 있는 경우가 많은데 그중에서 판단여지가 인정되는 경우가 있다.

판례도 원칙상 특허를 재량행위로 본다(대판 2002. 1. 22, 2001두8414). 다만, 난민인정 등과 같이 기속행위인 경우도 있다.

3) 특허의 효과

특허는 상대방에게 새로운 권리, 능력 그 밖의 법률상의 힘을 발생시킨다. 특허에 의해 창설되는 권리는 공권인 것이 보통이나 사권인 경우도 있다.

4) 특허와 허가의 구별실익 및 구별기준

가. 구별실익 종래 허가와 특허를 다음과 같이 구별하는 것이 통설적 견

해이었다. ① 허가는 명령적 행위이고, 특허는 형성적 행위이다. ② 허가는 원칙상 기속행위이고 특허는 원칙상 재량행위이다. ③ 허가로 인하여 상대방이 받는 이익은 반사적 이익이고 특허로 인하여 상대방은 권리를 설정받는다.

오늘날 허가와 특허의 구별은 상대화하고 있고 양자는 상호 접근하는 경향이 있다고 보는 것(상대적 구별긍정설)이 통설이다. ① **성질 및 효과:** 허가도 적법하게 일정한 행위를 할 수 있는 법적 지위를 부여하는 행위이므로 **형성적 행위로 보는 것이 타당하다.** 그렇다면 허가와 특허는 형성적 행위라는 점에서는 같다. 다만, 허가는 상대방에게 새로운 권리를 창설하는 것이 아니라 상대방이 본래 가지고 있었던 자유권을 회복시켜 주는 것인 점에서 상대방에게 새로운 권리를 창설해 주는 특허와 구별할 수 있다. ② **재량행위 여부:** 앞에서 자세히 서술한 바와 같이 허가는 원칙상 기속행위이고 특허는 원칙상 재량행위이다. 다만, 허가가 재량행위인 경우도 있고, 특허가 기속행위인 경우도 있을 수 있다. ③ **영업상 이익의 성질:** 특허로 인한 영업상 이익은 통상 법적 이익이다. 허가로 받는 이익은 원칙상 반사적 이익이다. 그러나 허가로 인하여 상대방이 받는 이익이 법률상 이익(예 거리제한규정 또는 영업구역제한규정이 있는 경우)으로 해석되는 경우가 늘고 있다. 허가로 받는 이익이 반사적 이익인지 법적 이익인지는 기본적으로 허가의 근거 또는 관계법규의 입법목적에 의해 결정된다. 허가영업이나 특허영업이 적법한 영업인 경우 토지보상법상 영업손실보상(휴업보상 또는 폐업보상)의 대상이 된다.

나. 허가와 특허(설권적 처분)의 구별기준 ① **허가 등의 대상:** 본래 인간의 자연적 자유에 속하는 것을 대상으로 하는 것은 허가이고, 인간의 자연적 자유에 속하지 않고 공익성이 강한 사업(예 국민의 생활에 필수적인 재화와 서비스를 제공하는 사업)을 대상으로 하는 것은 특허이다. ② **요건 충족의 처분기준:** 요건 충족의 경우 특별한 사정이 없는 한 신청에 따른 처분을 해주어야 하는 것은 허가이고, 요건을 충족하여도 공급과잉, 미래 환경의 변화 등 공익을 이유로 거부할 수 있는 것은 특허이다. ③ **효과:** 허가 등의 효과가 기본적으로 본래의 자연적 자유를 회복하여 주는 것이고, 허가 등으로 주어지는 영업상 이익이 반사적 이익에 불과한 것은 허가이고, 허가 등의 효과가 제한적일 수는 있지만 배타적인 경영권을 설정하여 주고, 이에 따라 허가 등으로 주어지는 영업상 이익이 법적 이익인 것은 특허이다.

(2) 인 가 [2000 행시 약술 〈기본행위와 인가〉]

1) 인가의 개념

인가란 타인의 법률적 행위를 보충하여 그 법률적 효력을 완성시켜 주는 행정행위를 말한다.

> 예를 들면, 협동조합의 임원의 선출에 관한 행정청의 인가가 그것이다. 협동조합의 임원은 조합원이 선출하는 것이지만 조합원의 선출행위만으로는 선출행위의 효력이 완성되지 못하고 행정청의 인가가 있어야 선출행위가 완벽하게 효력을 발생한다. 기본적 행위는 조합원의 선출행위이고 인가는 기본적 행위의 효력을 완성시키는 보충행위이다. 사립학교법인임원의 선임행위에 대한 승인, 사립학교 정관변경 인가, 토지거래허가도 인가에 해당한다. **판례**는 정비조합(재개발조합, 재건축조합)의 설립인가는 강학상 특허로 보고, 정비조합 정관변경 인가는 강학상 인가로 본다.

인가도 허가나 특허처럼 학문상의 개념이다. 실무상 인가라는 개념이 사용되기도 하지만, 승인, 허가나 인허라는 개념도 사용된다.

2) 인가의 성질

인가는 인가의 대상이 되는 기본행위의 효력을 완성시켜 주는 행위인 점에서 **형성적 행정행위**이다. 인가 중 사법상 법률행위에 대한 인가는 사법상 법률행위의 효력을 완성시켜 주어 사법관계에 변경을 가져오므로 '사법관계 형성적 행정행위'라고도 한다.

인가는 기속행위인 경우도 있지만, 재량행위인 경우도 적지 않다.

인가는 신청에 따라 기본행위의 효력을 완성시켜 주는 **보충적 행위**이다. 인가는 기본행위의 효력을 완성시켜 주는 보충적 행위이므로 기본행위가 성립하지 않거나 무효인 경우에 인가가 있어도 해당 인가는 무효가 된다.

3) 인가의 대상

인가의 대상이 되는 행위는 제 3 자의 행위이며 법률적 행위에 한한다. 인가의 대상이 되는 행위는 공법상 행위(예 재개발조합의 사업시행계획결의)일 수도 있고 사법상 행위(예 사립학교법인의 이사선임행위)일 수도 있다.

4) 인가의 효과

인가가 행해져야 인가의 대상이 된 제 3 자의 법률적 행위가 법적 효력을 발생한다. 인가는 기본행위가 효력을 발생하기 위한 효력요건이다.

무인가행위는 효력을 발생하지 않는다. 그러나 허가와 달리 강제집행이나 처벌의 대상은 되지 않는다.

인가의 대상이 됨에도 인가를 받지 않은 행위(무인가행위)는 효력을 발생하지 않는다.

무인가행위는 특별한 규정이나 사정이 없는 한 **유동적 무효**(효력이 없지만 후에 인가가 있으면 효력이 발생하는 경우)의 상태에 있다.

[판례] **학교법인이 용도변경이나 의무부담을 내용으로 하는 계약을 체결한 경우** 반드시 계약 전에 사립학교법 제28조 제 1 항에 따른 관할청의 허가를 받아야만 하는 것은 아니고 **계약 후라도 관할청의 허가를 받으면 유효**하게 될 수 있다. 그러나 이러한 계약은 **관할청의 불허가 처분이 있는 경우뿐만 아니라 당사자가 허가신청을 하지 않을 의사를 명백히 표시하거나 계약을 이행할 의사를 철회한 경우 또는 그 밖에 관할청의 허가를 받는 것이 사실상 불가능하게 된 경우 무효로 확정**된다(대판 2022. 1. 27, 2019다289815). [해설] 사립학교법 제28조 제 1 항에 따른 관할청의 허가는 학문상 인가이다. 확정적으로 무효가 되지 않은 관할청의 허가(인가)를 받지 않은 해당 계약은 유동적 무효의 상태에 있는 것이라고 할 수 있다.

(3) 공법상 대리행위

공법상 대리행위란 제 3 자가 하여야 할 행위를 행정기관이 대신하여 행함으로써 제 3 자가 스스로 행한 것과 같은 효과를 발생시키는 행정행위를 말한다. 여기에서의 대리는 행정기관이 국민을 대리하는 것을 말하므로 행정조직 내부에서의 행정기관간의 대리와 구별되어야 한다.

공법상 대리행위의 예로는 체납처분절차에서의 압류재산의 공매처분, 감독청에 의한 공법인의 정관작성 또는 임원임명, 토지수용위원회의 수용재결(보상금결정),[25] 행려병자(行旅病者: 떠돌아다니다가 병이 들었으나 치료나 간호를 하여 줄 이가 없는 사람) 또는 사자(死者)의 유류품처분 등을 들 수 있다.

3. 영업허가의 양도와 제재처분의 효과 및 제재사유의 승계 [2009 행시(일반행정) 사례, 2016 행시 사례, 2017 사시]

영업허가(강학상 특허 포함)의 양도가 가능한지 여부 및 그 절차가 문제된다. 그리고 영업허가가 양도되는 경우 양도자에 대한 제재처분의 효과 및 제재사유가

25) 토지수용위원회의 수용재결은 표현상의 재결이라고 하지만 행정심판의 대상으로 재결이 아니다. 수용재결은 당사자 사이의 협의가 불성립되는 경우에 국가가 대신하여 행하는 토지수용위원회의 결정으로 이를 공법상 대리로 보고 있다.

양수인에게도 승계되는지가 문제된다. 영업허가의 양도와 제재처분의 효과 및 제재사유의 승계의 법리는 영업신고의 경우에도 그대로 타당하다.

(1) 허가의 양도가능성

대물적 허가는 명문의 규정이 없는 경우에도 그 양도가 가능하다. **대인적 허가**의 경우에는 이론상 그 양도가 가능하지 않다. **혼합적 허가**의 경우에는 이론상 양도가 가능하나 법령의 근거를 요한다. 허가의 양도시 허가로 인한 양도인의 법적 지위는 양수인에게 이전된다.

(2) 허가양도시 제재처분의 효과의 승계

양도인의 위법행위로 제재처분(예 허가취소, 영업정지처분 또는 과징금부과처분)이 이미 내려진 경우 그 제재처분의 효과는 이미 양도의 대상이 되는 영업의 물적 상태가 되어 양수인에게 당연히 이전된다. 영업허가가 취소되었거나 정지된 사실을 모르고 영업을 양수한 자는 양도인에게 민사책임을 물을 수 있을 뿐 제재처분의 효과를 부인할 수 없다.

(3) 허가양도시 제재사유의 승계

판례는 제재사유(예 영업정지처분)를 양도되는 허가에 따른 권리의무(허가자의 법적 지위)에 포함되는 것으로 보고 제재사유도 양수인에게 이전된다고 한다.

[판례] 석유판매업이 양도된 경우, 양도인의 귀책사유로 양수인에게 제재를 가할 수 있는지 여부(=긍정): 구 석유사업법 제12조 제 3 항, 제 9 조 제 1 항, 제12조 제 4 항 등을 종합하면 석유판매업(주유소)허가(현행 석유사업법상 석유판매업등록)는 소위 대물적 허가의 성질을 갖는 것이어서 그 사업의 양도도 가능하고 이 경우 양수인은 양도인의 지위를 승계하게 됨에 따라 양도인의 위 허가에 따른 권리의무가 양수인에게 이전되는 것이므로 **만약 양도인에게 그 허가를 취소할 위법사유가 있다면 허가관청은 이를 이유로 양수인에게 응분의 제재조치를 취할 수 있다 할 것**이고, 양수인이 그 양수후 허가관청으로부터 석유판매업허가를 다시 받았다 하더라도 이는 석유판매업의 양수도를 전제로 한 것이어서 이로써 양도인의 지위승계가 부정되는 것은 아니므로 **양도인의 귀책사유는 양수인에게 그 효력이 미친다**(대판 1986. 7. 22, 86누203).

영업시설만 인수되는 등 영업허가자의 지위가 승계되지 않는 경우에는 명문의 규정이 없는 한 제재사유도 승계되지 않는다. 그리고 **판례**에 따르면 제재처분이 대인적 처분인 경우에는 제재처분의 효과(대판 2006. 12. 8, 2006마470: 이행강제금

납부의무는 승계될 수 없는 일신전속적 성질의 것이라고 한 사례) 및 제재사유가 승계되지 않고, 지위승계 후 발생한 제재사유(예 지위승계 후 발생한 유가보조금의 부정수급)에 한하여 양수인에게 제재처분(예 부정수급 유가보조금 환수처분)을 할 수 있다(대판 2021. 7. 29, 2018두55968〈유가보조금 환수처분 취소〉).

판례는 양도인의 의무위반으로 발생한 제재적 처분사유는 양수인의 선의·악의를 불문하고 양수인에게 모두 승계되는 것으로 보지만(헌재 2019. 9. 26. 2017헌바397등), 책임주의의 원칙(자기책임의 원칙)상 양수인에게 귀책사유가 없으면 양도인에 대한 제재사유를 이유로 양수인에게 제재처분을 할 수 없다고 보아야 한다. 즉 양수인의 귀책사유를 고의 또는 과실로 보면 명문의 규정이 없더라도 양수인에게 고의 또는 과실이 없는 경우(선의·무과실인 경우) 양도인에 대한 제재사유를 이유로 양수인에게 제재처분을 할 수 없다고 보아야 한다.

참고로 「행정기본법안」에 따르면 승계인이 해당 제재처분이나 그와 관련된 위반 사실을 알지 못하였음을 증명한 경우에는 제39조 제 1 항(제재처분등의 효과의 승계), 제 2 항(제재사유의 승계) 및 제 3 항(제재처분 이력의 승계)의 규정을 적용하지 아니한다(행정기본법안 제39조 제 5 항).

[판례] 영업양도시 양도인에 대한 운송사업면허 취소사유가 현실적으로 발생되지 않았더라도 그 원인되는 사실이 이미 존재하였다면 그 후 발생한 운송사업면허 취소사유에 기하여 양수인의 사업면허를 취소할 수 있다. 양수인에게 제재처분을 할 수 있다고 본다(대판 2010. 4. 8, 2009두17018〈개인택시운송사업면허취소처분취소〉). [해설] 이 사건 차량의 양도양수 이전에 제재사유가 발생하였고, 양수인이 그 사실을 모른 채 이 사건 차량을 양수함으로써 사업자로서의 지위를 승계한바, 그에 따라 전전 차주의 위법행위로 인한 효과가 사업자의 지위로서 양수인에게 이전된 것으로 사업의 양수자에게 제재처분을 할 수 있으므로 적법하다고 본 판례임.

Ⅱ. 준법률행위적 행정행위

준법률행위적 행정행위는 법률효과의 내용에 따라 확인행위, 공증행위, 통지행위, 수리행위로 구분한다.

1. 확인행위

확인행위란 특정한 사실 또는 법률관계의 존부(存否) 또는 정부(正否)에 관하여 의문이 있거나 다툼이 있는 경우에 행정청이 이를 공권적으로 확인하는 행위를 말한다. 판결과 비슷한 법선언적 행위이다.

당선인결정(선거관리위원회가 후보자 중에서 누가 가장 많은 득표를 하였는가를 공적으로 확인하는 행위임), 장애등급결정, 도산 등 사실불인정, 국가유공자등록, 퇴직연금결정, 민주화운동관련자결정, 국가시험합격자의 결정, 교과서의 검정, 발명특허, 도로구역 또는 하천구역의 결정, 이의신청의 재결, 행정심판의 재결, 소득금액의 결정 등이 그 예이다.

당연퇴직의 통보, 국세환급거부결정통보 등 기존의 법률관계를 단순히 확인하는 행위는 단순한 사실행위이며 행정행위인 확인행위와 구별하여야 한다.

확인행위는 사실 또는 법률관계를 확인하는 행위이므로 원칙상 행정청에게 재량권이 인정될 수 없고 따라서 기속행위이다. 다만, 판단여지가 인정될 수 있다.

확인행위는 사실 또는 법률관계의 존부(存否) 또는 정부(正否)를 공적으로 확인하는 효과를 갖는다. **확인행위에 의해 별도의 법적 효과가 발생하는 경우**가 있는데 이는 **법률의 규정**에 의한 **효과**이지 확인행위 자체의 효과는 아니다.

2. 공증행위

공증행위란 특정의 사실 또는 법률관계의 존재를 공적으로 증명하는 행정행위를 말한다. 공증(公證)이란 '공적 증명'을 줄인 말이다. 여기서 '공적'이라는 것은 '관청 또는 공무원이 그의 직무권한 내에서'라는 뜻이다. 부동산등기, 선거인명부에의 등록, 광업원부에의 등록, 졸업증서(증서에 기재된 사람이 해당 학교를 졸업하였다는 특정의 사실을 공적으로 증명함), 여권 등이 그 예이다. 이들 행위 그 자체는 사실행위이다. 그러나 이러한 행위에 일정한 법적 효과가 부여되면 이는 준법률행위적 행정행위가 된다(김남철).

공증행위의 효력은 사실 또는 법률관계의 존재에 대하여 공적 증거력을 부여하는 것이다. 반증(反證)이 있으면 공증행위의 취소 없이 공적 증거력이 번복된다. 공증행위에는 공적 증거력의 발생 이외에 법규정에 의해 일정한 법률효과가 부여되는 경우도 있다. 즉 권리행사의 요건이 되기도 하고 권리의 성립요건이 되기도 한다. 예컨대, ① 각종 등기부와 등록원부에 등기나 등록을 해야 물권변동의 효력이 발생한다. ② 선거인명부에 등재해야 선거권을 행사할 수 있다. ③ 주민등록표에 등록을 해야 주택임차권의 대항력을 갖게 된다. ④ 광업원부에 등록을 해야 광업권을 취득하게 되고, 계약서에 검인을 받아야 등기신청을 할 수 있게 된다.

[판례 1] **자동차운전면허대장상 일정한 사항의 등재행위는** 운전면허행정사무집행의 편의와 사실증명의 자료로 삼기 위한 것일 뿐, 그 등재행위로 인하여 해당 운전면허취득자에게 새로이 어떠한 권리가 부여되거나 변동 또는 상실되는 효력이 발생하는 것은 아니므로 이는 행정소송의 대상이 되는 독립한 **행정처분으로 볼 수 없고**, 운전경력증명서상의 기재행위 역시 해당 운전면허취득자에 대한 자동차운전면허대장상의 기재사항을 옮겨 적는 것에 불과할 뿐이므로 **운전경력증명서에 한 등재의 말소를 구하는 소는 부적법하다 할 것**이다(대판 1991. 9. 24, 91누1400). **[해설]** 판례는 각종 공부에의 등재행위 중 실체상의 권리관계에 변동을 가져와 국민의 권리의무에 영향을 미치는 것에 대해서는 처분성을 긍정하지만, 이 사례와 같이 국민의 권리의무에 영향을 미치지 않는 것에 대해서는 처분성을 부정하고 있다(최진수).

[판례 2] 피고(관악경찰서장)가 그 관리하에 있는 **운전면허 행정처분관리대장에 기재하는 벌점의 배점은** 자동차운전면허의 취소, 정지처분의 기초자료를 제공하기 위한 것이고, 그 대장상의 배점 자체만으로는 아직 국민에 대하여 구체적으로 어떤 권리를 제한하거나 의무를 명하는 등 법률적 규제를 하는 효과를 발생하는 요건을 갖춘 것이 아니어서 그 무효확인 또는 취소를 구하는 소송의 대상이 되는 **행정처분이라고 할 수 없다**(대판 1994. 8. 12, 94누2190).

3. 통지행위 [2008 사시]

통지행위란 특정인 또는 불특정 다수인에게 특정한 사실을 알리는 행정행위를 말한다. 통지행위는 그 자체가 일정한 법률효과를 발생시키는 행정행위이다. 통지행위의 예로는 특허출원의 공고, 귀화의 고시, 대집행의 계고, 납세의 독촉 등을 들 수 있다.

통지행위는 ① 행정행위의 효력발생요건인 통지(예 철거명령의 통지) 또는 고지와 구별되어야 한다. 이 경우의 통지는 철거명령의 효력을 발생시키기 위한 것으로서 철거명령의 한 부분인 것이지, 그와 독립된 것이 아니다(최진수). ② 권리의무에 직접적인 영향을 미치지 않는 단순한 사실의 통지(예 경정청구기간을 경과하여 제기한 경정청구에 대한 각하통지, 지역주택조합 조합원 자격 유무 통지, 당연퇴직의 통보)도 통지행위가 아니다. 예컨대, 퇴직의 효과는 법에 의해 당연히 발생한 것이고 당연퇴직통보는 단지 법에 따른 당연퇴직사실을 알려주는 것에 불과하다(최진수). 그리고 ③ 행정절차법상의 사전통지행위와도 구별되어야 한다.

대법원은 전원합의체판결(대판 2004. 4. 22, 2000두7735)을 통하여 대학교원의 임용기간만료통지(교수재임용거부통지)의 처분성을 인정하여 종래의 판례를 변경하였다.

[판례] 기간제로 임용되어 임용기간이 만료된 국·공립대학의 조교수는 재임용되리라는 기대를 가지고 재임용 여부에 관하여 합리적인 기준에 의한 공정한 심사를 요구할 법규상 또는 조리상 신청권을 가진다고 할 것이니, **임용권자가 임용기간이 만료된 조교수에 대하여 재임용을 거부하는 취지로 한 임용기간 만료의 통지는 위와 같은 대학교원의 법률관계에 영향을 주는 것으로서 행정소송의 대상이 되는 처분에 해당**한다(대판 전원합의체 2004. 4. 22, 2000두7735).

4. 수리행위

수리행위란 법상 행정청에게 수리의무가 있는 경우에 신고, 신청 등 타인의 행위를 행정청이 적법한 행위로서 받아들이는 행위를 말한다. 사직서의 수리, 행정심판청구서의 수리, 혼인신고서의 수리 등이 그 예이다.

수리행위는 행정청의 수리의무를 전제로 하여 행해지는 행정행위이다. 따라서 수리행위(예 수리를 요하는 신고에서의 수리)는 내부적 사실행위인 단순한 접수행위(예 자기완결적 신고의 수리)와 구별되어야 한다.

수리에 의한 법적 효과는 법률이 정하는 바에 의한다. 예를 들면, 혼인·출생신고에 의해 신분상 법적 지위에 변동이 일어난다.

제 5 절 행정행위의 부관

행정기본법

제17조(부관) ① 행정청은 처분에 재량이 있는 경우에는 부관(조건, 기한, 부담, 철회권의 유보 등을 말한다. 이하 이 조에서 같다)을 붙일 수 있다.

② 행정청은 처분에 재량이 없는 경우에는 법률에 근거가 있는 경우에 부관을 붙일 수 있다.

③ 행정청은 부관을 붙일 수 있는 처분이 다음 각 호의 어느 하나에 해당하는 경우에는 그 처분을 한 후에도 부관을 새로 붙이거나 종전의 부관을 변경할 수 있다.

1. 법률에 근거가 있는 경우
2. 당사자의 동의가 있는 경우
3. 사정이 변경되어 부관을 새로 붙이거나 종전의 부관을 변경하지 아니하면 해당 처분의 목적을 달성할 수 없다고 인정되는 경우

④ 부관은 다음 각 호의 요건에 적합하여야 한다.

1. 해당 처분의 목적에 위배되지 아니할 것
2. 해당 처분과 실질적인 관련이 있을 것
3. 해당 처분의 목적을 달성하기 위하여 필요한 최소한의 범위일 것

Ⅰ. 부관의 개념

행정행위의 부관이란 행정청에 의해 주된 행정행위에 부가된 종된 규율이다. 행정행위의 부관은 학문상 개념이며 실정법에서는 오히려 '**조건**'으로 **표시되고** 있다.

행정행위의 부관은 행정청의 의사결정에 의해 붙여지는 것이므로 법령에 따라 직접 부가된 부관인 **법정부관**(예 광업법 제12조의 탐사권 존속기간 7년, 채굴권 존속기간 20년 초과금지 규정)과 구별된다.

Ⅱ. 부관의 종류 [2012 변시 사례]

1. 조　　건

조건이란 행정행위의 효력의 발생 또는 소멸을 장래의 불확실한 사실에 의존시키는 부관을 말한다.

조건이 성취되어야 행정행위가 비로소 효력을 발생하는 부관을 **정지조건**이라 하고(예 진입도로 개설을 조건으로 한 건축허가), 행정행위가 일단 효력을 발생하고 조건이 성취되면 행정행위가 효력을 상실하는 부관을 **해제조건**이라 한다(예 일정한 기간 내에 공사에 착수하지 않으면 효력을 잃는다는 조건으로 행한 공유수면매립면허).

정지조건은 효력발생조건, 해제조건은 효력소멸조건으로 볼 수 있다.

2. 기　　한

(1) 의　　의

기한이란 행정행위의 효력의 발생 또는 소멸을 장래의 발생이 확실한 사실에 의존시키는 부관을 말한다.

기한이나 조건은 행정행위의 시간상의 효력범위를 정하는 점에서 같다. 그러나 기한은 사건의 발생이 확실하다는 점에서 사건의 발생 자체가 불확실한 조건과 구별된다.

(2) 종　　류

기한이 도래함으로써 행정행위의 효력이 발생하는 기한을 **시기**라 하고, 기한이 도래함으로써 행정행위가 효력을 상실하는 기한을 **종기**라 한다. 기한 중 도래시점이 확정된 기한을 **확정기한**이라 하고, 도래시점이 확정되지 않은 기한을 **불확정기한**이라 한다.

(3) 행정행위 자체의 존속기간과 조건의 존속기간의 구별[2007 행시(일반행정) 사례]

1) 존속기간의 의의와 종류

존속기간이란 허가 등 행정행위에 종기의 일종인 유효기간이 부가된 경우에 그 기한을 말한다.

존속기간은 행정행위 자체의 존속기간(협의의 존속기간)과 행정행위 조건의 존속기간(갱신기간)으로 구분된다.

2) 구별기준

행정행위가 그 내용상 장기간에 걸쳐 계속될 것이 예상되는데, 유효기간이 허가 또는 특허된 사업의 성질상 부당하게 단기로 정해진 경우에는 그 유효기간을 행정행위의 조건의 존속기간으로 보아야 하고(대판 1995. 11. 10, 94누11866), 조건의 존속기간이 아닌 유효기간은 행정행위 자체의 존속기간이다.

3) 행정행위 자체의 존속기간의 효과

행정행위 자체의 존속기간(협의의 존속기간)**의 경우**에는 종기의 도래로 주된 행정행위는 당연히 효력을 상실한다. 또한 당사자는 기간연장에 있어 어떠한 기득권도 주장할 수 없다. 기간연장신청은 새로운 행정행위의 신청이다.

4) 행정행위 조건의 존속기간의 효과

행정행위 조건의 존속기간(갱신기간)**의 경우**에는 유효기간이 지나기 전에 당사자의 갱신신청이 있는 경우에는 특별한 사정이 없는 한 그 조건의 개정을 고려할 수 있으나 행정행위의 유효기간을 갱신 또는 연장하여 주어야 한다. 갱신허가시 허가요건의 변경 등 사정변경이 있는 경우 신뢰보호이익과 공익(법률적합성원칙 등)을 비교형량하여야 한다(대판 2000. 3. 10, 97누13818). 갱신기간 내에 적법한 갱신신청이 있었음에도 갱신 가부(可否)의 결정이 없는 경우에는 유효기간이 지나도 주된 행정행위는 효력이 상실되지 않는다. 그러나 갱신신청 없이 유효기간이 지나면 주된 행정행위는 효력이 상실되므로 **갱신기간이 지나 신청한 경우**에는 기간연장신청이 아니라 **새로운 허가신청**으로 보아야 하며 허가요건의 충족 여부를 새로이 판단하여야 한다(대판 1995. 11. 10, 94누11866).

5) 행정행위 갱신의 효과

행정행위 자체의 존속기간이든 행정행위 조건의 존속기간이든 허가 등 행정행위의 갱신으로 갱신전의 허가 등 행정행위는 동일성을 유지하면서 효력을 유지한다.

3. 부　　담 [2010 경감승진 약술, 2016 변시, 2017 행시]

(1) 부담의 의의

부담이란 행정행위의 주된 내용에 부가하여 그 행정행위의 상대방에게 작위(예 도로점용허가를 하면서 점용료의 납부를 명하는 것), 부작위(예 유흥주점영업허가를 하면서 '20세 미만의 사람을 유흥종업원으로 고용하지 말 것'이라는 조건을 단 경우), 급부(예 낡은 임대아파트 철거허가를 하면서 시의 임대아파트 건설을 위하여 일정 금액의 급무의무를 명하는 경우), 수인(예 영업허가를 하면서 각종 법령준수의무를 부과하는 것) 등의 의무를 부과하는 부관(附款)을 말한다.

부담은 주된 행정행위에 부수되어 있으나 그 내용상 독립된 처분(의무부담)으로 볼 수 있으므로 조건과 달리 행정행위의 발효, 소멸과 직접 관계된 것이 아니다. 부담은 다른 부관과 달리 그 자체가 행정행위이다. 따라서 **부담만이 독립하여 항고소송의 대상이 될 수 있다.**

> **[판례]** 수익적 행정처분에 있어서는 법령에 특별한 근거규정이 없다고 하더라도 그 부관으로서 부담을 붙일 수 있고, 그와 같은 부담은 행정청이 행정처분을 하면서 일방적으로 부가할 수도 있지만 부담을 부가하기 이전에 상대방과 협의하여 부담의 내용을 협약의 형식으로 미리 정한 다음 행정처분을 하면서 이를 부가할 수도 있다(대판 2009. 2. 12, 2005다65500).

부담에 의해 부과된 의무의 불이행이 있는 경우에 해당 의무의 불이행은 독립하여 강제집행의 대상이 된다. 부담에 의해 부과된 의무의 불이행으로 부담부행정행위가 당연히 효력을 상실하는 것은 아니며 **해당 의무불이행은 부담부행정행위의 철회사유**(대판 1989. 10. 24, 89누2431)가 될 뿐이며 철회시에는 철회의 일반이론에 따라 이익형량의 원칙이 적용된다.

그러나 부담은 주된 행정행위에 부가된 부관이므로 부담의 효력은 주된 행정행위의 효력에 의존한다. 즉 주된 행정행위가 효력을 상실하면 부담도 효력을 상실한다.

(2) 부담과 조건의 구별

1) 부담과 정지조건과의 구별

부담과 정지조건은 다음과 같이 구별된다. ① 부담부행정행위는 부담의 이행을 필요로 함이 없이 즉시 효력을 발생하지만, 정지조건부행정행위는 조건이 성취되어야 비로소 효력이 발생한다. ② 부담은 일정한 의무를 창설하고 그 의무의 불이행은 독립하여 강제집행의 대상이 된다. 그러나 정지조건은 의무를 부과하지 않으며 조건이 성취되지 않았다고 하여 강제집행이 행해질 수 없으며 그러한 강제집행이 필요하지도 않다. ③ 부담은 부담만이 취소소송의 대상이 될 수 있지만, 정지조건은 독립하여 취소소송의 대상이 되지 못하며 정지조건부행정행위가 취소소송의 대상이 된다. 상대방은 정지조건부행정행위를 대상으로 하여 정지조건만의 일부취소를 주장할 수 있다(판례는 부정).

2) 부담과 해제조건과의 구별

부담과 해제조건은 다음과 같이 구별된다. ① 해제조건의 경우에는 조건이 성취되면 행정행위의 효력이 당연히 소멸하게 되는데, 부담의 경우에는 **부담에 의해 부가된 의무의 불이행이 있는 경우**에 행정행위가 당연히 효력을 상실하는 것이 아니며 **행정행위의 철회사유가 될 뿐**이다. ② 또한 부담은 부담만이 독립하여 취소소송의 대상이 되지만, 해제조건은 그러하지 않다.

3) 부담과 조건의 구별기준

부담과 조건의 **구별기준**은 다음과 같다. ① 부관의 준수가 매우 중요하여 행정행위의 효력 자체를 그 조건에 의존시키는 것이 타당하다고 인정되는 경우에는 해당 부관은 조건으로 보아야 하고, 그렇지 않은 경우에는 부담으로 볼 수 있다. ② 부관이 주된 행정행위의 요건과 밀접하게 관련되어 있는 경우에는 조건으로 보아야 하고, 그렇지 않은 경우에는 부담으로 보는 것이 타당하다. ③ 부담과 조건의 구별이 애매한 경우에는 부담으로 추정함이 바람직하다. 그 이유는 부담이 조건보다 상대방에게 유리하기 때문이다. 예를 들면, 부관부 영업허가의 경우에 해당 부관이 부담이라면 부담의 이행 없이 영업을 하여도 무허가영업이 아니지만,

해당 부관이 정지조건이라면 조건의 성취 없이 영업을 하면 무허가영업이 된다. 해당 부관이 해제조건이라면 조건이 성취되면 영업허가가 효력을 잃는다.

(3) 부담과 기한의 구별

부담과 기한은 다음과 같이 구별된다. 기한은 그 도래에 의해 주된 행정행위의 효력을 발생시키거나 실효시키지만, **부담의 경우는 의무기한의 도래로 의무불이행이 되며 행정행위의 철회사유가 될 뿐**이다(대판 2004. 11. 25, 2004두7023〈사도개설허가취소신청거부처분취소〉). 부담과 기한의 구별이 애매한 경우에도 부담이 기한보다 상대방에게 유리하므로 부담으로 추정하는 것이 바람직하다.

[판례] 사도개설허가에서 정해진 공사기간 내에 사도로 준공검사를 받지 못한 경우, 이 공사기간을 사도개설허가 자체의 존속기간(유효기간)으로 볼 수 없고 처분에 명시된 공사기간은 변경된 허가권자인 보조참가인에 대하여 공사기간을 준수하여 공사를 마치도록 하는 의무를 부과하는 일종의 부담이라는 이유로 사도개설허가가 당연히 실효되는 것은 아니라고 한 사례(대판 2004. 11. 25, 2004두7023〈사도개설허가취소신청거부처분취소〉). [해설] 사도개설허가에는 본질적으로 사도(私道)를 개설하기 위한 토목공사 등 현실적인 도로개설공사가 따르기 마련이므로 허가를 하면서 공사기간을 특정하기도 하지만 공사기간의 제한에 주안점이 있는 것이 아니기 때문에 시도개설허가에서 정해진 공사기간 내에 사도로 준공검사를 받지 못하였다고 하더라도, 이를 이유로 행정관청이 새로운 행정처분을 하는 것은 별론으로 하고, 사도개설허가가 당연히 실효되는 것은 아니라고 본 사례임.

4. 사후부담의 유보 또는 부담의 사후변경의 유보

사후부담의 유보란 행정행위를 발하면서 사후에 부담을 부가할 수 있는 권한을 유보하는 부관을 말한다.

부담의 사후변경의 유보란 행정행위를 발하면서 이미 부가된 부담의 내용을 사후에 변경할 수 있는 권한을 유보하는 부관을 말한다. 부담의 사후변경의 유보는 사후부담의 유보와 같은 이유에서 인정된다.

사후부담의 유보 및 부담의 사후변경의 유보에 있어서는 철회권의 유보에서처럼 상대방의 신뢰보호는 인정되지 않는다.

5. 철회권 또는 변경권의 유보[2013 사시]

철회권(변경권)**의 유보**란 행정행위를 행함에 있어 일정한 경우에는 행정행위를 철회(변경)할 수 있음을 정한 부관을 말한다.

철회권이 유보되었고 철회권유보사유가 발생하였다고 하여 철회가 아무런 제한 없이 가능한 것은 아니다. 철회권이 유보된 경우에도 철회의 제한이론인 이익형량의 원칙이 적용된다. 다만, 철회권이 유보된 경우에는 행정행위의 계속성에 대한 상대방의 신뢰는 유보된 철회사유에 관하여는 인정되지 않는다. 달리 말하면 행정행위의 상대방은 해당 행정행위의 철회시 신뢰보호의 원칙을 원용할 수 없다.

철회시 인정되어야 하는 신뢰보호에 근거한 손실보상도 철회권이 유보된 경우에는 원칙상 인정되지 않는다.

Ⅲ. 부관의 기능과 문제점

1. 부관의 순기능

부관은 행정청이 여러 행정목적을 달성함에 있어서 유용한 법적 수단이 된다. ① 부관은 **행정의 탄력성**을 보장하는 기능을 갖는다. 예를 들면, 허가의 요건을 충족하지 않은 신청이 있는 경우에 행정청은 그 허가를 거부할 수밖에 없다. 그러나 이 경우에 미비된 허가요건을 충족할 것을 부관(조건)으로 하여 허가를 내줌으로써 무용하게 행정이 반복되는 것을 방지할 수 있고 신청인에게 신속한 행정을 제공할 수 있다.

② 부관은 **법의 불비를 보충**하고 행정에 있어 **형평성의 보장 또는 이해관계의 조절에 기여**할 수 있다.

예를 들면, ① 주택건설사업계획의 승인시에 공공시설의 기부채납을 부관(부담)으로 붙일 수 있다. 주택단지조성시 도로, 공원 등 공공시설은 주택단지조성자 내지는 주택단지입주자의 부담으로 하는 것이 형평의 원칙에 합당한데(주택단지조성자가 부담하지 않는다면 결국은 국가나 지방자치단체가 부담하게 되고 궁극적으로는 국민이나 주민이 부담하게 되어 부당한 결과가 된다), 선진외국에서와 달리 현행법에 이에 관한 규정이 불비되어 있다. 기부채납이라는 부관이 이러한 입법의 불비를 메우고 행정에 형평을 도모할 수 있다. ② 공유수면매립시 기성매립지를 연고자에게 분양하라는 부관은 관계자의 보호를 통하여 이해관계의 조절을 도모하고 있다. ③ 현행 법령상 환경보호규정이 미비된 경우가 많다. 이 경우 개발에 관한 허가 등을 하면서 환경보호를 조건으로 붙일 수 있다.

③ **행정행위에 기한을 붙이는 것**은 여러 기능을 갖는다. 행정행위로 인하여 상대방에게 특권이 부여되는 경우에는 기한은 특혜의 한계를 정하는 기능을 갖는다. 또한 기한은 장래의 상황변화에 준비하기 위하여 허가 등을 해 주면서 일정한 기

간을 정해 주고 그 기간이 지난 후 상황의 변화를 고려하여 허가기간의 연장 여부를 결정할 수 있다.

④ **철회권의 유보**는 국민에 의한 행정법규 위반을 막기 위하여 경고하는 의미를 갖기도 하고 장래에 행정행위가 철회될 수 있다는 것을 예고함으로써 국민에게 행정에 대한 예측을 가능하게 해 주는 기능을 갖는다.

2. 부관의 문제점

부관은 위와 같은 순기능을 갖지만 부관에는 문제점도 없지 않다. 부관의 남용이 우려된다.

① 상대방인 국민에게 이익을 수여하는 처분을 하면서 조건으로 위법하게 **행정목적과 무관한 의무를 부과**하는 경우가 있다. 예를 들면, 택지개발사업을 승인하면서 택지개발사업과 전혀 관계없는 토지의 기부채납을 부담으로 붙이는 것을 들 수 있다.

② 또한 철회권의 유보나 사후부담의 유보를 행정목적달성상 필요한 경우에 한하여 부가하여야 할 것인데, 막연히 만일을 위하여 철회권의 유보나 사후부담의 유보를 부가한다면 **상대방인 국민의 법적 지위가 불안정**하게 될 것이다.

Ⅳ. 부관의 한계 [2012 변시, 2016 변시]

부관의 한계에는 부관의 가능성의 문제와 부관의 내용상 한계의 문제가 있다.

1. 부관의 가능성 [2016 행시 사례]

부관의 가능성이란 어떠한 종류의 행정행위에 대하여 부관을 붙일 수 있는가에 관한 문제이다.

(1) 재량행위, 기속행위 및 기속재량행위(거부재량행위)

「행정기본법」은 다음과 같이 규정하고 있다. 행정청은 처분에 재량이 있는 경우에는 개별 법령에 근거가 없더라도 부관(조건, 기한, 부담, 철회권의 유보 등을 말한다)을 붙일 수 있다(행정기본법 제17조 제 1 항).

기속행위 및 기속재량행위(거부재량행위)에 있어서는 법률에 근거 없이 부관을 붙일 수 없지만, 기속행위 및 기속재량행위에 있어서도 법률에 부관을 붙일 수 있다는 명시적인 근거가 있는 경우에는 그 한도 내에서 부관을 붙일 수 있고(행정기본법 제17조 제 2 항, 대판 1995. 6. 13, 94다56883), 부관의 법적 근거가 없는 경우에도 요건을 충족하는 것을 정지조건으로 하는 부관(요건충족적 부관)은 붙일 수 있다.

(2) 사후부관 및 부관의 사후변경

행성청은 부관을 붙일 수 있는 처분이 다음 각 호의 어느 하나에 해당하는 경우에는 그 처분을 한 후에도 부관을 새로 붙이거나(사후부관) 종전의 부관을 변경(부관의 사후변경)할 수 있다. 1. 법률에 근거가 있는 경우, 2. 당사자의 동의가 있는 경우, 3. 사정이 변경되어 부관을 새로 붙이거나 종전의 부관을 변경하지 아니하면 해당 처분의 목적을 달성할 수 없다고 인정되는 경우(행정기본법 제17조 제3항).

행정처분에 이미 부담이 부가되어 있는 상태에서 그 의무의 범위 또는 내용 등을 변경하는 **부관의 사후변경**은, ① 법률에 명문의 규정이 있거나 ② 그 변경이 미리 유보되어 있는 경우 또는 ③ 상대방의 동의가 있는 경우에 한하여 허용되는 것이 원칙이지만, ④ 사정변경으로 인하여 당초에 부담을 부가한 목적을 달성할 수 없게 된 경우에도 그 목적달성에 필요한 범위 내에서 예외적으로 허용된다(대판 1997. 5. 30, 97누2627).

2. 부관의 내용상 한계

부관의 내용상의 한계란 부관을 붙일 수 있는 경우, 즉 부관의 가능성이 있는 경우에도 부관의 내용이 넘어서는 안 되는 한계를 말한다.

부관은 다음 각 호의 요건에 적합하여야 한다. 1. 해당 처분의 목적에 위배되지 아니할 것, 2. 해당 처분과 실질적인 관련이 있을 것, 3. 해당 처분의 목적을 달성하기 위하여 필요한 최소한의 범위일 것(행정기본법 제17조 제4항).

① 부관은 법령에 위반되어서는 안 된다.

② 부관은 주된 행정행위의 목적에 반하여서는 안 된다.

③ 부관은 주된 행정행위와 실체적 관련성이 있어야 하며 그렇지 못한 것은 부당결부금지의 원칙에 반하여 위법한 부관이 된다.

예를 들면, 주택단지건설사업계획의 승인에 일정한 토지의 기부채납을 부담으로 붙인 경우에 부담인 기부채납의 대상이 주택단지 내의 도로 또는 진입도로의 경우와 공원부지인 경우에 해당 기부채납은 주된 행정행위인 주택단지건설사업계획과 실체적 관련이 있으므로 비례의 원칙 등에 반하지 않는 한 적법한 부담이지만, 기부채납의 대상이 된 토지가 주택단지의 건설과 전혀 관계가 없는 토지인 경우에는 해당 기부채납의 부담은 부당결부금지의 원칙에 반한다.

④ 부관은 평등원칙, 비례의 원칙 등 법의 일반원칙에 반하여서는 안 된다.

⑤ 부관은 이행가능하여야 한다. 특히 요건충족적 부관의 경우 해당 요건충족이 가능하여야 한다.

⑥ 주된 행정행위의 본질적 효력을 해치지 아니하는 한도의 것이어야 한다(대판 1990. 4. 27, 89누6808: 기선선망어업(機船旋網漁業: 그물을 이용하여 고기를 잡는 어업)의 허가를 하면서 운반선, 등선(燈船: 불배) 등 부속선을 사용할 수 없도록 제한한 부관은 그 어업허가의 목적달성을 사실상 어렵게 하여 그 본질적 효력을 해치는 것이다. **[해설]** 이 판결에서 대법원은 운반선, 등선 등 부속선을 사용할 수 없는 조건으로 어업면허를 받은 상대방이 행정청에 대하여 조건 없는 행정행위로 변경처분을 하여 줄 것을 행정청에 신청을 한 후 행정청이 이를 거부한 경우에 상대방의 이에 대한 거부처분취소소송을 받아들였다. **이 사건에서 원고가 직접 부관인 '조건'에 대하여 취소소송을 제기하였다면, 조건은 주된 행정행위의 본질적인 요소를 이룬다는 이유로 각하판결을 받았을 것이다**).

Ⅴ. 위법한 부관과 권리구제

1. 위법한 부관의 효력

부관의 한계를 넘어 위법한 부관은 행정행위의 하자이론에 따라 무효이거나 취소할 수 있는 부관이 된다. 즉 부관의 위법이 중대하고 명백할 때에는 그 부관은 무효이며 그렇지 않은 때에는 취소할 수 있는 부관이 된다.

부관의 위법 여부는 부관 부가 처분시 법령을 기준으로 한다(대판 2009. 2. 12, 2005다65500).

2. 위법한 부관이 붙은 행정행위의 효력 [2007 입법고시]

① **무효인 부관이 주된 행정행위의 본질적인 부분인 경우**, 달리 말하면 부관을 붙이지 않았더라면 주된 행정행위를 하지 않았을 것이라고 판단되는 경우에는 주된 행정행위도 무효이다.

② **기속행위 및 기속재량행위**에 행정행위의 효과를 제한하는 부관이 법령에 근거 없이 붙여졌다면 그 부관은 무효이고, 부관만이 무효가 된다. 왜냐하면 본래 기속행위에는 행정행위의 효과를 제한하는 부관을 붙일 수 없기 때문이다.

3. 위법한 부관과 행정쟁송 [2011 사시 사례, 2012 변시 사례, 2013 행시(약술)]

위법한 부관에 대한 행정쟁송과 관련하여 두 가지 문제가 제기된다.

첫 번째 문제는 위법한 부관만을 행정쟁송으로 다툴 수 있는가(위법한 부관만의 취소를 구하는 행정쟁송의 제기가 가능한 것인가)의 문제, 즉 **독립쟁송가능성**의 문제와 위법한 부관을 다투는 쟁송형식의 문제이다.

두 번째 문제는 부관만이 취소쟁송의 대상이 되거나 부관부행정행위 전체가 취소쟁송의 대상이 된 경우에 위법한 부관만의 취소 또는 무효확인이 가능한가 하는 문제이다. 이 문제를 **독립취소가능성**(또는 독립무효확인가능성)의 문제라 한다.

(1) 독립쟁송가능성과 쟁송형태 [2008 행시(일반행정직) 사례]

① **판례는 부담만은 독립하여 행정쟁송의 대상이 될 수 있지만, 부담 이외의 부관에 있어서는 그것만의 취소를 구하는 소송**(진정 일부취소소송 및 부진정 일부취소소송)**은 인정할 수 없다고 본다.** 판례에 따를 경우에 도로점용허가에 붙은 종기("점용기간: ~까지."이는 기한에 해당한다)만 취소하여 달라는 쟁송을 제기하는 것은 부적법하지만, 도로점용허가에 붙은 도로점용료부과부분(이는 부담에 해당한다)만 취소하여 달라는 쟁송을 제기하는 것은 허용된다(최진수, 136쪽).

부담은 주된 행정행위로부터 분리될 수 있으며 그 자체가 독립된 행정행위이므로 주된 행정행위로부터 분리하여 쟁송의 대상이 될 수 있다(진정 일부취소소송 또는 부진정 일부취소소송). 부담 이외의 부관에 대하여는 독립하여 행정소송을 제기할 수 없다(대판 1993. 10. 8, 93누2032). **판례**는 부관(부담 제외)만의 취소를 구하는 소송에 대하여는 각하판결을 하여야 한다고 보며, 부관부행정행위 전체의 취소를 구하는 것만을 인정하고 있다(대판 2001. 6. 15, 99두509). 또한 **판례**는 부관이 위법한 경우 신청인이 부관부행정행위의 변경을 청구하고, 행정청이 이를 거부한 경우 동 거부처분의 취소를 구하는 소송을 제기할 수 있는 것으로 본다(대판 1990. 4. 27, 89누6808).

> [판례] **어업면허처분의 기한부분에 대한 취소소송의 가능성(소극)**: 어업면허처분의 기한부분에 대한 취소소송의 가능성은 어업면허처분을 함에 있어 **그 면허의 유효기간을 1년으로 정한 경우**, 위 면허의 유효기간은 행정청이 **위 어업면허처분의 효력을 제한하기 위한 행정행위의 부관은 독립하여 행정소송의 대상이 될 수 없으므로, 위 어업면허처분 중 그 면허유효기간의 취소를 구하는 청구는 허용될 수 없다**(대판 1986. 8. 19, 82누202).

② 이에 대하여 부관이 주된 행정행위로부터 분리가능한 것이면 독립하여 행정쟁송으로 다툴 수 있고, 부관이 분리가능한 것이 아니면 독립하여 행정쟁송으로 다툴 수 없다고 보는 견해가 있다(분리가능성기준설).

③ 또한 부관의 분리가능성은 독립취소가능성의 문제, 즉 본안의 문제이며

쟁송의 허용성의 문제(소송요건의 문제)는 아니기 때문에 모든 부관은 독립하여 취소쟁송의 대상이 된다고 보는 견해가 있다(전면긍정설).

④ 생각건대, 본안(본안심리를 하기 위하여 갖추어야 하는 요건)의 문제인 독립취소가능성과 소송요건(청구의 이유 유무(예 취소소송에서의 처분의 위법 여부))의 문제인 독립쟁송가능성은 구분하는 것이 타당하고, 위법한 행정작용의 통제를 위해 가능한 한 쟁송가능성을 넓히는 것이 타당하므로 전면긍정설이 타당하다. 부관의 주된 행정행위로부터의 분리가능성은 독립취소가능성의 문제로 보아야 한다. 부담은 그 자체가 행정행위이므로 주된 행정행위로부터 분리하여 쟁송의 대상이 될 수 있다. 즉 부담만을 대상으로 부담만의 취소를 구하는 소송(진정 일부취소소송)이 가능하다. 또한 부담부행정행위를 대상으로 하면서 부담만의 취소를 구하는 소송(부진정 일부취소소송)도 가능하다. 부담 이외의 부관은 그 자체가 독립된 행정행위가 아니기 때문에 행정쟁송의 대상인 '처분'이 될 수 없으므로 주된 행위로부터 분리하여 쟁송의 대상으로 할 수 없다. 따라서 부담 이외의 부관에 있어 부관만의 취소를 구하고자 하는 경우에는 부관부행정행위를 취소소송의 대상으로 하여 부관만의 일부취소를 구하여야 한다(부진정 일부취소소송). 이에 대하여 부담을 포함하여 모든 종류의 부관은 그 자체는 독립한 행정소송법상 처분이므로 부관만을 대상으로 하는 취소소송은 일부취소소송이 아니라 전부취소소송이라는 견해(朴正勳)도 있다.

(2) 독립취소가능성(독립무효확인가능성)

부관만의 취소 또는 무효확인을 구하는 소송이 제기된 경우에 부관만의 취소 또는 무효확인이 가능한지, 가능하다면 어떠한 기준에 의해 가능한지가 문제된다.

독립취소가능성의 문제에 있어 주된 행정행위가 기속행위인가 재량행위인가에 따라 특별한 고찰을 필요로 한다.

1) 기속행위에 대한 부관의 독립취소가능성

기속행위에 있어 상대방의 신청이 행위의 요건을 충족함에도 법령의 명시적 근거 없이 행위의 효과를 제한하는 부관을 붙이는 것은 위법한 것이며 이 경우에 주된 행정행위가 적법한 경우 부관만을 취소할 수 있는 것은 당연하다.

2) 재량행위에 대한 부관의 독립취소가능성

가. 부 정 설 재량행위에 있어서는 부관만의 취소를 인정하는 것은 부관이 없는 행정행위를 강요하는 것이 되며 통상 재량행위에 있어서는 부관이 없었

더라면 행정청은 행정행위를 하지 않았을 것이라고 해석되므로 부관만의 취소는 인정될 수 없다는 견해이다.

그러나 재량행위의 경우에도 부관이 본질적인 부분이 아닌 경우가 있고, 이 경우에는 부관만의 취소가 가능하다고 보아야 하므로 이 견해는 타당하지 않다.

나. 긍 정 설 모든 부관에 있어 부관이 위법한 경우에는 부관만의 취소가 가능하다고 보는 견해이다. 이 견해에 따르면 ① 부관만이 취소되면 주된 행정행위가 위법하게 되는 경우 처분청은 주된 행정행위를 직권으로 취소하거나 적법한 부관을 다시 부가하여 부관부행정행위 전체를 적법하게 할 수 있다고 본다. 그리고 ② 재량행위의 경우 위법한 부관만이 취소되더라도 주된 행정행위가 적법한 경우 행정청은 주된 행정행위의 철회권을 행사하거나 적법한 부관을 부가할 수 있다고 본다. 그리고 행정청의 주된 행정행위의 직권취소 또는 철회는 신뢰보호의 원칙에 따라 제한될 수가 있다고 본다. ③ 부관의 무효가 확인된 경우에는 원칙상 부관만이 무효가 되지만, 부관이 없었다면 주된 행정행위를 발하지 않았을 것이라고 인정되는 경우에는 부관부행정행위 전체가 무효가 된다고 본다.

그러나 이 견해에 따르면 당사자의 의사와 무관하게 주된 행정행위가 취소 또는 철회되거나 법적 근거 없이 부관의 사후부가가 인정되는 문제가 있다.

다. 제한적 긍정설 재량행위에 있어서도 부관의 독립취소가능성에 관한 일반이론에 따라 부담 등 **부관이 주된 행정행위의 본질적 부분인지**(행정청이 부관 없이는 해당 행정행위를 하지 않았을 것이라고 해석되는지) **여부에 따라** 재량행위에 대한 부관의 독립취소가능 여부를 판단하여야 한다. 다만, 이 경우에 행정청이 부관 없이는 해당 행정행위를 하지 않았을 것이라는 판단은 행정청의 객관적 의사를 기준으로 행하여야 한다.

이러한 해결은 부담에 있어서도 타당하다. 이렇게 본다면 **부담에 대한 독립쟁송가능성을 인정하는 경우에도 부담이 행정행위의 본질적 요소인 경우에는 부담 이외의 부관과 마찬가지로 부담만의 취소는 인정되지 않는다.**

부관이 위법하나 주된 행정행위의 본질적인 부분인 경우에 기각판결을 하여야 하고, 부관이 본질적 부분이 아닌 경우에는 부관만의 취소 또는 무효확인을 하여야 한다고 본다.

라. 판 례 판례는 부관이 본질적인 부분인 경우 독립쟁송가능성 자체를 인정하지 않으므로 독립취소가능성의 문제는 제기되지 않는다. **부관이 본질적인**

부분이 아닌 경우(부담의 경우) 부관만의 취소가 가능하다.

> [판례] **사후부관의 독립취소가능성: 행정처분에 이미 부담이 부가되어 있는 상태에서 그 의무의 범위 또는 내용을 변경하는 부관의 사후변경은**, 법률의 명문의 규정이 있거나 그 변경이 미리 유보되어 있는 경우 또는 상대방의 동의가 있는 경우에 한하여 허용되는 것이 원칙이지만, **사정변경으로 인하여 당초에 부담을 부가한 목적을 달성할 수 없게 된 경우에도 그 목적 달성에 필요한 범위 내에서 예외적으로 허용된다**(대판 1997. 5. 30, 97누2627).

마. 결 어 국민의 권익구제와 행정목적의 실현을 적절히 조절하는 제한적 긍정설이 타당하다. 부관이 본질적 부분이 아닌 경우에는 부관만의 취소 또는 무효확인이 가능하고, 부관이 본질적 부분인 경우에는 기각판결을 하여야 한다.

부관이 본질적인 부분에 해당하여 기각판결이 나면 행정청에게 위법한 부관의 변경을 청구하고, 행정청이 이를 거부하면 거부처분 취소소송을 제기하여야 할 것이다.

전부취소를 구했는데, 부관이 본질적 부분이 아닌 경우에는 전부취소청구에는 부관만의 일부취소청구가 포함되어 있다고 볼 수 있으므로 부관만을 취소하는 판결이 가능하다.

제 6 절 행정행위의 성립요건, 효력발생요건, 적법요건

Ⅰ. 개 설

행정행위가 성립하여 효력을 발생하기 위하여는 법에 정해진 일정한 실체적·절차적·형식적 요건을 갖추어야 한다. 이러한 요건을 불비한 행정행위를 흠 있는 행정행위라고 한다. 행정행위에 흠이 있는 경우에 행정행위는 완전한 법적 효력을 발생할 수 없게 된다.

행정행위의 요건을 성립요건, 효력발생요건, 적법요건 및 유효요건으로 구분할 수 있다.

Ⅱ. 성립요건

행정행위의 성립요건이란 행정행위가 성립하여 존재하기 위한 최소한의 요건을 말한다. 행정행위가 성립(존재)하기 위하여는 어떤 행정기관에 의해 행정의사가 내부적으로 결정되고(내부적 성립), 외부적으로 표시되어야 한다(외부적 성립). 이러한 행정행위의 성립요건을 결여하면 행정행위는 부존재하는 것이 되며 부존재확인청구소송의 대상이 된다.

[판례] **행정처분의 외부적 성립은** 행정의사가 외부에 표시되어 **행정청이 자유롭게 취소·철회할 수 없는 구속을 받게 되는 시점을 확정하는 의미**를 가지므로, 어떠한 처분의 외부적 성립 여부는 행정청에 의해 **행정의사가 공식적인 방법으로 외부에 표시되었는지를 기준으로 판단**하여야 한다(대판 2017. 7. 11, 2016두35120〈사업시행계획인가처분취소〉).

Ⅲ. 효력발생요건

행정행위의 **효력발생요건**이란 행정행위가 상대방에 대하여 효력을 발생하기 위한 요건을 말한다. 효력발생요건이 충족되지 않으면 해당 행정행위는 상대방에 대하여 효력을 발생하지 못한다(대판 1995. 8. 22, 95누3909).

상대방 있는 행정행위는 **상대방에게 통지되어 도달되어야 효력을 발생**한다(도달주의). 특별한 규정이 없는 한 제 3 자에 대한 통지는 효력발생요건은 아니다. 상대방이 존재하지 않는 행정행위(예 망인에 대한 서훈취소)에 있어서는 처분권자의 의사에 따라 상당한 방법으로 대외적으로 표시됨으로써 행정행위로서 성립하여 효력이 발생한다(대판 2014. 9. 26, 2013두2518).

개별법령에서 제 3 자에 대한 통지를 규정하고 있는 경우도 있는데(예 ① 토지보상법령상 사업인정시 토지소유자등에 대한 통지의무, ② 도시정비법령상 토지주택공사등에 대한 사업시행자지정시 토지등소유자에 대한 통지의무 등), 이 경우 제 3 자에 대한 통지가 처분의 효력발생요건인지 아니면 절차규정인지 논란이 있을 수 있으므로 이를 명문으로 명확하게 규정하는 것이 바람직하다.

[판례] 1. 〈**후속처분의 절차규정으로 본 사례**〉 건설부장관이 구 토지수용법 제16조의 규정에 따라 토지수용사업승인을 한 후 그 뜻을 **토지소유자 등에게 통지하지 아니하였다는 하자는 절차상 위법**으로서 … **재결의 취소를 구할 수 있는 사유**가 될지언정 당연무효의 사유라고 할 수는 없다(대판 1993. 8. 13, 93누2148[토지수용재결처분취소등]).
2. 〈**효력발생요건으로 본 사례**〉 구 조선하천령시행규칙 제21조는 하천령 제11조 규정에 의한 **하천구역의 인정**은 관리청이 이를 **고시하고 관계인에게 통지하여야 한다고 규정**하고 있으므로 … 하천구역은 당해 구역에 관하여 위 시행규칙 제21조에 따른 **관리청의 고시 및 통**

지에 의한 하천구역인정행위가 없는 이상 하천구역으로 되었다고는 할 수 없다 할 것이다(대판 1987. 7. 21, 84누126; 대판 1994. 4. 29, 94다1982).

통지의 방식으로는 송달과 공고 또는 고시가 있다.

'도달'이란 상대방이 알 수 있는 상태에 두어진 것을 말하고, 상대방이 현실적으로 수령하여 요지(了知)한 것을 의미하지 않는다. 한편 도로의 표지판이나 교통신호등에 의한 신호와 같이 **통지라고 볼 만한 행위를 요하지 않는 행정행위**도 있다.

행정행위의 상대방이 특정되어 있는 행정행위의 상대방에 대한 통지는 원칙상 송달의 방법에 따른다(행정절차법 제15조 제 1 항).

[판례 1] 우편법 등 관계 규정의 취지에 비추어 볼 때 우편물이 **등기취급의 방법으로 발송된 경우** 반송되는 등의 특별한 사정이 없는 한 그 무렵(발송일로부터 수일 내) 수취인(상대방이나 가족 등)에게 배달되었다고 보아야 한다(대판 1992. 3. 27, 91누3819; 1998. 2. 13, 97누8977).

[판례 2] 내용증명우편이나 등기우편과는 달리, **보통우편의 방법으로 발송**되었다는 사실만으로는 그 우편물이 상당한 기간 내에 도달하였다고 추정할 수 없고, 송달의 효력을 주장하는 측에서 증거에 의하여 이를 입증하여야 한다고 본다(대판 2009. 12. 10, 2007두20140 〈공시지가확정처분취소〉).

[판례 3] (1) 송달받을 사람의 동거인에게 송달할 서류가 교부되고 **그 동거인이 사리를 분별할 지능이 있는 이상** 송달받을 사람이 그 서류의 내용을 실제로 알지 못한 경우에도 송달의 효력은 있다. (2) 만 8세 1개월 남짓의 여자 어린이는 특별한 사정이 없는 한, 소송서류의 영수와 관련한 사리를 분별할 지능이 있다고 보기 어렵다(대판 2011. 11. 10, 2011재두148).

[판례 4] 등기우편으로 송달해야 하는 납세고지서를 수령인에게 직접 전달하지 않고 **우편함에 넣어두는 방식**으로 송달을 완료했다면 납세고지의 효력이 없다(서울행판 2019. 8. 14, 2018단69205).

[판례 5] (1) **우편법에 따른 우편물의 배달과 상대방 있는 의사표시의 도달 여부: 우편법 제31조, 제34조, 같은법시행령 제42조, 제43조의 규정취지는** 우편사업을 독점하고 있는 국가가 배달위탁을 받은 우편물의 배달방법을 구체적으로 명시하여 그 수탁업무의 한계를 명백히 한 것으로서 위 규정에 따라 우편물이 배달되면(예 빌딩건물경비원에게 배달) 우편물이 정당하게 교부된 것으로 인정하여 **국가의 배달업무를 다하였다는 것일 뿐** 우편물의 송달로써 달성하려고 하는 법률효과까지 발생하게 하는 것은 아니므로 **위 규정에 따라 우편물이 배달되었다고 하여 언제나 상대방 있는 의사표시의 통지가 상대방에게 도달하였다고 볼 수는 없다**. (2) **집배원으로부터 우편물을 수령한 빌딩건물경비원이 원고나 그 동거인 또는 고용인에게 위 청문서를 전달하였다고 볼 수 없는 이상 청문서가 원고에게 적법하게 송달되었다고 볼 수 없다** 할 것이다. 원고가 청문서를 송달받지 못하여 청문절차에 불출석하였는데도 불응

하는 것으로 보아 원고에게 의견진술기회를 주지 아니한 채 이루어진 이 사건 처분은 영업정지사유가 인정된다 하더라도 위법하다 할 것이다(대판 1991. 7. 9, 91누971; 대판 1993. 11. 26, 93누17478).

상대방이 부당하게 등기취급 우편물의 수취를 거부함으로써 그 우편물의 내용을 알 수 있는 객관적 상태의 형성을 방해한 경우 발송인의 의사표시의 효력을 부정하는 것은 신의성실의 원칙에 반하므로 허용되지 않는다. 이러한 경우에는 수취 거부시에 의사표시의 효력이 생긴 것으로 보아야 한다(대판 2020. 8. 20, 2019두34630).

통지의 상대방이 불특정 다수인이거나 행정행위의 상대방의 주소 또는 거소가 불분명하여 송달이 불가능하거나 심히 곤란한 경우 고시 또는 공고의 방법에 의해 통지되도록 규정하고 있다(개별법령 및 행정절차법 제15조 제 3 항). **행정절차법상 공고**(주소불명 또는 송달이 불가능한 경우 송달에 갈음하는 공고)의 경우 다른 법령 등에 특별한 규정이 있는 경우를 제외하고는 공고일부터 14일이 경과한 때에 그 효력이 발생한다. 다만, 긴급히 시행하여야 할 특별한 사유가 있어 효력발생시기를 달리 정하여 공고한 경우에는 그에 의한다(법 제15조 제 3 항). **개별법상 고시 또는 공고**(불특정 다수인에 대한 고시 또는 공고)**의 경우** 해당 공고 또는 고시의 효력발생일을 법령에서 명시적으로 규정하고 있는 경우에는 그에 의하고, 특별한 규정이 있는 경우를 제외하고는 그 고시 또는 공고가 있은 후 5일이 경과한 날부터 효력을 발생한다(「행정 효율과 협업 촉진에 관한 규정」 제 6 조 제 3 항, 대판 전원합의체 1995. 8. 22, 94누5694).

Ⅳ. 적법요건

행정행위가 행해짐에 있어 법에 의해 요구되는 요건을 **적법요건**이라 한다.

1. 주체에 관한 적법요건

행정행위는 해당 행정행위를 발할 수 있는 권한을 가진 자에 의해 행해져야 한다.

2. 절차에 관한 적법요건

행정행위를 행함에 있어 일정한 절차, 예를 들면 청문, 다른 기관과의 협의 등을 거칠 것이 요구되는 경우에는 그 절차를 거쳐야 한다.

3. 형식에 관한 적법요건

행정청이 처분을 하는 때에는 다른 법령 등에 특별한 규정이 있는 경우를 제외하고는 문서로 하여야 하며 처분권자가 서명날인하여야 한다.

4. 내용에 관한 적법요건

행정행위는 그 내용에 있어 적법하여야 하며 법률상이나 사실상으로 실현가능하고 관계인이 인식할 수 있을 정도로 명확하여야 한다.

행정행위가 적법요건을 충족시키지 못한 경우에는 위법하다. 적법요건을 충족하지 못한 행정행위는 흠 있는 행정행위가 되며 흠 있는 행정행위의 효력은 후술하는 바와 같이 부존재, 무효 및 취소할 수 있는 행위이다.

Ⅴ. 유효요건

유효요건이란 위법한 행정행위가 무효가 되지 않고 효력을 갖기 위한 요건을 말한다. 행정행위의 유효요건은 행정행위의 무효요건에 대립되는 것으로 행정행위의 위법이 중대하고 명백하지 않을 것이다. 행정행위는 위법하더라도 그 위법이 중대하고 명백하여 무효가 되지 않는 한 공정력(잠정적 통용력)에 의해 권한 있는 기관에 의해 취소되지 않는 한 유효하다.

제 7 절 행정행위의 하자(흠)와 그 효과

[2020 경감승진 약술형(절차상 하자있는 행정행위의 효력)]

Ⅰ. 개 설

1. 행정행위의 하자(흠)의 개념

위법 또는 부당과 같이 행정행위의 효력의 발생을 방해하는 사정을 **행정행위의 하자**(흠)라 한다. **위법**이란 법의 위반을 의미하며 **부당**이란 법을 위반함이 없이 공익 또는 합목적성 판단을 잘못한 것(목적위반)을 말한다. 행정기관이 재량권의 한계를 넘지 않는 한계 내에서 재량권의 행사를 그르친 위법에 이르지 않는 (예 이익형량의 하자) 행정행위가 부당한 행정행위가 된다.

위법한 행정행위는 행정심판이나 행정청의 직권에 의해 취소될 수 있을 뿐만 아니라 법원에 의해서도 취소될 수 있다. 그러나 부당한 행정행위는 행정심판이나 행정청의 직권에 의해 취소될 수 있을 뿐 법원에 의해 취소될 수는 없다.

2. 오기·오산 등 명백한 사실상의 착오

행정행위에 있어 오기나 오산 등은 행정행위가 완전한 효력을 발생하는 데 장애가 되지 않으므로 **행정행위의 흠과는 구별**되어야 한다. 행정절차법 제25조는 처분에 오기·오산 그 밖에 이에 준하는 명백한 잘못이 있는 때에는 행정청은 직권 또는 신청에 의하여 지체 없이 정정하고 이를 당사자에게 통지하도록 하고 있다.

3. 행정행위의 위법 여부의 판단시점

행정행위의 위법 여부는 원칙상 행정행위시의 법령 및 사실상태를 기준으로 판단한다. 다만, 후술하는 바와 같이 일정한 예외가 있다(자세한 것은 후술 '행정소송' 참조). 당사자의 신청에 따른 처분은 법령등에 특별한 규정이 있거나 처분 당시의 법령등을 적용하기 곤란한 특별한 사정이 있는 경우를 제외하고는 처분 당시의 법령등에 따른다(행정기본법 제14조 제 2 항).

[판례] **행정처분의 위법 여부는 원칙상 행정처분이 있을 때의 법령과 사실상태를 기준으로 판단**하여야 하며, 법원은 행정처분 당시 행정청이 알고 있었던 자료뿐만 아니라 사실심 변론 종결 당시까지 제출된 모든 자료를 종합하여 처분 당시 존재하였던 객관적 사실을 확정하고 그 사실에 기초하여 처분의 위법 여부를 판단할 수 있다(대판 2010. 1. 14, 2009두11843; 대판 2019. 7. 25, 2017두55077 참조).

4. 흠 있는 행정행위의 효과

위법 또는 부당한 처분은 권한이 있는 기관이 취소하거나 기간의 경과 등으로 소멸되기 전까지는 유효한 것으로 통용된다. 다만, 무효인 처분은 처음부터 그 효력이 발생하지 아니한다(행정기본법 제15조, 제18조 제 1 항).

5. 적용법령과 신뢰보호 등 [2003 사시 사례, 2009 행시(재경 등) 사례]

행정기본법

제14조(법 적용의 기준) ① 새로운 법령등은 법령등에 특별한 규정이 있는 경우를 제외하고는 그 법령등의 효력 발생 전에 완성되거나 종결된 사실관계 또는 법률관계에 대해서는 적용되지 아니한다.

② 당사자의 신청에 따른 처분은 법령등에 특별한 규정이 있거나 처분 당시의 법령

> 등을 적용하기 곤란한 특별한 사정이 있는 경우를 제외하고는 처분 당시의 법령등에 따른다.
> ③ 법령등을 위반한 행위의 성립과 이에 대한 제재처분은 법령등에 특별한 규정이 있는 경우를 제외하고는 법령등을 위반한 행위 당시의 법령등에 따른다. 다만, 법령등을 위반한 행위 후 법령등의 변경에 의하여 그 행위가 법령등을 위반한 행위에 해당하지 아니하거나 제재처분 기준이 가벼워진 경우로서 해당 법령등에 특별한 규정이 없는 경우에는 변경된 법령등을 적용한다.

행정처분의 신청시와 처분시 사이에 법령이 변경된 경우 행정청은 신청시의 법령을 적용하여야 하는가, 처분시의 법령을 적용하여야 하는가 하는 것이 문제된다.

또한 행정청이 일방적으로 행정처분을 하는 경우에 있어서 처분 이전에 법령이 수차 변경된 경우에는 어느 시점의 법령을 적용하여야 하는 것인가가 문제된다. 특히 법규 위반시와 제재처분시 사이에 법령이 변경된 경우에 문제된다.

(1) 원　　칙

1) 처분시법 적용의 원칙

행정기관은 법치행정의 원칙 및 공익보호의 원칙에 비추어 행정행위(처분) 당시의 법을 적용하여 행정행위를 행하여야 하는 것이 원칙이다. 예를 들면, 허가의 신청 후 처분 전에 법령의 개정으로 허가기준이 변경된 경우 원칙상 신청시의 법령이 아닌 개정된 처분시의 법령이 적용된다.

2) 신뢰보호를 위한 개정법령의 적용제한

개정 전 법령의 존속에 대한 국민의 신뢰가 개정법령의 적용에 관한 공익상의 요구보다 더 보호가치가 있다고 인정되는 경우에는 그러한 국민의 신뢰를 보호하기 위하여 신청 후의 개정법령의 적용이 제한될 수 있다고 보아야 한다(대판 2000. 3. 10, 97누13818).

(2) 예　　외

1) 경과규정

부진정 소급입법의 경우에 국민의 기득권과 신뢰보호를 위하여 필요한 경우에 경과규정(법령의 제정·개정·폐지가 있는 경우, 종전의 규정과 새 규정의 적용관계 등 구법에서 신법으로 이행하는데 따르는 여러 가지 조치의 규정)을 두는 등의 조치를 취하여야 한다(입법론). **경과규정에서 신청시의 법령을 적용하도록 규정하는 경우**가 있고, 이 경우에는 신청시의 법령을 적용하여 신청에 대한 처분을 하여야 한다.

만일 경과규정을 두는 등의 신뢰보호를 위한 조치 없이 개정법령을 적용하는 것이 헌법원칙인 신뢰보호의 원칙에 반하면 개정법령은 위헌이며 이에 근거한 처분은 위법하게 된다. **신뢰보호원칙의 위배 여부를 판단**하기 위하여는 한편으로는 침해받은 이익의 보호가치, 침해의 중한 정도, 신뢰가 손상된 정도, 신뢰침해의 방법 등과 다른 한편으로는 새 법령을 통해 실현하고자 하는 공익적 목적을 **종합적으로 비교·형량**하여야 할 것이다(대판 전원합의체 2006. 11. 16, 2003두12899〈변리사 1차시험 불합격처분취소청구사건〉: 종전의 법령에 의한 절대평가제가 요구하는 합격기준에 맞추어 시험준비를 하였는데, 제 1 차 시험 실시를 불과 2개월밖에 남겨놓지 않은 시점에서 제 1 차 시험을 상대평가제로 하는 개정 시행령의 즉시 시행으로 인한 원고들의 신뢰이익 침해는 개정 시행령의 즉시 시행에 의하여 달성하려는 공익적 목적을 고려하더라도 정당화될 수 없을 정도로 과도하다고 한 사례).

2) 신의성실의 원칙 위반

행정청이 심히 부당하게 처분을 늦추고, 그 사이에 허가기준을 변경한 경우와 같이 신의성실의 원칙에 반하는 경우에는 **개정 전의 법령을 적용**하여 처분하여야 한다(대판 1984. 5. 22, 84누77).

3) 법률관계를 확인하는 처분

사건의 발생시 법령에 따라 이미 법률관계가 확정되고, 행정청이 이를 확인하는 처분(예 장해급여를 위한 장애등급 결정처분)을 하는 경우에는 일정한 예외적인 경우를 제외하고는 원칙상 처분시의 법령을 적용하는 것이 아니라 **해당 법률관계의 확정시(지급사유발생시(예 장애발생시), 납세의무 성립시)의 법령을 적용**한다(대판 2007. 2. 22, 2004두12957).

4) 법령 위반에 대한 제재처분시

법령등을 위반한 행위의 성립과 이에 대한 제재처분은 법령등에 특별한 규정이 있는 경우를 제외하고는 법령등을 위반한 행위 당시의 법령등에 따른다. 다만, 법령등을 위반한 행위 후 법령등의 변경에 의하여 그 행위가 법령등을 위반한 행위에 해당하지 아니하거나 제재처분 기준이 가벼워진 경우로서 해당 법령등에 특별한 규정이 없는 경우에는 변경된 법령등을 적용한다(행정기본법 제14조 제 3 항).

질서위반행위의 성립과 과태료 처분은 위반행위시의 법률에 따르지만, 질서위반행위 후 법률이 변경되어 그 행위가 질서위반행위에 해당하지 아니하게 되거나 과태료가 변경되기 전의 법률보다 가볍게 된 때에는 법률에 특별한 규정이 없는 한 변경된 법률을 적용한다(질서위반행위규제법 제 3 조).

5) 불합격처분

시험에 따른 합격 또는 불합격처분은 원칙상 시험일자의 법령을 적용한다.

6) 법령의 소급적용금지 및 예외적 소급적용

새로운 법령등은 법령등에 특별한 규정이 있는 경우를 제외하고는 그 법령등의 효력 발생 전에 완성되거나 종결된 사실관계 또는 법률관계에 대해서는 적용되지 아니한다(행정기본법 제14조 제 1 항). 이 규정은 법령의 소급적용을 금지한 규정이다.

그리고 「행정기본법」 제14조 제 1 항은 법령 소급적용의 예외를 규정하고 있지 않은데, 종래의 판례는 특별한 사정이 있는 경우 예외적으로 법령의 소급적용을 허용하고 있다. 즉 종래의 판례에 따르면 법령을 소급적용하더라도 ① 일반국민의 이해에 직접 관계가 없는 경우, ② 오히려 그 이익을 증진하는 경우, ③ 불이익이나 고통을 제거하는 경우 등의 특별한 사정이 있는 경우에 한하여 예외적으로 법령의 소급적용이 허용된다.

법령의 소급적용은 원칙상 인정되지 않지만 부진정 소급적용은 엄밀한 의미에서 소급적용이 아니므로 가능하다. 부진정 소급적용이란 사실 또는 법률관계가 개정법령이 시행되기 이전에 이미 완성되거나 종결되지 않고 계속되고 있는 경우에 해당 법령 개정 이전의 사실 또는 법률관계에 개정법령을 적용하는 것을 말한다.

[판례] 소급효는 이미 과거에 완성된 사실관계를 규율의 대상으로 하는 이른바 **진정소급효**와 과거에 시작하였으나 아직 완성되지 아니하고 진행과정에 있는 사실관계를 규율대상으로 하는 이른바 **부진정소급효**를 상정할 수 있는바, 대학이 성적불량을 이유로 학생에 대하여 징계처분을 하는 경우에 있어서 수강신청이 있은 후 징계요건을 완화하는 학칙개정이 이루어지고 이어 당해 시험이 실시되어 **그 개정학칙에 따라 징계처분을 한 경우**라면 이는 이른바 **부진정소급효에 관한 것**으로서 구 학칙의 존속에 관한 학생의 신뢰보호가 대학당국의 학칙개정의 목적달성보다 더 중요하다고 인정되는 특별한 사정이 없는 한 위법이라고 할 수 없다(대판 1989. 7. 11, 87누1123〈제적처분〉).

6. 처분의 내용 확정

행정청이 문서에 의하여 처분을 한 경우 처분서의 문언이 불분명하다는 등의 특별한 사정이 없는 한, 문언에 따라 어떤 처분을 하였는지를 확정하여야 한다.

처분서의 문언만으로도 행정청이 어떤 처분을 하였는지가 분명한데도 처분 경위나 처분 이후의 상대방의 태도 등 다른 사정을 고려하여 처분서의 문언과는 달리 다른 처분까지 포함되어 있는 것으로 확대해석해서는 안 된다(대판 2017. 8. 29, 2016두44186).

7. 처분사유

처분사유라 함은 처분의 근거가 된 사실 및 법적 근거를 말한다.

처분사유(예 처분 철회시 철회사유, 제재처분시 법령위반사유, 징계처분시 징계사유 등)가 있는 경우에 한하여 행정처분이 가능하다. 처분사유는 원칙상 해당 처분의 사유에 한정되고, 직접 관련이 없는 사유는 원칙상 처분사유가 될 수 없지만, 선후의 처분관계에 있고 무용한 후행처분을 피할 필요가 있는 경우에는 직접 관련이 없는 사유라고 하더라도 후행처분의 거부사유를 근거로 선행처분을 거부할 수 있다(대판 2024. 10. 25, 2024두41106〈공유수면점용사용불허가처분취소〉).

처분사유가 전혀 없는 행정처분은 무효이다. 처분사유 중 일부가 잘못인 경우 나머지 처분사유로 행정처분의 위법 여부를 판단하여야 한다.

행정처분에 있어 수개의 처분사유 중 일부가 적법하지 않다고 하더라도 다른 처분사유로써 그 처분의 정당성이 인정되는 경우에는 그 처분을 위법하다고 할 수 없다(대판 1997. 5. 9, 96누1184; 대판 2004. 3. 25, 2003두1264; 대판 2013. 10. 24, 2013두963).

Ⅱ. 행정행위의 부존재, 무효, 취소

1. 행정행위의 부존재와 무효의 구별

행정행위의 무효와 부존재는 개념상 구별된다. **행정행위의 무효**란 행정행위의 외관은 존재하지만 행정행위가 애초부터 효력이 없는 경우를 말하고, **행정행위의 부존재**란 행정행위라고 볼 수 있는 외관이 존재하지 않는 경우를 말한다(예 ① 명백히 행정청이 아닌 사인의 행위, ② 행정기관 내부의 의사결정만 있었을 뿐 대외적으로 표시되지 않은 행위, ③ 기간의 경과 등으로 인하여 효력이 소멸된 경우 등)(이일세, 「행정법총론」, 274면). **행정행위의 취소**란 위법한 행정행위의 효력을 그 위법을 이유로 상실시키는 것을 말한다. 행정행위의 취소에는 쟁송취소와 직권취소가 있다.

행정행위의 부존재의 경우 처분성 등이 부인되어 항고소송이 제기될 경우 각하되는데 반하여 행정행위의 무효의 경우 처분성이 인정되어 본안심리의 대상이 된다는 점에서 양자를 구별할 실익이 있다고 볼 수 있다. 그런데 부존재 가운데에는 처분성이나 소의 이익이 인정되어 부존재확인소송의 대상이 되는 경우도 있어 양자의 구별에 어려움이 있다(김유환, 「현대행정법」, 199면).

그런데 현행 행정소송법이 무효확인소송과 부존재확인소송을 동일하게 규율하고 있고, 실체법적 측면에서 무효인 행정행위나 부존재인 행정행위나 다 같이 실체법상 법적 효력이 발생하지 않는다는 점에서 그 구별의 실익은 크지 않다.

2. 행정행위의 무효

행정행위의 무효란 행정행위가 외관상 성립은 하였으나 그 하자의 중대함으로 인하여 행정행위가 애초부터 아무런 효력을 발생하지 않는 경우를 말한다(예 소멸시효 완성 후에 한 조세부과처분). 행정행위가 무효인 경우에는 누구든지 그 효력을 부인할 수 있다.

행정행위의 일부에 무효사유인 하자가 있는 경우 무효부분이 본질적이거나(처분청이 무효부분이 없이는 행정행위를 발하지 않았을 경우) 불가분적인 경우에는 행정행위 전부가 무효가 되고, 무효부분이 본질적이지 않고 가분적인 경우 무효부분만이 무효가 된다.

3. 행정행위의 취소

행정행위의 취소란 위법한 행정행위의 효력을 그 위법을 이유로 상실시키는 것을 말한다. 행정행위의 취소에는 쟁송취소와 직권취소가 있다. 쟁송취소는 행정심판에 따른 취소재결과 취소소송에 따른 취소판결이 있다. 직권취소는 처분청 또는 감독청이 취소하는 것을 말하며 행정행위의 성질을 갖는다.

4. 무효와 취소의 구별 [2002 행시 약술, 2013 경감승진 사례, 2015 사시, 2017 변시]

(1) 무효와 취소의 구별실익

1) 행정행위의 효력

무효인 행정행위는 행정행위가 애초부터 효력을 발생하지 않는다. 무효인 행정행위에는 공정력(잠정적 통용력), 불가쟁력이 인정되지 않는다.

취소할 수 있는 행정행위는 공정력(잠정적 통용력)이 인정되어 권한 있는 기관에 의해 취소되기 전까지는 유효하다. 취소할 수 있는 행정행위에 대하여 일정한 불복기간 내에 행정심판이나 행정소송을 제기하지 않으면 불가쟁력이 발생한다.

2) 행정쟁송에 있어서의 구별실익

가. 쟁송방식과의 관계 현행 행정심판법이나 행정소송법은 무효인 행정행위와 취소할 수 있는 행정행위에 대한 항고쟁송의 방식을 달리 정하고 각각에 대하여 법적 규율을 달리 하고 있다. 취소할 수 있는 행정행위의 경우에는 취소심판과 취소소송에 의해 취소를 구할 수 있고, 무효인 행정행위에 대하여는 무효확인심판과 무효확인소송에 의해 무효확인을 구할 수 있다. 무효인 행정행위에 대하여 무효선언을 구하는 취소소송을 제기할 수 있다. 다만, 이 경우에도 소송의 형식이 취소소송이므로 취소소송의 소송요건을 구비하여야 한다(대판 1984. 5. 29, 84누175). 또한 무효인 행정행위에 대해 취소소송을 제기할 수 있고, 이 경우 법원은 취소소송으로서의 소송요건이 충족된 경우 취소판결을 한다.

나. 행정불복제기기간과의 관계 취소쟁송은 단기의 제기기간 내에 제기되어야 하나, 무효확인쟁송을 제기함에는 그러한 제한을 받지 아니한다. 무효선언을 구하는 취소소송에는 행정불복제기기간이 적용된다는 것이 판례의 입장이다.

다. 행정심판전치주의와의 관계 행정심판전치주의는 취소소송(무효선언을 구하는 취소소송 포함)에는 적용되지만, 무효확인소송에는 적용되지 않는다.

라. 선결문제와의 관계 취소할 수 있는 행정행위(예 해임처분, 조세부과처분)는 공법상 당사자소송(예 공무원지위확인소송)이나 민사소송(예 조세과오납금환급소송)에서 선결문제로서 그 효력을 부인(예 해임처분의 취소, 조세부과처분의 취소)할 수 없지만, 무효인 행정행위는 공법상 당사자소송이나 민사소송에서 그 선결문제로서 무효를 확인받을 수 있다.

마. 사정재결 및 사정판결과의 관계 취소할 수 있는 행정행위에 대하여서만 사정재결, 사정판결이 인정된다.

바. 간접강제와의 관계 현행 행정소송법상 거부처분의 취소판결에는 간접강제가 인정되고 있지만, 무효확인판결에는 인정되고 있지 않다(제38조 제 1 항). 이는 입법의 불비이다.

3) 하자의 치유와 전환과의 관계

통설에 따르면 하자의 치유는 취소할 수 있는 행정행위에 대하여만 인정된다. 하자의 전환은 무효인 행정행위에 대하여만 인정된다고 보는 것이 다수설이나 취소할 수 있는 행정행위에도 하자의 전환이 인정된다는 견해도 있다.

(2) 무효사유와 취소사유의 구별기준 [2003 행시 사례, 2004·2007 사시 사례]

통설·판례(대법원 판례)는 행정행위의 하자가 내용상 중대하고, 외관상 명백한 경우에 무효인 하자가 되고, 이 두 요건 중 하나라도 충족하지 않는 경우에는 취소사유로 보는 **중대명백설**(또는 외관상 일견명백설)을 취하고 있다(대판 전원합의체 1995. 7. 11, 94누4615〈건설영업정지처분무효확인〉). 즉 그 하자가 법규의 중요한 부분을 위반한 중대한 것으로서 객관적으로 명백한 것이어야 한다. 문제는 명백성의 요건이 애매하고 법관의 주관에 따라 자의적으로 판단될 위험이 많다는 점이다. 여기서 **하자의 중대성**이란 행정행위가 중요한 법률요건을 위반하고, 그 위반의 정도가 상대적으로 심하여 그 흠이 내용상 중대하다는 것을 말한다. 그리고 **하자의 명백성**이란 하자가 일반인의 인식능력을 기준으로 할 때 외관상 일견 명백하다는 것을 의미한다.

이와 같은 통설·판례의 중대명백설에 대하여는 이 견해의 엄격성을 비판하며 무효사유를 보다 완화하려는 객관적 명백설(조사의무위반설(공무원에게 위법성 조사의무를 부여하여 명백성을 완화하려는 견해)), 명백성보충요건설(하자의 중대성은 항상 무효요건이 되지만, 명백성은 행정의 법적 안정성이나 제 3 자의 신뢰보호의 요청이 있는 경우에만 요구하는 견해), 중대설(중대성만 무효요건이고, 명백성은 무효요건이 아니라는 견해)이 주장되고 있고, 그 견해의 경직성을 비판하며 무효사유와 취소사유의 구별을 구체적인 경우마다 관계되는 구체적인 이익과 가치를 고려하여 결정하려는 **구체적 가치형량설**이 제기되고 있다. 생각건대, **명백성보충요건설이 타당**하다.

헌법재판소는 원칙상 중대명백설을 취하지만, 예외적으로 권리구제의 필요성이 있고, 법적 안정성을 해치지 않는 경우에는 명백성을 요구하지 않고 중대성만으로 위헌인 법률에 근거한 처분의 무효를 인정하고 있다(헌재 1994. 6. 30. 92헌바23 참조).

Ⅲ. 행정행위의 하자(위법사유) [2008 감평 사례]

행정행위의 하자에는 주체에 관한 하자, 절차에 관한 하자, 형식에 관한 하자 및 내용에 관한 하자가 있는데 전 3자를 '**형식상 하자**'라 하고 후자는 '**내용상 하자**'라 한다.

형식상 하자와 내용상 하자를 구별하는 실익은 취소소송에서 행정행위가 형식상 하자로 인하여 취소된 경우에 행정청은 동일한 내용의 행정처분을 다시 내릴 수 있지만 내용상 하자를 이유로 취소된 경우에 행정청은 원칙상 동일한 내용의 행정처분을 다시 내리지 못한다는 것인데, 이는 취소판결의 효력인 기속력 때문이다.

1. 주체에 관한 하자[2015 사시, 2015 입법고시]

행정행위는 정당한 권한을 가진 행정기관에 의해 그의 권한 내에서 정상적인 의사에 기하여 행하여져야 한다.

무권한의 행위는 원칙적으로 무효이다. 다만, 무권한의 행위라도 공평, 신뢰보호, 법률생활의 안정 등의 견지에서 이를 취소할 수 있는 행정행위 또는 유효인 행위로 보아야 할 경우가 있다(대판 2007. 7. 26, 2005두15748: 임면권자가 아닌 국가정보원장이 5급 이상의 국가정보원직원에 대하여 한 의원면직처분이 당연무효가 아니라고 한 사례).

[판례] 세관출장소장 명의로 관세부과처분 및 증액경정처분이 이루어져 왔는데, 그동안 세관출장소장에게 관세부과처분에 관한 권한이 있는지 여부에 관하여 이의제기가 없었던 점 등에 비추어 보면, 세관출장소장에게 관세부과처분을 할 권한이 있다고 객관적으로 오인할 여지가 다분하다고 인정되므로 결국 적법한 권한위임 없이 행해진 이 사건 처분은 그 하자가 중대하기는 하지만, 객관적으로 명백하다고 할 수 없어 당연무효는 아니라고 할 것이다(대판 2004. 11. 26, 2003두2403).

2. 절차의 하자[2003 입법고시 약술, 2009 경감승진 사례, 2011 행시(재경직) 사례, 2014 행시 사례]

절차의 하자란 행정행위가 행해지기 전에 거쳐야 하는 절차 중 하나를 거치지 않았거나 거쳤으나 불충분한 것을 말한다. 절차의 하자는 독립된 취소사유가 된다는 것이 판례의 입장이다. 절차의 하자는 그 중요도에 따라 무효사유 또는 취소사유가 되며 경미한 하자는 효력에 영향을 미치지 않는다.

판례는 원칙상 절차의 하자를 중요한 하자로 보지 않으면서 취소할 수 있는 하자로 본다. 다만, 환경영향평가절차를 거치지 않은 하자는 통상 중대하고 명백한 하자이므로 원칙상 당연무효로 본다.

3. 형식에 관한 하자

법령상 문서, 그 밖의 형식이 요구되는 경우에 이에 따르지 않으면 해당 행정행위는 형식의 하자가 있는 행위가 된다. 형식의 하자의 효과는 일률적으로 말하기 어렵다.

통설은 형식의 결여가 형식을 요구하는 본질적 요청, 즉 기관과 행위의 내용을 명확히 증명함으로써 법률생활의 안정을 기하려는 요청을 완전히 저해하는 정도일 때에는 그 형식의 결여는 무효사유에 해당하고, 형식의 결여가 행위의 확실성에 본질적인 영향이 없고 단지 행위의 내용을 명백히 하는 것에 불과한 경우에는 그 형식의 결여는 취소사유에 해당한다. 경미한 형식의 결여는 경우에 따라서 행위의 효력에 영향을 미치지 않는다.

[판례 1] 예비군대원의 교육훈련을 위한 소집은 해당 경찰서장이 발부하는 소집통지서에 의하여야 하며 구두, 싸이렌, 타종 기타 방법에 의할 수 없다(대판 1970. 3. 24, 69도724).
[판례 2] 행정청이 처분을 하는 때에는 다른 법령 등에 특별한 규정이 있는 경우를 제외하고는 원칙상 문서로 하여야 한다는 행정절차법 제24조의 규정에 위반하여 행하여진 행정청의 처분은 그 하자가 중대하고 명백하여 원칙적으로 무효이다(대판 2011. 11. 10, 2011도11109〈소방시설설치유지및안전관리에관한법률 위반: 관할 소방서장으로부터 소방시설 불량사항에 관한 시정보완명령을 받고도 따르지 아니하였다는 내용으로 기소된 사건에서, 담당 소방공무원이 행정처분인 위 명령을 구술로 고지한 것은 행정절차법 제24조를 위반한 것으로 하자가 중대하고 명백하여 당연무효라고 본 사례〉).

4. 내용에 관한 하자 [2006 행시, 2010 행시]

행정행위의 내용은 법의 일반원칙 및 헌법을 포함하여 모든 법에 위반하여서는 안 되며 법에 위반하면 위법한 행정행위가 된다. 법에 위반한 행정행위는 무효와 취소의 구별기준에 따라 무효 또는 취소할 수 있는 행정행위가 된다.

행정행위의 내용이 공익에 반하는 경우 해당 행정행위는 부당한 행정행위가 된다. 부당한 행정행위는 법원에 의한 통제의 대상이 되지 않으며 행정심판의 대상이 될 뿐이다. 재량권이 재량권의 한계 내에서 행해졌지만 공익에 반하는 경우 해당 재량행위는 부당한 행위가 된다.

여러 처분사유에 관하여 하나의 제재처분을 하였을 때 그 중 일부가 인정되지 않는다고 하더라도 나머지 처분사유들만으로도 처분의 정당성이 인정되는 경우에는 그 처분은 위법하다고 보아 취소하여서는 아니된다(대판 2020. 5. 14, 2019두63515).

법령의 규정에 관한 법리가 아직 명백하게 밝혀지지 않아 해석에 다툼의 여지가 있었을 경우 처분청이 그 규정을 잘못 해석하여 한 처분은 당연무효라고 할 수 없다(판례).

Ⅳ. 하자의 승계 [1998 행시 사례, 2005 행시(일반행정) 약술, 2000 사시 사례, 1997 사시 약술, 2015 사시, 2017 변시, 2020 변시]

선행행위의 위법을 이유로 후행행위의 위법을 주장하거나 후행행위를 취소할 수 있는지에 관하여 하자의 승계론과 선행행위의 후행행위에 대한 구속력론(이하 '구속력론'이라 한다)이 대립하고 있다.

1. 하자의 승계론

(1) 하자의 승계의 의의

하자(위법성)의 승계란 행정이 여러 단계의 행정행위를 거쳐 행해지는 경우에 선행 행정행위의 위법을 이유로 적법한 후행 행정행위의 위법을 주장할 수 있는 것을 말한다.

선행 행정행위와 후행 행정행위가 상호 밀접한 관계를 가지며 하나의 법적 효과의 발생을 목적으로 하거나 동일한 목적을 달성하는 경우에 행정행위의 상대방이 불복제기기간 내에 선행 행정행위를 다투지 못하였기 때문에 그 후의 행정행위를 감수하여야 한다는 것은 상대방이나 이해관계인의 권리보호라는 관점에서는 너무 가혹한 것이다. 더욱이 다단계의 행정절차를 거쳐 행해지는 행정에 있어서 어느 단계의 행위가 내부행위인지 아니면 독립된 행정소송의 대상이 되는 외부행위(행정행위)인지가 분명하지 않은 점에 비추어 행정행위의 상대방이나 이해관계인은 자신의 권리를 구제하기 위하여 권리를 보다 직접적으로 침해하는 후의 행정행위를 다투면 된다고 생각하며 선행 행정행위를 다투지 않은 경우도 있을 수 있다. 이 경우 국민의 권리를 보호하기 위하여 하자의 승계를 인정할 필요가 있다.

하자의 승계의 진정한 취지는 행정행위의 불가쟁력과 구속력이 절대적인 것은 아니며 공익목적이 개인의 권리보호에 양보하여야 하는 상황에서는 그에 대한 예외가 설정되어야 한다는 데 있다(김성수).

(2) 하자의 승계의 전제조건

하자의 승계가 인정되기 위하여는 우선 다음의 전제조건을 충족하여야 한다.

① 선행행위와 후행행위가 모두 항고소송의 대상이 되는 처분이어야 한다. 선행행

위가 처분이 아닌 경우 선행행위의 위법은 당연히 후행처분의 위법이 되는데, 이는 하자의 승계와 구별하여야 한다. ② 선행행위에 취소할 수 있는 위법이 있어야 한다. 선행행위가 무효인 경우에는 후행행위도 당연히 무효이므로 하자의 승계문제가 제기되지 않는다(적법한 건축물에 대한 철거명령은 그 하자가 중대하고 명백하여 당연무효라 할 것이고, 그 후행행위인 건축물철거 대집행계고처분 역시 무효라고 할 것이다(대판 1999. 4. 27, 97누6780〈건축물철거대집행계고처분취소〉). ③ 선행행위에 대해 불가쟁력이 발생하여야 한다. 왜냐하면, 선행행위에 대한 취소기간이 지나지 않은 경우에는 선행행위를 다투어 권리구제를 받을 수 있기 때문이다. ④ 후행행위가 적법하여야 한다. 후행행위가 위법하면 후행행위의 위법을 다투어 권리구제를 받을 수 있기 때문에 하자의 승계를 인정할 필요가 없다.

(3) 하자의 승계의 인정기준 및 인정범위

1) 원 칙

하자의 승계의 인정범위는 행정법관계의 안정성 및 행정의 실효성의 보장이라는 요청과 국민의 권리구제의 요청을 조화하는 선에서 결정되어야 한다.

학설 및 판례는 기본적으로 선·후의 행정행위가 결합하여 하나의 법적 효과를 달성시키는가 아니면 선·후의 행정행위가 서로 독립하여 별개의 법적 효과를 목적으로 하는가에 따라 하자의 승계 여부를 결정한다. 즉 2개 이상의 행정처분이 연속적 또는 단계적으로 이루어지는 경우 선행처분과 후행처분이 서로 합하여 1개의 법률효과를 완성하는 때에는 선행처분에 하자가 있으면 그 하자는 후행처분에 승계된다. 이러한 경우에 선행처분에 불가쟁력이 생겨 그 효력을 다툴 수 없게 되더라도 선행처분의 하자를 이유로 후행처분의 효력을 다툴 수 있다. 그러나 **선행처분과 후행처분이 서로 독립하여 법률효과를 발생시키는 경우**에는 선행처분에 불가쟁력이 생겨 그 효력을 다툴 수 없게 되면 선행처분의 하자가 중대하고 명백하여 선행처분이 당연무효인 경우를 제외하고는 특별한 사정이 없는 한 선행처분의 하자를 이유로 후행처분의 효력을 다툴 수 없는 것이 **원칙**이다(대판 2019. 1. 31, 2017두40372).

판례는 선행 하명처분(예 철거명령, 부과처분)과 후행 집행처분(예 대집행처분(계고, 통지, 비용납부명령), 징수처분(납세고지, 압류처분, 공매처분, 환가처분)) 사이에는 하자의 승계를 인정하지 않는다. 그러나 ① 집행처분 간이나 ② 선행 공시지가결정(개별공시지가결정·표준지공시지가결정)과 후행 과세처분 및 ③ 선행 공시지가결정(표준지공시지가결정)과 후행 수용재결 간에는 하자의 승계를 인정하고 있는 듯하다. 다만, 이행강제금은 시정명령 자체의 이행을 목적으로 하므로(달리 말하면 시정명령은 이행강제금의 기초가 되고, 이행강제금부과처분에 포섭되므로) 선행 시정명령과 후행 이행강제금부과처분 사이에서는 하자가 승계된다고 본다(대판 2020. 12. 24, 2019두55675).

[판례 1] **판례에서 하자의 승계를 인정한 예**로는 선행 계고처분과 후행 대집행영장발부통보처분 사이(대판 1996. 2. 9, 95누12507. 선행처분과 후행처분은 이미 발생된 철거의무의 현실적인 이행이라는 하나의 법률효과를 목적으로 함), 선행 개별공시지가결정과 후행 과세처분 사이(대판 1994. 1. 25, 93누8542), 선행 분묘개장명령과 후행 계고처분 사이(대판 1961. 2. 21, 4293행상31), 선행 계고처분과 후행 대집행비용납부명령 사이(대판 1993. 11. 9, 93누14271), 선행 표준지공시지가결정과 후행 수용재결(보상금 산정) 사이(대판 2008. 8. 21, 2007두13845〈토지보상금〉) 선행 시정명령과 후행 이행강제금부과처분 사이(대판 2020. 12. 24, 2019두55675) 등이 있다.

표준지공시지가결정은 이를 기초로 한 수용재결 등과는 별개의 독립된 처분으로서 서로 독립하여 별개의 법률효과를 목적으로 하지만, 표준지공시지가는 이를 인근 토지의 소유자나 기타 이해관계인에게 개별적으로 고지하도록 되어 있는 것이 아니어서 인근 토지의 소유자 등이 표준지공시지가결정 내용을 알고 있었다고 전제하기가 곤란할뿐만 아니라, **결정된 표준지공시지가가 공시될 보상금 산정의 기준이 되는 표준지의 인근 토지를 함께 공시하는 것이 아니어서 인근 토지 소유자가 표준지의 공시지가가 확정되기 전에 이를 다투는 것은 불가능하다.** 더욱이 장차 어떠한 수용재결 등 구체적인 불이익이 현실적으로 나타나게 되었을 경우에 비로소 권리구제의 길을 찾는 것이 우리 국민의 권리의식임을 감안하여 볼 때, 인근 토지소유자 등으로 하여금 결정된 표준지공시지가를 기초로 하여 장차 토지보상 등이 이루어질 것에 대비하여 항상 토지의 가격을 주시하고 표준지공시지가결정이 잘못된 경우 정해진 시정절차를 통하여 이를 시정하도록 요구하는 것은 부당하게 높은 주의의무를 지우는 것이고, **위법한 표준지공시지가결정에 대하여 그 정해진 시정절차를 통하여 시정하도록 요구하지 않았다는 이유로 위법한 표준지공시지가를 기초로 한 수용재결 등 후행 행정처분에서 표준지공시지가결정의 위법을 주장할 수 없도록 하는 것은 수인한도를 넘는 불이익을 강요하는 것이다.** 따라서 표준지공시지가결정이 위법한 경우에는 그 자체를 행정소송의 대상이 되는 행정처분으로 보아 그 위법 여부를 다툴 수 있음은 물론, **수용보상금의 증액을 구하는 소송에서도 선행처분으로서 그 수용대상 토지 가격 산정의 기초가 된 비교표준지공시지가결정의 위법을 독립한 사유로 주장할 수 있다**(대판 2008. 8. 21, 2007두13845). **[평석]** 2007두13845 판결은 보상금증액청구소송에서 표준지공시지가결정의 위법을 독립한 사유로 주장할 수 있다는 내용의 판례이지만, 실질적으로는 표준지공시지가결정의 하자의 후행처분인 토지수용재결에 대한 승계를 인정한 판례로 평가할 수 있다. 표준지공시지가결정은 개별공시지가결정보다 더욱 예측가능성과 수인가능성이 없다는 점에 비추어 개별공시지가결정의 하자의 승계를 인정하면서 표준지공시지가결정의 하자의 승계를 부인하는 것은 타당하지 않다.

[판례 2] **판례에서 하자의 승계를 인정하지 않은 예**로는 선행 과세처분과 후행 체납처분 사이(대판 1961. 10. 26, 4292행상73), 선행 건물철거명령(철거의무의 발생을 목적으로 함)과 후행 대집행(계고처분(이미 발생된 철거의무를 현실적으로 이행하는 것을 목적으로 함)) 사이(대판 1998. 9. 8, 97누20502), 선행 직위해제처분과 후행 직권면직처분 사이(대판 1971. 9. 29, 71누96(이 사건은 경찰공무원이 가혹행위를 이유로 먼저 직위해제처분을 받고 뒤이어 직권면직처분을 받은 사건이다)), 선행 변상판정과 후행 변상명령 사이(대판 1963. 7. 25, 63누65), 선행 사업인정과 후행 수용재결 사이(대판 1993. 6. 29, 91누2342), 선행 표준지공시지가결정과 후행 개별공시지가결정 사이(대판 1995. 3. 28, 94누12920. 개별공시지가는 표준지공시지가를 기준으로 산정한다. 이 판결에서는 실질적인 기본권 침해의 가능성 여부가 하자의 승계 여부를 결정하는 요인으로 등장하였다), 표준지공시지가결정과 재산세부과처분 사이(대판 2022. 5. 13, 2018두50147), 일정한 경우 선행 개별공시지가와 후행 과세처분 사이(대판 1998. 3. 13, 96누6059: 개별토지가격 결정에 대한 재조사 청구에 따른 감액조정에 대하여 더 이상 불복하지 아니한 경우, 이를 기초로 한 양도소득세 부과처분 취소소송에서 다시 개별토지가격 결정의 위법을 해당 과세처분의 위법사유로 주장할 수 없다고 한 사례) 등이 있다.

[판례 3] 표준지로 선정된 토지의 공시지가에 대하여 불복하기 위해서는 구「지가공시 및 토지 등의 평가에 관한 법률」제 8 조 제 1 항 소정의 이의절차를 거쳐 처분청을 상대로 그 공시지가결정의 취소를 구하는 행정소송을 제기하여야 하는 것이지, **그러한 절차를 밟지 아니한 채 개별토지가격결정을 다투는 소송에서 그 개별토지가격 산정의 기초가 된 표준지공시지가의 위법성을 다툴 수 없다**(대판 1995. 3. 28, 94누12920).

2) 예 외

예외적으로 예측가능성과 수인가능성이 없는 경우, 즉 선행 행정행위의 불가쟁력이나 구속력이 그로 인하여 불이익을 입게 되는 자에게 수인한도를 넘는 가혹함을 가져오며, 그 결과가 당사자에게 예측가능한 것이 아닌 경우에는 선행 행정행위와 후행 행정행위가 서로 독립하여 별개의 효과를 목적으로 하는 경우에도 선행행위의 위법을 후행행위의 위법사유로 주장할 수 있다(대판 1994. 1. 25, 93누8542는 선행처분인 개별공시지가결정의 위법을 후행처분인 과세처분취소소송에서 주장할 수 있다고 한 사례; 대판 2013. 3. 14, 2012두6964는 친일반민족행위진상규명위원회가 원고의 사망한 직계존속을 친일반민족행위자로 결정(선행처분)하였으나, 이를 원고에게 통지하지 않아 원고는 이 사실을 모른 상태에서 그 이후 지방보훈지청장이 원고를 독립유공자법 적용배제자결정(후행처분)을 하자 원고가 후행처분을 다툰 사건).

[판례] 대법원은 기존의 하자승계론에 따라 "**개별공시지가의 결정은 이를 기초로 한 과세처분 등과는 별개의 독립된 처분으로서 서로 독립하여 별개의 법률효과를 목적으로 하는 것**"이라

고 전제하면서, "개별공시지가"는 이를 토지소유자나 이해관계인에게 개별적으로 고지하도록 되어 있는 것이 아니어서 토지소유자 등이 개별공시지가의 결정내용을 알고 있었다고 전제하기도 곤란할 뿐만 아니라 결정된 개별공시지가가 자신에게 유리하게 작용될 것인지 또는 불이익하게 작용될 것인지 여부를 쉽사리 예견할 수 있는 것도 아니며, 더욱이 장차 어떠한 과세처분 등 구체적인 불이익이 현실적으로 나타나게 되었을 경우에 비로소 권리구제의 길을 찾는 것이 우리 국민의 권리의식임을 감안하여 볼 때, 토지소유자 등으로 하여금 결정된 개별공시지가를 기초로 하여 장차 과세처분 등이 이루어질 것에 대비하여 항상 토지의 가격을 주시하고 개별공시지가의 결정이 잘못된 경우 정해진 시정절차를 통하여 이를 시정하도록 요구하는 것은 부당하게 높은 주의의무를 지우는 것이라고 아니할 수 없고, **위법한 개별공시지가의 결정에 대하여 그 정해진 시정절차를 통하여 시정하도록 요구하지 아니하였다는 이유로 위법한 개별공시지가를 기초로 한 과세처분 등 후행 행정처분에서 개별공시지가결정의 위법을 주장할 수 없도록 하는 것은 수인한도를 넘는 불이익을 강요하는 것으로서 국민의 재산권과 재판받을 권리를 보장한 헌법의 이념에도 부합하는 것이 아니라고 할 것**이므로 개별공시지가결정에 위법이 있는 경우에는 그 자체를 행정소송의 대상이 되는 행정처분으로 보아 그 위법 여부를 다툴 수 있음은 물론, **이를 기초로 한 과세처분 등 행정처분의 취소를 구하는 행정소송에서도 선행처분인 개별공시지가결정의 위법을 독립된 사유로 주장할 수 있다.**"고 판시하였다(대판 1994. 1. 25, 93누8542).

이에 반하여 수인가능성이나 예측가능성이 있는 경우에는 선행행위의 위법을 후행행위의 위법사유로 주장할 수 없다(대판 1998. 3. 13, 96누6059).

(4) 하자의 승계의 효과

하자의 승계가 인정되는 경우 선행행위의 위법을 후행행위의 위법사유로 주장할 수 있고, 취소권자는 선행행위의 위법을 이유로 후행행위를 취소할 수 있다.

하자의 승계가 권리보호를 위해 인정되는 것이므로 선행행위의 위법은 내용의 위법으로 한정하는 것이 타당하다.

2. 선행 행정행위의 후행 행정행위에 대한 구속력론

선행행위의 후행행위에 대한 구속력(규준력, 기결력)은 후행 행정행위의 단계에서 후행 행정행위의 전제가 되는 선행 행정행위에 배치되는 주장을 하지 못하는 효력을 말한다.

일부 학설은 선행 행정행위의 후행 행정행위에 대한 구속력을 하자의 승계를 대체하는 이론으로 주장한다. 즉 판례에서와 같이 하자의 승계를 널리 인정하는 것은 타당하지 않으며 선행행위의 후행행위에 대한 구속력의 한계가 인정되는 경우(예 예측가능성과 수인가능성이 없는 경우)에 한하여 선행행위의 위법을 후행행위에서 주장할 수 있다고 한다. 이 견해는 하자승계를 인정하면 행정행위의 불가쟁력을 인정하는 제도의 취지가 무의미해지고, 행정의 실효성이나 법률생활의 안정성이 크게 손상될 수 있다고 주장한다(김남진). 예컨대, 신국제공항이나 고속전철 등과 같은 대형국책사업과 관련한 다단계행정절차에서 하자의 승계론에 따라 이미 불가쟁력이 발생한 선행행위의 하자를 이유로 후행행위의 취소를 인정하면 법적 안정성이 훼손될 수 있다고 본다(정남철, 「한국행정법」, 187면).

구속력의 예외가 인정되는 경우(예측가능성과 수인가능성이 없는 경우) 선행행위의 후행행위에 대한 구속력이 인정되지 않고, 그 결과 선행행위의 위법을 이유로 후행행위를 취소할 수 있다.

3. 하자의 승계론과 구속력론의 관계 및 적용

(1) 학 설

선행행위의 위법을 이유로 후행행위를 위법한 것으로 볼 수 있는지에 관하여 하자의 승계론과 구속력론을 상호 배타적인 이론으로서 둘 중의 하나만 적용하여야 한다는 견해(배타적 적용설)와 하자의 승계론과 구속력론은 상호 별개의 목적과 성질을 갖는 이론으로서 중첩적으로 적용될 수 있다는 견해(중첩적용설)가 있다. 그리고 배타적 적용설에는 하자의 승계론이 타당하다는 견해와 구속력론이 타당하다는 견해가 있다.

(2) 판 례

판례는 원칙상 하자의 승계론에 따라 선행행위의 위법의 후행행위에의 승계 여부를 판단하고 있다.

다만 판례는 선행처분의 하자를 이유로 후행처분의 효력을 다툴 수 없게 하는 것이 당사자에게 수인한도를 넘는 불이익을 주고 그 결과가 당사자에게 예측가능한 것이라고 할 수 없기 때문에 선행처분의 후행처분에 대한 구속력을 인정할 수 없다고 보고, 그러므로 선행처분의 위법을 이유로 후행처분의 효력을 다툴 수 있다고 보고 있다(대판 1994. 1. 25, 93누8542; 대판 2013. 3. 14, 2012두6964〈독립유공자법적용배제결정처분취소〉). 이 판례의 해석과 관련하여 이 판례가 하자의 승계를 확대하였다는 견해(하자의 승계확대설)와 이 판례가 구속력이론에 입각하여 선행행위의 위법을 이유로 후행행위의 위법을 주장할 수 있다고 보았다는 견해(구속력설)가 대립하고 있다. 생각건대, 판결문에서 구속력이라는 용어를 사용하고 있고, 설시한 법리도 구속력론의 법리인 점에 비추어 **구속력설**이 타당하다.

(3) 결 어

하자의 승계론과 구속력론은 별개의 이론이므로 중첩적으로 적용될 수 있는 것으로 보는 것이 타당하다(중첩적용설).

V. 흠 있는 행정행위의 치유와 전환 [2003 행시 약술]

1. 하자의 치유 [1998 행시 사례, 2008 행시(재경직) 사례, 2008 감평 사례, 2014 변시 사례, 2014 경감승진 약술]

(1) 개 념

하자의 치유란 성립 당시에 적법요건을 결한 흠 있는 행정행위라 하더라도 사후에 그 흠의 원인이 된 적법요건을 보완하거나 그 흠이 취소사유가 되지 않을 정도로 경미해진 경우에 그의 성립 당시의 흠에도 불구하고 하자 없는 적법한 행위로 그 효력을 그대로 유지시키는 것을 말한다.

(2) 인정근거

하자의 치유는 행정행위의 무용한 반복을 피함으로써 행정경제를 도모하기 위하여 인정된다. 행정행위의 하자가 보완된 경우에 처분시의 위법을 이유로 취소를 하더라도 행정청이 동일한 처분을 다시 내릴 수 있는 경우가 하자의 치유가 인정되어야 하는 전형적인 경우이다.

(3) 인정범위와 한계

1) 일반적 기준

하자 있는 행정행위의 치유는 행정행위의 성질이나 법치주의의 관점에서 볼 때 원칙적으로 허용될 수 없는 것이고, 예외적으로 행정행위의 무용한 반복을 피하고 당사자의 법적 안정성을 위해 이를 허용할 수 있는 것인데 이때에도 다른 국민의 권리나 이익을 침해하지 않는 범위에서 구체적 사정에 따라 합목적적으로 인정하여야 할 것이다(대판 1983. 7. 26, 82누420). 예를 들면, 경원관계에 있는 자가 제기한 허가처분의 취소소송에서 인근주민의 동의를 받아야 하는 요건을 결여하였다가 처분 후에 동의를 받은 경우에 하자의 치유를 인정하는 것은 원고에게 불이익하게 되므로 이를 허용할 수 없다(대판 1992. 5. 8, 91누13274).

따라서 하자의 치유는 하자의 종류에 따라 하자의 치유를 인정함으로써 달성되는 이익과 그로 인하여 발생하는 불이익을 비교형량하여 개별적으로 결정하여야 한다.

2) 하자의 치유사유

하자의 치유가 인정되는 사유로는 흠결된 요건의 사후보완이 있다. 예를 들면, 무권대리의 사후추인, 처분의 절차 또는 형식의 사후보완, 불특정 목적물의 사후특정, 이유의 사후제시가 있다.

판례는 내용상 하자는 치유가 가능하지 않은 것으로 본다(대판 1991. 5. 28, 90누1359).

3) 개별적 검토

가. 수익적 행정행위의 흠결 수익적 행정행위의 흠결은 언제든지 보정되면 치유될 수 있다고 보아야 한다.

나. 의견진술절차의 하자 의견진술절차의 하자는 원칙상 하자가 치유되지 않는다고 보아야 한다. 왜냐하면 의견진술절차는 행정행위가 행하여지기 전에 인정되어야 처분 전에 방어기회를 준다는 등의 인정이유를 충족시킬 수 있기 때문이다. 다만, 의견진술 자체의 흠결이 아니라 의견진술통지기간의 불준수와 같은 의견진술절차상의 하자는 처분 전에 이해관계인에게 방어의 기회를 준다는 의견진술절차의 인정근거를 위태롭게 하지 않는 한도 내에서는 치유된다고 보아야 한다. 예를 들면, 청문통지기간의 불준수로 청문준비기간이 법정기간보다 조금 모자라지만 자기방어를 위한 준비에 큰 곤란한 점이 없었다면 청문통지기간의 불준수의 하자는 치유된다고 보아야 한다(대판 1992. 10. 23, 92누2844).

다. 이유 등의 사후제시 이유제시의 하자의 보완으로 인한 하자의 치유가 어느 시점까지 가능한지에 관하여 견해(① 행정쟁송제기전으로 보는 학설, ② 행정소송제기전으로 보는 학설, ③ 쟁송종결시로 보는 학설)가 대립되고 있다.

판례는 행정쟁송제기전으로 보는 학설을 취하고 있다. 즉 이유제시의 하자를 치유하려면 늦어도 처분에 대한 불복(행정쟁송) 여부의 결정 및 불복신청에 편의를 줄 수 있는 상당한 기간 내에 하여야 한다고 하고 있다(대판 1983. 7. 26, 82누420〈법인세 등 부과처분취소〉). 생각건대, 행정쟁송제기전으로 보는 학설이 타당하다.

라. 무효인 행정행위와 하자의 치유 하자의 치유는 행정행위의 존재를 전제로 하여 그 흠을 치유하여 흠이 없는 행정행위로 하는 것이므로 무효인 행정행위의 치유는 인정될 수 없다는 부정설이 통설이며 판례의 입장이다(대판 1997. 5. 28,

96누5308).

[판례] **당연무효인 국가공무원 임용행위의 치유 사유**: 원고가 국가공무원으로 임용된 뒤 명예퇴직하였으나, **임용 전에 당시 국가공무원법상의 임용결격사유가 있었으면 국가가 과실에 의하여 이를 밝혀내지 못하였다고 하더라도 그 임용행위는 당연무효이고 그 하자가 치유되는 것은 아니어서** 퇴직급여청구신청을 반려하는 처분은 적법하다(대판 1996. 4. 12, 95누18857. 이 사건은 임용결격사유가 있었던 공무원이 퇴직급여 부지급 처분의 취소를 구한 사건이다).

(4) 하자의 치유의 효과

행정행위의 하자가 치유되면 해당 행정행위는 처분시부터 하자가 없는 적법한 행정행위로 효력을 발생하게 된다.

2. 하자 있는 행정행위의 전환

(1) 개 념

행정행위의 전환이란 행정행위가 본래의 행정행위로서는 무효이나 다른 행정행위로 보면 그 요건이 충족되는 경우에 흠 있는 행정행위를 흠 없는 다른 행정행위로 인정하는 것을 말한다(예 사망자에 대한 귀속재산의 불하처분을 상속인에게 송달한 경우 새로운 처분으로 인정하는 경우).

[판례] **사망한 귀속재산 수불하자(受拂下者: 불하를 받은 자)에 대하여 한 불하처분의 취소처분을 그 상속인에게 송달한 효력**: 귀속재산을 불하받은 자가 사망한 후에 그 수불하자에 대하여 한 그 불하처분은 사망자에 대한 행정처분이므로 무효이지만 **그 취소처분을 수불하자의 상속인에게 송달한 때에는 그 송달시에 그 상속인에 대하여 다시 그 불하처분을 취소한다는 새로운 행정처분을 한 것이라고 할 것**이다(대판 1969. 1. 21, 68누190〈서울 남산세무서장의 불하처분취소(매매계약처분취소)를 다툰 소송〉).

하자의 전환은 행정의 법적 안정성을 위하고 행정의 무용한 반복을 피하기 위하여 인정된다.

(2) 요 건

하자 있는 행정행위의 전환이 인정되기 위하여는 다음과 같은 엄격한 요건을 갖추어야 한다. ① 하자 있는 행정행위와 전환되는 행정행위가 동일한 목적을 가져야 한다. ② 하자 있는 행정행위와 전환하려고 하는 다른 행정행위의 처분청, 절차, 형식이 동일하여야 한다. ③ 전환되는 행정행위의 성립, 발효요건, 적법요건을 갖추고 있어야 한다. ④ 하자 있는 행정행위를 한 행정청의 의도에 반하는 것이 아니어야 한다. 달리 말하면 행정청이 본래의 행정행위의 위법성을 알았더라면 해당 행정청이 전환되는 행정행위와 같은 내용의 처분을 하였을 것이 인정되어야 한다. ⑤ 당사자가 그 전환을 의욕하는 것으로 인정되어야 한다. 달리 말하면 당사자에게 불이익한 법적 효과를 초래하지 않아야 한다. ⑥ 제 3 자의 권익을 침해하지 않아야 한다. ⑦ 기속행위를 재량행위인 행위로 전환하여서는 안 된다. 왜냐하면 그것을 인정한다면 처분청의 재량권을 침해하는 것이 되기 때문이다. 달리 말하면 법원이 처분청의 재량권을 행사하는 결과를 가져오기 때문이다.

(3) 인정범위

행정행위의 전환은 무효인 행정행위에 대하여만 인정된다는 견해와 무효인 행위뿐만 아니라 취소할 수 있는 행정행위에도 인정된다는 견해가 있다.

(4) 효 과

무효의 전환이 인정되면 새로운 행정행위가 발생한다. 즉 하자 있는 행정행위는 전환된 행정행위로서 효력이 발생한다. **전환의 법적 성질**에 대해서는 ① 단순한 확인에 지나지 않는 순수한 인식행위로 보는 견해와 ② 전환 여부에 대한 행정청의 별도의 결정에 근거하여 이루어지기 때문에 행정행위의 성격을 갖는다는 견해(정하중)로 나뉘고 있다.

전환된 행정행위에 대하여는 행정쟁송을 제기할 수 있고, 불복기간은 전환행위가 있음을 안 날로부터 90일 이내이다.

제 8 절 행정행위의 취소, 철회와 변경

일단 유효하게 성립한 행정행위의 효력을 상실(폐지)시키는 것으로 행정행위의 취소와 철회가 있다.

행정행위의 취소란 위법한 행정행위의 효력을 상실시키는 것을 말하고, **행정행위의 철회**란 적법한 행정행위를 사정변경에 따라 장래에 향하여 효력을 소멸시키는 것을 말한다.

처분에 대한 취소·철회·변경의 신청권은 원칙상 인정되지 않지만, 명문의 규정에 따라 또는 조리상 취소·철회·변경의 신청권이 인정된다. 그런데 불가쟁력이 발생한 처분에 대한 취소·철회·변경의 신청권은 특히 제한적으로 인정된다(대판 2007. 4. 26, 2005두11104).

[판례] **행정행위의 취소사유와 철회사유의 구별기준: 행정행위의 취소**는 일단 유효하게 성립한 행정행위를 그 행위에 위법 또는 하자가 있음을 이유로 소급하여 그 효력을 소멸시키는 별도의 행정처분이고, **행정행위의 철회**는 적법요건을 구비하여 완전히 효력을 발하고 있는 행정행위를 사후적으로 그 행위의 효력의 전부 또는 일부를 장래를 향해 소멸시키는 행정처분이므로, **행정행위의 취소사유**는 행정행위의 성립 당시에 존재하였던 하자를 말하고, **철회사유**는 행정행위가 성립된 이후에 새로이 발생한 것으로서 행정행위의 효력을 존속시킬 수 없는 사유를 말한다(대판 2003. 5. 30, 2003다6422; 대판 2006. 5. 11, 2003다377969).

Ⅰ. 행정행위의 취소 [2018 경감승진 약술〈행정행위의 직권취소〉, 2018 행정(5급공채)]

행정기본법

제18조(위법 또는 부당한 처분의 취소) ① 행정청은 위법 또는 부당한 처분의 전부나 일부를 **소급하여 취소**할 수 있다. 다만, 당사자의 신뢰를 보호할 가치가 있는 등 정당한 사유가 있는 경우에는 장래를 향하여 취소할 수 있다.

② 행정청은 제 1 항에 따라 당사자에게 권리나 이익을 부여하는 처분을 취소하려는 경우에는 취소로 인하여 당사자가 입게 될 **불이익을 취소로 달성되는 공익과 비교·형량(衡量)**하여야 한다. 다만, 다음 각 호의 어느 하나에 해당하는 경우에는 그러하지 아니하다.

1. 거짓이나 그 밖의 부정한 방법으로 처분을 받은 경우
2. 당사자가 처분의 위법성을 알고 있었거나 중대한 과실로 알지 못한 경우

행정행위의 취소에는 쟁송취소와 직권취소가 있다. 쟁송취소는 행정심판법 및 행정소송법의 문제이므로 쟁송취소에 관한 것은 후술하기로 한다.

「행정기본법」 제18조 제 1 항은 위법 또는 부당한 처분의 직권취소를 명확하게 규정하고 있다.

1. 취소의 개념

행정행위의 취소는 광의로는 하자 있는 행정행위의 효력을 상실시키는 것을 말하며 직권취소와 함께 쟁송취소를 포함한다. 이에 대하여 행정행위의 취소는 협

의로는 직권취소만을 의미한다.

직권취소와 쟁송취소는 모두 하자 있는 행정행위의 효력을 상실시킨다는 점에서는 **공통점**을 갖지만 취소의 본질, 목적, 내용 및 효과 등에서 **상이**하므로 오늘날 쟁송취소와 직권취소를 구별하는 것이 일반적이다.

2. 취소의 법적 근거

행정청은 위법 또는 부당한 처분의 전부나 일부를 소급하여 취소할 수 있다. 다만, 당사자의 신뢰를 보호할 가치가 있는 등 정당한 사유가 있는 경우에는 장래를 향하여 취소할 수 있다(행정기본법 제18조 제 1 항).

처분청은 자신이 한 위법 또는 부당한 처분을 법적 근거 없이 취소할 수 있는 것으로 보는 것이 **판례의 입장**(대판 2002. 5. 28, 2001두9653)이며 학설에도 이론(異論)이 없다.

3. 취소권자

행정처분을 취소할 수 있는 권한은 **해당 행정처분을 한 처분청**에게 속하고, 해당 행정처분을 할 수 있는 적법한 권한을 가지는 행정청에게 그 취소권이 귀속되는 것이 아니다(대판 1984. 10. 10, 84누463).

감독청이 법적 근거가 없는 경우에도 감독권에 근거하여 피감독청의 처분을 취소할 수 있는가에 대하여는 견해가 대립되고 있다. 그런데 감독청의 취소권을 인정한 법률이 적지 않다. 특히 「행정권한의 위임 및 위탁에 관한 규정」(대통령령)은 감독청인 위임청에게 처분청인 수임청의 처분을 취소할 수 있는 권한을 인정하고 있다.

4. 취소사유

행정행위의 흠, 즉 **위법 또는 부당**이 취소사유가 된다. 취소사유인 행정행위의 하자(위법 또는 부당)는 **행정처분시**를 기준으로 한다. 행정행위의 '취소사유'는 원칙적으로 **행정행위의 성립 당시에 존재하였던 하자**를 말한다(대판 2018. 6. 28, 2015두58195).

흠이 있으나 이미 치유된 경우에는 취소의 대상이 되지 않는다.

5. 취소의 제한

행정행위의 취소에 있어서는 행정행위를 취소하여 달성하고자 하는 이익과 행정행위를 취소함으로써 야기되는 신뢰에 기초하여 형성된 이익의 박탈을 형량하여 전자가 큰 경우에 한하여 취소가 인정된다고 보아야 한다. 이 원칙을 **이익형량의 원칙**이라 한다.

행정청은 당사자에게 권리나 이익을 부여하는 처분(수익적 처분)을 취소하려는 경우에는 취소로 인하여 당사자가 입게 될 불이익을 취소로 달성되는 공익과 비교·형량(衡量)하여야 한다. 다만, 다음 각 호의 어느 하나에 해당하는 경우에는 그러하지 아니하다. 1. 거짓이나 그 밖의 부정한 방법으로 처분을 받은 경우, 2. 당사자가 처분의 위법성을 알고 있었거나 중대한 과실로 알지 못한 경우(행정기본법 제18조 제 2 항). "**취소로 인하여 당사자가 입게 될 불이익**"이란 "취소로 인하여 당사자가 입게 될 기득권과 신뢰보호 및 법률생활의 안정의 침해 등 불이익"을 말한다(대판 2014. 11. 27, 2013두16111). **「행정기본법」 제18조 제 2 항 단서**에 따르면 당사자에게 동조의 귀책사유가 있는 경우 이익형량 없이 취소처분을 하는 것이 가능하다. 그러나 비례원칙은 헌법원칙이므로 해당 취소처분이 비례원칙에 반하면 위헌·위법이다.

이익형량을 함에 있어서는 부여된 수익의 박탈로 인하여 수익자가 받는 불이익, 상대방의 신뢰의 정도, 공동체나 제 3 자에 대한 영향, 위법성의 정도, 행정처분 후의 시간의 경과 등을 고려하여야 한다. 행정행위의 하자가 수익자에게 책임있는 사유에 기인하는 경우에는 수익자의 신뢰이익은 고려되지 않는다. 이러한 **수익적 행정처분의 취소 제한에 관한 법리**(수익적 행정처분에 대한 취소권 등의 행사는 기득권의 침해를 정당화할 만한 중대한 공익상의 필요 또는 제 3 자의 이익보호의 필요가 있는 때에 한하여 허용될 수 있다는 법리)는, **처분청이 수익적 행정처분을 직권으로 취소하는 경우에 적용되는 법리일 뿐 쟁송취소의 경우에는 적용되지 않는다**(대판 2019. 10. 17, 2018두104).

전술한 바와 같이 실권의 법리에 따라 취소가 제한되는 경우가 있다.

수익적 행정행위가 상대방에게 귀책사유가 없는 하자를 이유로 취소된 경우에는 그로 인하여 상대방이 받는 손실은 보상되어야 한다.

6. 취소절차

직권취소는 법령에 규정이 없는 한 특별한 절차를 요하지 않으며 **행정절차법의 적용**을 받는다. 수익적 행정행위의 취소는 권리를 제한하는 처분이므로 취소의 상대방에 대하여 사전에 통지하고(행정절차법 제21조), 의견제출의 기회를 주어야 한다. 다만, 개별법에서 청문이나 공청회를 개최하도록 하고 있는 경우에는 청문이나 공청회의 개최만 하면 된다(법 제22조 제 2 항).

7. 취소의 종류

행정청은 전부취소 또는 일부취소를 선택할 수 있고, 소급효 있는 취소 또는 소급하지 않는 취소를 결정할 수 있다.

일부취소는 행정행위가 가분(可分)적인 경우에 가능하다. 예를 들면 건물 전체에 대한 철거명령 중 건물 일부 부분만에 대한 취소는 건물 일부의 철거가 가능한 경우에 한한다.

8. 취소의무

직권취소 여부는 원칙상 행정청의 재량에 속하지만, 위법한 원행정행위의 존속으로 국민의 중대한 기본권이 침해되는 경우에는 해당 원행정행위를 취소하여야 한다.

9. 취소의 효과

취소된 처분은 **대세적(對世的)으로** 효력을 상실한다.

행정청은 위법 또는 부당한 처분의 전부나 일부를 **소급하여 취소**할 수 있다. 다만, 당사자의 신뢰를 보호할 가치가 있는 등 정당한 사유가 있는 경우에는 **장래를 향하여 취소**할 수 있다(행정기본법 제18조 제 1 항).

직권취소의 소급효 또는 불소급효는 구체적인 사건마다 이익형량의 결과에 따라 결정된다. ① 부담적 행정행위의 취소는 원칙상 소급효가 있는 것으로 보아야 한다. ② 직권취소의 대상이 수익적 행정행위인 경우에 일반적으로 말하면 상대방에게 귀책사유가 없는 한 취소의 효과가 소급하지 않는 것이 원칙이다. 다만, 취소의 소급효를 인정하지 않으면 심히 공익에 반하는 경우에는 상대방에게 귀책사유가 없는 경우에도 소급효를 인정하여야 할 것이다. 상대방에게 귀책사유가 있는 경우 처분시까지 또는 처분 이후 일정한 시점까지 소급효 있는 취소가 가능하다.

계속적 급부부여결정의 취소가 소급효를 갖는 경우에는 이미 지급한 급부는 법적 근거를 상실하고 따라서 부당이득이 되므로 행정청에게 반환되어야 한다. 이에 반하여 계속적 급부부여결정의 취소가 소급효를 갖지 않는 경우에는 이미 수여된 급부는 법적 근거를 가지므로 반환되지 않으며 장래에 향하여 급부가 행해지지 않는 것으로 된다.

③ 이중효과적 행정행위에서는 행정행위의 상대방 및 제 3 자의 이익상황 및 귀책사유에 따라 취소의 소급효 여부 및 정도가 결정된다.

10. 취소의 취소 [2009 입법고시 사례]

(1) 직권취소의 취소

침익적 행정행위의 취소의 경우 해당 침익적 행정행위는 확정적으로 효력을 상실하므로 취소의 취소가 불가능하다(대판 2002. 5. 28, 2001두9653).

그러나 수익적 행정행위의 경우 해당 수익적 행정행위의 취소가 취소되면 원 행정행위가 소급적으로 원상회복되는 이익이 있으므로 취소의 취소를 인정하는 것이 타당하다. 다만, 수익적 행정행위의 취소 후 이해관계 있는 제 3 자의 권익이 새롭게 형성된 경우에는 취소권 제한의 법리인 이익형량의 원칙이 적용된다.

(2) 쟁송취소의 취소

취소재결은 준사법적 행정행위로서 불가변력이 인정되므로 직권취소는 인정될 수 없다. 다만, 허가 등 수익적 행정행위의 취소재결에 대해 수익적 행정행위의 상대방은 취소소송을 제기할 수 있고 취소재결이 위법한 경우 취소판결이 내려진다.

취소판결이 확정된 경우에는 재심을 통하여서만 취소할 수 있다.

(3) 취소의 취소의 효과

행정행위의 취소가 취소되면 취소가 없었던 것이 되므로 원행정행위는 애초부터 취소되지 않은 것으로 된다.

11. 급부처분의 직권취소 후 환수처분

수익적 행정행위가 소급적으로 직권취소되면 **특별한 규정이 없는** 한, 이미 받은 이익은 부당이득이 되는 것이므로 부당이득반환청구가 가능한 것으로 볼 수 있다.

그런데 잘못 지급된 보상금 등 급부의 환수를 위해서 **별도의 환수처분을 하여야 하는 것으로 규정되어 있는 경우**(예 특수임무자보상금 환수처분 등)가 있다. **판례**에 따르면 이 경우에는 잘못 지급된 보상금 등에 해당하는 금액을 징수하는 처분을 해야 할 공익상 필요와 그로 인하여 당사자가 입게 될 기득권과 신뢰의 보호 및 법률생활 안정의 침해 등의 불이익을 **비교·교량**한 후, 공익상 필요가 당사자가 입게 될 불이익을 정당화할 만큼 강한 경우에 한하여 보상금 등을 받은 당사자로부터 잘못 지급된 보상금 등에 해당하는 금액을 환수하는 처분을 하여야 한다(대판 2014. 10. 27, 2012두17186). 즉 **판례는 신뢰보호의 견지에서 부당이득의 환수를 제한하고** 있다. 부당이득의 환수는 이익형량을 전제로 하므로 **특별한 규정이 없는 한 재량행**위로 보는 것이 타당하다.

[판례] [특례노령연금지급결정 직권취소 및 환수처분 취소 사건] (1) 연금지급결정을 취소하는 처분과 그 처분에 기초하여 잘못 지급된 급여액에 해당하는 금액을 환수하는 처분이 적법한지를 판단함에 있어 비교·교량할 각 사정이 동일하다고는 할 수 없으므로, **연금지급결정을 취소하는 처분이 적법하다고 하여 환수처분도 반드시 적법하다고 판단하여야 하는 것은 아니다**(대법원 2014. 7. 24, 선고 2013두27159 판결 참조). (2) 환수처분은 위법하다고 판단한 반면, 이 사건 직권취소 처분은 적법하다고 판단한 사례(대판 2017. 3. 30, 2015두43971).

수익적 행정행위의 직권취소에서의 소급효 제한법리에 따라 급부 상대방에게 귀책사유(고의 또는 중과실)가 없는 경우에 환수처분은 인정되지 않는다고 보아야 한다.

Ⅱ. 행정행위의 철회 [2007 행시(일반행정) 사례, 2011 경감승진 약술]

> 행정기본법
>
> 제19조(적법한 처분의 철회) ① 행정청은 적법한 처분이 다음 각 호의 어느 하나에 해당하는 경우에는 그 처분의 전부 또는 일부를 장래를 향하여 철회할 수 있다.
>
> 1. 법률에서 정한 철회 사유에 해당하게 된 경우
> 2. 법령등의 변경이나 사정변경으로 처분을 더 이상 존속시킬 필요가 없게 된 경우
> 3. 중대한 공익을 위하여 필요한 경우
>
> ② 행정청은 제 1 항에 따라 처분을 철회하려는 경우에는 철회로 인하여 당사자가 입게 될 불이익을 철회로 달성되는 공익과 비교·형량하여야 한다.

1. 행정행위의 철회의 의의 [2008 행시(일반행정) 사례]

행정행위의 철회란 적법하게 성립한 행정행위의 효력을 성립 후에 발생한 근거법령의 변경 또는 사실관계의 변경 등 새로운 사정으로 인하여 공익상 그 효력을 더 이상 존속시킬 수 없는 경우에 본래의 행정행위의 효력을 장래에 향하여 상실시키는 독립된 행정행위를 말한다.

철회는 그 대상이 하자 없는 행정행위라는 점에서 그 대상이 하자 있는 행정행위인 취소와 구별된다. 그러나 실정법상으로는 철회라는 용어를 사용하는 경우는 많지 않고 철회에 해당하는 경우도 취소라는 용어를 사용하는 경우가 많다.

행정행위의 철회제도 그것이 사인의 의무위반을 사유로 할 때에는 의무이행 확보 또는 위법행위 억제의 기능을 갖는다(鹽野 宏, 175쪽).

2. 철회권자

철회는 성질상 새로운 처분을 하는 것과 같기 때문에 처분청만이 이를 행할 수 있다고 보아야 한다.

[판례] (1) 행정청의 행정행위 취소가 있더라도 취소사유의 내용, 경위 기타 제반 사정을 종합하여 명칭에도 불구하고 행정행위의 효력을 장래에 향해 소멸시키는 행정행위의 철회에 해당하는지 살펴보아야 한다. (2) 주무관청의 甲 사회복지법인에 대한 기본재산처분 허가에 따라 乙 회사에 처분되어 소유권이전등기까지 마쳐진 이후 주무관청이 허가를 취소하였더라도, 허가를 취소하면서 내세운 취소사유가 허가 당시에 존재하던 하자가 아니라면, 그 명칭에도 불구하고 법적 성격은 허가의 '철회'에 해당할 여지가 있어 그 전에 이루어진 甲 법인과 乙 회사의 부동산 매매계약과 이를 원인으로 마쳐진 乙 회사의 소유권 이전등기는 허가 취소에도 불구하고 여전히 유효하다고 볼 수 있는 여지가 있다고 한 사례(대결 2022. 9. 29, 2022마118). **[해설]** 주무관청의 甲 사회복지법인에 대한 기본재산처분 허가는 학문상 인가에 해당한다. 허가를 취소하면서 내세운 취소사유가 허가 당시에 존재하던 하자이면 학문상 취소이고, 그 취소사유가 허가 당시에 존재하던 하자가 아니라 후발적인 것이라면, 그 명칭에도 불구하고 법적 성격은 허가의 '철회'에 해당한다.

3. 철회원인(철회사유) [2014 행시 사례]

「행정기본법」에 따르면 행정청은 적법한 처분이 다음 각 호(1. 법률에서 정한 철회 사유에 해당하게 된 경우, 2. 법령등의 변경이나 사정변경으로 처분을 더 이상 존속시킬 필요가 없게 된 경우, 3. 중대한 공익을 위하여 필요한 경우)의 어느 하나에 해당하는 경우에는 그 처분의 전부 또는 일부를 장래를 향하여 철회할 수 있다(행정기본법 제19조 제1항).

철회는 '철회의 대상이 되는 적법한 행정행위가 행해진 후 공익상 행정행위의 효력을 더 이상 존속시킬 수 없는 새로운 사정이 발생한 경우'에 행해질 수 있다.

철회사유 중 중요한 것을 보면 다음과 같다. ① 원행정행위가 근거한 사실적 상황 또는 법적 상황의 변경으로 현재의 사정하에서 원행정행위를 하면 위법이 되는 경우(예 수익처분을 함에 있어 신청권자에게 요구되는 허가요건이 사후적으로 충족되지 않는 경우, 법령의 개폐에 의해 현재의 사정하에서 원행정행위를 해 줄 수 없는 경우). ② 상대방의 유책행위에 대한 제재로서의 철회(예 법령 위반, 의무 위반, 부담의 불이행). 수익처분을 받은 자가 수권법령 또는 관계법령을 위반한 경우, 수익처분을 받은 자가 수익처분의 근거법령에서 정하는 의무를 위반한 경우, 부관으로 부과된 부담을 이행하지 않는 경우. ③ 철회권의 유보. ④ 그 밖에 철회하여야 할 보다 우월한 공익의 요구가 존재하는 경우. 다만, 기속행위의 경우 법치행정의 원칙상 단순한 공익만을 이유로 하여서는 철회할 수 없다고 보아야 한다.

4. 철회의 법적 근거 [1997 행시 논술]

행정청은 적법한 처분이 다음 각 호의 어느 하나에 해당하는 경우에는 그 처분의 전부 또는 일부를 장래를 향하여 철회할 수 있다. 1. 법률에서 정한 철회 사유에 해당하게 된 경우, 2. 법령등의 변경이나 사정변경으로 처분을 더 이상 존속시킬 필요가 없게 된 경우, 3. 중대한 공익을 위하여 필요한 경우(행정기본법 제19조 제 1 항).

행정행위의 철회사유가 존재하는 경우에 그것만으로 별도의 법적 근거 없이 철회할 수 있다는 **법적 근거불필요설이 판례와 다수설**이다. 그 논거는 다음과 같다: ① 원행정행위의 수권규정은 철회의 근거규정으로 볼 수 있다. ② 행정은 항상 공익을 실현하고 정세변화에 적응하여야 하므로 이를 보장하기 위하여 처분청에게 철회권을 인정할 필요가 있다(대판 2002. 11. 26, 2001두2874).

이에 대하여 법적 근거필요설은 철회는 그 자체가 공익목적을 실현하기 위하여 행하여지는 하나의 새로운 행정행위이므로 법률유보의 원칙상 법률에 근거가 있어야 한다고 본다. 법치주의하에서 공익목적만으로 행정권이 행사될 수는 없다고 본다(홍정선, 정하중). 이 견해가 타당하다.

철회권이 유보된 경우에는 수익적 행정행위의 철회에 있어서도 법적 근거가 필요하지 않다는 데 이견(異見)이 없다. 왜냐하면 원행정행위를 하는 처분청이 수권의 범위 내에서 철회권의 유보를 조건으로 원행정행위를 하였기 때문이다.

5. 철회의 제한 [2011 행시(일반행정직) 사례, 2014 행시 사례, 2016 행시 사례, 2016 변시]

행정청은 제 1 항에 따라 처분을 철회하려는 경우에는 철회로 인하여 당사자가 입게 될 불이익을 철회로 달성되는 공익과 비교·형량하여야 한다(행정기본법 제

19조 제 2 항).

모든 철회는 비례의 원칙, 신뢰보호의 원칙, 평등의 원칙 등 법의 일반원칙에 의해 제한된다.

(1) 이익형량의 원칙

비례의 원칙은 철회시에도 적용된다. 철회시에는 철회를 할 공익상 필요와 철회로 인하여 상대방 등 관계인에게 가해지는 불이익을 형량하여 철회를 할 공익상 필요가 큰 경우에 한하여 철회는 적법하게 된다. 이를 철회시의 **이익형량의 원칙**이라 한다. 예를 들면, 경미한 의무 위반에 대하여 상대방에게 중대한 이익을 주는 수익처분을 철회하는 것은 비례의 원칙에 반한다.

철회권이 유보된 경우의 철회에도 이익형량의 원칙은 적용된다.

[판례] **음주운전을 이유로 한 운전면허취소처분의 적법성 판단기준**: 오늘날 자동차가 대중적인 교통수단이고 그에 따라 대량으로 자동차운전면허가 발급되고 있는 상황이나 음주운전으로 인한 교통사고의 증가 및 그 결과의 참혹성 등에 비추어 보면 음주운전으로 인한 교통사고를 방지할 공익상의 필요는 더욱 강조되어야 하고 운전면허의 취소에 있어서는 일반의 수익적 행정행위의 취소와는 달리 **그 취소로 인하여 입게 될 당사자의 불이익보다는 이를 방지하여야 하는 일반예방적 측면이 더욱 강조되어야 할 것**이다(대판 2006. 2. 9, 2005두13087: 제 2 종 원동기장치자전거면허, 제 2 종 보통운전면허, 제 1 종 보통운전면허 및 제 1 종 대형운전면허를 취득하고 화물운송업에 종사해 오던 3급 장애인이 아파트 입구 앞 도로상에서 혈중 알코올농도 0.146%의 술에 취한 상태에서 승용차를 운전하였다는 이유로 위 운전면허를 모두 취소한 처분을 한 것이 재량권의 범위를 일탈하였거나 재량권을 남용한 것이라 볼 수는 없다고 판단한 사례).

(2) 신뢰보호의 원칙 [2011 사시 사례]

철회사유가 발생한 후 상당한 기간이 지난 경우에는 철회하지 않을 것에 신뢰가 형성된다. 따라서 이 경우에 상대방에게 귀책사유(철회가능성을 알고 있었거나 중대한 과실로 알지 못한 것)가 없는 한 신뢰보호의 원칙이 적용된다. 신뢰이익이 있는 경우 이익형량에 신뢰이익을 포함시켜야 한다. 다만, 철회권이 유보된 경우 신뢰보호의 원칙은 적용되지 않는다. 왜냐하면 철회권이 유보된 경우에는 원행정행위가 철회될 수 있는 가능성이 있다는 것이 당사자에게 고지되어 상대방이 철회의 가능성을 알고 있기 때문이다.

또한 일단 행정처분이 행해지면 처분의 존속에 대한 신뢰가 형성된다(대판

2000. 2. 25, 99두10520).

[판례 1] 교통사고가 일어난 지 1년 10개월이 지난 뒤 그 교통사고를 일으킨 택시에 대하여 운송사업면허를 취소하였더라도 처분관할관청이 위반행위를 적발한 날로부터 10일 이내에 처분을 하여야 한다는 교통부령인 자동차운수사업법 제31조 등의 규정에 의한 사업면허의 취소 등의 처분에 관한 규칙 제 4 조 제 2 항 본문을 강행규정으로 볼 수 없을 뿐만 아니라 **택시운송사업자로서는 자동차운수사업법의 내용을 잘 알고 있어 교통사고를 낸 택시에 대하여 운송사업면허가 취소될 가능성을 예상할 수도 있었을 터이니, 자신이 별다른 행정조치가 없을 것으로 믿고 있었다 하여 바로 신뢰의 이익을 주장할 수는 없으므로** 그 교통사고가 자동차운수사업법 제31조 제 1 항 제 5 호 소정의 "중대한 교통사고로 인하여 많은 사상자를 발생하게 한 때"에 해당한다면 그 운송사업면허의 취소가 행정에 대한 국민의 신뢰를 저버리고 국민의 법생활의 안정을 해치는 것이어서 재량권의 범위를 일탈한 것이라고 보기는 어렵다(대판 1989. 6. 27, 88누6283).

[판례 2] 선행처분인 여수경찰서장의 면허정지처분은 비록 그와 같은 처분이 도로교통법 시행규칙 제53조 제 1 항 [별표 16]에서 정한 행정처분기준에 위배하여 이루어진 것이라 하더라도 그와 같은 사실만으로 곧바로 해당 처분이 위법하게 되는 것은 아닐뿐더러, **원고로서는 그 면허정지처분이 효력을 발생함으로써 그 처분의 존속에 대한 신뢰가 이미 형성되었다 할 것**이고 또한 그와 같은 처분의 존속이 현저히 공익에 반한다고는 보이지 아니하므로, 동일한 사유에 관하여 보다 무거운 면허취소처분을 하기 위하여 이미 행하여진 가벼운 면허정지처분을 취소하는 것은 선행처분에 대한 당사자의 신뢰 및 법적 안정성을 크게 저해하는 것이 되어 허용될 수 없다 할 것이다(대판 2000. 2. 25, 99두10520: 운전면허취소사유에 해당하는 음주운전을 적발한 경찰관의 소속 경찰서장이 사무착오로 위반자에게 운전면허정지처분을 한 상태에서 위반자의 주소지 관할 지방경찰청장이 위반자에게 운전면허취소처분을 한 것은 선행처분에 대한 당사자의 신뢰 및 법적 안정성을 저해하는 것으로서 허용될 수 없다고 한 사례).

(3) 평등의 원칙 및 자기구속의 법리

동일한 사안에서 철회를 하지 않았음에도 특정 사안에서만 철회를 한 것은 평등원칙 또는 자기구속의 법리에 반한다.

(4) 실권의 법리(전술 참조)

(5) 제재처분인 철회의 경우 제척기간

법위반사실에 대한 제재로서의 철회의 경우 **행정기본법상 제척기간이** 적용된다. 제척기간이 지나면 법령이 정한 경우를 제외하고는 취소나 철회를 할 수 없다(후술 제재처분 참조).

6. 철회절차

철회는 특별한 규정이 없는 한 일반행정행위와 같은 절차에 따른다. 수익적 행정행위의 철회는 '권리를 제한하는 처분'이므로 사전통지절차, 의견제출절차 등 행정절차법상의 절차에 따라 행해져야 한다.

7. 철회의무

철회는 원칙상 재량행위이다. 그러나 사실적 상황이 변하여 원행정행위의 목적에 비추어 원행정행위가 더 이상 필요하지 않으며 원행정행위의 존속으로 인하여 국민의 중대한 기본권이 침해되는 경우에는 처분청은 원행정행위의 철회를 하여야 할 의무를 진다.

[판례] 측량업자가 법 제44조 제 2 항에 따른 등록기준에 미달하게 된 경우, 그것이 '기술인력의 사망·실종 또는 퇴직으로 인하여 등록기준의 미달기간이 90일을 초과하지 아니하는 경우' 등과 같이 일시적으로 등록기준에 미달되는 사정이 발생한 경우가 아니라면 행정청은 이를 사유로 측량업 등록을 취소하여야 하고, 측량업자가 사후에 등록기준을 보완하였더라도 이를 달리 볼 것은 아니다(대판 2016. 10. 27, 2014두44946〈등록취소처분취소〉).

8. 철회의 범위와 한계 [2014 변시 사례 〈복수 행정행위의 철회〉]

철회사유와 관련된 범위 내에서만 철회할 수 있다. 철회사유가 처분의 일부에만 관련되는 경우 철회의 대상이 되는 부분이 가분적인 경우에는 일부철회를 하여야 하고, 일부 철회가 불가능한 경우에는 전부를 철회하여야 한다.

(1) 일부철회

일부철회란 하나의 행정행위의 일부분만을 철회하는 것을 말한다.

외형상 하나의 행정처분이라 하더라도 가분성이 있거나 그 처분대상의 일부가 특정될 수 있다면 그 일부만의 철회가 가능하고, 그 일부의 철회는 해당 철회부분에 한하여 효력이 생긴다.

[판례 1] 국고보조조림결정에서 정한 조건에 일부만 위반 했음에도 그 조림결정 전부를 취소한 것이 위법하다고 판단한 사례(대판 1986. 12. 9, 86누276〈보조금취소처분의취소〉).
[평석] 판결문에서 "취소"는 강학상 철회이다. 일부철회의무를 인정한 사례이다. 일부철회가 가능한 경우 철회원인과 관련이 있는 한도내에서만 철회가 가능하다.
[판례 2] 보조사업자가 보조금으로 건립한 보육시설, 기타 부대시설을 그 준공일로부터 일정기간 동안은 노동부장관의 승인 없이 국고보조금 교부목적에 위배되는 용도에 사용

하거나 양도, 교환, 대여 또는 담보에 제공할 수 없다고 규정하고 있는 직장보육시설설립 운영지침을 준수할 것을 조건으로 보조금을 교부받아, 여기에 자기 부담금을 보태서 보육시설을 건축하여 일정기간 보육시설을 운영하다가 임의로 이를 제 3 자에게 매도한 경우, 처분제한기간 중 스스로 보육시설을 운영한 기간에 상응한 부분은 직장보육시설 보조금이 그 목적대로 집행된 것이라고 볼 여지가 있으므로, 보육시설을 타에 매매함으로써 **처분제한 조건을 위반하였다는 사유로 「보조금의 예산 및 관리에 관한 법률」 제30조 제 1 항에 의하여 보조금교부결정을 취소함에 있어서는 매매에 이른 경위 등 다른 사정들과 함께 보조금이 일부 그 목적대로 집행된 사정을 감안하여 취소의 범위를 결정하여야 한다**(대판 2003. 5. 16, 2003두1288〈보조금교부결정취소처분취소〉: 원고가 교부받은 직장보육시설 보조금의 일부가 정상적으로 집행되었다고 볼 수 있는 사정 등을 제대로 감안하지 아니하고 **보조금교부결정을 전부 취소한 행정청의 처분이 재량권의 한계를 일탈·남용한 것이라고 한 사례**).

일부 철회가 실질에 있어 재량권을 새롭게 행사하여 처분사유가 달라지고 처분내용을 변경하는 것인 경우에 그 일부 철회는 실질은 처분변경이라고 할 수 있다.

(2) 복수 행정행위의 철회 [2014 변시 사례]

철회사유와 관련이 있는 한도 내에서 복수 행정행위의 철회가 가능하다. 즉 한 사람이 여러 자동차운전면허를 취득한 경우 이를 취소함에 있어서 서로 별개로 취급하는 것이 원칙이나, **취소사유가 특정의 면허에 관한 것이 아니고 다른 면허와 공통된 것이거나 운전면허를 받은 사람에 관한 것일 경우에는 여러 면허를 전부 취소할 수도 있다**(대판 1998. 3. 24, 98두1031). 예를 들면, 승용차를 음주운전한 자에게 보통면허뿐만 아니라 대형면허도 취소할 수 있다. 다만, 비례원칙 등 법의 일반원칙을 준수하여야 한다.

[판례 1] **오토바이를 훔친 것은 제 1 종 대형면허나 보통면허와는 아무런 관련이 없어** 위 오토바이를 훔쳤다는 사유만으로 제 1 종 대형면허나 보통면허를 취소할 수 없다(대판 2012. 5. 24, 2012두1891). [해설] 철회사유와 관련이 없는 복수의 행정행위는 철회할 수 없다는 사례

[판례 2] 제 1 종 보통, 대형 및 특수면허를 가지고 있는 자가 **특수면허로만 운전할 수 있는 레이카크레인을 음주운전한 것은 제 1 종 보통 및 대형면허의 취소사유는 아니다**(대판 전원합의체 1995. 11. 16, 95누8850〈자동차운전면허취소처분취소〉). [해설] 철회사유와 관련이 없는 복수의 행정행위의 철회가 불가능하다는 사례

[판례 3] 승용자동차를 면허 없이 운전한 사람에 대하여 그 사람이 소지한 제 2 종 원동기장치자전거면허를 취소할 수 있다(대판 2012. 6. 28, 2011두358). [해설] 철회사유와 관련이 있는 복수의 행정행위는 철회가 가능하다는 사례

9. 철회의 효과

철회는 장래에 향하여 원행정행위의 효력을 상실시키는 효력을 갖는다. 행정행위의 철회시 별도의 법적 근거 없이 철회의 효력을 철회사유발생일로 소급할 수 없다. 다만, 예외적으로 별도의 법적 근거가 있는 경우에는 철회의 효력을 과거로 소급시킬 수 있다(대판 2018. 6. 28, 2015두58195).

[판례] 피고가 별도의 법적 근거나 특별한 사정없이 원고의 보조금 부정수급을 이유로 원고가 운영하는 어린이집에 대한 평가인증의 유효기간을 취소사유발생일(부정수급일)부터 소급하여 중단시켜 그 평가인증을 취소한 것은 위법하다고 판단한 사례(대판 2018. 6. 28, 2015두58195).

상대방의 귀책사유로 인한 철회의 경우 또는 철회권이 유보된 경우 이외에, 즉 신뢰보호가 인정되는 경우에는 철회로 인한 손실은 보상되어야 한다. 손실보상을 법령에서 규정한 경우에는 문제가 없지만 법령에 손실보상규정을 두지 않은 경우에는 보상규정 없는 수용의 경우에 준하여 보상 여부 등 권리구제를 결정하여야 한다.

10. 철회의 취소

(1) 철회의 취소가능성

판례는 침익적 행정행위의 철회의 취소는 인정하지 않지만(대판 2002. 5. 28, 2001두9653), 수익적 행정행위의 철회에 대하여는 취소가 가능한 것으로 본다(절충설). 철회의 철회는 인정되지 않는다. 철회한 행정행위를 살리려면 동일한 행정행위를 다시 하면 된다.

(2) 철회의 취소의 효과

철회행위가 취소되면 철회가 없었던 것이 되고 원행정행위는 애초부터 철회되지 않은 것이 된다. 즉 원행정행위가 원상회복된다.

Ⅲ. 처분의 변경

1. 처분의 변경의 의의

처분의 변경이란 기존의 처분을 다른 처분으로 변경하는 것을 말한다. 처분은 당사자, 처분사유 및 처분내용 등으로 구성된다. 따라서 처분의 변경은 처분의 당사자가 변경되는 것, 처분사유가 변경되는 것, 처분의 내용이 변경되는 것 등을 말한다.

변경처분은 순수하게 새로운 처분과 구별하여야 한다. 변경처분이 아닌 순수하게 새로운 처분은 기존 처분의 취소를 수반하지 않는다. 기존 처분의 취소를 수반하지 않는 순수하게 새로운 처분(예 새로이 행정절차를 거쳐 새로이 한 처분)은 기존 처분과 비교하여 처분사유나 처분내용에 변경이 있는 경우라도 변경처분이 아니고 새로운 처분이라고 보아야 한다.

예를 들어, 절차의 하자를 시정하는 등 새로이 행정절차를 거쳐 새로이 한 처분은 기존 처분과 비교하여 처분사유나 처분내용에 변경이 있는 경우라도 변경처분이 아니고 새로운 처분이라고 보아야 한다.

2. 처분의 변경의 종류

(1) 처분 당사자의 변경

처분의 당사자의 변경은 처분변경에 해당한다.

(2) 처분사유의 추가·변경

처분사유의 추가·변경이 변경처분이 되기 위하여는 처분사유의 추가·변경(예 '소멸시효 완성'을 이유로 장해보상급여 부지급결정)이 종전처분의 처분사유(예 갑의 상병(傷病)(우측 감각신경 난청)과 업무 사이의 상당인과관계 부존재)와 기본적 사실관계의 동일성이 없는 사유이어야 한다.

처분청은 스스로 해당 처분의 적법성과 합목적성을 확보하고자 행하는 자신의 내부 시정절차에서는 당초 처분의 근거로 삼은 사유와 기본적 사실관계의 동일성이 인정되지 않는 사유라고 하더라도 이를 처분의 적법성과 합목적성을 뒷받침하는 처분사유로 추가·변경할 수 있다.

[판례 1] [1] 산업재해보상보험법 규정의 내용, 형식 및 취지 등에 비추어 보면, **산업재해보상보험법상 심사청구에 관한 절차**는 보험급여 등에 관한 처분을 한 근로복지공단으로 하여금 스스로의 심사를 통하여 당해 처분의 적법성과 합목적성을 확보하도록 하는 **근로복지공단 내부의 시정절차에 해당**한다고 보아야 한다. 따라서 **처분청**이 스스로 당해 처분의 적법성과 합목적성을 확보하고자 행하는 **자신의 내부 시정절차**에서는 **당초 처분의 근거로 삼은 사유와 기본적 사실관계의 동일성이 인정되지 않는 사유라고 하더라도 이를 처분의 적법성과 합목적성을 뒷받침하는 처분사유로 추가·변경할 수 있다**(대판 2012. 9. 13, 2012두3859).

[판례 2] 행정처분이 적법한가의 여부는 특별한 사정이 없는 한 처분 당시의 사유를 기준으로 판단하면 되는 것이고, 처분청이 처분 당시에 적시한 구체적 사실을 변경하지 아니하는 범위 안에서 단지 그 처분의 근거법령만을 추가 변경하는 것은 새로운 처분사유의 추가라고 볼 수 없으므로 이와 같은 경우에는 처분청이 처분 당시에 적시한 구체적 사실에 대하여 처분 후에 추가변경한 법령을 적용하여 그 처분의 적법 여부를 판단하여도 무방하다 할 것이다(대판 1988. 1. 19, 87누603〈개인택시운송사업면허취소처분취소〉). [해설] 근거법령만을 추가하는 것은 기본적 사실관계가 동일하다고 본 판례이다.

(3) 처분내용의 변경

처분의 내용을 적극적으로 변경하는 경우 처분의 변경이 된다. 처분의 일부취소는 처분사유의 변경이 없는 한 처분변경이 아니다.

처분내용의 변경에는 **두 유형**이 있다. ① 하나는 처분내용을 전부 또는 상당한 정도로 변경하는 **처분내용의 실질적 변경처분**이다. 이 경우 종전 처분은 변경처분에 의해 대체되고 장래에 향하여 효력을 상실한다(전부변경처분(대판 2012. 10. 11, 2010두12224)). ② 다른 하나는 선행 처분의 내용 중 일부만을 소폭 변경하는 등 선행처분과 분리가능한 **일부변경처분**이다. 이 경우 종전 선행처분은 일부 변경된 채로 효력을 유지하고 일부변경처분도 별도로 존재한다(경찰행정구제법 '적극적 변경처분' 참조).

변경처분은 **순수하게 새로운 처분과 구별**하여야 한다. 변경처분이 아닌 순수하게 새로운 처분은 기존 처분의 취소를 수반하지 않는다. 변경처분에는 종전 처분의 하자가 승계되지만, 새로운 처분에는 종전 처분의 하자가 승계되지 않는다. 절차의 하자를 시정하는 등 새로이 행정절차를 거쳐 한 처분은 처분사유나 처분내용에 변경이 있는 경우라도 기존 처분의 변경처분이 아니라 순수하게 새로운 처분이다. 처분사유나 처분내용에 변경 없이 절차의 하자(예 이유제시의 하자)를 시정하기 위하여 종전 처분과 동일한 처분을 한 경우는 새로운 처분이 아니라 하자의 치유를 위한 것이라고 보아야 한다. 다만, 이 경우에도 이익형량을 다시 하였다면 종전 처분과 동일한 내용의 처분이라도 새로운 처분으로 보아야 한다.

[판례 1] [1] **절차상 또는 형식상 하자로 인하여 무효인 행정처분이 있은 후 행정청이 관계 법령에서 정한 절차 또는 형식을 갖추어 다시 동일한 행정처분을 하였다면** 당해 행정처분은 종전의 무효인 행정처분과 관계없이 **새로운 행정처분**이라고 보아야 한다. [2] 이 사건 처분은 새로운 국방·군사시설사업 실시계획 승인처분으로서의 요건을 갖춘 새로운 처분일

뿐, 종전처분과 동일성을 유지하되 종전처분의 내용을 일부 수정하거나 새로운 사항을 추가하는 것에 불과한 **종전처분의 변경처분이 아니므로**, 비록 종전처분에 하자가 있더라도 이 사건 처분이 관계 법령에 규정된 절차를 거쳐 그 요건을 구비한 이상 적법하다(대판 2014. 3. 13, 2012두1006〈국방 · 군사시설사업실시계획승인고시처분무효확인및취소〉).

[판례 2] 기존의 행정처분을 변경하는 내용의 행정처분이 뒤따르는 경우, 후속처분이 종전처분을 완전히 대체하는 것이거나 주요 부분을 실질적으로 변경하는 내용인 경우에는 특별한 사정이 없는 한 종전처분은 효력을 상실하고 후속처분만이 항고소송의 대상이 되지만, 후속처분의 내용이 종전처분의 유효를 전제로 내용 중 일부만을 추가 · 철회 · 변경하는 것이고 추가 · 철회 · 변경된 부분이 내용과 성질상 나머지 부분과 불가분적인 것이 아닌 경우에는, 후속처분에도 불구하고 종전처분이 여전히 항고소송의 대상이 된다. 따라서 종전처분을 변경하는 내용의 후속처분이 있는 경우 법원으로서는, 후속처분의 내용이 종전처분 전체를 대체하거나 주요 부분을 실질적으로 변경하는 것인지, 후속처분에서 추가 · 철회 · 변경된 부분의 내용과 성질상 나머지 부분과 가분적인지 등을 살펴 항고소송의 대상이 되는 행정처분을 확정하여야 한다. **[해설]** 종전 영업시간 제한(0시부터 8시까지 제한) 및 의무휴업일 지정(매달 둘째, 넷째 주 일요일) 처분의 내용 중 영업시간 제한 부분만을 **일부 변경**하는 후속처분에도 불구하고 종전 처분도 여전히 항고소송의 대상이 된다는 판례(대판 전원합의체 2015. 11. 19, 2015두295〈대형마트영업시간제한등처분취소〉).

3. 처분변경의 근거

처분의 변경에 변경대상 처분의 법적 근거와 별도의 법적 근거는 필요하지 않다. 처분의 변경은 처분을 취소(철회)하고 새로운 처분을 하는 것과 같으므로 처분의 근거가 변경처분의 근거가 된다.

[판례] [1] 법령의 규정체계, 취지와 목적에 비추어 살펴보면, **구 「도시 및 주거환경정비법」(이하 구 '도정법'이라고만 한다) 제69조 제 1 항 제 6 호에 정한 "관리처분계획의 수립"에는 경미한 사항이 아닌 관리처분계획의 주요 부분을 실질적으로 변경하는 것이 포함된다고 해석함이 타당**하고, 이러한 해석이 죄형법정주의 내지 형벌법규 명확성의 원칙을 위반하였다고 보기 어렵다. [2] 한편 **대법원**은 관리처분계획의 경미한 사항을 변경하는 경우와는 달리 **관리처분계획의 주요 부분을 실질적으로 변경하는 경우에는 새로운 관리처분계획을 수립한 것으로 해석**하여 왔다(대판 전원합의체 2012. 3. 22, 2011두6400 등 참조). [3] **정비사업전문관리업 등록을 하지 아니한 자에게 관리처분계획을 변경하였다는 이유로 기소된 사안에서, 구 도정법 제69조 제 1 항 제 6 호에서 정한 "관리처분계획의 수립"은 최초의 수립만을 의미하고 관리처분계획의 주요 부분을 실질적으로 변경하는 경우를 포함하지 않는다는 이유로 무죄를 선고한 원심을 파기한 사례**(대판 2019. 9. 25, 2016도1306).

4. 변경처분의 절차

변경처분의 절차에 관하여 법령에 명시적 규정이 없는 경우에 적법절차의 원칙에 따라 중요한 사항을 변경하는 변경처분은 변경되는 처분과 동일한 절차(행정의 상대방에게 불이익한 방향으로의 처분의 변경에 있어서는 처분시 보다 엄격한 절차)에 따라 행해져야 하고, 경미한 사항을 변경하는 처분은 보다 간소한 절차에 따라 행해질 수 있다.

5. 처분변경의 효력

처분변경은 종전 처분을 취소 또는 변경하고 새로운 처분을 하는 효력을 갖는다. 첫째 유형의 변경처분(전부변경처분)의 경우 종전 선행처분은 변경처분에 의해 대체되고 장래에 향하여 효력을 상실한다. 둘째 유형의 변경처분(일부변경처분)의 경우 종전 선행처분은 일부 변경된 채로 효력을 유지한다.

변경처분은 종전 처분을 전제로 하여 종전 처분과 동일성을 유지한 처분이므로 종전 처분의 하자는 변경처분에 승계된다(대판 2014. 3. 13, 2012두1006).

처분 후의 새로운 사정에 따라 종전 처분을 변경하는 변경처분은 장래효만을 갖는다.

위법을 시정하기 위해 종전 처분을 변경하는 경우에는 소급적 변경처분도 가능하다. 다만, 처분 상대방의 신뢰이익 등과 이익형량을 하여야 한다.

[판례] 당초 도로점용허가 당시 점용부분은 건물부지와 공원부지에 접하고 있음에도 피고가 건물부지만을 기준으로 위법하게 점용료를 산정하여 부과하자, 원고가 점용료부과처분 취소소송에서 그 위법을 다투고 피고가 소송 중 **특별사용의 필요가 없는 공원부지에 접한 부분을 도로점용허가 대상에서 소급적으로 제외하는 변경허가처분**을 한 사안에서, 이러한 변경허가처분은 장래를 향하여만 효력이 있다고 판단한 원심을 파기하고 그에 대하여 **소급적 직권취소의 효력이 인정될 수 있다**고 본 사례(대판 2019. 1. 17, 2016두56721, 56738〈도로점용료부과처분취소〉).

6. 선행처분의 취소 또는 무효와 후행처분의 효력

후행처분이 선행처분을 기초로 선행처분을 일부 변경하는 내용의 것인 경우 선행처분이 취소되면 후행처분도 효력을 상실하지만, 후행처분이 선행처분을 대체하는 처분인 경우에는 선행처분이 취소되거나 무효이어도 후행처분은 그대로 효력을 유지한다.

Ⅳ. 처분의 취소 또는 철회에 따른 손실보상

허가의 상대방에게 귀책사유없는 허가의 취소(철회) 또는 행위제한(예 전염병 확산 방지를 위한 영업제한)으로 허가의 상대방에게 특별한 희생이 발생한 경우에는 평등의 원칙(공적 부담앞의 평등의 원칙)상 손실보상 등 구제조치를 해주어야 한다. 허가의 취소(철회)로 특별한 희생이 발생했음에도 손실보상 등 구제조치가 마련되지 않으면 재산권 보장 및 평등원칙의 침해로 위헌이 된다.

손실보상을 규정하는 법률의 규정이 제정되지 않은 경우에는 손실보상을 청구할 수 없다. 그 경우에는 분리이론에 따른 권리구제에 준하여 처분의 취소 또는 철회에 대한 헌법소원 등을 통해 처분의 취소 또는 철회에 따른 손실보상에 관한 법률을 제정하도록 한 후 손실보상을 받을 수 있게 된다.

처분의 변경의 경우 처분의 취소 또는 철회에 따른 손실보상에 준하여 손실보상을 하여야 한다.

제 9 절 행정행위의 실효

Ⅰ. 의 의

행정행위의 실효란 유효한 행정행위의 효력이 일정한 사실의 발생으로 장래에 향하여 소멸하는 것을 말한다. 일단 유효한 행정행위의 효력이 소멸되는 것인 점에서 무효나 부존재와 다르고, 행정청의 의사에 의해서가 아니라 **일정한 사실의 발생으로 효력이 소멸된다는** 점에서 직권취소 및 철회와 다르다.

Ⅱ. 실효사유

1. 대상의 소멸

행정행위의 대상이 소멸되면 행정행위는 실효된다.

예를 들면, 사람의 사망으로 인한 운전면허의 실효, 자동차가 소멸된 경우 자동차검사합격처분의 실효, 사업면허의 대상의 소멸로 인한 사업면허의 실효, 자진폐업에 의한 영업허가의 실효(대판 1981. 7. 14, 80누593), 중요한 허가요건인 물적 시설이 모두 철거되어 허가받은 영업상의 기능을 더 이상 수행할 수 없게 된 경우의 대물적 영업허가의 실효(대판 1990. 7. 13, 90누2284) 등이다. 그러나 공장시설물이 소실되었고 복구를 할 수 없는 상태인 경우에도 수도권에서 지방으로 공장을 이전하는 경우와 같이 공장이전에 조세감면 등 세제상 혜택이나 「산업집적활성화 및 공장설립에 관한 법률」상 간이한 이전절차 및 우선 입주의 혜택이 있는 경우 공장등록이 실효되었다고 할 수 없다.

영업허가가 실효된 후 영업허가 취소처분을 하여도 그 취소처분은 영업허가가 실효되었음을 사실상 확정하는 것에 불과하므로 취소소송의 대상이 되는 처분이 아니다(대판 1981. 7. 14, 80누503).

[판례] 청량음료 제조업허가는 신청에 의한 처분이고, 이와 같이 **신청에 의한 허가처분을 받은 원고가 그 영업을 폐업한 경우에는 그 영업허가는 당연 실효**되고, 이런 경우 허가행정청의 허가취소처분은 허가의 실효됨을 확인하는 것에 불과하므로 원고는 그 허가취소처분의 취소를 구할 소의 이익이 없다 할 것이다(대판 1981. 7. 14, 80누593〈청량음료제조업허가취소처분취소〉).

2. 해제조건의 성취 또는 종기의 도래

해제조건이 성취되거나 종기가 도래하면 주된 행정행위는 당연히 효력을 상실한다.

3. 목적의 달성 또는 목적 달성의 불가능

행정행위의 목적이 달성되거나 목적달성이 불가능해지면 해당 행정행위는 당연히 실효된다. 예를 들면, 철거명령에 따라 대상물이 철거되면 해당 철거명령은 당연히 효력을 상실한다.

[판례] [1] **일정한 정비예정구역을 전제로 추진위원회 구성 승인처분이 이루어진 후 정비구역이 정비예정구역과 달리 지정되었다는 사정만으로 승인처분이 당연히 실효된다고 볼 수 없다**: 정비사업을 원활하게 진행하기 위하여 추진위원회 제도를 도입하는 한편 1개의 정비구역 안에 복수의 추진위원회가 구성되는 것을 금지하는 등 그에 대하여 특별한 법적 지위를 부여하고 있는 「도시 및 주거환경정비법」의 입법취지와 추진위원회 구성 승인처분이 다수의 이해관계인에게 미치는 파급효과 등에 비추어 보면, **일정한 정비예정구역을 전제로 추진위원회 구성 승인처분이 이루어진 후 정비구역이 정비예정구역과 달리 지정되었다는 사정만으로 승인처분이 당연히 실효된다고 볼 수 없고**, 정비예정구역과 정비구역의 각 위치, 면적, 토지등소유자 및 동의자 수의 비교, 정비사업계획이 변경되는 내용과 정도, 정비구역 지정 경위 등을 종합적으로 고려하여 **당초 승인처분의 대상인 추진위원회가 새로운 정비구역에서**

정비사업을 계속 추진하는 것이 도저히 어렵다고 보여 그 추진위원회의 목적달성이 사실상 불가능하다고 인정되는 경우에 한하여 그 실효를 인정함이 타당하다고 할 것이다. [2] 피고가 이 사건 정비예정구역을 사업구역으로 하는 보조참가인 추진위원회 구성 승인처분을 한 후 이 사건 정비예정구역을 포함한 일대가 재정비촉진구역으로 지정되어 사업구역면적은 약 89%, 토지등소유자 수는 약 106% 증가하였는바, 이 사건 정비예정구역과 재정비촉진구역 사이에 동일성이 없어 참가인 추진위원회는 그 사업대상구역마저 없어져 조합설립추진위원회로서의 법적 지위를 상실하였으며 이와 동시에 참가인 추진위원회의 구성을 승인한 이 사건 승인처분 역시 실효되었다고 판단한 원심판결에 추진위원회 구성 승인처분의 실효 등에 관한 법리 오해의 위법이 있다고 하여 파기환송한 사례(대판 2013. 9. 12, 2011두31284〈동의서제공신청반려처분〉).

Ⅲ. 권리구제수단

행정행위의 실효가 다투어지는 경우에는 무효등확인소송의 하나인 행정행위실효확인소송 또는 행정행위효력존재확인소송을 제기한다.

또한 민사소송 또는 공법상 당사자소송에서 행정행위의 실효 여부가 전제문제로 다투어질 수 있다.

제10절 단계적 행정결정

Ⅰ. 단계적 행정결정의 의의

단계적 행정결정이란 행정청의 결정이 여러 단계의 행정결정을 통하여 연계적으로 이루어지는 것을 말한다. 단계적 행정결정의 예로는 확약, 가행정행위, 사전결정 및 부분허가가 있다.

Ⅱ. 단계적 행정결정의 유형별 검토

1. 확 약[2015 입법고시]

> 행정절차법
>
> 제40조의2(확약) ① 법령등에서 당사자가 신청할 수 있는 처분을 규정하고 있는 경우 행정청은 당사자의 신청에 따라 장래에 어떤 처분을 하거나 하지 아니할 것을 내용으로 하는 의사표시(이하 "확약"이라 한다)를 할 수 있다.

> ② 확약은 문서로 하여야 한다.
> ③ 행정청은 다른 행정청과의 협의 등의 절차를 거쳐야 하는 처분에 대하여 확약을 하려는 경우에는 확약을 하기 전에 그 절차를 거쳐야 한다.
> ④ 행정청은 다음 각 호의 어느 하나에 해당하는 경우에는 확약에 기속되지 아니한다.
> 1. 확약을 한 후에 확약의 내용을 이행할 수 없을 정도로 법령등이나 사정이 변경된 경우
> 2. 확약이 위법한 경우
> ⑤ 행정청은 확약이 제 4 항 각 호의 어느 하나에 해당하여 확약을 이행할 수 없는 경우에는 지체 없이 당사자에게 그 사실을 통지하여야 한다.

(1) 의 의

행정절차법은 신청에 따른 확약에 대해 규정하고 있는데, 행정절차법상 확약은 장래 일정한 행정행위를 하거나 하지 아니할 것을 약속하는 의사표시를 말한다(행정절차법 제40조의2 제 1 항). 행정절차법상 확약에 관한 규정은 성질에 반하지 않는 한 그 밖의 확약에 유추적용된다고 보아야 한다. 확약은 신뢰보호 또는 금반언의 법리(禁反言의 法理)를 바탕으로 인정되는 행정청의 행위형식의 하나이다.

확약의 예로는 교통표지판을 설치하겠다는 약속, 「민원처리에 관한 법률」상 정식의 민원신청 전 약식의 사전심사, 공무원임명의 내정, 자진신고자에 대한 세율인하의 약속, 무허가건물의 자진철거자에게 아파트입주권을 주겠다는 약속, 주민에 대한 개발사업의 약속 등을 들 수 있다.
판례는 어업권면허에 선행하는 우선순위결정을 확약으로 보고 있다(대판 1995. 1. 20, 94누6529). 행정실무상 존재하는 내허가·내인가(본 인·허가의 전단계로서 행해지는 인·허가의 발급약속)도 확약의 일종이라고 할 수 있다. 실정법령상 조건부 인허가(예 석유사업법 제11조의 석유정제업 등의 조건부 등록, 먹는 물 관리법 제 9 조의2의 샘물개발의 가허가 등) 및 행정규칙인 「증권업감독규정」에 의한 증권업의 예비인허가를 내인가로 볼 수 있다. 이에 대하여 석유정제업 등의 조건부 등록, 샘물개발의 가허가를 가행정행위로 보는 견해도 있다.

가행정행위는 본행정행위와 동일한 효력을 발생하지만, 확약의 경우에는 확약만으로는 확약의 대상이 되는 행정행위의 효력이 발생하지 않는 점 등에서 양 행위는 구별된다.

행정절차법은 신청에 따른 확약에 대해 규정하고 있는데, 행정절차법상 확약은 "법령등에서 당사자가 신청할 수 있는 처분을 규정하고 있는 경우 행정청은 당사

자의 신청에 따라 장래에 어떤 처분을 하거나 하지 아니할 것을 내용으로 하는 의사표시"를 말한다(행정절차법 제40조의2 제 1 항).

행정절차법상 확약이 아닌 확약(그 밖의 확약)(예 직권에 의한 확약, 법령등에서 당사자가 신청할 수 있는 처분을 규정하고 있지 않은 경우 신청에 따른 확약)은 확약의 법리에 따라 규율된다. 그리고 행정절차법상 확약에 관한 규정은 성질에 반하지 않는 한 그 밖의 확약에 유추적용된다고 보아야 한다.

(2) 법적 성질

학설은 처분성 긍정설(다수설)과 처분성 부정설로 대립하고 있다. **긍정설**은 확약이 행정청에 대하여 확약의 내용대로 이행할 법적 의무를 발생시킨다는 점에 비추어 확약의 처분성 등을 인정한다. **부정설**은 확약은 사정변경에 의해 변경될 수 있으므로 종국적 규율성을 가지지 못한다는 점을 근거로 처분이 아니라고 본다.

판례는 확약을 행정처분으로 보지 않고(처분성부정설) 따라서 확약에 공정력(잠정적 통용력)이나 불가쟁력과 같은 효력은 인정되지 아니한다고 판시하고 있다(대판 1995. 1. 20, 94누6529〈행정처분취소〉: 어업권면허에 선행하는 우선순위결정은 강학상 확약이지만 행정처분은 아니라고 한 사례).

생각건대, ① 확약으로 행정청에게 확약을 준수할 의무가 발생하는 점, ② 확약의 처분성을 인정함으로써 조기(早期)에 권리구제를 도모할 수 있는 점을 고려하여 확약의 처분성을 인정하는 것이 타당하다.

(3) 법적 근거

확약은 **처분권에 속하는 예비적인 권한행사**로서 본처분권에 당연히 포함되므로 본처분권이 있으면 별도의 법적 근거 없이도 인정된다는 것이 **통설**이다.

확약은 처분권에 속하는 예비적 권한행사로서 본처분권에 포함되므로 별도의 법적 근거 없이도 가능하다. 그런데 행정절차법은 신청에 따른 확약의 근거를 규정하고 있다(행정절차법 제40조의2 제 1 항).

(4) 기속행위에 대한 확약의 가능성

재량행위에 확약이 가능하다는 데 이견이 없으나 기속행위에도 확약이 가능한지가 다투어진다. 기속행위와 재량행위의 구별이 다투어지는 경우가 많고, 기속행위에 있어서도 요건충족 여부가 불분명한 경우가 적지 않으므로 예측가능성을 확보하기 위한 확약의 이익은 기속행위에서도 인정될 수 있다. 따라서 **긍정설**이 타당하며 이 견해가 다수견해이다.

(5) 확약의 성립 및 효력요건

1) 주체에 관한 요건

확약은 본처분에 대해 정당한 권한을 가진 행정청만이 할 수 있고, 확약이 해당 행정청의 행위권한의 범위 내에 있어야 한다.

2) 내용에 관한 요건

① 확약의 대상이 적법하고 가능하며 확정적이어야 한다. ② 확약이 법적 구속력을 갖기 위하여는 상대방에게 표시되고, 그 상대방이 행정청의 확약을 신뢰하였고 그 신뢰에 귀책사유가 없어야 한다. ③ 확약은 추후에 행해질 행정행위와 그 규율사안에 있어 동일한 것이어야 한다. ④ 본처분 요건이 심사되어야 한다.

3) 절차에 관한 요건

본처분에 대하여 일정한 절차가 규정되어 있는 경우에는 확약에 있어서도 해당 절차는 이행되어야 한다. 행정청은 다른 행정청과의 협의 등의 절차를 거쳐야 하는 처분에 대하여 확약을 하려는 경우에는 확약을 하기 전에 그 절차를 거쳐야 한다(행정절차법 제40조의2 제 3 항).

4) 형식에 관한 요건

행정절차법 제40조의2 제 2 항은 확약을 문서로 하여야 한다고 규정하여 확약의 효력요건으로서 서면의 형식을 요구하고 있다.

확약에 있어서는 확약의 존재와 내용이 본질적인 요소를 이루고 있으므로 이에 대한 증명이 가능하게 하는 서면에 의한 형식을 확약의 효력요건으로 보아야 한다는 견해와 구술에 의한 확약도 가능하다는 견해로 갈리어져 있다.

(6) 확약의 효력[2017 사시]

1) 확약의 구속력

확약의 효과는 행정청이 확약의 내용인 행위를 하여야 할 법적 의무를 지며 상대방에게는 행정청에 대한 확약내용의 이행청구권이 인정된다. 상대방은 해당 행정청에 대하여 그 확약에 따를 것을 요구할 수 있으며 나아가 그 이행을 청구할 수 있다.

확약의 대상이 위법한 경우 확약의 구속력을 인정할 수 없다는 판례의 입장은 타당하다. 행정절차법은 확약을 한 후에 확약의 내용을 이행할 수 없을 정도로 법령등이나 사정이 변경된 경우와 확약이 위법한 경우에는 행정청은 확약에 기속되지 아니한다고 규정하고 있다(제40조의2 제 4 항).

2) 확약의 실효

판례는 확약 또는 공적인 의사표명이 있은 후에 사실적·법률적 상태가 변경되었다면 그와 같은 확약 또는 공적인 의사표명은 행정청의 별다른 의사표시를 기다리지 않고 실효(失效)된다고 본다. 확약을 함에 있어서 상대방으로 하여금 언제까지 처분의 발령을 신청하도록 유효기간을 두었는데도 그 기간 내에 상대방의 신청이 없었던 경우에도 확약은 실효된다고 본다(대판 1996. 8. 20, 95누10877〈주택건설사업승인거부처분취소〉). 다만, 이 경우에도 법적합성의 원칙 및 공익과 확약에 대한 상대방의 신뢰보호의 이익을 비교형량하여야 한다.

(7) 확약의 취소·철회

위법한 확약에 대해 취소가 가능하며 적법한 확약은 상대방의 의무불이행 등 철회사유가 발생한 경우 철회의 대상이 된다. 확약의 취소·철회에 있어서는 취소·철회의 제한의 법리가 적용된다. 그러나 확약 뒤에 사실관계나 법적 상황이 변경되면 취소나 철회는 필요하지 않다. 예컨대, 교통표지판을 설치하겠다는 확약은 교통상황이 현저히 변경된 경우에는 효력이 없게 된다.

본인가 신청이 있음에도 내인가를 취소한 경우 내인가의 취소를 인가신청을 거부하는 처분으로 볼 수 있다(대판 1991. 6. 28, 90누4402).

[판례] **자동차운송사업 양도양수인가신청에 대하여 행정청이 내인가를 한 후 그 본인가신청이 있음에도 내인가를 취소함으로써 다시 본인가에 대하여 따로이 인가여부의 처분을 한다는 사정이 보이지 않는 경우 위 내인가취소를 인가신청거부처분으로 볼 것인지 여부(적극)**: 자동차운송사업양도양수계약에 기한 양도양수인가 신청에 대하여 **피고 시장이 내인가를 한 후 위 내인가에 기한 본인가신청이 있었으나 자동차운송사업 양도양수인가신청서가 합의에 의한 정당한 신청서라고 할 수 없다는 이유로 위 내인가를 취소한 경우**, 위 내인가의 법적 성질이 행정행위의 일종으로 볼 수 있든 아니면 그것이 행정청의 상대방에 대한 의사표시임이 분명하고, 피고가 위 내인가를 취소함으로써 다시 본인가에 대하여 따로이 인가 여부의 처분을 한다는 사정이 보이지 않는다면 **위 내인가취소를 인가신청을 거부하는 처분으로 보아야 할 것이다**(대판 1991. 6. 28, 90누4402〈자동차운수사업양도인가거부취소〉).

(8) 권리구제

확약은 처분이므로 항고소송의 대상이 된다. 그러나 판례는 확약의 처분성을 부인하고 있다.

행정청이 확약의 내용인 행위를 하지 아니하는 경우, 현행법상 의무이행소송은 허용되지 않으므로, 상대방은 확약의 이행을 청구하고, 거부처분이나 부작위에 대해 거부처분 취소심판, 의무이행심판, 부작위위법확인소송 또는 거부처분취소소송을 제기할 수 있다.

또한 확약의 불이행으로 손해가 발생한 경우에는 손해배상청구소송을 제기할 수 있다.

(9) 「민원 처리에 관한 법률」 제30조 제 1 항은 "민원인은 법정민원 중 신청에 경제적으로 많은 비용이 수반되는 민원 등 대통령령으로 정하는 민원에 대하여는 행정기관의 장에게 **정식으로 민원을 신청하기 전에 미리 약식의 사전심사를 청구**할 수 있다"고 규정하고 있다.

사전심사는 민원인의 귀책사유 또는 불가항력 그 밖에 특별한 사유로 이를 이행할 수 없는 경우가 아닐 것이라는 법정조건(동법 제30조 제 3 항)이 붙은 **조건부 확약**의 성질을 갖는 것으로 볼 수 있다.

판례는 구 「민원사무처리에 관한 법률」 제19조 제 1 항에서 정한 **사전심사결과 통보**가 항고소송의 대상이 되는 **행정행위에 해당하지 않는다고 본다**(대판 2014. 4. 24, 2013두7834〈사전심사결과통보처분취소〉). **그러나** 「민원사무처리에 관한 법률」이 규정하는 사전심사결과 민원을 거부하는 취지의 통보는 국민의 권익에 직접 영향을 미치므로 **처분으로 보는 것이 타당하다.**

2. 가행정행위(잠정적 행정행위)

(1) 의　　의

가행정행위란 사실관계와 법률관계의 계속적인 심사를 유보한 상태에서 해당 행정법관계의 권리와 의무의 전부 또는 일부에 대해 **잠정적으로 확정하는 행위**를 말한다. 가행정행위는 본행정행위(최종적(종국적) 행정행위)가 있기까지, 즉 행정행위의 법적 효과 또는 구속력이 최종적으로 결정될 때까지 잠정적으로만 행정행위로서의 구속력을 가지는 행정의 행위형식을 말한다.

예를 들어, ① 경찰상 위험의 혐의가 있는 경우에 불확실한 사실관계가 명확해질 때까지 잠정적으로 규율하는 것을 들 수 있다. ② 소득액 등이 확정되지 아니한 경우에 과세관청이 상대방의 신고액에 따라 잠정적으로 세액을 결정하는 것(소득세법 제110조), ③ 물품의 수입에 있어 일단 잠정세액을 적용하였다가 후일에 세액을 확정짓는 것(관세법 제39조 등 참조) 등이 해당될 수 있을 것이다. ④ **판례**는 「공정거래법」상 자진신고자나 조사협조자에 대한 과징금 부과처분 후 자진신고 등을 이유로 과징금 감면처분을 한 경우에 **선행 과징금 부과처분을 잠정적 처분으로 보고, 후행 과징금 감면처분은 종국적 처분으로 보고 있다**(대판 2015. 2. 12, 2013두987〈과징금납부명령등취소청구의소〉).

가행정행위는 개념에 있어서 다음의 세 가지 특징을 징표로 한다. ① 종국적인 결정이 있을 때까지 단지 잠정적으로 규율하는 효과를 내용으로 한다. ② 종국적인 결정이 내려지면 그에 의해 종전의 결정이 대체되게 된다. 따라서 가행정행위에 있어서는 행정행위의 존속력 중 행정기관이 자신의 결정에 구속되는 이른바 불가변력이 발생하지 않는다. ③ 사실관계와 법률관계에 대한 개략적인 심사에 기초한다.

(2) 법적 성질

가행정행위는 잠정적이기는 하나 직접 법적 효력을 발생시키므로 행정행위라고 보아야 할 것이다.

(3) 법적 근거

다수설은 가행정행위는 법규상의 명백한 근거가 없는 경우에도 그에 대한 행정청의 본처분 권한이 있으면 발동이 가능하다고 본다.

(4) 발동상의 내재적 요건

가행정행위의 발동시에 근거한 사실관계의 판단자료는 추후에 이루어질 본행정행위시까지 획득될 자료의 내용과 수준에까지는 미치지 못할 것이기는 해도, 최소한 본행정행위에 있어서도 결정적인 것으로 확신될 명백하고 개연성이 있는 자료에 의해서만 가행정행위는 이루어져야 할 것이다. 그렇지 못할 경우에는 위법한 행위가 된다. 행정청은 그 오류를 근거로 가행정행위의 상대방에 대해 대항할 수 없다고 해야 할 것이다.

(5) 가행정행위의 효력(구속력) 및 본행정행위와의 관계

가행정행위는 잠정적이기는 하지만 행정행위로서 직접 법적 효력을 발생시킨다. 가행정행위는 본행정행위에 대해 구속력을 미치지 않는다. 가행정행위에 대한 신뢰도 인정되지 않는다.

가행정행위는 본행정행위가 있게 되면 본행정행위에 의해 대체되고 효력을 상실한다.

(6) 권리구제

가행정행위의 발령신청(예 과징금 감면신청)이 거부된 경우에는 의무이행소송이 직접적인 해결책이 되나, 우리의 경우 이 제도가 인정되지 않으므로 거부처분취소심판, 의무이행심판이나 거부처분의 취소소송만을 제기할 수 있다. 또한 가행정행위를 발령한 후에 행정기관이 상당한 기간 내에 종국적인 결정을 행하지 않는 경우에는 의무이행심판이나 부작위위법확인소송에 의해 해결할 수밖에 없을 것이다.

가행정행위는 잠정적이기는 하지만, 직접 법적 효력을 발생시키는 행정행위이므로 가행정행위로 인해 권익침해를 받은 자는 취소소송을 제기할 수 있다.

가행정행위에 대한 취소소송 제기 중 본행정행위가 행해지면, 가행정행위는 효력을 상실하며 동 취소소송은 소의 이익이 없게 된다(대판 2015. 2. 12, 2013두987〈과징금납부명령등 취소청구의 소〉). 이 경우 본행정행위에 대한 소송으로 소변경을 할 수 있다.

[판례] **자진신고에 의한 과징금 감면이 있었던 사례에서 선행처분과 후행감면처분을 나누어 의결한 경우에 취소를 구하여야 할 처분이 후행처분인지 여부(적극)**: 공정거래위원회가 부당한 공동행위를 행한 사업자로서 구 「독점규제 및 공정거래에 관한 법률」(2013. 7. 16. 법률 제11937호로 개정되기 전의 것, 이하 '공정거래법'이라 한다) 제22조의2에서 정한 자진신고자나 조사협조자에 대하여 과징금 부과처분(이하 '선행처분'이라 한다)을 한 뒤, 공정거래법 시행령 제35조 제 3 항에 따라 다시 그 자진신고자 등에 대한 사건을 분리하여 자진신고 등을 이유로 한 과징금 감면처분(이하 '후행처분'이라 한다)을 하였다면, 후행처분은 자진신고 감면까지 포함하여 그 상대방이 실제로 납부하여야 할 최종적인 과징금액을 결정하는 종국적 처분이고, 선행처분은 이러한 종국적 처분을 예정하고 있는 일종의 잠정적 처분으로서 후행처분이 있을 경우 선행처분은 후행처분에 흡수되어 소멸한다고 봄이 타당하다. 따라서 위와 같은 경우에 선행처분의 취소를 구하는 소는 이미 효력을 잃은 처분의 취소를 구하는 것으로 부적법하다(대판 2015. 2. 12, 2013두987〈과징금납부명령등취소청구의 소〉). [해설] 후행 과징금 감면처분은 통상의 감액처분이 아니라 잠정적 처분에 대한 종국적 처분이다.

3. 사전결정 [1999 사시 사례]

(1) 의 의

사전결정(예비결정)이란 최종적인 행정결정을 내리기 전에 사전적인 단계에서 최종적 행정결정의 요건 중 일부에 대해 종국적인 판단으로서 내려지는 결정을 의미한다.

사전결정의 예로서는 ① 건축법 제10조 제 1 항의 사전결정(해당 대지에 건축하는 것이 건축법이나 관계 법령에서 허용되는지 여부, 그 건축법 또는 관계 법령에 따른 건축 기준 및 건축 제한, 그 완화에 관한 사항 등을 고려하여 해당 대지에 건축 가능한 건축물의 규모, 그 건축허가를 받기 위하여 신청자가 고려하여야 할 사항을 건축허가를 신청하기 전에 허가권자에게 사전결정을 신청할 수 있음), ② 구 주택건설촉진법 제32조의4 제 1 항의 사전결정, ③ 항공사업법 제16조의 운수권배분처분(대판 2004. 11. 26, 2003두10251 · 10268), ④ 폐기물처리업 허가 전의 사업계획(사업계획서에는 상호명, 사업신청서, 지적면적, 업종, 처리능력, 영업대상 폐기물, 재활용 주요시설, 폐기물보관시설, 생산제품, 생산공정 등이 포함됨)에 대한 적정통보(대판 1998. 4. 28, 97누21086). **판례**는 "사업계획 적정 여부 통보를 위하여 필요한 기준을 정하는 것도 역시 행정청의 재량에 속하는 것이므로 그 설정된 기준이 객관적으로 합리적이지 않거나 타당하지 않다고 볼만한 다른 특별한 사정이 없는 이상 행정청의 의사는 가능한 한 존중되어야 한다"고 보았다. ⑤ 현행 원자력안전법상 사전부지승인이 나면 법상 제한공사가 가능한 것으로 규정되어 있다(제10조 제 4 항). 이러한 사전부지승인은 사전결정(부지적합성판단부분)과 부분허가(제한공사승인부분)의 성질을 아울러 갖는다고 보는 것이 타당하다. **판례**는 부지사전승인을 '사전적 부분 건설허가처분'의 성격을 가지고 있는 것으로 보고 있다(대판 1998. 9. 4, 97누19588).

(2) 법적 성질

사전결정은 그 자체가 하나의 행정행위이다. 최종처분이 기속행위인 경우 사전결정도 기속행위이다. 최종처분이 재량행위인 경우에 사전결정이 재량행위인지 여부는 최종처분의 재량판단부분이 사전결정의 대상이 되는지에 의해 결정된다.

[판례 1] 폐기물관리법 관계 법령에 따르면 폐기물처리업의 허가를 받기 위하여는 먼저 사업계획서를 제출하여 허가권자로부터 사업계획에 대한 적정통보를 받아야 하고, 그 적정통보를 받은 자만이 일정기간 내에 시설, 장비, 기술능력, 자본금을 갖추어 허가신청을 할 수 있으므로, 결국 **부적정통보**는 허가신청 자체를 제한하는 등 개인의 권리 내지 법률상의 이익을 개별적이고 구체적으로 규제하고 있어 **행정처분에 해당**한다(대판 1998. 4. 28, 97누21086).

[판례 2] 주택건설촉진법 제33조 제 1 항이 정하는 **주택건설사업계획승인은 이른바 수익적 행정처분으로서 행정청의 재량행위에 속하고**, 따라서 그 전 단계로서 같은 법 제32조의4 제 1 항이 행하는 **주택건설사업계획의 사전결정 역시 재량행위라고 할 것**이므로, 사전결정을 받으려고 하는 주택건설사업계획이 관계 법령이 정하는 제한에 배치되는 경우는 물론이고, 그러한 제한자유가 없는 경우에도 공익상 필요가 있으면 처분권자는 그 사전결정 신청에 대하여 불허가결정을 할 수 있다(대판 1998. 4. 24, 97누1501〈주택건설사업계획사전결정불허가처분취소 등〉).

사전결정은 건축허가, 공장시설물의 허가와 이와 유사한 계획과 관련하여 발생된다. 허가가 종합적인 계획에 관한 것이고 따라서 단지 모든 법적인 전제조건이 검토되고, 전제조건이 완비된 경우에 발부되어야 하는 반면에, 사전결정은 개별적인 허가조건에 한정되고 이러한 개별적인 세부사항에 관하여 결정을 내리고, 이 결정은 또한 종국적이며 기속력을 가진다. 사전결정은 확약처럼 행정행위를 예상하는 것이 아니고 하나의 선결로서 스스로가 행정행위이다(H. Maurer).

(3) 법적 근거

행정청의 사전결정권은 본처분 처분권에 포함되므로 법규상의 특별한 근거규정이 없이도 사전결정을 행할 수 있는 것으로 볼 수 있다.

(4) 효력(구속력)과 그 한계

1) 사전결정의 구속력

가. 구속력 긍정설 사전결정은 무효가 아닌 한 사전결정의 대상이 된 사항에 있어서 후행결정에 대하여 자기구속력을 갖고, 행정청은 사정변경 등 특별한 사정이 없는 한, 최종행정결정에서 사전결정된 것은 그대로 인정하고, 사전결정되지 않은 부분만을 결정한다. 따라서 재량행위의 경우 재량결정이 전부 사전결정에서 내려지고 기속결정만이 남은 경우 최종행정행위는 기속행위가 되고, 재량결정 중 일부만이 사전결정에서 내려진 경우 최종행정행위는 남은 재량결정의 한도 내에서 재량행위가 된다.

나. 구속력 부정설 사전결정에 자기구속력을 인정하지 않고, 신뢰의 이익만을 인정하는 견해이다. 이 견해에 따르면 사정변경이 없는 경우에도 공익이 신뢰이익보다 큰 경우 사전결정에 배치되는 결정을 할 수 있는 것으로 보게 된다. **판례**도 이러한 입장을 취하고 있다.

판례는 사전결정의 자기구속력을 인정하지 않고, 사전결정시 재량권을 행사하였더라도 최종처분시 다시 재량권을 행사할 수 있다고 본다(대판 1998. 4. 24, 97누1501).

다. 결 어 사전결정은 종국적 판단으로서 내려지는 결정이므로 구속력의 예외가 인정되는 경우를 제외하고는 **후행 최종행정결정에 대해 구속력을 미친다고 보아야 한다**(구속력 긍정설).

사전결정이 잠정적인 성질을 갖는 경우에 잠정적 사전결정이라 할 수 있는

데, 잠정적 사전결정은 가행정행위처럼 최종행정행위에 구속력을 미치지 못한다.

2) 구속력의 예외

사전결정시에 불가피하게 파악되지 못하였던 사실관계나 법적 관계의 변경이 초래되었을 경우에는 그 구속력이 배제되거나 감경될 수 있다. 이 경우에 사전결정과 배치되는 최종행정행위를 하고자 하는 경우에는 신뢰보호이익과 사정변경으로 사전결정과 다른 결정을 하여야 할 공익 사이에 이익형량을 하여야 한다.

3) 사전결정의 효력의 한계

사전결정은 종국적 행정결정이 아니고 허가 등 종국적 행정결정의 요건 중 일부에 대한 판단에 그치는 것이다. 따라서 **사전결정을 받은 자는 사전결정을 받은 것만으로는 어떠한 행위를 할 수 없다**. 이 점에서 사전결정은 부분허가와 구별된다. 다만, 「원자력안전법」은 부지 적합성에 대한 사전승인을 받으면 그 자체로서 건설부지를 확정하고 제한적으로 사전공사(원자력시설의 기초공사)를 할 수 있는 것으로 명문으로 규정하고 있다(제10조 제 4 항).

(5) 사전결정과 최종행정행위와의 관계

사전결정은 최종행정행위에 구속력을 미친다(판례는 부정).

최종행정행위가 있게 되면 사전결정은 원칙상 최종행정행위에 흡수된다(대판 1998. 9. 4, 97누19588).

(6) 권리구제

사전결정은 그 자체가 하나의 행정행위이므로 당사자나 일정한 범위의 제 3 자에 의한 취소소송의 대상이 된다.

사전결정에 대해 취소소송이 제기되기 전에 최종행정행위가 있게 되면 사전결정은 최종행정행위에 흡수되므로 사전결정을 다툴 소의 이익이 없다.

사전결정에 대한 취소소송 계속중 최종행정결정이 내려지면 해당 취소소송은 소의 이익을 상실하게 되며 최종행정행위에 대해 취소소송을 제기하여야 한다는 견해(판례의 입장)가 있으나 사전결정에 대해 취소소송이 계속중인 경우에는 최종행정행위가 행해져도 사전결정이 취소되면 최종행정행위도 효력을 상실하고, 소송자료를 활용할 수 있도록 할 필요가 있으므로 **소의 이익을 인정하는 것이 타당**하다.

[판례] 원자로 및 관계 시설 건설허가처분이 있는 경우, 선행의 부지사전승인처분의 취소를 구할 소의 이익이 없다는 판례: **원자로 및 관계 시설의 부지사전승인처분은** 그 자체로서

건설부지를 확정하고 사전공사를 허용하는 법률효과를 지닌 독립한 행정처분이기는 하지만, 건설허가 전에 신청자의 편의를 위하여 미리 그 건설허가의 일부 요건을 심사하여 행하는 사전적 부분 건설허가처분의 성격을 갖고 있는 것이어서 **나중에 건설허가처분이 있게 되면 그 건설허가처분에 흡수되어 독립된 존재가치를 상실함으로써 그 건설허가처분만이 쟁송의 대상이 되는 것이므로** 부지사전승인의 취소를 구하는 소는 소의 이익을 잃게 되고, 따라서 부지사전승인처분의 위법성은 나중에 내려진 건설허가처분의 취소를 구하는 소송에서 다투면 된다(대판 1998. 9. 4, 97누19588)〈부지사전승인처분취소〉).

4. 부분허가

(1) 의 의

부분허가는 원자력발전소와 같이 그 건설에 비교적 장기간의 시간을 요하고 영향력이 큰 시설물의 건설에 있어서 단계적으로 시설의 일부분에 대하여 부여하는 허가를 의미한다. 즉 행정결정의 대상이 되는 시설물 중 일부의 건설 및 운전에 대하여 확정적인 허가를 발급하는 것으로 부분허가가 수차례에 걸쳐 계속적으로 이루어짐으로써 시설 전체의 건설이 완성되어 운전에 이르게 되는 방식을 말한다.

예컨대, ① 구 원자력법상의 원자로 및 관계시설의 건설허가 전에 행하는 부지에 대한 제한공사승인(원자력법 제11조 제 4 항)은 독일 원자력법상 제 1 차 부분건설허가에 해당한다고 볼 수 있다. 판례는 원자로시설 부지사전승인처분의 법적 성격을 '사전적 부분 건설허가'로 보고 있다(대판 1998. 9. 4, 97누19588). ② 주택법상 주택건설사업을 완료한 경우에는 사용검사를 받아야 주택 등을 사용할 수 있는데, 사업완료 전이라도 완공부분에 대하여 동별로 사용검사를 받을 수 있다고 규정하고 있다(제29조 제 1 항, 제 4 항). 이 경우에 **아파트 동별 사용검사**는 부분허가와 유사한 성질을 갖는다고 할 수 있다.

(2) 법적 근거

부분허가처분권은 허가처분권에 포함되는 것이므로 허가에 법적 근거가 있으면 부분허가에는 별도의 법적 근거가 필요 없다.

(3) 법적 성질

부분허가는 그 자체가 규율하는 내용에 대한 종국적 결정인 행정행위이다. 따라서 선행 부분허가는 후속하는 최종적 결정에 구속력을 미친다.

(4) 성립 및 효력요건

부분허가에 있어 허가 전체에 대한 잠정적·긍정적 전체판단이 전제되어야 한다. 즉 부분허가는 잠정적·긍정적 전체판단에 의하여 허가의 전제조건이 충족되고 부분허가를 발부할 정당한 이익이 있다고 인정되는 때에 발부된다. 잠정적 전체판단을 요구하는 것은 비록 잠정적이기는 하나 복잡한 시설 전체를 심사하여 후속단계에서 구상(Konzept)상의 이유로 건설이 중지되거나 또는 운영이 금지되지 않는다는 것을 선결적으로 해결하는 것에 일차적 목적이 있다.

(5) 부분허가의 효력

부분허가는 그 자체가 규율하는 내용에 대한 종국적 결정인 행정행위이다. 부분허가를 받은 자는 허가의 대상이 되는 행위를 적법하게 할 수 있다.

부분허가시 행해지는 판단은 사실관계에 있어서나 법적 요건에 있어 차후에 별다른 변화가 없는 한, 최종적 결정에 구속력을 지닌다. 최종적인 판단에 있어서 기술적 수준의 변화나 상황의 변화에 대응하는 범위 내에서 시설물 일부에 대한 변경이나 수정은 있을 수 있다.

부분허가는 일정한 행위를 가능하게 하는 행위이므로 최종적 결정이 내려진 후에도 최종적 결정에 흡수되지 않고 효력을 유지하는 것으로 보아야 한다.

(6) 권리구제

부분허가는 행정행위이므로 당사자나 일정한 범위의 제 3 자는 취소소송을 제기할 수 있다. 또한 허가가 발령되지 않는 경우에는 거부처분의 존재시에는 거부처분 취소심판, 의무이행심판이나 거부처분의 취소소송을, 부작위에 대해서는 의무이행심판이나 부작위위법확인소송을 제기할 수 있다.

제11절 행정의 자동결정과 자동적 처분

행정기본법

제20조(자동적 처분) 행정청은 법률로 정하는 바에 따라 완전히 자동화된 시스템(인공지능 기술을 적용한 시스템을 포함한다)으로 처분을 할 수 있다. 다만, 처분에 재량이 있는 경우는 그러하지 아니하다.

Ⅰ. 의 의

행정의 자동결정이란 미리 입력된 프로그램에 따라 행정결정이 자동으로 행해지는 것을 말한다. 예를 들면, 전자신호시스템에 따른 교통신호, 무인교통단속장비를 통한 교통법규위반단속, 컴퓨터를 통한 교통단속결과의 처리 및 운전면허 행정처분, 객관식 시험의 채점과 합격자 결정, 세금 결정 등이 그것이다.

자동적 처분이란 법률로 정하는 바에 따라 완전히 자동화된 시스템(인공지능 기술을 적용한 시스템을 포함)으로 하는 처분을 말한다. 행정청은 법률로 정하는 바에 따라 완전히 자동화된 시스템(인공지능 기술을 적용한 시스템을 포함)으로 처분을 할 수 있다. 다만, 처분에 재량이 있는 경우는 그러하지 아니하다(행정기본법 제20조).

완전히 자동화된 시스템이 아닌 일부 자동화는 「행정기본법」 제20조의 적용대상(**자동적 처분**)이 아니다. 이에 반하여 **행정의 자동결정**은 전부(완전) 자동결정뿐만 아니라 일부 자동결정도 포함하는 개념이다. 권력적 사실행위도 처분이므로 권력적 사실행위에도 「행정기본법」 제20조가 적용된다고 보아야 한다.

Ⅱ. 법적 성질

행정의 자동결정은 행정행위의 성질을 갖는다. 자동으로 결정된 행정결정은 외부에 표시되어야 행정행위로서 성립하며 당사자에게 통지되어야 효력을 발생하게 된다.

행정의 자동적 처분은 그 자체가 처분의 성질을 갖는다.

행정의 자동결정이나 자동적 처분은 행정행위뿐만 아니라 사실행위에 대해서도 가능하다.

행정의 자동결정의 기준이 되는 프로그램의 법적 성질은 행정규칙이라고 볼 수 있다.

Ⅲ. 행정의 자동결정에 대한 법적 규율의 특수성

행정의 자동결정에 대하여는 특별한 규정이 없는 한 행정행위에 관한 규정이 적용된다. 그런데 행정의 자동결정에 있어서는 행정청의 서명·날인, 문자 이외의 부호의 사용, 이유제시 또는 의견청취절차의 예외 등 특수한 법적 규율이 행해질 수 있다. 다만, 해석상 행정청의 서명·날인에 있어서는 명문의 규정이 없는 경우에도 행정청의 서명을 인쇄하고 날인을 인영(印影)의 방법으로 하는 것이 허용된다고 본다.

Ⅳ. 행정의 자동결정과 재량행위

기속행위에 있어서 행정의 자동결정이 가능하다는 데에는 이론(異論)이 없다.

「행정기본법」은 자동적 처분은 재량처분에는 인정되지 않는 것으로 규정하고 있다(행정기본법 제20조 단서).

재량행위에 있어서는 행정의 자동결정이 가능한지에 대해 견해가 대립되고 있다. ① 부정설은 재량행위의 본래의 취지가 구체적 사정을 고려하여 구체적 타당성이 있는 행정을 하도록 하기 위한 것이라고 볼 때 재량의 여지 없이 입력된 프로그램에 따라 행정결정을 내리는 것은 재량권의 불행사에 해당하여 위법하게 된다고 한다. ② 긍정설은 재량준칙을 정형화하고 그에 따라 재량처분을 자동결정한 후 상대방의 이의제기의 가능성을 열어 놓은 방법으로 재량행위를 자동결정할 수 있는 가능성은 있다고 본다. **긍정설이 타당하다. 이 경우에 자동결정은 법정기간 내에 이의제기가 없을 것을 정지조건으로 성립하는 것으로 볼 수 있을 것이다.**

Ⅴ. 행정의 자동결정의 하자와 권리구제

행정의 자동결정의 하자는 ① 프로그램에 하자가 있는 경우, ② 공무원이 자료의 입력을 잘못한 경우, ③ 통지에 하자가 있는 경우 등에 존재하게 된다.

행정의 자동결정의 하자의 효과는 일반행정행위의 하자의 효과와 다르지 않다. 행정의 자동결정은 행정행위이므로 항고쟁송의 대상이 된다.

위법한 자동결정으로 손해를 받은 자는 국가배상을 청구할 수 있다.

문제는 국가배상법 제 2 조에 근거하여 배상책임을 인정할 것인가 아니면 제 5 조에 근거하여 배상책임을 인정할 것인가 하는 점이다.

자료의 입력에 잘못이 있었던 경우(예 수입식품법 제20조의2에 따른 수입식품신고수리처분)에는 공무원의 행위가 가해행위이므로 제 2 조의 배상책임의 문제가 된다고 보아야 한다. 프로그램의 내용이 위법한 경우에도 프로그램을 만든 공무원의 과실이 있는 경우에 제 2 조에 따른 배상책임이 인정된다.

그 이외에 기계장치의 하자(예 신호등의 하자)로 인한 배상책임은 제 5 조에 따른 영조물의 설치·관리의 하자로 인한 책임의 문제로 본다.

제5장 공법상 계약

행정기본법

제27조(공법상 계약의 체결) ① 행정청은 법령등을 위반하지 아니하는 범위에서 행정목적을 달성하기 위하여 필요한 경우에는 공법상 법률관계에 관한 계약(이하 "공법상 계약"이라 한다)을 체결할 수 있다. 이 경우 계약의 목적 및 내용을 명확하게 적은 계약서를 작성하여야 한다.

② 행정청은 공법상 계약의 상대방을 선정하고 계약 내용을 정할 때 공법상 계약의 공공성과 제 3 자의 이해관계를 고려하여야 한다.

Ⅰ. 의 의

공법상 계약이란 공법상의 법적 효과를 발생시키는(공법상의 법률관계의 변경을 가져오는) 행정주체를 적어도 한쪽 당사자로 하는 계약(양 당사자 사이의 반대방향의 의사의 합치)을 말한다.

「행정기본법」상 공법상 계약의 정의에 '대등한 당사자 사이'라는 문구가 빠져 있고, 공법상 계약에서 행정청이 계약 상대방보다 사실상 우월한 경우도 있겠지만, 계약의 본질상 공법상 계약에서 양 당사자는 법률상으로는 당연히 대등한 것을 전제로 한다고 보아야 한다.

공법상 계약(행정계약)은 과거 권위적인 경찰국가에서는 그 허용가능성에 대하여 논란이 많았다. 우리나라에서는 경찰행정에 있어 아직 공법상 계약의 방식이 많이 사용되고 있지 않다. 경찰행정은 계약적 수단이 아닌 일방적 행위에 의해 행해지는 경우가 보통이다. 그리고 계약의 방식이 사용되는 경우에도 판례상 해당 계약이 공법상 계약으로 인정되는 예는 많지 않고 사법상 계약으로 인정되는 경향이 강하다. 그러나 선진국에서는 오늘날 협의에 의한 행정이 강조 및 확대되고 있으며 이에 따라 공법상 계약의 방식이 행정의 중요한 행위형식이 되고 있다.

1. 사법상 계약과의 구별[2017 사시, 2021 행시]

(1) 구별실익

① 실체법상 공법상 계약은 공법적 효과를 발생시키고 공익과 밀접한 관계를 갖고 있으므로 후술하는 바와 같이 사법과는 다른 특수한 공법적 규율의 대상이 된다. 그러나 행정주체가 당사자인 사법상 계약은 사법의 규율을 받는다(대판 2018. 2. 13, 2014두11328).

② 소송법상 공법상 계약에 관한 소송은 민사소송이 아니라 공법상 당사자소송에 속한다. 다만, 후술하는 바와 같이 법원은 공법상 계약에 관한 소송을 민사소송으로 잘못 제기한 경우에 각하판결하지 않고, 행정법원에 이송하여 행정소송(당사자소송)으로 판결하도록 하고 있다(행정구제법 '행정소송의 관할' 참조).

③ 공법상 계약에 의한 의무의 불이행이 행정상 강제집행이나 행정벌의 대상이 되는 것으로 규정되어 있는 경우가 있다. 그리고 공법상 계약과 관련한 불법행위로 국민이 입은 손해는 국가배상법에 의한 손해배상의 대상이 된다.

(2) 구별기준

공법상 계약과 사법상 계약의 구별기준에 공법관계와 사법관계의 구별에 관한 일반적 기준이 원칙상 적용된다.

다만, 공법상 계약과 사법상 계약의 구별에 있어서는 다음과 같은 구별기준이 특별히 고려되어야 한다. ① 공법상 계약이 되기 위하여는 최소한 계약의 일방 당사자는 행정주체이어야 한다. 그러나 행정주체가 체결하는 계약이 모두 공법상 계약은 아니다. 행정주체가 사경제주체로서 체결하는 계약은 사법상 계약이다. **판례**에 따르면 공법상 계약과 사법상 계약의 구별은 아래와 같이 관련사항을 종합적으로 고려하여 개별적으로 결정하여야 한다(종합적·개별적 결정설).

[판례] 지방자치단체가 일방 당사자가 되는 이른바 '공공계약'이 사경제의 주체로서 상대방과 대등한 위치에서 체결하는 **사법상 계약에 해당하는 경우** 그에 관한 법령에 특별한 정함이 있는 경우를 제외하고는 사적 자치와 계약자유의 원칙 등 **사법의 원리가 그대로 적용**된다(대판 2018. 2. 13, 2014두11328).

② 공법적 효과를 발생시키는 계약(예 공행정의 집행을 위해 위탁하는 계약이나 공행정의 수행에 참여하는 공무원을 채용하는 계약)은 공법상 계약이다. 공무원채용계약은

공법상 계약이지만, 채용된 자가 공행정의 운영에 직접 참여하지 않고 보조하는 것에 불과한 경우에는 그 채용계약(예 행정보조자 채용계약)은 사법상 계약이다. **판례**는 생활폐기물수집운반 등 대행위탁계약을 사법상 계약으로 보고 있으나(대판 2018. 2. 13, 2014두11328), 생활폐기물수집운반은 공행정으로 보고, 공행정의 집행을 대행위탁하는 계약은 공법상 계약으로 보는 것이 타당하다.

판례는 지방자치단체가 사인과 체결한 시설(자원회수시설) 위탁운영계약은 사법상 계약이라고 보고 있고(대판 2019. 10. 17, 2018두60588), 「국유림의 경영 및 관리에 관한 법률」에 따른 임산물매각계약도 사법상 계약으로 보고 있다(대판 2020. 5. 14, 2018다298409).

> **[판례]** 지방자치단체의 관할구역 내에 있는 각급 학교에서 학교회계직원으로 근무하는 것을 내용으로 하는 근로계약은 사법상 계약이다(대판 2018. 5. 11, 2015다237748). **[해설]** 그러한 학교회계직원은 공무원이 아닌 근로자이다.

③ 행정주체에게 공법상 행위형식과 사법상 행위형식의 선택권이 부여된 경우에는 계약의 특별조항을 통하여 표현되는 **행정청의 의사**가 주요한 구별기준이 된다. 즉 **계약조항** 중에 사법상의 법규정과는 성질을 달리하는 공법적 규율에 친한 예외적인 조항(공익을 위해 행정주체에게 우월적 지위를 인정하는 조항)이 존재하는 경우에는 공법상 계약이 된다.

2. 공법상 계약과 행정행위, 공법상 합동행위

공법상 계약과 행정행위는 구체적인 법적 효과를 가져오는 법적 행위인 점에서는 동일하지만 양자는 **행위의 형성방식에 차이가** 있다. 행정행위는 행정주체에 의해 일방적으로 행해지지만, 공법상 계약은 행정주체와 국민 사이의 합의에 의해 행해지는 비권력행위이다. **판례**가 '국립의료원 부설 주차장에 관한 위탁관리운영계약'을 강학상 특허로 보고 있으나(대판 2006. 3. 9, 2004다31074〈채무부존재확인〉), 위 용역계약은 사용·허가를 대체하는 공법상 계약으로 보는 것이 타당하다.

공법상 합동행위(예 공공조합설립행위)나 공법상 계약 모두 다수 의사의 합치에 의해 성립한다는 점은 동일하나, 합동행위는 그 의사의 방향이 같은 방향이나 공법상 계약은 반대방향이다.

Ⅱ. 공법상 계약의 법적 근거

「행정기본법」은 공법상 계약의 일반적 근거규정을 두고 있다. 즉 행정청은 법령등을 위반하지 아니하는 범위에서 행정목적을 달성하기 위하여 필요한 경우에는 공법상 법률관계에 관한 계약(이하 "공법상 계약"이라 한다)을 체결할 수 있다(행정기본법 제27조 제 1 항).

「국가를 당사자로 하는 계약에 관한 법률」, 「지방자치단체를 당사자로 하는 계약에 관한 법률」은 기본적으로 국가나 공공기관이 당사자가 되는 사법상 계약에 관한 규정이다. 이에 대하여 「국가를 당사자로 하는 계약에 관한 법률」이 국가가 당사자가 되어 체결되는 모든 계약에 적용되는 것으로 규정되어 있으므로 국가가 당사자가 되는 공법상 계약에도 적용되는 것으로 보아야 한다는 견해도 있다.

Ⅲ. 인정범위 및 한계 [2008 입법고시 약술, 2015 입법고시(행정행위의 대체)]

「행정기본법」 제27조 제 1 항의 입법으로 명시적인 규정이 없는 한 개별적인 법적 근거가 없더라도 제한 없는 공법상 계약의 허용가능성이 인정된 것으로 보는 견해도 있지만, 「행정기본법」 제27조 제 1 항은 개별법의 명시적 근거가 없는 경우에도 공법상 계약이 가능하다는 것(공법상 계약의 일반적 허용가능성)만을 인정한 것으로 보는 것이 타당하다는 견해도 있다. 생각건대, 공법상 계약은 행정법질서(관련 법령, 법원칙 및 법리)에 합치하여야 하므로 명시적 규정이 없는 한 제한적이나마 공법상 계약이 인정될 수 없는 영역이 있다는 것을 인정하여야 할 것이다.

① 공법상 계약은 비권력적 행정분야에서뿐만 아니라 권력행정분야에서도 인정된다.

② **공법상 계약으로 행정행위를 갈음할 수 있는가**(예 행정청은 택지개발사업계획을 승인하고 개발사업자는 기부채납을 한다는 계약)에 관하여 법상 금지되지 않는 한 행정행위 대신에 공법상 계약이 사용될 수 있다는 견해와 없다는 견해가 대립되고 있는데, 공법상 계약은 법률의 근거 없이도 인정되므로 **긍정하는 견해가 타당하다.** 다만, 일정한 행정분야, 즉 협의에 의한 행정이 타당하지 않으며 공권력에 의해 일방적으로 규율되어야 하는 분야에서는 법률의 근거가 없는 한 공법상 계약이 인정될 수 없고, 행정행위를 대체할 수도 없다. 예를 들면, 경찰행정분야와 조세행정분야에서는 공법상 계약이 인정될 수 없다고 보아야 한다. 다만, 법률에 특별한

규정이 있는 경우에는 물론 공법상 계약이 가능하다.

③ 제 3 자의 권익을 제한하는 내용의 행정행위를 할 것을 내용으로 하는 공법상 계약은 제 3 자의 동의가 없는 한 인정될 수 없다.

Ⅳ. 공법상 계약의 성립요건과 적법요건[2008 입법고시 약술]

1. 성립요건

공법상 계약은 사법상 계약과 마찬가지로 양 당사자의 반대방향의 의사의 합치에 의해 성립된다.

공법상 계약에서 계약당사자의 일방은 행정주체이어야 한다. 행정주체에는 공무를 수탁받은 사인도 포함된다.

2. 적법요건

(1) 주체에 관한 요건

공법상 계약을 체결하는 주체에게 권한이 있어야 한다.

이론상 행정기관이 아니라 행정주체가 공법상 계약의 주체가 된다. 그런데 「행정기본법」은 행정청을 공법상 계약의 당사자로 규정하고 있다(행정기본법 제27조 제 1 항). 이 경우 행정청은 행정주체를 대표하여 공법상 계약을 체결하는 것으로 보아야 한다. 공법상 계약을 체결하는 행정청이 해당 공법상 계약을 체결할 수 있는 권한을 갖고 있어야 한다.

(2) 절차에 관한 요건

「행정기본법」 제27조가 공법상 계약의 절차를 일반적으로 규율한다. 공법상 계약은 행정절차법의 규율대상이 아니다. 공법상 계약의 체결에 다른 행정청의 승인, 동의 또는 협의를 요하는 것으로 규정하는 경우도 있다. 다른 행정청의 승인, 동의 또는 협의를 요하는 행정행위를 갈음하여 공법상 계약을 체결하는 경우에는 그러한 절차를 거쳐야 한다. 행정청은 「행정기본법」 제27조에 따라 공법상 법률관계에 관한 계약을 체결할 때 법령등에 따른 관계 행정청의 동의, 승인 또는 협의 등이 필요한 경우에는 이를 모두 거쳐야 한다(동법 시행령 제 6 조).

(3) 형식에 관한 요건

행정청은 공법상 계약을 체결하는 경우 계약의 목적 및 내용을 명확하게 적은 계약서를 작성하여야 한다(행정기본법 제27조 제 1 항).

(4) 내용에 관한 요건

법우위의 원칙은 공법상 계약에도 적용된다. 따라서 공법상 계약의 내용은 법을 위반하지 않아야 한다.

법의 일반원칙은 공법상 계약에도 적용된다. 비례의 원칙상 행정청은 공법상 계약의 상대방을 선정하고 계약 내용을 정할 때 계약의 공공성과 제 3 자의 이해관계를 고려하여야 한다(행정기본법 제27조 제 3 항). 부당결부금지의 원칙상 행정주체의 급부와 사인의 급부 사이에 실체적 관련성이 있어야 한다.

입법론으로 독일 연방행정절차법 제58조 제 1 항에서와 같이 "제 3 자의 권리를 침해하는 공법상 계약은 그의 동의를 요한다"라는 규정을 추가로 두어야 한다는 견해[26]가 있다.

V. 공법상 계약의 효력

공법상 계약은 위법한 경우 후술하는 바와 같이 원칙상 무효이다.

공법상 계약이 적법한 경우 공법상 계약은 계약당사자 사이에서 계약에 따른 구속력을 가진다.

공법상 계약을 기초로 한 신청에 대한 처분을 함에 있어서 원칙상 공법상 계약에 반하지 않아야 한다. 다만, 공법상 계약을 따르기 어려운 사정변경이 생겼거나 중대한 공익상의 필요가 발생한 경우와 같이 특별한 사정이 있는 경우에는 공법상 계약과 다른 처분을 할 수 있다(대판 2025. 2. 27, 2024두47890).

VI. 공법상 계약의 종류

1. 행정주체 상호간에 체결되는 공법상 계약

행정주체 상호간의 공법상 계약은 행정주체 상호간의 사무위탁 등 행정사무의 집행과 관련하여 체결된다. 법에 의해 금지되지 않는 한 행정주체 상호간에 공법상 계약이 자유롭게 체결될 수 있다.

행정주체 상호간의 업무위탁계약, 행정비용부담계약(예 도로법 제24조, 하천법 제 9 조) 등이 이에 해당한다.

---

26) 김용섭, "한국행정법학회 활동 성과분석 및 행정기본법 제정이후의 전망", 「행정법학」 제21호, 2021. 9, 54쪽.

2. 행정주체와 사인간에 체결되는 공법상 계약

① 사인에 대한 행정사무의 위탁계약, ② 민간투자사업법상 실시협약(서울고법 2004. 6. 24, 2003누6483), ③ 공무원의 채용계약, ④ 서울특별시 시립무용단원이 가지는 지위가 공무원과 유사한 경우 서울특별시 시립무용단원 위촉계약(대판 1995. 12. 22, 95누4636), ⑤ 국립중앙극장 전속단원 채용계약(서울고판 1996. 8. 27, 95나35953) 등이 이에 해당한다.

[판례 1] 지방재정법에 의하여 준용되는 **국가계약법에 따라 지방자치단체가 당사자가 되는 이른바 공공계약은** 사경제의 주체로서 상대방과 대등한 위치에서 체결하는 **사법상의 계약**으로서 그 본질적인 내용은 사인 간의 계약과 다를 바가 없으므로, 그에 관한 법령에 특별한 정함이 있는 경우를 제외하고는 사적 자치와 계약자유의 원칙 등 사법의 원리가 그대로 적용된다 할 것이다(대판 2001. 12. 11, 2001다33604). [해설] 현재 판례는 국가계약법에 따른 공공계약을 사법상 계약으로 보고 있다.

[판례 2] **광주광역시문화예술회관의 단원 위촉은 광주광역시문화예술관장이 행정청으로서의 공권력을 행사하여 행하는 행정처분이 아니라,** 공법상의 근무관계의 설정을 목적으로 하여 광주광역시와 단원이 되고자 하는 자 사이에 대등한 지위에서 의사가 합치되어 성립하는 **공법상 근로계약에 해당한다고 보아야 할 것이므로,** 광주광역시시립합창단원으로서 위촉기간이 만료되는 자들의 신청에 대하여 광주광역시문화예술관장이 실기와 근무성적에 대한 평정을 실시하여 **재위촉을 하지 아니한 것을 항고소송의 대상이 되는 불합격처분이라고 할 수는 없다**(대판 2001. 12. 11, 2001두7794).

공익사업의 시행을 위하여 필요한 토지 등을 수용 또는 사용할 사업으로 국토부장관이 결정하는 행정처분인 **사업인정(事業認定) 후의 토지 등의 협의취득계약을** 공법상 계약으로 보는 견해도 있지만, **판례는 사법상 매매계약**으로 보고 있다(대판 2012. 2. 23, 2010다91206). **사업인정 전 협의는 사법상계약이라고 보는 것이 다수설과 판례의 태도**이다. 협의가 성립되지 않을 경우 사업인정의 신청으로 이어진다. 협의에 응할 것인가의 여부는 토지소유자의 자유에 속하는 것으로 협의의 성립 여부는 '보상금액' 등에 대한 토지소유자의 만족도에 좌우된다.

조달계약에서 낙찰자결정은 처분에 해당한다고 보는 견해도 있다. 이에 반하여 **판례는** 국가연구(개발사업)협약은 공법상 계약으로 본다.

또한 **행정실무와 판례는** 행정조직내의 무기계약직(공무직)은 공무원이 아니라 사법상 근로자로 본다. 지방자치단체와 근로계약(사법상 계약)을 체결하고 지방자치단체의 관할구역 내에 있는 각급 공립학교에서 근무하는 학교회계직원은 공무원이 아닌 사법상 근로자로 본 판례가 있다(대판 2018. 5. 11, 2015다237748).

[판례] 국가가 협약대상자에게 지급하는 대가는 연구경비로 지급하는 출연금에 해당하고 물가상승 등을 이유로 협약금액의 증액을 내용으로 하는 협약변경을 구하는 것은 정부출연금의 증액을 요구하는 것으로 이에 대하여는 국가의 승인을 얻어야 하며, 위 협약은 정부와 민간이 한국형 헬기 민·군 겸용 핵심구성품을 개발하여 기술에 대한 권리는 국가에 귀속시키되 장차 기술사용권은 협약대상자에게 이전하여 군용 헬기의 양산 또는 민간 헬기의 독자적 생산의 기반을 확보하려는 데 그 목적이 있다는 이유로 **위 협약은 공법상 계약에 해당하고 이에 관한 분쟁은 행정소송에 의하여야** 한다고 한다(대판 2017. 11. 9, 2015다215526). [해설] 방위사업청과 '한국형 헬기 민군겸용 핵심구성품 개발협약'을 체결한 협약대상자가 협약을 이행하는 과정에서 환율변동 및 물가상승 등으로 인하여 협약금액을 초과하는 비용이 발생하였다고 주장하면서 **국가를 상대로 초과비용의 지급을 구하는 민사소송을 제기한 사안**이다.

사인이 행정주체의 지위를 갖는 경우 행정주체의 지위에서 다른 사인과 공법상 계약을 체결할 수 있다.

물품납품계약, 건축도급계약 등 조달계약을 **사법상 계약으로 보는 것이 일반적 견해**이며 **판례**의 입장인데, 공법상 계약으로 보는 견해도 제기되고 있다. 조달계약에서 낙찰자결정도 사법상 행위라고 보는 것이 **판례**의 입장인데, 그것은 낙찰자결정만으로 바로 계약이 성립되지 않으며 낙찰자는 국가 등에 대하여 계약을 체결해 줄 것을 청구할 수 있는 권리를 갖는데 그치기 때문이라고 한다(대판 2006. 6. 29, 2005다41603; 대판 2014. 5. 27, 2002다46829·46836).

Ⅶ. 공법상 계약의 법적 규율

1. 실체법상 규율

(1) 공법적 규율과 사법의 적용

공법상 계약은 공법적 규율의 대상이 된다. 그런데 「행정기본법」은 공법상 계약에 대한 실체법상 공법적 규율에 관한 사항을 규정하지 않고, 공법상 계약에 관한 일부 규정을 두고 있을 뿐이다. 공법상 계약에 대한 특수한 규율은 개별법 또는 법이론상 인정된다.

공법상 계약에 관하여 특별한 규정이 없는 경우에는 「국가를 당사자로 하는 계약에 관한 법률」 또는 「지방자치단체를 당사자로 하는 계약에 관한 법률」 및 계약에 관한 민법의 규정을 적용 또는 유추적용할 수 있다. **판례**는 민간투자 사업시행자와 국가등의 관계는 공법적 성격을 가진 법률관계이고, 쌍무계약의 특질을 가진 공법적 법률관계에도 쌍방미이행 쌍무계약의 해지에 관한 「채무자회생법」 제335조 제 1 항이 적용 또는 유추적용될 수 있다고 보았다(대판 전원합의체 2021. 5. 6, 2017다273441).

(2) 공법상 계약의 하자의 효과

공법상 계약에는 공정력(잠정적 통용력)이 발생하지 않고, 위법한 공법상 계약은 민법에서처럼 원칙상 무효라는 것이 다수견해이다. 공법상 계약이 무효인 경우, 계약이 목적으로 하는 권리나 의무는 발생하지 않는다.

실무상 공법상 계약 또는 의사표시의 효력을 다투는 소송은 무효확인을 구하는 당사자소송으로 제기되고 있는 점에 비추어(대판 1996. 5. 31, 95누10617 등) **실무에서는 위법한 공법상 계약을 무효로 보고 있는 것**으로 보인다.

이에 대하여 공법상 계약의 하자를 의사표시상의 하자와 내용상의 하자로 나누어 **의사표시상의 하자**는 민법상 계약의 경우와 마찬가지로 무효 또는 취소의 하자가 모두 인정되고, **내용상 하자**에 있어서는 행정행위와 달리 공정력이 인정되지 않으므로 무효만이 인정된다는 견해가 있다(류지태 · 박종수).

(3) 공법상 계약의 집행상 특수한 규율[2015 입법고시, 2017 사시]

공법상 계약에 따른 의무의 불이행이 있는 경우 행정청이 그 의무의 집행을 자력으로 강제하는 것(행정상 강제집행)은 법률유보의 원칙상 법률의 명시적 근거가 없으면 불가능하다. 행정상 강제집행의 명시적 근거가 없는 경우 민사상 강제집행을 할 수 있다.

「행정기본법」은 공법상 계약의 변경, 해지 및 해제에 관한 규정을 두고 있지 않다. 따라서 의무불이행의 경우 민법상 계약의 해지규정이 유추적용된다. 다만, 공법상 계약의 집행에 있어서는 공익의 실현을 보장하기 위하여 명문의 규정이 없는 경우에도 다음과 같이 계약의 해지 등에 관한 민법의 원칙이 수정되는 경우가 있다.

① 공법상 계약의 기초가 된 법률상 또는 사실상의 상황에 중대한 변화가 있어 계약내용을 그대로 이행하는 것이 공익상 적절하지 않을 경우에는 행정청은 새로운 상황에 적응되도록 계약내용의 변경을 요구하는 권한 또는 계약해지권을 갖는다고 보아야 한다. 왜냐하면 행정은 공익목적을 추구하므로 행정주체로 하여금

공법상 계약을 공익목적에 적합하게 적응시킬 수 있도록 하여야 하기 때문이다.

② 행정주체에 의한 계약내용 변경의 요구시에 새로운 공법상 계약이 체결되기 전까지 행정주체의 계약상 의무의 불이행은 채무불이행이 되지 않는다.

③ 행정주체의 요구에 따른 계약의 변경으로 인한 계약상대방인 국민의 부담의 증가는 행정주체의 부담으로 하여야 한다. 또한 계약의 해지로 인한 손실은 손실보상에 준하여 보상되어야 한다.

④ 공법상 계약에 의한 의무의 불이행이 있는 경우에 행정주체에게는 계약의 해지권이 인정되지만, 계약상대방인 국민에게는 해지가 공익에 반하는 경우에는 인정되지 않고 이 경우에 국민은 채무불이행에 의한 손해배상청구만을 할 수 있다고 보아야 한다.

⑤ 공법상 계약에 의한 의무의 불이행에 대해서는 **행정대집행법이 적용되지 않는다.** 계약상의 의무불이행에 대해서는 법원의 판결을 받아 강제집행하여야 한다. 즉 행정상 강제집행의 명시적 근거가 없는 경우 민사상 강제집행을 할 수 있다.

2. 절차법상 규율

「행정기본법」은 공법상 계약절차에 관한 극히 일부 일반규정을 두고 있을 뿐이다. 행정절차법은 공법상 계약절차에 관한 규정을 두고 있지 않다.

> [판례] 계약직공무원에 관한 현행 법령의 규정에 비추어 볼 때, **계약직공무원 채용계약 해지의 의사표시는** 일반공무원에 대한 징계처분과는 달라서 항고소송의 대상이 되는 처분 등의 성격을 가진 것으로 인정되지 아니하고, 일정한 사유가 있을 때에 **국가 또는 지방자치단체가 채용계약관계의 한쪽 당사자로서 대등한 지위에서 행하는 의사표시로 취급**되는 것으로 이해되므로, 이를 징계해고 등에서와 같이 그 징계사유에 한하여 효력 유무를 판단하여야 하거나, **행정처분과 같이 행정절차법에 의하여 근거와 이유를 제시하여야 하는 것은 아니다**(대판 2002. 11. 26, 2002두5948).

3. 소송법상 규율

(1) 공법상 당사자소송

공법상 계약에 관한 소송은 민사소송이 아니라 공법상 당사자소송에 의한다. 공법상 계약의 무효확인소송, 공법상 계약에 의한 의무의 확인에 관한 소송 및 계약의무불이행시의 의무이행소송도 공법상 당사자소송에 의한다.

또한 판례는 계약직공무원의 해촉 또는 계약직공무원채용계약 해지의 의사표시도 공법상 당사자소송으로 해촉 또는 해지의 의사표시의 무효확인을 청구하여야 한다고 보고 있다(대판 1996. 5. 31, 95누10617; **중소기업 정보화지원사업을 위한 협약의 해지 및 그에 따른 보조금 환수통보**는 공법상 계약에 따라 행정청이 대등한 당사자의 지위에서 하는 의사표시로 본 사례).

[판례 1] **서울특별시립무용단원의 해촉에 대하여 공법상 당사자소송으로 무효확인을 구할 수 있는지 여부**: 지방자치법 제 9 조 제 2 항 제 5 호(라)목 및 (마)목 등의 규정에 의하면, 서울특별시립무용단원의 공연 등 활동은 지방문화 및 예술을 진흥시키고자 하는 서울특별시의 공공적 업무수행의 일환으로 이루어진다고 해석될 뿐 아니라, 단원으로 위촉되기 위하여는 일정한 능력요건과 자격요건을 요하고, 계속적인 재위촉이 사실상 보장되며, 공무원연금법에 따른 연금을 지급받고, 단원의 복무규율이 정해져 있으며, 정년제가 인정되고, 일정한 해촉사유가 있는 경우에만 해촉되는 등 서울특별시립무용단원이 가지는 지위가 공무원과 유사한 것이라면, **서울특별시립무용단 단원의 위촉은 공법상의 계약이라고 할 것이고, 따라서 그 단원의 해촉에 대하여는 공법상의 당사자소송으로 그 무효확인을 청구할 수 있다**(대판 1995. 12. 22, 95누4636).

[판례 2] **공중보건의사 채용계약의 법적 성질과 채용계약 해지에 관한 쟁송방법**: 현행 실정법이 **전문직공무원인 공중보건의사의 채용계약 해지의 의사표시는 일반공무원에 대한 징계처분과는 달라서** 항고소송의 대상이 되는 처분 등의 성격을 가진 것으로 인정되지 아니하고, 일정한 사유가 있을 때에 관할 도지사가 채용계약 관계의 한쪽 당사자로서 대등한 지위에서 행하는 의사표시로 취급하고 있는 것으로 이해되므로, **공중보건의사 채용계약 해지의 의사표시에 대하여는 대등한 당사자의 소송형식인 공법상의 당사자소송으로 그 의사표시의 무효확인을 청구할 수 있는 것이지, 이를 항고소송의 대상이 되는 행정처분이라는 전제하에서 그 취소를 구하는 항고소송을 제기할 수는 없다**(대판 1996. 5. 31, 95누10617).

공법상 계약의 무효확인을 구하는 당사자소송은 확인소송이므로 확인의 이익(즉시확정의 이익)이 요구된다.

(2) 항고소송의 대상이 되는 경우

① 행정청에 의한 공법상 계약의 체결 여부 또는 계약상대방의 결정은 처분성을 가지며 공법상 계약과 분리가능한 경우 행정소송법상 처분에 해당하고, 이 경우 항고소송의 대상이 된다고 보아야 한다.

예를 들면, 「사회기반시설에 대한 민간투자법」 제13조 제 3 항상의 **실시협약**(법에 의하여 주무관청과 민간투자사업을 시행하고자 하는 자 간에 사업시행의 조건 등에 관하여 체결하는 계약)은 **공법상 계약**이고, 그 이전에 행해지는 동법 제13조 제 2 항상의 **행정청의 협상대상자(협상대상자는 특별한 사정이 없는 한 사업시행자가 된다) 지정행위는 행정행위의 성질을 갖**

는 것으로 보아야 한다(서울고판 2004. 6. 24, 2003누6483).

② 또한 법에 근거하여 제재로서 행해지는 공법상 계약의 해지 등 계약상대방에 대한 권력적 성격이 강한 행위는 행정소송법상 처분으로 보아야 한다.

판례는 지방계약직공무원에 대한 보수의 삭감을 징계처분의 일종인 감봉과 다를 바 없다고 보고 항고소송의 대상이 된다고 한다(대판 2008. 6. 12, 2006두16328〈전임계약직공무원(나급)재계약거부처분및감봉처분취소〉). 조달계약 및 공법상 계약에 관한 입찰참가자격제한은 **법적 근거가 있는 경우** 처분에 해당한다고 보는 것이 판례의 입장이다.

③ **판례**에 따르면 **과학기술기본법령상 사업협약의 해지 통보는** 단순히 대등 당사자의 지위에서 형성된 공법상 계약을 계약당사자의 지위에서 종료시키는 의사표시에 불과한 것이 아니라 **행정청이 우월적 지위에서** 연구개발비의 회수 및 관련자에 대한 국가연구개발사업 참여제한 등의 법률상 효과를 발생시키는 **행정처분**에 해당하고, 재단법인 한국연구재단이 갑 대학교 총장에게 **연구개발비의 부당집행을 이유로** '해양생물유래 고부가식품·향장·한약 기초소재 개발 인력양성사업에 대한 2단계 두뇌한국(BK)21 사업' 협약을 **해지하고 연구팀장 을에 대한 대학자체 징계 요구 등을 통보**한 사안에서, 재단법인 한국연구재단이 갑 대학교 총장에게 을에 대한 **대학 자체징계를 요구한 것은** 법률상 구속력이 없는 권유 또는 사실상의 통지로서 을의 권리, 의무 등 법률상 지위에 직접적인 법률적 변동을 일으키지 않는 행위에 해당하므로, 항고소송의 대상인 **행정처분에 해당하지 않는다**(대판 2014. 12. 11, 2012두28704〈2단계BK21사업처분취소〉).

④ 공기업·준정부기관이 입찰을 거쳐 계약을 체결한 상대방에 대해 공공기관의 운영에 관한 법률 제39조 제 2 항 등에 따라 **계약조건 위반을 이유로 입찰참가자격제한처분을 하기 위해서는** 입찰공고와 계약서에 미리 계약조건과 그 계약조건을 위반할 경우 입찰참가자격 제한을 받을 수 있다는 사실을 모두 명시해야 한다. 계약상대방이 입찰공고와 계약서에 기재되어 있는 계약조건을 위반한 경우에도 공기업·준정부기관이 입찰공고와 계약서에 미리 그 계약조건을 위반할 경우 입찰참가자격이 제한될 수 있음을 명시해 두지 않았다면, 위 규정들을 근거로 입찰참가자격제한처분을 할 수 없다(대판 2021. 11. 11, 2021두43491).

(3) 국가배상청구소송

공법상 계약에 의한 의무의 불이행으로 인한 손해에 대한 국가배상청구 및 공법상 계약의 체결상 및 집행상의 불법행위로 인한 손해배상청구도 공법상 당사자소송에 의하도록 하는 것이 이론상 타당하다.

제 6 장 행정상 사실행위

Ⅰ. 의 의

행정상 사실행위란 행정청이 행정목적을 달성하기 위하여 행하는 물리력의 행사를 말한다. 종래 행정상의 사실행위는 공법상의 의무이행강제에 있어서의 실력행사와 그에 대한 행정쟁송의 문제로만 다루어져 왔을 뿐, 행정법이론에 있어서 독자적인 문제로 다루어지지는 아니하였으나 최근에 그 중요성이 부각되고 있다(박윤흔).

행정상 사실행위의 예로는 경찰관의 관내 순찰, 교통안전시설의 설치·관리, 교통교육, 정보제공, 도주자에 대한 총기의 발사, 감시행위, 도로상 방치물의 제거, 경찰지도, 대집행의 실행, 행정상 즉시강제 등이 있다.

행정기관의 행위는 직접적인 법적 행위를 발생시키는가를 기준으로 하여 법적 행위와 사실행위로 구분되고 있다. 사실행위는 직접적인 법적 효과를 발생시키지 않는 행위이다. 그러나 사실행위도 간접적으로는 법적 효과를 발생시키는 경우가 있다. 예를 들면, 위법한 사실행위로 인하여 국민에게 손해가 발생한 경우에 국가 또는 지방자치단체는 피해 국민에 대하여 손해배상의무를 지고, 피해자인 국민은 손해배상청구권을 갖게 된다.

행정기관의 행위는 양적으로 볼 때에는 대부분 사실행위이다. 그럼에도 불구하고 사실행위가 법적 행위보다 행정법에서 중요성을 인정받지 못하고 있는 것은 사실행위에서는 법적 행위에 비하여 법적 문제가 보다 적게 발생하기 때문이다. 사실행위는 통상 행정결정(법적 행위)을 준비하거나 행정결정을 집행하는 수단이 된다.

경찰행정법에서 사실행위가 침해적 사실행위인지 아니면 비침해적 사실행위인지의 구별이 중요하다고 보는 견해가 있다. 그것은 비침해적 사실행위의 경우(예 순찰, 범죄예방을 위한 행사의 개최, 안내소의 설치 및 운용, 사고희생자명단발표, 교통질서위반행위의 지적, 사인의 신청에 따른 특정문서의 폐기 등)에는 직무규범에 따라 정해진 경찰활동 영역 내의 것이면 그에 대한 별도의 수권규범이 없는 경우에도 직무규범의 적법화기능에 따라 적법한 경찰작용이 되지만, 침해적 사실행위(예 주취자나 창녀(娼女)를 경찰초소에 보내는 행위, 외국인의 국경으로의 강제송환, 강제치료, 강제예방접종, 강제퇴원, 주거의 강제진입 등)에 대해서는 직무와 권한의 분리원칙에 따라 별도의 수권규범이 필요하기 때문이라고 한다(김성태).

학자들은 행정상 사실행위의 유형에 대해 ① 정신적 사실행위(예 행정지도)와 물리적 사실행위(예 경찰의 순찰), ② 집행행위로서의 사실행위(예 경찰관의 무기 사용)와 독립적 사실행위(예 불심검문), ③ 권력적 사실행위(예 대집행 실행)와 비권력적 사실행위(권고·알선 등과 같은 행정지도), ④ 내부적 사실행위(예 공무원의 준비행위)와 외부적 사실행위(예 교통정리), ⑤ 공법적 사실행위(예 대집행 실행)와 사법적 사실행위(예 도로 공사) 등으로 나누고 있다.

Ⅱ. 행정상 사실행위에 대한 구제 [2002 행시, 2010 행시, 2015 사시]

1. 항고쟁송 [2002 행시 사례]

행정상 사실행위가 행정심판법과 행정소송법상의 '처분'에 해당하는 경우 행정심판이나 항고소송의 대상이 된다.

사실행위의 처분성에 관하여는 견해가 대립하고 있다.

① **긍정설**은 **권력적 사실행위 및 사실상 강제력을 미치는 비권력적 사실행위는** 그 자체가 **행정소송법 및 행정심판법상의 처분**에 해당한다고 본다. 이 견해는 쟁송법상 개념설에서 주장된다. ② **수인하명설**은 권력적 사실행위(예 강제예방접종) 자체가 아니라 권력적 사실행위에 결합되어 있는 행정행위인 수인하명이 항고쟁송의 대상이 된다고 한다. 이 견해는 실체법상 개념설에서 주장된다. **수인하명설을 긍정설로 보는 경우가 많지만**, 엄밀한 의미의 긍정설은 일정한 사실행위 자체를 처분으로 보는 견해인 반면에 수인하명설은 권력적 사실행위와 결합되어 있는 행정행위인 수인하명을 처분으로 보는 것이므로 **양 학설을 구분하는 것이 타당하다**. 따라서 수인하명을 수반하지 않는 권력적 사실행위(예 경찰의 불법적 미행행위) 및 비권력적 사실행위는 항고소송의 대상이 될 수 없다고 본다(홍정선). ③ **부정설**은 사실행위는 항고소송의 대상이 되지 않으며 사실행위에 대한 권익구제는 당사자소송인 이행소송, 금지소송 또는 공법상 결과제거청구소송으로 도모하여야 한다고 한다. 이 견해는 실체법상 개념설에서 주장된다. **이 견해의 문제점은 현행법 및 판례상 사실**

행위에 대한 당사자소송이 인정되고 있지 않기 때문에 이 견해에 따르면 현행법상 사실행위에 대한 실효성 있는 권익구제가 어렵다는 점이다.

생각건대, 당사자소송으로 금지소송이나 이행소송이 인정되지 않고 있는 현행법하에서 실효적인 권리구제를 위해서는 사실행위를 행정처분으로 보아 항고쟁송의 대상으로 하는 것이 타당하므로 긍정설이 타당하다. 그리고 소의 이익과 관련하여, 전염병환자의 수용과 같이 계속적으로 행해지는 사실행위, 사실행위가 완료되었어도 취소판결의 기속력(특히 원상회복의무)에 따라 원상회복이 가능하거나(예 간판제거조치), 동일한 위법처분의 반복가능성이 있는 경우에는 소의 이익을 인정하여야 한다.

판례는 권력적 사실행위를 행정소송법상 처분으로 본다(대판 2014. 2. 13, 2013두20899: **교도소장이 수형자 갑을 '접견내용 녹음·녹화 및 접견 시 교도관 참여대상자'로 지정한 행위**를 권력적 사실행위로 보아 항고소송의 대상이 되는 '처분'이라고 본 사례). 또한 **판례**는 권력적 사실행위라고 보여지는 단수처분(대판 1979. 12. 28, 79누218), 교도소재소자의 이송조치(대결 1992. 8. 7, 92두30)의 처분성을 인정하였다. 그리고 지방경찰청장의 횡단보도설치행위를 특정사항에 대하여 부담을 명하는 행정행위로 본 사례가 있다(대판 2000. 10. 27, 98두8964: 횡단보도의 설치로 인하여 보행자는 횡단보도만을 통하여 도로를 횡단하여야 하고 차의 운전자는 횡단보도 앞에서 일시정지하는 등으로 횡단보도를 통행하는 보행자를 보호할 의무가 있음을 규정하는 도로교통법의 취지에 비추어 이는 '의무부담행위'이므로 국민의 권리의무에 직접 관계가 있는 행위로서 '행정처분'에 해당한다고 본 사례).

[판례 1] 알선·권유·사실상의 통지 등과 같이 상대방 또는 기타 관계인들의 법률상 지위에 직접적인 법률적 변동을 일으키지 아니하는 행위는 항고소송의 대상이 될 수 없다(대판 1993. 10. 26, 93누6331).

[판례 2] **마약류 수용자에 대한 소변채취**는 청구인 등 검사대상자의 협력행위를 통하여 이루어질 수밖에 없는 것이고, 이를 거부하였다고 하여 징벌이나 다른 제재가 이루어지지 않으나, 피청구인 대구교도소장은 교정시설의 관리주체로서 청구인에 대하여 형을 집행하는 우월적인 지위에 있고, 청구인 등 수용자들은 외부와 격리된 채 피청구인의 형의 집행에 관한 지시, 명령에 복종하여야 할 관계에 있으며, 소변채취의 목적이 수용자들의 마약류 음용 등의 방지와 조기 발견을 통한 교정시설의 안전과 질서유지를 위한 것이고, 소변을 채취하여 제출할 것으로 일방적으로 강제하는 측면이 존재하는 것 또한 사실이며, 소변채취에 응하고, 실제로 거부하는 경우가 극히 미미한 점에 비추어, **헌법소원심판의 대상이 되는 권력적 사실행위로서 헌법 제68조 제1항의 심판대상이 되는 공권력 행사에 해당**한다(헌재 2006. 7. 27, 2005헌마277).

2. 예방적 금지소송

권력적 사실행위로 인한 국민의 권익이 침해된 경우에 취소소송을 통한 구제에는 어려움이 있는 경우가 적지 않다. 이 경우에는 예방적 금지소송과 가처분이 효과적인 구제방법이 될 수 있다.

3. 헌법소원

헌법재판소는 권력적 사실행위를 행정소송법상의 처분으로 보면서도 보충성원칙에 대한 예외에 해당하는 경우 헌법소원의 대상이 된다고 보고 있다.

4. 손실보상

적법한 권력적 사실행위에 의해 국민이 특별한 손해를 입은 경우에는 손실보상이 주어져야 한다. 예를 들면, 소방기본법 제25조 제 4 항은 소방파괴로 인한 손실에 대한 손실보상을 규정하고 있다. 다만, 손해를 입은 자에게 귀책사유가 있는 경우(예 불법주차)에는 손실보상이 주어지지 않을 수 있다.

5. 국가배상

위법한 행정상 사실행위로 국민이 손해를 입은 경우에는 국가배상을 청구할 수 있다. 사실행위의 처분성이 인정되지 않는 경우 또는 단시간에 목적을 달성하고 종결되어 버리는 사실행위에 대하여는 항고소송이 인정되지 않으므로 국가배상이 실효성 있는 구제수단이다. 적법한 사실행위(예 교통법규 위반차량에 대한 순찰차의 추적행위)의 집행방법이 잘못(예 법령위반 또는 손해방지의무 위반 등)되어 발생한 손해에 대하여도 국가배상이 인정될 수 있다(대판 2000. 11. 10, 2000다26807).

6. 공법상 결과제거청구소송 등 당사자소송

위법한 행정상 사실행위로 인한 위법한 결과에 대하여는 원상회복의 성질을 갖는 공법상 결과제거청구권이 인정될 수 있는데, 우리나라에서는 아직 판례상 공법상 결과제거청구권이 인정되고 있지 않다. 다만, 인신보호법상 불법구금상태의 해제를 구하는 청구소송이 인정되고 있다.

또한 판례는 민법 제213조와 제214조에 근거한 소유물반환청구, 소유물방해배제청구만을 인정하고 있다. 또한 행정상 사실행위에 의해 훼손된 명예를 회복하기 위해 민법 제764조에 근거하여 명예회복에 적당한 처분을 청구할 수 있다. 이 경우 권리구제는 민사소송에 의한다.

Ⅲ. 비공식적(비정형적) 행정작용

1. 의 의

비공식적 행정작용은 행정작용의 근거, 요건 및 효과 등이 법에 정해져 있지 않은 행정작용을 포괄하는 개념이다. 비공식적 행정작용은 행정작용의 근거, 요건 및 효과 등이 법에 정해져 있는 공식적 행정작용에 대응하는 개념이다. 비공식적 행정작용이라는 용어보다 비정형적 행정작용이라는 용어가 보다 적절하다는 견해도 있다.

2. 종 류

비공식적 행정작용의 종류는 매우 다양하며 상호 이질적이다. ① 행정기관에 의해 일방적으로 행해지는 비공식적 행정작용(예 경고)과 ② 행정기관과 개인이 협력하여 행하는 비공식적 행정작용(예 정보제공, 주민협약)으로 구분할 필요가 있다.

3. 필요성과 문제점

비공식적 행정작용은 협의에 의한 행정, 탄력적인 행정을 위하여 요구되는 행위형식이다. 반면에 비공식적 행정작용은 법치행정의 원칙을 무력하게 하고, 밀실행정을 조장하고, 국민의 권익구제를 어렵게 할 위험성이 있다.

4. 법률유보

① 비공식적 행정작용 중 **당사자의 합의**에 의하는 경우에는 통상의 권한규범 이외에 별도의 작용법적 근거가 필요 없다.

② **경고**와 같이 행정기관의 일방적 형식에 의하고 그 효과에 있어서 당사자에게 실질적으로 불이익하게 작용하는 경우에는 별도의 수권규정이 필요하다고 보는 것이 일반적 견해이다.

③ **단순한 권고 및 정보제공**에는 별도의 법적 근거가 필요하지 않다.

5. 법적 성질 및 효력

비공식적 행정작용은 직접적으로 법적 효과를 발생시키지 않는다. 비공식적 행정작용인 협상 또는 합의는 법적 구속력을 갖지 않는다. 따라서 비공식적 행정작용의 법적 성질은 **사실행위**이다.

6. 한 계

비공식적 행정작용은 법치행정의 원칙하에서 인정된다. 특히 평등원칙, 비례원칙, 부당결부금지의 원칙 등 법의 일반원칙의 구속을 받는다.

7. 권익구제

비공식적 행정작용은 비권력적 사실행위이다. 따라서 비권력적 사실행위에 대한 권리구제의 문제가 된다. ① 비공식적 행정작용이 사실상 강제력을 갖는 경우에는 이견이 있으나 항고소송의 대상이 되는 처분으로 볼 수 있다. ② 비공식적 행정작용으로서의 합의(예 주민협약)는 신사협정에 불과한 것으로 법적 구속력이 없으므로 그 불이행으로 인한 손해에 대해 배상을 청구할 수는 없다. ③ 위법·과실의 경고, 권고, 정보제공 등으로 손해를 입은 경우에는 국가배상을 청구할 수 있다.

제 7 장 행정지도

행정절차법

제6장 행정지도

제48조(행정지도의 원칙) ① 행정지도는 그 목적 달성에 필요한 최소한도에 그쳐야 하며, 행정지도의 상대방의 의사에 반하여 부당하게 강요하여서는 아니 된다.

② 행정기관은 행정지도의 상대방이 행정지도에 따르지 아니하였다는 것을 이유로 불이익한 조치를 하여서는 아니 된다.

제49조(행정지도의 방식) ① 행정지도를 하는 자는 그 상대방에게 그 행정지도의 취지 및 내용과 신분을 밝혀야 한다.

② 행정지도가 말로 이루어지는 경우에 상대방이 제 1 항의 사항을 적은 서면의 교부를 요구하면 그 행정지도를 하는 자는 직무 수행에 특별한 지장이 없으면 이를 교부하여야 한다.

제50조(의견제출) 행정지도의 상대방은 해당 행정지도의 방식·내용 등에 관하여 행정기관에 의견제출을 할 수 있다.

제51조(다수인을 대상으로 하는 행정지도) 행정기관이 같은 행정목적을 실현하기 위하여 많은 상대방에게 행정지도를 하려는 경우에는 특별한 사정이 없으면 행정지도에 공통적인 내용이 되는 사항을 공표하여야 한다.

Ⅰ. 의 의

행정지도란 경찰이 일정한 행정목적을 실현하기 위하여 상대방인 국민에게 임의적인 협력을 요청하는 비권력적 사실행위를 말한다. 교통지도, 권고, 권유, 요망, 정보제공 등이 그 예이다. 행정절차법은 행정지도를 '행정기관이 그 소관사무의 범위에서 일정한 행정목적을 실현하기 위하여 특정인에게 일정한 행위를 하거나 하지 아니하도록 지도·권고·조언 등을 하는 행정작용'으로 정의하고 있다(제 2 조 제 3 호).

행정지도는 한국, 일본 등에 특유한 행정의 행위형식이다. 서양에도 권고나 정보의 제공 등의 행정기관의 행위가 있지만 이들은 법상으로뿐만 아니라 사실상으로도 비권력적인 행위인 것이 보통으로 우리나라의 행정지도와는 다르다고 할 수 있다.

Ⅱ. 행정지도의 법적 성질

행정지도는 행정청이 행정목적의 달성을 위하여 직접 활동을 하는 것이 아니라 상대방인 국민의 임의적인 협력을 구하는 데 그 개념적 특징이 있다. 법상으로 행정지도의 상대방은 행정지도에 따르지 않을 수 있다. 달리 말하면 행정지도에 따르지 않는다고 하여도 행정지도가 강제되거나 그것만을 근거로 불이익이 주어지지는 않는다. 따라서 행정지도는 비권력적 행위이다.

그러나 현실에 있어서 행정지도는 사실상 강제력을 가지는 경우가 많다. 즉 행정지도를 따르지 않으면 보조금지급, 수익적 처분 등의 이익을 수여하지 않거나 세무조사, 명단의 공표 등 불이익조치를 취하는 경우가 많다.

행정지도는 그 자체만으로는 직접 법적 효과를 가져오지 않는다. 그러므로 행정지도는 사실행위이다.

Ⅲ. 행정지도의 필요성과 문제점

1. 필 요 성

① 행정권 행사의 근거법령이 불비된 경우에 행정지도는 법령의 불비를 보완하여 행정의 필요에 따른 행정권의 행사를 가능하게 한다.

② 공권력의 발동이 인정되고 있는 경우에도 공권력발동 이전에 국민의 협력을 구하는 행정지도를 행함으로써 공권력의 발동으로 인하여 야기될 수 있는 저항을 방지할 수 있다.

③ 행정지도는 오늘날의 정보화사회에서 국민에게 최신의 지식·기술·정보를 제공하여 줄 수 있는 적절한 수단이 된다.

2. 문 제 점

행정지도는 위와 같은 효용성을 가지고 있지만 적지 않은 문제점을 가지고 있다.

① 권익침해의 가능성: 우선 행정지도는 그에 대한 법적 규제가 미비되어 있는 상황하에서 남용됨으로써 국민의 권익을 침해할 가능성이 있다. 행정지도는 법적 근거가 없어도 가능하여 행정지도가 자의적으로 발동되어 국민의 권익이 침해될 가능성이 크다.

② **권익구제의 어려움**: 행정지도에 의하여 국민의 권익이 침해된 경우에도 후술하는 바와 같이 침해된 권익의 구제에 어려움이 크다. 그 이유는 행정지도가 국민의 임의적 협력을 전제로 하는 비권력적인 작용이므로 행정쟁송이나 국가배상청구가 인정되기 어렵기 때문이다.

Ⅳ. 행정지도의 종류

1. 조성적 행정지도

조성적 행정지도란 국민이나 기업의 활동이 발전적인 방향으로 행해지도록 유도하기 위하여 정보, 지식, 기술 등을 제공하는 것을 말한다. 교통지도 등이 이에 해당한다.

2. 조정적 행정지도

조정적 행정지도란 사인 상호간 이해대립의 조정이 공익목적상 필요한 경우에 그 조정을 행하는 행정지도를 말한다. 일반행정의 경우 중복투자의 조정, 구조조정을 위한 행정지도가 이에 해당한다. 조정적 행정지도는 규제적 행정지도에 속한다고 볼 수 있다.

3. 규제적 행정지도

규제적 행정지도란 사적 활동에 대한 제한의 효과를 갖는 행정지도를 말한다. 일반행정의 경우 물가의 억제를 위한 행정지도 등이 이에 해당한다. 행정행위를 대체하여 행해지는 행정지도가 이에 해당한다.

Ⅴ. 행정지도의 법적 근거

행정지도의 법적 근거에 대해서는 법적 근거불요설과 제한적 근거필요설이 대립하고 있다. ① 법적 근거불요설은 행정지도에 따를 것인지의 여부가 상대방인 국민의 임의적 결정에 달려 있으므로 행정지도에는 법률의 근거가 없어도 된다는 것이며 **다수설**이다. ② 제한적 근거필요설은 원칙상 행정지도에는 법적 근거가 필요없으나 행정지도 중에서 행정행위의 대체적 성질을 갖는 행정지도(예 시정명령을 대신하여 내려지는 시정권고) 이외의 규제적 행정지도에는 법률의 근거가 필요하다는 견해이다. 행정지도가 사실상 강한 강제력을 갖는 경우에는 법률의 근거가 있어야 한다고 보는 견해가 있다.

③ 판례는 법적 근거불요설을 취하고 있다.

④ 결어(제한적 법적 근거필요설)

행정지도가 사실상 강제력을 갖는 경우에는 법률의 근거가 있어야 한다고 보아야 한다. 특히 제 3 자효 행정지도는 제 3 자에게는 사실상 강제력이 있는 경우가 적지 않은데, 이 경우에는 법률의 근거가 있어야 한다고 보아야 한다.

처분권의 수권규정은 처분권의 범위 내에서 행정지도의 근거가 될 수 있다. 예를 들면, 시정명령의 근거규정은 시정권고의 근거규정이 될 수 있고, 요금에 대해 재량권인 인가권의 근거규정은 요금에 관한 행정지도의 근거규정이 될 수 있다.

Ⅵ. 행정지도의 한계

1. 조직법상의 한계

행정지도는 해당 행정기관의 소관사무의 범위 내에서 행해져야 한다. 그 범위를 넘는 행정지도는 무권한의 하자를 갖게 된다.

2. 작용법상의 한계

(1) 실체법상의 한계

행정지도는 법의 일반원칙을 포함하여 법에 위반하여서는 안 된다. 또한 위법한 행위를 하도록 유도하는 행정지도도 위법한 행정지도이다.

상대방의 의사에 반하여 부당하게 강요하는 행정지도는 위법하다(행정절차법 제48조 제 1 항). 또한 상대방이 행정지도에 따르지 아니하였다는 것을 직접적인 이유로 불이익한 조치를 하면 그 불이익한 조치는 위법한 행위가 된다(제 2 항).

(2) 절차법상의 한계

행정절차법은 행정지도에 대한 다음과 같은 절차적 규정을 두고 있다.

① 행정지도를 하는 자는 그 상대방에게 그 행정지도의 취지 및 내용과 신분을 밝혀야 한다(법 제49조 제 1 항).

② 행정지도가 말로 이루어지는 경우에 상대방이 제49조 제 1 항의 사항을 적은 서면의 교부를 요구하면 그 행정지도를 하는 자는 직무수행에 특별한 지장이 없으면 이를 교부하여야 한다(법 제49조 제 2 항).

③ 행정지도의 상대방은 해당 행정지도의 방식·내용 등에 관하여 행정기관에 의견제출을 할 수 있다(법 제50조).

④ 행정기관이 같은 행정목적을 실현하기 위하여 많은 상대방에게 행정지도를 하려는 경우에는 특별한 사정이 없으면 행정지도에 공통적인 내용이 되는 사항을 공표하여야 한다(법 제51조).

Ⅶ. 행정지도와 행정구제 [2000 사시 약술, 2008 경감승진 약술, 2018 5급공채(행정)]

1. 항고쟁송에 의한 구제

행정지도의 처분성에 관하여는 학설이 대립된다.

(1) 부정설

① 행정지도는 비권력적인 행위일 뿐만 아니라 행정지도는 그 자체로서는 어떠한 법적 효과도 발생하지 않고, ② 행정지도에 따를 것인지의 여부는 상대방이 임의로 정할 수 있으므로 상대방은 행정지도에 따르지 않으면 될 것이고 취소쟁송을 제기할 필요는 없다.

(2) 제한적 긍정설

행정지도 중 사실상 강제력을 갖고 사실상 국민의 권익을 침해하는 것은 예외적으로 행정심판법이나 행정소송법상의 "그 밖에 이에 준하는 행정작용"에 해당하는 것으로 보아 행정지도의 처분성을 인정할 수 있다고 본다.

(3) 판례

판례는 원칙상 행정지도의 처분성을 부인한다. 제 3 자효 행정지도의 처분성도 부정한다. **판례**는 위법 건축물에 대한 단전 및 전화통화 단절조치 요청행위의 처분성을 부인하였다(대판 1996. 3. 22, 96누433; 대판 1995. 11. 21, 95누9099).

(4) 결어

행정지도가 국민의 권리의무에 사실상 강제력을 미치고 있는 경우에는 처분성을 인정하는 제한적 긍정설이 타당하다.

행정지도의 강제성이 지나친 경우에는 그 행위는 외형적으로는 행정지도의 형식을 취한다 할지라도 실질에 있어서는 행정지도가 아니라 권력적 사실행위라고 보아야 할 경우도 있다. 예를 들면, **헌법재판소**는 재무부장관의 제일은행에 대한 행정지도의 형식으로 행하여진 국제그룹 해체조치를 권력적 사실행위로 보았다(헌재 1993. 7. 29, 89헌마31). 또한 **대법원**은 국가인권위원회의 성희롱결정과 그에 따른 시정조치의 권고는 불가분의 일체로 이루어지는 것으로서 행정처분에 해당한다고 보았다(대판 2005. 7. 8, 2005두487).

2. 헌법소원에 의한 구제

헌법재판소는 행정지도가 단순한 행정지도로서의 한계를 넘어 규제적·구속적 성격을 상당히 강하게 갖는 것이면 헌법소원의 대상이 되는 공권력의 행사라고 볼 수 있다고 한다(헌재 전원재판부 2003. 6. 26, 2002헌마337, 2003헌마7·8(병합): 교육부장관의 대학총장들에 대한 이 사건 학칙시정요구를 헌법소원의 대상이 되는 공권력의 행사라고 한 사례).

3. 국가배상청구

위법한 행정지도로 손해가 발생한 경우 국가배상책임의 요건을 충족하는 한 국가배상책임이 인정된다는 것이 **판례 및 일반적 견해**이다.

위법한 행정지도에 의한 국가배상책임에 있어서 다음의 세 요건이 특히 중요한 문제이다.

① 행정지도가 국가배상법상의 직무행위에 해당하는지 여부, ② 행정지도의 위법성, ③ 행정지도와 손해 사이의 인과관계의 존재 여부.

(1) 행정지도의 국가배상법상의 직무행위에의 해당 여부

행정지도는 행정목적을 달성하기 위한 비권력적 사실행위이므로 행정지도는 비권력적 공행정작용이다. 따라서 행정지도는 국가배상법의 적용범위에 들어간다.

(2) 행정지도의 위법성과 과실

행정지도로 인한 손해에 대해 국가배상책임이 인정되기 위하여는 행정지도의 위법성과 행정지도를 행한 공무원의 과실이 인정되어야 한다.

① 행정지도가 통상의 한계를 넘어 사실상 강제성을 갖고 국민의 권익을 침해하는 경우 해당 행정지도는 위법하다고 보아야 한다. 이 경우 통상 과실도 인정된다.

판례는 행정지도가 그에 따를 의사가 없는 원고에게 이를 부당하게 강요하는 것인 경우에는 행정지도의 한계를 일탈한 위법한 행정지도에 해당하여 불법행위를 구성한다고 본다.

[판례] **원심은** 피고(인천광역시 강화군)가 1995. 1. 3. **이전에 원고에 대하여 행한 행정지도**는 원고의 임의적 협력을 얻어 행정목적을 달성하려고 하는 비권력적 작용으로서 강제성을

띤 것이 아니지만, 1995. 1. 3. **행한 행정지도는 그에 따를 의사가 없는 원고에게 이를 부당하게 강요하는 것으로서 행정지도의 한계를 일탈한 위법한 행정지도에 해당하여 불법행위를 구성**하므로, 피고는 1995. 1. 3.부터 원고가 피고로부터 **"원고의 어업권은 유효하고 향후 어장시설공사를 재개할 수 있으나 어업권 및 시설에 대한 보상은 할 수 없다"**는 취지의 통보를 받은 1998. 4. 30.**까지 원고가 실질적으로 어업권을 행사할 수 없게 됨에 따라 입은 손해를 배상할 책임이 있다고 판단**하고, 나아가 피고는 원고의 어업면허를 취소하거나 어업면허를 제한하는 등의 처분을 하지 아니한 채 원고에게 양식장시설공사를 중단하도록 하여 어업을 하지 못하도록 함으로써 **실질적으로는 어업권이 정지된 것과 같은 결과를 초래**하였으므로, 결국 어업권이 정지된 경우의 보상액 관련 규정을 **유추적용**하여 손해배상액을 산정하여야 한다고 판단하였는데, **대법원은 위와 같은 원심의 사실인정과 판단을 인정하였다. 그리고 1995. 1. 3. 이전의 피고의 행정지도가 강제성을 띠지 않은 비권력적 작용으로서 행정지도의 한계를 일탈하지 아니하였다면 그로 인하여 원고에게 어떤 손해가 발생하였다 하더라도 피고는 그에 대한 손해배상책임이 없다고 할 것**이고, 또한 피고가 원고에게 어장시설공사를 재개할 수 있다는 취지의 통보를 한 1998. 4. 30.**부터는 원고가 어업권을 행사하는 데 장애가 있었다고 할 수 없어 그 이후에도 원고에게 어업권의 행사불능으로 인한 손해가 발생하였다고 볼 수 없으므로, 국가배상책임은 인정될 수 없다**고 하고 있다(대판 2008. 9. 25, 2006다18228).

② 행정지도를 할 것인가는 행정청의 재량에 속한다. 그러나 국민의 중대한 기본권 침해의 위험이 있고, 재량권이 영으로 수축하는 경우에는 행정지도의 부작위가 손해방지의무 위반으로 위법하고, 동시에 과실이 인정될 수 있다.

예를 들면, 새로운 인체유해제품의 유통에 대한 규제에 관한 법령규정이 제정되지 않았다 하더라도 **이를 규제하는 행정지도를 행하지 않은 경우** 새로운 인체유해제품의 피해에 대한 국가배상책임이 인정될 수 있다.

(3) 행정지도와 손해의 인과관계

행정지도는 상대방의 자발적 협력을 기대하며 행하는 비권력적인 행위로서 행정지도에 따를 것인지는 상대방의 자율적인 판단에 맡겨진다. 따라서 통상 행정지도는 원칙상 손해의 직접적인 원인이 된다고 보기 어렵다.

그러나 실제에 있어서 행정지도가 손해의 직접적 원인이라고 보여지는 경우, 달리 말하면 구체적인 행정지도에 있어서 국민이 행정지도를 따를 수밖에 없었다고 보아야 할 경우에는 행정지도와 손해 사이에 인과관계(상당인과관계)를 인정할 수 있다.

4. 손실보상

행정지도가 전혀 강제성을 띠지 않으며 상대방이 자유로운 의사에 의하여 행정지도에 따른 이상 그로 인한 위험(손실의 가능성)을 상대방이 수인하여야 하므로 행정지도가 전혀 강제성을 띠지 않는 한 손실보상은 인정되지 않는다.

그러나 행정지도가 사실상 강제성을 띠고 있고, 국민이 행정지도를 따를 수밖에 없었던 경우에는 특별한 희생이 발생한 경우 손실보상을 해 주어야 할 것이다.

제8장 행정조사

I. 의 의

행정조사란 행정기관이 사인(私人)으로부터 행정상 필요한 자료나 정보를 수집하기 위하여 행하는 일체의 행정작용을 말한다. 「행정조사기본법」은 **행정조사**를 "행정기관이 정책을 결정하거나 직무를 수행하는 데 필요한 정보나 자료를 수집하기 위하여 현장조사·문서열람·시료채취 등을 하거나 조사대상자에게 보고요구·자료제출요구 및 출석·진술요구를 행하는 활동을 말한다"고 규정하고 있다(제2조 제1호).[27)]

행정조사가 순수한 행정작용을 위한 준비행위 또는 정보획득의 수단을 넘어서서 수사절차와 혼용되어 이루어지거나 행정조사절차에서 이루어진 정보를 토대로 형사고발로 나아가는 경우가 빈번하다. 이처럼 행정조사가 사실상 형사수사와 큰 차이가 없이 전환되더라도 행정기관에 의한 조사활동이라는 미명 하에 「형사소송법」이 적용되지 않아 적법절차의 원칙이 제대로 지켜지지 않는 부작용이 나타나고 있다(예 소방기본법 제31조의 화재조사, 선거범죄와 관련한 공직선거법 제272조의2 제1항과 제8항).[28)]

행정조사와 수사의 공통점과 차이점은 다음과 같다.

		행정조사	수사
공통점		① 국가임무를 위한 준비적·보조적 활동 ② 객관적 사실을 발견하기 위한 조사활동	
차이점	조사주체	행정기관	사법기관
	거부시 제재수단	간접강제(행정형벌, 과태료 등)	직접강제(영장주의)
	인권보호 통제장치	미흡	엄격

27) 행정조사기본법의 제정경과에 대해서는 김재광 외, 「행정조사기본법 제정방안 연구」(한국법제연구원, 2005. 4), 15쪽 이하 참조; 김재광, "행정조사기본법 입법과정에 관한 고찰", 「법학논총」 제33권 제2호(단국대 법학연구소, 2009), 489쪽 이하 참조.

28) 김용섭, "행정조사에 관한 기본이론", 「행정조사의 사법적 통제방안 연구」(박영사, 2016), 3쪽.

Ⅱ. 행정조사의 법적 성질

행정조사의 법적 성질을 사실행위로 보는 견해가 있다. 그러나 행정조사에는 사실행위뿐만 아니라 장부서류제출명령과 같이 법적 행위를 포함한다. **법적 행위**란 외부적 행위이며 권리의무와 관련되는 행위를 말한다.

행정조사에는 보고서요구명령, 장부·서류제출명령, 출두명령 등 행정행위의 형식을 취하는 것과 질문, 출입검사, 실시조사, 진찰, 검진, 앙케이트 조사 등 사실행위의 형식을 취하는 것이 있다.

Ⅲ. 행정조사의 법적 근거

권력적 행정조사는 국민의 자유와 재산에 대한 제한을 수반하므로 법적 근거가 있어야 한다.

비권력적 행정조사는 원칙상 법률의 근거가 없어도 가능하다고 보아야 할 것이다. 특히 상대방의 동의하에 행하여지는 행정조사에 있어서는 '동의는 불법을 조각한다'는 법원칙에 비추어 법적 근거가 없어도 된다. 다만, 비권력적 행정조사라도 조사의 대상이 개인정보 등이어서 조사 자체로서 국민의 권리를 침해하는 경우에는 개인의 동의에 의하지 않는 한 법적 근거가 있어야 한다.

조사대상자 없이 정보를 수집하는 행정조사는 원칙상 법률의 근거를 요하지 않는다.

행정조사기본법상 행정기관은 법령 등에서 행정조사를 규정하고 있는 경우에 한하여 행정조사를 실시할 수 있다. 다만, 조사대상자의 자발적인 협조를 얻어 실시하는 행정조사의 경우에는 그러하지 아니하다(제 5 조). 개별 법령 등에서 행정조사를 규정하고 있는 경우에도 행정기관이 행정조사기본법 제 5 조 단서에서 정한 '조사대상자의 자발적인 협조를 얻어 실시하는 행정조사'를 실시할 수 있다(대판 2016. 10. 27, 2016두41811). 「행정조사기본법」 제 5 조의 행정조사법정주의에 대해 행정조사의 비권력적 특성을 간과하고 지나치게 엄격한 법률유보원칙을 적용하고 있다는 비판적인 견해가 있다.[29] 그러나 행정조사는 권력적 행정조사와 비권력적 행정조사를 포함하고 있으므로 행정조사를 비권력적으로만 보는 것은 타당하지 않다.

---

29) 정남철, 앞의 책, 263쪽.

Ⅳ. 조사방법

행정조사기본법은 출석·진술 요구(제 9 조), 보고요구와 자료제출의 요구(제10조), 현장조사(제11조), 시료채취(제12조), 자료 등의 영치(제13조), 공동조사(제14조), 중복조사의 제한(제15조), 자율신고제도(제25조) 등 행정조사의 방법에 관한 규정을 두고 있다.

행정청이 현장조사를 실시하는 과정에서 조사상대방으로부터 구체적인 위반사실을 스스로 인정하는 내용의 확인서를 작성받는 경우가 많다. 그 사실확인서의 증거가치에 대하여 판례는 "그 확인서가 작성자의 의사에 반하여 강제로 작성된 것이 아니며, 그 내용의 의미 등으로 인하여 구체적인 사실에 대한 증명자료로 삼기 어려운 것도 아니라면, 그 확인서의 증거가치를 쉽게 부정할 수는 없다"는 입장을 취하고 있다(대판 2017. 7. 11, 2015두2864; 대판 2020. 6. 25, 2019두52980).

Ⅴ. 행정조사의 한계

행정조사로 인하여 프라이버시권, 영업의 자유, 재산권 등 개인이나 기업의 기본권이 침해될 가능성이 적지 않으므로 행정조사에는 엄격한 실체법적·절차법적 한계가 설정되어야 한다.[30)]

1. 실체법적 한계

(1) 법령상 한계

행정조사는 행정조사를 규율하는 법령을 위반하여서는 안 된다.

행정조사기본법은 행정조사의 기본원칙과 그 한계를 규정하고 있다(제 4 조, 제 8 조, 제15조, 제20조).

> 행정조사기본법
>
> 제 4 조(행정조사의 기본원칙) ① 행정조사는 조사목적을 달성하는데 필요한 최소한의 범위 안에서 실시하여야 하며, 다른 목적 등을 위하여 조사권을 남용하여서는 아니 된다.
>
> ② 행정기관은 조사목적에 적합하도록 조사대상자를 선정하여 행정조사를 실시하여

30) 행정조사의 공법상 한계에 관한 비교법적 연구로는 사단법인 한국공법학회(연구자: 전학선·김재광·임현·김재선), 「행정조사의 공법상 한계에 관한 연구」(법원행정처, 2019. 11) 참조.

> 야 한다.
> ③ 행정기관은 유사하거나 동일한 사안에 대하여는 공동조사 등을 실시함으로써 행정조사가 중복되지 아니하도록 하여야 한다.
> ④ 행정조사는 법령등의 위반에 대한 처벌보다는 법령등을 준수하도록 유도하는 데 중점을 두어야 한다.
> ⑤ 다른 법률에 따르지 아니하고는 행정조사의 대상자 또는 행정조사의 내용을 공표하거나 직무상 알게 된 비밀을 누설하여서는 아니된다.
> ⑥ 행정기관은 행정조사를 통하여 알게 된 정보를 다른 법률에 따라 내부에서 이용하거나 다른 기관에 제공하는 경우를 제외하고는 원래의 조사목적 이외의 용도로 이용하거나 타인에게 제공하여서는 아니 된다.

(2) 행정법의 일반원칙상 한계

1) 목적부합의 원칙

행정조사는 수권법령상의 조사목적 이외의 목적을 위하여 행해져서는 안 된다. 행정조사를 범죄수사의 목적이나 정치적 목적으로 이용하는 것은 위법하다.

2) 비례의 원칙

행정조사는 행정목적을 달성하기 위하여 필요한 최소한도에 그쳐야 한다. 행정조사의 수단에 여러 가지가 있는 경우에 상대방에게 가장 적은 침해를 가져오는 수단을 사용하여야 한다.

3) 평등의 원칙

행정조사의 실시에 있어서 합리적인 사유 없이 조사대상자를 차별하는 것은 평등의 원칙에 반한다. 특히, 세무조사에 있어서 조사대상자의 선정 및 조사의 강도와 관련하여 평등원칙의 위반 여부가 문제된다.

4) 실력행사의 가부

강제조사 중 조사상대방이 조사를 거부하는 경우에 벌칙을 가할 수 있다고 규정하고 있지만, 실력행사에 관한 명문의 법적 근거규정이 없는 경우에 이 벌칙 등의 제재를 가하는 외에 직접 실력을 행사할 수 있을 것인가 하는 문제가 제기된다. 이에 대하여는 긍정설, 부정설 및 예외적 긍정설이 대립되고 있다. 생각건대, 국민의 신체나 재산에 대한 실력행사에는 명문의 근거가 있어야 하므로 부정설이 타당하다.

2. 절차법적 한계

(1) 적법절차의 원칙

행정조사는 적법한 절차에 따라 행해져야 한다.

행정조사기본법은 조사의 사전통지, 조사의 연기신청, 제3자에 대한 보충조사, 의견제출, 조사원 교체신청, 조사권 행사의 제한, 조사결과의 통지 등 행정조사에 관한 절차를 규정하고 있다.

(2) 영장주의의 적용 여부

행정조사를 위해 압수수색이 필요한 경우에 개별법에 명문의 규정으로 영장주의를 요구하는 경우(예 조세범 처벌절차법 제9조,[31] 관세법 제296조)는 문제가 되지 않는다. 그러나 명문의 규정이 없는 경우에도 영장주의가 적용될 것인가 하는 문제가 제기된다.

현재 완전긍정설, 완전부정설은 없고, 절충설이 지배적 견해인데, 절충설에도 원칙적 긍정설, 개별적 결정설이 있다. 판례는 수사기관의 강제처분이 아닌 행정조사의 성격을 가지는 한 영장은 요구되지 않는다고 부정설을 취하고 있다(대판 2013. 9. 26, 2013도7718〈마약류관리에관한법률위반(향정): 우편물 통관검사절차에서 이루어지는 우편물의 개봉, 시료채취, 성분분석 등의 검사는 수출입물품에 대한 적정한 통관 등을 목적으로 한 행정조사의 성격을 가지는 것으로서 수사기관의 강제처분이라고 할 수 없으므로, 압수·수색영장 없이 우편물의 개봉, 시료채취, 성분분석 등 검사가 진행되었다 하더라도 특별한 사정이 없는 한 위법하다고 볼 수 없다고 한 사례〉). 그러나 행정조사에서 나아가 범죄수사를 하면서 행하는 압수·수색에는 영장이 필요하다고 본다(대판 2016. 7. 27, 2016도6295: 세관공무원이 통관검사절차에서 발견한 필로폰을 특별사법경찰관인 세관공무원에게 인계하고, 그 세관공무원이 검찰에 임의제출하여 압수한 필로폰이 영장없이 압수된 것으로 보고 증거능력을 배척한 사례).

생각건대, 기본권 보장과 행정조사의 필요를 조화시키는 개별적 결정설이 타당하다. ① 압수·수색의 행정조사가 실질적으로 형사책임추급을 목적으로 하는 경

---

31) 조세범처벌절차법상 조세범칙사건에 대한 조사를 강제수사로 보는 견해가 있다. 즉 "조세범처벌절차법상 조세범칙사건을 처리하는 세무공무원은 검사장이 임명하여 수사업무를 하는 자들로 특별사법경찰관이라 볼 것이고, 조세범사건에 대한 조사는 수사라고 할 수 있다. 조세범처벌절차법 제9조는 조세범칙 관련 수색 등에 있어 형사소송법과 유사하게 사전영장을 받음을 원칙으로 하고, 예외적으로 사후영장을 받도록 하고 있다. 따라서 이는 강제수사이고 행정조사로 보기는 어렵다(김형규, 「경찰관직무집행법의 이론과 실제」(박영사, 2022), 195쪽).

우에는 영장이 필요하다(「조세범 처벌절차법」 제 9 조). ② 행정목적을 위한 강제조사에 있어서는 영장주의에 버금가는 권익보호조치(법원의 허가, 독립전문기관의 결정, 적법절차, 사후구제절차 등)가 취해지는 경우에는 영장은 요구되지 않지만, 영장주의를 대체할 수 있는 정도의 권익보호조치가 취해지지 않는 경우에는 영장주의가 적용된다. 다만, 국민의 생명·신체·재산을 보호하기 위하여 **긴급한 조사의 필요성이 인정되는 경우에는 영장이 불필요**하다. ③ 헌법재판소 결정에 따르면 영장주의의 본질은 강제처분을 함에 있어 중립적인 법관이 구체적 판단을 거쳐야 한다는 점에 있는바, 통신비밀보호법에서 수사기관이 전기통신사업자에게 **위치정보 추적자료 제공을 요청함에 있어** (영장청구가 아니라) **관할 지방법원 또는 지원의 허가를 받도록 규정하고 있는 것은 헌법상 영장주의에 위배되지 아니한다**(헌재 2018. 6. 28, 2012헌마191).

[판례] 세관공무원이 밀수품을 싣고 왔다는 정보에 의하여 정박중인 선박에 대하여 수색을 하려면 선박의 소유자 또는 점유자의 승낙을 얻거나 법관의 압수수색영장을 발부받거나 또는 관세법 제212조 제 1 항 후단에 의하여 **긴급을 요하는 경우**에 한하여 수색압수를 하고 **사후에 영장의 교부를 받아야** 할 것이다(대판 1976. 11. 9, 76도2703).

Ⅵ. 행정조사와 권리구제

1. 위법한 행정조사와 행정행위의 효력 [2014 사시, 2018 변시]

행정조사가 위법한 경우에 그 행정조사에 의해 수집된 정보에 기초하여 내려진 행정결정이 위법한 것으로 되는가가 문제로 된다.

행정조사를 통하여 획득한 정보가 내용상으로는 정확하지만 행정조사가 실체법상 또는 절차법상 한계를 넘어 위법한 경우 그 행정조사에 의해 수집된 정보에 기초하여 내려진 행정결정이 위법한 것으로 되는지에 관하여 학설은 갈리고 있다. 현재 학설은 ① 적극설, ② 소극설, ③ 절충설로 대립되고 있다. **판례**는 원칙상 적극설을 취하고 있다. **판례**는 행정조사가 위법한 경우에 해당 조사를 기초로 한 행정결정을 위법한 것으로 본다. 다만, 행정조사절차의 하자가 경미한 경우에는 위법사유가 되지 않는 것으로 본다. 적극설이 타당하다.

[판례 1] 과세관청 내지 그 상급관청이나 수사기관의 **강요로** 합리적이고 타당한 근거도 없이 **작성된 과세자료**에 터잡은 **과세처분의 하자가 중대하고 명백한 것**이라고 한 사례(대판 전원합의체 1992. 3. 31, 91다32053〈부당이득금〉).

[판례 2] 납세자에 대한 **부가가치세부과처분**이, 종전의 부가가치세 경정조사와 같은 세목 및 같은 과세기간에 대하여 중복하여 실시된 **위법한 세무조사에 기초**하여 이루어진 것이어서 **위법**하다고 한 원심의 판단을 수긍한 사례(대판 2006. 6. 2, 2004두12070〈부가가치세부과처분취소〉).

[판례 3] 세무조사가 과세자료의 수집 또는 신고내용의 정확성 검증이라는 본연의 목적이 아니라 부정한 목적을 위하여 행하여진 것(권한남용)이라면 이는 세무조사에 중대한 위법사유가 있는 경우에 해당하고 이러한 (위법한) 세무조사에 의하여 수집된 과세자료를 기초로 한 과세처분 역시 위법하다(대판 2016. 12. 15, 2016두47659).

[판례 4] 음주운전 여부에 관한 조사 과정에서 운전자 본인의 동의를 받지 아니하고 또한 법원의 영장도 없이 **채혈조사**를 한 결과를 근거로 한 운전면허 정지·취소 처분은 도로교통법 제44조 제 3 항을 위반한 것으로서 특별한 사정이 없는 한 **위법한 처분**으로 볼 수밖에 없다(대판 2016. 12. 27, 2014두46850).

2. 행정조사에 대한 행정구제 [2015 사시]

(1) 손실보상

적법한 행정조사로 재산상 특별한 손해를 받은 자에 대하여는 손실보상을 해주어야 한다. 문제는 보상규정이 없는 경우에 헌법 제23조 제 3 항을 근거로 손실보상을 청구할 수 있는가 하는 것이다(자세한 것은 후술 '행정상 손실보상' 참조).

(2) 위법한 행정조사에 대한 구제

1) 항고쟁송 [2018 변시]

위법한 행정조사에 대하여 항고쟁송이 가능하기 위해서는 행정조사의 처분성이 인정되어야 하며 소의 이익이 인정될 수 있도록 행정조사의 상태가 계속되어야 한다.

장부제출명령, 출두명령 등 행정행위의 형식을 취하는 행정조사는 물론 사실행위로서의 행정조사도 권력적인 경우에는 행정소송법상의 처분이라고 보아야 한다.

[판례] 세무조사결정은 납세의무자의 권리·의무에 직접 영향을 미치는 공권력의 행사에 따른 행정작용으로서 항고소송의 대상이 된다(대판 2011. 3. 10, 2009두23617·23624〈세무조사결정처분취소·종합소득세등부과처분취소〉).

2) 손해배상

위법한 행정조사로 손해를 입은 국민은 국가배상을 청구할 수 있다.

제9장 표준적 경찰직무조치

제1절 권력적 행정조사에 해당하는 경찰직무조치

경찰관 직무집행법

제3조(불심검문) ① 경찰관은 다음 각 호의 어느 하나에 해당하는 사람을 정지시켜 질문할 수 있다.

1. 수상한 행동이나 그 밖의 주위 사정을 합리적으로 판단하여 볼 때 어떠한 죄를 범하였거나 범하려 하고 있다고 의심할 만한 상당한 이유가 있는 사람
2. 이미 행하여진 범죄나 행하여지려고 하는 범죄행위에 관한 사실을 안다고 인정되는 사람

② 경찰관은 제1항에 따라 같은 항 각 호의 사람을 정지시킨 장소에서 질문을 하는 것이 그 사람에게 불리하거나 교통에 방해가 된다고 인정될 때에는 질문을 하기 위하여 가까운 경찰서·지구대·파출소 또는 출장소(지방해양경찰관서를 포함하며, 이하 "경찰관서"라 한다)로 동행할 것을 요구할 수 있다. 이 경우 동행을 요구받은 사람은 그 요구를 거절할 수 있다

③ 경찰관은 제1항 각 호의 어느 하나에 해당하는 사람에게 질문을 할 때에 그 사람이 흉기를 가지고 있는지를 조사할 수 있다.

⑦ 제1항부터 제3항까지의 규정에 따라 질문을 받거나 동행을 요구받은 사람은 형사소송에 관한 법률에 따르지 아니하고는 신체를 구속당하지 아니하며, 그 의사에 반하여 답변을 강요당하지 아니한다.

[전문개정 2014. 5. 20.]

Ⅰ. 소지품(흉기소지 여부)조사

1. 소지품(흉기소지 여부)조사의 의의

흉기의 소지란 범죄현장에서 사용할 의도 아래 흉기를 몸 또는 몸 가까이에

소지하는 것을 말한다.

소지품(흉기소지 여부)조사란 경찰관이 불심검문시에 질문에 부수하여 상대방의 협력에 기초하지 않고 소지품(흉기소지 여부)을 조사하는 것을 말한다. 여기서 흉기란 ① 칼 등 그 물건의 본래의 성능이 사람을 살상함에 충분한 도구와 ② 가위·드라이버·곤봉 등 용법에 따라서는 사람을 살상할 수 있는 모든 것이 포함된다고 할 것이다. 소지란 '무엇을 가지고 있다'는 것을 의미한다.

「경찰관 직무집행법」은 불심검문 시에 흉기를 가지고 있는지에 대한 조사를 규정하고 있으며(법 제3조 제3항), 흉기를 발견한 때에는 경찰관서에 임시로 영치하여 놓을 수 있도록 규정하고 있다(법 제4조 제3항).

여기서의 조사의 성격은 경찰관의 불심검문에 수반하는 부수적 처분으로서의 소지품(흉기소지 여부)조사를 의미하는 것으로 수사 자체는 아니고 수사의 전 단계적 조치라고 할 수 있다.

흉기를 가지고 있는지를 조사하기 위하여는 상대방의 신체 및 소지품에 대하여 접촉을 하게 되므로 신체의 자유에 대한 제한의 측면이 있다.

검문대상자의 소지품은 판단의 유력한 실마리를 제공하는 까닭에 질문자는 흔히 그것에 관심을 가지고 질문을 던지기 마련이다. 상대방이 질문에 응하지 아니하는 경우에 그 복장이나 휴대품의 바깥면을 가볍게 만져 그 이상의 유무를 확인하는 것은 「경찰관 직무집행법」 제3조의 정지·질문에 부수하는 행위로서 적법하다고 할 수 있다.

불심검문의 일환으로서 소지 여부를 조사할 수 있는 것은 흉기뿐이며, 마약이나 위조지폐 등과 같은 물건은 「경찰관 직무집행법」상 조사의 대상이 되지 않는다(최영규).

2. 소지품(흉기소지 여부)조사의 성질

「경찰관 직무집행법」상 불심검문시 행해지는 소지품(흉기소지 여부)조사의 성질 및 영장요구 여부에 관하여는 수색설, 수색부정설, 강제조사설, 행정상 즉시강제설, 비권력적 조사설, 권력적 행정조사설 등이 대립되고 있다.

① 수색설은 불심검문은 거동이 수상한 자의 의복이나 휴대품을 가볍게 손으로 만지면서 행해지므로 그 실질이 수색에 해당한다고 보고, 수색을 법관의 영장 없이 행하도록 한 「경찰관 직무집행법」은 문제가 있다고 한다(이상규). 「경찰관 직

무집행법」 제3조 제3항에 따른 흉기 소지 여부의 조사는 「헌법」 제12조 제3항의 "수색"에 해당하기 때문에 경찰관이 흉기 소지 여부를 조사할 때에는 원칙적으로 법관이 발부한 영장을 제시하여야 하지만, 여기서는 긴급을 요하는 경우에 해당하기 때문에 영장주의의 예외가 인정된다는 견해도 있다(손재영). 참고로 수색이란 「형사소송법」상 물건 또는 사람의 발견을 목적으로 사람의 신체·물건·주거 그 밖의 장소에 대하여 행하여지는 강제처분을 말한다. 그리고 ② 수색부정설은 소지품검사는 장래의 위해발생을 예방하기 위하여 행하여지며, 범죄행위가 행하여진 후 행하여지는 경우에도 증거물 발견목적도 있기는 하지만 주로 해당 흉기의 사용으로 다시 범죄가 범하여지는 것을 예방하기 위한 것이라 할 것이며, 시간적으로 급박한 반면 상대방에게 미치는 피해가 일시적이며 비교적 경미하다는 점을 감안할 때 헌법 제12조 제3항의 수색에 해당하지 않는다고 본다(박윤흔·정형근). ③ 강제조사설은 흉기조사는 영장 없이 이루어지는 강제조사의 성격을 갖는다고 본다(홍정선). ④ 행정상 즉시강제설은 흉기소지 여부 조사는 주로 경찰상 위해방지의 차원에서 행해지고 시간적으로 급박한 상황하에서 행해지므로 경찰상 즉시강제로서의 성질을 가지며 수색에 요구되는 영장은 요구되지 않는다고 본다(류지태·박종수). ⑤ 비권력적 조사설은 흉기소지 여부의 조사는 기본적으로 비권력적인 조사로서 헌법 제12조 제3항의 수색에 해당하지 않으며, 영장을 요하지 않는다고 한다(최영규).

생각건대, 소지품(흉기소지 여부) 조사는 주된 목적이 범죄의 예방에 있고, 그 조사는 신체의 자유를 침해하지 않는 한도 내에서 가볍게 행해져야 하므로 사법작용으로서의 수색이라고 할 수는 없으므로 반드시 영장이 필요하다고 할 수는 없다. 그 법적 성격은 어느 정도의 강제력이 수반되는 권력적인 행정조사로 보는 것이 타당하다. 흉기소지 여부 조사는 그것만으로 직접 행정목적을 달성하는 것이 아니라 위해방지조치라는 행정을 위한 자료의 수집으로서의 성질이 강하다고 보아야 하므로 즉시강제라기보다는 권력적 행정조사로 보는 것이 타당하다(권력적 행정조사설 또는 강제조사설). 다만, 이 경우에도 흉기를 소지하였다고 인정할 수 있는 고도의 개연성 내지는 특수한 혐의가 필요하다는 견해도 있다(이재상).

한편 경찰관의 직무질문에 따른 소지품검사에 대해 일본 최고재판소 판례는 "임의수단으로 허용되는 것이기 때문에, 소지인의 승낙을 얻어 그 한도에서 그것을 행하는 것이 원칙이라고" 하면서, "수색에 이르지 않는 정도의 행위는, 강제에 이르지 않는 한, 예를 들어 소지인의 승낙이 없더라도, 소지품검사의 필요성, 긴급성, 그것에 의해 침해되는 개인의 법익과 보호되는 공공의 이익과의 형량(權衡) 등을 고려하여, 구체적 상황하에서 상당하다고 인정되는 한도에서 허용되는 경우가 있다"고 판시하였다(最判 昭和53(1978). 9. 7. 日刑集 32권 6호 1672면, 百選 I 112).

① 흉기를 가지고 있는지를 확인하려는 것이 아닌 경우와 ② 형사소송법상 수색을 한 경우에는 불심검문의 흉기소지여부 조사에 해당하지 아니하여 위법하다(김형규, 130쪽).

[판례] **경찰관이 불심검문 대상자 해당 여부를 판단하는 기준 및 불심검문의 적법 요건과 내용:** 경찰관직무집행법(이하 '법'이라고 한다)의 목적, 법 제 1 조 제 1 항, 제 2 항, 제 3 조 제 1 항, 제 2 항, 제 3 항, 제 7 항의 내용 및 체계 등을 종합하면, 경찰관이 법 제 3 조 제 1 항에 규정된 대상자(이하 '불심검문 대상자'라 한다) 해당 여부를 판단할 때에는 불심검문 당시의 구체적 상황은 물론 사전에 얻은 정보나 전문적 지식 등에 기초하여 불심검문 대상자인지를 객관적·합리적인 기준에 따라 판단하여야 하나, **반드시 불심검문 대상자에게 형사소송법상 체포나 구속에 이를 정도의 혐의가 있을 것을 요한다고 할 수는 없다.** 그리고 경찰관은 불심검문 대상자에게 질문을 하기 위하여 범행의 경중, 범행과의 관련성, 상황의 긴박성, 혐의의 정도, 질문의 필요성 등에 비추어 목적 달성에 필요한 최소한의 범위 내에서 사회통념상 용인될 수 있는 상당한 방법으로 대상자를 정지시킬 수 있고 질문에 수반하여 흉기의 소지 여부도 조사할 수 있다(대판 2014. 2. 27, 2011도13999).

3. 소지품(흉기소지 여부)조사의 한계

소지품(흉기소지 여부)조사에서 일반적으로 ① 외부에서 관찰하는 행위, ② 소지품(흉기소지 여부)에 대하여 질문하는 행위, ③ 소지품(흉기)의 임의제시를 요구하는 행위 등은 인정된다. 다만, ④ 소지자의 승낙없이 휴대품을 빼앗는 행위, ⑤ 옷의 주머니에 손을 넣는 행위, ⑥ 가방을 열어서 소지품을 끄집어내는 행위 등의 허용 여부에 대해서는 견해가 나뉘고 있다.

소지품(흉기소지 여부)을 조사하기 위하여는 상대방의 신체 및 휴대품에 대하여 접촉을 하게 되므로 신체의 자유에 대한 제한의 측면이 있음을 부인하기 어렵다. 따라서 예외적으로 실력행사가 허용되는 경우로는 질문의 필요성 및 상당성(범죄의 중대성·혐의의 농후성)에 유의하여 그 옳고 그름을 판단하여야 할 것이다. 그리고 흉기를 소지하고 있다고 의심되는 때에는 질문자 및 본인의 생명·신체의 안전의 확보라는 관점에서 다소간 융통성 있게 해석할 필요가 있을 것이다.

4. 소지품(흉기소지 여부)조사와 신체의 수색

신체의 수색은 단지 의복, 신체의 표면과 어려움 없이 접촉가능한 신체의 입이나 귀 등을 수색하는 것을 말한다. 신체의 수색은 적법하게 구류 또는 구속당한 자에 있어서 공격이나 도주를 방지하거나 압수의 목적으로 활용되거나 보호조치를 한 사람의 경우에는 신분을 확인하기 위한 수단으로 허용된다. 입법론으로서 신체와 물건에 대한 수색의 근거규정을 신설할 필요가 있다는 주장이 제기되고 있다(서정범·이영돈).

5. 흉기가 발견된 경우의 조치

「경찰관 직무집행법」은 조사의 결과 흉기가 발견된 경우에는 경찰관서에 임시로 영치해서 놓을 수 있다(법 제 4 조 제 3 항). 이에 대해 관련법의 적용 여부를 구체적으로 제시한 견해가 있다(최영규, 301쪽). ① 흉기가 범죄에 사용되었거나 범죄에 사용할 목적으로 소지한 것으로 인정되는 경우에는 해당 범죄에 대한 수사절차가 개시된다. ② 그렇지 않더라도 「폭력행위 등 처벌에 관한 특례법」상의 범죄에 사용될 우려가 있는 흉기라면 동법상의 우범자로서 처벌대상이 된다(동법 제 7 조). ③ 칼·쇠몽둥이 등 사람의 생명 또는 신체에 중대한 해를 입히는 데 사용될 연장을 정당한 이유 없이 숨기어 지니고 다닌 경우에는 「경범죄처벌법」에 따른 처벌대상이 된다(동법 제 3 조 제 1 항 제 2 호). ④ 「총포·도검·화약류 등 안전관리법」에 따라 소지가 금지된 흉기라면 동법에 따른 처벌의 원인이 될 것이다(동법 제70조 제 1 항 제 2 호, 제71조 제 1 호).

Ⅱ. 정보의 수집

경찰관 직무집행법

제 8 조의2(정보의 수집 등) ① 경찰관은 범죄·재난·공공갈등 등 공공안녕에 대한 위험의 예방과 대응을 위한 정보의 수집·작성·배포와 이에 수반되는 사실의 확인을 할 수 있다.

② 제 1 항에 따른 정보의 구체적인 범위와 처리 기준, 정보의 수집·작성·배포에 수반되는 사실의 확인 절차와 한계는 대통령령으로 정한다.

1. 의 의

정보(Intelligence)란 일반적으로 정보기관이 조직활동을 통하여 수집된 첩보를 평가·분석·종합·해석하여 얻어진 지식을 말한다. 따라서 정보의 자료가 되는 첩보(Information)와 구별되며, 새로이 알려지는 것이고 행동하기 전에 알아야 할 것이라는 점에서 이미 알려진 것을 의미하는 지식(Knowledge)과도 구별된다.[32] 한편 「정보경찰활동규칙」(경찰청 훈령 제909호)은 정보활동을 공공안녕에 대한 위험의 예방 및 대응을 위한 정보의 수집·분석·종합·작성 및 배포와 그에 수반되는 사실확인·조사를 위한 행위로 정의하고 있다.

정보를 경찰업무에 따라 분류하면 일반정보, 보안정보 및 외사정보로 구분된다. 일반정보는 국가안전 및 사회공공질서유지 등 포괄적인 정보활동에서 입수되는 정보로서 경찰업무 전반에 걸친 정보이다. 일반정보에는 정치·경제·사회·노동·교육·문화·종교·범죄·교통정보 등이 포함되어 있다. 보안정보는 북한의 이념에 동조하고 국익을 해하는 세력에 대한 활동상황이나 단체·개인에 대한 정보수집, 국내에서의 간첩활동을 차단하기 위한 정보활동으로서 국가안전과 직결되는 중요한 활동이다. 외사정보는 자국인 또는 내국인에 관계되는 정보를 제외한 모든 정보로서 국내에 주재하는 외국인 또는 외국기관에 해외에 거주하는 동포로서 국내 제반 정세에 미치는 영향력 및 취약성에 관한 지식을 말한다.[33]

정보의 수집 등이란 정보를 수집·작성·배포 및 사실 확인하는 것을 말한다. 한편 행정조사기본법은 행정조사를 행정기관이 정책을 결정하거나 직무를 수행하는 데 필요한 정보나 자료를 수집하기 위하여 현장조사·문서열람·시료채취 등을 하거나 조사대상자에게 보고요구·자료제출요구 및 출석·진술요구를 행하는 활동으로 정의하고 있다(행정조사기본법 제 2 조 제 1 호).

「경찰관 직무집행법」 제 8 조의2는 범죄·재난·공공갈등 등 공공안녕에 대한 위험의 예방과 대응을 위한 정보의 수집·작성·배포 및 이에 수반하는 사실의 확인에 대해 규정하고 있다.

2. 정보수집의 법적 성질

정보수집은 위험방지를 위한 준비·위험에 대한 사전배려에 해당한다. 그러나

32) 경찰청, 「경찰실무전서」, 2000, 1085쪽.
33) 경찰청, 「경찰실무전서」, 2000, 1091~1092쪽.

개인정보에 대해서는 자기결정권이 인정되기 때문에 권리를 침해하는 정보수집을 위해서는 법적 근거가 필요하다.

경찰의 강제수단이 동원되는 정보수집은 개인의 기본권을 침해하는 경찰작용으로 권력적 행정조사라 할 수 있다. 따라서 직무규범이 아닌 개별적인 수권규범이 필요하다. 즉 정보경찰작용은 헌법이 보호하는 국민의 개인정보자기결정권을 제한 또는 침해할 수 있는 행정작용이므로 법률에 수권규범의 형식으로 명시적인 근거가 필요하다. 또한 공공의 안녕을 유지하기 위하여 필수적이고 직접적인 정보를 대상으로 필요최소한도 내에서 이루어져야 한다(김용주).

3. 정보수집의 내용

(1) 공공안녕에 대한 위험의 예방과 대응을 위한 정보의 수집·작성·배포

경찰관은 범죄·재난·공공갈등 등 공공안녕에 대한 위험의 예방과 대응을 위한 정보의 수집·작성·배포를 할 수 있다(경찰관 직무집행법 제 8 조의2 제 1 항).

1) 범죄·재난·공공갈등의 의의

① 범죄의 개념 범죄의 개념에 관하여는 형식적 범죄개념과 실질적 범죄개념으로 나누어 검토할 필요가 있다. **형식적 범죄개념**은 범죄를 형벌법규에 의하여 형벌이 부과되는 행위라고 정의한다. **실질적 범죄개념**은 법질서가 어떤 행위를 형벌로써 처벌할 수 있는가, 즉 범죄의 실질적 요건이 무엇인가를 밝히는 범죄개념을 말한다. 생각건대, 범죄는 법익침해임과 동시에 의무위반이라고 할 수 있다. 형식적 의미의 범죄는 구성요건에 해당하고 위법하고 책임 있는 행위를 의미한다. 따라서 범죄가 성립하기 위해서는 구성요건해당성과 위법성 및 책임이 있어야 한다. 이를 범죄의 성립요건이라고 한다.[34)]

② 재난의 개념 「재난 및 안전관리 기본법」(약칭: 재난안전법)은 **재난**이란 국민의 생명·신체·재산과 국가에 피해를 주거나 줄 수 있는 것으로서 다음 각 목(가. 자연재난: 태풍, 홍수, 호우(豪雨), 강풍, 풍랑, 해일(海溢), 대설, 한파, 낙뢰, 가뭄, 폭염, 지진, 황사(黃砂), 조류(藻類) 대발생, 조수(潮水), 화산활동, 소행성·유성체 등 자연우주물체의 추락·충돌, 그 밖에 이에 준하는 자연현상으로 인하여 발생하는 재해, 나. 사회재난: 화재·붕괴·폭발·교통사고(항공사고 및 해상사고를 포함한다)·화생방사고·환경오염사고 등으로 인하여 발생하는 대통령령으로 정하는 규모 이상의 피해와 국가핵심기반의 마비, 「감염병의 예방 및 관리에 관한 법률」에 따른 감염병 또는 「가축전염병예방법」에 따른 가축전염병의 확산, 「미세먼지 저

---

34) 이재상·장영민·강동범, 「형법총론」(제 9 판)(박영사, 2017), 71~73쪽.

감 및 관리에 관한 특별법」에 따른 미세먼지 등으로 인한 피해)의 것을 말한다고 정의하고 있다(재난안전법 제 3 조 제 1 호).

③ **공공갈등의 개념** **공공갈등**이란 공공정책을 수립하거나 추진하는 과정에서 발생하는 국가, 지방자치단체, 공공기관과 국민 간의 이해관계 충돌을 말한다.[35]

2) 위험의 예방과 대응을 위한 정보의 수집·작성·배포

① **위 험** 위험이란 어떠한 상태나 행위가 그의 객관적으로 예상될 수 있는 진행이 저지되지 않는다면 경찰상 보호법익을 손상할 개연성이 있는 경우를 의미한다. 추상적 위험의 관념에 비추어보면 「경찰관 직무집행법」 제 2 조에 근거한 공공의 안녕과 질서를 유지하기 위한 예방적 경찰활동은 당연히 추상적 위험의 경우에도 이루어질 수 있다. 경찰의 정보활동 역시 추상적 위험에 대한 작용으로서 행해질 수 있다. 특히 정보활동은 구체적 위험이 발생하기 전, 보다 앞쪽 단계에서 위험을 예방하거나 사전 대비하는 목적으로 행해질 수 있다.[36]

② **정보의 수집·작성·배포** 「경찰관 직무집행법」 제 8 조의2 제 1 항의 '수집·작성·배포'는 '처리'의 일종이라 할 수 있다. **정보의 작성**(생산)이란 수집된 첩보가 정보생산기관에 전달되어 정보사용자의 요구에 맞도록 평가·분석·종합·해석의 과정을 거쳐 정보보고서를 작성하는 과정을 말한다.[37] **정보의 배포**란 생산된 정보를 필요로 하는 공인된 사람과 기관, 즉 사용자에게 적절한 형태와 내용을 갖추어서 적시에 전파하는 것을 말한다.[38]

참고로 「개인정보 보호법」은 **처리**를 개인정보의 수집, 생성, 연계, 연동, 기록, 저장, 보유, 가공, 편집, 검색, 출력, 정정(訂正), 복구, 이용, 제공, 공개, 파기(破棄), 그 밖에 이와 유사한 행위라고 정의하고 있다(개인정보 보호법 제 2 조 제 2 호).

(2) 사실의 확인

경찰관은 정보의 수집 등에 수반되는 사실을 확인할 수 있다(경찰관 직무집행법 제 8 조의2 제 2 항).

---

35) 이에 대해 자세한 것은 김재광, 「국책사업갈등관리법론」(박영사, 2013), 1쪽 이하 참조.
36) 김성태, 「경찰 정보활동 임무 – 경찰관 직무집행법의 해석과 제안 –」(박영사, 2021), 97쪽.
37) 경찰청, 「경찰실무전서」, 2000, 1097쪽.
38) 경찰청, 「경찰실무전서」, 2000, 1099쪽.

4. 정보수집의 한계

경찰관은 정치관여나 사찰목적의 정보처리, 정보수집을 위한 강요행위, 정보누설, 민간단체와 정당사무소의 상시적 출입, 수집목적 외 용도의 정보사용 등을 하여서는 아니된다. 그리고 경찰관이 개인정보를 수집할 경우에는 개인정보보호법이 적용된다. 「경찰관 직무집행법」 제 8조 의2와 「경찰관의 정보수집 및 처리 등에 관한 규정」은 정보를 제공하는 자가 제공할 수 있는 개인정보가 구체적으로 규정되어 있지 아니하고 상대방의 개인정보 제공 근거도 없으므로 개인정보보호법 제18조 제 2 항의 "특별한 규정"에 해당하지 아니한다.[39]

제 2 절 경찰상 즉시강제에 해당하는 경찰직무조치

Ⅰ. 경찰상 즉시강제에 해당하는 경찰조치의 종류

「경찰관 직무집행법」상 경찰상 즉시강제에 해당하는 경찰조치로는 강제보호조치(법 제 4 조 제 1 항 제 1 호 및 제 2 호), 위험발생의 방지조치(동법 제 5 조), 위험방지를 위한 출입(동법 제 7 조), 범죄의 제지(동법 제 6 조). 경찰장구의 사용(동법 제10조의2), 분사기 등의 사용(동법 제10조의3), 무기의 사용(동법 제10조의4) 등이 있다.

즉시강제란 현재의 급박한 행정상의 장해를 제거하기 위한 경우로서 행정청이 미리 행정상 의무 이행을 명할 시간적 여유가 없는 경우 및 그 성질상 행정상 의무의 이행을 명하는 것만으로는 행정목적 달성이 곤란한 경우에 행정청이 곧바로 국민의 신체 또는 재산에 실력을 행사하여 행정목적을 달성하는 것을 말한다(행정기본법 제30조 제 1 항 제 5 호).

경찰상 즉시강제에 해당하는 경찰조치는 그 조치가 불가피한 최소한도 내에서만 행사되도록 발동·행사 요건을 신중하고 엄격하게 해석하여야 한다(대판 2012. 12. 13, 2012도11162).

---

39) 김형규, 「경찰관직무집행법의 이론과 실제」, 229~230쪽.

Ⅱ. 강제보호조치[2007 경감승진 사례, 2011 입법고시 사례]

경찰관 직무집행법

제 4 조(보호조치 등) ① 경찰관은 수상한 행동이나 그 밖의 주위 사정을 합리적으로 판단해 볼 때 다음 각 호의 어느 하나에 해당하는 것이 명백하고 응급구호가 필요하다고 믿을 만한 상당한 이유가 있는 사람(이하 "구호대상자"라 한다)을 발견하였을 때에는 보건의료기관이나 공공구호기관에 긴급구호를 요청하거나 경찰관서에 보호하는 등 적절한 조치를 할 수 있다.

1. 정신착란을 일으키거나 술에 취하여 자신 또는 다른 사람의 생명·신체·재산에 위해를 끼칠 우려가 있는 사람
2. 자살을 시도하는 사람
3. 미아, 병자, 부상자 등으로서 적당한 보호자가 없으며 응급구호가 필요하다고 인정되는 사람. 다만, 본인이 구호를 거절하는 경우는 제외한다.

② 제 1 항에 따라 긴급구호를 요청받은 보건의료기관이나 공공구호기관은 정당한 이유 없이 긴급구호를 거절할 수 없다.

③ 경찰관은 제 1 항의 조치를 하는 경우에 구호대상자가 휴대하고 있는 무기·흉기 등 위험을 일으킬 수 있는 것으로 인정되는 물건을 경찰관서에 임시로 영치(領置)하여 놓을 수 있다.

④ 경찰관은 제 1 항의 조치를 하였을 때에는 지체 없이 구호대상자의 가족, 친지 또는 그 밖의 연고자에게 그 사실을 알려야 하며, 연고자가 발견되지 아니할 때에는 구호대상자를 적당한 공공보건의료기관이나 공공구호기관에 즉시 인계하여야 한다.

⑤ 경찰관은 제 4 항에 따라 구호대상자를 공공보건의료기관이나 공공구호기관에 인계하였을 때에는 즉시 그 사실을 소속 경찰서장이나 지방해양경비안전관서의 장에게 보고하여야 한다. <개정 2014. 11. 19.>

⑥ 제 5 항에 따라 보고를 받은 소속 경찰서장이나 지방해양경비안전관서의 장은 대통령령으로 정하는 바에 따라 구호대상자를 인계한 사실을 지체 없이 해당 공공보건의료기관 또는 공공구호기관의 장 및 그 감독행정청에 통보하여야 한다. <개정 2014. 11. 19.>

⑦ 제 1 항에 따라 구호대상자를 경찰관서에서 보호하는 기간은 24시간을 초과할 수 없고, 제 3 항에 따라 물건을 경찰관서에 임시로 영치하는 기간은 10일을 초과할 수 없다.
[전문개정 2014. 5. 20.]

1. 강제보호조치의 의의

강제보호조치란 자기나 타인의 생명·신체와 재산에 위해를 끼칠 우려가 있는 사람에 대해 그 위해를 방지하기 위하여 **잠정적으로 신체의 자유를 제한하여** 보호하는 조치를 말한다. 이는 제 4 조의 보호조치 중 강제보호(제 4 조 제 1 항 제 1 호 및 제 2 호)에 해당하는 것으로 대인적 즉시강제에 해당한다. 보호조치 중 임의조치(제 4 조 제 1 항 제 3 호)는 비권력적 사실행위로서 후술하고자 한다.

> **[판례]** 경직법 제 4 조 제 1 항 제 1 호에서 규정하는 술에 취한 상태로 인하여 자기 또는 타인의 생명·신체와 재산에 위해를 미칠 우려가 있는 피구호자에 대한 보호조치는 경찰행정상 즉시강제에 해당하므로, 그 조치가 불가피한 최소한도 내에서만 행사되도록 발동·행사요건을 신중하고 엄격하게 해석하여야 한다(대판 2012. 12. 13, 2012도11162).

강제보호조치는 예방적 이유에 따른 경찰의 자유박탈로서 「경찰관 직무집행법」 제 4 조 제 1 항 제 1 호 및 제 2 호에서 규정하고 있다. 강제보호조치는 경찰상 즉시강제에 해당하는 것으로, 신체의 자유에 대한 제한을 수반하므로 엄격한 요건과 절차하에 행해져야 한다.

보호의 실태는 형사소송법상의 구류와 동일하지만, 범죄의 수사 또는 범죄에 대한 제재로서 행해지는 것이 아닌 점에서 구별된다. 보호는 자유로운 의사형성이 불가능한 상태에 있는 경우에 허용되고, 보호의 목적은 개인의 생명, 신체 등의 법익의 보호에 제한된다. 자유로운 의사에 따라 경찰에게 신세를 질 것을 요청하는 경우는 보호에 해당하지 아니한다. 그것은 자유의 박탈, 즉 권리침해가 없기 때문이다.

2. 강제보호조치의 요건과 대상

(1) 강제보호조치의 요건

강제보호조치의 대상을 판단함에 있어서는 일반적 사회통념에 비추어 판단해야 한다. 따라서 합리적 판단에 따르지 않고 개인적 독단에 따른 강제보호조치는 위법하다.

「경찰관 직무집행법」은 강제보호조치의 요건으로 수상한 행동이나 그 밖의 주위 사정을 합리적으로 판단해 볼 때, ① 정신착란을 일으키거나 술에 취하여 자신 또는 다른 사람의 생명·신체·재산에 위해를 끼칠 우려가 있는 사람과 자살을 시도하는 사람일 것이 명백할 것, 미아, 병자, 부상자 등으로서 적당한 보호자가 없으며 응급구호가 필요하다고 인정되는 사람으로 본인이 구호를 거절하는 경우가 아닐 것, ② 구호대상자에 대하여 응급구호가 필요하다고 믿을 만한 상당한 이유가 있을 것 등이다(법 제4조 제1항 제1호·제2호). 여기서 '**응급**'은 상황의 긴급성을 의미하며, '**구호**'는 사람을 구제하여 생명·신체 및 재산을 보호하는 것으로 의학적인 치료 필요성만으로 한정되지 않는다(경찰청, 「보호조치업무메뉴얼」).

(2) 강제보호조치의 대상

「경찰관 직무집행법」은 본인의 의사와 관계없이 강제보호조치를 취할 수 있는 대상자로서 정신착란을 일으키거나 술에 취하여 자신 또는 다른 사람의 생명·신체·재산에 위해를 끼칠 우려가 있는 사람(제1호)과 자살을 시도하는 사람(제2호), 미아, 병자, 부상자 등으로서 적당한 보호자가 없으며 응급구호가 필요하다고 인정되는 사람으로 본인이 구호를 거절하는 경우가 아닌 경우(제3호) 등을 규정하고 있다.

정신착란자란 정신질환자, 정신질환자로 의심되는 자 및 사회통념상 정상이 아닌 자를 포함하는 의미이다. '**정신질환자**'는 「정신보건법」 제3조 제1호에 규정된 정신질환자로 **선천적인 정신병**과 알코올 및 약물중독이나 스트레스성 질환과 같은 **후천적 정신병**을 모두 포함한다. 그리고 '**정상이 아닌 경우**'란 이상한 흥분, 마약 등에 의한 환각상태, 피해망상, 이상행동 등을 말하며, 단순한 불쾌감의 표현이나 과장된 표현, 정서불안 정도는 해당되지 않는다.

술 취한 상태에 있는 사람(주취자)이란 과음하여 사리분별력을 상실한 상태에 있는 사람을 말한다. 대법원은 '술에 취한 상태'를 '피구호자가 술에 만취하여 정상적인 판단능력이나 의사능력을 상실한 정도에 이른 것'이라고 판시하고 있다(대판 2012. 12. 13, 2012도11162).

자살을 시도하는 사람(자살시도자)이란 극약을 소지하였거나 투신(投身)목적으로 강변에서 방황하는 등 주위의 상황과 본인의 거동 등을 합리적으로 판단할 때에 자살을 결행할 위험성이 있는 사람을 말한다. 단순히 '죽어버리겠다', '살기가 싫다'는 말만 하고 별다른 행동은 하지 않는 경우는 강제보호조치 대상자로 보기 어렵다.

미아, 병자, 부상자 등으로서 적당한 보호자가 없으며 응급구호가 필요하다고 인정되는 사람으로 본인이 구호를 거절하는 경우가 아닌 경우에는 강제보호조치가 가능하다(이에 대하여는 후술).

(3) 강제보호조치의 방법

「경찰관 직무집행법」은 보호조치의 방법으로서 보건의료기관이나 공공구호기관에 긴급구호를 요청하거나 경찰관서에 보호하는 등 적당한 조치를 할 수 있다고 규정하고 있다(법 제 4 조 제 1 항). **보건의료기관**이란 보건소, 병원, 한의원, 조산소 등 **응급조치**로 생명·신체의 구조를 행할 수 있는 공·사기관을 말하고, **공공구호기관**이란 국가나 지방자치단체가 설립한 아동보호소, 부녀보호소, 양로원 등의 일체의 **사회보장시설**을 말한다. **경찰관서**란 경찰서, 지구대, 파출소 등 경찰청 소속 기관을 말한다. 경찰관서에의 보호는 대상자를 적절히 보호할 수 있는 기관을 찾지 못하여 적절한 기관을 확보할 때까지 일시적으로 경찰관서에 보호하는 것을 목적으로 한다. 따라서 경찰관서에서 나가지 못하도록 제한하는데 그쳐야 하고, 수갑이나 포승 등을 사용하여 활동을 제한할 수는 없다(최영규).

신체의 결박행위가 허용되기 위한 요건으로 ① 당사자가 정신착란이나 술 취한 상태에서 경찰관이나 제 3 자를 공격하거나 계속적인 저항을 하는 경우 및 물건을 손상시키는 행위를 하는 경우 ② 당사자가 도주하려고 하는 경우 ③ 계속하여 자살을 기도하거나 자신의 신체에 상해를 입히고자 하는 경우를 드는 견해가 있다(류지태·박종수).

그리고 적당한 조치와 관련하여 본인의 의사에 반하여 할 수 있는가가 문제가 된다. 본인의 의사와 관계없이 강제보호조치를 취할 수 있는 대상자인 정신착란자, 술 취한 상태에 있는 사람, 자살을 기도하는 사람은 가능하다.

응급을 요하는 구호조치는 행정상 즉시강제이며 상대방에게 수인의무가 있다. 본인이 거절하는 경우에도 법률의 규정을 획일적으로 적용함이 없이 충분한 의사능력이나 판단능력을 결한다고 인정되는 경우에는 저항을 배제하여 강제적으로 보호할 수 있다고 해석하여야 한다.

「위해성 경찰장비의 사용기준 등에 관한 규정」(대통령령)은 "경찰관은 범인·주취자 또는 정신착란자의 자살 또는 자해기도를 방지하기 위하여 필요한 때에는 수갑·포승 또는 호송용포승을 사용할 수 있다"고 규정하고 있다(제 5 조). **일본 판례**에서는 폭언을 하고 침을 뱉는 등의 행위를 한 만취자의 양발에 수갑을 채워 제압한 행위(岡山地判 平成 6. 4. 21, 判時 127호, 95면)를 적법하다고 하고, 등수갑의 사용(高知地判 昭和 48. 11. 14, 下民集 24권 9~12호, 836면)은 위법이라고 한다.

[판례 1] **강제보호조치가 적법하다고 판시한 사례:** [1] 긴급구호권한과 같은 경찰관의 조치권한은 일반적으로 경찰관의 전문적 판단에 기한 합리적인 재량에 위임되어 있는 것이나, 그렇다고 하더라도 구체적 상황하에서 경찰관에게 그러한 조치권한을 부여한 취지와 목적에 비추어볼 때 그 불행사가 현저하게 불합리하다고 인정되는 경우에는, 그러한 불행사는 법령에 위반하는 행위에 해당하게 되어 국가배상법상의 다른 요건이 충족되는 한, 국가는 그로 인하여 피해를 입은 자에 대하여 국가배상책임을 부담한다. [2] 정신질환자의 평소 행동에 포함된 범죄 내용이 경미하거나 범죄라고 볼 수 없는 비정상적 행동에 그치고 그 거동 기타 주위의 사정을 합리적으로 판단하여 보더라도 **정신질환자에 의한 집주인 살인범행에 앞서 그 구체적 위험이 객관적으로 존재하고 있었다고 보기 어려운 경우, 경찰관이 그때그때의 상황에 따라** 그 정신질환자를 훈방하거나 일시 정신병원에 입원시키는 등 **경찰관직무집행법의 규정에 의한 긴급구호조치를 취하였고,** 정신질환자가 퇴원하자 정신병원에서의 장기 입원치료를 받는데 도움이 되도록 생활보호대상자 지정의뢰를 하는 등 그 나름대로의 조치를 취한 이상, 더 나아가 경찰관들이 정신질환자의 살인범행 가능성을 막을 수 있을 만한 다른 조치를 취하지 아니하였거나 입건·수사하지 아니하였다고 하여 **이를 법령에 위반하는 행위에 해당한다고 볼 수 없다**(대판 1996. 10. 25, 95다45927). [해설] 1993년 6월 집주인 갑은 서울 소재 본인 소유 지하방을 병에게 1년간 임대하였다. 얼마되지 않아 세입자 병은 집 앞에서 아무런 이유 없이 무릎 꿇고 절을 하면서 용서를 비는 등 비정상적인 행동을 일삼았다. 어느 늦은 밤에는 느닷없이 현관문을 발로 차며 "씨를 말려 버릴 것이다. 죽일 것이다"라고 고함치는 등 소란을 피웠다. 이에 갑의 신고로 파출소로 연행되었으나 별다른 죄목이 없어 훈방조치되기도 하였다. 그러나 이후에도 병은 지속적으로 이상행동을 보였으며, 1993년 9월 24일에는 톱으로 집 출입문과 유리창을 파손하고 방 또한 훼손하였다. 이에 갑의 아내 을이 병에게 항의하기도 하였으나, 병은 오히려 "죽여 버리려 했다, 더 이상 그만하고 가라"고 하였다. 견딜 수 없었던 을은 인근 파출소에 찾아가 위의 사실을 신고하면서 적절한 조치를 취해줄 것을 요청하였다. 결국 경찰관들은 병을 검거한 후 병을 즉시 서울시립정신병원에 입원시켰으나, 이후 병은 10여 일간 치료를 받고 퇴원하였으며, 이후에도 기름보일러에 연탄으로 연탄불을 피우는 등 이상행동을 지속하였다. 이에 을은 2차례 다시 파출소에 신고하였으며, 가족 구성원 모두가 불안에 떨고 있다는 진술서를 제출하였다. 이에 1993년 10월 20일 경찰관들은 파출소로 병을 연행해 강력교양이라는 형식으로 훈계한 뒤 귀가조치시키는 동시에, 병의 가족을 만나 병의 장기입원을 권유하기도 하였으나 병의 가족은 입원비 문제로 난색을 표했다. 이에 경찰은 생활보호대상자의 경우 월 10만원으로 치료가 가능한 정신병원을 소개해주었고, 1993년 11월 17일 생활보호대상자 지정요청 공문을 송부하기도 하였다. 그러나 1994년 1월 9일 보일러가 고장났지만 고쳐주지 않는다는 이유로 갑과 언쟁을 벌이고 집을 나온 병은 살

인을 결심하고 칼을 준비하여 집 부근을 서성거리다 갑과 마주쳤다. 이후 갑이 병을 집으로 데려가 짐을 모두 가져가라고 소리치며 집어던지자 병은 준비해둔 칼을 꺼내 갑을 살해한 뒤, 을과 아들 정, 장모 무, 그리고 인근의 슈퍼를 운영하고 있던 '기'까지 5명을 살해하였다. 이에 갑의 유족들은 경찰관이 수사를 개시하지 않았으며 긴급구호권을 행시하지 않았다는 이유로 국가배상청구소송을 제기하였으나 배척당한 사례임(대판 1996. 10. 25, 95다45927)

[판례 2] 강제보호조치가 위법하다고 판시한 사례: 경찰관이 염전사장에게 "사고나면 큰일나니 조치 잘하라"라고 경고하고, 구호대상자의 부모에게 연락하였다. 그런데 부모가 구호대상자에 대한 청구권 포기 및 양육 위임각서를 염전사장에게 교부하면서 구호대상자를 인계해 가지 않았음에도 경찰관이 더 이상 조치를 취하지 않은 경우(대판 2019. 4. 5, 2018다300067).

[판례 3] 강제보호조치가 위법하다고 판시한 사례: **주취상태가 결코 예사롭지 않은 상태임을 알 수 있고** 이러한 경우 병원후송조치까지는 필요없어 파출소에 보호하더라도 구토에 의한 기도폐쇄 등 질식을 유발할 수 있는 점 등을 고려하여, 고개를 돌려놓는 등 **지속적으로 관찰하여 위해가 생기지 않도록 보호조치를 취하여야 할 주의의무가 있음에도 이를 소홀히 한 책임이 인정**된다. 다만, 주취자에게도 극도로 과음하여 스스로 위험을 초래함으로써 사망의 결과를 발생시킨 과실이 있으므로 손해의 공평분담의 견지에서 국가의 책임을 20%로 제한한다(대판 2001. 7. 25, 2001다24839).

(4) 긴급구조요청의 거부금지

「경찰관 직무집행법」은 "긴급구조를 요청받은 보건의료기관이나 공공구호기관은 정당한 이유 없이 긴급구호를 거절할 수 없다"고 규정하고 있다(법 제 4 조 제 2 항).

정당한 이유란 의사의 장기출장이나 병원의 수리 등과 같이 객관적으로 보아 진료가 불가능한 상태를 말하므로 의사가 취침중이라든가 병원시설이 일부 부족한 상태와 같은 상황은 적정한 조치하에서 진료가 가능하므로 정당한 이유 있는 때에 포함되지 않는다.

(5) 위험야기물건의 임시영치

보호조치의 경우 경찰관은 구호대상자가 휴대하고 있는 무기·흉기 등 위험을 일으킬 수 있는 것으로 인정되는 물건은 경찰관서에 임시로 영치(領置)하여 놓을 수 있다(법 제 4 조 제 3 항). 영치란 위험방지를 위하여 어떤 물건의 소유권자 혹은 그 밖의 정당한 권원을 가진 자의 사실상 지배를 종료시키고, 경찰이나 행정청 및 그로부터 권한을 위임받은 자의 새로운 사실상의 지배를 발생시키는 것을 말한다(예 음주운전자 자동차키 임시영치). 영치는 영치명령과 사실행위인 그의 집행을 통하여 이루어진다. 그 조치의 목적상 물건을 임치하여 타인이 그 물건에 대해 영향을 미칠 가능성을 배제하려는 것이 경찰에게 중요한 의미를 가질 때에만 영치라고 할 수 있다(예 도로상에서 자동차를 치우는 것은 공법상의 임치관계의 성립을 목적으로 하는 것이 아니라, 도로교통영역에서의 위험방지를 위한 것이기 때문에 자동차 견인조치는 영치가 아니다).

위험야기물건의 임시영치는 대물적 즉시강제에 해당한다(서정범 역, 「경찰법 사례연구」, 98~99쪽). 임시영치는 영장 없이 이루어지는 강제처분으로 볼 수 있다는 견해도 있다(최영규, 류지태·박종수). 영치는 직접강제에 포섭시키는 견해도 있다(정하중). 영치는 개념상 압수에 필연적으로 연결된 개념인바, 압수절차에서의 영장주의가 담보하고자 하는 조사상대방의 법익을 압수에 후행하는 영치절차에서의 직접강제단계에서 보장하고자 하는 것이다(한웅희).

임시영치란 물건의 소지가 경찰상 위험을 발생케 할 만한 상당한 이유가 있다고 인정되는 경우에 일시 그 소지를 박탈하여 경찰관서에서 강제적으로 보관하는 것을 말한다. 이 경우에 임시영치를 한 경찰관서의 장은 상대방에게 그 증명서를 교부하여 임시영치한 사실을 증명하고 그 반환이 원활하게 이루어지도록 하여야 한다. 따라서 영치에 있어서 어떤 물건이 실제로 자살목적으로 사용되어질 것이라는 사실이 인정될 수 있는지의 여부는 중요하지 않으며, 그 물건이 일반적으로 그러한 목적에 사용되기에 적합하다는 것만으로 충분하다.

(6) 경찰관서에서의 강제보호조치기간

「경찰관 직무집행법」상 경찰관서에서의 보호는 24시간을 초과하여서는 안 된다고 규정하고 있다(법 제 4 조 제 7 항 전단). 사회보장시설과 달리 경찰관서에서의 보호는 실질적인 자유를 제한하는 측면이 있기 때문이다. 판례도 "피구호자의 가족 등에게 피구호자를 인계할 수 있다면 특별한 사정이 없는 한 경찰관서에서 피구호자를 보호하는 것은 허용되지 않는다"고 판시하였다(대판 2012. 12. 13, 2012도11162). 24시간 이내라도 보호의 요건이 없게 된 경우에는 그 시점 이후는 보호를 계속할 수 없다.

일본 판례는 만취상태를 벗어난 후에 있어서의 보호의 계속은 필요 이상의 신체의 구속으로 위법이고(大阪地判 平成 5. 7. 12, 判時 1478호, 146면), 또한 피보호자의 상태에서 보아 가족 등에게 인도하는 것이 적당하지 않는 경우에는 신체구속으로

부터 24시간 이내의 한도에서 친족 등의 면회·인도요구를 거절할 수 있다고 판시하고 있다(福岡地判 昭和 56. 11. 20, 判タ 460호, 123면).

3. 강제보호조치와 적법절차

「경찰관 직무집행법」은 보호조치로 인한 개인의 권익침해를 방지하기 위하여 일정한 적법절차조항을 두고 있다. 즉 「경찰관 직무집행법」은 "경찰관은 제 1 항의 조치를 하였을 때에는 지체 없이 구호대상자의 가족·친지 또는 그 밖의 연고자에게 그 사실을 알려야 하며, 연고자가 발견되지 아니할 때에는 구호대상자를 적당한 공공보건의료기관이나 공공구호기관에 즉시 인계하여야 한다"고 규정하고 있다(법 제 4 조 제 4 항).

[판례] 경찰관직무집행법 제 4 조 제 1 항·제 4 항에 의하면 경찰관은 수상한 거동 기타 주위의 사정을 합리적으로 판단하여 **술 취한 상태로 인하여 자기 또는 타인의 생명, 신체와 재산에 위해를 미칠 우려가 있는 자**에 해당함이 명백하여 응급의 구호를 요한다고 믿을 만한 상당한 이유가 있는 자를 발견한 때에는 24시간을 초과하지 아니하는 범위 내에서 동인을 경찰관서에 보호하는 등 적절한 조치를 취할 수 있으나, 이 경우에도 **경찰관이 이러한 조치를 한 때에는 지체 없이 이를 피구호자의 가족, 친지, 기타의 연고자에게 그 사실을 통지하여야 한다**(대판 1994. 3. 11, 93도958).

여기서 '**가족·친지 또는 그 밖의 연고자**'란 민법규정에 따라 그 범위가 정해지는데, **가족·친지**는 민법상의 가(家)의 소속 구성원 및 인척 등을 포괄적으로 말하고, **연고자**란 본인과 사회적·심리적으로 긴밀한 관계자(예 내연의 처 등)를 말한다. 그리고 '**적당한 공공보건의료기관이나 공공구호기관**'이란 법령에 따라 구호대상자를 구호할 의무를 지는 기관 및 법령에 따라 규정되어 있지는 않지만 사회통념상 보호에 적당한 시설로 인정되는 기관이 포함된다.

그리고 「경찰관 직무집행법」은 "경찰관은 제 4 항에 따라 구호대상자를 공공보건의료기관이나 공공구호기관에 인계하였을 때에는 즉시 그 사실을 소속 경찰서장이나 지방해양경비안전관서의 장에게 보고하여야 한다"고 규정하고 있다(법 제 4 조 제 5 항). 또한 「경찰관 직무집행법」은 "제 5 항의 보고를 받은 소속 경찰서장이나 지방해양경비안전관서의 장은 대통령령으로 정하는 바에 따라 구호대상자를 인계한 사실을 지체 없이 해당 공공보건의료기관 또는 공공구호기관의 장 및 그 감독행정청에 통보하여야 한다"고 규정하고 있다(법 제 4 조 제 6 항).

4. 임시영치의 기간

「경찰관 직무집행법」은 사인의 소유권 보호 차원에서 경찰관서에서의 임시영치는 10일을 초과할 수 없다(법 제 4 조 제 7 항)고 규정하고 있으나, 총포·마약 등의 **금제품**(禁制品)의 경우에는 법정절차에 따라 **영치·몰수** 등의 **조치**가 취해진다.

5. 보 호 실

(1) 보호실의 의의

보호실이란 경찰서 내에 일정한 자를 사실상 유치하기 위해 설치한 구역을 말한다. 이는 보호조치된 자를 수용하기 위해 설치·운영되고 있는 시설이다. 실무에서는 보호대상자 외에 형사절차상의 연행자, 불구속 피의자, 임의동행자 등은 보호실에 유치하지 않고 유치장에 수용하고 있다. **판례**는 구속영장을 받음이 없이 피의자를 보호실에 유치함은 영장주의에 위배되는 위법한 구금으로서 적법한 공무수행이라고 볼 수 없다고 보고 있다(대판 1994. 3. 11, 93도958〈폭력행위등처벌에관한법률위반, 공무집행방해〉).

[판례 1] **구속영장을 교부받음이 없이 피의자를 보호실에 유치함이 적법한 공무수행인지 여부:** 가. 경찰서에 설치되어 있는 보호실은 영장대기자나 즉결대기자 등의 도주방지와 경찰업무의 편의 등을 위한 수용시설로서 사실상 설치, 운영되고 있으나 현행법상 그 설치근거나 운영 및 규제에 관한 법령의 규정이 없고, 이러한 보호실은 그 시설 및 구조에 있어 통상 철창으로 된 방으로 되어 있어 그 안에 대기하고 있는 사람들이나 그 가족들이 출입이 제한되는 등 일단 그 장소에 유치되는 사람은 그 의사에 기하지 아니하고 일정장소에 구금되는 결과가 되므로, 경찰관직무집행법상 정신착란자, 주취자, 자살기도자 등 응급의 구호를 요하는 자를 24시간을 초과하지 아니하는 범위내에서 경찰관서에 보호조치할 수 있는 시설로 제한적으로 운영되는 경우를 제외하고는 **구속영장을 발부받음이 없이 피의자를 보호실에 유치함은 영장주의에 위배되는 위법한 구금으로서 적법한 공무수행이라고 볼 수 없다.** 나. 피의자를 구속영장 없이 현행범으로 체포하든지 긴급구속하기 위하여는 체포 또는 긴급구속 당시에 헌법 및 형사소송법에 규정된 바와 같이 피의자에 대하여 범죄사실의 요지, 체포 또는 구속의 이유와 변호인을 선임할 수 있음을 말하고 변명할 기회를 준 후가 아니면 체포 또는 긴급구속할 수 없다. 다. 경찰관직무집행법 제 4 조 제 1 항, 제 4 항에 의하면 경찰관은 수상한 거동 기타 주위의 사정을 합리적으로 판단하여 술취한 상태로 인하여 자기 또는 타인의 생명, 신체와 재산에 위해를 미칠 우려가 있는 자에 해당함이 명백하며 응급의 구호를 요한다고 믿을 만한 상당한 이유가 있는 자를 발견한 때에는 24시간을 초과하지 아니하는 범위 내에서 동인을 경찰관서에 보호하는 등 적절한 조치를 취할 수 있으나, **이 경우에도 경찰관이 이러한 조치를 한 때에는 지체 없이 이를 피구**

호자의 가족, 친지 기타의 연고자에게 그 사실을 통지하여야 한다(대판 1994. 3. 11, 93도958〈폭력행위등처벌에관한법률위반, 공무집행방해〉).

[판례 2] **경찰서 조사대기실이** 조사대기자 등의 도주방지와 경찰업무의 편의 등을 위한 수용시설로서 그 안에 대기하고 있는 사람들의 출입이 제한되는 시설이라면, 일단 그 장소에 유치되는 사람은 그 의사에 기하지 아니하고 일정장소에 구금되는 결과가 되므로 **경찰관직무집행법상 정신착란자, 주취자, 자살기도자 등 응급의 구호를 요하는 자를 24시간을 초과하지 아니하는 범위 내에서 경찰관서에 보호조치할 수 있는 시설로 제한적으로 운영되는 경우를 제외하고는 구속영장을 발부받음이 없이 조사대기실에 유치하는 것은 영장주의에 위배되는 위법한 구금이라고 하지 않을 수 없다**(대판 1995. 5. 26, 94다37226).

(2) 유치장과의 구별

유치장은 법률에서 정한 절차에 따라 체포·구속된 사람 또는 신체의 자유를 제한하는 판결이나 처분을 받은 사람을 수용하기 위한 시설(법 제 9 조)로서 경찰서에 두는데, 보호시설인 보호실과는 그 법적 성격을 달리한다.

Ⅲ. 위험발생의 방지조치

경찰관 직무집행법

제 5 조(위험 발생의 방지 등) ① 경찰관은 사람의 생명 또는 신체에 위해를 끼치거나 재산에 중대한 손해를 끼칠 우려가 있는 천재(天災), 사변(事變), 인공구조물의 파손이나 붕괴, 교통사고, 위험물의 폭발, 위험한 동물 등의 출현, 극도의 혼잡, 그 밖의 위험한 사태가 있을 때에는 다음 각 호의 조치를 할 수 있다.

1. 그 장소에 모인 사람, 사물(事物)의 관리자, 그 밖의 관계인에게 필요한 경고를 하는 것
2. 매우 긴급한 경우에는 위해를 입을 우려가 있는 사람을 필요한 한도에서 억류하거나 피난시키는 것
3. 그 장소에 있는 사람, 사물의 관리자, 그 밖의 관계인에게 위해를 방지하기 위하여 필요하다고 인정되는 조치를 하게 하거나 직접 그 조치를 하는 것

② 경찰관서의 장은 대간첩 작전의 수행이나 소요(騷擾) 사태의 진압을 위하여 필요하다고 인정되는 상당한 이유가 있을 때에는 대간첩 작전지역이나 경찰관서·무기고 등 국가중요시설에 대한 접근 또는 통행을 제한하거나 금지할 수 있다.

③ 경찰관은 제 1 항의 조치를 하였을 때에는 지체 없이 그 사실을 소속 경찰관서의 장에게 보고하여야 한다.

④ 제 2 항의 조치를 하거나 제 3 항의 보고를 받은 경찰관서의 장은 관계 기관의 협

조를 구하는 등 적절한 조치를 하여야 한다.
[전문개정 2014. 5. 20.]

1. 의 의

위험발생의 방지조치란 사람의 생명 또는 신체에 위해를 미치거나 재산에 중대한 손해를 끼칠 우려가 있는 위험한 사태가 있을 때에 그 위험 발생을 방지하기 위하여 취하는 조치를 말한다(법 제 5 조).

「경찰관 직무집행법」 제 5 조 제 1 항 제 3 호는 일반수권조항(개괄적 수권조항)의 성격을 갖는다고 볼 여지가 있다. 다만, 개인적 법익의 보호만이 그 대상이 되며 공동체적 법익의 보호는 그 대상이 되지 않는다는 점에서 한계가 있다.

위험발생의 방지를 위하여 경찰관이 취해야 할 수단과 요건을 규정하고, 직무를 명확하게 하여 이것을 공무로써 보장함과 아울러 그 권한의 남용을 방지하고자 하는 것이 본 규정을 둔 취지이다.

위험발생 방지조치는 억류, 피난조치 그 밖의 조치가 긴급하게 필요하여 경찰행정청의 의무부과행위가 선행됨이 없이 행하여지는 경우에는 경찰상 즉시강제의 성격을 갖는다고 할 것이며 대인적·대물적·대가택적 강제수단이라 할 수 있다.

2. 위험발생의 방지조치의 종류

일반적 위험발생 방지조치(법 제 5 조 제 1 항)와 대간첩작전수행과 소요사태진압을 위한 통행제한조치(법 제 5 조 제 2 항)로 나눌 수 있다.

(1) 일반적 위험발생 방지조치

1) 요 건

「경찰관 직무집행법」은 '사람의 생명 또는 신체에 위해를 끼치거나 재산에 중대한 손해를 끼칠 우려가 있는 천재(天災)(예 홍수, 가뭄, 지진쓰나미 등 자연재해), 사변(事變)(예 전쟁), 인공구조물의 파손이나 붕괴, 교통사고, 위험물의 폭발, 위험한 동물(예 광견, 분마류(빨리 달리는 말) 등)의 출현, 극도의 혼잡, 그 밖의 위험한 사태가 있을 때'를 일반적 위험방지조치의 요건으로 들고 있다(법 제 5 조).

제 5 조 제 1 항 본문의 '위험'은 구체적인 위험을 말한다. 위험이란 합리적인, 즉 일반의 경험칙에 따른 판단에 따를 때 가까운 장래에 발생할 것이 예견되는

상태를 말한다. '**구체적 위험**'이란 구체적인, 즉 시간과 장소에 따라서 확정된 혹은 확정될 수 있는 상황으로부터 성립하는 위험을 말한다. 그리고 '**추상적 위험**'이란 특정한 행위 혹은 상태를 일반적·추상적으로 고찰했을 때 손해가 발생할 충분한 개연성이 있다는 결론에 도달되는 경우에 존재한다.[40)]

2) 대　　상

「경찰관 직무집행법」은 위험방지조치의 대상으로서 그 장소에 모인 사람, 사물(事物)의 관리자, 그 밖의 관계인, 특히 긴급을 요할 때에는 위해를 받을 우려가 있는 자를 규정하고 있다(법 제 5 조 제 1 항).

3) 수단: 경찰관의 억류조치 또는 피난조치 및 위험방지를 위한 직접 조치

「경찰관 직무집행법」은 특히 긴급한 경우에는 위해를 입을 우려가 있는 사람을 필요한 한도에서 억류하거나 피난시킬 수 있다고 하여(법 제 5 조 제 1 항 제 2 호), 억류와 피난조치를 위험발생의 방지조치의 하나로 들고 있다. **억류조치나 피난조치는 당사자의 의사에 반하여 강제로 행해질 수 있다.** 여기서 **억류**란 위험한 장소에 들어가지 못하도록 상대방의 의사에 불구하고 실력으로 저지하는 것을 말한다(예 화재가 난 건물에 들어가려는 건물주인을 들어가지 못하도록 제지하는 것). **피난**이란 위험한 장소로부터 물러남을 실력으로 가능케 하는 것을 말한다(예 하천이 범람하여 주민의 생명에 위협이 될 때 주민의 생명을 보호하기 위하여 주민을 대피시키는 것).

제 2 호의 '**매우 긴급한 경우**'란 ① 경고를 하였으나 관계인이 대피 또는 예방조치를 취하지 않고 위험이 현실화하였거나 급박한 경우 또는 ② 관계인에게 경고를 할 시간적 여유조차 없는 급박한 경우를 말한다(최영규). 그리고 억류·피난조치는 필요한 한도에서만 허용된다. 즉 위험방지의 필요성과 상대방이 신체의 자유를 제한당함으로써 입는 불이익을 비교하여 전자가 우월한 경우에만 그러한 조치를 취할 수 있다(비례원칙).

경찰관은 위험사태가 발생한 경우 스스로 그 조치를 취할 수 있다(법 제 5 조 제 1 항 제 3 호). 이 조항은 위해방지조치의 내용을 특정하지 않고 개괄적으로 규정하고 있다.

판례는 경찰이 위험발생방지조치를 취하지 아니한 채 그대로 방치하고 철수하여 버린 결과 운전자가 상해를 입은 경우에 국가배상책임을 인정한다(대판 1998. 8. 25, 98다16890).

---

40) 서정범·박병욱, "경찰법상의 위험개념의 변화에 관한 법적 고찰", 91쪽.

[판례] 위험한 사태로 인정한 사례: 경찰관직무집행법 제 5 조는 경찰관은 인명 또는 신체에 위해를 미치거나 재산에 중대한 손해를 끼칠 우려가 있는 위험한 사태가 있을 때에는 그 각 호의 조치를 취할 수 있다고 규정하여 **형식상 경찰관에게 재량에 의한 직무수행권한을 부여한 것처럼 되어 있으나, 경찰관에게 그러한 권한을 부여한 취지와 목적에 비추어 볼 때 구체적인 사정에 따라 경찰관이 그 권한을 행사하여 필요한 조치를 취하지 아니하는 것이 현저하게 불합리하다고 인정되는 경우에는 그러한 권한의 불행사는 직무상의 의무를 위반한 것이 되어 위법하게 된다.**…경찰관이 농민들의 시위를 진압하고 시위과정에 도로상에 방치된 트랙터 1대에 대하여 이를 도로 밖으로 옮기거나 후방에 안전표지판을 설치하는 것과 같은 위험발생방지조치를 취하지 아니한 채 그대로 방치하고 철수하여 버린 결과, 야간(새벽 3시 45분)에 그 도로를 진행하던 운전자가 위 방치된 트랙터를 피하려다가 다른 트랙터에 부딪혀 상해를 입었으므로 국가배상책임이 인정된다(대판 1998. 8. 25, 98다16890). [해설] 김제시 농민 300여 명은 1993년 12월 24일 22시경 정부의 쌀 개방정책에 반대하여 트랙터 2대로 편도 1차선의 차도를 점거하며 김제시로 진행하는 시위를 벌이고 있었다. 이에 김제경찰서 소속 경찰관들은 트랙터 열쇠 2개를 빼앗고, 더 이상 시내로 진입하지 않는다는 약속을 받고 열쇠를 돌려주었다. 그러나 농민 중 일부는 경찰이 트랙터를 강제로 빼앗아 트랙터 내 유압 밸브가 고장났다고 주장하며 보상을 요구하였고, 경찰이 이를 거부하자 트랙터 2대를 도로 위에 세워둔 채 귀가하였다. 이에 경찰은 비교적 소형의 트랙터 1대는 도로 옆 공터로 이동시켰으나, 대형 트랙터의 경우 무거워 옮길 수 없자 어떠한 예방조치도 취하지 않고 철수하였다. 다음날 새벽 3시경 운전하고 있던 원고가 트랙터를 뒤늦게 발견하고 급히 핸들을 돌리다 옮겨놓은 소형 트랙터에 충돌하여 상해를 입어 국가배상을 청구한 사건이다.

(2) 대간첩 작전 수행과 소요사태 진압을 위한 접근 또는 통행 제한조치

경찰관서의 장은 대간첩 작전 수행 또는 소요사태의 진압을 위하여 필요하다고 인정되는 상당한 이유가 있을 때에는 대간첩 작전지역이나 경찰관서·무기고 등 국가중요시설에 접근 또는 통행을 제한하거나 금지할 수 있다(법 제 5 조 제 2 항). 이 규정은 대간첩작전을 수행하거나 소요사태를 진압할 때에 무장공비나 소요군중으로부터 일반인을 분리시키고, 특정중요지역을 보호하기 위한 소요군중의 진입저지선을 설정할 수 있도록 하며, 작전이나 소요사태의 진압과정에서 파생될 우려가 있는 일반국민의 피해를 막고 무기탈취나 국가중요기관의 피습을 방지하여 작전 및 진압의 효율적 수행을 보장할 수 있도록 함으로써 대규모 피해상황을 방지하기 위한 초기단계의 대책이라 할 수 있다.

통행제한조치 등의 수단으로서는 접근 또는 통행의 제한·금지와 고지를 규정하고 있다(법 제 5 조 제 2 항). 접근 또는 통행의 제한 또는 금지의 대상은 대간첩작전지역 또는 경찰관서·무기고 등 국가중요시설이다.

Ⅳ. 범죄의 제지

> 경찰관 직무집행법
>
> 제 6 조(범죄의 예방과 제지) 경찰관은 범죄행위가 목전(目前)에 행하여지려고 하고 있다고 인정될 때에는 이를 예방하기 위하여 관계인에게 필요한 경고를 하고, 그 행위로 인하여 사람의 생명·신체에 위해를 끼치거나 재산에 중대한 손해를 끼칠 우려가 있는 긴급한 경우에는 그 행위를 제지할 수 있다.
>
> [전문개정 2014. 5. 20.]

1. 의 의

범죄의 제지란 범죄가 행하여지려고 하는 **절박한 사태에 직면**하여 직접적으로 범죄를 저지하는 조치를 말한다(법 제 6 조). 그 법적 성질은 상황이 급박하여 의무부과행위가 없이 제지행위가 이루어지므로 경찰상 대인적 즉시강제라고 할 수 있다(대판 2021. 10. 28, 2017다219218). 가장 일반적인 것으로는 경찰봉의 사용이 있다.

2. 범죄의 제지의 요건

「경찰관 직무집행법」 제 6 조는 범죄의 제지의 요건으로서 "범죄행위가 목전(目前)에 행하여지려고 하고 있다고 인정될 때," "그 행위로 인하여 사람의 생명·신체에 위해를 끼치거나 재산에 중대한 손해를 끼칠 우려가 있는 긴급한 경우"를 요건으로 규정하고 있다.

판례는 "시간적·장소적으로 근접하지 않은 다른 지역에 위법한 집회·시위에 참가하기 위하여 출발 또는 이동하는 행위를 제지하는 것은 경찰관의 제지의 범위를 명백히 넘어 허용될 수 없다고 하였고(아래 [판례 1]). 경찰관의 제지는 범죄의 예방을 위하여 범죄행위에 관한 실행의 착수 전에 행하여질 수 있을 뿐만 아니라, 이후 범죄가 계속되는 중에 그 진압을 위하여도 당연히 행하여질 수 있다고 판시하였다(아래 [판례 2]). 즉 긴급성을 인정한 사례이다(아래 [판례 3] 참조).

[판례 1] **경찰관직무집행법 제 6 조 제 1 항(현행 제 6 조)에 의한 경찰관의 제지 조치 발동·행사 요건의 해석 방법:** 경찰관직무집행법 제 6 조 제 1 항(**현행 제 6 조**) 중 경찰관의 제지에 관한 부분은 범죄의 예방을 위한 **경찰행정상 즉시강제에 관한 근거 조항**이다. 행정상 즉시강

제는 그 본질상 행정 목적 달성을 위하여 불가피한 한도 내에서 예외적으로 허용되는 것이므로, 위 조항에 의한 경찰관의 제지 조치 역시 그러한 조치가 불가피한 최소한도 내에서만 행사되도록 그 발동·행사 요건을 신중하고 엄격하게 해석하여야 한다. 그러한 해석·적용의 범위 내에서만 우리 헌법상 신체의 자유 등 기본권 보장 조항과 그 정신 및 해석 원칙에 합치될 수 있다. [2] 구 집회 및 시위에 관한 법률(2007. 5. 11. 법률 제8424호로 개정되기 전의 것)에 의하여 금지되어 그 주최 또는 참가행위가 형사처벌의 대상이 되는 위법한 집회·시위가 장차 특정지역에서 개최될 것이 예상된다고 하더라도, 이와 **시간적·장소적으로 근접하지 않은 다른 지역에서 그 집회·시위에 참가하기 위하여 출발 또는 이동하는 행위를 함부로 제지하는 것은 경찰관직무집행법 제 6 조 제 1 항의 행정상 즉시강제인 경찰관의 제지의 범위를 명백히 넘어 허용될 수 없다.** 따라서 이러한 제지 행위는 공무집행방해죄의 보호대상이 되는 공무원의 적법한 직무집행이 아니다(대판 2008. 11. 13, 2007도97940). **[해설]** 이와 달리 원심(대전고법)은 "예방하려고 하는 범죄행위와 시간적·장소적으로 밀접한 상황이 아니라고 하더라도 여러 사정을 살펴 현재 감행하려고 하는 행위를 저지하지 못하면 그 이후에는 범죄행위를 예방하는 것이 현저히 어려워질 사정이 있어서 그 행위를 저지하는 것이 가장 적절하고 유효한 범죄행위 예방조치인 경우라면 경찰관직무집행법 제 6 조에 근거한 경찰관의 제지행위가 허용될 수 있다는 전제 아래, 서울시청 앞 광장 등에서 개최될 예정이었던 이 사건 집회에 관하여 관할 경찰관서장으로부터 구 집회 및 시위에 관한 법률에 의하여 금지되는 집회·시위라는 이유로 주최 금지통고가 있은 상태임을 알면서도 이에 참가하려고 하는 행위는 범죄행위에 해당하고, 서울로 출발하려는 행위를 각 지역에서 미리 차단하지 않으면 이후에 그 범죄행위를 예방하는 것이 현저히 어려우므로, 제천시 보양읍 주민자치단체 앞마당에서 위 집회·시위에 참가하기 위하여 출발하려고 하는 행위를 제지한 이 사건 경찰관의 행위는, **비록 집회·시위 예정시간으로부터 약 5시간 30분 전에 그 예정장소로부터 약 150㎞ 떨어진 곳에서 이루어진 것이라고 하더라도 경찰관직무집행법 제 6 조에 근거한 적법한 직무집행에 해당한다고 보았다**(대전고판 2007. 10. 31, 2007노284).

[판례 2] **경찰관직무집행법 제 6 조 제 1 항(현행 제 6 조)에 규정된 경찰관의 '경고'나 '제지'가 범죄행위에 관한 실행의 착수 이후 범죄행위가 계속되는 중에 그 진압을 위하여도 행하여질 수 있는지 여부(적극):** 경찰관직무집행법 제 6 조 제 1 항(현행 제 6 조)은 '경찰관은 범죄행위가 목전에 행하여지려고 하고 있다고 인정될 때에는 이를 예방하기 위하여 관계인에게 필요한 경고를 발하고, 그 행위로 인하여 인명·신체에 위해를 미치거나 재산에 중대한 손해를 끼칠 우려가 있어 긴급을 요하는 경우에는 그 행위를 제지할 수 있다'고 규정하고 있다. **여기에 규정된 경찰관의 경고나 제지는** 그 문언과 같이 범죄의 예방을 위하여 범죄행위에 관한 실행의 착수 전에 행하여질 수 있을 뿐만 아니라, **이후 범죄행위가 계속되는 중에 그 진압을 위하여도 당연히 행하여질 수 있다고 보아야 한다.** 이와 같은 법리에 비추어, 공사현장 출입구 앞 도로 한복판을 점거하고 공사차량의 출입을 방해하던 피고인의 팔과 다리를 잡고 도로 밖으로 옮기려고 한 경찰관의 행위를 적법한 공무집행으로 보고 경찰관의 팔을 물어뜯은 피고인에 대한 공무집행방해 및 상해의 공소사실을 모두 유죄로 인정

한 원심의 판단은 정당하다. 거기에 상고이유의 주장과 같이 경찰관직무집행법 제 6 조 제 1 항(현행 제 6 조)에 관한 법리오해나 긴급성에 관한 판단누락 등의 잘못이 있다고는 할 수 없다(대판 2013. 9. 26, 2013도643).

[판례 3] 경찰관들이 ○○대학교 **출입문에서 집회참가자의 출입을 저지한 것**은 집회장소 사용승낙을 하지 않은 ○○대학교 당국의 집회저지요청에 따른 것임을 알 수 있어서 이는 **경찰관직무집행법 제 6 조의 주거침입행위에 대한 사전제지조치**로 보지 못할 바 아니다(대판 1990. 8. 14, 90도870).

일본 판례는 피켓대나 데모대에 대한 제지의 방법으로서는 ① 스크럼을 갈라놓아 피켓라인을 무너뜨리는 행위(福岡地判 昭和28(1953). 10. 14), ② 불법 체류하는 데모대를 압축한 다음 잡아당기고 밀어넣어 차례차례로 배제하는 행위(福岡地判 昭和45(1970). 10. 30), ③ 허가조건위반의 선도차량에 통행금지를 걸쳐놓고 동 위반의 데모에 대하여 병진규제(竝進規制)를 행하여 버티고 있는 데모대원을 한 사람씩 쏙쏙 잡아내는 행위(浦和地判 昭和3(1928). 5. 15), ④ 폭도화한 데모를 실력으로 해산시키는 행위(名古屋高判 昭和50(1975). 3. 27), ⑤ 방수차(放水車)에 의한 방수(東京地判 昭和40(1965). 8. 9) 등을 적법한 행위라고 하고, ① 위법피켓의 배제에 즈음하여 경찰봉으로 팔이나 머리를 때려 상해를 입히는 행위(橫濱地判 昭和34(1959). 9. 30), ② 기세를 보이는 취객의 팔을 비틀어 올려 점포 밖으로 데리고 나가 순찰차까지 연행하는 행위(廣島地判 昭和50(1975). 12. 9) 등을 위법한 행위라고 한다.

3. 범죄의 제지의 대상

제지란 실력의 행사로 범죄예비행위 및 범죄에 밀접하게 접근된 행위를 저지하는 것을 말한다. 제지의 대상은 인명·신체에 위해를 미치거나 재산에 중대한 손해를 끼칠 우려가 있는 행위이다. 현실적으로는 제지의 효력이 미치는 자는 목전의 범죄를 행하려는 자가 될 것이다.

그리고 개인의 생명, 신체 및 재산에 대하여 직접 위해를 주지 않는 위조, 증·수뢰, 배임, 횡령 등의 지능범이나 행정법규 위반의 죄는 원칙적으로 제지대상이 아니다.

Ⅴ. 위험방지를 위한 출입 등[2018 경감승진 사례]

경찰관 직무집행법

제 7 조(위험 방지를 위한 출입) ① 경찰관은 제 5 조 제 1 항·제 2 항 및 제 6 조에 따른

> 위험한 사태가 발생하여 사람의 생명·신체 또는 재산에 대한 위해가 임박한 때에 그 위해를 방지하거나 피해자를 구조하기 위하여 부득이하다고 인정하면 합리적으로 판단하여 필요한 한도에서 다른 사람의 토지·건물·배 또는 차에 출입할 수 있다.
> ② 흥행장(興行場), 여관, 음식점, 역, 그 밖에 많은 사람이 출입하는 장소의 관리자나 그에 준하는 관계인은 경찰관이 범죄나 사람의 생명·신체·재산에 대한 위해를 예방하기 위하여 해당 장소의 영업시간이나 해당 장소가 일반인에게 공개된 시간에 그 장소에 출입하겠다고 요구하면 정당한 이유 없이 그 요구를 거절할 수 없다.
> ③ 경찰관은 대간첩 작전 수행에 필요할 때에는 작전지역에서 제 2 항에 따른 장소를 검색할 수 있다.
> ④ 경찰관은 제 1 항부터 제 3 항까지의 규정에 따라 필요한 장소에 출입할 때에는 그 신분을 표시하는 증표를 제시하여야 하며, 함부로 관계인이 하는 정당한 업무를 방해해서는 아니 된다.
> [전문개정 2014. 5. 20.]

1. 의 의

출입이란 경찰관이 일정한 장소에 들어가 그 장소에 체재하여 장소 내부에 있는 사람, 물건 또는 상태를 피상적으로 둘러보는 것을 말한다.

경찰관은 경찰상 위해의 예방을 위하여 타인의 토지·건물 또는 배 또는 차에 출입하여 조사할 필요가 있다. 그래서 「경찰관 직무집행법」 제 7 조는 위해의 방지, 피해자의 구조와 대간첩작전의 수행을 위하여 경찰관이 일정한 요건하에서 일정한 장소에 출입할 수 있음을 규정하고 있다. 그러나 이는 주거의 자유를 제한하는 것이므로 엄격한 요건하에서 인정되어야 한다. 즉 비공개된 장소에 대한 예외적 출입이므로 기본권과의 관련상 보다 엄격한 요건이 요구된다.

「경찰관 직무집행법」 제 7 조는 경찰관에게 위험방지를 목적으로 타인의 건물이나 선차(船車) 또는 흥행장·여관·음식점 등에 **'직접' 드나드는 물리적 출입**만을 허용하는지, 아니면 물리적 출입이 없이도 출입의 효과를 낼 수 있는 방법들, 예컨대 경찰관이 건물 밖이나 기술적 장치를 이용하여 건물 안을 감시하는 이른바 **'간접출입'**도 허용하는지의 문제가 있다(손재영). 출입을 하지 않고 가옥의 파수, 도청, 적외선카메라에 의한 감시는 프라이버시를 침해하는 것으로 허용되지 않는다고 보아야 한다.

「경찰관 직무집행법」 제 7 조의 '위험 방지를 위한 출입'은 대가택적 즉시강제수단으로서 동조 제 1 항은 긴급출입을, 동조 제 2 항은 예방출입을, 동조 제 3 항은 대간첩작전을 위한 검색을, 동조 제 4 항은 출입·검색시의 주의사항을 규정하고 있다.

한편 위험방지를 위한 출입을 개인의 신체·생명에 대한 급박한 위험을 제거하거나, 눈앞(目前)에 발생하는 범죄를 예방하고 제지하는 경우를 제외하고는 대부분 수인하명(受忍下命)을 전제로 하는 직접강제의 성질을 갖는다고 보는 견해(정하중), 출입의 법적 성질을 경찰조사의 성질을 갖는다고 보는 견해(홍정선)도 있으나, 대가택 즉시강제로 보는 것이 타당하다. 왜냐하면 직접강제는 의무의 불이행이 있는 경우에 의무자의 신체나 재산에 실력을 가하는 것으로, 행정대집행이나 이행강제금 부과의 방법으로는 행정상 의무 이행을 확보할 수 없거나 그 실현이 불가능한 경우에 실시하는 것이기 때문이다.

그것은 출입의 이유가 위험한 사태가 발생하여 사람의 생명·신체 또는 재산에 대한 "위해가 임박한 때에 그 위해를 방지하거나 피해자를 구조하기 위해서"(법 제 7 조 제 1 항), "범죄나 사람의 생명·신체에 대한 위해를 예방하기 위하여"(법 제 7 조 제 2 항), "대간첩작전수행을 위해 제 2 항에 따른 장소를 검색하기 위하여"(법 제 7 조 제 3 항) 등이므로 급박한 행정상의 장해를 제거할 필요가 있는 경우에 발동되는 행정상 즉시강제의 요건에 보다 더 부합하는 것으로 볼 수 있기 때문이다.

2. 긴급출입

긴급출입이 가능한 경우는 「경찰관 직무집행법」 제 5 조 제 1 항(사람의 생명 또는 신체에 위해를 끼치거나 재산에 중대한 손해를 끼칠 수 있는 천재·사변, 공작물의 손괴, 교통사고, 위험물의 폭발, 위험한 동물의 출현 및 극도의 혼잡 등의 발생)·제 2 항(대간첩작전의 수행 중이거나 소요사태가 발생한 경우), 제 6 조(범죄행위가 목전에 행하여지려고 하고 있다고 인정될 때)에 규정한 위험한 사태의 발생, 인명·신체 또는 재산에 대한 위해가 절박한 때, 위해를 방지하거나 피해자를 구조하기 위하여 부득이하다고 인정할 때 등이며, 긴급출입은 합리적으로 판단하여 필요한 한도 내에서 출입할 수 있다(제 7 조 제 1 항).

긴급출입장소에 대해 「경찰관 직무집행법」은 타인의 토지·건물, 배 또는 차를 예시적으로 규정하고 있는데(법 제 7 조 제 1 항), 경찰권이 미치는 범위 내에서는 긴급출입의 객체로서 실질적으로 장소적 제한은 없다고 할 수 있다. 그러나 범죄수사의 목적을 위하여 경찰관이 긴급출입을 행하는 것은 허용되지 아니하고, 강제적인 수색·압수에 대하여는 영장을 필요로 한다.

3. 예방출입: 다수인이 출입하는 장소에 대한 출입요구

「경찰관 직무집행법」 제 7 조 제 2 항은 흥행장·여관·음식점·역 그 밖에 많은 사람이 출입하는 공개장소에 대한 출입요구를 규정하고 있다. 이를 **예방출입**이라고도 한다. 이러한 경우에는 그 장소의 공개적 성격으로 인해 그 요건이 완화됨은 물론 수인(受忍)의 정도도 보다 크다고 할 것이다.

경찰상 공개된 장소란 흥행장, 여관, 음식점, 역, 그 밖에 많은 사람이 출입하거나 집합하는 장소를 말한다. 해당 장소의 영업시간이나 해당 장소가 일반인에게 공개시간 내이면 제한된 영업금지시간이나 영업휴일에도 출입할 수 있고, 일반적으로 영업시간이라 할지라도 특별히 휴업하고 있는 경우에는 이 요건에 따른 출입이 허용되지 않는다. 여기에서 문제되는 것은 경찰관의 요구의 강제성의 정도인데, 강한 설득 정도는 허용된다고 보는 것이 타당하다.

'정당한 이유 없이 그 요구를 거절할 수 없다'는 규정은 정당한 거절에도 불구하고 경찰의 강제출입을 막는 과정에서의 폭행·협박은 정당한 공무에 대한 방해가 아니라고 보아 공무집행방해죄를 부인하는 것이 타당하다. 다만, 관리자가 정당한 이유 없이 거절한 때에는 경찰관은 실력을 행사하여 출입할 수 있다. 따라서 벌칙의 규정이 없다.

4. 대간첩작전을 위한 검색

「경찰관 직무집행법」 제 7 조 제 3 항은 우리나라 경찰의 특유한 임무로서 경찰상 공개된 장소에 필요한 경우 대간첩작전을 위한 검색에 대하여 규정하고 있다. **검색**이란 검사·수색하는 것을 말하는데, 간첩을 발견하는 것에 한하지 않고 간첩을 발견하였을 때에 체포 및 진압하는 작용(예 사격 등의 전투행위)도 포함한다. 대간첩작전의 수행을 위한 검색에 있어서는 그 장소관리자의 동의를 요하지 않는다.

검색의 대상은 제 7 조 제 2 항에서 설명한 경찰상 공개된 장소에 대해서만 검색을 할 수 있으므로, 순수한 사인의 가옥 등에 대해서는 검색할 수 없다고 보아야 한다.

5. 출입·검색시의 증표제시 및 관계인의 정당한 업무의 방해금지

「경찰관 직무집행법」 제 7 조 제 4 항은 경찰관이 필요한 장소에 출입할 때에는 그 신분을 표시하는 증표(예 경찰공무원증 등)를 제시하여야 하며, 함부로 관계인의 정당한 업무(법령의 규정에 근거하여 수행되고 있는 업무와 사회통념에 의해 정당화되는 업무 포함)를 방해하여서는 아니 된다고 규정하고 있다.

Ⅵ. 경찰장비의 사용

경찰관 직무집행법

제10조(경찰장비의 사용 등) ① 경찰관은 직무수행 중 경찰장비를 사용할 수 있다. 다만, 사람의 생명이나 신체에 위해를 끼칠 수 있는 경찰장비(이하 이 조에서 "위해성 경찰장비"라 한다)를 사용할 때에는 필요한 안전교육과 안전검사를 받은 후 사용하여야 한다.

② 제 1 항 본문에서 "경찰장비"란 무기, 경찰장구(警察裝具), 경찰착용기록장치, 최루제(催涙劑)와 그 발사장치, 살수차, 감식기구(鑑識機具), 해안 감시기구, 통신기기, 차량·선박·항공기 등 경찰이 직무를 수행할 때 필요한 장치와 기구를 말한다.

③ 경찰관은 경찰장비를 함부로 개조하거나 경찰장비에 임의의 장비를 부착하여 일반적인 사용법과 달리 사용함으로써 다른 사람의 생명·신체에 위해를 끼쳐서는 아니 된다.

④ 위해성 경찰장비는 필요한 최소한도에서 사용하여야 한다.

⑤ 경찰청장은 위해성 경찰장비를 새로 도입하려는 경우에는 대통령령으로 정하는 바에 따라 안전성 검사를 실시하여 그 안전성 검사의 결과보고서를 국회 소관 상임위원회에 제출하여야 한다. 이 경우 안전성 검사에는 외부 전문가를 참여시켜야 한다.

⑥ 위해성 경찰장비의 종류 및 그 사용기준, 안전교육·안전검사의 기준 등은 대통령령으로 정한다.

[전문개정 2014. 5. 20.]

1. 경찰장비의 의의

경찰장비란 경찰관이 직무를 수행하기 위하여 사용할 수 있는 물건을 말한다. 무기, 경찰장구, 최루제와 그 발사장치, 살수차, 감식기구, 해안 감시기구, 통신기기, 차량·선박·항공기 등 경찰이 직무를 수행할 때 필요한 장치와 기구를 말한다(법 제10조 제 2 항).

경찰장비의 사용은 경찰상 즉시강제의 성질을 갖는다. 한편 경찰장비를 사용할 때 반드시 미리 '경고'를 하여야 한다는 의미에서 이를 행정상 즉시강제로 보지 않고 직접강제라고 보는 견해도 있다(김유환). 그러나 경고는 사실행위이고 행정행위가 아니다(홍정선).

경찰관은 직무수행 중 경찰장비를 사용할 수 있다. 다만 사람의 생명이나 신체에 위해를 끼칠 수 있는 경찰장비(=위해성 경찰장비)를 사용할 때에는 필요한 안전교육과 안전검사를 받은 후 사용하여야 한다(법 제10조 제 1 항).

경찰의 개인장비는 크게 장구류와 무기류로 분류된다. ① 호신용 경봉·테이저건 등 저항하는 상대를 제압하는 장비를 장구로 분류하고, ② 권총·기관총 등 살상까지 가능한 장비는 무기로 분류한다.

경찰이 가장 흔히 사용하는 장구는 호신용 경봉(삼단봉)과 경찰봉이다. 경찰봉(52㎝)보다 가볍고 휴대하기 편한 호신용 경봉(전장 65㎝, 축소장 21㎝)을 선호한다. 경찰이 용의자를 체포할 때 가장 많이 쓰는 장구는 전자충격기로 이른바 테이저건(Taser Gun)이다. 테이저건은 유효사거리 4~5m로 5만 볼트 전류가 흐르는 전선이 달린 전기침 두 개가 발사된다. 이 침에 맞으면 중추신경계가 일시적으로 마비돼 상대를 5초간 무력화시킬 수 있다. 경찰이 사용하는 대표적인 무기는 38구경리볼버권총과 K3기관총이다. K3기관총은 대간첩작전이나 전시 등 특수한 상황에서 사용되는 공용화기이다.

2. 경찰장비의 사용요건

경찰장비를 임의로 개조하거나 임의의 장비를 부착하여 통상의 용법과 달리 사용함으로써 타인의 생명·신체에 위해를 주어서는 안 된다(법 제10조 제 3 항).

3. 위해성 경찰장비의 사용요건 및 통제

(1) 위해성 경찰장비의 의의

위해성 경찰장비란 사람의 생명이나 신체에 위해를 끼칠 수 있는 경찰장비를 말한다(법 제10조 제 1 항 단서). 여기서 위해란 생명·신체에 대한 침해를 말한다.

(2) 위해성 경찰장비의 종류

「경찰관 직무집행법」 제10조 제 6 항의 위임에 따라 제정된 법규명령인 「위해성 경찰장비의 사용기준 등에 관한 규정」(대통령령)은 인명 또는 신체에 위해를 가할 수 있는 경찰장비의 종류로, 경찰장구(수갑·포승〈捕繩〉·호송용포승·경찰봉·호신용경봉·전자충격기·방패 및 전자방패), 무기(권총·소총·기관총〈기관단총을 포함한다. 이하 같다〉·산탄총·유탄발사기·박격포·3인치포·함포·크레모아·수류탄·폭약류 및 도검), 분사기·최루탄

등(근접분사기·가스분사기·가스발사총〈고무탄 발사겸용을 포함한다. 이하 같다〉 및 최루탄〈그 발사장치를 포함한다. 이하 같다〉), 기타장비(가스차·살수차·특수진압차·물포·석궁·다목적발사기 및 도주차량차단장비) 등을 들고 있다(규정 제 2 조).

[판례] 집회나 시위 해산을 위한 **살수차 사용**은 집회의 자유 및 신체의 자유에 대한 중대한 제한을 초래하므로 살수차 사용요건이나 기준은 법률에 근거를 두어야 하고, 살수차와 같은 위해성 경찰장비는 본래의 사용방법에 따라 지정된 용도로 사용되어야 하며 다른 용도나 방법으로 사용하기 위해서는 반드시 법령에 근거가 있어야 한다. **혼합살수방법은 법령에 열거되지 않은 새로운 위해성 경찰장비에 해당하고 이 사건 지침은 혼합살수의 근거 규정을 둘 수 있도록 위임하고 있는 법령이 없으므로, 이 사건 지침은 법률유보원칙에 위배**되고 **이 사건 지침만을 근거로 한 이 사건 혼합살수행위 역시 법률유보원칙에 위배된다**(헌재 2018. 5. 31, 2015헌마476).

(3) 위해성 경찰장비의 사용요건과 한계

위해성 경찰장비는 필요한 최소한도에서 사용하여야 한다(법 제10조 제 4 항).

[판례] **구 「경찰관 직무집행법」 제10조 제 3 항에서 말하는 경찰장비**는 '인명 또는 신체에 위해를 가할 수 있는 경찰장비(이하 '위해성 경찰장비'라 한다)'를 뜻한다(위 규정 제 2 조 참조). **위해성 경찰장비는** 그 사용의 위험성과 기본권 보호 필요성에 비추어 볼 때 **본래의 사용방법에 따라 지정된 용도로 사용되어야 하며** 다른 용도나 방법으로 사용하기 위해서는 반드시 법령에 근거가 있어야 한다. 불법적인 농성을 진압하는 방법 및 그 과정에서 **어떤 경찰장비를 사용할 것인지는** 구체적 상황과 예측되는 피해 발생의 구체적 위험성의 내용 등에 비추어 경찰관이 재량의 범위 내에서 정할 수 있다. 그러나 그 직무수행 중 **특정한 경찰장비를 필요한 최소한의 범위를 넘어 관계 법령에서 정한 통상의 용법과 달리 사용함으로써 타인의 생명·신체에 위해를 가하였다면,** 불법적인 농성의 진압을 위하여 그러한 방법으로라도 해당 경찰장비를 사용할 필요가 있고 그로 인하여 발생할 우려가 있는 타인의 생명·신체에 대한 위해의 정도가 통상적으로 예견되는 범위 내에 있다는 등의 **특별한 사정이 없는 한 그 직무수행은 위법하다**고 보아야 한다(대판 2022. 11. 30, 2016다26662, 26679, 26686).
[해설] 경찰이 점거파업을 진압하기 위하여 헬기에서 공장 옥상으로부터 30~100m 고도로 제자리 비행을 하여 조합원들을 헬기 하강풍에 노출되게 하는 방법으로 헬기를 사용하여 불법적인 농성을 진압하는 것은 경찰장비를 위법하게 사용함으로써 적법한 직무수행의 범위를 벗어났다고 볼 여지가 있다고 한 사례.

(4) 위해성 경찰장비의 안전성에 대한 국회의 통제

경찰청장은 위해성 경찰장비를 새로 도입하려는 경우에는 대통령령으로 정하는 바에 따라 안전성 검사를 실시하여 그 안전성 검사의 결과보고서를 국회 소관 상임위원회에 제출하여야 한다. 이 경우 안전성 검사에는 외부 전문가를 참여시켜야 한다(법 제10조 제 5 항).

Ⅶ. 경찰장구의 사용

경찰관 직무집행법

제10조의2(경찰장구의 사용) ① 경찰관은 다음 각 호의 직무를 수행하기 위하여 필요하다고 인정되는 상당한 이유가 있을 때에는 그 사태를 합리적으로 판단하여 필요한 한도에서 경찰장구를 사용할 수 있다.

1. 현행범이나 사형·무기 또는 장기 3년 이상의 징역이나 금고에 해당하는 죄를 범한 범인의 체포 또는 도주 방지
2. 자신이나 다른 사람의 생명·신체의 방어 및 보호
3. 공무집행에 대한 항거(抗拒) 제지

② 제 1 항에서 "경찰장구"란 경찰관이 휴대하여 범인 검거와 범죄 진압 등의 직무수행에 사용하는 수갑, 포승(捕繩), 경찰봉, 방패 등을 말한다.

[전문개정 2014. 5. 20.]

1. 경찰장구의 의의

경찰장구란 경찰관이 휴대하여 범인검거와 범죄진압 등 직무수행에 사용하는 수갑·포승·경찰봉·방패 등을 말한다(법 제10조의2 제 2 항). 경찰장구의 사용은 경찰상 즉시강제의 성질을 갖는다.

경찰장구의 종류로는 수갑·포승·호송용포승·경찰봉·호신용경봉·전자충격기·방패 및 전자방패 등이 있다.

2. 사용요건 및 한계

「경찰관 직무집행법」은 장구의 사용은 사람의 신체나 재산에 손상을 줄 수 있으므로 사태를 합리적으로 판단하여 필요한 한도 내에서 사용하도록 규정하고 있다.

「경찰관 직무집행법」은 장구사용의 요건으로 ① 현행범인인 경우, ② 사형·무기 또는 장기 3년 이상의 징역이나 금고에 해당하는 죄를 범한 범인의 체포·도주의 방지를 위한 경우, ③ 자신이나 다른 사람의 생명·신체의 방어 및 방호를 위한 경우, ④ 공무집행에 대한 항거의 제지를 위한 경우 등을 들고 있다. 그리고

⑤ 상당한 이유가 있어야 한다. 즉 장구를 사용하지 않고는 다른 수단이 없는 경우에 한한다(법 제10조의2 제1항).

[판례] **무죄추정을 받는 피의자라 하더라도** 그에게 구속의 사유가 있어 구속영장이 발부, 집행된 이상 **신체의 자유가 제한되는 것은 당연한 것**이고, 특히 수사기관에서 구속된 피의자의 도주, 항거 등을 억제하는 데 필요하다고 인정할 **상당한 이유가 있는 경우에는 필요한 한도 내에서 포승이나 수갑을 사용할 수 있는 것**이며, 이러한 조치가 무죄추정의 원칙에 위배되는 것이라고 할 수는 없다(대판 1996. 5. 14, 96도561).

이와 관련하여 일본 판례는 시위대와 200미터 거리를 두고 평온하게 대치하고 있는 상황에서 몇몇 시위자를 잡아 경찰봉으로 폭행을 가한 경우에 대해 직접성을 부인한 예가 있다(東京高裁判決 昭和 30. 10. 21). 또한 우리나라의 하급심 판례 중에는 파출소에서 수갑을 꽉 채워 손목신경이 손상됐다며 국가를 상대로 낸 손해배상청구소송에서 원고 일부승소판결을 내린 사례가 있다.

[판례] **수갑은 사람의 생명, 신체에 위해를 가할 우려가 있는 경찰장구**로 손목에 꽉 채워 손을 움직일 수 없을 정도로 조이지 않도록 해야 하는 등 안전수칙을 지켜야 한다… 원고의 상해는 파출소 경찰관들이 원고의 행동을 제지하는 데 주안을 둔 나머지 **안전수칙을 제대로 이행하지 않아 발생했기에 국가는 손해배상책임이 있다**(서울지법 남부지원 민사5단독 2003년 7월 23일 판결: 2001년 10월 술집에서 소란을 피운 혐의로 파출소에 연행된 김모씨는 파출소에서도 소란을 피운다는 이유로 양손을 뒤로 한 채 수갑에 채워졌다가 손목신경을 다쳐 전치 4개월의 상해를 입자, 국가를 상대로 3천만원의 손해배상청구소송을 냈다).

Ⅷ. 분사기 또는 최루탄의 사용

경찰관 직무집행법

제10조의3(분사기 등의 사용) 경찰관은 다음 각 호의 직무를 수행하기 위하여 부득이한 경우에는 현장책임자가 판단하여 필요한 최소한의 범위에서 분사기(「총포·도검·화약류 등의 안전관리에 관한 법률」에 따른 분사기를 말하며, 그에 사용하는 최루 등의 작용제를 포함한다. 이하 같다) 또는 최루탄을 사용할 수 있다. <개정 2015. 1. 6.>

1. 범인의 체포 또는 범인의 도주 방지
2. 불법집회·시위로 인한 자신이나 다른 사람의 생명·신체와 재산 및 공공시설 안전에 대한 현저한 위해의 발생 억제

[전문개정 2014. 5. 20.][시행일 : 2016. 1. 7.]

1. 의 의

「경찰관 직무집행법」 제10조의3은 "경찰관은 다음 각 호(1. 범인의 체포 또는 범인의 도주 방지, 2. 불법집회·시위로 인한 자신이나 다른 사람의 생명·신체와 재산 및 공공시설 안전에 대한 현저한 위해의 발생 억제)의 직무를 수행하기 위하여 부득이한 경우에는 현장책임자가 판단하여 필요한 최소한의 범위에서 분사기(「총포·도검·화약류 등의 안전관리에 관한 법률」에 따른 분사기를 말하며, 그에 사용하는 최루 등의 작용제를 포함한다. 이하 같다) 또는 최루탄을 사용할 수 있다고 규정하고 있다. 분사기 등의 사용은 경찰상 즉시강제의 성질을 갖는다.

분사기란 「총포·도검·화약류 등의 안전관리에 관한 법률」에 따른 분사기와 최루 등의 작용제를 말한다. 즉 **분사기**란 사람의 활동을 일시적으로 곤란하게 하는 최루(催淚) 또는 질식 등을 유발하는 작용제를 분사할 수 있는 기기로서 대통령령으로 정하는 것을 말한다(법 제 2 조 제 4 항). 법 제 2 조 제 4 항에 따른 분사기는 사람의 활동을 일시적으로 곤란하게 하는 최루 또는 질식등의 작용제를 내장된 압축가스의 힘으로 분사하는 기기로서 다음 각호(1. 총포형 분사기, 2. 막대형 분사기, 3. 만년필형 분사기, 4. 그 밖에 휴대형 분사기)에 해당하는 것으로 한다. 다만, 살균·살충용 및 산업용 분사기를 제외한다(영 제 6 조의2).

경찰관은 범인의 체포 또는 도주방지, 타인 또는 경찰관의 생명·신체에 대한 방호, 공무집행에 대한 항거의 억제를 위하여 필요한 때에는 최소한의 범위 안에서 가스발사총을 사용할 수 있다. 이 경우 경찰관은 1미터 이내의 거리에서 상대방의 얼굴을 향하여 이를 발사하여서는 아니 된다(동 규정 제12조 제 1 항).

[판례] **경찰관이 범인 검거를 위하여 가스총을 사용할 때의 주의의무:** 경찰관은 범인의 체포 또는 도주의 방지, 타인 또는 경찰관의 생명·신체에 대한 방호, 공무집행에 대한 항거의 억제를 위하여 필요한 때에는 최소한의 범위 안에서 가스총을 사용할 수 있으나, **가스총은 통상의 용법대로 사용하는 경우 사람의 생명 또는 신체에 위해를 가할 수 있는 이른바 위해성 장비**로서 그 탄환은 고무마개로 막혀 있어 사람에게 근접하여 발사하는 경우에는 **고무마개가 가스와 함께 발사되어 인체에 위해를 가할 가능성이 있으므로,** 이를 사용하는 경찰관으로서는 인체에 대한 위해를 방지하기 위하여 상대방과 근접한 거리에서 상대방의 얼굴을 향하여 이를 발사하지 않는 등 **가스총 사용시 요구되는 최소한의 안전수칙을 준수함으로써 장비 사용으로 인한 사고발생을 미리 막아야 할 주의의무가 있다**(대판 2003. 3. 14, 2002다57218).

최루탄은 최루가스를 발생시켜 신체·정신적 기능의 장해를 주는 화학탄의 일종이다. 최루탄을 본래의 기능이 아닌 인명살상이나 위해의 수단으로 사용할 경우에는 무기사용에 해당하는 것으로 보아야 한다.

미국에서는 **후추가루 분사기**(pepper spray)를 일부 경찰서에서 사용하고 있다. **후추가루 분사기**는 후추가루를 범인의 안면에 발사하여 범인이 눈을 뜨지 못하고 재채기를 하게 하여 상대방을 제압하는 장비이다.

2. 분사기 및 최루탄사용의 요건

「경찰관 직무집행법」은 분사기 및 최루탄 사용의 요건으로 ① 범인의 체포와 도주의 방지 또는 불법집회와 시위로 인한 중대한 위해발생의 억제를 위한 것일 것, ② 자기 또는 생명·신체와 재산 및 공공시설안전에 대한 중대한 위해발생의 억제를 위한 것일 것, ③ 필요한 최소한의 범위에서 사용할 것(비례의 원칙) 등을 들고 있다.

3. 한 계

경찰관은 범인의 체포, 도주의 방지 또는 불법집회·시위로 인하여 자기 또는 타인의 생명·신체와 재산 및 공공시설안전에 대한 현저한 위해발생을 억제하기 위하여 부득이한 경우에 필요한 최소한의 범위 안에서 사용하여야 한다.

경찰관은 최루탄발사기로 최루탄을 발사하는 경우 30도 이상의 발사각을 유지하여야 하고, 가스차·살수차 또는 특수진압차의 최루탄발사대로 최루탄을 발사하는 경우에는 15도 이상의 발사각을 유지하여야 한다(동 규정 제12조 제 2 항).

[판례] 국가 소속 전투경찰들이 시위진압을 함에 있어서 합리적이고 상당하다고 인정되는 정도로 가능한 한 최루탄의 사용을 억제하고 또한 최대한 안전하고 평화로운 방법으로 시위진압을 하여 그 시위진압과정에서 타인의 생명과 신체에 위해를 가하는 사태가 발생하지 아니하도록 하여야 하는데도, 이를 게을리한 채 **합리적이고 상당하다고 인정되는 정도를 넘어 지나치게 과도한 방법으로 시위진압을 한 잘못으로 시위 참가자로 하여금 사망에 이르게 하였다는 이유로 국가의 손해배상책임을 인정**하되, 피해자의 시위에 참가하여 사망에 이르기까지의 행위를 참작하여 30% 과실상계를 한 원심판결은 타당하다"고 한 사례(대판 1995. 11. 10, 95다23897).

Ⅸ. 무기의 사용[2016 경감승진 사례〈경찰관 실탄발사 흉부 관통 사건〉]

경찰관 직무집행법

제10조의4(무기의 사용) ① 경찰관은 범인의 체포, 범인의 도주 방지, 자신이나 다른 사람의 생명·신체의 방어 및 보호, 공무집행에 대한 항거의 제지를 위하여 필요하다고 인정되는 상당한 이유가 있을 때에는 그 사태를 합리적으로 판단하여 필요한 한도에서 무기를 사용할 수 있다. 다만, 다음 각 호의 어느 하나에 해당할 때를 제외하고는 사람에게 위해를 끼쳐서는 아니 된다.

1. 형법에 규정된 정당방위와 긴급피난에 해당할 때
2. 다음 각 목의 어느 하나에 해당하는 때에 그 행위를 방지하거나 그 행위자를 체포하기 위하여 무기를 사용하지 아니하고는 다른 수단이 없다고 인정되는 상당한 이유가 있을 때
   가. 사형·무기 또는 장기 3년 이상의 징역이나 금고에 해당하는 죄를 범하거나 범하였다고 의심할 만한 충분한 이유가 있는 사람이 경찰관의 직무집행에 항거하거나 도주하려고 할 때
   나. 체포·구속영장과 압수·수색영장을 집행하는 과정에서 경찰관의 직무집행에 항거하거나 도주하려고 할 때
   다. 제 3 자가 가목 또는 나목에 해당하는 사람을 도주시키려고 경찰관에게 항거할 때
   라. 범인이나 소요를 일으킨 사람이 무기·흉기 등 위험한 물건을 지니고 경찰관으로부터 3회 이상 물건을 버리라는 명령이나 항복하라는 명령을 받고도 따르지 아니하면서 계속 항거할 때
3. 대간첩 작전 수행 과정에서 무장간첩이 항복하라는 경찰관의 명령을 받고도 따르지 아니할 때

② 제 1 항에서 "무기"란 사람의 생명이나 신체에 위해를 끼칠 수 있도록 제작된 권총·소총·도검 등을 말한다.

③ 대간첩·대테러 작전 등 국가안전에 관련되는 작전을 수행할 때에는 개인화기(個人火器) 외에 공용화기(共用火器)를 사용할 수 있다.

[전문개정 2014. 5. 20.]

1. 무기의 개념

무기사용의 법적 근거는 경찰공무원법 제20조 제 2 항의 '무기휴대', 「경찰관

직무집행법」 제10조의4의 '무기사용', 경찰장비관리규칙 제123조의 '무기·탄약 취급상의 안전관리에 관한 규정'을 들 수 있다.

무기는 사람을 살상하는 성능을 가진 기구 일반을 총칭하는 것으로 볼 수 있다. 무기를 성질상의 무기와 용법상의 무기로 분류하는 견해도 있다. 성질상의 무기란 사람을 살상하는 용도에 사용할 목적으로 제작된 기구를 말하고, 용법상의 무기란 제작목적은 살상목적이 아니나 그 용법에 따라 사람의 살상에 이용할 수 있는 기구를 말한다. 무기라 함은 사람의 생명이나 신체에 위해를 끼칠 수 있도록 제작된 권총·소총·도검 등을 말한다(법 제10조의4 제 2 항).

2. 무기사용의 법적 성질

무기사용은 경찰상 즉시강제의 성질을 갖는다. 무기의 사용을 예외적인 경우를 제외하고는 경찰하명에 따른 의무부과를 전제로 하여 그 불이행이 있는 경우에 비로소 행사되는 직접강제의 성질을 갖는다고 보는 견해(정하중)와 무기를 사용할 때 반드시 미리 '경고'를 하여야 한다는 의미에서 이를 행정상 즉시강제로 보지 않고 직접강제라고 보는 견해도 있다(김유환).

「경찰관 직무집행법」 제10조의4에서 규정하는 무기의 사용은 행정상 즉시강제의 특별한 형식 및 궁극적 수단이라고 볼 수 있다. 무엇이 무기인가의 여부는 살상력 정도에 의해 결정된다고 보아야 한다.

3. 무기사용의 요건

경찰관은 범인의 체포, 범인의 도주 방지, 자신이나 다른 사람의 생명·신체의 방어 및 보호, 공무집행에 대한 항거의 제지를 위하여 필요하다고 인정되는 상당한 이유가 있을 때에는 그 사태를 합리적으로 판단하여 필요한 한도에서 무기를 사용할 수 있다(법 제10조의4 제 1 항).

(1) 무기의 사용사유

「경찰관 직무집행법」은 위해를 수반하지 않는 무기를 사용할 수 있는 경우를 '범인의 체포, 범인의 도주 방지, 자신이나 다른 사람의 생명·신체의 방어 및 보호, 공무집행에 대한 항거의 제지를 위하여 필요하다고 인정되는 상당한 이유가 있는 경우'(법 제10조의4 제 1 항 본문)에 한정하고 있다.

1) 범인의 체포·도주의 방지를 위해 필요한 경우

범인이란 피의자와 피고인 및 유죄판결이 확정된 자로서 체포·구속 및 수감의 대상이 되는 자를 말한다. **체포**란 본인의 의사에 관계없이 강제적으로 그 신병(身柄: 보호나 구금의 대상이 되는 본인의 몸)을 구속하는 것을 말하며 **도주**란 경찰관에 의해 신체의 자유가 구속된 자 또는 구속되려고 하는 자가 경찰관의 직무상 실력에 의한 지배로부터 이탈하거나 이탈하려고 하는 것을 말한다. 그리고 **도주의 방지**란 범인이 신체의 구속으로부터 이탈하려고 하는 것을 방지하는 것을 말한다.

범인의 체포, 도주의 방지 등만을 위하여 무기사용이 정당화되므로 물증의 확보나 증인의 출석을 수단으로 하는 무기사용은 인정되지 않는다.

2) 자기 또는 타인의 생명·신체에 대한 방호를 위해 필요한 경우

자기 또는 타인의 생명·신체에 대한 방호란 사람에게 위해를 수반하지 않는 무기사용인 만큼 **위험의 상황은 조성되었지만 직접적·현실적으로 생명·신체에의 침해가 가해지지 않은 경우**를 말한다고 보아야 한다. 현실적으로 생명·신체에의 침해가 가해지는 경우에는 사람에게 위해를 가할 수 있는 무기사용이 허용될 것이다.

3) 공무집행에 대한 항거의 제지를 위하여 필요한 경우

공무집행이란 법령에 따라 공무(국가 또는 지방자치단체의 사무)에 종사하는 공무원의 적법한 직무집행을 말한다. 형법상 공무집행방해죄(제136조)에서의 직무와 동일하게 파악할 수 있다. 다만, 여기에서의 **직무**는 일반적인 공무 중 실력행사가 인정되고 강제적인 모습으로 행해지는 것에 한한다고 볼 것이다.

항거란 적법한 공무집행을 적극적 또는 소극적으로 방해하거나 거부 또는 저항하여 그 집행목적을 달성하는 것을 불가능 또는 곤란하게 만드는 것을 말한다. 다만, 소극적인 항거의 경우에는 무기사용이 일반적으로는 허용되지 않겠지만 그 소극적 항거를 배제하지 아니하고는 다른 중요한 법익이 심히 침해될 경우에는 무기사용이 허용된다고 할 것이다. 그리고 **제지**란 적극적 또는 소극적으로 항거하는 행위를 경찰관이 무기를 사용하여 억제하거나 배제·해산·이동시킴으로써 이를 제압하는 것을 말한다.

법률이 규정하는 '공무집행에 대한 항거의 제지를 위해'라는 요건은 거의 모든 경우에 무기의 사용을 허용하는 것이고 무기사용의 요건을 한정한 것으로는 볼 수 없지 않다는 견해도 있다.

(2) 필요하다고 인정되는 상당한 이유가 있을 때

무기의 사용은 그 목적달성을 위한 상당한 필요성이 있어야 한다. 필요성이

충분한가에 대한 판단은 사회통념에 비추어 객관적으로 판단하여야 한다.

> [판례] **경찰관의 무기사용요건 충족 여부의 판단기준:** ① 경찰관은 범인의 체포, 도주의 방지, 자기 또는 타인의 생명·신체에 대한 방호, 공무집행에 대한 항거의 억제를 위하여 무기를 사용할 수 있으나, 이 경우에도 무기는 목적 달성에 필요하다고 인정되는 상당한 이유가 있을 때 그 사태를 합리적으로 판단하여 인정되는 한도 내에서 사용하여야 하는 바(구 경찰관직무집행법〈1999. 5. 24. 법률 제5988호로 개정되기 전의 것〉), **경찰관의 무기사용이 이러한 요건을 충족하는지 여부는 범죄의 종류, 죄질, 피해법익의 경중, 위해의 급박성, 저항의 강약, 범인과 경찰관의 수, 무기의 종류, 무기사용의 태양, 주변의 상황 등을 고려하여 사회통념상 상당하다고 평가되는지 여부에 따라 판단**하여야 하고, 특히 사람에게 위해를 가할 위험성이 큰 권총의 사용에 있어서는 그 요건을 더욱 엄격히 판단하여야 한다. ② 50CC 소형 오토바이 1대를 절취하여 운전중인 15~16세의 절도혐의자 3인이 경찰관의 검문에 불응하며 도주하자, 경찰관이 체포 목적으로 오토바이의 바퀴를 조준하여 실탄을 발사하였으나 오토바이에 타고 있던 1인이 총상을 입게 된 경우, 제반 사정에 비추어 경찰관의 총기사용이 사회통념상 허용범위를 벗어나 위법하다(대판 2004. 5. 13, 2003다57956).

「경찰관 직무집행법」은 '상당한 필요성'과 '합리성'을 판단기준으로 제시하고 있다(법 제10조의4 제 1 항 본문).

(3) 위해의 수반이 허용되는 무기의 사용요건

「경찰관 직무집행법」은 위해의 수반이 허용되는 무기의 사용의 경우로 ① 정당방위, ② 긴급피난, ③ 중범인의 체포와 이를 위한 경찰관의 직무집행에 항거할 때, ④ 영장을 집행하는 경우, ⑤ 위험한 물건을 소지한 범인인 경우, ⑥ 대간첩 작전을 수행하는 경우, ⑦ 무기를 사용하지 아니하고는 다른 수단이 없는 경우(③④⑤만 해당) 등을 들고 있다(제10조의4 제 1 항 단서). **정당방위**(正當防衛)란 자기 또는 타인의 법익에 대한 현재의 부당한 침해를 방위하기 위한 상당한 이유 있는 행위를 말한다. 정당방위의 근거는 "법은 불법에 길을 비켜줄 필요가 없다"는 것이다. **긴급피난**(緊急避難)이란 자기 또는 타인의 법익에 대한 현재의 위난을 피하기 위한 상당한 이유 있는 행위를 말한다. 「경찰관 직무집행법」은 정당방위와 긴급피난, 대간첩작전의 경우에 대해서는 무기사용의 보충성원칙을 인정하지 않는다.

일본의 통설은 '위해를 끼치는 무기의 사용'에서 말하는 "위해"란 생명·신체에 대한 침해를 말하고 살해를 포함하다고 해석하고 있다.

1) 정당방위

무기의 사용이 형법 제21조 제 1 항의 정당방위에 해당될 때는 위해를 수반하는 무기사용이 허용된다(「경찰관 직무집행법」 제10조의4 제 1 항 제 1 호). 다만, 경찰관직무집행법상의 무기사용의 정당화사유인 정당방위의 대상으로서 국가적 법익이나 사회적 법익의 침해상황은 포함되지 않는다고 보는 견해도 있으나, 상당성의 요건을 엄격히 하는 조건에서 긍정할 필요가 있다. **판례**는 정당방위에 있어서는 반드시 방위행위에 보충성의 원칙은 적용되지 않으나, 방위에 필요한 한도 내의 행위로서 사회윤리에 위배되지 않는 상당성 있는 행위임을 요한다고 판시하고 있다(대판 1991. 9. 10, 91다19913). **보충성원칙**은 다른 방법이 있을 때는 다른 방법으로 하고, 그 방법 이외에 다른 방법이 없다면 그 방법으로 하라는 것을 말한다. 정당방위는 正 對 正의 관계이므로 보충성원칙이 적용되지 않는다.

[판례] 대법원은 "타인의 집 대문 앞에 은신하고 있다가 **경찰관의 명령에 따라 순순히 손을 들고 나오면서 그대로 도주하는 범인을 경찰관이 뒤따라 추격하면서 등부위에 권총을 발사하여 사망케 한 경우**, 위와 같은 총기사용은 현재의 부당한 침해를 방지하거나 현재의 위난을 피하기 위한 상당성 있는 행위라고 볼 수 없는 것으로서 범인의 체포를 위하여 **필요한 한도를 넘어 무기를 사용한 것**"이라고 하여 국가의 손해배상책임을 인정하였다(대판 1991. 5. 28, 91다10084).

2) 긴급피난

무기의 사용이 형법 제22조 제 1 항의 긴급피난에 해당될 때에는 위해를 수반하는 무기사용이 허용된다. 긴급피난은 정당방위와는 달리 위법하거나 부당한 위난에 한정되는 것은 아니다(법 제10조의4 제 1 항 제 1 호).

3) 중범인의 체포와 이를 위한 경찰관의 직무집행에 항거할 때

위해수반의 무기사용은 사형·무기 또는 장기 3년 이상의 징역이나 금고에 해당하는 죄를 범하거나 범하였다고 의심할 만한 충분한 이유가 있는 사람이 경찰관의 직무집행에 항거하거나 도주하려고 할 때 또는 제 3 자가 그 사람을 도주시키려고 경찰관에게 항거하여 이를 방지 또는 체포하기 위하여 **무기를 사용하지 아니하고는 다른 수단이 없다고 인정되는 상당한 이유가 있을 때**에는 무기사용이 가능하다(법 제10조의4 제 1 항 제 1 호 가목·다목).

4) 영장집행

체포·구속영장과 압수·수색영장을 집행하는 과정에서 경찰관의 직무집행에 항거하거나 도주하려고 할 때 또는 제 3 자가 그 사람을 도주시키려고 경찰관에게 항거하여 이를 방지 또는 체포하기 위하여 **무기를 사용하지 아니하고는 다른 수단이**

없다고 인정되는 상당한 이유가 있을 때에는 무기사용이 가능하다(법 제10조의4 제 1 항 제 2 호 나목·다목). 다만, 이 경우에도 명문화되어 있는 필요성과 보충성은 물론이고 균형성도 요구된다.

5) 위험한 물건을 소지한 범인인 경우

범인이나 소요를 일으킨 사람이 무기·흉기 등 위험한 물건을 지니고 경찰관으로부터 3회 이상 물건을 버리라는 명령이나 항복하라는 명령을 받고도 따르지 아니하면서 계속 항거하여 이를 방지 또는 체포하기 위하여 무기를 사용하지 아니하고는 다른 수단이 없다고 인정되는 상당한 이유가 있을 때에는 무기사용이 가능하다(법 제10조의4 제 1 항 제 2 호 라목).

6) 대간첩작전을 수행하는 경우

대간첩 작전 수행 과정에서 무장간첩이 항복하라는 경찰관의 명령을 받고도 따르지 아니할 때에 무기사용이 가능하다(법 제10조의4 제 1 항 제 3 호). 투항명령이 있기 전이라도 무장간첩이 타인의 신체나 공공질서에 위해를 가할 위험성이 명백해진 경우, 도주상태에서 이를 놓칠 경우 다시 체포하기 심히 어려운 경우 등에는 신체위해를 수반한 무기사용이 허용된다. 따라서 비무장간첩이라든가 위해의 위험성이 명백하지 않는 경우에는 다른 수단으로 대처할 필요가 있으나, 법현실에서는 그것을 판단하기가 쉽지 않을 것이다.

[판례] 경찰관으로서 민간인으로부터 간첩출현신고를 받았을 때에는 신고인이 간첩으로 단정하게 된 경위와 무기를 가지고 있는지 여부를 확인하고, 또 출현현장에 근접해서도 그 동태를 세심히 살펴 간첩으로 인정할 만한 상당한 이유가 있더라도 그가 **경찰관 직무집행에 항거하거나 도주하려고 할 때 이를 방지하거나 체포하기 위하여 필요하다고 인정되는 상당한 이유가 있는 경우에 한하여 무기를 사용할 주의의무가 있다**(대판 1974. 2. 12, 73다849).

7) 무기를 사용하지 아니하고는 다른 수단이 없는 경우

무기를 사용하지 아니하고는 다른 수단이 없는 경우란 무기사용의 보충성의 원칙을 명시한 것이다. 「경찰관 직무집행법」은 ① 중범인의 체포와 이를 위한 경찰관의 직무집행에 항거하거나 도주할 때(법 제10조의4 제 1 항 제 2 호 가목), ② 영장을 집행하는 경우(법 제10조의4 제 1 항 제 2 호 나목), ③ 위험한 물건을 소지한 경우(법 제10조의4 제 1 항 제 2 호 다목)에 무기사용의 보충성원칙을 인정하고 있다. 판례는 범인체포를 위하여 필요한 한도를 넘어 무기를 사용한 경우 위법이라고 판단하고 국가의 배상책임을 인정하고 있다(대판 1991. 5. 28, 91다10084).

4. 치명적 사격(사살)의 허용성

「경찰관 직무집행법」의 경우에 치명적 사격의 허용성에 대하여는 명문의 규정이 없고 명문의 허용 또는 금지에 관해서도 규정되어 있지 않다. 그러나 무기사용의 목적은 범인 등의 살해가 아니라 위험방지에 있고, 치명적 사격은 생명·신체의 중대한 침해이므로 법률유보의 원칙에 따라 입법자는 그 허용성에 관하여 명확한 규정을 할 필요가 있다.

치명적 사격(사살)은 인질을 구출하는 경우와 같이 그것이 현재의 생명의 위험 또는 신체에 대한 중대한 침해의 방지를 위한 유일한 수단인 경우에만 허용된다고 해야 할 것이다.

5. 특수무기, 폭발물의 사용

「경찰관 직무집행법」은 “대간첩·대테러작전 등 국가안전에 관련되는 작전을 수행할 때에는 개인화기 외에 공용화기를 사용할 수 있다”고 규정하고 있다(제10조의4 제 3 항). **공용화기**란 기관총 등을 말한다.

6. 무기사용의 한계

판례상 무기사용과 관련한 경찰관 물리력 행사의 한계는 다음과 같다.

[판례 1] 경찰관직무집행법 제11조(현행 제10조의4)의 규정에 비추어 보면 경찰관은 범인의 체포, 도주의 방지, 자기 또는 타인의 생명·신체에 대한 방호, 공무집행에 대한 항거의 억제를 위하여 상당한 이유가 있을 때에는 필요한 한도 내에서 무기를 사용할 수 있으나, 형법이 정하는 정당방위와 긴급피난에 해당할 때 또는 체포, 도주의 방지나 항거의 억제를 위하여 다른 수단이 없다고 인정되는 상당한 이유가 있는 때에 한하여 필요한 한도 내에서만 무기를 사용하여 사람에게 위해를 가할 수 있음이 명백하다(대판 1999. 6. 22, 98다61470). [해설] 대법원은 **신호위반단속을 피해 도주**하던 피해자가 차량을 버리고 도주하자 추적하던 경찰관이 계속 추적이 어려워져 2회 공포탄 사격 후, 경고 뒤에 정지를 명하였으나, 계속 도주하자 하반신을 향해 1회 권총사격하여 저혈량성 쇼크 등으로 사망한 사례에서 **피해자가 도주중인 상태로 정당방위 또는 긴급피난에 해당할 여지가 없고**, 장비휴대 등으로 계속 추적이 어려워 거리가 멀어지더라도 장비를 놓아둔 후 추적하거나, 추가적인 공포탄 사격 등 다른 방법이 없다고 보기 어려워, **경찰관직무집행법상 총기사용한계를 일탈, 국가배상책임을 긍정한 사례.**

[판례 2] 대법원은 **차량절도범을 검거중 흉기를 들고 항거, 도주**하는 피해자에 대하여 추적중인 경찰관이 흉기 투기 및 정지를 명하였으나 이를 무시, 계속 도주하는 가운데, **흉기의 위협에 다급함을 느낀 경찰관이 조작실수로 공포탄이 아닌 실탄을 장전, 도주중인 피해자에게 사격하여 사망한 사례**에서, **‘사회통념’의 기준하에 총기사용의 허용범위를 벗어난 위법행위**라

판단한 바 있다(대판 1999. 3. 23, 98다63445).

[판례 3] 경찰관은 범인의 체포, 도주의 방지, 자기 또는 타인의 생명·신체에 대한 방호, 공무집행에 대한 항거의 억제를 위하여 무기를 사용할 수 있으나, 이 경우에도 무기는 목적 달성에 필요하다고 인정되는 상당한 이유가 있을 때 그 사태를 합리적으로 판단하여 필요한 한도 내에서 사용하여야 하는바(경찰관직무집행법 제10조의4), **경찰관의 무기사용이 이러한 요건을 충족하는지 여부는 범죄의 종류, 죄질, 피해법익의 경중, 위해의 급박성, 저항의 강약, 범인과 경찰관의 수, 무기의 종류, 무기사용의 태양, 주변의 상황 등을 고려하여 사회통념상 상당하다고 평가되는지 여부에 따라 판단**하여야 하고, 특히 사람에게 위해를 가할 위험성이 큰 권총의 사용에 있어서는 그 요건을 더욱 엄격하게 판단하여야 한다(대판 2008. 2. 1, 2006다6713〈손해배상(기)〉).

판례는 「경찰관 직무집행법」상의 무기사용 한계(예 정당행위), 정당방위 및 긴급피난 해당 여부를 기준으로 하되, 정당행위 판단시, 가스총 등 다른 비치명적 경찰장구류 사용을 통한 진압가능성 등을 고려, 무기사용의 필요성에 관한 상당한 이유를 검토하되, 단순히 주력(走力)의 부족 등에 기인한 계속 추격의 불가능성 등은 고려하지 않아 정당행위 요건으로서의 '상당성'을 엄격하게 판단하는 것으로 이해된다.

또한 정당방위 요건 검토에서도 흉기를 사용하면서 도주를 계속하는 경우에도 구체적인 무기사용시 흉기에 의한 저항 여부 및 강도를 고려, '침해의 현재성'을 부정 또는 설령 침해의 현재성이 긍정되고 보충성을 강조하지 않는 정당방위임에도 경한 다른 수단의 선택가능성 등을 고려하여 '상당성'을 부정하는 등, 경찰관의 물리력 행사에 관하여 매우 신중한 태도를 취하고 있다(대판 1994. 11. 8, 94다25896; 대판 1993. 7. 27, 93다9163; 대판 1991. 9. 10, 91다19913; 대판 1991. 5. 28, 91다10084 참조).

그러나 전체적으로 정당행위, 정당방위 또는 긴급피난상의 추상적인 침해의 현재성, 상당성 등에 판단이 집중, 실무 경찰관에게 명확한 물리력 사용의 한계선을 확정해 주지 못하는 것으로 보인다.

X. 경찰착용기록장치의 사용

경찰관 직무집행법

제10조의5(경찰착용기록장치의 사용) ① 경찰관은 다음 각 호의 어느 하나에 해당하는 직무 수행을 위하여 필요한 경우에는 필요한 최소한의 범위에서 경찰착용기록장치를 사용할 수 있다.

1. 경찰관이 「형사소송법」 제200조의2, 제200조의3, 제201조 또는 제212조에 따라 피의자를 체포 또는 구속하는 경우
2. 범죄 수사를 위하여 필요한 경우로서 다음 각 목의 요건을 모두 갖춘 경우
   가. 범행 중이거나 범행 직전 또는 직후일 것
   나. 증거보전의 필요성 및 긴급성이 있을 것
3. 제 5 조 제 1 항에 따른 인공구조물의 파손이나 붕괴 등의 위험한 사태가 발생한 경우
4. 경찰착용기록장치에 기록되는 대상자(이하 이 조에서 "기록대상자"라 한다)로부터 그 기록의 요청 또는 동의를 받은 경우
5. 제 4 조 제 1 항 각 호에 해당하는 것이 명백하고 응급구호가 필요하다고 믿을 만한 상당한 이유가 있는 경우
6. 제 6 조에 따라 사람의 생명·신체에 위해를 끼치거나 재산에 중대한 손해를 끼칠 우려가 있는 범죄행위를 긴급하게 예방 및 제지하는 경우
7. 경찰관이 「해양경비법」 제12조 또는 제13조에 따라 해상검문검색 또는 추적·나포하는 경우
8. 경찰관이 「수상에서의 수색·구조 등에 관한 법률」에 따라 같은 법 제 2 조 제 4 호의 수난구호 업무 시 수색 또는 구조를 하는 경우
9. 그 밖에 제 1 호부터 제 8 호까지에 준하는 경우로서 대통령령으로 정하는 경우

② 이 법에서 "경찰착용기록장치"란 경찰관이 신체에 착용 또는 휴대하여 직무수행 과정을 근거리에서 영상·음성으로 기록할 수 있는 기록장치 또는 그 밖에 이와 유사한 기능을 갖춘 기계장치를 말한다.

[본조신설 2024. 1. 30.]

제10조의6(경찰착용기록장치의 사용 고지 등) ① 경찰관이 경찰착용기록장치를 사용하여 기록하는 경우로서 이동형 영상정보처리기기로 사람 또는 그 사람과 관련된 사물의 영상을 촬영하는 때에는 불빛, 소리, 안내판 등 대통령령으로 정하는 바에 따라 촬영 사실을 표시하고 알려야 한다.

② 제 1 항에도 불구하고 제10조의5 제 1 항 각 호에 따른 경우로서 불가피하게 고지가 곤란한 경우에는 제 3 항에 따라 영상음성기록을 전송·저장하는 때에 그 고지를 못한 사유를 기록하는 것으로 대체할 수 있다.

③ 경찰착용기록장치로 기록을 마친 영상음성기록은 지체 없이 제10조의7에 따른 영상음성기록정보 관리체계를 이용하여 영상음성기록정보 데이터베이스에 전송·저장하도록 하여야 하며, 영상음성기록을 임의로 편집·복사하거나 삭제하여서는 아니 된다.

④ 그 밖에 경찰착용기록장치의 사용기준 및 관리 등에 필요한 사항은 대통령령으로 정한다.

[본조신설 2024. 1. 30.]
제10조의7(영상음성기록정보 관리체계의 구축·운영) 경찰청장 및 해양경찰청장은 경찰착용기록장치로 기록한 영상·음성을 저장하고 데이터베이스로 관리하는 영상음성기록정보 관리체계를 구축·운영하여야 한다.
[본조신설 2024. 1. 30.]

1. 경찰착용기록장치의 개념

"경찰착용기록장치"란 경찰관이 신체에 착용 또는 휴대하여 직무수행 과정을 근거리에서 영상·음성으로 기록할 수 있는 기록장치 또는 그 밖에 이와 유사한 기능을 갖춘 기계장치를 말한다(법 제10조의5 제 2 항).

2. 경찰착용기록장치의 사용요건

경찰관은 다음 각 호(1. 경찰관이 「형사소송법」 제200조의2, 제200조의3, 제201조 또는 제212조에 따라 피의자를 체포 또는 구속하는 경우, 2. 범죄 수사를 위하여 필요한 경우로서 다음 각 목(가. 범행 중이거나 범행 직전 또는 직후일 것, 나. 증거보전의 필요성 및 긴급성이 있을 것)의 요건을 모두 갖춘 경우, 3. 제 5 조 제 1 항에 따른 인공구조물의 파손이나 붕괴 등의 위험한 사태가 발생한 경우, 4. 경찰착용기록장치에 기록되는 대상자(이하 이 조에서 "기록대상자"라 한다)로부터 그 기록의 요청 또는 동의를 받은 경우, 5. 제 4 조 제 1 항 각 호에 해당하는 것이 명백하고 응급구호가 필요하다고 믿을 만한 상당한 이유가 있는 경우, 6. 제 6 조에 따라 사람의 생명·신체에 위해를 끼치거나 재산에 중대한 손해를 끼칠 우려가 있는 범죄행위를 긴급하게 예방 및 제지하는 경우, 7. 경찰관이 「해양경비법」 제12조 또는 제13조에 따라 해상검문검색 또는 추적·나포하는 경우, 8. 경찰관이 「수상에서의 수색·구조 등에 관한 법률」에 따라 같은 법 제 2 조 제 4 호의 수난구호 업무 시 수색 또는 구조를 하는 경우, 9. 그 밖에 제 1 호부터 제 8 호까지에 준하는 경우로서 대통령령으로 정하는 경우)의 어느 하나에 해당하는 직무 수행을 위하여 필요한 경우에는 필요한 최소한의 범위에서 경찰착용기록장치를 사용할 수 있다(법 제10조의5 제 1 항).

3. 경찰착용기록장치의 사용 고지 등

경찰관이 경찰착용기록장치를 사용하여 기록하는 경우로서 이동형 영상정보처리기기로 사람 또는 그 사람과 관련된 사물의 영상을 촬영하는 때에는 불빛, 소리, 안내판 등 대통령령으로 정하는 바에 따라 촬영 사실을 표시하고 알려야 한다(법 제10조의6 제 1 항). 제 1 항에도 불구하고 제10조의5 제 1 항 각 호에 따른 경우로서 불가피하게 고지가 곤란한 경우에는 제 3 항에 따라 영상음성기록을 전송·저장하는 때에 그 고지를 못한 사유를 기록하는 것으로 대체할 수 있다(제 2 항). 경찰착용기록장치로 기록을 마친 영상음성기록은 지체 없이 제10조의7에 따른 영상음성기록정보 관리체계를 이용하여 영상음성기록정보 데이터베이스에 전송·저장하도록 하여야 하며, 영상음성기록을 임의로 편집·복사하거나 삭제하여서는 아니 된다(제 3 항). 그 밖에 경찰착용기록장치의 사용기준 및 관리 등에 필요한 사항은 대통령령으로 정한다(제 4 항).

4. 영상음성기록정보 관리체계의 구축 · 운영

경찰청장 및 해양경찰청장은 경찰착용기록장치로 기록한 영상·음성을 저장하고 데이터베이스로 관리하는 영상음성기록정보 관리체계를 구축·운영하여야 한다(법 제10조의7).

제 3 절 하명의 성질을 가진 경찰직무조치

Ⅰ. 위험한 사태에 있어서 관리자 등에 대한 조치명령

경찰관 직무집행법

제 5 조(위험 발생의 방지 등) ① 경찰관은 사람의 생명 또는 신체에 위해를 끼치거나 재산에 중대한 손해를 끼칠 우려가 있는 천재(天災), 사변(事變), 인공구조물의 파손이나 붕괴, 교통사고, 위험물의 폭발, 위험한 동물 등의 출현, 극도의 혼잡, 그 밖의 위험한 사태가 있을 때에는 다음 각 호의 조치를 할 수 있다.

1. 그 장소에 모인 사람, 사물(事物)의 관리자, 그 밖의 관계인에게 필요한 경고를 하는 것
2. 매우 긴급한 경우에는 위해를 입을 우려가 있는 사람을 필요한 한도에서 억류하거나 피난시키는 것
3. 그 장소에 있는 사람, 사물의 관리자, 그 밖의 관계인에게 위해를 방지하기 위하여 필요하다고 인정되는 조치를 하게 하거나 직접 그 조치를 하는 것

② (생략)

③ (생략)

④ (생략)

[전문개정 2014. 5. 20.]

「경찰관 직무집행법」 제 5 조는 위험한 사태에 있어서 관리자 등에 대한 조치명령을 취할 수 있다고 규정하고 있다. 즉 경찰관은 사람의 생명 또는 신체에 위해를 끼치거나 재산에 중대한 손해를 끼칠 우려가 있는 천재(天災), 사변(事變), 인공구조물의 파손이나 붕괴, 교통사고, 위험물의 폭발, 위험한 동물 등의 출현, 극도의 혼잡, 그 밖의 위험한 사태가 있을 때에는 그 장소에 있는 사람, 사물의 관리자, 그 밖의 관계인에게 위해를 방지하기 위하여 필요하다고 인정되는 조치를 취하게 할 수 있다(법 제 5 조 제 1 항 제 3 호).

1. 위해방지상 필요하다고 인정되는 조치명령

제 5 조 제 1 항 제 3 호의 '위해방지상 필요하다고 인정되는 조치'란 ① 이미 발생한 위해를 제거하거나 그 확대를 방지하기 위하여, ② 또는 급박한 위험의 예방을 위하여 하지 않으면 안되는 조치를 말한다. ③ 퇴거·출입의 제한, 위험한 시설의 폐쇄나 사용금지와 같은 소극적인 조치만이 아니라 위험물의 제거·수리와 같은 적극적인 조치도 포함된다(최영규).

관계인에게 '필요한 조치를 하게 하는 것'은 상대방이 필요한 조치를 하도록 명하는 행위로서 하명의 성질을 가진다.

2. 경찰하명을 이행하지 않은 경우의 처벌

관계인이 조치명령을 이행하지 않은 경우에는 일반적 벌칙은 없으나, 「경범죄처벌법」상의 원조불응죄(제 3 조 제 1 항 제29호)에 해당하는 경우가 있을 것이다(최영규).

Ⅱ. 국가중요시설에 대한 접근제한명령

경찰관 직무집행법

제 5 조(위험 발생의 방지 등) ① (생략)

② 경찰관서의 장은 대간첩 작전의 수행이나 소요(騷擾) 사태의 진압을 위하여 필요하다고 인정되는 상당한 이유가 있을 때에는 대간첩 작전지역이나 경찰관서·무기고 등 국가중요시설에 대한 접근 또는 통행을 제한하거나 금지할 수 있다.

③ (생략)

④ (생략)

[전문개정 2014. 5. 20.]

경찰관서의 장은 대간첩 작전의 수행이나 소요(騷擾) 사태의 진압을 위하여 필요하다고 인정되는 상당한 이유가 있을 때에는 대간첩 작전지역이나 경찰관서·무기고 등 국가중요시설에 대한 접근 또는 통행을 제한하거나 금지할 수 있다(법 제 5 조 제 2 항)

대간첩 지역이나 국가중요시설에 대한 접근제한명령이나 통행제한명령은 수인의무를 명하는 행위로서 하명의 성질을 가진다.

Ⅲ. 공개장소에의 출입요구

경찰관 직무집행법

제 7 조(위험 방지를 위한 출입) ① (생략) 경찰관은 제 5 조 제 1 항·제 2 항 및 제 6 조에 따른 위험한 사태가 발생하여 사람의 생명·신체 또는 재산에 대한 위해가 임박한 때에 그 위해를 방지하거나 피해자를 구조하기 위하여 부득이하다고 인정하면 합리적으로 판단하여 필요한 한도에서 다른 사람의 토지·건물·배 또는 차에 출입할 수 있다.

② 흥행장(興行場), 여관, 음식점, 역, 그 밖에 많은 사람이 출입하는 장소의 관리자나 그에 준하는 관계인은 경찰관이 범죄나 사람의 생명·신체·재산에 대한 위해를 예방하기 위하여 해당 장소의 영업시간이나 해당 장소가 일반인에게 공개된 시간에 그 장소에 출입하겠다고 요구하면 정당한 이유 없이 그 요구를 거절할 수 없다.

③ 경찰관은 대간첩 작전 수행에 필요할 때에는 작전지역에서 제 2 항에 따른 장소를 검색할 수 있다.

④ 경찰관은 제 1 항부터 제 3 항까지의 규정에 따라 필요한 장소에 출입할 때에는 그 신분을 표시하는 증표를 제시하여야 하며, 함부로 관계인이 하는 정당한 업무를 방해해서는 아니 된다.

[전문개정 2014. 5. 20.]

「경찰관 직무집행법」 제 7 조 제 2 항은 공개장소에의 출입요구를 규정하고 있다. 경찰관의 공개된 장소에 대한 출입에 대하여 "흥행장(興行場), 여관, 음식점, 역, 그 밖에 많은 사람이 출입하는 장소의 관리자나 그에 준하는 관계인은 경찰관이 범죄나 사람의 생명·신체·재산에 대한 위해를 예방하기 위하여 해당 장소의 영업시간이나 해당 장소가 일반인에게 공개된 시간에 그 장소에 출입하겠다고 요구하면 정당한 이유 없이 그 요구를 거절할 수 없다"라고 규정하고 있다. 이러한 경우에는 그 장소의 공개적 성격으로 인해 그 요건이 완화됨은 물론 수인의 정도도 보다 크다고 할 것이다.

경찰상 공개된 장소란 흥행장, 여관, 음식점, 역, 그 밖에 많은 사람이 출입하거나 집합하는 장소를 말한다. 그리고 공개시간 내이면 제한된 영업금지시간이나 영업휴일에도 출입할 수 있고, 일반적으로는 영업시간이라 할지라도 특별히 휴업하고 있는 경우에는 이 요건에 따른 출입이 허용되지 않는다. 여기에서 문제되는 것은 경찰관의 요구의 강제성 정도인데, 강한 설득 정도는 허용된다고 보는 것이 타당하다.

그리고 "정당한 이유 없이 그 요구를 거절할 수 없다"는 규정은 정당한 거절에도 불구하고 경찰의 강제출입을 막는 과정에서의 폭행·협박은 정당한 공무에 대한 방해가 아니라고 보아 공무집행방해죄를 부인하는 것이 타당하다. 다만, 관리자가 이것을 거절한 때에는 경찰관은 실력을 행사하여 출입할 수 있다. 따라서 벌칙의 규정이 없다.

제 4 절 국민에게 사실상의 불이익을 줄 수 있는 비권력적 경찰직무조치

Ⅰ. 경찰의 임의활동과 「경찰관 직무집행법」

1. 행정기관의 활동과 개별법률의 근거

일반적으로 행정기관의 활동에 있어서는 개별법률의 근거가 필요한 것은 국민의 권리와 자유를 제한하거나 국민에게 의무를 부과하는 것에 한하며, 그에 해당하지 아니하는 활동(임의활동)에 대해서는 개별법률의 근거를 요하지 않는다. 행정기관은 각기 고유한 임무를 달성하기 위해 설치된 것이기 때문에 그 활동은 부여된 임무를 달성하기 위하여 필요한 것에 한한다. 따라서 임의활동에 있어서 행정기관이 법률에서 정한 임무의 범위 외의 활동을 행하는 것은 불가능하다.

행정기관의 활동 일반에 관한 이러한 기본입장은 경찰활동에 있어서도 다른 것은 아니다. 일반적으로 상대방의 권리와 자유를 제한하지 않고, 의무를 부과하지 않는 것에 대해서는 경찰관은 개별법률의 근거가 없더라도 법률에 정한 임무를 달성하기 위하여 필요한 활동을 행할 수 있다.

2. 경찰의 임의활동을 법률에서 규정하는 의미

「경찰관 직무집행법」은 국민의 권리·자유를 제한하거나 국민에게 의무를 부과하는 행위만이 아니라 국민에게 사실상의 불이익을 주는 것과 같은 일정한 임의활동에 대해서도 그 요건 등을 규정하고 있다. 그러나 이러한 규정들은 광범위한 경찰활동 중에 극히 한정된 국면을 파악한 것이고 또한 행정기관은 개별법률의 근거가 없더라도 법률에서 부여된 임무를 달성하기 위해 필요한 임의활동을 행하는 것이 가능하기 때문에 「경찰관 직무집행법」이 임의활동에 대해 규정을 두는 것은 그것에 규정한 유형 및 요건에 해당하지 않는 임의활동을 배제하는 취지가 아니라, 확인적인 취지에 따른 것이라 할 수 있다. 즉 「경찰관 직무집행법」은 불심검문을 통한 질문, 임의보호조치 등 경찰관이 일상적으로 행할 가능성이 높은 임의활동에 있어서도 국민에게 사실상의 불이익을 미치는 것에 대해서는 소정의 규정을 둠으로써 그것이 임의활동으로서 행해 얻어진 것이라는 것을 법률상으로 명확히 하여 국민의 협력을 얻는 것뿐만 아니라 경찰관이 적정하게 직무를 집행할 수 있도록 하는 것이다.

3. 국민에게 사실상의 불이익을 줄 수 있는 비권력적 경찰조치의 종류

「경찰관 직무집행법」상 국민에게 사실상의 불이익을 줄 수 있는 비권력적 경찰조치로는 불심검문(법 제 3 조 제 1 항), 임의동행(동법 제 3 조 제 2 항), 미아·병자·부상자 등의 보호조치(동법 제 4 조 제 1 항 제 3 호), 위험발생에 있어서 경고(동법 제 5 조 제 1 항 제 1 호), 범죄의 예방을 위한 경고(동법 제 6 조), 사실조회 및 직접확인(동법 제 8조) 등이 있다.

Ⅱ. 불심검문

경찰관 직무집행법

제 3 조(불심검문) ① 경찰관은 다음 각 호의 어느 하나에 해당하는 사람을 정지시켜 질문할 수 있다.

1. 수상한 행동이나 그 밖의 주위 사정을 합리적으로 판단하여 볼 때 어떠한 죄를 범하였거나 범하려 하고 있다고 의심할 만한 상당한 이유가 있는 사람
2. 이미 행하여진 범죄나 행하여지려고 하는 범죄행위에 관한 사실을 안다고 인정되는 사람

> ② 경찰관은 제 1 항에 따라 같은 항 각 호의 사람을 정지시킨 장소에서 질문을 하는 것이 그 사람에게 불리하거나 교통에 방해가 된다고 인정될 때에는 질문을 하기 위하여 가까운 경찰서·지구대·파출소 또는 출장소(지방해양경비안전관서를 포함하며, 이하 "경찰관서"라 한다)로 동행할 것을 요구할 수 있다. 이 경우 동행을 요구받은 사람은 그 요구를 거절할 수 있다. <개정 2014. 11. 19.>
> ③ 경찰관은 제 1 항 각 호의 어느 하나에 해당하는 사람에게 질문을 할 때에 그 사람이 흉기를 가지고 있는지를 조사할 수 있다.
> ④ 경찰관은 제 1 항이나 제 2 항에 따라 질문을 하거나 동행을 요구할 경우 자신의 신분을 표시하는 증표를 제시하면서 소속과 성명을 밝히고 질문이나 동행의 목적과 이유를 설명하여야 하며, 동행을 요구하는 경우에는 동행 장소를 밝혀야 한다.
> ⑤ 경찰관은 제 2 항에 따라 동행한 사람의 가족이나 친지 등에게 동행한 경찰관의 신분, 동행 장소, 동행 목적과 이유를 알리거나 본인으로 하여금 즉시 연락할 수 있는 기회를 주어야 하며, 변호인의 도움을 받을 권리가 있음을 알려야 한다.
> ⑥ 경찰관은 제 2 항에 따라 동행한 사람을 6시간을 초과하여 경찰관서에 머물게 할 수 없다.
> ⑦ 제 1 항부터 제 3 항까지의 규정에 따라 질문을 받거나 동행을 요구받은 사람은 형사소송에 관한 법률에 따르지 아니하고는 신체를 구속당하지 아니하며, 그 의사에 반하여 답변을 강요당하지 아니한다.
> [전문개정 2014. 5. 20.]

1. 불심검문의 의의

재산의 자유, 정신의 자유 등 자유권적 기본권을 비롯한 모든 인권은 신체의 자유를 전제로 한다. 이러한 자유권이 수사 또는 행정경찰활동을 위하여 부득이한 경우 헌법에 근거해서 제한되는 경우가 있는데, 가장 대표적인 것 중의 하나가 불심검문이다.

검문활동은 경찰의 업무 중 빼놓을 수 없는 중요한 업무의 하나이며 각종 범죄를 예방하고 범인을 검거하는 데 있어서 중요한 역할을 하고 있다. 경찰의 검문활동은 범죄인에게 심리적인 제약으로 작용하여 범죄활동을 저지하거나 둔화시킴으로써 범죄예방의 실효를 거둘 수 있다. 또한 경찰의 성실한 검문활동은 시민들로 하여금 범죄로부터의 불안을 해소시켜 사회의 치안유지 및 안정에 큰 기여를 함으로써 공권력에 대한 신뢰감을 향상시키는 데 큰 역할을 할 수 있다.

불심검문이란 교통의 단속, 흉악하고 중요한 사건발생시 범인의 체포, 경찰활동에 수반하는 위험물의 발견, 그 외 일반범죄의 예방·검거 등 경찰상의 목적을 달성하기 위해 통상 복수의 경찰관이 일정한 장소에서 경계함에 있어서 거동이 수상한 자 또는 통행인에 대하여 질문하거나 소지품검사를 하여 소정의 경찰목적을 달성하고자 하는 경찰활동의 총체를 말한다(이러한 검문활동은 일정한 장소에서 복수의 경찰관이 협동하여 경계에 임하는 '검문체제'와 질문이나 소지품(흉기소지 여부) 조사 등을 위해 상대방을 정지시키는 '검문행위'를 포함한다).

「경찰관 직무집행법」 제 3 조 제 1 항은 "수상한 행동이나 그 밖의 주위 사정을 합리적으로 판단하여 볼 때 어떠한 죄를 범하였거나 범하려 하고 있다고 의심할 만한 상당한 이유가 있는 사람(제 1 호)과 이미 행하여진 범죄나 행하여지려고 하는 범죄행위에 관한 사실을 안다고 인정되는 사람(제 2 호)을 정지시켜 질문할 수 있다"고 규정하고 있다(불심검문의 근거법으로는 「경찰관 직무집행법」 제 3 조〈불심검문〉, 형사소송법 제211조〈현행범인과 준현행범인〉, 주민등록법 제26조〈주민등록증의 제시요구〉 등이 있다).

2. 불심검문의 법적 성질과 대상

(1) 불심검문의 법적 성질

「경찰관 직무집행법」상의 불심검문의 법적 성질은 ① 그 대상이 특정되지 않은 불특정범죄를 대상으로 한다는 점과, ② 경찰관이 독자적으로 행한다는 점에서, ③ 목적이 범죄의 예방과 이를 통한 질서유지에 있으면 행정경찰작용으로 보는 것이 타당하다(행정경찰작용설). 그러나 이에 대하여 「경찰관 직무집행법」 제 3 조에 비추어 볼 때 불심검문은 "이미 범죄의 혐의가 있다"는 판단을 전제로 하고 있기 때문에 이를 행정경찰작용으로만 파악할 수 없고, 동 법률에 경찰관의 직무범위로서 범죄의 예방, 진압 이외에 수사까지 함께 규정하고 있으므로, 사법경찰작용도 포함하고 있다고 보아야 한다는 견해도 있다(사법경찰작용설).

한편 불심검문을 행정경찰작용으로 보는 경우에 불심검문의 법적 성질을 둘러싸고 학설의 대립이 있다. ① 불심검문이 어느 정도의 신체적 접촉이 불가피하고 또한 소지품을 검사하며, 질문에 응하지 않고 달아나는 경우에는 추적하여 도주할 수 없을 정도로 신체의 자유의 일부에 물리적 실력을 가할 수 있다는 점에서 경찰상 즉시강제의 성격을 갖는다는 견해(박윤흔·정형근), ② 불심검문을 당한 자는 답변을 강요당하지 않으며, 동행요구를 거부할 수 있고, 상대방의 신체에 대한 강제력이 행사되는 경우에도, 그것은 관련 정보수집에 필요한 한도에서 부수적으로 인정될 수 있기 때문에 행정조사의 일종인 경찰조사의 성격을 가진다는 견해(정하중), ③ 국민에게 사실상의 불이익을 줄 수 있는 비권력적인 사실행위로 보는 견해가 그것이다. 세 번째 견해가 타당하다.

(2) 불심검문의 대상

우리나라 「경찰관 직무집행법」은 불심검문의 대상자로 ① 수상한 행동이나 그 밖의 주위 사정을 합리적으로 판단하여 볼 때 어떠한 죄를 범하였거나 범하려 하고 있다고 의심할 만한 상당한 이유가 있는 사람(제 1 호)과 ② 이미 행하여진 범죄나 행하여지려고 하는 범죄행위에 관한 사실을 안다고 인정되는 사람(제 2 호)을 들고 있다(제 3 조 제 1 항).

> [판례] 형사소송법 제211조가 현행범인으로 규정한 **범죄의 실행의 직후인 자라고 함은 범죄의 실행행위를 종료한 직후의 범인이라는 것이 체포자의 입장에서 볼 때 명백한 경우를 일컫는** 것으로서, **범죄의 실행을 종료한 직후라고 함은 범죄행위를 실행하여 끝마친 순간 또는 이에 아주 접착된 시간적 단계를 의미하는 것으로 해석**되므로 시간적으로나 장소적으로 보아 체포를 당하는 자에게 방금 범죄를 실행한 범인이라는 점에 관한 죄증이 명백히 존재하는 것으로 인정되는 경우에만 현행범인으로 볼 수 있다(대판 1995. 5. 26, 94다37226).

따라서 법률상 불심검문의 대상은 반드시 직접적으로 범죄행위를 한 자에 국한하지 않고 이에 가세하거나 또는 이를 목격한 자 등에 대하여 광범위하게 행하여질 수 있는 것으로 볼 수 있다. 나누어 살펴보면 다음과 같다.

1) 어떠한 죄를 범하였거나 범하려 하고 있다고 의심할 만한 상당한 이유가 있는 사람(법 제 3 조 제 1 항 제 1 호)

'어떠한 죄'로 규정한 취지는 일응 어떠한 죄에 해당하는 것이면, 구체적인 범죄사실이 특정될 필요는 없다는 것이다. 범죄의 종류가 특정될 필요도 없다. 따라서 '어떠한 죄'에는 형법 제41조의 형벌의 대상이 되는 행위가 모두 포함된다. 그러므로 행정형벌은 불심검문의 대상이 되지만, 행정질서벌은 범죄를 대상으로 하지 않으므로 그 행위자는 불심검문의 대상이 되지 않는다. 그리고 불심검문에서의 '상당한 이유'는 합리적인 가능성(reasonable possibility)으로 족하다고 보아야 할 것이다.

판례는 '상당한 이유'와 관련하여 ① 신고자가 묘사한 범인의 인상착의와 유사한 사람(대판 2012. 9. 13, 2010도6203), ② 경찰관이 가지고 있는 범인에 대한 정보와 유사한 사람(대판 2014. 2. 27, 2011도13999), ③ 범죄현장에서 범인으로 의심됨에도 급히 그곳을 벗어나려는 사람(대판 2014. 12. 11, 2014도7976) 등에 대해 불심검문대상자로 인정하고 있다. 판례는 현장에서의 객관적인 상황뿐만 아니라 경찰관의 사전정보까지 고려하고 있다(김형훈, 124쪽).

2) 이미 행하여진 범죄나 행하여지려고 하는 범죄행위에 관한 사실을 안다고 인정되는 사람(법 제 3 조 제 1 항 제 2 호)

범죄의 피해자, 범죄현장의 목격자나 교통사고시의 승객 등이 이에 해당할 수 있을 것이다. 이들은 경찰위반상태에 대하여 직접적으로 책임이 있는 자가 아니라 제 3 자의 입장에 있는 자들이라고 할 수 있다. 이들에 대한 불심검문은 경찰책임의 원칙에 대한 예외라고 할 수 있다.

제 3 자에 대한 불심검문은 범죄예방이나 수사단서를 얻기 위한 목적으로 행해지므로 현실적 필요성을 부정할 수 없으나, 미국의 경우에 합리적인 혐의가 있는 자에 대해서만 정지와 질문을 인정하고 있고, 독일의 경우에도 원칙적으로 범죄의 혐의가 있는 자 또는 위험의 방지를 위한 대상자에 대해서만 신원확인을 인정하고 있는 것을 볼 때, 제 3 자에 대한 불심검문을 제한 없이 인정하고 있는 우리 법의 태도는 비판의 여지가 있다는 지적이 있다. 따라서 "이미 행하여진 범죄나 행하여지려고 하는 범죄행위에 관한 사실을 안다고 인정할 만한 상당한 이유가 있는 사람"으로 개정할 필요가 있다.

3. 불심검문의 판단요소와 판단기준

(1) 불심검문의 판단요소

1) 수상한 행동

수상한 행동이란 언행이나 차림새 따위가 보통과 달리 이상하거나 자연스럽지 못한 것을 말한다(예 ① 타인의 집안을 엿보거나 집 문을 만지는 행위, ② 도망치는 것처럼 보이는 행위, ③ 도보 또는 오토바이 등으로 거리를 두고 누군가를 뒤따르는 행동, ④ 경찰관을 보고 숨으려는 행동, ⑤ 자신이 진술한 직업에 대한 지식이 없는 행동, ⑥ 옷이나 신발에 핏자국(혈흔: 血痕)이 있는 사람, ⑦ 범행도구를 소지한 것으로 추정되는 자).

수상한 행동을 불심검문의 판단요건으로 하는 것에 대해 오늘날 불심검문을 피하기 위하여 치밀하게 준비하는 현실에 비추어 볼 때 회의적인 견해를 표명하기도 하나, 판단요건으로 큰 문제가 될 수는 없다고 본다.

2) 주위의 사정

주위의 사정이란 불심검문 상대방의 직접적인 거동을 제외한 주변사정을 말하는 것으로 주위의 사람이나 검문시간·검문장소 등이 고려될 수 있을 것이다.

주위의 사람들이 다수인가 소수인가의 여부(인적 상황), 위험한 물건이 있는가의 여부(물적 상황), 주간인가 야간인가의 여부(시적 상황), 번화한 거리인가 으슥한 골목인가의 여부(장소적 상황) 등은 주위의 사정의 대표적인 예들로 들어지고 있다.

이 판단요건과 관련하여 문제되는 것은 수상한 행동이 없는 경우에도 주위의 사정만으로 불심검문의 요건이 채워졌다고 볼 수 있느냐이다. 법문상으로는 가능한 것으로 해석될 여지가 있으나, 수상한 점이 전혀 없는 사람을 주위의 사정만으로 그의 자유를 제한하는 것은 불가하다고 보아야 한다.

(2) 불심검문의 판단기준

경찰이 불심검문을 행함에 있어서 그 정황과 대상자를 판단하는 기준은 합리적인 것이어야 한다. 판단이 합리적이라고 하기 위해서는 해당 직무를 행하는 경찰관의 주관적이고 자의적인 판단이 아닌 사회통념에 비추어 객관적인 합리성이 담보되는 판단이어야 한다.

그러나 이것은 일반인의 지식 및 경험의 수준에 입각하여 판단하는 것을 의미하는 것이 아니라, 추론과정에 있어서 객관적인 합리성이 있으면, 그 과정에서 경찰관의 직업적인 전문지식 및 경험을 반영하는 것은 당연히 인정될 수 있다.

4. 불심검문의 방법

(1) 정 지

1) 정지의 법적 성질

정지란 보행자일 경우에는 불러 세우는 것, 자동차나 자전거에 타고 있는 자의 경우에는 정차시키는 것을 말한다. 그런데 움직이고 있는 상대방의 어깨에 손을 얹는다든가 상대방의 앞에서 팔을 벌리고 서는 등의 실력을 사용하여 정지시키는 것이 허용될 것인가가 문제된다. 학설은 강제행위설, 임의처분설(임의수단설), 중간단계설, 하명설 등으로 나뉘어져 있다. 중간단계설은 강제와 임의의 중간에 위치한 설득적 성격을 가진 '강제에 이르지 않는 실력'의 단계가 존재하고, 그것은 사회통념상 타당한 설득수단으로서 강제에 이르지 않는 중간 정도의 임의적인 수단을 의미한다는 견해이다. 법문이 '정지시켜'라고 규정하고 있는 취지를 감안하면 정지에 대해 강제성을 인정하는 것으로 이해할 여지도 있으나, '정지시켜'의 의미를 불러 세운다고 하는 정도의 의미로 파악하는 것이 타당하기 때문에 임의처분설

(임의수단설)이 타당하다.

2) 정지의 허용 한계

[판례] 경찰관은 수상한 거동 기타 주위의 사정을 합리적으로 판단하여 어떠한 죄를 범하였거나 범하려 하고 있다고 의심할 만한 상당한 이유가 있는지 또는 이미 행하여진 범죄나 행하여지려고 하는 범죄행위에 관하여 그 사실을 안다고 인정되는 자를 정지시켜 질문할 수 있고, 또 범죄를 실행중이거나 실행 직후인 자는 현행범인으로, 누구임을 물음에 대하여 도망하려 하는 자는 준현행범인으로 각 체포할 수 있으며, 이와 같은 **정지 조치나 질문 또는 체포 직무의 수행을 위하여 필요한 경우에는 대상자를 추적할 수도 있으므로,** 경찰관이 교통법규 등을 위반하고 도주하는 차량을 순찰차로 추적하는 직무를 집행하는 중에 그 도주차량의 주행에 의하여 제 3 자가 손해를 입었다고 하더라도 그 추적이 해당 직무 목적을 수행하는 데에 불필요하다거나 또는 도주차량의 도주의 태양 및 도로교통상황 등으로부터 예측되는 피해발생의 구체적 위험성의 유무 및 내용에 비추어 **추적의 개시·계속 혹은 추적의 방법이 상당하지 않다는 등의 특별한 사정이 없는 한 그 추적행위를 위법하다고 할 수 없다**(대판 2000. 11. 10, 2000다26807).

상대방이 경찰관의 질문을 위한 정지요구에 응하지 않거나 질문 도중 현장을 떠나려고 하는 경우 경찰관은 물리력을 행사하여 이를 저지할 수 있는가 하는 것이 문제된다. 상대방의 의사를 제압하지 않는 정도의 물리력의 행사(예 정지를 위하여 길을 막아서거나 추적하거나 팔을 붙잡는 행위)는 허용된다고 보는 것이 일반적 견해이다. 판례도 '사회통념상 용인될 수 있는 상당한 방법'으로 유형력을 행사하는 것은 적법하다고 본다.

[판례] [1] 경찰관직무집행법의 목적, 규정 내용 및 체계 등을 종합하면, 경찰관은 법 제 3 조 제 1 항에 규정된 대상자에게 질문을 하기 위하여 범행의 경중, 범행과의 관련성, 상황의 긴박성, 혐의의 정도, 질문의 필요성 등에 비추어 **목적 달성에 필요한 최소한의 범위 내에서 사회통념상 용인될 수 있는 상당한 방법으로 대상자를 정지시킬 수 있고** 질문에 수반하여 흉기의 소지 여부도 조사할 수 있다. [2] 검문 중이던 경찰관들이, 자전거를 이용한 날치기 사건 범인과 흡사한 인상착의의 피고인이 자전거를 타고 다가오는 것을 발견하고 정지를 요구하였으나 멈추지 않아, 앞을 가로막고 소속과 성명을 고지한 후 검문에 협조해 달라는 취지로 말하였음에도 불응하고 그대로 전진하자, 따라가서 재차 앞을 막고 검문에 응하라고 요구하였는데, 이에 피고인이 경찰관들의 멱살을 잡아 밀치거나 욕설을 하는 등 항의하여 공무집행방해 등으로 기소된 사안에서, **범행의 경중, 범행과의 관련성, 상황의 긴박성, 혐의의 정도, 질문의 필요성 등에 비추어 경찰관들은 목적 달성에 필요한 최소한의 범위 내에서 사회통념상 용인될 수 있는 상당한 방법을 통하여 경찰관직무집행법 제 3 조 제 1 항에 규정된 자에 대해 의심되는 사항을 질문하기 위하여 정지시킨 것으로 보아야 한다**(대판

2012. 9. 13, 2010도6203). **[해설]** 판례는 "범행의 경중(輕重), 범행과의 관련성, 사항의 긴박성, 혐의의 정도, 질문의 필요성 등에 비추어 경찰관들은 목적 달성에 필요한 최소한의 범위 내에서 사회통념상 용인될 수 있는 상당한 방법"으로 유형력을 행사할 수 있다고 판시하였다. 이 중 '범행의 경중'에서 유형력이 행사가 적법한 범죄로는 절도죄, 강간죄, 사기죄, 상해죄 등을 들 수 있다(김형규, 127쪽).

경찰관은 불심검문 대상자에게 질문을 하기 위하여 범행의 경중, 범행과의 관련성, 상황의 긴박성, 혐의의 정도, 질문의 필요성 등에 비추어 목적 달성에 필요한 최소한의 범위 내에서 사회통념상 용인될 수 있는 상당한 방법으로 대상자를 정지시킬 수 있다(대판 2014. 2. 27, 2011도13999). **'사회통념상 용인될 수 있는 상당한 방법'의 예로는** ① 정지조치나 질문의 직무 수행을 위하여 필요한 경우에 대상자를 추적하는 경우(대판 2000. 11. 10, 2000다26807), ② 노상에서 불심검문에 응하지 아니하고 지나가려 한 자의 앞을 가로막는 경우(대판 2012. 9. 13, 2010도6203), ③ 불심검문에 응하지 아니하고 뛰어가기 시작한 자의 앞을 순찰차로 가로막은 행위(대판 2014. 2. 27, 2011도13999), ④ 불심검문에 불응한 채로 가게에서 나가려고 하는 사람의 앞을 가로막고 뒤에서 잡은 경우(대판 2014. 12. 11, 2014도7976), 그리고 후술하는 일본 판례에서 확인할 수 있다.

일본 판례는 ① 도주하려고 하는 자의 앞에 가로막아 서는 행위(廣島高判 昭和 51. 4. 1, 高刑集 29권 2호, 240면), ② 직무질문중에 도망친 자를 추적하는 행위(廣島高判 昭和 29. 5. 18, 高刑集 7권 2호, 483면), ③ 임의동행을 거부하고 도망친 자를 추적하는 행위(最決 昭和 30. 7. 19, 刑集 9권 9호, 1908면), ④ 추적하여 배후에서 팔에 손을 걸어 정지시키는 행위(最判 昭和 29. 7. 1, 刑集 8권 7호, 1137면), ⑤ 앞가슴을 붙잡고 보도로 밀어올리는 행위(最決 平成 元年. 9. 26, 刑集 8권 7호, 1137면) 등은 적법하다고 보았다.

그러나 ① 멈추지 않으면 체포한다, 도망가면 쏜다고 겁주는 행위(大阪地判 昭和 43. 9. 20, 判タ 228호, 229면), ② 몇 분 동안에 걸쳐 양복바지의 뒤를 밸트와 함께 쥐고 목덜미를 잡고 순찰차에 승차시키는 행위(大阪地判 平成 2. 11. 9, 判タ 759호, 268면), ③ 경찰관 3명이 신체에 접촉하여 꼼짝 못하게 하는 행위(東京地判 平成 4. 9. 3, 判時 1453호, 173면) 등은 위법하다고 보았다.

(2) 질 문

1) 질문의 의의

질문이란 검문대상자에 대해 경찰관이 의심을 품은 사항을 해소하기 위하여 또는 경찰목적상 필요한 사항을 알기 위하여 행하는 것을 말한다. 질문의 법적 성질에 대해서는 ① 임의수단으로 보는 견해와 ② 질문을 권력적 사실행위로 보는 견해(김성수)가 있다. 생각건대, 불심검문을 당한 사람은 그 의사에 반하여 답변을 강요당하지 아니하므로(법 제 3 조 제 7 항) 질문은 비권력적인 사실행위라고 보는 것이 타당하다. 그러나 임의수단의 한도 내에 질문에 응하도록 설득을 하는 것은 가능하다.

2) 질문의 내용

질문사항은 선행지, 출발지, 용건, 출생지, 주소, 직업, 이름, 소지품의 유무 또는 내용, 의심나는 점 등이 통상적으로 거론된다.

(3) 주민등록법상 주민등록증 제시 요구

경찰관이 불심검문을 할 경우 먼저 신분증의 제시를 요구한다. 신분증 제시를 통한 신원확인은 경찰관이 가지는 의문점 해소와 수배자 검거를 위한 중요한 경찰작용이다. 신분증 제시 및 확인절차는 주민등록법 제26조에 따라 행해진다. 그런데 주민등록법 제26조 제 1 항은 "사법경찰관리가 범인을 체포하는 등 그 직무를 수행할 때"로 한정적으로 규정하고 있다.[41]

주민등록법

제26조(주민등록증등의 제시요구) ① 사법경찰관리(司法警察官吏)가 범인을 체포하는 등 그 직무를 수행할 때에 17세 이상인 주민의 신원이나 거주 관계를 확인할 필요가 있으면 주민등록증등의 제시를 요구할 수 있다. 이 경우 사법경찰관리는 주민등록증등을 제시하지 아니하는 자로서 신원을 증명하는 증표나 그 밖의 방법에 따라 신원이나 거주 관계가 확인되지 아니하는 자에게는 범죄의 혐의가 있다고 인정되는 상당한 이유가 있을 때에 한정하여 인근 관계 관서에서 신원이나 거주 관계를 밝힐 것을 요구할 수 있다. <개정 2023. 12. 26.>

② 사법경찰관리는 제 1 항에 따라 신원 등을 확인할 때 친절과 예의를 지켜야 하며, 정복근무 중인 경우 외에는 미리 신원을 표시하는 증표를 지니고 이를 관계인에게 내보여야 한다.

[제목개정 2023. 12. 26.]

41) 이에 대해서는 김재광 외,「행정환경 변화에 대응하기 위한 주민등록법 개정방향 연구」(경제인문사회연구회, 2023), 125쪽 참조.

5. 불심검문과 적법절차

불심검문은 적법한 사전영장 없이 상대방의 신체를 조사하는 것이므로 신체의 자유와 인권의 보장을 위하여 「경찰관 직무집행법」은 이러한 불심검문에 대한 절차적 요건을 규정하고 있다. 즉 경찰관은 질문하는 경우 자신의 신분을 표시하는 증표를 제시하면서 소속과 성명을 밝히고 질문의 목적과 이유를 설명하여야 한다(법 제 3 조 제 4 항). 「경찰관 직무집행법 시행령」 제 5 조는 법 제 3 조 제 2 항의 신분을 표시하는 증표는 "국가공무원의 공무원증으로 한다"고 규정하고 있다.

그리고 불심검문시에 검문대상자는 형사소송에 관한 법률에 의하지 아니하고는 신체를 구속당하지 아니하며, 그 의사에 반하여 답변을 강요당하지 아니한다(법 제 3 조 제 7 항). 만약 경찰관의 불심검문이 고지의무나 시간적 제약 등 절차적인 규정을 준수하지 않은 경우에는 위법한 행위로 평가되며 손해가 발생하였다면 검문대상자는 국가를 상대로 손해배상을 청구할 수 있다.

6. 불심검문으로서의 자동차검문

(1) 자동차검문의 의의

자동차검문이란 주행중인 자동차의 정지를 요구하거나 또는 자동차를 정지시켜 그 자동차의 상황(자동차의 외관이나 내부상황 및 탑승자 등)을 살펴봄과 동시에 단속 또는 수사상 필요한 사항에 관하여 운전자나 동승자에게 질문함으로써 자동차 주행에 수반하는 위험의 방지 및 교통위반을 포함한 범죄의 예방 및 적발을 도모하려는 경찰조치를 말한다. **자동차검문도 질문의 한 형태로** 볼 수 있다.

이러한 형태의 검문은 구체적으로는 ① 범행현장으로부터 도주하는 범인의 발견, ② 교통위반 단속, ③ 일반범죄의 발견, ④ 출입국 경비, ⑤ 위험성 있는 도로나 지역에로의 접근방지 등의 목적을 위해 실시되고 있다. 경찰행정법에서는 교통안전을 위한 검문이 문제된다.

특히 주행중의 자동차를 대상으로 하는 **자동차검문은** 우선 상대방을 정지시키지 않으면 행할 수 없고, 말하자면 **무차별적으로 정지시켜 질문을 행하는 점에서 보통의 불심검문과 구별**된다. 자동차검문은 1차적으로 불심검문의 요건을 확인하기 위한 질문을 위한 활동, 즉 불심검문의 전 단계적 조치로서의 성질을 가지게 된다.

「경찰관 직무집행법」에는 자동차검문에 관한 규정이 흠결되어 있다. **도로교통법 제92조(운전면허증 휴대 및 제시 등의 의무) 제 2 항 및 제47조(위험방지를 위한 조치) 제 1 항**

에서 법적 근거를 찾을 수 있다. 도로교통법에 따른 운전면허증 제시, 차량 정지는 도로상에서 도로교통법을 위반한 사범을 단속하기 위한 차량 검문이므로 교통상의 안전 확보를 목적으로 하기 때문에 「경찰관 직무집행법」에 자동차검문에 관한 규정을 둘 필요가 있다는 견해가 있다.[42]

(2) 자동차검문의 유형별 고찰

자동차검문에는 그의 목적에 따라 특정 범죄의 범인검거 등을 목적으로 하는 **긴급배치검문**, 불특정 범죄의 예방과 검거를 목적으로 하는 **경계검문** 및 교통단속을 목적으로 하는 **교통검문**의 3가지 유형이 있다. 또한 그 형태에 따라 통행차량을 무차별적으로 정지시키는 **일제검문**과 특정의 차량만을 정지시키는 **개별검문**이 있다. 법적으로는 「경찰관 직무집행법」으로서 행해지는 것과 그 밖의 것(예 도로교통법 위반의 단속을 위한 교통검문, 형사소송법 제199조의 임의수사에 위한 긴급수배검문)으로 구분할 수 있다.

1) 목적에 따른 분류

가. 긴급배치검문 대개 긴급배치검문을 하는 경우는 탈영병 발생이나 중범죄자의 탈주 등이다. 이에 대해서는 적법성 여부가 논란되고 있는데, 긍정하는 것이 다수설의 입장이다.

나. 경계검문 일본에서 경계검문은 일본 경찰관직무집행법 제 2 조 제 1 항의 요건을 충족하고 해당 차량에 불심사유가 인정되는 경우 자동차의 정지를 요구할 수 있으며, 또한 일본 형사소송법 제199조 제 1 항에 따라 피의자의 차량을 정지시킬 수도 있다.

예를 들어 ① 도난차량의 경우 수배차량과 비슷한 차량인 경우, ② 차량이 범죄현장의 방향에서 주행하여 왔다고 생각되는 경우, ③ 그 차량의 외형·주행방법에 의심스러운 점이 있는 경우 등이 이에 해당한다. 그러나 이들 규정은 전(全) 차량의 일제검문을 근거지우는 것은 아니다.

다. 교통검문 우리나라의 경우 **「도로교통법」 제44조 제 2 항 제 1 문에서 음주단속을 위한 호흡조사 측정을 규정**하고 있다. 일본에서 교통검문은 부분적으로는 도로교통단속법이 정하는 정지권 등의 행사로 볼 수 있다고 한다(일본 도로교통법 제61조: 위험방지의 조치, 제63조 제 1 항: 정비불량차량, 제67조: 무면허운전·음주운전·과로운전 등).

---

42) 견승엽, 「경찰관 직무집행법상 불심검문의 범위에 관한 연구」(청주대학교 대학원 법학석사학위논문, 2014), 19쪽.

그러나 도로교통단속법상 전(全) 차량의 일제검문을 근거지우는 규정은 없다.

2) 형태에 따른 분류

가. 일제검문　　일제검문이란 도로상의 모든 차량에 대해 일제히 이루어지는 검문을 말한다. 일제검문에 관한 일반적인 법적 근거는 없다. 도로교통법 제44조 제 2 항 제 1 문이 정하는 바(음주측정)에 따라 경찰공무원이 교통의 안전과 위험방지를 위하여 필요하다고 인정하여 이루어지는 검문은 도로상의 안전과 관련하는 범위 안에서 일제검문의 성질을 갖는다고 보는 견해가 있다(홍정선). 헌법재판소는 도로를 차단하고 불특정다수인을 상대로 실시하는 무작위 음주운전단속이 그 자체로 국민의 기본권을 침해하는 위헌적인 경찰작용이 아니라고 보고 있다(헌재 2004. 1. 29, 2002헌마293). 일제검문에 대해서는 위법하다는 주장도 있으나, 다수설은 주행 중 혐의사유를 수반하지 않는 자동차 본래의 성질을 고려하여 위법하지 않다고 주장한다. 그러나 음주운전자가 운전하는 자동차의 경우에는 혐의사유를 수반하는 경우도 없지 않다.

[판례] **도로를 차단하고 불특정다수인을 상대로 실시하는 무작위 음주운전단속이 그 자체로 국민의 기본권을 침해하는 위헌적인 경찰작용인지 여부:** 도로교통법 제41조 제 2 항 전단에서 규정된 "**교통안전과 위험방지의 필요성**"이란 음주측정을 요구할 대상자인 해당 운전자의 운전으로 인하여 야기된 개별적·구체적인 위험방지를 위하여 필요한 경우뿐만 아니라, 잠재적 음주운전자의 계속적인 음주운전을 차단함으로써 그렇지 않았을 경우 음주운전의 피해자가 되었을지도 모를 잠재적인 교통관련자의 위해를 방지할 가능성이 있다면 그 필요성이 충족되는 것으로 **넓게 해석하여야 하고**, 이러한 음주측정을 위하여 검문지점을 설치하고 그 곳을 통행하는 불특정다수의 자동차를 정지시켜 운전자의 음주 여부를 점검해 볼 수 있는 권한도 여기에 내포되어 있다고 보아야 한다(헌재 2004. 1. 29, 2002헌마293〈무작위음주운전단속위헌확인〉).

나. 개별검문　　개별검문은 특정차량만을 정지시켜 검문하는 것을 말한다.

(3) 검문방법

차량정지 후 경찰관이 할 수 있는 행위는 질문과 조사인데, ① 자동차를 정차시킨 후 운전자 또는 동승자에 대한 질문, ② 차체 등의 외관상의 조사 및 ③ 운전면허증의 제시요구 등은 일반적으로 인정된다.

트렁크 내부 등의 조사에 대해서는 소지품검사의 원리를 적용하여 사회공공의 위험이 큰 경우라면 제한적으로 긍정하는 것이 타당하다.

그러나 미국의 판례에 따르면, 사유지에 있는 미운행 차량에 대한 수색은 정당하지 않다(Coolidge v. New Hampshire, 4033 U.S. 433, 1971)고 한다.

(4) 자동차의 정지와 실력행사와의 관계

자동차의 정지행위는 임의수단이지 않으면 안 된다. 이것은 학설·판례가 일치하여 인정하는 바이다. 일본 판례는 다음과 같은 행위는 정지행위로서 적법하다고 한다. ① 적색등을 깜빡이고 경적을 울리는 것, ② 자동차의 전후에 어느 정도의 간격을 두고 수사용 자동차를 접근시키는 협공검문(名古屋金澤支判 昭和 52. 6. 30, 判時 878호 118면; 東京高判 平成 9. 4. 3, 東京時報 1-12호 32면; 大阪高判 平成 11. 12. 15, 判タ 1063호 269면), ③ 좌측 운전수석 문을 양손으로 잡는 것, ④ 핸들과 문을 잡는 것(東京高判 昭和 45. 11. 12, 東高時報 21권 11호 390면), ⑤ 차 내에 손을 넣어 엔진을 끄는 것(東京高判 昭和 48. 4. 23, 高刑集 26권 2호 180면), ⑥ 엔진의 스위치를 끄려고 하거나 발진한 자동차의 핸들을 왼손으로 잡고 자동차를 노변(갓길)으로 바싹 붙이려고 하는 것(東京高判 昭和 54. 7. 9, 刑裁月報 11권 7-8호 753면), ⑦ 엔진키를 빼앗는 행위(最三決 平成 6. 9. 16, 刑集 48권 6호 420면), ⑧ 운전면허증을 반환하지 않는 행위(東京高判 平成 5. 7. 7, 東高時報 44권 1-12호 56면), ⑨ 도주하는 차량을 경찰봉으로 파손하는 행위(奈良地判 平成 3. 3. 27, 判時 1389호 111면, 경찰관의 위법성을 인정하였다) 등이 그것이다. 그러나 ②-⑨의 행위를 임의수단으로 보는 것에 대해서는 의문이 있을 수 있다.

Ⅲ. 임의동행

> 경찰관 직무집행법
>
> 제 3 조(불심검문) ① 경찰관은 다음 각 호의 어느 하나에 해당하는 사람을 정지시켜 질문할 수 있다.
>
> 1. 수상한 행동이나 그 밖의 주위 사정을 합리적으로 판단하여 볼 때 어떠한 죄를 범하였거나 범하려 하고 있다고 의심할 만한 상당한 이유가 있는 사람
> 2. 이미 행하여진 범죄나 행하여지려고 하는 범죄행위에 관한 사실을 안다고 인정되는 사람
>
> ② 경찰관은 제 1 항에 따라 같은 항 각 호의 사람을 정지시킨 장소에서 질문을 하는 것이 그 사람에게 불리하거나 교통에 방해가 된다고 인정될 때에는 질문을 하기 위하여 가까운 경찰서·지구대·파출소 또는 출장소(지방해양경비안전관서를 포함하며,

이하 "경찰관서"라 한다)로 동행할 것을 요구할 수 있다. 이 경우 동행을 요구받은 사람은 그 요구를 거절할 수 있다. <개정 2014. 11. 19.>
③ 경찰관은 제1항 각 호의 어느 하나에 해당하는 사람에게 질문을 할 때에 그 사람이 흉기를 가지고 있는지를 조사할 수 있다.
④ 경찰관은 제1항이나 제2항에 따라 질문을 하거나 동행을 요구할 경우 자신의 신분을 표시하는 증표를 제시하면서 소속과 성명을 밝히고 질문이나 동행의 목적과 이유를 설명하여야 하며, 동행을 요구하는 경우에는 동행 장소를 밝혀야 한다.
⑤ 경찰관은 제2항에 따라 동행한 사람의 가족이나 친지 등에게 동행한 경찰관의 신분, 동행 장소, 동행 목적과 이유를 알리거나 본인으로 하여금 즉시 연락할 수 있는 기회를 주어야 하며, 변호인의 도움을 받을 권리가 있음을 알려야 한다.
⑥ 경찰관은 제2항에 따라 동행한 사람을 6시간을 초과하여 경찰관서에 머물게 할 수 없다.
⑦ 제1항부터 제3항까지의 규정에 따라 질문을 받거나 동행을 요구받은 사람은 형사소송에 관한 법률에 따르지 아니하고는 신체를 구속당하지 아니하며, 그 의사에 반하여 답변을 강요당하지 아니한다.
[전문개정 2014. 5. 20.]

1. 임의동행의 의의와 법적 성질

(1) 임의동행의 의의

「경찰관 직무집행법」에는 임의동행이란 말은 나오지 아니한다. 다만, 「경찰관 직무집행법」 제3조 제2항이 "질문을 하기 위하여 … 동행할 것을 요구할 수 있다"고 규정하고 있는 까닭에, 이것을 「경찰관 직무집행법」상의 **임의동행**이라 한다. 이를 '동행요구'라고 부르며 동행요구에 따른 동행을 임의동행이라고 사용하기도 한다(홍정선). 임의동행은 불심검문에 있어서 질문을 충실히 수행하기 위한 보조수단으로서의 성격을 갖는 것이지만, 경찰관의 질문의 편의보다는 검문대상자 등을 보호하기 위하여 마련된 제도이다.

여기서 **임의**란 물론 강제에 대한 개념으로서 본인의 의사에 의한다는 의미이지만, 반드시 본인이 자발적으로 스스로 동행하고자 하는 경우에만 한정되는 것은 아니다. 내심으로는 내키지 않는다고 생각하면서 마지못해 동행한 경우에도 임의라고 할 수 있는 것과 같이, 결국 **사회통념**에 비추어 신체의 속박이나 강한 심리적 압박에 따른 자유의 구속이 있다고 할 수 있는 것과 같은 제반의 객관적 상황이 없는 한 임의라고 할 수 있을 것이다.

(2) 임의동행의 법적 성질

임의동행은 검문대상자 등의 편의를 위해 인정되고 「경찰관 직무집행법」 제 3 조 제 2 항 단서에서 동행요구거절권을 규정하고 있는 것을 볼 때 임의수단 또는 상대방의 협력을 전제로 하는 비강제적인 수단(홍정선)으로 보는 것이 타당하다.

임의동행에 관하여 「경찰관 직무집행법」에서 말하는 질문을 위한 임의동행과 수사의 필요에 따른 임의동행으로 구분하는 견해와 구분을 부인하는 견해로 나뉘어져 있다. 「경찰관 직무집행법」상의 임의동행은 불심검문의 후속조치로서 이루어지는 것인 만큼 불심검문의 법적 성질과 밀접한 관련을 가지는 것으로 보는 것이 타당하다. 불심검문은 행정경찰작용으로서 불심검문에 이은 임의동행은 요건이나 동행의 목적에 분명한 차이가 있는 만큼 일반적 수사로서의 임의동행과 차이가 있다고 보아야 할 것이다(구분필요설).

문제는 임의동행의 형태가 현실적으로 다양하고 동시에 경찰관 자신이 스스로의 행위에 대한 인식에 있어서 불명확한 경우가 많으므로 구별을 위한 객관적 기준을 설정하는 것은 사실상 곤란하다는 점이다. 더구나 피동행자의 입장에 볼 때에는 경찰관의 주관적 의도나 목적과 상관없이 실제적으로는 체포와 다름없는 처분이므로 본질적으로 내재하는 인권침해적 요소의 불식을 위해서도 체포나 구속에 준하는 사법절차상의 보장이 요구된다. 이것은 「경찰관 직무집행법」에 의한 임의동행과 임의수사로서의 임의동행의 주체에 차이가 없고, 불심검문과 수사의 한계가 명확하지 않을 뿐만 아니라 수사에 대한 법적 규제를 「경찰관 직무집행법」에 의하여 피할 수 있는 길을 열어주는 것은 허용될 수는 없기 때문이다.

2. 임의동행에 있어서 임의성의 판단기준

동행에 대한 임의성판단은 **평균인을 기준**으로 하여 본인의 의사로서 동행에 응하는가의 여부를 판단해야 한다.

판례는 임의동행에 있어서 임의성의 판단기준에 대해 “임의동행에 있어서의 임의성의 판단은 동행의 시간과 장소, 동행의 방법과 동행거부의사의 유무, 동행 이후의 조사 방법과 퇴거의사의 유무 등 여러 사정을 종합하여 객관적인 상황을 기준으로 하여야 한다”고 판시하고 있다(대판 1993. 11. 23, 93다35155).

[판례] **이른바 임의동행에 있어서 임의성의 판단기준:** 가. 이른바 임의동행에 있어서의 임의성의 판단은 동행의 시간과 장소, 동행의 방법과 동행거부의사의 유무, 동행 이후의 조사

방법과 퇴거의사의 유무 등 여러 사정을 종합하여 객관적인 상황을 기준으로 하여야 한다. 나. 국가안전기획부 수사관들이 피의자를 연행한 1991. 7. 8. 04:40경부터 48시간 내에 사후 구속영장을 발부받지 아니하고 같은 해 7. 10. 01:35경 통상의 구속영장을 발부받아 집행하였다면 피의자를 불법체포 구금한 것에 해당하고 이와 같은 경우 통상의 구속영장을 발부받아 집행하였다고 하여 불법체포나 그동안의 구금이 적법하게 된다고 할 수 없다(대판 1993. 11. 23, 93다35155〈손해배상〉).

3. 동행사유

「경찰관 직무집행법」 제 3 조 제 2 항은 동행사유에 대하여는 "사람을 정지시킨 장소에서 질문을 하는 것이 그 사람에게 불리하거나," "교통의 방해"가 되는 경우를 규정하고 있다. 먼저 **사람을 정지시킨 장소에서 질문을 하는 것이 그 사람에게 불리한 경우**로서는 ① 사람이 많이 있는 장소에서 본인의 명예나 수치심을 해치는 경우, ② 계절적으로 혹서, 혹한 등의 경우 등과 같이 객관적으로 볼 때 물리적·심리적 및 경제적으로 본인에게 불리한 것이 명백한 경우이다. 다음으로 **교통의 방해의 경우**는 ① 보행자나 자동차를 상대로 불심검문을 행하는 것이 교통의 방해를 유발할 우려가 있거나 ② 불심검문을 하는 것을 보고 많은 사람이 운집하여 교통의 방해를 일으키는 경우 등이 이에 해당한다.

4. 임의동행과 실력행사

법의 취지는 원칙적으로 실력행사를 허용하지 않는다. 따라서 동행이 강제되어서는 안 된다.「경찰관 직무집행법」 제 3 조 제 7 항은 임의동행의 경우에 법률의 근거 없는 신체구속이나 의사에 반(反)한 답변강요를 금지하고 있다. 동행은 정지와 달리 반드시 상대방의 장소적 이동을 수반하는 것으로서 질문을 위해 불가결한 것도 아니다. 더구나 정지에 있어서는 법문이 "정지시켜"라고 규정하고 있음에 반해, 임의동행에 대해서는 "동행할 것을 요구할 수 있다"라고 규정하고 있을 뿐이다. 그러므로 명확히 동행을 거부하고 있는 경우에 실력을 행사하여 동행시키는 것은 위법이 된다.

불법적인 신체구속인가의 여부는 동행시의 제반 상황을 종합적으로 판단해서 통상인이 거부하기 곤란한 형태로 동행·신문이 이루어지거나 또는 자유로운 의사에 따른 시민의 행위라고는 통상 생각하기 어려운 형태로 상대방이 동행·신문에 응하고 있는 경우로서 퇴거의 자유가 없는 상태에 두어졌음이 당시의 구체적 사정에 비추어 객관적으로 인정될 수 있는가 여부를 기준으로 판단해야 할 것이다.

[판례 1] **경찰관이 임의동행요구에 응하지 않는다 하여 강제연행하려고 대상자의 양팔을 잡아 끈 행위는 적법한 공무집행이라고 할 수 없으므로** 그 대상자가 이러한 불법연행으로부터 벗어나기 위하여 **저항한 행위는 정당한 행위**라고 할 것이고 이러한 행위에 무슨 과실이 있다고 할 수 없다(대판 1992. 5. 26, 91다38334).

[판례 2] 경찰관이 임의동행을 요구하며 손목을 잡고 뒤로 꺾어 올리는 등으로 제압하자 거기에서 **벗어나려고 몸싸움을 하는 과정에서 경찰관에게 경미한 상해를 입힌 경우, 위법성이 결여된 행위**이다(대판 1999. 12. 28, 98도138).

[판례 3] 임의동행은 상대방의 동의 또는 승낙을 그 요건으로 하는 것이므로 경찰관으로부터 임의동행요구를 받은 경우 상대방은 이를 거절할 수 있을 뿐만 아니라 **임의동행 후 언제든지 경찰관서에서 퇴거할 자유가 있다 할 것이고**, 경찰관직무집행법 제3조 제6항이 임의동행한 경우 해당인을 6시간을 초과하여 경찰관서에 머물게 할 수 없다고 규정하고 있다고 하여 **그 규정이 임의동행한 자를 6시간 동안 경찰관서에 구금하는 것을 허용하는 것은 아니다**(대판 1997. 8. 22, 97도1240).

[판례 4] 임의동행 조사 뒤에 수사기관이 피의자를 수사하는 과정에서 구속영장 없이 피의자를 함부로 구금하여 피의자의 신체의 자유를 박탈하였다면 직권을 남용한 불법감금의 죄책을 면할 수 없고, **수사의 필요상 피의자를 임의동행한 경우**에도 조사 후 귀가시키지 아니하고 그의 의사에 반하여 경찰서 조사실 또는 보호실 등에 계속 유치함으로써 신체의 자유를 속박하였다면 이는 구금에 해당한다(대판 1985. 7. 29, 85모16).

결국 임의동행에는 거부의 자유가 있는 만큼 본인이 거절하는 경우에는 행할 수 없다는 것을 고려하면 동행에 있어서 실력행사는 일체 허용되지 않는다고 보아야 한다. 따라서 동행에 있어서는 동행을 요구받은 사람에 대한 이해와 설득을 통해 사전동의를 얻은 후에 동행을 요구받은 사람이 자연스럽게 걸어가도록 해야지, ① 다수의 경찰관이 동행인을 에워싸고 동행하거나 ② 동행인의 손이나 어깨 등을 붙잡고 걸어가거나 또는 ③ 경찰차량에 태워 동행하게 되면 임의성을 의심받게 될 것이므로 유의하여야 할 것이다. 다만, 경찰차량에 승차하는 것도 동행인이 승낙한 후에 자연스럽게 스스로 승차한 경우는 그러하지 아니하다.

그리고 「경찰관 직무집행법」에 따른 임의동행에서 상황의 변화에 따라 상대방의 혐의가 농후하게 되는 경우에는 어느 시점에서 형사소송법상의 체포로 되는지 판단하기 어렵다. 「경찰관 직무집행법」상의 임의동행도 보장적인 측면에서는 사법경찰작용의 일환으로 평가되는 것이다. 그러므로 임의동행에 계속하여 체포가 이루어진 경우에는 애초의 임의동행의 위법성이 그 이후의 모든 단계에 당연히 그

대로 승계된다고 보아야 한다(대판 2006. 7. 6, 2005도6810〈도주〉).

[판례] **정식의 체포·구속단계 이전의 임의동행의 적법요건:** [1] 형사소송법 제199조 제 1 항은 "수사에 관하여 그 목적을 달성하기 위하여 필요한 조사를 할 수 있다. 다만, 강제처분은 이 법률에 특별한 규정이 있는 경우에 한하며, 필요한 최소한도의 범위 안에서만 하여야 한다"고 규정하여 임의수사의 원칙을 명시하고 있는바, 수사관이 수사과정에서 당사자의 동의를 받는 형식으로 피의자를 수사관서 등에 동행하는 것은, 상대방의 신체의 자유가 현실적으로 제한되어 실질적으로 체포와 유사한 상태에 놓이게 됨에도, 영장에 의하지 아니하고 그 밖에 강제성을 띤 동행을 억제할 방법도 없어서 제도적으로는 물론 현실적으로도 임의성이 보장되지 않을 뿐만 아니라, 아직 정식의 체포·구속단계 이전이라는 이유로 상대방에게 헌법 및 형사소송법이 체포·구속된 피의자에게 부여하는 각종의 권리보장 장치가 제공되지 않는 등 형사소송법의 원리에 반하는 결과를 초래할 가능성이 크므로, **수사관이 동행에 앞서 피의자에게 동행을 거부할 수 있음을 알려 주었거나 동행한 피의자가 언제든지 자유로이 동행과정에서 이탈 또는 동행장소로부터 퇴거할 수 있었음이 인정되는 등 오로지 피의자의 자발적인 의사에 의하여 수사관서 등에의 동행이 이루어졌음이 객관적인 사정에 의하여 명백하게 입증된 경우에 한하여, 그 적법성이 인정되는 것으로 봄이 상당하다.** 형사소송법 제200조 제 1 항에 의하여 검사 또는 사법경찰관이 피의자에 대하여 임의적 출석을 요구할 수는 있겠으나, 그 경우에도 수사관이 단순히 출석을 요구함에 그치지 않고 일정 장소로의 동행을 요구하여 실행한다면 위에서 본 법리가 적용되어야 하고, 한편 **행정경찰 목적의 경찰활동으로 행하여지는 경찰관직무집행법 제 3 조 제 2 항 소정의 질문을 위한 동행요구도 형사소송법의 규율을 받는 수사로 이어지는 경우에는 역시 위에서 본 법리가 적용되어야 한다.** [2] 사법경찰관이 피고인을 수사관서까지 동행한 것이 사실상의 강제연행, 즉 불법 체포에 해당하고, 불법 체포로부터 6시간 상당이 경과한 후에 이루어진 긴급체포 또한 위법하므로 피고인이 불법체포된 자로서 형법 제145조 제 1 항에 정한 '법률에 의하여 체포 또는 구금된 자'가 아니어서 도주죄의 주체가 될 수 없다고 한 사례(대판 2006. 7. 6, 2005도6810〈도주〉).

5. 임의동행과 체포

「경찰관 직무집행법」 제 3 조 제 7 항은 "질문을 받거나 동행을 요구받은 사람은 형사소송에 관한 법률에 따르지 아니하고는 신체를 구속당하지 아니하며, 그 의사에 반하여 답변을 강요당하지 아니한다"고 규정함으로써 임의동행이 체포로 이어져서는 안 된다는 것을 명백히 하고 있다.

체포는 실력을 행사하여 피의자의 신체의 자유를 구속하는 것을 그 내용으로 하고, 이때 피의자는 신문에 대한 출두거부 및 퇴거의 자유가 없는 상태에 놓이게 된다. 따라서 체포 여부는 동행시의 제반 상황을 종합적으로 고려하여 판단하여야 할 것이다.

미국에서는 임의동행형식에 의한 신문에 대해 실질체포에 해당한다고 한 판례(United States v. Middeton, 344 F. 2d 78〈2d Cir. 1965〉)도 있으나, 연방대법원은 이것이 체포에 해당하는 것은 아니라고 하였다(Fla. v. Royer, 460 U. S. 491〈1983〉).

6. 임의동행과 적법절차

「경찰관 직무집행법」에서는 제 3 조 제 4 항에서 동행 전에 경찰관의 신분증명과 동행의 목적과 이유 및 동행장소의 고지의무를, 제 5 항에서는 동행 후에 가족에게 고지할 의무와 본인에게 연락기회의 부여의무 및 변호인의 조력을 받을 권리가 있음을 고지할 의무를 부과하고 있다.

제 3 조 제 6 항은 동행시간을 6시간으로 제한하고 있다. 「경찰관 직무집행법」이 6시간으로 정한 것은 신원파악 등에 많은 시간이 필요하기 때문으로 설명되고 있다. 그러나 오늘날 수사기술의 발달과 장비의 과학화로 인해서 임의동행을 6시간 허용하는 것은 지나친 행정편의적인 발상이라고 비판하면서 2시간으로 줄이자는 견해가 있다(강동욱). **판례**도 "경직법 제 3 조 제 6 항이 임의동행을 한 경우 당해인을 6시간을 초과하여 경찰관서에 머물게 할 수 없다고 규정하고 있다고 하여 그 규정이 임의동행한 자를 6시간 동안 경찰관서에 구금하는 것을 허용하는 것은 아니다"라고 판시하고 있다(대판 1997. 8. 22, 97도1240). 생각건대, 오늘날 각종 정보·자료의 디지털화로 신원확인에 오랜 시간이 걸리지 않는 점과 임의동행한 사람의 기본권 보호를 위하여 동행시간을 2시간으로 줄이는 것이 타당하다.

Ⅳ. 미아·병자·부상자 등의 임의보호조치

> 경찰관 직무집행법
>
> 제 4 조(보호조치 등) ① 경찰관은 수상한 행동이나 그 밖의 주위 사정을 합리적으로 판단해 볼 때 다음 각 호의 어느 하나에 해당하는 것이 명백하고 응급구호가 필요하다고 믿을 만한 상당한 이유가 있는 사람(이하 "구호대상자"라 한다)을 발견하였을 때에는 보건의료기관이나 공공구호기관에 긴급구호를 요청하거나 경찰관서에 보호하는 등 적절한 조치를 할 수 있다.
>
> 1. 정신착란을 일으키거나 술에 취하여 자신 또는 다른 사람의 생명·신체·재산에 위해를 끼칠 우려가 있는 사람
> 2. 자살을 시도하는 사람

> 3. 미아, 병자, 부상자 등으로서 적당한 보호자가 없으며 응급구호가 필요하다고 인정되는 사람. 다만, 본인이 구호를 거절하는 경우는 제외한다.
>
> ② 제 1 항에 따라 긴급구호를 요청받은 보건의료기관이나 공공구호기관은 정당한 이유 없이 긴급구호를 거절할 수 없다.
>
> ③ 경찰관은 제 1 항의 조치를 하는 경우에 구호대상자가 휴대하고 있는 무기·흉기 등 위험을 일으킬 수 있는 것으로 인정되는 물건을 경찰관서에 임시로 영치(領置)하여 놓을 수 있다.
>
> ④ 경찰관은 제 1 항의 조치를 하였을 때에는 지체 없이 구호대상자의 가족, 친지 또는 그 밖의 연고자에게 그 사실을 알려야 하며, 연고자가 발견되지 아니할 때에는 구호대상자를 적당한 공공보건의료기관이나 공공구호기관에 즉시 인계하여야 한다.
>
> ⑤ 경찰관은 제 4 항에 따라 구호대상자를 공공보건의료기관이나 공공구호기관에 인계하였을 때에는 즉시 그 사실을 소속 경찰서장이나 지방해양경비안전관서의 장에게 보고하여야 한다. <개정 2014. 11. 19.>
>
> ⑥ 제 5 항에 따라 보고를 받은 소속 경찰서장이나 지방해양경비안전관서의 장은 대통령령으로 정하는 바에 따라 구호대상자를 인계한 사실을 지체 없이 해당 공공보건의료기관 또는 공공구호기관의 장 및 그 감독행정청에 통보하여야 한다. <개정 2014. 11. 19.>
>
> ⑦ 제 1 항에 따라 구호대상자를 경찰관서에서 보호하는 기간은 24시간을 초과할 수 없고, 제 3 항에 따라 물건을 경찰관서에 임시로 영치하는 기간은 10일을 초과할 수 없다.
>
> [전문개정 2014. 5. 20.]

1. 미아 · 병자 · 부상자 등의 임의보호조치의 의의와 법적 성질

(1) 보호조치의 의의

미아, 병자, 부상자 등의 임의보호조치란 적당한 보호자가 없는 사람에 대해 응급의 구호를 요한다고 믿을 만한 상당한 이유가 있는 경우에 취하는 보호조치를 말한다(법 제 4 조 제 1 항 제 3 호).

「경찰관 직무집행법」은 본인의 의사를 존중하여 임의보호조치를 취할 수 있는 대상자로 '미아, 병자, 부상자 등'을 규정하고 있다. 즉 미아, 병자, 부상자 등으로서 적당한 보호자가 없으며 응급구호가 필요하다고 인정된다고 믿을 만한 상당한 이유가 있는 경우를 규정하고 있다.

'미아'란 보호자의 보호범위를 벗어나 스스로 안전을 도모할 수 없는 취학 전아동으로서 통상 지능, 환경, 상황에 따라 자기의 집, 보호자의 전화번호, 연락처 등을 기억하지 못하는 정도의 어린이를 말한다. **'병자·부상자'**란 질병이나 범죄·재해·사고·자해(自害) 등으로 부상을 입고 보호자 없이 방치된 사람으로서 본인의 자력(自力)으로는 병원에 찾아가거나 귀가할 수 없는 정도에 이른 사람을 말한다. 예를 들면, ① 도로에서 길을 잃은 병든 노인, ② 낙상사고를 당하여 정신을 잃거나 움직일 수 없는 사람 등이다(경찰청, 「보호조치업무메뉴얼」, 7쪽).

(2) 보호조치의 법적 성질

법 제 4 조 제 1 항 제 3 호의 보호조치는 본인의 의사를 존중하여 임의보호조치를 취하는 경우이므로 비권력적 사실행위로 보는 것이 타당하다.

2. 보호조치의 방법

「경찰관 직무집행법」은 보호조치의 방법으로서 "보건의료기관이나 공공구호기관에 긴급구호를 요청하거나 경찰관서에 보호하는 등 적절한 조치를 할 수 있다"고 규정하고 있다(제 4 조 제 1 항). **보건의료기관**이란 보건소, 병원, 한의원, 조산소 등 응급조치로 생명·신체의 구조를 행할 수 있는 공·사 기관을 말하고, **공공구호기관**이란 국가나 지방자치단체가 설립한 아동보호소, 부녀보호소, 양로원 등의 일체의 사회보장시설을 말한다.

본인의 의사를 존중하여 임의보호조치를 취할 수 있는 대상자인 미아, 병자, 부상자 등에 대해서는 그들의 의사를 존중하여야 한다.

3. 긴급구조요청의 거부금지

「경찰관 직무집행법」은 "긴급구호를 요청받은 보건의료기관이나 공공구호기관은 정당한 이유 없이 긴급구호를 거절할 수 없다"고 규정하고 있다(제 4 조 제 2 항).

정당한 이유란 의사의 장기출장이나 병원의 수리 등과 같이 객관적으로 보아 진료가 불가능한 상태를 말하므로 의사가 취침중이라든가 병원시설이 일부 부족한 상태와 같은 상황은 적정한 조치하에서 진료가 가능하므로 정당한 이유있는 때에 포함되지 않는다.

Ⅴ. 위험발생에 있어서 경고

> 경찰관 직무집행법
>
> 제5조(위험 발생의 방지 등) ① 경찰관은 사람의 생명 또는 신체에 위해를 끼치거나 재산에 중대한 손해를 끼칠 우려가 있는 천재(天災), 사변(事變), 인공구조물의 파손이나 붕괴, 교통사고, 위험물의 폭발, 위험한 동물 등의 출현, 극도의 혼잡, 그 밖의 위험한 사태가 있을 때에는 다음 각 호의 조치를 할 수 있다.
>
> 1. 그 장소에 모인 사람, 사물(事物)의 관리자, 그 밖의 관계인에게 필요한 경고를 하는 것
> 2. 매우 긴급한 경우에는 위해를 입을 우려가 있는 사람을 필요한 한도에서 억류하거나 피난시키는 것
> 3. 그 장소에 있는 사람, 사물의 관리자, 그 밖의 관계인에게 위해를 방지하기 위하여 필요하다고 인정되는 조치를 하게 하거나 직접 그 조치를 하는 것
>
> ② 경찰관서의 장은 대간첩 작전의 수행이나 소요(騷擾) 사태의 진압을 위하여 필요하다고 인정되는 상당한 이유가 있을 때에는 대간첩 작전지역이나 경찰관서·무기고 등 국가중요시설에 대한 접근 또는 통행을 제한하거나 금지할 수 있다.
>
> ③ 경찰관은 제1항의 조치를 하였을 때에는 지체 없이 그 사실을 소속 경찰관서의 장에게 보고하여야 한다.
>
> ④ 제2항의 조치를 하거나 제3항의 보고를 받은 경찰관서의 장은 관계 기관의 협조를 구하는 등 적절한 조치를 하여야 한다.
>
> [전문개정 2014. 5. 20.]

「경찰관 직무집행법」은 경찰관은 위험한 "그 장소에 모인 사람, 사물(事物)의 관리자, 그 밖의 관계인에게 필요한 경고"를 발할 수 있다고 규정하여(법 제5조 제1항 제1호), 경고조치를 위험발생의 방지조치의 하나로 들고 있다.

위험발생상 경고란 위험으로부터 피난시키거나 위험을 방지하기 위하여 필요한 예고를 하거나 주의를 주는 것을 말한다. 강제력을 발동하기 전에 우선 관계인에게 경고하여 스스로 위험을 피하기 위한 조치를 취하도록 함으로써 가급적 강제력을 발동하지 않으려는 취지이다(최영규). **경고의 예**로는 ① 무너질 우려가 있는 건물의 입주자에게 대피를 권고하는 경우, ② 홍수로 도로가 절단되었을 때 피하여 가도록 위험표시 등을 설치하는 경우, ③ 폭우로 제방이 무너질 우려가 있을 때에 인근 주민들을 대피하도록 주의를 주는 경우, ④ 도심의 광고탑이 무너지려

고 할 때에 그 관리자에게 수리를 권고하는 경우 등이다.

경고의 법적 성질에 대해서는 두 가지 견해가 대립된다. ① **경찰하명부정설**―첫째, 경직법 제 5 조 제 1 항 제 1 호의 경고는 경찰관의 의사통지에 불과하므로 경찰하명과는 다르다. 둘째, 경고로 인하여 법적 의무가 발생하는 것도 아니므로 관계인은 경찰관의 경고를 수인할 의무가 없다(이수일. 57쪽; 형사정책연구원 보고서, 132쪽). ② **경찰하명긍정설**―첫째, 제재조항이 없다는 이유로 법률상 경찰관에게 인정된 권한이 없다고 해석한다면 이는 법률의 규정의미 자체를 부인하는 결과를 가져온다. 둘째, 경고를 받은 관계인은 이를 수인해야 할 의무가 발생하고 그 경고에 따르지 아니할 경우에 경찰관이 어떠한 행위를 직접 행하거나, 관계인 등으로 하여금 하게 하는 제 5 조 제 1 항 제 2 호 및 제 3 호의 조치를 취할 필요가 있다고 보아야 한다(경찰청, 「경찰관직무집행법해설」, 71쪽). 생각건대, **경찰하명부정설이 타당하다**. 경고조치는 비권력적 사실행위로서 행정지도의 성질을 가진다고 보아야 한다.

Ⅵ. 범죄의 예방을 위한 경고

> 경찰관 직무집행법
>
> 제 6 조(범죄의 예방과 제지) **경찰관은 범죄행위가 목전(目前)에 행하여지려고 하고 있다고 인정될 때에는 이를 예방하기 위하여 관계인에게 필요한 경고를 하고**, 그 행위로 인하여 사람의 생명·신체에 위해를 끼치거나 재산에 중대한 손해를 끼칠 우려가 있는 긴급한 경우에는 그 행위를 제지할 수 있다.
> [전문개정 2014. 5. 20.]

「경찰관 직무집행법」 제 6 조는 “경찰관은 범죄행위가 목전(目前)에 행하여지려고 하고 있다고 인정될 때에는 이를 예방하기 위하여 관계인에게 필요한 경고를” 발할 수 있다고 규정하고 있다(법 제 6 조 제 1 항 전단).

범죄의 예방을 위한 경고란 범죄의 예방을 위하여 범죄행위로 나아가려고 하는 것을 중지하도록 통고하는 것을 말한다. 제 6 조의 경고는 주의를 환기시키려는 것으로서 경고에 따르지 않으면 제지 또는 진압하겠다는 뜻이 내포되어 있다. 제 6 조의 경고를 행하고 있는 경찰관에 대한 폭행·협박은 공무집행방해죄를 구성한다는 일본판례가 있다(日 大阪高裁決 昭和 26. 2. 2).

경고의 대상은 관계인이다. 따라서 ① 범죄를 행하고 있는 사람, 범죄로 피해를 받는 사람이 주된 대상이나 ② 이들이 보호를 요하는 사람인 경우에는 그 보호자들도 경고의 대상이 될 수 있다. ③ 그리고 장소, 건물 그 밖의 공작물에 관련된 범죄일 경우에는 건물 등의 관리자, 소유자, 점유자 및 그 장소에 거주하는 사람도 대상자가 될 수 있을 것이다.

[판례] **경찰관직무집행법 제 6 조 제 1 항(현행 제 6 조)에 규정된 경찰관의 '경고'나 '제지'가 범죄행위에 관한 실행의 착수 이후 범죄행위가 계속되는 중에 그 진압을 위하여도 행하여질 수 있는지 여부(적극):** 경찰관직무집행법 제 6 조 제 1 항(현행 제 6 조)은 '경찰관은 범죄행위가 목전에 행하여지려고 하고 있다고 인정될 때에는 이를 예방하기 위하여 관계인에게 필요한 경고를 발하고, 그 행위로 인하여 인명·신체에 위해를 미치거나 재산에 중대한 손해를 끼칠 우려가 있어 긴급을 요하는 경우에는 그 행위를 제지할 수 있다'고 규정하고 있다. 여기에 규정된 **경찰관의 경고나 제지는 그 문언과 같이 범죄의 예방을 위하여 범죄행위에 관한 실행의 착수 전에 행하여질 수 있을 뿐만 아니라, 이후 범죄행위가 계속되는 중에 그 진압을 위하여도 당연히 행하여질 수 있다고 보아야 한다.** 이와 같은 법리에 비추어, 공사현장 출입구 앞 도로 한복판을 점거하고 공사차량의 출입을 방해하던 피고인의 팔과 다리를 잡고 도로 밖으로 옮기려고 한 경찰관의 행위를 적법한 공무집행으로 보고 경찰관의 팔을 물어뜯은 피고인에 대한 공무집행방해 및 상해의 공소사실을 모두 유죄로 인정한 원심의 판단은 정당하다. 거기에 상고이유의 주장과 같이 경찰관직무집행법 제 6 조 제 1 항(현행 제 6 조)에 관한 법리오해나 긴급성에 관한 판단누락 등의 잘못이 있다고는 할 수 없다(대판 2013. 9. 26, 2013도643).

Ⅶ. 사실조회 및 직접확인

경찰관 직무집행법

제 8 조(사실의 확인 등) ① 경찰서의 장은 직무 수행에 필요하다고 인정되는 상당한 이유가 있을 때에는 국가기관이나 공사(公私) 단체 등에 직무 수행에 관련된 사실을 조회할 수 있다. 다만, 긴급한 경우에는 소속 경찰관으로 하여금 현장에 나가 해당 기관 또는 단체의 장의 협조를 받아 그 사실을 확인하게 할 수 있다.

② 경찰관은 다음 각 호의 직무를 수행하기 위하여 필요하면 관계인에게 출석하여야 하는 사유·일시 및 장소를 명확히 적은 출석 요구서를 보내 경찰관서에 출석할 것을 요구할 수 있다.

1. 미아를 인수할 보호자 확인
2. 유실물을 인수할 권리자 확인

> 3. 사고로 인한 사상자(死傷者) 확인
> 4. 행정처분을 위한 교통사고 조사에 필요한 사실 확인
> [전문개정 2014. 5. 20.]

1. 의 의

경찰관서의 장은 직무수행에 필요하다고 인정되는 상당한 이유가 있을 때에는 국가기관 또는 공·사단체 등에 대하여 직무수행에 관련된 사실을 조회할 수 있다(법 제 8 조 제 1 항 본문).

2. 사실조회 및 직접확인

사실조회의 대상이 되는 정보는 경찰 직무수행에 필요한 정보이다. 경찰의 직무는 위험방지 및 수사가 포함된다.[43]

사실조회의 상대방은 모든 국가기관, 공사(公私) 단체 등이다.

경찰관은 상대방에게 정보의 제공을 요청할 수 있을 뿐이고, 상대방이 자발적으로 사실을 제공해주지 아니하는 이상 이 조항에 근거하여 경찰관이 정보를 강제로 확보할 수는 없다.

경찰관의 사실조회 한계는 사실조회의 상대방이 ① 공공기관인 개인정보처리자인 경우, ② 공공기관 아닌 개인정보처리자인 경우로 나누어 살펴볼 수 있다.

직접확인이란 긴급을 요할 때에 경찰관서의 장의 지시에 따라 소속 경찰관이 현장에 출장하여 해당 기관 또는 단체의 장의 협조를 얻어 그 사실을 확인하는 것을 말한다(동법 제 8 조 제 1 항 단서).

3. 출석요구

「경찰관 직무집행법」은 "경찰관은 미아를 인수할 보호자 확인, 유실물을 인수할 권리자 확인, 사고로 인한 사상자(死傷者) 확인, 행정처분을 위한 교통사고 조사에 필요한 사실 확인하기 위하여 필요하면 관계인에게 출석하여야 하는 사유·일시 및 장소를 명확히 적은 출석 요구서를 보내 경찰관서에 출석할 것을 요구할 수 있다"고 규정하고 있다(법 제 8 조 제 2 항).

출석요구 자체가 국민에게 실질적 위협이 될 수 있기 때문에 출석요구서 발부는 명문의 규정이 있는 경우에 한하도록 하는 것이 옳다고 본다. 따라서 이 규

---

43) 김형규, 「경찰관직무집행법의 이론과 실제」, 217~218쪽.

정은 열거적·제한적 규정으로 보아야지 예시적 규정으로 보아서는 안 될 것이다.

법 제 8 조 제 2 항에 근거한 출석요구는 법적 성질상 관계인이 불응해도 출석을 강제할 방법이 없다.

[판례] **신병이 조사차 국가안전기획부직원에게 인도된 후 위 경찰서 유치장에 인도된 바 없이 계속하여 국가안전기획부 청사에 사실상 구금되어 있었다면, 청구인에 대한 이러한 사실상의 구금장소의 임의적 변경은 청구인의 방어권이나 접견교통권의 행사에 중대한 장애를 초래하는 것이므로 위법하다**(대결 1996. 5. 15, 95모94).

제10장 행정의 실효성 확보수단

제1절 의 의

행정의 실효성 확보수단이란 행정에 있어서 목적의 실효성을 확보하기 위하여 인정되는 법적 수단을 말한다. 행정목적의 실효성이란 행정목적의 달성을 말한다.

사법적 집행과는 별도로 행정상의 강제집행을 두어 행정주체의 자력구제를 인정하는 것은 행정상의 목적에 적합한 상황을 빠른 시기에 실현하는데 있다. 행정의 경우에는 집행의 방법 그 자체 속에 행정적 판단을 필요로 하는 때가 있다. 토지수용에 있어서 토지의 명도(明渡)를 어떤 범위에서 어떤 시점에서 어떤 식으로 할 것인가, 위법건축물의 철거를 어느 때로 할 것인가는 다분히 행정적 판단이 필요하다. 법원에 맡겨서는 시간이 걸리고 법관의 부담과중의 문제도 있다(塩野宏, 177쪽).

행정목적의 달성을 위하여 관련법을 제정하고, 국민에게 의무를 부과하는데, 국민이 법을 위반하거나 의무를 이행하지 않는 경우가 적지 않다. 그리하여 국민이 행정법규를 위반하지 않고 행정처분에 의해 부과된 의무를 이행하도록 하여 행정목적의 실효성을 달성할 수 있도록 하는 여러 법적 수단이 필요하다.

행정의 실효성을 확보하기 위한 **전통적 수단**으로 행정강제와 행정벌이 인정되고 있다. 그런데 행정강제와 행정벌만으로 행정의 실효성을 확보하는 데에는 불충분하고 효과적이지 못한 경우가 있기 때문에 **새로운 실효성 확보수단**이 법상 또는 행정실무상 등장하고 있다. 제재로서 가해지는 수익적 행정행위의 철회, 명단의 공표, 과징금 등이 그 예이다. 최근에는 위와 같은 권력적 수단뿐만 아니라 경제적 수단 등 비권력적인 수단이 인정되고 있다. 또한 민사상 강제집행수단의 활용이 논의되고 있다.

제 2 절 행정상 강제

행정기본법

제30조(행정상 강제) ① 행정청은 행정목적을 달성하기 위하여 필요한 경우에는 법률로 정하는 바에 따라 필요한 최소한의 범위에서 다음 각 호의 어느 하나에 해당하는 조치를 할 수 있다.

1. 행정대집행: 의무자가 행정상 의무(법령등에서 직접 부과하거나 행정청이 법령등에 따라 부과한 의무를 말한다. 이하 이 절에서 같다)로서 타인이 대신하여 행할 수 있는 의무를 이행하지 아니하는 경우 법률로 정하는 다른 수단으로는 그 이행을 확보하기 곤란하고 그 불이행을 방치하면 공익을 크게 해칠 것으로 인정될 때에 행정청이 의무자가 하여야 할 행위를 스스로 하거나 제 3 자에게 하게 하고 그 비용을 의무자로부터 징수하는 것
2. 이행강제금의 부과: 의무자가 행정상 의무를 이행하지 아니하는 경우 행정청이 적절한 이행기간을 부여하고, 그 기한까지 행정상 의무를 이행하지 아니하면 금전급부의무를 부과하는 것
3. 직접강제: 의무자가 행정상 의무를 이행하지 아니하는 경우 행정청이 의무자의 신체나 재산에 실력을 행사하여 그 행정상 의무의 이행이 있었던 것과 같은 상태를 실현하는 것
4. 강제징수: 의무자가 행정상 의무 중 금전급부의무를 이행하지 아니하는 경우 행정청이 의무자의 재산에 실력을 행사하여 그 행정상 의무가 실현된 것과 같은 상태를 실현하는 것
5. 즉시강제: 현재의 급박한 행정상의 장해를 제거하기 위한 경우로서 다음 각 목의 어느 하나에 해당하는 경우에 행정청이 곧바로 국민의 신체 또는 재산에 실력을 행사하여 행정목적을 달성하는 것
   가. 행정청이 미리 행정상 의무 이행을 명할 시간적 여유가 없는 경우
   나. 그 성질상 행정상 의무의 이행을 명하는 것만으로는 행정목적 달성이 곤란한 경우

② 행정상 강제 조치에 관하여 이 법에서 정한 사항 외에 필요한 사항은 따로 법률로 정한다.

③ 형사(刑事), 행형(行刑) 및 보안처분 관계 법령에 따라 행하는 사항이나 외국인의 출입국·난민인정·귀화·국적회복에 관한 사항에 관하여는 이 절을 적용하지 아니한다.

제 1 항 개 설

Ⅰ. 행정상 강제의 의의와 종류

행정상 강제란 행정목적의 실현을 확보하기 위하여 사람의 신체 또는 재산에 실력을 가함으로써 행정권이 직접 행정상 필요한 상태를 실현하는 권력적 행위이다.

행정상 강제에는 행정상 강제집행과 행정상 즉시강제가 있다. **행정상 강제집행**은 행정법상의 의무불이행을 전제로 하여 이 의무의 이행을 강제하는 것인 데 반하여 **행정상 즉시강제**는 급박한 상황하에서 의무를 명할 수 없는 경우에 행하여지는 행정강제로서 행정법상의 의무불이행을 전제로 하지 않는다는 점에서 양자는 구분된다.

Ⅱ. 「행정기본법」상 행정상 강제의 일반원칙

「행정기본법」은 행정상 강제의 기본적인 사항만 정하고 그 밖의 구체적인 규율은 개별법에서 정하도록 규정하고 있다(개별법주의).

1. 법률유보의 원칙

법률유보의 원칙상 행정상 강제에는 법률의 근거가 있어야 한다(행정기본법 제30조 제 1 항). 「행정기본법」은 행정상 강제의 근거규정이 아니다.

2. 행정상 강제 법정주의

행정상 강제 조치에 관하여 「행정기본법」에서 정한 사항 외에 필요한 사항은 따로 법률로 정한다(행정기본법 제30조 제 2 항).

3. 행정상 강제 적용 제외사항

형사(刑事), 행형(行刑) 및 보안처분 관계 법령에 따라 행하는 사항이나 외국인의 출입국·난민인정·귀화·국적회복에 관한 사항에 관하여는 「행정기본법」상 행정상 강제에 대한 규정을 적용하지 아니한다(행정기본법 제30조 제 3 항).

제 2 항 행정상 강제집행

Ⅰ. 의 의

행정상 강제집행이란 행정법상의 의무불이행이 있는 경우에 행정청이 의무자의 신체 또는 재산에 실력을 가하여 그 의무를 이행시키거나 이행한 것과 동일한 상태를 실현시키는 작용을 말한다.

행정상 강제집행에는 **대집행, 강제징수, 직접강제, 이행강제금**(집행벌)이 있다. 현재 대집행과 강제징수는 일반적으로 인정되고 있지만 직접강제와 이행강제금은 예외적으로만 인정되고 있다.

행정상 강제집행이 인정되는 경우 민사상 강제집행은 인정될 수 없다(대판 2000. 5. 12, 99다18909). 그러나 행정법상의 의무불이행에 대하여 행정상 강제집행을 인정하는 법률이 존재하지 않는 경우 또는 행정상 강제집행을 인정하는 법률이 존재하더라도 그 행정상 강제집행이 불가능한 경우 등 권리실현에 장애가 있게 되는 특별한 사정이 있다고 볼 수 있는 경우(대판 2017. 4. 28, 2016두39498)에는 행정법상 의무의 이행을 강제하기 위해 민사상 강제집행수단을 이용할 수 있다.

[판례] **행정청이 행정대집행을 할 수 있는 경우 행정청의 채권자가 행정청을 대위하여 민사소송의 방법으로 시설물의 철거를 구할 수 있는지 여부(적극)**: 관리권자인 보령시장으로서는 행정대집행의 방법으로 이 사건 시설물을 철거할 수 있고, 이러한 행정대집행의 절차가 인정되는 경우에는 따로 민사소송의 방법으로 피고들에 대하여 이 사건 시설물의 철거를 구하는 것은 허용되지 않는다. 다만, **관리권자인 보령시장이 행정대집행을 실시하지 아니하는 경우 국가에 대하여 이 사건 토지사용청구권을 가지는 원고로서는 국가를 대위하여 피고들을 상대로 민사소송의 방법으로 이 사건 시설물의 철거를 구할 수 있다**(대판 2009. 6. 11, 2009다1122).

Ⅱ. 근 거

행정상 강제집행은 국민의 기본권에 대한 제한을 수반하므로 법적 근거가 있어야 한다. 「행정기본법」 제30조에서 '행정상 강제'를 규정하고 있다.

대집행의 근거법으로는 대집행에 관한 일반법인 행정대집행법과 대집행에 관한 개별법규정이 있고, 행정상 강제징수에 대한 근거법으로 국세징수법 및 지방세징수법과 국세징수법 또는 지방세징수법을 준용하는 여러 개별법규정이 있다. 직접강제와 이행강제금은 각 개별법에서 예외적으로 인정되고 있다.

Ⅲ. 대 집 행 [2005 행시(재경직) 사례, 2017 경감승진 사례〈인권침해적 내용의 옥외광고물 철거사건〉]

> 행정기본법
>
> 제30조(행정상 강제) ① 행정청은 행정목적을 달성하기 위하여 필요한 경우에는 법률로 정하는 바에 따라 필요한 최소한의 범위에서 다음 각 호의 어느 하나에 해당하는 조치를 할 수 있다.
>
> 1. **행정대집행: 의무자가 행정상 의무(법령등에서 직접 부과하거나 행정청이 법령등에 따라 부과한 의무를 말한다. 이하 이 절에서 같다)로서 타인이 대신하여 행할 수 있는 의무를 이행하지 아니하는 경우 법률로 정하는 다른 수단으로는 그 이행을 확보하기 곤란하고 그 불이행을 방치하면 공익을 크게 해칠 것으로 인정될 때에 행정청이 의무자가 하여야 할 행위를 스스로 하거나 제 3 자에게 하게 하고 그 비용을 의무자로부터 징수하는 것**
>
> ② 행정상 강제 조치에 관하여 이 법에서 정한 사항 외에 필요한 사항은 따로 법률로 정한다.
>
> ③ 형사(刑事), 행형(行刑) 및 보안처분 관계 법령에 따라 행하는 사항이나 외국인의 출입국·난민인정·귀화·국적회복에 관한 사항에 관하여는 이 절을 적용하지 아니한다.

1. 의 의

행정대집행이란 "의무자가 행정상 의무(법령등에서 직접 부과하거나 행정청이 법령등에 따라 부과한 의무를 말한다. 이하 이 절에서 같다)로서 타인이 대신하여 행할 수 있는 의무(대체적 작위의무)를 이행하지 아니하는 경우 법률로 정하는 다른 수단으로는 그 이행을 확보하기 곤란하고 그 불이행을 방치하면 공익을 크게 해칠 것으로 인정될 때에 행정청이 의무자가 하여야 할 행위를 스스로 하거나 제 3 자에게 하게 하고 그 비용을 의무자로부터 징수하는 것"을 말한다(행정기본법 제30조 제 1 항 제 1 호). **행정청 자신이 스스로 대집행을 할 수 있기 때문에 직접강제와의 구별에 모호한 측면이 있다.**

대집행의 전형적인 예는 —일련의 정식절차를 밟을 수 있는 상황이 존재하는 경우에는— 교통법규에 위반하여 주차된 차량의 견인이다(도로교통법 제35조, 제36조).

2. 대집행권자 및 대집행의 수탁자

(1) 해당 행정청

대집행을 할 수 있는 권한을 가진 자는 '해당 행정청'이다(행정대집행법 제 2 조). '해당 행정청'이란 대집행의 대상이 되는 의무를 명하는 처분을 한 행정청을 말한다.

(2) 대집행의 위탁

행정청은 대집행을 스스로 하거나 타인에게 대집행을 위탁할 수 있다.

대집행의 수탁자는 행정기관일 수도 있고 공공단체 또는 사인일 수도 있다. **공공단체 또는 사인에 대한 대집행의 위탁은 엄밀한 의미의 위탁이 아니라 사실상의 대집행행위의 위탁(대집행 보조를 위한 위탁)이라고 해석**하여야 한다. 달리 말하면 **공공단체 또는 사인의 대집행은 항상 대집행권자인 행정청의 감독과 책임하에 행해질 수 있는 것으로 보아야 한다.** 그리고 **대집행을 행하는 공공단체 또는 사인은 행정보조자의 지위**를 갖는다고 보아야 한다. 왜냐하면, **대집행은 물리력의 행사로서 전형적인 공권력의 행사이므로 행정기관만이 이를 행할 수 있는 것으로 보아야 하기 때문**이다. 그런데 공공단체(한국토지공사)에 대한 대집행의 위탁(법정위탁)을 협의의 위탁으로 본 **판례**가 있다(대판 2010. 1. 28, 2007다82950·82967).

3. 대집행의 요건[2006 경감승진 약술]

행정대집행법은 행정대집행에 관하여 일반법의 성질을 가지므로 행정대집행에 대한 개별법상 근거규정이 없는 경우에도 행정대집행법이 정하는 요건을 충족하는 경우에는 행정대집행법에 근거하여 대집행이 행해질 수 있다.

(1) 공법상 대체적 작위의무의 불이행[2010 사시 사례]

행정법상의 대체적 작위의무를 의무자가 이행하지 않고 있어야 한다.

1) 대체적 작위의무[2010 사시]

대체적 작위의무란 그 의무의 이행을 타인이 대신할 수 있는 작위의무를 말한다. 대체적 작위의무의 예로는 위법주차차량의 견인, 건물의 철거, 물건의 파기를 들 수 있다.

행정대집행법상 대집행의 대상이 되는 대체적 작위의무는 공법상 의무이어야 한다(대판 2006. 10. 13, 2006두7096: 구 「공공용지의 취득 및 손실보상에 관한 특례법」에 의한 협의취득시 건물소유자가 매매대상 건물에 대한 철거의무를 부담하겠다는 취지의 약정을 한 경우, 그 철거의무가 행정대집행법에 의한 대집행의 대상이 되지 않는다고 한 사례).

대체적 작위의무는 법령(조례 포함)에 의해 직접 부과되었거나 법률에 근거한 행정청의 명령에 의해 부과된 경우에 행정대집행법상의 대집행의 대상이 된다(법 제 2 조). 다만, 대집행의 대상이 되는 의무는 구체적·특정적 의무이어야 한다.

2) 부작위의무와 수인의무

부작위의무와 수인의무는 성질상 대체적 작위의무가 아니다. 따라서 부작위의무와 수인의무는 대집행의 대상이 되지 않는다.

부작위의무(예 불법공작물을 설치하지 않을 의무) 위반의 경우 법률의 근거가 없는 한 그 의무를 위반함으로써 생긴 결과를 시정하기 위한 작위의무(예 불법공작물철거의무)를 해당 부작위의무로부터 당연히 도출해낼 수는 없다(대판 1996. 6. 28, 96누4374). 별도의 법률규정에 근거하여 작위의무(예 철거의무)를 명하는 명령(예 철거명령)을 발하고 그 작위의무 불이행에 대해 대집행을 행하여야 한다.

3) 물건의 인도 또는 토지나 건물의 명도의무 [2011 일반행정 사례]

문제는 물건의 인도 또는 토지나 건물의 명도의무가 대체적 작위의무인가이다.

물건의 인도는 대체성이 있는 물건에 한하여 대집행이 가능하다. 점유자 자신에 대한 물리력의 행사는 대집행에 포함되지 않으므로 **점유자가 점유하는 물건의 인도는 대집행의 대상이 될 수 없고, 직접강제의 대상이 된다.** 대체성이 있는 물건도 물건 자체에 대하여 대집행을 할 수는 없지만 대체성이 있는 다른 물건을 타인으로 하여금 급부시키고 의무자로부터 물건값과 인도비용을 징수하는 방법으로 대집행을 행할 수 있다.

토지·건물의 명도는 대집행의 대상이 될 수 없다. 강제력에 의한 토지나 건물의 명도는 점유자 자신에 대한 물리력의 행사를 수반하므로 **직접강제의 대상**이 될 수 있을 뿐 대집행의 대상이 될 수 없다.

[판례] [1] **도시공원시설 점유자의 퇴거 및 명도의무가 행정대집행법에 의한 대집행의 대상인지 여부**(소극): 도시공원시설인 매점의 관리청이 그 공동점유자 중의 1인에 대하여 소정의 기간 내에 위 매점으로부터 퇴거하고 이에 부수하여 그 판매 시설물 및 상품을 반출하지 아니할 때에는 이를 대집행하겠다는 내용의 **계고처분은 그 주된 목적이** 매점의 원형을 보존하기 위하여 점유자가 설치한 불법 시설물을 철거하고자 하는 것이 아니라, **매점에 대한 점유자의 점유를 배제하고 그 점유이전을 받는 데 있다고 할 것**인데, **이러한 의무는 그것을 강제적으로 실현함에 있어 직접적인 실력행사가 필요한 것이지 대체적 작위의무에 해당하는 것은 아니어서 직접강제의 방법에 의하는 것은 별론으로 하고 행정대집행법에 의한 대집행의 대상이 되는 것은 아니다.** [2] **구 지방재정법 제85조(현 공유재산법 제83조)가 대체적 작위의무가 아닌**

의무에 대하여도 대집행을 허용하는 취지인지 여부(소극): 구 지방재정법 제85조(현 공유재산법 제83조)는 **철거 대집행에 관한 개별적인 근거 규정을 마련**함과 동시에 행정대집행법상의 대집행 요건 및 절차에 관한 일부 규정만을 준용한다는 취지에 그치는 것이고, 그것이 **대체적 작위의무에 속하지 아니하여 원칙적으로 대집행의 대상이 될 수 없는 다른 종류의 의무에 대하여서까지 강제집행을 허용하는 취지는 아니다**(대판 1998. 10. 23, 97누157〈시설물철거대집행계고처분취소〉). [참고] 「공유재산 및 물품관리법」 제83조(원상복구명령 등) ① 지방자치단체의 장은 정당한 사유 없이 공유재산을 점유하거나 공유재산에 시설물을 설치한 경우에는 원상복구 또는 시설물의 철거 등을 명하거나 이에 필요한 조치를 할 수 있다. ② 제1항에 따른 명령을 받은 자가 그 명령을 이행하지 아니할 때에는 **「행정대집행법」에 따라 원상복구 또는 시설물의 철거 등을 하고 그 비용을 징수할 수 있다.**

토지보상법 제89조는 수용 목적물인 토지나 물건의 인도 또는 이전에 관한 대집행을 규정하고 있는데, 이 규정을 토지의 인도나 이전에 대하여 대집행을 인정한 특별규정으로 보아야 하는지에 관하여 견해가 대립하고 있다.

(2) 비례성 요건

'다른 수단으로써 이행을 확보하기 곤란하고 또한 그 불이행을 방치함이 심히 공익을 해할 것으로 인정될 때'에 한하여 대집행이 가능하다(법 제2조). 이 규정은 비례의 원칙이 행정대집행에도 적용된 것이다.

'다른 수단으로 이행을 확보하기 곤란할 것'은 최소침해의 원칙을 규정한 것이다. **'다른 수단'**이란 대집행보다 의무자의 권익을 적게 침해하는 수단을 말한다. '다른 수단'의 예로 의무자의 자발적 이행을 들 수 있다. 의무자가 자발적 이행을 약속하며 대집행의 연기를 진지하게 요청하였음에도 대집행을 강행하는 것은 위법하다.

'그 불이행을 방치함이 심히 공익을 해할 것으로 인정될 때'에 한하여 대집행이 인정되는 것으로 명시적으로 규정한 것은 협의의 비례원칙(상당성의 원칙)을 규정한 것인데, 대집행에 있어서 상대방의 권익보호를 위해 비례의 원칙을 다소 강화한 것이다.

[판례] **무허가증축부분으로 인하여 건물의 미관이 나아지고 위 증축부분을 철거하는 데 비용이 많이 소요된다고 하더라도** 위 무허가증축부분을 그대로 방치한다면 이를 단속하는 당국의 권능이 무력화되어 건축행정의 원활한 수행이 위태롭게 되며 건축법 소정의 제한규정을 회피하는 것을 사전예방하고 또한 도시계획구역 안에서 토지의 경제적이고 효율적인 이용을 도모한다는 더 큰 공익을 심히 해할 우려가 있다고 보아 **건물철거대집행계고처분을**

할 요건에 해당한다고 한 사례(대판 1992. 3. 10, 91누4140).

4. 대집행권 행사의 재량성

대집행의 요건인 '다른 수단이 존재하지 않을 것' 및 '의무불이행이 심히 공익을 해할 것'은 판단여지가 인정되지 않는다는 데 이견(異見)이 없지만, 원칙상 판단여지가 인정되는 개념은 아니며 법개념이다. 달리 말하면 요건존부의 판단에는 행정청에게 판단여지의 소지가 있다는 견해(정하중)가 있으나, 판단여지가 인정되지 않는다고 보는 것이 타당하다.

대집행의 요건이 충족되는 경우에 대집행권을 발동할 것인가는 행정청의 재량에 속한다고 보는 것이 타당하다. 판례도 재량으로 보고 있다. 다만, '재량권의 영으로의 수축이론'에 따라 일정한 경우에 행정청은 대집행을 행하여야 한다.

5. 대집행 절차

대집행은 계고, 대집행영장에 의한 통지, 대집행의 실행, 대집행비용의 징수(납부명령 및 강제징수)의 단계를 거쳐 행해진다. 대집행의 계고, 대집행영장에 의한 통지는 새로운 의무를 부과하는 것은 아니다(塩野宏, 183쪽).

(1) 계　고 [2012 행시]

1) 의　의

계고란 상당한 기간 내에 의무의 이행을 하지 않으면 대집행을 한다는 의사를 사전에 통지하는 행위를 말한다. 계고의 법적 효과로서 행정청은 대집행의 두 번째 절차인 '대집행영장에 의한 통지'를 할 수 있는 권한을 가지게 된다.

2) 계고의무

대집행을 하기 위하여는 미리 계고하여야 한다(법 제 3 조 제 1 항). 다만, 비상시 또는 위험이 절박한 경우에 있어서 해당 행위의 급속한 실시를 요하여 계고를 취할 여유가 없을 때에는 계고를 거치지 아니하고 대집행을 할 수 있다(제 3 항).

판례는 철거명령과 계고처분을 1장의 문서로써 동시에 할 수 있다고 본다(대판 1992. 6. 12, 91누13564).

3) 법적 성질

계고처분이 행해지면 행정청은 제 3 조 제 2 항에 의해 대집행영장을 발급할 수 있는 권한을 갖게 되는 법적 효과가 발생하므로 계고의 법적 성질은 **준법률행**

위적 행정행위이다. 따라서 계고는 그 자체가 독립하여 항고소송의 대상이 된다. 다만, 2차 계고는 대집행기한의 연기통지에 불과하므로 행정처분이 아니다(대판 1991. 1. 25, 90누5962).

4) 요 건

① 의무자가 이행하여야 할 행위와 그 의무불이행시 대집행할 행위의 내용 및 범위가 구체적으로 특정되어야 한다(대판 1992. 3. 10, 91누4140).

② 계고처분은 문서로 하여야 한다(제 3 조 제 1 항).

③ 계고처분은 상당한 이행기간을 정하여야 한다(제 3 조 제 1 항). '상당한 기간'이란 사회통념상 의무자가 스스로 의무를 이행하는 데 필요한 기간을 말한다.

④ 계고시에 대집행의 요건이 충족되고 있어야 한다.

[판례] (1) **대집행계고처분을 하기 위한 요건:** 대집행계고처분을 하기 위하여는 법령에 의하여 직접 명령되거나 법령에 근거한 행정청의 명령에 의한 **의무자의 대체적 작위의무 위반행위가 있어야 한다.** (2) 이 사건 계고처분의 근거 법령으로 삼은 **이 사건 조항은 "시행자는** 제56조 제 1 항의 규정에 의하여 **환지예정지를 지정하는 경우**, 제58조 제 1 항의 규정에 의하여 종전의 토지에 관한 사용 또는 수익을 정지시키는 경우나 공공시설의 변경 또는 폐지에 관한 공사를 시행하는 경우에 **필요한 때에는 시행지구 안에 있는 건축물 등 및 장애물 등을 이전하거나 제거할 수 있다**"고 규정하고 있을 뿐이어서, 건축물 등의 소유자 또는 점유자에게 직접 그 **이전 또는 제거의무를 부과하는 규정이 아님**은 법문상 명백하다. (3) 이 사건 조항은 사업시행자에게 직접 건축물 등을 이전하거나 제거할 수 있는 권능을 부여하는 규정일 뿐, 사업시행자에게 건축물 등의 소유자 또는 점유자에 대하여 **그 이전 또는 제거를 명할 수 있는 권능까지 부여하는 규정이라고 할 수 없다.** [해설] 행정청이 토지구획정리사업의 환지예정지를 지정하고 그 사업에 편입되는 건축물 등 지장물의 소유자 또는 임차인에게 지장물(地藏物)의 자진이전을 요구한 후 이에 응하지 않자 지장물의 이전에 대한 대집행을 계고하고 다시 대집행영장을 통지한 사안에서, **위 계고처분 등은 행정대집행법 제 2 조에 따라 명령된 지장물 이전의무가 없음에도 그러한 의무의 불이행을 사유로 행하여진 것으로 위법하다**고 한 사례(대판 2010. 6. 24, 2010두1231〈행정대집행계고처분취소〉).

(2) 대집행영장에 따른 통지

1) 의 의

대집행영장에 따른 통지란 의무자가 계고를 받고 그 지정 기한까지 그 의무를 이행하지 아니할 때에는 해당 행정청이 대집행영장으로써 대집행실행의 시기, 대집행책임자의 성명과 대집행비용의 개산액(概算額)을 의무자에게 통지하는 행위를 말한다. 즉 대집행을 실행하겠다는 의사를 구체적으로 통지하는 행위를 말한다.

2) 대집행영장에 따른 통지의무

대집행영장에 따른 통지는 단순히 일정을 알리는 것이 아니라, 원칙상 대집행의 의무적 절차의 하나이다. 다만, 비상시 또는 위험이 절박한 경우에 있어서 해당 행위의 급속한 실시를 요하여 대집행영장에 따른 통지를 취할 여유가 없을 때에는 대집행영장에 의한 통지를 거치지 아니하고 대집행을 할 수 있다(법 제 3 조 제 3 항).

3) 법적 성질

대집행영장에 따른 통지로 의무자에게 대집행수인의무가 발생하고 행정청은 대집행실행권을 갖게 되는 법적 효과를 발생하므로 그 법적 성질이 **준법률행위적 행정행위**이다. 따라서 대집행영장에 의한 통지는 그 자체가 독립하여 취소소송의 대상이 된다.

(3) 대집행의 실행

1) 의 의

대집행의 실행이란 해당 행정청이 스스로 또는 타인으로 하여금 대체적 작위의무를 이행시키는 물리력의 행사를 말한다.

2) 법적 성질

대집행실행행위는 물리력을 행사하는 **권력적 사실행위**이다.

3) 절 차

대집행 책임자는 그가 집행책임자라는 것을 표시한 증표를 휴대하여 대집행시에 이해관계인에게 제시하여야 한다(법 제 4 조 제 3 항).

4) 실력행사

대집행의 본질은 물리적인 힘의 행사 그 자체이지만, 그 자체는 대체적 작위의무이므로 의무자의 신체에 대한 강제력은 원래 가지지 않는 것이다. 그러나 위법건축물의 철거에서와 같이 대집행의 실행에 대하여 저항하는 경우에 실력으로 그 저항을 배제하는 것이 대집행의 일부로서 인정되는가에 대하여 견해가 대립하고 있다.

가. 긍 정 설 대집행의 실행을 위하여 필요한 한도 내에서 실력으로 저항을 배제하는 것은 명문의 근거가 없는 경우에도 대집행에 수반하는 기능으로 인

정되어야 한다는 견해이다.

나. 부 정 설 저항을 실력으로 배제하는 것은 신체에 대하여 물리력을 행사하는 것이므로 대집행에 포함된다고 볼 수 없으므로 그것의 인정을 위하여는 별도의 법률상 근거가 있어야 한다는 견해이다. 즉 경찰력의 도움이 필요하다고 본다.

다. 판 례 실력으로 저항을 배제하는 것이 대집행권한에는 포함되지 않는다는 것을 명시적으로 선언하지는 않았지만, 그러한 입장(부정설)을 취하고 있는 것으로 보인다. 다만, 건물철거의무에 퇴거의무도 포함되어 있다고 보아 건물철거 대집행 과정에서 부수적으로 건물의 점유자들에 대한 퇴거 조치를 할 수 있고, 점유자들이 적법한 행정대집행을 위력을 행사하여 방해하는 경우 필요한 경우에는 「경찰관 직무집행법」에 근거한 위험발생 방지조치 또는 형법상 공무집행방해죄의 범행방지 내지 현행범체포의 차원에서 경찰의 도움을 받을 수도 있다고 본다(대판 2017. 4. 28, 2016다213916). 이 판례는 철거에 따른 퇴거조치에 대한 저항을 소극적 실력으로 배제하는 것(저항을 밀치고 들어가는 것)이 대집행권한에 포함된다고 보면서도 그 이상의 실력행사(저항하는 사람을 물리력으로 끌어내는 것)는 대집행권한에 포함되지 않는다고 본 것으로 볼 수 있다.

대집행 행정청은 「경찰관 직무집행법」상 위험방지조치 또는 제지조치 또는 형법상 공무집행방해죄의 현행범 체포를 위해서 행정절차법 제 8 조에 따라 경찰에 행정응원을 요청할 수 있다.

건물의 '인도'와 건물에서의 '퇴거'는 구별하여야 한다. 건물의 '인도'는 건물에 대한 현실적・사실적 지배를 완전히 이전하는 것을 의미하고, 민사집행법상 인도 청구의 집행은 집행관이 채무자로부터 물건의 점유를 빼앗아 이를 채권자에게 인도하는 방법으로 한다. **건물에서의 '퇴거'는** 건물에 대한 채무자의 점유를 해제하는 것을 의미할 뿐, 더 나아가 채권자에게 점유를 이전할 것까지 의미하지는 않는다는 점에서 건물의 '인도'와 구별된다(대판 2024. 6. 13, 2024다213157).

(4) 비용납부명령

대집행의 비용은 원칙상 의무자가 부담하여야 한다.

대집행의 가장 중요한 법적 효과는 의무자가 비용을 부담하여야 할 의무를 진다는 것이다. 이는 대집행이 행해지기 전에 존재하였던 경찰위반상태를 제거할 의무가 비용부담의무로 전환되는 것이다. 타자집행의 경우에는 제 3 자가 집행하였음에도 불구하고 경찰관청이 당사자로부터 비용을 징수한다.

대집행비용의 징수에 있어서는 행정청은 그 비용과 그 납기일을 정하여 의무자에게 문서로서 그 납부를 명하여야 한다(법 제 5 조). 이 비용납부명령은 비용납부의무를 발생시키는 행정행위이다(급부하명). 따라서 비용납부명령은 항고소송의 대상이 된다. 그리고 비용납부명령에 따라 발생한 행정청의 비용납부청구권은 공법상 청구권이다. 따라서 대집행비용은 국세징수법의 예에 의하여 강제징수할 수 있다(법 제 6 조).

참고로 「도로교통법」은 주차위반 차량의 이동·보관·공고·매각 또는 폐차 등에 들어간 비용은 그 차의 사용자가 부담하며, 이 경우 그 비용의 징수에 관하여는 「행정대집행법」 제 5 조 및 제 6 조를 적용한다고 규정하고 있다(제35조 제 6 항).

Ⅳ. 이행강제금(집행벌)

행정기본법

제30조(행정상 강제) ① 행정청은 행정목적을 달성하기 위하여 필요한 경우에는 법률로 정하는 바에 따라 필요한 최소한의 범위에서 다음 각 호의 어느 하나에 해당하는 조치를 할 수 있다.

2. 이행강제금의 부과: 의무자가 행정상 의무를 이행하지 아니하는 경우 행정청이 적절한 이행기간을 부여하고, 그 기한까지 행정상 의무를 이행하지 아니하면 금전급부의무를 부과하는 것

② 행정상 강제 조치에 관하여 이 법에서 정한 사항 외에 필요한 사항은 따로 법률로 정한다.

③ 형사(刑事), 행형(行刑) 및 보안처분 관계 법령에 따라 행하는 사항이나 외국인의 출입국·난민인정·귀화·국적회복에 관한 사항에 관하여는 이 절을 적용하지 아니한다.

1. 의 의

이행강제금의 부과란 "의무자가 행정상 의무를 이행하지 아니하는 경우 행정청이 적절한 이행기간을 부여하고, 그 기한까지 행정상 의무를 이행하지 아니하면 금전급부의무를 부과하는 것"을 말한다(행정기본법 제30조 제 1 항 제 2 호).

이행강제금의 부과는 **재량행위**이다. 행정청은 다음 각 호의 사항을 고려하여 이행강제금의 부과 금액을 가중하거나 감경할 수 있다. 1. 의무 불이행의 동기, 목

적 및 결과, 2. 의무 불이행의 정도 및 상습성, 3. 그 밖에 행정목적을 달성하는 데 필요하다고 인정되는 사유(행정기본법 제31조 제2항).

[판례] 이행강제금은 **행정법상의 부작위의무 또는 비대체적 작위의무를 이행하지 않은 경우**에 일정한 기한까지 의무를 이행하지 않을 때에는 **일정한 금전적 부담을 과할 뜻을 미리 계고**함으로써 의무자에게 심리적 압박을 주어 **장래를 향하여 의무의 이행을 확보하려는 간접적인 행정상 강제집행 수단**이다(대판 2015. 6. 24, 2011두2170).

이행강제금은 일정한 기간까지 의무를 이행하지 않을 때에는 일정한 금전적인 부담이 과해진다는 것을 통지함으로써 의무자에게 심리적 압박을 주어 의무를 이행하게 하려는 간접적인 의무이행수단이다.

집행벌은 '벌(Strafe)'이라는 용어 때문에 행정벌로 오해될 소지가 있으나, **집행벌은 행정벌과 다르다.** 행정벌은 의무자에게 심리적 압박을 가하여 간접적으로 의무의 이행을 강제하는 기능을 갖지만 집행벌과 달리 의무의 이행을 직접 목적으로 하는 것은 아니다. 행정벌은 과거의 법 위반(의무불이행 포함)에 대한 제재(처벌)를 주된 목적으로 한다. 집행벌은 의무이행의 강제를 직접목적으로 하여 부과되는 금전적 부담이며 행정벌과 달리 과거의 법 위반에 대한 제재를 목적으로 하지 않는 장래 이행 확보를 위한 것이다. 양자는 규제목적을 달리 하므로 병행하여 부과될 수 있다.

실정법에서는 집행벌이라는 용어를 사용하지 않고 '**이행강제금**'을 사용하고 있다.

2. 이행강제금의 대상

이행강제금은 비대체적 작위의무뿐만 아니라 대체적 작위의무에 대하여도 인정할 수 있다(헌재 2004. 2. 26, 2001헌바80·84·102·103, 2002헌바26(병합)). 건축법 제80조도 건축물의 철거·개축·증축 등 대체적 작위의무에 대하여 이행강제금을 인정하고 있다.

대체적 행위의 경우에 일반적으로 대집행이 더 적합한 수단인 데 반하여, 집행벌은 비대체적 행위, 특히 수인이나 부작위를 관철하기 위한 중심적 수단이다. 그것은 제재의 성격을 띠는 것이 아니며 책임(고의, 과실)과도 무관하기 때문이다.

대집행과 이행강제금은 합리적 재량에 의해 선택하여 활용하는 이상 중첩적인 제재에 해당한다고 볼 수 없다(헌재 2004. 2. 26, 2001헌바80·84·102·103, 2002헌바

26(병합)). 특별한 규정이 없는 한 행정대집행과 이행강제금의 부과 사이에 행정청에게 선택재량이 인정된다. 이행강제금의 부과 후에 행정대집행을 실시할 수도 있다.

이행강제금 납부의무는 상속인 그 밖의 사람에게 승계될 수 없는 일신전속적인 성질의 것이므로 이미 사망한 사람에게 이행강제금을 부과하는 내용의 처분이나 결정은 당연무효이다(대결 2006. 12. 8, 2006마470〈건축법위반이의〉).

3. 이행강제금의 법적 근거

이행강제금의 부과는 권력적·침해적 행위이므로 법적 근거가 필요하다. 현재 이행강제금의 부과에 관한 일반법은 없고 개별법(예 건축법 제80조, 「교통약자의 이동편의 증진법」 제29조의2)에서 인정되고 있다.

「행정기본법」은 이행강제금의 근거규정이 아니다.

이행강제금 부과의 근거가 되는 법률에는 이행강제금에 관한 다음 각 호의 사항을 명확하게 규정하여야 한다. 다만, 제 4 호 또는 제 5 호를 규정할 경우 입법목적이나 입법취지를 훼손할 우려가 크다고 인정되는 경우로서 대통령령으로 정하는 경우는 제외한다. 1. 부과·징수 주체, 2. 부과 요건, 3. 부과 금액, 4. 부과 금액 산정기준, 5. 연간 부과 횟수나 횟수의 상한(행정기본법 제31조 제 1 항).

4. 이행강제금 부과의 법적 성질

이행강제금 부과행위는 행정행위이다. 따라서 이행강제금 부과행위에는 행정절차법이 적용되고, 직권취소 또는 철회가 가능하다.

5. 이행강제금의 부과절차

행정기본법

제31조(이행강제금의 부과) ① 이행강제금 부과의 근거가 되는 법률에는 이행강제금에 관한 다음 각 호의 사항을 명확하게 규정하여야 한다. 다만, 제 4 호 또는 제 5 호를 규정할 경우 입법목적이나 입법취지를 훼손할 우려가 크다고 인정되는 경우로서 대통령령으로 정하는 경우는 제외한다.

1. 부과·징수 주체
2. 부과 요건
3. 부과 금액
4. 부과 금액 산정기준
5. 연간 부과 횟수나 횟수의 상한

② 행정청은 다음 각 호의 사항을 고려하여 이행강제금의 부과 금액을 가중하거나 감경할 수 있다.
1. 의무 불이행의 동기, 목적 및 결과
2. 의무 불이행의 정도 및 상습성
3. 그 밖에 행정목적을 달성하는 데 필요하다고 인정되는 사유
③ 행정청은 이행강제금을 부과하기 전에 미리 의무자에게 적절한 이행기간을 정하여 그 기한까지 행정상 의무를 이행하지 아니하면 이행강제금을 부과한다는 뜻을 문서로 계고(戒告)하여야 한다.
④ 행정청은 의무자가 제 3 항에 따른 계고에서 정한 기한까지 행정상 의무를 이행하지 아니한 경우 이행강제금의 부과 금액·사유·시기를 문서로 명확하게 적어 의무자에게 통지하여야 한다.
⑤ 행정청은 의무자가 행정상 의무를 이행할 때까지 이행강제금을 반복하여 부과할 수 있다. 다만, 의무자가 의무를 이행하면 새로운 이행강제금의 부과를 즉시 중지하되, 이미 부과한 이행강제금은 징수하여야 한다.
⑥ 행정청은 이행강제금을 부과받은 자가 납부기한까지 이행강제금을 내지 아니하면 국세강제징수의 예 또는 「지방행정제재·부과금의 징수 등에 관한 법률」에 따라 징수한다.

「행정기본법」상 이행강제금의 부과요건은 다음과 같다.

① **행정상 의무의 불이행:** 철거명령 등 시정명령(건축법 제79조 제 1 항 등)을 받은 후 시정의무를 이행하지 않았어야 한다.

② **계고처분:** 행정청은 이행강제금을 부과하기 전에 미리 의무자에게 **적절한 이행기간을 정하여** 그 기한까지 행정상 의무를 이행하지 아니하면 이행강제금을 부과한다는 뜻을 문서로 **계고**(戒告)하여야 한다(행정기본법 제31조 제 3 항). 법 제31조 제 3 항에 따른 계고(戒告)에는 다음 각 호의 사항이 포함되어야 한다. 1. 의무자의 성명 및 주소(의무자가 법인이나 단체인 경우에는 그 명칭, 주사무소의 소재지와 그 대표자의 성명), 2. 이행하지 않은 행정상 의무의 내용과 법적 근거, 3. 행정상 의무의 이행기한, 4. 행정상 의무를 이행하지 않을 경우 이행강제금을 부과한다는 뜻, 5. 그 밖에 이의제기 방법 등 계고의 상대방에게 알릴 필요가 있다고 인정되는 사항(동법 시행령 제 8 조 제 2 항).

③ **이행강제금의 부과:** 행정청은 의무자가 제 3 항에 따른 **계고에서 정한 기한까지 행정상 의무를 이행하지 아니한 경우** 이행강제금의 부과 금액·사유·시기를 문

서로 명확하게 적어 의무자에게 **통지**하여야 한다(행정기본법 제31조 제 4 항).

행정청은 의무자가 행정상 의무를 이행할 때까지 이행강제금을 **반복**하여 **부과**할 수 있다. 다만, **의무자가 의무를 이행하면** 새로운 이행강제금의 부과를 즉시 중지하되, **이미 부과한 이행강제금은 징수**하여야 한다(행정기본법 제31조 제 5 항).

④ **이행강제금 미납부시 강제징수**: 행정청은 이행강제금을 부과받은 자가 납부기한까지 이행강제금을 내지 아니하면 국세 체납처분의 예 또는 「지방행정제재·부과금의 징수 등에 관한 법률」에 따라 징수한다(행정기본법 제31조 제 6 항).

이행강제금의 부과는 **재량행위**이다. 행정청은 다음 각 호의 사항을 고려하여 이행강제금의 부과 금액을 가중하거나 감경할 수 있다. 1. 의무 불이행의 동기, 목적 및 결과, 2. 의무 불이행의 정도 및 상습성, 3. 그 밖에 행정목적을 달성하는 데 필요하다고 인정되는 사유(행정기본법 제31조 제 2 항).

V. 직접강제 [2017 경감승진 사례]

행정기본법

제32조(직접강제) ① 직접강제는 행정대집행이나 이행강제금 부과의 방법으로는 행정상 의무 이행을 확보할 수 없거나 그 실현이 불가능한 경우에 실시하여야 한다.
② 직접강제를 실시하기 위하여 현장에 파견되는 집행책임자는 그가 집행책임자임을 표시하는 증표를 보여 주어야 한다.
③ 직접강제의 계고 및 통지에 관하여는 제31조 제 3 항 및 제 4 항을 준용한다.

1. 의 의

직접강제란 "의무자가 행정상 의무를 이행하지 아니하는 경우 행정청이 의무자의 신체나 재산에 실력을 행사하여 그 행정상 의무의 이행이 있었던 것과 같은 상태를 실현하는 것"을 말한다(행정기본법 제30조 제 1 항 제 3 호).

직접강제는 의무자에게 직접 물리력을 행사하는 점에서 그러하지 아니한 대집행과 구별된다. 의무자의 신체에 대해 물리력을 행사하는 것은 당연히 직접강제이고 대집행이 아니다. 직접강제에서 의무자의 재산에 대한 실력행사는 의무자가 점유하는 재산에 대한 실력행사이고, 의무자의 점유에 대한 실력행사도 의무자에 대한 직접 실력행사로 볼 수 있다. 대집행은 의무자의 점유에 대한 직접적 실력행사를 포함하지 않는다. 건물인도(명도)는 직접강제에 속하고, 건물철거는 대집행에 속한다.

2. 직접강제의 보충성

직접강제는 행정대집행이나 이행강제금 부과의 방법으로는 행정상 의무 이행을 확보할 수 없거나 그 실현이 불가능한 경우에 실시하여야 한다(행정기본법 제32조 제 1 항).

이러한 직접강제의 보충성은 비례의 원칙상 당연한 것이다.

직접강제는 의무자에게 직접 물리력을 행사하는 점에서 그러하지 아니한 대집행과 구별된다. 의무자의 신체에 대해 물리력을 행사하는 것은 당연히 직접강제이고 대집행이 아니다. 직접강제에서 의무자의 재산에 대한 실력행사는 의무자가 점유하는 재산에 대한 실력행사이고, 의무자의 점유에 대한 실력행사도 의무자에 대한 직접 실력행사로 볼 수 있다. 대집행은 의무자의 점유에 대한 직접적 실력행사를 포함하지 않는다. 건물인도(명도)는 직접강제에 속하고, 건물철거는 대집행에 속한다.

3. 직접강제의 절차

직접강제를 실시하기 위하여 현장에 파견되는 집행책임자는 그가 집행책임자임을 표시하는 증표를 보여 주어야 한다(행정기본법 제32조 제 1 항). 직접강제의 계고 및 통지에 관하여는 제31조 제 3 항 및 제 4 항을 준용한다(제 2 항)[시행일 : 2023. 3. 24.].

직접강제의 계고 및 통지에 관하여는 「행정기본법」 제31조 제 3 항 및 제 4 항을 준용한다(행정기본법 제32조 제 3 항). 법 제32조 제 3 항에 따라 준용되는 법 제31조 제 3 항에 따른 계고에는 다음 각 호의 사항이 포함되어야 한다. 1. 의무자의 성명 및 주소(의무자가 법인이나 단체인 경우에는 그 명칭, 주사무소의 소재지와 그 대표자의 성명), 2. 이행하지 않은 행정상 의무의 내용과 법적 근거, 3. 행정상 의무의 이행기한, 4. 행정상 의무를 이행하지 않을 경우 직접강제를 실시한다는 뜻, 5. 그 밖에 이의제기 방법 등 계고의 상대방에게 알릴 필요가 있다고 인정되는 사항(행정기본법 시행령 제 9 조).

4. 직접강제의 대상 및 법적 근거

직접강제는 비대체적 의무뿐만 아니라 대체적 작위의무에도 행해질 수 있다는 것이 통설이다.

직접강제의 일반적 근거는 없다. 직접강제가 인정되기 위해서는 개별법에 법적 근거가 필요하다.

현행법상 인정되고 있는 직접강제의 수단으로는 위법주차의 견인(도로교통법 제35조), 영업장 또는 사업장의 폐쇄(먹는물관리법 제46조 제 1 항), 외국인의 강제퇴거(출입국관리법 제46조. 외국인이 불법체류를 이유로 출국명령을 받았다고 하더라도 강제퇴거명령이 있기 전까지는 강제출국당하지 않음) 등이 있다.

5. 직접강제의 한계

직접강제에는 비례의 원칙 및 적법절차의 원칙에 따라 보다 엄격한 절차법적·실체법적 통제가 가해져야 한다.

직접강제는 행정대집행이나 이행강제금 부과의 방법으로는 행정상 의무 이행을 확보할 수 없거나 그 실현이 불가능한 경우에 실시하여야 한다(행정기본법 제32조 제 1 항). 이러한 직접강제의 보충성은 비례의 원칙상 당연한 것이다.

[판례] [원고들이 집회에 참가하였다가 경찰에 의한 직사살수 방식에 의해 물대포를 맞고 상해를 입었다는 이유로 국가를 상대로 위자료를 청구한 사건]: (1) 위해성 경찰장비인 살수차와 물포는 **필요한 최소한의 범위에서만 사용**되어야 하고, **특히 인명 또는 신체에 위해를 가할 가능성이 더욱 커지는 직사살수는 타인의 법익이나 공공의 안녕질서에 직접적이고 명백한 위험이 현존하는 경우에 한해서만 사용이 가능하다고 보아야 한다.** (2) 경찰관이 직사살수의 방법으로 집회나 시위 참가자들을 해산시키려면, **적법절차의 원칙에 따라 먼저 「집회 및 시위에 관한 법률」 제20조 제 1 항 각 호에서 정한 해산 사유를 구체적으로 고지하는 적법한 절차에 따른 해산명령을 시행한 후에 직사살수의 방법을 사용할 수 있다고 보아야 한다**(대판 2019. 1. 17, 2015다236196).

주거의 자유 또는 신체의 자유에 대한 제한을 수반하는 직접강제의 경우에는 적법절차의 원칙상 영장주의의 적용 여부가 검토되어야 한다. 이에 관하여는 행정상 즉시강제에서 논하기로 한다. 후술하는 행정상 즉시강제의 한계에 관한 논의는 행정상 즉시강제의 급박성과 관련된 부분을 제외하고는 원칙상 직접강제의 한계에도 타당하다.

독일에서는 지난 수십년 동안 직접강제와 관련하여 '사살의 의도로 행하는 총기의 사용(gezielten Todesschlusses)'의 문제가 논의되었다. 베를린주 등 실제 경찰실무에서는 헌법, 경찰법 및 직접강제법 등의 해석을 근거로 직접강제방식의 사살의 의도로 행하는 총기의 사용을 인정하고 있다. 특히 베를린 직접강제법 제 2 절 제 8 조부터 제16조까지의 총기사용에 관한 규정을 적극적으로 해석하여 경찰실무상으로 이를 인정하려는 추세에 있다고 한다(서정범·박병욱 역).

6. 직접강제의 권익구제

직접강제는 권력적 사실행위이다. 직접강제에 대한 권리구제는 권력적 사실행위에 대한 권리구제와 동일하게 행정쟁송, 국가배상, 공법상 결과제거가 문제된다.

인신구속의 경우에는 인신보호법상의 구제를 받을 수 있다(예 구제청구(제 3 조), 수용의 임시해제(제 9 조), 피수용자의 신병보호(제11조)). 인신보호법은 위법한 행정처분 또는 사인(私人)에 의한 시설에의 수용으로 인하여 부당하게 인신의 자유를 제한당하고 있는 개인의 구제절차를 마련함으로써 「헌법」이 보장하고 있는 국민의 기본권을 보호하는 것을 목적으로 한다.

또한 헌법 제12조 제 4 항 본문에 규정된 피구속인의 변호인의 조력을 받을 권리는 행정절차에서 구속을 당한 사람에게도 보장된다(헌재 2018. 5. 31. 2014헌마346: 인천국제공항 송환대기실에 수용된 난민에게 변호인의 조력을 받을 권리를 인정한 사례).

Ⅵ. 행정상 강제징수

행정기본법

제30조(행정상 강제) ① 행정청은 행정목적을 달성하기 위하여 필요한 경우에는 법률로 정하는 바에 따라 필요한 최소한의 범위에서 다음 각 호의 어느 하나에 해당하는 조치를 할 수 있다.

4. 강제징수: 의무자가 행정상 의무 중 금전급부의무를 이행하지 아니하는 경우 행정청이 의무자의 재산에 실력을 행사하여 그 행정상 의무가 실현된 것과 같은 상태를 실현하는 것

② 행정상 강제 조치에 관하여 이 법에서 정한 사항 외에 필요한 사항은 따로 법률로 정한다.

③ 형사(刑事), 행형(行刑) 및 보안처분 관계 법령에 따라 행하는 사항이나 외국인의 출입국·난민인정·귀화·국적회복에 관한 사항에 관하여는 이 절을 적용하지 아니한다.

1. 의 의

강제징수란 “의무자가 행정상 의무 중 금전급부의무를 이행하지 아니하는 경우 행정청이 의무자의 재산에 실력을 행사하여 그 행정상 의무가 실현된 것과 같은 상태를 실현하는 것”을 말한다(행정기본법 제30조 제 1 항 제 4 호).

2. 법적 근거

국세 및 지방세 납부의무의 불이행에 대하여는 국세징수법 및 지방세징수법에서 일반적으로 강제징수를 인정하고 있고, 다른 공법상의 금전급부의무의 불이행에 대하여는 통상 관련 개별법의 규정(토지보상법 제99조 등)에서 국세징수법상 또는 지방세징수법의 강제징수에 관한 규정을 준용하고 있다. 지방행정제재·부과금의 경우에는 「지방행정제재·부과금의 징수 등에 관한 법률」에서 강제징수에 관한 일반규정을 규정하고 있다.

3. 강제징수의 절차

국세징수법에 의한 강제징수의 절차는 다음과 같다: ① **독촉**, ② **재산의 압류**, ③ **압류재산의 매각**(환가처분), ④ **청산**(충당)이 그것이다. 이 중 재산의 압류, 압류재산의 매각 및 청산을 **체납처분**이라 한다.

(1) 독 촉 [2016 행시]

독촉이란 납세의무자에게 납세의무의 이행을 최고(催告)하고 최고기한까지 납부하지 않을 때에는 체납처분을 하겠다는 것을 예고하는 통지행위를 말한다. **준법률행위적 행정행위**에 해당한다. 독촉은 이후에 행해지는 압류의 적법요건이 되며 최고기간 동안 조세채권의 소멸시효를 중단시키는 법적 효과를 갖는다.

(2) 재산의 압류

압류는 **권력적 사실행위**로서의 성질을 갖는다.

압류된 재산에 대하여는 사실상·법률상의 처분이 금지된다.

조세납부, 충당, 공매의 중지, 부과의 취소 등의 사유가 있는 때에는 압류를 해제하여야 하며, 사정변경에 의해 압류재산의 가격이 체납액에 비하여 상대적으로 크게 된 경우에는 압류재산의 전부 또는 일부에 대하여 압류를 해제할 수 있다(국세징수법 제53조부터 제55조까지). 압류해제신청에 대한 거부는 행정행위이므로 행정쟁송의 대상이 된다.

(3) 압류재산의 매각

압류한 재산에 대한 매각은 원칙적으로 공매 또는 수의계약의 방법으로 행한다(법 제61조). 예외적으로 수의계약이 허용된다(법 제62조). 공매는 입찰 또는 경매의 방법에 의한다(법 제67조 제1항).

세무서장은 공매를 하고자 할 때에는 공고하여야 한다(법 제67조 제2항). 그리고 즉시 그 내용을 체납자·납세담보물소유자와 그 채권상에 전세권·질권·저당권 기타의 권리를 가진 자에게 통지하여야 한다(법 제68조). 공매공고와 공매통지는 처분이 아니다.

공매에서 공매결정(매각결정)·통지는 행정행위(공법상 대리행위)로서 항고소송의 대상이 된다. 체납자 등에 대한 공매통지는 공매의 절차적 요건이다. 따라서 체납자 등에게 공매통지를 하지 않았거나 적법하지 않은 공매통지를 한 경우 그 공매처분은 절차상 위법하다. 다만, 공매통지의 목적이나 취지 등에 비추어 보면, 체납자 등은 자신에 대한 공매통지의 하자만을 공매처분의 위법사유로 주장할 수 있을 뿐 다른 권리자에 대한 공매통지의 하자를 들어 공매처분의 위법사유로 주장하는 것은 허용되지 않는다(대판 전원합의체 2008. 11. 20, 2007두18154〈매각결정취소〉).

매수인은 매수대금을 납부한 때에 매각재산을 취득한다(법 제77조 제1항). 공매결정에 따라 낙찰자 또는 경락자가 체납자의 재산을 취득하는 법률관계는 사법상 매매계약관계이다. 국세징수법 제62조의 수의계약은 사법상 매매계약이다.

(4) 청 산

세무서장은 압류재산의 매각대금 등 체납처분에 의해 취득한 금전을 국세·가산금과 체납처분비 기타의 채권에 배분한다(법 제80조, 제81조 제1항·제2항). 배분한 금전에 잔액이 있는 때에는 이를 체납자에게 지급하여야 한다(법 제81조 제3항).

(5) 공매 등의 대행

관할 세무서장은 다음 각 호의 업무(1. 공매, 2. 수의계약, 3. 매각재산의 권리이전, 4. 금전의 배분. 이하 "공매등"이라 한다)에 전문지식이 필요하거나 그 밖에 직접 공매등을 하기에 적당하지 아니하다고 인정되는 경우 대통령령으로 정하는 바에 따라 한국자산관리공사에 공매등을 대행하게 할 수 있다. 이 경우 공매등은 관할 세무서장이 한 것으로 본다(법 제103조 제1항).

4. 강제징수에 대한 불복

행정상 강제징수에 대한 불복에 대하여는 국세기본법에서 특별한 규정을 두고 있다(제55조 이하). 즉 독촉, 압류, 압류해제거부 및 공매처분에 대하여는 이의신청을 제기할 수 있고(국세청장이 조사·결정 또는 처리하거나 하였어야 할 것인 경우를 제외), 심사청구 또는 심판청구 중 하나에 대한 결정을 거친 후 행정소송을 제기하여야 한다(행정심판전치주의).

제 3 항 즉시강제 [2008 경감승진 사례, 2014 경감승진 약술]

> 행정기본법
>
> 제30조(행정상 강제) ① 행정청은 행정목적을 달성하기 위하여 필요한 경우에는 법률로 정하는 바에 따라 필요한 최소한의 범위에서 다음 각 호의 어느 하나에 해당하는 조치를 할 수 있다.
>
> 5. 즉시강제: 현재의 급박한 행정상의 장해를 제거하기 위한 경우로서 다음 각 목의 어느 하나에 해당하는 경우에 행정청이 곧바로 국민의 신체 또는 재산에 실력을 행사하여 행정목적을 달성하는 것
>
> 가. 행정청이 미리 행정상 의무 이행을 명할 시간적 여유가 없는 경우
>
> 나. 그 성질상 행정상 의무의 이행을 명하는 것만으로는 행정목적 달성이 곤란한 경우
>
> ② 행정상 강제 조치에 관하여 이 법에서 정한 사항 외에 필요한 사항은 따로 법률로 정한다.
>
> ③ 형사(刑事), 행형(行刑) 및 보안처분 관계 법령에 따라 행하는 사항이나 외국인의 출입국·난민인정·귀화·국적회복에 관한 사항에 관하여는 이 절을 적용하지 아니한다.

Ⅰ. 의 의

즉시강제란 "현재의 급박한 행정상의 장해를 제거하기 위한 경우로서 '행정청이 미리 행정상 의무 이행을 명할 시간적 여유가 없는 경우' 또는 '그 성질상 행정상 의무의 이행을 명하는 것만으로는 행정목적 달성이 곤란한 경우'에 행정청이 곧바로 국민의 신체 또는 재산에 실력을 행사하여 행정목적을 달성하는 것"을 말한다(행정기본법 제30조 제 1 항 제 5 호).

즉시강제는 집행을 위해서는 집행가능한 원처분이 있어야 한다는 원칙에 대한 예외이다. 경찰은 하나의 절차로부터 다른 절차로, 즉 정식절차에서 즉시강제로 이행할 수 있으며, 그 반대의 경우도 가능하다. 단지 적법한 조치만이 즉시강제될 수 있다. 즉시강제의 전제조건은 첫째, 일반적으로 현재의 위험이 존재할 것과 둘째, 조치가 적법한 것이 되기 위한 전제조건이 존재할 것이다. 따라서 즉시강제에 있어 적법성은 책임자에 대하여 조치를 취하는 것이 법적으로 가능한 급박한 경우에만 존재한다(서정범·박병욱 역).

경찰상 위험상태를 야기하고 있는 도로교통법상의 주차위반차량의 견인·보관조치, 불법게임물의 수거·삭제·폐기, 감염병환자의 강제입원, 소방장애물의 제거, 출입국관리법상의 강제퇴거조치 등이 그 예이다.

즉시강제의 법적 성질은 **권력적 사실행위**이다.

통설은 선행하는 의무불이행의 존재 여부를 기준으로 행정상 강제집행과 즉시강제를 구별하고 있다. 즉 **행정상 강제집행**은 행정법상의 의무불이행을 전제로 하여 이 의무의 이행을 강제하는 것인 데 반하여, **즉시강제**는 급박한 상황하에서 의무를 명할 수 없는 경우에 행하여지는 행정강제로서 행정법상의 의무불이행을 전제로 하지 않는다는 점에서 양자를 구분한다. 다만, 양자는 다 같이 국민의 신체 또는 재산에 직접 실력을 행사하는 사실행위인 점에서는 동일하다.

Ⅱ. 법적 근거

즉시강제에는 법적 근거가 필요하다. 일반적으로 「행정기본법」 제30조에서 규정하고 있고, 각 개별법에서도 행정상 즉시강제를 인정하고 있다.

[판례] **구 경찰관 직무집행법 제6조 제1항**은 "경찰관은 범죄행위가 목전에 행하여지려고 하고 있다고 인정될 때에는 이를 예방하기 위하여 관계인에게 필요한 경고를 발하고, 그 행위로 인하여 인명·신체에 위해를 미치거나 재산에 중대한 손해를 끼칠 우려가 있어 긴급을 요하는 경우에는 그 행위를 제지할 수 있다."라고 정하고 있다. 위 조항 중 **경찰관의 제지에 관한 부분은 범죄의 예방을 위한 경찰 행정상 즉시강제에 관한 근거조항**이다(대판 2021. 10. 28, 2017다219218).

Ⅲ. 즉시강제의 수단

「경찰관 직무집행법」은 경찰상의 즉시강제의 수단을 대인적 강제·대물적 강제 및 대가택강제로 구별하고 있다.

1. 대인적 강제

대인적 강제란 신체에 실력을 가하여 행정상 필요한 상태를 실현시키는 경우이다.

예를 들면, 「경찰관 직무집행법」상 구호를 요하는 자의 강제보호조치(제 4 조), 위험발생방지조치(제 5 조), 범죄의 제지(제 6 조), 가택·선차(船車)에의 출입(제 7 조), 경찰장비사용(제10조), 경찰장구사용(제10조의2), 분사기 등의 사용(제10조의3) 및 무기사용(제10조의4), 경찰착용기록장치의 사용(제10조의5) 등이 있다.

2. 대물적 강제

대물적 강제란 물건에 대한 소유권 그 밖의 권리를 실력으로 침해함으로써 행정상 필요한 상태를 실현시키는 경우이다.

예를 들면, 「경찰관 직무집행법」상 무기 등 물건의 임시영치(제 4 조 제 3 항) 및 위험발생방지조치(제 6 조), 「도로교통법」상 인공구조물의 제거(제71조 제 2 항, 제72조 제 2 항) 등이 있다.

3. 대가택강제

대가택강제란 소유자 또는 관리자의 의사에 불구하고 타인의 가택·영업소 등에 출입 또는 수색하는 경우이다.

예를 들면, 「경찰관 직무집행법」상 가택출입·임검·검사 및 수색(제 7 조), 「식품위생법」상 출입·검사·수거행위(제22조) 등이 있다.

Ⅳ. 즉시강제의 요건과 한계(통제)

1. 즉시강제의 요건

일반적으로 즉시강제는 ① 급박한 행정상의 장해를 제거할 필요가 있는 경우에 미리 의무를 명할 시간적 여유가 없을 때 또는 ② 성질상 의무를 명하여 가지고는 목적달성이 곤란할 때에 한하여 인정된다. 즉시강제의 구체적 요건은 해당 개별법에서 규정된다.

(1) 행정상 장해

행정상 장해란 자신 또는 타인의 법익에 대한 위험을 말하며 그 위험은 원칙상 구체적이고 개연성(상당한 정도의 가능성)이 있어야 한다.

즉시강제를 필요로 하는 행정상 장해의 내용은 각 개별법에서 정해진다.

즉시강제는 사람의 신체 또는 재산에 대한 제한을 가져오므로 비례의 원칙상 자신 또는 타인의 법익에 대한 구체적 위험이 확실한 경우(개연성 있는)를 제외하고는 비례의 원칙상 인정될 수 없다. 다만, 최근에는 사전배려의 원칙(사전예방의 원칙)상 예외적으로 추상적 위험만이 있는 경우에도 행정상 즉시강제가 행해지는 경우가 있다. 조류독감의 확산을 막기 위한 조류독감 발생지 인근지역에서의 살처분(殺處分) 등이 그 예이다.

경찰권의 발동으로 표현의 자유, 신체의 자유 등 중대한 기본권이 침해되는 경우에는 명백하고 현존하는 위험(clear and present danger)이 요구된다.

(2) 급박하여 미리 의무를 명할 시간적 여유가 없을 때 또는 성질상 의무를 명하여 가지고는 목적달성이 곤란할 것

이 요건은 비례원칙으로부터 도출되는 원칙이다. 이 요건을 **보충성요건**이라 한다. 보충성요건은 명문의 규정이 없는 경우에도 당연히 인정된다. 의무를 명할 시간적 여유가 있고 성질상 의무를 명하여서도 목적달성이 곤란하지 않을 때에는 의무를 명하고, 의무불이행이 있을 때 행정상 강제집행을 하여야 한다.

2. 즉시강제의 한계

(1) 실체법상 한계로서의 비례원칙

즉시강제의 실체법상 한계로서 중요한 것은 비례원칙이다.

즉시강제는 다른 수단으로는 행정목적을 달성할 수 없는 경우에만 허용되며, 이 경우에도 최소한으로만 실시하여야 한다(행정기본법 제33조 제 1 항).

① 즉시강제는 행정목적을 달성하기 위하여 필요한 경우에 한하여 행해져야 한다(적합성의 원칙). 즉 행정상의 장해를 제거하기 위하여 필요한 경우에 한하여 행해져야 한다.

② 즉시강제는 다른 수단으로는 행정 목적을 달성할 수 없는 경우에만 허용

되며, 이 경우에도 최소한으로만 실시하여야 한다(행정기본법 제33조 제 1 항). 이 규정은 **즉시강제의 보충성** 및 비례의 원칙 중 **최소침해의 원칙**을 즉시강제에 적용하여 규정한 것이다. 달리 말하면 상대방의 권익에 대하여 보다 적은 침해를 가져오는 다른 수단에 의해 행정목적을 달성할 수 있는 경우에는 즉시강제는 인정되지 않는다(필요성의 원칙 또는 최소침해의 원칙). 따라서 필요 이상으로 실력을 행사하여 상대방의 신체를 구속하여 고통을 준다든지(예 발로 차는 등의 폭행, 불필요한 수갑채우기 등), 위법상태에 있는 자 외의 자에게 유형력을 가하는 것은 위법하다(최정일). 일반적으로 즉시강제는 상대방의 예측가능성을 침해하는 점에 비추어 행정상 강제집행보다 상대방의 권익을 더 침해하는 수단이라고 할 수 있으므로 행정상 강제집행이 가능한 경우에는 즉시강제는 인정되지 않는다(헌재 2002. 10. 31, 2000헌가12).

즉시강제가 필요한 경우에도 상대방의 권익을 가장 적게 침해하는 내용의 강제가 행해져야 한다. 예를 들면, 감염병예방을 위하여 강제격리로도 목적을 달성할 수 있는 경우에 강제입원을 명하는 것은 비례의 원칙에 반한다.

③ 즉시강제의 목적과 침해되는 상대방의 권익 사이에는 비례관계가 유지되어야 한다(협의의 비례원칙). 타인의 재산에 대한 위해를 제거하기 위하여 인신을 구속하는 것은 비례의 원칙에 반한다. 왜냐하면, 신체의 권리는 재산권보다 우월한 가치를 갖는다고 보아야 하기 때문이다.

(2) 절차법적 한계(통제)

즉시강제에 대한 절차적 통제에 관하여는 특히 영장주의와 적법절차의 적용 문제가 제기된다.

1) 영장주의의 적용 여부

헌법상 영장주의가 행정상 즉시강제에 대해 적용될 것인가에 대하여 다음과 같이 학설이 대립하고 있다. **영장불요설**은 헌법상의 영장제도는 본래 형사사법권의 남용을 방지하기 위하여 채택된 것이므로 즉시강제에는 적용되지 않는다고 본다.

이에 대하여 **영장필요설**은 형사사법작용과 즉시강제는 신체 또는 재산에 대한 실력의 행사인 점에서는 다르지 않으므로 영장제도의 취지인 기본권 보장을 위해서는 명문의 규정이 없는 한 즉시강제에도 영장제도가 적용되어야 한다는 견해이다. 그리고 **절충설**은 영장제도의 취지인 기본권 보장을 위해서는 영장주의가 즉시강제에도 원칙상 적용되어야 하지만 긴급한 필요 등 영장 없는 즉시강제를 인정하여야 할 합리적 이유가 존재하는 경우에는 영장주의가 적용되지 않는다고 보는 견해이다. 생각건대, 영장주의의 취지인 기본권 보장과 행정의 필요를 조화시키는 절충설이 타당하다. 대법원 판례도 절충설을 취하고 있다(대판 1995. 6. 30, 93추83).

[판례] [1] **사전영장주의원칙은** 인신보호를 위한 헌법상의 기속원리이기 때문에 **인신의 자유를 제한하는 국가의 모든 영역(예컨대, 행정상의 즉시강제)에서도 존중되어야 하고 다만 사전영장주의를 고수하다가는 도저히 그 목적을 달성할 수 없는 지극히 예외적인 경우에만 형사절차에서와 같은 예외(사후영장 등)가 인정된다고 할 것이다.** [2] **지방의회에서의 사무감사·조사를 위한 증인의 동행명령장제도**도 증인의 신체의 자유를 억압하여 일정 장소로 인치하는 것으로서 헌법 제12조 제3항의 **"체포 또는 구속"에 준하는 사태**로 보아야 할 것이고, 거기에 현행범 체포와 같이 사후에 영장을 발부받지 아니하면 목적을 달성할 수 없는 **긴박성이 있다고 인정할 수는 없을 것**이다. 그러므로, 이 경우에도 **헌법 제12조 제3항에 의하여 법관이 발부한 영장의 제시가 있어야 할 것**이다. 그럼에도 불구하고 **동행명령장을 법관이 아닌 의장이 발부하고 이에 기하여 증인의 신체의 자유를 침해하여 증인을 일정 장소에 인치하도록 규정된 조례안 제6조는 영장주의원칙을 규정한 헌법 제12조 제3항에 위반한 것이라고 할 것**이다(대판 1995. 6. 30, 93추83〈경상북도의회에서의증언·감정등에관한조례(안)무효확인청구의소〉).

한편 헌법재판소는 영장불요설을 취하고 있다. 즉 즉시강제는 그 본질상 급박성을 요건으로 하고 있어 법관의 영장을 기다려서는 그 목적을 달성할 수 없다고 할 것이므로, 원칙적으로 영장주의가 적용되지 않는다고 하면서 급박한 상황에 대처하기 위한 것으로서 그 불가피성과 정당성이 충분히 인정되는 경우에는 영장 없는 불법게임물의 수거를 인정한다고 하더라도 이를 두고 헌법상 영장주의에 위배되는 것으로는 볼 수 없다고 보았다(헌재 2002. 10. 31, 2000헌가12〈불법게임물의 수거·폐기에 대한 무효확인소송〈예비적으로 취소소송〉에서의 위헌심판제청사건〉).

[판례] (1) 영장주의가 행정상 즉시강제에도 적용되는지에 관하여는 논란이 있으나, **행정상 즉시강제는** 상대방의 임의이행을 기다릴 여유가 없을 때 하명 없이 바로 실력을 행사하는 것으로서, 그 본질상 급박성을 요건으로 하고 있어 법관의 영장을 기다려서는 그 목적을 달성할 수 없다고 할 것이므로, **원칙적으로 영장주의가 적용되지 않는다고 보아야 할 것이다.** (2) 만일 어떤 법률조항이 영장주의를 배제할 만한 합리적인 이유가 없을 정도로 급박성이 인정되지 아니함에도 행정상 즉시강제를 인정하고 있다면, 이러한 법률조항은 이미 그 자체로 과잉금지의 원칙에 위반되는 것으로서 위헌이라고 할 것이다. (3) 이 사건 법률조항은 앞에서 본 바와 같이 급박한 상황에 대처하기 위한 것으로서 그 불가피성과 정당성이 충분히 인정되는 경우이므로, **이 사건 법률조항이 영장 없는 수거를 인정한다고 하더라도 이를 두고 헌법상 영장주의에 위배되는 것으로는 볼 수 없다.** (4) 이 사건 법률조항

은 수거에 앞서 청문이나 의견제출 등 절차보장에 관한 규정을 두고 있지 않으나, **행정상 즉시강제**는 목전에 급박한 장해에 대하여 바로 실력을 가하는 작용이라는 특성에 비추어 **사전적 절차와 친하기 어렵다는 점을 고려**하면, 이를 이유로 적법절차의 원칙에 위반되는 것으로는 볼 수 없다. (5) 국가권력의 남용을 방지하고 국민의 권리를 보호하기 위하여 **적법절차의 관점에서 일정한 절차적 보장이 요청된다.** 이러한 관점에서 법 제24조 제 4 항은 관계공무원이 해당 게임물 등을 수거한 때에는 그 소유자 또는 점유자에게 수거증을 교부하도록 하고 있고, 동조 제 6 항은 수거 등 처분을 하는 관계공무원이나 협회 또는 단체의 임·직원은 그 권한을 표시하는 증표를 지니고 관계인에게 이를 제시하도록 하는 등의 절차적 요건을 규정하고 있으므로, 이 사건 법률조항이 적법절차의 원칙에 위배되는 것으로 보기도 어렵다(헌재 2002. 10. 31, 2000헌가12〈불법게임물의 수거·폐기에 대한 무효확인소송〈예비적으로 취소소송〉에서의 위헌심판제청사건〉).

2) 실정법령상의 절차적 보장과 적법절차

즉시강제를 실시하기 위하여 현장에 파견되는 집행책임자는 그가 **집행책임자**임을 표시하는 **증표**를 보여 주어야 하며, 즉시강제의 이유와 내용을 고지하여야 한다(행정기본법 제33조 제 2 항). 그 밖에 즉시강제를 규정하는 개별법에서는 행정상 즉시강제를 함에 있어 관련공무원의 증표제시의무, 의견청취, 수거증의 교부 등 절차를 규정하고 있는 경우가 많다.

실정법령상의 절차적 보장을 준수하였더라도 적법절차의 원칙에 반하는 경우에는 즉시강제에는 절차상 위법의 하자가 있는 것이 된다.

Ⅴ. 즉시강제에 대한 구제

1. 적법한 즉시강제에 대한 구제

행정상 장해의 발생에 책임이 있는 자는 즉시강제(예 불법주차된 소방장애물의 제거)로 손실을 입어도 손실보상을 청구할 수 없다. 정신질환자의 강제입원과 같이 상대방의 권익을 보호하는 행정상 즉시강제에 있어서도 손실보상은 주어질 필요가 없다.

그러나 행정상 장해의 발생에 책임이 있는 자 이외의 제 3 자에 대하여 즉시강제가 행하여짐으로써 특별한 희생이 발생한 경우(예 책임없는 제 3 자의 소방장애물의 제거)에는 평등의 원칙(특히 공적 부담 앞의 평등의 원칙)상 손실보상이 주어져야 한다.

2. 위법한 즉시강제에 대한 구제 [2010 행시(일반행정) 사례]

(1) 행정쟁송

즉시강제는 권력적 사실행위로서 행정쟁송(행정심판 또는 행정소송)의 대상이 되는 처분에 해당한다. 그러나 소방장애물의 파괴와 같이 행정상 즉시강제가 단시간에 종료되는 경우에는 권리보호의 필요(협의의 소의 이익)가 없기 때문에 행정쟁송의 제기가 가능하지 않다. 그러나 감염병환자의 강제격리, 정신질환자의 강제입원과 같이 즉시강제가 계속적 성질을 갖는 경우에는 즉시강제가 계속되는 한 행정쟁송으로 다툴 소의 이익이 있다.

(2) 국가배상

위법한 즉시강제로 인적 또는 물적 손해를 받았을 때에는 국가배상법에 근거하여 국가배상을 청구할 수 있다. 행정상 즉시강제가 적법한 경우에도 즉시강제의 집행방법이 위법하였던 경우에는 그로 인한 손해에 대하여는 국가배상을 청구할 수 있다.

3. 공법상 결과제거

즉시강제로 위법한 상태가 야기된 경우(예 「경찰관 직무집행법」 제7조 제1항의 '위험방지를 위한 긴급출입'의 경우 임박했던 위해가 해소되었음에도 불구하고 경찰이 그대로 머무르고 있는 경우) 공법상 결과제거청구가 가능하다.

4. 인신보호법상의 구제

행정권에 의해 불법구금된 자는 「인신보호법」에 따라 당사자 및 그 밖의 특수관계인의 법원에 대한 청구에 의하여 불법한 구금상태(수용이 위법하게 개시되거나 적법하게 수용된 후 그 사유가 소멸되었음에도 불구하고 계속 수용되어 있는 상태)로부터 벗어날 수 있다. 다만, 출입국관리법에 의하여 보호된 자는 「인신보호법」의 보호대상에서 제외되고(인신보호법 제2조 제1항), 다른 법률에 구제절차가 있는 경우에는 상당한 기간 내에 그 법률에 따른 구제를 받을 수 없음이 명백한 경우에 한하여 구제청구가 가능하다(법 제3조 단서).

법원은 구제청구에 대하여 각하하는 경우를 제외하고 지체 없이 수용의 적법여부 및 수용을 계속할 필요성 등에 대하여 심리를 개시하여 수용의 해제 여부를 결정하여야 한다(법 제8조 제1항, 제13조). 또한 법원은 직권으로 수용의 임시해제를 결정할 수 있다(법 제9조).

제3절 행 정 벌 [2019 경감승진 약술형(행정형벌과 행정질서벌의 비교)]

제1항 의 의

행정벌이란 행정법상의 의무 위반행위에 대하여 제재로서 가하는 처벌을 말한다.

행정벌은 과거의 의무 위반에 대한 제재를 직접적인 목적으로 하지만 간접적으로는 의무자에게 심리적 압박을 가함으로써 행정법상의 의무이행을 확보하는 기능을 가진다.

제2항 종 류 [2010 감평 약술]

행정벌에는 행정형벌과 행정질서벌이 있다. **행정형벌**이란 형법상의 형벌을 과하는 행정벌을 말한다. **행정질서벌**은 과태료가 과하여지는 행정벌이다.

일반적으로 행정형벌은 행정목적을 직접적으로 침해하는 행위에 대하여 과하여지고, 행정질서벌은 신고의무 위반과 같이 행정목적을 간접적으로 침해하는 행위에 대하여 과하여진다. 그런데 실제에 있어서는 **행정형벌의 행정질서벌화정책**에 의해 행정형벌을 과하여야 할 행위에 행정질서벌을 과하는 경우가 있다. **행정형벌의 행정질서벌화정책**이란 행정목적을 직접 침해하는 법규 위반이므로 이론상 행정형벌을 과해야 하는 경우에도 그 법규 위반이 비교적 경미한 경우 전과자의 양산을 막기 위해 행정질서벌(과태료)을 부과하도록 하는 정책을 말한다.

또한 형벌을 과하여야 하는 행정법규 위반행위에 대하여 범칙금이 과하여지는 경우가 있다. **범칙금**은 행정형벌과 행정질서벌의 중간적 성격의 행정벌이다. 예를 들면, 도로교통법 위반에 대하여 범칙금이 부과되는데 그 부과는 행정기관인 경찰서장이 통고처분에 의해 과하고 상대방이 이에 따르지 않는 경우에는 즉결심판에 회부하여 형사절차에 따라 형벌을 과하도록 하고 있다.

제3항 행정범과 행정형벌

Ⅰ. 의 의

행정범이란 행정법규의 위반으로 성립되는 범죄를 말한다.

행정형벌이란 행정법규 위반에 대하여 과하여지는 형벌을 말한다. 형법 제41조에서 규정한 형벌의 종류는 다음과 같다: ① 사형, ② 징역, ③ 금고, ④ 자격상실, ⑤ 자격정지, ⑥ 벌금, ⑦ 구류, ⑧ 과료, ⑨ 몰수.

Ⅱ. 행정범과 형사범의 구별

1. 구별기준

통설은 피침해규범의 성질을 기준으로 하여 행정범과 형사범을 구별하고 있다. 형사범은 살인행위 등과 같이 그 행위의 반도덕성·반사회성이 해당 행위를 범죄로 규정하는 실정법을 기다릴 것 없이 일반적으로 인식되고 있는 범죄를 말하며, 행정범이란 그 행위의 반도덕성·반사회성이 해당 행위를 범죄로 규정하는 법률의 제정 이전에는 당연히 인정되는 것은 아니며 해당 행위를 범죄로 규정하는 법률의 제정에 의해 비로소 인정되는 범죄를 말한다.

그런데 행정범의 반사회성·반도덕성에 대한 인식이 시간의 경과에 따라 일반인의 의식에 형성되면 형사범으로 전환될 수 있다.

2. 구별실익

① 우선 형사범과 행정범의 구별은 입법에 있어서 실익이 있다. 형사범에 대하여는 형벌을 과하지만 행정범에 대하여는 과태료를 부과할 수도 있다. 오늘날 행정범의 탈범죄화의 경향에 따라 종래에 형벌을 과하던 행정범에 대하여 범칙금이나 과태료를 과하는 것으로 하는 경우가 있다. 형사범에서는 범죄를 행한 자만을 벌하지만 행정범에서는 범죄행위자와 함께 범죄행위자 이외의 자를 벌하는 것으로 규정하는 경우(양벌규정)가 있다.

② 형사범과 행정범의 구별은 관련법규의 해석에 있어서 실익이 있다. 후술하는 바와 같이 행정범에 대한 형법총칙의 적용과 관련하여 행정범에 대하여 일부 특수한 고려를 하여야 하는 경우가 있다.

Ⅲ. 행정범과 행정형벌의 특수성과 법적 규율

행정범과 행정형벌의 특수성이라 함은 통상 형사범과 형사벌에 대한 특수성을 말한다.

1. 행정범과 행정형벌에 대한 형법총칙의 적용

죄형법정주의 등 형사범과 형사벌에 대한 형법총칙규정이 행정범 및 행정형벌에도 원칙적으로 적용된다.

그리고 형벌법규의 해석은 엄격하여야 하고 명문규정의 의미를 피고인에게 불리한 방향으로 지나치게 확장 해석하거나 유추 해석하는 것은 죄형법정주의의 원칙에 어긋나는 것으로서 허용되지 않으며, 이러한 법해석의 원리는 그 형벌법규의 적용대상이 되는 행정법규의 규정을 해석하는 데에도 마찬가지로 적용된다(대판 2007. 6. 29, 2006도4582).

2. 행정범과 행정형벌에 대한 특수한 법적 규율

이하에서는 특별한 명문의 규정상 또는 법규정의 해석상 인정되는 행정범과 행정형벌에 대한 특수한 법적 규율의 구체적인 예를 보기로 한다.

(1) 위법성 인식가능성

통설은 행정범에 있어서도 형사범에서와 같이 위법성의 인식가능성이 있으면 범죄가 성립된다고 본다. 다만, 형법 제16조(법률의 착오)의 적용상 행정범의 특수성이 고려되어야 한다. 형사범은 본래 반사회적·반도덕적인 것으로 일반인에 의해 인식되고 있기 때문에 형사범에 있어서는 특별한 사정이 없는 한 위법성의 인식가능성이 인정된다. 그러나 행정범은 본래 반사회적·반도덕적인 것이 아니라 법률의 제정에 의해 반사회적·반도덕적인 행위가 되고 범죄로 되는 것이므로 위법성 인식가능성은 해당 형벌법규의 인식가능성에 의해 판단한다. 따라서 행정범에서는 형사범에 비하여 위법성 인식가능성이 없는 경우가 넓게 인정될 수 있다.

[판례] [1] 초등학교 교장이 도교육위원회의 지시에 따라 교과내용으로 되어 있는 꽃양귀비를 교과식물로 비치하기 위하여 양귀비 종자를 사서 교무실 앞 화단에 심은 것이라면 이는 죄가 되지 아니하는 것으로 오인한 행위로서 그 오인에 정당한 이유가 있는 경우에 해당한다고 할 것이다. [2] 10년 이상을 소채 및 종묘상 등을 경영하여 식물의 종자에 대하여 지식경험을 가진 자는 특별한 사정이 없는 이상 양귀비종자에 마약성분이 함유되어

있는 사실을 쉽게 알고 있었다고 봄이 경험칙상 당연하다(대판 1972. 3. 31, 72도64).

사람에 따라 위법성 인식가능성 존재 여부가 다를 수 있다. 예를 들면, 일반인에게는 위법성 인식가능성이 없는 경우에도 사업자에게는 위법성 인식가능성이 있을 수 있다. 왜냐하면, 사업자는 통상 사업과 관련이 있는 형벌법규를 인식하고 있다고 보아야 하기 때문이다.

(2) 과실행위의 처벌

통설 및 판례는 행정범에서 과실행위를 처벌한다는 명문의 규정이 있는 경우뿐만 아니라 관련 행정형벌법규의 해석에 의하여 과실행위도 처벌한다는 뜻이 도출되는 경우(예 대기환경보전법의 입법목적이나 제반 관계규정의 취지 등을 고려하면 배출허용기준을 초과하여 자동차를 운행하는 것을 처벌하는 규정은 과실범도 함께 처벌하는 것으로 해석됨)에는 과실행위도 처벌된다고 본다(대판 1993. 9. 10, 92도1136).

(3) 양벌규정

1) 의　　의

양벌규정이란 범죄행위자와 함께 행위자 이외의 자(사업주, 법인 등)를 함께 처벌하는 법규정을 말한다. 형사범에서는 범죄를 행한 자만을 벌하지만 행정범에서는 범죄행위자 이외의 자를 벌하는 것으로 규정하는 경우가 있다. 종업원의 위반행위에 대하여 사업주도 처벌하는 것으로 규정하는 경우가 있고, 미성년자나 피성년후견인의 위반행위에 대하여 법정대리인을 처벌하는 것으로 규정하는 경우가 있다.

2) 타인의 행위에 대한 책임의 성질

사업주나 법정대리인 등 행위자 이외의 자가 지는 책임의 성질은 감독의무를 태만히 한 책임, 즉 과실책임이다(대판 2006. 2. 24, 2005도7673).

헌법재판소는 종업원의 범죄행위에 대해 선임감독상의 과실이 없는 사업주도 처벌하도록 규정하고 있는 양벌규정은 법치국가의 원리 및 죄형법정주의로부터 도출되는 형벌에 관한 책임주의원칙에 반하므로 위헌이라고 본다(헌재 2010. 7. 29, 2009헌가14).

실정법상 관리·감독상 주의의무를 다한 경우 처벌을 면제하는 명문의 규정을 두는 경향이 보인다(예 주민등록법 제39조 단서, 「석유 및 석유대체연료 사업법」 제48조 단서 등).

3) 법적 근거

행위자 이외의 자의 처벌은 법적 근거가 있어야 한다.

4) 법인의 책임

형사범에서는 법인은 범죄능력이 없고, 범죄행위자만이 처벌되므로 법인은 형사벌의 대상이 되지 않는다. 그러나 행정범에서는 법인의 대표자 또는 법인의 종업원이 그 법인의 업무와 관련하여 행정범을 범한 경우에 행위자뿐만 아니라 법인도 아울러 처벌한다는 규정을 두는 경우가 많다.

지방자치단체 등 공공단체도 양벌규정의 적용대상이 되는 법인에 해당하는 경우가 있다(대판 2005. 11. 10, 2004도2657).

법인의 책임의 성질에 관하여는 법인의 대표자의 범죄행위에 대한 법인의 책임은 법인의 **직접책임**이고, 법인의 종업원의 범죄행위에 대한 법인의 책임은 종업원에 대한 감독의무를 해태한 책임, 즉 **과실책임**이라고 본다.

죄형법정주의의 원칙상 법인의 책임에 관한 법적 근거가 있어야 한다.

(4) 행정형벌의 과벌절차

1) 원 칙

행정형벌도 원칙상 형사벌과 같이 형사소송법에 따라 과하여진다.

2) 예 외

가. 통고처분

(가) 의 의 **통고처분**이란 행정범에 대하여 형사절차에 의한 형벌을 과하기 전에 행정청이 형벌을 대신하여 금전적 제재인 범칙금을 과하고 행정범을 범한 자가 그 금액을 납부하면 형사처벌을 하지 아니하고, 만일 지정된 기간 내에 그 금액을 납부하지 않으면 형사소송절차에 따라 형벌을 과하도록 하는 절차를 말한다. 통고처분은 현행법상 조세범, 관세범, 출입국관리사범, 교통사범 등에 대하여 인정되고 있다.

(나) 제도의 취지 통고처분제도는 경미한 법규 위반자로 하여금 형사처벌 절차에 수반되는 심리적 불안, 시간과 비용의 소모, 명예와 신용의 훼손 등의 여러 불이익을 당하지 않고 범칙금을 납부함으로써 위반행위에 대한 제재를 신속·간편하게 종결할 수 있게 하여 주며, 법규 위반행위가 홍수를 이루고 있는 현실에서 행정공무원에 의한 전문적이고 신속한 사건처리를 가능하게 하고, 검찰 및 법

원의 과중한 업무 부담을 덜어 준다. 또한 통고처분제도는 형벌의 비범죄화 정신에 접근하는 제도이다(헌재 2003. 10. 30, 2002헌마275).

(다) 통고처분에 따른 과벌절차 행정법규 위반자가 통고처분에 따라 부과된 금액을 납부하면 과벌절차는 종료되며 동일한 사건에 대하여 다시 처벌받지 아니한다. 통고처분에 따라 부과된 금액(범칙금)은 행정제재금이며 벌금이 아니다.

행정법규 위반자가 법정기간 내에 통고처분에 따라 부과된 금액을 납부하지 않으면 관계기관장의 즉결심판청구 또는 고발에 따라 형사소송절차로 이행한다. 이 경우 즉결심판 또는 정식의 형사재판에 의해 형벌이 부과된다.

(라) 법적 성질 및 불복절차 통고처분에 대해 이의가 있는 경우에는 통고처분에 따른 범칙금을 납부하지 않으면 되는 것으로 하고, 이 경우 법정기간이 지나면 통고처분은 효력을 상실하며 즉결심판청구 또는 고발에 의해 형사소송절차로 이행되는 것으로 특별불복절차가 규정되어 있다. 따라서 판례는 「조세범 처벌절차법」 제15조 제 1 항에 따른 지방국세청장 또는 세무서장의 조세범칙사건에 대한 통고처분은 형사절차의 사전절차로서의 성격을 가진 것으로 보고(대판 2016. 9. 28, 2014도10748), 통고처분을 행정소송의 대상이 되는 행정처분이 아니라고 보고 있다(대판 1995. 6. 29, 95누4674). 이에 대하여는 국민의 권리구제를 위해 통고처분을 처분으로 보아 항고소송의 대상으로 하는 것이 타당하다는 견해가 있다. 통고처분에 불복하면 곧바로 형사절차로 이행되도록 하여 형사절차에서 다투라고 하는 것은 가혹하기 때문이다.

나. 즉결심판 「즉결심판에 관한 절차법」에 따라 20만원 이하의 벌금·구류·과료의 형벌은 즉결심판에 의해 과벌된다(법 제 2 조). 즉결심판은 관할경찰서장 또는 관할 해양경비안전서장이 관할법원에 이를 청구한다(제 3 조 제 1 항). 즉결심판절차에 의한 심리와 재판의 선고는 공개된 법정에서 행하되, 그 법정은 경찰관서(해양경비안전서 포함) 외의 장소에 설치되어야 한다(제 7 조 제 1 항). 즉결심판절차도 형사소송절차의 하나이다. 즉결심판에 불복이 있는 피고인은 즉결심판의 선고·고지를 받은 날부터 7일 이내에 정식재판청구서를 경찰서장에게 제출하여야 한다. 경찰서장은 지체없이 판사에게 송부하여야 한다(법 제14조).

「도로교통법」상 범칙행위에 대하여는 통고처분이 행해지며, 납부기간내에 범칙금이 납부되지 않은 경우에는 즉결심판에 회부된다. 다만 즉결심판이 청구되기 전까지 통고받은 금액에 100분의 50을 더한 금액을 납부한 사람에 대하여는 그러하지 아니하다(제165조).

즉결심판은 형사범에도 적용되므로 행정형벌에 특유한 과벌절차는 아니다.

[판례 1] **도로교통법 제118조에서 규정하는 경찰서장의 통고처분은 행정소송의 대상이 되는 행정처분이 아니므로** 그 처분의 취소를 구하는 소송은 부적법하고, 도로교통법상의 통고처분을 받은 자가 그 처분에 대하여 이의가 있는 경우에는 통고처분에 따른 범칙금의 납부를 이행하지 아니함으로써 경찰서장의 즉결심판청구에 의하여 법원의 심판을 받을 수 있게 될 뿐이다(대판 1995. 6. 29, 95누4674).

[판례 2] **통고처분은** 상대방의 임의의 승복을 그 발효요건으로 하기 때문에 그 자체만으로는 통고이행을 강제하거나 상대방에게 아무런 권리의무를 형성하지 않으므로 행정심판이나 행정소송의 대상으로서의 **처분성을 부여할 수 없고,** 통고처분에 대하여 이의가 있으면 통고내용을 이행하지 않음으로써 고발되어 형사재판절차에서 통고처분의 위법·부당함을 얼마든지 다툴 수 있기 때문에 관세법 제38조 제 3 항 제 2 호가 법관에 의한 재판받을 권리를 침해한다든가 적법절차의 원칙에 저촉된다고 볼 수 없다(헌재 1998. 5. 28, 96헌바4).

[판례 3] **통고처분의 상대방이 범칙금을 납부하지 아니하여 즉결심판, 나아가 정식재판의 절차로 진행되었다면** 당초의 통고처분은 그 효력을 상실한다 할 것이므로 이미 효력을 상실한 통고처분의 취소를 구하는 **헌법소원은 권리보호의 이익이 없어 부적법하다**(헌재 2003. 10. 30, 2002헌마275).

[판례 4] **도로교통법 제119조 제 3 항이** 통고처분에 의해 부과된 범칙금을 납부한 경우 다시 벌받지 아니한다고 규정하고 있는 것은 **범칙금의 납부에 확정재판의 효력에 준하는 효력을 인정하는 취지로 해석하여야 한다**(대판 2002. 11. 22, 2001도849).

3. 행정형벌규정의 변경·폐지와 행정형벌

종전에 허가를 받거나 신고를 하여야만 할 수 있던 행위 일부를 허가나 신고 없이 할 수 있도록 법령이 개정된 경우 그것이 법률 이념의 변천으로 과거에 범죄로서 처벌하던 일부 행위에 대한 처벌 자체가 부당하다는 반성적 고려에서 비롯된 것이면 가벌성이 소멸하고, 사정의 변천에 따른 규제 범위의 합리적 조정의 필요에 따른 것이라고 보이면(예 개발제한구역 내 비닐하우스 설치행위) 그 위반행위의 가벌성이 소멸하는 것이 아니다(대판 2007. 9. 6, 2007도4197).

[판례] 2005. 1. 27. 법률 제7383호로 개정된 「개발제한구역의 지정 및 관리에 관한 특별조치법」에서 신설한 제11조 제 3 항은 “건설교통부령이 정하는 경미한 행위는 허가 또는 신고를 하지 아니하고 행할 수 있다”고 규정하고 있고 그 부칙에 의하여 공포 후 6개월이 경과한 날부터 시행되었으며, 2005. 8. 10. 건설교통부령 제464호에서 신설한 같은 법 시

행규칙 제 7 조의2와 [별표 3의2]는 그러한 경미한 행위들을 열거하여 규정하고 있으나, 이와 같이 **종전에 허가를 받거나 신고를 하여야만 할 수 있던 행위의 일부를 허가나 신고 없이 할 수 있도록 법령이 개정되었다 하더라도** 이는 법률 이념의 변천으로 과거에 범죄로서 처벌하던 일부 행위에 대한 처벌 자체가 부당하다는 반성적 고려에서 비롯된 것이라기보다는 **사정의 변천에 따른 규제 범위의 합리적 조정의 필요에 따른 것이라고 보이므로**, 위 개발제한구역의 지정 및 관리에 관한 특별조치법과 같은 법 시행규칙의 신설 조항들이 시행되기 전에 이미 범하여진 **개발제한구역 내 비닐하우스 설치행위에 대한 가벌성이 소멸하는 것은 아니다**(대판 2007. 9. 6, 2007도4197).

제 4 항 행정질서벌(과태료) [2005 사시 약술]

Ⅰ. 의 의

행정질서벌이란 행정법규 위반에 대하여 과태료가 과하여지는 행정벌이다.

Ⅱ. 대 상

일반적으로 행정형벌은 행정목적을 직접적으로 침해하는 행위에 대하여 과하여지고, 행정질서벌은 정보제공적 신고의무 위반과 같이 행정목적을 간접적으로 침해하는 행위에 대하여 과하여진다. 과태료의 부과는 그 자체가 목적이 되어서는 아니되고 해당 법률의 목적을 달성하기 위한 것이어야 한다. 그런데 행정형벌의 행정질서벌화정책에 의해 행정형벌을 과하여야 할 행위에 행정질서벌을 과하는 경우가 있다.

Ⅲ. 형법총칙 적용문제

행정질서벌인 과태료는 형벌이 아니므로 행정질서벌에는 형법총칙이 적용되지 않는다.

그러나 과태료는 행정형벌과 유사한 성질을 갖기 때문에 과태료규정이나 과태료의 부과대상이 되는 행정법규사항의 해석·적용은 엄격히 하여야 하고, 과태료 처분대상인 위반행위를 함부로 유추해석하거나 확대해석하여서는 아니 된다(대판 2007. 3. 30, 2004두7665; 동지 대결 2007. 3. 29, 2006마724).

그리고 질서위반행위규제법은 종전 판례와 달리 과태료의 부과에 행위자의 고의 또는 과실을 요하는 것으로 규정하고 있는 점(제 7 조), 위법성의 착오에 관한 규정을 둔 점(제 8 조) 등에서 과태료를 종전 보다 형벌과 보다 유사하게 규정하고 있다.

Ⅳ. 행정형벌과 행정질서벌의 병과가능성

동일한 행위에 대하여 행정형벌과 행정질서벌을 동시에 부과하는 것이 가능한가에 대하여 긍정설과 부정설이 대립하고 있다. 대법원은 긍정설을 취하고 있고, 헌법재판소는 부정설을 취하고 있다. 행정형벌과 행정질서벌은 모두 제재로서의 행정벌이므로 부정설이 타당하다. 다만, 행정질서벌 부과 후 형벌을 부과하는 것은 가능한 것으로 보아야 한다. 다만, 형량 결정시 행정질서벌을 부과한 것을 고려하는 것이 타당하다.

대법원은 "행정법상의 질서벌인 과태료의 부과처분과 형사처벌은 그 성질이나 목적을 달리하는 별개의 것이므로 행정법상의 질서벌인 과태료를 납부한 후에 형사처벌을 한다고 하여 이를 **일사부재리의 원칙에 반하는 것이라고 할 수는 없다**"라고 하였고(대판 1996. 4. 12, 96도158; 대판 2000. 10. 27, 2000도3874), **헌법재판소**는 행정질서벌로서의 과태료는 형벌(특히 행정형벌)과 목적·기능이 중복되는 면이 없지 않으므로 동일한 행위를 대상으로 하여 형벌을 부과하면서 아울러 행정질서벌로서의 과태료까지를 부과하는 것은 **이중처벌금지의 기본정신에 배치되어** 국가 입법권의 남용으로 인정될 여지가 있다고 보았다(헌재 1994. 6. 30, 92헌바38).

Ⅴ. 행정질서벌의 부과

1. 부과권자

개별법률에서 정함이 없는 경우 법원이 비송사건절차에 따라 과태료를 정한다. 개별법률에서 행정청이 부과하도록 한 경우에도 행정청의 과태료부과에 불복하는 경우 법원이 비송사건절차에 따라 최종적으로 부과한다(질서위반행위규제법 제25조).

2. 부과의 근거

행정질서벌의 부과는 법률에 근거가 있어야 한다. 행정질서벌에는 국가의 법령에 근거한 것과 지방자치단체의 조례에 근거한 것(지방자치법 제27조, 제139조)이 있다.

질서위반행위규제법은 질서위반행위자에 대한 과태료 부과의 근거법률은 아니며 질서위반행위(제 2 조 제 1 호)를 한 자에 대한 과태료 부과의 요건, 절차, 징수 등을 정하는 법률이다. 과태료의 부과·징수, 재판 및 집행 등의 절차에 관한 다른 법률의 규정 중 질서위반행위규제법의 규정에 저촉되는 것은 질서위반행위규제법이 정하는 바에 따른다(질서위반행위규제법 제 5 조).

3. 부과요건

질서위반행위규제법은 질서위반행위의 요건을 행정범죄의 성립요건과 유사하게 규정하고 있는데, 이러한 입법태도에 대하여는 의문이 제기될 수 있다.

(1) 고의 또는 과실

질서위반행위규제법은 고의 또는 과실이 없는 질서위반행위는 과태료를 부과하지 아니한다고 규정하고 있다(제 7 조). 다만, 「도로교통법」 제56조 제 1 항에 따른 고용주등을 같은 법 제160조 제 3 항에 따라 과태료를 부과하는 경우에는 고의 또는 과실이 없어도 과태료를 부과한다(제11조 제 2 항).

(2) 법 적용의 시간적 범위

질서위반행위의 성립과 과태료처분은 행위시의 법률에 따르는 것이 이론상 타당하며 질서위반행위규제법도 그렇게 규정하고 있다(법 제 3 조 제 1 항). 다만, 질서위반행위 후 법률이 변경되어 그 행위가 질서위반행위에 해당하지 아니하게 되거나 과태료가 변경되기 전의 법률보다 가볍게 된 때에는 법률에 특별한 규정이 없는 한 변경된 법률을 적용한다(법 제 3 조 제 2 항). 행정청의 과태료처분이나 법원의 과태료 재판이 확정된 후 법률이 변경되어 그 행위가 질서위반행위에 해당하지 아니하게 된 때에는 변경된 법률에 특별한 규정이 없는 한 과태료의 징수 또는 집행을 면제한다(법 제 3 조 제 3 항).

(3) 위법성의 착오

자신의 행위가 위법하지 아니한 것으로 오인하고 행한 질서위반행위는 그 오인에 정당한 이유가 있는 때에 한하여 과태료를 부과하지 아니한다(법 제 8 조). 다만, 「도로교통법」 제56조 제 1 항에 따른 고용주등을 같은 법 제160조 제 3 항에 따라 과태료를 부과하는 경우에는 그 오인에 정당한 이유가 있어도 과태료를 부과한다(제11조 제 2 항).

(4) 책임연령 등

14세가 되지 아니한 자의 질서위반행위는 과태료를 부과하지 아니한다. 다만, 다른 법률에 특별한 규정이 있는 경우에는 그러하지 아니하다(법 제 9 조).

4. 부과절차

법원이 과태료 재판에 의해 부과하는 경우에는 질서위반행위규제법 및 비송사건절차법에 의한다.

행정청이 부과하는 경우에 과태료부과행위는 질서위반행위규제법(제16조 이하) 및 행정절차법에 따른다.

5. 부과대상자

과태료의 부과대상자는 원칙상 질서위반행위를 한 자이다. 그런데 법인의 대표자, 법인 또는 개인의 대리인·사용인 및 그 밖의 종업원이 업무에 관하여 법인 또는 그 개인에게 부과된 법률상의 의무를 위반한 때에는 법인 또는 그 개인에게 과태료를 부과한다(법 제11조 제 1 항). 즉 종업원 등의 위반행위를 업무주인 법인이나 개인의 질서위반행위로 보고, 업무주는 법인이든 자연인이든 종업원 등의 행위와 관련하여 선임감독상의 과실과 관계없이 무과실책임을 지는 것으로 규정되어 있다. 다만, 종업원등에게 고의 또는 과실이 있어야 하는 것으로 보아야 한다(제 7 조).

2인 이상이 질서위반행위에 가담한 때에는 각자가 질서위반행위를 한 것으로 본다(법 제12조 제 1 항).

6. 자진납부자에 대한 과태료 감경

행정청은 당사자가 제16조에 따른 의견제출 기한 이내에 과태료를 자진하여 납부하고자 하는 경우에는 대통령령으로 정하는 바에 따라 과태료를 감경할 수 있는데(제18조 제 1 항), 당사자가 제 1 항에 따라 감경된 과태료를 납부한 경우에는 해당 질서위반행위에 대한 과태료 부과 및 징수절차는 종료한다(제 2 항). 따라서 감경된 과태료를 자진 납부한 때에는 이후 의견제출이나 이의제기를 할 수 없는 것으로 해석된다. 행정청은 감경된 과태료를 스스로 납부하면 더 이상 의견을 제출하거나 이의제기를 할 수 없다는 내용을 과태료 부과 사전통지 사항에 포함시켜야 한다(동법 시행령 제 3 조 제 1 항 5의2).

7. 과태료 부과의 제척기간

행정청은 질서위반행위가 종료된 날(다수인이 질서위반행위에 가담한 경우에는 최종 행위가 종료된 날을 말한다)부터 5년이 경과한 경우에는 해당 질서위반행위에 대하여 과태료를 부과할 수 없다(제19조 제 1 항). 제 1 항에도 불구하고 행정청은 제36조 또는 제44조에 따른 법원의 결정이 있는 경우에는 그 결정이 확정된 날부터 1년이 경과하기 전까지는 과태료를 정정부과 하는 등 해당 결정에 따라 필요한 처분을 할 수 있다(제 2 항).

Ⅵ. 행정질서벌 부과행위의 법적 성질과 권리구제

① 행정질서벌인 과태료가 **법원의 재판에 의해 부과되는 경우** 과태료부과행위는 사법행위(司法行爲)의 성질을 가지며 질서위반행위규제법 및 비송사건절차법에 정해진 절차에 따라 부과되고 다투어진다.

② 행정질서벌인 과태료가 **행정청에 의해 부과되는 경우**에 과태료부과행위는 행정행위이다. 그런데 질서위반행위규제법은 과태료부과에 대해 이의가 제기된 경우에는 행정청의 과태료부과처분은 그 효력을 상실한다고 규정하면서(제20조 제 2 항), 이의제기를 받은 부과행정청은 관할법원에 통보하여 관할법원이 질서위반행위규제법에 따라 과태료를 결정하도록 규정하고 있다(제21조 제 1 항). 행정청의 과태료부과에 대한 이의는 과태료부과 통지를 받은 날부터 60일 이내에 제기하여야 한다(법 제20조 제 1 항).

과태료부과행위는 행정쟁송법상의 처분은 아니지만, 「행정기본법」상의 처분에는 해당한다.

Ⅶ. 과태료의 귀속

행정청에 의해 부과·징수되는 과태료는 해당 행정청이 속한 국가 또는 지방자치단체에 귀속되고, 질서위반행위규제법에 의해 부과·징수되는 과태료는 국가에 귀속된다. 다만, 지방자치단체의 장이 과태료 재판 집행을 위탁받은 경우에는 그 집행한 금원(金員)은 해당 지방자치단체의 수입으로 한다(법 제43조 제 2 항).

제 4 절 새로운 행정의 실효성 확보수단

제 1 항 과 징 금 [2006 사시]

행정기본법

제28조(과징금의 기준) ① 행정청은 법령등에 따른 의무를 위반한 자에 대하여 법률로 정하는 바에 따라 그 위반행위에 대한 제재로서 과징금을 부과할 수 있다.

② 과징금의 근거가 되는 법률에는 과징금에 관한 다음 각 호의 사항을 명확하게 규정하여야 한다.

1. 부과·징수 주체
2. 부과 사유
3. 상한액
4. 가산금을 징수하려는 경우 그 사항
5. 과징금 또는 가산금 체납 시 강제징수를 하려는 경우 그 사항

③ 제 2 항 제 4 호에 따라 체납된 과징금에 대한 가산금을 부과하는 규정을 정할 때에는 가산금의 부과율 및 부과기간이 금융기관 등이 연체대출금에 대하여 적용하는 이자율 등을 고려하여 대통령령으로 정하는 부과율 및 부과기간을 넘지 아니하도록 규정하여야 한다. <신설 2025. 3. 18.>

[시행일: 2026. 3. 19.] 제28조 제 3 항

제29조(과징금의 납부기한 연기 및 분할 납부) 과징금은 한꺼번에 납부하는 것을 원칙으로 한다. 다만, 행정청은 과징금을 부과받은 자가 다음 각 호의 어느 하나에 해당하는 사유로 과징금 전액을 한꺼번에 내기 어렵다고 인정될 때에는 그 납부기한을 연기하거나 분할 납부하게 할 수 있으며, 이 경우 필요하다고 인정하면 담보를 제공하게 할 수 있다.

1. 재해 등으로 재산에 현저한 손실을 입은 경우
2. 사업 여건의 악화로 사업이 중대한 위기에 처한 경우
3. 과징금을 한꺼번에 내면 자금 사정에 현저한 어려움이 예상되는 경우
4. 그 밖에 제 1 호부터 제 3 호까지에 준하는 경우로서 대통령령으로 정하는 사유가 있는 경우

Ⅰ. 의 의

과징금이라 함은 법령등 위반이나 행정법상 의무위반에 대한 **제재**로서 부과하

는 금전부과금을 말한다.

과징금에는 경제적 이익환수 과징금, 영업정지에 갈음하는 과징금, 제재목적의 과징금이 있다. 경제적 이익환수 과징금을 '**본래의 과징금**'이라 하고, 그 이외의 과징금을 '**변형된 과징금**'이라 한다. 과징금 중에는 경제적 이익환수와 제재의 성격을 함께 갖는 경우(예 공정거래법상 과징금)도 있다.

「행정기본법」 제28조와 제29조는 과징금을 규정하고 있는데, 「행정기본법」이 규정하는 과징금은 본래의 과징금뿐만 아니라 변형된 과징금도 포함한다.

Ⅱ. 과징금의 종류

1. 경제적 이익환수(부당이익) 과징금(본래의 과징금)

경제적 이익환수 과징금은 법규위반으로 인한 경제적 이익(부당이익)을 환수하는 것을 주된 목적으로 하면서도 부수적으로 법규위반행위에 대한 제재적 성격을 함께 갖는 과징금을 말한다.

2. 변형된 과징금

본래의 과징금과 다른 성질을 갖는 과징금을 '**변형된 과징금**'이라 하는데, 변형된 과징금에는 영업정지(사업정지)에 갈음하는 과징금, 순수한 금전적 제재로서의 과징금 등이 있다.

(1) 영업정지(사업정지)에 갈음하는 과징금

영업정지에 갈음하는 과징금은 영업정지처분 대신 부과하는 과징금을 말한다.

영업정지에 갈음하여 부과하는 과징금의 취지는 행정법규 위반에 대하여 영업정지를 명하여야 하는 경우 행정법규 위반자인 사업자의 영업을 정지함으로써 시민 등이 큰 불편을 겪거나 국민경제에 적지 않은 피해를 주는 등 공익을 해할 우려가 있는 경우에 그 영업정지로 인하여 초래될 공익에 대한 침해 등의 문제를 고려하여 영업정지를 하지 않고 그 대신 그 영업으로 인한 이익을 박탈하는 과징금을 부과할 수 있도록 한 것이다.

영업정지처분에 갈음하는 과징금이 규정되어 있는 경우 과징금을 부과할 것인지 영업정지처분을 내릴 것인지는 통상 행정청의 재량에 속한다(대판 2015. 6. 24, 2015두39378〈어린이집운영정지처분취소등〉). 다만, 과징금부과처분을 하지 않고 영업정지처분을 한 것이 비례의 원칙, 평등의 원칙 등 법의 일반원칙에 반하는 등 재량권의 일탈·남용이 있으면 위법하다. 예를 들면, 과징금부과처분을 하지 않고 영업정지처분을 한 것이 심히 공익을 해하고, 사업자에게도 가혹한 불이익을 초래하는 경우에는 비례원칙에 반한다.

과징금부과처분을 받은 사업자가 납부기한까지 과징금을 납부하지 아니한 때에는 과징금부과처분을 취소하고, 과징금부과대상 영업에 대하여 사업정지처분을 하도록 규정하고 있는 경우가 있다(「석유 및 석유대체연료 사업법」 제35조 제 5 항 본문).

(2) 제재목적의 과징금

제재목적의 과징금은 금전적 제재로 법령 위반을 예방하여 행정법규의 실효성을 확보하는 것을 주된 목적으로 하는 과징금이다. 아직 그 예가 많지는 않지만 미국의 징벌적 손해배상의 영향을 받아 **징벌적 과징금**(예 개인정보보호법 제64조의2 제 1 항의 과징금, 공공재정환수법 제 9 조의 공공재정 부정청구등에 대한 제재로서 부과하는 제재부가금 등)이 늘고 있는데, **징벌적 과징금**은 제재목적의 과징금의 대표적인 예이다.

Ⅲ. 과징금의 근거 및 기준

행정청은 법령등에 따른 의무를 위반한 자에 대하여 법률로 정하는 바에 따라 그 위반행위에 대한 제재로서 과징금을 부과할 수 있다(행정기본법 제28조 제 1 항). 「행정기본법」 제28조 제 1 항은 과징금 부과의 법적 근거가 될 수 없다.

과징금을 부과하기 위해서는 개별법률의 근거가 있어야 한다. 「행정기본법」 제28조 제 1 항의 과징금은 본래의 과징금과 영업정지에 갈음하여 부과하는 변형된 과징금을 모두 포함한다.

과징금의 근거가 되는 법률에는 과징금에 관한 다음 각 호(1. 부과·징수 주체, 2. 부과 사유, 3. 상한액, 4. 가산금을 징수하려는 경우 그 사항, 5. 과징금 또는 가산금 체납 시 강제징수를 하려는 경우 그 사항)의 사항을 명확하게 규정하여야 한다(행정기본법 제28조 제 2 항).

Ⅳ. 과징금의 성질과 벌금·범칙금과 과징금의 이중부과가능성

과징금은 행정상 제재금이고, 범죄에 대한 국가의 형벌권의 실행으로서의 과벌이 아니므로 행정법규 위반에 대하여 벌금이나 범칙금 이외에 과징금을 부과하는 것은 **이중처벌금지의 원칙**에 반하지 않는다(헌재 1994. 6. 30, 92헌바38).

Ⅴ. 과징금부과처분의 법적 성질, 법적 규율 및 법적 구제

과징금부과처분행위의 법적 성질은 침해적 행정행위이다. 따라서 과징금부과처분은 행정절차법의 적용대상이 되고, 항고쟁송의 대상이 된다.

과징금부과처분은 제재적 처분으로서 통상 재량행위로 규정되고 있으나 과징금의 부과 여부는 기속행위로 규정된 경우(예 「부동산 실권리자명의 등기에 관한 법률」상 명의신탁자에 대하여 과징금을 부과할 것인지의 여부는 기속행위이다(대판 2007. 7. 12, 2005두17287))도 있다.

통상 과징금 부과기준이 행정규칙(재량준칙)의 형식 또는 법규명령의 형식으로 제정되고 있는데, 이 경우 해당 부과기준의 법적 성질 및 구속력이 문제된다. 재량준칙 및 법규명령형식의 행정규칙의 구속력의 문제가 된다. 판례는 재량행위인 과징금의 부과기준을 정한 대통령령을 과징금의 최고한도를 정한 법규명령으로 보고(대판 2001. 3. 9, 99두5207), 재량행위인 과징금의 부과기준을 정한 부령을 행정규칙(재량준칙)에 불과하지만 그 부과기준이 현저히 부당하지 않는 한 존중하여야 한다고 보고 있다(대판 2007. 9. 20, 2007두6946).

Ⅵ. 과징금의 납부기한 연기 및 분할 납부

과징금은 한꺼번에 납부하는 것을 원칙으로 한다. 다만, 행정청은 과징금을 부과받은 자가 다음 각 호(1. 재해 등으로 재산에 현저한 손실을 입은 경우, 2. 사업 여건의 악화로 사업이 중대한 위기에 처한 경우, 3. 과징금을 한꺼번에 내면 자금 사정에 현저한 어려움이 예상되는 경우, 4. 그 밖에 제 1 호부터 제 3 호까지에 준하는 경우로서 대통령령으로 정하는 사유가 있는 경우)의 어느 하나에 해당하는 사유로 과징금 전액을 한꺼번에 내기 어렵다고 인정될 때에는 그 납부기한을 연기하거나 분할 납부하게 할 수 있으며, 이 경우 필요하다고 인정하면 담보를 제공하게 할 수 있다(행정기본법 제29조). 납부기한이나 분할납부결정은 행정청의 재량사항이다.

제 2 항 가산세, 가산금

Ⅰ. 가 산 세

가산세란 세법에서 규정하는 의무의 성실한 이행을 확보하기 위하여 세법에 따라 산출한 세액에 가산하여 징수하는 세금을 말한다(국세기본법 제 2 조 제 4 호).

세법상 가산세는 납세자가 정당한 사유없이 법에 규정된 신고·납세의무 등을 위반한 경우 부과하는 행정상의 제재로서, 납세자의 고의나 과실 여부는 고려되지 않고, 법령의 부지(不知) 또는 오인(誤認)은 정당한 사유에 해당하지 않는다(국세심판원 심판례 2023. 5. 13, 2023서3197).

가산세부과처분은 본세의 부과처분과 별개의 과세처분이다.

[판례 1] **가산세는** 세금의 형태로 가하는 **행정벌의 성질을 가진 제재**이므로 그 의무해태에 정당한 사유가 있는 경우에는 부과할 수 없다(대판 1992. 4. 28, 91누9848).

[판례 2] 세법상 가산세는 과세권의 행사 및 조세채권의 실현을 용이하게 하기 위하여 납세자가 정당한 이유 없이 법에 규정된 신고, 납세 등 각종 의무를 위반한 경우에 개별세법이 정하는 바에 따라 부과되는 **행정상의 제재**로서 납세자의 고의, 과실은 고려되지 않는 반면, 이와 같은 제재는 납세의무자가 그 의무를 알지 못한 것이 무리가 아니었다고 할 수 있어서 그를 정당시할 수 있는 사정이 있거나 그 의무의 이행을 당사자에게 기대하는 것이 무리라고 하는 사정이 있을 때 등 **그 의무해태를 탓할 수 없는 정당한 사유가 있는 경우에는 이를 과할 수 없다**(대판 2022. 1. 14, 2017두41108).

Ⅱ. 가 산 금

국세징수법 제21조, 제22조가 규정하는 가산금과 중가산금은 국세가 납부기한까지 납부되지 않은 경우 미납분에 관한 지연이자의 의미로 부과되는 부대세의 일종이다(대판 2000. 9. 22, 2000두2013).

가산금은 지연손해금(연체금)의 성격을 가지고, 중가산금은 일종의 집행벌(이행강제금)의 성질을 갖는다.

1. 가 산 금

가산금은 행정법상의 금전급부의무의 불이행에 대한 제재로서 가해지는 금전부담을 말한다. 국세를 납부기한까지 완납하지 아니한 때에는 그 납부기한이 지난 날로부터 체납된 국세에 대하여 100분의 3에 상당하는 가산금을 징수한다. 다만, 국가와 지방자치단체(지방자치단체조합을 포함한다)에 대하여는 그러하지 아니하다(국세징수법 제21조).

2. 중가산금

체납된 국세를 납부하지 아니한 때에는 납부기한이 경과한 날로부터 매 1월

이 지날 때마다 체납된 국세의 1천분의 12에 상당하는 가산금(이하 이 조에서 '중가산금'이라 한다)을 제21조에 규정하는 가산금에 가산하여 징수한다. 이 경우 중가산금을 가산하여 징수하는 기간은 60월을 초과하지 못한다. 다만, 체납된 국세의 납세고지서별·세목별 세액이 100만원 미만인 때에는 중가산금을 징수하지 않는다(국세징수법 제22조 제 1 항, 제 2 항).

중가산금은 일종의 집행벌(이행강제금)의 성격을 갖는다.

3. 가산금 또는 중가산금과 행정소송

국세징수법 제21조, 제22조에서 규정하는 가산금과 중가산금은 국세를 납부기한까지 납부하지 아니하면 과세관청의 확정절차 없이도 위 법규정에 의하여 당연히 발생하므로, 가산금 또는 중가산금의 고지는 항고소송의 대상이 되는 처분이라고 볼 수 없다(대판 2000. 9. 22, 2000두2013; 대판 2005. 6. 10, 2005다15482; 대판 2017. 2. 21, 2011두10232). 다만, 가산금이나 중가산금 납부에 대한 독촉은 처분으로서 항고소송의 대상이 된다.

제 3 항 명단의 공표 [2001 행시 약술, 2010 입법고시 약술, 2007 경감승진 약술]

행정절차법

제40조의3(위반사실 등의 공표) ① 행정청은 법령에 따른 의무를 위반한 자의 성명·법인명, 위반사실, 의무 위반을 이유로 한 처분사실 등(이하 "위반사실등"이라 한다)을 법률로 정하는 바에 따라 일반에게 공표할 수 있다.

② 행정청은 위반사실등의 공표를 하기 전에 사실과 다른 공표로 인하여 당사자의 명예·신용 등이 훼손되지 아니하도록 객관적이고 타당한 증거와 근거가 있는지를 확인하여야 한다.

③ 행정청은 위반사실등의 공표를 할 때에는 미리 당사자에게 그 사실을 통지하고 의견제출의 기회를 주어야 한다. 다만, 다음 각 호의 어느 하나에 해당하는 경우에는 그리하지 아니하다.

1. 공공의 안전 또는 복리를 위하여 긴급히 공표를 할 필요가 있는 경우
2. 해당 공표의 성질상 의견청취가 현저히 곤란하거나 명백히 불필요하다고 인정될 만한 타당한 이유가 있는 경우
3. 당사자가 의견진술의 기회를 포기한다는 뜻을 명백히 밝힌 경우

④ 제 3 항에 따라 의견제출의 기회를 받은 당사자는 공표 전에 관할 행정청에 서면

이나 말 또는 정보통신망을 이용하여 의견을 제출할 수 있다.
⑤ 제 4 항에 따른 의견제출의 방법과 제출 의견의 반영 등에 관하여는 제27조 및 제27조의2를 준용한다. 이 경우 "처분"은 "위반사실등의 공표"로 본다.
⑥ 위반사실등의 공표는 관보, 공보 또는 인터넷 홈페이지 등을 통하여 한다.
⑦ 행정청은 위반사실등의 공표를 하기 전에 당사자가 공표와 관련된 의무의 이행, 원상회복, 손해배상 등의 조치를 마친 경우에는 위반사실등의 공표를 하지 아니할 수 있다.
⑧ 행정청은 공표된 내용이 사실과 다른 것으로 밝혀지거나 공표에 포함된 처분이 취소된 경우에는 그 내용을 정정하여, 정정한 내용을 지체 없이 해당 공표와 같은 방법으로 공표된 기간 이상 공표하여야 한다. 다만, 당사자가 원하지 아니하면 공표하지 아니할 수 있다.

Ⅰ. 의 의

명단의 공표란 행정법상의 의무 위반 또는 의무불이행이 있는 경우에 그 위반자의 성명, 위반사실 등을 일반에게 공개하여 명예 또는 신용에 침해를 가함으로써 심리적인 압박을 가하여 행정법상의 의무이행을 확보하는 간접강제수단을 말한다. 행정절차법은 '위반사실의 공표'를 신설하였다(제40조의3).

행정청은 법령에 따른 의무를 위반한 자의 성명·법인명, 위반사실, 의무 위반을 이유로 한 처분사실 등(이하 "위반사실등"이라 한다)을 법률로 정하는 바에 따라 일반에게 공표할 수 있다(행정절차법 제40조의3 제 1 항). 행정절차법은 '위반사실등의 공표'의 근거법률이 아니고, '위반사실등의 공표'의 일반절차를 규정하고 있다. '위반사실등의 공표' 즉 '법령에 따른 의무를 위반한 사실 등'의 공표만이 행정절차법의 적용대상이며 '위반사실등의 공표'가 아닌 정보제공적 공표는 행정절차법의 적용대상이 아니다. 예를 들면, 법령에 따른 의무 위반에 관한 사실을 위반자를 특정하지 않고, 제재목적이 아니라 국민의 안전 등 공익목적을 적극적으로 실현하기 위해 정보를 제공하는 것(예 안전의무를 위반한 사실로 국민 일반에 위험을 야기하고 있는 사실을 국민 일반에 경고하기 위해 공표하는 것)은 행정절차법상 '위반사실등의 공표'가 아니다.

체납기간 1년 이상, 2억원 이상의 고액·상습세금체납자의 명단공개(국세기본법 제85조의5), 위반건축물표지의 설치(건축법 제79조 제 4 항, 규칙 제40조)와 미성년자에 대한 성범죄자(「아동·청소년의 성보호에 관한 법률」 제49조)의 등록정보의 공개, 위반사실의 공표(영유아보육법 제49조의3), 상습범위반사업자 명단공표(하도급거래공정화에 관한 법률 제25조의4), 상습체불건설업자 명단공표(건설산업기본법 제86조의4), 명단공표(보조금관리에 관한 법률 제36조의2)가 그 예이다.

Ⅱ. 법적 근거

행정절차법은 '위반사실등의 공표'의 근거법률이 아니고, 행정법상의 의무 위반자의 명단을 공표하는 것은 그의 명예, 신용 또는 프라이버시에 대한 침해를 초래한다. 따라서 법에 근거가 있는 경우에 한하여 가능하다.

Ⅲ. 한 계

법에 근거가 있는 경우에도 비례의 원칙에 따라 명예, 신용, 인격권 또는 프라이버시권과 공표로 달성하고자 하는 공익간에 이익형량을 하여 명단공표의 위법 여부를 판단하여야 한다(대판 1998. 7. 14, 96다17257: 수사기관이 피의사실을 공표함으로써 명예를 훼손당하였다고 국가배상을 청구한 사건).

[판례] (1) 민주주의 국가에서는 여론의 자유로운 형성과 전달에 의하여 다수의견을 집약시켜 민주적 정치질서를 생성·유지시켜 나가는 것이므로 표현의 자유, 특히 공익사항에 대한 표현의 자유는 중요한 헌법상의 권리로서 최대한 보장을 받아야 하지만, 그에 못지않게 개인의 명예나 사생활의 자유와 비밀 등 사적 법익도 보호되어야 할 것이므로, **인격권으로서의 개인의 명예의 보호와 표현의 자유의 보장이라는 두 법익이 충돌하였을 때** 그 조정을 어떻게 할 것인지는 구체적인 경우에 사회적인 여러 가지 이익을 비교하여 표현의 자유로 얻어지는 이익, 가치와 인격권의 보호에 의하여 달성되는 가치를 **형량하여** 그 규제의 폭과 방법을 정하여야 한다. (2) 형법 제126조가 검찰, 경찰 기타 범죄수사에 관한 직무를 행하는 자 또는 이를 감독하거나 보조하는 자가 그 직무를 행함에 당하여 지득한 피의사실을 공판청구 전에 공표하는 것을 범죄로 규정하고 있는 점, 헌법 제27조 제4항이 형사피고인에 대하여 무죄추정원칙을 규정하고 있는 점과 아울러 직접 수사를 담당한 수사기관이나 수사담당공무원의 발표에 대하여는 국민들이 그 공표된 사실이 진실한 것으로 강하게 신뢰하리라는 점 등을 고려한다면 **직접 수사를 담당한 수사기관이나 수사담당공무원이 피의사실을 공표하는 경우에는 공표하는 사실이 의심의 여지 없이 확실히 진실이라고 믿을 만한 객관적이고 타당한 확증과 근거가 있는 경우가 아니라면 그러한 상당한 이유가 있다고 할 수 없다**(대판 1998. 7. 14, 96다17257: 수사기관이 피의사실을 공표함으로 명예를 훼손당하였다고 국가배상을 청구한 사건).

행정청은 위반사실등의 공표를 하기 전에 사실과 다른 공표로 인하여 당사자의 명예·신용 등이 훼손되지 아니하도록 객관적이고 타당한 증거와 근거가 있는지를 확인하여야 한다(행정절차법 제40조의3 제 2 항).

행정청은 위반사실등의 공표를 하기 전에 당사자가 공표와 관련된 의무의 이행, 원상회복, 손해배상 등의 조치를 마친 경우에는 위반사실등의 공표를 하지 아니할 수 있다(행정절차법 제40조의3 제 7 항).

행정청은 공표된 내용이 사실과 다른 것으로 밝혀지거나 공표에 포함된 처분이 취소된 경우에는 그 내용을 정정하여, 정정한 내용을 지체 없이 해당 공표와 같은 방법으로 공표된 기간 이상 공표하여야 한다. 다만, 당사자가 원하지 아니하면 공표하지 아니할 수 있다(행정절차법 제40조의3 제 8 항).

Ⅳ. 위반사실등의 공표절차

행정절차법

제40조의3(위반사실 등의 공표) ① 행정청은 법령에 따른 의무를 위반한 자의 성명·법인명, 위반사실, 의무 위반을 이유로 한 처분사실 등(이하 "위반사실등"이라 한다)을 법률로 정하는 바에 따라 일반에게 공표할 수 있다.

② 행정청은 위반사실등의 공표를 하기 전에 사실과 다른 공표로 인하여 당사자의 명예·신용 등이 훼손되지 아니하도록 객관적이고 타당한 증거와 근거가 있는지를 확인하여야 한다.

③ 행정청은 위반사실등의 공표를 할 때에는 미리 당사자에게 그 사실을 통지하고 의견제출의 기회를 주어야 한다. 다만, 다음 각 호의 어느 하나에 해당하는 경우에는 그러하지 아니하다.

1. 공공의 안전 또는 복리를 위하여 긴급히 공표를 할 필요가 있는 경우
2. 해당 공표의 성질상 의견청취가 현저히 곤란하거나 명백히 불필요하다고 인정될 만한 타당한 이유가 있는 경우
3. 당사자가 의견진술의 기회를 포기한다는 뜻을 명백히 밝힌 경우

④ 제 3 항에 따라 의견제출의 기회를 받은 당사자는 공표 전에 관할 행정청에 서면이나 말 또는 정보통신망을 이용하여 의견을 제출할 수 있다.

⑤ 제 4 항에 따른 의견제출의 방법과 제출 의견의 반영 등에 관하여는 제27조 및 제27조의2를 준용한다. 이 경우 "처분"은 "위반사실등의 공표"로 본다.

⑥ 위반사실등의 공표는 관보, 공보 또는 인터넷 홈페이지 등을 통하여 한다.

⑦ 행정청은 위반사실등의 공표를 하기 전에 당사자가 공표와 관련된 의무의 이행,

원상회복, 손해배상 등의 조치를 마친 경우에는 위반사실등의 공표를 하지 아니할 수 있다.

⑧ 행정청은 공표된 내용이 사실과 다른 것으로 밝혀지거나 공표에 포함된 처분이 취소된 경우에는 그 내용을 정정하여, 정정한 내용을 지체 없이 해당 공표와 같은 방법으로 공표된 기간 이상 공표하여야 한다. 다만, 당사자가 원하지 아니하면 공표하지 아니할 수 있다.

행정청은 위반사실등의 공표를 할 때에는 미리 당사자에게 그 사실을 통지하고 의견제출의 기회를 주어야 한다. 다만, 다음 각 호(1. 공공의 안전 또는 복리를 위하여 긴급히 공표를 할 필요가 있는 경우, 2. 해당 공표의 성질상 의견청취가 현저히 곤란하거나 명백히 불필요하다고 인정될 만한 타당한 이유가 있는 경우, 3. 당사자가 의견진술의 기회를 포기한다는 뜻을 명백히 밝힌 경우의 어느 하나에 해당하는 경우)에는 그러하지 아니하다(행정절차법 제40조의3 제 3 항).

위반사실등의 공표는 관보, 공보 또는 인터넷 홈페이지 등을 통하여 한다(행정절차법 제40조의3 제 6 항).

Ⅴ. 법적 성질

명단의 공표(결정)(병무청장이 병역법에 따라 병역의무 기피자의 인적사항 등을 인터넷 홈페이지에 게시한 것)는 항고소송의 대상인 **행정처분에 해당한다**(대판 2019. 6. 27, 2018두49130: 관할 지방병무청장의 공개 대상자 결정은 병무청장의 최종적인 결정에 앞서 이루어지는 행정기관 내부의 중간적 결정에 불과하다).

판례는 명단공표를 공권력 행사로 보면서도 공개라는 사실행위는 행정결정의 집행행위로 보고 있는 점에서 명단공표를 사실행위로 보지 않고 행정행위(일반처분)로 보고 있는 것으로 보인다(대판 2019. 6. 27, 2018두49130).

제 4 항 공급거부

Ⅰ. 의 의

공급거부란 행정법상의 의무를 위반하거나 불이행한 자에 대하여 행정상의 서비스 또는 재화의 공급을 거부하는 행위를 말한다.

국민생활에 필수적인 전기, 수도와 같은 재화 또는 서비스의 제공을 거부함으로써 행정법상의 의무의 이행을 간접적으로 강제하는 수단이다.

Ⅱ. 법적 근거

공급거부는 침해적·권력적 사실행위이므로 명시적인 법률상의 근거가 있어야 한다.

구 건축법(1994. 1. 1)은 시장·군수·구청장은 이 법 또는 이 법의 규정에 의한 명령이나 처분에 위반하여 허가 또는 승인이 취소되었거나 철거, 개축 등의 시정명령을 받고 이행하지 아니한 건축물에 대하여 전기·전화·수도의 공급자, 도시가스사업자 또는 관계행정기관의 장에게 그 공급시설의 설치 또는 공급의 중지를 요청할 수 있으며 그 요청을 받은 자는 특별한 이유가 없는 한 이에 응하도록 규정하고 있었는데, **2005년 11월 8일 일부 개정에 의해 폐지**되었다.

Ⅲ. 한 계

행정법상의 의무 위반 또는 의무불이행이 있다고 하여 공급거부가 항상 적법하게 인정될 수 있는 것은 아니다.

① 공급거부가 비례의 원칙에 반하는 경우에 해당 공급거부는 위법하다.

② 공급거부가 부당결부금지의 원칙에 반하는지에 관하여는 전술한 바와 같다. 수도 또는 전기 등의 공급거부가 위법한 건축물의 위법성의 시정조치와 실체적 관련이 없다는 견해가 다수견해이지만, 그 실체적 관련성을 긍정하는 것이 타당하다.

제 5 항 관허사업의 제한 [1999 행시 사례]

Ⅰ. 의 의

관허사업이란 사업을 하기 위해 반드시 행정관청의 인·허가를 받아야 하는 사업을 말한다.

관허사업의 제한이란 행정법상의 의무를 위반하거나 불이행한 자에 대하여 각종 인·허가를 거부할 수 있게 함으로써 행정법상 의무의 준수 또는 의무의 이행을 확보하는 간접적 강제수단을 말한다.

예를 들면, ① 건축법 제79조 제 1 항과 제 2 항은 시장·군수·구청장은 이 법 또는 이 법의 규정에 의한 명령이나 처분에 위반하여 허가 또는 승인이 취소되었거나 철거, 개축 등의 시정명령을 받고 이행하지 아니한 건축물을 사용하여 영업을 하기 위하여 영업허가를 신청한 경우에는 관계행정기관의 장에게 해당 영업허가를 하지 아니하도록 요청할 수 있고, 요청을 받은 자는 특별한 이유가 없는 한 이에 응하도록 규정하고 있다. 또한 ② 국세징수법 제 7 조도 국세체납자에 대한 관허사업의 제한에 대하여 규정하고 있다.

Ⅱ. 종 류

관허사업의 제한에는 의무 위반사항과 관련이 있는 사업에 대한 것(예 건축법 제79조 제 2 항의 위법건축물을 이용한 영업허가의 제한)과 의무 위반사항과 직접 관련이 없는 사업 일반에 대한 것(예 국세징수법 제 7 조의 국세체납자에 대한 일반적 관허사업의 제한, 병역법 제76조의 병역의무 불이행자에 대한 관허사업의 제한, 질서위반행위규제법 제52조의 과태료 징수율을 간접적으로 제고하기 위한 관허사업의 제한)이 있다.

Ⅲ. 법적 근거

관허사업의 제한은 권익을 침해하는 권력적 행위이므로 법률의 근거가 있어야 한다.

Ⅳ. 성 질

관허사업의 제한은 의무불이행에 대한 제재적 처분의 성격을 갖기도 하지만, 기본적으로는 의무이행을 확보하기 위한 수단이다.

Ⅴ. 한 계

관허사업의 제한조치가 비례의 원칙, 부당결부금지의 원칙에 반하는지와 반하는 경우의 법적 효력이 문제된다.

1. 비례의 원칙

비례의 원칙은 헌법원칙이므로 관허사업의 제한이 비례의 원칙에 반하면 법률에 근거한 것이라도 위법하다.

2. 부당결부금지의 원칙

(1) 부당결부금지의 원칙 위반 여부

관허사업제한조치가 부당결부금지의 원칙에 반하는 경우라 함은 관허사업제한조치와 의무 위반 또는 의무불이행(달리 말하면 의무의 준수 또는 의무의 이행)이 실체적 관련이 없는 경우를 말한다.

의무불이행과 관련이 있는 관허사업의 제한(건축법 제79조의 관허사업의 제한)은 부당결부금지의 원칙에 반하지 않는다고 보는 것이 일반적 견해이다.

이에 반하여 의무불이행과 관련이 없는 관허사업의 제한이 부당결부금지의 원칙에 반하는지에 관하여는 견해의 대립이 있다. 의무불이행과 관련이 없는 관허사업의 제한(인·허가의 거부 또는 인·허가 등의 취소 또는 정지)은 상호 별개의 행정목적을 갖는 것으로 보며 실체적 관련성을 부정하는 견해와 인·허가는 의무불이행을 용인하는 결과를 가져온다는 점 및 행정기관은 행정목적의 달성을 위하여 상호 협력하여야 한다는 점에 근거하여 실체적 관련성을 인정하는 견해가 있다. 의무불이행과 관련이 없는 사업에 대한 관허사업의 제한은 실체적 관련성이 없다는 견해가 타당하다.

(2) 관허사업제한조치의 허용 여부

관허사업제한조치가 부당결부금지의 원칙에 반하는 경우에는 부당결부금지의 원칙이 헌법적 효력을 갖는지 아니면 법률적 효력을 갖는지에 따라 관허사업제한조치의 허용 여부가 결정된다.

부당결부금지의 원칙이 헌법적 효력을 갖는 원칙이라면 의무 위반 또는 의무불이행과 결부하여 관허사업제한조치를 할 수 있다는 명문의 규정이 있는 경우에도 부당결부금지의 원칙에 반하는 관허사업제한조치는 위법이 된다.

부당결부금지의 원칙이 법률적 효력만을 갖는 경우에는 법적 근거가 있는 한 그 관허사업제한조치는 그것이 공익목적을 위한 것인 한에서는 위법하지 않다고 보아야 한다.

전술한 바와 같이 부당결부금지의 원칙은 법률적 효력을 갖는다고 보는 것이 타당하므로 국세징수법상의 관허사업제한조치는 그 관허사업제한조치와 의무불이행 사이에 실체적 관련이 없다 하더라도 위법하다고 볼 것은 아니다.

Ⅵ. 권리구제

관허사업의 제한 중 인·허가의 거부에 대하여는 거부처분 취소심판, 의무이행심판, 거부처분취소소송을 제기할 수 있고, 인·허가의 철회에 대하여는 취소심판 또는 취소소송을 제기할 수 있다.

관허사업제한 요청행위가 항고소송의 대상이 되는 처분인가 하는 것이 문제된다. 요청행위는 비권력적 행위로서 권고의 성질을 가지므로 처분성을 부인하는 견해가 있지만, 요청을 받은 자는 특별한 이유가 없는 한 이에 응하도록 규정되어 있으므로 처분으로 보는 것이 타당하다.

제 6 항 시정명령

Ⅰ. 의 의

시정명령이란 행정법규 위반에 의해 초래된 위법상태를 제거하는 것을 명하는 행정행위이다. 시정명령은 강학상 하명에 해당한다. 시정명령을 받은 자는 시정의무를 부담하게 되며 시정의무를 이행하지 않는 경우에는 행정강제(대집행, 직접강제 또는 집행벌)의 대상이 될 수 있고, 시정의무 위반에 대하여는 통상 행정벌이 부과된다.

Ⅱ. 시정명령의 대상

시정명령의 대상은 원칙상 과거의 위반행위로 야기되어 현재에도 존재하는 위법상태이다. 그런데 **판례**는 예외적으로 장래의 위반행위도 시정명령의 대상으로 되는 것으로 보고 있다(대판 전원합의체 2003. 2. 20, 2001두5347).

[판례] **독점규제 및 공정거래에 관한 법률에 의한 시정명령의 명확성 정도: 독점규제 및 공정거래에 관한 법률에 의한 시정명령**이 지나치게 구체적인 경우 매일 매일 다소간의 변형을 거치면서 행해지는 수많은 거래에서 정합성이 떨어져 결국 무의미한 시정명령이 되므로 **그 본질적인 속성상 다소간의 포괄성·추상성을 띨 수밖에 없다 할 것**이고, 한편 **시정명령 제도를 둔 취지에 비추어 시정명령의 내용은 과거의 위반행위에 대한 중지는 물론 가까운 장래에 반복될 우려가 있는 동일한 유형의 행위의 반복금지까지 명할 수는 있는 것으로 해석함이 상당하다**(대판 전원합의체 2003. 2. 20, 2001두5347〈의결처분취소청구〉). [해설] 그러나 시정명령은

과거의 위반행위로 인한 위법상태를 제거하여 적법질서를 회복하기 위해 필요한 조치로 한정하여야 하고, 장래의 위반행위에 대한 금지는 입법에 의해 해결하여야 할 것이다.

Ⅲ. 적용법령

시정명령의 경우 행정법규위반 여부는 위반행위시법에 따라야 하지만, 시정명령은 장래에 향하여 행해지는 적극적 행정행위이므로 원칙상 행위시법을 적용하여야 한다(시정명령을 제재처분으로 보지 않는 견해).

금지규정으로부터 작위의무, 즉 위반결과의 시정을 명하는 권한이 당연히 추론(推論)되는 것은 아니다(대판 1996. 6. 28, 96누4374).

Ⅳ. 시정명령의 상대방

시정명령의 상대방은 시정명령을 이행할 수 있는 법적 권한이 있는 자로 보는 것이 타당하다. 이에 대하여 시정명령을 이행할 수 있는 법률상 또는 사실상의 지위에 있는 사람이어야 한다는 견해도 있다.

Ⅴ. 시정명령의 한계

시정명령은 명확하여야 하고 상대방이 이행가능한 것이어야 한다. 불명확하거나 이행불가능한 것을 요구하는 시정명령은 무효이다.

시정명령은 과거의 위반행위에 대한 중지는 물론 가까운 장래에 반복될 우려가 있는 동일한 유형의 행위의 반복금지를 내용으로 할 수 있다는 것이 판례의 입장이다(대판 전원합의체 2003. 2. 20, 2001두5347).

위법행위가 있었더라도 그 위법행위의 결과가 더 이상 존재하지 않는다면 시정의 대상이 없어진 것이므로 원칙상 시정명령을 할 수 없다(대판 2015. 12. 10, 2013두35013〈시정명령취소〉).

제 7 항 행정법규 위반에 대한 제재처분

Ⅰ. 「행정기본법」에서의 제재처분의 개념

「행정기본법」에서 “제재처분”이란 법령등에 따른 의무를 위반하거나 이행하지 아니하였음을 이유로 당사자에게 의무를 부과하거나 권익을 제한하는 처분을 말한다. 다만, 제30조 제1항 각 호에 따른 행정상 강제는 제외한다(행정기본법 제2조 제5호). 이러한 의미의 제재처분에는 법령위반을 이유로 하는 영업허가 취소 또는 영업정시, 과싱금부과처분, 입찰잠가제한처분, 제재적 성격을 갖는 시정명령, 법위반사실의 공표, 변상금부과처분 등이 있다.

「행정기본법」에서의 **제재처분에 해당하기 위해서는 다음의 요소를 충족하여야 한**다. ① 행정상 제재 중 처분의 성격을 갖는 것이어야 한다. ② 법령등에 따른 의무의 위반 또는 불이행을 이유로 당사자에게 의무를 부과하거나 권익을 제한하는 처분이어야 한다. ③ 명문의 규정이 없더라도 '제재'의 성격을 갖는 것이어야 한다. 제재는 과거의 위반행위에 대한 것으로 과거회기적인 조치이다. 제재적 성격이 없는 처분은 「행정기본법」에서의 제재처분에 해당하지 않는다고 보아야 한다. ④ 제30조 제1항 각 호에 따른 행정상 강제는 제외한다. 행정상 강제는 성질상 장래에 향하여 행정목적을 달성하는 것에 중점이 있는 행정의 실효성 확보수단이므로 성질상 행정상 제재가 아닌 것으로 볼 수도 있다.

Ⅱ. 제재처분에 대한 입법

제재처분의 근거가 되는 법률에는 제재처분의 주체, 사유, 유형 및 상한을 명확하게 규정하여야 한다. 이 경우 제재처분의 유형 및 상한을 정할 때에는 해당 위반행위의 특수성 및 유사한 위반행위와의 형평성 등을 종합적으로 고려하여야 한다(행정기본법 제22조 제1항).

반복하여 같은 법규위반행위를 한 경우에는 가중된 제재처분을 하도록 규정하고 있는 경우가 적지 않다(예 식품위생법 시행규칙 제89조[별표 23]).

Ⅲ. 재재처분의 요건

① 제재처분이 적법하기 위해서는 **제재처분사유가 존재하여야 한다.** 즉 법령등에 따른 의무를 위반하거나 이행하지 아니하였어야 한다. 행정의 상대방에게는 법령등을 준수할 의무가 있다고 볼 수도 있으므로 '법령등에 따른 의무 위반'에는 법령등 위반도 포함된다고 보아야 한다. 또한 법규정상 '법령에 따른 명령'에는 법령 자체뿐만 아니라 법령에 따라 발령한 행정처분도 포함된다(대판 2024. 12. 12, 2024두50421).

② 행정법규 위반에 대하여 가하는 제재처분(영업정지 등)은 행정목적의 달성을 위하여 행정법규 위반이라는 객관적 사실에 착안하여 가하는 제재이므로, 위반자에게 고의나 과실이 없다고 하더라도 부과될 수 있다(대판 2003. 9. 2, 2002두5177). 다만, 위반자의 고의 또는 과실은 제재처분시 고려하여야 한다(행정기본법 제22조 제 2 항, 행정기본법 시행령 제 3 조 제 1 호).

제재의 본질상 위반자의 의무 해태를 탓할 수 없는 정당한 사유가 있는 경우까지 부과할 수 없다(대판 2014. 12. 24, 2010두6700〈부정당업자제재처분 등〉). ③ 제재의 본질상 위반자의 의무 해태를 탓할 수 없는 정당한 사유가 있는 경우에는 제재처분을 할 수 없다(대판 2014. 12. 24, 2010두6700〈부정당업자제재처분 등〉). 여기에서 **'의무위반을 탓할 수 없는 정당한 사유'**가 있는지를 판단할 때에는 본인이나 그 대표자의 주관적인 인식을 기준으로 하는 것이 아니라, 그의 가족, 대리인, 피용인 등과 같이 본인에게 책임을 객관적으로 귀속시킬 수 있는 관계자 모두를 기준으로 판단하여야 한다(대판 2021. 2. 25, 2020두51587〈사업정지처분취소〉).

Ⅳ. 제재처분의 상대방

제재처분은 원칙상 법령 등을 위반하는 행위를 한 자를 상대방으로 한다. 다만, 전술한 바와 같이 제재사유가 승계되는 경우에는 그 승계인에 대해서도 제재처분을 할 수 있다. 그리고, 현실적인 행위자가 아니라도 법령상 책임자로 규정된 자에게 부과된다(대판 2017. 5. 11, 2014두8773: 자신의 직원이 채권추심과 관련하여 채무자 또는 관계인을 협박하는 것을 방지하지 못한 원고(대부업자)는 법령상 책임자로서 영업정지 처분의 부과대상이 된다고 본 사례).

Ⅴ. 제재처분시 고려사항

행정청은 재량이 있는 제재처분을 할 때에는 다음 각 호(1. 위반행위의 동기, 목적 및 방법, 2. 위반행위의 결과, 3. 위반행위의 횟수, 4. 그 밖에 제 1 호부터 제 3 호까지에 준하는 사항으로서 대통령령으로 정하는 사항)의 사항을 고려하여야 한다(행정기본법 제22조 제 2 항).

제재처분시 법령상 고려사항을 고려하지 않으면 재량권의 불행사 또는 해태에 해당한다.

Ⅵ. 제재처분과 형벌의 병과

제재처분과 형벌은 각각 그 권력적 기초, 대상, 목적이 다르다. 일정한 법규 위반 사실이 제재처분의 전제사실이자 형사법규의 위반 사실이 되는 경우에 동일한 행위에 관하여 독립적으로 제재처분이나 형벌을 부과하거나 이를 병과할 수 있다. 법규가 예외적으로 형사소추 선행 원칙을 규정하고 있지 않은 이상 형사판결 확정에 앞서 일정한 위반사실을 들어 행정처분을 하였다고 하여 절차적 위반이 있다고 할 수 없다(대판 2017. 6. 19, 2015두59808).

Ⅶ. 제재처분의 제척기간

1. 제척기간의 적용대상인 제재처분

「행정기본법」 제23조의 제척기간의 적용대상은 '법령등의 위반행위에 대한 제재처분'인데, 「행정기본법」 제 2 조 제 5 호의 제재처분 중 '인허가의 정지·취소·철회, 등록 말소, 영업소 폐쇄와 정지를 갈음하는 과징금 부과'만에 한정된다.

2. 기산일 및 기간

제척기간의 기산일은 '법령등의 위반행위가 종료된 날'이다. 계속적 위반행위의 경우에는 그 위반행위가 종료된 날이다. 법령등의 위반행위(예 건축법을 위반하는 건축행위)가 있은 후 그 위반상태(예 건축법의 위반상태)가 여전히 계속되고 있는 경우에는 법령등의 위반행위가 종료된 것으로 볼 수 없으므로 제척기간은 진행되지 않는 것으로 보아야 한다(법제처, 행정기본법 해설서, 237면). 법령 위반으로 위법상태가 계속되는 경우 시정명령 및 과징금부과처분의 제척기간 기산점이 되는 위반행위 종료일은 위법상태가 종료된 때라는 판례(대판 2022. 3. 17, 2019두35978) 등이 있다.

제척기간은 원칙상 기산일로부터 '5년'이다. 다만, 제척기간 내의 제재처분에 대한 행정심판의 취소재결이나 법원의 취소·무효확인판결의 기속력에 따라 새로운 제재처분을 하는 경우에는 재결이나 판결이 확정된 날부터 1년(합의제행정기관은 2년)이 지나기 전까지는 그 취지에 따른 새로운 제재처분을 할 수 있다(행정기본법 제23조 제 3 항). 그리고 다른 법률에서 제 1 항 및 제 3 항의 기간보다 짧거나 긴 기간을 규정하고 있으면 그 법률에서 정하는 바에 따른다(행정기본법 제23조 제 4 항).

그리고 행정청은 제 1 항 및 제 4 항에도 불구하고 제 1 항 및 제 4 항에 따른 기간이 끝나기 전에 「행정절차법」 제21조에 따른 처분의 사전 통지로 제재처분의 절차(다른 법률에 그에 관한 특별한 규정이 있는 경우에는 해당 법률에 따른 제재처분의 절차를 포함한다)가 시작된 경우에는 제1항 또는 제4항에 따른 기간이 끝나는 날부터 1년이 지나기 전까지는 제재처분을 할 수 있다(행정기본법 개정안 제23조 제5항 신설).

3. 제척기간의 적용 및 효과

제척기간은 강행규정이므로 임의로 그 적용 여부를 결정할 수 없다. 그리고 제척기간의 경과 여부는 법원의 직권조사사항이므로 처분의 상대방이 제척기간의 경과를 주장하지 않더라도 법원은 직권으로 제척기간의 경과 여부를 조사하여 적용하여야 한다(법제처, 행정기본법 해설서, 230면).

제척기간이 경과하면 행정청은 법령등의 위반행위가 있었더라도 해당 제재처분을 할 수 없다.

4. 제척기간의 적용제외

다음 각 호의 어느 하나에 해당하는 경우에는 제척기간을 적용하지 아니한다. 1. 거짓이나 그 밖의 부정한 방법으로 인허가를 받거나 신고를 한 경우, 2. 당사자가 인허가나 신고의 위법성을 알고 있었거나 중대한 과실로 알지 못한 경우, 3. 정당한 사유 없이 행정청의 조사·출입·검사를 기피·방해·거부하여 제척기간이 지난 경우, 4. 제재처분을 하지 아니하면 국민의 안전·생명 또는 환경을 심각하게 해치거나 해칠 우려가 있는 경우(행정기본법 제23조 제2항).

Ⅷ. 제재처분의 위법 여부

제재처분이 재량행위인 경우에 재량권의 일탈·남용이 없어야 한다.

여러 처분사유에 관하여 하나의 제재처분을 하였을 때 그 중 일부가 인정되지 않는다고 하더라도 나머지 처분사유들만으로도 그 처분의 정당성이 인정되는 경우에는 그 처분을 위법하다고 보아 취소하여서는 아니 된다(대판 2017. 6. 15, 2015두2826등 참조). 처분사유의 일부가 위법한 경우(처분사유가 일부 정당한 경우) 일부 정당한 처분사유로도 제재처분이 비례원칙에 위반하지 않으면 해당 제재처분은 적법하다고 보는 것이 판례의 입장이다.

행정청이 여러 개의 위반행위에 대하여 하나의 제재처분을 하였으나, 위반행위별로 제재처분의 내용을 구분하는 것이 가능하고 여러 개의 위반행위 중 일부의 위반행위에 대한 제재처분 부분만이 위법하다면, 법원은 제재처분 중 위법성이 인정되는 부분만 취소하여야 하고 제재처분 전부를 취소하여서는 아니 된다(대판 2020. 5. 14, 2019두63515; 대판 2020. 5. 14, 2019두63515).

동일한 사유로 다시 제재적 행정처분을 하는 것은 위법한 이중처분에 해당한다. 그러나 제재처분을 변경하는 처분은 이중처분이 아니며 특별한 사정이 없는 한 제재처분의 효력이 유지되는 동안에는 가능하다.

법령위반에 대한 제재처분은 관할 행정청이 여러 가지 위반행위를 인지하였다면 명문의 규정이 없더라도 그 위반행위 전부에 대하여 일괄하여 하나의 제재처분을 하는 것이 원칙이다. 그리고 관할 행정청이 여러 가지 위반행위 중 일부만 인지하여 제재처분을 하였는데 그 후 그 제재처분 시점 이전에 이루어진 다른 위반행위를 인지하여 이에 대하여 별도의 제재처분을 하게 되는 경우에도 종전 과징금 부과처분의 대상이 된 위반행위와 추가 과징금 부과처분의 대상이 된 위반행위에 대하여 일괄하여 하나의 과징금 부과처분을 하는 경우와의 형평을 고려하여 행정청이 전체 위반행위에 대하여 하나의 제재처분을 할 경우에 취할 정당한 제재처분에서 이미 취한 제재처분을 뺀 정도의 제재를 한도로 하여서만 추가 제재처분을 할 수 있다(대판 2021. 2. 4, 2020두48390; 대판 2022. 9. 16, 2020두47021). 그러나 위반행위별로 제재처분을 부과하여야 하는 경우도 있다. 예를 들면, 구 「중소기업 기술혁신 촉진법」상 복수의 연구개발과제에 각각의 참여제한사유가 있는 경우에는 연구개발과제별로 참여제한기간을 누적하여 처분할 수 있다(대판 2022. 7. 28, 2022두31822 〈환수금등취소처분의소〉).

제 8 항 그 밖의 행정의 실효성 확보수단

그 밖의 행정의 실효성 확보수단으로는 ① 행정법규 위반자에 대한 국외여행제한(예 출입국관리법 제 4 조), ② 취업제한(예 병역법 제76조), ③ 자동차 관련 과태료 체납자에 대한 자동차 등록번호판의 영치(질서위반행위규제법 제55조)과 ④ 행정법규 위반행위신고포상금제 등이 있다.

제 11 장　행정절차

제 1 절　행정절차의 의의

행정절차란 행정활동을 함에 있어서 거치는 사전통지, 의견청취, 이유제시 등 사전절차를 가리킨다.

행정절차는 행정의 절차적 통제, 행정에 대한 이해관계인 등 국민의 참여, 국민의 권익에 대한 침해의 예방 등의 기능을 갖는다.

제 2 절　행정절차의 헌법적 근거

Ⅰ. 적법절차의 원칙

적법절차의 원칙이란 국가권력이 개인의 권익을 제한하는 경우에는 개인의 권익을 보호하기 위한 적정한 절차를 거쳐야 한다는 원칙을 말한다.

적법절차의 원칙은 형사절차상의 영역에 한정되지 않고 입법, 행정 등 국가의 모든 공권력의 작용에도 적용된다(헌재 1992. 12. 24, 92헌가8).

[판례] 법무부장관의 일방적 명령에 의하여 변호사 업무를 정지시키는 것은 해당 변호사가 자기에게 유리한 사실을 진술하거나 필요한 증거를 제출할 수 있는 청문의 기회가 보장되지 아니하여 적법절차를 존중하지 아니한 것이 된다(헌재 1990. 11. 19, 90헌가48).

Ⅱ. 적법절차의 원칙과 행정절차

적법절차의 내용은 일률적으로 정해지는 것이 아니고 개별적 사안마다 적정한 절차가 결정되는 유동적인(flexible) 것이다.

적법절차는 헌법적 효력을 가지며 행정절차에도 적용되므로 만약에 적법한 행정절차규정이 없는 경우 또는 절차규정이 적법절차의 원칙에 반하는 경우에는 적법절차의 원칙이 직접 적용되어 적법한 절차에 따르지 않은 행정처분은 절차상 위법하게 된다.

예를 들면, 허가의 취소에 있어 적법절차의 원칙상 정식청문절차가 요구됨에도 정식청문절차를 정하는 개별법규정이 없어 정식청문절차를 거치지 않고 의견제출의 기회만 주었다면 그 허가취소는 절차상 하자가 있다.

제 3 절 행정절차법의 기본구조와 적용범위

Ⅰ. 행정절차법의 기본구조

행정절차법은 처분절차, 신고절차, 확약, 위반사실의 공표, 행정계획, 행정상 입법예고절차, 행정예고절차, 행정지도절차를 규율대상으로 하고 있다. 그중에서 처분절차가 중심적인 내용이 되고 있다.

침해적 처분절차로는 사전통지, 의견청취를 규정하고 있다.

수익적 처분에 관하여는 처분의 신청, 처분의 처리기간에 관하여 일반적인 규정을 두고 있다.

처분 일반(수익적 처분과 부담적 처분)에 관하여는 처분기준의 설정·공표, 처분이유의 제시, 처분의 방식(문서주의), 처분의 정정, 고지에 관한 규정이 있다.

현행 행정절차법은 행정계획의 확정절차, 행정조사절차 및 행정계약절차는 규정하고 있지 않다. 다만, 행정계획도 행정예고의 대상이 되며 행정계획이 입법의 형식을 띠는 경우에는 행정상 입법예고절차가 적용되고 행정처분의 성질을 띠는 경우에는 처분절차가 적용된다.

행정입법절차도 입법안의 예고와 임의적 의견제출절차를 규정하고 있을 뿐이다. 또한 자료의 열람을 정식청문의 경우에 한하여 제한적으로 인정하고 있는 점도 문제점으로 지적되고 있다.

행정절차법은 주로 절차적 규정만을 두고 있고, 아주 예외적으로만 실체법규정(신의성실의 원칙과 신뢰보호의 원칙)을 두고 있다.

Ⅱ. 행정절차법의 적용범위 [2018 5급공채(행정)]

행정절차법 제 3 조는 행정절차법의 적용범위를 규정하고 있다.

① 행정절차에 관하여 다른 법률에 특별한 규정이 있는 경우에는 행정절차법이 배제된다.

② 행정절차법은 각 호의 어느 하나에 해당하는 사항에 대하여는 적용하지 아니한다. 1. 국회 또는 지방의회의 의결을 거치거나 동의 또는 승인을 받아 행하는 사항(제 1 호), 2. 법원 또는 군사법원의 재판에 의하거나 그 집행으로 행하는 사항(제 2 호), 3. 헌법재판소의 심판을 거쳐 행하는 사항(제 3 호), 4. 각급 선거관리위원회의 의결을 거쳐 행하는 사항(제 4 호), 5. 감사원이 감사위원회의의 결정을 거쳐 행하는 사항(제 5 호), 6. 형사(刑事), 행형(行刑) 및 보안처분 관계 법령에 따라 행하는 사항(제 6 호), 7. 국가안전보장·국방·외교 또는 통일에 관한 사항 중 행정절차를 거칠 경우 국가의 중대한 이익을 현저히 해칠 우려가 있는 사항(제 7 호), 8. 심사청구, 해양안전심판, 조세심판, 특허심판, 행정심판, 그 밖의 불복절차에 따른 사항(제 8 호), 9. 병역법에 따른 징집·소집, 외국인의 출입국·난민인정·귀화, 공무원 인사 관계 법령에 따른 징계와 그 밖의 처분, 이해 조정을 목적으로 하는 법령에 따른 알선·조정·중재(仲裁)·재정(裁定) 또는 그 밖의 처분 등 해당 행정작용의 성질상 행정절차를 거치기 곤란하거나 거칠 필요가 없다고 인정되는 사항과 행정절차에 준하는 절차를 거친 사항으로서 대통령령으로 정하는 사항(제 9 호). 법 제 3 조 제 2 항 제 9 호에 따라 행정절차법 시행령 제 2 조는 행정절차법의 적용제외사항을 정하고 있다.

판례는 공무원 인사관계 법령에 의한 처분에 관한 사항이라 하더라도 전부에 대하여 행정절차법의 적용이 배제되는 것이 아니라, 성질상 행정절차를 거치기 곤란하거나 불필요하다고 인정되는 처분이나 행정절차에 준하는 절차를 거치도록 하고 있는 처분의 경우에만 행정절차법의 적용이 배제되는 것으로 보아야 한다고 한다(대판 2007. 9. 21, 2006두20631; 대판 2013. 1. 16, 2011두30687; 대판 2019. 7. 11, 2017두38874).

[판례 1] 행정절차법의 적용이 배제되지 않는다고 한 사례: ① 진급낙천처분(대판 2007. 9. 21, 2006두20631: 군인사법령에 의하여 진급예정자명단에 포함된 자에 대하여 의견제출의 기회를 부여하지 아니한 채, 진급선발을 취소하는 처분을 한 것이 절차상 하자가 있어 위법하다고 한

사례), ② **별정직 공무원에 대한 직권면직처분:** 징계처분과 달리 징계절차에 관한 구 공무원 징계령의 규정도 적용되지 않는 등 행정절차에 준하는 절차를 거치도록 하는 규정이 없으며, 이 사건 처분이 성질상 행정절차를 거치기 곤란하거나 불필요하다고 인정되는 처분에도 해당하지 아니하므로 구 행정절차법 제21조 제 4 항 제 3 호, 제22조 제 4 항에 따라 **원고에게 사전통지를 하고, 의견제출의 기회를 주어야 한다**(대판 2013. 1. 16, 2011두30687). ③ 육군사관학교의 사관생도에 대한 징계처분(대판 2018. 3. 13, 2016두33339), ④ 외국인의 사증발급 신청에 대한 거부처분(대판 2019. 7. 11, 2017두38874).

[판례 2] 행정절차법의 적용이 배제된다고 한 사례: ① 국가공무원법상 직위해제처분(대판 2014. 5. 16, 2012두26180), ② 구 국적법 제 5 조 각 호와 같이 **귀화는** 성질상 행정절차를 거치기 곤란하거나 거칠 필요가 없다고 인정되어 처분의 이유제시 등을 규정한 **행정절차법이 적용되지 않는다**(대판 2018. 12. 13, 2016두31616〈귀화불허결정취소〉).

국가에 대한 행정처분을 함에 있어서도 사전통지, 의견청취, 이유제시와 관련한 행정절차법 제21조 내지 제23조가 적용된다(대판 2023. 9. 21, 2023두39724〈국가에 대한 텔레비전수신료부과처분취소〉).

제 4 절 행정절차법의 내용

행정절차법은 한편으로는 모든 행정작용에 공통적으로 적용되는 사항 및 절차를 정하고, 다른 한편으로는 행정처분, 입법, 행정지도 등 행위형식별로 거쳐야 할 행정절차를 정하고 있다.

제 1 항 공통사항 및 공통절차

Ⅰ. 신의성실 및 신뢰보호

행정청은 직무를 수행할 때 신의(信義)에 따라 성실히 하여야 한다(법 제 4 조 제 1 항). 행정청은 법령등의 해석 또는 행정청의 관행이 일반적으로 국민들에게 받아들여졌을 때에는 공익 또는 제 3 자의 정당한 이익을 현저히 해칠 우려가 있는 경우를 제외하고는 새로운 해석 또는 관행에 따라 소급하여 불리하게 처리하여서는 아니 된다(법 제 4 조 제 2 항)라고 규정하고 있다. 이 규정은 신뢰보호의 한 내용이라고 볼 수 있는 법령의 해석 또는 행정청의 관행에 대한 국민의 신뢰보호를 규정하면서 새로운 해석 또는 관행에 대한 신뢰보호의 한계에 대하여 규정하고 있다.

Ⅱ. 투명성원칙과 법령해석요청권

행정청이 행하는 행정작용은 그 내용이 구체적이고 명확하여야 한다(법 제5조 제1항). 행정작용의 근거가 되는 법령등의 내용이 명확하지 아니한 경우 상대방은 해당 행정청에 그 해석을 요청할 수 있다. 이 경우 해당 행정청은 특별한 사유가 없으면 그 요청에 따라야 한다(제2항).

전술한 바와 같이 「행정기본법」 및 「법제업무운영규정」(대통령령)은 중앙행정기관의 장, 지방자치단체의 장 및 민원인의 법제처에 대한 법령해석요청권을 규정하고 있다(제26조).

민원인은 법령 소관 중앙행정기관의 장의 법령해석이 법령에 위반된다고 판단되는 경우에는 총리령으로 정하는 바에 따라 해당 법령 소관 중앙행정기관의 장에게 법령해석기관에 법령해석을 요청하도록 의뢰하거나 법령 소관 중앙행정기관의 장의 법령해석 의견을 덧붙여 직접 법령해석기관에 법령해석을 요청할 수 있다. 다만, 법무부장관이 민사·상사·형사, 행정소송, 국가배상 관계 법령 및 법무부 소관 법령에 대하여 법령해석을 한 경우는 제외한다(「법제업무 운영규정」 제26조 제7항).

Ⅲ. 행정청의 관할

행정절차법은 관할 행정청에의 이송제도와 행정청의 관할의 결정에 관한 규정을 두고 있다(제6조).

Ⅳ. 행정청간의 협조의무 및 행정응원

1. 행정청 간의 협조의무

행정청은 행정의 원활한 수행을 위하여 서로 협조하여야 한다(법 제7조).

2. 행정응원

행정절차법은 행정응원에 관한 규정을 두고 있다(법 제8조).

Ⅴ. 행정절차법상 '당사자등'

행정절차법상 **'당사자등'**이란 행정청의 처분에 대하여 직접 그 상대가 되는 당사자와 행정청이 직권으로 또는 신청에 따라 행정절차에 참여하게 한 이해관계인을 말한다(법 제2조 제4호).

Ⅵ. 행정절차에서 변호인의 조력을 받을 권리

기본권으로서의 변호인의 조력을 받을 권리는 원칙상 형사절차에서 보장되고, 행정절차에서는 원칙상 변호인의 조력을 받을 권리가 기본권으로 보장되지는 않는다. 다만, 헌법 제12조 제4항 본문에 규정된 피구속인의 변호인의 조력을 받을 권리는 행정절차에도 적용된다(헌재 2018. 5. 31. 2014헌마346: 인천국제공항 송환대기실에 수용된 난민에게 변호인의 조력을 받을 권리를 인정한 사례). 그리고 법령에서 행정절차에서 변호인 등 전문가의 조력을 받을 권리를 규정하는 것은 가능하다. 예를 들면, 행정조사기본법 제23조 제2항은 "조사대상자는 법률·회계 등에 대하여 전문지식이 있는 관계 전문가로 하여금 행정조사를 받는 과정에 입회하게 하거나 의견을 진술하게 할 수 있다."고 규정하고 있고, 행정절차법 제12조 제1항에 따르면 당사자등은 변호인 등을 대리인으로 선임할 수 있다. 다만, 대리인이 선임된 경우에도 진술 당사자 본인의 진술이 필요한 경우에는 헌법과 법률에 반하지 않는 한 변호인에 의한 대리진술을 인정하지 않는 것도 가능하다고 보아야 한다.

Ⅶ. 송 달

행정절차법은 제14조부터 제16조까지 행정기관의 송달에 대하여 규정하고 있는데, 이에 관하여는 행정행위의 효력발생시기와 관련하여 전술하였다.

한편 변호사 등 대리인은 각자 그를 대리인으로 선정한 당사자등을 위하여 행정절차에 관한 모든 행위를 할 수 있다. 다만, **행정절차를 끝맺는 행위에 대하여는 당사자등의 동의를 받아야 한다**(행정절차법 제12조 제2항, 제11조 제4항).

제2항 처분절차 [1996 사시, 2003 입법고시, 2006 입법고시]

행정절차법상 '**처분**'이란 행정청이 행하는 구체적 사실에 관한 법 집행으로서의 공권력의 행사 또는 그 거부와 그 밖에 이에 준하는 행정작용을 말한다(법 제2조 제2호). 이러한 행정절차법상의 처분개념규정은 행정쟁송법상의 그것과 동일하다.

처분절차에 관한 행정절차법의 규정에는 한편으로 침해적 처분과 수익적 처분에 공통적으로 적용되는 규정이 있고, 다른 한편으로 침해적 처분 또는 신청에 따른 처분에만 적용되는 규정이 있다. 처분기준의 설정·공표, 이유제시, 처분의 방식, 고지 등은 공통절차이고, 신청절차는 신청에 따른 처분절차를 규율하는 절차이며 의견진술절차는 원칙상 침해적 처분절차를 규율하는 절차이다.

Ⅰ. 공통절차 및 공통사항

1. 처분기준의 설정·공표 [2006 행시 사례 약술]

(1) 처분기준 설정·공표의 의의

처분기준의 설정·공표는 행정청의 자의적인 권한행사를 방지하고 행정의 통일성을 기하며 처분의 상대방에게 예측가능성을 부여하기 위하여 요청된다(대판 2019. 12. 13, 2018두41907).

(2) 처분기준의 설정·공표의무

행정절차법은 제20조에서 행정청의 처분기준의 설정·공표에 관하여 규정하고 있다. 행정청은 필요한 처분기준을 해당 처분의 성질에 비추어 되도록 구체적으로 정하여 공표하여야 한다. 처분기준을 변경하는 경우에도 또한 같다(제 1 항). 「행정기본법」 제24조에 따른 인허가의제 처분의 경우 주된 인허가 행정청은 관련 인허가의 처분기준을 통합하여 공표하여야 한다(제 2 항). 처분기준을 공표하는 것이 해당 처분의 성질상 현저히 곤란하거나 공공의 안전 또는 복리를 현저히 해치는 것으로 인정될 만한 상당한 이유가 있는 경우에는 처분기준을 공표하지 아니할 수 있다(제 3 항).

> [판례] 처분의 성질상 처분기준을 미리 공표하는 경우 행정목적을 달성할 수 없게되거나 행정청에 일정한 범위 내에서 재량권을 부여함으로써 구체적인 사안에서 개별적인 사정을 고려하여 탄력적으로 처분이 이루어지도록 하는 것이 오히려 공공의 안전 또는 복리에 더 적합한 경우도 있다. 그러한 경우에는 행정절차법 제20조 제 2 항에 따라 처분기준을 공표하지 않거나 개략적으로만 공표하는 수도 있다(대판 2019. 12. 13, 2018두41907).

처분기준에는 법령과 행정규칙(재량준칙, 해석규칙 등)이 있다. 인공지능에 따른 처분의 경우 알고리즘은 처분의 기준을 포함하므로 처분의 기준에 해당하는 부분은 공표하여야 한다. 법령에서 이미 구체적인 처분기준이 설정되어 있는 경우에는 처분기준을 행정규칙으로 제정할 의무는 없다.

처분기준의 설정의무는 모든 행정권 행사에 인정되며 재량행위뿐만 아니라 기속행위에도 적용된다.

(3) 설정·공표의무 위반의 효과

처분기준을 설정하여야 함에도 설정하지 않거나 설정된 처분기준이 구체적이지 못한 경우 그리고 처분기준을 공표하지 않은 경우에 그 하자는 관련행정처분의 독립된 취소사유가 될 것인가에 대하여는 논란의 여지가 있다. **부정설**은 처분기준설정의무를 노력의무 또는 성실의무로 보아야 한다는 입장이고, **긍정설**은 행정절차법이 '…하여야 한다'라고 규정하고 있고 처분기준 설정의무의 예외를 규정하고 있으므로 의무규정으로 보아 처분기준 불비의 하자는 절차의 하자가 되며 독립된 취소사유가 된다고 보는 견해이다.

행정청이 행정절차법 제20조 제1항의 처분기준 사전공표 의무를 위반하여 미리 공표하지 아니한 기준을 적용하여 처분을 하였다고 하더라도, 그러한 사정만으로 곧바로 해당 처분에 취소사유에 이를 정도의 흠이 존재한다고 볼 수는 없다(부정설). 다만, 해당 처분에 적용한 기준이 상위법령의 규정이나 신뢰보호의 원칙 등과 같은 법의 일반원칙을 위반하였거나 객관적으로 합리성이 없다고 볼 수 있는 구체적인 사정이 있다면 해당 처분은 위법하다고 평가할 수 있다(대판 2020. 12. 24, 2018두45633).

(4) 처분기준에 대한 당사자 등의 해석·설명요청권

당사자등은 공표된 처분기준이 명확하지 아니한 경우 해당 행정청에 그 해석 또는 설명을 요청할 수 있다. 이 경우 해당 행정청은 특별한 사정이 없으면 그 요청에 따라야 한다(법 제20조 제4항).

(5) 처분기준의 구속력과 신뢰보호

처분기준이 해석규칙, 재량준칙 등 행정규칙인 경우 처분기준의 구속력은 행정규칙의 구속력의 문제가 된다.

자기구속의 법리의 요건이 충족되면 자기구속의 법리에 따라 처분기준은 대외적 구속력을 갖게 된다. 자기구속의 법리가 인정되지 않는 경우에도 행정기준을 신뢰한 국민의 신뢰는 보호되어야 한다. 특히 행정절차법 제20조 제3항에 따라 당사자의 요청에 따라 주어진 처분기준의 해석 또는 설명에 대한 당사자의 신뢰는 강하게 보호되어야 한다.

2. 처분의 이유제시 [2015 경감승진 약술, 2015 사시]

(1) 처분의 이유제시의 의의

이유제시(理由提示)란 행정청이 처분을 할 때에 처분의 근거와 이유를 제시하는 것을 말한다. 이유제시를 이유부기(理由附記)라고도 한다.

처분의 근거 및 이유제시제도의 취지는 행정청의 자의적 결정을 배제하고 당사자로 하여금 행정구제절차에서 적절히 대처할 수 있도록 하는 것이다(대판 2019. 1. 31, 2016두64975).

(2) 이유제시의무 대상처분

행정절차법은 원칙상 모든 행정처분에 있어서 처분의 근거와 이유를 제시하도록 하고 있다. 다만, 다음 각 호의 어느 하나에 해당하는 경우 이유제시의무가 면제되고 있다: ① 신청내용을 모두 그대로 인정하는 처분인 경우, ② 단순·반복적인 처분 또는 경미한 처분으로서 당사자가 그 이유를 명백히 알 수 있는 경우, ③ 긴급히 처분을 할 필요가 있는 경우(법 제23조 제 1 항). 그러나 행정청은 제 1 항 제 2 호 및 제 3 호의 경우에 처분 후 당사자가 요청하는 경우에는 그 근거와 이유를 제시하도록 하고 있다(법 제23조 제 2 항).

(3) 이유제시의무의 내용

이유제시의무가 있는 경우 행정청은 당사자에게 처분의 근거와 이유를 제시하여야 한다(법 제23조 제 1 항 본문). 이 경우 처분의 원인이 되는 사실과 근거가 되는 법령 또는 자치법규의 내용을 구체적으로 명시하여야 한다(행정절차법 시행령 제14조의2).

행정청은 처분의 주된 법적 근거 및 사실상의 사유를 어떠한 근거와 이유로 처분이 이루어진 것인지를 충분히 알 수 있을 정도로 구체적으로 제시하여야 한다. 법적 근거는 적용법조를 구체적으로 제시하여야 하며 사실상의 사유는 처분의 합리성을 판단할 수 있을 정도로 명확하고 구체적으로 제시하여야 한다. 처분의 사실상의 사유가 추상적으로만 제시된 경우와 같이 처분의 이유제시가 불충분한 경우에는 이유제시의무를 이행한 것이 되지 않는다.

처분서에 처분의 근거와 이유가 구체적으로 명시되어 있지 않았다고 하더라도 처분 당시 당사자가 어떠한 근거와 이유로 처분이 이루어진 것인지를 충분히 알 수 있어서 그에 불복하여 행정구제절차로 나아가는 데에 별다른 지장이 없었던 것으로 인정되는 경우에는 그 처분이 위법한 것으로 된다고 할 수는 없다(대판 2013. 11. 14, 2011두18571; 대판 2019. 1. 31, 2016두64975).

재량처분의 경우에는 재량권 행사의 합리성을 뒷받침하는 재량고려과정을 제시하여야 한다. 그러나 **판례**는 거부처분의 재량고려사유는 이유제시의무에 포함되는 것으로 보지만, 징계·제재처분에 있어 징계·제재사유만 제시하면 되는 것으로 보고 재량고려사항은 이유제시의무의 대상이 되지 않는 것으로 본다.

(4) 이유제시의 하자

이유제시의 하자란 행정청이 처분이유를 제시하여야 함에도 처분이유를 전혀 제시하지 않거나 불충분하게 제시한 경우를 말한다.

이유제시의무가 있는 경우 이유제시는 원칙상 처분과 동시에 행하여야 한다. 처분 후 이유제시를 할 수 있는가는 하자의 치유문제이다.

이유제시의 하자는 무효사유와 취소사유의 구별기준에 따라 무효인 하자나 취소할 수 있는 하자가 된다.

판례는 이유제시의 하자(예 세액산출 근거가 기재되지 아니한 납세고지에 의한 부과처분)를 통상 취소사유(강행법규 위반)로 보고 있다(대판 1985. 4. 9, 84누431).

3. 처분의 방식(문서주의)

행정청이 처분을 할 때에는 다른 법령등에 특별한 규정이 있는 경우를 제외하고는 문서로 하여야 하며, 전자문서로 하는 경우에는 당사자등의 동의가 있어야 한다. 다만, 신속히 처리할 필요가 있거나 사안이 경미한 경우에는 말 또는 그 밖의 방법으로 할 수 있다. 이 경우 당사자가 요청하면 지체 없이 처분에 관한 문서를 주어야 한다(법 제24조 제1항). 처분을 하는 문서에는 그 처분 행정청과 담당자의 소속·성명 및 연락처(전화번호, 팩스번호, 전자우편주소 등을 말한다)를 적어야 한다(제2항).

4. 처분의 정정

행정청은 처분에 오기(誤記), 오산(誤算) 또는 그 밖에 이에 준하는 명백한 잘못이 있을 때에는 직권으로 또는 신청에 따라 지체 없이 정정하고 그 사실을 당사자에게 통지하여야 한다(법 제25조).

5. 행정심판 및 행정소송 관련사항의 고지

행정청이 처분을 할 때에는 당사자에게 그 처분에 관하여 행정심판 및 행정소송을 제기할 수 있는지 여부, 그 밖에 불복을 할 수 있는지 여부, 청구절차 및 청구기간, 그 밖에 필요한 사항을 알려야 한다(법 제26조).

Ⅱ. 신청에 의한 처분의 절차

1. 처분의 신청

행정청에 대하여 처분을 구하는 신청은 문서로 하여야 한다. 다만, 다른 법령 등에 특별한 규정이 있는 경우와 행정청이 미리 다른 방법을 정하여 공시한 경우에는 그러하지 아니하다(법 제17조 제 1 항).

2. 신청의 접수 및 신청서의 보완

행정청은 신청을 받았을 때에는 다른 법령 등에 특별한 규정이 있는 경우를 제외하고는 그 접수를 보류 또는 거부하거나 부당하게 되돌려 보내서는 아니 되며, 신청을 접수한 경우에는 신청인에게 접수증을 주어야 한다. 다만, 대통령령으로 정하는 경우에는 접수증을 주지 아니할 수 있다(법 제17조 제 4 항). 물론 행정청이 접수의무, 보완의무를 지는 것은 행정청에게 신청에 대한 처분의무가 있는 경우, 달리 말하면 신청자에게 신청권이 있는 경우이다.

행정청은 신청에 구비서류의 미비 등 흠이 있는 경우에는 보완에 필요한 상당한 기간을 정하여 지체 없이 신청인에게 보완을 요구하여야 한다(법 제17조 제 5 항). 행정청은 신청인이 제 5 항에 따른 기간 내에 보완을 하지 아니하였을 때에는 그 이유를 구체적으로 밝혀 접수된 신청을 되돌려 보낼 수 있다(법 제17조 제 6 항). 행정청의 보완요구사유가 정당하지 않다고 판단하는 경우에 신청자는 신청서의 반려를 거부처분으로 보고 거부처분의 취소를 청구할 수 있다.

행정청은 신청인의 편의를 위하여 다른 행정청에 신청을 접수하게 할 수 있다. 이 경우 행정청은 다른 행정청에 접수할 수 있는 신청의 종류를 미리 정하여 공시하여야 한다(법 제17조 제 7 항).

신청인은 처분이 있기 전에는 그 신청의 내용을 보완·변경하거나 취하할 수 있다. 다만, 다른 법령 등에 특별한 규정이 있거나 그 신청의 성질상 보완·변경하거나 취하할 수 없는 경우에는 그러하지 아니하다(법 17조 제 8 항). '신청의 성질상 보완·변경 또는 취하할 수 없는 경우'란 어떠한 경우를 가리키는가. 예를 들면, 신청의 내용을 보완 또는 변경하는 것으로 인하여 제 3 자의 권익에 침해를 가져오는 경우(경원관계에서 선원주의가 적용되는 경우)에는 보완 또는 변경을 인정할 수 없을 것이다.

3. 신청의 처리

(1) 다수의 행정청이 관여하는 처분의 신속처리의무

행정청은 다수의 행정청이 관여하는 처분을 구하는 신청을 접수한 경우에는 관계 행정청과의 신속한 협조를 통하여 그 처분이 지연되지 아니하도록 하여야 한다(법 제18조).

(2) 처리기간

행정청은 신청인의 편의를 위하여 처분의 처리기간을 종류별로 미리 정하여 공표하여야 한다(법 제19조 제 1 항).

행정청이 설정·공표한 처리기간은 부작위의 인정에 있어서 일응의 판단기준이 될 수는 있지만 절대적인 기준은 되지 않는다고 보아야 한다. 설정·공표된 처리기간이 부당히 긴 경우에는 신청으로부터 합리적인 기간이 지난 후에 처분이 없으면 부작위가 된다고 보아야 한다. 그리고 처리기간의 연장제도에 비추어 볼 때 처리기간을 연장함이 없이 설정·공표된 처리기간 내에 처리를 하지 않은 경우에는 특별한 사정이 없는 한 부작위가 성립된다고 보아야 할 것이다.

Ⅲ. 침해적 처분(권익제한·의무부과처분)의 절차: 의견진술절차

행정절차법은 당사자에게 의무를 부과하거나 권익을 제한하는 처분(이하 '침해적 처분'이라 한다)에 대하여 사전통지, 의견제출기회의 부여 등 의견진술절차(의견청취절차)를 규정하고 있다.

1. 의견진술절차의 의의

행정처분을 함에 있어서 이해관계인에게 의견진술의 기회를 주는 것은 행정절차의 핵심적 요소이다. 특히 침해적 처분의 상대방에게 방어의 기회를 주는 것은 자연적 정의(自然的 正義)의 원칙(原則)으로부터 요청되는 것이며 이해관계인의 권익의 보호를 위하여 필요한 것이다. 또한 행정청으로서는 이해관계인의 의견진술을 들음으로써 처분과 관련한 문제상황(사실관계 및 이해관계)을 정확히 파악할 수 있고 이를 통하여 적정한 처분을 내릴 수 있다.

행정처분의 상대방 등 이해관계인에게 행정처분 전에 의견진술의 기회를 주는 행정절차를 이해관계인의 입장에서 보면 의견진술절차라고 할 수 있고, 행정청의 입장에서 보면 의견청취절차라고 할 수 있다. 행정절차법은 법 제22조에서 의견청취라는 이름하에 의견제출, 청문, 공청회를 규정하고 있다.

2. 의견진술절차의 종류

의견진술절차(의견청취절차)에는 의견제출, 청문, 공청회가 있다.

3. 의견제출절차 [2006 경감승진 사례]

(1) 의 의

의견제출이란 "행정청이 어떠한 행정작용을 하기에 앞서 당사자 등이 의견을 제시하는 절차로서 청문이나 공청회에 해당하지 아니하는 절차"를 말한다(제 2 조 제 7 호). 즉 의견제출은 행정청이 어떠한 행정작용을 하기에 앞서 당사자 등이 단순하게 의견을 제시하는 절차이다. 청문에 비하여 절차가 간단한 절차이다. 이러한 점에서 의견제출절차를 '약식 의견진술절차'라고 할 수 있다.

(2) 의견제출절차의 인정범위

행정절차법은 ① '당사자에게 의무를 부과하거나 권익을 제한하는 처분'에 한하여 ② '당사자 등'에 대해서만 ③ 법상 의견제출이 면제되는 경우(청문이나 공청회를 실시하는 경우 등)가 아닌 경우 의견제출의 기회를 주어야 하는 것으로 규정하고 있다(법 제22조 제 3 항).

1) 사전통지 · 의견제출절차의 대상이 되는 처분 [2008 사시 사례, 2010 행시(일반행정) 사례, 2011 사시 사례, 2013 변시 사례]

'당사자에게 의무를 부과하거나 권익을 제한하는 처분'에 한하여 의견제출절차가 인정된다.

'권익을 제한하는 처분'이란 수익적 행정행위의 취소 또는 정지처분 등을 말하고, '의무를 부과하는 처분'이란 조세부과처분, 시정명령과 같이 행정법상의 의무를 부과하는 처분을 말한다.

'고시' 등 불특정 다수인을 상대로 의무를 부과하거나 권익을 제한하는 처분은 성질상 의견제출의 기회를 주어야 하는 상대방을 특정할 수 없으므로, 이와 같은 처분에 있어서는 그 상대방에게 의견제출의 기회를 주어야 하는 것은 아니다(대판

2014. 10. 27, 2012두7745〈상대가치점수인하고시처분취소〉: 보건복지부장관의 국민건강보험법령상 요양급여의 상대가치점수 변경 또는 조정고시처분시 상대방에게 의견제출의 기회를 주지 않아도 된다고 한 사례).

판례는 특별한 사정이 없는 한 신청에 대한 거부처분은 직접 당사자의 권익을 제한하는 것은 아니어서 신청에 대한 거부처분을 여기에서 말하는 '당사자의 권익을 제한하는 처분'에 해당한다고 할 수 없는 것이어서 **처분의 사전통지대상이 되지 않는**다고 본다(대판 2003. 11. 28, 2003두674).

행정절차법상의 사전통지, 의견진술기회의 부여 등은 '**당사자**(처분의 상대방)**에게' 의무를 부과하거나 권익을 제한하는 처분**에 한한다. 따라서 상대방에게 이익이 되며 제 3 자의 권익을 침해하는 이중효과적 행정행위에서 이해관계 있는 제 3 자에게 행정절차법상의 사전통지, 의견제출기회 등의 절차가 적용되지 않는다.

2) 의견제출절차가 면제되는 경우

법상 의견제출이 면제되는 경우란 청문이나 공청회를 실시하는 경우, 제21조 제 4 항 및 제22조 제 4 항에 따라 사전통지 및 의견청취가 면제되는 경우를 말한다.

다음에 해당하는 경우에는 사전통지를 아니할 수 있고, 이에 따라 의견청취 의무도 면제된다: ① 급박한 위해의 방지 및 제거 등 공공의 안전 또는 복리를 위하여 긴급한 처분이 필요한 경우, ② 법원의 재판 또는 준사법적 절차를 거치는 행정기관의 결정 등에 따라 처분의 전제가 되는 사실이 객관적으로 증명되어 처분에 따른 의견청취가 불필요하다고 인정되는 경우, ③ 의견청취의 기회를 줌으로써 처분의 내용이 미리 알려져 현저히 공익을 해치는 행위를 유발할 우려가 예상되는 등 해당 처분의 성질상 의견청취가 현저하게 곤란한 경우, ④ 법령 또는 자치법규(이하 "법령등"이라 한다)에서 준수하여야 할 기술적 기준이 명확하게 규정되고, 그 기준에 현저히 미치지 못하는 사실을 이유로 처분을 하려는 경우로서 그 사실이 실험, 계측, 그 밖에 객관적인 방법에 의하여 명확히 입증된 경우, ⑤ 법령등에서 일정한 요건에 해당하는 자에 대하여 점용료·사용료 등 금전급부를 명하는 경우 법령 등에서 규정하는 요건에 해당함이 명백하고, 행정청의 금액산정에 재량의 여지가 없거나 요율이 명확하게 정하여져 있는 경우 등 해당 처분의 성질상 의견청취가 명백히 불필요하다고 인정될 만한 상당한 이유가 있는 경우(행정절차법 제22조 제 4 항, 동법 시행령 제13조).

[판례] (1) '**의견청취가 현저히 곤란하거나 명백히 불필요하다고 인정될 만한 상당한 이유가 있는 경우**'에 해당하는지는 **해당 행정처분의 성질에 비추어 판단하여야 하며**, 처분상대방이 이미 행정청에 위반사실을 시인하였다거나 처분의 사전통지 이전에 의견을 진술할 기회가 있었다는 사정을 고려하여 판단할 것은 아니다. (2) **현장조사에서 원고가 위반사실을 시인하였다거나 위반경위를 진술하였다는 사정만으로는** 행정절차법 제21조 제 4 항 제 3 호가 정한 '**의견청취가 현저히 곤란하거나 명백히 불필요하다고 인정될 만한 상당한 이유가 있는 경우**'로서 **처분의 사전통지를 하지 아니하여도 되는 경우에 해당한다고 볼 수도 없다**(대판 2016. 10. 27, 2016두41811).

행정절차법 제21조 제 4 항에 따라 사전 통지를 하지 아니하는 경우 행정청은 처분을 할 때 당사자등에게 통지를 하지 아니한 사유를 알려야 한다. 다만, 신속한 처분이 필요한 경우에는 처분 후 그 사유를 알릴 수 있다(제21조 제 6 항).

또한 당사자가 의견진술의 기회를 포기한다는 뜻을 명백히 표시한 경우에는 의견청취를 아니할 수 있다(법 제22조 제 4 항).

또한 청문을 실시하거나 공청회를 개최하는 경우에는 당사자등에게 의견제출의 기회를 주지 아니할 수 있다(법 제22조 제 3 항).

(3) 의견제출자(사전통지의 상대방): '당사자등' [2014 변시 사례]

① 행정절차법은 행정절차법 제 2 조 제 4 호 소정의 '당사자등'에 대하여만 사전통지 및 의견제출에 대한 권리를 부여하고 있다. 행정절차법 제 2 조 제 4 호의 '**당사자등**'이란 행정청의 처분에 대하여 직접 그 상대가 되는 당사자(예 대형마트 영업시간 제한 등 처분시 그 처분의 상대방(=대규모점포 개설자): 대판 전원합의체 2015. 11. 19, 2015두295〈영업시간제한등처분취소〉)와 행정청이 직권으로 또는 신청에 따라 행정절차에 참여하게 한 이해관계인을 말한다.

② **당사자**라 함은 처분의 상대방을 말한다. 다만, **판례**는 영업자지위승계신고를 수리하는 처분은 종전의 영업자의 권익을 제한하는 처분이라 할 것이고 따라서 종전의 영업자는 그 처분에 대하여 직접 그 상대가 되는 자, 즉 당사자에 해당한다고 본다(대판 2003. 2. 14, 2001두7015). 이 경우에 '**이해관계인**'이란 처분에 따라 법률상 또는 사실상의 영향을 받는 자를 말한다. 행정절차법상 의견제출을 할 수 있는 이해관계인은 "행정청이 직권으로 또는 신청에 따라 행정절차에 참여하게 한 자"에 한정된다. 왜냐하면 행정절차법 제 2 조 제 4 호가 '당사자등'을 "행정청의 처분에 대하여 직접 그 상대가 되는 당사자와 행정청이 직권으로 또는 신청에 따라 행정

절차에 참여하게 한 이해관계인"이라고 정의하고 있기 때문이다.

(4) 처분의 사전통지

사전통지는 의견진술(청취)의 전치절차이다(법 제21조).

1) 사전통지사항

행정청은 당사자에게 의무를 과하거나 권익을 제한하는 처분을 하는 경우에는 미리 다음의 사항을 당사자등에게 통지하여야 한다. ① 처분의 제목, ② 당사자의 성명 또는 명칭과 주소, ③ 처분하려는 원인이 되는 사실과 처분의 내용 및 법적 근거, ④ 제 3 호에 대하여 의견을 제출할 수 있다는 뜻과 의견을 제출하지 아니하는 경우의 처리방법, ⑤ 의견제출기관의 명칭과 주소, ⑥ 의견제출기한, ⑦ 그 밖에 필요한 사항(법 제21조 제 1 항).

2) 사전통지기간

행정청은 의견제출의 준비에 필요한 기간을 10일 이상으로 고려하여 정하여야 한다(법 제21조 제 3 항).

(5) 문서열람청구

당사자등은 처분의 사전 통지가 있는 날부터 의견제출기한까지 행정청에 해당 사안의 조사결과에 관한 문서와 그 밖에 해당 처분과 관련되는 문서의 열람 또는 복사를 요청할 수 있다. 이 경우 행정청은 다른 법령에 따라 공개가 제한되는 경우를 제외하고는 그 요청을 거부할 수 없다(행정절차법 제37조 제 1 항).

(6) 의견제출의 방식

당사자등은 처분 전에 그 처분의 관할 행정청에 서면이나 말 또는 정보통신망을 이용하여 의견제출을 할 수 있다(법 제27조 제 1 항).

당사자등이 정당한 이유 없이 의견제출기한까지 의견제출을 하지 아니한 경우에는 의견이 없는 것으로 본다(제 4 항).

행정청은 처분을 할 때에 당사자등이 제출한 의견이 상당한 이유가 있다고 인정하는 경우에는 이를 반영하여야 한다(법 제27조의2). 다만, 제출된 의견이 법적으로 행정청을 기속하지는 않는다(대판 1995. 12. 22, 95주30 참조).

다만, 의견제출자에 대하여 처리결과를 통보하는 절차가 없는 것은 타당하지 않다.

(7) 의견제출절차의 하자의 효력[2020 행시]

판례는 의견제출절차의 하자를 원칙상 취소사유라고 본다(대판 2000. 11. 14, 99두5870).

4. 청문절차

(1) 의 의

청문이란 당사자등의 의견을 들을 뿐만 아니라 증거를 조사하는 의견진술절차를 말한다(법 제 2 조 제 5 호).

(2) 인정범위

행정청이 처분을 할 때 다음의 어느 하나에 해당하는 경우에는 청문을 한다(제22조 제 1 항). ① 다른 법령등에서 청문을 하도록 규정하고 있는 경우(의무적 청문), ② 행정청이 필요하다고 인정하는 경우(임의적 청문), ③ 인허가 등의 취소, 신분·자격의 박탈, 법인이나 조합 등의 설립허가의 취소 등의 처분을 하는 경우.

> [판례] 지방자치단체의 장이 「공유재산 및 물품관리법」에 근거하여 민간투자사업을 추진하던 중 우선협상자 지위를 박탈하는 처분을 하기 위하여 반드시 청문을 실시할 의무가 있다고 볼 수 없다(대판 2020. 4. 29, 2017두31064).

다만, 제21조 제 4 항 각 호의 어느 하나에 해당하는 경우(사전통지가 면제되는 경우)와 당사자가 의견진술의 기회를 포기한다는 뜻을 명백히 표시한 경우에는 의견청취를 아니할 수 있다(제22조 제 4 항).

조례로 청문대상을 확대하고 있는 경우(예 경기도 청문실시에 관한 조례, 제주도 청문조례)가 있다.

(3) 사전통지

행정청은 청문을 실시하려는 경우에 청문이 시작되는 날부터 10일 전까지 다음의 사항을 당사자등에게 통지하여야 한다(법 제21조 제 2 항). ① 처분의 제목, ② 당사자의 성명 또는 명칭과 주소, ③ 처분하려는 원인이 되는 사실과 처분의 내용 및 법적 근거, ④ 청문주재자의 소속·직위 및 성명, ⑤ 청문의 일시 및 장소, ⑥ 청문에 응하지 아니하는 경우의 처리방법, ⑦ 그 밖에 필요한 사항.

(4) 청문절차의 내용

1) 행정절차법상 청문절차규정의 의의

① 개별법령의 청문절차기 행정절차법상의 청문절차보다 엄격한 한도 내에서는 개별법령의 청문절차가 우선적으로 적용되지만 그렇지 않은 경우에는 행정절차법에 따라 청문이 행해지는 것이 타당할 것이다. 왜냐하면 행정절차법상의 청문절차는 국민의 중요한 권익에 대한 중대한 침해를 가져오는 처분에 있어서 적법절차의 원칙에 비추어 요구되는 최소한의 절차를 규정하고 있다고 보아야 하기 때문이다.

② 청문의 실시를 규정하는 개별법에서 특별한 청문절차를 규정하고 있지 않은 경우에는 행정절차법상의 청문절차가 적용된다.

2) 행정절차법상 청문절차의 내용

가. 청문주재자 청문은 행정청이 소속 직원 또는 대통령령으로 정하는 자격을 가진 사람 중에서 선정하는 사람이 주재하되, 행정청은 청문주재자를 공정하게 선정하여야 한다(법 제28조 제1항). **청문주재자의 독립성과 중립성이 보장**되어야 하는데 소속직원을 청문주재자가 되도록 한 것은 타당하지 않다. 또한 소속직원 이외의 청문주재자의 자격을 대통령령으로 정하도록 한 것은 타당하지 않다. 다수 국민의 이해가 상충되는 처분, 다수 국민에게 불편이나 부담을 주는 처분, 그 밖에 전문적이고 공정한 청문을 위한 경우에는 청문주재자를 2명 이상으로 선정할 수 있다(제28조 제2항). 청문주재자가 2명 이상인 청문을 '**합의제청문**'이라 부르기도 한다.

청문 주재자가 다음 각 호(1. 자신이 당사자등이거나 당사자등과 「민법」 제777조 각 호의 어느 하나에 해당하는 친족관계에 있거나 있었던 경우, 2. 자신이 해당 처분과 관련하여 증언이나 감정(鑑定)을 한 경우, 3. 자신이 해당 처분의 당사자등의 대리인으로 관여하거나 관여하였던 경우, 4. 자신이 해당 처분업무를 직접 처리하거나 처리하였던 경우, 5. 자신이 해당 처분업무를 처리하는 부서에 근무하는 경우. 이 경우 부서의 구체적인 범위는 대통령령으로 정한다)의 어느 하나에 해당하는 경우에는 청문을 주재할 수 없다(법 제29조 제1항). 청문 주재자에게 공정한 청문 진행을 할 수 없는 사정이 있는 경우 당사자등은 행정청에 기피신청을 할 수 있다. 이 경우 행정청은 청문을 정지하고 그 신청이 이유가 있다고 인정할 때에는 해당 청문 주재자를 지체 없이 교체하여야 한다(제2항). 청문주재자는 제1항 또는 제2항의 사유에 해당하는 경우에는 행정청의 승인을 받아 스스로 청문의 주재를 회피할 수 있다(제3항).

나. 청문의 공개 청문은 당사자가 공개를 신청하거나 청문주재자가 필요

하다고 인정하는 경우 공개할 수 있다. 다만, 공익 또는 제 3 자의 정당한 이익을 현저히 해칠 우려가 있는 경우에는 공개하여서는 아니 된다(법 제30조).

다. 청문의 진행 청문주재자가 청문을 시작할 때에는 먼저 예정된 처분의 내용, 그 원인이 되는 사실 및 법적 근거 등을 설명하여야 한다(법 제31조 제 1 항). 당사자등은 의견을 진술하고 증거를 제출할 수 있으며, 참고인이나 감정인등에게 질문할 수 있다(제 2 항). 당사자등이 의견서를 제출한 경우에는 그 내용을 출석하여 진술한 것으로 본다(제 3 항).

행정청은 직권으로 또는 당사자의 신청에 따라 여러 개의 사안을 병합하거나 분리하여 청문을 할 수 있다(법 제32조).

청문주재자는 직권으로 또는 신청에 따라 필요한 조사를 할 수 있으며, 당사자등이 주장하지 아니한 사실에 대하여도 조사할 수 있다(법 제33조 제 1 항). 증거조사는 다음의 어느 하나에 해당하는 방법으로 한다. ① 문서·장부·물건 등 증거자료의 수집, ② 참고인·감정인 등에 대한 질문, ③ 검증 또는 감정·평가, ④ 그 밖에 필요한 조사(법 제33조 제 2 항).

청문주재자는 필요하다고 인정할 때에는 관계 행정청에 대하여 필요한 문서의 제출 또는 의견의 진술을 요구할 수 있다. 이 경우 관계 행정청은 직무수행에 특별한 지장이 없으면 그 요구에 따라야 한다(법 제33조 제 3 항).

라. 청문조서의 작성 등 청문주재자는 다음 각 호의 사항이 기재된 청문조서를 작성하여야 한다. ① 제목, ② 청문주재자의 소속·성명 등 인적사항, ③ 당사자등의 주소·성명 또는 명칭 및 출석 여부, ④ 청문의 일시 및 장소, ⑤ 당사자 등의 진술의 요지 및 제출된 증거, ⑥ 청문의 공개 여부 및 공개 또는 제30조 단서에 따라 비공개한 이유, ⑦ 증거조사를 한 경우에는 그 요지 및 첨부된 증거, ⑧ 그 밖에 필요한 사항(법 제34조 제 1 항).

마. 청문주재자의 의견서 작성 청문주재자는 다음 사항이 기재된 청문주재자의 의견서를 작성하여야 한다. ① 청문의 제목, ② 처분의 내용·주요 사실 또는 증거, ③ 종합의견, ④ 그 밖에 필요한 사항.

바. 청문의 종결 등 청문주재자는 해당 사안에 대하여 당사자등의 의견진술, 증거조사가 충분히 이루어졌다고 인정하는 경우에는 청문을 마칠 수 있다(법 제35조 제 1 항).

청문주재자는 당사자등의 전부 또는 일부가 정당한 사유 없이 청문기일에 출석하지 아니하거나 제31조 제3항에 따라 의견서를 제출하지 아니한 경우에는 이들에게 다시 의견진술 및 증거제출의 기회를 주지 아니하고 청문을 마칠 수 있다(제2항).

청문주재자는 당사자등의 전부 또는 일부가 정당한 사유로 인하여 청문기일에 출석하지 못하거나 제31조 제3항에 따라 의견서를 제출하지 못한 경우에는 상당한 기간을 정하여 이들에게 의견진술 및 증거제출을 요구하여야 하며, 해당 기간이 지났을 때에 청문을 마칠 수 있다(제3항).

청문주재자는 청문을 마쳤을 때에는 청문조서, 청문주재자의 의견서, 그 밖의 관계서류 등을 행정청에 지체 없이 제출하여야 한다(제4항).

사. 청문결과의 반영 행정청은 처분할 때에 제35조 제4항에 따라 받은 청문조서, 청문주재자의 의견서, 그 밖의 관계 서류 등을 충분히 검토하고 상당한 이유가 있다고 인정하는 경우에는 청문결과를 반영하여야 한다(법 제35조의2).

아. 청문의 재개 행정청은 청문을 마친 후 처분을 하기까지 새로운 사정이 발견되어 청문을 재개할 필요가 있다고 인정하는 때에는 제35조 제4항에 따라 제출받은 청문조서 등을 되돌려 보내고 청문의 재개를 명할 수 있다. 이 경우 제31조 제5항에 준용한다(법 제36조).

자. 문서의 열람 및 비밀유지 당사자 등은 의견제출의 경우에는 처분의 사전통지가 있는 날부터 의견제출기한까지, 청문의 경우에는 청문의 통지가 있는 날부터 청문이 끝날 때까지 행정청에 대하여 해당 사안의 조사결과에 관한 문서와 처분과 관련되는 문서의 열람 또는 복사를 요청할 수 있다. 이 경우 행정청은 다른 법령에 따라 공개가 제한되는 경우를 제외하고는 이를 거부할 수 없다(법 제37조 제1항).

누구든지 청문을 통하여 알게 된 사생활이나 경영상 또는 거래상의 비밀을 정당한 이유 없이 누설하거나 다른 목적으로 사용하여서는 아니 된다(법 제37조 제6항).

(5) 청문절차의 결여[2009 입법고시 사례]

판례는 청문절차의 결여를 취소사유에 해당한다고 보고(대판 2007. 11. 16, 2005두15700), 행정청과 당사자 사이의 합의에 따라 청문의 실시 등 의견청취절차를 배제하여도 청문의 실시에 관한 규정의 적용이 배제되지 않으며 청문을 실시하지 않아도 되는 예외적인 경우에 해당하지 않는다고 본다(대판 2004. 7. 8, 2002두8350: 유희시설조성사업협약해지 및 사업시행자지정 거부처분취소).

[판례] 처분청이 청문기일을 1983. 8. 26. 13:00로 정하여 원고에게 통지하였다가 원고의

연기신청에 따라 청문기일을 1983. 10. 11. 14:00로 연기하고 다시 출석통지를 하였는데도 원고는 피고에게 위청문기일 전날인 1983. 10. 10자로 체납국세문제를 마무리 지을 때까지 청문기일을 연기해 달라는 취지의 연기요청서를 발송하고 위 청문기일에 출석하지 아니한 사실이 인정되므로, **정당한 사유없이 청문에 응하지 아니한 것**으로 보고 **청문을 거치지 아니한 채 이 사건 건설업면허취소처분을 한 피고의 조치는 정당**하다(대판 1985. 2. 26, 84누615).

5. 공청회절차[1998 행시 약술]

(1) 의 의

공청회란 "행정청이 공개적인 토론을 통하여 어떠한 행정작용에 대하여 당사자등, 전문지식과 경험을 가진 사람, 그 밖의 일반인으로부터 의견을 널리 수렴하는 절차"를 말한다(법 제 2 조 제 6 호).

공청회는 통상 행정작용과 관련이 있는 이해관계인이 다수인 경우에 행해지는 의견청취절차이다. 또한 공청회에는 의견제출절차나 청문절차와 달리 전문지식을 가진 사람 및 일반국민 등이 참여하는 경우가 많다.

(2) 인정범위

공청회는 다음과 같은 경우에 한하여 인정되고 있다: ① 다른 법령 등에서 공청회를 개최하도록 규정하고 있는 경우, ② 해당 처분의 영향이 광범위하여 널리 의견을 수렴할 필요가 있다고 행정청이 인정하는 경우, ③ 국민생활에 큰 영향을 미치는 처분으로서 대통령령으로 정하는 처분에 대하여 대통령령으로 정하는 수 이상의 당사자등이 공청회 개최를 요구하는 경우(법 제22조 제 2 항).

(3) 행정절차법상 공청회절차의 내용

1) 공청회의 개최

행정청은 공청회를 개최하려는 경우에는 공청회 개최 14일 전까지 다음의 사항을 당사자등에게 통지하고 관보, 공보, 인터넷홈페이지 또는 일간 신문 등에 공고하는 등의 방법으로 널리 알려야 한다. 다만, 공청회 개최를 알린 후 예정대로 개최하지 못하여 새로 일시 및 장소 등을 정한 경우에는 공청회 개최 7일 전까지 알려야 한다. ① 제목, ② 일시 및 장소, ③ 주요 내용, ④ 발표자에 관한 사항, ⑤ 발표신청 방법 및 신청기한, ⑥ 정보통신망을 통한 의견제출, ⑦ 그 밖에 공청회 개최에 필요한 사항(법 제38조 제 1 항).

행정청은 제38조에 따른 공청회와 병행하여서만 정보통신망을 이용한 공청회(온라인공청회)를 실시할 수 있다(법 제38조의2 제 1 항). 일정한 경우에는 온라인공청회를 단독으로 개최할 수 있도록 하였다(제 2 항).

행정청은 공청회를 마친 후 처분을 할 때까지 새로운 사정이 발견되어 공청회를 다시 개최할 필요가 있다고 인정할 때에는 공청회를 다시 개최할 수 있다(법 제39조의3).

2) 공청회의 주재자 및 발표자

공청회의 주재자는 해당 공청회의 사안과 관련된 분야에 전문적 지식이 있거나 그 분야에서 종사한 경험이 있는 사람 중에서 대통령령으로 정하는 자격을 가진 사람 중에서 공청회의 주재자를 선정한다(법 제38조의3 제 1 항).

공청회 주재자의 독립성, 중립성 및 전문성이 보장되도록 하여야 한다. 외국의 예를 보면 공청회의 주재자를 판사나 행정위원회 등 행정청이나 이해관계인으로부터 독립적 지위를 갖는 사람으로 하는 경우가 있다.

공청회의 발표자는 행정청이 선정한다(법 제38조의3 제 3 항).

3) 공청회의 진행

공청회의 주재자는 공청회를 공정하게 진행하여야 하며, 공청회의 원활한 진행을 위하여 발표내용을 제한할 수 있고, 질서유지를 위하여 발언중지, 퇴장명령 등 행정안전부장관이 정하는 필요한 조치를 할 수 있다(법 제39조 제 1 항). 발표자는 공청회의 내용과 직접 관련된 사항에 대하여만 발표하여야 한다(제 2 항). 공청회의 주재자는 발표자의 발표가 끝난 후에는 발표자 상호간에 질의 및 답변을 할 수 있도록 하여야 하며, 방청인에게도 의견을 제시할 기회를 주어야 한다(법 제39조 제 4 항).

우리나라의 경우 공청회가 통상 반나절 또는 하루에 끝나는 것이 일반적인데, 충분한 토론이 행해지도록 공청회기간이 정하여져야 할 것이며 필요하다면 여러 번에 걸쳐 공청회가 행해지도록 하여야 할 것이다. 공청회의 원활한 진행도 중요하지만 발표와 토론이 충분히 행하여지도록 하는 것도 중요하다.

4) 공청회 및 온라인공청회 결과의 반영

행정청은 처분을 할 때에 공청회·온라인공청회 및 정보통신망을 통하여 제시된 사실 및 의견이 상당한 이유가 있다고 인정하는 경우에는 이를 반영하여야 한다(법 제39조의2).

6. 의견청취 후의 조치

행정청은 청문·공청회 또는 의견제출을 거쳤을 때에는 신속히 처분하여 해당 처분이 지연되지 아니하도록 하여야 한다(법 제22조 제 5 항).

행정청은 처분 후 1년 이내에 당사자 등이 요청하는 경우에는 청문·공청회 또는 의견제출을 위하여 제출받은 서류나 그 밖의 물건을 반환하여야 한다(법 제22조 제 6 항).

7. 행정절차에서의 진술거부권

행정절차가 수사절차로 이행될 수 있는 경우에는 적법절차의 원칙상 명문의 규정이 없는 경우에도 진술거부권을 보장해줄 필요가 있고, 행정절차에서 획득된 자료가 곧바로 범죄수사에 활용되는 것은 타당하지 않다.

8. 방어권의 보장

불이익처분의 상대방에 대해 **적절한 방어권**(일정한 경우(예 징계처분) 변호사의 조력을 받을 권리, 처분사유(처분근거사실 포함)를 알 권리, 의견진술, 증거제시 등 방어권의 행사수단 및 기회를 부여받을 권리)을 **실질적으로 보장하지 아니한 처분**은 적법절차의 원칙에 반하여 위법하다.

[판례] 헌법상 법치국가원리와 적법절차원칙에 비추어 징계와 같은 불이익처분절차에서 징계심의대상자에게 변호사를 통한 방어권의 행사를 보장하는 것이 필요하고, 징계심의 대상자가 선임한 변호사가 징계위원회에 출석하여 징계심의대상자를 위하여 필요한 의견을 진술하는 것은 방어권 행사의 본질적 내용에 해당하므로, 행정청은 특별한 사정이 없는 한 이를 거부할 수 없다. 다만 징계심의대상자의 대리인이 관련된 행정절차나 소송절차에서 이미 실질적인 증거조사를 하고 의견을 진술하는 절차를 거쳐서 징계심의대상자의 방어권 행사에 실질적으로 지장이 초래되었다고 볼 수 없는 특별한 사정이 있는 경우에는, 징계권자가 징계심의대상자의 대리인에게 징계위원회에 출석하여 의견을 진술할 기회를 주지 아니하였더라도 그로 인하여 징계위원회 심의에 절차적 정당성이 상실되었다고 볼 수 없으므로 징계처분을 취소할 것은 아니다(대판 2018. 3. 13, 2016두33339〈퇴교처분취소〉).

제 3 항 신 고

신고란 사인이 행정기관에게 일정한 사항에 대하여 통지하는 행위를 말한다.

신고에는 의무적인 것과 임의적인 것이 있다.

행정절차법의 규율대상이 되는 신고, 즉 "법령등에서 행정청에 일정한 사항을 통지함으로써 의무가 끝나는 신고"(제40조 제 1 항)는 자기완결적 신고이다. 그러나 행정절차법 제40조 제 3 항과 제 4 항은 수리를 요하는 신고에도 유추적용된다고 보아야 한다(그 밖의 신고에 관한 사항은 '사인의 공법행위' 참조).

제 4 항 입법예고

Ⅰ. 입법예고의 의의

입법예고제란 행정청으로 하여금 입법의 제정 또는 개정에 대하여 미리 이를 국민에게 예고하도록 하고 그에 대한 국민의 의견을 듣고 행정입법안에 해당 국민의 의견을 반영하도록 하는 제도이다.

Ⅱ. 행정절차법상 입법예고

법령 등을 제정·개정 또는 폐지(이하 '입법'이라 한다)하고자 할 때에는 해당 입법안을 마련한 행정청은 이를 예고하여야 한다(법 제41조 제 1 항). 현행 입법예고제도는 법률과 명령을 구분하지 않고 동일하게 규율하고 있다.

다만, 법령의 내용이 국민의 권리·의무 또는 일상생활과 관련이 없는 경우, 입법이 긴급을 요하는 경우, 상위법령 등의 단순한 집행을 위한 경우, 예고함이 공익에 현저히 불리한 영향을 미치는 경우, 입법내용의 성질 그 밖의 사유로 예고의 필요가 없거나 곤란하다고 판단되는 경우에는 입법예고를 아니할 수 있다(법 제41조 제 1 항 단서).

행정청은 입법안의 취지, 주요 내용 또는 전문(全文)을 다음 각 호(1. 법령의 입법안을 입법예고하는 경우: 관보 및 법제처장이 구축·제공하는 정보시스템을 통한 공고, 2. 자치법규의 입법안을 입법예고하는 경우: 공보를 통한 공고)의 구분에 따른 방법으로 공고하여야 하며, 추가로 인터넷, 신문 또는 방송 등을 통하여 공고할 수 있다(법 제42조 제 1 항). 행정청은 대통령령을 입법예고하는 경우 국회 소관 상임위원회에 이를 제출하여야 한다(제 2 항). 행정청은 입법예고를 할 때에 입법안과 관련이 있다고 인정되는 중앙행정기관, 지방자치단체, 그 밖의 단체 등이 예고사항을 알 수 있도록 예고사항을 통지하거나 그 밖의 방법으로 알려야 한다(제 3 항). 행정청은 제 1 항에 따라 예고된 입법안에 대하여 온라인공청회 등을 통하여 널리 의견을 수렴할 수 있다. 이 경우 제38조의2 제 2 항부터 제 5 항까지의 규정을 준용한다(제 4 항). 행정청은 예고된 입법안의 전문에 대한 열람 또는 복사를 요청받았을 때에는 특별한 사유가 없으면 그 요청에 따라야 한다(제 5 항). 행정청은 제 5 항에 따른 복사에 드는 비용을 복사를 요청한 자에게 부담시킬 수 있다(제 6 항).

Ⅲ. 재입법예고

입법안을 마련한 행정청은 입법예고 후 예고내용에 국민생활과 직접 관련된 내용이 추가되는 등 대통령령으로 정하는 중요한 변경이 발생하는 경우에는 해당 부분에 대한 입법예고를 다시 하여야 한다. 다만, 제 1 항 각 호의 어느 하나에 해당하는 경우에는 예고를 하지 아니할 수 있다(행정절차법 제41조 제 4 항).

행정절차법 제41조 제 4 항 본문에서 "대통령령으로 정하는 중요한 변경이 발생하는 경우"란 다음 각 호의 어느 하나에 해당하는 경우를 말한다. 1. 국민의 권리·의무 또는 국민생활과 직접 관련되는 내용이 추가되는 경우, 2. 그 밖에 법령안의 취지 또는 주요 내용 등이 변경되어 다시 의견을 수렴할 필요가 있는 경우(법제업무운영규정 제14조 제 3 항).

Ⅳ. 입법예고 흠결의 효과

과거 판례는 입법예고가 없었다고 하여 그 조항이 신의성실의 원칙에 위배되는 무효인 규정이라고 볼 수 없다(대판 1990. 6. 8, 90누2420)고 판시한 바 있다. 그러나 이 판례가 현행 행정절차법하에서도 타당한지는 의문이다.

입법예고를 거치지 않은 대통령령 개정규정이 무효라고 한 하급심판례(서울고법 2018누71863)가 있다.

[판례] 입법예고 후 예고내용에 중요한 변경이 있었음에도 추가 입법예고를 하지 않은 것은 행정절차법 위반이고 해당 대통령령(대학설립·운영규정) 개정규정은 무효이고, 그에 근거한 처분은 위법하다고 한 사례(서울고법 2018누71863).

제 5 항 행정예고

행정예고란 다수 국민의 권익에 관계있는 사항(예 범죄예방 CCTV설치사업)을 국민에게 미리 일리는 세노틀 발한다. 행정예고는 행정에 대한 예측가능성을 보장해주고 이해관계 있는 행정에 대하여 의견을 제출할 수 있게 하며 국민의 행정에 대한 이해와 협력을 증진시키는 기능을 한다.

행정청은 정책, 제도 및 계획(이하 "정책등"이라 한다)을 수립·시행하거나 변경하려는 경우에는 이를 예고하여야 한다. 다만, 다음 각 호(1. 신속하게 국민의 권리를 보호하여야 하거나 예측이 어려운 특별한 사정이 발생하는 등 긴급한 사유로 예고가 현저히 곤란한 경우, 2. 법령등의 단순한 집행을 위한 경우, 3. 정책등의 내용이 국민의 권리·의무 또는 일상생활과 관련이 없는 경우, 4. 정책등의 예고가 공공의 안전 또는 복리를 현저히 해칠 우려가 상당한 경우)의 어느 하나에 해당하는 경우에는 예고를 하지 아니할 수 있다(법 제46조 제 1 항). 제 1 항에도 불구하고 법령등의 입법을 포함하는 행정예고는 입법예고로 갈음할 수 있다(제 2 항). 행정예고기간은 예고 내용의 성격 등을 고려하여 정하되, 20일 이상으로 한다(제 3 항). 긴급한 경우 단축된 행정예고기간은 10일 이상으로 한다(제 4 항).

행정청은 매년 자신이 행한 행정예고의 실시 현황과 그 결과에 관한 통계를 작성하고, 이를 관보·공보 또는 인터넷 등의 방법으로 널리 공고하여야 한다(법 제46조의2).

행정청은 정책등안(案)의 취지, 주요 내용 등을 관보·공보나 인터넷·신문·방송 등을 통하여 공고하여야 한다(법 제47조 제 1 항). 행정예고의 방법, 의견제출 및 처리, 공청회 및 전자공청회에 관하여는 제38조, 제38조의2, 제38조의3, 제39조, 제39조의2, 제39조의3, 제42조(제 1 항·제 2 항 및 제 4 항은 제외한다), 제44조 제 1 항부터 제 3 항까지 및 제45조 제 1 항을 준용한다. 이 경우 "입법안"은 "정책등안"으로, "입법예고"는 "행정예고"로, "처분을 할 때"는 "정책등을 수립·시행하거나 변경할 때"로 본다(제 2 항).

입법안을 마련한 행정청은 입법예고 후 예고내용에 국민생활과 직접 관련된 내용이 추가되는 등 대통령령으로 정하는 중요한 변경이 발생하는 경우에는 해당 부분에 대한 입법예고를 다시 하여야 한다. 다만, 제 1 항 각 호의 어느 하나에 해당하는 경우에는 예고를 하지 아니할 수 있다(행정절차법 제41조 제 4 항).

제 5 절 행정영장

Ⅰ. 행정영장의 의의

행정영장은 행정목적으로 구금, 압수, 수색을 위해 발령하는 영장을 말한다. 행정영장은 행정절차(적법절차)의 하나로 볼 수 있다.

영장이라 함은 체포·구금·압수·수색 등 강제처분(이하 '구금 등의 강제처분'이라 한다)에 법관 등 독립적이고 공정하며 자격이 있는 기관(이하 '법관 등 독립기관'이라 한다)이 발부하는 허가증을 말한다. 따라서 대집행영장은 행정영장이 아니다.

영장의 대상은 국민의 중요한 기본권에 중대한 영향을 미치는 '**구금 등의 강제처분**'이다. '구금 등의 강제처분'은 **물리력을 행사하는 강제(직접강제)만**을 말한다. 구금 등에 준하는 의무를 명하고 그 위반에 대해 형벌 등 제재를 가하는 실질적 강제(심리적·간접적 강제)는 영장의 대상이 되는 '구금 등의 강제처분'에 해당하지 않는다(헌재 2004. 9. 23, 2002헌가17; 헌재 2012. 12. 27, 2010헌마153 등).

> [판례] **도로교통법 제41조 제 2 항에 규정된 음주측정**은 성질상 강제될 수 있는 것이 아니며 궁극적으로 당사자의 자발적 협조가 필수적인 것이므로 이를 두고 법관의 영장을 필요로 하는 강제처분이라 할 수 없다. 따라서 이 사건 법률조항이 **주취운전의 혐의자에게 영장없는 음주측정에 응할 의무를 지우고 이에 불응한 사람을 처벌**한다고 하더라도 헌법 제12조 제 3 항에 규정된 **영장주의에 위배되지 아니한다**(헌재 1997. 3. 27, 96헌가11).

Ⅱ. 행정영장에서의 영장주의의 적용범위

영장주의라 함은 '구금 등의 강제처분'에는 원칙상 영장이 있어야 한다는 것을 말한다. 헌법 제12조 제 3 항은 형사절차에서의 영장주의를 규정하고 있다. 개별법률에서 영장주의를 규정하고 있는 경우도 있다. 영장주의의 취지는 신체 등 중요한 기본권의 보장에 있다. 그리고 영장주의는 적법절차의 하나이다.

헌법 제12조 제 3 항은 형사절차 이외의 행정목적을 위한 '구금 등의 강제처분'에는 그대로 적용되지 않는다는 것이 헌법재판소의 입장이다. 다만, 헌법 제12조 제 3 항이 규정한 영장주의의 취지인 '구금 등의 강제처분'에서의 기본권 보장은 행정영장에도 적용된다고 보아야 한다.

문제는 행정영장에도 영장주의가 적용되는가 하는 것이다. 달리 말하면 행정영장없는 '구금 등의 강제처분'은 영장주의 위반 달리 말하면 기본권 보장원칙 및 적법절차의 원칙에 위반하여 위헌·위법인가 하는 것이 문제되는데, 이에 관하여 견해의 대립(긍정설, 부정설, 절충설 등)이 있다. 이에 관한 헌법재판소와 대법원의 입장은 동일하지 않다.

헌법재판소 판례는 헌법 제12조 제3항 및 제16조의 영장주의는 형사절차에 한하여 적용되고(헌재 2016. 3. 31, 2013헌바190), 행정기관이 체포·구속의 방법으로 신체의 자유를 제한하는 경우에는 영장주의가 그대로 적용되는 것은 아니라고 본다(헌재 2016. 3. 31, 2013헌바190). 그리고 전술한 바와 같이 행정상 즉시강제에는 영장주의가 적용되지 않는다고 본다. 이러한 헌법재판소의 견해는 명확하지는 않지만, 부정설 또는 원칙 부정·예외 긍정설에 가깝다.

대법원 판례에 따르면 행정목적을 위한 "체포 또는 구속"에 헌법 제12조 제3항의 영장주의가 적용된다. 그러나 전술한 바와 같이 대법원 판례는 긴급한 경우나 행정조사를 위한 압수·수색에는 영장이 요구되지 않는다고 본다. 이러한 대법원의 견해는 원칙 긍정·예외 부정설에 해당한다.

생각건대, '행정영장'은 행정목적을 위한 '구금 등의 강제처분'의 성질 및 상황(구금등의 필요성, 기본권 보장의 필요, 다른 권리구제수단 등)의 다양성에 비추어 적법절차의 원칙 및 비례원칙에 따라 해당 강제처분의 성질과 관련 상황을 종합적으로 고려하면서 행정목적을 위한 '구금 등의 강제처분'에 영장이 필요한지 여부를 개별적으로 결정하여야 한다(적법절차의 원칙 및 비례의 원칙에 따른 개별적 결정설(절충설)). ① 적법절차의 원칙상 행정영장에서도 영장주의가 요구되는 경우 및 법률에서 영장주의를 규정하고 있는 경우에는 행정영장에서도 영장주의가 적용된다. ② 긴급한 즉시강제의 경우 영장없는 '구금 등의 강제처분'이 가능하지만, 긴급한 즉시강제 후 구금 등이 계속되는 경우에는 사후에 즉시 영장을 발부받거나 다른 기본권 보장조치를 취하여야 한다. ③ 행정목적을 위한 '구금 등의 강제처분'이 사실상(실질적으로) 형사사법목적의 강제처분에 해당할 경우(행정목적을 위한 '구금 등의 강제처분'이 사실상 수사목적의 강제처분의 성격도 함께 갖거나 동일한 행정기관이 행정목적을 위한 '구금 등의 강제처분' 권한과 수사권을 함께 갖거나 행정목적을 위한 '구금 등의 강제처분'이 곧 이어질 범죄수사에서 이용될 가능성이 높은 경우 등)에는 영장주의가 적용된다고 보아야 한다. ④ 그 밖에 영장주의가 적용되지 않아도 적법절차의 원칙에 합치하는 경우에는 영장주의가 요구되지 않는다.

Ⅲ. 영장주의 위반의 효력

행정영장이 요구됨에도 행정영장 없이 '구금 등의 강제처분'하는 것이 가능한 것으로 규정한 법률은 헌법상 적법절차의 원칙이나 비례의 원칙에 반하여 위헌·무효이고, 그러한 법률에 근거한 처분은 위법하다.

제 6 절 복합민원절차

Ⅰ. 복합민원의 의의

복합민원이란 하나의 민원 목적을 실현하기 위하여 관계 법령 등에 따라 다수 관계기관의 허가·인가·승인·추천·협의·확인 등을 받아야 하는 민원을 말한다. **민원**이란 행정기관에 대하여 처분 등 특정한 행위를 요구하는 것을 말한다.

「민원 처리에 관한 법률」에 따르면 '**복합민원**'을 넓게 "하나의 민원목적을 실현하기 위하여 관계법령 등에 따라 여러 관계기관(민원과 관련된 단체·협회 등을 포함) 또는 관계 부서의 허가·인가·승인·추천·협의 또는 확인 등을 거쳐 처리되는 법정민원"이라고 정의하고 있다(광의의 복합민원). 이러한 복합민원의 정의에 따르면 다수의 관계기관 또는 내부의 부서가 관련되어 있고, 이들 기관의 허가·협의 등을 거치는 민원을 말한다.

Ⅱ. 복합민원의 유형

복합민원은 ① 하나의 허가이지만 다른 행정기관의 협의, 동의, 확인을 요하는 경우, ② 하나의 허가로 다른 허가가 의제되는 경우, ③ 복수의 허가를 받아야 하는 경우, ④ 다른 관계기관 또는 부서의 첨부서류 또는 정보의 제공을 필요로 하는 경우, ⑤ 하나의 행정기관 내에서 다수의 부서가 관계되는 경우로 나누어 볼 수 있다.

1. 하나의 허가이지만 다른 행정기관의 협의, 동의, 확인을 요하는 경우

다른 행정기관의 동의를 받지 않고 허가를 한 것은 무권한으로 무효이지만, 협의(자문, 심의)를 거치지 않은 것은 절차의 하자로 원칙상 취소할 수 있는 위법이다.

2. 하나의 허가로 다른 허가가 의제되는 경우

인허가의제제도란 여러 행정기관의 복수의 인허가 등을 받아야 하는 경우에 하나의 인허가를 받으면 다른 관련인허가를 받은 것으로 의제하는 제도를 말한다.

3. 복수의 허가를 받아야 하는 경우

하나의 사업을 위해 여러 인허가가 필요한 경우 각각의 인허가를 각각 신청하고 각 신청에 대하여 해당 신청의 대상이 된 인허가요건의 충족 여부만을 판단하여 각 인허가별로 인허가를 하는 것이 원칙이다. 다만, 각각 신청된 인허가의 근거 법령에서 다른 법령상의 인허가에 관한 규정을 원용하고 있거나 그 대상 행위가 다른 법령에 의하여 절대적으로 금지되고 있어 그 실현이 객관적으로 불가능한 것이 명백한 경우에는 이를 고려하여 그 인허가를 거부할 수 있다.

[판례] 전용목적사업의 실현에 관하여 다른 인허가가 필요한 경우에는 그 인허가요건을 갖추고 있지 않는 경우(대판 2000. 3. 24, 98두8766), 기타 그 다른 인허가를 받을 수 없는 경우(대판 2000. 11. 24, 2000두2341)에는 농지전용허가를 거부할 수 있다. 또한 학교보건법 소정의 요건을 갖추지 아니한 체육시설업(당구장업) 신고는 적법한 신고가 아니라고 본 판례도 있다(대판 1991. 7. 12, 90누8350).

4. 다른 관계기관 또는 부서의 첨부서류 또는 정보의 제공을 필요로 하는 경우

첨부서류를 첨부하지 않은 인허가의 신청은 적법한 신청이라 할 수 없다. 전자정부하에서 행정정보공동이용제도가 정착되면 제출할 첨부서류가 크게 줄어들 것이다. 인허가부서는 인허가요건의 판단에 필요한 정보를 다른 행정기관으로부터 제공 또는 확인받아 인허가요건의 충족 여부를 판단할 수 있게 되기 때문이다.

5. 하나의 행정기관 내에서 다수의 부서가 관계되는 경우

하나의 행정기관 내에 여러 부서에 관련되는 경우 복합민원에 관한 부서간의 협의 등은 행정기관 내부의 문제이므로 행정법적 문제를 제기하지 않는다.

Ⅲ. 인허가의제제도[2021 행시]

행정기본법

제24조(인허가의제의 기준) ① 이 절에서 "인허가의제"란 하나의 인허가(이하 "주된 인허가"라 한다)를 받으면 법률로 정하는 바에 따라 그와 관련된 여러 인허가(이하

"관련 인허가"라 한다)를 받은 것으로 보는 것을 말한다.
② 인허가의제를 받으려면 주된 인허가를 신청할 때 관련 인허가에 필요한 서류를 함께 제출하여야 한다. 다만, 불가피한 사유로 함께 제출할 수 없는 경우에는 주된 인허가 행정청이 별도로 정하는 기한까지 제출할 수 있다.
③ 주된 인허가 행정청은 주된 인허가를 하기 전에 관련 인허가에 관하여 미리 관련 인허가 행정청과 협의하여야 한다.
④ 관련 인허가 행정청은 제 3 항에 따른 협의를 요청받으면 그 요청을 받은 날부터 20일 이내(제 5 항 단서에 따른 절차에 걸리는 기간은 제외한다)에 의견을 제출하여야 한다. 이 경우 전단에서 정한 기간(민원 처리 관련 법령에 따라 의견을 제출하여야 하는 기간을 연장한 경우에는 그 연장한 기간을 말한다) 내에 협의 여부에 관하여 의견을 제출하지 아니하면 협의가 된 것으로 본다.
⑤ 제 3 항에 따라 협의를 요청받은 관련 인허가 행정청은 해당 법령을 위반하여 협의에 응해서는 아니 된다. 다만, 관련 인허가에 필요한 심의, 의견 청취 등 절차에 관하여는 법률에 인허가의제 시에도 해당 절차를 거친다는 명시적인 규정이 있는 경우에만 이를 거친다.
第25조(인허가의제의 효과) ① 제24조 제 3 항·제 4 항에 따라 협의가 된 사항에 대해서는 주된 인허가를 받았을 때 관련 인허가를 받은 것으로 본다.
② 인허가의제의 효과는 주된 인허가의 해당 법률에 규정된 관련 인허가에 한정된다.
第26조(인허가의제의 사후관리 등) ① 인허가의제의 경우 관련 인허가 행정청은 관련 인허가를 직접 한 것으로 보아 관계 법령에 따른 관리·감독 등 필요한 조치를 하여야 한다.
② 주된 인허가가 있은 후 이를 변경하는 경우에는 제24조·제25조 및 이 조 제 1 항을 준용한다.
③ 이 절에서 규정한 사항 외에 인허가의제의 방법, 그 밖에 필요한 세부 사항은 대통령령으로 정한다.

1. 의 의

"인허가의제"란 하나의 인허가(이하 "주된 인허가"라 한다)를 받으면 법률로 정하는 바에 따라 그와 관련된 여러 인허가(이하 "관련 인허가"라 한다)를 받은 것으로 보는 것을 말한다(행정기본법 제26조 제 1 항). 건축신고처럼 신고로 허가가 의제되는 경우도 있다. 100개 이상의 많은 법률에서 인허가의제를 규정하고 있다.

하나의 사업을 시행하기 위하여 여러 인허가 등을 받아야 하는 경우에 이들 인허가 등을 모두 각각 받도록 하는 것은 민원인에게 큰 불편을 주므로 원스톱행정을 통하여 민원인의 편의를 도모하기 위하여 만들어진 제도 중의 하나가 인허가의제제도이다.

인허가의제와 독일의 집중효의 관계에 관하여는 양자를 동일한 제도로 이해하는 견해, 양자를 이질적인 제도로 보는 견해도 있으나, 양자는 **기능적으로 유사하나 상당히 다른 별개의 제도**로 보는 것이 타당하다. 양자는 하나의 사업을 위해 수개의 인허가를 받아야 하는 경우에 하나의 인허가로 절차를 집중하는 점은 같지만, 다음과 같이 다르다. ① 독일의 집중효는 행정계획의 확정에만 부여되는 효력인 반면에 인허가의제는 주된 인허가가 행정계획에 한정되지 않고, 건축허가와 같은 행정행위인 인허가인 경우도 있다. ② 독일의 집중효는 관계 행정청 및 이해관계인의 집중적인 참여 등 엄격한 계획확정절차에 따라 행해지는 반면에 인허가의제는 이러한 절차적 보장이 없다. ③ 독일의 집중효는 다른 인허가를 의제하지는 않고, 다른 인허가를 대체하는 효력, 따라서 다른 인허가를 필요 없게 하는 효력만을 갖는데, 인허가의제는 다른 인허가를 법률상 의제하는 효력을 갖는다.

인허가의제제도하에서 인허가를 해 주는 기관이 주무행정기관이 되고 의제되는 인허가 등을 담당하는 행정기관이 관계행정기관이 된다.

2. 인허가의제의 근거 및 대상

인허가의제의 이론적 근거는 민원창구단일화(원스톱행정)와 법률의제(허가의제) 이론이다. 그런데 인허가의제는 행정기관의 권한에 변경을 가져오므로 법률에 명시적인 근거가 있어야 하며 인허가가 의제되는 범위도 법률에 명시되어야 한다. 따라서 명문의 규정이 없는 한 '의제의 의제'(의제되는 허가에 의해 다른 인허가가 재차 의제되는 것)는 인정되지 않는다.

[판례] (1) 인·허가의제 제도는 관련 인·허가 행정청의 권한을 제한하거나 박탈하는 효과를 가진다는 점에서 법률 또는 법률의 위임에 따른 법규명령의 근거가 있어야 한다. (2) **인허가의제규정이 없으므로** 대기환경보전법에 따른 대기오염물질배출시설 설치허가를 받았다고 하더라도 악취배출시설 설치·운영신고가 수리되어 그 효력이 발생한다고 볼 수 없다고 한 사례(대판 2022. 9. 7, 2020두40327).

통상 의제되는 인허가 등이 민원인이 받아야 하는 주된 인허가를 규율하는 법률에 열거되어 있다.

예를 들면, 건축법 제 8 조는 건축허가를 받은 경우 국토의 계획 및 이용에 관한 법률 제

56조의 규정에 의한 개발행위허가, 농지법 제36조 제 1 항의 규정에 의한 농지전용허가를 포함하여 13개의 인허가 등을 받은 것으로 의제하고 있다.

3. 인허가 등의 신청

인허가의제제도하에서 민원인은 하나의 인허가 신청만 하면 된다. 인허가의제를 받으려면 주된 인허가를 신청할 때 관련 인허가에 필요한 서류를 함께 제출하여야 한다. 다만, 불가피한 사유로 함께 제출할 수 없는 경우에는 주된 인허가 행정청이 별도로 정하는 기한까지 제출할 수 있다(행정기본법 제24조 제 2 항).

인허가의제는 민원인의 편의를 위해 인정된 것이므로 인허가의제규정이 있는 경우에도 반드시 관련 인허가의제 처리를 신청할 의무가 있는 것은 아니다(대판 2020. 7. 23, 2019두31839). 주된 인허가만을 우선 신청할 수도 있고, 의제되는 인허가의 일부만 의제(부분인허가의제) 처리를 신청할 수도 있다.

그러나 건축법 제11조 제 1 항, 제 5 항 제 3 호, 국토계획법 제56조 제 1 항 제 1 호, 제57조 제 1 항의 내용과 체계, 입법 취지를 종합하면, 건축주가 건축물을 건축하기 위해서는 건축법상 건축허가와 국토계획법상 개발행위(건축물의 건축) 허가(개발행위허가 중 건축물의 건축허가)를 각각 별도로 신청하여야 하는 것이 아니라, 건축법상 건축허가절차에서 관련 인허가의제 제도를 통해 두 허가의 발급 여부가 동시에 심사·결정되도록 하여야 한다(대판 2020. 7. 23, 2019두31839). 이에 반하여 건축법상 건축허가와 국토계획법상 개발행위허가 중 토지형질변경허가는 반드시 함께 신청되어야 하는 것이 아니고, 따로 신청할 수도 있다.[44]

4. 인허가절차

(1) 관계인허가기관의 협의

주된 인허가 행정청은 주된 인허가를 하기 전에 관련 인허가에 관하여 미리 관련 인허가 행정청과 협의하여야 한다(행정기본법 제24조 제 3 항). 관련 인허가 행정청은 제 3 항에 따른 협의를 요청받으면 그 요청을 받은 날부터 20일 이내(제 5 항 단서에 따른 절차에 걸리는 기간은 제외한다)에 의견을 제출하여야 한다. 이 경우 전단에서 정한 기간(민원 처리 관련 법령에 따라 의견을 제출하여야 하는 기간을 연장한 경우에는 그 연장한 기간을 말한다) 내에 협의 여부에 관하여 의견을 제출하지 아니하면 협의가 된 것으로 본다(제 4 항).

44) 김종보, 「건설법의 이해」(도서출판 피데스, 2018), 129쪽.

(2) 절차의 집중

제 3 항에 따라 협의를 요청받은 관련 인허가 행정청은 해당 법령을 위반하여 협의에 응해서는 아니 된다. 다만, 관련 인허가에 필요한 심의, 의견 청취 등 절차에 관하여는 법률에 인허가의제 시에도 해당 절차를 거친다는 명시적인 규정이 있는 경우에만 이를 거친다(행정기본법 제24조 제 5 항). 이 규정의 본문은 실체집중부정을 규정한 것이고, 단서조항은 절차집중을 규정한 것이다. 주된 인허가를 하기 위해서는 주된 인허가의 요건뿐만 아니라 의제되는 인허가의 요건도 충족하여야 한다. 그리고 주된 인허가를 규정하는 법률에서 정한 절차는 거쳐야 하지만, 의제되는 인허가를 규정하는 법률에서 정한 절차는 거치지 않아도 된다.

이에 대한 학설과 판례는 다음과 같다.

1) 절차집중설

별도의 특별한 규정(예 토지보상법 제21조 제 2 항)이 없는 한 신청된 주된 인허가 절차만 거치면 되고 의제되는 인허가의 절차를 거칠 필요는 없다는 견해이다.

2) 제한적 절차집중설

주무행정기관은 의제되는 인허가절차를 모두 일일이 거칠 필요는 없고, 통합적으로 거치면 된다는 견해이다. 통합절차는 인허가의제제도의 취지 및 이해관계인의 권익보호라는 관점에서 적법절차의 원칙에 합치되어야 한다.

이해관계있는 제 3 자의 보호를 위한 절차규정은 적용 내지는 존중되어야 한다는 견해(박균흔·정형근)도 있다.

3) 판례는 신청된 주된 인허가절차만 거치면 되고 의제되는 인허가의 절차를 거칠 필요는 없다는 견해(절차집중설)를 취하고 있다.

[판례] 건설부장관이 구 주택건설촉진법(1991. 3. 8. 법률 제4339호로 개정되기 전의 것) 제33조에 따라 관계기관의 장과의 **협의를 거쳐 사업계획승인**을 한 이상 같은 조 제 4 항의 허가·인가·결정·승인 등이 있는 것으로 볼 것이고, 그 절차와 별도로 도시계획법 제12조 등 소정의 중앙도시계획위원회의 의결이나 주민의 의견청취 등 절차를 거칠 필요는 없다(대판 1992. 11. 10, 92누1162).

4) 결 어

헌법원칙인 적법절차의 원칙상 절차집중은 제한적인 것으로 해석하여야 한다(제한적 절차집중설). 환경영향평가절차 등 그 하자가 무효사유가 되는 절차는 거쳐야 하는 것으로 보아야 한다. 다만, 의제되는 인허가의 절차를 거치지 않은 하자는 주된 인허가의 하자가 아니라 의제된 인허가의 하자이다.

5. 인허가의 결정 [2012 사시 사례]

(1) 인허가결정기관 및 협의의견의 구속력

신청을 받은 주무행정기관이 신청된 인허가 여부를 결정한다. 이때에 전술한 바와 같이 주무인허가기관이 관계기관의 협의의견에 구속되는지에 관하여 견해가 대립하고 있다. 생각건대, 관계기관의 협의의견이 자문의견이면 법적 구속력이 없고, 동의·부동의의견이면 법적 구속력을 갖는다.

의제되는 인허가기관의 협의가 실질상 동의인지 아니면 강학상 자문(협의)인지 논란이 있다. 즉 원스톱행정을 통한 민원인의 편의도모라는 인허가의제제도의 취지와 "협의"라는 법규정의 문구에 비추어 특별한 경우(관계규정의 해석상 동의로 보아야 하는 경우 등)를 제외하고는 의제되는 인허가기관과의 협의는 강학상 자문(협의)으로 보는 것이 타당하다는 견해(자문설)와 실체집중부인설을 취하는 한 의제되는 인허가업무 담당기관의 권한을 존중하여야 하므로 의제되는 인허가기관과의 법규정상의 '협의'를 동의로 보아야 한다는 견해(동의설) 그리고 법령상 주된 인허가기관이 최종적인 처분권자이지만, 실체집중부정설을 취하는 한, 해당 인허가 담당기관의 권한을 존중해야 하므로 해당 인허가 담당기관의 의견을 사실상 동의로 보아 특별한 사정이 없는 한 따라야 한다고 보는 것이 타당하다고 보는 견해(사실상 동의설)가 대립하고 있다.

판례(대판 2002. 10. 11, 2001두151)는 명확히 입장을 표명하지는 않았는데, 이 판례가 **동의설**을 취한 것으로 해석하는 견해와 **자문설**을 취한 것으로 해석하는 견해, 사실상 동의설을 취한 것으로 보는 견해가 대립하고 있다.

생각건대, 아래 **대법원 판례는 사실상 동의설**을 취한 것으로 보인다. 그리고 **법이론상** 법령상 주된 인허가기관이 최종적인 처분권자이지만, 실체집중부정설을 취하는 한 해당 인허가 담당기관의 권한을 존중해야 하므로 사실상 동의설이 타당하다.

[판례] 채광계획은 기속재량행위에 속하는 것으로 보아야 할 것이나, 구 광업법(1999. 2. 8. 법률 제5893호로 개정되기 전의 것) 제47조의2 제 5 호에 의하여 채광계획인가를 받으면 공유수면 점용허가를 받은 것으로 의제되고, 이 공유수면 점용허가는 공유수면 관리청이

공공 위해의 예방 경감과 공공 복리의 증진에 기여함에 적당하다고 인정하는 경우에 그 자유재량에 의하여 허가의 여부를 결정하여야 할 것이므로(재량행위이므로), 공유수면 점용허가를 필요로 하는 채광계획 인가신청에 대하여도, **공유수면 관리청이 재량적 판단에 의하여** 공유수면 점용을 허가 여부를 결정할 수 있고, 그 결과 **공유수면 점용을 허용하지 않기로 결정하였다면**(그러한 협의의견을 제시하였다면), **채광계획 인가관청은 이를 사유로 하여 채광계획을 인가하지 아니할 수 있는 것이다**(대판 2002. 10. 11, 2001두151〈채광계획불인가처분취소〉).

(2) 인허가요건의 판단방식

주무행정기관의 신청되거나 의제되는 인허가요건의 판단방식에 관하여 다음과 같이 견해가 대립된다.

1) 실체집중설

실체집중설은 의제되는 인허가요건에의 합치 여부를 판단함이 없이 신청된 주된 인허가요건에의 충족여부만을 판단하여 신청된 주된 인허가를 할 수 있다는 견해이다.

2) 제한적 실체집중설

제한적 실체집중설은 주된 인허가 신청을 받은 행정기관은 의제되는 인허가요건에 엄격히 구속되지는 않고, 의제되는 인허가요건을 이익형량의 요소로서 종합적으로 고려하면 된다는 견해이다.

3) 독립판단설(실체집중부정설)

이 견해는 주된 인허가 신청을 받은 행정기관은 의제되는 인허가요건에 엄격히 구속되어 의제되는 인허가요건을 모두 충족하여야 주된 인허가를 할 수 있다는 견해이다. 이 견해를 절차집중설로 부르는 견해도 있다.

4) 판 례

판례는 실체집중부정설을 취하고 있는 것으로 보인다(대판 2001. 1. 16, 99두10988).

[판례] 채광계획인가로 공유수면점용허가가 의제될 경우, 공유수면 점용불허사유로써 채광계획을 인가하지 아니할 수 있다(대판 2002. 10. 11, 2001두151〈채광계획불인가처분취소〉).

5) 결 어

법치행정의 원칙에 비추어 명문의 규정이 없는 한 실체집중을 인정할 수 없으므로 **실체집중부정설**이 타당하다. 「행정기본법」 제24조 제 5 항 본문은 관련 행정청은 관련 인허가의 실체적 요건을 충족한 경우에만 협의를 해주도록 규정한 것이므로 실체집중 부정을 규정한 것으로 볼 수 있다. 다만, 주된 인허가 및 의제되는 인허가 중 둘 이상이 재량행위인 경우에 재량판단은 주된 인허가기관이 의제되는 인허가기관의 의견을 존중하여 행하는 것(제한적으로 집중되는 것)으로 보아야 한다.

6. 인허가의 효력

(1) 인허가 등의 의제

주무행정기관의 신청된 인허가가 있게 되면 의제되는 인허가 등을 받은 것으로 본다. 의제되는 인허가는 법령상 정해진 의제되는 인허가 전부가 아닐 수도 있다. 신청인이 신청하고, 관계기관의 협의를 마친 범위 내에서 인허가가 의제(부분인허가의제)된다(행정기본법 제25조 제 1 항).

주된 인허가가 거부된 경우에는 의제된 인허가가 거부된 것으로 의제되지 않는다.

인허가의제의 효과는 주된 인허가의 해당 법률에 규정된 관련 인허가에 한정된다(행정기본법 제25조 제 2 항). 이 규정은 재의제(의제의 의제)를 인정하지 않는다는 것을 명확히 한 것이다.

(2) 의제되는 인허가의 실재 여부

인허가의 의제로 의제된 인허가가 실재(實在)하는 것으로 볼 것인지에 관하여 견해가 대립하고 있다.

1) 부 정 설

부정설은 신청된 인허가(주된 인허가)의 인용처분만 있고, 의제되는 인허가의 인용처분은 실제로는 존재하지 않는다고 본다. 이 견해의 논거는 다음과 같다. ① 신청된 인허가의 인용처분만이 현실적으로 존재하며 의제되는 인허가는 의제되는 것에 불과하다. ② 실제로 인허가를 한 주된 인허가기관이 항고소송의 피고가 되는 것이 타당하다.

2) 긍 정 설

신청에 대한 인허가로 다른 인허가가 의제되는 경우 의제되는 인허가가 실재하는 것으로 보는 견해이다. 이 견해의 논거는 다음과 같다. ① 인허가의제의 경우 실체집중이 부정된다. ② 인허가가 의제된다는 것은 실제로는 인허가를 받지는 않았지만, 법적으로는 인허가를 받은 것으로 본다는 것이다. ③ 의제된 인허가의 취소정지 등 사후관리 및 감독이 필요한데, 이는 의제되는 인허가기관이 하는 것이 바람직하다.

3) 판례(긍정설)

판례에 따르면 주된 인허가(예 창업사업계획승인)로 의제된 인허가(예 산지전용허가)는 통상적인 인허가와 동일한 효력을 가지므로, 의제된 인허가의 취소나 철회가 허용된다. 그리고 의제된 인허가의 직권취소나 철회는 항고소송의 대상이 되는 처분에 해당한다고 본다(대판 2018. 7. 12, 2017두48734).

4) 결어(긍정설)

현재의 인허가의제제도는 실체집중을 부정하고 의제되는 인허가를 법률상 의제하고 있으므로 의제되는 인허가가 법률상 실재하는 것으로 보는 것(긍정설)이 타당하다.

실제집중 또는 제한적 실체집중을 인정하는 경우에는 의제되는 인허가는 존재하지 않는 것이 타당하고, 실체집중을 부정하는 경우에는 의제되는 인허가가 실재하는 것으로 보는 것이 타당하다.

그리고 이론상 '법률상 인허가의제'는 의제되는 인허가가 법률상 존재한다는 것을 의미하는 것으로 보아야 한다. 또한 「행정기본법」은 인허가의제의 경우 관련 인허가 행정청은 관련 인허가를 직접 한 것으로 보아 관계 법령에 따른 관리·감독 등 필요한 조치를 하여야 한다고 규정하고 있다(제26조 제 1 항).

7. 인허가의제제도하에서의 민원인 또는 제 3 자의 불복

(1) 항고쟁송에서의 취소의 대상

인허가가 의제되는 것은 주된 인허가가 난 경우이다, 주된 인허가의 거부의 경우에는 의제되는 인허가거부처분이 실제로 존재하지 않을 뿐만 아니라 의제되는 인허가의 거부가 의제되지 않으므로 의제되는 인허가의 요건의 결여나 재량판단에 근거한 주된 인허가의 거부에 대한 불복은 주된 인허가의 거부처분을 다투어야 한다.

[판례] 건축불허가처분을 하면서 그 처분사유로 건축불허가 사유뿐만 아니라 형질변경불허가 사유나 농지전용불허가 사유를 들고 있다고 하여 **그 건축불허가처분 외에 형질변경불허가처분이나 농지전용불허가처분이 존재하는 것은 아니므로**, 그 건축불허가처분을 받은 사

람은 **그 건축불허가처분에 관한 쟁송에서 건축법상의 건축불허가 사유뿐만아니라 같은 도시계획법상의 형질변경불허가 사유나 농지법상의 농지전용불허가 사유에 관하여도 다툴 수 있는 것**이지, 그 건축불허가처분에 관한 쟁송과는 별개로 형질변경불허가처분이나 농지전용불허가처분에 관한 쟁송을 제기하여 이를 다투어야 하는 것은 아니며, 그러한 쟁송을 제기하지 아니하였어도 형질변경불허가 사유나 농지전용불허가 사유에 관하여 불가쟁력이 생기지 아니한다(대판 2001. 1. 16, 99두10988).

인허가의제 제도에서 항고쟁송의 대상이 문제되는 경우는 주된 인허가가 난 경우에 있어서 의제되는 인허가의 요건의 결여나 재량권의 일탈·남용을 주장하는 경우이다. 이 경우 주된 인허가를 항고쟁송의 대상으로 하여야 하는지 아니면 그 요건의 결여나 재량권의 일탈·남용이 다투어지는 의제되는 해당 인허가를 대상으로 하여야 하는지가 문제된다.

현실적으로 주된 인허가처분만이 있고, 의제되는 인허가처분은 실제로는 존재하지 않는다고 보면 의제되는 인허가를 다투는 경우에도 항상 주된 인허가를 다투어야 하는 것으로 보는 것이 타당하다.

이에 대하여 의제되는 인허가가 실재하는 것으로 보는 견해가 있고, 이 견해에 따르면 주된 인허가의 허가사유를 다투고자 하는 경우에는 주된 인허가를 항고쟁송의 대상으로 하고, 의제되는 인허가의 허가사유를 다투는 경우에는 의제되는 해당 인허가 등을 항고쟁송의 대상으로 본다.

판례는 이해관계인이 의제된 인허가가 위법함을 다투고자 하는 경우 원칙상 주된 처분(주택건설사업계획승인처분)이 아니라 의제된 인허가(지구단위계획결정)를 항고소송의 대상으로 삼아야 한다고 본다(대판 2018. 11. 29, 2016두38792).

생각건대, 의제되는 인허가는 법적으로 의제되어 법적으로는 존재한다고 볼 수 있으므로, 의제되는 인허가만 취소의 대상으로 하여 의제되는 인허가가 분리취소가능하면, 의제되는 인허가만 취소하는 것이 타당하다. 이러한 해결이 인허가가 상대방의 권익보호를 위해서도 타당하다. 또한 부분인허가의제를 인정하는 판례의 입장에 비추어도 문제의 의제되는 인허가만 취소하는 것이 타당하다.

[판례] **[주택건설사업계획승인처분을 하면서 의제된 지구단위계획결정이 다투어진 사건]** (1) 주택건설사업계획승인처분에 따라 의제된 지구단위계획결정에 하자가 있음을 이해관계인이 다투고자 하는 경우, 주된 처분(주택건설사업계획승인처분)과 의제된 인·허가(지구단위계획결정) 중 어느 것을 항고소송의 대상으로 삼아야 하는지(=의제된 인·허가): 주택건설

사업계획 승인처분에 따라 의제된 인·허가가 위법함을 다투고자 하는 이해관계인은, 주택건설사업계획 승인처분의 취소를 구할 것이 아니라 **의제된 인·허가의 취소를 구하여야 하며, 의제된 인·허가는 주택건설사업계획 승인처분과 별도로 항고소송의 대상이 되는 처분에 해당한다.** (2) 임대사업자에 대한 ① 주택건설사업계획승인처분을 하면서 해당 주택단지 밖에 진입도로를 설치한다는 내용의 ② 지구단위계획결정이 의제되자, 위 진입도로 부지의 소유자인 원고가 ①과 ② 각각의 취소를 구하는 취소소송을 제기한 사안에서, 원심은, ①에 대한 취소청구는 제소기간 도과를 이유로 각하하고, ②에 대한 취소청구는 '의제된 인·허가는 독립적으로 취소소송의 대상이 될 수 없다'는 이유로 각하하였으나, 원심이 ②의 처분성(대상적격)에 관하여 법리오해를 하였으나, 본안에 관한 원고 주장을 받아들일 수 없고, 원고만 상고하였으므로 불이익변경금지원칙에 따라 상고를 기각한 사례(대판 2018. 11. 29, 2016두38792).

(2) 주된 인·허가 취소시 의제된 인·허가의 효력

의제된 인·허가가 실재하지 않는 것으로 보고, 따라서 주된 인·허가만이 항고쟁송의 대상이 된다고 보는 견해를 취하면 주된 인·허가가 취소되면 의제된 인·허가도 (소급적 취소의 경우 소급적으로, 비소급적 취소의 경우 장래에 향하여) 효력을 상실하는 것으로 보는 것이 논리적이다.

그러나 인·허가의제시 의제된 인·허가가 실재하는 것으로 보고, 따라서 불복사유에 따라 주된 인·허가 또는 의제된 인·허가가 항고쟁송의 대상이 된다고 보는 견해에 의하면 주된 인·허가의 취소만으로 의제된 인·허가가 자동적으로 효력을 상실하는 것으로는 볼 수 없다. 이 견해가 타당하다. 원칙상 취소는 인허가별로 행해지고 취소의 효력도 해당 인허가별로 발생한다고 보는 것이 타당하다. 이렇게 보는 것은 상대방인 국민은 취소된 인허가만 다시 받으면 해당 사업을 추진할 수 있는 실익이 있다. 주된 인허가가 취소되면 관련 인허가 기관은 관련 인허가를 취소하거나 철회할 것인지 여부를 결정하여야 한다. 다만, 주된 인허가가 의제된 인허가의 성격도 갖거나 주된 인허가가 의제된 인허가의 전제가 되는 경우에는 주된 인허가의 취소로 해당 의제된 인허가도 효력을 상실하는 것으로 볼 수 있다.

8. 의제된 인·허가의 사후관리감독

인허가의제의 경우 관련 인허가 행정청은 관련 인허가를 직접 한 것으로 보아 관계 법령에 따른 관리·감독 등 필요한 조치를 하여야 한다(행정기본법 제26조

제 1 항). 따라서 의제된 인·허가의 사후관리 및 감독은 의제된 인·허가 기관이 담당한다.

9. 주된 인허가의 변경

주된 인허가가 있은 후 이를 변경하는 경우에는 제24조·제25조 및 제26조 제 1 항을 준용한다(행정기본법 제26조 제 2 항).

행정기본법 제26조 제 2 항은 주된 인허가의 변경으로 관련 인허가의 변경이 의제될 수 있는 것을 전제로 주된 인허가의 변경으로 관련 인허가의 변경 의제가 필요한 경우에는 인허가 의제절차(관련 인허가기관과의 협력 등)를 준용하여 주된 인허가를 변경하고 이에 따라 관련 인허가의 변경이 의제된다는 것을 규정한 것으로 보는 것이 타당하다. 그리고 일반적으로 처분권에는 처분의 변경권도 포함되는 것으로 보아야 하므로 인허가의제조항은 인허가변경의제의 근거조항으로 보는 것이 타당하다.

10. 선승인 후협의제

선(先)승인 후(後)협의제란 의제대상 인허가에 대한 관계 행정기관과의 모든 협의가 완료되기 전이라도 공익상 긴급할 필요가 있고 사업시행을 위한 중요한 사항에 대한 협의가 있은 경우에는 협의가 완료되지 않은 인허가에 대한 협의를 완료할 것을 조건으로 각종 공사 또는 사업의 시행승인이나 시행인가를 할 수 있도록 하는 제도를 말한다.

'선승인 후협의제'가 도입되면 중요 사항에 대한 협의가 있는 경우 관계행정기관과의 협의가 모두 완료되기 전이라도 사업승인이나 사업인가를 받아 그 후속절차를 진행할 수 있게 되어 관련 토지·부지의 매수 등 사업절차가 간소화될 수 있는 효과가 있다.

11. 부분인허가의제제도

부분인허가의제제도란 주된 인허가로 의제되는 것으로 규정된 인허가 중 일부에 대해서만 협의가 완료된 경우에도 민원인의 요청이 있으면 주된 인허가를 할 수 있고, 이 경우 협의가 완료된 일부 인허가만 의제되는 것으로 하는 제도를 말한다. 의제되지 않은 인허가는 관계행정기관의 협의가 완료되는 대로 순차적으로 의제되거나 별도의 인허가의 대상이 될 수 있다. 다만, 전술한 바와 같이 주된 인허가기관은 협의가 완료되지 않은 인허가를 받을 수 없는 사정이 명백한 경우에는 이를 이유로 주된 인허가를 거부할 수 있다.

부분인허가의제만으로도 민원인에게 사업촉진 등의 이익(예 사업인정의제에 따른 수용절차의 조속 개시 등)이 있으므로 부분인허가의제제도를 인정할 실익이 있다.

판례도 부분인허가의제를 인정하고 있다(대판 2012. 2. 9, 2009두16305〈사업시행승인처분취소〉).

주된 인허가시 관계 행정청과 미리 협의한 사항에 한하여 관계 인허가 등이 의제된다(대판 2009. 2. 12, 2007두4773; 대판 2018. 10. 25, 2018두43095). 주된 인허가 후 인허가의제사항에 관하여 관계 행정기관의 장과 협의를 거치면 그때 해당 인허가가 의제된다(대판 2012. 2. 29, 2009두16305).

> [판례] 구 주한미군 공여구역주변지역 등 지원 특별법(2008. 3. 28. 법률 제9000호로 개정되기 전의 것, 이하 '구 지원특별법'이라 한다) 제29조의 인허가의제 조항은 목적사업의 원활한 수행을 위해 행정절차를 간소화하고자 하는 데 입법 취지가 있는데, 만일 사업시행승인 전에 반드시 사업 관련 모든 인허가의제 사항에 관하여 관계 행정기관의 장과 협의를 거쳐야 한다고 해석하면 일부의 인허가의제 효력만을 먼저 얻고자 하는 사업시행승인 신청인의 의사와 맞지 않을 뿐만 아니라 사업시행승인 신청을 하기까지 상당한 시간이 소요되어 그 취지에 반하는 점, 주한미군 공여구역주변지역 등 지원 특별법이 2009. 12. 29. 법률 제9843호로 개정되면서 제29조 제1항에서 **인허가의제 사항 중 일부만에 대하여도 관계 행정기관의 장과 협의를 거치면 인허가의제 효력이 발생할 수 있음**을 명확히 하고 있는 점 등 구 지원특별법 제11조 제1항 본문, 제29조 제1항, 제2항의 내용, 형식 및 취지 등에 비추어 보면, 구 지원특별법 제11조에 의한 사업시행승인을 하는 경우 같은 법 제29조 제1항에 규정된 사업 **관련 모든 인허가의제 사항에 관하여 관계 행정기관의 장과 일괄하여 사전 협의를 거칠 것을 요건으로 하는 것은 아니고, 사업시행승인 후 인허가의제 사항에 관하여 관계 행정기관의 장과 협의를 거치면 그때 해당 인허가가 의제된다고 보는 것이 타당**하다(대판 2012. 2. 9, 2009두16305).

제7절 절차의 하자 [1996 사시 사례, 2003 입법고시 약술, 2006 입법고시 사례, 2008 감평 사례, 2009 입법고시 사례, 2010 행시(일반행정) 사례]

Ⅰ. 절차의 하자의 독자적 위법성

행정처분에 절차상 위법이 있는 경우에 절차상 위법이 해당 행정처분의 독립된 위법사유(취소 또는 무효사유)가 되는가. 달리 말하면, 법원은 취소소송의 대상이 된 처분이 절차상 위법한 경우 해당 처분의 실체법상의 위법 여부를 따지지 않고 또는 실체법상 적법함에도 불구하고 절차상의 위법만을 이유로 취소 또는 무효확인할 수 있는가.

이러한 문제가 제기되는 것은 절차상 위법을 이유로 행정처분이 취소된 경우에는 실체법상의 위법을 이유로 취소된 경우에서와 달리 처분행정청은 취소된 처분과 동일한 처분을 다시 할 수도 있는데, 이렇게 되면 행정처분의 무용한 반복으로 인하여 행정상 또는 소송상 비경제적이라는 데 있다.

절차상 하자가 독립된 취소사유가 될 수 있는지에 관하여 학설은 적극설, 소극설 및 절충설로 나누어져 있다. 판례는 적극설을 취하고 있다.

1. 소 극 설(절차의 하자를 독자적 위법사유로 보지 않는 견해(절차봉사설))

절차상 하자만을 이유로 하여서는 행정처분의 무효를 확인하거나 또는 행정처분을 취소할 수 없고, 내용상 하자가 있어야 취소 또는 무효확인할 수 있다는 소극설의 주된 논거는 다음과 같다: ① 행정절차는 그 자체가 독자적인 가치를 갖는 것이 아니라 행정처분의 실체상 적정성을 보장하는 수단에 불과하다. ② 법원이 절차상 하자를 이유로 취소하더라도 행정청은 절차의 하자를 치유하여 동일한 내용의 처분을 다시 할 수 있으므로 절차상의 하자만을 이유로 취소하는 것은 행정상 및 소송상 경제에 반한다.

2. 적 극 설(절차의 하자를 독자적인 위법사유로 보는 견해(절차고유가치설))

이에 대하여 절차상 하자만을 이유로 행정처분의 무효를 확인하거나 행정처분을 취소할 수 있다는 적극설의 주된 논거는 다음과 같다. ① 행정절차는 '적법절차의 원칙'의 실현이라는 고유한 가치를 가지므로 절차의 하자를 독자적인 위법사유로 보는 것이 타당하다. ② 행정소송법상 취소판결 등의 기속력이 절차의 위법을 이유로 취소되는 경우에 준용된다(행정소송법 제30조 제 3 항). ③ 소극설을 취하는 경우에는 절차적 규제가 유명무실해질 우려가 있다. 행정절차의 실효성을 보장하기 위하여는 절차상의 하자를 독립된 취소사유로 보아야 한다. ④ 재량처분의 경우 적법한 절차를 거쳐 다시 처분을 하는 경우 반드시 동일한 내용의 처분을 반복한다고 말할 수 없다. 적법한 절차를 거치는 경우에 처분의 내용이 달라질 수 있다.

3. 절 충 설

절차의 하자가 독립된 무효 또는 취소사유가 될 수 있는가에 관하여 경우에 따라서 독립된 취소사유로 보거나 보지 않는 절충적 견해가 있다.

(1) 제1설

기속행위의 경우에는 행정절차가 실체적 판단에 영향을 미칠 수 없으므로 절차의 하자를 독립된 위법사유로 보지 않고, 재량행위에 있어서는 행정청은 기존의 처분과 다른 처분을 할 수도 있으므로 절차상의 위법사유가 독자적인 위법사유가 된다고 본다.

(2) 제2설

기속행위와 재량행위를 구별하여 기속행위의 경우에는 절차의 하자가 독립된 위법사유가 되지 않는다고 보고, 재량행위의 경우에는 절차의 하자가 행정청의 실체적 결정에 영향을 미칠 수 있는 경우에 한하여 독립된 위법사유가 된다고 보는 견해이다. 독일법이나 프랑스법이 대체로 이러한 입장에 있는 것으로 보인다.

4. 판 례(원칙상 적극설)

판례는 재량행위뿐만 아니라 기속행위에 있어서도 원칙상 적극설을 취하고 있다(대판 2001. 5. 8, 2000두10212; 대판 1983. 7. 26, 82누420).

[판례] 행정청이 침해적 행정처분을 하면서 위와 같은 절차를 거치지 아니하였다면 원칙적으로 그 처분은 위법하여 취소를 면할 수 없다(대법원 2019. 1. 31. 선고 2016두64975 판결, 대법원 2020. 7. 23. 선고 2017두66602 판결 등 참조)(대판 2023. 9. 21, 2023두39724).

다만, 절차의 하자가 무시할 수 있을 정도(절차적 정당성을 침해하지 않을 정도)로 **경미한 경우**(전술 판례 참조) 또는 행정절차가 처분상대방이나 이해관계인의 의견진술권과 방어권을 보장하는 성질을 갖는 경우(예 제재처분, 징계처분 등)에 **처분상대방이나 관계인의 의견진술권이나 방어권 행사에 실질적으로 지장이 초래되었다고 볼 수 없는 특별한 사정이 있는 경우**에는, **절차 규정 위반으로 인하여 처분절차의 절차적 정당성이 상실되었다고 볼 수 없으므로 해당 처분을 취소할 것은 아니다**(대판 2018. 3. 13, 2016두33339; 대판 2021. 1. 28, 2019두55392〈감사결과통보처분취소〉 등).

[판례 1] 행정청이 처분절차에서 관계 법령의 **절차 규정을 위반하여 절차적 정당성이 상실된**

경우에는 해당 처분은 위법하고 **원칙적으로 취소하여야 한다.** 다만 **처분상대방이나 관계인의 의견진술권이나 방어권 행사에 실질적으로 지장이 초래되었다고 볼 수 없는 특별한 사정이 있는 경우**에는, 절차 규정 위반으로 인하여 **처분절차의 절차적 정당성이 상실되었다고 볼 수 없으므로, 해당 처분을 취소할 것은 아니다**(대판 2025. 7. 18, 2022두32429〈이사선임처분취소〉).

[판례 2] **과세예고통지 없이 이루어진 과세처분**은 이로 인하여 **절차적 정당성이 상실되지 않았다고 볼 만한 특별한 사정이 없는 한 위법하다**고 보아야 한다. 이때 과세예고통지를 생략하더라도 절차적 정당성이 상실되지 않았다고 볼 만한 특별한 사정의 존재에 대해서는 과세관청이 증명하여야 한다(대판 2025. 8. 28, 2024두63830〈종합소득세부과처분취소〉).

5. 결 어

현행 행정소송법이 절차의 위법을 이유로 한 취소판결을 인정하고 있으므로(행정소송법 제30조 제 3 항) 현행법상 부정설은 타당하지 않다.

이론상 절차의 하자를 독립된 취소사유로 볼 것인가의 문제에 있어서 절차적 법치주의의 가치 및 국민의 권리구제와 행정 및 소송상 경제를 조화하는 해결이 요청되므로 이론상으로는 기속행위의 경우에는 절차의 하자를 독립된 취소사유로 보지 않고, 재량행위의 경우에는 절차의 하자가 행정청의 실체적 결정에 영향을 미칠 수 있는 경우에 한하여 독립된 취소사유로 보는 견해(제 2 절충설)가 타당하다고도 할 수 있다.

그러나 행정기관의 절차경시의 사고가 강한 현재의 상황하에서 이러한 해결을 하게 되면 절차가 경시될 것이기 때문에 절차적 법치주의가 확립될 때까지는 절차의 하자를 독립된 취소사유로 봄으로써 절차중시행정을 유도하는 것이 타당하다.

다만, 국민의 절차적 권리를 크게 침해하지 않는 경미한 절차의 하자는 하자가 치유되므로 취소사유가 되지 않는다고 보아야 한다.

Ⅱ. 절차의 하자의 치유

절차의 하자의 치유는 전술한 바와 같다(자세한 것은 전술 '하자의 치유' 참조).

Ⅲ. 절차의 하자와 국가배상

절차의 하자로 손해가 발생한 경우 국가배상책임이 인정된다. 절차상 위법하지만 실체법상으로 적법한 경우에 손해가 발생하였다고 볼 수 없는 경우가 있고, 이 경우에는 국가배상책임이 인정되지 않는다.

제12장 정보공개 · 개인정보보호

제1절 정보공개제도

Ⅰ. 의 의

정보공개제도란 공공기관(특히 행정기관)이 보유하고 있는 정보를 일부 비공개로 하여야 할 정보를 제외하고는 누구에게도 청구에 응해서 열람·복사·제공하도록 하는 제도를 말한다.

Ⅱ. 정보공개의 법적 근거

1. 헌법적 근거

정보공개청구권은 헌법상 알 권리의 한 요소를 이루며 알 권리는 표현의 자유에 포함된다고 보는 것이 헌법재판소의 입장이다. 알 권리는 정보의 수집에 방해를 받지 않을 자유와 국가기관에 대하여 정보의 공개를 청구할 수 있는 정보공개청구권을 포함한다고 본다. 따라서 정보공개청구권을 인정하는 법률이 존재하지 않는 경우에도 정보공개청구권은 헌법상 알 권리에 근거하여 인정된다(헌재 1991. 5. 13, 90헌마133; 헌재 1989. 9. 4, 88헌마22).

[판례] 확정된 형사소송기록의 복사신청에 대한 서울지방검찰청 의정부지청장의 거부행위는 청구인의 헌법상의 기본권인 **'알 권리'**를 침해한 것이다(헌재 1991. 5. 13, 90헌마133; 헌재 전원재판부 1989. 9. 4, 88헌마22).

2. 실정법률의 근거

정보공개청구권을 구체적으로 보장하기 위하여 1996년 12월 31일 「공공기관의 정보공개에 관한 법률」(이하 '정보공개법'이라 한다)이 제정되어 1998년 1월 1일부터 시행되고 있다. 동 법률은 정보공개청구권자, 비공개대상정보, 정보공개의 절차, 불복구제절차 등을 규율하고 있다.

「교육관련기관의 정보공개에 관한 특례법」은 교육관련기관이 보유·관리하는 정보의 공개에 관하여 정보공개법에 대한 특례를 정하고 있다.

Ⅲ. 정보공개법과 다른 법령과의 관계

정보의 공개에 관하여는 다른 법률에 특별한 규정이 있는 경우를 제외하고는 이 법이 정하는 바에 따른다(법 제 4 조). 이는 정보공개법이 정보공개에 관한 일반법임을 의미한다.

'정보공개에 관하여 다른 법률에 특별한 규정이 있는 경우'에 해당한다고 하여 정보공개법의 적용을 배제하기 위해서는, 특별한 규정이 '법률'이어야 하고, 나아가 내용이 정보공개의 대상 및 범위, 정보공개의 절차, 비공개대상정보 등에 관하여 정보공개법과 달리 규정하고 있는 것이어야 한다(대판 2016. 12. 15, 2013두20882).

Ⅳ. 정보공개의 내용

1. 정보공개청구권자

'모든 국민'은 정보의 공개를 청구할 권리를 가진다(법 제 5 조 제 1 항). 정보공개청구권이 인정되는 **'모든 국민'**에는 자연인뿐만 아니라 법인, 권리능력 없는 사단·재단도 포함되고, 법인과 권리능력 없는 사단·재단 등의 경우에 설립목적을 불문한다. 정보공개청구는 이해관계가 없는 공익을 위한 경우에도 인정된다(대판 2003. 12. 12, 2003두8050〈충주환경운동연합사건〉).

외국인의 정보공개청구에 관하여는 대통령령으로 정하도록 하고 있는데(법 제 5 조 제 2 항), 같은 법 시행령 제 3 조는 정보공개를 청구할 수 있는 외국인을 '국내에 일정한 주소를 두고 거주하거나 학술·연구를 위하여 일시적으로 체류하는 자'와 '국내에 사무소를 두고 있는 법인 또는 단체'에 한정하고 있다.

지방자치단체는 정보공개법 제 5 조에서 정한 정보공개청구권자인 '국민'에 해당되지 아니한다(서울행판 2005. 10. 2, 2005구합10484: 서울특별시 송파구가 서울특별시 선거관리위원회를 상대로 제기한 정보비공개처분취소청구소송).

2. 정보공개의 대상

정보공개의 대상이 되는 정보는 **'공공기관이 보유·관리하는 정보'**이다(법 제 3 조).

(1) 공공기관

'공공기관'이란 국가기관(① 국회, 법원, 헌법재판소, 중앙선거관리위원회, ② 중앙행정기관(대통령 소속 기관과 국무총리 소속 기관을 포함한다) 및 그 소속 기관, ③「행정기관 소속 위원회의 설치·운영에 관한 법률」에 따른 위원회), 지방자치단체,「공공기관의 운영에 관한 법률」 제 2 조에 따른 공공기관, 그 밖에 대통령령이 정하는 기관을 말한다(정보공개법 제 2 조 제 3 호).

다만, 국가안전보장에 관련되는 정보 및 보안업무를 관장하는 기관에서 국가안전보장과 관련된 정보분석을 목적으로 수집되거나 작성된 정보에 대하여는 이 법을 적용하지 아니한다(법 제 4 조 제 3 항).

(2) 보유정보

'정보'란 공공기관이 직무상 작성 또는 취득하여 관리하고 있는 문서(전자문서를 포함한다)·도면·사진·필름·테이프·슬라이드 및 그 밖에 이에 준하는 매체 등에 기록된 사항을 말한다(법 제 2 조 제 1 호).

정보공개제도는 공공기관이 보유·관리하는 정보를 그 상태대로 공개하는 제도라는 점 등에 비추어 보면, 정보공개를 구하는 자가 공개를 구하는 정보를 공공기관이 보유·관리하고 있을 상당한 개연성이 있다는 점을 입증함으로써 족하다 할 것이지만, 공공기관이 그 정보를 보유·관리하고 있지 아니한 경우에는 특별한 사정이 없는 한 정보공개 거부처분의 취소를 구할 법률상 이익이 없다(대판 2014. 6. 12, 2013두4309, 대판 2006. 1. 13, 2003두9459 등 참조).

공개청구의 대상이 되는 문서가 반드시 원본일 필요는 없다(대판 2006. 5. 25, 2006두3049).

공개청구의 대상이 되는 정보는 공공기관이 '보유하는 정보'에 한정된다. 정보공개법상의 공개청구대상이 되는 '정보'이기 위해서는 공공기관이 작성 또는 취득한 문서가 조직 내의 공공문서로서의 실질을 갖춘 상태, 즉 해당 행정기관의 조직에 있어서 업무상 필요한 것으로 허용·보존되고 있어야 한다.

정보공개법상 공개청구의 대상이 되는 '정보'와 민원은 구별하여야 한다. 민원은 행정청에 대하여 어떠한 의견이나 희망사항을 진술하는 것으로서 이로 인하여 행정청으로 하여금 일정 행위를 하도록 하는 법적 구속력이나 효과가 발생되는 것도 아닐뿐만 아니라, 설령 행정청의 답변이 청구인이 원하는 내용이 아니어서 실제로 청구인의 신청을 거부하는 것과 결과가 같다 하더라도 그 자체만으로 청구인의 법률상 지위나 권리·의무에 직접적인 변동을 가져오는 것도 아니므로, 특별한 사정이 없는 한 그 자체로서 행정심판의 대상이 될 수는 없다(예 ① 대부계약 원인(공개경쟁입찰, 일시, 방법), ② 현 국유지 대부사용 현황).

현행 정보공개법에는 정보의 검색제공에 관한 규정이 없지만, 전자적 형태로 보유·관리되는 정보의 경우에는 행정기관의 업무수행에 큰 지장을 주지 않는 한도 내에서 정보를 검색하고 편집하여 제공하여야 하는 것으로 보아야 한다.

[판례] **공공기관에 의하여 전자적 형태로 보유·관리되는 정보가 정보공개청구인이 구하는 대로 되어 있지 않더라도, 공공기관이 공개청구대상정보를 보유·관리하고 있는 것으로 볼 수 있는지 여부(한정 적극)**: 공공기관의 정보공개에 관한 법률에 의한 정보공개제도는 공공기관이 보유·관리하는 정보를 그 상태대로 공개하는 제도이지만, **전자적 형태로 보유·관리되는 정보의 경우**에는, 그 정보가 청구인이 구하는 대로는 되어 있지 않다고 하더라도, 공개청구를 받은 공공기관이 공개청구대상정보의 기초자료를 전자적 형태로 보유·관리하고 있고, **해당 기관에서 통상 사용되는 컴퓨터 하드웨어 및 소프트웨어와 기술적 전문지식을 사용하여 그 기초자료를 검색하여 청구인이 구하는 대로 편집할 수 있으며, 그러한 작업이 해당 기관의 컴퓨터 시스템 운용에 별다른 지장을 초래하지 아니한다면, 그 공공기관이 공개청구대상정보를 보유·관리하고 있는 것으로 볼 수 있고,** 이러한 경우에 기초자료를 검색·편집하는 것은 새로운 정보의 생산 또는 가공에 해당한다고 할 수 없다(대판 2010. 2. 11, 2009두6001).

판례는 정보공개거부처분 취소소송에서 공개청구된 정보가 부존재하는 경우 법률상 이익(협의의 소의 이익)이 없는 것으로 보고 각하판결을 하여야 하는 것으로 본다.

(3) 정보공개법의 적용배제정보

'국가안전보장에 관련되는 정보 및 보안업무를 관장하는 기관에서 국가안전보장과 관련된 정보분석을 목적으로 수집하거나 작성한 정보'에 대하여는 정보공개법을 적용하지 아니한다(제 4 조 제 3 항).

3. 공공기관의 의무

공공기관은 정보의 공개를 청구하는 국민의 권리가 존중될 수 있도록 이 법을 운영하고 소관 관계 법령을 정비하며, 정보를 투명하고 적극적으로 공개하는 조직문화 형성에 노력하여야 한다(동법 제 6 조 제 1 항).

공공기관은 정보의 적절한 보존 및 신속한 검색과 국민에게 유용한 정보의 분석 및 공개 등이 이루어지도록 정보관리체계를 정비하고, 정보공개 업무를 주관하는 부서 및 담당하는 인력을 적정하게 두어야 하며, 정보통신망을 활용한 정보공개시스템 등을 구축하도록 노력하여야 한다(동법 제6조 제2항).

행정안전부장관은 공공기관의 정보공개에 관한 업무를 종합적·체계적·효율적으로 지원하기 위하여 통합정보공개시스템을 구축·운영하여야 한다(동법 제6조 제3항).

공공기관(국회·법원·헌법재판소·중앙선거관리위원회는 제외한다)이 제2항에 따른 정보공개시스템을 구축하지 아니한 경우에는 제3항에 따라 행정안전부장관이 구축·운영하는 통합정보공개시스템을 통하여 정보공개 청구 등을 처리하여야 한다(동법 제6조 제4항).

공공기관은 소속 공무원 또는 임직원 전체를 대상으로 국회규칙·대법원규칙·헌법재판소규칙·중앙선거관리위원회규칙 및 대통령령으로 정하는 바에 따라 이 법 및 정보공개 제도 운영에 관한 교육을 실시하여야 한다(동법 제6조 제5항).

4. 정보공개 담당자의 의무

공공기관의 정보공개 담당자(정보공개 청구 대상 정보와 관련된 업무 담당자를 포함한다)는 정보공개 업무를 성실하게 수행하여야 하며, 공개 여부의 자의적인 결정, 고의적인 처리 지연 또는 위법한 공개 거부 및 회피 등 부당한 행위를 해서는 아니 된다(동법 제6조의2).

5. 비공개대상정보 [2009 행시(일반행정직) 사례, 2019 경감승진 사례형]

(1) 의 의

비공개대상정보란 공공기관이 공개를 거부할 수 있는 정보를 말한다. 비공개대상정보는 공익 또는 타인의 권익을 보호하기 위하여 인정된다.

비공개정보는 비밀정보를 의미하지 않는다. 비밀정보는 공개가 금지되는 정보이지만 비공개대상정보는 공개가 금지되는 정보는 아니며 행정기관이 공개하지 않을 수 있는 정보를 말한다. 또한 비공개정보에 해당한다고 하여 자동적으로 정보공개가 거부될 수 있는 것도 아니다. 해당 정보의 공개로 달성될 수 있는 공익 및 사익과 비공개로 하여야 할 공익 및 사익을 이익형량하여 공개 여부를 결정하여야 한다. 이것이 **판례**의 입장이다.

(2) 종류 및 내용

정보공개법은 다음 제1호부터 제8호까지의 정보를 비공개대상정보로 열거하고 있다(동법 제9조 제1항). 여기서 예로 제시한 것은 경찰청 홈페이지의 비공개대상정보를 참조한 것이다.

① 다른 법률 또는 법률에서 위임한 명령(국회규칙·대법원규칙·헌법재판소규칙·중앙선거관리위원회규칙·대통령령 및 조례에 한정한다)에 따라 비밀이나 비공개사항으로 규정된 정보(예 국가 대테러 활동지침 등 국가대테러 정책 및 기구 운영에 관한 정보, 대테러 운영관련 인적사항 등 관련 정보, 경호안전에 관한 업무, 긴급신원조사 관련 정보, 예산회계 관련 비밀 또는 비공개사항으로 규정된 정보, 해킹 및 바이러스 예방대책 등).

> [판례 1] **국가정보원이 그 직원에게 지급하는 현금급여 및 월초수당에 관한 정보는** 국가정보원법 제12조에 의하여 **비공개 사항으로 규정된 정보**로서 공공기관의 정보공개에 관한 법률 제9조 제1항 제1호의 비공개대상정보인 '다른 법률에 의하여 비공개 사항으로 규정된 정보'에 해당한다(대판 2010. 12. 23, 2010두14800).
> [판례 2] 형사소송법 제47조의 공개금지는 공공기관의 정보공개에 관한 법률 제9조 제1항 제1호의 '다른 법률 또는 법률에 의한 명령에 의하여 비공개사항으로 규정된 경우'에 해당하지 않는다(대판 2006. 5. 25, 2006두3049).

② 국가안전보장·국방·통일·외교관계 등에 관한 사항으로서 공개될 경우 국가의 중대한 이익을 현저히 해칠 우려가 있다고 인정되는 정보(예 특수경비 및 무기구입 관련 제반사항, 외국공관저 경비계획 및 지도, 청원경찰에 관한 연구 및 지도, 집회·시위관리에 관한 계획 및 지도, 대테러 첩보 등 관련 정보, 을지훈련, 충무계획에 관한 정보, 요인 경호 관련 정보, 국가중요물자 수송 등).

③ 공개될 경우 국민의 생명·신체 및 재산의 보호에 현저한 지장을 초래할 우려가 있다고 인정되는 정보(예 총포·화약류 취급업소 점검에 관한 사항, 지구대 보유장비 및 근무와 관련된 사항, 112 운영체계와 관련된 사항, 성폭력 피해자 진술녹화 영상물에 관한 사항, 특정 범죄에 대한 기획수사 및 단속계획, 피해자 및 수사협력자에 대한 보호 및 지원 조치 기록, 테러예방을 위한 연구자료로 대테러정책에 활용되는 기초자료 등).

> [판례] **보안관찰법 소정의 보안관찰 관련통계자료**는 북한정보기관에 의한 간첩의 파견, 포섭, 선전선동을 위한 교두보의 확보 등 북한의 대남전략에 있어 매우 유용한 자료로 악용될 우려가 없다고 할 수 없으므로, 위 정보는 구 공공기관의 정보공개에 관한 법률 제7조(현행 제9조) 제1항 제2호 소정의 공개될 경우 국가안전보장·국방·통일·외교관계

등 국가의 중대한 이익을 해할 우려가 있는 정보, 또는 제 3 호 소정의 공개될 경우 국민의 생명·신체 및 재산의 보호 기타 공공의 안전과 이익을 현저히 해할 우려가 있다고 인정되는 정보에 해당한다(대판 전원합의체 2004. 3. 18, 2001두8254).

④ 진행중인 재판에 관련된 정보와 범죄의 예방, 수사, 공소의 제기 및 유지, 형의 집행, 교정, 보안처분에 관한 사항으로서 공개될 경우 그 직무 수행을 현저히 곤란하게 하거나 형사피고인의 공정한 재판을 받을 권리를 침해한다고 인정할 만한 상당한 이유가 있는 정보(예 풍속사범 단속에 관한 사항, 사이버 추적 기법 및 디지털 증거분석 관련 사항, 범죄수법, 과학수사 프로그램 및 장비에 관한 자료 등).

[판례] 법원 이외의 공공기관이 위 규정이 정한 '진행중인 재판에 관련된 정보'에 해당한다는 사유로 정보공개를 거부하기 위하여는 반드시 그 정보가 진행중인 재판의 소송기록 그 자체에 포함된 내용의 정보일 필요는 없으나, 재판에 관련된 일체의 정보가 그에 해당하는 것은 아니고 **진행중인 재판의 심리 또는 재판결과에 구체적으로 영향을 미칠 위험이 있는 정보**에 한정된다고 봄이 상당하다(대판 2011. 11. 24, 2009두19021〈론스타사건〉).

⑤ 감사·감독·검사·시험·규제·입찰계약·기술개발·인사관리에 관한 사항이나 의사결정 과정 또는 내부검토 과정에 있는 사항 등으로서 공개될 경우 업무의 공정한 수행이나 연구·개발에 현저한 지장을 초래한다고 인정할 만한 상당한 이유가 있는 정보. 다만, 의사결정 과정 또는 내부검토 과정을 이유로 비공개할 경우에는 제13조 제 5 항에 따라 통지를 할 때 의사결정 과정 또는 내부검토 과정의 단계 및 종료 예정일을 함께 안내하여야 하며, 의사결정 과정 및 내부검토 과정이 종료되면 제10조에 따른 청구인에게 이를 통지하여야 한다(제 5 호)[시행일 : 2021. 6. 23.](예 집회·시위 등 관련 상황 정보, 국내치안질서 유지 등에 관한 정보, 치안정보업무에 관한 기획·지도 및 조정관련 업무, 특별감사활동 및 결과, 일상·특별 감찰활동, 공직기강 추진대책 및 실적, 신기술 적용 장비 중 연구·개발에 관련된 정보 등).

판례는 위원회의 회의록의 공개에 관하여 의사결정전(의사결정과정중)뿐만 아니라 의사결정후에도 의사결정과정에 준하는 것으로 보아 '공개될 경우 업무의 공정한 수행에 현저한 지장을 초래한다고 인정할 만한 상당한 이유가 있는 경우' 비공개대상정보로 본다.

[판례 1] '감사·감독·검사·시험·규제·입찰계약·기술개발·인사관리·의사결정과정 또는 내부검토과정에 있는 사항'은 비공개대상정보를 예시적으로 열거한 것이라고 보고, **의사**

결정과정에 제공된 회의관련자료나 의사결정과정이 기록된 회의록 등은 의사가 결정되거나 의사가 집행된 경우에는 더 이상 의사결정과정에 있는 사항 그 자체라고는 할 수 없으나, **의사결정과정에 있는 사항에 준하는 사항으로서 비공개대상정보에 포함될 수 있다**(대판 2003. 8. 22, 2002두12946: 구 학교환경위생구역(현 상대보호구역) 내 금지행위(숙박시설) 해제결정에 관한 구 학교환경위생정화위원회(현 지역교육환경보호위원회)의 회의록에 기재된 발언내용에 대한 해당 발언자의 인적 사항 부분에 관한 정보를 비공개대상에 해당한다고 한 사례).

[판례 2] 도시공원위원회의 심의사항에 관한 행정청의 최종적인 의사결정이 있은 후에 위원회의 회의관련 자료를 공개하더라도 업무의 공정한 수행에 지장을 초래할 염려가 없으므로 **도시공원위원회의 회의관련 자료 및 회의록**은 정보공개법 제 7 조 제 2 항에 의해 **공개대상**이 된다(대판 2000. 5. 30, 99추85).

[판례 3] 독립유공자서훈 공적심사위원회의 회의록은 정보공개법 제 9 조 제 1 항 제 5 호에서 정한 '공개될 경우 업무의 공정한 수행에 현저한 지장을 초래한다고 인정할 만한 상당한 이유가 있는 정보'에 해당한다(대판 2014. 7. 24, 2013두20301). 대판 2018. 9. 28, 2017두9892에서는 '**공개될 경우 업무의 공정한 수행에 현저한 지장을 초래한다고 인정할 만한 상당한 이유가 있는 정보**'란 정보공개법 제 1 조의 정보공개제도의 목적과 정보공개법 제 9 조 제 1 항 제 5 호의 규정에 의한 비공개대상정보의 입법취지에 비추어 볼 때, **공개될 경우 업무의 공정한 수행이 객관적으로 현저하게 지장을 받을 것이라는 고도의 개연성이 존재하는 경우를 말한다**고 판시하였다. 그리고 대판 2012. 10. 11, 2010두78758에서는 그 판단을 함에 있어서는 공개청구의 대상이 된 해당 정보의 내용뿐만 아니라 그것을 공개함으로써 장래 동종 업무의 공정한 수행에 현저한 지장을 초래할지 여부도 아울러 고려하여야 한다고 판시하였다.

[판례 4] 원고의 고소를 계기로 관련 경찰관들에 대한 내부감사를 실시하면서 관련 경찰관들로부터 받은 경위서(=이 사건 경위서)의 공개 여부는 이 사건 경위서를 비공개함으로써 보호되는 업무수행의 공정성 등 이익과 공개로 보호되는 국민의 알권리 보장, 국정에 대한 국민의 참여 및 국정운영의 투명성 확보 등의 이익을 상호 면밀히 비교 교량하여 판단하여야 한다(대판 2012. 10. 11, 2010두18758). **[해설]** 직무유기 혐의 고소사건에 대한 내부 감사과정에서 경찰관들에게서 받은 경위서를 공개하라는 고소인 갑의 정보공개신청에 대하여 관할 경찰서장이 비공개결정을 한 것에 대해 위법하다고 본 사례.

⑥ 해당 정보에 포함되어 있는 이름·주민등록번호 등 「개인정보 보호법」 제 2 조 제 1 호에 따른 개인정보로서 공개될 경우 사생활의 비밀 또는 자유를 침해할 우려가 있다고 인정되는 정보(다만, 다음에 열거한 개인에 관한 정보는 제외한다. 가. 법령에서 정하는 바에 따라 열람할 수 있는 정보, 나. 공공기관이 공표를 목적으로 작성하거나 취득한 정보로서 사생활의 비밀 또는 자유를 부당하게 침해하지 아니하는 정보, 다. 공공기관이 작성하거나 취득한 정보로서 공개하는 것이 공익이나 개인의 권리 구제를 위하여 필요하다고 인정되는 정보, 라. 직무를 수행한 공무원의 성명·직위, 마. 공개하는 것이 공익을 위하여 필요한 경우

로서 법령에 따라 국가 또는 지방자치단체가 업무의 일부를 위탁 또는 위촉한 개인의 성명·직업)(예 풍속업소 등 행정처분관련 사항, 불법무기 자진신고 관련 사항, 성·가정폭력 및 성매매 피해자 신원 및 사생활에 관한 사항, 성매매 및 인권유린 업소 단속에 관한 사항, 수사관 직무성과 관련 정보, 전문 수사관 인적사항, 범죄 분석 자료, 수사자료표(범죄경력조회 등) 관련 정보, 정보요원의 인사 및 복무관리 등에 대한 개인신상에 대한 정보, 집회·시위 등 관련 상황 정보, 개인정보가 포함된 정보화교육 관련 정보, 개별교통사고 관련정보(뺑소니포함) 등).

[판례 1] [1] 공공기관의 정보공개에 관한 법률(이하 '정보공개법'이라 한다)의 개정 연혁, 내용 및 취지 등에 헌법상 보장되는 사생활의 비밀 및 자유의 내용을 보태어 보면, **정보공개법 제 9 조 제 1 항 제 6 호 본문의 규정에 따라 비공개대상이 되는 정보(해당 정보에 포함되어 있는 이름·주민등록번호 등 개인에 관한 사항으로서 공개될 경우 개인의 사생활의 비밀 또는 자유를 침해할 우려가 있다고 인정되는 정보)**에는 구 공공기관의 정보공개에 관한 법률(2004. 1. 29. 법률 제7127호로 전부 개정되기 전의 것, 이하 같다)의 이름·주민등록번호 등 정보 형식이나 유형을 기준으로 비공개대상정보에 해당하는지를 판단하는 **'개인식별정보' 뿐만 아니라** 그 외에 정보의 내용을 구체적으로 살펴 **'개인에 관한 사항의 공개로 개인의 내밀한 내용의 비밀 등이 알려지게 되고, 그 결과 인격적·정신적 내면생활에 지장을 초래하거나 자유로운 사생활을 영위할 수 없게 될 위험성이 있는 정보'도 포함된다**고 새겨야 한다. 따라서 불기소처분 기록 중 피의자신문조서 등에 기재된 피의자 등의 인적사항 이외의 진술내용 역시 개인의 사생활의 비밀 또는 자유를 침해할 우려가 인정되는 경우 정보공개법 제 9 조 제 1 항 제 6 호 본문 소정의 비공개대상에 해당한다. [2] 고소인이, 자신이 고소하였다가 불기소처분된 사건기록의 피의자신문조서, 진술조서 중 피의자 등 개인의 인적사항을 제외한 부분의 정보공개를 청구하였으나 해당 검찰청 검사장이 공공기관의 정보공개에 관한 법률 제 9 조 제 1 항 제 6 호에 해당한다는 이유로 비공개결정을 한 사안에서, **비공개결정한 정보 중 관련자들의 이름을 제외한** 주민등록번호, 직업, 주소(주거 또는 직장주소), 본적, 전과 및 검찰 처분, 상훈·연금, 병역, 교육, 경력, 가족, 재산 및 월수입, 종교, 정당·사회단체가입, 건강상태, 연락처 등 **개인에 관한 정보는** 개인에 관한 사항으로서 공개되면 개인의 내밀한 비밀 등이 알려지게 되고 그 결과 인격적·정신적 내면생활에 지장을 초래하거나 자유로운 사생활을 영위할 수 없게 될 위험성이 있는 정보에 해당한다고 보아 이를 **비공개대상정보에 해당**한다고 본 원심판단을 수긍한 사례(대판 전원합의체 2012. 6. 18, 2011두2361). **[해설]** 프라이버시형을 취한 규정내용에 비추어 개인식별정보라는 이유만으로 프라이버시의 침해에 대한 우려 없이 비공개대상정보로 본 부분은 타당하지 않다. 또한 이 사안에서 공개하는 것이 공익 또는 고소인인 개인의 권리구제를 위하여 필요한 경우에 해당하는지도 보다 면밀하게 검토할 필요가 있다. 공공기관의 정보공개에 관한 법률(이하 '정보공개법'이라 한다)의 개정 연혁, 내용 및 취지 등에 헌법상 보장되는 사생활의 비밀 및 자유의 내용을 보태어 보면, **정보공개법 제 9 조 제 1 항 제 6 호 본문의 규정에 따라 비공개대상이 되는 정보(해당 정보에 포함되어 있는 이름·주민등록번호 등 개인에 관한 사항으**

로서 공개될 경우 개인의 사생활의 비밀 또는 자유를 침해할 우려가 있다고 인정되는 정보)에는 구 공공기관의 정보공개에 관한 법률(2004. 1. 29. 법률 제7127호로 전부 개정되기 전의 것, 이하 같다)의 이름·주민등록번호 등 정보 형식이나 유형을 기준으로 비공개대상정보에 해당하는지를 판단하는 **'개인식별정보'뿐만 아니라** 그 외에 정보의 내용을 구체적으로 살펴 **'개인에 관한 사항의 공개로 개인의 내밀한 내용의 비밀 등이 알려지게 되고, 그 결과 인격적·정신적 내면생활에 지장을 초래하거나 자유로운 사생활을 영위할 수 없게 될 위험성이 있는 정보'도 포함된다**고 새겨야 한다. 따라서 불기소처분 기록 중 피의자신문조서 등에 기재된 피의자 등의 인적사항 이외의 진술내용 역시 개인의 사생활의 비밀 또는 자유를 침해할 우려가 인정되는 경우 정보공개법 제 9 조 제 1 항 제 6 호 본문 소정의 비공개대상에 해당한다.

[판례 2] '공개하는 것이 공익을 위하여 필요하다고 인정되는 정보'에 해당하는지 여부는 비공개에 의하여 보호되는 개인의 사생활 보호 등의 이익과 공개에 의하여 보호되는 국민의 알권리의 보장과 국정에 대한 국민의 참여 및 국정운영의 투명성 확보 등의 공익을 **비교·교량하여 구체적 사안에 따라 개별적으로 판단하여야 한다**(대판 2003. 12. 12, 2003두8050: 공무원이 직무와 관련 없이 개인적인 자격으로 간담회·연찬회 등 행사에 참석하고 금품을 수령한 정보는 '공개하는 것이 공익을 위하여 필요하다고 인정되는 정보'에 해당하지 않는다고 한 사례; 대판 2006. 12. 7, 2005두241: 사면대상자들의 사면실시건의서와 그와 관련된 국무회의 안건자료에 관한 정보는 그 공개로 얻는 이익이 그로 인하여 침해되는 당사자들의 사생활의 비밀에 관한 이익보다 더욱 크므로 구 공공기관의 정보공개에 관한 법률 제 7 조 제 1 항 제 6 호에서 정한 비공개사유에 해당하지 않는다고 한 사례).

[판례 3] 공직자윤리법상의 등록의무자가 구 공직자윤리법 시행규칙 제12조 관련 [별지 14호 서식]에 따라 정부공직자윤리위원회에 제출한 문서에 포함되어 있는 고지거부자의 인적사항이, 구 공공기관의 정보공개에 관한 법률 제 7 조 제 1 항 제 6 호 단서 (다)목에 정한 **'공개하는 것이 공익을 위하여 필요하다고 인정되는 정보'에 해당하지 않는다**고 한 사례(대판 2007. 12. 13, 2005두13117〈정보비공개결정처분취소〉).

[판례 4] **행정기관의 업무추진비**는 비공개대상정보가 아니지만, 지방자치단체의 업무추진비 세부항목별 집행내역 및 그에 관한 증빙서류에 포함된 개인에 관한 정보는 '공개하는 것이 공익을 위하여 필요하다고 인정되는 정보'에 해당하지 않는다고 한 사례(대판 2003. 3. 11, 2001두6425).

개인을 식별할 수 있는 정보를 삭제한다면 공개할 수 있는 경우에는 개인을 식별할 수 있는 정보를 삭제하고 청구된 정보를 공개하여야 한다(행정법원 1999. 2. 25, 98구3692).

⑦ 법인·단체 또는 개인(이하 '법인 등'이라 한다)의 경영상·영업상 비밀에 관한 사항으로서 공개될 경우 법인등의 정당한 이익을 현저히 해칠 우려가 있다고 인정되는 정보(다만, 다음에 열거한 정보는 제외한다. 가. 사업활동으로 발생하는 위해로부터 사

람의 생명·신체 또는 건강을 보호하기 위하여 공개할 필요가 있는 정보, 나. 위법·부당한 사업활동으로부터 국민의 재산 또는 생활을 보호하기 위하여 공개할 필요가 있는 정보)(예 테러·살인·강도·불법마약거래·위조·실종자 소재확인 등 국제성범죄 등 관련 정보, 국제형사경찰기구 관련 정보 등).

단서에 해당하는 정보의 공개에 있어서는 해당 법인의 이익과 정보공개이익을 이익형량하여야 한다.

[판례 1] [1] 정보공개법 제9조 제1항 제7호 소정의 '법인 등의 경영·영업상 비밀'은 '타인에게 알려지지 아니함이 유리한 사업활동에 관한 일체의 정보' 또는 '사업활동에 관한 일체의 비밀사항'을 의미하는 것이고 그 공개 여부는 공개를 거부할 만한 정당한 이익이 있는지 여부에 따라 결정되어야 하는데, 그러한 정당한 이익이 있는지 여부는 정보공개법의 입법 취지에 비추어 이를 엄격하게 판단하여야 한다. [2] 금융위원회의 2003. 9. 26.자 론스타에 대한 동일인 주식보유한도 초과보유 승인과 관련하여 '론스타 측이 제출한 동일인 현황 등 자료' 및 '금융감독원의 론스타에 대한 외환은행 주식취득 승인안', 2003. 12. 말 기준부터 2006. 6. 말 기준까지 론스타의 외환은행 주식의 초과보유에 대한 반기별 적격성 심사와 관련하여 '론스타 측이 제출한 동일인 현황 등 자료' 및 '금융감독원의 심사결과보고서' 등이 정보공개법상 비공개대상정보에 해당하지 않는다고 본 원심 판단을 수긍한 사례(대판 2011. 11. 24, 2009두19021).

[판례 2] 법인 등이 거래하는 금융기관의 계좌번호에 관한 정보는 법인 등의 영업상 비밀에 관한 사항으로서 공개될 경우 법인 등의 정당한 이익을 현저히 해할 우려가 있다고 인정되는 정보에 해당한다고 한 사례(대판 2004. 8. 20, 2003두8302).

⑧ 공개될 경우 부동산 투기·매점매석 등으로 특정인에게 이익 또는 불이익을 줄 우려가 있다고 인정되는 정보.

정보공개법은 공개를 원칙으로 하고 비공개는 예외에 해당하므로 비공개대상정보는 제한적으로 해석하여야 한다(행정법원 1999. 2. 25, 98구3692). 공개를 요구받은 공공기관은 정보공개를 거부하는 경우 대상이 된 정보의 내용을 구체적으로 확인·검토하여, 어느 부분이 어떠한 법익 또는 기본권과 충돌되어 정보공개법 제9조 제1항 몇 호에서 정하고 있는 비공개사유에 해당하는지를 주장·증명하여야만 하고, 그에 이르지 아니한 채 개괄적인 사유만을 들어 공개를 거부하는 것은 허용되지 아니한다(대판 2018. 4. 12, 2014두5477).

공개청구의 대상이 되는 정보가 이미 다른 사람에게 널리 알려져 있다거나 인터넷이나 관보 등을 통하여 공개하여 인터넷검색이나 도서관에서의 열람 등을 통하여 쉽게 알 수 있다는 사정만으로는 소의 이익이 없다거나 비공개결정이 정당화될 수는 없다(대판 2008. 11. 27, 2005두15694).

6. 비공개 세부 기준 수립, 공개 및 점검·개선

공공기관은 제 1 항 각 호의 범위에서 해당 공공기관의 업무 성격을 고려하여 비공개 대상 정보의 범위에 관한 세부 기준(이하 "비공개 세부 기준"이라 한다)을 수립하고 이를 정보통신망을 활용한 정보공개시스템 등을 통하여 공개하여야 한다(동법 제 9 조 제 3 항)〈개정 2020. 12. 22.〉.

공공기관(국회·법원·헌법재판소 및 중앙선거관리위원회는 제외한다)은 제 3 항에 따라 수립된 비공개 세부 기준이 제 1 항 각 호의 비공개 요건에 부합하는지 3년마다 점검하고 필요한 경우 비공개 세부 기준을 개선하여 그 점검 및 개선 결과를 행정안전부장관에게 제출하여야 한다(동법 제 9 조 제 4 항)〈신설 2020. 12. 22.〉.

7. 권리남용

실제로는 해당 정보를 취득 또는 활용할 의사가 전혀 없이 정보공개제도를 이용하여 사회통념상 용인될 수 없는 부당한 이득을 얻으려 하거나, 오로지 공공기관의 담당공무원을 괴롭힐 목적으로 정보공개청구를 하는 경우처럼 권리의 남용에 해당하는 것이 명백한 경우에는 정보공개청구권의 행사를 허용하지 아니하는 것이 옳다(대판 2014. 12. 24, 2014두9349).

8. 반복 청구 등의 종결 처리

공공기관은 정보공개 청구가 다음 각 호의 어느 하나에 해당하는 경우에는 해당 청구를 종결 처리할 수 있다. 1. 정보공개를 청구하여 정보공개 여부에 대한 결정의 통지를 받은 자가 정당한 사유 없이 해당 정보의 공개를 다시 청구하는 경우, 2. 정보공개 청구가 제11조 제 5 항에 따라 민원으로 처리되었으나 다시 같은 청구를 하는 경우(동법 제11조의2 제 1 항). 공공기관은 정보공개 청구가 다음 각 호의 어느 하나에 해당하는 경우에는 다음 각 호의 구분에 따라 안내하고, 해당 청구를 종결 처리할 수 있다. 1. 제 7 조 제 1 항에 따른 정보 등 공개를 목적으로 작성되어 이미 정보통신망 등을 통하여 공개된 정보를 청구하는 경우: 해당 정보의 소재(所在)를 안내, 2. 다른 법령이나 사회통념상 청구인의 여건 등에 비추어 수령할 수 없는 방법으로 정보공개 청구를 하는 경우: 수령이 가능한 방법으로 청구하도록 안내(제 2 항).

Ⅴ. 정보공개절차

1. 정보공개청구

정보의 공개를 청구하는 자(이하"청구인"이라 한다)는 해당 정보를 보유하거나 관리하고 있는 공공기관에 다음 각 호(1. 청구인의 성명·생년월일·주소 및 연락처(전화번호·전자우편주소 등을 말한다. 이하 이 조에서 같다). 다만, 청구인이 법인 또는 단체인 경우에는 그 명칭, 대표자의 성명, 사업자등록번호 또는 이에 준하는 번호, 주된 사무소의 소재지 및 연락처를 말한다. 2. 청구인의 주민등록번호(본인임을 확인하고 공개 여부를 결정할 필요가 있는 정보를 청구하는 경우로 한정한다). 3. 공개를 청구하는 정보의 내용 및 공개방법)의 사항을 적은 정보공개 청구서를 제출하거나 말로써 정보의 공개를 청구할 수 있다(동법 제10조 제1항).

청구대상 정보를 기재함에 있어서는 사회 일반인의 관점에서 청구대상정보의 내용과 범위를 확정할 수 있을 정도로 특정함을 요한다. 특정이 불가능한 경우에는 특정되지 않은 부분과 나머지 부분을 분리할 수 있고 나머지 부분에 대한 비공개결정이 위법한 경우라고 하여도 정보공개의 청구 중 특정되지 않은 부분에 대한 비공개결정의 취소를 구하는 부분은 나머지 부분과 분리하여 이를 기각하여야 한다(대판 2007. 6. 1, 2007두2555: 공개를 청구한 정보의 내용이 '대한주택공사의 특정 공공택지에 관한 수용가, 택지조성원가, 분양가, 건설원가 등 및 관련자료 일체'인 경우, '관련자료 일체' 부분은 그 내용과 범위가 정보공개청구대상정보로서 특정되지 않았다고 한 사례).

2. 정보공개 여부의 결정

(1) 공개 여부 결정기간

공공기관은 정보공개의 청구를 받은 날부터 10일 이내에 공개 여부를 결정하여야 한다(법 제11조 제1항).

공공기관은 같은 법 시행령에서 정한 부득이한 사유로 제1항에 규정된 기간(10일) 내에 공개 여부를 결정할 수 없을 때에는 그 기간이 끝나는 날의 다음 날부터 기산하여 10일의 범위에서 공개 여부 결정기간을 연장할 수 있다. 이 경우 공공기관은 연장된 사실과 연장 사유를 청구인에게 지체 없이 문서로 통지하여야 한다(법 제11조 제2항).

(2) 제 3 자의 의견청취

공공기관은 공개 청구된 공개 대상 정보의 전부 또는 일부가 제 3 자와 관련이 있다고 인정할 때에는 그 사실을 제 3 자에게 지체 없이 통지하여야 하며, 필요한 경우에는 그의 의견을 들을 수 있다(법 제 11 조 제 3 항).

(3) 다른 공공기관과의 관계

공공기관은 공개청구된 정보 중 전부 또는 일부가 다른 공공기관이 생산한 정보인 때에는 그 정보를 생산한 공공기관의 의견을 들어 공개 여부를 결정하여야 한다(영 제10조 제 1 항).

(4) 사본 또는 복제물의 교부 제한

공공기관은 공개 대상 청구량이 과다하여 정상적인 업무수행에 현저한 지장을 초래할 우려가 있는 경우에는 청구된 정보의 사본 또는 복제물의 교부를 제한할 수 있다(법 제13조 제 2 항).

(5) 정보공개심의회

국가기관, 지방자치단체, 「공공기관의 운영에 관한 법률」 제 5 조에 따른 공기업 및 준정부기관, 「지방공기업법」에 따른 지방공사 및 지방공단(이하 "국가기관등"이라 한다)은 제11조에 따른 정보공개 여부 등을 심의하기 위하여 정보공개심의회(이하 "심의회"라 한다)를 설치·운영한다. 이 경우 국가기관등의 규모와 업무성격, 지리적 여건, 청구인의 편의 등을 고려하여 소속 상급기관(지방공사·지방공단의 경우에는 해당 지방공사·지방공단을 설립한 지방자치단체를 말한다)에서 협의를 거쳐 심의회를 통합하여 설치·운영할 수 있다(동법 제12조 제 1 항).

심의회는 위원장 1명을 포함하여 5명 이상 7명 이하의 위원으로 구성한다(동법 제12조 제 2 항). 심의회의 위원은 소속 공무원, 임직원 또는 외부 전문가로 지명하거나 위촉하되, 그 중 3분의 2는 해당 국가기관등의 업무 또는 정보공개의 업무에 관한 지식을 가진 외부 전문가로 위촉하여야 한다. 다만, 제 9 조 제 1 항 제 2 호 및 제 4 호에 해당하는 업무를 주로 하는 국가기관은 그 국가기관의 장이 외부 전문가의 위촉 비율을 따로 정하되, 최소한 3분의 1 이상은 외부 전문가로 위촉하여야 한다(동법 제12조 제 3 항)〈개정 2020. 12. 22.〉. 심의회의 위원장은 위원 중에서 국가기관등의 장이 지명하거나 위촉한다.

심의회는 다음 각 호의 사항을 심의한다(영 제11조 제 2 항): ① 공개청구된 정보의 공개 여부를 결정하기 곤란한 사항, ② 법 제18조 및 법 제21조 제 2 항에 따른 이의신청(일정한 이의신청 제외), ③ 그 밖에 정보공개제도의 운영에 관한 사항. 이들 사항에 대한 심의회의 심의 의결은 구속력을 갖는다고 보아야 한다.

3. 정보공개 여부 결정의 통지

공공기관은 제11조에 따라 정보의 공개를 결정한 경우에는 공개의 일시 및 장소 등을 분명히 밝혀 청구인에게 통지하여야 한다(동법 제13조 제 1 항). 공공기관은 청구인이 사본 또는 복제물의 교부를 원하는 경우에는 이를 교부하여야 한다(동법 제13조 제 2 항). 공공기관은 공개 대상 정보의 양이 너무 많아 정상적인 업무수행에 현저한 지장을 초래할 우려가 있는 경우에는 해당 정보를 일정 기간별로 나누어 제공하거나 사본·복제물의 교부 또는 열람과 병행하여 제공할 수 있다(동법 제13조 제 3 항).

공공기관은 제 1 항에 따라 정보를 공개하는 경우에 그 정보의 원본이 더럽혀지거나 파손될 우려가 있거나 그 밖에 상당한 이유가 있다고 인정할 때에는 그 정보의 사본·복제물을 공개할 수 있다(동법 제13조 제 4 항).

공공기관은 제11조에 따라 정보의 비공개 결정을 한 경우에는 그 사실을 청구인에게 지체 없이 문서로 통지하여야 한다. 이 경우 제 9 조 제 1 항 각 호 중 어느 규정에 해당하는 비공개 대상 정보인지를 포함한 비공개 이유와 불복(不服)의 방법 및 절차를 구체적으로 밝혀야 한다(동법 제13조 제 5 항).

[판례] **정보공개를 거부하는 경우** 대상이 된 정보의 내용을 구체적으로 확인·검토하여 어느 부분이 어떠한 법익 또는 기본권과 충돌되어 같은 법 제 7 조 제 1 항 몇 호에서 정하고 있는 **비공개사유에 해당하는지를 주장·입증하여야만 할 것이며, 그에 이르지 아니한 채 개괄적인 사유만을 들어 공개를 거부하는 것은 허용되지 아니한다**(대판 2003. 12. 11, 2001두8827〈정보공개청구거부처분취소〉).

정보의 비공개결정은 정보공개법 제13조 제 4 항에 따라 전자문서로 통지할 수 있다(대판 2014. 4. 10, 2012두17384).

4. 정보공개의 방법[2015 5급공채]

정보의 공개는 다음의 방법으로 한다. ① 문서·도면·사진 등: 열람 또는 사본의 교부, ② 필름·테이프 등: 시청 또는 인화물·복제물의 교부, ③ 마이크로필름·슬라이드 등: 시청·열람 또는 사본·복제물의 교부, ④ 전자적 형태로 보유·관리하는 정보 등: 파일을 복제하여 정보통신망을 활용한 정보공개시스템으로 송부, 매체에 저장하여 제공, 열람·시청 또는 사본·출력물의 교부, ⑤ 법 제 7 조 제 1 항에 따라 이미 공개된 정보: 그 정보 소재(所在)의 안내(영 제14조 제 1 항). 공공기관은 정보를 공개할 때 본인 또는 그 정당한 대리인임을 확인할 필요가 없는 경우에는 청구인의 요청에 의하여 제 1 항 각 호의 사본·출력물·복제물· 인화물 또는 복제된 파일을 우편·팩스 또는 정보통신망을 이용하여 보낼 수 있다(제 2 항).

공공기관은 전자적 형태로 보유·관리하는 정보에 대하여 청구인이 전자적 형태로 공개하여 줄 것을 요청하는 경우에는 그 정보의 성질상 현저히 곤란한 경우를 제외하고는 청구인의 요청에 따라야 한다(법 제15조 제 1 항). 공공기관은 전자적 형태로 보유·관리하지 아니하는 정보에 대하여 청구인이 전자적 형태로 공개하여 줄 것을 요청한 경우에는 정상적인 업무수행에 현저한 지장을 초래하거나 그 정보의 성질이 훼손될 우려가 없으면 그 정보를 전자적 형태로 변환하여 공개할 수 있다(제 2 항).

공개청구한 정보가 비공개대상 정보에 해당하는 부분과 공개가 가능한 부분이 혼합되어 있는 경우로서 공개청구의 취지에 어긋나지 아니하는 범위에서 두 부분을 분리할 수 있는 경우에는 비공개정보에 해당하는 부분을 제외하고 공개하여야 한다(제14조).

5. 비용부담

정보의 공개 및 우송 등에 드는 비용은 실비의 범위에서 청구인의 부담으로 한다(법 제17조 제 1 항). 공개를 청구하는 정보의 사용목적이 공공복리의 유지·증진을 위하여 필요하다고 인정되는 경우에는 제 1 항에 따른 비용을 감면할 수 있다(법 제17조 제 2 항).

Ⅵ. 정보공개쟁송[2017 경감승진 약술〈정보공개청구와 불복방법〉]

정보공개청구에 대한 공공기관의 비공개결정에 대한 불복절차로 이의신청, 행정심판 및 행정소송이 있다. 그런데 정보가 공개됨으로 인하여 제 3 자의 권익이 침해되는 경우가 있다. 개인정보 또는 기업비밀정보 등의 공개의 경우가 그러하다. 이 경우에는 제 3 자에게 정보의 공개를 저지할 수 있는 법적 수단이 마련되어야 한다.

1. 비공개결정에 대한 청구인의 불복절차

청구인은 이의신청 또는 행정심판을 청구할 수 있고 직접 행정소송을 제기할 수도 있다(서울행판 1999. 2. 25, 98구3692). 또한 청구인은 이의신청을 거쳐 행정심판을 제기할 수도 있고, 직접 행정심판을 제기할 수도 있다.

(1) 이의신청

청구인이 정보공개와 관련한 공공기관의 비공개결정 또는 부분 공개결정에 대하여 불복이 있거나 정보공개 청구 후 20일이 경과하도록 정보공개 결정이 없는 때에는 공공기관으로부터 정보공개 여부의 결정 통지를 받은 날 또는 정보공개 청구 후 20일이 경과한 날부터 30일 이내에 해당 공공기관에 문서로 이의신청을 할 수 있다(법 제18조 제1항). 이의신청은 임의절차이며 행정심판이 아니다.

국가기관등은 제1항에 따른 이의신청이 있는 경우에는 심의회를 개최하여야 한다. 다만, 다음 각 호(1. 심의회의 심의를 이미 거친 사항, 2. 단순·반복적인 청구, 3. 법령에 따라 비밀로 규정된 정보에 대한 청구)의 어느 하나에 해당하는 경우에는 심의회를 개최하지 아니할 수 있으며 개최하지 아니하는 사유를 청구인에게 문서로 통지하여야 한다(동법 제18조 제2항).

공공기관은 이의신청을 받은 날부터 7일 이내에 그 이의신청에 대하여 결정하고 그 결과를 청구인에게 지체 없이 문서로 통지하여야 한다. 다만, 부득이한 사유로 정하여진 기간 이내에 결정할 수 없을 때에는 그 기간이 끝나는 날의 다음 날부터 기산하여 7일의 범위에서 연장할 수 있으며, 연장 사유를 청구인에게 통지하여야 한다(동법 제18조 제3항). 공공기관은 이의신청을 각하(却下) 또는 기각(棄却)하는 결정을 한 경우에는 청구인에게 행정심판 또는 행정소송을 제기할 수 있다는 사실을 제3항에 따른 결과 통지와 함께 알려야 한다(동법 제18조 제4항).

(2) 행정심판

청구인이 정보공개와 관련한 공공기관의 결정에 대하여 불복이 있거나 정보공개 청구 후 20일이 경과하도록 정보공개 결정이 없는 때에는 행정심판법에서 정하는 바에 따라 행정심판을 청구할 수 있다. 이 경우 국가기관 및 지방자치단체 외의 공공기관의 결정에 대한 감독행정기관(관할 행정심판위원회를 정하는 기준이 됨)은 관계 중앙행정기관의 장 또는 지방자치단체의 장으로 한다(법 제19조 제1항). 행정심판은 임의절차이다. 청구인은 제18조에 따른 이의신청 절차를 거치지 아니하고 행정심판을 청구할 수 있다(법 제19조 제 2 항).

행정심판은 거부처분 취소심판 또는 의무이행심판의 형식으로 제기한다.

(3) 행정소송

청구인이 정보공개와 관련한 공공기관의 결정에 대하여 불복이 있거나 정보공개 청구 후 20일이 경과하도록 정보공개 결정이 없는 때에는 행정소송법에서 정하는 바에 따라 행정소송을 제기할 수 있다(법 제20조 제 1 항).

1) 소송형식

정보공개청구소송은 일반항고소송(취소소송, 무효확인소송 및 부작위위법확인소송)의 형식으로 제기된다.

2) 처 분 성

정보공개청구권자의 정보공개신청에 대한 거부는 행정소송의 대상이 되는 거부처분이다. 그러나 정보공개청구권이 없는 자의 정보공개신청에 대한 거부는 신청권이 없는 신청에 대한 거부이므로 행정소송의 대상이 되는 거부처분에 해당하지 아니한다.

3) 원고적격

정보공개청구권은 법률상 보호되는 구체적인 권리이므로 정보공개청구권이 있는 자는 공개청구된 정보와 개인적인 이해관계가 없는 자이더라도 공개거부로 그 권리를 침해받은 것이므로 당연히 공개거부를 다툴 원고적격을 갖는다(대판 2004. 8. 20, 2003두8302: 충북참여자치시민연대의 원고적격을 인정한 사례).

4) 소의 이익

공공기관이 그 정보를 보유·관리하고 있지 아니한 경우에는 특별한 사정이 없는 한 정보공개거부처분의 취소를 구할 법률상의 이익(소의 이익)이 없다(대판 2006. 1. 13, 2003두9459).

공개청구자는 그가 공개를 구하는 정보를 공공기관이 보유·관리하고 있을 상당한 개연성이 있다는 점에 대하여 입증할 책임이 있으나, 공개를 구하는 정보를 공공기관이 한때 보유·관리하였으나 후에 그 정보가 담긴 문서들이 폐기되어 존재하지 않게 된 것이라면 그 정보를 더 이상 보유·관리하고 있지 않다는 점에 대한 증명책임은 공공기관에 있다(대판 2013. 1. 24, 2010두18918).

5) 비공개 열람·심사

재판장은 필요하다고 인정하면 당사자를 참여시키지 아니하고 제출된 공개청구 정보를 비공개로 열람·심사할 수 있다(법 제20조 제 2 항). 그러나 재판장은 행정소송의 대상이 제 9 조 제 1 항 제 2 호의 규정에 따른 정보 중 국가안전보장·국방 또는 외교관계에 관한 정보의 비공개 또는 부분 공개 결정처분인 경우에 공공기관이 그 정보에 대한 비밀 지정의 절차, 비밀의 등급·종류 및 성질과 이를 비밀로 취급하게 된 실질적인 이유 및 공개를 하지 아니하는 사유 등을 입증하는 때에는 해당 정보를 제출하지 아니하게 할 수 있다(법 제20조 제 3 항).

6) 일부취소판결

공개정보와 비공개정보를 분리할 수 있는 경우에는 분리되는 공개정보에 대응하여 일부취소판결을 내려야 한다(법 제14조 참조).

[판례] 법원이 행정기관의 정보공개거부처분의 위법 여부를 심리한 결과 공개를 거부한 정보에 **비공개대상정보에 해당하는 부분과 공개가 가능한 부분이 혼합되어 있고 공개청구의 취지에 어긋나지 아니하는 범위 안에서 두 부분을 분리할 수 있음을 인정할 수 있을 때**에는 청구취지의 변경이 없더라도 공개가 가능한 정보에 관한 부분만의 **일부취소를 명할 수 있다 할 것이고, 공개청구의 취지에 어긋나지 아니하는 범위 안에서 비공개대상정보에 해당하는 부분과 공개가 가능한 부분을 분리할 수 있다고 함은**, 이 두 부분이 물리적으로 분리가능한 경우를 의미하는 것이 아니고 해당 정보의 공개방법 및 절차에 비추어 해당 정보에서 비공개대상정보에 관련된 기술 등을 제외 내지 삭제하고 그 나머지 정보만을 공개하는 것이 가능하고 나머지 부분의 정보만으로도 공개의 가치가 있는 경우를 의미한다고 해석하여야 한다(대판 2004. 12. 9, 2003두12707).

7) 간접강제

정보공개거부처분 취소판결이 확정되었음에도 해당 정보를 계속 공개하지 않는 경우 현행 행정소송법상 간접강제제도에 의해 공개지연기간에 따라 일정한 배상을 할 것을 명하거나 즉시 손해배상을 할 것을 명할 수 있다.

8) 가 구 제

정보공개거부에 대해서는 집행정지가 인정되지 않는다. 가처분이 가능하다는 견해가 있지만, 정보공개거부의 가처분은 본안소송을 대체하는 것이므로 가처분은 인정되지 않는다고 보아야 한다.

2. 정보공개에 대하여 이해관계 있는 제 3 자의 보호수단

비공개정보 중 기업비밀과 개인정보가 같이 공개되는 경우에 제 3 자의 권익이 침해되는 경우가 있다. 기업비밀과 개인정보 등은 비공개정보이지만 공개될 가능성이 전혀 없는 것이 아니며 만일 공개된다면 제 3 자의 권익이 침해되게 된다. 따라서 정보공개에 대하여 이해관계 있는 제 3 자가 이해관계 있는 정보의 공개를 막을 수 있는 수단을 갖도록 하는 것이 형평의 원칙에 맞는다.

(1) 정보공개법상 보호수단

1) 공개청구된 사실의 통보 및 비공개요청

공공기관은 공개청구된 공개대상정보의 전부 또는 일부가 제 3 자와 관련이 있다고 인정할 때에는 그 사실을 제 3 자에게 지체 없이 통지하여야 하며, 필요한 경우에는 그의 의견을 들을 수 있다(법 제11조 제 3 항).

공개청구된 사실을 통지받은 제 3 자는 통지받은 날부터 3일 이내에 해당 공공기관에 대하여 자신과 관련된 정보를 공개하지 아니할 것을 요청할 수 있다(법 제21조 제 1 항).

2) 공개통지 및 행정쟁송의 제기

제21조 제 1 항에 따른 비공개요청에도 불구하고 공공기관이 공개결정을 하는 때에는 공개결정이유와 공개실시일을 명시하여 지체 없이 문서로 통지하여야 하며, 제 3 자는 해당 공공기관에 문서로 이의신청을 하거나 행정심판 또는 행정소송을 제기할 수 있다. 이 경우 이의신청은 통지받은 날부터 7일 이내에 하여야 한다(법 제21조 제 2 항).

가. 처 분 성 정보공개의 결정·통보를 처분으로 보고 이에 대해 이의신청, 행정심판, 행정소송을 제기할 수 있다.

정보공개결정·통보를 비공개요청이라는 신청에 대한 거부처분으로 보는 견해가 있으나, 위 비공개요청을 신청이라고 보는 것은 타당하지 않고, 거부처분에 대한 취소소송에서는 집행정지신청이 인정되지 않는다는 문제가 있다.

나. 소의 이익과 집행정지신청 정보는 일단 공개되면 취소할 수 없는 것이므로 제 3 자의 이익을 보호하기 위하여는 정보공개를 사전에 막아야 한다. 이해관계 있는 제 3 자가 정보공개를 막는 소송을 **역정보공개청구소송**(逆情報公開請求訴訟)이라 할 수 있다. 정보공개통보행위에 대한 취소소송과 함께 집행정지신청을

하여야 할 것이다.

(2) 행정소송법상 보호수단: 제 3 자의 소송참가

제 3 자에 관한 정보의 공개가 거부된 경우 정보공개청구자가 공개거부취소소송을 제기하면 이해관계 있는 제 3 자는 소송참가가 가능하다.

Ⅶ. 공공기관의 정보제공 노력의무

공공기관은 다음 각 호의 어느 하나에 해당하는 정보에 대해서는 공개의 구체적 범위, 주기, 시기 및 방법 등을 미리 정하여 정보통신망 등을 통하여 알리고, 이에 따라 정기적으로 공개하여야 한다. 다만, 제 9 조 제 1 항 각 호(1. 국민생활에 매우 큰 영향을 미치는 정책에 관한 정보. 2. 국가의 시책으로 시행하는 공사(工事) 등 대규모 예산이 투입되는 사업에 관한 정보. 3. 예산집행의 내용과 사업평가 결과 등 행정감시를 위하여 필요한 정보. 4. 그 밖에 공공기관의 장이 정하는 정보)의 어느 하나에 해당하는 정보에 대해서는 그러하지 아니하다(동법 제 7 조 제 1 항).

공공기관은 제 1 항에 규정된 사항 외에도 국민이 알아야 할 필요가 있는 정보를 국민에게 공개하도록 적극적으로 노력하여야 한다(동법 제 7 조 제 1 항).

제 2 절 개인정보보호제도

Ⅰ. 의 의

개인정보보호제도란 개인에 관한 정보가 부당하게 수집·유통·이용되는 것을 막아 개인의 프라이버시를 보호하는 제도를 말한다. 개인정보보호는 단순한 정보보호가 아니라 자유와 권리의 보호이며 개인의 존엄과 가치를 지키는 것이다.

정보화사회가 진전됨에 따라 개인정보가 부당하게 유통되는 사례가 증가하고 있다. 이러한 상황하에서 개인정보의 보호를 위한 법적 조치가 필요하게 되었다.

Ⅱ. 법적 근거

1. 헌법적 근거

개인정보보호제도의 헌법적 근거는 헌법상 기본권인 **개인정보자기결정권**(자기

정보통제권)이다. 개인정보자기결정권은 자신에 관한 정보가 언제 누구에게 어느 범위까지 알려지고 또 이용되도록 할 것인지를 그 정보주체가 스스로 결정할 수 있는 권리, 즉 정보주체가 개인정보의 공개와 이용에 관하여 스스로 결정할 권리를 말한다(헌재 2005. 7. 21, 2003헌마282)이다.

2. 법률의 근거

공적 부문에서의 개인정보의 보호와 민간부문에서의 개인정보보호를 통일적으로 규율하는「개인정보 보호법」이 2011년 3월 29일 제정되어 2011년 9월 30일부터 시행되고 있다.

「개인정보 보호법」은 개인정보의 보호에 관한 기본법 및 일반법의 성질을 갖는다. 이 밖에「정보통신망 이용촉진 및 정보보호 등에 관한 법률」,「신용정보의 이용 및 보호에 관한 법률」 등 특별법이 있다.

「개인정보 보호법」은 우리 사회 전반에 걸쳐 개인정보처리에 관련된 위험(예 ① 신원도용과 같은 전통적인 침해사례 ② 부정확한 정보로 개인에 대한 각종 사회적, 국가적 결정들이 왜곡될 수 있는 위험 ③ 집적된 정보를 이용한 새로운 감시권력이 등장할 위험 등)을 관리하여야 한다는 한 단계 더 진전된 인식을 바탕으로 제정된 개인정보보호에 관한 기본법이라 할 수 있다. 개인정보처리자에 대한 행위규제의 법적 본질은 개인정보와 관련하여 공공의 안녕과 질서에 위해가 발생할 수 있는 가능성을 경감시키기에 적절한 자에게 경찰상 의무를 부과하여 기본권을 제한하는 것이다. 경찰책임의 원칙을 위해의 제거뿐만 아니라 예방단계에도 적용해 본다면, 개인정보처리자의 개인정보 처리에 관한 책임은 일종의 경찰책임 중 상태책임이라 할 수 있다(이희정).

Ⅲ. 개인정보보호의 기본원칙

① 개인정보처리자는 개인정보의 처리 목적을 명확하게 하여야 하고 그 목적에 필요한 범위에서 최소한의 개인정보만을 적법하고 정당하게 수집하여야 한다(법 제3조 제1항).

② 개인정보처리자는 개인정보의 처리 목적에 필요한 범위에서 적합하게 개인정보를 처리하여야 하며, 그 목적 외의 용도로 활용하여서는 아니 된다(법 제3조 제2항).

③ 개인정보처리자는 개인정보의 처리 목적에 필요한 범위에서 개인정보의 정확성, 완전성 및 최신성이 보장되도록 하여야 한다(법 제3조 제3항).

④ 개인정보처리자는 개인정보의 처리 방법 및 종류 등에 따라 정보주체의 권리가 침해받을 가능성과 그 위험 정도를 고려하여 개인정보를 안전하게 관리하여야 한다(법 제3조 제4항).

⑤ 개인정보처리자는 제30조에 따른 개인정보 처리방침 등 개인정보의 처리에 관한 사항을 공개하여야 하며, 열람청구권 등 정보주체의 권리를 보장하여야 한다(법 제3조 제 5항).

⑥ 개인정보처리자는 정보주체의 사생활 침해를 최소화하는 방법으로 개인정보를 처리하여야 한다(법 제3조 제6항).

⑦ 개인정보처리자는 개인정보의 익명처리가 가능한 경우에는 익명에 의하여 처리될 수 있도록 하여야 한다(법 제3조 제7항).

⑧ 개인정보처리자는 이 법 및 관계 법령에서 규정하고 있는 책임과 의무를 준수하고 실천함으로써 정보주체의 신뢰를 얻기 위하여 노력하여야 한다(법 제3조 제8항).

Ⅳ. 개인정보보호의 내용

1. 보호의 대상이 되는 개인정보의 의의

「개인정보 보호법」의 보호대상이 되는 **개인정보**는 "살아 있는 개인에 관한 정보로서 성명, 주민등록번호 및 영상 등을 통하여 개인을 알아볼 수 있는 정보(해당 정보만으로는 특정 개인을 알아볼 수 없더라도 다른 정보와 쉽게 결합하여 알아볼 수 있는 것을 포함한다)"를 말한다(법 제2조 제1호). 전자적으로 처리되는 개인정보 외에 수기(수기) 문서까지 개인정보의 보호범위에 포함한다. 다만, 죽은 사람의 개인정보도 사망 후 일정한 기간은 보호하도록 입법개선이 필요하다.

「개인정보 보호법」의 보호대상이 되는 개인정보는 업무를 목적으로 개인정보 파일[45]을 운용하기 위하여 스스로 또는 다른 사람을 통하여 개인정보를 처리[46]하는 공공기관, 법인, 단체 및 개인 등(법 제2조 제5호)의 개인정보를 포함한다.

---

45) **"개인정보파일"**이란 개인정보를 쉽게 검색할 수 있도록 일정한 규칙에 따라 체계적으로 배열하거나 구성한 개인정보의 집합물을 말한다(법 제2조 제4호).

46) **"처리"**란 개인정보의 수집, 생성, 기록, 저장, 보유, 가공, 편집, 검색, 출력, 정정, 복구, 이용, 제공, 공개, 파기, 그 밖에 이와 유사한 행위를 말한다(법 제2조 제2호).

2. 개인정보보호의 체계

(1) 개인정보보호위원회

개인정보 보호에 관한 사무를 독립적으로 수행하기 위하여 국무총리 소속으로 개인정보 보호위원회(이하 "보호위원회"라 한다)를 둔다(동법 제 7 조 제 1 항). 보호위원회는「정부조직법」제 2 조에 따른 중앙행정기관(합의제 행정청)이다. 다만, 다음 각 호(1. 제 7 조의8 제 3 호 및 제 4 호의 사무, 2. 제 7 조의9 제 1 항의 심의·의결 사항 중 제 1 호에 해당하는 사항)의 사항에 대하여는「정부조직법」제18조를 적용하지 아니한다(제 2 항).

(2) 개인정보 보호지침

행정안전부장관은 개인정보의 처리에 관한 기준, 개인정보 침해의 유형 및 예방조치 등에 관한 표준 개인정보보호지침(이하 "표준지침"이라 한다)을 정하여 개인정보처리자에게 그 준수를 권장할 수 있다(법 제12조 제 1 항). 중앙행정기관의 장은 표준지침에 따라 소관 분야의 개인정보 처리와 관련한 개인정보 보호지침을 정하여 개인정보처리자에게 그 준수를 권장할 수 있다(법 제12조 제 2 항).

3. 개인정보의 처리(수집, 이용, 제공 등)의 규제

(1) 개인정보의 수집·이용의 제한

개인정보처리자는 다음의 어느 하나에 해당하는 경우에는 개인정보를 수집할 수 있으며 그 수집 목적의 범위에서 이용할 수 있다. ① 정보주체의 동의를 받은 경우, ② 법률에 특별한 규정이 있거나 법령상 의무를 준수하기 위하여 불가피한 경우, ③ 공공기관이 법령 등에서 정하는 소관 업무의 수행을 위하여 불가피한 경우, ④ 정보주체와 체결한 계약을 이행하거나 계약을 체결하는 과정에서 정보주체의 요청에 따른 조치를 이행하기 위하여 필요한 경우, ⑤ 공중위생 등 공공의 안전과 안녕을 위하여 긴급히 필요한 경우 명백히 정보주체 또는 제 3 자의 급박한 생명, 신체, 재산의 이익을 위하여 필요하다고 인정되는 경우, ⑥ 개인정보처리자의 정당한 이익을 달성하기 위하여 필요한 경우로서 명백하게 정보주체의 권리보다 우선하는 경우(이 경우 개인정보처리자의 정당한 이익과 상당한 관련이 있고 합리적인 범위를 초과하지 아니하는 경우에 한한다)(법 제15조 제 1 항).

[판례 1] **이미 공개된 개인정보의 처리시 정보주체의 별도의 동의 필요 여부:** 이미 공개된 개

인정보를 정보주체의 동의가 있었다고 객관적으로 인정되는 범위 내에서 수집·이용·제공 등 처리를 할 때는 정보주체의 별도의 동의는 불필요하다고 보아야 할 것이고, 그러한 별도의 동의를 받지 않았다고 하여 「개인정보 보호법」 제15조나 제17조를 위반한 것으로 볼 수 없다(대판 2016. 8. 17, 2014다235080).

[판례 2] [1] 범죄자 등 특정인의 지문정보만 보관해서는 17세 이상 모든 국민의 지문정보를 보관하는 경우와 같은 수준의 신원확인기능을 도저히 수행할 수 없는 점, 개인별로 한 손가락만의 지문정보를 수집하는 경우 그 손가락 자체 또는 지문의 손상 등으로 인하여 신원확인이 불가능하게 되는 경우가 발생할 수 있고, 그 정확성 면에 있어서도 열 손가락 모두의 지문을 대조하는 것과 비교하기 어려운 점, 다른 여러 신원확인수단 중에서 정확성·간편성·효율성 등의 종합적인 측면에서 현재까지 지문정보와 비견할 만한 것은 찾아보기 어려운 점 등을 고려해 볼 때, 이 사건 지문날인제도(범죄자 등 특정인만이 아닌 17세 이상 모든 국민의 열 손가락 지문정보를 수집하여 보관하도록 한 것)는 피해 최소성의 원칙에 어긋나지 않는다. [2] 이 사건 지문날인제도로 인하여 정보주체가 현실적으로 입게 되는 불이익에 비하여 경찰청장이 보관·전산화하고 있는 지문정보를 범죄수사활동, 대형사건사고나 변사자가 발생한 경우의 신원확인, 타인의 인적사항 도용 방지 등 각종 신원확인의 목적을 위하여 이용함으로써 달성할 수 있게 되는 공익이 더 크다고 보아야 할 것이므로, 이 사건 지문날인제도는 법익의 균형성의 원칙에 위배되지 아니한다(헌재 2005. 5. 26, 99헌마513, 2004헌마190(병합)).

[판례 3] 대법원은 구 국군보안사령부가 법령에 규정된 직무범위를 벗어나 민간인들을 대상으로 개인의 사생활에 관한 정보를 비밀리에 수집·관리한 행위는 헌법에 의하여 보장된 기본권을 침해한 것으로서 불법행위를 구성한다고 판시하였다(대판 1998. 7. 24, 96다42789).

(2) 개인정보의 제공 제한

개인정보처리자는 다음의 어느 하나에 해당되는 경우에는 정보주체의 개인정보를 제 3 자에게 제공(공유를 포함한다. 이하 같다)할 수 있다. ① 정보주체의 동의를 받은 경우, ② 제15조 제 1 항 제 2 호, 제 3 호, 제 5 호부터 제 7 호까지에 따라 개인정보를 수집한 목적 범위에서 개인정보를 제공하는 경우(법 제17조 제 1 항).

개인정보처리자는 개인정보를 제15조 제 1 항에 따른 범위를 초과하여 이용하거나 제17조 제 1 항 및 제28조의8 제 1 항에 따른 범위를 초과하여 제 3 자에게 제공하여서는 아니 된다(법 제18조 제 1 항).

개인정보처리자로부터 개인정보를 제공받은 자는 다음의 어느 하나에 해당하는 경우를 제외하고는 개인정보를 제공받은 목적 외의 용도로 이용하거나 이를 제 3 자에게 제공하여서는 아니 된다. ① 정보주체로부터 별도의 동의를 받은 경우, ② 다른 법률에 특별한 규정이 있는 경우(법 제19조).

(3) 개인정보의 처리의 제한

개인정보처리자가 정보주체 이외로부터 수집한 개인정보를 처리하는 때에는 정보주체의 요구가 있으면 즉시 다음의 모든 사항을 정보주체에게 알려야 한다. ① 개인정보의 수집 출처, ② 개인정보의 처리 목적, ③ 제37조에 따른 개인정보 처리의 정지를 요구하거나 동의를 철회할 권리가 있다는 사실(법 제20조 제 1 항).

개인정보처리자는 사상·신념, 노동조합·정당의 가입·탈퇴, 정치적 견해, 건강, 성생활 등에 관한 정보, 그 밖에 정보주체의 사생활을 현저히 침해할 우려가 있는 개인정보로서 대통령령으로 정하는 정보(이하 "**민감정보**"라 한다)를 처리하여서는 아니 된다. 다만, 다음 각 호의 어느 하나에 해당하는 경우에는 그러하지 아니하다. ① 정보주체에게 제15조 제 2 항 각 호 또는 제17조 제 2 항 각 호의 사항을 알리고 다른 개인정보의 처리에 대한 동의와 별도로 동의를 받은 경우, ② 법령에서 민감정보의 처리를 요구하거나 허용하는 경우(법 제23조 제 1 항).

개인정보처리자는 다음 경우를 제외하고는 법령에 따라 개인을 고유하게 구별하기 위하여 부여된 식별정보로서 대통령령으로 정하는 정보(이하 "**고유식별정보**"라 한다)를 처리할 수 없다. ① 정보주체에게 제15조 제 2 항 각 호 또는 제17조 제 2 항 각 호의 사항을 알리고 다른 개인정보의 처리에 대한 동의와 별도로 동의를 받은 경우, ② 법령에서 구체적으로 고유식별정보의 처리를 요구하거나 허용하는 경우(법 제24조 제 1 항).

제24조 제 1 항에도 불구하고 개인정보처리자는 다음의 어느 하나에 해당하는 경우를 제외하고는 **주민등록번호**를 처리할 수 없다. ① 법률·대통령령·국회규칙·대법원규칙·헌법재판소규칙·중앙선거관리위원회규칙 및 감사원규칙에서 구체적으로 주민등록번호의 처리를 요구하거나 허용한 경우, ② 정보주체 또는 제 3 자의 급박한 생명, 신체, 재산의 이익을 위하여 명백히 필요하다고 인정되는 경우, ③ 제 1 호 및 제 2 호에 준하여 주민등록번호 처리가 불가피한 경우로서 행정안전부령으로 정하는 경우(법 제24조의2 제 1 항).

개인정보처리자는 통계작성, 과학적 연구, 공익적 기록보존 등을 위하여 정보주체의 동의 없이 가명정보를 처리할 수 있다(제28조의2 제 1 항). "가명처리"란 개인정보의 일부를 삭제하거나 일부 또는 전부를 대체하는 등의 방법으로 추가 정보가 없이는 특정 개인을 알아볼 수 없도록 처리하는 것을 말한다(제 2 조 제1의2). 제28조의2 또는 제28조의3에 따라 처리된 가명정보는 제20조, 제20조의2, 제27조, 제34조 제 1 항, 제35조, 제35조의2, 제36조 및 제37조를 적용하지 아니한다(제28조의7).

(4) 개인정보처리자에 의한 개인정보의 안전한 관리

개인정보보호법은 개인정보처리자에 의한 개인정보의 안전한 관리를 위해 다음과 같은 규정을 두고 있다. 개인정보처리자의 안전조치(기술적·관리적 및 물리적 조치)의무(제29조), 개인정보보호법 위반에 대한 시정조치 등(제64조), 개인정보를 처리하거나 처리하였던 자에 대한 금지행위(제59조), 법령위반에 대한 과징금의 부과(제64조의2) 등을 규정하고 있다.

(5) 개인정보의 파기

개인정보처리자는 보유기간의 경과, 개인정보의 처리 목적 달성 등 그 개인정보가 불필요하게 되었을 때에는 지체 없이 그 개인정보를 파기하여야 한다. 다만, 다른 법령에 따라 보존하여야 하는 경우에는 그러하지 아니하다(법 제21조 제 1 항). 개인정보처리자가 제 1 항에 따라 개인정보를 파기할 때에는 복구 또는 재생되지 아니하도록 조치하여야 한다(법 제21조 제 2 항).

(6) 동의를 받는 방법

개인정보처리자는 이 법에 따른 개인정보의 처리에 대하여 정보주체(제 5 항에 따른 법정대리인을 포함한다. 이하 이 조에서 같다)의 동의를 받을 때에는 각각의 동의 사항을 구분하여 정보주체가 이를 명확하게 인지할 수 있도록 알리고 각각 동의를 받아야 한다(법 제22조 제 1 항).

(7) 영상정보처리기기의 설치·운영 제한

영상정보처리기기의 설치·운영은 대부분 경찰직무와 관련되어 있는 것이 특징이다. 즉 누구든지 다음의 경우를 제외하고는 공개된 장소에 영상정보처리기기[47]를 설치·운영하여서는 아니 된다. ① 법령에서 구체적으로 허용하고 있는 경우, ② 범죄의 예방 및 수사를 위하여 필요한 경우, ③ 시설안전 및 화재 예방을

47) "영상정보처리기기"란 일정한 공간에 지속적으로 설치되어 사람 또는 사물의 영상 등을 촬영하거나 이를 유·무선망을 통하여 전송하는 장치로서 대통령령으로 정하는 장치를 말한다(법 제 2 조 제 7 호).

위하여 필요한 경우, ④ 교통단속을 위하여 필요한 경우, ⑤ 교통정보의 수집·분석 및 제공을 위하여 필요한 경우(법 제25조 제 1 항).

누구든지 불특정 다수가 이용하는 목욕실, 화장실, 발한실, 탈의실 등 개인의 사생활을 현저히 침해할 우려가 있는 장소의 내부를 볼 수 있도록 영상정보처리기기를 설치·운영하여서는 아니 된다. 다만, 교도소, 정신보건 시설 등 법령에 근거하여 사람을 구금하거나 보호하는 시설로서 대통령령으로 정하는 시설에 대하여는 그러하지 아니하다(제 2 항).

(8) 개인정보의 처리의 위탁 제한

개인정보처리자가 제 3 자에게 개인정보의 처리 업무를 위탁하는 경우에는 다음의 내용이 포함된 문서에 의하여야 한다. ① 위탁업무 수행 목적 외 개인정보의 처리 금지에 관한 사항, ② 개인정보의 기술적·관리적 보호조치에 관한 사항, ③ 그 밖에 개인정보의 안전한 관리를 위하여 대통령령으로 정한 사항(법 제26조 제 1 항).

수탁자는 개인정보처리자로부터 위탁받은 해당 업무 범위를 초과하여 개인정보를 이용하거나 제 3 자에게 제공하여서는 아니 된다(제 5 항).

(9) 영업양도 등에 따른 개인정보의 이전 제한

개인정보처리자는 영업의 전부 또는 일부의 양도·합병 등으로 개인정보를 다른 사람에게 이전하는 경우에는 미리 다음의 사항을 대통령령으로 정하는 방법에 따라 해당 정보주체에게 알려야 한다. ① 개인정보를 이전하려는 사실, ② 개인정보를 이전받는 자(이하 "영업양수자등"이라 한다)의 성명(법인의 경우에는 법인의 명칭을 말한다), 주소, 전화번호 및 그 밖의 연락처, ③ 정보주체가 개인정보의 이전을 원하지 아니하는 경우 조치할 수 있는 방법 및 절차(법 제27조 제 1 항).

4. 정보주체의 권리

정보주체[48]는 자신의 개인정보 처리와 관련하여 다음의 권리를 가진다. ① 개인정보의 처리에 관한 정보(예 개인정보 수집, 이용, 제공 등의 처리목적과 범위 등에 관한 정보)를 제공받을 권리, ② 개인정보의 처리에 관한 동의 여부, 동의 범위 등을 선택하고 결정할 권리(예 포괄적 동의 금지), ③ 개인정보의 처리 여부를 확인하고 개인정보에 대한 열람(사본의 발급을 포함한다. 이하 같다) 및 전송을 요구할 권리(예

---

48) "정보주체"란 처리되는 정보에 의하여 알아볼 수 있는 사람으로서 그 정보의 주체가 되는 사람을 말한다(법 제 2 조 제 3 호).

개인정보처리자의 무분별한 개인정보 수집, 이용, 제공 금지), ④ 개인정보의 처리 정지, 정정·삭제 및 파기를 요구할 권리, ⑤ 개인정보의 처리로 인하여 발생한 피해를 신속하고 공정한 절차에 따라 구제받을 권리(예 입증책임의 전환, 분쟁조정제도 및 권리침해 중지 단체소송 도입), ⑥ 완전히 자동화된 개인정보 처리에 따른 결정을 거부하거나 그에 대한 설명 등을 요구할 권리(법 제4조).

개인정보 보호법

제37조의2(자동화된 결정에 대한 정보주체의 권리 등) ① 정보주체는 완전히 자동화된 시스템(인공지능 기술을 적용한 시스템을 포함한다)으로 개인정보를 처리하여 이루어지는 결정(「행정기본법」 제20조에 따른 행정청의 자동적 처분은 제외하며, 이하 이 조에서 "자동화된 결정"이라 한다)이 자신의 권리 또는 의무에 중대한 영향을 미치는 경우에는 해당 개인정보처리자에 대하여 해당 결정을 거부할 수 있는 권리를 가진다. 다만, 자동화된 결정이 제15조 제1항 제1호·제2호 및 제4호에 따라 이루어지는 경우에는 그러하지 아니하다.

② 정보주체는 개인정보처리자가 자동화된 결정을 한 경우에는 그 결정에 대하여 설명 등을 요구할 수 있다.

③ 개인정보처리자는 제1항 또는 제2항에 따라 정보주체가 자동화된 결정을 거부하거나 이에 대한 설명 등을 요구한 경우에는 정당한 사유가 없는 한 자동화된 결정을 적용하지 아니하거나 인적 개입에 의한 재처리·설명 등 필요한 조치를 하여야 한다.

④ 개인정보처리자는 자동화된 결정의 기준과 절차, 개인정보가 처리되는 방식 등을 정보주체가 쉽게 확인할 수 있도록 공개하여야 한다.

⑤ 제1항부터 제4항까지에서 규정한 사항 외에 자동화된 결정의 거부·설명 등을 요구하는 절차 및 방법, 거부·설명 등의 요구에 따른 필요한 조치, 자동화된 결정의 기준·절차 및 개인정보가 처리되는 방식의 공개 등에 필요한 사항은 대통령령으로 정한다.

[본조신설 2023. 3. 14.]

(1) 개인정보의 열람요구권

정보주체는 개인정보처리자가 처리하는 자신의 개인정보에 대한 열람을 해당 개인정보처리자에게 요구할 수 있다(법 제35조 제1항). 제1항에도 불구하고 정보주체가 자신의 개인정보에 대한 열람을 공공기관에 요구하고자 할 때에는 공공기관에 직접 열람을 요구하거나 대통령령으로 정하는 바에 따라 행정안전부장관을 통하여 열람을 요구할 수 있다(제 2 항).

(2) 개인정보의 정정·삭제요구권

제35조에 따라 자신의 개인정보를 열람한 정보주체는 개인정보처리자에게 그 개인정보의 정정 또는 삭제를 요구할 수 있다. 다만, 다른 법령에서 그 개인정보가 수집 대상으로 명시되어 있는 경우에는 그 삭제를 요구할 수 없다(법 제36조 제 1 항).

(3) 개인정보의 처리정지 등 요구권

정보주체는 개인정보처리자에 대하여 자신의 개인정보 처리의 정지를 요구할 수 있다. 이 경우 공공기관에 대하여는 제32조에 따라 등록 대상이 되는 개인정보 파일 중 자신의 개인정보에 대한 처리의 정지를 요구할 수 있다(법 제37조 제 1 항).

5. 권익구제

(1) 행정심판 또는 행정소송

제35조부터 제37조까지에 근거한 개인정보의 열람요구, 정정·삭제요구 및 처리정지 등 요구에 대한 거부나 부작위는 행정심판법 및 행정소송법상의 처분이나 부작위이므로 이에 대해 행정심판이나 행정소송을 제기할 수 있다.

(2) 손해배상책임

정보주체는 개인정보처리자가 이 법을 위반한 행위로 손해를 입으면 개인정보처리자에게 손해배상(개인정보처리자의 고의 또는 중대한 과실이 있는 경우 손해액의 5배 이하의 징벌적 손해배상 가능)을 청구할 수 있다. 이 경우 그 개인정보처리자는 고의 또는 과실이 없음을 입증하지 아니하면 책임을 면할 수 없다(법 제39조).

(3) 개인정보 분쟁조정

개인정보에 관한 분쟁의 조정을 위하여 개인정보 분쟁조정위원회(이하 "분쟁조정위원회"라 한다)를 둔다(법 제40조).

(4) 개인정보 단체소송

법령상 요건을 갖춘 단체(소비자단체, 비영리민간단체)는 개인정보처리자가 제49조에 따른 집단분쟁조정을 거부하거나 집단분쟁조정의 결과를 수락하지 아니한 경우에는 법원에 권리침해 행위의 금지·중지를 구하는 소송(이하 "단체소송"이라 한다)을 제기할 수 있다.

제 4 편

경찰 행정 구제법

제1장 경찰행정구제법 개설

Ⅰ. 행정구제의 개념

행정구제란 행정권의 행사로 침해된 국민의 권익을 구제해 주는 것을 말한다. 이에 관한 법이 행정구제법이며 이에 관한 제도가 행정구제제도이다.

Ⅱ. 행정구제제도의 체계

1. 권익침해행위의 위법과 적법의 구별

행정통제의 관점에서는 법치행정의 원칙상 권익을 침해한 행위가 위법한 행위인지 적법한 행위인지 구분하지 않을 수 없다.

위법(違法)한 행정권의 행사로 침해된 권익의 구제제도로는 행정쟁송(행정심판과 행정소송), 헌법소원, 국가배상청구, 공법상 결과제거청구, 국민고충처리제도 등이 있다.

적법(適法)한 공권력 행사로 가해진 손해에 대한 구제제도로는 행정상 손실보상이 있다.

2. 행정구제의 방법

행정구제의 방법에는 원상회복적인 것과 금전에 의한 보상이 있다. 전자로는 행정쟁송, 헌법소원과 공법상 결과제거청구가 있고, 후자로는 '행정상 손해전보' 즉 '행정상 손해배상'(국가배상)과 '행정상 손실보상'이 있다.

판례에 따르면 불복기간의 경과로 처분을 다툴 수 없게 된 경우에도 위법한 처분으로 인하여 입은 손해가 있으면 그 손해의 배상을 청구할 수 있다.

행정권의 행사에 따라 국민의 권익이 침해된 경우에 원상회복이 불가능한 경우에는 취소의 이익이 없으므로 행정상 손해전보만이 가능하다.

또한 원상회복적 효과를 갖는 행정쟁송이나 공법상 결과제거청구로 구제가 충분하지 않은 경우에는 이들 구제수단과 함께 행정상 손해배상이 청구될 수 있다.

예를 들면, 영업허가취소처분이 취소소송을 통하여 취소되었더라도 허가취소처분이 내려진 후 취소처분이 취소되기까지 영업을 하지 못해 입은 손해는 공무원의 과실이 입증되는 한 별도로 국가배상의 대상이 된다.

3. 구제수단

(1) 공권력 행사 자체에 대한 다툼과 결과에 대한 구제 [2010 행시(재경직) 사례, 2008 사시 사례]

구제수단에는 ① 위법·부당한 행정권의 행사 자체를 다투어 그 위법·부당을 시정하고 그를 통하여 국민의 권익을 구제하는 제도와 ② 공권력 행사의 결과에 대한 구제제도가 있다.

공권력 행사의 위법·부당을 시정하는 구제제도로는 행정쟁송(행정심판과 행정소송)이 가장 대표적인 수단이다. 이 밖에도 감사원에 대한 심사청구, 행정소송을 보충하는 구제제도인 헌법소원 등이 있다.

공권력 행사의 결과에 대한 구제제도로는 공권력 행사의 결과인 위법한 상태의 제거를 목적으로 하는 공법상 결과제거청구와 손해의 전보를 목적으로 하는 행정상 손해배상과 행정상 손실보상이 있다. 다만, 공법상 결과제거청구는 현행 법령과 판례에서 아직 원칙상 인정되고 있지 않다.

(2) 재판적 구제수단과 비재판적 구제수단

고전적인 행정구제제도는 법원을 통한 구제제도이다. 행정소송, 즉 항고소송과 공법상 당사자소송이 대표적인 재판적 구제수단이다. 행정심판의 심판기관은 행정기관이지만 현행 행정심판법상의 행정심판은 준사법적인 구제수단이라고 볼 수 있다. 헌법소원에 대한 심판기관인 헌법재판소는 사법기관의 성격을 가진다.

그런데 이러한 재판적 구제수단에 따른 행정구제와 행정통제에는 불충분한 점이 있기 때문에 대체적 분쟁해결제도(ADR, 분쟁조정제도), 국민고충처리제도, 청원, 행정절차 등 비재판적 구제제도가 도입되고 있다.

Ⅲ. 본서의 고찰대상인 행정구제제도

본서에서는 행정구제의 기본이 되는 행정쟁송(행정심판과 행정소송)과 행정상 손해전보(행정상 손해배상과 행정상 손실보상)를 주된 고찰대상으로 한다. 이와 함께 공법상 결과제거청구제도, 헌법소원도 검토하기로 한다.

우선 행정권 행사의 결과에 대한 구제제도인 행정상 손해전보(행정상 손해배상과 행정상 손실보상)와 공법상 결과제거청구제도를 고찰하고, 다음으로 위법·부당한 행정권 행사 자체를 다투는 행정쟁송제도를 고찰하기로 한다. 헌법소원에 대하여는 행정쟁송과의 관계에 한정하여 논하기로 한다.

제2장 행정상 손해전보

제1절 개 설

행정상 손해전보란 국가작용에 따라 개인에게 가해진 손해의 전보(塡補)를 말한다. 행정상 손해배상과 행정상 손실보상이 이에 해당한다.

현행 실정법은 위법행위에 따른 손해의 배상인 행정상 손해배상과 적법행위에 따른 손실의 보상인 행정상 손실보상을 구분하고 있다.

제2절 행정상 손해배상

제1항 개 설

Ⅰ. 개 념

행정상 손해배상이란 행정권의 행사에 따라 우연히 발생한 손해에 대한 국가 등의 배상책임을 말한다. 행정상 손해배상은 **국가배상**이라고도 한다.

전통적으로 행정상 손해배상은 위법한 국가작용으로 인하여 발생한 손해의 배상을 가리킨다. 그리하여 적법한 국가작용으로 인하여 발생한 손실의 보상제도인 손실보상과 구별된다.

Ⅱ. 행정상 손해배상의 분류

행정상 손해배상은 과실책임(공무원의 위법·과실행위로 인한 책임), 공공시설 등의 하자로 인한 책임(영조물책임), 엄격한 의미의 무과실 책임인 공법상 위험책임으로 구분하는 것이 타당하다.

Ⅲ. 국가배상책임의 근거

1. 국가배상책임의 역사적 발전

과거 군주국가에서는 "왕은 잘못을 행할 수 없다"(The King can do no wrong)라는 원칙에 따라 국가무책임의 원칙이 지배하였다.

그러나 근대 민주법치국가하에서 국가무책임의 특권은 인정될 수 없었다. 따라서 오늘날에는 국가무책임의 특권이 부인되고 국가배상책임의 원칙이 인정되었다.

우리나라에서 국가무책임의 특권이 부인되고 국가배상책임이 일반적으로 인정된 것은 1948년 제정된 제헌헌법 제27조 제 2 항에서이다. 이 헌법규정에 근거하여 1951년 9월 8일 국가배상법이 제정되었다.

2. 이론적 근거

(1) 국가의 과실책임의 근거

① 국가의 과실책임의 직접적 근거는 **과실책임의 원칙**에 있다. 보다 정확히 말하면 행정주체는 공무수행상 일정한 주의의무를 준수하여야 하는데 이를 준수하지 않음으로써 국민에게 손해를 발생시켰다면 과실로 손해를 발생시킨 행정주체가 그 손해에 대한 배상책임을 져야 한다는 것이다.

② 국가의 과실책임은 **법치국가원칙**으로부터도 요청된다. 위법행위로 인하여 국민에게 손해가 발생한 경우에는 해당 손해를 배상해 주는 것이 법치주의의 원칙에 합치한다는 것이다. 법치국가원칙에 입각하는 경우 위법·무과실의 경우에도 국가배상책임을 인정하여야 한다. 그런데 현행법상 가해행위가 위법한 것만으로는 국가배상책임이 인정되지 않고 과실도 있어야 국가배상책임이 인정될 수 있다는 문제가 있다.

③ 국가의 과실책임의 근거를 **위험책임의 원리**로부터 도출하는 견해도 있다. 즉 위법하게 행사될 위험성이 있는 행정권을 공무원에게 수권한 국가는 그러한 행정권이 잘못 행사되어 초래된 손해에 대하여 배상책임을 져야 한다는 것이다.

(2) 국가의 영조물책임의 근거

국가배상법 제 5 조의 책임은 **위험책임의 원리에 근거**를 두고 있다. 즉 제 5 조에 의한 책임의 근거는 영조물이 안전성을 결여하여 국민에게 손해를 발생시킬 위험을 갖고 있음에도 이러한 하자 있는 영조물을 공적 목적에 제공하고 있는 경우에는 이러한 하자(위험성) 있는 영조물로부터 야기된 손해를 해당 영조물을 설치 또는 관리하는 국가 또는 지방자치단체가 배상하는 것이 정의에 합치한다는 데 있다.

(3) 공법상 위험책임의 근거

위험책임은 위험이론에 근거하고 있다. **위험이론**이란 자신의 이익을 위한 활동에 당하여 특별한 위험을 창설한 자는 그 창설된 위험의 실현에 의한 손해를 배상하여야 하며 그것이 정의에 합치한다는 것이다.

다만, **공법상 위험책임의 근거가 되는 위험이론**은 위법행위에 기한 국가배상책임의 근거로서 주장되는 위험이론과 구별되어야 한다. 즉 전자에 있어서의 '위험'은 후자에 있어서의 그것(즉 공권력 일반에 내재하는 일반적 위험)보다는 그 위험의 정도가 강한 것으로서 '특별한 위험'을 의미한다.

3. 실정법상 근거

(1) 헌법상 근거

헌법 제29조 제 1 항은 "공무원의 직무상 불법행위로 손해를 받은 국민은 법률이 정하는 바에 의하여 **국가 또는 공공단체**에 정당한 배상을 청구할 수 있다"라고 규정하고 있다. 이 헌법규정은 국가무책임의 특권의 부인을 명시적으로 선언하고 공무원의 직무상 불법행위로 인한 손해에 대한 국가의 배상책임원칙을 선언하고, 국가배상청구권을 기본권으로 인정하고 있다.

(2) 실정법률의 근거

국가배상법은 **국가와 지방자치단체**의 과실책임(제 2 조) 및 영조물책임(제 5조)을 규정하고 있다. 국가나 지방자치단체의 손해배상책임에 관하여는 국가배상법상에 규정된 사항 외에 민법에 따른다. 다만, 민법 외의 법률에 다른 규정이 있을 때에는 그 규정에 따른다(국가배상법 제83조).

공법상 위험책임이 인정되기 위해서는 법률의 근거가 있어야 한다. 현행법상 공법상 위험책임은 극히 제한적으로만 인정되고 있다.

4. 좁은 의미(협의)의 공공단체의 배상책임의 법적 근거

(1) 공공단체의 공무수행으로 인한 손해에 대한 배상책임의 주체

국가나 지방자치단체로부터 공무를 수탁받은 공공단체의 수탁공무의 수행상 불법행위로 인한 손해에 대하여 수탁공공단체가 배상책임 주체인지 아니면 위탁자인 국가나 지방자치단체가 배상책임의 주체인지가 문제된다.

이 경우 공무수탁자인 **공공단체를 행정주체로 보면** 공공단체를 배상책임자로 보는 것이 타당하고, 공공단체를 행정주체가 아니라 **위탁자인 국가나 지방자치단체의 기관으로 보면** 위탁자인 국가나 지방자치단체가 행정주체가 되므로 국가나 지방자치단체를 배상책임주체로 보는 것이 타당하다. 생각건대, 공공단체는 법인으로서 법주체이고, 협의의 위탁의 경우 법상 권한이 공공단체로 이전되므로 **공공단체를 행정주체이며 배상책임자로 보는 견해가 타당**하다.

판례도 협의의 위탁의 경우 공무를 수탁받은 공공단체를 행정주체로 보고, 해당 공공단체를 배상책임주체로 보고 있다. 그리고 이 경우 공공단체는 경과실이 면책되는 공무원이 아니라고 보았다(대판 2010. 1. 28, 2007다82950·82967(법령에 의하여 행정대집행권한을 위탁받은 한국도로공사는 행정주체의 지위에 있고 배상책임주체이나 국가공무원법 제 2 조에서 말하는 공무원에 해당하지 않는다고 한 사례); 대판 2014. 4. 24, 2012다36340·36357(국민임대주택단지 조성사업의 시행자인 SH공사는 집행책임자로 지정된 공사 직원들과는 달리 대집행 실행으로 갑이 입은 손해에 대하여 경과실만이 있다는 이유로 배상책임을 면할 수 없다고 한 사례)).

(2) 공공단체의 배상책임의 법적 근거

헌법에서는 국가와 공공단체의 배상책임을 규정하고 있는데, 국가배상법에서는 국가와 지방자치단체의 배상책임만을 정하고 있다는 점이다. 따라서 좁은 의미(협의)의 공공단체(공공조합·영조물법인·공법상 재단)의 공무수행 중 가해진 손해에 대한 공공단체의 배상책임에 대하여 민법을 적용할 것인가 아니면 국가배상법을 적용할 것인가가 문제된다.

이에 관하여 ① 국가배상법이 국가와 지방자치단체의 배상책임만을 정하고 있으므로 공공단체의 공무수행상의 손해에 대한 공공단체의 배상책임에는 국가배상법이 적용될 수 없고, 일반법인 민법이 적용되어야 한다는 견해(**민법상 손해배상청구설**)와 ② 가해행위가 공행정작용에 속하므로 피해자의 구제와 법적용의 형평성을 고려하여 공공단체의 공무수행상의 손해에 대하여는 국가배상법을 유추적용하여야 한다는 견해(국가배상법유추적용설), ③ 헌법 제29조가 국가배상주체를 국가 또는 공공단체로 규정하고 있는 점, 공공단체도 넓은 의미의 국가행정조직의 일부에 해당된다는 점 등에 기초하여 공공단체를 국가배상법상의 국가 또는 지방자치단체에 포함되는 것으로 보아야 한다는 견해(국가배상법적용설)가 대립하고 있다.

판례는 공공단체가 공행정작용을 수행하는 중 손해를 발생시킨 경우 기본적으로 공공단체에게 민법 제750조의 불법행위로 인한 배상책임 또는 민법 제758조의 공작물의 책임을 인정하고 있다.

예를 들면, 판례는 한국도로공사의 불법행위로 인한 손해(고속도로 소음으로 인한 양돈업 폐업)에 대해 민법 제750조의 불법행위로 인한 배상책임(대판 2001. 2. 9, 99다55434)을, 고속도로의 관리상 하자로 인한 한국도로공사의 배상책임에 민법 제758조의 공작물로 인한 배상책임을 인정한다.

다만, 특히 공무집행상 불법행위로 인한 공공단체의 손해배상책임의 경우 다음과 같이 국가배상법의 법리를 적용하고 있다. ① 불법행위자에게 국가배상법상의 공무원 개념을 적용하고 있다(대판 2010. 1. 28, 2007다82950 · 82967〈대집행 권한을 위탁받은 한국토지공사의 배상책임사건〉). ② 국가배상책임에서의 상당인과관계에 관한 법리, 즉 직무상 의무의 사익보호성을 적용하고 있다(대판 2015. 12. 23, 2015다210194: 금융감독원(공공단체의 지위를 갖는 것으로 볼 수 있음)의 금융감독상의 위법 · 과실로 인한 은행의 고객(후순위사채 보유자)에 대한 손해에 대한 민법 제750조에 따른 배상청구사건에서 "국가책임에서 상당인과관계에 관한 법리"를 적용하여 금융감독원의 배상책임을 부정한 사례).

생각건대, 공공단체의 배상책임에 관한 명문의 규정이 없는 현행법의 해석론으로는 가해행위가 공행정작용인 점을 고려하여 공평의 원칙상 국가배상법 제 2 조 또는 제 5 조를 유추적용하여 **공무수행으로 인한 공공단체의 배상책임에도 국가배상책임을 인정하는 것이 타당하다.**

5. 공무수탁사인의 배상책임

공무수탁사인의 불법행위로 손해가 발생한 경우 공무수탁사인을 행정주체로 보는 견해에 따르면 공무수탁사인이 배상주체가 된다. 이 견해가 타당하다. 이 경우 민법을 적용할 것인지 아니면 국가배상법을 적용할 것인지 문제가 되는데, 실무는 국가배상법이 국가와 지방자치단체의 배상책임만 정하고 있기 때문에 민법을 적용한다. 국가배상법이 국가와 지방자치단체의 배상책임만을 정하고 있는 것은 입법의 불비이다.

이에 관하여는 아직 판례가 없다. 공행정작용으로 인한 손해에 대하여는 성질상 국가채상책임을 인정하는 것이 타당하고, 이것이 피해자에게도 유리하므로 공무수탁사인의 배상책임에도 국가배상책임을 유추적용하는 것이 타당하다.

공무수탁사인을 행정주체가 아니라 행정청으로 보는 견해에 따르면 위탁청이 속한 국가 또는 지방자치단체가 국가배상책임의 배상주체가 된다.

Ⅳ. 국가배상책임(또는 국가배상법)의 성격

국가배상책임의 성격에 관하여 사법상 책임설과 공법상 책임설이 대립되고 있고, 그에 따라서 국가배상법의 성격에 관하여도 사법설과 공법설이 대립되고 있다.

판례는 국가배상책임을 **민사상 손해배상책임의 일종**으로 보고, 국가배상법을 **민법의 특별법**으로 보고 있다(대판 1972. 10. 10, 69다701; 대판 1971. 4. 6, 70다2955). 그리고 국가배상청구소송을 **민사소송**으로 다루고 있다.

제 2 항 국가의 과실책임(국가배상법 제 2 조 책임): 공무원의 위법행위로 인한 국가배상책임

국가배상법 제 2 조는 다음과 같이 국가의 과실책임을 규정하고 있다.

> "① 국가나 지방자치단체는 공무원 또는 공무를 위탁받은 사인(이하 '공무원'이라 한다)이 직무를 집행하면서 고의 또는 과실로 법령을 위반하여 타인에게 손해를 입히거나, 「자동차손해배상보장법」에 따라 손해배상의 책임이 있을 때에는 이 법에 따라 그 손해를 배상하여야 한다. 다만, 군인·군무원·경찰공무원 또는 향토예비군대원이 전투·훈련 등 직무 집행과 관련하여 전사(戰死)·순직(殉職)하거나 공상(公傷)을 입은 경우에 본인이나 그 유족이 다른 법령의 규정에 따라 재해보상금·유족연금·상이연금 등의 보상을 지급받을 수 있을 때에는 이 법 및 「민법」에 따른 손해배상을 청구할 수 없다. ② 제 1 항 본문의 경우에 공무원에게 고의 또는 중대한 과실이 있으면 국가나 지방자치단체는 그 공무원에게 구상(求償)할 수 있다. ③ 제 1 항 단서에도 불구하고 전사하거나 순직한 군인·군무원·경찰공무원 또는 예비군대원의 유족은 자신의 정신적 고통에 대한 위자료를 청구할 수 있다. <신설 2025. 1. 7.>"

Ⅰ. 개　　념

국가의 과실책임이란 공무원의 과실 있는 위법행위로 인하여 발생한 손해에 대한 배상책임을 말한다.

Ⅱ. 국가배상책임의 성질

국가배상법 제 2 조에 따른 국가배상책임의 성질에 관하여는 대위책임설, 자기책임설, 중간설 등이 첨예하게 대립하고 있다.

1. 대위책임설

대위책임설이란 국가배상책임을 국가가 공무원의 개인적인 불법행위책임에 대신하여 지는 책임이라고 보는 견해이다.

대위책임설은 국가배상법상 '공무원의 과실'이 책임요건으로 되어 있다는 데에 근거한다. 즉 대위책임설은 국가배상의 대상이 되는 손해는 공무원의 과실에 따라 야기된 것이므로 과실을 범한 공무원이 배상책임을 져야 하는 것이지만, 공무원에게 자력이 없는 경우가 적지 아니하므로 피해자의 구제를 위하여 국가가 공무원에 대신하여 책임을 지는 것으로 본다.

2. 자기책임설

자기책임설이란 국가배상책임을 국가가 공무원을 대신하여 지는 배상책임이 아니라 국가 자신의 책임으로서 지는 배상책임이라고 보는 견해이다.

자기책임설에는 세 가지 다른 견해가 있다.

(1) 기관이론에 입각한 자기책임설

이 견해는 공무원의 직무상 불법행위는 기관의 불법행위가 되므로 국가는 행정기관인 공무원의 불법행위에 대하여 직접 자기책임을 진다는 견해이다.

(2) 위험책임설적 자기책임설

이 견해는 위법하게 행사될 위험성이 있는 행정권을 공무원에게 수권한 국가는 그러한 행정권이 잘못 행사되어 초래된 손해에 대하여도 책임을 져야 한다는 것으로 국가배상책임은 일종의 위험책임으로서의 자기책임이라고 보는 견해이다.

(3) 신자기책임설(절충설)

공무원이 직무수행상 경과실로 타인에게 손해를 입힌 경우에 그 공무원의 행위는 국가 등의 기관행위로 볼 수 있으므로 그 행위의 효과는 국가에 귀속되어 국가가 배상책임을 지는 것이다. 따라서 이 경우에 국가의 배상책임은 국가의 자기책임이다.

공무원의 위법행위가 고의·중과실에 기인하는 것인 때에는 그 공무원의 행위는 기관행위로서의 품격을 상실하는 것이지만 해당 공무원의 불법행위가 직무와 무관하지 않는 한 직무행위로서의 외형을 갖추게 되는 것이므로 피해자와의 관계에서는 그 공무원의 행위도 국가기관의 행위로 인정하여 국가의 자기책임을 인정할 수 있다. 따라서 이 경우에 국가의 피해자에 대한 배상책임은 일종의 자기책임이다.

기관이론에 입각한 자기책임설과 위험책임설적 자기책임설은 종래 주장되어 온 학설이므로 기존의(또는 전통적인) 자기책임설이라 할 수 있고, 절충설은 최근 주장된 이론이므로 신자기책임설이라 부를 수 있다.

3. 중 간 설

중간설은 공무원의 불법행위가 경과실에 기인한 경우에는 공무원의 행위는 기관행위가 되므로 국가의 배상책임이 자기책임이지만, 공무원의 불법행위가 고의나 중과실인 경우에 지는 국가의 배상책임은 대위책임이라고 본다.

그 논거는 다음과 같다. 공무원의 직무수행상의 불법행위가 경과실에 기인하는 경우에 해당 공무원의 행위는 국가 등의 기관행위로 볼 수 있으므로 이 경우에 국가의 배상책임은 국가의 자기책임이다. 반면에 공무원의 위법행위가 고의·중과실에 기인하는 것인 때에는 공무원의 불법행위는 기관행위로서의 품격을 상실하고 공무원 개인의 불법행위로 보아야 하며 원칙상 공무원 개인이 배상책임을 지는 것으로 보아야 하지만, 국가배상법에서 이 경우에도 국가 등이 배상책임을 지도록 하고 있는 것은 공무원에게는 자력(資力)이 없는 경우가 있으므로 배상자력이 있는 국가 등이 대신 배상책임(대위책임)을 지도록 함으로써 피해자구제를 충실히 하고자 하는 데 있다고 보아야 한다고 주장한다.

4. 판례의 입장

판례는 국가배상책임의 성질에 대하여 명시적인 입장을 표명하고 있지 않지만, 절충설(신자기책임설) 또는 중간설을 취한 것으로 보인다(대판 1996. 2. 15, 95다

38677).

5. 국가배상책임의 성질에 관한 논의의 실익

후술하는 바와 같이 국가배상책임의 성질은 공무원개념, 과실개념, 공무원의 피해자에 대한 개인책임의 범위 및 국가 등에 대한 구상책임의 성격과 밀접한 관련을 가지고 있다.

Ⅲ. 국가배상책임의 성립요건 [2006 행시 사례, 2019 변시]

국가배상법 제 2 조에 따른 국가배상책임이 성립하기 위하여는 ① 공무원이 직무를 집행하면서 타인에게 손해를 입혔을 것, ② 공무원의 가해행위는 고의 또는 과실로 법령을 위반하여 행하여졌을 것, ③ 손해가 발생하였고, 공무원의 불법한 가해행위와 손해 사이에 인과관계(상당인과관계)가 있을 것이 요구된다.

1. 공 무 원

2009년 10월 21일 개정된 국가배상법 제 2 조는 학설과 판례의 입장을 반영하여 '**공무원 또는 공무를 위탁받은 사인**'을 국가공무원법상 **공무원**으로 규정하고 있다. 국가배상법 제 2 조상의 '공무원'은 국가공무원법 또는 지방공무원법상의 공무원뿐만 아니라 널리 공무를 위탁받아 실질적으로 공무에 종사하는 모든 자를 포함한다.

[판례 1] **국가배상법 제 2 조 소정의 '공무원'의 의미**: 국가배상법 제 2 조 소정의 '공무원'이라 함은 국가공무원법이나 지방공무원법에 의하여 공무원으로서의 신분을 가진 자에 국한하지 않고, **널리 공무를 위탁받아 실질적으로 공무에 종사하고 있는 일체의 자를 가리키는 것**으로서, 공무의 위탁이 일시적이고 한정적인 사항에 관한 활동을 위한 것이어도 달리 볼 것은 아니다(대판 2001. 1. 5, 98다39060〈구상금〉: **지방자치단체가** '교통할아버지 봉사활동 계획'을 수립한 후 관할 동장으로 하여금 **'교통할아버지'를 선정**하게 하여 어린이 보호, 교통안내, 거리질서 확립 등의 **공무를 위탁**하여 집행하게 하던 중 '교통할아버지'로 선정된 노인이 위탁받은 업무 범위를 넘어 교차로 중앙에서 교통정리를 하다가 교통사고를 발생시킨 경우, **지방자치단체가 국가배상법 제 2 조 소정의 배상책임을 부담**한다고 인정한 원심의 판단을 수긍한 사례).
[판례 2] **국가나 지방자치단체에 근무하는 청원경찰도** 국가공무원법이나 지방공무원법상의 공무원은 아니지만, 직무상의 불법행위에 대하여 민법이 아닌 **국가배상법이 적용**된다(대판 1993. 7. 13, 92다47564).

공무를 위탁받은 사인(공무를 수행하는 공무수탁사인, 행정업무의 대행자, 행정보조자)

도 국가배상법상 공무원이다. 그런데 **판례**가 소집중인 향토예비군을 국가배상법상의 공무원으로 보면서(대판 1970. 5. 26, 70다471), 의용소방대원은 국가배상법상의 공무원이 아니라고 본 것(대판 1966. 6. 28, 66다808; 1975. 11. 25, 73다1896)은 타당하지 않다. 왜냐하면 의용소방대원은 화재진압을 위하여 소집되어 소방업무에 종사하기 때문이다.

> [판례] **한국토지공사(현 한국토지주택공사(LH))가 국가배상법 제 2 조상의 공무원에 해당하는지 여부(소극)**: 한국토지공사는 구 한국토지공사법 제 2 조, 제 4 조에 의하여 정부가 자본금의 전액을 출자하여 설립한 법인이고, 같은 법 제 9 조 제 4 호에 규정된 한국토지공사의 사업에 관하여는 「공익사업을 위한 토지 등의 취득 및 보상에 관한 법률」 제89조 제 1 항, 위 한국토지공사법 제22조 제 6 호 및 같은 법 시행령 제40조의3 제 1 항의 규정에 의하여 **본래 시·도지사나 시장·군수 또는 구청장의 업무에 속하는 대집행권한을 한국토지공사에게 위탁하도록 되어 있는바,** 한국토지공사는 이러한 법령의 위탁에 의하여 대집행을 수권받은 자로서 공무인 대집행을 실시함에 따르는 권리·의무 및 책임이 귀속되는 행정주체의 지위에 있다고 본 것이지, **지방자치단체 등의 기관으로서 국가배상법 제 2 조 소정의 공무원에 해당한다고 본 것은 아니다**(대판 2010. 1. 28, 2007다82950·82867).

공무를 위탁받은 공공단체는 공무수탁자이고 공무수탁사인은 아니지만, 공무수탁사인에 준하여 **국가배상법 제 2 조의 공무원으로 보는 것이 타당하다**. 그러나 **판례**는 공무를 위탁받은 공공단체 자체는 국가배상법 제 2 조 제 1 항의 공무원으로 보지 않았고, **공공단체의 직원을 국가배상법 제 2 조의 공무원으로 보았다**(대판 2010. 1. 28, 2007다82950·82967).

행정기관이 국가배상법 제 2 조 소정의 공무원이 될 수 있는지에 관하여 견해가 대립하고 있는데, **판례**는 행정기관이 실질적으로 공무를 수행하는 경우 국가배상법상의 공무원으로 본다(대판 2003. 11. 14, 2002다55304: 구 수산청장으로부터 뱀장어에 대한 수출추천 업무를 위탁받은 수산업협동조합이 수출제한조치를 취할 당시 국내 뱀장어 양식용 종묘의 부족으로 종묘확보에 지장을 초래할 우려가 있다고 판단하여 추천업무를 행하지 않은 것이 공무원으로서 타인에게 손해를 가한 때에 해당한다고 한 사례. 수산업협동조합은 공행정사무(뱀장어에 대한 수출추천업무)를 위탁받아 자신의 이름으로 처리하는 공무수탁사인인데, 공무수탁사인은 처분(수출제한조치)을 함에 있어서는 행정주체이면서 행정기관(행정청)의 지위를 갖는다).

2. 직무행위

(1) 직무행위의 의미

국가배상법 제 2 조가 적용되는 **직무행위**에 관하여 **판례 및 다수설**은 공권력 행사(권력작용) 외에 비권력적 공행정작용(관리작용)(대판 1980. 9. 24, 80다1051)을 포함하는 모든 공행정작용(公行政作用)을 의미한다고 본다.

국가 또는 공공단체라 할지라도 공권력의 행사가 아니고 순전히 대등한 지위에서 사경제의 주체로 활동하였을 경우에는 그 손해배상의 책임에 국가배상법의 규정이 적용될 수 없고 민법이 적용된다(대판 1969. 4. 22, 68다2225).

(2) 입법작용 및 사법작용

국가배상법 제 2 조의 '직무행위'에는 입법작용과 사법작용도 포함된다.

3. 직무를 집행하면서(직무관련성) [2001 입법고시 사례, 2004 사시]

공무원의 불법행위에 따른 국가의 배상책임은 공무원의 가해행위가 직무집행행위인 경우뿐만 아니라 그 자체는 직무집행행위가 아니더라도 직무와 일정한 관련이 있는 경우, 즉 **'직무를 집행하면서'** 행하여진 경우에 인정된다.

종래의 통설은 '직무를 집행하면서'의 판단에 있어 **외형설**을 취하고 있다. 외형설에 따르면 직무집행행위뿐만 아니라 실질적으로 직무집행행위가 아니더라도 외형상 직무행위로 보여질 때에는 '직무를 집행하면서 행한 행위'로 본다.

그러나 **공무원의 가해행위와 직무와의 사이의 직무관련은 '실질적·객관적 직무관련'과 엄격한 의미의 '외형상 직무관련'을 포함하는 것으로 보는 것이 타당**하다. ① 외형적 직무관련은 행위자인 공무원의 주관적 의사와 관계없이 공무원의 불법행위가 외형상 직무행위라고 판단될 수 있는지 여부가 그 판단기준이 된다. ② 이에 반하여 실질적 직무관련은 직무와 공무원의 불법행위 사이의 내용면에서의 관련 여부와 시간적·장소적·도구적 관련 등을 종합적으로 고려하여 구체적인 경우에 직무가 공무원의 불법행위에 원인을 제공하였다고 볼 수 있는지 여부가 그 판단기준이 된다.

판례가 외형설만을 취한 것으로 보는 견해가 많으나, **판례**는 외형설에 입각함과 동시에 실질적 직무관련 여부를 기준으로 하고 있고, 둘 중의 하나에만 해당하면 직무관련성을 인정하고 있다고 보아야 한다. 판례는 외형적 직무관련을 널리 인정하고 있다.

생각건대, '직무를 집행하면서'는 국가 등의 배상책임의 범위를 정하는 책임요건의 하나이므로 이론상 실질적 직무관련을 기준으로 '직무를 집행하면서'를 판단하는 것이 타당하다(실질적 직무관련성설).

[판례 1] **사고차량이 군용차량이고 운전사가 군인임이 외관상 뚜렷한 이상**, 실제는 공무집행에 속하는 것이 아니라 하여도 공무수행중의 행위로 보아야 한다(대판 1971. 3. 23, 70다2986). [해설] 외형설에 입각한 판례이다.

[판례 2] **육군중사가 훈련에 대비하여 개인 소유의 오토바이를 운전하여 사전정찰차 훈련지역 일대를 돌아보고 귀대하다가 교통사고를 일으킨 경우, 오토바이의 운전행위가 국가배상법 제 2 조 소정의 직무집행행위에 해당하는지 여부(적극)**: 국가배상법 제 2 조 소정의 "공무원이 그 직무를 집행함에 당하여"라고 함은 **직무의 범위 내에 속한 행위이거나 직무수행의 수단으로써 또는 직무행위에 부수하여 행하여지는 행위로서 직무와 밀접한 관련이 있는 것도 포함**되는 바, 육군중사가 자신의 개인소유 오토바이 뒷좌석에 같은 부대 소속 군인을 태우고 다음 날부터 실시예정인 훈련에 대비하여 사전정찰차 훈련지역 일대를 살피고 귀대하던 중 교통사고가 일어났다면, 그가 **비록 개인소유의 오토바이를 운전한 경우라 하더라도 실질적, 객관적으로 위 운전행위는 그에게 부여된 훈련지역의 사전정찰임무를 수행하기 위한 직무와 밀접한 관련이 있다고 보아야 한다**(대판 1994. 5. 27, 94다6741〈구상금〉). [해설] 실질적 직무관련성을 인정한 판례이다. 피고(대한민국)가 위 ○○○의 오토바이 운행에 관하여 어떤 지시나 관리를 하는 등 그 운행을 지배하였다거나 그로 인한 운행이익을 향유하였다는 점을 인정할 만한 아무런 증거가 없으므로 **피고가 자동차손해배상보장법 소정의 운행자의 지위에 있다 할 수 없으므로 자동차손해배상보장법이 적용될 수 없다.**

[판례 3] 공무원이 통상적으로 근무하는 근무지로 출근하기 위하여 자기 소유의 자동차를 운행하다가 자신의 과실로 교통사고를 일으킨 경우에는 특별한 사정이 없는 한 국가배상법 제 2 조 제 1 항 소정의 공무원이 '직무를 집행함에 당하여' 타인에게 불법행위를 한 것이라고 할 수 없으므로 **그 공무원이 소속된 국가나 지방공공단체가 국가배상법상의 손해배상책임을 부담하지 않는다. 그 손해배상책임은 자동차손해배상보장법이 정한 바에 의하게 되어,** 그 사고가 자동차를 운전한 공무원의 경과실에 의한 것인지 중과실 또는 고의에 의한 것인지를 가리지 않고 그 공무원이 자동차손해배상보장법 제 3 조 소정의 '자기를 위하여 자동차를 운행하는 자'에 해당하는 한 손해배상책임을 부담한다(대판 1996. 5. 31, 94다15271).

4. 법령 위반(위법) [1996·2009 사시 약술, 2019 변시]

국가배상법은 '법령 위반'을 요구하고 있는데, 학설은 일반적으로 국가배상법상의 '법령 위반'이 위법 일반을 의미하는 것으로 보고 있고 판례도 그러하다(대판 1973. 1. 30, 72다2062). 그러나 국가배상법상의 위법의 구체적 의미, 내용에 관하여 학설은 대립하고 있다.

(1) "법령"의 의미

국가배상법은 "법령" 위반을 요구하고 있는데, 여기에서 "법령"이 무엇을 의미하는지에 관하여 학설의 일반적 견해는 '법 일반'을 의미한다고 본다. 성문법령뿐만 아니라 관습법, 법의 일반원칙, 조리 등 불문법도 포함한다.

행정규칙은 법규성을 갖지 않는 한 법령에 포함되지 않는다는 견해가 일반적 견해이다.

(2) 국가배상법상 위법 개념

위법의 대상 및 판단기준을 무엇으로 보느냐에 따라서 국가배상법상의 위법 개념의 정의 및 내용이 다르게 이해될 수 있다.

1) 결과불법설

결과불법설은 국가배상법상의 위법을 가해행위의 결과인 손해의 불법을 의미한다고 보는 견해이다.

결과불법설은 민법상 불법행위책임에서는 타당한 이론이지만, 법치행정의 원칙상 행위의 위법 여부를 논하여야 하는 국가배상책임에서는 타당하지 않은 이론이다.

2) 행위위법설

행위위법설은 국가배상법상의 위법은 행위의 '법규범'에의 위반을 의미한다고 보는 견해이다.

3) 직무의무위반설

직무의무위반설은 국가배상법상의 위법을 대국민관계에서의 공무원의 직무의무 위반으로 보는 견해이다. 공무원의 직무의무는 기본적으로 국가에 대한 공무원의 내부의무이므로 직무의무 위반만으로는 위법하다고 할 수 없고, **그 직무의무가 국민의 이익에 기여하는 경우에 한하여 그 위반이 위법한 것이 된다고 한다. 즉 직무의무의 사익보호성을 국가배상법상 위법의 요소로 본다**(박종수).

4) 상대적 위법성설

상대적 위법성설은 국가배상법상의 위법성을 행위 자체의 적법·위법뿐만 아니라, 피침해이익의 성격과 침해의 정도 및 가해행위의 태양(방법) 등을 종합적으로 고려하여 행위가 객관적으로 정당성을 결여한 경우를 의미한다고 보는 견해이다. 상대적 위법성설은 **피해자와의 관계에서 상대적으로 위법성을 인정한다.** 가해행위 자체가 법을 위반한 경우에도 국가배상법상으로는 적법할 수 있고, 가해행위 자체가 법을 위반하지 않은 경우에도 국가배상법상으로 위법할 수 있다.

상대적 위법성설은 **일본의 다수설과 판례의 입장**이다. 상대적 위법성설은 **국가배상책임은 손해전보에 중점이 있으므로 국가배상법상 위법의 판단에서는 행위의 위법·적법과 함께 피침해이익을 고려하여야 한다는 데 근거**한다.

5) 판 례

① **판례는 원칙상 상대적 위법성설**을 취한 것으로 볼 수 있다. 즉 국가배상법상의 위법을 행위의 양태와 목적, 피해자의 관여 여부와 정도, 침해된 이익의 종류와 손해의 정도, 손해의 전보책임을 국가가 부담할 만한 실질적 이유가 있는지 등 여러 사정을 종합적으로 고려하여 **객관적 정당성을 상실한 것**으로 본다. 국가배상책임에 있어서 법령 위반(위법)이란 "엄격한 의미의 법령위반뿐만 아니라 인권존중·권력남용금지·신의성실과 같이 공무원으로서 마땅히 지켜야 할 준칙이나 규범을 지키지 않고 위반한 경우를 비롯하여 널리 **그 행위가 객관적인 정당성을 결여하고 있음을 뜻하는 것이다**"(대판 2020. 4. 29, 2015다224797; 대판 2015. 8. 27, 2012다204587[49]). 통설의 입장이기도 하다. 지나치게 좁은 수용시설에 교정시설 수용자를 수용한 행위로 인하여 수용자의 인간으로서의 존엄과 가치가 침해된 경우를 그 예로 들고 있다(대판 2022. 7. 14, 2017다266771).

> **[판례]** 국가배상책임에 있어 공무원의 가해행위는 법령을 위반한 것이어야 하고, **법령을 위반하였다 함**은 엄격한 의미의 법령 위반뿐 아니라 인권존중, 권력남용금지, 신의성실과 같이 공무원으로서 마땅히 지켜야 할 준칙이나 규범을 지키지 아니하고 위반한 경우를 포함하여 널리 **그 행위가 객관적인 정당성을 결여하고 있음을 뜻하는 것**이므로, 경찰관이 범죄수사를 함에 있어서 경찰관으로서 의당 지켜야 할 법규상 또는 조리상의 한계를 위반하였다면 이는 법령을 위반한 경우에 해당한다(대판 2008. 6. 12, 2007다64365).

② **판례**가 행위위법설을 취한 경우도 있다. 행위위법설을 취한 경우에는 가해행위(행정권의 행사 또는 불행사)의 법에의 위반을 위법으로 보고, 이 경우에 통상 위법과 과실은 별도로 판단한다.

> **[판례]** 국가배상책임은 공무원의 직무집행이 법령에 위반한 것임을 요건으로 하는 것으

49) 수사과정에서 여자 경찰관이 실시한 여성 피의자에 대한 신체검사가 그 방식 등에 비추어 피의자에게 큰 수치심을 느끼게 하였을 것으로 보이는 등 피의자의 신체의 자유를 침해하였다고 본 사례.

로서, 공무원의 직무집행이 법령이 정한 요건과 절차에 따라 이루어진 것이라면 특별한 사정이 없는 한 이는 법령에 적합한 것이고 그 과정에서 개인의 권리가 침해되는 일이 생긴다고 하여 그 법령적합성이 곧바로 부정되는 것은 아니라고 할 것인바, **불법시위를 진압하는 경찰관들의 직무집행이 법령에 위반한 것이라고 하기 위하여는** 그 시위진압이 불필요하거나 또는 불법시위의 태양 및 시위 장소의 상황 등에서 예측되는 피해 발생의 구체적 위험성의 내용에 비추어 **시위진압의 계속 수행 내지 그 방법 등이 현저히 합리성을 결하여 이를 위법하다고 평가할 수 있는 경우**이어야 한다(대판 1997. 7. 25, 94다2480: 경찰관들의 시위진압에 대항하여 시위자들이 던진 화염병에 의하여 발생한 화재로 인하여 손해를 입은 주민의 국가배상청구를 인정한 원심판결을 법리오해를 이유로 파기한 사례).

6) 결어

행위위법설이 타당하다. 이 견해는 공무원의 손해방지의무를 인정한다. 공무원의 손해방지의무 위반으로 인한 국가배상책임이 인정되는 대표적인 분야는 경찰행정분야이다. 경찰공무원은 국민의 생명·신체·재산의 안전을 보장할 일반적 의무를 지게 되고, 국민의 생명·신체·재산의 안전에 구체적 위험이 초래된 경우에 경찰공무원은 구체적인 손해방지의무를 지게 되는 것이다.

(3) 국가배상법상 위법의 유형

1) 행위 자체의 법 위반

행정처분의 위법과 같이 공권력 행사 자체가 가해행위인 경우에는 공권력 행사 자체의 법에의 위반 여부가 위법의 판단기준이 된다.

2) 행위의 집행방법상 위법

① 행위 자체(예 교통법규 위반 도주차량에 대한 순찰차의 추적행위)는 적법하나 그 집행방법상 위법(예 추적의 개시·계속 혹은 추적의 방법이 상당하지 않은 경우)이 인정되는 경우이다. 이 경우에는 집행방법에 관한 명문의 규정이 있는 경우 그 위반이 위법이고, 집행방법에 관하여 명문의 규정이 없는 경우에도 손해방지의무 위반이 있으면 위법이 인정된다. ② 행정상 즉시강제 자체는 적법하나 즉시강제를 수행하는 과정에서 법령 위반 또는 손해방지의무 위반으로 손해를 발생시킨 경우 위법성이 인정된다.

[판례] 경찰관이 교통법규 등을 위반하고 도주하는 차량을 순찰차로 추적하는 행위는 적법하나 **그 추적이 해당 직무 목적을 수행하는 데에 불필요하다거나** 또는 도주차량의 도주의 태양 및 도로교통상황 등으로부터 예측되는 피해발생의 구체적 위험성의 유무 및 내용에

비추어 **추적의 개시·계속 혹은 추적의 방법이 상당하지 않다는 등의 특별한 사정이 있는 경우에는 국가배상법상 위법이 인정**된다(대판 2000. 11. 10, 2000다26807: 경찰관이 교통법규 등을 위반하고 도주하는 차량을 순찰차로 추적하는 직무를 집행하는 중에 그 도주차량의 주행에 의하여 제 3 자가 손해를 입은 사건에서 위법성을 부정한 사례. 추적행위 자체는 적법하나 추적방법상의 위법(손해방지의무위반)이 있는 경우 통상 과실도 인정된다).

3) 직무의무 위반으로서의 위법[2013 사시]

공무원의 직무상 의무가 문제되는 경우가 있는데, 이 경우에는 공무원의 직무상 의무위반이 위법이 된다. 직무상 의무위반이 국가배상법상 위법으로 판단되는 대표적인 경우는 ① 입법행위 또는 사법행위(司法行爲)의 국가배상법상 위법과 ② 직무상 손해방지의무 위반으로서의 위법의 경우이다.

직무상 의무는 법령에서 명시적으로 규정하고 있는 경우도 있고, 법령에 명시적인 규정이 없는 경우에도 법질서 및 조리로부터 도출되는 경우도 있다. 공무원의 일반적인 직무상 손해방지의무는 법령에 명시적인 규정이 없이 인정되는 직무상 의무의 대표적인 예이다.

[판례] 수사기관은 수사 등 직무를 수행할 때에 헌법과 법률에 따라 국민의 인권을 존중하고 공정하게 하여야 하며 실체적 진실을 발견하기 위하여 노력하여야 할 법규상 또는 조리상의 의무가 있고, **특히 피의자가 소년 등 사회적 약자인 경우에는 수사과정에서 방어권 행사에 불이익이 발생하지 않도록 더욱 세심하게 배려할 직무상 의무가 있다.** 따라서 경찰관은 피의자의 진술을 조서화하는 과정에서 조서의 객관성을 유지하여야 하고, **고의 또는 과실로 위 직무상 의무를 위반**하여 피의자 신문조서를 작성함으로써 피의자의 방어권이 실질적으로 침해되었다고 인정된다면, 국가는 그로 인하여 피의자가 입은 손해를 배상하여야 한다(대판 2020. 4. 29, 2015다224797).

직무상 의무위반이 국가배상법상 위법이 되기 위해 직무상 의무의 사익보호성이 요구되는지에 관하여 견해의 대립이 있다. ① 직무의무위반설에서는 직무상 의무의 사익보호성을 요구하고 있다. ② 그러나 법치행정의 원칙에 비추어 공권력 행사가 법을 위반하면 위법으로 보는 것이 타당하므로 직무상 의무의 사익보호성을 위법의 조건으로 요구하는 것은 타당하지 않고, 직무상 의무가 법적 의무인 한 그 위반은 위법으로 보아야 할 것이다(부정설). ③ 판례도 직무상 의무의 사익보호성을 위법의 요소로 보지 않는다. 과거 판례 중에는 직무상 의무의 사익보호성을 위법성의 요소로 요구한 판례가 있었지만(대판 2001. 3. 9, 99다64278), 현재의 판례는 직무상 의무의 사익보호성을 위법성의 요소로 보지 않고, 상당인과관계의 요소로 보고 있다(대판 2010. 9. 9, 2008다77795).

[판례] (1) 경찰관은 그 직무를 수행함에 있어 헌법과 법률에 따라 국민의 자유와 권리를 존중하고 범죄피해자의 명예와 사생활의 평온을 보호할 법규상 또는 조리상의 의무가 있고, 특히 이 사건과 같이 성폭력범죄의 피해자가 나이 어린 학생인 경우에는 수사과정에서 또다른 심리적·신체적 고통으로 인한 가중된 피해를 입지 않도록 더욱 세심하게 배려할 직무상 의무가 있다. (2) **공무원에게 부과된 직무상 의무의 내용**이 단순히 공공 일반의 추상적 이익을 위한 것이거나 행정기관 내부의 질서를 규율하기 위한 것이 아니고 **전적으로 또는 부수적으로 사회구성원 개인의 구체적 안전과 이익을 보호하기 위하여 설정된 것**이라면, 공무원이 그와 같은 **직무상 의무를 위반**함으로써 개인이 입게 된 손해는 상당인과관계가 인정되는 범위 안에서 국가가 그에 대한 **배상책임을 부담**하여야 한다(대판 2008. 6. 12, 2007다64365: 성폭력범죄의 수사를 담당하거나 수사에 관여하는 경찰관이 위와 같은 직무상 의무에 반하여 피해자의 인적 사항 등을 공개 또는 누설하였다면 국가는 그로 인하여 피해자가 입은 손해를 배상하여야 한다고 한 사례).

행정규칙에서 정한 공무원의 직무상 의무의 위반은 원칙상 위법이 되지 않는다. 다만, 「총기사용 안전수칙」과 같이 행정규칙에서 정한 공무원의 직무상 의무가 안전 등과 관련이 있어 법질서 및 조리에 의해 요구되는 법적 의무인 손해방지의무(안전관리의무)에 해당하는 경우에는 결과적으로 그 위반이 위법이 될 수 있다. 행정규칙 위반이 위법이 아니라 법질서 및 조리에 의해 요구되는 법적 의무인 손해방지의무(안전관리의무) 위반이 위법한 것이다.

4) 부작위에 의한 손해배상책임[1997 사시 사례, 2001 입법고시 사례, 2009 사시 사례, 2011 행시(재경직) 사례, 2016 사시 사례]

① 부작위에 의한 국가배상에서의 부작위는 신청을 전제로 하지 않는다. 따라서 국가배상법상 부작위는 행정권의 불행사를 의미한다. 또한 작위의무는 직무상 의무를 의미하므로 부작위는 직무상 의무위반을 의미한다.

② **판례**는 형식적 의미의 법령에 명시적으로 공무원의 작위의무가 규정되어 있지 않음에도 일정한 경우에 관련규정에 비추어 조리상 위험방지작위의무를 인정하고 있다(대판 2005. 6. 10, 2002다53995).

[판례] 관련 공무원에 대하여 작위의무를 명하는 법령의 규정이 없는 경우, 공무원의 부작위로 인한 국가배상책임을 인정할 것인지 판단하는 방법: **국민의 생명·신체·재산 등에 대하여 절박하고 중대한 위험상태가 발생하였거나 발생할 상당한 우려가 있어서** 국민의 생명 등을 보호하

는 것을 본래적 사명으로 하는 국가가 초법규적·일차적으로 그 위험의 배제에 나서지 아니하면 국민의 생명 등을 보호할 수 없는 경우(달리 말하면 재량권이 영으로 수축하는 경우)에는 **형식적 의미의 법령에 근거가 없더라도 국가나 관련 공무원에 대하여 그러한 위험을 배제할 작위의무를 인성할 수 있을 것이다.** 그러니 **그와 같은 절박하고 중대한 위험상태가 발생하였거나 발생할 상당한 우려가 있는 경우가 아닌 한, 원칙적으로 공무원이 관련 법령에서 정하여진 대로 직무를 수행하였다면 그와 같은 공무원의 부작위를 가지고 '고의 또는 과실로 법령을 위반'하였다고 할 수는 없다.** 따라서 공무원의 부작위로 인한 국가배상책임을 인정할 것인지 여부가 문제되는 경우에 관련 공무원에 대하여 작위의무를 명하는 법령의 규정이 없는 때라면 공무원의 부작위로 인하여 침해되는 국민의 법익 또는 국민에게 발생하는 손해가 어느 정도 심각하고 절박한 것인지, 관련 공무원이 그와 같은 결과를 예견하여 그 결과를 회피하기 위한 조치를 취할 수 있는 가능성이 있는지 등을 **종합적으로 고려하여 판단**하여야 한다(대판 2021. 7. 21, 2021두33838).

③ **판례**는 직무상 의무의 사익보호성을 상당인과관계의 요소로서 요구한다. 즉 공무원에게 부과된 직무상 작위의무의 내용이 단순히 공공 일반의 이익을 위한 것이거나 행정기관 내부의 질서를 규율하기 위한 것이 아니고 전적으로 또는 부수적으로 사회구성원 개인의 안전과 이익을 보호하기 위하여 설정된 것이어야 국가배상책임이 인정된다고 한다(대판 1993. 2. 12, 91다43466).

[판례 1] [1] **공무원의 직무상 의무위반으로 국가가 배상책임을 부담하게 되는 경우의 직무상 의무의 내용과 상당인과관계의 판단기준: 공무원에게 부과된 직무상 의무의 내용**이 단순히 공공 일반의 이익을 위한 것이거나 행정기관 내부의 질서를 규율하기 위한 것이 아니고 **전적으로 또는 부수적으로 사회구성원 개인의 안전과 이익을 보호하기 위하여 설정된 것이라면, 공무원이 그와 같은 직무상 의무를 위반함으로 인하여 피해자가 입은 손해에 대하여는 상당인과관계가 인정되는 범위 내에서 국가가 배상책임을 지는 것**이고, 이때 상당인과관계의 유무를 판단함에 있어서는 일반적인 결과발생의 개연성은 물론 직무상 의무를 부과하는 법령 기타 행동규범의 목적이나 가해행위의 태양 및 피해의 정도 등을 종합적으로 고려하여야 할 것이다. [2] **선박안전법이나 유선및도선업법의 각 규정이 공공의 안전 외에 일반인의 인명과 재화의 안전보장도 그 목적으로 하는지 여부(적극):** 선박안전법이나 유선및도선업법의 각 규정은 공공의 안전 외에 일반인의 인명과 재화의 안전보장도 그 목적으로 하는 것이라고 할 것이므로 국가 소속 선박검사관이나 시 소속 공무원들이 직무상 의무를 위반하여 시설이 불량한 선박에 대하여 선박중간검사에 합격하였다 하여 선박검사증서를 발급하고, **해당 법규에 규정된 조치를 취함이 없이 계속 운항하게 함으로써 화재사고가 발생한 것이라면, 화재사고와 공무원들의 직무상 의무위반행위와의 사이에는 상당인과관계가 있다**(대판 1993. 2. 12, 91다43466[50])).

50) 이 사건의 개요는 다음과 같다. **극동호라는 유람선의 운항중** 노후된 기관이 과열되었고, 그 기

[판례 2] [1] 일반적으로 국가 또는 지방자치단체가 권한을 행사할 때에는 국민에 대한 손해를 방지하여야 하고, 국민의 안전을 배려하여야 하며, 소속 공무원이 전적으로 또는 부수적으로라도 국민 개개인의 안전과 이익을 보호하기 위하여 법령에서 정한 직무상의 의무에 위반하여 국민에게 손해를 가하면 상당인과관계가 인정되는 범위 안에서 국가 또는 지방자치단체가 배상책임을 부담하는 것이지만, 공무원이 직무를 수행하면서 그 근거되는 **법령의 규정에 따라 구체적으로 의무를 부여받았어도 그것이 국민의 이익과는 관계없이 순전히 행정기관 내부의 질서를 유지하기 위한 것이거나, 또는 국민의 이익과 관련된 것이라도 직접 국민 개개인의 이익을 위한 것이 아니라 전체적으로 공공 일반의 이익을 도모하기 위한 것이라면 그 의무에 위반하여 국민에게 손해를 가하여도 국가 또는 지방자치단체는 배상책임을 부담하지 아니한다.** [2] 상수원수 2급에 미달하는 상수원수는 고도의 정수처리 후 사용하여야 한다는 환경정책기본법령상의 의무 역시 위에서 본 수질기준 유지의무와 같은 성질의 것이므로, **지방자치단체가 상수원수의 수질기준에 미달하는 하천수를 취수하거나 상수원수 3급 이하의 하천수를 취수하여 고도의 정수처리가 아닌 일반적 정수처리 후 수돗물을 생산·공급하였다고 하더라도, 그렇게 공급된 수돗물이 음용수 기준에 적합하고 몸에 해로운 물질이 포함되어 있지 아니한 이상, 지방자치단체의 위와 같은 수돗물 생산·공급행위가 국민에 대한 불법행위가 되지 아니한다고 한 사례**(대판 2001. 10. 23, 99다36280〈정수처리규정 위반사건〉).

④ 행정권의 행사 또는 불행사는 재량행위인 경우가 많다. i) 이 경우에는 재량권이 영으로 수축하는 경우 및 비례의 원칙에 반하는 경우 등 재량권의 일탈·남용의 경우에 행정기관의 부작위가 위법하게 된다. ii) **판례**는 재량권(행정입법상 재량권 포함)의 불행사가 현저하게 합리성을 잃어 사회적 타당성이 없는 경우에는 객관적 정당성을 상실하여 위법하고, 이 경우 특별한 사정이 없으면 과실도 인정된다고 한다.

[판례] 판례는 입법재량이 인정되는 행정입법부작위로 인한 손해배상도 재량권 행사에 따른 행정권한의 불행사로 인한 손해배상에서와 같은 기준에 따라 배상하여야 한다고 보고 있다. 즉 법률이 행정청에 대하여 행정입법을 할 재량을 부여하였다 하더라도, 그 재량을 부여한 취지와 목적에 비추어 **행정청이 행정입법의 권한을 행사하지 아니한 것이 현저하게 합리성을 잃어 사회적 타당성이 없는 경우**에는 그 부작위가 객관적 정당성을 상실하였다고 볼 수 있고(위법하다고 볼 수 있고), 객관적 정당성을 상실하였다고 볼 수 있는 경우

관으로부터 약 1.3미터 떨어진 배기관에 파공이 3개소 생겼고, 그 파공을 통해 발화성 배기가스와 불씨 등이 튀어 나와 인근의 기름이 묻은 선체벽에 붙어 화재가 발생하였다. 그 때 위 선박의 기관장 등이 소화기로 진화코자 하였으나 소화기의 안전핀이 뽑히지 아니하여 조기에 진화하지 못한 까닭에 **90명 중 36명이 익사 또는 소사**하였다. 이에 원고는 마산지방해운항만청 **충무출장소 공무원**이 선박안전법 제 5 조 제 1 항에 의한 선박검사를 함에 있어 **검사의무를 태만**하였고, **충무시장**은 유선 및 도선업법 제 5 조 제 3 호상의 **감독의무를 태만**하여 이와 같은 사고가 났다고 주장하며 국가와 충무시를 상대로 손해배상을 청구하였다.

에는 특별한 사정이 없으면 국가배상법 제 2 조 제 1 항에서 정한 공무원의 과실도 인정된다(대판 전원합의체 2024. 12. 19, 2022다289051: 위법한 부진정행정입법 부작위(불충분 또는 불완전한 행정입법)로 인해 장애인 접근권이 침해되었다고 주장하면서 국가배상으로 위자료를 청구한 사건).

그렇지만 판례가 재량행위인 행정권한의 불행사의 위법을 현저한 합리성의 결여라는 추상적인 기준에 의해 판단하는 것은 문제가 있다. 재량행위인 행정권한의 불행사의 위법은 재량권의 영으로의 수축이론에 의해 판단하는 것이 타당하다.

[판례 1] 소방공무원의 행정권한 행사가 관계법률의 규정 형식상 소방공무원의 재량에 맡겨져 있다고 하더라도 소방공무원에게 그러한 권한을 부여한 취지와 목적에 비추어 볼 때 구체적인 상황 아래에서 소방공무원이 **그 권한을 행사하지 않은 것이 현저하게 합리성을 잃어 사회적 타당성이 없는 경우에는 소방공무원의 직무상 의무를 위반한 것으로서 위법하게 된다고 한 사례**(대판 2008. 4. 10, 2005다48994〈군산시 윤락가 화재사건〉).

[판례 2] 범죄의 예방·진압 및 수사는 경찰관의 직무에 해당하며 그 직무행위의 구체적 내용이나 방법 등이 경찰관의 전문적 판단에 기한 합리적인 재량에 위임되어 있으므로, 경찰관이 구체적 상황하에서 그 인적·물적 능력의 범위 내에서의 적절한 조치라는 판단에 따라 범죄의 진압 및 수사에 관한 직무를 수행한 경우, 경찰관에게 그와 같은 권한을 부여한 취지와 목적, 경찰관이 다른 조치를 취하지 아니함으로 인하여 침해된 국민의 법익 또는 국민에게 발생한 손해의 심각성 내지 그 절박한 정도, 경찰관이 그와 같은 결과를 예견하여 그 결과를 회피하기 위한 조치를 취할 수 있는 가능성이 있는지 여부 등을 종합적으로 고려하여 볼 때, 그것이 **객관적 정당성을 상실하여 현저하게 불합리하다고 인정되지 않는다면 그와 다른 조치를 취하지 아니한 부작위를 내세워 국가배상책임의 요건인 법령위반에 해당한다고 할 수 없다**(대판 2008. 4. 24, 2006다32132: 경찰관이 음주운전단속시 운전자의 요구에 따라 곧바로 채혈을 실시하지 않은 채 호흡측정기에 의한 음주측정을 하고 1시간 12분이 경과한 후에야 채혈을 하였다는 사정만으로는 위 행위가 법령에 위배된다거나 객관적 정당성을 상실하여 운전자가 음주운전단속과정에서 받을 수 있는 권익이 현저하게 침해되었다고 단정하기 어렵다고 본 사례).

⑤ 행정권의 발동이 기속행위인 경우에는 부작위가 곧 위법이 된다.

⑥ 법정의 직무상 의무 위반은 이론상 그것만으로 위법인 것으로 보아야 한다. 그런데 **판례**는 직무상 의무 위반이 위법이 되기 위하여는 직무상 의무 위반이 직무에 충실한 보통 일반의 공무원을 표준으로 객관적 정당성을 상실하였다고 인정될 정도에 이른 때에 해당하여야 한다고 본다(대판 2016. 8. 25, 2014다225083).

⑦ 이론상 위법과 과실은 구별된다. 그런데 판례가 취하는 행정권의 불행사

또는 직무상 의무 위반의 위법 판단 기준에 비추어 볼 때 행정권의 불행사(부작위 또는 거부) 또는 직무상 의무위반이 위법하면 원칙상 고의 또는 과실이 있다고 볼 수 있다. 특히 신청이 있었던 경우에는 피해의 예견가능성이 있었다고 할 수 있으므로 더욱 그러하다.

5) 입법작용의 위법

입법작용으로 인한 국가배상책임에 있어서는 국회의원 개개인의 입법활동상의 위법 및 과실이 문제되는 것이 아니라 합의체로서의 국회의 입법활동상의 위법 및 과실이 문제된다.

입법작용의 위법은 법률의 위헌이 아니라 입법과정에서의 국회(국회의원)가 지는 국민에 대한 직무상 의무의 위반을 위법으로 보는 것이 판례의 입장이다(대판 1997. 6. 13, 96다56115). 판례와 같은 입장을 취하는 경우 위법과 과실은 동시에 판단된다. 판례는 입법내용이 헌법의 문언에 명백히 위반되는 등 특수한 경우에 한하여 위법 및 과실을 인정하고 있다(대판 2008. 5. 29, 2004다33469〈거창사건〉).

6) 사법(司法)작용의 위법

판결이 상소심이나 재심에서 취소되었다는 것만으로 국가배상법상 위법이 인정되지는 않는다. 재판행위로 인한 국가배상책임의 인정에 있어서 위법은 판결 자체의 위법이 아니라 법관의 재판상 직무수행에 있어서의 공정한 재판을 위한 직무상 의무의 위반으로서의 위법이다.

판례는 재판행위의 국가배상법상의 위법성을 '법관이 위법 또는 부당한 목적을 가지고 재판을 하였다거나 법이 법관의 직무수행상 준수할 것을 요구하고 있는 기준을 현저하게 위반하는 등 법관이 그에게 부여된 권한의 취지에 명백히 어긋나게 이를 행사하였다고 인정할 만한 특별한 사정이 있는 경우'에 한하여 제한적으로 인정하고 있다(대판 2003. 7. 11, 99다24218: 헌법재판소 재판관이 청구기간 내에 제기된 헌법소원심판청구사건에서 청구기간을 오인하여 각하결정을 한 경우, 이에 대한 불복절차 또는 시정절차가 없는 때에는 국가배상책임〈위법성〉을 인정할 수 있다고 한 사례).

7) 행정규칙 위반

행정규칙의 대외적인 법적 구속력이 인정되지 않는 한 원칙상 행정규칙 위반만으로 가해행위가 위법하게 되지 않는다.

그러나 총기사용의 안전수칙과 같이 손해방지를 위한 안전성확보의무를 정하는 행정규칙을 위반한 가해행위는 그 행정규칙이 위법이 아닌 한 그 위법성과 과실이 인정된다고 보아야 한다. 행정규칙을 위반하여 위법인 것이 아니라 조리상 손해방지의무(안전관리의무)를 위반하여 위법하게 되는 것이며 공무원은 행정규칙을 알고 있어야 하므로 과실이 인정되는 것이다.

8) 재량행위의 위법

재량권의 일탈 또는 남용의 경우에는 항고소송에서와 같이 국가배상소송에서도 위법성을 인정하나, 부당에 그치는 재량권 행사의 과오는 위법성을 구성하지 않는 것으로 보는 데 학설은 일치하고 있다.

그리고 앞에서 서술한 바와 같이 판례는 재량권의 불행사가 현저하게 불합리하여 위법하다고 판단되는 경우 특별한 사정이 없으면 과실도 인정된다고 한다.

(4) 행정소송법상의 위법과 국가배상법상의 위법과 과실

1) 위법의 인정영역

국가배상소송상의 위법이 문제되는 범위는 항고소송상 위법이 문제되는 범위보다 넓다. ① 항고소송에서의 위법판단은 행정처분(권력적 사실행위 포함)에 한정되는 반면에, 국가배상청구소송에서의 위법은 모든 공행정작용(비권력적 공행정작용 포함) 및 입법작용과 사법작용에 대하여 행하여진다. 그리고 ② 항고소송에서의 부작위의 위법은 신청을 전제로 한 응답의무 위반을 의미하지만, 국가배상에서의 부작위의 위법은 신청을 전제로 하지 않고, 특정한 내용의 작위의무의 위반을 의미한다. 그리고 ③ 권력적 사실행위가 항고소송의 대상이 될 수 있다 할지라도 항고소송의 요건으로 소의 이익이 요구되므로 권력적 사실행위의 위법성이 항고소송에서 다투어지는 것은 예외적인 경우(계속적 성질을 갖는 권력적 사실행위의 경우)에 한정된다. 이에 반하여 국가배상소송에서는 법률행위보다도 사실행위에 의한 손해의 배상이 보다 빈번히 문제된다. 또한 국가배상소송에서는 공권력 행사 자체의 위법뿐만 아니라 행위(공권력 행사)의 태양(수단 또는 방법)의 위법이 또한 문제가 된다.

2) 국가배상법상의 위법과 항고소송의 위법의 이동(異同)과 취소소송판결의 국가배상소송에 대한 기판력

취소판결에 의해 인정된 처분의 위법성에 대한 기판력(재판이 확정된 때에는 소송당사자는 동일한 소송물에 대하여는 다시 소를 제기할 수 없고, 설령 제기되어도 상대방은 기판사항(旣判事項)이라는 항변을 할 수 있으며, 법원도 일사부재리의 원칙에 따라 확정판결과 내용적으로 모순되는 판단을 하지 못하는 효력)이 국가배상소송에서 가해행위인 해당 처분의

위법성 판단에 미치는가 하는 것이 문제된다.

항고소송에서의 위법성 인정의 기판력은 항고소송의 위법과 국가배상의 위법이 동일한 한에서 국가배상청구소송에서의 위법성 판단에 미치지만, 과실판단에는 미치지 않는다. 즉 가해행위인 처분에 대해 취소판결이 내려진 경우에도 취소판결의 기판력은 불법행위의 인정에는 미치지 않는다. 왜냐하면 취소판결의 기판력은 처분이 위법하다는 것에 미치지만 공무원의 고의 또는 과실에는 미치지 않는데, 불법행위가 인정되기 위하여는 가해행위가 위법할 뿐만 아니라 고의 또는 과실이 있어야 하기 때문이다(대판 2007. 5. 10, 2005다31828). 따라서 어떠한 행정처분이 항고소송에서 취소되었다고 할지라도 그 기판력으로 곧바로 국가배상책임이 인정될 수는 없다(대판 2022. 4. 28, 2017다233061).

[판례] **개간허가 취소처분**이 후에 행정심판 또는 행정소송에서 **취소되었으나** 담당공무원에게 객관적 주의의무를 결한 **직무집행상의 과실이 없다는 이유로 국가배상책임을 부인**한 사례(대판 2000. 5. 12, 99다70600).

그리고 위법이 동일하기 위하여는 위법의 대상이 되는 행위와 위법의 기준 및 내용이 동일하여야 한다.

따라서 다음과 같은 결론이 도출된다(개별적 결정설). ① 국가배상소송에서 처분 자체의 위법이 문제된 경우에는 항고소송 판결의 기판력이 당연히 미친다. ② 위법 판단의 대상이 다른 경우 당연히 기판력이 미치지 않는다. 공무원의 직무상 손해방지의무 위반으로서의 위법, 즉 행위의 태양의 위법이 문제되는 경우에는 항고소송상의 위법과 판단의 대상과 내용을 달리 하므로 항고소송판결의 기판력이 이 경우에는 미치지 않는다. 따라서 적법한 공권력 행사에 부수되는 공무원의 직무상 손해방지의무위반으로서의 위법이 인정되는 경우(예 추적방법이 잘못된 순찰차의 추적행위)에는 적법한 행위(행위 자체의 적법)를 집행하는 과정에서 불법행위(예 행위 태양의 위법)가 성립될 수 있게 된다. ③ 국가배상법상 위법의 판단에서 행위의 위법·적법과 함께 피침해이익을 고려하여야 하는 상대적 위법성설을 취하는 경우 위법의 기준과 내용이 다르므로 취소판결의 기판력이 미치지 않는다.

5. 고의 또는 과실 [2009 사시, 2019 변시]

(1) 과실의 개념

1) 주관설과 과실 개념의 객관화

봉설 또는 판례에 따른 국가배상법상 과실은 원칙적으로 주관적 개념이다.

주관설은 과실을 '해당 직무를 담당하는 평균적 공무원이 통상 갖추어야 할 주의의무를 해태한 것'을 의미한다고 본다(대판 1987. 9. 22, 87다카1164). 고의란 일정한 결과가 발생하리라는 것을 알면서도 행위를 행하는 것을 말한다.

[판례] **등기관의 직무집행상 과실:** 등기부 표제부 건물내역란에 건물용도가 '유치원'으로 기재되어 있는 부동산에 관하여 근저당권설정등기신청을 받은 등기관이 부동산 소유자인 등기의무자가 유치원 경영자가 아니거나 위 부동산이 실제로 유치원 교육에 사용되지 않고 있다는 소명자료를 요구하지 않은 채 등기신청을 수리하여 근저당권설정등기를 마친 사안에서, **등기관에게 등기업무를 담당하는 평균적 등기관이 갖추어야 할 통상의 주의의무를 다하지 않은 직무집행상 과실이 있다**고 본 원심판단을 정당하다고 한 사례(대판 2011. 9. 29, 2010다5892).

주관설의 논거는 국가배상법이 국가배상법상 과실을 공무원의 과실로 규정하고 있다는 데 있다.

그런데 주관설은 피해자구제의 관점에서 과실개념을 객관화하고자 노력하고 있다(객관적 주관설). 판례는 객관적 주관설을 취하고 있다. 즉 ① 국가배상법상의 과실은 해당 가해공무원의 주의능력을 기준으로 하여 판단되지 않고, 해당 직무를 담당하는 평균적 공무원의 주의능력을 기준으로 판단되는 추상적 과실을 의미한다. ② 또한 그 위반이 과실로 되는 공무원의 주의의무는 해당 직무를 담당하는 평균적 공무원이 해당 직무의 수행을 위하여 통상(즉 사회통념상) 갖추어야 할 주의의무이다. ③ 그리고 가해행위가 공무원의 행위에 의한 것으로 보여지는 한 가해공무원의 특정은 필요하지 않다. 불특정 다수 공무원의 '집단과실'을 묻는 대법원 판례(대판 2023. 1. 12, 2021다201184: 위헌·무효임이 명백한 **긴급조치 제9호의 발령부터 적용·집행에 이르는 일련의 국가작용**은 전체적으로 보아 공무원이 직무를 집행하면서 객관적 주의의무를 소홀히 하여 (과실이 인정되고), 그 직무행위가 객관적 정당성을 상실한 것으로서 위법하다고 한 사례)도 있다.

[판례] 국가 소속 전투경찰들이 시위진압을 함에 있어서 합리적이고 상당하다고 인정되

는 정도로 가능한 한 최루탄의 사용을 억제하고 또한 최대한 안전하고 평화로운 방법으로 시위진압을 하여 그 시위진압과정에서 타인의 생명과 신체에 위해를 가하는 사태가 발생하지 아니하도록 하여야 하는데도, **이를 게을리한 채 합리적이고 상당하다고 인정되는 정도를 넘어 지나치게 과도한 방법으로 시위진압을 한 잘못으로 시위 참가자로 하여금 사망에 이르게 하였다는 이유로 국가의 손해배상책임을 인정**하되, 피해자의 시위에 참가하여 사망에 이르기까지의 행위를 참작하여 30% 과실상계를 한 원심판결은 타당하다"고 한 사례(대판 1995. 11. 10, 95다23897).

2) 객 관 설

최근의 유력한 소수설은 프랑스의 입법례에서와 같이 국가배상법상의 과실을 객관적으로 파악하여 '국가작용의 흠'으로 보고 있다.

3) 결 어

공무원은 통상 행정기관으로서 활동하고, 피해자구제를 위해 가능한 한 위법·무과실을 배제하는 것이 타당하므로 객관설이 타당하다.

대위책임설에서는 주관설을 취하는 것이 논리적이고, 기관이론에 입각한 자기책임설 또는 신자기책임설에서는 주관설 또는 객관설을 취할 수 있다.

(2) 과실의 입증책임

판례에 따르면 과실의 입증책임은 민법상 불법행위책임에서와 마찬가지로 피해자인 국민에게 있다.

6. 위법과 과실의 관계

(1) 국가배상법상의 위법과 과실의 개념 및 판단

국가배상법상의 위법과 과실은 원칙상 별개의 개념이다. 국가배상법상 위법성은 가해행위의 법 위반이라는 객관적 개념이고, 과실은 가해공무원의 귀책사유로서 공무원의 평균적 주의의무 위반이라는 '주관적 개념'이다. 따라서 상대적 위법성설을 취하든 행위위법설을 취하든 국가배상법상 위법과 과실은 별개의 요건이고 원칙상 별도로 판단된다.

그런데 상대적 위법성설에 따르면 국가배상법상 위법을 판단함에 있어서 행위 자체의 법 위반뿐만 아니라 가해자의 관여 정도 및 가해행위의 태양 등 가해자의 귀책사유에 해당하는 부분도 판단기준에 포함된다. 따라서 상대적 위법성설에 따른 위법의 판단에서 실제로 가해자의 귀책사유가 포함되어 판단되었다고 볼 수 있는 경우에는 위법성 판단만으로 과실도 인정된다고 볼 수 있다. 실제로 판례는 행정권의 불행사로 인한 손해에 대한 배상에서는 위법성이 인정되면 과실도 인정된다고 보고 있다.

행위위법설에 따르면 위법과 과실은 별도로 판단된다. 다만, 과실의 개념에 관하여 객관설을 취하는 경우 상대적 위법성설을 취하든 행위위법성설을 취하든 위법이면 원칙상 과실도 인정된다고 보아야 한다. 그 이유는 국가배상법상 과실은 객관설에 따르면 '국가작용의 흠'인데, 위법은 '국가작용의 흠'에 해당하기 때문이다.

(2) 위법·무과실의 문제

현행 국가배상법에 따르면 국가배상책임이 성립하기 위하여는 공무원의 가해행위가 위법할 뿐만 아니라 그것이 공무원의 고의 또는 과실에 따른 것이어야 한다. 따라서 과실을 판례의 입장인 주관설에 따라 공무원의 주의의무 위반으로 보는 한 위법하지만 과실이 없는 경우가 없을 수 없으며 이 경우 국가배상책임이 부인된다.

객관설에 따라 과실을 객관적으로 국가작용의 흠으로 보면 위법하면 과실을 인정할 수 있으므로 위법·무과실의 문제는 제기되지 않는다.

(3) 위법·무과실의 예

판례가 '위법·무과실'을 이유로 국가배상책임을 부인한 예는 다음과 같다.

1) 공무원의 법령의 해석·적용상의 잘못 [2004 사시 약술]

가. 원칙상 인정 공무원의 법령의 해석·적용상의 잘못이 있으면 원칙상 과실이 인정된다. 왜냐하면, 공무원은 직무상 필요한 법령지식을 갖추고 있어야 하기 때문이다(대판 1981. 8. 25, 80다1598; 대판 2001. 2. 9, 98다52988).

[판례] 위헌·무효임이 명백한 긴급조치 제 9 호의 발령부터 적용·집행에 이르는 수사, 재판 등 일련의 국가작용으로 인한 손해에 대해 국가배상책임이 인정된다고 한 사례(대판 전원합의체, 2022. 8. 30, 22018다212610; 대판 2022. 8. 31, 2019다298482).

나. 예외적 부정 그러나 법령의 해석이 미묘하여 통일된 학설이 없고 판례도 확정되지 아니한 경우 신중한 태도로 어느 일설을 취하여 처분한 경우 결과적으로 그 처분이 법원에서 위법한 것으로 판명되었다 하더라도 그것만으로는 과실책임을 인정할 수 없다(대판 1973. 10. 10, 72다2583; 대판 2001. 3. 13, 2000다20731).

2) 재량권의 일탈·남용 [2013 행시(일반행정직)]

대법원 판결 중에는 재량권의 범위를 넘어 행정행위가 위법한 경우에도 해당 공무원에게 직무상의 과실이 있다고 할 수 없다고 본 판결이 다수 있다(대판 1984. 7. 24, 84다카597). 그러나 재량준칙이 심히 합리적이지 못한 경우에는 해당 재량준칙을 제정한 공무원의 과실을 인정하여 국가배상책임을 인정하여야 할 것이다.

3) 위헌·위법인 법령 또는 행정규칙의 적용

위헌·위법인 법령을 집행하는 공권력 행사는 위법하나, 해당 법령을 적용한 공무원에게 원칙상 과실이 있다고 보기 어렵다.

위헌·위법인 법령·행정규칙의 제정상 과실을 물을 수 있을 것이나 그 과실을 인정함에 어려움이 있다.

4) 위법·무효인 행정입법에 관여한 공무원의 무과실

[판례] **위법·무효인 행정입법에 관여한 공무원의 불법행위 성립 여부에 관한 판단기준:** 행정입법에 관여한 공무원이 입법 당시의 상황에서 다양한 요소를 고려하여 나름대로 합리적인 근거를 찾아 어느 하나의 견해에 따라 경과규정 등의 조치 없이 새 법령을 그대로 시행하거나 적용하였다면, 그와 같은 공무원의 판단이 나중에 대법원이 내린 판단과 같지 아니하여 결과적으로 시행령 등이 신뢰보호의 원칙 등에 위배되는 결과가 되었다고 하더라도, 이러한 경우에까지 국가배상법 제 2 조 제 1 항 소정의 국가배상책임의 성립요건인 공무원의 과실이 있다고 할 수 없다(대판 2013. 4. 26, 2011다14428)〈손해배상(기)〉).

7. 손　　해

공무원의 불법행위가 있더라도 손해가 발생하지 않으면 국가배상책임이 인정되지 않는다.

국가배상책임의 성립요건인 '손해'는 민법상 불법행위책임에서의 손해와 동일하다. 물질적 손해뿐만 아니라 정신적 손해도 포함된다.

다만, 순수한 반사적 이익의 침해만으로는 손해가 발생하였다고 할 수 없다.

예를 들면, 공익보호만을 목적으로 하는 엄격한 허가요건으로 인하여 기존업자가 받는 사실상 독점적 이익은 반사적 이익에 불과하므로 위법한 영업허가가 행하여짐으로써 그동안 누렸던 독점적 이익을 상실하게 된 경우에 국가배상법상 손해를 입었다고 볼 수 없다는 이유로 국가배상책임을 인정하지 않을 수 있을 것이다.

불법행위를 이유로 배상하여야 할 손해는 현실로 입은 손해에 한한다(대판 2020.

10. 15, 2017다278446).

재량권의 일탈·남용의 경우 행정청의 적법한 재량권 행사로 가해행위와 동일한 내용의 처분을 할 수 있는 경우에는 특별한 사정이 없는 한 손해가 발생하였다고 할 수 없다.

절차의 하자의 경우 절차상 위법과 손해 사이에 상당인과관계가 있는 경우 국가배상책임이 인정되지만, 절차를 거치더라도 가해행위와 동일한 내용의 처분을 할 수 있는 경우(실체상 적법한 경우)에는 특별한 사정이 없는 한 손해가 발생하였다고 할 수 없다.

국가배상법 제 2 조 제 1 항을 적용할 때 피해자가 손해를 입은 동시에 이익을 얻은 경우에는 손해배상액에서 그 이익에 상당하는 금액을 빼야 한다(국가배상법 제 3 조의2 제 1 항).

8. 인과관계

가해행위인 공무원의 행위와 손해 사이에 상당인과관계가 있어야 한다. 국가배상책임의 성립요건인 '상당인과관계'는 민법상 불법행위책임에서의 그것과 동일하다.

판례는 직무상 의무의 사익보호성을 국가배상에서의 상당인과관계의 판단요소의 하나로 본다. 즉 공무원에게 직무상 의무를 부과한 법령의 목적이 사회 구성원 개인의 이익과 안전을 보호하기 위한 것이 아니고 단순히 공공일반의 이익이나 행정기관 내부의 질서를 규율하기 위한 것이라면, 설령 공무원이 그 직무상 의무를 위반한 것을 계기로 하여 제 3 자가 손해를 입었다고 하더라도 공무원이 직무상 의무를 위반한 행위와 제 3 자가 입은 손해 사이에 상당인과관계가 있다고 할 수 없다. 따라서 직무상 의무의 사익보호성이 없으면 불법행위와 손해 사이에 인과관계를 부정하고 국가배상책임을 인정하지 않는다(대판 2020. 7. 9, 2016다268848).

[판례] (1) 국가배상책임의 상당인과관계가 인정되기 위하여는 공무원에게 부과된 직무상 의무의 내용이 개인의 안전과 이익을 보호하기 위한 것이어야 한다고 한 사례: 공무원이 고의 또는 과실로 그에게 부과된 직무상 의무를 위반하였을 경우라고 하더라도 국가는 그러한 직무상의 의무 위반과 피해자가 입은 손해 사이에 상당인과관계가 인정되는 범위 내에서만 배상책임을 지는 것이고, **이 경우 상당인과관계가 인정되기 위하여는 공무원에게 부과된 직무상 의무의 내용이 단순히 공공 일반의 이익을 위한 것이거나 행정기관 내부의 질서를 규율하기 위한 것이 아니고 전적으로 또는 부수적으로 사회구성원 개인의 안전과 이익을 보호하기 위하**

여 설정된 것이어야 한다. (2) 구 식품위생법 제 7 조, 제 9 조, 제10조, 제16조는 단순히 국민 전체의 보건을 증진한다고 하는 공공 일반의 이익만을 위한 것만이 아니라, 그와 함께 사회구성원 개개인의 건강상의 위해를 방지하는 등의 개별적인 안전과 이익도 도모하기 위하여 설정된 것이라고 함이 상당하다(대판 2010. 9. 9, 2008다77795〈손해배상(기)〉). **[해설]** 공무원의 직무의무의 사익보호성을 인정한 판례이다.

그러나 인과관계는 기본적으로 사실의 문제인데, 공무원에게 직무상 의무를 부과한 법령의 보호목적이 사회 구성원 개인의 이익과 안전을 보호하기 위한 것이 아니고 단순히 공공일반의 이익이나 행정기관 내부의 질서를 규율하기 위한 것이라는 이유만으로 공무원이 직무상 의무를 위반한 행위와 제 3 자가 입은 손해 사이에 상당인과관계를 부정하는 것은 타당하지 않다.

9. 형사책임과 국가배상책임

형사책임과 국가배상책임은 각각 지도원리가 다르므로 각각 별개의 관점에서 인정 여부를 검토하여야 한다.

[판례] 손해배상제도는 손해의 공평·타당한 부담을 그 지도원리로 하는 것이므로, 형사상 범죄를 구성하지 아니하는 침해행위라고 하더라도 그것이 민사상 불법행위를 구성하는지 여부는 형사책임과 별개의 관점에서 검토하여야 한다(대판 2008. 2. 1, 2006다6713). **[해설]** 경찰관이 범인을 제압하는 과정에서 총기를 사용하여 범인을 사망에 이르게 한 사안에서, 총기사용행위에 대한 무죄판결이 확정된 것과 무관하게 민사상 불법행위책임(국가배상책임)을 인정한 사례.

Ⅳ. 공무원의 배상책임 [2011 행시(재경직) 사례]

1. 공무원의 피해자에 대한 배상책임(선택적 청구권)

(1) 인정 여부

국가배상법 제 2 조의 요건을 충족하여 국가 또는 지방자치단체의 배상책임이 인정되는 경우에 피해자는 공무원에 대하여도 손해배상을 청구할 수 있는지에 관하여 학설은 대립하고 있다.

1) 긍 정 설

긍정설의 논거는 다음과 같다. ① 국가배상책임을 국가의 자기책임으로 본다면, 국가의 책임과 공무원 개인의 책임은 독립하여 성립되는 것이므로 국가의 책임과 별도로 공무원의 책임을 인정하는 것이 논리적이다. ② 공무원의 피해자에 대한 배상책임을 부인하는 것은 공무원을 일반사인에 비하여 부당하게 보호하는 것이 된다. ③ 정책적인 견지에서 볼 때 공무원의 피해자에 대한 직접책임을 부인하는 것은 공무원의 책임의식을 박약하게 할 우려가 있다고 한다.

2) 부 정 설

부정설의 논거는 다음과 같다. ① 국가배상책임을 대위책임으로 보는 견해에 따르면 공무원의 책임을 국가가 갈음하여 지는 것이므로 공무원의 피해자에 대한 직접책임을 인정하지 않는 것이 논리적이다. ② 정책적 견지에서 볼 때 공무원의 피해자인 국민에 대한 직접책임을 인정하게 되면 공무원의 직무집행을 위축시킬 우려가 있고, 피해자인 국민이 이를 남용할 우려가 있으며, 소송에 연루된 공무원은 직무수행에 전념할 수 없게 된다. ③ 공무원의 피해자에 대한 책임을 인정하지 않아도 국가는 무제한의 자력을 갖고 있으므로 피해자의 구제는 충분하다.

3) 절충설(제한적 긍정설)

① 경과실의 경우에는 공무원의 행위는 공무원 개인의 행위가 아니고 기관행위로서 국가에 귀속되는 것이므로 공무원은 일체의 책임을 지지 않고, 고의 또는 중과실의 경우에는 공무원의 행위는 더 이상 행정기관의 행위로 볼 수 없으므로 이에 대하여는 공무원 개인이 책임을 져야 한다. ② 정책적 견지에서 공무원의 책임의식의 확보와 공무의 원활한 수행을 조화시킬 수 있다.

4) 판례의 입장

판례는 제한적 긍정설(절충설)을 취하고 있다. 즉 가해공무원 개인에게 고의 또는 중과실이 있는 경우에는 국가 등이 국가배상책임을 부담하는 외에 가해공무원도 피해자에 대하여 그로 인한 손해배상책임을 부담하고, 가해공무원 개인에게 경과실만이 인정되는 경우에는 공무원 개인은 손해배상책임을 부담하지 아니한다고 보고 있다(대판 전원합의체 1996. 2. 15, 95다38677〈국가배상청구〉). **과거의 판례**는 공무원의 피해자에 대한 배상책임을 인정하고 있었다(대판 1972. 10. 10, 69다701〈손해배상〉).

(2) 피해자에 대한 배상책임에서 경과실이 면책되는 '공무원'

경과실이 면책되는 공무원은 경과실 면책의 취지상 실제로 공무를 수행하는 자연인에 한정하는 것이 타당하므로 **판례**는 행정주체인 공무수탁법인(예 한국토지주택공사, 에스에이치 공사)이 배상책임을 지는 경우에 행정주체인 공무수탁법인은 경과실이 면책되는 공무원이 아니고, 실질적으로 공무를 수행하는 공공단체의 직원

등은 경과실이 면책되는 공무원이라고 보았다(대판 2010. 1. 28, 2007다82950·82967).

(3) 공무원의 손해배상책임의 요건인 공무원의 중과실

공무원의 손해배상책임의 요건인 **공무원의 중과실이란** 공무원에게 통상 요구되는 정도의 상당한 주의를 하지 않더라도 약간의 주의를 한다면 손쉽게 위법·유해한 결과를 예견할 수 있는 경우임에도 만연히 이를 간과한 경우와 같이, **거의 고의에 가까운 현저한 주의를 결여한 상태를 의미**한다(대판 2021. 11. 11, 2018다288631).

2. 공무원의 국가에 대한 구상책임

(1) 구상책임의 의의

판례는 국가 등이 피해자에게 지급한 배상금과 법률에 의해 정해지는 그의 이자만이 구상권의 대상이 된다고 본다(서울민사지방법원판결 1977. 7. 22, 77가합511). 소송비용은 구상권의 대상이 되지 않는다고 본다.

국가배상법 제 2 조 제 2 항은 국가의 구상권은 고의 또는 중과실의 경우에 한하는 것으로 규정하고 있다. 이와 같이 고의 또는 중과실의 경우에 한하여 국가의 공무원에 대한 구상권을 인정한 것은 경과실의 경우까지 공무원의 책임을 인정하는 것은 공무원에게 가혹할 뿐만 아니라 공무원의 직무집행을 위축시킬 우려가 있기 때문이다.

(2) 구상권의 범위 결정

판례는 구상권의 범위의 결정에 있어서 '손해발생에 대한 공무원의 기여정도', '불법행위의 예방이나 손실분산에 관한 국가 또는 지방자치단체의 배려의 정도'를 고려하도록 하고 있는 점에 비추어 손해발생에 대한 기여정도에 따라 국가와 공무원 사이의 책임의 분담을 정하고자 하는 입장을 취하고 있다고 보여지지만 '해당 공무원의 평소 근무태도'도 고려한 것은 판례가 국가의 구상권이 공무원에 대한 **징계적 성격을 아울러 가지고 있다고 보고 있음**을 보여 주고 있다(대판 1991. 5. 10, 91다6764).

3. 공무원의 국가에 대한 구상권[2016 사시]

직무수행 중 경과실로 피해자에게 손해를 입힌 공무원이 피해자에게 손해를 배상하였다면, 공무원은 국가가 피해자에 대하여 부담하는 손해배상책임의 범위 내에서 **자신이 변제한 금액에 관하여 구상권을 취득**한다(대판 2014. 8. 20, 2012다54478).

제 3 항 영조물의 설치·관리의 하자로 인한 배상책임[2010 사시 사례, 1998 입법고시 논술]

국가배상법 제 5 조는 다음과 같이 공공시설 등의 하자로 인한 배상책임을 공무원의 불법행위로 인한 배상책임과 별도로 규정하고 있다.

> ① 도로·하천, 그 밖의 공공의 영조물(營造物)의 설치나 관리에 하자(瑕疵)가 있기 때문에 타인에게 손해를 발생하게 하였을 때에는 **국가나 지방자치단체는 그 손해를 배상하여야 한다. 이 경우 제 2 조 제 1 항 단서**, 제 3 조 및 제 3 조의2를 준용한다. ② 제 1 항을 적용할 때 손해의 원인에 대하여 책임을 질 자가 따로 있으면 국가나 지방자치단체는 그 자에게 구상할 수 있다.

Ⅰ. 영조물책임의 성립요건

국가배상법 제 5 조에 따른 공공시설 등의 하자로 인한 국가배상책임이 성립하기 위하여는 '공공의 영조물'의 설치나 관리의 '하자'로 인하여 타인에게 손해가 발생하였을 것을 요한다. 손해의 발생, 영조물의 설치 또는 관리의 하자와 손해의 발생 사이의 인과관계는 민법상 불법행위책임에 있어서의 그것과 다르지 않다.

1. 공공의 영조물의 개념

국가배상법 제 5 조상의 **영조물**은 본래의 의미의 영조물(공적 목적을 위하여 제공된 인적·물적 종합시설)이 아니라, 직접 행정목적에 제공된 물건(유체물 또는 물적 설비), 즉 **공물**을 의미한다고 보는 것이 **통설이며 판례이다**(대판 1998. 10. 23, 98다17381). 국가배상법 제 5 조 제 1 항 소정의 **'공공의 영조물'**이란 국가 또는 지방자치단체가 소유권, 임차권 그 밖의 권원에 기하여 관리하고 있는 경우뿐만 아니라 사실상 관리하고 있는 경우도 **포함된다**(대판 1998. 10. 23, 98다17381).

> **[판례]** 공사 중이며 아직 완성되지 않아 일반 공중의 이용에 제공되지 않은 **옹벽**이 국가배상법 제 5 조 제 1 항 소정의 영조물에 해당하지 않는다고 한 사례(대판 1998. 10. 23, 98다17381).

국가배상법 제 5 조상의 영조물에는 인공공물(人工公物)뿐만 아니라 하천 등 자연공물(自然公物)도 포함되고, 동산 및 동물도 포함된다고 보는 것이 **통설 및 판례**의 입장이다.

국가나 지방자치단체가 관리주체이더라도 사경제적 목적에 제공되고 있는 잡종재산(일반재산)에 대하여는 민법 제758조가 적용된다. 반면에 국가와 지방자치단체가 관리하지만 사인의 소유에 속하는 타유공물(他有公物)에 대하여는 국가배상법 제 5 조가 적용된다.

2. 설치나 관리의 '하자' [2001 사시 사례]

(1) 설치나 관리의 하자의 개념

영조물의 **'설치나 관리의 하자'**가 무엇을 의미하는가에 관하여 학설은 객관설, 주관설, 절충설로 나뉘어 대립되고 있다.

1) 객 관 설

객관설은 '영조물의 설치나 관리의 하자'를 **'영조물이 통상 갖추어야 할 안전성을 결여한 것'**을 말한다고 한다. 객관설은 법문언상의 '설치나 관리의 하자'를 영조물 자체의 물적 하자를 의미한다고 보고 있는 것이다.

객관설은 국가배상법 제 5 조의 책임을 과실책임인 제 2 조의 책임과 구별하여 행위책임이 아니라 상태책임으로, 과실책임이 아니라 일종의 위험책임인 무과실책임으로 이해하는 데 근거하고 있다. 또한 '영조물의 설치나 관리의 하자'를 객관적 개념으로 해석하는 것이 피해자의 구제라는 관점에서도 타당하다고 주장한다.

2) 주관설(안전관리의무위반설)

이 견해는 '설치나 관리의 하자'라는 것은 '영조물을 안전하고 양호한 상태로 보전해야 할 관리의무를 위반함'을 의미한다고 본다. 따라서 주관설을 안전관리의무위반설이라고 부르기도 한다. 안전관리의무위반설은 위법·무과실책임설과 유사하다. 다만, **주의할 것은 영조물 관리자의 관리의무 위반**이란 국가배상법 제 2 조의 과실, 즉 공무원의 주관적 과실과 달리 **영조물의 안전확보의무 또는 손해방지의무 위반이라는 객관적인 개념**이다(객관화된 주관설). 일반적으로 말하면 영조물의 안전확보의무 또는 손해방지의무는 공무원의 주의의무보다는 엄격한 의무이다. 안전관리의무위반은 위법·무과실책임과 유사하다.

이 견해는 국가배상법 제 5 조의 법문언의 표현이 '영조물의 하자'로 되어 있지 않고 영조물의 '설치나 관리의 하자'로 되어 있다는 것, 영조물의 하자 뒤에는 항상 관리자의 관리의무 위반이 있다는 점, 그리고 관리자의 관리의무 위반을 책임의 근거로 보는 것이 책임의 원칙에 비추어 타당하다는 점 등에 근거하고 있다.

3) 위법·무과실책임설

이 견해는 영조물의 설치·관리의 하자를 객관적 개념인 **영조물 관리자의 객관적인 안전관리의무 위반**을 의미하는 것으로 보면서 국가배상법 제 5 조의 책임을 행위책임이며 위법·무과실책임으로 보는 견해이다. 이 견해는 주관설(안전관리의무위반설)과 유사하다.

이 견해는 국가배상법 제 5 조가 '영조물 자체의 하자'가 아니라 '영조물의 설치 또는 관리상 하자'를 책임요건으로 하고 있고, 제 2 조와 달리 공무원의 과실을 요구하지 않고, 민법 제758조와 달리 점유자의 면책을 규정하지 않고 있다는 점에 근거를 둔다.

4) 절 충 설

이 견해는 '영조물의 설치나 관리의 하자'는 안전성의 결여라는 **객관적인 물적 상태의 하자**와 함께 관리의무 위반이라는 **주관적 측면도 함께 고려하여 판단하여야** 한다는 견해이다. 객관설과 주관설의 중간에 위치하는 견해라고 할 수 있다.

5) 판례의 태도

판례는 전형적인 객관설도 아니고, 전형적인 주관설도 아닌 그 중간의 입장을 취하고 있다. **판례의 입장**을 변형된(수정된) 객관설(사법연수원교재, 행정구제법, 316면) 또는 객관화된 주관설 또는 절충설(제 2 설)로 부를 수 있다.

[판례] 국가배상법 제 5 조 제 1 항에 정해진 **영조물의 설치 또는 관리의 하자라 함은 영조물이 그 용도에 따라 통상 갖추어야 할 안전성을 갖추지 못한 상태에 있음을 말하는 것**이며, 다만 영조물이 완전무결한 상태에 있지 아니하고 그 기능상 어떠한 결함이 있다는 것만으로 영조물의 설치 또는 관리에 하자가 있다고 할 수 없고, 위와 같은 **안전성의 구비 여부를 판단함에 있어서는** 해당 영조물의 용도, 그 설치장소의 현황 및 이용 상황 등 제반 사정을 종합적으로 고려하여 설치·관리자가 그 영조물의 위험성에 비례하여 **사회통념상 일반적으로 요구되는 정도의 방호조치의무를 다하였는지 여부를 그 기준으로 삼아야** 할 것이며, 만일 객관적으로 보아 시간적·장소적으로 영조물의 기능상 결함으로 인한 손해발생의 예견가능성과 회피가능성이 없는 경우, 즉 그 **영조물의 결함이 영조물의 설치·관리자의 관리행위가 미칠 수 없는 상황 아래에 있는 경우임이 입증되는 경우**라면 영조물의 설치·관리상의 **하자를 인정할 수 없다**고 할 것이다(대판 2007. 10. 26, 2005다51235; 2009. 2. 26, 2007다22262).
[해설] 판례의 **영조물의 설치나 관리의 하자의 정의**(영조물이 그 용도에 따라 통상 갖추어야 할 안전성을 갖추지 못한 상태에 있음)**만을 보면 객관설이라고 할 수 있지만, 판례가 제시하고 있는 영조물의 설치나 관리의 하자의 구체적 판단기준**(그 영조물의 위험성에 비례하여 사회통념상 일반적으로 요구되는 정도의 방호조치의무를 다하였는지 여부를 그 기준으로 삼아야 할

것)을 보면 **주관설에 입각**하고 있는 것으로 보인다.

(2) 판례에서의 영조물의 설치나 관리의 하자의 개념과 판단기준 [2012 경감승진 사례]

판례는 영조물의 설치나 관리상 하자를 "영조물이 그 용도에 따라 통상 갖추어야 할 안전성을 갖추지 못한 상태에 있음"을 말하는 것으로 정의하고 있는데, 이 정의는 동시에 "영조물의 설치나 관리의 하자"의 일반적·궁극적 판단기준이 된다.

그리고 판례는 영조물의 설치나 관리상 하자의 구체적인 판단기준을 제시하고 있는데, 물적 하자(해당 영조물을 구성하는 물적 시설 그 자체에 있는 물리적·외형적 흠결이나 불비로 인하여 그 이용자에게 위해를 끼칠 위험성이 있는 경우)와 이용(사용)상 하자(그 영조물이 공공의 목적에 이용됨에 있어 그 이용상태 및 정도가 일정한 한도를 초과하여 제 3 자에게 사회통념상 참을 수 없는 피해를 입히는 경우)를 구분하고, 각각 다른 판단기준을 제시하고 있다.

1) 일반적·궁극적 판단기준: 통상의 용도에 따른 안전성의 결여

영조물의 설치나 관리의 하자를 "영조물이 그 용도에 따라 통상 갖추어야 할 안전성을 갖추지 못한 상태에 있음"을 말한다.

[판례] **국가배상법 제 5 조 제 1 항에 규정된 '영조물 설치·관리상의 하자'의 의미 및 하자 판단기준**: 국가배상법 제 5 조 제 1 항에 규정된 **'영조물 설치·관리상의 하자'**는 공공의 목적에 공여된 영조물이 그 용도에 따라 **통상 갖추어야 할 안전성을 갖추지 못한 상태에 있음**을 말한다. 그리고 위와 같은 **안전성의 구비 여부는** 영조물의 설치자 또는 관리자가 **그 영조물의 위험성에 비례하여 사회통념상 일반적으로 요구되는 정도의 방호조치의무를 다하였는지를 기준으로 판단**하여야 하고, **아울러 그 설치자 또는 관리자의 재정적·인적·물적 제약 등도 고려하여야** 한다. 따라서 영조물이 그 설치 및 관리에 있어 완전무결한 상태를 유지할 정도의 고도의 안전성을 갖추지 아니하였다고 하여 하자가 있다고 단정할 수는 없고, 영조물 이용자의 상식적이고 질서 있는 이용 방법을 기대한 **상대적인 안전성**을 갖추는 것으로 족하다(대판 2022. 7. 28, 2022다225910: 교차로 보조표지의 설치·관리상의 하자를 부인한 사례).

가. 안전성의 정도(통상 갖추어야 할 안전성) 영조물의 설치나 관리상 요구되는 안전성은 "영조물이 그 용도에 따라 통상 갖추어야 할 안전성" 즉 완전무결한 상태를 유지할 정도의 고도의 안전성을 말하는 것이 아니라 영조물의 위험성에 비례하여 사회통념상 일반적으로 요구되는 정도의 것을 의미한다(대판 2002. 8. 23, 2002다9158).

나. 통상의 용도에 따른 안전성 영조물이 통상 갖추어야 할 안전성이란 영

조물의 '통상의 용도'에 따른 이용에 있어서 해당 영조물이 통상 구비해야 할 안전성이다. 영조물을 비정상적으로 이용하다가 발생한 사고에 있어서 통상 갖추어야 될 안전성만 갖추면 배상책임을 지지 않는다. 그러나 그러한 비정상적인 이용이 예상되는 경우에 있어서 관리자에게 관리의무 위반이 인정될 때에는 배상책임이 인정된다.

예를 들면, 판단능력이 충분하지 않은 중학생이 학교비품을 가지고 장난을 하다가 사고가 난 경우에 학교비품의 통상 갖추어야 할 안전성은 이러한 경우까지를 고려한 안전성이어야 한다. 현재의 기술수준 및 예산상 부득이하다는 사정만으로는 관리가능성이 없다고 할 수 없다(대판 2001. 7. 27, 2000다56822). 그러나 고등학교 3학년 학생이 학교 건물의 3층 난간을 넘어 들어가 흡연을 하던 중 실족하여 사망한 경우, 위 건물의 설치·보존상의 하자가 인정되지 않는다고 한 사례(대판 1997. 5. 16, 96다54002)도 있다.

다. 안전성 구비 여부의 판단 　안전성의 구비 여부는 영조물의 설치자 또는 관리자가 그 영조물의 위험성에 비례하여 사회통념상 일반적으로 요구되는 정도의 방호조치의무를 다하였는지를 기준으로 판단하여야 하고, 아울러 그 설치자 또는 관리자의 재정적·인적·물적 제약 등도 고려하여야 한다. 따라서 영조물이 그 설치 및 관리에 있어 완전무결한 상태를 유지할 정도의 고도의 안전성을 갖추지 아니하였다고 하여 하자가 있다고 단정할 수는 없고, 영조물 이용자의 상식적이고 질서 있는 이용 방법을 기대한 상대적인 안전성을 갖추는 것으로 족하다(대판 2022. 7. 28, 2022다225910).

2) 물적 하자의 구체적 판단기준

물적 하자란 "해당 영조물을 구성하는 물적 시설 그 자체에 있는 물리적·외형적 흠결이나 불비로 인하여 그 이용자에게 위해를 끼칠 위험성이 있는 경우"를 말한다.

판례는 물적 하자의 구체적 판단기준을 다음과 같이 제시하고 있다.

안전성의 구비 여부를 판단함에 있어서는 **해당 영조물의 용도, 그 설치장소의 현황 및 이용상황 등 제반 사정을 종합적으로 고려하여 설치·관리자가 그 영조물의 위험성에 비례하여 사회통념상 일반적으로 요구되는 정도의 방호조치의무를 다하였는지 여부를 그 기준으로 삼아야 할 것**이며, 만일 **객관적으로 보아 시간적·장소적으로 영조물의 기능상 결함으로 인한 손해발생의 예견가능성과 회피가능성이 없는 경우**, 즉 그 영조물의 결함이 영조물의 설치·관리자의 관리행위가 미칠 수 없는 상황 아래에 있는 경우임이 입증되는 경우라면 **영조물의 설치·관**

리상의 하자를 인정할 수 없다고 할 것이다(대판 2007. 10. 26, 2005다51235; 대판 2009. 2. 26, 2007다22262).

가. 방호조치의무(안전관리의무) 위반 영조물의 물적 하자는 해당 영조물의 용도, 그 설치장소의 현황 및 이용 상황 등 제반 사정을 종합적으로 고려하여 설치·관리자가 그 영조물의 위험성에 비례하여 사회통념상 일반적으로 요구되는 정도의 방호조치의무를 다하지 않은 경우를 말한다. 여기에서 안전관리의무 위반은 국가배상법 제 2 조의 위법 개념과 유사하며 주의의무 위반과 달리 객관적 개념이다.

나. 손해발생의 관리가능성(예견가능성과 회피가능성)이 없지 않을 것 객관적으로 보아 시간적·장소적으로 영조물의 기능상 결함으로 인한 손해발생의 예견가능성과 회피가능성이 없는 경우, 즉 그 영조물의 결함이 영조물의 설치·관리자의 관리행위가 미칠 수 없는 상황 아래에 있는 경우임이 입증되는 경우라면 영조물의 설치·관리상의 하자를 인정할 수 없다.

손해발생의 예견가능성과 회피가능성이 없었다는 입증은 피고가 하여야 한다.

현재의 기술수준 및 예산상 부득이하다는 사정만으로는 관리가능성이 없다고 할 수 없다(대판 2001. 7. 27, 2000다56822). 관리가능성(예견가능성과 회피가능성)은 영조물의 위험성에 비례하여 요구되는 영조물 관리자의 안전관리시스템이 제대로 작동하는 것을 전제로 판단되어야 한다.

판례는 가변차로에 설치된 두 개의 신호등에서 서로 모순되는 신호가 들어오는 오작동이 발생하였고 그 고장이 현재의 기술수준상 부득이한 것이라고 가정하더라도 그와 같은 사정만으로 손해발생의 예견가능성이나 회피가능성이 없어 영조물의 하자를 인정할 수 없는 경우라고 단정할 수 없다고 하였다(대판 2001. 7. 27, 2000다56822).

3) 이용상 하자의 판단기준 [2019 5급공채(행정)]

'이용상 하자'(기능상 하자)란 '영조물이 공공의 목적에 이용됨에 있어 그 이용상태 및 정도가 일정한 한도를 초과하여 제 3 자에게 사회통념상 참을 수 없는 피해를 입히는 경우'를 말한다.

영조물의 이용상 하자의 판단에 있어 '사회통념상 참을 수 없는 피해인지의 여부'는 그 영조물의 공공성, 피해의 내용과 정도, 이를 방지하기 위하여 노력한 정도 등을 종합적으로 고려하여 판단하여야 한다. 예를 들면, 사격장에서 발생하는 소음 등으로 지역주민들이 입은 피해가 사회통념상 참을 수 있는 정도(수인한도)를 넘는 경우 사격장의 설치 또는 관리에 하자가 있다.

[판례 1] (1) **국가배상법 제 5 조 제 1 항 소정의 '영조물의 설치·관리상의 하자'의 의미 및 하자로 볼 수 있는 경우:** 국가배상법 제 5 조 제 1 항에 정하여진 '영주물의 설치 또는 관리의 하자'라 함은 공공의 목적에 공여된 영조물이 그 용도에 따라 갖추어야 할 안전성을 갖추지 못한 상태에 있음을 말하고, 여기서 안전성을 갖추지 못한 상태, 즉 타인에게 위해를 끼칠 위험성이 있는 상태라 함은 해당 영조물을 구성하는 물적 시설 그 자체에 있는 물리적·외형적 흠결이나 불비로 인하여 그 이용자에게 위해를 끼칠 위험성이 있는 경우(물적 하자)뿐만 아니라 **그 영조물이 공공의 목적에 이용됨에 있어 그 이용상태 및 정도가 일정한 한도를 초과하여 제 3 자에게 사회통념상 참을 수 없는 피해를 입히는 경우**(이용상 하자)까지 포함된다고 보아야 할 것이고, **사회통념상 참을 수 있는 피해인지의 여부는 그 영조물의 공공성, 피해의 내용과 정도, 이를 방지하기 위하여 노력한 정도 등을 종합적으로 고려하여 판단하여야 한다.** (2) 매향리 사격장에서 발생하는 소음 등으로 지역 주민들이 입은 피해는 **사회통념상 참을 수 있는 정도를 넘는 것**으로서 사격장의 설치 또는 관리에 하자가 있었다고 본 사례(대판 2004. 3. 12, 2002다14242〈매향리사격장사건〉).

[판례 2] 교차로의 진행방향 신호기의 정지신호가 단선으로 소등되어 있는 상태에서 그대로 진행하다가 다른 방향의 진행신호에 따라 교차로에 진입한 차량과 충돌한 경우, **신호기의 적색신호가 소등된 기능상 결함이 있었다는 사정만으로 신호기의 설치 또는 관리의 하자를 인정할 수 없다고 한 사례**(대판 2000. 2. 25, 99다54004).

(3) 유형별 고찰 및 개별적 고찰

영조물의 하자의 판단에 있어서 영조물의 종류별로 유형적 고찰을 할 필요가 있다. 그것은 영조물의 성질이 다름에 따라 영조물의 하자의 판단기준이 달라질 수 있기 때문이다. 이는 특히 인공공물과 자연공물에 있어서 그러하다.

또한 동일한 영조물의 하자로 인한 손해배상에 있어서도 손해의 원인이 되는 하자에 따라 특별한 고찰을 하여야 할 필요가 있다.

1) 인공공물과 자연공물의 구별

인공공물은 해당 영조물이 통상 갖추어야 할 안전성이 확보된 상태하에서 공적 목적에 제공되어야 하므로 영조물의 하자가 보다 넓게 인정될 수 있다. 그러나 자연공물은 자연상태로 공적 목적에 제공되고 해당 영조물의 안전성은 연차적으로 강화되어야 하는 것이므로 이 한도 내에서 영조물의 하자의 인정에 한계가 주어질 수 있다(대판 2003. 10. 23, 2001다48057). 도로는 대표적인 인공공물이며 하천은 대표적인 자연공물이다.

2) 도로의 설치·관리의 하자

가. 일반적 판단기준 도로의 설치 또는 관리·보존상의 하자는 도로의 위치 등 장소적인 조건, 도로의 구조, 교통량, 사고시에 있어서의 교통 사정 등 도로의 이용상황과 그 본래의 이용목적 등 제반 사정과 물적 결함의 위치, 형상 등을 종합적으로 고려하여 사회통념에 따라 구체적으로 판단하여야 한다(대판 1997. 2. 10, 97다32536).

나. 개별적 고찰

(가) 노면의 홈 도로 노면의 홈은 도로의 물적 하자인데, 관리의무 위반시 국가배상법 제 5 조상의 하자가 인정된다. 다만, 도로의 홈이 단시간에 걸쳐 생긴 경우에 도로의 홈을 발견하여 표지판을 설치하거나 보수를 하는 등 안전조치를 취할 시간적인 여유가 없었을 때에는 예측가능성과 결과회피가능성이 없기 때문에 배상책임이 면제된다.

(나) 자연력에 의한 통행상 안전의 결함 도로의 설치 후 집중호우 등 자연력이 작용하여 본래 목적인 통행상의 안전에 결함이 발생한 경우에는 그 결함이 제 3 자의 행위에 의하여 발생한 경우와 마찬가지로 보아야 할 것이며, 도로에 그와 같은 결함이 있다는 것만으로 성급하게 도로의 보존상 하자를 인정하여서는 안 되고, 해당 도로의 구조, 장소적 환경과 이용상황 등 제반 사정을 종합하여 그와 같은 결함을 제거하여 원상으로 복구할 수 있는데도 이를 방치한 것인지 여부를 개별적·구체적으로 심리하여 하자의 유무를 판단하여야 한다(대판 1998. 2. 13, 97다49800).

[판례] 도로의 관리청은 일시에 많은 양의 비가 내리는 경우에 대비하여 도로에 물이 고이지 않도록 집수구 등 배수시설을 갖추고 그 시설이 그 기능을 다 할 수 있도록 관리하며, 도로에 내린 비가 신속히 집수구 쪽으로 흘러 들어갈 수 있도록 도로의 구배 등 구조를 적절히 유지, 관리하는 등의 방호조치를 취할 의무가 있다 할 것이다(대판 1998. 2. 13, 97다49800).

(다) 낙하물 등 제 3 자의 행위에 의해 통행상의 안전에 결함이 발생한 경우 도로상의 장해물로 인한 사고에 있어서는 해당 장해물을 발견하고 제거할 수 있는 합리적인 시간이 있었는지 여부(예견가능성과 회피가능성)에 따라 영조물의 하자 여부가 결정된다. 그리고 해당 장해물을 발견하고 제거할 수 있는 합리적인 시간이 있었는지 여부는 도로상의 장해물의 감시를 위한 정상적인 순찰계획을 고려하여

판단된다.

[판례] **낙하물의 경우에는 그 낙하물을 발견하여 제거할 수 있는 시간적인 여유가 있었는지 여부가 하자 판단의 기준이 된다.** 도로의 점유·관리자인 피고가 낙하물에 대한 관리 가능성이 없다는 입증을 하여야 한다(대판 1997. 4. 22, 97다3194).

관리가능성(예견가능성과 회피가능성)은 영조물 관리자의 안전관리시스템이 제대로 작동하는 것을 전제로 판단되어야 한다.

(라) 낙 석 도로에 낙석의 위험이 있는 경우에는 경우에 따라 경고표시판을 설치하거나 방호책 등을 설치하여야 할 것이다.

그런데 산간지역의 도로의 경우 낙석의 위험이 전혀 없는 경우는 많지 않다. 그렇다고 하여 낙석의 위험이 있는 모든 경우에 방호책을 설치할 수 없다. 따라서 이 경우에는 예산상의 제약도 고려하여 도로관리주체의 위험방지의무를 정하여야 할 것이다.

(마) 신호기의 설치·관리상 하자 **판례**는 가변차로에 설치된 두 개의 신호등에서 서로 모순되는 신호가 들어오는 오작동이 발생하였고 그 고장이 현재의 기술수준상 부득이한 것이라고 가정하더라도 그와 같은 사정만으로 손해발생의 예견가능성이나 회피가능성이 없어 영조물의 하자를 인정할 수 없는 경우라고 단정할 수 없다고 하였다(대판 2001. 7. 27, 2000다56822).

3) 하천의 설치·관리의 하자

가. 하천의 자연공물성 하천은 원칙상 자연공물이다. 하천은 우선 자연상태대로 하천의 공적 목적에 제공되고, 그 안전성을 연차적으로 강화하여 가는 것이므로, 이러한 하천의 자연공물로서의 특질이 하천의 설치·관리상 하자를 판단함에 있어 고려되어야 한다(대판 2003. 10. 23, 2001다48057〈중랑천수해사건〉).

하천 중 축조된 제방, 수문은 인공적인 것이다. 따라서 이 한도 내에서는 하천도 인공공물의 성질을 갖고 인공적인 시설의 하자는 인공공물에서의 하자의 판단기준에 의해 판단되어야 한다.

나. 하천시설의 설치상 하자 **판례**가 제시하는 하천관리를 위한 시설의 설치상 하자의 일반적 판단기준은 다음과 같다.

[판례] 영조물의 설치·관리상 하자의 법리와 하천관리상의 특질과 특수성을 감안하면, 하천 수해와 관련하여 하천관리를 위한 시설의 설치상 하자 유무를 판단함에 있어서는

해당 하천과 관련하여 과거에 발생한 수해의 규모, 발생빈도, 발생원인, 피해의 성질, 강우상황, 유역의 지형 기타 자연적 조건, 토지의 이용상황 기타 사회적 조건, 개수를 요하는 긴급성의 유무 및 그 정도 등 제반 사정을 종합적으로 검토하고, 하천관리에 있어서의 재정적, 기술적 및 사회적 제약 하에서 같은 종류 및 규모의 하천관리의 일반수준 및 사회통념에 비추어 시인할 수 있는 안전성을 구비하고 있는지, 그리고 해당 하천관리시설이 설치 당시의 기술수준에 비추어 그 예정한 규모의 홍수에 있어서의 통상의 작용으로부터 예측된 재해를 방지함에 족한 안전성을 갖추고 있는지 여부를 기준으로 한다(대판 2007. 10. 25, 2005다62235〈안양천 수해사건〉).

다. 하천 관리상 하자 판례가 제시하는 하천관리상 하자의 일반적 판단기준은 다음과 같다.

[판례] 하천관리의 하자 유무는, 과거에 발생한 수해의 규모·발생의 빈도·발생원인·피해의 성질·강우상황·유역의 지형 기타 자연적 조건, 토지의 이용상황 기타 사회적 조건, 개수를 요하는 긴급성의 유무 및 그 정도 등 제반 사정을 종합적으로 고려하고, 하천관리에 있어서의 위와 같은 재정적·시간적·기술적 제약하에서 같은 종류, 같은 규모의 하천에 대한 하천관리의 일반수준 및 사회통념에 비추어 시인될 수 있는 안전성을 구비하고 있다고 인정할 수 있는지 여부를 기준으로 하여 판단한다(대판 2007. 9. 21, 2005다65678).

라. 하천홍수위와 하천의 하자 하천홍수위란 홍수시 하천의 제방이 지탱할 수 있을 것으로 계획된 최대유량(제방의 높이)을 말한다. 하천에 제방이 축조될 때에는 하천홍수위를 정하는데, 기존의 강우량을 견딜 수 있는 제방의 수위(하천홍수위)를 정하고 여유고를 더하여 하천제방의 높이가 결정된다.

하천홍수위(계획고수량)가 적정하게 책정되지 않은 경우에는 하천의 설치상 하자가 있다고 할 수 있다.

하천홍수위가 적정하게 책정된 제방에서 하천이 범람한 경우에는 불가항력으로 볼 수 있다. 또한 하천홍수위보다 낮은 강우량에 하천제방이 붕괴한 경우에는 하천의 설치·관리상 하자가 있는 것으로 추정된다.

[판례] 하천의 관리청이 관계 규정에 따라 설정한 계획홍수위를 변경시켜야 할 사정이 생기는 등 특별한 사정이 없는 한, 이미 존재하는 하천의 제방이 계획홍수위를 넘고 있다면 그 하천은 용도에 따라 통상 갖추어야 할 안전성을 갖추고 있다고 보아야 하고, 그와 같은 하천이 **그 후 새로운 하천시설을 설치할 때 기준으로 삼기 위하여 제정한 '하천시설기준'이 정한 여유고를 확보하지 못하고 있다는 사정만으로 바로 안전성이 결여된 하자가 있다고 볼 수는 없다**(대판 2003. 10. 23, 2001다48057〈중랑천 수해사건〉).

(4) 하자의 입증책임

영조물책임의 위험책임적 성격 및 피해자 구제를 고려하여 피해자는 영조물의 설치 또는 관리상의 이상(異狀)과 그 이상으로 손해가 발생한 것을 주장하면 영조물의 설치 또는 관리의 하자는 추정된다고 보고(하자의 일응 추정이론), 국가 또는 지방자치단체가 하자가 없음을 입증하여야 한다고 보아야 할 것이다.

그러나 판례는 하자의 입증책임을 피해자에게 지우고 있다. 다만, 관리주체에게 손해발생의 예견가능성과 회피가능성이 없다는 것은 관리주체가 입증하여야 한다(대판 1998. 2. 10, 97다32536).

Ⅱ. 국가에 대한 구상책임

영조물의 설치 또는 관리에 하자가 있어 국가 또는 지방자치단체가 그 손해를 배상한 경우에 손해의 원인에 대하여 책임을 질 자가 따로 있을 때에는 국가 또는 지방자치단체는 그 자에 대하여 구상할 수 있다(국가배상법 제 5 조 제 2 항).

제 4 항 국가배상책임의 감면사유

Ⅰ. 불가항력

불가항력(不可抗力)이란 천재지변과 같이 인간의 능력으로는 예견할 수 없거나, 예견할 수 있어도 회피할 수 없는 외부의 힘 때문에 손해가 발생한 경우를 말하며 면책사유가 된다.

[판례 1] 서울시의 동부간선도로의 건설로 다소 하천의 단면적이 감소되었다고 하여 경험칙상 수해의 위험성이 증대되는 것이 명백하다고 할 수 없고, **100년 발생빈도의 강우량을 기준으로 책정된 계획홍수위를 초과하여 600년 또는 1,000년 발생빈도의 강우량에 의한 하천의 범람은 예측가능성 및 회피가능성이 없는 불가항력적인 재해**로서 그 영조물의 관리청(건설교통부)에게 책임을 물을 수 없다(대판 2003. 10. 23, 2001다48057〈중랑천 수해사건〉). **[해설]** 1998년 8월 6일 경기북부지역에 새벽 5시부터 시간당 100mm의 집중폭우가 쏟아졌다. 이때부터 동일 12시까지 내린 비는 총 700mm를 기록하였다. 당일 오후 1시 서울 동북부에 있는 국가하천인 중랑천이 범람하였다. 그리고 제방도 무너졌다. 이에 중랑천 범람으로 노원구 공릉 1, 3동 복개하천이 역류해 이 지역 일대가 최고 1.5m까지 침수되자, 공릉 1, 3동 지역주민 110명이 서울시와 국가를 상대로 손해배상청구소송을 제기하였다. 이에 대

해 대법원은 간선도로의 건설로 다소 하천의 단면적이 감소되었다고 하여 경험칙상 수해의 위험성이 증대되는 것이 명백하다고 할 수 없고, 자연영조물로서의 하천의 관리상의 특질과 특수성 및 계획홍수위를 넘고 있는 하천의 제방이 그 후 새로운 하천시설을 설치할 때 기준으로 삼기 위하여 제정한 '하천시설기준'이 정한 여유고를 확보하지 못한 경우, 안전성이 결여된 하자가 있다고 볼 수 없으며, 100년 발생빈도의 강우량을 기준으로 책정된 계획홍수위를 초과하여 600년 또는 1,000년 발생빈도의 강우량에 의한 하천의 범람은 예측가능성 및 회피가능성이 없는 불가항력적인 재해로서 그 영조물의 관리청에게 책임을 물을 수 없다고 보았다. 이 사건 1심과 항소심 재판부는 건교부 하천시설기준상 지자체가 계획홍수위보다 최소 1m 이상 여유높이를 확보해 둑을 건설해야 할 책임이 있는데도 이 지역 둑이 계획홍수위보다 불과 30㎝ 높게 지은 점 등을 들어 서울시의 배상책임을 인정했으나 대법원에서 파기됐다.

[판례 2] 집중호우로 제방도로가 유실되면서 그 곳을 걸어가던 보행자가 강물에 휩쓸려 익사(溺死)한 경우, 사고 당일의 집중호우가 50년 빈도의 최대강우량에 해당한다는 사실만으로 불가항력에 기인한 것으로 볼 수 없다는 이유로 제방도로의 설치·관리상의 하자를 인정한 사례(대판 2000. 5. 26, 99다53247).

[판례 3] 승용차 운전자가 편도 2차선의 국도를 진행하다가 반대차선 진행차량의 바퀴에 튕기어 승용차 앞유리창을 뚫고 들어온 쇠파이프에 맞아 사망한 경우, 국가의 손해배상책임을 부정한 사례(대판 1997. 4. 22, 97다3194).

Ⅱ. 예산부족

재정사정은 영조물의 안전성의 정도에 관하여 **참작사유**는 될 수 있을지언정 안전성을 결정지을 절대적 요건은 되지 못한다(대판 1967. 2. 21, 66다1723).

Ⅲ. 피해자의 과실

피해자에게 과실이 있었던 경우에는 피해자의 과실에 의하여 확대된 손해의 한도 내에서 국가 등의 책임이 부분적으로 감면된다고 보는 것이 타당하다.

피해자가 위험이 형성된 후 위험지역으로 이주하여 위험에 접근한 경우에는 위험에의 접근이론에 따라 손해배상책임이 감면된다.

Ⅳ. 불법행위 또는 영조물의 하자와 감면사유의 경합

① **공공시설 등의 설치나 관리상의 하자로 인한 사고란** 공공시설 등의 설치나 관리상의 하자만이 손해발생의 원인이 되는 경우만을 말하는 것이 아니고, 다른 자연적 사실이나 제 3 자의 행위 또는 피해자의 행위와 경합하여 손해가 발생하였

더라도 공공시설 등의 설치나 관리상의 하자가 손해발생의 공동원인의 하나가 된 이상 그 손해는 영조물의 설치 또는 관리상의 하자에 의하여 발생한 것이라고 보아야 한다(대판 1994. 11. 22, 94다32924; 대판 2000. 5. 26, 99다53247).

② 영조물의 하자가 제 3 자의 행위와 경합하여 손해를 발생시킨 경우에는 영조물관리자는 제 3 자와 부진정연대채무를 진다. 영조물의 하자가 피해자의 행위와 경합하는 경우에는 과실상계를 한다.

③ 불가항력과 영조물의 하자가 손해의 발생에 있어서 경합된 경우에는 영조물의 하자로 인하여 손해가 확대된 한도 내에서 국가 또는 지방자치단체는 책임을 진다고 보는 것이 타당하다.

Ⅴ. 영조물책임의 감면사유와 공무원의 과실의 경합

불가항력 등 영조물책임의 감면사유가 있는 경우에도 공무원의 과실로 피해가 확대된 경우에는 그 한도 내에서 국가배상법 제 2 조의 배상책임이 인정된다.

제 5 항 배상책임자[2004 입법고시 논술]

Ⅰ. 피해자에 대한 배상책임자[2001 입법고시 사례]

1. 국가배상법 제 6 조 제 1 항의 입법취지

국가배상법 제 6 조 제 1 항은 국가나 지방자치단체가 국가배상법 제 2 조, 제 3 조 및 제 5 조에 따라 손해배상책임을 지는 경우에 있어서 '공무원의 선임·감독자 또는 영조물의 설치·관리를 맡은 자'와 '공무원의 봉급, 급여, 그 밖의 비용을 부담하는 자 또는 영조물의 설치나 관리의 비용을 부담하는 자'가 동일하지 아니하면 피해자는 어느 쪽에 대하여도 선택적으로 손해배상을 청구할 수 있도록 규정하고 있다.

여기에서 '공무원의 선임·감독자 또는 영조물의 설치·관리를 맡은 자'란 사무의 귀속주체 또는 영조물의 관리주체를 말하고, '공무원의 봉급, 급여, 그 밖의 비용을 부담하는 자 또는 영조물의 설치나 관리의 비용을 부담하는 자'는 사무 또는 영조물의 비용부담주체를 말한다.

예를 들면, 관리자인 **지방자치단체장이 설치하여 관할 지방경찰청장에게 관리권한이 위임된 교통신호기의 고장으로 인한 교통사고가 발생한 경우,** 지방자치단체뿐만 아니라 국가도 손해배상책임을 진다. 지방경찰청장에 대한 관리권한의 위임은 기관위임이므로 **권한을 위임한 관청이 소속된 지방자치단체가 사무의 귀속주체로서 배상책임을 지고,** 국가배상법 제 6 조 제 1 항에 따라 교통신호기를 관리하는 지방경찰청장 산하 경찰관들에 대한 **봉급을 부담하는 국가도 비용부담주체로서 배상책임을 진다**(대판 1999. 6. 25, 99다11120). 아래 [판례] 참조.

[판례] **지방자치단체장이 설치하여 관할 지방경찰청장에게 관리권한이 위임된 교통신호기의 고장으로 인하여 교통사고가 발생한 경우, 지방자치단체뿐만 아니라 국가도 손해배상책임을 지는지 여부(적극):** 도로교통법 제 3 조 제 1 항은 특별시장·광역시장 또는 시장·군수(광역시의 군수를 제외)는 도로에서의 위험을 방지하고 교통의 안전과 원활한 소통을 확보하기 위하여 필요하다고 인정하는 때에는 신호기 및 안전표지를 설치하고 이를 관리하여야 하도록 규정하고, 도로교통법 시행령 제71조의2 제 1 항 제 1 호는 **특별시장·광역시장이 위 법률규정에 의한 신호기 및 안전표지의 설치·관리에 관한 권한을 지방경찰청장에게 위임하는 것으로 규정**하고 있는데, **이와 같이 행정권한이 기관위임된 경우** 권한을 위임받은 기관은 권한을 위임한 기관이 속하는 지방자치단체의 산하 행정기관의 지위에서 그 사무를 처리하는 것이므로 사무귀속의 주체가 달라진다고 할 수 없고, 따라서 권한을 위임받은 기관 소속의 공무원이 위임사무처리에 있어 고의 또는 과실로 타인에게 손해를 가하였거나 위임사무로 설치·관리하는 영조물의 하자로 타인에게 손해를 발생하게 한 경우에는 **권한을 위임한 관청이 소속된 지방자치단체가 국가배상법 제 2 조 또는 제 5 조에 의한 배상책임을 부담하고,** 권한을 위임받은 관청이 속하는 지방자치단체 또는 국가가 국가배상법 제 2 조 또는 제 5 조에 의한 배상책임을 부담하는 것이 아니므로, 지방자치단체장이 교통신호기를 설치하여 그 관리권한이 도로교통법 제71조의2 제 1 항의 규정에 의하여 관할 지방경찰청장에게 위임되어 **지방자치단체 소속 공무원과 지방경찰청 소속 공무원이 합동근무하는 교통종합관제센터에서 그 관리업무를 담당**하던 중 위 신호기가 고장난 채 방치되어 교통사고가 발생한 경우, 국가배상법 제 2 조 또는 제 5 조에 의한 배상책임을 부담하는 것은 지방경찰청장이 소속된 국가가 아니라, **그 권한을 위임한 지방자치단체장이 소속된 지방자치단체라고 할 것**이나, 한편 국가배상법 제 6 조 제 1 항은 같은 법 제 2 조, 제 3 조 및 제 5 조의 규정에 의하여 국가 또는 지방자치단체가 손해를 배상할 책임이 있는 경우에 공무원의 선임·감독 또는 영조물의 설치·관리를 맡은 자와 공무원의 봉급·급여 기타의 비용 또는 영조물의 설치·관리의 비용을 부담하는 자가 동일하지 아니한 경우에는 그 비용을 부담하는 자도 손해를 배상하여야 한다고 규정하고 있으므로 **교통신호기를 관리하는 지방경찰청장 산하 경찰관들에 대한 봉급을 부담하는 국가도 국가배상법 제 6 조 제 1 항에 의한 배상책임을 부담한다**(대판 1999. 6. 25, 99다11120).

이와 같이 '사무의 귀속주체' 또는 관리주체와 함께 '비용부담주체'도 손해배상책임을 지도록 한 **입법취지는 피해자구제의 실효성**에 있다. 즉 관리주체와 비용부담주체가 일치하지 않는 경우에 손해배상청구의 피고를 잘못 선택함으로 인한 불이익을 피해자가 부담하지 않도록 하기 위한 것이다.

2. 관리주체와 비용부담주체의 의의와 범위

국가배상법 제 6 조 제 1 항 및 제 2 항의 적용과 관련하여 관리주체와 비용부담주체가 무엇을 의미하는지와 그 범위가 문제되고 있다.

(1) 관리주체의 의의와 범위

일반적으로 국가배상법 제 6 조 제 1 항상의 배상책임주체로서 규정된 **'공무원의 선임·감독 또는 영조물의 설치나 관리를 맡은 자'**란 사무의 귀속주체 또는 영조물의 관리주체(관리자)를 의미하는 것으로 해석한다.

관리주체(관리자)란 해당 사무의 관리기관 또는 영조물의 관리기관이 속해 있는 법인격 있는 조직체를 말한다.

국가기관에 의해 지방자치단체의 장에게 위임된 기관위임사무에 있어서 기관위임사무를 집행하는 지방자치단체의 기관은 국가기관의 지위를 갖고 있으므로 국가가 관리주체가 된다(대판 1993. 1. 26, 92다2684). 단체위임사무의 관리주체로서의 배상책임의 주체를 위임자인 국가라고 보는 견해가 있으나, 단체위임사무는 지방자치단체의 사무이므로 단체위임사무의 관리주체는 지방자치단체라고 보는 견해가 타당하다.

[판례] 도로교통법 제 3 조 제 1 항에 의하여 특별시장·광역시장 또는 시장·군수의 권한으로 규정되어 있는 도로에서의 신호기 및 안전표지의 설치·관리에 관한 권한은 같은법 시행령 제71조의2 제 1 항에 의하여 지방경찰청장 또는 경찰서장에게 위탁되었으나, 이와 같은 권한의 위탁은 이른바 기관위임으로서 경찰서장 등은 권한을 위임한 시장 등이 속한 지방자치단체의 산하 행정기관의 지위에서 그 사무를 처리하는 것이므로, **경찰서장 등이 설치·관리하는 신호기의 하자로 인한 국가배상법 제 5 조 소정의 배상책임은 그 사무의 귀속주체인 시장 등이 속한 지방자치단체가 부담한다**(대판 2000. 1. 14, 99다24201). [해설] 공물인 신호등의 관리는 경찰작용이 아니라 공물관리작용이다.

(2) 비용부담주체의 의의와 범위

공무원의 불법행위로 인한 배상책임에서 **비용부담주체(비용부담자)**란 '공무원의 봉급, 급여, 그 밖의 비용을 부담하는 자'이다(국가배상법 제 6 조 제 1 항). **그 밖의 비용**이란 행정사무의 처리에 드는 공무원의 봉급, 급여 이외의 경비를 말한다.

국가배상법 제 6 조 제 1 항의 비용부담자는 원칙상 대외적으로 해당 사무의 비용 또는 해당 영조물의 설치나 관리비용을 부담(지출)하여야 하는 것으로 되어 있는 자(이하 '**형식상 비용부담자**'라 한다)를 말한다.

> **지방자치단체의 장이 기관위임된 국가행정사무를 처리하는 경우**에 그에 소요되는 경비의 실질적·궁극적 부담자는 국가이지만, 지방자치단체가 **그 사무에 필요한 경비를 대외적으로 지출하는 자**이므로 국가배상법 제 6 조 제 1 항 소정의 **비용부담자**이다(대판 1994. 12. 9, 94다38137).

문제는 형식상 비용부담의무자와 실질적 비용부담자가 다를 경우에 실질적 비용부담자(보조금의 지급주체, 종국적 비용부담자)도 국가배상법 제 6 조 제 1 항의 비용부담자에 해당되는가. 달리 말하면 피해자에 대하여 배상책임의 주체가 되는가. 피해자구제를 도모한다는 제 6 조의 입법취지에 비추어 이를 긍정하는 것이 타당하다. **판례**도 실질적 비용부담자와 형식적 비용부담자 모두 피해자에 대해 배상책임을 지는 것으로 보고 있다(대판 1994. 12. 9, 94다38137: 형식적 비용부담자의 배상책임을 인정한 사례; 대판 1995. 2. 24, 94다57671: 실질적 비용부담자의 배상책임을 인정한 사례).

Ⅱ. 종국적 배상책임자

1. 원인책임자에 대한 구상권

영조물 하자로 인한 손해의 원인에 대하여 책임을 질 자가 따로 있으면 국가나 지방자치단체는 그 자에게 구상할 수 있다(법 제 5 조 제 2 항).

'**손해의 원인에 대하여 책임을 질 자**'란 고의 또는 과실로 영조물의 설치 또는 관리에 흠이 있게 한 제 3 자를 말한다(예 영조물의 설계자, 시공자, 장해물의 방치자 등).

국가배상법 제 5 조는 공무원에 대한 구상규정인 국가배상법 제 2 조 제 2 항을 준용하고 있지 않다. 그렇지만 해석상 영조물책임에 국가배상법 제 2 조 제 2 항을 준용하는 것이 타당하다.

2. 관리주체와 비용부담주체 사이의 최종적 책임의 분담

국가배상법 제 6 조 제 2 항은 "제 1 항의 경우에 손해를 배상한 자는 내부관계에서 그 손해를 배상할 책임이 있는 자에게 구상(求償. 배상청구)할 수 있다"라고 규정하고 있다. 이 규정은 최종적인 배상책임자에 대한 구상을 인정하면서 관리주체와 비용부담주체 중 누가 최종적인 책임자인지에 대하여 판단을 내리지 않고 그 판단을 판례에 맡기고 있다.

관리주체와 비용부담자가 다른 경우에 이들 중 종국적 배상책임자는 누구인가. 이에 대하여는 다음과 같이 견해가 대립되고 있다.

(1) 관리주체설

관리주체설은 관리책임의 주체가 최종적인 책임자라고 본다. 이 견해가 **통설**이다. 그 논거는 다음과 같다. ① 이 설은 관리주체가 손해를 방지할 수 있는 위치에 있고 관리주체측의 잘못으로 인하여 손해가 발생한 것이므로 **책임의 원칙**에 비추어 볼 때 관리주체가 책임을 지는 것이 타당하다고 본다. ② 관리주체설은 공평의 원칙 및 위험책임의 원칙에도 근거한다. 즉 사무 또는 영조물의 관리로 인하여 이익을 보는 자는 그로 인하여 발생하는 부담, 즉 사고로 인한 손해배상책임도 부담하여야 한다. ③ "그 비용을 부담하는 자도 손해를 배상하여야 한다"고 규정하고 있는 국가배상법 제 6 조 제 1 항에 비추어 관리주체설이 타당하다. 즉 국가배상법 제 6 조 제 1 항의 문언상 원칙상 관리주체가 배상책임자인데, 피해자구제를 위해 비용부담주체도 배상책임자로 정하고 있다.

(2) 비용부담주체설

비용부담주체설은 해당 사무의 비용을 실질적으로 부담하는 자(실질적 비용부담자)가 최종적인 책임자라고 보는 견해이다.

예를 들면, 기관위임사무를 지방자치단체의 기관이 집행하는 경우에 실질적인 비용부담자는 국가이고, 형식상·법률상 비용부담의무자는 지방자치단체이다. 이 경우에 관리자이며 실질적 비용부담자인 국가가 최종적인 배상책임자가 되게 된다.

이 견해의 논거는 다음과 같다.

도로법은 도로에 관한 비용의 부담에 관하여 관리주체가 부담하는 것으로 규정하지 않고, 원칙상 도로의 관리청이 속한 행정주체(국가 또는 지방자치단체)가 부담하는 것으로 하는 특별한 규정을 두고 있다. 즉 도로에 관한 비용은 원칙상 "도로에 관한 비용은 이 법 또는 다른 법률에 특별한 규정이 있는 경우 외에는 도로관리청이 국토교통부장관인 도로에 관한 것은 국가가 부담하고, 그 밖의 도로에 관한 것은 해당 도로의 도로관리청이 속해 있는 지방자치단체가 부담한다"(도로법 제85조 제 1 항). 따라서 시장이 관리청이 되는 국도(시지역을 통과하는 국도)의 설치·관리비용은 지방자치단체가 부담하는 것으로 된다. 이 경우 지방자치단체는 도로에 관한 비용의 형식적 부담자이며 실질적 부담자가 된다. 따라서 비용부담자설에 따르면 **시지역을 통과하는 국도의 설치나 관리의 하자로 인한 경우에는 지방자치단체가 최종적 배상책임자**가 된다.

(3) 기여도설

기여도설은 손해발생의 기여도에 따라 관리주체뿐만 아니라 실질적 비용부담주체에게도 최종적 배상책임을 지우는 부담자를 정해야 한다는 견해이다.

기여도설의 **논거**는 손해발생을 방지할 수 있는 자에게 책임을 지움으로써 책임의 원칙에 합치하며 손해의 발생에 기여한 만큼의 배상책임을 지도록 함으로써 배상책임의 원리에도 합치한다는 것이다.

(4) 판 례

판례는 **공동책임설**에 가까운 것으로 보인다.

[판례 1] 횡단보도에 설치된 신호기는 원래 원고인 **안산시장**이 설치·관리하여야 할 것인데, 도로교통법 제104조 제 1 항, 그 시행령 제71조의2 제 1 호에 의하여 원고 시장이 그 설치·관리에 관한 권한을 피고 산하 경기도 지방경찰청 소속 **안산경찰서장에게 위임함에 따라 안산경찰서장이 원고의 비용부담 아래 이를 설치·관리**하고 있었다. 따라서 **교통신호기의 관리사무**는 지방자치단체가 설치하여 안산경찰서장에게 그 권한을 **기관위임한 사무**로서 피고인 국가 소속 경찰공무원들은 원고의 사무를 처리하는 지위에 있으므로, 원고인 **안산시가** 그 사무에 관하여 **선임·감독자에 해당**하고, 그 교통신호기 시설은 지방자치법 제132조 단서의 규정에 따라 원고인 안산시의 비용으로 설치·관리되고 있으므로, 그 신호기의 설치·관리의 비용을 실질적으로 부담하는 **비용부담자의 지위도 아울러 지니고** 있는 반면, 피고인 국가는 단지 그 소속 경찰공무원에게 봉급만을 지급하고 있을 뿐이므로, **원고와 피고 사이에서 이 사건 손해배상의 궁극적인 책임은 전적으로 원고인 안산시에게 있다고 봄이 상당**하다(대판 2001. 9. 25, 2001다41865).

[판례 2] (1) 국가하천의 관리상 하자로 인한 손해에 관하여, **국가는 사무의 귀속주체 및 보조금 지급을 통한 실질적 비용부담자**로서, 해당 시·도는 구 하천법 제59조 단서에 따른 법령상 비용부담자로서 각각 책임을 중첩적으로 지는 경우, **국가와 해당 시·도 모두가 국가배상법 제 6 조 제 2 항에서 정한 '손해를 배상할 책임이 있는 자'에 해당**한다. (2) 사무의 귀속주체에 해당하여야만 내부관계에서 국가배상법 제 6 조 제 2 항에 규정된 종국적인 배상책임자가 되는 것은 아니다(대판 2015. 4. 23, 2013다211834). **[해설]** 관리주체설을 부정하고, **기여도설 내지 공동책임설에 입각한 판례**이다. 또한 보조금의 지급도 실질적 비용부담으로 본 사례이다.

다만, 관리주체와 비용부담주체 중 관리주체에게 보다 본질적이고 큰 배상책임이 있는 것으로 본 판례도 있다.

[판례] 이른바 **기관위임사무**라 할 것이고, 이러한 경우 군수는 그 사무의 귀속 주체인 국가 산하 행정기관의 지위에서 그 사무를 처리하는 것에 불과하므로, 군수 또는 군수를 보조하는 공무원이 위임사무처리에 있어 고의 또는 과실로 타인에게 손해를 가하였다 하더라도 **원칙적으로** 군에는 국가배상책임이 없고 그 **사무의 귀속 주체인 국가가 손해배상책임을 지는 것이며, 다만 국가배상법 제 6 조에 의하여 군이 비용을 부담한다고 볼 수 있는 경우에 한하여 국가와 함께 손해배상책임을 부담한다**(대판 2000. 5. 12, 99다70600).

(5) 결 어

배상책임의 원리에 따르는 한 보다 궁극적으로 손해발생의 원인을 제공한 자가 궁극적 배상책임자가 된다고 보아야 한다. 배상책임은 손해발생에 어떠한 원인을 제공한 자가 지는 것으로 되어야 하고 공동의 불법행위가 있는 경우에는 손해발생에 기여한 정도에 따라 배상책임을 지는 것으로 하여야 하므로 **기여도설**이 타당하다고 본다. 따라서 **원칙상 관리주체가 최종적 배상책임자이지만**, 비용부담이 불충분함으로 인하여 손해가 발생한 경우에는 **비용부담자도 관리주체**와 **함께 손해배상**을 분담하여야 한다.

제 6 항 국가배상법상 특례규정 [2019 변시]

Ⅰ. 배상심의회에 대한 배상신청

배상금을 지급받으려는 자는 그 주소지·소재지 또는 배상원인 발생지를 관할하는 지구심의회에 배상신청을 하여야 한다(법 제12조 제 1 항). 배상심의회에 대한 배상청구는 임의절차이다.

심의회(법무부에 두는 본부심의회, 국방부에 두는 특별심의회, 지구심의회)의 결정은 법적 구속력을 갖지 않는다. 신청인은 그 결정에 대한 동의 여부를 결정할 수 있다. 지방자치단체도 그 결정에 따른 배상금의 지급 여부를 결정할 수 있다.

신청인은 배상결정에 동의하거나 배상금을 수령한 경우에도 법원에 배상청구소송을 제기할 수 있다. 다만, 배상주체는 배상금을 지급하면서 불제소(不提訴)의 합의를 할 수 있다.

Ⅱ. 손해배상의 기준에 관한 특례

국가배상은 민법상의 불법행위로 인한 손해배상의 경우와 같이 가해행위와 상당인과관계에 있는 모든 손해에 대하여 행해진다.

그런데 국가배상법(제 3 조 및 제 3 조의2)은 생명 또는 신체를 해친 때 및 타인의 물건을 멸실·훼손한 때에 있어서의 배상기준을 정하고 있다. 이 배상기준은 단순한 배상의 기준에 불과하며 법원은 이에 구속되지 않는다고 보는 견해가 **다수설**이며 **판례**의 입장이다.

Ⅲ. 군인 등에 대한 국가배상청구권의 제한(특별법에 의한 보상)

1. 국가배상법 제 2 조 제 1 항 단서의 취지

국가배상법 제 2 조 제 1 항 단서는 "군인·군무원·경찰공무원 또는 향토예비군대원이 전투·훈련 등 직무집행과 관련하여 전사·순직하거나 공상을 입은 경우에 본인이나 그 유족이 다른 법령에 따라 재해보상금·유족연금·상이연금 등의 보상을 지급받을 수 있을 때에는 이 법 및 민법의 규정에 따른 손해배상을 청구할 수 없다"라고 군인 등에 대해 국가배상청구를 제한하는 것으로 규정하고 있다. 이를 **이중배상금지규정**이라 부르기도 한다. 영국(영국 국왕소추절차법〈C. P. A.〉 제10조) 및 미국(미국 연방사법법〈F. J. C.〉 제2680조 J항)은 이와 유사한 규정을 두고 있다.

이중배상금지규정을 둔 **취지**는 위험성이 높은 직무에 종사하는 자에 대하여는 사회보장적 위험부담으로서의 국가보상제도를 별도로 마련함으로써 그것과 경합되는 국가배상청구를 배제하고, 전투·훈련행위중 사고가 발생한 경우 공무원의 과실을 입증하는 것이 쉽지 않고, 위계질서가 강한 군대 등에서 전투·훈련행위중에 발생한 사고가 법정에서 다투어지는 것이 타당하지 않다는 것이다.

2. 이중배상금지규정(국가배상청구권 제한규정)의 위헌 여부[2023 경감승진 약술]

군인 등의 국가배상청구권을 제한하는 국가배상법 제 2 조 제 1 항 단서는 위헌이 아니라는 것이 일반적 견해이다.

그러나 그 논거 특히 제도의 정당성에 관하여는 견해가 나뉜다. 다수설은 군인 등에 대하여서만 국가배상청구권을 제한하는 것은 헌법 제11조의 평등원칙에 반한다고 할 것이나, 이러한 제한을 헌법 자체가 규정하고 있으므로 위헌의 문제는 제기되지 아니한다고 본다.

[판례] 국가배상법 제 2 조 제 1 항 단서는 헌법 제29조 제 1 항에 의하여 보장되는 국가배상청구권을 헌법 내재적으로 제한하는 헌법 제29조 제 2 항에 직접 근거하고, 실질적으로 그 내용을 같이하는 것이므로 헌법에 위반되지 아니한다(헌재 2001. 2. 22, 2000헌바38).
[해설] 그 이유는 헌법재판소에는 헌법의 개별규정 그 자체의 위헌 여부를 판단하는 권한이 없기 때문이다(헌재 1995. 12. 28, 95헌바3).

그러나 이중배상금지에 관한 헌법규정이 없다고 하더라도 군인 등에 대해 국가배상청구권을 제한하는 제도는 그 입법취지에 비추어 정당한 보상을 규정하고 있는 한 그 자체가 위헌은 아니라고 보는 견해가 타당하다.

3. 특별보상규정의 위헌 여부

특별법에 따른 보상이 제도의 취지 및 무과실책임이라는 보상의 성격 등을 고려하여도 **일반손해배상액과 심히 균형을 잃은 경우**에 특별법에 의한 보상제도 자체는 위헌이 아니지만, **해당 보상규정은 위헌**이라고 보아야 한다. 특별보상규정에 대하여 위헌판결이 난 후에는 법률로 정해진 보상법률이 존재하지 않는 것이 되어 제 2 조 제 1 항 단서가 적용되지 않게 되므로 **국가배상법에 근거하여 국가배상을 청구할 수 있다고 보아야 한다.**

4. 적용요건

① 피해자가 군인, 군무원, 경찰공무원 또는 향토예비군대원이어야 한다. **판례는** 현역병으로 입대하였으나 교도소 경비교도대로 된 자(대판 1998. 2. 10, 97다45914), 공익근무요원(대판 1997. 3. 28, 97다4036)을 국가배상법 제 2 조 제 1 항 단서의 군인 등에 해당하지 않는다고 판시하였다. 반면에 **헌법재판소는** 전투경찰순경은 국가배상법 제 2 조 제 1 항 단서에 규정한 경찰공무원에 해당한다고 보았다(헌재 1996. 6. 13, 94헌마118).

② 전투, 훈련 등 직무집행과 관련하여 전사·순직하거나 공상을 입었어야 한다. '전투·훈련 등 직무집행과 관련하여 전사·순직하거나 공상을 입은 경우'란 2005년의 개정취지에 비추어 '전투·훈련 및 이에 준하는 직무행위'만을 의미하는 것으로 제한적으로 해석하여야 할 것이다. **대법원**은 경찰공무원이 숙직실에서 취침 중 연탄가스로 사망한 경우에 전투·훈련과 관련된 시설이 아니라는 이유로 이중배상금지의 적용대상이 아니라고 하여 국가배상청구를 인정하였다(대판 전원합의

체 1979. 1. 30, 77다2389). 그러나 경찰공무원이 주변 교통정리를 위하여 사고현장으로 이동하던 중 낙석사고를 당한 경우에 전투·훈련 등과 관련 없는 일반 직무집행일지라도 이중배상금지의 적용을 인정하였다(대판 2011. 3. 10, 2010다85942).

③ 본인 또는 그 유족이 다른 법령에 따라 재해보상금, 유족연금, 상이연금 등의 보상을 지급받을 수 있어야 한다. 다른 법령에 따른 보상금은 손해배상에 준하는 것이어야 하며 해당 보상금이 손해배상과는 전혀 성질이 다른 것인 경우에는 국가배상법 제 2 조 제 1 항 단서가 적용되지 않고 피해자는 국가배상법에 근거하여 국가배상을 청구할 수 있다.

판례는 「국가유공자 등 예우에 관한 법률」(국가유공자법)(대판 2017. 2. 3, 2014두40012), 「보훈보상대상자 지원에 관한 법률」(보훈보상자법)(대판 2017. 2. 23, 2015두60075), 군인연금법(대판 1994. 12. 13, 93다29969)이 정한 보상에 관한 규정이 국가배상법 제 2 조 제 1 항 단서가 정한 '다른 법령'에 해당한다고 본다.

군인 등이 공상을 입은 경우에도 그 장애의 정도가 군인연금법 등의 적용대상등급에 해당하지 않아 다른 법령에 의한 보상을 받을 수 없는 경우에는 국가배상청구가 가능하다(대판 1997. 2. 14, 96다28066).

[판례] (1) **공상을 입은 군인·경찰공무원 등이 별도의 국가보상을 받을 수 없는 경우, 국가배상법 제 2 조 제 1 항 단서의 적용 여부**(소극): 군인·군무원 등 국가배상법 제 2 조 제 1 항에 열거된 자가 전투, 훈련 기타 직무집행과 관련하는 등으로 공상을 입은 경우라고 하더라도 군인연금법 또는 국가유공자예우 등에 관한 법률에 의하여 재해보상금·유족연금·상이연금 등 별도의 보상을 받을 수 없는 경우에는 국가배상법 제 2 조 제 1 항 단서의 적용 대상에서 제외하여야 한다. (2) **군인·경찰공무원이 공상을 입고 전역·퇴직하였으나 그 장애의 정도가 국가유공자예우 등에 관한 법률 또는 군인연금법의 적용 대상 등급에 해당되지 않는 경우, 국가배상청구의 가부**(적극): 군인 또는 경찰공무원으로서 교육훈련 또는 직무수행중 상이(공무상의 질병 포함)를 입고 전역 또는 퇴직한 자라고 하더라도 국가유공자예우 등에 관한 법률에 의하여 국가보훈처장이 실시하는 신체검사에서 대통령령이 정하는 상이등급에 해당하는 신체의 장애를 입지 않은 것으로 판명되고 또한 군인연금법상의 재해보상 등을 받을 수 있는 장애등급에도 해당하지 않는 것으로 판명된 자는 위 각 법에 의한 적용 대상에서 제외되고, 따라서 그러한 자는 국가배상법 제 2 조 제 1 항 단서의 적용을 받지 않아 국가배상을 청구할 수 있다(대판 1997. 2. 14, 96다28066).

5. 적용범위

국가배상법 제 2 조 제 1 항 단서의 이중배상금지의 요건을 충족하는 경우에 피해자가 국가 또는 지방자치단체에 대하여 손해배상을 청구하지 못하는 것은 국가배상법 제 2 조 제 1 항 단서의 규정상 명백하다.

그런데 국가배상법 제 2 조 제 1 항 단서의 해석과 관련하여 군인 등이나 그 유족에 대하여 손해를 배상할 책임이 있는 일반국민(국가와 공동불법행위의 책임이 있는 자, 사고자동차의 운행책임자 등)이 그 군인 등이나 유족에게 손해배상을 하였음을 이유로 국가에 대하여 구상권을 행사할 수 있는지 여부가 문제된다. 대법원은 국가배상법 제 2 조 제 1 항 단서가 적용되는 경우 민간인인 공동불법행위자의 연대책임을 부인하고, 민간인은 자신의 부담부분만을 군인에게 배상하면 되고 국가에 대해 구상청구를 할 수 없다고 한다(대판 전원합의체 2001. 2. 15, 96다42420).

6. 관련 문제

판례는 국가배상법에 따라 손해배상을 받았다는 사정을 들어 국가배상법 제 2 조 제 1 항 단서가 정한 '다른 법령'에 따른 보상의 지급을 거부할 수 없다고 본다(대판 2017. 2. 3, 2014두40012; 대판 2017. 2. 3, 2015두60075).

2025년 1월 7일 신설된 「국가배상법」 제 2 조 제 3 항은 "제 1 항 단서에도 불구하고 전사하거나 순직한 군인·군무원·경찰공무원 또는 예비군대원의 유족은 자신의 정신적 고통에 대한 위자료를 청구할 수 있다"고 규정하여 위자료 청구를 인정하고 있다.

Ⅳ. 양도 등 금지

생명·신체의 침해로 인한 국가배상을 받을 권리는 이를 양도하거나 압류하지 못한다(국가배상법 제 4 조).

Ⅴ. 국가배상청구권의 소멸시효

국가배상청구권은 국가배상법 제 8 조에 따라 민법상 손해배상청구권과 마찬가지로 민법 제766조 제 1 항에 따라 피해자나 그 법정대리인이 손해와 가해자를 안 경우, 안 날로부터 3년간 이를 행사하지 아니하면 시효로 소멸한다(대판 1998. 7. 10, 98다7001).

피해자나 그 법정대리인이 손해 및 가해자를 알지 못한 경우에는 국가재정법 제96조 제 1 항에 따라 5 년간 이를 행사하지 아니하면 국가배상청구권은 시효로 소멸한다. 국가재정법 제96조 제 1 항에서 **'다른 법률의 규정'**이란 다른 법률에 국가재정법 제96조 제 1 항에서 규정한 5년의 소멸시효기간보다 짧은 기간의 소멸시효의 규정이 있는 경우를 가리키는 것이고, 이보다 긴 10년의 소멸시효를 규정한 민법 제766조 제 2 항은 국가재정법 제96조 제 1 항에서 말하는 '다른 법률의 규정'에 해당하지 아니한다.

소멸시효의 주장이 권리남용에 해당하거나 신의성실의 원칙에 반하는 경우에는 국가배상청구권은 시효로 소멸하지 않는다(대판 2008. 5. 29, 2004다33469).

Ⅵ. 차량사고와 국가배상

「자동차손해배상 보장법」(이하 '자배법'이라 한다)은 배상책임의 성립요건에 관하여는 국가배상법에 우선하여 적용된다(대판 1996. 3. 8, 94다23876). 국가나 지방자치단체가 자배법에 따라 손해배상책임이 있을 때에는 국가배상법에 따라 그 손해를 배상하여야 한다(국가배상법 제 2 조 제 1 항). 따라서 **국가 또는 지방자치단체가 자배법에 따라 손해배상책임이 있는 때에도 이중배상금지규정인 국가배상법 제 2 조 제 1 항 단서가 적용되고, 피해자는 배상심의회에 배상신청을 할 수 있다.**

> [판례] 국가소속 공무원이 관리권자의 허락을 받지 아니한 채 **국가소유의 오토바이를 무단으로 사용하다가 교통사고가 발생한 경우**에 있어 국가가 그 오토바이와 시동열쇠를 무단운전이 가능한 상태로 잘못 보관하였고 위 공무원으로서도 국가와의 고용관계에 비추어 위 오토바이를 잠시 운전하다가 본래의 위치에 갖다 놓았을 것이 예상되는 한편 피해자들이 위 무단운전의 점을 알지 못하고 또한 알 수도 없었던 일반 제 3 자인 점에 비추어 보면 **국가가** 위 공무원의 무단운전에도 불구하고 위 **오토바이에 대한 객관적·외형적인 운행지배 및 운행이익을 계속 가지고 있었다고 봄이 상당**하다(대판 1988. 1. 19, 87다카2202).

공무원의 피해자에 대한 개인책임에 관하여도 자배법이 민법이나 국가배상법에 우선하여 적용된다. 따라서 일반적으로 공무원의 공무집행상의 위법행위로 인한 공무원의 개인책임은 고의 또는 중과실의 경우에만 인정되지만, **공무원이 '자기를 위하여 자동차를 운행하는 자'인 때에는** 그 사고가 자동차를 운전한 공무원의 경과실에 따른 것인지 중과실 또는 고의에 따른 것인지를 가리지 않고, 공무원은 **자배법상의 손해배상책임을 부담한다**(대판 1996. 3. 8, 94다23876). **공무원이 자기소유의 자동차를 운행하다가 사고를 낸 경우가 이에 해당한다.**

Ⅶ. 미합중국군대의 구성원 등의 행위로 인한 국가배상

대한민국에 주둔하는 아메리카합중국 군대(이하 '합중국군대'라 한다)의 구성원·고용원 또는 합중국군대에 파견 근무하는 대한민국의 증원군대 구성원이 그 직무를 수행하면서 대한민국에서 대한민국 정부 외의 제 3 자에게 손해를 입힌 경우 및 합중국 군대 또는 합중국 군대에 파견 근무하는 대한민국의 증원군대가 점유·소유 또는 관리하는 토지의 공작물과 그 밖의 시설 또는 물건의 설치나 관리의 하자로 인하여 대한민국 정부 외의 제 3 자에게 손해를 입힌 경우에는 국가배상법의 규정에 따라 국가가 그 손해를 배상하여야 한다(「대한민국과 아메리카 합중국간의 상호방위조약 제 4 조에 의한 시설과 구역 및 대한민국에서의 합중국군대의 지위에 관한 협정의 시행에 관한 민사특별법」(약칭 '주한미군민사법') 제 2 조).

피해자가 협정 제 1 조에 따른 합중국군대의 구성원, 군무원 또는 그 가족인 경우에는 제 2 조를 적용하지 아니한다(법 제 3 조).

Ⅷ. 외국인의 국가배상청구

국가배상법은 상호주의를 적용하여 외국인이 피해자인 경우에는 해당 국가와 상호 보증이 있을 때에만 국가배상법을 적용하는 것으로 규정하고 있다(제 7 조).

제 3 절 행정상 손실보상 [2020 변시]

제 1 항 행정상 손실보상의 의의

행정상 손실보상이란 적법한 공권력 행사에 의해 국민에게 가해진 특별한 손해를 공적 부담 앞의 평등의 원칙에 근거하여 국가나 지방자치단체 또는 공익사업의 주체가 그 손해를 보상하여 주는 것을 의미하는 것으로 정의하는 것이 타당하다.

한편 재산권 제한의 목적이 위험을 방지하는 경찰목적에 있는 것이라면 일반적 규제권에 근거하는 것으로 보아 손실보상을 요하지 않는다.

제 2 항 행정상 손실보상의 근거

Ⅰ. 이론적 근거

손실보상의 이론적 근거는 특별희생설 또는 재산권 보장과 공적부담 앞의 평등원칙이라고 보는 것이 타당하다.

Ⅱ. 존속보장과 가치보장

1. 존속보장

(1) 의 의

존속보장(存續保障)이란 재산권자가 재산권을 보유하고 향유(사용, 수익, 처분)하는 것을 보장하는 것을 말한다.

사유재산제도하에서 재산권은 생활(영업활동 포함)의 기초가 되는 것이므로 존속보장은 특히 중요한 의미를 갖는다.

(2) 존속보장 실현제도

존속보장의 실현제도로는 공용침해에서의 공공필요성 요건(최소침해의 원칙 등 비례의 원칙 포함), 환매제도, 분리이론, 위법한 재산권 침해행위에 대한 취소소송 등이 있다.

2. 가치보장

(1) 의 의

가치보장(價値保障)이란 공공필요에 따라 재산권에 대한 공권적 침해가 행해지는 경우에 재산권의 가치를 보장하기 위해 보상 등 가치보장조치를 취하는 것을 말한다.

(2) 가치보장 실현수단

가치보장의 실현제도로는 손실보상, 매수청구제도 등이 있다. 생활보상은 보상제도인 점에서 가치보장을 위한 것이지만, 존속보장적인 의미도 갖는다.

3. 존속보장과 가치보장의 관계

공공필요를 위해 공용침해가 행해지고 보상금이 지급되는 경우 재산권의 존속보장은 가치보장으로 전환된다.

Ⅲ. 실정법상 근거

1. 헌법적 근거 [1998 사시 사례, 1996 행시 사례, 2006 입법고시 약술, 2020 변시]

헌법 제23조 제 3 항은 "공공필요에 의한 재산권에 대한 수용·사용·제한 및 그에 대한 보상은 법률로써 하되, 정당한 보상을 지급하여야 한다"라고 규정하고 있다.

① 우선 이 규정은 재산권의 수용은 공공필요가 있는 경우에 한하며 또한 법률에 근거가 있는 경우에만 가능하도록 하고 있다.

② 다음으로 공공필요를 위한 재산권 침해의 근거를 법률로 정하는 경우에 입법자는 반드시 보상에 관한 사항도 법률로 규정하도록 하고 있다.

③ 또한 입법권은 손실보상에 관한 규정을 제정함에 있어서 무한정의 재량을 갖는 것이 아니라 정당한 보상이 되도록 규정하여야 한다는 것을 분명히 하고 있다.

2. 법률상 근거

「공익사업을 위한 토지 등의 취득 및 보상에 관한 법률」(이하 '토지보상법'이라 한다. '공익사업법'이라고 부르기도 한다)은 헌법 제23조 제 3 항을 토지수용의 분야에서 구체화하는 법률이다. 즉 토지보상법은 공공필요를 위한 토지수용의 근거 및 보상의 기준과 절차 등을 규정하고 있다.

토지보상법 이외에 하천법 등 개별법에서 공공필요에 의한 재산권침해에 대한 보상이 규정되고 있다.

문제는 개별법률에서 공공필요를 위한 재산권침해의 근거를 정하면서도 보상에 관하여는 규정하지 않고 있는 법률이 적지 않다는 것이다. 주로 공용제한의 경우에 그러하다.

3. 분리이론과 경계이론

(1) 분리이론

1) 의 의

분리이론(分離理論)은 공익목적을 위한 재산권 제한을 입법자의 의사에 따라 헌법 제23조 제 1 항 및 제 2 항에 의한 재산권의 내용과 한계의 문제와 헌법 제23조 제 3 항의 공용침해와 손실보상의 문제로 구분한다. 즉 재산권의 내용 및 한계 규정과 공용침해와 손실보상 규정을 별개의 제도로 파악한다. 따라서 재산권의 내용 및 한계에 관한 법률의 규정이 헌법이 허용하는 범위를 넘는 과도한 것인 경우에 곧바로 수용으로 해석되는 것이 아니라 위헌적인 재산권의 내용규정이 될 뿐이다.

헌법 제23조 제 1 항 및 제 2 항에 의한 재산권의 내용적 제한인지 아니면 헌법 제23조 제 3 항의 공용침해(공용수용)인지는 입법의 목적 및 형식을 기준으로 구분한다. 즉 법률의 규정에 의한 재산권의 제한이 일반적인 공익을 위하여 **일반적·추상적으로 재산권을 새롭게 정의하는 것인 경우**에는 헌법 제23조 제 1 항 및 제 2 항의 재산권의 내용과 한계에 해당하고(예 ① 개발제한구역의 지정으로 인한 재산권 제한, ② 코로나 예방을 위한 집합제한조치, ③ 가축의 살처분 또는 ④ 개성공단 전면중지로 인한 재산권의 제약 등), 법률의 규정에 의한 재산권의 제한이 특정한 공익을 위하여 **개별적·구체적으로 기존의 재산권을 박탈 내지 축소하려는 목적을 가진 것인 경우**에는 헌법 제23조 제 3 항의 공용제한과 손실보상의 문제에 해당한다.

분리이론은 가치보장인 "수용" 및 보상을 제한하고, 존속보장을 강화하려는 견해이다.

2) 재산권의 내용적 제한과 조정조치

재산권의 내용적 제한이 재산권에 내재하는 사회적 제약을 넘어 과도한 제한이 되는 경우에는 비례의 원칙 및 평등원칙에 반하게 된다. 이 경우에 입법자는 비례원칙 위반을 시정하여 재산권 제한을 합헌적으로 하여야 할 의무를 지는데, 이 의무를 **조정조치의무**라고 한다. **조정조치**로는 **일차적으로** 경과규정, 예외규정, 해제규정, 국가침해의 제한 등 비금전적 구제가 행해져야 하고, 이러한 구제조치들이 어려운 경우 **2차적으로** 손실보상, 매수청구 등 금전적 보상이 주어져야 한다.

3) 분리이론에 따른 권리구제

분리이론에 따르면 **재산권의 제한이 헌법 제23조 제1항 및 제2항의 재산권의 내용과 한계에 속하는 경우** 조정조치가 필요함(재산권에 대한 사회적 제약을 넘어 비례원칙에 반하는 재산권 침해가 되는 경우)에도 조정조치의무를 이행하지 않는 경우 ① 재산권 제한조치가 처분인 경우 취소소송을 통하여 구제를 받고, ② 조정조치의무 불이행이 입법부작위인 경우 입법부작위에 대한 헌법소원을 통하여 구제를 받고, ③ 부진정입법부작위인 경우 재산권 제한의 근거가 되는 법령의 위헌확인과 조정조치에 관한 입법을 기다려 구제를 받아야 한다. ④ 이 경우 헌법 제23조 제 3 항의 손실보상의 문제가 아니므로 손실보상규정의 유추적용에 위한 보상청구는 가능하지 않다(판례).

분리이론을 취하는 경우에도 공익목적을 위한 재산권 제한이 **헌법 제23조 제 3 항의 공용침해**(공용수용, 공용사용 또는 공용제한)에 **해당하는 경우**에는 손실보상의 문제가 되고, 손실보상규정 흠결시에는 후술하는 위헌무효설, 직접효력설, 유추적용설, 보상규정유추적용설, 보상입법부작위위헌설의 논의가 필요하다

(2) 경계이론

1) 의 의

경계이론(境界理論)이란 공공필요에 의한 **재산권의 제한과 그에 대한 구제를 손실보상의 문제로 보는 견해**이다. 이 견해에 따르면 공공필요에 의한 재산권의 제약이 재산권에 내재하는 사회적 제약을 넘는 특별희생이 있는 경우에 그에 대하여 보상을 하여야 하는 것으로 본다.

경계이론은 재산권의 사회적 제약과 보상의무 있는 공용침해가 별개로 엄격하게 분리된 제도가 아니라, 양자는 하나의 연속선상에 놓여있으므로 모두 재산권 제한의 한 유형으로 보되, 그 구별은 재산권 침해의 강도 및 형태에 따라 경계지워지는 것으로 이해한다. 즉 재산권자가 수인한도를 넘지 아니하는 범위 내에서의 재산권의 제한형식을 보상의무 없는 사회적 제약이라고 하고, 그러한 사회적 제약을 넘는 재산권의 제한 유형은 정당보상 지급의 의무가 있는 수용에 해당한다고 본다.

2) 특별희생과 권리구제

경계이론에 따르면 재산권에 대한 제한이 재산권에 내재하는 사회적 제약인가 특별한 희생인가 하는 문제와 보상규정이 없는 경우의 권리구제문제가 중요한 문제가 된다.

(3) 판 례(분리이론)

헌법재판소는 분리이론에 따라 공익목적을 위한 재산권의 제한 중 많은 경우(예 개발제한구역의 지정과 매수청구)를 헌법 제23조 제 3 항의 보상의 문제가 아니라 제23조 제 1 항과 제 2 항의 재산권의 내용과 한계의 문제로 본다. 물론 분리이론을 취하는 경우에도 공익목적을 위한 재산권 제한이 헌법 제23조 제 3 항의 공용침해(공용수용)에 해당하는 경우에는 손실보상의 문제가 된다.

[판례] **개성공단 전면중단 조치**는 공익 목적을 위하여 개별적, 구체적으로 형성된 **구체적인 재산권의 이용을 제한하는 공용 제한이 아니므로**, 이에 대한 정당한 보상이 지급되지 않았다

고 하더라도, 그 조치가 **헌법 제23조 제 3 항을 위반하여 개성공단 투자기업인 청구인들의 재산권을 침해한 것으로 볼 수 없다**(헌재 2022. 1. 27. 2016헌마364).

대법원도 헌법재판소와 같이 공용침해 이외의 공익목적을 위한 재산권 제한(댐 사용권에 대한 취소·변경의 처분)을 헌법 제23조 제 1 항 및 제 2 항에 따른 재산권의 내용과 한계의 문제로 본 점에서 분리이론을 취하고 있는 것으로 볼 수 있다.

[판례] (1) **댐사용권 변경처분이 있을 경우 댐사용권자가 납부한 부담금의 반환을 규정한 「댐건설·관리 및 주변지역지원 등에 관한 법률」 제34조 제 1 항이 댐사용권의 제한 내지 침해에 따른 정당한 보상을 정한 법률조항인지 여부(소극)**: 댐 사용권을 그대로 유지하는 것이 곤란하다고 인정되는 경우 **댐 사용권에 대한 취소·변경의 처분을 할 수 있도록 규정한 구 댐건설관리법 제31조 제 4 항 제 2 호가 헌법 제23조 제 1 항 및 제 2 항에 따른 재산권의 내용과 한계를 규정한 조항**인 이상, 위 조항에 따라 댐 사용권을 변경·취소하는 경우에 댐 사용권에 관한 투자비용에 해당하는 **부담금이나 납부금의 일부를 국가가 댐 사용권자에게 반환하도록 규정한 구 댐건설관리법 제34조 제 1 항 역시** 구 댐건설관리법 제31조 제 4 항 제 2호와 일체를 이루어 **재산권인 댐 사용권의 내용과 한계를 정하는 동시에 공익적 요청에 따른 재산권의 사회적 제약을 구체화하는 규정이라고 봄이 타당**하다(헌법재판소 2022. 10. 27. 선고 2019헌바44 결정 참조). (2) **원심판결 중 구 댐건설관리법 제34조 제 1 항**을 댐 사용권 취소 또는 변경처분에 대한 **특별한 손실보상 규정이라고 본 것은 잘못**이나, 피고 대한민국에게는 댐건설관리법 제31조, 제34조 제 1 항에 따라 댐 사용권 취소·변경에 따른 부담금이나 납부금 일부를 반환하도록 할 의무가 있을 뿐 「**공익사업을 위한 토지 등의 취득 및 보상에 관한 법률」 제70조 및 제75조의 유추적용에 의한 손실보상금 지급의무가 있다고 보기 어렵다**(대판 2023. 8. 31, 2019다206223〈손실보상 약정금 지급 청구의 소〉). [해설] 섬진강댐의 댐사용권자인 원고 한국농어촌공사가 섬진강댐 재개발사업으로 댐사용권의 변경처분을 받게 되자 그에 대한 손실보상을 구한 사건이다.

4. 손실보상규정 흠결시의 권리구제

공용침해로 인하여 특별한 손해가 발생하는 경우에는 그 손해에 대한 보상규정을 두어야 한다. 그런데 보상규정의 흠결이 있는 경우가 있다. 경계이론에 따르면 이 경우에 국민의 권익구제방안으로 위헌무효설, 직접효력설, 유추적용설, 보상규정유추적용설, 보상입법부작위위헌설 등이 주장되고 있다. 이 논의는 공용사용과 공용제한, 주로 공용제한으로 인하여 특별한 희생이 발생함에도 공용사용 또는 공용제한의 근거규정에 보상규정이 없는 경우에 문제된다. 공용수용의 경우에는 통상 보상규정이 있고, 공용사용의 경우에도 대체로 그러하기 때문이다.

공용침해로 특별희생이 발생하여 손실보상을 하여야 하는 경우라 함은 경계이론에 입각하는 경우와 분리이론에 따르는 경우에도 헌법 제23조 제 3 항의 문제가 되는 경우에 손실보상규정이 없는 경우(특정한 공익사업을 위해 공용침해가 행해진 경우)를 말한다.

손실보상을 하여야 함에도 보상규정이 없을 때의 권리구제에 관하여는 아래와 같이 견해가 대립하고 있다.

(1) 위헌무효설(입법자구속설)

위헌무효설은 헌법 제23조 제 3 항을 보상청구권의 직접적 근거규정으로 보지 않고, 입법자에 대한 구속규정으로 보면서 법률이 특별한 희생을 발생시키는 공용침해를 규정하면서 손실보상에 관한 규정을 두지 않은 경우 헌법 제23조 제 3 항에 위반하여 그 법률이 위헌·무효가 된다고 보는 견해이다. 이 견해의 논거는 다음과 같다. ① 헌법 제23조 제 3 항은 보상은 법률로 정하도록 위임하고 있다. ② 보상은 재정지출의 문제를 수반하므로 예산권을 갖고 있는 국회가 법률로 정하는 것이 타당하다. ③ 헌법 제23조 제 3 항은 공용침해를 정하는 법률에서 이에 부대하여 보상에 관한 규정을 법률로써 규정하도록 규정하고 있다. 즉 헌법 제23조 제 3 항은 불가분조항(결합조항(연결조항))이다.

위헌무효설에서의 권리구제에 관하여 다음과 같이 견해가 나누어지고 있다. ① 보상규정이 없는 법률에 근거한 공용침해는 위법한 공용침해이므로 국가배상을 청구할 수 있다고 보는 견해가 있다. ② 공용침해의 근거가 된 법률의 위헌무효를 주장하면서 공용침해행위에 대하여 취소소송을 제기할 수 있다고 하는 견해가 있다. ③ 입법부작위에 대한 헌법소원을 통하여 보상규정이 흠결된 법률에 근거한 공용침해행위에 대한 구제를 받을 수 있다고 보는 견해가 있다.

(2) 직접효력설

직접효력설은 헌법 제23조 제 3 항을 국민에 대하여 직접적 효력이 있는 규정으로 보고, 만일에 공용침해의 근거가 되는 법률이 보상규정을 두지 않고 있는 경우에는 직접 헌법 제23조 제 3 항에 근거하여 보상을 청구할 수 있다고 본다. 보상금청구소송이 제기되면 법원은 완전보상의 원칙에 따라 보상액을 객관적으로 확인·결정할 수 있다고 본다. 직접효력설은 헌법 제23조 제 3 항을 불가분조항으로 보지 않는다.

이 견해는 헌법 제23조 제 3 항에서 정당보상의 원칙이 명시적으로 규정되고 있고, 이 헌법규범도 법규범으로 입법자뿐만 아니라 법원 및 국민에게도 직접적 구속력을 갖는다고 보는 데 근거한다.

이 견해에 따르면 행정청이 손실보상을 거부하는 경우에는 공법상 당사자소송으로 손실보상청구소송을 제기하여야 한다.

(3) 헌법 제23조 제 1 항(재산권 보장규정) 및 헌법 제11조(평등원칙)로부터 손실보상청구권을 도출할 수 있다는 견해(유추적용설)

유추적용설은 보상규정이 없는 공용침해에 대하여는 수용유사침해이론에 의해 수용에 준하는 보상을 해 주어야 한다고 보고, 수용유사침해보상의 법적 근거를 헌법 제23조 제 1 항(재산권보장규정) 및 헌법 제11조(평등원칙)에서 찾는 견해이다.

이 견해에 따르면 행정청이 손실보상을 거부하는 경우에는 공법상 당사자소송으로 손실보상청구소송을 제기하여야 한다.

(4) 보상입법부작위위헌설

보상입법부작위위헌설은 공공필요를 위하여 공용제한을 규정하면서 손실보상규정을 두지 않은 경우 그 공용제한규정 자체는 헌법에 위반되는 것은 아니라고 보고, 손실보상을 규정하지 않은 입법부작위가 위헌이라고 보는 견해이다.

(5) 판례의 태도

헌법재판소는 군정법령에 의해 사설철도회사를 수용하고 조선철도의 통일폐지법률에 의하여 군정법령을 폐지하고 그 보상에 관하여 아무런 입법조치를 취하지 않은 입법부작위를 위헌이라고 하고 있다(헌재 1994. 12. 29, 89헌마2).

대법원은 공용침해로 인한 특별한 손해에 대한 보상규정이 없는 경우에 관련 보상법령규정을 유추적용하여 보상하려는 경향이 있다(보상규정유추적용설)(대판 1999. 11. 23, 98다11529). 판례가 취하는 보상규정유추적용설의 문제는 유추적용할 보상규정도 없고, 국가배상책임도 인정할 수 없는 경우 권리구제가 안 된다는 점이다.

(6) 결 어

현행 헌법 제23조 제 3 항이 완전보상의 원칙으로 해석되는 정당보상의 원칙을 선언하고 있고, 완전보상에 따른 보상액을 법원이 결정할 수 있으므로 국민의 권리구제의 실효성을 위하여 직접효력설이 타당하다.

현행 헌법 제23조 제 3 항이 보상은 법률로 정하도록 하고 있다는 이유로 직접효력설을 비판하고 위헌무효설을 지지하는 견해가 있지만 이 견해는 타당하지 않다. 현행 헌법은 '보상은 법률로 하되, 정당한 보상을 하여야 한다'라고 규정함으로써 정당한 보상의 원칙을 확립하고 있는데, 헌법 제23조 제 3 항상의 정당보상이란 원칙적으로 완전보상을 의미한다고 보는 것이 타당하며 완전보상이란 개념은 보상의 기준을 정하는 여러 법률의 규정 및 경험칙상 범위가 확정될 수 있는 개념이다. 따라서 법률에서 보상의 기준 등에 관한 규정이 없는 경우에는 법원이 일반 보상의 법리에 따라 보상액을 정하여 보상을 결정할 수 있다고 해석하는 것이 가능하다. 그리고 이렇게 해석하는 것이 국민의 권익구제라는 관점에서 바람직하다.

법원이 보상액을 정하는 것은 법원이 입법권의 권한을 대신 행사하는 것으로 타당하지 않다는 비판이 있지만, 법원이 보상액을 정하는 것이 입법권을 대신하여 행사하는 것은 아니며 **정당보상의 원칙을 해석·적용하는 것에 불과**하다. **日本에서는 직접효력설이 판례의 입장**이다.

보상규정 흠결시의 권리구제는 다음과 같이 행하는 것이 타당하다. ① 유추적용할 법률규정이 있는 경우에는 이 법률규정을 유추적용하여 보상한다. ② 유추적용할 법률규정이 없는 경우에는 헌법 제23조 제 3 항에 근거하여 손실보상청구권이 인정된다. ③ 행정청이 손실보상을 거부하는 경우에는 공법상 당사자소송으로 손실보상청구소송을 제기하여야 한다.

제 3 항 행정상 손실보상의 요건 [2020 변시]

행정상 손실보상이 인정되기 위하여는 적법한 공용침해로 손실이 발생하였고, 그 손실이 특별한 손해(희생)에 해당하여야 한다.

Ⅰ. 적법한 공용침해

적법한 공용침해란 공공필요에 의하여 법률에 근거하여 가해진 국민의 권익에 대한 침해를 말한다.

1. 공공필요 [2007 사시 사례]

재산권에 대한 수용·사용·제한은 공공필요가 있는 경우에 한하여 인정된다(헌법 제23조 제 3 항). 즉 공공필요는 수용의 정당화사유가 된다. 공공필요라는 개념은 공익이라는 개념과 비례의 원칙을 포함하는 개념이다. 공익사업에 공익성이 있어야 하고, 수용으로 인하여 달성하는 공익이 수용으로 인하여 침해되는 이익(공익 및 사익)보다 커야 한다. 수용으로 인하여 침해되는 공익의 예로는 환경상 이익, 문화재 보호이익을 들 수 있다.

2. 법률의 근거

공공의 필요만으로 수용이 가능한 것은 아니며 법률의 근거가 있어야 한다. 토지보상법 제 4 조는 토지를 수용 또는 사용할 수 있는 사업을 열거하고 있다. 그 밖의 개별법률에 수용 또는 사용의 근거가 규정되어 있다.

법률의 근거가 있다 하더라도 공공의 필요가 없으면 수용은 인정될 수 없다.

3. 공용침해(공용수용 · 공용사용 · 공용제한)

공용수용·공용사용·공용제한을 포괄하여 **공용침해**라고 한다.

공용수용이란 공공필요를 위하여 타인의 토지를 강제적으로 취득하는 것을 말한다. **공용사용**이란 공공필요를 위하여 특정인의 토지 등 재산을 강제로 사용하는 것을 말한다. **공용제한**이란 공공필요를 위하여 재산권에 대하여 가해지는 제한을 말한다.

공용수용이 적법하기 위해서는 사업인정과 수용재결을 거쳐야 한다. 그런데 판례는 협의취득으로 인한 손실보상사건에서 사업인정고시는 영업손실보상의 요건이 아니라고 보고, 사업인정절차를 거치지 않았다고 하더라도 토지보상법 제 4 조 각 호의 공익사업에 해당하는 공익사업을 실시하면 토지보상법상 손실보상규정에 따라 영업손실보상을 하여야 한다고 본다(대판 2021. 11. 11, 2018다204022〈손해배상(기)〉).

Ⅱ. 공용침해로 손실이 발생하였을 것

① 손실보상이 인정되기 위하여는 손해가 현실적으로 발생하였어야 한다(대판 2010. 12. 9, 2007두6571).

② 판례는 공익사업과 손실 사이에 상당인과관계가 있어야 손실보상의 대상인 손실이 된다고 본다(대판 2009. 6. 23, 2009두2672). 그러나 **손실보상의 요건으로 공익사업과 손실 사이에 국가배상책임에서 요구되는 상당인과관계가 있을 것을 요구하는 것은 타당하지 않다.** 상당인과관계 대신 '그 손실이 공익사업(공용침해)으로부터 예견된 것일 것'을 손실보상의 한 요건으로 요구하는 것이 타당하다. 의도된

손실(직접손실)뿐만 아니라 예견가능한 손실(간접손실, 수용적 침해)도 손실보상의 대상이 되지만, 예견가능하지 않은 손실은 손실보상의 대상이 되지 않는다고 보아야 한다.

Ⅲ. 특별한 희생(손해) [1996 행시, 1998 사시]

공공필요를 위한 재산권의 침해가 있는 경우에 손실보상이 되기 위하여는 그 침해로 인한 손실이 '특별한 희생(손해)'에 해당하여야 한다. 그 손해가 '재산권에 내재하는 사회적 제약'에 불과한 경우에는 재산권자가 수인하여야 한다고 보고 있다. 이러한 해결은 재산권의 공공성의 관념에 기초하고 있고, 이 관념의 헌법적 근거는 헌법 제23조 제 2 항이다.

그런데 실제에 있어서 어떠한 손해가 '특별한 손해'인지 아니면 '재산권에 내재하는 사회적 제약'인지 불명확한 경우가 많다. 이 문제는 주로 재산권이 박탈되는 수용의 경우가 아니라 재산권의 사용 또는 수익이 제한되는 공용침해, 즉 공용제한의 경우에 주로 제기된다. 대표적인 예가 도시지역에서의 개발제한구역(Green Belt)의 지정으로 인하여 개발제한구역 내에 있는 토지소유자가 받는 손실이다.

공용침해로 인하여 발생한 손해가 특별한 희생(손해)인가 아니면 재산권에 내재하는 사회적 제약에 불과한가의 판단기준은 무엇인가. 이에 관하여 다음과 같은 학설이 있다.

1. 형식적 기준설

형식적 기준설은 침해행위가 일반적인 것이냐 아니면 개별적인 것이냐라는 형식적 기준에 의해 특별한 희생과 사회적 제약을 구별하려는 견해이다. 즉 재산권에 대한 침해가 특정인 또는 한정된 범위의 사람에게 가해진 경우에는 특별한 희생에 해당하고 재산권 침해가 일반적으로 행해지면 사회적 제약에 해당한다고 본다.

이 견해의 문제점은 특정인에게 가해진 권익침해도 사회적 제약에 해당하는 경우가 있을 수 있고, 공용침해가 어느 정도 일반적인 경우에도 특별한 희생에 해당하는 경우가 있을 수 있다는 것을 간과하고 있다는 점이다. 따라서 형식적 기준만에 의해 특별한 희생과 사회적 제약을 구분할 수는 없다.

2. 실질적 기준설

실질적 기준설은 공용침해의 실질적 내용, 즉 침해의 본질성 및 강도를 기준으로 하여 특별한 희생과 사회적 제약을 구별하려는 견해이다.

이에는 보호가치설, 수인한도설, 사적 효용성설, 목적위배설, 사회적 제약설, 상황적 구속설 등이 있다.

(1) 보호가치설

보호가치설은 재산권을 보호가치 있는 것과 보호가치가 없는 것으로 구분하고 전자에 대한 침해만이 보상의 대상이 되는 특별한 희생이라고 본다.

이 견해에 대하여는 보호가치와 비보호가치에 대한 객관적인 기준을 제공하고 있지 못하다는 비판이 있다.

(2) 수인한도설(기대가능성설)

수인한도설은 재산권에 대한 침해의 본질성과 강도를 구별기준으로 하여 그 침해가 재산권주체에게 보상 없이 수인가능한 것인지 아니면 수인한도를 넘는 것인지에 따라 특별한 희생과 사회적 제약을 구별하려는 견해이다.

(3) 사적 효용설

사적 효용설은 사적 효용을 재산권의 본질적 내용으로 보고, 재산권이 제한되고 있는 상태에서도 아직 재산권의 기능에 합당한 사적인 효용이 유지되는 경우에는 재산권의 단순한 사회적 제약에 불과하지만, 재산권의 침해가 재산권의 사적 효용을 본질적으로 침해하는 경우에는 특별한 희생이 된다고 본다.

(4) 목적위배설

목적위배설은 재산권의 침해가 종래 인정되어 온 재산권의 이용목적 내지 기능에 위배되는지 여부를 기준으로 종래 인정되어 온 재산권의 이용목적에 위배되는 경우에 특별한 희생이고, 재산권에 대한 제한이 있었더라도 재산권의 본래의 이용목적 내지 기능에 따른 이용이 유지되고 있는 경우에는 재산권에 내재하는 사회적 제약이라고 본다.

(5) 상황구속설

상황구속설은 특히 토지 등의 부동산재산권의 경우 그의 지정학적 상황에 의하여 강한 사회적 의무가 수반된다고 보고, 해당 재산권이 처한 특수한 상황에 비추어 재산권 주체가 이미 예상할 수 있는 단순한 재산권 행사상의 제한이 가해진 경우에 그 제한은 사회적 제약에 불과하다고 본다.

3. 결론: 복수기준설

우리나라의 통설은 형식적 기준설과 각 실질적 기준설이 일면의 타당성만을 갖는다고 보고, 형식적 기준설과 실질적 기준설을 종합하여 특별한 희생과 사회적 제약을 구별하여야 한다고 본다. 이를 **복수기준설**이라 한다. 즉 토지 등을 종래의 목적대로 사용할 수 없거나 재산권의 이용이 제한되었음에도 손실보상을 하지 않는 것이 가혹한 경우 특별희생에 해당한다.

[판례 1] 개발제한구역 지정으로 인하여 토지를 종래의 목적으로도 사용할 수 없거나 또는 더 이상 법적으로 허용된 토지이용의 방법이 없기 때문에 실질적으로 토지의 사용·수익의 길이 없는 경우에는 토지소유자가 수인해야 하는 사회적 제약의 한계를 넘는 것으로 보아야 한다. 개발제한구역의 지정으로 인한 개발가능성의 소멸과 그에 따른 지가의 하락이나 지가상승률의 상대적 감소는 토지소유자가 감수해야 하는 사회적 제약의 범주에 속하는 것으로 보아야 한다. 자신의 토지를 장래에 건축이나 개발목적으로 사용할 수 있으리라는 기대가능성이나 신뢰 및 이에 따른 지가상승의 기회는 원칙적으로 재산권의 보호범위에 속하지 않는다. 구역지정 당시의 상태대로 토지를 사용·수익·처분할 수 있는 이상, **구역지정에 따른 단순한 토지이용의 제한은 원칙적으로 재산권에 내재하는 사회적 제약의 범주를 넘지 않는다**(헌재 1998. 12. 24, 89헌마214, 90헌바16, 97헌바78(병합)〈개발제한구역사건〉).

[판례 2] 일반 공중의 이용에 제공되는 공공용물에 대하여 특허 또는 허가를 받지 않고 하는 일반사용은 다른 개인의 자유이용과 국가 또는 지방자치단체 등의 공공목적을 위한 개발 또는 관리·보존행위를 방해하지 않는 범위 내에서만 허용된다 할 것이므로, 공공용물에 관하여 적법한 개발행위 등이 이루어짐으로 말미암아 이에 대한 일정범위의 사람들의 일반사용이 종전에 비하여 제한받게 되었다 하더라도 특별한 사정이 없는 한 그로 인한 불이익은 손실보상의 대상이 되는 특별한 손실에 해당한다고 할 수 없다(대판 2002. 2. 26, 99다35300).

제 4 항 행정상 손실보상의 기준과 내용

Ⅰ. 행정상 손실보상의 일반적 기준: 정당한 보상의 원칙

손실보상의 일반적 기준인 정당한 보상의 의미에 관하여는 종래 완전보상설과 상당보상설이 대립하고 있다.

1. 완전보상설

완전보상설은 공용침해로 인하여 발생한 **객관적 손실 전부를 보상**하여야 한다는 견해이며 이 견해가 **다수 견해**이다. 일반적으로 완전보상은 피침해재산의 객관적 가치의 보상과 함께 부대적 손실의 보상을 전부 보상하는 것을 의미한다. 이에 대하여 생활보상을 완전보상의 범주에 포함시키며 완전보상을 공용침해가 일어나기 전의 생활과 유사한 생활수준을 회복하도록 하는 보상으로 이해하는 견해가 새롭게 제기되고 있다.

정신적 손해와 개발이익은 완전보상에 포함되지 않는다고 보는 것이 일반적 견해이다.

헌법재판소도 헌법 제23조 제 3 항에서 규정하고 있는 정당한 보상이 완전보상을 뜻한다고 보고 있다(헌재 1990. 6. 25, 89헌마107).

2. 상당보상설

상당보상설은 정당한 보상을 피해이익의 성질 및 정도와 함께 침해행위의 공공성을 고려하여 보상이 행해질 당시의 사회통념에 비추어 사회적 정의의 관점에서 객관적으로 타당하다고 여겨지는 보상을 말한다고 보는 견해이다. 상당보상설에 의하면 정당한 보상은 완전보상을 하회하거나 상회할 수 있다.

상당보상설은 독일법에서 채택되고 있다.

3. 결 어

헌법 제23조의 정당한 보상이란 재산권보장의 관점에서 볼 때 완전한 보상을 의미하는 것으로 보아야 한다(완전보상설).

토지보상법 등 보상의 내용을 정하는 법률이 완전보상의 원칙에 반하면 그 법률은 그 한도 내에서 위헌이 된다. 그러나 실정법률에서 완전보상을 상회하여 보상하는 것으로 정하는 것은 가능하다.

또한 보상의 구체적인 기준 및 방법에 관하여는 완전보상의 원칙에 반하지 않는 한도 내에서 입법자에게 재량이 부여된다. 헌법은 정당한 보상의 원칙을 선언하면서도 보상의 구체적인 기준과 방법은 법률로 정하도록 규정하고 있는데 이 규정의 입법취지도 그러하다고 해석할 수 있다.

Ⅱ. 행정상 손실보상의 구체적 기준과 내용

토지보상법상 토지취득 및 보상절차는 다음과 같다. 토지조서 및 물건조서의 작성(제14조) – 보상계획의 공고 · 통지 및 열람(제15조) – 협의(제16조) – 사업인정(제20조) – 토지조서 및 물건조서의 작성(제26조) – 보상계획의 공고·통지 및 열람(제26조) – 협의(제26조) – 수용재결(제34조) – 이의신청(제83조) 및 이의재결(제84조)(임의절차) – 행정소송(제85조)

1. 토지보상법상 보상대상자

토지보상법상 보상의 대상이 되는 자는 공익사업에 필요한 토지의 소유자 및 관계인이다.

"관계인"이라 함은 사업시행자가 취득 또는 사용할 토지에 관하여 지상권 · 지역권 · 전세권 · 저당권 · 사용대차 또는 임대차에 의한 권리 기타 토지에 관한 소유권 외의 권리를 가진 자 또는 그 토지에 있는 물건에 관하여 소유권 그 밖의 권리를 가진 자를 말한다. 다만, 제22조의 규정에 의한 사업인정의 고시가 있은 후에 권리를 취득한 자는 기존의 권리를 승계한 자를 제외하고는 관계인에 포함되지 아니한다(제 2 조 제 5 호).

2. 보상주체

보상주체는 사업시행자이다.

3. 토지보상법상 손실보상의 구체적 기준과 내용

토지보상법상 손실보상의 구체적 기준과 내용은 피침해재산의 객관적 가치의 보상, 부대적 손실의 보상, 확장수용보상, 간접손실의 보상 및 기타 손실의 보상으로 나누어 볼 수 있다.

(1) 취득재산의 객관적 가치의 보상

토지보상법은 '취득재산의 협의성립 또는 재결 당시의 가격'을 손실보상액으로 하는 것으로 규정하고 있다. 즉 토지보상법은 보상액산정의 기준이 되는 시점을 '가격시점'이라 하면서(제 2 조 제 6 호) 가격시점을 협의에 의한 취득의 경우에는 협의성립시, 재결에 의한 취득의 경우에는 수용 또는 사용재결시로 하고 있다(제67조).

그런데 '취득재산의 협의성립 또는 재결 당시의 가격'을 산정함에 있어서는 시장가격 산정의 어려움 및 개발이익 배제의 필요성을 고려하여 아래와 같은 방법에 의하고 있다.

실무상 수용보상액은 '표준지공시지가 × 시점수정(지가변동률, 생산자물가상승률) × 지역요인 × 개별요인(가로조건, 접근조건, 환경조건, 획지조건, 행정조건, 기타조건) × 그 밖의 요인'의 산식으로 결정하게 된다. 이 경우 공법상 제한은 개별요인 중 행정조건에 포함된다.

1) 공시지가를 기준으로 한 보상

협의 또는 재결에 의하여 취득하는 토지에 대하여는 「부동산 가격공시에 관한 법률」(이하 '부동산가격공시법'이라 한다)에 의한 공시지가(표준지공시지가)를 기준으로 하여 보상하도록 하고 있다(제70조 제 1 항). 공시지가란 국가가 매년 1월 1일을 기초로 하여 정하는 전국토 중 일부 표준지의 시가(표준지공시지가)를 말한다.

2) 공시지가의 기준일

해당 공익사업으로 인한 개발이익 또는 개발손실이 보상에 포함되는 것을 배제하기 위하여 보상액 산정의 기준이 되는 표준지공시지가의 공시기준일을 다음과 같이 정하고 있다.

① 사업인정 전의 협의에 의한 취득에 있어서 기준이 되는 공시지가는 "해당 토지의 가격시점(협의성립) 당시 공시된 공시지가 중 가격시점(협의성립시)에 가장 가까운 시점에 공시된 공시지가"로 한다(제70조 제 3 항).

② 사업인정 후의 취득에 있어서 기준이 되는 공시지가는 사업인정고시일 전의 시점을 공시기준일로 하는 공시지가로서, 해당 토지에 관한 협의의 성립 또는 재결 당시 공시된 공시지가 중 해당 사업인정고시일에 가장 가까운 시점에 공시된 공시지가로 한다(제70조 제 4 항).

③ 제 3 항 및 제 4 항에도 불구하고 공익사업의 계획 또는 시행이 공고 또는 고시됨으로 인하여 취득하여야 할 토지의 가격이 변동되었다고 인정되는 경우에는 해당 공고일 또는 고시일 전의 시점을 공시기준일로 하는 공시지가로서, 해당 토지의 가격시점 당시 공시된 공시지가 중 해당 공익사업의 공고일 또는 고시일에 가장 가까운 시점에 공시된 공시지가로 한다(제70조 제 5 항).

3) 상황보정과 시점수정

취득재산에 대한 보상액으로 결정되는 취득재산의 가격은 기준이 되는 표준지공시지가를 기준으로 하여 토지의 상황을 고려하여 수정하고(상황보정), 기준이 되는 공시지가의 공시기준일과 가격시점 사이의 지가변동률 및 물가상승률을 고려하여 보상액을 수정하여(시점수정) 결정하게 된다(제70조 제 1 항).

4) 현황평가의 원칙

토지에 대한 보상액은 가격시점에 있어서의 현실적인 이용상황과 일반적인 이용방법에 의한 객관적 상황을 고려하여 산정하되, 일시적인 이용상황과 토지소유자 또는 관계인이 갖는 주관적 가치 및 특별한 용도에 사용할 것을 전제로 한 경우 등은 이를 고려하지 아니한다(제70조 제 2 항). 이 규정은 현황평가의 원칙을 정한 규정이다.

5) 공익사업으로 인한 개발이익 및 개발손실의 배제와 정당보상

가. 개발이익 배제의 정당성과 위헌성 개발이익은 국가 등의 공공투자 또는 사업시행자의 투자에 의해 발생하는 것으로서 피수용자의 노력이나 자본에 의해 발생하는 것이 아닌 불로소득이므로 그러한 개발이익은 형평의 관념에 비추어 볼 때, 토지소유자에게 귀속시키는 것은 타당하지 않으며 투자자인 사업시행자 또는 궁극적으로는 국민 모두(사회)에게 귀속되어야 하므로 해당 공익사업으로 인해 발생한 개발이익은 보상액의 산정에서 배제하는 것이 타당하다. 이 견해가 일반적 견해이다.

헌법재판소도 개발이익을 보상액 산정에서 배제하는 것이 헌법상 정당보상의 원칙에 위배되는 것은 아니라고 본다(헌재 1990. 6. 25, 89헌마107).

나. 개발이익(손실) 배제의 내용 토지보상법도 다음과 같이 개발이익을 보상에서 배제하는 규정을 두고 있다.

(가) 사업인정고시일 전 공시지가 기준 토지보상법이 사업인정고시일 전의 공시지가를 기준으로 보상액을 결정하는 것으로 하고 있는 것은 손실보상에서 공익사업으로 인한 개발이익(개발손실)을 배제하기 위한 것이다. 보상액의 산정을 사업인정고시일 전의 공시지가를 기준으로 함으로써 사업인정 이후 재결시까지의 수용의 원인이 된 공익사업으로 인한 개발이익(개발손실)이 배제되게 된다.

2007년 법개정을 통하여 공익사업의 계획 또는 시행이 공고 또는 고시됨으로 인하여 취득하여야 할 토지의 가격이 변동되었다고 인정되는 경우에는 "해당 공고일 또는 고시일 전의 시점을 공시기준일로 하는 공시지가로서 해당 토지의 가격시점 당시 공시된 공시지가 중 해당 공익사업의 공고일 또는 고시일에 가장 가까운 시점에 공시된 공시지가"를 기준으로 보상액을 산정하도록 한 것(제70조 제 5

항)은 개발이익의 배제를 보다 철저히 하기 위한 것이다.

(나) 해당 공익사업으로 인한 가격변동 배제 보상액을 산정할 경우에 해당 공익사업으로 인하여 토지 등의 가격이 변동되었을 때에는 이를 고려하지 아니한다(제67조 제 2 항).

보상액을 산정함에 있어서 해당 공익사업으로 인한 지가의 영향을 받지 않는 지역의 지가변동률을 참작하여야 한다(제70조 제 1 항).

(다) 해당 공익사업의 시행을 직접 목적으로 하는 공법상 제한 배제 공법상 제한을 받는 토지에 대하여는 제한받는 상태대로 평가한다. 다만, 그 공법상 제한이 해당 공익사업의 시행을 직접 목적으로 하여 가하여진 경우에는 제한이 없는 상태를 상정하여 평가한다(토지보상법 시행규칙 제23조 제 1 항). 공익사업의 시행을 직접 목적으로 하여 용도지역 또는 용도지구 등이 변경된 토지에 대하여는 변경되기 전의 용도지역 또는 용도지구 등을 기준으로 평가한다(제23조 제 2 항).

이 규정의 입법취지는 해당 공익사업의 영향을 배제하여 정당한 보상을 실현하려는 것이다(대판 2007. 7. 12, 2006두11507 등).

판례는 보상액 산정에 있어서 일반적 계획제한과 개별적 계획제한을 구별한다.

> **일반적 계획제한**이라 함은 용도지역 · 지구 · 구역(이하 '용도지역 등'이라 한다)의 지정 또는 변경과 같이 구체적인 사업의 시행을 목적으로 하지 않고 공익목적을 위해 토지의 이용을 일반적으로 제한하는 계획제한을 말하고, **개별적 계획제한**이라 함은 도시계획시설제한과 같이 구체적인 공익사업의 시행을 위해 토지등의 이용에 가해지는 계획제한을 말한다. 예를 들면, 자연공원의 지정은 일반적 계획제한인 반면에, 도시공원의 지정은 도시계획시설계획에 따라 행해지는데, 도시공원의 지정에 따른 제한은 개별적 계획제한이다.

일반적 계획제한의 경우에는 그 제한이 해당 공익사업의 시행을 직접 목적으로 하여 가해진 경우에는 제한이 없는 상태대로 평가하고(대판 2007. 7. 12, 2006두11507: 공원조성사업의 시행을 직접 목적으로 수용대상토지의 용도지역이 일반주거지역에서 자연녹지지역으로 변경된 경우 그 용도지역을 일반주거지역으로 평가하여야 한다고 한 사례), 그 제한이 해당 공익사업의 시행을 직접 목적으로 하여 가해진 것이 아닌 경우에는 그러한 공법상 제한을 받은 상태대로 손실보상액을 평가하여야 하고, 그와 같은 제한이 해당 공공사업의 시행 이후에 가하여진 경우라고 하여 달리 볼 것은 아니다(대판 2005. 2. 18, 2003두14222: 문화재보호구역의 확대 지정이 해당 공공사업의 시행 이후에 가하여진 경우에도 해당 공공사업인 택지개발사업의 시행을 직접 목적으로 하여 가하여진 것이 아님이 명백하므로 토지의 수용보상액은 그러한 공법상 제한을 받는 상태대로 평가하여야 한다고 한 사례).

이에 반하여 개별적 계획제한의 경우에는 그 제한이 해당 공익사업의 시행을 직접 목적으로 하여 가해진 경우뿐만 아니라 다른 공익사업의 시행을 직접 목적으로 하여 가해진 경우에도 그 제한을 받지 않은 상태대로 평가하여야 한다고 본다(대판 1992. 3. 13, 91누4324). 달리 말하면 개별적 계획제한의 경우 당초의 목적사업과 다른 목적의 공공사업에 편입수용되는 경우에도 그 제한을 받지 아니하는 상태대로 평가하여야 한다(대판 1989. 7. 11, 88누11797 ; 2015. 8. 27, 2012두7950[토지보상금증액] 등).

어느 수용대상 토지에 관하여 특정 시점에서 용도지역 등의 지정 또는 변경을 하지 않은 것이 특정 공익사업의 시행을 위한 것일 경우 이는 해당 공익사업의 시행을 직접 목적으로 하는 제한이라고 보아 그 용도지역 등의 지정 또는 변경이 이루어진 상태를 상정하여 토지가격을 평가하여야 한다. 여기에서 특정 공익사업의 시행을 위하여 용도지역 등의 지정 또는 변경을 하지 않았다고 볼 수 있으려면, 토지가 특정 공익사업에 제공된다는 사정을 배제할 경우 용도지역 등의 지정 또는 변경을 하지 않은 행위가 계획재량권의 일탈·남용에 해당함이 객관적으로 명백하여야만 한다(대판 2015. 8. 27, 2012두7950).

다. 개발이익 배제의 한계 판례에 의하면 토지수용으로 인한 손실보상액을 산정함에 있어서 해당 공공사업과는 관계없는 다른 사업의 시행으로 인한 개발이익은 이를 배제하지 아니한 가격으로 평가하여야 한다(대판 1999. 1. 15, 98두8896).

(2) 부수적 재산상 손실의 보상

완전보상이 되기 위하여는 취득의 대상이 된 재산권의 재산적 가치뿐만 아니라 취득이 원인이 되어 부수적으로 발생한 손실도 보상되어야 한다. 현행 토지보상법도 이러한 입장을 취하고 있다. 다만, 정신적 고통은 보상되고 있지 않다.

1) 잔여지 및 잔여건축물보상

사업시행자는 동일한 소유자에 속하는 **일단의 토지**의 일부가 취득되거나 사용됨으로 인하여 잔여지의 가격이 감소하거나 그 밖의 손실이 있는 때 또는 잔여지에 통로·도랑·담장 등의 신설이나 그 밖의 공사가 필요할 때에는 원칙상 국토교통부령이 정하는 바에 따라 그 손실이나 공사의 비용을 보상하여야 한다. 다만, 잔여지의 가격 감소분과 잔여지에 대한 공사의 비용을 합한 금액이 잔여지의 가격보다 큰 경우에는 사업시행자는 그 잔여지를 매수할 수 있다(제73조 제 1 항).

사업시행자는 동일한 소유자에 속하는 일단의 건축물의 일부가 취득 또는 사용됨으로 인하여 잔여 건축물의 가격이 감소하거나 그 밖의 손실이 있을 때에는 국토교통부령으로 정하는 바에 따라 그 손실을 보상하여야 한다. 다만, 잔여 건축물의 가격 감소분과 보수비(건축물의 나머지 부분을 종래의 목적대로 사용할 수 있도록 그 유용성을 동일하게 유지하는 데에 일반적으로 필요하다고 볼 수 있는 공사에 사용되는 비용을 말한다. 다만, 「건축법」 등 관계 법령에 따라 요구되는 시설 개선에 필요한 비용은 포함하지 아니한다)를 합한 금액이 잔여 건축물의 가격보다 큰 경우에는 사업시행자는 그 잔여 건축물을 매수할 수 있다(제75조의2 제 1 항).

잔여지 등의 보상은 관계 법률에 따라 사업이 완료된 날 또는 제24조의2에 따른 사업완료의 고시가 있는 날(이하 "사업완료일"이라 한다)부터 1년이 지난 후에는 청구할 수 없다(제73조 제 2 항, 제75조의2 제 4 항).

2) 이전비보상

건축물 · 입목 · 공작물 기타 토지에 정착한 물건(이하 '건축물 등'이라 한다)에 대하여는 원칙상 이전에 필요한 비용(이하 '이전비'라 한다)으로 보상하여야 한다(제75조 제 1 항). 분묘에 대하여는 이장에 소요되는 비용 등을 산정하여 보상하여야 한다(제75조 제 4 항).

3) 권리의 보상

광업권 · 어업권 · 양식업권 및 물(용수시설을 포함한다) 등의 사용에 관한 권리에 대하여는 투자비용 · 예상수익 및 거래가격 등을 참작하여 평가한 적정가격으로 보상하여야 한다(제76조 제 1 항).

4) 영업손실의 보상

영업을 폐지하거나 휴업함에 따른 영업손실에 대하여는 영업이익과 시설의 이전비용 등을 참작하여 보상하여야 한다(제77조 제 1 항).

토지보상법 제77조가 규정하고 있는 '영업손실'이란 수용의 대상이 된 토지 · 건물 등을 이용하여 영업을 하다가 그 토지 · 건물 등이 수용됨으로 인하여 영업을 할 수 없거나 제한을 받게 됨으로 인하여 생기는 직접적인 손실, 즉 수용손실을 말하는 것이다. 따라서 후술하는 간접손실인 영업손실과 구별되어야 한다.

5) 농업손실의 보상

농업의 손실에 대하여는 농지의 단위면적당 소득 등을 참작하여 실제 경작자에게 보상하여야 한다. 다만, 농지소유자가 해당 지역에 거주하는 농민인 경우에는 농지소유자와 실제 경작자가 협의하는 바에 따라 보상할 수 있다(제77조 제 3 항).

6) 임금손실의 보상

휴직 또는 실직하는 근로자의 임금손실에 대하여는 근로기준법에 의한 평균임금 등을 참작하여 보상하여야 한다(제77조 제 3 항).

(3) 확장수용보상

일정한 사유로 인하여 공익사업에 필요한 토지 이외의 토지를 수용하는 것을 **'확장수용'**이라 한다. 그리고 그에 따른 보상을 **확장수용보상**이라 한다.

1) 잔여지등 수용

가. 잔여지등 수용의 요건 동일한 토지소유자에 속하는 일단의 토지의 일부가 협의에 의하여 매수되거나 수용됨으로 인하여 잔여지를 종래의 목적에 사용하는 것이 현저히 곤란할 때에는 해당 토지소유자는 사업시행자에게 잔여지를 매수하여 줄 것을 청구할 수 있으며, 사업인정 이후에는 관할 토지수용위원회에 수용을 청구할 수 있다. 이 경우 수용의 청구는 매수에 관한 협의가 성립되지 아니한 경우에만 할 수 있으며, 사업완료일까지 하여야 한다(제74조 제 1 항). 잔여 건축물을 종래의 목적대로 사용하는 것이 현저히 곤란할 때에는 그 건축물 소유자는 사업시행자에게 잔여 건축물을 매수하여 줄 것을 청구할 수 있고, 협의가 성립되지 아니한 경우에 한하여 사업완료일까지 관할 토지수용위원회에 수용을 청구할 수 있다(제75조의2).

잔여지를 종래의 목적에 사용하는 것이 현저히 곤란한지 여부는 수용된 토지가 속한 필지의 잔여지가 아니라 피수용자에 속하는 **일단의 토지의 잔여지를** 기준으로 판단된다.

나. 잔여지등수용청구권의 성질 잔여지수용청구권은 그 요건을 구비한 때에는 토지수용위원회의 특별한 조치를 기다릴 것 없이 청구에 의하여 수용의 효과가 발생하는 **형성권적 성질**을 가진다(대판 2001. 9. 4, 99두11080). 토지수용위원회는 잔여지수용청구권을 확인하는 수용재결을 하고 손실보상액을 결정한다.

판례에 의하면 잔여지수용거부에 대한 불복은 보상금증감청구소송으로 하여야 한다(대판 2010. 8. 19, 2008두822).

2) 이전수용(이전대상 물건의 수용)

이전대상 물건(예, 과수나무)이 다음에 해당하는 경우에는 해당 물건의 가격으로 보상하여야 한다: ① 건축물 등의 이전이 어렵거나 그 이전으로 인하여 건축물 등을 종래의 목적대로 사용할 수 없게 된 경우, ② 건축물 등의 이전비가 그 물건의 가격을 넘는 경우, ③ 사업시행자가 공익사업에 직접 사용할 목적으로 취득하는 경우(제75조 제 1 항 단서). 공익사업시행지구내의 토지에 정착한 이전대상 건축물 등을 물건의 가격으로 보상한 경우에도 **사업시행자가 제75조 제 5 항 등 수용절차에 따라 수용을 한 경우에 한하여 이전수용이 발생한다.** 이전대상 물건에 대해 가격보상을 하는 경우에 수용절차를 거쳐 수용할 것인지는 사업시행자의 선택에 맡겨져 있다. 사업시행자가 제75조 제 5 항 등에 따라 수용의 절차를 거치지 아니한 이상 사업시행자가 그 보상만으로 해당 물건의 소유권까지 취득한다고 할 수는 없다(대판 2019. 4. 11, 2018다277419; 대판 2022. 11. 17, 2022다242342 등).

3) 완전수용(공용사용에 대한 수용)

사업인정고시가 있은 후 토지의 사용이 다음에 해당하는 때에는 해당 토지소유자는 사업시행자에게 그 토지의 매수를 청구하거나 관할 토지수용위원회에 그 토지의 수용을 청구할 수 있다. 이 경우 관계인은 사업시행자 또는 관할 토지수용위원회에 그 권리의 존속을 청구할 수 있다: ① 토지를 사용하는 기간이 3년 이상인 때, ② 토지의 사용으로 인하여 토지의 형질이 변경되는 때, ③ 사용하고자 하는 토지에 그 토지소유자의 건축물이 있는 때(제72조).

4) 불복절차

관할토지수용위원회가 확장수용을 거부하는 경우에는 중앙토지수용위원회에 이의신청을 하거나, 행정소송을 제기할 수 있다. 행정소송을 제기하는 경우의 소송형식은 보상금의 증감에 관한 소송이다(대판 2015. 4. 9, 2014두46669).

(4) 간접손실의 보상 : 사업시행지외손실보상

1) 간접손실 및 간접손실보상의 개념

공익사업으로 인하여 사업시행지 밖의 재산권자에게 가해지는 손실 중 공익사업으로 인하여 필연적으로 발생하는 손실이 **간접손실**이며 이 손실에 대한 보상이 **간접손실보상**(제 3 자보상)이다. 간접손실이라는 용어 대신 “사업시행지외손실”이라는 용어를 사용하기도 한다.

공익사업으로 인하여 우연히 발생하는 손해의 전보는 손해배상의 문제로 보는 것이 타당하다.

간접손실이 공익사업으로 인한 토지취득으로 인한 손실을 포함한다는 점에는 의견이 일치하고 있으나, 공익사업의 시행상 공사로 인한 손실 또는 공익사업 완성 후 시설의 운영으로 인한 손실도 포함하는지에 관하여는 견해가 나뉘고 있다.

2) 수용적 침해와의 관계

통상 **수용적 침해**를 "적법한 행정작용의 결과 발생한 의도되지 않은 침해"라고 정의하는데, 수용적 침해와 간접손실의 관계가 문제된다. 간접손실을 공익사업으로 인하여 사업시행지 밖의 재산권자에게 필연적으로 가해지는 손실로 본다면 간접손실은 수용적 침해의 일부에 해당한다고 보는 것이 타당하다. 즉 수용적 침해가 간접손실보다 넓은 개념이다. 수용적 침해는 간접손실뿐만 아니라 기타 적법한 행정작용의 결과 발생한 의도되지 않은 침해 전체를 의미한다.

3) 간접손실보상의 요건

간접손실보상이 인정되기 위하여는 **간접손실**이 발생하여야 하고, 해당 간접손실이 **특별한 희생**이 되어야 한다.

간접손실이 되기 위하여는 ① 공공사업의 시행으로 기업지 이외의 토지소유자(제 3 자)가 입은 손실이어야 하고, ② 그 손실이 공공사업의 시행으로 인하여 발생하리라는 것이 예견되어야 하고, ③ 그 손실의 범위가 구체적으로 특정될 수 있어야 한다(대판 1999. 12. 24. 98다57419·57426 참조).

농어촌진흥공사의 금강 하구둑공사로 부여에 있는 참게 축양업자가 입은 손실은 그 발생을 예견하기가 어렵고 그 손실의 범위도 쉽게 확정할 수 없으므로 간접손실로 볼 수 없다(대판 1998. 1. 20, 95다29161). 이에 반하여 해당 금강 하구둑공사로 참게의 산란장은 파괴되고, 참게 알의 부화에 악영향을 미쳐 금강 유역에서 참게가 거의 잡히지 않게 됨에 따라 금강 유역에서 참게를 잡던 어전(漁箭)어업 허가자와 어선어업자들이 폐업으로 말미암아 입은 손실은 간접손실로 보아야 한다.

간접손실은 **공익사업의 시행**으로 인하여 사업시행지밖에 발생한 손실을 말한다. 공익사업을 위한 토지의 수용으로 인하여 사업시행지밖에 발생한 손실이 간접손실에 해당한다는 점에 대해서는 이견이 없다. 공익사업의 시행중 또는 공익사업의 시행 후 공익사업시설로 인한 손해를 간접손실로 볼 수 있는지에 대하여는 견해가 대립하고 있는데, **판례는 공익사업의 시행 결과, 즉 그 공익사업의 시행으로 설**

치되는 시설의 형태 · 구조 · 사용 등에 기인하여 발생하는 손실도 간접손실로 본다(대판 2019. 11. 28, 2018두227).

4) 간접손실보상의 근거 및 내용

가. 헌법적 근거　　판례는 간접손실을 헌법 제23조 제 3 항에서 규정한 손실보상의 대상이 된다고 보고 있다(대판 1999. 11. 15, 99다27231).

나. 법률적 근거 및 내용　　토지보상법 제79조 제 2 항은 "공익사업이 시행되는 지역 밖에 있는 토지 등이 공익사업의 시행으로 인하여 본래의 기능을 다할 수 없게 되는 경우에는 국토교통부령으로 정하는 바에 따라 그 손실을 보상하여야 한다"라고 간접손실보상의 원칙을 규정하며 간접손실보상의 기준, 내용 및 절차 등을 국토교통부령에 위임하고 있다.

이에 따라 동법 시행규칙은 제59조 이하에서 간접보상을 유형화하여 열거 · 규정하고 있다. 공익사업시행지구 밖의 대지 등에 대한 보상(동법 시행규칙 제59조), 공익사업시행지구 밖의 건축물에 대한 보상(제60조), 소수잔존자에 대한 보상(제61조), 공익사업시행지구 밖의 공작물 등에 대한 보상(제62조), 공익사업시행지구 밖의 어업의 피해에 대한 보상(제63조), 공익사업시행지구 밖의 영업손실에 대한 보상(제64조), 공익사업시행지구 밖의 농업의 손실에 대한 보상(제65조)이 그것이다.

간접손실의 보상은 해당 사업의 공사완료일부터 1년이 지난 후에는 청구할 수 없다(제79조 제 5 항, 제73조 제 2 항). 이 청구기간이 지난 경우에는 손해배상만을 청구할 수 있다.

또한 토지보상법 제79조 제 1 항은 간접손실인 공사비용의 보상을 규정하고 있다.

5) 보상규정의 흠결과 권리구제

보상규정이 없는 간접손실의 보상 여부 및 보상근거가 없는 간접손실의 보상근거에 관하여 견해가 대립하고 있다.

대법원은 간접손실에 대한 보상규정이 없는 경우 기존의 간접손실 보상규정을 유추적용하여 보상할 수 있다고 본다(대판 1999. 11. 15, 99다27231; 대판 2013. 6. 14, 2010다9658). 판례에 따르면 관련 규정 등을 유추적용하여 보상할 수 있는 간접손실에 대한 보상청구권은 공법상의 권리가 아니라 사법상의 권리이고, 그 보상을 청구하려는 자는 사업시행자가 보상청구를 거부하거나 보상금액을 결정한 경우라도 이에 대하여 행정소송을 제기할 것이 아니라, 사업시행자를 상대로 민사소송으로 직접 손실보상금 지급청구를 하여야 한다(대판 1999. 6. 11, 97다56150 등). 이 견해의 문제점은 유추적용할 간접손실보상규정이 없는 경우 간접손실보상이 인정될 수 없다는 점이다.

생각건대, 실정법령의 적용 또는 유추적용에 의해 보상되지 못하는 간접손실이 있는 경우에는 토지보상법 제79조 제 2 항을 공익사업에 따른 손실보상의 일반근거조항으로 보고 토지보상법 제79조 제 2 항에 근거하여 간접손실보상을 청구할 수 있다고 보는 것이 타당하다. 만일 토지보상법 제79조 제 2 항을 공익사업에 따른 손실보상의 일반근거조항으로 보지 않는다면 간접보상도 손실보상에 포함되는 점 및 권리구제의 실효성을 고려하여 헌법 제23조 제 3 항의 직접효력을 인정하고 직접 이에 근거하여 간접손실의 보상을 청구할 수 있다고 보는 견해가 타당하다.

(5) 기타 손실의 보상

토지보상법 제79조 제 4 항은 "그 밖에 공익사업의 시행으로 인하여 발생하는 손실의 보상 등에 대하여는 국토교통부령이 정하는 기준에 의한다"라고 규정하고 있다. 공익사업의 시행으로 인하여 발생하는 손실 중 보상하여야 하지만 법률에 규정되지 못한 경우를 대비한 규정이다.

이 규정을 기타 손실의 보상에 관한 개괄수권조항으로 볼 것인지 아니면 기타 손실의 보상에 관한 일반근거조항이라고 볼 것인지에 관하여 견해가 대립한다.

4. 생활권보상과 생활보상

(1) 의 의

일반적으로 생활보상과 생활권보상을 엄격히 구분하고 있지 않다.

생활보상은 피수용자가 종전과 같은 생활을 유지할 수 있도록 하는 것을 실질적으로 보장하는 보상을 말한다.

생활보상이라는 개념은 재산권에 대한 금전보상의 한계를 극복하기 위해 등장하였다. 즉 대규모 공공사업을 위한 수용이 행해짐에 따라 손실보상금으로 종전과 같은 토지 및 주택을 구입하는 것이 어렵게 되고, 특히 손실보상금이 적은 경우에는 그 손실보상금으로 종전과 같은 생활을 유지하기 어렵게 되었다. 따라서 피수용자가 종전과 같은 생활을 유지할 수 있도록 실질적인 보상이 행해져야 할 필요성이 제기되었다. 이러한 필요성에 응하기 위하여 생활보상 관념이 등장하였다.

(2) 생활보상의 근거

생활보상도 정당보상에 포함되는 것으로 보는 견해(정당보상설), 생활보상은 인간다운 생활을 할 권리를 규정하고 있는 헌법 제34조에 근거하여 인정되는 것으로 보고, 헌법 제23조 제 3 항의 정당보상의 범위에 포함되지 않는다고 보는 견해(생존권설)와 생활보상을 정당보상에 포함되는 것으로 보면서도 생활보상이 경제적 약자에 대한 생존배려의 관점에서 행해지는 것이므로 생활보상은 헌법 제23조 제 3 항과 제34조에 동시에 근거하는 것으로 보는 견해(통일설)가 있다.

대법원 판례(대판 2003. 7. 25, 2001다57778)가 생존권설을 취하고 있다고 해석하는 견해가 다수견해이지만, **판례**는 통일설(헌법 제23조 제 3 항 · 제34조 결합설)에 입각하고 있다고 보는 것이 타당하다. 다만, 주거용 건축물의 세입자에 대한 주거이전비와 이사비는 사회보장적 성격의 금원으로 본다(대판 2006. 4. 27, 2006두2435).

최근 정당보상설을 취한 판례가 있다(대판 2011. 10. 13, 2008두17905〈상가용지공급대상자적격처분취소등〉).

그러나 **헌법재판소**는 생존권설에 근거한 것으로 보인다(헌재 2006. 2. 23, 2004헌마19).

(3) 생활보상의 종류와 내용

이주대책이 진정한 생활보상이 되기 위하여는 주거대책에 그쳐서는 아니되고 생계대책을 포함하여야 한다.

주거대책이라 함은 피수용자가 종전과 같은 주거를 획득하는 것을 보장하는 보상을 말한다. 주거대책으로는 이주정착지의 조성과 분양, 이주정착금지급, 주거이전비의 보상, 공영주택의 알선, 국민주택자금의 지원 등을 들 수 있다.

생계대책은 생활대책이라고도 하는데, 종전과 같은 경제수준을 유지할 수 있도록 하는 조치를 말한다. 생계대책으로는 생활비보상(이농비 · 이어비보상), 상업용지, 농업용지 등 용지의 공급, 직업훈련, 고용 또는 고용알선, 고용상담, 보상금에 대한 조세감면조치 등을 들 수 있다. 생계대책에 관한 일반적 규정은 없고, 개별 법률에서 생계대책에 대하여 규정하고 있는 경우가 있다.

그런데 법령상 이주대책이라는 개념이 주거대책만을 의미하는 경우도 있고, 주거대책과 생활대책을 포함하는 것으로 사용되는 경우도 있다.

(4) 토지보상법상 이주대책

토지보상법 제78조 및 동법 시행령 제40조는 이주대책에 대하여 규정하고 있다.

가. 이주대책의 의의 **이주대책**이란 공익사업의 시행으로 인하여 주거용 건축물을 제공함에 따라 생활의 근거를 상실하게 되는 자(이하 '이주대책대상자'라 한다)를 종전과 같은 생활상태를 유지할 수 있도록 다른 지역으로 이주시키는 것을 말한다. 이주대책에는 생계대책도 포함되어야 한다.

나. 이주대책 수립의무 사업시행자는 법령에서 정한 일정한 경우(토지보상법 시행령 제40조 제 2 항) 이주대책을 수립할 의무가 있다. 이주대책은 국토교통부령이 정하는 부득이한 사유가 있는 경우(① 공익사업시행지의 인근에 택지 조성에 적합한 토지가 없는 경우, ② 이주대책에 필요한 비용이 해당 공익사업의 본래의 목적을 위한 소요비용을 초과하는 등 그 밖에 이주대책의 수립·실시로 인하여 해당 공익사업의 시행이 사실상 곤란하게 되는 경우(시행규칙 제 5 조))를 제외하고는 이주대책대상자 중 이주정착지에 이주를 희망하는 자가 10호 이상인 경우에 수립·실시한다. 다만, 사업시행자가 택지개발촉진법 또는 주택법 등 관계법령에 의하여 이주대책대상자에게 택지 또는 주택을 공급한 경우(사업시행자의 알선에 의하여 공급한 경우를 포함한다)에는 이주대책을 수립·실시한 것으로 본다(시행령 제40조 제 2 항).

이주대책 수립의무가 없는 경우에도 이주대책을 실시할 수 있다.

다. 이주대책의 법적 성질 및 이주대책기준 이주대책결정은 공행정작용으로서 처분에 해당한다. 사업시행자는 이주대책을 수립할 의무를 지지만, 이주대책의 내용결정에 있어서는 재량권을 갖는다(대판 2007. 2. 22, 2004두7481〈특별공급대상자제외처분취소〉).

이주대책의 기준은 법령(국토교통부령인 주택공급에 관한 규칙)으로 정해진 경우도 있고, 재량준칙으로 정해진 경우도 있다.

라. 이주대책수립자 이주대책을 수립하는 자는 **사업시행자**이다. 사인이 사업시행자인 경우 해당 사인은 공무수탁사인에 해당한다.

마. 이주대책대상자 **이주대책대상자**는 이주대책의 대상이 되는 자를 말한다. 이주대책대상자에는 '법령이 정한 이주대책대상자'와 '시혜적인 이주대책대상자'가 있다. '**법령이 정한 이주대책대상자**'는 법령상 이주대책의 대상으로 하여야 하는 자를 말한다. '**시혜적인 이주대책대상자**'란 법령상 이주대책의 대상으로 정해져 있지는 않지만 사업시행자가 임의적으로 이주대책의 대상으로 정한 자를 말한다.

① '**법령이 정한 이주대책대상자**': 토지보상법상 이주대책대상자는 '공익사업의

시행으로 인하여 주거용 건축물을 제공함에 따라 생활의 근거를 상실하게 되는 자'(법률 제78조 제 1 항) 및 대통령령으로 정하는 공익사업의 시행으로 공장을 이전하는 자이다(제78조의2). 다만, 다음에 해당하는 자는 법상 이주대책대상자(법상 이주대책의 대상에 포함되어야 하는 자)에서 제외된다: ⅰ) 허가를 받거나 신고를 하고 건축하여야 하는 건축물을 허가를 받지 아니하거나 신고를 하지 아니하고 건축 또는 용도변경을 한 건축물의 소유자, ⅱ) 해당 건축물에 공익사업을 위한 관계법령에 의한 고시 등이 있은 날부터 계약체결일 또는 수용재결일까지 계속하여 거주하고 있지 아니한 건축물의 소유자. 다만, 질병으로 인한 요양, 징집으로 인한 입영, 공무, 취학, 해당 공익사업지구 내 타인이 소유하고 있는 건축물에의 거주 그 밖에 이에 준하는 부득이한 사유로 인하여 거주하지 아니한 경우에는 그러하지 아니하다. ⅲ) 타인이 소유하고 있는 건축물에 거주하는 세입자. 다만, 해당 공익사업지구에 주거용 건축물을 소유한 자로서 타인이 소유하고 있는 건축물에 거주하는 세입자는 제외한다(시행령 제40조 제 3 항).

② **'시혜적인 이주대책대상자'**: 사업시행자는 법상 이주대책대상자가 아닌 자(예 세입자)도 임의로 이주대책대상자에 포함시킬 수 있다(대판 2015. 7. 23, 2012두22911). 이주대책의 수립에 의해 이주대책대상자에 포함된 세입자 등은 영구임대주택 입주권 등 이주대책을 청구할 권리를 가지며 이를 거부한 것은 거부처분이 된다(대판 1994. 2. 22, 93누15120).

토지보상법상의 공익사업시행자가 하는 이주대책대상자 확인·결정은 행정행위의 하나인 확인행위의 성질을 갖는다. **판례**는 이주대책대상자 선정기준에 해당하는 자는 사업시행자에게 이주대책대상자 확인·결정을 신청할 수 있는 권리를 가지고, 이주대책대상자 선정의 거부는 항고소송의 대상이 되는 거부처분으로 본다. 또한 **판례**는 이주대책대상자 확인·결정은 구체적인 이주대책상의 수분양권을 부여하는 요건이 되는 행정작용으로서의 처분이라고 보고 있다.

바. 이주대책의 내용 이주대책의 내용은 법에 정해진 것을 제외하고는 사업시행자가 이주대책계획에서 재량으로 정한다.

실시될 수 있는 이주대책으로는 집단이주, 특별분양, 아파트수분양권의 부여, 개발제한구역 내 주택건축허가, 대체상가, 점포, 건축용지의 분양, 이주정착금 지급, 생활안정지원금 지급, 직업훈련 및 취업알선, 대토알선 등이 있을 수 있다.

토지보상법령에 따르면 사업시행자는 **대통령령으로 정하는** 바에 따라 이주대책

(협의의 이주대책)을 수립 · 실시하거나 이주정착금을 지급하여야 한다(법 제78조 제 1 항). 이주대책(협의의 이주대책)은 국토교통부령으로 정하는 부득이한 사유가 있는 경우를 제외하고는 이주대책대상자 중 이주정착지에 이주를 희망하는 자의 가구 수가 10호(戶) 이상인 경우에 수립 · 실시한다. 다만, 사업시행자가 「택지개발촉진법」 또는 「주택법」 등 관계 법령에 따라 이주대책대상자에게 택지 또는 주택을 공급한 경우(사업시행자의 알선에 의하여 공급한 경우를 포함한다)에는 이주대책을 수립 · 실시한 것으로 본다(동법 시행령 제40조 제 2 항). 사업시행자는 법 제78조 제 1 항에 따라 다음 각 호의 어느 하나에 해당하는 경우에는 이주대책대상자에게 국토교통부령으로 정하는 바에 따라 이주정착금을 지급하여야 한다. 1. 이주대책을 수립 · 실시하지 아니하는 경우, 2. 이주대책대상자가 이주정착지가 아닌 다른 지역으로 이주하려는 경우(동법 시행령 제41조).

사. 이주대책대상자의 법적 지위

(가) 법상의 이주대책대상자의 이주대책계획수립청구권 토지보상법 제78조 제 1 항은 토지보상법 시행령 제40조 제 4 항상 예외가 인정되고 있는 경우를 제외하고는 사업시행자에게 이주대책을 실시할 의무만을 부여하고 있다. 따라서 법상의 이주대책대상자는 특정한 이주대책을 청구할 권리는 없지만 이주대책을 수립할 것을 청구할 권리를 갖는다. 법상의 이주대책대상자가 이주대책계획의 수립을 청구하였음에도 불구하고 사업시행자가 이주대책을 수립하지 않는 경우에는 의무이행심판 또는 부작위위법확인소송을 제기할 수 있고, 이주대책수립을 거부한 경우에는 의무이행심판(또는 거부처분취소심판) 또는 거부처분취소소송을 제기할 수 있다고 보아야 한다.

(나) 분양신청권 이주대책계획이 수립되면 이주대책대상자는 분양신청권을 취득한다.

(다) 이주대책대상자의 수분양권 등 특정한 실체법상의 권리의 취득시기 판례는 이주대책계획수립 후 이주자가 이주대책대상자 선정을 신청하고 사업시행자가 이를 받아 들여 이주대책대상자로 확인 · 결정하여야 비로소 수분양권(분양을 받을 구체적 권리)이 발생한다고 한다(대판 전원합의체 1994. 5. 24, 94다35783). 그러나 사업시행자가 이주대책에 관한 구체적인 계획을 수립하면 그것만으로 수분양권 등 이주대책상 구체적인 권리를 취득한다고 보아야 할 것이다.

5. 토지보상법상 공용사용으로 인한 손실의 보상

협의 또는 재결에 의하여 사용하는 토지에 대하여는 그 토지와 인근 유사토지의 지료(地料)·임대료·사용방법·사용기간 및 그 토지의 가격 등을 참작하여 평가한 적정가격으로 보상하여야 한다(제71조 제 1 항).

사업인정고시가 있은 후 다음의 1에 해당하는 때에는 해당 토지소유자는 사업시행자에게 그 토지의 매수를 청구하거나 관할 토지수용위원회에 그 토지의 수용을 청구할 수 있다: ① 토지를 사용하는 기간이 3년 이상인 때, ② 토지의 사용으로 인하여 토지의 형질이 변경되는 때, ③ 사용하고자 하는 토지에 그 토지소유자의 건축물이 있는 때. 이 경우 관계인은 사업시행자 또는 관할 토지수용위원회에 그 권리의 존속을 청구할 수 있다(제72조).

토지의 지하 또는 지상공간을 사실상 영구적으로 사용하는 경우 해당 공간에 대한 사용료는 제22조에 따라 산정한 해당 토지의 가격에 해당 공간을 사용함으로 인하여 토지의 이용이 저해되는 정도에 따른 적정한 비율(이하 '**입체이용저해율**'이라 한다)을 곱하여 산정한 금액으로 평가한다(시행규칙 제31조 제 1 항). 토지의 지하 또는 지상공간을 일정한 기간 동안 사용하는 경우 해당 공간에 대한 사용료는 제30조에 따라 산정한 해당 토지의 사용료에 입체이용저해율을 곱하여 산정한 금액으로 평가한다(시행규칙 제31조 제 2 항).

6. 공용제한으로 인한 손실의 보상기준

공용제한으로 인한 손실의 보상기준에 관하여 규정하고 있는 법률도 있지만, 대부분의 공용제한의 경우에는 보상기준이 법률에 의해 정해져 있지 않다.

공용제한으로 인한 손실보상의 기준에 관하여는 **상당인과관계설**(공용제한행위와 상당인과관계 있는 손실은 모두 보상하여야 한다는 견해), **지가저락설**(토지이용제한에 의해 초래되는 토지이용가치의 저하가 지가하락으로 나타난다고 보고 그 지가저락분을 보상하여야 한다는 견해), **적극적 실손보전설**(공용제한으로 토지소유자가 현실적으로 예상하지 않았던 지출을 하지 않을 수 없는 경우에 한하여 그 적극적이고 현실적인 지출만을 보상하면 된다는 견해)이 있다.

> **[판례]** 준용하천의 제외지로 편입됨에 따른 구 하천법 제74조 제 1 항의 손실보상은 원칙적으로 공용제한에 의하여 토지 소유자로서 사용수익이 제한되는 데 따른 손실보상으로서 제외지 편입 당시의 현황에 따른 **지료 상당액**을 기준으로 함이 상당하다(대판 2003. 4. 25, 2001두1369).

제 5 항 행정상 손실보상의 방법

손실보상은 원칙상 현금으로 보상하는 것을 원칙으로 한다. 그러나 공익사업의 원활한 수행과 피수용자의 생계의 보장을 위하여 채권보상, 대토보상 등 다른 보상방법도 인정되고 있다.

Ⅰ. 현금보상의 원칙

보상은 다른 법률에 특별한 규정이 있는 경우를 제외하고는 현금으로 지급한다(법 제63조 제 1 항).

Ⅱ. 채권보상

채권보상(債券補償)이란 현금보상의 원칙에 대한 예외로서 채권으로 하는 손실보상을 말한다.

채권보상을 인정하게 된 것은 토지의 가격이 상당히 높기 때문에 보상을 위한 재정의 부족으로 인하여 공익사업을 수행하는 데 어려움이 있기 때문에 일정한 요건하에서 보상액을 채권으로 보상할 수 있도록 함으로써 공익사업의 원활한 수행을 도모하기 위함이다.

최근에는 대규모 보상에 따른 토지투기를 막기 위하여 채권보상이 활용되기도 한다.

채권의 상환기간은 5년 이내로 하고, 채권금액에 대하여 법정의 이자를 지급하여야 한다(법 제63조 제 9 항). 이와 같이 상환기간과 이자율을 제한하고 있는 것은 채권보상이 정당보상의 원칙에 반하지 않도록 하기 위함이다.

Ⅲ. 대토보상

대토보상(代土補償)은 사업시행자의 손실보상금의 부담을 경감하고, 토지구입수요를 줄임으로써 인근지역 부동산 가격의 상승을 억제할 수 있으며 토지소유자가 개발혜택을 일정 부분 공유할 수 있도록 하는 기능을 갖는 제도이다.

토지소유자가 원하는 경우에는 해당 공익사업의 토지이용계획 및 사업계획 등을 고려하여 **공익사업의 시행으로 조성된 토지로 보상**할 수 있다(법 제63조 제 1 항 단서 · 제 2 항~제 5 항).

Ⅳ. 사전보상의 원칙

사업시행자는 해당 공익사업을 위한 공사에 착수하기 이전에 토지소유자 및 관계인에 대하여 보상액의 전액을 지급하여야 한다. 다만, 법 제38조의 규정에 의한 천재·지변시의 토지의 사용과 법 제39조에 따른 시급을 요하는 토지의 사용 또는 토지소유자 및 관계인의 승낙이 있은 때에는 그러하지 아니하다(법 제62조).

그리고 공익사업의 시행으로 인하여 공익사업지구 밖의 어업에 피해가 발생한 경우에 토지보상법 시행규칙 제63조 제 1 항에 따른 그 피해에 대한 보상은 사후에 보상을 할 수밖에 없다.

Ⅵ. 개인별 보상

손실보상은 토지소유자나 관계인에게 개인별로 하여야 한다. 다만, 개인별로 보상액을 산정할 수 없을 때에는 그러하지 아니하다(토지보상법 제64조).

Ⅶ. 일괄보상

사업시행자는 사업인정을 받은 **동일한 사업지역**에 보상시기를 달리하는 동일인 소유의 토지등이 여러 개 있는 경우 **토지소유자나 관계인이 요구할** 때에는 한꺼번에 보상금을 지급하도록 하여야 한다(토지보상법 제65조).

제 6 항 보상액의 결정방법 및 불복절차

보상액은 협의매수시에는 사업시행자와 토지소유자 사이의 협의로 결정되고, 강제수용의 경우에는 행정청 또는 소송으로 결정된다.

Ⅰ. 협의에 의한 결정

토지보상법은 **협의전치주의**를 취하고 있다. 사업인정을 받은 사업시행자는 보상에 관하여 토지소유자 및 관계인과 협의하여야 한다(법 제26조 제 1 항). 다만, 사업인정 이전에 임의협의절차를 거쳤으나 협의가 성립되지 아니하여 사업인정을 받은 사업으로서 토지조서 및 물건조서의 내용에 변동이 없는 때에는 협의절차를 거치지 아니할 수 있다. 다만, 사업시행자 또는 토지소유자 및 관계인이 협의를 요구하는 때에는 협의하여야 한다(법 제26조 제 2 항).

[판례] 공익사업을 위한 토지 등의 취득 및 보상에 관한 법률(이하 '공익사업법'이라고 한다)에 의한 **보상합의**는 공공기관이 사경제주체로서 행하는 **사법상 계약의 실질을 가지는 것**으로서, 당사자 간의 합의로 같은 법 소정의 손실보상의 기준에 의하지 아니한 손실보상금을 정할 수 있으며, 이와 같이 같은 법이 정하는 기준에 따르지 아니하고 손실보상액에 관한 합의를 하였다고 하더라도 그 합의가 착오 등을 이유로 적법하게 취소되지 않는 한 유효하다. 따라서 공익사업법에 의한 보상을 하면서 손실보상금에 관한 당사자 간의 합의가 성립하면 그 합의 내용대로 **구속력이 있고, 손실보상금에 관한 합의 내용이 공익사업법에서 정하는 손실보상 기준에 맞지 않는다고 하더라도 합의가 적법하게 취소되는 등의 특별한 사정이 없는 한 추가로 공익사업법상 기준에 따른 손실보상금 청구를 할 수는 없다**(대판 2013. 8. 22, 2012다3517).

사업시행자와 토지소유자 및 관계인 간에 제26조에 따른 절차를 거쳐 협의가 성립되었을 때에는 사업시행자는 관할 토지수용위원회에 협의 성립의 확인을 신청할 수 있다(법 제29조 제 1 항). 사업시행자, 토지소유자 및 관계인은 그 확인된 협의의 성립이나 내용을 다툴 수 없다(법 제29조 제 4 항).

매수 또는 보상에 관한 협의는 제한이 없다. 토지수용위원회의 수용재결이 있은 후라고 하더라도 토지소유자와 사업시행자가 다시 협의하여 토지 등의 취득·사용 및 그에 대한 보상에 관하여 임의로 계약을 체결할 수 있다(대판 2017. 4. 13, 2016두64241).

[판례] 중앙토지수용위원회가 지방국토관리청장이 시행하는 공익사업을 위하여 갑 소유의 토지에 대하여 수용재결을 한 후, 갑과 사업시행자가 '공공용지의 취득협의서'를 작성하고 협의취득을 원인으로 소유권이전등기를 마쳤는데, 갑이 '사업시행자가 수용개시일까지 수용재결보상금 전액을 지급·공탁하지 않아 수용재결이 실효되었다고 주장하며 수용재결의 무효확인을 구하는 소송을 제기한 사안에서, 갑이 수용재결의 무효확인 판결을 받더라도 토지의 소유권을 회복시키는 것이 불가능하고, 무효확인으로 회복할 수 있는 다른 권리나 이익이 남아 있다고도 볼 수 없다고 한 사례(대판 2017. 4. 13, 2016두64241).

Ⅱ. 행정청에 의한 결정

1. 토지보상법상 토지수용위원회의 재결에 따른 결정

(1) 재결의 신청

제26조에 따른 협의가 성립되지 아니하거나 협의를 할 수 없을 때(법 제26조

제 2 항 단서에 따른 협의 요구가 없을 때를 포함한다)에는 사업시행자는 사업인정고시가 된 날부터 1년 이내에 대통령령으로 정하는 바에 따라 관할 토지수용위원회에 재결을 신청할 수 있다(법 제28조 제 1 항).

사업인정고시가 된 후 협의가 성립되지 아니하였을 때에는 토지소유자와 관계인은 대통령령으로 정하는 바에 따라 서면으로 사업시행자에게 재결을 신청할 것을 청구할 수 있다(법 제30조 제 1 항). 사업시행자는 제 1 항에 따른 청구를 받았을 때에는 그 청구를 받은 날부터 60일 이내에 대통령령으로 정하는 바에 따라 관할 토지수용위원회에 재결을 신청하여야 한다(법 제30조 제 2 항).

재결신청에 대한 거부가 처분이 되기 위하여는 신청인에게 재결신청권이 있어야 한다.

(2) 토지수용위원회에 의한 보상금의 결정

> **토지보상법**
>
> 제50조(재결사항) ① 토지수용위원회의 재결사항은 다음 각 호와 같다.
>
> 1. 수용하거나 사용할 토지의 구역 및 사용방법
> 2. 손실보상
> 3. 수용 또는 사용의 개시일과 기간
> 4. 그 밖에 이 법 및 다른 법률에 규정한 사항
>
> ② 토지수용위원회는 사업시행자, 토지소유자 또는 관계인이 신청한 범위에서 재결하여야 한다. 다만, 제 1 항제 2 호의 손실보상의 경우에는 증액재결(增額裁決)을 할 수 있다.

토지수용위원회는 보상금을 재결의 형식으로 수용 등과 함께 결정한다(법 제50조). 토지수용위원회의 재결에는 수용재결(수용 및 보상재결), 보상재결, 협의성립 확인재결(제29조 제 4 항), 경정재결(제36조)이 있다. 토지수용위원회의 재결사항은 ① 수용하거나 사용할 토지의 구역 및 사용방법, ② 손실보상, ③ 수용 또는 사용의 개시일과 기간, ④ 그 밖에 이 법 및 다른 법률에서 규정한 사항이다(제50조 제 1 항). 토지수용위원회는 사업시행자, 토지소유자 또는 관계인이 신청한 범위에서 재결하여야 한다. 다만, 손실보상의 경우에는 증액재결을 할 수 있다(제50조 제 2 항). 이주대책도 수용재결사항이다.

토지수용위원회의 수용재결은 행정심판의 재결이 아니라 원행정행위의 성질을 갖는다.

국가 또는 시·도가 사업시행자인 사업과 수용 또는 사용할 토지가 2 이상의 시·도에 걸치는 사업에 관한 것은 중앙토지수용위원회의 관할에 속하고 그 이외의 사업에 관한 것은 지방토지수용위원회의 관할에 속한다(법 제51조).

판례에 따르면 토지소유자가 사업시행자로부터 손실보상을 받기 위하여는 공익사업법 제34조, 제50조 등에 규정된 재결절차를 거친 다음 그 재결에 대하여 불복할 때 비로소 공익사업법 제83조 내지 제85조에 따라 권리구제를 받을 수 있을 뿐이며, 특별한 사정이 없는 한 이러한 재결절차를 거치지 않은 채 곧바로 사업시행자를 상대로 손실보상을 청구하는 것은 허용되지 않는다(재결전치주의).

[판례] 잔여지 가격감소 등으로 인한 손실보상청구에 재결전치주의가 적용되는지 여부(적극): 토지소유자가 사업시행자로부터 공익사업법 제73조에 따른 **잔여지 가격감소 등으로 인한 손실보상**을 받기 위해서는 공익사업법 제34조, 제50조 등에 규정된 **재결절차를 거친 다음** 그 재결에 대하여 불복이 있는 때에 비로소 공익사업법 제83조 내지 제85조에 따라 권리구제를 받을 수 있을 뿐, 이러한 재결절차를 거치지 않은 채 곧바로 사업시행자를 상대로 손실보상을 청구하는 것은 허용되지 않는다고 봄이 상당하고, 이는 수용대상토지에 대하여 재결절차를 거친 경우에도 마찬가지라 할 것이다(대판 2012. 11. 29, 2011두22587 〈토지수용보상금증액등〉; 대판 2014. 9. 25, 2012두24092〈손실보상금〉). **[해설]** 잔여지 가격감소 등으로 인한 손실보상액에 대하여 다툼이 있는 경우 수용재결절차를 거친 다음 이의신청 또는 보상금증감청구소송을 제기하여야 한다.

재결절차를 거쳤는지 여부는 보상항목별로 판단하여야 한다. 피보상자별로 어떤 토지, 물건, 권리 또는 영업이 손실보상대상에 해당하는지, 나아가 보상금액이 얼마인지를 심리·판단하는 기초 단위를 보상항목이라고 한다(대판 2018. 7. 20, 2015두4044).

(3) 불복절차 [2007 사시, 2010 사시, 2001 입법고시, 2020 변시]

토지수용위원회의 재결에 대한 불복절차로 이의신청과 행정소송이 인정된다.

1) 이의신청

지방토지수용위원회의 재결에 대하여 불복이 있는 자는 해당 지방토지수용위원회를 거쳐 중앙토지수용위원회에, 중앙토지수용위원회의 재결에 대하여 불복이 있는 경우에는 중앙토지수용위원회에 이의신청을 할 수 있다(법 제83조). 이의신청은 행정심판의 성질을 가지며 임의절차이다.

이의신청을 받은 중앙토지수용위원회는 원재결(原裁決)이 위법 또는 부당한 때에는 그 원재결의 전부 또는 일부를 취소하거나 손실보상액을 변경할 수 있다(법 제84조 제 1 항). **손실보상액의 변경**이란 손실보상액의 증액 또는 감액을 말한다.

행정심판법상 불고불리의 원칙(제47조 제 1 항)과 불이익변경금지의 원칙(제47조 제 2 항)은 토지보상법상 특별한 규정이 없으므로 특별행정심판인 토지보상법상 이의신청에도 적용된다. 손실보상의 경우에는 증액재결을 할 수 있다는 토지보상법 제50조 제 2 항 단서는 수용재결에 관한 것이고 이의재결에 관한 규정이 아니다.

법 제85조 제 1 항에 따른 기간 이내에 소송이 제기되지 아니하거나 그 밖의 사유로 이의신청에 대한 재결이 확정된 때에는 민사소송법상의 확정판결이 있은 것으로 보며, 재결서 정본은 집행력 있는 판결의 정본과 동일한 효력을 가진다(법 제86조 제 1 항).

2) 행정소송

사업시행자·토지소유자 또는 관계인은 수용재결에 대하여 불복이 있는 때에는 재결서를 받은 날부터 60일 이내에, 이의신청을 거친 때에는 이의신청에 대한 재결서를 받은 날부터 30일 이내에 각각 행정소송을 제기할 수 있다(법 제85조 제 1 항).

수용재결 또는 이의재결에 대한 불복에는 수용 자체를 다투는 경우와 보상액을 다투는 경우가 있다. 불복이 수용 자체를 다투는 것인 때에는 재결에 대하여 취소소송 또는 무효확인소송을 제기하고(법 제85조 제 1 항), 보상금의 증감을 청구하는 것인 때에는 보상액의 증감을 청구하는 소송을 제기하여야 한다(법 제85조 제 2 항).

법 제85조 제 1 항은 수용 자체를 다투는 항고소송(취소소송 또는 무효확인소송)과 보상액을 다투는 보상금증감청구소송 모두를 규율하는 규정이고, 법 제85조 제 2 항은 보상금증감청구소송에 관한 규정이다.

보상금증감청구소송[51]은 수용재결 중 보상금에 대하여서만 이의가 있는 경우에 보상금의 증액 또는 감액을 청구하는 소송이다. 토지소유자 또는 관계인은 보상금의 증액을 청구하는 소송(보상금증액청구소송)을 제기하고 사업시행자는 보상액의 감액을 청구하는 소송(보상금감액청구소송)을 제기한다.

보상금청구소송은 **형식적 당사자소송의 대표적인 예**이다. 보상금증감청구소송에서 법원은 보상금을 직접 결정한다. 소송제기자가 토지소유자 또는 관계인인 경우에는 사업시행자를, 소송제기자가 사업시행자인 경우에는 토지소유자 또는 관계

51) 2020 변시.

인을 피고로 하여 제기하여야 한다(법 제85조 제 2 항).

2. 개별법령상 행정청 등의 처분에 따른 결정

개별법(토지보상법에 대한 특별법)에서 행정청 또는 토지수용위원회가 보상금을 결정하도록 규정하고, 특별한 불복절차가 규정되지 않은 경우(예 도로법 제99조 제 3 항) 해당 행정청의 보상금의 결정은 처분이므로 행정심판법상의 행정심판 및 행정소송법상의 행정소송(취소소송)의 대상이 된다.

개별법령에서 보상금의 결정과 불복에 관하여 토지보상법을 준용하도록 규정하고 있는 경우에는 보상금결정에 대한 불복소송은 보상금증감청구소송에 의한다.

Ⅲ. 소송에 의한 결정

개별법에서 손실보상의 원칙만을 규정하고, 보상금결정기관에 관한 규정 등 기타 보상에 관한 규정이 전혀 존재하지 않는 경우에 있어서 구체적 손실보상청구권이 법규정에 의해 이미 발생하였다고 볼 수 있는 경우에 토지소유자 등은 직접 보상금지급청구소송을 제기할 수 있다. 이 경우 법원이 직접 손실보상액을 결정한다.

손실보상청구권이 공권인가 사권인가에 따라 보상금지급청구소송의 소송형식이 다르다. 손실보상청구권이 공권인 경우 공법상 당사자소송을 제기하여야 하고, 사권인 경우 민사소송을 제기하여야 한다. 종전 판례는 손실보상청구권을 사권으로 보고 손실보상청구소송을 민사소송으로 보았으나 최근 대법원 전원합의체 판결(대판 2006. 5. 18, 2004다6207)은 손실보상청구권을 공권으로 보고 손실보상청구가 민사소송이 아니라 당사자소송의 대상이 된다고 판례를 변경하였다. 토지보상법 제79조 제 2 항, 동법 시행규칙 제57조에 따른 사업폐지 등에 대한 보상청구권은 공법상 권리임이 분명하므로 그에 관한 쟁송은 민사소송이 아닌 행정소송절차에 의하여야 한다(대판 2012. 10. 11, 2010다23210). 그러나 판례는 아직도 수산업법 제81조의 규정에 의한 손실보상청구권이나 손실보상 관련 법령의 유추적용에 의한 손실보상청구권은 사권으로 보고 사업시행자를 상대로 한 민사소송의 방법에 의하여 행사하여야 한다고 하고 있다(대판 2001. 6. 29, 99다56468; 대판 2014. 5. 29, 2013두12478).

Ⅳ. 법률의 근거 없는 수용 또는 보상 없는 공익사업 시행의 경우 권리구제

1. 손해배상청구

법률에 근거하지 않은 수용은 불법행위를 구성하므로 손해배상청구가 가능하다(대판 1966. 10. 18, 66다1715).

실정법령에 공용침해와 보상에 관한 규정이 있음에도 보상 없이 수용을 하거나 공사를 시행한 행위는 불법행위가 되므로 손해배상청구가 가능하다(대판 2000. 5. 26, 99다37382).

다만, 전술한 바와 같이 법에 근거한 공용제한으로 특별한 손실이 발생한 경우 공무원의 고의·과실이 인정되지 않는 한 해당 공용제한은 불법행위를 구성하지 못한다.

2. 부당이득반환청구

판례는 보상 없이 타인의 토지를 점유·사용하는 것은 법률상 원인없이 이득을 얻은 때에 해당한다고 본다(대판 2016. 6. 23, 2016다206369).

제 7 항 적법한 경찰의 조치에 대한 손실보상청구권

경찰관 직무집행법

제11조의2(손실보상) ① 국가는 경찰관의 적법한 직무집행으로 인하여 다음 각 호의 어느 하나에 해당하는 손실을 입은 자에 대하여 정당한 보상을 하여야 한다.

1. 손실발생의 원인에 대하여 책임이 없는 자가 생명·신체 또는 재산상의 손실을 입은 경우(손실발생의 원인에 대하여 책임이 없는 자가 경찰관의 직무집행에 자발적으로 협조하거나 물건을 제공하여 생명·신체 또는 재산상의 손실을 입은 경우를 포함한다)
2. 손실발생의 원인에 대하여 책임이 있는 자가 자신의 책임에 상응하는 정도를 초과하는 생명·신체 또는 재산상의 손실을 입은 경우

② 제 1 항에 따른 보상을 청구할 수 있는 권리는 손실이 있음을 안 날부터 3년, 손실이 발생한 날부터 5년간 행사하지 아니하면 시효의 완성으로 소멸한다.

③ 제 1 항에 따른 손실보상신청 사건을 심의하기 위하여 손실보상심의위원회를 둔다.

④ 경찰청장, 해양경찰청장, 시·도경찰청장 또는 지방해양경찰청장은 제 3 항의 손실

보상심의위원회의 심의·의결에 따라 보상금을 지급하고, 거짓 또는 부정한 방법으로 보상금을 받은 사람에 대하여는 해당 보상금을 환수하여야 한다.
⑤ 보상금이 지급된 경우 손실보상심의위원회는 대통령령으로 정하는 바에 따라 국가경찰위원회 또는 해양경찰위원회에 심사자료와 결과를 보고하여야 한다. 이 경우 국가경찰위원회 또는 해양경찰위원회는 손실보상의 적법성 및 적정성 확인을 위하여 필요한 자료의 제출을 요구할 수 있다.
⑥ 경찰청장, 해양경찰청장, 시·도경찰청장 또는 지방해양경찰청장은 제 4 항에 따라 보상금을 반환하여야 할 사람이 대통령령으로 정한 기한까지 그 금액을 납부하지 아니한 때에는 국세강제징수의 예에 따라 징수할 수 있다.
⑦ 제 1 항에 따른 손실보상의 기준, 보상금액, 지급 절차 및 방법, 제 3 항에 따른 손실보상심의위원회의 구성 및 운영, 제 4 항 및 제 6 항에 따른 환수절차, 그 밖에 손실보상에 관하여 필요한 사항은 대통령령으로 정한다.

경찰행정청의 적법한 행정작용은 경찰책임자와의 관계에 있어서는 손실보상청구권을 야기하지 않는다. 이에 대하여 경찰비책임자가 (경찰의) 적법한 조치를 통하여 손실을 입은 경우에는 그에게 손실보상청구권이 인정된다. 즉 경찰비책임자는 일반공중을 위하여 특별한 희생을 받게 되는데, 그에 대해서는 보상이 이루어져야 한다.

2013년 「경찰관 직무집행법」을 개정하여 제11조의2를 신설함으로써 손실보상의 근거규정을 마련하였다(2014년 4월 6일 시행). 이 조항은 "경찰관의 적법한 직무집행으로 인하여" 손실을 입은 경우에 적용된다. 제11조의2는 2018년 12월 24일 개정되었는데, 개정 전에는 재산상의 손실에 대해서만 보상을 하도록 하였으나, 개정법에서는 생명·신체 또는 재산상의 손실로 손실보상의 범위를 확대하였다(2019년 6월 25일 시행).

Ⅰ. 경찰책임자 및 경찰비책임자의 손실보상청구권

1. 경찰책임자에 대한 손실보상청구권

경찰권 발동으로 인하여 경찰책임자에게 발생한 손실에 대하여는 원칙적으로 손실보상청구가 인정되지 않는다. 즉 자기의 행위 또는 물건 등을 통하여 경찰위해를 일으킴으로 인하여 경찰권이 발동되었고, 그로 인하여 재산상 손실을 입은 자에 대하여는 원칙적으로 손실보상청구권이 인정되지 않는다고 보아야 한다(예

① 유해음식물을 판매함으로 인하여 관계공무원이 그것을 폐기시킨 경우 ② 건물이 쓰러질 위험이 있어 관계공무원이 그것을 헐어버린 경우 등)(김남진).

경찰책임자에게는 손실보상청구권이 인정되지 않는다는 원칙에 대해 예외인 것처럼 보이는 경우가 어떤 사람의 경찰의무가 내용상 제한되어 있고, 경찰권이 그 자의 경찰의무를 초과하여 발동된 경우에는 그는 초과된 범위에서 경찰비책임자로 경찰권 발동의 대상이 된 것이고, 따라서 그에게 손실보상이 행해질 수 있다.

그리고 외관적 위해발생자라고 불리우는 자에 대한 경찰권발동의 경우도 마찬가지이다. 외관적 위해발생자란 객관적 관찰자에게 위해를 일으키고 있는 것으로 보임으로 인하여 경찰권발동의 대상이 되었으나 사후적으로 그렇지 않은 것으로 판명된 자를 말한다. 결국 외관적 위해발생자도 위해발생자의 범주에 포함된다고 볼 수 있을 것이다(김남철).

개정「경찰관 직무집행법」은 "손실발생의 원인에 대하여 책임이 있는 자가 자신의 책임에 상응하는 정도를 초과하는 생명·신체 또는 재산상의 손실을 입은 경우에는 정당한 보상을 하여야 한다"고 규정하고 있다(법 제11조의2 제 1 항 제 2 호)(2019년 6월 25일 시행).

[경찰 손실보상 주요 통계(2014~2024)]

연도	예산 편성액(원)	예산 집행액(원)	심의(건)	인용(건)	기각(건)
2014	279,000,000	48,564,269	110	97	13
2015	279,000,000	77,788,630	236	212	24
2016	279,000,000	98,878,881	305	275	30
2017	200,000,000	103,053,009	261	229	32
2018	200,000,000	115,632,303	293	268	25
2019	200,000,000	180,144,478	419	390	29
2020	400,000,000	147,748,041	398	351	47
2021	400,000,000	209,635,219	468	398	70
2022	400,000,000	242,172,315	505	442	63
2023	400,000,000	290,756,627	644	570	74
2024	400,000,000	311,698,755	709	586	123

출처: 조휘근,「경찰 손실보상과 책임자 구상」(경찰대학 치안대학원 공공안전학과 법학석사학위논문, 2026.2), 4쪽

2. 경찰비책임자의 손실보상청구권

경찰긴급상황에 있어서 경찰권 발동의 대상이 된 자는 그러한 조치로 인하여 자신에게 발생한 손해에 대하여 원칙적으로 정당한 보상을 청구할 수 있다. 개성 「경찰관 직무집행법」은 "손실발생의 원인에 대하여 책임이 없는 자가 생명·신체 또는 재산상의 손실을 입은 경우에 정당한 보상을 하여야 한다"고 규정하고 있다(법 제11조의2 제 1 항 제 1 호).

3. 경찰보조자의 손실보상청구권

경찰긴급상황에 있어서 손실발생의 원인에 대하여 책임이 없는 자가 경찰관의 직무집행에 자발적으로 협조하거나 물건을 제공하여 생명·신체 또는 재산상의 손실을 입은 경우에도 정당한 보상을 하여야 한다(법 제11조의2 제 1 항 제 1 호).

Ⅱ. 손실보상의 원칙과 보상액

1. 손실보상의 원칙

「경찰관 직무집행법」은 손실보상의 원칙으로 '**정당한 보상**'을 규정하고 있다(법 제11조의2 제 1 항).

2. 손실보상액

법 제11조의2 제 1 항에 따라 손실보상을 할 때 물건을 멸실·훼손한 경우에는 다음과 같이 보상한다(영 제 9 조 제 1 항).

① 손실을 입은 물건을 수리할 수 있는 경우: 수리비에 상당하는 금액(제 1 호)

② 손실을 입은 물건을 수리할 수 없는 경우: 손실을 입은 당시의 해당 물건의 교환가액(제 2 호)

③ 영업자가 손실을 입은 물건의 수리나 교환으로 인하여 영업을 계속할 수 없는 경우: 영업을 계속할 수 없는 기간 중 영업상 이익에 상당하는 금액(제 3 호)

3. 인과관계

물건의 멸실·훼손으로 인한 손실 외의 재산상 손실에 대해서는 직무집행과 상당한 인과관계가 있는 범위에서 보상한다(영 제 9 조 제 2 항).

Ⅲ. 손실보상의 지급 절차 및 방법

1. 보상금 지급 청구서 제출

법 제11조의2에 따라 경찰관의 적법한 직무집행으로 인하여 발생한 손실을 보상받으려는 사람은 별지 제 4 호서식의 보상금 지급 청구서에 손실내용과 손실금액을 증명할 수 있는 서류를 첨부하여 경찰청장 · 해양경찰청장이나 손실보상청구 사건 발생지를 관할하는 시 · 도경찰청, 지방해양경찰청의 장 또는 경찰관서의 장에게 제출하여야 한다(영 제10조 제 1 항).

2. 손실보상심의위원회가 설치된 기관으로의 보상금 지급 청구서 이송

보상금 지급 청구서를 받은 국가경찰관서의 장은 해당 청구서를 제11조 제 1 항에 따른 손실보상청구 사건을 심의할 손실보상심의위원회가 설치된 경찰청, 해양경찰청, 시 · 도경찰청 및 지방해양경찰청의 장에게 보내야 한다(법시행령 제10조 제 2 항).

3. 보상 여부 및 보상금액 결정

보상금 지급 청구서를 받은 경찰청장, 해양경찰청장, 시 · 도경찰청장 또는 지방해양경찰청장은 손실보상심의위원회의 심의 · 의결에 따라 보상 여부 및 보상금액을 결정하되, 다음 각 호(1. 청구인이 같은 청구 원인으로 보상신청을 하여 보상금 지급 여부에 대하여 결정을 받은 경우. 다만, 기각 결정을 받은 청구인이 손실을 증명할 수 있는 새로운 증거가 발견되었음을 소명(疎明)하는 경우는 제외한다. 2. 손실보상 청구가 요건과 절차를 갖추지 못한 경우. 다만, 그 잘못된 부분을 시정할 수 있는 경우는 제외한다.)의 어느 하나에 해당하는 경우에는 그 청구를 각하(却下)하는 결정을 해야 한다(영 제10조 제 3 항).

4. 결정 내용의 통지

경찰청장, 해양경찰청장, 시 · 도경찰청장 또는 지방해양경찰청장은 제 3 항에 따른 결정일부터 10일 이내에 다음 각 호(1. 보상금을 지급하기로 결정한 경우: 별지 제 5 호서식의 보상금 지급 청구 승인 통지서, 2. 보상금 지급 청구를 각하하거나 보상금을 지급하지 아니하기로 결정한 경우: 별지 제 6 호서식의 보상금 지급 청구 기각 · 각하 통지서)의 구분에 따른 통지서에 결정 내용을 적어서 청구인에게 통지하여야 한다(영 제10조 제 4 항).

5. 지급원칙: 원칙상 현금지급, 일시불 지급

보상금은 다른 법률에 특별한 규정이 있는 경우를 제외하고는 현금으로 지급하여야 한다(영 제10조 제 5 항).

보상금은 일시불로 지급하되, 예산 부족 등의 사유로 일시금으로 지급할 수 없는 특별한 사정이 있는 경우에는 청구인의 동의를 받아 분할하여 지급할 수 있다(영 제10조 제 6 항).

Ⅳ. 보상액의 결정 및 불복절차

1. 손실보상심의위원회의 설치

경찰관의 적법한 직무집행으로 인한 손실보상신청 사건을 심의하기 위하여 손실보상보상심의위원회를 둔다(법 제11조의2 제 3 항).

법 제11조의2 제 3 항에 따라 소속 경찰관의 직무집행으로 인하여 발생한 손실보상청구 사건을 심의하기 위하여 경찰청, 해양경찰청, 시 · 도경찰청 또는 지방해양경찰청에 손실보상심의위원회(이하 "위원회"라 한다)를 설치한다(영 제11조 제 1 항). 위원회는 위원장 1명을 포함한 5명 이상 7명 이하의 위원으로 구성한다(영 제11조 제 2 항). 위원회의 위원은 소속 경찰관과 다음 각 호(1. 판사 · 검사 또는 변호사로 5년 이상 근무한 사람, 2. 고등교육법 제 2 조에 따른 학교에서 법학 또는 행정학을 가르치는 부교수 이상으로 5년 이상 재직한 사람, 3. 경찰 업무와 손실보상에 관하여 학식과 경험이 풍부한 사람)의 어느 하나에 해당하는 사람 중에서 경찰청장등이 위촉하거나 임명한다. 이 경우 위원의 과반수 이상은 경찰관이 아닌 사람으로 해야 한다(영 제11조 제 3 항). 위촉위원의 임기는 2년으로 한다(영 제11조 제 4 항). 위원회의 사무를 처리하기 위하여 위원회에 간사 1명을 두되, 간사는 소속 경찰관 중에서 경찰청장등이 지명한다(영 제11조 제 5 항).

2. 불복절차

경찰관직무집행법은 경찰청장등이 보상금을 결정하도록 규정하고 있지만, 불복절차에 관하여는 규정하고 있지 않다. 특별한 불복절차가 규정되지 않은 경우에 개별법률의 근거가 있어야 보상금증감청구소송이 인정된다는 일반적 견해에 따르면, 이 경우 경찰청장등의 보상금의 결정은 처분이므로 행정심판법상의 행정심판 및 행정소송법상의 행정소송(취소소송)의 대상이 된다.

제 4 절 현행 행정상 손해전보제도의 흠결과 보충

Ⅰ. 현행 과실책임제도의 흠결

통설·판례에 따르면 위법하지만 과실이 없는 경우(위법·무과실의 경우)가 있을 수 있고(대판 1973. 10. 10, 72다2583; 대판 1984. 7. 24, 84다카597), 이 경우에는 국가의 배상책임은 성립하지 않는다.

Ⅱ. 공법상 위험책임제도의 흠결과 보충

공법상 위험책임이란 공익 목적을 위해 형성된 특별한 위험상태의 실현에 따라 생긴 손해에 대한 무과실배상책임을 말한다.

공법상 위험책임을 인정하기 위하여는 실정법률의 근거가 있어야 한다. 그런데 우리나라의 실정법상 소방기본법의 공무협력자에 대한 무과실책임을 제외하고는 엄격한 의미에서의 공법상 위험책임을 인정하고 있다고 볼 수 있는 규정은 거의 전무한 상태이다.

Ⅲ. 현행 행정상 손실보상제도의 흠결

① 법률이 재산권의 공권적 침해를 규정하면서 그에 대한 보상을 규정하지 않은 경우가 적지 않은데 이 경우에 피해자의 구제가 문제되고 있다.

② 헌법 제23조 제 3 항(행정상 손실보상)은 '재산권'에 대한 침해만을 대상으로 하고 있다고 본다면 비재산적 법익, 즉 생명·신체에 대한 침해는 구제될 수 없다.

③ 손실보상이 적법한 행정작용에 따른 의도된 손해만을 적용대상으로 하고 있다고 본다면, 적법한 공권력 행사에 따른 의도되지 않은 재산권 침해(수용적 침해)는 손실보상의 대상이 될 수 없다.

④ 간접손실(사업시행지 밖의 손실)이 보상되지 않고 있는 경우가 있다.

Ⅳ. 수용유사침해이론

수용유사침해이론이란 **위법한 행위**로 재산권이 직접 침해된 경우에 수용에 준하여 손실보상을 하여야 한다는 법이론을 말한다.

수용유사침해이론은 독일 연방사법재판소의 판례법에 따라 인정된 법이론인데, 이 이론의 우리나라에의 도입에 관하여는 견해가 대립하고 있다.

수용유사침해이론이 거론된 판례가 있지만 판례는 수용유사침해이론의 도입에 관하여는 판단하지 않았다(대판 1993. 10. 26, 93다6409).

Ⅴ. 독일법상 수용적 침해이론

수용적 침해란 공공필요를 위한 **적법한 공권력 행사로 야기된 의도되지 않은 재산권에 대한 침해**를 말한다.

수용적 침해이론의 우리나라에의 도입가능성에 대하여는 찬성하는 견해와 반대하는 견해가 있다.

Ⅵ. 독일법상 희생보상청구권

희생보상청구제도란 행정기관의 적법한 공권력 행사에 따라 **비재산적 법익**이 침해되어 발생한 손실(예 예방접종의 부작용으로 인한 손실)에 대한 보상제도이다.

Ⅶ. 공법상 결과제거청구권

1. 의 의

공법상 결과제거청구권이란 공행정작용으로 야기된 위법한 상태로 자기의 권익을 침해받고 있는 자가 행정주체에 대하여 그 위법한 상태를 제거하여 침해 이전의 원래의 상태를 회복시켜 줄 것을 청구하는 권리를 말한다.

결과제거청구의 예로는 징발된 주택이 징발의 효력이 소멸된 후에도 무주택자가 계속 점유하고 있는 경우에 징발한 행정주체에 대하여 징발된 해당 주택의 명도를 청구하는 것을 들 수 있다.

공법상 결과제거청구권은 원상회복을 목적으로 하는 구제제도이므로 **'행정상의 원상회복청구권'**이라 불리기도 한다.

2. 공법상 결과제거청구권과 행정상 손해배상의 구별

공행정작용의 위법한 결과에 대한 구제제도인 점에서 행정상 손해배상과 동일하지만, 양자는 다음과 같이 구별된다.

① 결과제거청구권은 위법한 결과의 제거를 통한 원상회복을 목적으로 하지만, 손해배상은 금전배상을 목적으로 한다. 다만, 결과제거청구권도 예외적으로

금전전보를 목적으로 하는 경우도 있다.

② 손해배상은 가해행위의 위법과 가해자의 고의 또는 과실을 요건으로 하지만, 결과제거청구는 가해행위의 위법 여부 및 가해자의 고의 또는 과실을 요건으로 하지 않는다.

③ 대상에 있어서 손해배상은 가해행위와 상당인과관계 있는 손해이지만, 결과제거청구는 공행정작용의 직접적인 결과만을 대상으로 한다. 이 점에서 결과제거청구는 손실보상과 유사하다.

3. 법적 근거

공법상 결과제거청구권을 일반적으로 인정하는 명문의 법규정은 없다.

공법상 결과제거청구권을 인정하는 학설은 일반적으로 헌법상의 법치행정의 원리, 기본권규정, 민법상의 소유권방해배제청구권 등의 관계규정의 유추적용 등에서 그 법적 근거를 찾는다. 이와 함께 취소판결의 구속력(기속력)에 관한 행정소송법 제30조도 근거로 보는 견해도 있다. 즉 취소판결의 기속력에는 관계행정청의 원상회복의무가 포함된다고 본다.

개별법에서 결과제거청구권이 인정되고 있는 경우가 있다. **인신보호법**은 불법구금상태의 해제를 구하는 소송을 인정하고 있고(법 제3조, 제8조), **징발법**은 징발해제시 피징발자에 대한 징발물의 반환의무를 규정하고 있다(법 제14조·제15조).

4. 요 건

(1) 공행정작용으로 인한 침해

결과제거청구는 권력작용뿐만 아니라 관리작용에 의한 침해의 경우에도 인정된다. 법적 행위뿐만 아니라 사실행위에 따른 침해의 경우에도 인정된다.

행정주체의 사법적 활동으로 인한 침해에 있어서는 민법상의 원상회복 또는 방해배제청구권에 따라 구제된다.

위법한 상태는 작위뿐만 아니라 부작위로 발생할 수도 있다.

예를 들면, 행정기관은 적법하게 압류된 물건의 압류가 해제된 경우에는 해당 물건을 반환하여야 할 의무가 있는데, 압류해제된 물건을 반환하지 않고 있는 것은 부작위에 해당하며 이 경우에는 결과제거청구(반환청구)가 가능하다.

(2) 권익의 침해

공행정작용으로 인한 위법한 상태로 인하여 타인의 권리 또는 법적 이익이 침해되고 있어야 한다. 여기에서 말하는 권익에는 재산상의 것 이외에 명예, 신용 등 정신적인 것도 포함된다.

예를 들면, 공직자의 공석에서의 발언으로 자신의 명예를 훼손당한 자는 명예훼손발언의 철회를 요구할 수 있다.

(3) 위법한 상태의 존재

공행정작용의 결과로서 위법한 상태가 야기되었어야 한다. 위법한 상태의 존재 여부는 사실심의 변론종결시를 기준으로 판단한다.

위법한 상태는 위법한 행정작용으로 발생할 수도 있고, 적법한 행정작용의 효력의 상실에 따라 사후적으로 발생할 수도 있다.

예를 들면, 적법한 공사중지명령이 내려진 후 발령 당시 요구한 조건의 충족으로 인하여 그 법적 근거를 상실하게 된 경우에는 결과제거청구권을 인정하여 공사중지명령의 상대방에게는 공사중지명령해제요구권이 있고, 행정청에게는 공사중지명령을 철회할 의무가 있다고 보는 견해가 있다. 공사중지명령 철회신청에 대한 거부를 처분으로 보고 취소소송으로 다툴 수 있다고 한 판례가 다수 있다(대판 2007. 5. 11, 2007두1811).

(4) 결과제거의 가능성

원상회복이 사실상 가능하고, 법률상 허용되어야 한다.

예를 들면, 건축물이 철거되어 버린 경우에는 사실상 원상회복이 불가능하고, 수용 등으로 적법한 사용권을 취득함이 없이 개인의 토지를 도로부지로 편입하여 사용하고 있는 경우에는 법률상 원상회복이 불가능하다. 왜냐하면, 도로법 제 4 조에 따르면 도로를 구성하는 부지에 대하여는 사권을 행사할 수 없기 때문이다.

(5) 원상회복의 기대가능성

원상회복이 행정주체에게 기대가능한 것이어야 한다. 기대가능성의 판단은 관련이익의 형량에 의해 판단한다.

5. 내 용

결과제거청구권은 위법한 결과의 제거와 그를 통한 원상회복을 그 내용으로 한다. 이 경우의 원상회복은 침해 이전의 원래의 상태 또는 그것과 동등한 가치 있는 상태의 회복을 의미한다.

6. 한계: 과실상계

민법상의 과실상계에 관한 규정(제396조)은 공법상 결과제거청구권에 유추적용될 수 있다. 피해자의 과실이 위법상태의 발생에 기여한 경우에는 그 과실에 비례하여 결과제거청구권이 제한되거나 상실된다.

결과제거청구권이 불가분적 급부를 대상으로 하는 경우에는 피해자의 과실에 비례하여 결과제거에 소요되는 비용을 부담하고 결과제거를 청구할 수 있다.

7. 권리의 실현수단 [2010 공인노무사 약술]

결과제거청구권을 공권으로 보는 것이 타당하므로 결과제거청구소송은 공법상 당사자소송이다. 그러나 **현재 판례상** 당사자소송으로서 공법상 위법상태의 제거를 구하는 당사자소송(사실행위의 이행을 구하는 당사자소송)이 원칙상 인정되고 있지 않다.

다만, 현행법하에서도 다음과 같은 한도 내에서 공행정작용으로 인한 위법한 결과의 제거가 가능하다.

① 위법한 처분으로 발생한 위법한 결과는 취소판결의 기속력인 원상회복의무(위법상태제거의무)로 제거될 수 있다.

② 개별법에서 공법상 결과제거청구권이 인정되고 있는 경우에는 결과제거청구소송(공법상 결과제거의무의 이행을 구하는 당사자소송)을 공법상 당사자소송으로 제기할 수 있다.

예를 들면, 인신보호법상 불법구금상태의 해제를 구하는 청구소송이 인정되고 있는데, 이 소송 중 공법상 불법구금상태의 해제를 구하는 소송을 행정소송(공법상 당사자소송의 일종)으로 보는 것이 타당하다.

③ 처분이 무효인 경우 또는 적법한 행정작용의 효력 상실로 위법한 결과가 사후적으로 발생한 경우에 행정청이 권원 없이 물건을 점유하고 있거나 소유권을 방해하는 경우에는 민법상의 소유물반환청구권(제213조) 또는 소유물방해제거청구권(제214조)에 근거하여 민사소송으로 물건의 반환 또는 방해의 제거를 청구할 수 있다.

[현행 손해전보제도의 흠결과 그에 대한 보완]

	보상의 종류	침해의 대상	침해의 성질
현행 손해전보제도	손해배상	재산권과 비재산권	위법유책
	손실보상	재산권	적법무책
보 완	수용유사침해보상	재산권	위법무책
	수용적 침해보상	재산권	적법무책, 비의도적·부수적 침해
	희생보상청구권	비재산권	적법무책
	희생유사침해보상	비재산권	위법무책
	공법상 결과제거청구권	재산권과 비재산권	위법유책
	위험책임	재산권과 비재산권	적법·위법, 유책·무책 불문

제3장 행정쟁송

제1절 개 설

Ⅰ. 행정쟁송의 의의

행정쟁송이란 행정법관계에 있어서의 법적 분쟁을 당사자의 청구에 의하여 심리·판정하는 심판절차를 말한다.

오늘날 행정쟁송은 행정소송과 행정심판을 총칭하는 개념으로 사용하는 것이 타당하다. 그리고 헌법소원을 행정소송의 보충적인 권리구제제도로 볼 수 있으므로 헌법소원까지 포함하여 광의의 행정쟁송으로 부르는 것이 타당하다.

Ⅱ. 행정쟁송의 종류

1. 행정심판과 행정소송

행정심판과 행정소송은 심판기관에 따라 구별된다. **행정심판**은 행정기관이 심판하는 행정쟁송절차를 말하고, **행정소송**은 법원이 심판하는 행정쟁송절차를 말한다.

2. 주관적 쟁송과 객관적 쟁송

쟁송의 목적에 따른 구별이다. **주관적 쟁송**이란 개인의 권리·이익의 구제를 주된 목적으로 하는 쟁송을 말한다. 이에 대하여 **객관적 쟁송**이란 행정의 적법·타당성의 통제를 주된 목적으로 하는 쟁송을 말한다. 우리나라의 당사자소송은 주관적 소송이고, 기관소송과 민중소송은 객관적 소송이다.

항고쟁송(항고소송 및 행정심판)을 기본적으로 주관적 쟁송으로 보는 견해가 다수견해이지만, 항고쟁송은 주관쟁송적 성격과 함께 객관쟁송적 성격도 함께 갖고 있는 것으로 보는 것이 타당하다. 항고소송에서 처분의 위법성이 다투어지는 것은 객관소송적 측면이고, 법률상 이익이 침해될 것을 원고적격의 요소로 요구하는 것은 주관소송적 측면이다.

3. 정식쟁송과 약식쟁송

쟁송절차에 따른 구별이다. **정식쟁송**이란 심판기관이 독립된 지위를 갖는 제 3 자이고 당사자에게 구술변론의 기회가 보장되는 쟁송을 말하고, **약식쟁송**이란 이 두 요건 중 어느 하나라도 결여하거나 불충분한 쟁송을 말한다. 행정소송은 정식쟁송이고, 행정심판은 약식쟁송이다.

4. 항고쟁송과 당사자쟁송

항고쟁송이란 일방적 공권력 행사의 위법·부당을 다투는 쟁송을 말하고, **당사자쟁송**이란 상호 대등한 당사자 상호간의 행정법상의 법률관계의 형성 또는 존부를 다투는 쟁송을 말한다. 행정심판과 항고소송은 항고쟁송이며 토지수용의 재결·당사자소송은 당사자쟁송이다.

5. 시심적 쟁송과 복심적 쟁송

시심적(始審的) 쟁송이란 법률관계의 형성 또는 존부의 확인에 관한 행정작용 자체가 쟁송의 형식으로 행하여지는 행정작용을 말한다. 시심적 쟁송의 예로 토지수용위원회의 재결, 민주화운동관련자 명예회복 및 보상심의위원회의 결정 등을 들 수 있다. 시심적 쟁송은 행정심판이 아니며 **원행정행위**이다.

복심적(覆審的) 쟁송이란 이미 행하여진 행정작용의 흠(위법 또는 부당)을 시정하기 위하여 행하여지는 쟁송절차를 말한다. 항고쟁송은 복심적 쟁송이다.

6. 민중쟁송과 기관쟁송

민중쟁송이란 행정법규의 적법·타당한 적용을 확보하기 위하여 일반 민중에 의하여 제기되는 쟁송을 말한다. 선거인이 제기하는 선거소송, 주민소송은 민중쟁송의 예이다.

기관쟁송이란 국가 또는 공공단체의 기관 상호간의 분쟁을 해결하기 위하여 제기되는 쟁송을 말한다. 지방자치단체의 장에 의해 대법원에 제기되는 위법한 지방의회의 조례안재의결의 무효확인소송(지방자치법 제107조 제 3 항)은 기관소송의 예이다.

제 2 절 행정심판

제 1 항 행정심판의 의의

Ⅰ. 행정심판의 개념

행정심판이란 행정청의 위법·부당한 처분 또는 부작위에 대한 불복에 대하여 행정기관이 심판하는 행정심판법상의 행정쟁송절차를 말한다.

행정심판을 규율하는 법으로는 일반법인 행정심판법이 있고, 각 개별법률에서 행정심판법에 대한 특칙을 규정하고 있다. 각 개별법률에서는 행정심판에 대하여 이의신청(「독점규제 및 공정거래에 관한 법률」 등), 심사청구 또는 심판청구(국세기본법 등) 또는 재심요구 등의 용어를 사용하고 있다.

행정기관이 심판기관이 되는 행정불복절차 모두가 엄밀한 의미의 행정심판(행정심판법의 규율대상이 되는 행정심판)이 아니며 준사법적 절차가 보장되는 행정불복절차만이 행정심판이라고 보아야 할 것이다. 왜냐하면, 현행 헌법 제107조 제 3 항은 행정심판은 준사법적 절차가 되어야 한다고 규정하고 있고, 행정심판법은 행정심판을 규율하는 준사법적 절차를 규정하고 있기 때문이다.

Ⅱ. 행정불복과 행정심판

행정불복이란 행정결정에 대한 불복으로서 불복심사기관이 행정기관인 것을 말한다. 행정불복에는 이의신청과 행정심판이 있다.

Ⅲ. 이의신청

행정기본법

제36조(처분에 대한 이의신청) ① 행정청의 처분(「행정심판법」 제 3 조에 따라 같은 법에 따른 행정심판의 대상이 되는 처분을 말한다. 이하 이 조에서 같다)에 이의가 있는 당사자는 처분을 받은 날부터 30일 이내에 해당 행정청에 이의신청을 할 수 있다. ② 행정청은 제 1 항에 따른 이의신청을 받으면 그 신청을 받은 날부터 14일 이내에 그 이의신청에 대한 결과를 신청인에게 통지하여야 한다. 다만, 부득이한 사유로 14일 이내에 통지할 수 없는 경우에는 그 기간을 만료일 다음 날부터 기산하여 10일의

> 범위에서 한 차례 연장할 수 있으며, 연장 사유를 신청인에게 통지하여야 한다.
> ③ 제 1 항에 따라 이의신청을 한 경우에도 그 이의신청과 관계없이 「행정심판법」에 따른 행정심판 또는 「행정소송법」에 따른 행정소송을 제기할 수 있다.
> ④ 이의신청에 대한 결과를 통지받은 후 행정심판 또는 행정소송을 제기하려는 자는 그 결과를 통지받은 날(제 2 항에 따른 통지기간 내에 결과를 통지받지 못한 경우에는 같은 항에 따른 통지기간이 만료되는 날의 다음 날을 말한다)부터 90일 이내에 행정심판 또는 행정소송을 제기할 수 있다.
> ⑤ 다른 법률에서 이의신청과 이에 준하는 절차에 대하여 정하고 있는 경우에도 그 법률에서 규정하지 아니한 사항에 관하여는 이 조에서 정하는 바에 따른다.
> ⑥ 제 1 항부터 제 5 항까지에서 규정한 사항 외에 이의신청의 방법 및 절차 등에 관한 사항은 대통령령으로 정한다.
> ⑦ 다음 각 호의 어느 하나에 해당하는 사항에 관하여는 이 조를 적용하지 아니한다.
> 1. 공무원 인사 관계 법령에 따른 징계 등 처분에 관한 사항
> 2. 「국가인권위원회법」 제30조에 따른 진정에 대한 국가인권위원회의 결정
> 3. 「노동위원회법」 제 2 조의2에 따라 노동위원회의 의결을 거쳐 행하는 사항
> 4. 형사, 행형 및 보안처분 관계 법령에 따라 행하는 사항
> 5. 외국인의 출입국·난민인정·귀화·국적회복에 관한 사항
> 6. 과태료 부과 및 징수에 관한 사항

1. 이의신청의 의의

「행정기본법」은 처분에 대한 이의신청을 일반적으로 규정하고 있다. 다른 법률에서 이의신청과 이에 준하는 절차에 대하여 정하고 있는 경우에도 그 법률에서 규정하지 아니한 사항에 관하여는 이 조에서 정하는 바에 따른다(행정기본법 제36조 제 5 항).

이의신청은 통상 처분청에 제기하는 처분에 대한 불복절차를 말하는데, **학문상(판례상) 이의신청**은 행정불복 중 행정심판이 아닌 것 달리 말하면 **준사법적 절차가 아닌 행정불복**을 말한다.

「행정기본법」은 이의신청의 정의규정을 두고 있지 않다. 「행정기본법」의 규율대상이 되는 **이의신청(행정기본법상 이의신청)**도 「행정기본법」 제36조 및 「행정기본법」의 기본법 및 일반법으로서의 성격을 고려할 때 **학문상 이의신청 즉 행정심판(준사법적 절차)이 아닌 행정불복 일체를 의미**하는 것으로 보는 것이 타당하다. 개별법령(예 국민기초생활보장법 제40조)상 또는 실무상 처분청이 아닌 기관(예 상급기관)에 대

한 불복절차를 이의신청으로 부르는 경우도 있다. 해당 행정청에 불복하는 경우에도 이의신청이 아니라 심사청구(예 국민연금법 제108조)라는 용어를 사용하는 경우도 있다.

「행정기본법」상 이의신청에는 「행정기본법」만에 의해 규율되는 이의신청(일반이의신청)과 「행정기본법」과 달리 특별한 규율의 대상이 되는 이의신청(특별이의신청 예 「민원처리에 관한 법률」상 이의신청, 국세기본법상 이의신청)이 있다.

2. 「행정기본법」 제36조 제 1 항에 따른 이의신청자

「행정기본법」 제36조 제 1 항에 따라 이의신청을 할 수 있는 자는 '행정청의 처분에 이의가 있는 **당사자**'이다. 처분의 당사자, 즉 **처분의 상대방만**이 「행정기본법」 제36조 제 1 항에 따른 이의신청을 할 수 있고, 이해관계있는 제 3 자는 법률상 이익이 있는 자라도 「행정기본법」에 따른 이의신청을 할 수 없다.

3. 「행정기본법」상 이의신청의 대상

개별법상 명문의 규정이 없음에도 **「행정기본법」 제36조 제 1 항에 따라 이의신청의 대상이 되는 것은** 행정심판법상 처분(행정심판법 제 2 조 제 4 호) 중 '행정심판법 제 3 조[52]에 따라 행정심판법에 따른 행정심판의 대상이 되는 처분' 즉 **'일반행정심판의 대상이 되는 처분'에 한정된다**. 특별행정심판의 대상이 되는 처분은 「행정기본법」 제36조 제 1 항에 따른 이의신청의 대상이 되지 않는다(행정기본법 제36조 제 1 항). 또한 행정심판법상 처분이 아닌 것은 「행정기본법」 제36조 제 1 항에 따른 이의신청의 대상이 되지 않는다. 다만, **개별법에 특별한 규정이 있으면 「행정기본법」 제36조 제 1 항에 따른 이의신청의 대상이 되지 않는 처분이나 행정심판법상 처분이 아닌 행정결정에 대해서도 이의신청이 인정될 수 있다.**

「행정기본법」 제36조 제 7 항 각 호에 해당하는 사항에 관하여는 「행정기본법」 제36조 전체를 적용하지 아니하므로 「행정기본법」 제36조 제 1 항에 따른 이의신청이 인정되지 않는다.

부작위는 「행정기본법」 제36조 제 1 항에 따른 이의신청의 대상이 되지 않는다(행정기본법 제36조 제 1 항).

---

52) 행정심판법 제 3 조(행정심판의 대상) ① 행정청의 처분 또는 부작위에 대하여는 **다른 법률에 특별한 규정이 있는 경우 외**에는 이 법에 따라 행정심판을 청구할 수 있다. ② 대통령의 처분 또는 부작위에 대하여는 다른 법률에서 행정심판을 청구할 수 있도록 정한 경우 외에는 행정심판을 청구할 수 없다.

4. 「행정법기본법」상 이의신청의 제기기간

행정청의 처분(「행정심판법」 제 3 조에 따라 같은 법에 따른 행정심판의 대상이 되는 처분을 말한다. 이하 이 조에서 같다)에 이의가 있는 당사자는 처분을 받은 날부터 30일 이내에 해당 행정청에 이의신청을 할 수 있다(제36조 제 1 항).

'처분을 받은 날'이라 함은 처분이 도달한 날 즉 처분이 효력을 발생한 날을 말한다.

5. 「행정법기본법」상 이의신청의 처리기간

행정청은 제 1 항에 따른 이의신청을 받으면 그 신청을 받은 날부터 14일 이내에 그 이의신청에 대한 결과를 신청인에게 통지하여야 한다. 다만, 부득이한 사유로 14일 이내에 통지할 수 없는 경우에는 그 기간을 만료일 다음 날부터 기산하여 10일의 범위에서 한 차례 연장할 수 있으며, 연장 사유를 신청인에게 통지하여야 한다(제36조 제 2 항).

6. 「행정법기본법」상 이의신청과 행정심판 또는 행정소송의 관계

이의신청은 임의절차이다. 즉 제36조 제 1 항에 따라 이의신청을 한 경우에도 그 이의신청과 관계없이 「행정심판법」에 따른 행정심판 또는 「행정소송법」에 따른 행정소송을 제기할 수 있다(제36조 제 2 항).

이 규정은 이의신청에 대한 결정을 기다리는 중에 행정심판이나 행정소송의 제기기간이 도과하는 문제를 해결하기 위한 규정이다.

이의신청을 하면 행정심판이나 행정소송의 청구·제소기간이 이의신청 결과 통지일부터 계산된다. 즉 **이의신청에 대한 결과를 통지받은 후 행정심판 또는 행정소송을 제기하려는 자는 그 결과를 통지받은 날**(제 2 항에 따른 통지기간 내에 결과를 통지받지 못한 경우에는 같은 항에 따른 통지기간이 만료되는 날의 다음 날을 말한다)**부터 90일 이내에 행정심판 또는 행정소송을 제기할 수 있다**(제36조 제 4 항). 이 규정은 이의신청에 대한 결정을 기다리는 중에 행정심판이나 행정소송의 제기기간이 도과하는 문제를 해결하기 위한 규정이다.

「행정기본법」에 따르면 이의신청에 대한 결정을 받은 후 행정심판 또는 행정소송을 제기하려는 경우에 행정심판 또는 행정소송의 대상은 이의신청 결과 통지가 아닌 이의신청의 대상이 된 행정청의 원처분이다. 다만, 이의신청 결과 처분이 변경된 경우에는 변경된 처분(전부변경의 경우 변경된 원처분을 대체하는 변경처분, 일부변경의 경우 변경된 원처분 및 일부변경처분)으로 한다(행정기본법 개정안 제36조 제 4 항).

7.「행정기본법」 제36조의 적용범위

다른 법률에서 '이의신청과 이에 준하는 절차'에 대하여 정하고 있는 경우에도 그 법률에서 규정하지 아니한 사항에 관하여는 이 조에서 정하는 바에 따른다(행정기본법 제36조 제 5 항). 이 조항은「행정기본법」 제36조가 이의신청에 관한 일반법임을 선언한 규정이다. '제36조 제 5 항의 이의신청'은 처분에 대한 이의신청(특별이의신청 포함)을 말하고, "이에 준하는 절차"는 처분이 아닌 행정결정에 대한 이의신청을 의미하는 것으로 보는 것이 타당하다. 따라서 '행정심판(준사법적 절차)이 아닌 이의신청등 행정불복'에 대해서는 특별한 규정이 없는 한 행정기본법 제36조 제 5 항이 적용된다고 보아야 한다. '제36조 제 5 항의 이의신청'을 '행정기본법 제36조 제 1 항에 따른 이의신청(일반이의신청)'에 한정하는 견해에 따르면 개별법상 인정되는 이의신청(특별이의신청)은 "이에 준하는 절차"에 해당하는 것으로 볼 수 있다. 따라서 어느 견해에 따르든지 개별법상 인정되는 이의신청도 원칙상 행정기본법 제36조의 적용대상이 된다.

다만, 행정기본법 제36조 제 7 항 각 호에 해당하는 사항에 관하여는 행정기본법 제36조 전체를 적용하지 아니한다.

8. 행정심판인 이의신청과 행정심판이 아닌 이의신청의 구별

행정심판은 '사법(司法)형 행정불복절차'이고, 행정심판이 아닌 이의신청은 '행정형 행정불복절차'이다.

(1) 구별기준

불복절차를 기준으로 행정심판과 '행정심판이 아닌 이의신청 등'을 구별하는 견해가 타당하다. 즉 헌법 제107조 제 3 항은 행정심판절차는 사법심판절차가 준용되어야 한다고 규정하고 있는 점에 비추어 개별법률에서 정하는 이의신청 중 준사법절차가 보장되는 것만을 행정심판으로 보고, 그렇지 않은 것은 행정심판이 아닌 것으로 보는 견해가 타당하다. 판례도 이러한 견해를 취하고 있다(대판 2010. 1. 28, 2008두19987).

[판례 1] **민원사무처리에 관한 법률상 이의신청**은 준사법적 절차가 보장되어 있지 않고, 동 이의신청과 별도로 행정심판을 제기할 수 있는 것으로 규정하고 있으므로 **행정심판이 아**

닌 이의신청으로 보는 것이 타당하다(대판 2012. 11. 15, 2010두8676).

[판례 2] 대법원은 **개별공시지가결정에 대한 이의신청**을 행정심판이 아니라고 본다(대판 2010. 1. 28, 2008두19987).

[판례 3] 구 공무원연금법상 공무원연금급여 재심위원회에 대한 심사청구는 특별행정심판에 해당한다(대판 2019. 8. 9, 2019두38656).

(2) 구별의 실익

행정심판인 이의신청(예 토지보상법상 이의신청)과 행정심판이 아닌 이의신청(예 민원처리에 관한 법률상 이의신청)을 구별하는 실익은 다음과 같다.

① **행정심판법 적용여부**: 행정심판법상의 행정심판의 성질을 갖는 이의신청에는 개별법률에서 특별히 정하고 있는 경우를 제외하고는 행정심판법이 적용되게 된다. 또한 해당 이의신청을 거친 후에는 다시 행정심판법상의 행정심판을 제기할 수 없다(행정심판법 제51조). 이에 반하여 행정심판법상의 행정심판이 아닌 이의신청의 경우 해당 이의신청절차를 거친 후에도 명문의 규정이 없는 경우에는 원칙상 행정심판을 제기할 수 있다. 또한 해당 이의신청에 대하여 행정심판법이 적용될 수 없다.

② **이의신청에 대한 결정의 성질**: 행정심판인 이의신청에 대한 결정은 행정심판의 재결의 성질을 갖는다. 그렇지만 행정심판이 아닌 이의신청에 대해 원처분을 변경하는 결정은 새로운 최종적 처분(직권에 의한 취소 또는 변경처분)으로서 이의신청의 대상이 된 처분을 대체한다고 보아야 한다. 다만, 이의신청의 대상이 된 기존의 처분을 그대로 유지하는 결정(기각결정)은 단순한 사실행위로서 아무런 법적 효력을 갖지 않고 항고소송의 대상이 되지 않는다(대판 2016. 7. 27, 2015두45953〈국가유공자(보훈보상대상자)비해당 처분 취소〉). 다만, 이의신청에 따른 기각결정이 별도의 의사결정 과정과 절차를 거쳐 이루어진 독립된 행정처분의 성질을 갖는 경우에는 새로운 처분으로 볼 수 있으므로(대판 2022. 3. 17, 2021두53894) 항고소송의 대상이 된다(대판 2016. 7. 14, 2015두58645〈생활대책용지공급대상자부적격처분취소〉). **판례** 중에는 이주대책 대상자 제외결정에 대한 이의신청에 대하여 다시 한 제외결정(2차 결정)을 행정쟁송의 대상이 되는 처분으로 본 사례(대판 2021. 1. 14, 2020두50324), 수익적 행정처분을 구하는 신청에 대한 거부처분에 대한 이의신청의 내용이 새로운 신청을 하는 취지로 볼 수 있는 경우에는, 그 이의신청에 대한 결정(기각결정 포함)의 통보를 새로운 처분으로 볼 수 있다고 한 사례(대판 2022. 3. 17, 2021두53894)가 있다.

③ **불가변력의 인정여부**: 행정심판의 재결은 준사법적 행위로서 불가변력이 발생한다. 행정심판이 아닌 이의신청도 처분에 대한 불복제도이므로 이의신청에 따른 직권취소에도 불가변력이 인정된다(대판 2010. 9. 30, 2009두1020).

예를 들면, 과세처분에 관한 이의신청 절차에서 과세관청이 그 이의신청 사유가 옳다고 인정하여 과세처분을 직권으로 취소한 경우 특별한 사유 없이 이를 번복하여 종전과 동일한 내용의 처분을 하는 것은 허용될 수 없다. 다만, 납세자가 허위의 자료를 제출하는 등 부정한 방법에 기초하여 직권취소되었다는 등의 특별한 사유가 있는 경우에는 이를 번복하고 종전과 동일한 과세처분을 할 수 있다(대판 2017. 3. 9, 2016두56790〈재산세부과처분취소〉 등).

④ **처분사유의 추가·변경**: 행정심판에서는 기본적 사실관계의 동일성이 있다고 인정되는 한도 내에서만 당초 처분의 근거로 삼은 사유와 다른 사유를 추가 또는 변경할 수 있지만(대판 2014. 5. 16, 2013두26118), 행정심판이 아닌 이의신청의 경우에는 기본적 사실관계의 동일성이 없는 사유라고 할지라도 처분의 적법성과 합목적성을 뒷받침하는 처분사유로 추가·변경할 수 있다(대판 2012. 9. 13, 2012두3859).

⑤ 이의신청에 따른 결정은 처분청의 결정이므로 결정시의 법령 및 사실상태를 기준으로 한다. 그러나 행정심판의 재결은 처분청의 결정이 아니고 준사법적 행위이므로 취소사유인 처분의 위법 또는 부당은 처분시의 법령 및 사실상태를 기준으로 판단한다.

Ⅳ. 「행정기본법」상 처분의 재심사

행정기본법

제37조(처분의 재심사) ① 당사자는 처분(제재처분 및 행정상 강제는 제외한다. 이하 이 조에서 같다)이 행정심판, 행정소송 및 그 밖의 쟁송을 통하여 다툴 수 없게 된 경우(법원의 확정판결이 있는 경우는 제외한다)라도 다음 각 호의 어느 하나에 해당하는 경우에는 해당 처분을 한 행정청에 처분을 취소·철회하거나 변경하여 줄 것을 신청할 수 있다.

1. 처분의 근거가 된 사실관계 또는 법률관계가 추후에 당사자에게 유리하게 바뀐 경우
2. 당사자에게 유리한 결정을 가져다주었을 새로운 증거가 있는 경우
3. 「민사소송법」 제451조에 따른 재심사유에 준하는 사유가 발생한 경우 등 대통령령으로 정하는 경우

> ② 제 1 항에 따른 신청은 해당 처분의 절차, 행정심판, 행정소송 및 그 밖의 쟁송에서 당사자가 중대한 과실 없이 제 1 항 각 호의 사유를 주장하지 못한 경우에만 할 수 있다.
> ③ 제 1 항에 따른 신청은 당사자가 제 1 항 각 호의 사유를 안 날부터 60일 이내에 하여야 한다. 다만, 처분이 있은 날부터 5년이 지나면 신청할 수 없다.
> ④ 제 1 항에 따른 신청을 받은 행정청은 특별한 사정이 없으면 신청을 받은 날부터 90일(합의제행정기관은 180일) 이내에 처분의 재심사 결과(재심사 여부와 처분의 유지·취소·철회·변경 등에 대한 결정을 포함한다)를 신청인에게 통지하여야 한다. 다만, 부득이한 사유로 90일(합의제행정기관은 180일) 이내에 통지할 수 없는 경우에는 그 기간을 만료일 다음 날부터 기산하여 90일(합의제행정기관은 180일)의 범위에서 한 차례 연장할 수 있으며, 연장 사유를 신청인에게 통지하여야 한다.
> ⑤ 제 4 항에 따른 처분의 재심사 결과 중 처분을 유지하는 결과에 대해서는 행정심판, 행정소송 및 그 밖의 쟁송수단을 통하여 불복할 수 없다.
> ⑥ 행정청의 제18조에 따른 취소와 제19조에 따른 철회는 처분의 재심사에 의하여 영향을 받지 아니한다.
> ⑦ 제 1 항부터 제 6 항까지에서 규정한 사항 외에 처분의 재심사의 방법 및 절차 등에 관한 사항은 대통령령으로 정한다.
> ⑧ 다음 각 호의 어느 하나에 해당하는 사항에 관하여는 이 조를 적용하지 아니한다.
> 1. 공무원 인사 관계 법령에 따른 징계 등 처분에 관한 사항
> 2. 「노동위원회법」 제 2 조의2에 따라 노동위원회의 의결을 거쳐 행하는 사항
> 3. 형사, 행형 및 보안처분 관계 법령에 따라 행하는 사항
> 4. 외국인의 출입국·난민인정·귀화·국적회복에 관한 사항
> 5. 과태료 부과 및 징수에 관한 사항
> 6. 개별 법률에서 그 적용을 배제하고 있는 경우

1. 처분의 재심사의 의의

처분의 재심사는 처분을 불복기간의 경과 등으로 쟁송을 통하여 더 이상 다툴 수 없는 경우에 신청(처분의 취소·철회 또는 변경의 신청)에 의해 처분청이 해당 처분을 재심사하는 것을 말한다. 처분의 재심사제도는 **민·형사 재판절차상 재심제도와 유사하다.**

재심사신청에 따른 취소·철회와 일반 직권취소·철회는 다음과 같이 구별된다. 재심사청구는 명문의 근거가 필요한 불복절차의 일종이고 재심사청구를 전제로 하는데, 일반 직권취소·철회는 직권 또는 신청에 따라 행해지고, 불복절차가

아니며 명시적인 근거를 요하지 않는다.

2. 재심사의 신청사유

「행정기본법」상 처분의 재심사를 신청하기 위해서는 처분(제재처분 및 행정상 강제는 제외한다. 이하 이 조에서 같다)이 행정심판, 행정소송 및 그 밖의 쟁송을 통하여 다툴 수 없게 된 경우(법원의 확정판결이 있는 경우는 제외한다)라도 다음 각 호(1. 처분의 근거가 된 사실관계 또는 법률관계가 추후에 당사자에게 유리하게 바뀐 경우, 2. 당사자에게 유리한 결정을 가져다주었을 새로운 증거가 있는 경우, 3. 「민사소송법」 제451조에 따른 재심사유에 준하는 사유가 발생한 경우 등 대통령령으로 정하는 경우)의 어느 하나에 해당하는 경우에는 해당 처분을 한 행정청에 처분을 취소·철회하거나 변경하여 줄 것을 신청할 수 있다(제37조 제 1 항).

법 제37조 제 1 항 제 3 호에서 "「민사소송법」 제451조에 따른 재심사유에 준하는 사유가 발생한 경우 등 대통령령으로 정하는 경우"란 다음 각 호(1. 처분 업무를 직접 또는 간접적으로 처리한 공무원이 그 처분에 관한 직무상 죄를 범한 경우, 2. 처분의 근거가 된 문서나 그 밖의 자료가 위조되거나 변조된 것인 경우, 3. 제 3 자의 거짓 진술이 처분의 근거가 된 경우, 4. 처분에 영향을 미칠 중요한 사항에 관하여 판단이 누락된 경우)의 어느 하나에 해당하는 경우를 말한다(동법 시행령 제12조). [시행일 : 2023. 3. 24.]

제 1 호의 사유는 철회(변경사유 포함)사유이고, 제 2 호와 제 3 호는 취소(변경 포함)사유이다.

제 1 호에 따른 재심사는 제 1 호에 따른 재심사 신청사유가 있는 경우에 당사자에게 철회신청권을 인정하는 의미가 있다.

제 1 항에 따른 신청은 해당 처분의 절차, 행정심판, 행정소송 및 그 밖의 쟁송에서 당사자가 중대한 과실 없이 제 1 항 각 호의 사유를 주장하지 못한 경우에만 할 수 있다(제 2 항).

3. 재심사 신청권자

재심사를 신청할 수 있는 자는 처분의 당사자이다. 처분의 당사자란 처분의 상대방을 말한다. 따라서 처분의 상대방이 아닌 이해관계 있는 제 3 자는 법률상 이익이 있는 자라도 재심사를 신청할 수 없다.

4. 재심사 신청기간

재심사 신청은 당사자가 제 1 항 각 호의 재심사 신청사유를 안 날부터 60일 이

내에 하여야 한다. 다만, 처분이 있은 날부터 5년이 지나면 신청할 수 없다(제 3 항).

5. 재심사 신청에 대한 처리기간

제 1 항에 따른 신청을 받은 행정청은 특별한 사정이 없으면 신청을 받은 날부터 90일(합의제행정기관은 180일) 이내에 처분의 재심사 결과(재심사 여부와 처분의 유지·취소·철회·변경 등에 대한 결정을 포함한다)를 신청인에게 통지하여야 한다. 다만, 부득이한 사유로 90일(합의제행정기관은 180일) 이내에 통지할 수 없는 경우에는 그 기간을 만료일 다음 날부터 기산하여 90일(합의제행정기관은 180일)의 범위에서 한 차례 연장할 수 있으며, 연장 사유를 신청인에게 통지하여야 한다(제 4 항).

6. 재심사 결과에 대한 불복

재심사 신청에 대한 결정은 행정행위의 성질을 갖는다. 재심사결과(결정)에는 처분을 유지하는 결정과 처분의 전부 또는 일부 철회·취소·변경 결정이 있다. 처분을 유지하는 결정에는 재심사 대상이 되지 않는다는 결정(각하결정)과 본안심사 결과 철회·취소·변경의 이유가 없다고 하여 처분을 유지하는 결정(기각결정)이 있다. 재심사 신청에 대해 처분을 유지하는 결정은 철회·취소 또는 변경신청에 대한 거부처분의 성질을 갖고, 재심사 신청에 대해 처분을 철회·취소 또는 변경하는 결정은 철회·직권취소 또는 직권변경처분의 성질을 갖는다.

그러므로 재심사 신청에 대한 결정은 행위의 성질상 행정쟁송의 대상이 되는 처분으로서의 성질을 갖는다. 그런데 「행정기본법」은 제 4 항에 따른 처분의 재심사 결과 중 처분을 유지하는 결과에 대해서는 행정심판, 행정소송 및 그 밖의 쟁송수단을 통하여 불복할 수 없다(제 5 항)고 규정하고 있다. '처분을 유지하는 결과'는 문언대로 해석하면 각하결정 및 기각결정을 의미하는 것으로 해석할 수도 있지만, 이렇게 불복할 수 없게 하는 것은 국민의 재판을 받을 권리를 침해하는 것으로서 위헌의 소지가 있다. 각하결정에도 불복할 수 없다고 하면 재심사청구를 허용한 입법의 취지에 반하므로 기각결정만을 의미하는 것으로 보아야 한다. 또한 각하결정에 대해서도 불복할 수 있다면 행징청은 재심사청구에 대해 본안판단을 회피하기 위해 각하결정을 남발할 수 있기 때문이다.

그리고 재심사 신청에 대한 철회·취소 또는 변경은 처분이므로 이를 다툴 법률상 이익이 있는 자는 행정소송을 제기할 수 있다.

7. 재심사와 처분에 대한 취소 또는 철회의 청구

행정청의 제18조에 따른 취소와 제19조에 따른 철회는 처분의 재심사에 의하여 영향을 받지 아니한다(제 6 항). 행정청은 처분의 재심사와 별도로 취소 또는 철회를 할 수 있다. 민원인은 처분의 재심사와 별도로 취소 또는 철회의 신청을 할 수 있다. 취소 또는 철회의 신청을 받은 행정청은 법령상 또는 조리상 신청권에 따른 신청인 경우에는 그 신청에 응답할 의무를 진다. 또한 「행정기본법」 제37조 재심사 요건(신청권자, 신청기간 등) 결여, 재심사사유 없음 등의 이유로 재심사를 거부하는 결정을 하는 경우에도 행정청은 직권으로 「행정기본법」 제18조에 따른 취소 또는 동법 제19조에 따른 철회를 할 수 있다.

Ⅴ. 청원과의 구별

청원이란 국가기관에 대하여 행하는 권익의 구제 또는 공익을 위한 일정한 권한행사의 요망을 말한다. 국가기관은 청원에 대하여 수리·심사하여 통지할 의무가 있다.

청원은 행정심판과 달리 쟁송수단이 아니다. 다만, 청원이라는 명칭을 사용한 경우에도 그 실질이 행정심판에 해당하는 경우에는 행정심판을 제기한 것으로 보고 처리하여야 한다.

Ⅵ. 행정심판에 의한 취소와 직권취소와의 구별

행정심판에 따른 취소는 쟁송취소로서 직권취소와 구별된다.

Ⅶ. 행정소송과의 구별

행정심판과 행정소송은 모두 행정쟁송수단인 점에서는 동일하다. 그러나 행정심판과 행정소송은 기본적으로 심판기관에 따라 구별된다. 행정심판은 행정기관이 심판하는 행정쟁송절차를 말하고, 행정소송은 법원이 심판하는 행정쟁송절차를 말한다.

Ⅷ. 감사원에의 심사청구와 행정심판[2006 입법고시 약술]

감사원법은 제43조 제 1 항에서 "감사원의 감사를 받는 자의 직무에 관한 처분이나 그 밖의 행위에 관하여 이해관계가 있는 자는 감사원에 그 심사의 청구를 할 수 있다"라고 규정하고, 그 이하에서 심사청구절차 등을 규정하고 있다.

그런데 감사원법은 행정소송과의 관계에 관하여는 심사청구의 청구인은 심사청구 및 결정을 거친 처분에 대하여는 해당 처분청을 당사자로 하여 행정심판을 거치지 않고 직접 행정소송을 제기할 수 있는 것으로 규정하고 있지만, 행정심판과의 관계에 대하여는 아무런 규정을 두고 있지 않다. 생각건대, 감사원의 심사청구는 행정심판과는 성질을 달리하는 제도이므로 심사청구와는 별도로 행정심판을 제기할 수 있는 것으로 보아야 한다.

Ⅸ. 고충민원

고충민원은 행정심판이나 행정소송의 대상이 되지 않는 권익침해에 대해서도 인정된다. 즉 "고충민원"이란 행정기관등의 위법·부당하거나 소극적인 처분(사실행위 및 부작위를 포함한다) 및 불합리한 행정제도로 인하여 국민의 권리를 침해하거나 국민에게 불편 또는 부담을 주는 사항에 관한 민원(현역장병 및 군 관련 의무복무자의 고충민원을 포함한다)을 말한다(부패방지 및 국민권익위원회의 설치와 운영에 관한 법률 제 2 조 제 5 호). 행정심판이나 행정소송의 대상이 되는 처분에 대해서도 고충민원을 제기할 수 있다. 특히 불복기간이 지나 취소심판이나 취소소송을 제기할 수 없는 경우에도 고충민원을 제기하여 권리구제를 받을 수도 있다.

국민권익위원회는 고충민원에 대한 조사결과 처분 등이 위법·부당하다고 인정할 만한 상당한 이유가 있는 경우에는 관계 행정기관 등의 장에게 적절한 시정을 권고할 수 있다(제46조 제 1 항).

Ⅹ. 행정심판의 존재이유

1. 자율적 행정통제

행정청에게 먼저 반성의 기회를 주어 행정처분의 하자를 자율적으로 시정하도록 하기 위하여 행정심판이 필요하다.

2. 사법의 보완: 행정청의 전문지식의 활용과 소송경제의 확보

법원의 전문성의 부족을 보완하고 분쟁해결에 있어 시간 및 비용을 절약하고 법원의 부담을 경감함으로써 사법기능을 보완하기 위하여 행정심판이 필요하다.

3. 국민의 권익구제

행정심판은 행정소송보다 간편하고 신속하며 비용이 거의 들지 않는 쟁송수단이다.

또한 행정심판은 처분의 부당(예 장애등급결정의 부당)도 심판의 대상으로 한다.

제 2 항 행정심판의 종류[2010 공인노무사 약술, 2011 일반행정 사례 약술형, 2012 사시]

행정심판법은 행정심판의 종류로 취소심판, 무효등확인심판, 의무이행심판을 규정하고 있다.

Ⅰ. 취소심판

취소심판이란 '행정청의 위법 또는 부당한 처분의 취소 또는 변경을 하는 심판'을 말한다(법 제 5 조 제 1 호).

취소에는 적극적 처분의 취소뿐만 아니라 소극적 처분인 거부처분의 취소를 포함한다. **변경**이란 취소소송에서와 달리 적극적 변경(예 허가취소처분을 영업정지처분으로 변경)을 의미한다.

행정심판위원회는 취소심판의 청구가 이유 있다고 인정할 때에는 재결로써 스스로 처분을 취소 또는 다른 처분으로 변경하거나 처분을 다른 처분으로 변경할 것을 피청구인에게 명한다(법 제43조 제 3 항). 따라서 취소재결에는 처분취소재결, 처분취소명령재결, 처분변경명령재결이 있다.

Ⅱ. 무효등확인심판

무효등확인심판이란 '행정청의 처분의 효력 유무 또는 존재 여부에 대한 확인을 하는 심판'을 말한다(법 제 5 조 제 2 호).

무효등확인심판은 처분의 무효, 유효, 실효, 존재 또는 부존재가 다투어지는 경우에 해당 처분의 무효, 유효, 실효, 존재 또는 부존재의 확인을 구하는 행정심판이다. 따라서 무효등확인심판에는 처분무효확인심판, 처분유효확인심판, 처분실효확인심판, 처분존재확인심판 및 처분부존재확인심판이 있다.

행정심판위원회는 무효등확인심판의 청구가 이유 있다고 인정할 때에는 처분의 효력 유무 또는 존재 여부를 확인한다(법 제43조 제 4 항). 따라서 무효확인재결에는 처분무효확인재결, 처분실효확인재결, 처분유효확인재결, 처분존재확인재결, 처분부존재확인재결이 있다.

Ⅲ. 의무이행심판[2007 사시 사례, 2018 5급공채(행정)]

의무이행심판이란 '행정청의 위법 또는 부당한 거부처분이나 부작위에 대하여 일정한 처분을 하도록 하는 심판'을 말한다(법 제 5 조 제 3 호). 의무이행심판은 행정청의 거부처분 또는 부작위에 대하여 적극적인 처분을 구하는 행정심판이다. 행정소송에 있어서는 의무이행소송이 인정되고 있지 않지만 행정심판에 있어서는 의무이행심판이 인정되고 있다. 거부처분 취소심판도 가능하다. 행정소송법은 거부처분취소소송과 부작위위법확인소송만을 인정하고 있다.

의무이행심판의 재결에는 처분명령재결뿐만 아니라 처분재결이 있다. 즉 행정소송법은 "행정심판위원회는 의무이행심판의 청구가 이유 있다고 인정하면 지체 없이 신청에 따른 처분을 하거나 처분을 할 것을 피청구인에게 명한다"라고 규정하고 있다(법 제43조 제 5 항). **처분재결**은 행정심판위원회가 스스로 처분을 하는 것이므로 형성재결이고, **처분명령재결**은 피청구인에게 처분을 명하는 재결이므로 이행재결이다.

제 3 항 행정심판의 당사자 및 관계인

Ⅰ. 청 구 인

청구인이란 행정심판을 제기하는 자를 말한다.

1. 청구인능력

청구인은 원칙적으로 자연인 또는 법인이어야 하지만, 법인 아닌 사단 또는 재단으로서 대표자 또는 관리인이 정하여져 있는 경우에는 그 사단이나 재단의 이름으로 심판청구를 할 수 있다(법 제14조).

법주체인 국가나 지방자치단체는 청구인능력이 있지만, 행정기관은 법주체가 아니므로 원칙상 청구인능력이 없다. 그러나 예외적으로 행정기관이 법령상 민간과 같은 사업수행자로서의 지위에 있는 경우에는 행정심판을 청구할 수 있는 경우도 있다.

2. 청구인적격

청구인적격이란 행정심판을 청구할 자격이 있는 자를 말한다. 청구인적격이 없는 자가 제기한 행정심판은 부적법 각하된다.

행정심판의 청구인은 '행정심판을 제기할 법률상 이익이 있는 자'이다(법 제13조). **통설·판례**는 행정심판법상의 '법률상 이익'을 취소소송에서와 같이 공권 또는 법적 이익으로 해석하고 있다. 따라서 처분의 근거법규 및 관계법규에 따라 보호되는 이익이 침해되거나 침해될 가능성이 있는 자가 제기할 수 있다(자세한 것은 후술 '취소소송의 원고적격' 참조).

Ⅱ. 피청구인

피청구인이란 심판청구의 상대방을 말한다.

행정심판은 처분을 한 행정청(의무이행심판의 경우에는 청구인의 신청을 받은 행정청)을 피청구인으로 하여 청구하여야 한다. 다만, 심판청구의 대상과 관계되는 권한이 다른 행정청에 승계된 경우에는 권한을 승계한 행정청을 피청구인으로 하여야 한다(법 제17조 제 1 항).

행정심판의 대상이 되는 행정청이란 실제로 그의 이름으로 처분을 한 행정청을 말한다.

행정심판법은 "**행정청**이란 행정에 관한 의사를 결정하여 표시하는 국가 또는 지방자치단체의 기관, 그 밖에 법령 또는 자치법규에 따라 행정권한을 가지고 있거나 위탁을 받은 공공단체나 그 기관 또는 사인(私人)을 말한다"라고 규정하고 있는데(법 제 2 조 제 4 호), 이는 당연한 것을 규정한 것에 불과하다(자세한 것은 후술 행정소송편에서 '피고인 행정청' 참조).

Ⅲ. 대리인의 선임 및 국선대리인제도

1. 대리인의 선임

청구인은 법정대리인 외에 다음 각 호(1. 청구인의 배우자, 청구인 또는 배우자의 사촌 이내의 혈족, 2. 청구인이 법인이거나 제14조에 따른 청구인 능력이 있는 법인이 아닌 사단 또는 재단인 경우 그 소속 임직원, 3. 변호사, 4. 다른 법률에 따라 심판청구를 대리할 수 있는 자, 5. 그 밖에 위원회의 허가를 받은 자)의 어느 하나에 해당하는 자를 대리인으로 선임할 수 있다(행정심판법 제18조 제 1 항). 피청구인은 그 소속 직원 또는 제 1 항 제 3 호부터 제 5 호까지의 어느 하나에 해당하는 자를 대리인으로 선임할 수 있다(제 2 항).

2. 국선대리인의 선임

청구인이 경제적 능력으로 인해 대리인을 선임할 수 없는 경우에는 위원회에 국선대리인을 선임하여 줄 것을 신청할 수 있다(행정심판법 제18조의2 제 1 항). 위원회는 제 1 항의 신청에 따른 국선대리인 선정 여부에 대한 결정을 하고, 지체 없이 청구인에게 그 결과를 통지하여야 한다. 이 경우 위원회는 심판청구가 명백히 부적법하거나 이유 없는 경우 또는 권리의 남용이라고 인정되는 경우에는 국선대리인을 선정하지 아니할 수 있다(제 2 항). 국선대리인 신청절차, 국선대리인 지원 요건, 국선대리인의 자격·보수 등 국선대리인 운영에 필요한 사항은 국회규칙, 대법원규칙, 헌법재판소규칙, 중앙선거관리위원회규칙 또는 대통령령으로 정한다(제 3 항).

Ⅳ. 참가인(심판참가)

심판참가란 현재 계속중인 타인간의 행정심판에 있어서 그 심판결과에 대하여 이해관계가 있는 제 3 자 또는 행정청이 참가하는 것을 말한다.

심판참가에는 제 3 자의 심판참가와 행정청의 심판참가가 있다. 또한 심판참가는 이해관계인의 신청에 따른 참가와 행정심판위원회의 직권에 따른 참가로 나눌 수도 있다.

행정심판법 제20조 제 1 항은 "행정의 심판결과에 이해관계가 있는 제 3 자나 행정청은 해당 심판청구에 대한 제 7 조 제 6 항 또는 제 8 조 제 7 항에 따른 위원회나 소위원회의 의결이 있기 전까지 그 사건에 대하여 심판참가를 할 수 있다"라고 이해관계인의 신청에 의한 심판참가를 규정하고 있고, 동법 제21조 제 1 항은 "위원회는 필요하다고 인정하면 그 행정심판결과에 대하여 이해관계가 있는 제 3 자나 행정청에 그 사건 심판에 참가할 것을 요구할 수 있다"라고 직권에 따른 심판참가를 규정하고 있다. 제 1 항의 요구를 받은 제 3 자나 행정청은 지체 없이 그 사건 심판에 참가할 것인지 여부를 위원회에 통지하여야 한다(제21조 제 2 항)(자세한 것은 행정소송편에서의 '소송참가' 참조).

제 4 항 행정심판과 행정소송의 관계

舊 행정소송법은 취소소송 등을 제기하기 전에 반드시 행정심판을 거치도록

하는 행정심판전치주의를 채택하였는데, 현행 행정소송법(1994년 개정 행정소송법)은 행정심판을 원칙적으로 임의적인 절차로 하였고, 다만, 다른 개별법률에서 취소소송 등을 제기하기 전에 필요적으로 행정심판을 거치도록 규정한 경우에 한하여 행정심판을 필요적 전치절차로 하였다. 행정심판의 제기가 임의적인 경우 행정소송제기 후 행정심판을 제기할 수도 있고, 행정심판제기 후 행정소송을 제기할 수도 있고, 행정심판과 행정소송을 동시에 제기할 수도 있다.

개별법에서 행정심판전치주의를 규정하고 있는 것은 조세부과처분, 징계처분 등 공무원의 의사에 반하는 불리한 처분, 도로교통법에 따른 처분 등이다(자세한 것은 후술 '행정소송' 참조).

제 5 항 행정심판의 대상

행정심판의 대상은 '행정청의 처분 또는 부작위(법 제 3 조 제 1 항)'이다. 행정심판의 대상인 '처분' 또는 '부작위'는 기본적으로 행정소송의 대상이 되는 처분 또는 부작위와 동일하므로 후술하기로 한다.

다만, 행정심판법은 대통령의 처분 또는 부작위에 대하여는 다른 법률에 특별한 규정이 있는 경우를 제외하고는 행정심판을 제기할 수 없도록 규정하고 있다(법 제 3 조 제 2 항). 이 규정은 대통령이 행정부 수반인 점을 감안한 것이다. 그러나 행정소송법에서는 이를 배제하지 않고 있으므로 직접 행정소송을 제기할 수 있다.

처분적 법규명령이 행정심판의 대상이 될 것인지에 관하여는 견해가 대립하고 있다. 다만, 행정심판법 제 3 조 제 2 항에 따라 대통령령은 행정심판의 대상이 되지 않는다.

제 6 항 행정심판의 청구

Ⅰ. 행정심판청구기간

심판청구기간은 취소심판청구와 거부처분에 대한 의무이행심판청구에만 적용되고, 무효등확인심판청구나 부작위에 대한 의무이행심판청구에는 적용되지 아니한다(법 제27조 제 7 항).

행정심판이나 행정소송에 있어서는 민사소송에서와 달리 단기의 불복기간이 정해져 있다. 불복기간 내에 행정심판 또는 행정소송을 제기하여야 하며 그러하지 않으면 더 이상 다툴 수 없게 되고 불복기간이 넘어 행정심판이나 행정소송을 제기하면 부적법(不適法)으로 각하(却下)된다. 이와 같이 단기의 불복기간을 둔 것은 행정행위의 효력을 신속히 확정하여 행정법관계의 안정성을 확보하기 위한 것이다.

1. 원칙적인 심판청구기간

행정심판 제기기간은 원칙적으로 처분이 있음을 알게 된 날부터 90일 이내, 처분이 있었던 날부터 180일이다(법 제27조). 처분이 있은 날부터 180일 이내에 처분이 있음을 알았을 때에는 그때로부터 90일 이내에 행정심판을 제기하여야 한다.

2. 예외적인 심판청구기간

(1) 90일에 대한 예외

① 행정심판은 처분이 있음을 알게 된 날부터 90일 이내에 제기하여야 하지만, 천재지변·전쟁·사변 그 밖에 불가항력으로 그 기간 내에 심판청구를 할 수 없는 때에는 그 사유가 소멸한 날부터 14일(국외에서는 30일) 이내에 청구할 수 있다(법 제27조 제 2 항).

② 행정청이 행정심판청구기간을 상대방에게 고지하지 아니한 경우에는 당사자가 처분이 있음을 알았다고 하더라도 심판청구기간은 처분이 있은 날부터 180일 이내가 된다(법 제27조 제 6 항).

[판례] **이의신청에 대한 결정기간 도과 후에 그 기각결정통지를 받은 경우, 심사청구기간의 기산일:** 국세기본법 제66조 제 5 항, 제65조 제 2 항·제 5 항의 각 규정에 의하면 이의신청을 한 날로부터 30일 이내에 이에 대한 결정의 통지가 없을 때에는 이의신청은 기각된 것으로 간주하도록 되어 있으므로 일단 위 결정기간이 경과하여 **이의신청이 기각된 것으로 간주된 이상 그 후 이의신청에 대한 결정통지가 있었다고 하더라도 심사청구기간은 위 기각간주된 날로부터 기산하여야 한다**(대판 1986. 12. 9, 86누181).

(2) 180일에 대한 예외

처분이 있은 날부터 180일 이내에 제기하여야 하지만 정당한 사유가 있는 경우에는 180일이 넘어도 제기할 수 있다. 어떤 사유가 '정당한 사유'에 해당하는가는 건전한 사회통념에 의해 판단되어야 한다.

처분의 제 3 자는 통지의 상대방이 아니므로 특별한 사정이 없는 한 행정행위가 있음을 알 수 없다고 할 것이므로 일반적으로 제 3 자의 행정심판제기기간은 '처분이 있는 날로부터 180일 이내'가 기준이 된다. 그런데 행정처분의 직접 상대방이 아닌 제 3 자는 일반적으로 처분이 있는 것을 바로 알 수 없는 처지에 있으므로, 위와 같은 심판청구기간 내에 심판청구를 제기하지 아니하였다고 하더라도 그 기간 내에 처분이 있은 것을 알았거나 쉽게 알 수 있었기 때문에 심판청구를 제기할 수 있었다고 볼 만한 특별한 사정이 없는 한 위 법조항 본문의 적용을 배제할 "정당한 사유"가 있는 경우에 해당한다고 보아 위와 같은 심판청구기간이 경과한 뒤에도 심판청구를 제기할 수 있다(대판 1988. 9. 27, 88누29; 1992. 7. 28, 91누12844〈시외버스운송사업계획변경인가처분취소〉). 다만, 그 제 3 자가 어떤 경위로든 행정처분이 있음을 알았거나 쉽게 알 수 있는 등 심판청구가 가능하였다는 사정이 있는 경우에는 그 때로부터 90일 이내에 행정심판을 청구하여야 한다(대판 1996. 9. 6, 95누16233〈농지매매증명발급처분무효확인 등〉).

(3) 심판청구기간의 오고지(誤告知) 및 불고지(不告知)의 경우

행정청이 서면으로 처분을 하는 경우에 그 처분의 상대방에게 행정심판청구에 관한 고지를 하도록 되어 있다. 그런데 심판청구기간을 고지함에 있어서 실제보다 긴 기간으로 잘못 알린 경우에는 그 잘못 고지된 긴 기간 내에 심판청구를 할 수 있고(법 제27조 제 5 항), 심판청구기간을 고지하지 아니한 경우에는 처분이 있은 날부터 180일 이내에 심판청구를 할 수 있다(법 제27조 제 6 항).

(4) 특별법상의 심판청구기간

각 개별법에서 심판청구기간을 정한 경우가 있다. 예를 들면, 토지수용재결에 대한 이의신청기간은 재결서의 정본을 받은 날부터 30일 이내로 규정되어 있고(토지보상법 제83조 제 3 항), 국가공무원법상 소청심사청구기간은 처분을 안 날부터 30일 이내로 규정되어 있다(국가공무원법 제76조 제 1 항).

(5) 심판청구서 제출일시

심판청구기간을 계산함에 있어서는 피청구인이나 위원회 또는 제 2 항에 따른 행정기관(불고지 또는 오고지에 따라 심판청구서를 제출받은 행정기관)에 심판청구서가 제출된 때에 행정심판이 청구된 것으로 본다(행정심판법 제23조 제 4 항).

Ⅱ. 심판청구의 방식

심판청구는 서면으로 하여야 한다(법 제28조 제 1 항).

형식과 관계없이 그 내용이 행정심판을 청구하는 것이면 행정심판청구로 보아야 한다.

전자정보처리조직을 통하여 심판청구를 할 수 있다(법 제52조 제 1 항).

[판례] **비록 제목이 "진정서"로 되어 있고,** 재결청의 표시, 심판청구의 취지 및 이유, 처분을 한 행정청의 고지의 유무 및 그 내용 등 행정심판법 제19조 제 2 항 소정의 사항들을 구분하여 기재하고 있지 아니하여 행정심판청구서로서의 형식을 다 갖추고 있다고 볼 수는 없으나, **피청구인인 처분청과 청구인의 이름·주소가 기재되어 있고, 청구인의 기명이 되어 있으며, 문서의 기재내용에 의하여 심판청구의 대상이 되는 행정처분의 내용과 심판청구의 취지 및 이유, 처분이 있은 것을 안 날을 알 수 있는 경우,** 위 문서에 기재되어 있지 않은 재결청, 처분을 한 행정청의 고지의 유무 등의 내용과 날인 등의 **불비한 점은 보정이 가능하므로 위 문서를 행정처분에 대한 행정심판청구로 보는 것은 옳다**(대판 2000. 6. 9, 98두2621; 대판 1995. 9. 5, 94누16250).

행정심판 절차를 밟는 자는 심판청구서와 그 밖의 서류를 전자문서화하고 이를 정보통신망을 이용하여 위원회에서 지정·운영하는 전자정보처리조직(행정심판 절차에 필요한 전자문서를 작성·제출·송달할 수 있도록 하는 하드웨어, 소프트웨어, 데이터베이스, 네트워크, 보안요소 등을 결합하여 구축한 정보처리능력을 갖춘 전자적 장치를 말한다. 이하 같다)을 통하여 제출할 수 있다(행정심판법 제52조 제 1 항).

Ⅲ. 행정심판 제기절차

1. 행정심판청구서 제출기관

심판청구서는 위원회 또는 피청구인인 행정청(처분청 또는 부작위청)에 제출하여야 한다(법 제23조 제 1 항).

2. 행정심판청구서를 접수한 행정청의 처리

(1) 정당한 권한 있는 행정청에의 송부

행정청이 행정심판법 제58조에 따른 고지를 하지 아니하거나 잘못 알려서 청구인이 심판청구서를 다른 행정기관에 제출한 때에는 해당 행정기관은 그 심판청구서를 지체 없이 정당한 권한이 있는 피청구인에게 보내야 한다(법 제23조 제 2 항).

(2) 위원회에의 송부 등

피청구인은 제23조 제 1 항·제 2 항 또는 제26조 제 1 항에 따라 심판청구서를 접수하거나 송부받으면 10일 이내에 심판청구서(법 제23조 제 1 항·제 2 항의 경우만 해당된다)와 답변서를 위원회에 보내야 한다. 다만, 청구인이 심판청구를 취하한 경우에는 그러하지 아니하다(법 제24조 제 1 항). 피청구인이 제 1 항 본문에 따라 심판청구서를 보낼 때에는 심판청구서에 위원회가 표시되지 아니하였거나 잘못 표시된 경우에도 정당한 권한이 있는 위원회에 보내야 한다(법 제24조 제 5 항).

피청구인은 처분의 상대방이 아닌 제 3 자가 심판청구를 한 경우에는 지체 없이 처분의 상대방에게 그 사실을 알려야 한다. 이 경우 심판청구서 사본을 함께 송달하여야 한다(법 제24조 제 2 항).

(3) 피청구인의 직권취소 등

심판청구서를 받은 피청구인은 그 심판청구가 이유 있다고 인정하면 심판청구의 취지에 따라 직권으로 처분을 취소·변경하거나 확인을 하거나 신청에 따른 처분(이하 "직권취소등"이라 한다)을 할 수 있다. 이 경우 서면으로 청구인에게 알려야 한다(법 제25조 제 1 항).

Ⅳ. 심판청구의 변경

1. 의 의

행정심판법은 **심판청구의 변경**을 '심판청구의 계속 중에 청구의 취지나 이유를 변경하는 것'('소의 변경' 참조)을 말하는 것으로 보고 있다(법 제29조 제 1 항).

2. 일반청구의 변경

청구인은 청구의 기초에 변경이 없는 범위 안에서 청구의 취지나 이유를 변경할 수 있다(법 제29조 제 1 항).

3. 처분변경으로 인한 청구의 변경

행정심판이 청구된 후에 피청구인이 새로운 처분을 하거나 심판청구의 대상인 처분을 변경한 때에는 청구인은 새로운 처분이나 변경된 처분에 맞추어 청구의 취지나 이유를 변경할 수 있다(법 제29조 제 2 항).

4. 청구의 변경의 효력

청구의 변경결정이 있으면 처음 행정심판이 청구되었을 때부터 변경된 청구의 취지나 이유로 행정심판이 청구된 것으로 본다(법 제29조 제 8 항).

제 7 항 행정심판제기의 효과

Ⅰ. 행정심판위원회에 대한 효과

행정심판이 제기되면 행정심판위원회는 심판청구를 심리 · 재결한다.

Ⅱ. 처분에 대한 효과: 계쟁처분의 집행부정지 또는 집행정지

행정심판청구가 제기되어도 처분의 효력이나 그 집행 또는 절차의 속행이 정지되지 아니한다(법 제30조 제 1 항). 이를 **집행부정지의 원칙**이라 한다.

다만, 위원회는 일정한 요건을 갖춘 경우에 당사자의 신청 또는 직권으로 처분의 효력 등을 정지시키는 결정을 할 수 있다(법 제30조 제 2 항 이하).

제 8 항 행정심판법상의 가구제[2012 사시 사례]

Ⅰ. 집행정지

1. 의 의

집행정지란 계쟁처분의 효력이나 집행 또는 절차의 속행을 정지시키는 것을 말한다. 행정심판법 제30조는 예외적으로 일정한 요건을 갖춘 경우에 집행정지를 인정하고 있다.

2. 집행정지결정의 요건

처분, 처분의 집행 또는 절차의 속행 때문에 **중대한 손해**가 생기는 것을 예방할 필요성이 긴급하다고 인정할 때 집행정지가 인정된다(법 제30조 제 2 항). 다만, 처분의 효력정지는 처분의 집행 또는 절차의 속행을 정지함으로써 그 목적을 달성할 수 있을 때에는 허용되지 아니한다(법 제30조 제 2 항). 다만, 집행정지가 공공복리에 중대한 영향을 미칠 우려가 있을 때에는 허용되지 아니한다(법 제30조 제 3 항).

실무상 거부처분에 대한 집행정지신청(예 체류기간 연장허가 거부처분)은 집행정지의 신청요건 자체가 결여되었다고 보아 각하로 처리한다(행정심판업무 기본 매뉴얼, 288쪽). 거부처분의 경우 집행을 정지하더라도 이러한 처분이 없었던 것과 같은 상태, 즉 신청인이 해당 처분을 신청한 상태로 되돌아가는 데에 불과하고, 피신청인에게 체류기간 연장을 허가하여야 할 의무가 생기는 것이 아니므로, 처분의 집행을 정지할 법률상 이익이 없기 때문이다.

3. 집행정지결정의 대상

집행정지결정의 요건이 갖추어진 경우에 처분의 효력이나 그 집행 또는 절차의 속행을 정지시킬 수 있다. 다만, 처분의 효력정지는 처분의 집행 또는 절차의 속행을 정지함으로써 그 목적을 달성할 수 있을 때에는 허용되지 아니한다(법 제30조 제 2 항 단서).

4. 집행정지결정절차

집행정지는 행정심판위원회가 직권으로 또는 당사자의 신청에 따라 결정한다(법 제30조 제 2 항). 다만, 위원회의 심리·결정을 기다릴 경우 중대한 손해가 발생할 우려가 있다고 인정될 때에는 위원장은 직권으로 위원회의 심리·결정을 갈음하는 결정을 할 수 있고, 이 경우에 위원장은 지체 없이 위원회에 그 사실을 보고하고 추인을 받아야 한다. 만일 위원회의 추인을 받지 못한 때에는 위원장은 집행정지 또는 집행정지 취소에 관한 결정을 취소하여야 한다(법 제30조 제 6 항).

5. 집행정지결정의 취소

위원회는 집행정지결정을 한 후에 집행정지가 공공복리에 중대한 영향을 미치거나, 그 정지사유가 없어진 때에는 당사자의 신청 또는 직권으로 집행정지결정을 취소할 수 있다(법 제30조 제 4 항). 다만, 위원회의 심리·결정을 기다려서는 회복하기 어려운 손해가 발생할 우려가 있다고 인정될 때에는 위원회의 위원장은 직권으로 위원회의 심리·결정에 갈음하는 결정을 할 수 있고, 이 경우에 위원장은 위원회에 그 사실을 보고하고 추인을 받아야 한다. 만일 위원회의 추인을 받지 못한 때에는 위원장은 집행정지의 취소에 관한 결정을 취소하여야 한다(법 제30조 제 6 항).

집행정지결정의 취소의 신청은 처분청과 집행정지로 권익을 침해당한 제 3자, 즉 복효적 행정행위의 수익을 받는 제 3 자가 할 수 있다. 행정심판의 당사자가 아닌 복효적 행정행위의 수익을 받는 제 3 자가 집행정지결정의 신청을 하기 위하여는 행정심판에 참가하고 있어야 한다.

Ⅱ. 임시처분

1. 의 의

임시처분이란 처분 또는 부작위에 대하여 인정되는 임시의 지위를 정하는 가구제이다. 임시처분은 행정소송에서의 임시의 지위를 정하는 가처분에 해당하는 것으로서 의무이행심판에 따른 권리구제의 실효성을 보장하기 위한 제도이다.

행정심판법 제31조는 임시처분을 규정하고 있다(예 국공립대학에의 입학신청에 대한 거부처분(불합격처분)이 내려진 경우에 그 에 대한 행정심판의 재결이 있을 때까지 임시적으로 입학을 허가하는 것).

2. 요 건

① 의무이행심판청구의 계속: 행정쟁송에서의 가구제는 본안청구의 범위 내에서만 인정되는 것으로 보아야 하므로 명문의 규정은 없지만 의무이행심판청구의 계속을 요건으로 한다고 보아야 한다.

② 처분 또는 부작위가 위법·부당하다고 상당히 의심되는 경우일 것

③ 처분 또는 부작위 때문에 당사자가 받을 우려가 있는 중대한 불이익이나 당사자에게 생길 급박한 위험을 막기 위하여 임시지위를 정하여야 할 필요가 있는 경우일 것(제31조 제 1 항).

④ 공공복리에 중대한 영향을 미칠 우려가 없을 것(법 제31조 제 2 항)

⑤ **보충성 요건**: 집행정지로 목적을 달성할 수 없는 경우일 것(법 제31조 제 3 항). 임시처분은 집행정지와의 관계에서 보충적 구제제도이다. 실무상 거부처분이나 부작위에 대한 집행정지를 인정하고 있지 않으므로 실무상 임시처분은 거부처분이나 부작위에 대한 유일한 행정심판법상의 가구제제도이다.

3. 임시처분의 결정 및 취소

위원회는 직권으로 또는 당사자의 신청에 따라 임시처분을 결정할 수 있다(법 제30조 제 1 항).

위원회는 임시처분을 결정한 후에 임시처분이 공공복리에 중대한 영향을 미치거나 그 임시처분사유가 없어진 경우에는 직권으로 또는 당사자의 신청에 의하

여 임시처분 결정을 취소할 수 있다(법 제31조 제 2 항).

위원회의 심리·결정을 기다릴 경우 중대한 불이익이나 급박한 위험이 생길 우려가 있다고 인정되면 위원장은 직권으로 위원회의 심리·결정을 갈음하는 결정을 할 수 있다. 이 경우 위원장은 지체 없이 위원회에 그 사실을 보고하고 추인(追認)을 받아야 하며, 위원회의 추인을 받지 못하면 위원장은 임시처분 또는 임시처분 취소에 관한 결정을 취소하여야 한다.

그 밖의 임시처분에 관하여는 제30조 제 3 항부터 제 7 항까지의 집행정지에 관한 규정을 준용한다.

제 9 항 행정심판기관

Ⅰ. 의 의

행정심판기관이란 행정심판의 제기를 받아 심판청구를 심리·재결하는 권한을 가진 행정기관을 말한다.

Ⅱ. 심판기관의 독립성과 제 3 자 기관성

현행 행정심판법은 행정심판위원회를 준(準) 제 3 자 기관화하고 있다. 즉 행정심판위원회는 합의제행정청이고, 중앙행정심판위원회의 경우 위원장, 상임위원 및 위원장이 회의마다 지정하는 비상임위원을 포함하여 총 9명으로 구성되고(법 제 8 조 제 5 항), 시·도 행정심판위원회의 경우 9명의 위원 중 6명 이상이 외부인사가 되도록 하고 있다(법 제 7 조 제 5 항).

Ⅲ. 행정심판위원회

1. 종 류

행정심판위원회는 행정심판법에 따라 설치되는 일반행정심판위원회와 개별법에 의해 설치되는 특별행정심판을 담당하는 특별행정심판위원회가 있다.

(1) 일반행정심판위원회

일반행정심판위원회에는 중앙행정심판위원회(제 6 조 제 2 항), 독립기관 등 소속 행정심판위원회(제 6 조 제 1 항), 시·도행정심판위원회(제 6 조 제 3 항)와 직근 상급행정기관 소속 행정심판위원회(제 6 조 제 4 항)가 있다.

1) 중앙행정심판위원회

중앙행정심판위원회는 국민권익위원회에 소속되어 있다. 중앙행정심판위원회는 다음 행정청의 처분 또는 부작위에 대한 심판청구를 심리·재결한다. ① 제 1 항에 따른 행정청 외의 국가행정기관의 장 또는 그 소속 행정청, ② 특별시장·광역시장·특별자치시장·도지사·특별자치도지사(특별시·광역시·특별자치시·도 또는 특별자치도의 교육감을 포함한다. 이하 '시·도지사'라 한다) 또는 특별시·광역시·특별자치시·도·특별자치도(이하 '시·도'라 한다)의 의회(의장, 위원회의 위원장, 사무처장 등 의회 소속 모든 행정청을 포함한다), ③ 「지방자치법」에 따른 지방자치단체조합 등 관계 법률에 따라 국가·지방자치단체·공공법인 등이 공동으로 설립한 행정청. 다만, 제 3 항 제 3 호에 해당하는 행정청은 제외한다(법 제 6 조 제 2 항).

2) 독립기관 등 소속 행정심판위원회

다음의 행정청 또는 그 소속 행정청(행정기관의 계층구조와 관계없이 그 감독을 받거나 위탁을 받은 모든 행정청을 말하되, 위탁을 받은 행정청은 그 위탁받은 사무에 관하여는 위탁한 행정청의 소속 행정청으로 본다. 이하 같다)의 처분 또는 부작위에 대한 행정심판의 청구에 대하여는 다음의 행정청에 두는 행정심판위원회에서 심리·재결한다. ① 감사원, 국가정보원장, 그 밖에 대통령령으로 정하는 대통령 소속기관의 장, ② 국회사무총장·법원행정처장·헌법재판소사무처장 및 중앙선거관리위원회사무총장, ③ 국가인권위원회, 진실·화해를 위한 과거사 정리위원회, 그 밖에 지위·성격의 독립성과 특수성 등이 인정되어 대통령령으로 정하는 행정청(법 제 6 조 제 1 항).

3) 시·도행정심판위원회

시·도행정심판위원회는 각각 특별시장·광역시장·도지사·특별자치도지사(이하 '시·도지사'라 한다)에 소속되어 있는 행정심판위원회인데, ① 시·도 소속 행정청, ② 시·도의 관할구역에 있는 시·군·자치구의 장, 소속 행정청 또는 시·군·자치구의 의회(의장, 위원회의 위원장, 사무국장, 사무과장 등 의회 소속 모든 행정청을 포함한다) 및 ③ 시·도의 관할구역에 있는 둘 이상의 지방자치단체(시·군·자치구를 말한다)·공공법인 등이 공동으로 설립한 행정청의 처분 또는 부작위에 대한 심판청구를 심리·재결한다(법 제 6 조 제 3 항).

4) 직근 상급행정기관 소속 행정심판위원회

대통령령으로 정하는 국가행정기관(법무부 및 대검찰청 소속 특별지방행정기관(직근 상급행정기관이나 소관 감독행정기관이 중앙행정기관인 경우는 제외한다(영 제 3 조))) 소속 특별지방행정기관의 장의 처분 또는 부작위에 대한 심판청구에 대하여는 해당 행정청의 직근 상급행정기관에 두는 행정심판위원회에서 심리·재결한다(법 제 6 조 제 4 항).

상급행정기관이란 행정조직계층상 처분청 또는 부작위청을 일반적으로 지휘·감독하는 권한을 가진 행정청을 말하고, **직근 상급행정기관**이란 상급행정기관 중 가장 가까운 상급행정기관을 말한다.

(2) 특별행정심판위원회

개별법에 따라 설치되는 특별행정심판을 담당하는 특별행정심판위원회로는 소청심사위원회, 조세심판원, 중앙토지수용위원회 등이 있다.

2. 법적 지위

행정심판위원회는 행정심판청구를 심리·재결하는 기관이다(법 제 6 조). 달리 말하면 행정심판위원회는 합의제행정청의 지위를 갖는다.

행정심판위원회는 소속기관으로부터 직무상 독립된 행정청이다.

행정심판위원회는 상설기관이 아니다. 행정심판위원회는 행정심판청구를 심리·의결할 필요가 있는 때마다 이미 임명되어 있는 행정심판위원 중 일부 위원으로 구성된다. 행정심판위원은 원칙상 비상임이지만 중앙행정심판위원회에는 4명 이내의 상임위원을 둘 수 있도록 되어 있다(법 제 8 조).

3. 권 한

행정심판위원회는 행정심판사건을 심리하여 재결하는 권한을 가진다.

(1) 심 리 권

행정심판위원회는 심판청구사건을 심리하는 권한을 가진다.

행정심판위원회는 행정심판의 심리를 위하여 대표자선정 권고권(법 제15조 제 2 항), 청구인지위의 승계 허가권(법 제16조 제 5 항), 피청구인경정 결정권(법 제17조 제 2 항), 대리인선임 허가권(법 제18조 제 1 항 제 5 호), 심판참가 허가 및 요구권(법 제20조 제 5 항, 제21조 제 1 항), 청구의 변경 허가권(법 제29조 제 6 항), 보정요구권 및 직권보정권(법 제32조 제 1 항), 증거조사권(법 제36조 제 1 항) 등을 가진다.

(2) 재 결 권

행정심판위원회는 재결하는 권한을 가진다(법 제 6 조 제 1 항). 행정심판위원회는 재결 이외에 집행정지결정(법 제30조 제 2 항), 집행정지결정의 취소(법 제30조 제 4 항), 사정재결(법 제44조 제 1 항)을 행한다.

(3) 불합리한 법령 등의 시정조치요청권

중앙행정심판위원회는 심판청구를 심리·의결함에 있어서 처분 또는 부작위의 근거가 되는 명령 등(대통령령·총리령·부령·훈령·예규·고시·조례·규칙 등을 말한다. 이하 같다)이 법령에 근거가 없거나 상위법령에 위배되거나 국민에게 과도한 부담을 주는 등 현저하게 불합리하다고 인정되는 경우에는 관계행정기관에 대하여 해당 명령 등의 개정·폐지 등 적절한 시정조치를 요청할 수 있다(법 제59조 제 1 항). 이와 같은 요청을 받은 관계행정기관은 정당한 사유가 없는 한 이에 따라야 한다(법 제59조 제 2 항).

제10항 행정심판의 심리

행정심판의 심리란 행정심판청구에 대한 재결을 하기 위하여 그 기초가 될 심판자료를 수집하는 절차를 말한다.

Ⅰ. 심리의 내용

행정심판사건의 심리는 그 내용에 따라 요건심리와 본안심리로 나누어진다.

1. 요건심리

요건심리란 해당 행정심판청구가 행정심판제기요건을 갖추고 있는지 여부를 심리하는 것을 말한다. 행정심판제기요건으로는 행정심판의 대상인 처분 또는 부작위의 존재, 당사자능력 및 당사자적격의 존재, 심판청구기간의 준수, 필요적 전치절차의 이행, 심판청구서 기재사항의 구비 등을 들 수 있다.

요건심리의 결과 제기요건이 갖추어지지 않은 것으로 인정될 때에는 해당 심판청구는 부적법한 심판청구가 되므로 각하재결을 내려야 한다(법 제43조 제 1 항). 다만, 위원회는 심판청구가 적법하지 아니하나 보정할 수 있다고 인정하면 기간을 정하여 청구인에게 보정할 것을 요구할 수 있다. 다만, 경미한 사항은 직권으로 보정할 수 있다(법 제32조 제 1 항). 제 1 항에 따른 보정을 한 경우에는 처음부터 적법하게 행정심판이 청구된 것으로 본다(법 제32조 제 4 항). 위원회는 청구인이 제 1 항에 따른 보정기간 내에 그 흠을 보정하지 아니한 경우에는 그 심판청구를 각하할 수 있다(제 6 항). 그리고 위원회는 심판청구서에 타인을 비방하거나 모욕하는 내용 등이 기재되어 청구 내용을 특정할 수 없고 그 흠을 보정할 수 없다고 인정되는 경우에는 제32조 제 1 항에 따른 보정요구 없이 그 심판청구를 각하할 수 있다(제32조의2).

행정심판제기요건은 직권조사사항이다. 따라서 당사자의 주장이 없다 하더라도 위원회는 직권으로 조사할 수 있다.

행정심판청구요건의 존부는 심리종결시를 기준으로 판단한다. 따라서 행정심판청구 당시 그 요건의 흠결이 있는 경우에도 위원회에서 사실확정이 되기 전까지 이를 갖추면 적법한 심판청구가 된다.

2. 본안심리

본안심리란 요건심리의 결과 해당 심판청구가 심판청구요건을 구비한 것으로 인정되는 경우 심판청구의 당부를 심리하는 것을 말한다.

본안심리의 결과 심판청구가 이유 있다고 인정되면 청구인용재결을 하고, 심판청구가 이유 없다고 인정되면 청구기각재결을 한다.

Ⅱ. 심리의 범위

1. 불고불리의 원칙 및 불이익변경금지의 원칙

행정심판법은 국민의 권리구제를 도모하기 위하여 불고불리(不告不理)의 원칙과 불이익변경금지의 원칙을 채택하고 있다.

행정심판법 제47조 제 1 항은 "위원회는 심판청구의 대상이 되는 처분 또는 부작위 외의 사항에 대하여는 재결하지 못한다"라고 불고불리의 원칙을 규정하고 있다.

행정심판법 제47조 제 2 항은 "위원회는 심판청구의 대상이 되는 처분보다 청구인에게 불리한 재결을 하지 못한다"라고 불이익변경금지의 원칙을 규정하고 있다.

2. 법률문제, 재량문제와 사실문제

행정심판의 심리에 있어서는 행정소송에서처럼 심판청구의 대상인 처분이나 부작위에 관한 적법·위법의 판단인 법률문제 및 사실문제를 심리할 수 있을 뿐만 아니라 행정소송에서와 달리 당·부당의 문제도 심리할 수 있다.

Ⅲ. 심리의 기본원칙

1. 대심주의

대심주의란 대립되는 분쟁 당사자들의 공격·방어를 통하여 심리를 진행하는 소송원칙을 말한다. 대립되는 당사자에게 공격·방어를 할 수 있는 대등한 지위가 보장되고 심판기관의 중립적인 지위가 보장되어야 한다.

행정심판법은 심판청구인과 피청구인이라는 대립되는 당사자를 전제로 하여 (제13조–제22조) 당사자 쌍방에게 공격과 방어방법을 제출하도록 하고 있고(제23조, 제33조, 제34조, 제35조, 제36조 등), 원칙적으로 당사자가 제출한 공격·방어방법을 심리의 기초로 삼으며 행정심판위원회가 중립적인 지위에서 심리를 행하도록 하고 있다.

다만, 청구인이 피청구인에 비하여 정보 및 지식의 부족 등 열세에 있고, 행정심판위원회의 중립적 지위가 완전하지 못한 점 등에 비추어 대심주의는 미흡하다고 할 수 있다. 심판청구의 대상이 되는 처분 또는 부작위에 관한 자료는 대부분 피청구인인 처분청이 보유하고 있으므로 심판청구인에게 처분청이 보유하는 자료에 대한 제출요구권 및 열람청구권을 인정할 필요가 있다. 현행 행정심판법은 제35조에서 심판청구인이 아닌 행정심판위원회의 자료 제출요구권을 인정하고 있다.

2. 직권심리주의

(1) 의 의

직권심리주의란 심리에 있어서 심판기관이 당사자의 사실의 주장에 근거하지 않거나 그 주장에 구속되지 않고 적극적으로 직권으로 필요한 사실상의 탐지 또는 증거조사를 행하는 소송원칙을 말한다.

행정심판법은 실체적 진실을 밝히고, 심리의 간이·신속을 도모하기 위하여 직권심리주의를 인정하고 있다. 즉 행정심판법은 “위원회는 필요하면 당사자가 주장하지 아니한 사실에 대하여도 심리할 수 있다"라고 위원회의 직권탐지(職權探知)를 인정하고 있고(제39조), 위원회에 직권으로 증거조사를 할 수 있도록 하고 있다(제36조). 위원회의 직권심리는 대심주의와 조화하는 한도 내에서 행해져야 한다.

(2) 직권탐지

위원회의 직권탐지는 불고불리의 원칙상 당사자가 신청한 사항에 대하여 신청의 범위 내에서만 가능하다.

(3) 직권증거조사

위원회는 사건을 심리하기 위하여 필요하면 직권으로 또는 당사자의 신청에 의하여 다음의 방법에 따라 증거조사를 할 수 있다. ① 당사자나 관계인(관계 행정기관 소속 공무원을 포함한다. 이하 같다)을 위원회의 회의에 출석하게 하여 신문(訊問)하는 방법, ② 당사자나 관계인이 가지고 있는 문서·장부·물건 또는 그 밖의 증거자료의 제출을 요구하고 영치(領置)하는 방법, ③ 특별한 학식과 경험을 가진 제 3 자에게 감정을 요구하는 방법, ④ 당사자 또는 관계인의 주소·거소·사업장이나 그 밖의 필요한 장소에 출입하여 당사자 또는 관계인에게 질문하거나 서류·물건 등을 조사·검증하는 방법(법 제36조 제 1 항). 다만, 위원회는 필요하면 위원회가 소속된 행정청의 직원이나 다른 행정기관에 촉탁하여 제 1 항의 증거조사를 하게 할 수 있다(법 제36조 제 2 항).

3. 심리의 방식: 서면심리주의와 구술심리주의

행정심판법은 "행정심판의 심리는 구술심리 또는 서면심리로 한다. 다만, 당사자가 구술심리를 신청한 경우에는 서면심리만으로 결정할 수 있다고 인정되는 경우 외에는 구술심리를 하여야 한다"라고 규정하고 있다(법 제40조 제 1 항). 이와 같은 행정심판법상의 규정만으로는 행정심판의 심리방식의 선택은 위원회의 재량에 속하는 것으로 보인다. 위원회는 행정심판사건의 특성에 비추어 심리방식을 정할 수 있다.

그러나 행정심판의 성질, 즉 자율적 행정통제제도라는 점, 간이·신속한 권리구제제도라는 점, 청구인의 전문성의 결여 등을 고려할 때 서면심리를 원칙으로 하되 필요한 경우에는 예외적으로 구술심리를 하는 것으로 운영될 수밖에 없을 것이다.

다만, 현행 행정심판법은 "당사자가 구술심리를 신청한 경우에는 서면심리만으로 결정할 수 있다고 인정되는 경우 외에는 구술심리를 하여야 한다"라는 단서 규정을 두어 당사자의 구술심리신청이 있는 경우에는 가능한 한 구술심리를 하도록 하여 당사자의 구술심리권을 보장하고 있다.

4. 발언 내용 등의 비공개

위원회에서 위원이 발언한 내용이나 그 밖에 공개되면 위원회의 심리·재결의 공정성을 해칠 우려가 있는 사항으로서 대통령령으로 정하는 사항은 공개하지 아니한다고 규정하고 있다(법 제41조).

Ⅳ. 소관 중앙행정기관의 심리에의 참여

중앙행정심판위원회에서 심리·재결하는 심판청구의 경우 소관 중앙행정기관의 장은 의견서를 제출하거나 위원회에 출석하여 의견을 진술할 수 있다(법 제35조 제 4 항).

Ⅴ. 당사자 및 심판참가인의 절차적 권리

1. 위원·직원에 대한 기피신청권

당사자는 행정심판위원회의 위원에게 심리·의결의 공정을 기대하기 어려운 사정이 있는 경우에는 그 위원에 대한 기피신청을 할 수 있다(법 제10 조 제 2 항).

2. 이의신청권

행정심판위원회의 결정 중 당사자의 절차적 권리에 중대한 영향을 미치는 지위승계의 불허가, 참가신청의 불허가 또는 청구의 변경불허가 등에 대하여는 행정심판위원회에 이의신청을 할 수 있다(법 제16조 제 8 항, 제17조 제 6 항, 제20조 제 6 항 및 제29조 제 7 항).

3. 보충서면제출권

당사자는 심판청구서·보정서·답변서 또는 참가신청서에서 주장한 사실을 보충하고 다른 당사자의 주장을 다시 반박하기 위하여 필요하다고 인정할 때에는 보충서면을 제출할 수 있다. 이 경우 위원회가 보충서면의 제출기한을 정한 때에는 그 기한 내에 이를 제출하여야 한다(법 제33조).

4. 구술심리신청권

당사자는 구술심리를 신청할 수 있고, 당사자가 구술심리를 신청한 때에는 행정심판위원회는 서면심리만으로 결정할 수 있다고 인정되는 경우 외에는 구술심리를 하여야 한다(법 제40조 제 1 항).

5. 물적 증거제출권

당사자는 심판청구서·보정서·답변서 또는 참가신청서·보충서면 등에 덧붙여 그 주장을 뒷받침하는 증거서류 또는 증거물을 제출할 수 있다(법 제34조 제 1 항). 위의 증거서류에는 다른 당사자의 수에 따르는 부본을 첨부하여야 한다(법 제34조 제 2 항). 위원회는 당사자로부터 제출된 증거서류의 부본을 지체 없이 다른 당사자에게 송달하여야 한다(법 제34조 제 3 항).

6. 증거조사신청권

당사자는 그의 주장을 뒷받침하기 위하여 필요하다고 인정할 때에는 위원회에 본인 또는 참고인의 심문, 당사자 또는 관계인이 소지하는 문서·장부·물건 그 밖의 증거자료의 위원회에의 제출요구, 제 3 자에 의한 감정의 요구, 검증의 요구 등 증거조사를 신청할 수 있다(법 제36조 제 1 항).

7. 심판참가인의 절차적 권리

심판참가인에게 당사자에 준하는 절차적 권리가 주어지고, 관련 서류를 참가인에게도 송달하도록 하는 등 참가인의 절차적 권리가 보장되고 있다(법 제20조－제22조).

Ⅵ. 처분사유의 추가·변경

항고소송에서의 처분사유의 추가·변경의 법리는 행정심판 단계에서도 적용된다(대판 2014. 5. 16, 2013두26118).

의무이행심판의 경우 거부처분의 위법 여부는 처분시를 기준으로 하고 인용 여부는 재결시를 기준으로 보거나 거부처분의 위법 여부와 인용재결의 기준시를 재결시로 보게 되므로 처분 이후의 사실이나 법령의 변경이 재결시 고려되는 것은 처분사유의 추가·변경의 법리와 무관하게 가능한 것으로 보아야 한다.

Ⅶ. 행정심판법상 조정

2018년 5월 1일 시행된 개정 행정심판법은 양 당사자 간의 합의가 가능한 사건의 경우 행정심판위원회가 개입·조정하는 절차를 통하여 갈등을 조기에 해결할 수 있도록 행정심판에 조정을 도입하였다.

위원회는 당사자의 권리 및 권한의 범위에서 **당사자의 동의를 받아** 심판청구의 신속하고 공정한 해결을 위하여 조정을 할 수 있다. 다만, 그 조정이 공공복리에 적합하지 아니하거나 해당 처분의 성질에 반하는 경우에는 그러하지 아니하다(제43조의2 제 1 항).

조정은 당사자가 합의한 사항을 조정서에 기재한 후 당사자가 서명 또는 날인하고 위원회가 이를 확인함으로써 **성립한다**(제43조의2 제 3 항). 제 3 항에 따라 성립한 조정에 대하여는 행정심판법 제48조(재결의 송달과 효력 발생), 제49조(재결의 기속력 등), 제50(위원회의 직접 처분), 제50조의2(위원회의 간접강제), 제51조(행정심판 재청구의 금지)의 규정을 준용한다(제43조의2 제 4 항).

제11항 행정심판의 재결

Ⅰ. 재결의 의의

행정심판의 재결이란 행정심판청구에 대한 심리를 거쳐 행정심판위원회가 내리는 결정을 말한다.

재결은 행정행위이면서 동시에 재판작용(사법작용)적 성질을 아울러 갖는다.

① 재결은 행정행위로서 **확인행위의 성질**을 갖는다. 즉 재결은 다툼이 있는 행정법상의 사실 또는 법률관계를 확정하는 행위이므로 확인행위이다.

② 재결은 행정심판기관이 행정법상의 분쟁에 대하여 일정한 심리절차를 거쳐 해당 분쟁을 해결하는 결정이므로 사법작용적 성질을 갖는다. 다만, 행정심판의 절차는 재판절차에 비하여 엄격하지 못하고 행정심판의 재결기관이 법원이 아니라 행정기관인 점에서 행정심판의 재결은 엄격한 의미의 사법작용은 아니며 **준사법작용(準司法作用)**이다. 따라서 재결에는 **불가변력이 발생**한다.

Ⅱ. 재결절차 등

1. 행정심판위원회의 재결

행정심판위원회는 심리를 마치면 직접 재결한다.

2. 재결기간

재결은 위원회 또는 피청구인이 심판청구서를 받은 날부터 60일 이내에 하여야 한다. 다만, 부득이한 사정이 있을 때에는 위원장이 직권으로 30일을 연장할 수 있다(법 제45조 제 1 항). 재결기간은 훈시규정이다.

3. 재결의 방식

재결은 서면(재결서)으로 한다(법 제46조 제 1 항).

4. 재결의 범위

① 위원회는 심판청구의 대상이 되는 처분 또는 부작위 외의 사항에 대하여는 재결하지 못한다(법 제47조 제 1 항). 즉 행정심판에는 불고불리의 원칙이 채택되고 있다.

② 위원회는 심판청구의 대상이 되는 처분보다 청구인에게 불이익한 재결을 하지 못한다(법 제47조 제 2 항). 즉 불이익변경금지의 원칙이 인정되고 있다.

③ 위원회는 처분의 위법 여부뿐만 아니라 당·부당도 판단할 수 있다(법 제 1 조, 제 2 조).

5. 재결의 송달 등

위원회는 지체 없이 당사자에게 재결서의 정본을 송달하여야 한다(법 제48조 제 1 항). 재결은 청구인에게 송달이 있은 때에 그 효력이 생긴다(법 제48조 제 2 항).

위원회는 재결서의 등본을 지체 없이 참가인에게 송달하여야 하며 제37조 제 3 항의 규정에 의한 취소재결이 있는 때에는 지체 없이 그 재결서의 등본을 처분의 상대방에게 송달하여야 한다(법 제48조 제 3 항·제 4 항).

Ⅲ. 재결의 종류 [2009 노무사 논술, 2011 일반행정 사례]

행정심판의 재결에는 각하재결, 기각재결, 인용재결이 있다.

1. 각하재결(요건재결)

각하재결이란 행정심판의 제기요건이 결여되어 행정심판이 부적법한 것인 때에 본안심리를 거절하는 재결이다.

'행정심판의 제기요건이 결여된 경우'는 다음과 같다.

① **행정심판청구의 대상이 아닌 행위에 대하여 행정심판이 제기된 경우**: 대통령의 처분 또는 부작위에 대하여는 다른 법률에 특별한 규정이 있는 경우를 제외하고는 행정심판의 대상이 되지 아니한다(법 제 3 조 제 2 항).
② **청구인적격이 없는 자가 행정심판을 청구한 경우.**
③ **행정심판제기기간이 경과된 후 행정심판이 제기된 경우**: 무효등확인심판과 부작위에 대한 의무이행심판에는 심판청구기간의 제한이 적용되지 아니하므로 행정심판제기기간의 경과를 이유로 한 각하재결은 있을 수 없다.
④ **심판청구가 부적법하여 행정심판법 제32조에 따라 보정을 명하였음에도 보정기간 내에 보정하지 아니한 경우.**
⑤ **행정심판의 대상이 된 처분이나 부작위가 심판청구의 계속중 기간의 경과, 처분의 집행 그 밖의 사유로 효력이 소멸한 경우**: 다만, 처분의 효력이 소멸된 뒤에도 그 처분의 취소로 인하여 회복되는 법률상 이익이 있는 때에는 각하재결을 하여서는 아니된다(법 제13조 제 1 항).
⑥ **특별한 규정이 없음에도 이미 재결의 대상이 되었던 동일한 처분이나 부작위에 대하여 다시 행정심판을 제기한 경우**: 다만, 동일한 내용의 처분이나 부작위라 하더라도 재결의 대상이 되었던 처분이나 부작위와 별도의 것인 경우에는 각하의 대상이 되지 아니한다.

2. 기각재결

기각재결이란 본안심리의 결과 행정심판청구가 이유 없다고 인정하여 원처분을 시인하는 재결을 말한다(법 제43조 제 2 항). 기각재결은 심판청구의 실체적 내용에 대한 심리를 거쳐 심판청구가 이유 없다고 판단되는 경우에 내려진다.

기각재결이 있은 후에도 원처분청은 원처분을 직권으로 취소 또는 변경할 수 있다.

3. 인용재결

인용재결이란 본안심리의 결과 심판청구가 이유 있다고 판단하여 청구인의 청구취지를 받아들이는 재결을 말한다. 인용재결에는 취소재결, 변경재결 및 변경명령재결, 무효등확인재결, 의무이행재결이 있다.

(1) 취소재결, 변경재결 및 변경명령재결

위원회는 취소심판의 청구가 이유 있다고 인정할 때에는 재결로써 스스로 처분을 취소하거나 다른 처분으로 변경하거나 처분을 다른 처분으로 또는 변경할 것을 피청구인에게 명한다(법 제43조 제 3 항).

1) 취소심판에서의 인용재결의 종류

취소심판에서의 인용재결에는 처분취소재결, 처분변경재결, 처분변경명령재결이 있다.

2) 전부취소와 일부취소

처분을 취소하는 재결은 해당 처분의 전부취소를 내용으로 하는 것과 일부취소를 내용으로 하는 것이 있다. 행정심판에서도 일부취소는 이론상 취소의 대상이 되는 부분이 가분적인 것인 경우에 가능하다. 다만, 처분의 부당도 통제의 대상이 되므로 일부취소의 요건이 되는 가분성은 행정소송에서의 그것보다 넓게 인정하여야 한다. 예를 들면, **재량행위인 영업정지처분의 기간을 변경하는 일부취소는** 행정소송에서는 원칙상 인정될 수 없지만, **행정심판에서는 가능하다.**

3) 적극적 변경

처분을 변경하거나 변경을 명하는 재결은 행정심판기관이 행정기관이므로 처분내용을 적극적으로 변경하거나 변경을 명하는 재결을 말한다. 예컨대, 허가취소처분을 영업정지처분으로 변경하거나 변경을 명령하는 경우 등이다.

(2) 무효등확인재결

위원회는 무효등확인심판의 청구가 이유 있다고 인정할 때에는 재결로서 처분의 효력 유무 또는 존재 여부를 확인한다(법 제43조 제 4 항). 따라서 무효확인재결에는 처분무효확인재결, 처분실효확인재결, 처분유효확인재결, 처분존재확인재결, 처분부존재확인재결이 있다.

(3) 의무이행재결 [2007 사시 사례]

1) 의　　의

의무이행재결은 의무이행심판의 청구가 이유 있다고 인정한 때에 신청에 따른 처분을 스스로 하거나 처분을 할 것을 피청구인에게 명하는 재결을 말한다(법 제43조 제 5 항).

2) 종류와 성질

의무이행재결에는 처분재결과 처분명령재결이 있다. 행정심판위원회는 법적으로 처분재결과 처분명령재결의 선택에 있어 재량권을 갖는다. 그런데 실무상 대부분 처분명령재결을 하고 있고, 처분재결을 하는 예는 극히 드물다.

가. 처분재결 　처분재결은 위원회가 스스로 처분을 하는 것이므로 형성재결이다. 처분재결에는 청구인의 청구내용대로 특정한 처분을 하는 전부인용처분재결과 청구인의 청구 중 일부만 인용하는 특정내용의 처분재결이 있다.

나. 처분명령재결 　처분명령재결은 처분청에게 처분을 명하는 재결이므로 이행재결이다.

처분명령재결에는 특정한 처분을 하도록 명하는 특정처분명령재결과 판결의 취지에 따라 일정한 처분을 할 것을 명하는 일정처분명령재결이 있다.

특정처분명령재결에는 ① 청구인의 청구내용대로 특정한 처분을 하도록 명하는 재결과 ② 청구인의 청구 중 일부만 인용하는 특정내용의 처분을 명하는 재결이 있다. 일정처분명령재결은 ① 절차의 위법을 이유로 한 신청에 대한 처분을 취소하는 재결, ② 적법재량행사를 명하는 재결 등이 있다.

3) 재결의 기준시

가. 재결의 기초의 기준시 　의무이행심판에서 재결은 재결시를 기준으로 하여 내려진다. 거부처분이나 부작위시의 법이나 사실상황을 기초로 판단하는 것이 아니라 재결시(보다 정확히 말하면 행정심판위원회의 의결시)의 법과 사실상황을 기초로 판단한다.

나. 위법·부당 판단의 기준시 　의무이행재결시 거부처분의 위법 또는 부당을 판단하여야 하는지, 거부처분의 위법 또는 부당을 판단하여야 하는 경우에 처분시를 기준으로 하여야 하는지 아니면 재결시를 기준으로 판단하여야 하는지에 관하여 견해의 대립이 있다. 이것이 문제되는 것은 거부행위 후 법 및 사실상태에 변경이 가해진 경우이다.

생각건대, 의무이행심판이 거부처분취소심판에 비해 종국적이고 실효적인 권리구제를 해 주는 심판형식이라는 의무이행심판의 의의를 달성하기 위하여는 재결시를 기준으로 거부행위의 위법·부당을 판단하고 의무이행재결을 하는 것이 타당하다. 또한 행정심판기관이 행정기관이므로 권력분립의 원칙에 반할 염려도 없다.

4) 특정처분(명령)재결과 일정처분명령재결의 기준

어떠한 경우에 특정처분(명령)재결을 하고, 어떠한 경우에 일정한 처분을 명하는 재결을 할 것인가.

신청에 관련된 처분을 해야 할 사실상 및 법령상의 전제조건이 전부 구비되어 있는 경우, 즉 재결의 성숙성이 있는 경우에는 특정처분을 하거나 명하고, 그렇지 않은 경우에는 일정한 처분을 명하는 재결을 하는 것이 타당하다는 견해가 있으나, 처분청의 처분권을 존중하여 심리의 결과 특정한 처분을 명하기에 충분한 사실관계가 해명되고, 특정처분을 내려야 할 것이 관계법령상 명백한 경우에 한하여 특정처분을 하거나 명하고, 그렇지 않은 경우에는 일정한 처분을 명하는 재결을 하는 것이 타당하다.

4. 사정재결

사정재결이란 심판청구가 이유 있다고 인정되는 경우에도 이를 인용하는 것이 공공복리에 크게 위배된다고 인정하는 때에 그 심판청구를 기각하는 재결을 말한다(법 제44조 제 1 항). 무효등확인심판의 경우에는 사정재결이 인정되지 않는다(법 제44조 제 3 항).

사정재결은 심판청구가 위법 또는 부당하더라도 공익을 위하여 사익을 희생시키는 것이므로 위원회는 사정재결을 하는 경우에 그로 인하여 청구인이 받는 손해에 대하여 구제조치를 취하여야 한다(법 제44조 제 2 항).

사정재결시 위원회는 그 재결의 주문(主文)에서 그 처분 또는 부작위가 위법하거나 부당하다는 것을 구체적으로 명시하여야 한다(법 제44조 제 1 항).

Ⅳ. 재결의 효력[2009 사시 약술, 2013 사시]

행정심판법은 재결의 효력에 관하여 기속력과 직접처분에 관한 규정만을 두고 있다. 그런데 취소재결, 변경재결과 처분재결에는 형성력이 발생한다고 보아야 하며 재결은 행정행위이므로 재결 일반에 대하여 행정행위에 특수한 효력인 공정력, 불가변력 등이 인정된다고 보아야 할 것이다.

판례에 따르면 처분청은 행정심판의 재결에 대해 불복할 수 없고, 행정심판법 제48조 제 2 항은 '재결은 청구인에게 송달되었을 때에 그 효력이 생긴다'고 규정하고 있으므로 인용재결의 효력인 형성력과 기속력은 **재결이 청구인에게 송달되었**

을 때 효력이 발생한다.

1. 형 성 력[2013 사시]

재결의 형성력이란 재결의 내용에 따라 새로운 법률관계의 발생이나 종래의 법률관계의 변경, 소멸을 가져오는 효력을 말한다(대판 전원합의체 1999. 12. 16, 98두18619). 재결의 형성력은 제 3 자에게도 미치므로 이를 '대세적 효력'이라고도 한다.

형성력이 인정되는 재결로는 취소재결, 변경재결, 처분재결이 있다. 형성재결이 있는 경우 그 대상이 된 행정처분은 재결 자체에 따라 당연히 취소되어 소멸된다(대판 전원합의체 1999. 12. 16, 98두18619).

처분을 취소하는 재결이 있으면 취소된 처분은 소급적으로 효력을 상실한다. 일부취소재결의 경우에는 일부취소된 부분에 한하여 소급적으로 효력을 상실하고 일부취소되지 않은 부분에 한하여 원처분은 효력을 유지한다.

판례는 변경재결이 있으면 원처분이 변경재결로 변경되어 존재하는 것이 된다고 본다(자세한 것은 후술 '행정소송' 참조). 그러나 변경재결이 있으면 원처분은 효력을 상실하고, 변경재결로 인한 새로운 처분은 제 3 자의 권익을 침해하지 않는 한 소급하여 효력을 발생한다고 보아야 한다.

의무이행재결 중 처분재결이 있는 경우에는 해당 재결은 장래에 향하여 즉시 효력을 발생한다.

2. 기 속 력[2007 공인노무사]

재결의 기속력이란 피청구인과 그 밖의 관계행정청이 재결의 취지에 따르도록 구속하는 효력을 말한다. 따라서 재결의 기속력을 재결의 구속력이라 부르는 견해도 있다. 재결의 기속력은 인용재결의 효력이며 기각재결에는 인정되지 않는다.

행정심판법 제49조 제 1 항은 "심판청구를 인용하는 재결은 피청구인과 그 밖의 관계행정청을 기속한다"라고 재결의 기속력을 규정하고 있다. 이 재결의 기속력에 반복금지효가 포함된다는 것에 대하여는 이견(異見)이 없지만 재처분의무가 포함되는지에 대하여는 거부처분의 취소재결과 관련하여 논란의 여지가 있다. 다만, 행정심판법 제49조 제 2 항과 제 3 항은 이행재결, 절차의 위법 또는 부당을 이유로 한 취소재결의 경우에 재결의 취지에 따른 재처분의무를 명시적으로 인정하고 있다.

(1) 반복금지효

행정청은 처분의 취소재결, 변경재결 또는 무효, 부존재, 실효재결이 있는 경우 동일한 사정 아래서는 같은 내용의 처분을 되풀이하지 못하며 동일한 과오를 되풀이하지 못한다(대판 1983. 8. 23, 82누302; 대판 2003. 4. 25, 2002두3201).

(2) 원상회복의무(위법상태제거의무)

취소재결의 기속력에는 해석상 원상회복의무가 포함되는 것으로 보는 것이 타당하다. 따라서 취소재결이 확정되면 행정청은 취소된 처분으로 초래된 위법상태를 제거하여 원상회복할 의무가 있다.

(3) 처분의무

1) 처분명령재결

당사자의 신청을 거부하거나 부작위로 방치한 처분의 이행을 명하는 재결이 있으면 행정청은 지체 없이 이전의 신청에 대하여 재결의 취지에 따라 처분을 하여야 한다(법 제49조 제 3 항).

2) 거부처분취소재결 또는 거부처분무효등확인재결

재결에 의하여 취소되거나 무효 또는 부존재로 확인되는 처분이 당사자의 신청을 거부하는 것을 내용으로 하는 경우에는 그 처분을 한 행정청은 재결의 취지에 따라 다시 이전의 신청에 대한 처분을 하여야 한다(행정심판법 제49조 제 2 항).

[판례] (1) 거부처분을 취소하는 재결의 효력 및 그 취지와 양립할 수 없는 다른 처분에 대한 취소를 구할 소익의 유무: **당사자의 신청을 거부하는 처분을 취소하는 재결이 있는 경우에는 행정청은 그 재결의 취지에 따라 이전의 신청에 대한 처분을 하여야 하는 것**이므로 행정청이 그 재결의 취지에 따른 처분을 하지 아니하고 그 처분과는 양립할 수 없는 다른 처분을 하는 것은 위법한 것이라 할 것이고 이 경우 그 재결의 신청인은 위법한 다른 처분의 취소를 소구할 이익이 있다. (2) 행정처분의 취소소송에 있어 판단의 대상이 되는 하자: 행정처분의 취소소송은 행정청의 위법한 처분 등을 취소 또는 변경하는 소송이므로 법원은 그 처분의 위법여부를 가려서 판단하면 되는 것이고, 그 처분의 부당여부까지 판단할 필요는 없다(대판 1988. 12. 13, 88누7880〈도시계획사업시행허가처분등취소〉).

3) 절차의 하자를 이유로 한 신청에 따른 처분을 취소하는 재결

신청에 따른 처분이 절차의 위법 또는 부당을 이유로 재결로써 취소된 경우 적법한 절차에 따라 신청에 따른 처분을 하거나 신청을 기각하는 처분을 하여야 한다(법 제49조 제 4 항).

4) 변경명령재결

취소심판에 있어서 변경을 명하는 재결이 있을 때 명문의 규정은 없지만, **행정심판법 제49조 제 1 항(기속력규정)에 의해** 행정청은 해당 처분을 변경하여야 한다.

(4) 기속력의 객관적 범위

기속력의 객관적 범위는 **재결의 취지**라고 할 수 있다. 기속력의 객관적 범위는 재결의 주문 및 재결이유 중 그 전제가 된 요건사실의 인정과 처분의 효력 판단에 한정되고, 재결의 결론과 직접 관련이 없는 방론이나 간접사실에 대한 판단에까지는 미치지 않는다.

(5) 이행재결의 기속력 확보수단으로서의 직접처분과 간접강제 [2011 행시(일반행정직) 사례 약술형, 2018 5급공채(행정)]

1) 직접처분

가. 의 의　**직접처분**이란 행정청이 처분명령재결의 취지에 따라 이전의 신청에 대한 처분을 하지 아니하는 때에 위원회가 해당 처분을 직접 행하는 것을 말한다(법 제50조 제 1 항). 위원회는 제 1 항 본문에 따라 직접처분을 하였을 때에는 그 사실을 해당 행정청에 통보하여야 하며, 그 통보를 받은 행정청은 위원회가 한 처분을 자기가 한 처분으로 보아 관계 법령에 따라 관리·감독 등 필요한 조치를 하여야 한다(제 2 항).

직접처분은 의무이행재결의 실효성을 확보하기 위하여 인정된 의무이행재결의 이행강제제도이다.

나. 직접처분의 성질　직접처분은 처분명령재결의 실효성을 확보하기 위한 **행정심판작용이면서 동시에 행정처분(원처분)으로서의 성질**을 갖는다.

다. 요 건　① 처분명령재결이 있었을 것.

② 위원회가 당사자의 신청에 따라 시정을 명하였을 것.

③ 해당 행정청이 아무런 처분을 하지 아니하였을 것. 해당 행정청이 어떠한 처분을 하였다면 그 처분이 재결의 내용에 따르지 아니하였다고 하더라도 재결청이 직접 처분을 할 수는 없다(대판 2002. 7. 23, 2000두9151).

④ 그 처분의 성질이나 그 밖의 불가피한 사유로 위원회가 직접 처분을 할 수 없는 경우에 해당하지 않을 것(제50조 제 1 항). **'처분의 성질상 위원회가 직접 처분**

을 할 수 없는 경우'란 처분의 성질에 비추어 직접 처분이 불가능한 경우를 말한다.

> 예를 들면, 정보공개를 명하는 재결의 경우에는 **정보공개는 정보를 보유하는 기관만이 할 수 있으며 처분의 성질상 위원회는 정보공개처분을 할 수 없다. 위원회가 직접 처분을 할 수 없는 그 밖의 불가피한 사유의 예**로는 의무이행재결 후 사정변경(법적 상황 또는 사실적 상황의 변경)이 생겼고, 이러한 사정변경이 처분의 중요한 기초가 되는데, 행정심판위원회 자신이 인적·물적 자원의 한계로 인하여 그러한 처분의 기초자료에 관한 조사를 충실히 행할 수 없기 때문에 직접 처분을 할 수 없는 불가피한 경우를 들 수 있다.

처분이 재량행위인 경우로서 부관을 붙일 필요가 있는 경우는 그것만으로 '위원회가 직접 처분을 할 수 없는 그 밖의 불가피한 사유'에 해당한다고 할 수 없다.

2) 행정심판위원회의 간접강제 [2018 5급공채(행정)]

행정심판법상 간접강제제도는 행정심판 인용재결에 따른 행정청의 재처분 의무에도 불구하고 행정청이 인용재결에 따른 처분을 하지 아니하는 경우 행정심판위원회가 당사자의 신청에 의하여 결정으로 상당한 기간을 정하고, 행정청이 그 기간 내에 이행하지 아니하는 경우에 지연기간에 따라 일정한 배상을 하도록 명하거나 즉시 배상을 할 것을 명하는 제도이다.

행정심판법에 따르면 위원회는 피청구인이 제49조 제 2 항(거부처분 취소재결 등에 따른 재처분의무)(제49조 제 4 항에서 준용하는 경우(신청에 따른 처분이 절차의 위법 또는 부당을 이유로 재결로써 취소된 경우 처분의무)를 포함한다) 또는 제 3 항(처분명령재결에 따른 재처분의무)에 따른 처분을 하지 아니하면 청구인의 신청에 의하여 결정으로 상당한 기간을 정하고 피청구인이 그 기간 내에 이행하지 아니하는 경우에는 그 지연기간에 따라 일정한 배상을 하도록 명하거나 즉시 배상을 할 것을 명할 수 있다(제50조의2 제 1 항). 위원회는 사정의 변경이 있는 경우에는 당사자의 신청에 의하여 제 1 항에 따른 결정의 내용을 변경할 수 있다(동조 제 2 항). 위원회는 제 1 항 또는 제 2 항에 따른 결정을 하기 전에 신청 상대방의 의견을 들어야 한다(동조 제 4 항).

청구인은 간접강제결정 또는 간접강제변경결정에 불복하는 경우 그 결정에 대하여 행정소송을 제기할 수 있다(동조 제 4 항).

간접강제결정 또는 간접강제변경결정의 효력은 피청구인인 행정청이 소속된 국가·지방자치단체 또는 공공단체에 미치며, 결정서 정본은 제 4 항에 따른 소송제기와 관계없이 「민사집행법」에 따른 강제집행에 관하여는 집행권원과 같은 효력을 가진다. 이 경우 집행문은 위원장의 명에 따라 위원회가 소속된 행정청 소속 공무원이 부여한다(동조 제 5 항).

간접강제결정에 기초한 강제집행에 관하여 이 법에 특별한 규정이 없는 사항에 대하여는 「민사집행법」의 규정을 준용한다. 다만, 「민사집행법」 제33조(집행문부여의 소), 제34조(집행문부여 등에 관한 이의신청), 제44조(청구에 관한 이의의 소) 및 제45조(집행문부여에 대한 이의의 소)에서 관할 법원은 피청구인의 소재지를 관할하는 행정법원으로 한다(동조 제 6 항).

3. 불가변력

재결은 당사자의 참여 아래 심리절차를 거쳐 내려지는 심판행위이므로 성질상 보통의 행정행위와 달리 재결을 한 위원회 자신도 이를 취소·변경할 수 없다.

4. 재결의 기판력 불인정

재결에는 명문의 규정(예 토지보상법 제86조 제 1 항)이 없는 한 판결에서와 같은 기판력이 인정되지 않는다. 따라서 재결이 확정된 경우에도 처분의 기초가 된 사실관계나 법률적 판단이 확정되고 당사자들이나 법원이 이에 기속되어 모순되는 주장이나 판단을 할 수 없게 되는 것은 아니다(대판 2015. 11. 27, 2013다6759).

Ⅴ. 재결에 대한 불복

1. 재심판청구의 금지

심판청구에 대한 재결이 있는 경우에는 해당 재결 및 동일한 처분 또는 부작위에 대하여 행정심판을 청구할 수 없다(법 제51조). 이와 같이 행정심판법은 처분에 대한 불복으로 원칙상 한번의 행정심판청구만을 인정하고 있다.

2. 원고 등의 행정소송 [1997 입법고시 사례형 약술]

원고는 기각재결 또는 일부인용재결의 경우 항고소송을 제기할 수 있다. 이 경우 항고소송의 대상은 후술한다(자세한 것은 후술 '항고소송의 대상' 참조).

또한 처분을 취소하는 인용재결로 인하여 비로소 권익침해를 당한 원처분의 상대방은 후술하는 바와 같이 재결을 대상으로 행정소송을 제기할 수 있다.

3. 처분청의 불복가능성

판례는 재결은 피청구인인 행정청과 그 밖의 관계행정청을 기속한다고 규정하고 있는 행정심판법 제49조 제 1 항에 근거하여 처분청은 행정심판의 재결에 대해 불복할 수 없다고 본다(대판 1998. 5. 8, 97누15432).

4. 인용재결에 대한 권한쟁의심판

자치사무에 속하는 처분 또는 부작위에 대한 인용재결로 **지방자치단체의 자치사무에 대한 자치권이 침해된 경우**에는 해당 지방자치단체는 헌법재판소에 권한쟁의심판을 청구할 수 있다.

제12항 고지제도

Ⅰ. 고지제도의 의의 및 필요성

행정심판의 고지제도란 행정청이 처분을 함에 있어서 상대방에게 그 처분에 대하여 행정심판을 제기할 수 있는지 여부, 심판청구절차, 청구기간 등 행정심판의 제기에 필요한 사항을 미리 알려 주도록 의무지우는 제도를 말한다. 고지제도는 국민에게 행정심판제도의 이용기회를 보장하고 행정청에 의한 처분의 적정성 확보에 기여한다.

행정심판법은 직권에 따른 고지(제58조 제 1 항)와 청구에 따른 고지(제 2 항)를 규정하고 있다. 그리고 고지하지 않은 경우와 잘못 고지한 경우의 제재를 규정하고 있다(법 제23조, 제27조).

Ⅱ. 고지의 성질

고지는 불복제기의 가능 여부 및 불복청구의 요건 등 불복청구에 필요한 사항을 알려 주는 **비권력적 사실행위**이다. 고지는 그 자체로서는 아무런 법적 효과를 발생시키지 않는다. 다만, 불고지 또는 오고지로 손해가 발생한 경우에는 국가배상청구를 할 수 있을 것이다.

Ⅲ. 직권에 따른 고지

행정청이 처분을 할 때에는 처분의 상대방에게 처분에 대하여 행정심판을 청구할 수 있는지의 여부, 행정심판을 청구하는 경우의 심판청구 절차 및 심판청구 기간을 알려야 한다(법 제58조 제 1 항).

1. 고지의 대상

① 행정청의 고지의무는 처분이 서면으로 행해지는 경우에 한하지 않는다.

② 행정청의 고지의무는 처분이 행정심판법상의 행정심판의 대상이 되는 경우뿐만 아니라 다른 개별법령에 따른 심판청구의 대상이 되는 경우에도 인정된다.

③ 수익적 행정행위에 대하여는 상대방의 불복이 있을 수 없으므로 고지를 요하지 않는다. 예를 들면, 신청된 대로 처분이 행해진 경우가 그러하다. 그러나 신청을 거부한 처분이나 신청된 것과 다른 내용의 처분 및 부관이 붙여진 처분의 경우에는 고지를 하여야 한다.

2. 고지의 상대방

현행법상 고지는 처분의 직접 상대방에 대하여만 하면 된다. 처분의 직접 상대방이 아닌 이해관계인은 고지의무의 상대방은 아니지만, 이들에게도 직권으로 고지하는 것은 가능하며 또한 바람직하다.

3. 고지의 내용

① 행정심판을 청구할 수 있는지 여부

② 심판청구절차

③ 심판청구기간

Ⅳ. 청구에 따른 고지

행정청은 이해관계인이 요구하면 ① 해당 처분이 행정심판의 대상이 되는 처분인지 및 ② 행정심판의 대상이 되는 경우 소관 위원회 및 심판청구 기간을 지체 없이 알려 주어야 한다. 이 경우 서면으로 알려 줄 것을 요구받으면 서면으로 알려 주어야 한다(법 제58조 제 2 항).

1. 고지의 청구권자

고지를 청구할 수 있는 자는 '처분의 이해관계인'이다. 다만, 여기에서 이해관계인이란 통상은 상대방에게는 이익을 주지만 제 3 자에게는 불이익을 주는 복효적 행정행위에 있어서 해당 제 3 자일 것이지만 처분시에 직권고지를 하지 아니한 경우에 해당 처분의 상대방도 포함한다고 보아야 할 것이다.

2. 고지청구의 대상

고지의 대상이 되는 처분이 서면으로 한 처분에 한정되는 것으로 규정되어 있지 않고, 청구에 따른 고지는 서면에 따른 고지에 한정되지 않는다. 고지를 청구할 수 있는 대상은 모든 처분이다. 해당 처분이 행정심판의 대상이 되는 처분인지 여부, 서면에 따른 것인지 여부를 묻지 않는다.

3. 고지의 내용

고지의 내용은 행정심판의 제기에 필요한 사항(행정심판의 대상이 되는 처분인지 여부, 심판청구절차, 소관위원회 및 청구기간) 중에서 당사자가 고지해 줄 것을 청구한 사항이다. 심판청구절차, 소관위원회 및 청구기간은 해당 처분이 행정심판의 대상이 되는 경우에 고지의 대상이 된다.

Ⅴ. 불고지 또는 오고지의 효과

행정심판법은 고지의무가 있음에도 고지를 하지 아니하거나(不告知) 잘못 고지(誤告知)한 경우에 처분의 상대방 또는 이해관계인의 권리구제를 위한 규정을 두고 있다.

1. 불고지의 효과

(1) 심판청구서제출기관과 권리구제

처분청이 고지를 하지 아니하여 청구인이 심판청구서를 다른 행정기관에 제출한 때에는 해당 행정기관은 그 심판청구서를 지체 없이 정당한 권한 있는 피청구인에 송부하고(법 제23조 제 2 항), 지체 없이 그 사실을 청구인에게 통지하여야 한다(법 제23조 제 3 항). 이 경우에 심판청구기간을 계산할 때에는 제 1 항에 따른 피청구인이나 위원회 또는 제 2 항에 따른 행정기관에 심판청구서가 제출되었을 때에 행정심판이 청구된 것으로 본다(법 제23조 제 4 항).

(2) 청구기간

처분청이 심판청구기간을 고지하지 아니한 때에는 심판청구기간은 처분이 있음을 안 경우에도 해당 처분이 있은 날로부터 180일이 된다(법 제27조 제 6 항).

[판례] **고지의무의 불이행과 면허취소처분의 하자 유무**: 구 자동차운수사업법 제31조 등의 규정에 의한 사업면허의 취소 등의 처분에 관한 규칙(교통부령) 제 7 조 제 3 항의 고지절

차에 관한 규정은 행정처분의 상대방이 그 처분에 대한 행정심판의 절차를 밟는 데 있어 편의를 제공하려는 데 있으며 처분청이 위 규정에 따른 고지의무를 이행하지 아니하였다고 하더라도 경우에 따라서는 행정심판의 제기기간이 연장될 수 있는 것에 그치고 이로 인하여 심판의 대상이 되는 행정처분에 어떤 하자가 수반된다고 할 수 없다(대판 1987. 11. 24, 87누529).

2. 오고지의 효과

(1) 심판청구서제출기관과 권리구제

처분청이 심판청구서제출기관을 잘못 고지하여 청구인이 심판청구서를 처분청 또는 위원회가 아닌 다른 행정기관에 제출한 때의 효과도 위의 불고지의 경우와 같다(법 제23조 제 2 항 · 제 3 항 · 제 4 항).

(2) 청구기간

처분청이 심판청구기간을 '처분이 있음을 알게 된 날부터 90일 이내'보다 더 긴 기간으로 잘못 알린 경우에 그 잘못 알린 기간 내에 심판청구가 있으면 그 심판청구는 적법한 기간 내에 제기된 것으로 의제된다(법 제27조 제 5 항).

제13항 특별행정심판

특별행정심판이란 행정심판법에 대한 특례규정이 두어진 행정심판을 말한다. 특별행정심판에 대하여 행정심판법에 따른 행정심판을 일반행정심판이라 할 수 있다.

예를 들면, 국세기본법에서의 심사청구 또는 심판청구, 국가공무원법상의 소청심사의 청구(법 제76조), 토지보상법상의 이의신청 등은 특별행정심판의 예이다.

행정심판에 관한 개별법률의 특례규정은 행정심판법에 대한 특별법적 규정이므로 해당 특례규정이 행정심판법에 우선하여 적용된다. 그리고 행정심판에 관하여 개별법률에서 규정하고 있지 않은 사항과 절차는 일반법인 행정심판법이 적용된다(법 제 4 조 제 2 항). 그런데 국세기본법 제56조 제 1 항은 국세심판에 대하여 행정심판법의 일부 규정을 준용하는 외에 원칙상 그 적용을 배제하고 있다.

사안의 전문성과 특수성을 살리기 위하여 특히 필요한 경우 외에는 이 법에 따른 행정심판을 갈음하는 특별한 행정불복절차(특별행정심판)나 이 법에 따른 행정심판 절차에 대한 특례를 다른 법률로 정할 수 없다(법 제 4 조 제 1 항).

제 3 절 행정소송

제 1 항 행정소송의 의의와 종류

Ⅰ. 행정소송의 의의

행정소송이란 행정청의 공권력 행사에 대한 불복 및 그 밖의 공법상의 법률관계에 관한 분쟁에 대하여 법원이 정식의 소송절차를 거쳐 행하는 행정쟁송절차를 말한다.

우리 헌법은 사법권은 법관으로 구성된 법원에 속하고(헌법 제101조 제 1 항), 대법원은 명령·규칙 또는 처분이 헌법이나 법률에 위배되는 여부가 재판의 전제가 된 경우에는 이를 최종적으로 심사할 권한을 가진다(헌법 제107조 제 2 항)고 하여, 행정소송도 민사·형사소송과 함께 대법원을 최고법원으로 하는 일반법원의 권한에 포함됨을 명시함으로써 행정소송이 사법작용에 속함을 전제로 하고 있다.

① 행정소송은 행정청의 공권력 행사에 대한 불복 및 그 밖의 행정법상의 법률관계에 관한 분쟁에 관한 쟁송절차이다. 이 점에서 행정소송은 **민사소송 및 형사소송과 구별**된다.

② 행정소송은 법원이 정식의 소송절차를 거쳐 행하는 행정쟁송절차이다. 이 점에서 행정소송은 **행정심판과 구별**된다.

Ⅱ. 행정소송의 법원(法源)

행정소송에 관한 일반법으로 행정소송법이 있다. 행정소송법은 행정소송의 특수성(공익성, 전문성 등)을 고려하여 민사소송과 달리 행정소송에 대한 특수한 규율을 규정하고 있다. 다만, 행정소송법은 입법기술상 행정소송에 대한 규율(특수한 규율 포함)을 망라하여 규정하지 않고, 행정소송에 관하여 행정소송법에 특별한 규정이 없는 사항에 대하여는 법원조직법과 민사소송법 및 민사집행법의 규정을 준용하는 것으로 규정하고 있다(제 8 조).[53] 또한 행정소송절차에 관하여는 법 및 행정소송규칙에 특별한 규정이 있는 경우를 제외하고는 그 성질에 반하지 않는 한 「민사소송규칙」 및 「민사집행규칙」의 규정을 준용한다(행정소송규칙 제 4 조).

따라서 행정소송법이나 행정소송규칙에 규정되어 있지 않는 사항에 대하여는 민사소송에 관한 규정을 그대로 적용하거나 행정소송의 특수성을 고려하여 수정하여 적용하여야 한다. 행정소송은 권리구제기능뿐만 아니라 행정통제기능도 수행하는 것이므로 성질상 민사소송법의 규정을 그대로 준용할 수 없는 경우에는 민사소송법이 준용되지 아니한다. 그러한 예로는 청구의 인낙, 포기, 화해 등을 들 수 있다. 논란이 있지만, **판례**에 따르면 민사소송법 제203조의 처분권주의(대판 1987. 11. 10, 86누491),[54] 불고불리의 원칙(대판 1999. 5. 25, 99두1052), 민사소송법상 보조참가(대판 2013. 3. 28, 2011두13729), 소의 취하는 행정소송에 준용가능하다. 일례로 민사소송의 지배원리인 처분권주의가 그대로 적용될 수 없고, 실체적 진실 발견에 중점을 둔 직권주의적 요소를 더욱 가미할 수밖에 없다.

Ⅲ. 행정소송의 종류 [2011 행시(일반행정직) 사례 약술형]

행정소송법은 행정소송을 항고소송, 당사자소송, 기관소송, 민중소송으로 구분하고 있다(제 3 조).

항고소송과 당사자소송은 **주관적 소송**이라 하고, 기관소송과 민중소송을 **객관적 소송**이라 한다. 주관적 소송은 주관적 권리·이익의 보호를 목적으로 하고, 객관적 소송은 개인의 권익구제가 아닌 순수 행정작용의 적법성 확보를 목적으로 한다.

Ⅳ. 항고소송

1. 의 의

항고소송이란 행정청의 우월한 일방적인 행정권 행사 또는 불행사에 불복하여 권익구제를 구하는 소송을 말한다.

---

53) 준용은 입법기술의 하나인데, 준용되는 규정을 그대로 적용하는 것이 아니라 성질상의 차이를 고려하여 적용한다.

54) 민사소송의 당사자는 비록 법원의 재판을 받기는 하나, 소송의 개시(원고의 제기, 피고의 응소), 청구내용의 한정과 특정, 소송절차의 종료(소의 취하, 청구의 포기나 인락, 소송상 화해)에 있어서 주도권(처분권)을 갖는다. 이처럼 소송에서 어떤 사항, 내용을 법원의 심판대상으로 할 것인가의 여부 등에 대하여 소송당사자의 처분에 맡기는 것을 처분권주의라고 한다.

① 항고소송은 행정청의 우월한 일방적인 행정권의 행사 또는 불행사를 대상으로 한다.

현행 행정소송법은 항고소송의 대상을 '처분 또는 행정심판의 재결'과 '부작위'로 규정하고 있다.

② 항고소송은 행정청의 일방적인 행정권 행사 또는 불행사에 대항하여 그로 인한 위법상태를 배제하는 것을 내용으로 한다. 따라서 항고소송은 행정통제의 기능을 갖는다.

③ 항고소송은 행정청의 권력적인 행정작용으로 인하여 조성된 위법상태를 배제함으로써 국민의 권익을 구제하는 것을 목적으로 한다. 따라서 항고소송은 원상회복적인 권익구제제도이다.

2. 종 류

현행 행정소송법은 항고소송을 취소소송, 무효등확인소송, 부작위위법확인소송으로 구분하고 있다(법 제4조). 이와 같이 법으로 명시적으로 인정되고 있는 항고소송을 **법정항고소송**(法定抗告訴訟)이라 한다.

그런데 법정항고소송만으로는 공백 없는 권리구제의 요구를 충족시킬 수 없기 때문에 행정소송법에서 정한 항고소송 이외에 해석상 의무이행소송, 예방적 부작위소송 등의 항고소송을 인정할 수 있는가 하는 문제가 제기된다. 이와 같이 법에 정해지지는 않았지만 해석으로 인정되는 항고소송을 **법정외항고소송**(法定外抗告訴訟) 또는 **무명**(無名)**항고소송**이라 한다.

현대 복지국가에서 행정청이 국민에 대하여 일정한 생활보장적 급부를 하여야 할 의무가 있음에도 이를 이행하지 아니할 경우 등과 같은 행정청의 부작위에 대한 구제수단으로는 충분하지 못하다. 법정외 항고소송은 이러한 현실적 필요성에 바탕을 두고 있다(법원행정처, 「법원실무제요 행정」, 12쪽).

3. 취소소송

(1) 의 의

취소소송이란 '행정청의 위법한 처분 등을 취소 또는 변경하는 소송'을 말한다(법 제4조 제1호). 소송실무상 취소소송이 행정소송의 중심적 지위를 차지하는 것으로 운용되고 있다. **'변경'**의 의미에 대해, 적극적 변경도 포함된다는 견해도 있으나 일부 취소의 의미로 이해하여 처분을 적극적으로 변경하는 형성소송은 허용되지 않는다는 것이 판례의 입장이다(법원행정처, 「법원실무제요 행정」, 7쪽). 이와 같이 취소소송을 행정소송의 중심으로 하는 것을 **취소소송중심주의**(取消訴訟中心主義)라 한다.

취소소송은 위법한 처분이나 재결을 다투어 위법한 처분이나 재결이 없었던 것과 같은 상태를 만드는 것을 주된 내용으로 한다.

(2) 대 상

취소소송의 대상은 '처분 등'이다(법 제19조, 자세한 것은 후술). '처분 등'이란 처분 및 행정심판의 재결을 말한다. 처분에는 거부처분도 포함된다.

취소소송은 원칙상 취소사유인 위법한 처분이나 재결을 대상으로 하지만, 무효인 처분 등에 대하여 제기될 수도 있다. 무효인 처분에 대한 취소소송은 무효선언을 구하는 것일 수도 있고 단순히 취소를 구하는 것일 수도 있다. 전자의 경우에 취소법원은 무효를 선언하는 의미의 취소판결을 하고, 후자의 경우에는 통상의 취소판결을 한다.

(3) 성 질

취소소송은 항고소송의 대표적인 소송유형이다.

취소소송은 일단 유효한 처분의 취소 또는 변경을 통하여 계쟁처분에 의해 형성된 법률관계를 소멸 또는 변경시키는 등 **위법상태를 제거하여 원상회복시키는 성질의 소송**으로서 형성소송이라고 보는 견해가 통설·판례이다.

(4) 소 송 물

소송물이란 심판의 대상이 되는 소송상의 청구를 말한다. 소송물은 소송의 기본단위로서 소의 병합, 처분사유의 추가·변경, 소의 변경을 결정하는 경우와 기판력의 객관적 범위를 정하는 경우 등에 있어서 의미를 갖는다.

취소소송의 소송물은 **처분의 위법성 일반**(추상적 위법성)이라고 보는 견해가 다수견해이며 **판례**의 입장이다(대판 1996. 4. 26, 95누5820〈주택건설사업계획승인처분무효〉; 대판 2009. 1. 15, 2006두14926〈취득세등부과처분취소〉). 이 견해에 따르면 개개의 위법사유에 관한 주장은 단순한 공격방어방법에 지나지 않는다고 보며 취소소송에서 판결의 기판력은 처분의 위법 또는 적법 일반에 대하여 미친다고 한다.

생각건대, 소송물은 소송법적 관점에서 파악하는 것이 타당하고, 취소소송은 형성소송이며 취소소송에서 기본적으로 다투어지는 것은 권리침해가 아니라 처분의 위법성이므로 **취소소송의 소송물은 '처분의 위법을 이유로 처분의 취소를 구하는**

원고의 주장'이라고 보는 것이 타당하다.

(5) 판 결

위법한 처분에 대하여 취소소송이 제기된 경우에 법원은 해당 위법이 무효사유인 위법인지 취소사유인 위법인지 구분할 필요 없이 취소판결을 내리면 된다. 취소소송에 있어서는 해당 처분이 위법한지 아닌지가 문제이고 그 위법이 중대하고 명백한 것인지 여부는 심리대상이 되지 않기 때문이다. 실무도 이렇게 하고 있다(대판 1999. 4. 27, 97누6780).

다만, 무효의 선언을 구하는 취소소송이나 무효인 처분에 대한 취소소송이나 모두 불복기간 등 취소소송의 요건을 충족하여야 한다(대판 전원합의체 1976. 2. 24, 75누128; 대판 1990. 8. 28, 90누1892).

4. 무효등확인소송

(1) 의 의

무효등확인소송이란 '행정청의 처분이나 재결의 효력 유무 또는 존재 여부의 확인을 구하는 소송'을 말한다. 무효 또는 부존재인 행정처분은 처음부터 당연히 법률상 효력이 없거나 부존재하나, 처분등이 외형상 존재함으로써 행정청이 유효한 처분으로 오인하여 집행할 우려가 있다. 이 경우 무효 또는 부존재인 처분등의 상대방이나 이해관계인은 그 무효 또는 부존재를 공적으로 선언받을 필요가 적지 아니하다. 무효등확인소송에는 처분이나 재결의 존재확인소송, 부존재확인소송, 유효확인소송, 무효확인소송, 실효확인소송이 있다. 그러나 행정청에 일정한 의무가 있다는 내용의 확인을 구하는 소송은 여기에 속하지 않는다(법원행정처, 「법원실무제요 행정」(2016. 7), 8쪽).

(2) 대 상

무효확인소송의 대상도 취소소송과 같이 '처분 등'이다.

(3) 성 질

현행법은 무효등확인소송을 항고소송으로 규정하고 있다. 그런데 실질에 있어서는 무효등확인소송은 항고소송의 성질과 확인소송의 성질을 아울러 갖는 것으로 보아야 한다. 즉 무효등확인소송은 처분 등의 존재 또는 유효를 부정하거나 부존재 또는 무효를 주장하는 행정청의 태도를 다투는 소송이므로 항고소송이라고 볼 수 있다. 그러나 다른 한편으로 무효등확인판결은 처분 등의 효력을 소멸시키거나 발생시키는 등 형성적 효력을 갖는 것이 아니라 처분 등의 존부나 효력의 유무를 확인하는 것에 불과하므로 무효등확인소송은 확인소송의 성질을 갖는다고 보아야 한다.

(4) 법적 규율

취소소송에 관한 행정소송법 제 9 조, 제10조, 제13조 내지 제17조, 제19조, 제21조, 제22조 내지 제26조, 제29조 내지 제31조 및 제33조의 규정은 무효등 확인소송의 경우에 준용한다(행정소송법 제37조, 제38조 제 1 항). 그렇지만 **무효등확인소송에는 취소소송에서와 달리 행정심판전치주의, 제소기간, 사정판결, 간접강제 등의 규정이 적용되지 않는다.**

행정소송규칙 제 5 조부터 제13조까지 및 제15조는 무효등 확인소송의 경우에 준용한다(행정소송규칙 제18조 제 1 항).

(5) 판　　결 [2003 행시 사례]

무효확인소송의 대상이 된 행위의 위법이 심리의 결과 무효라고 판정되는 경우에는 인용판결(무효확인판결)을 내린다.

그런데 해당 위법이 취소원인에 불과한 경우에 법원은 어떠한 판결을 내려야 하는가.

① 해당 무효확인소송이 취소소송요건을 갖추지 못한 경우 기각판결을 내려야 한다.

② 해당 무효확인청구가 취소소송요건을 갖춘 경우에 **판례**는 무효확인청구는 취소청구를 포함한다고 보고, 취소소송의 소송요건을 충족한 경우 취소판결을 하여야 한다고 한다(대판 1994. 12. 23, 94누477; 대판 2005. 12. 23, 2005누3554).

③ 재판장은 무효확인소송이 법 제20조에 따른 기간 내에 제기된 경우에는 원고에게 처분등의 취소를 구하지 아니하는 취지인지를 명확히 하도록 촉구(석명권의 행사)할 수 있다. 다만, 원고가 처분등의 취소를 구하지 아니함을 밝힌 경우에는 그러하지 아니하다(행정소송규칙 제16조).

5. 부작위위법확인소송 [2008 공인노무사 논술]

(1) 의　　의

부작위위법확인소송이란 '행정청의 부작위가 위법하다는 것을 확인하는 소송'

을 말한다. 부작위위법확인소송은 행정청이 신청에 따른 가부(可否)간의 처분을 하여야 함에도 아무런 응답을 하지 않는 것이 위법하다는 확인을 구하는 것이며 원고의 신청을 인용하지 않고 있는 것이 위법하다는 확인을 구하는 소송이 아니다(이견 있음).

부작위위법확인소송은 신청에 대한 행정청의 부작위에 대한 권리구제제도로서는 우회적인 구제수단이다. 즉 부작위에 대한 부작위위법확인소송에서 부작위위법 확인판결이 내려지면 그 판결의 기속력에 의해 행정청은 적극 또는 소극의 처분을 하여야 하고 행정청이 소극의 처분(거부처분)을 하면 그 소극의 처분에 대하여 다시 취소소송을 제기하여 권리구제를 받아야 한다.

(2) 대 상

부작위위법확인소송의 대상은 부작위(不作爲)이다. 부작위란 '행정청이 당사자의 신청에 대하여 상당한 기간 내에 일정한 처분을 하여야 할 법률상 의무가 있음에도 불구하고 이를 하지 아니하는 것'을 말한다(자세한 것은 후술).

[판례] 상당한 기간의 의미: "원고의 피고에 대한 이사건 유선방송사업허가신청에 대하여 허가권자인 피고가 그 처리기간인 70일을 훨씬 지나 3년 가까이 되도록 허부(許否)의 결정을 하지 아니하고 있는 것은 위법하다고 판단한 것은 정당하다"(대판 1992. 7. 28, 91누7361).

거부처분이 있었는지 아니면 부작위인지 애매한 경우(예 묵시적 거부 - 3명이 허가신청하였는데 1명에게만 허가하고 2명에게는 침묵하고 있는 경우)가 있다. 이 경우에는 거부처분취소소송과 부작위위법확인소송 중 한 소송을 주위적 청구로 하고 다른 소송을 예비적 청구로 제기할 수 있다.

(3) 성 질

부작위위법확인소송은 항고소송의 하나이며 확인소송의 성질을 갖는다.

(4) 부작위위법확인소송의 절차

취소소송에 관한 행정소송법 제 9 조, 제10조, 제13조 내지 제19조, 제20조, 제21조, 제25조 내지 제27조, 제29조 내지 제31조, 제33조 및 제34조의 규정은 부작위위법확인소송의 경우에 준용한다(행정소송법 제37조, 제38조 제 1 항).

취소소송에 관한 행정소송규칙 제 5 조부터 제 8 조까지, 제11조, 제12조 및 제15조는 부작위위법확인소송의 경우에 준용한다(행정소송규칙 제18조 제 2 항).

(5) 판 결

부작위위법확인판결이 난 경우에 행정청은 판결의 기속력에 따라 가부간의 어떠한 처분을 하여야 할 의무를 지게 되지만 신청에 따른 처분을 하여야 할 의무를 지게 되지는 않는다.

6. 의무이행소송 [2008 사시, 2011 사시]

(1) 의 의

의무이행소송이란 행정청의 거부처분 또는 부작위에 대하여 법상의 작위의무의 이행을 청구하는 소송을 말한다. 의무이행소송은 국가가 수익적 처분을 해 주지 않는 것(거부 또는 부작위)에 대한 효과적인 구제수단이다. 그런데 **현행 행정소송법**은 전술한 바와 같이 우회적인 구제수단인 거부처분의 취소소송과 부작위위법확인소송만을 인정하고 있고 의무이행소송에 대하여는 **명시적인 규정을 두고 있지 않다.**

(2) 허용 여부

현행법의 **해석상** 의무이행소송이 인정될 수 있는가에 관하여는 견해가 긍정설, 부정설, 절충설로 나뉘어 대립하고 있다. **판례**는 일관되게 행정청의 부작위에 대하여 일정한 처분을 하도록 하는 의무이행소송은 현행 행정소송법상 허용되지 아니한다고 본다(대판 1986. 8. 19, 86누223; 대판 1995. 3. 10, 94누14018).

7. 예방적 부작위청구소송(예방적 금지소송) [2002, 2013 사시 사례, 2012 변시 사례]

(1) 의 의

예방적 부작위소송이란 행정청의 공권력 행사에 의해 국민의 권익이 침해될 것이 예상되는 경우에 미리 그 예상되는 침익적 처분을 저지하는 것을 목적으로 하여 제기되는 소송을 말한다. 예방적 부작위소송은 **예방적 금지소송**이라고도 한다.

(2) 허용 여부 및 허용범위

현행법의 해석상 예방적 부작위청구소송이 인정될 수 있는가에 관하여는 견해가 긍정설, 부정설, 제한적 긍정설로 나뉘어 대립하고 있다. **판례**는 부정설을 취하고 있다(대판 2006. 5. 25, 2003두11988).

Ⅴ. 당사자소송

1. 의 의

당사자소송이란 공법상 법률관계의 주체가 당사자가 되어 다투는 공법상 법률관계에 관한 소송을 말한다. 당사자소송은 **공법상 법률관계를 다투는 소송**인 점에서 공권력의 행사 또는 불행사를 다투는 **항고소송과 구별**된다. 그리고 당사자소송은 공법상 법률관계에 관한 소송인 점에서 사법상 법률관계에 관한 소송인 **민사소송과 구별**된다.

> **행정소송법**은 공법상 당사자소송을 '행정청의 처분 등을 원인으로 하는 법률관계에 관한 소송, 그 밖에 공법상의 법률관계에 관한 소송으로서 그 법률관계의 한쪽 당사자를 피고로 하는 소송'이라고 정의하고 있다(제 3 조 제 2 호).

당사자소송은 공법상 법률관계를 다투는 소송인 점에서 공권력의 행사 또는 불행사의 위법을 다투는 **항고소송과 구별**된다. 그리고 당사자소송은 공법상 법률관계에 관한 소송인 점에서 사법상 법률관계에 관한 소송인 **민사소송과 구별**된다.

현행 행정소송법상 당사자소송은 **민사소송과 다음과 같은 점에서 차이**가 있다. ① 당사자소송에는 행정청이 참가할 수 있지만, 민사소송에는 불가능하다. ② 당사자소송에서는 직권탐지주의가 적용되지만, 민사소송에서는 직권탐지주의가 적용되지 않는다. ③ 당사자소송의 판결의 기속력은 해당 행정주체 산하의 행정청에도 미치지만, 민사소송에서는 소송당사자에게만 판결의 효력이 미친다. ④ 당사자소송에 민사소송을 병합하는 것은 인정되지만, 민사소송에 당사자소송을 병합하는 것은 인정되지 않는다.

그렇지만 당사자소송은 민사소송과 유사하므로 민사소송에 관한 규정이 당사자소송에 널리 적용된다. 예를 들면, 민사집행법상의 가압류, 가처분규정은 당사자소송에 적용된다.

소송실무상(**판례상**) 당사자소송이 널리 활용되고 있지 못하다. 즉 **판례**는 공법상 당사자소송으로 제기하여야 할 것이라고 학설이 주장하는 소송(국가배상청구소송 등 특히 금전의 지급을 청구하는 소송)도 민사소송으로 보는 경우가 많다. 다만, 최근에는 당사자소송을 다소 확대하는 판례가 나타나고 있다.

2. 당사자소송의 종류

공법상 당사자소송을 실질적 당사자소송과 형식적 당사자소송으로 구별하는 것이 일반적 견해이다.

(1) 실질적 당사자소송

실질적 당사자소송이란 형식적으로나 실질적으로나 공법상 법률관계에 관한 다툼만을 대상으로 하는 당사자소송을 말한다. **통상 당사자소송이라 함은 실질적 당사자소송을 말한다.** 그 예로 공무원의 신분 및 지위확인소송, 공법상 계약에 관한 소송, 공법상 사무관리에 관한 소송, 공법상 금전지급청구소송, 정년에 해당하는지 여부에 관한 다툼, 지방소방공무원이 소속 지방자치단체를 상대로 한 초과근무수당의 지급청구(대판 2013. 3. 23, 2012다102629) 등을 들 수 있다.

(2) 형식적 당사자소송

형식적 당사자소송은 일반적으로 '실질적으로는 처분 등의 효력을 다투는 항고소송의 성질을 가지지만 형식적으로는(소송형태상) 당사자소송의 형식을 취하는 소송'이라고 정의한다. 그러나 행정청의 처분 등에 따라 직접 형성된 법률관계에 관한 다툼으로서 형식적으로는(소송형태상) 당사자소송이지만, 그 전제로서 행정청의 처분을 다투는 것을 포함하고 있는 소송이라고 정의내리는 것이 보다 타당하다.

형식적 당사자소송은 기본적으로는 법률관계의 내용을 다투는 점에서 당사자소송이지만 처분의 효력의 부인을 전제로 하는 점에서 실질적 당사자소송과 다르다. 형식적 당사자소송에서는 항고소송에서와 달리 법원이 다툼의 대상이 되는 법률관계의 내용을 직접 결정한다. 그 예로 토지보상법 제85조 제 2 항상의 보상금증감청구소송, 특허무효심판 등 각종 지적재산권에 관한 소송(특허법 제187조 단서), 과세처분무효를 전제로 한 조세채무부존재 확인소송 등을 들 수 있다.

형식적 당사자소송의 **인정이유**는 권리구제의 실효성 제고와 소송경제에 있다.

형식적 당사자소송은 처분 등을 원인으로 하는 법률관계의 내용에 대하여 불복하는 소송인데, 만일 형식적 당사자소송이 인정되지 않으면 먼저 항고소송으로 처분의 효력을 다투어야 하고, 그 소송의 결과에 따라 처분청의 새로운 처분이 있어야 권리구제가 실현된다. 또한 만일 새로운 처분에 의해 형성된 새로운 법률관계 역시 불복한 자에게 만족을 주지 못하면 다시 그 새로운 처분의 효력을 다투는 항고소송을 제기하므로 권리구제가 지체되고 무용한 소송의 반복을 가져오는 결과가 되기 쉽다. 따라서 권리구제의 실효성을 제고

하고 소송경제를 확보하기 위하여 일정한 처분 등을 원인으로 하는 법률관계의 내용에 불복하는 때에는 직접 그 법률관계의 내용을 다투고 수소법원이 그 법률관계의 내용을 결정하도록 하는 소송을 인정할 필요가 있는 것이다. 형식적 당사자소송은 바로 이러한 필요성에 부응하기 위하여 인정되는 소송형식이다.

개별법상의 형식적 당사자소송이 인정되고 있는 경우로는 「공익사업을 위한 토지 등의 취득 및 보상에 관한 법률」 제85조 제 2 항의 손실보상금증감청구소송, 「특허법」상 보상금 또는 대가에 관한 소송(특허법 제191조), 전기통신기본법 등이 있다. 또한 「특허법」 제191조는 「상표법」, 「실용신안법」, 「디자인보호법」 등에 준용되고 있다.

3. 당사자소송의 법적 근거

실질적 당사자소송은 행정소송법 제 3 조 제 2 호 등에 의해 인정되고 있다. 형식적 당사자소송은 행정소송법 제 3 조 제 2 호에 근거하여서는 인정할 수 없고, 개별법률에 명시적인 근거가 있어야 인정될 수 있다고 보는 것이 일반적인 견해이다.

4. 당사자소송의 절차

당사자소송에 대하여 행정소송법은 다음과 같이 규정하고 있다. 당사자소송은 국가·공공단체 그 밖의 권리주체를 피고로 한다(행정소송법 제39조). 제 9 조(재판관할)의 규정은 당사자소송의 경우에 준용한다. 다만, 국가 또는 공공단체가 피고인 경우에는 관계행정청의 소재지를 피고의 소재지로 본다(제40조). 당사자소송에 관하여 법령에 제소기간이 정하여져 있는 때에는 그 기간은 불변기간으로 한다(제41조). 제21조(소의 변경)의 규정은 당사자소송을 항고소송으로 변경하는 경우에 준용한다(제42조). 그 밖에 제14조(피고경정), 제15조(공동소송), 제16조(제 3 자의 소송참가), 제17조(행정청의 소송참가), 제22조(처분변경으로 인한 소의 변경), 제25조(행정심판기록의 제출명령), 제26조(직권심리), 제30조(취소판결의 기속력) 제 1 항, 제32조(소송비용의 부담) 및 제33조(소송비용에 관한 재판의 효력)의 규정은 당사자소송의 경우에 준용한다(제43조 제 1 항). 제10조(관련청구소송의 이송 및 병합)의 규정은 당사자소송과 관련청구소송이 각각 다른 법원에 계속되고 있는 경우의 이송과 이들 소송의 병합의 경우에 준용한다(제 2 항).

행정소송규칙 제 5 조부터 제 8 조까지, 제12조 및 제13조는 당사자소송의 경우에 준용한다(행정소송규칙 제20조).

당사자소송의 대상, 원고적격, 피고적격, 재판관할, 제소기간, 행정심판전치, 관련청구의 이송·병합, 소의 변경, 심리, 판결에 대하여 자세한 사항은 후술하기로 한다.

행정소송법 제 8 조 제 2 항에 의하면 행정소송법에 특별한 규정이 없는 사항에 대하여는 행정소송에는 민사소송법 등의 규정이 일반적으로 준용된다. 그런데 당사자소송은 민사소송과 유사한 점이 많으므로 행정소송법에 당사자소송에 관한 특별한 규정이 없는 경우에는 민사소송법 등의 규정이 당사자소송에 널리 적용된다.

Ⅵ. 민중소송

1. 의 의

민중소송이란 '국가 또는 공공단체의 기관이 법률에 위반되는 행위를 한 때에 직접 자기의 법률상 이익과 관계없이 그 시정을 구하기 위하여 제기하는 소송'을 말한다(행정소송법 제 3 조 제 3 호).

민중소송은 국가 또는 공공단체의 기관의 위법행위를 시정하는 것을 목적으로 하는 **공익소송**이며, 개인의 법적 이익의 구제를 목적으로 하는 소송이 아니다. 따라서 원고적격이 법률상 이익의 침해와 관계없이 국민, 주민 또는 선거인 등 일정범위의 일반국민에게 인정된다. 따라서 민중소송은 주관적 소송이 아니라 **객관적 소송**이다.

2. 민중소송의 예

민중소송은 특별히 법률의 규정이 있을 때에 한하여 예외적으로 인정된다(법 제45조, 민중소송법정주의). 민중소송의 예로는 선거소송(공직선거법 제222조 제 1 항·제 2 항), 국민투표에 관한 소송(국민투표법 제92조), 주민소송(지방자치단체의 주민이 일정한 요건하에 지방자치단체의 위법한 재무행위를 시정하기 위하여 법원에 소송, 지방자치법 제17조)을 들 수 있다.

3. 민중소송의 법적 규율

민중소송은 민중소송을 인정하는 개별법률에서 정한 사항을 제외하고는 행정소송법의 규정을 준용한다.

① 민중소송으로서 처분 등의 취소를 구하는 소송(취소소송형 민중소송)에는 그 성질에 반

하지 아니하는 한 취소소송에 관한 규정을 준용한다(법 제46조 제 1 항). ② 민중소송으로서 처분 등의 효력 유무 또는 존재 여부나 부작위의 위법의 확인을 구하는 소송에는 그 성질에 반하지 아니하는 한 각각 무효등확인소송 또는 부작위위법확인소송에 관한 규정을 준용한다(제 2 항). ③ 민중소송으로서 제 1 항 및 제 2 항에 규정된 소송 외의 소송에는 그 성질에 반하지 아니하는 한 당사자소송에 관한 규정을 준용한다(제 3 항).

Ⅶ. 기관소송 [2009 공인노무사 논술]

1. 의 의

기관소송이란 '국가 또는 공공단체의 기관 상호간에 있어서의 권한의 존부 또는 그 행사에 관한 다툼이 있을 때에 이에 대하여 제기하는 소송'을 말한다(행정소송법 제 3 조 제 4 호). 다만, 헌법재판소법 제 2 조에 따라 헌법재판소의 관장사항으로 되어 있는 **권한쟁의심판**(국가기관 상호간, 국가와 지방자치단체 간, 지방자치단체 상호간의 쟁의에 관한 사항)은 행정소송법상 기관소송에서 제외된다(행정소송법 제 3 조 제 4 호).

본래 동일한 행정주체에 속하는 기관 상호간의 권한을 둘러싼 분쟁은 상급청이 해결하는 것이 원칙이다(행정절차법 제 6 조 제 2 항, 헌법 제89조 제10호). 그런데 행정주체 내에 이러한 분쟁을 해결할 수 있는 적당한 기관이 없거나 제 3 자에 의한 공정한 해결을 할 필요가 있는 경우가 있고, 이러한 경우에 법원에 제소하여 해결하도록 한 제도가 기관소송이다.

2. 기관소송의 예

현행 행정소송법은 기관소송은 법률이 정한 경우에 한하여 제기할 수 있는 것으로 규정하여 **기관소송법정주의**를 취하고 있다(제45조).

현행법상 인정되고 있는 기관소송의 예로는 지방의회재의결에 대한 지방자치단체의 장의 무효확인소송을 들 수 있다(지방자치법 제120조 제 3 항).

3. 기관소송의 법적 규율

기관소송은 기관소송을 인정하는 개별법률에서 정한 사항을 제외하고는 행정소송법의 규정을 준용한다.

① 기관소송으로서 처분 등의 취소를 구하는 소송(취소소송형 기관소송)에는 그 성질에 반하지 아니하는 한 취소소송에 관한 규정을 준용한다(행정소송법 제46조 제 1 항). ② 기관소송으로서 처분 등의 효력 유무 또는 존재 여부나 부작위의 위법의 확인을 구하는 소송

에는 그 성질에 반하지 아니하는 한 각각 무효등확인소송 또는 부작위위법확인소송에 관한 규정을 준용한다(제 2 항). ③ 기관소송으로서 제 1 항 및 제 2 항에 규정된 소송 외의 소송에는 그 성질에 반하지 아니하는 한 당사자소송에 관한 규정을 준용한다(제 3 항).

제 2 항 행정소송의 한계

행정소송에는 사법의 본질에서 오는 한계와 권력분립의 원칙에서 오는 일정한 한계가 있다. 사법의 본질에서 오는 행정소송의 한계는 행정소송이 사법(재판)이라는 점에서 기인하는 것이고, 권력분립의 원칙에서 오는 행정소송의 한계는 행정소송이 행정을 대상으로 하는 소송이며 행정통제기능을 갖는다는 점에서 문제가 된다.

Ⅰ. 사법의 본질에서 오는 한계

사법(司法)은 '구체적인 법적 분쟁(법률상 쟁송)이 발생한 경우에 당사자의 소송제기로 독립적 지위를 가진 법원이 법을 적용하여 해당 법적 분쟁을 해결하는 작용'을 말한다. 따라서 구체적인 법적 분쟁이 아닌 사건(구체적 사건성이 없는 사건)은 명문의 규정이 없는 한 사법의 본질상 당연히 행정소송의 대상이 될 수는 없으며, 법령을 적용하여 해결될 성질의 것이 아닌 사건도 그러하다.

1. 구체적인 법적 분쟁이 아닌 사건

구체적인 법적 분쟁이 아닌 사건이란 당사자 사이의 구체적인 권리·의무에 관한 분쟁이 아닌 사건을 말한다.

(1) 추상적 법령의 효력과 해석에 관한 분쟁

구체적인 법적 분쟁을 전제로 함이 없이 법령의 효력 또는 해석 자체를 직접 다투는 소송(추상적 규범통제)은 사법의 본질상 인정할 수 없다.

그러나 법령 그 자체로 국민의 권익에 직접 영향을 미치는 처분적 법령은 그 자체가 항고소송이 대상이 된다. 그리고 위헌 또는 위법인 법령이 집행되어 국민의 권익이 현실적으로 침해된 경우에 해당 법령을 집행하여 행한 행정청의 처분을 다투고 이 경우에 그 전제문제로서 해당 법령의 위헌·위법을 다툴 수 있다(헌법 제107조 제 2 항).

사법의 본질상 추상적 법령 자체를 다투는 소송을 원칙상 인정할 수 없지만,

헌법(특히 권력분립의 원칙)에 반하지 않는 한 법률의 규정에 따라 예외적으로 추상적 법령을 다투는 행정소송을 인정할 수 있다. 우리나라에서도 예외적이기는 하지만 조례에 대한 사전적·추상적 규범통제(조례안재의결무효확인소송)가 인정되고 있다(지방자치법 제120조 제 3 항, 제192조).

(2) 반사적 이익에 관한 분쟁

사법(司法)은 구체적인 법적 분쟁을 해결하여 국민의 권익을 구제해 주는 것을 목적으로 하므로 권리 또는 법적 이익이 침해된 경우에 한하여 행정소송이 가능하며 반사적 이익의 보호를 주장하는 행정소송은 인정될 수 없다. 현행 행정소송법도 법률상 이익이 있는 자만이 항고소송을 제기할 수 있는 것으로 하고 있다(제12조, 제35조, 제36조).

(3) 객관적 소송

종래 사법의 본질상 객관소송의 형식을 갖는 행정소송을 인정할 수 없다고 보았으나, 오늘날에는 행정소송의 공익소송적 성격이 강화되는 추세에 있으므로 객관소송의 성격을 갖는 행정소송을 인정할 것인지의 여부는 입법정책의 문제라고 보는 것이 타당하다.

민중소송이나 기관소송과 같은 객관적 소송은 개인의 구체적인 권리·이익의 구제를 목적으로 하지 않고 행정의 적법·타당성의 통제를 목적으로 하는 소송인데, 행정소송법은 개별법률에서 인정하는 경우에만 예외적으로 인정되는 것으로 하고 있다.

그러나 오늘날 행정소송의 행정통제적 기능이 강조되면서 선진외국에서는 객관적 성격의 소송이 점차 널리 인정되고 있다

2. 법령의 적용으로 해결하는 것이 적절하지 않은 분쟁

사법은 법을 적용하여 법적 분쟁을 해결하는 작용이다. 따라서 법률을 적용하여 해결될 성질의 것이 아닌 사건은 행정소송의 대상이 될 수 없다.

(1) 통치행위

판례는 통치행위의 관념을 인정하면서 통치행위는 사법심사의 대상이 되지 않는다고 보고 있다. 그러나 **헌법재판소**는 대통령의 긴급재정·경제명령을 통치행위라고 보면서도 통치행위도 그것이 국민의 기본권 침해와 직접 관련되는 경우에

는 헌법소원의 대상이 된다고 보았다(헌재 1996. 2. 29, 93헌마186).

(2) 재량행위 및 판단여지

재량행위도 처분성을 갖는 경우 항고소송의 대상이 된다.

다만, 재량행위의 경우에는 재량권의 행사가 한계를 넘지 않는 한(재량권을 일탈·남용하지 않는 한) 재량권 행사에 잘못이 있다고 하더라도 위법은 아니며 부당에 그치는 것이므로 사법적 통제의 대상이 되지 않는다. 그러나 재량권을 일탈·남용한 경우에는 재량행위가 위법하게 되므로 행정소송을 통한 통제가 가능하다.

고도로 정책적이고 전문·기술적인 사항에 대한 행정청의 판단에는 판단여지가 인정되는 것으로 보는 것이 타당하며 판단여지가 인정되는 사항에 대한 행정청의 판단은 사회통념상 현저히 부당하다고 여겨지지 않는 한 사법심사의 대상이 되지 않는다.

(3) 특별권력관계 내에서의 행위

종래 특별권력관계 내에서의 행위에 대하여는 특별권력주체의 내부행위로 보아 사법심사의 대상이 되지 않는 것으로 보았다. 그러나 오늘날에는 특별권력관계 내에서의 행위일지라도 그것만으로 사법심사의 대상에서 제외되는 것은 아니며 그것이 권리주체간의 권리·의무관계에 영향을 미치는 외부행위인 처분인지 아니면 그렇지 않은 순수한 내부행위인지에 따라 사법심사의 대상이 되는지 여부가 결정된다고 본다.

(4) 내부행위

내부행위는 원칙상 법적 통제의 대상이 되지 않고, 사법적 통제의 대상이 되지 않는다.

Ⅱ. 권력분립에서 오는 한계

권력분립하에서도 행정사건은 사법(재판)의 대상이 된다. 행정법상의 법적 분쟁이 사법권에 의한 재판의 대상이 되는 것은 권력분립에 반하는 것은 아니며 오히려 사법의 본질상 인정되는 것이다.

그러나 권력분립의 원칙상 행정소송에는 일정한 한계가 있다. 권력분립의 원칙상 행정청의 제 1 차적 판단권이 존중되어야 하며 이것이 행정권에 대한 사법심사의 한계가 된다. 과거 행정권의 예방적 금지, 행정권의 행사를 구하는 소송은 권력분립의 원칙상 인정될 수 없다는 견해가 지배적이었으나 권력분립을 기능적으로 이해하는 오늘날에는 의무이행소송이나 예방적 금지소송을 인정하는 것이 권력분립의 원칙에 반하는 것은 아니고 입법정책의 문제에 속한다고 보는 것이 일반적 견해이다. 다만, 현행 행정소송법도 예방적 금지소송 및 의무이행소송은 명문상으로는 인정하고 있지 않다.

제 3 항 소송요건[2009 공인노무사 논술, 2018 변시]

소송요건이란 본안심리를 하기 위하여 갖추어야 하는 요건을 말한다. 소송요건이 충족된 소송을 **적법한 소송**이라 하고 이 경우 법원은 본안심리로 넘어 간다. 소송요건이 결여된 소송을 **부적법한 소송**이라 하며 이 경우 법원은 각하판결을 내린다. 그리하여 소송요건을 본안심판요건 또는 소의 적법요건이라 한다. 다만, 소송요건의 심사는 본안심리 전에만 하는 것은 아니며 본안심리중에도 소송요건의 결여가 판명되면 소를 부적법 각하하여야 한다.

소송요건은 불필요한 소송을 배제하여 법원의 부담을 경감하고, 이렇게 함으로써 적법한 소송에 대한 충실한 심판을 도모하기 위하여 요구된다. 소송요건을 너무 엄격히 요구하면 국민의 재판을 받을 권리가 제약되고, 소송요건을 너무 넓게 인정하면 법원의 소송부담이 과중해지고, 권리구제가 절실히 요구되는 사건에 대해 신속하고 실효적인 권리구제를 해주지 못하는 문제가 생긴다.

Ⅰ. 행정소송의 대상

1. 취소소송 및 무효등확인소송의 대상

취소소송은 **처분 등**(처분 및 행정심판의 재결)을 대상으로 한다. 다만, 재결취소소송의 경우에는 재결 자체에 고유한 위법이 있음을 이유로 하는 경우에 한한다(법 제19조). 이 규정은 무효등확인소송에 준용된다(법 제38조 제 1 항). 이와 같이 현행 행정소송법은 원처분주의를 취하고 있다. **원처분주의**란 행정심판의 재결의 당부를 다투는 취소소송의 대상을 원처분으로 하고 원처분의 취소소송에서는 원처분의 위법만을 다투고 재결에 고유한 위법은 재결취소소송에서 다투도록 하는 제도를 말한다.

다만, 개별법률에서 행정심판의 재결이 항고소송의 대상이 되는 것으로 규정하고 있는 경우가 있다. 즉 예외적으로 재결주의를 취하고 있는 경우가 있다. **재결주의**란 행정심판의 재결에 대하여 불복하는 경우 재결을 대상으로 취소소송을 제기하도록 하는 제도를 말한다.

원처분주의를 채택할 것인가 재결주의를 채택할 것인가는 입법정책의 문제이다.

(1) 직접 취소소송을 제기하는 경우

1) 처분 개념에 관한 학설 및 판례

행정소송법상 처분이란 '행정청이 행하는 구체적 사실에 관한 법집행으로서의 공권력의 행사 또는 그 거부와 그 밖에 이에 준하는 행정작용'을 말한다(제 2 조 제 1 항 제 1 호).

행정소송법상의 처분개념이 실체법적 개념인 학문상의 행정행위 개념과 동일한지에 관하여 이를 동일하다고 보는 실체법적 개념설(일원설)과 동일하지 않고 전자가 후자보다 넓다고 보는 견해(이원설)가 대립하고 있다.

가. 실체법적 개념설(일원설) **실체법적 개념설**은 행정소송법상의 처분개념을 학문상 행정행위와 동일한 것으로 보는 견해이다.

이 설의 **논거**는 다음과 같다. ① 본래 취소소송은 행정행위의 공정력을 배제하여 위법하지만 일단 유효하게 성립한 행정행위의 법적 효력을 소급적으로 상실시키는 소송이므로 취소소송의 대상은 공정력을 가지는 법적 행위인 행정행위에 한하여 인정되어야 한다. ② 다양한 행정작용을 묶어 하나의 새로운 개념으로 구성하는 것은 타당하지 않다. 자칫 행정행위에 관한 학문적 노력과 성과를 무위로 만들 염려가 있다. ③ 행위형식의 다양성을 인정하고 다양한 행위형식에 상응하는 소송유형을 통한 권리구제를 도모하는 것이 실질적으로 국민의 권리구제의 폭을 넓히는 것이 된다.

나. 이원설(행정행위보다 넓은 개념으로 보는 견해) 행정소송법상 처분 개념을 실체법상 행정행위 개념과 구별하고, 전자를 후자보다 넓게 보는 견해로는 형식적 행정행위론과 쟁송법적 개념설이 있다. 통상 이원설은 취소소송중심주의하에서 취소소송의 대상인 처분 개념을 확대함으로써 권리구제를 확대하기 위해 주장된다.

(가) 형식적 행정행위론 **형식적 행정행위론**은 실체법상 행정행위뿐만 아니라 형식적 행정행위를 항고소송의 대상으로 보는 견해이다. **형식적 행정행위**란 '행정행위가 아니지만 국민의 권익에 사실상의 지배력을 미치는 행위'(권력적 사실행위 및

국민의 권익에 사실상 지배력을 미치는 비권력적 사실행위 등)를 말한다. 이 견해에서는 행정소송법 제 2 조상의 처분 중 '그 밖에 이에 준하는 행정작용'은 형식적 행정행위에 해당한다고 본다.

(나) 쟁송법적 개념설 쟁송법적 개념설은 행정쟁송법상 처분 개념은 실체법상의 행정행위 개념보다는 넓은 행정쟁송법상의 독자적인 개념으로 보는 견해이다. 이 견해는 행정행위뿐만 아니라 권력적 사실행위, 비권력적 행위라도 국민의 권익에 사실상의 지배력을 미치는 행위, 처분적 명령 등을 처분으로 본다. 이 견해가 다수설이다.

이 설의 **논거**는 다음과 같다. ① 행정소송법상 처분 개념의 정의규정의 문언 및 항고소송의 대상을 넓힘으로써 항고소송을 통해 국민의 권리구제의 기회를 확대하려는 입법취지에 비추어 행정소송법상의 처분은 행정행위보다는 넓은 개념으로 보아야 한다. ② 현행 행정소송법상 위법한 공행정작용으로 침해된 권익에 대한 구제수단은 항고소송(취소소송) 중심으로 되어 있고, 아직 다양한 행위형식에 대응한 다양한 소송유형이 인정되고 있지 못하므로 행정소송법상의 처분개념을 행정행위에 한정하는 것은 권리구제의 범위를 축소하는 것이 된다. ③ 쟁송법상의 취소는 민법상 취소와 다를 수 있다. 행정소송법상 취소는 위법상태를 시정하는 것 또는 위법성을 확인하는 것으로 해석할 수 있다. 이렇게 본다면 사실행위의 취소도 가능하다.

다. 판 례 판례는 행정소송법상 처분을 "행정청의 공법상 행위로서 국민의 권리의무에 직접적으로 영향을 미치는 행위"로 넓게 정의한다(대판 2007. 10. 11, 2007두1316; 대판 2018. 11. 29, 2015두52395). 이와 같이 **판례는 행정쟁송법상의 처분을 행정행위**(공권력 행사로 법률관계에 일방적으로 변동을 초래하지 않는 행위)**보다 넓은 개념으로 보고**, 행정행위가 아닌 행위도 국민의 권익에 직접 영향을 미치는 경우(예 권력적 사실행위, 경고등 비권력적 사실행위이지만 일방적 지배력을 미치는 행위)는 처분에 해당하는 것으로 보고 있으므로 이러한 판례의 입장은 쟁송법적 개념설에 입각한 것으로 볼 수 있다.

판례에 따른 처분의 판단기준 중 중요한 것을 보면 다음과 같다.

① 행정청의 행위가 항고소송의 대상이 될 수 있는지는 추상적·일반적으로 결정할 수 없고, 구체적인 경우에 개별적으로 결정하여야 한다(대판 2020. 1. 16, 2019다264700).

[판례] 행정청의 행위가 항고소송의 대상이 될 수 있는지는 **추상적·일반적으로 결정할 수**

없고, 구체적인 경우에 관련 법령의 내용과 취지, 그 행위의 주체·내용·형식·절차, **그 행위와 상대방 등 이해관계인이 입는 불이익 사이의 실질적 견련성**, 법치행정의 원리와 **그 행위에 관련된 행정청이나 이해관계인의 태도 등을 고려하여 개별적으로 결정**하여야 한다(대판 2023. 2. 2, 2020두48260).

② 행정청의 행위가 '처분'에 해당하는지가 불분명한 경우에는 그에 대한 불복방법 선택에 중대한 이해관계를 가지는 상대방의 인식가능성과 예측가능성을 중요하게 고려하여 규범적으로 판단하여야 한다. 그러한 고려에 따라 그 불복(쟁송)의 기회를 부여할 필요성이 있다고 보이면 처분성을 인정하여야 한다(대판 2022. 9. 7, 2022두42365; 대판 2020. 4. 9, 2019두61137; 대판 2021. 1. 14, 2020두50324).

[판례 1] (1) 행정청의 행위가 '처분'에 해당하는지가 **불분명한 경우에는** 그에 대한 **불복방법 선택에 중대한 이해관계를 가지는 상대방의 인식가능성과 예측가능성을 중요하게 고려하여 규범적으로 판단**하여야 한다. 그러한 고려에 따라 **그 불복기회를 부여할 필요성이 있다고 보이면 처분성을 인정하여야 한다.** (2) 피고가 2019. 1. 31. 원고에게「공공감사에 관한 법률」제23조에 따라 감사결과 및 조치사항을 통보한 뒤, 그와 동일한 내용으로 2020. 10. 22. 원고에게 시정명령을 내리면서 그 근거법령으로 유아교육법 제30조를 명시하였다면, 비록 위 시정명령이 **원고에게 부과하는 의무의 내용은 같을지라도,**「공공감사에 관한 법률」제23조에 따라 통보된 조치사항을 이행하지 않은 경우와 유아교육법 제30조에 따른 시정명령을 이행하지 않은 경우에 **당사자가 입는 불이익이 다르므로,** 위 시정명령에 대하여도 처분성을 인정하여 **그 불복기회를 부여할 필요성이 있다고 보아** 원심 판결을 파기한 사례(대판 2022. 9. 7, 2022두42365).

[판례 2] 금강수계 중 상수원 수질보전을 위하여 필요한 지역의 토지 등의 소유자가 국가에 그 토지 등을 매도하기 위하여 매수신청을 하였으나 유역환경청장 등이 매수거절의 결정을 한 사안에서, **위 매수거절을 항고소송의 대상이 되는 행정처분으로 보지 않는다면 토지 등의 소유자로서는 재산권의 제한에 대하여 달리 다툴 방법이 없게 되는 점 등에 비추어,** 그 매수 거부행위가 공권력의 행사 또는 이에 준하는 행정작용으로서 항고소송의 대상이 되는 **행정처분에 해당한다**고 한 사례(대판 2009. 9. 10, 2007두20638〈토지매수신청거부처분취소〉).

③ **판례**는 처분성의 인정에 법률의 근거는 필요하지 않는 것으로 본다(대판 2012. 9. 27, 2010두3541; 대판 2018. 11. 29, 2015두52395). 어떠한 처분에 법령상 근거가 있는지, 행정절차법에서 정한 처분절차를 준수하였는지는 본안에서 해당 처분이 적법한가를 판단하는 단계에서 고려할 요소이지, 소송요건 심사단계에서 고려할 요소가 아니다(대판 2020. 1. 16, 2019다264700).

[판례 1] **조달청이 계약당사자에 대하여 나라장터**(조달청에서 관리하는 전자조달시스템) **종합쇼핑몰에서의 거래를 일정기간 정지하는 조치**는 비록 추가특수조건이라는 사법상 계약에 근거한 것이지만, 행정청인 조달청이 행하는 구체적 사실에 관한 법집행으로서의 공권력의 행사로서 그 상대방인 갑 회사의 권리·의무에 직접 영향을 미치므로 **항고소송의 대상이 되는 행정처분에 해당**한다(대판 2018. 11. 29, 2015두52395).

[판례 2] [1] **항고소송의 대상이 되는 행정처분이란** 원칙적으로 **행정청의 공법상 행위로서 특정 사항에 대하여** 법규에 의한 권리 설정 또는 의무 부담을 명하거나 기타 법률상 효과를 발생하게 하는 등으로 **일반 국민의 권리의무에 직접 영향을 미치는 행위를 가리키는 것이지만, 어떠한 처분의 근거가 행정규칙에 규정되어 있다고 하더라도,** 그 처분이 상대방에게 권리 설정 또는 의무 부담을 명하거나 기타 법적인 효과를 발생하게 하는 등으로 상대방의 권리의무에 직접 영향을 미치는 행위라면, 이 경우에도 항고소송의 대상이 되는 **행정처분에 해당**한다고 보아야 한다. 한편 **행정청의 어떤 행위가 항고소송의 대상이 될 수 있는지는** 추상적·일반적으로 결정할 수 없고, 구체적인 경우 행정처분은 행정청이 공권력 주체로서 행하는 구체적 사실에 관한 법집행으로서 국민의 권리의무에 직접적으로 영향을 미치는 행위라는 점을 염두에 두고, 관련 법령의 내용과 취지, 행위의 주체·내용·형식·절차, 그 행위와 상대방 등 이해관계인이 입는 불이익과의 실질적 견련성, 그리고 법치행정원리와 해당 행위에 관련한 행정청 및 이해관계인의 태도 등을 참작하여 **개별적으로 결정해야 한다.** [2] 독점규제 및 공정거래에 관한 법률 제22조의2 제 1 항, 구 독점규제 및 공정거래에 관한 법률 시행령(2009. 5. 13. 대통령령 제21492호로 개정되기 전의 것) 제35조 제 1항, 구 부당한 공동행위 자진신고자 등에 대한 시정조치 등 감면제도 운영고시(2009. 5. 19. 공정거래위원회 고시 제2009-9호로 개정되기 전의 것, 이하 '고시'라 한다) 등 관련 법령의 내용, 형식, 체제 및 취지를 종합하면, 부당한 공동행위 자진신고자 등에 대한 시정조치 또는 과징금 감면 신청인이 고시 제11조 제 1 항에 따라 자진신고자 등 지위확인을 받는 경우에는 시정조치 및 과징금 감경 또는 면제, 형사고발 면제 등의 법률상 이익을 누리게 되지만, 그 지위확인을 받지 못하고 고시 제14조 제 1 항에 따라 감면불인정 통지를 받는 경우에는 위와 같은 법률상 이익을 누릴 수 없게 되므로, 감면불인정 통지가 이루어진 단계에서 신청인에게 그 적법성을 다투어 법적 불안을 해소한 다음 조사협조행위에 나아가도록 함으로써 장차 있을지도 모르는 위험에서 벗어날 수 있도록 하는 것이 법치행정의 원리에도 부합한다. 따라서 **부당한 공동행위 자진신고자 등의 시정조치 또는 과징금 감면신청에 대한 감면불인정 통지는 항고소송의 대상이 되는 행정처분에 해당한다**고 보아야 한다(대판 2012. 9. 27, 2010두3541〈감면불인정처분등취소〉).

[판례 3] 판례가 행정행위 이외에 처분으로 본 사례는 다음과 같다. 후술하는 바와 같이 권력적 사실행위로 볼 수 있는 단수처분, 교도소재소자의 이송조치를 처분으로 보았고, 국민의 권익에 사실상 지배력을 미치는 비권력적 사실행위로도 볼 수 있는 국가인권위원회의 성희롱결정 및 시정조치권고를 처분으로 보았다. 지목변경으로 국민의 권리의무에 변동이 일어나지 않으므로 지목변경행위의 처분성을 부정하다가 2004년 전원합의체 판결

은 지목변경의 거부행위를 "국민의 권리관계에 영향을 미치는 것"으로 보아 처분성을 인정하였다. 표준공시지가나 개별공시지가결정만으로는 국민의 권리의무에 변동이 초래되는 것(구체적인 법적 효과를 가져오는 것)은 아니지만 처분성을 인정하고 있다(자세한 판례의 내용은 후술).

라. 결 어 실체법적 개념설은 이론적인 논의 또는 입법론으로라면 몰라도 현행 행정소송법의 해석론으로는 타당하지 않다. 다음과 같은 이유에서 **쟁송법적 개념설이 타당하다.** 즉 행정소송법상 처분은 행정작용법상의 행정행위(협의의 처분)를 포함하는 '**광의의 처분**'이라고 보아야 한다(행정작용법상 행정행위 개념 참조).

① 현행 행정소송법상 처분개념의 정의규정의 문언이나 입법취지에 비추어 볼 때 현행 행정소송법상 처분을 행정행위보다 넓은 개념으로 보는 쟁송법적 개념설이 타당하다. 문제는 어느 행정작용까지를 행정소송법상 처분으로 볼 것인가 하는 점이다. ② 사실행위나 비권력적 행위에 대한 권리구제제도가 불비한 현재의 상황하에서는 처분개념을 확대하여 취소소송에 따른 국민의 권리구제의 기회를 확대하여 줄 필요성이 있다.

2) 행정소송법상 처분개념규정의 해석론

행정쟁송법상의 처분은 '행정청의 구체적 사실에 대한 법집행으로서의 공권력의 행사 및 그 거부'와 '이에 준하는 행정작용'을 포함한다(행정심판법 및 행정소송법 제 2 조 제 1 호).

가. 행정청의 구체적 사실에 관한 법집행으로서의 공권력 행사와 그 거부

(가) 행정청의 행정작용 본래 **행정청**이란 국가 또는 지방자치단체의 행정청(행정에 관한 의사를 결정하고 자신의 이름으로 표시할 수 있는 권한을 가진 행정기관) 및 공공단체를 의미하는데, **행정소송법상 행정청**에는 또한 본래의 행정청으로부터 '법령에 따라 행정권한의 위임 또는 위탁을 받은 행정기관·공공단체 및 그 기관 또는 사인'이 포함된다(제 2 조 제 2 항).

[판례] **공법인인 총포·화약안전기술협회의 '회비납부통지'**는 '부담금 부과처분'으로서 항고소송의 대상이 된다(대판 2021. 12. 30, 2018다241458).

권한이 없는 행정기관이나 내부위임만을 받은 행정기관의 공권력 행사라 하더라도 행정기관의 공권력 행사인 경우에는 행정소송법상 처분이라고 보아야 할 것이다. 공공단체의 행위 중 법령에 의하여 국가 또는 지자체의 사무를 위임받아

행하는 국민에 대한 권력적 행위만이 행정소송의 대상이 된다. 그리고 공무수탁사인의 공무를 수행하는 공권력 행사도 처분에 해당한다.

(나) 구체적 사실에 관한 법집행으로서의 행정작용 '구체적 사실에 관한 법집행'으로서의 행정작용이란 법을 집행하여 특정 개인에게 구체적이고 직접적인 영향을 미치는 행정작용을 말한다. 따라서 일반적·추상적 규범인 행정입법(법규명령, 행정규칙)은 원칙상 처분이 아니다. 그러나 일반처분은 그 법적 성질이 행정행위로서 구체적인 법적 효과를 가지므로 처분에 해당한다.

(다) 공권력 행사와 그 거부 '공권력 행사'란 행정청이 우월한 공권력의 주체로서 일방적으로 행하는 행위, 즉 권력적 행위를 의미한다. 권력적인 법적 행위인 행정행위가 처분에 해당한다는 점에는 이의가 없다.

그러므로 행정청이 상대방과 대등한 지위에서 하는 이른바 공법상의 계약(예 ① 도지사의 전문직공무원인 공중보건의에 대한 채용계약 해지 의사표시(대판 1996. 5. 31, 95누10617), ② 국방부장관의 계약직공무원인 국방홍보원장에 대한 채용계약 해지 의사표시(대판 2002. 11. 26, 2002두5948 등), ③ 읍·면장의 이장에 대한 직권면직행위(대판 2012. 10. 25, 2010두18963), ④ 서울특별시 시민감사옴부즈만 공개채용과정에서 최종합격자로 공고된 자에 대한 서울특별시장의 임용거부 통보행위(대판 2014. 4. 24, 2013두6244), ⑤ 중소기업기술정보진흥원장이 중소기업 정보화 지원에 관한 협약의 상대방에게 이미 지급받은 정부지원금을 반환하여 줄 것을 통보하는 행위(대판 2015. 8. 27, 2015두41449))이나 합동행위라든가 행정청의 사법상의 행위는 이에 포함되지 아니한다.

권력적 사실행위가 처분인가에 관하여는 견해가 대립되고 있는데, 이에 관하여는 전술한 바와 같다(자세한 것은 전술 '행정상 사실행위' 참조). 권력적 사실행위를 처분으로 보는 견해 중에도 권력적 사실행위가 '그 밖에 이에 준하는 행정작용'에 속한다고 보는 견해도 있고, '공권력 행사 및 그 거부'에 해당한다고 보는 견해도 있는데, 후자의 견해가 타당하다.

'거부'란 위에서 언급한 공권력 행사의 거부를 말한다. 다만, 행정소송법상 거부처분이 되기 위하여는 공권력 행사를 신청한 개인에게 해당 공권력 행사를 신청할 법규상 또는 조리상의 권리가 있어야 한다는 것이 판례의 입장이다.

나. 그 밖에 이에 준하는 행정작용 '그 밖에 이에 준하는 행정작용'이란 행정청이 행하는 구체적 사실에 관한 법집행으로서의 공권력의 행사나 그 거부에 準하는 행정작용으로서 항고소송에 따른 권리구제의 기회를 줄 필요가 있는 행정

작용을 말한다.

따라서 비권력적 공행정작용이지만, 실질적으로 개인의 권익에 일방적인 영향(지배력)을 미치는 작용은 처분에 해당한다. 이에는 권력적 성격을 갖는 행정지도 등이 포함될 수 있을 것이다(판례는 원칙상 행정지도의 처분성 부정). 또한 법령이지만 처분적 성질을 갖는 처분적 명령은 행정소송법상 처분에 해당한다.

3) 구체적 사례의 유형별 고찰

가. 법규명령 [2004 사시, 2007 공인노무사] 판례는 처분적 명령이 아닌 일반적·추상적인 명령 또는 내부적 내규 및 내부적 사업계획에 불과한 것 등은 행정소송법상의 처분이 아니라고 보고 있다.

[판례] 교육부장관이 시·도교육감에 통보한 대학입시기본계획 내의 내신성적산정지침이 항고소송의 대상인 처분이 아니라고 본 사례(대판 1994. 9. 10, 94두33).

그러나 처분적 명령(그 효력이 다른 집행행위를 기다릴 것 없이 직접적으로 또 그 자체로서 국민의 권익침해의 효과를 가져오는 명령)과 처분성이 있는 법규명령의 효력이 있는 행정규칙은 항고소송의 대상이 된다(대판 1954. 8. 19, 4286행상37).

[판례 1] **조례가 집행행위의 개입 없이도 그 자체로서 직접 국민의 구체적인 권리의무나 법적 이익에 영향을 미치는 등의 법률상 효과를 발생하는 경우** 그 조례는 항고소송의 대상이 되는 행정처분에 해당한다(대판 1996. 9. 20, 95누8003: 두밀분교폐교조례를 처분으로 본 사례).

[판례 2] **고시가 항고소송의 대상이 되는 행정처분에 해당하기 위한 요건: 어떠한 고시가 일반적·추상적 성격을 가질 때에는** 법규명령 또는 행정규칙에 해당할 것이지만, **다른 집행행위의 매개 없이 그 자체로서 직접 국민의 구체적인 권리의무나 법률관계를 규율하는 성격을 가질 때**에는 항고소송의 대상이 되는 행정처분에 해당한다(대결 2003. 10. 9, 2003무23: 항정신병 치료제의 요양급여에 관한 보건복지부 고시가 다른 집행행위의 매개 없이 그 자체로서 제약회사, 요양기관, 환자 및 국민건강보험공단 사이의 법률관계를 직접 규율하는 성격을 가진다는 이유로 항고소송의 대상이 되는 행정처분에 해당한다고 한 사례).

[판례 3] 보건복지부 고시인 약제급여·비급여목록 및 급여상한금액표가 **다른 집행행위의 매개 없이** 그 자체로서 국민건강보험가입자, 국민건강보험공단, 요양기관 등의 **법률관계를 직접 규율하는 성격을 가지므로** 항고소송의 대상이 되는 행정처분에 해당한다고 한 사례(대판 2006. 9. 22, 2005두2506).

[판례 4] 국립공주대학교 학칙의 [별표 2] 모집단위별 입학정원을 개정한 학칙개정행위를 처분으로 본 판례(대판 2009. 1. 30, 2008두19550·19567(병합)〈학칙개정처분취소·학칙개정처분〉).

나. 행정규칙 행정규칙은 그 자체로서는 국민의 법적 지위에 직접적인 영향을 미치지 않는 행정내부조치에 불과하므로 원칙상 취소소송의 대상이 되지 않는다. 다만, 재량준칙의 경우 예외적으로 국민의 권익에 직접 영향을 미치는 경우가 있을 수 있고, 이 경우에는 행정소송법상 처분이 되며 취소소송의 대상이 된다고 보는 것이 타당하다.

[판례] 대판 1994. 9. 10, 94두33: 교육인적자원부장관이 시·도교육감에 통보한 대학입시기본계획 내의 내신성적산정지침이 항고소송의 대상인 처분이 아니라고 본 사례.

다. 행정계획 [2011 행시(재경직) 사례] 행정계획의 법적 성질은 매우 다양하므로 일률적으로 행정계획의 처분성을 인정할 수는 없다(자세한 것은 전술 '행정계획' 참조). 그러나 ①「국토의 계획 및 이용에 관한 법률」상 도시관리계획결정에 해당하는 구 도시계획법상 도시계획결정(대판 1982. 3. 9, 80누105), ②「도시 및 주거환경정비법」상 사업시행계획(대결 2009. 11. 2, 2009마596), ③「도시 및 주거환경정비법」상 관리처분계획(대판 전원합의체 2009. 9. 17, 2007다2428), ④「댐건설 및 주변지역지원 등에 관한 법률」 제 7 조에 따른 댐건설기본계획(서울고판 2007. 8. 14, 2006누29210; 서울고판 2008. 12. 19, 2008누19620) 등은 이해관계인의 재산상 권리의무에 구체적이고 직접적인 영향을 미치는 구속적 행정계획으로서 독립된 행정처분에 해당한다.

[판례 1] 구 도시계획법 제12조에 의한 **도시계획결정**(현재의 도시·군관리계획)은 그 자체로 국민의 권익을 직접 개별적·구체적으로 규제하므로 **행정처분**이다(대판 1982. 3. 9, 80누105).
[판례 2] 구 농어촌도로정비법(1997. 12. 13. 법률 제5454호로 개정되기 전의 것) 제 6 조에 의한 **농어촌도로기본계획은** 그에 후속되는 농어촌도로정비계획의 근거가 되는 것일 뿐 **그 자체로 국민의 권리의무를 개별적·구체적으로 규제하는 효과를 가지는 것은 아니므로** 이는 항고소송의 대상이 되는 행정처분에 해당한다고 할 수 없다(대판 2000. 9. 5, 99두974).
[판례 3] 국토해양부, 환경부, 문화체육관광부, 농림수산부, 식품부가 합동으로 2009. 6. 8. 발표한 **'4대강 살리기 마스터플랜'** 등은 행정기관 내부에서 사업의 기본방향을 제시하는 계획일 뿐 국민의 권리·의무에 직접 영향을 미치는 것이 아니어서, 행정처분에 해당하지 않는다고 한 사례(대결 전원합의체 2011. 4. 21, 2010무111).

라. 일반처분 일반처분은 행정행위로서 행정소송법상 처분이다.

[판례 1] **청소년보호법에 따른 청소년유해매체물 결정 및 고시처분**은 해당 유해매체물의 소

유자 등 특정인만을 대상으로 한 행정처분이 아니라 일반 불특정 다수인을 상대방으로 하여 일률적으로 표시의무, 포장의무, 청소년에 대한 판매·대여 등의 금지의무 등 각종 의무를 발생시키는 **행정처분**이다(대판 2007. 6. 14, 2004두619〈청소년유해매체물결정 및 고시처분무효확인〉).

[판례 2] 정보통신윤리위원회가 특정 인터넷사이트를 청소년유해매체물로 결정한 행위가 항고소송의 대상이 되는 행정처분에 해당한다고 한 사례: 이 사건 결정은 피고 명의로 외부에 표시되고 이의가 있는 때에는 피고에게 결정취소를 구하도록 통보하고 있어 객관적으로 이를 행정처분으로 인식할 정도의 외형을 갖추고 있는 점, 피고의 결정에 이은 고시 요청에 기하여 청소년보호위원회는 실질적 심사 없이 청소년유해매체물로 고시하여야 하고 이에 따라 해당 매체물에 관하여 구 청소년보호법상의 각종 의무가 발생하는 점, 피고는 이 사건 결정을 취소함으로써 구 청소년보호법상의 각종 의무를 소멸시킬 수 있는 권한도 보유하고 있는 점 등 관련법령의 내용 및 취지와 사실관계에 비추어 볼 때, 피고의 이 사건 결정은 항고소송의 대상이 되는 행정처분에 해당한다고 봄이 상당하다(대판 2007. 6. 14, 2005두4397).

마. 사실행위

(가) 권력적 사실행위 판례는 권력적 사실행위를 행정소송법상의 처분으로 본다(대판 2014. 2. 13, 2013두20899).

[판례 1] 교도소장이 수형자 갑을 '접견내용 녹음·녹화 및 접견 시 **교도관 참여대상자**'로 지정한 사안에서, 위 **지정행위**(이에 따라 접견 시마다 사생활의 비밀 등 권리에 제한을 가하는 교도관의 참여, 접견내용의 청취·기록·녹음·녹화가 이루어짐)는 **권력적 사실행위**로서 항고소송의 대상이 되는 **'처분'에 해당**한다고 본 원심판단을 정당한 것으로 수긍한 사례(대판 2014. 2. 13, 2013두20899).

[판례 2] 대법원 판례는 **권력적 사실행위**라고 보여지는 **단수처분**(대판 1979. 12. 28, 79누218), 교도소재소자의 이송조치(대결 1992. 8. 7, 92두30), 의료권 폐업결정 등에 대하여 처분성을 인정하고 있다.

헌법재판소는 권력적 사실행위를 행정소송법상의 처분으로 보면서도 보충성원칙에 대한 예외에 해당하는 경우 헌법소원의 대상이 된다고 보고 있다.

(나) 권고 등 비권력적 사실행위 권고 등 비권력적 사실행위는 원칙상 처분이 아니다. 그러나 행정지도와 같은 비권력적 사실행위도 국민의 권리의무에 사실상 강제력을 미치고 있는 경우에는 처분으로 볼 수 있을 것이다.

그러나 판례는 대체로 다음과 같이 부정적인 입장을 취하고 있다.

[판례] 구 건축법 제69조 제 3 항의 위법 건축물에 대한 단전 및 전화통화 단절조치 요청 행위는 항고소송의 대상이 되는 행정처분이라고 볼 수 없다고 한 사례(대판 1996. 3. 22, 96누433; 대판 1995. 11. 21, 95누9099).

다만, **최근 대법원 판례** 중에 공공기관의 장 또는 사용자에 대한 국가인권위원회의 성희롱 결정 및 시정조치권고를 처분으로 본 사례가 있어 주목된다(대판 2005. 7. 8, 2005두487). 또한 표준약관 사용권장행위(대판 2010. 10. 14, 2008두23184〈표준약관개정의결취소〉)를 처분으로 보았다. 그리고 그 법적 성질에 관하여 논란이 있을 수 있지만, 비권력적 사실행위라고 볼 수 있는 공설화장장 설치행위의 처분성을 인정한 판례가 있다(대결 1971. 3. 5, 71두2: 공설화장장설치에 대한 집행정지신청사건에서 처분성을 긍정하면서 본안심리를 하여 기각한 사건).

(다) 사실행위인 단순한 관념의 통지 기존의 권리의무관계를 단순히 확인, 통지하는 단순한 사실행위는 처분이 아니다.

[판례 1] 부당이득의 반환을 구하는 납세의무자의 **국세환급청구권은** 오납액의 경우에는 처음부터 법률상 원인이 없으므로 납부 또는 징수시에 이미 확정되어 있고, 초과납부액의 경우에는 신고 또는 부과처분의 취소 또는 경정에 의하여 조세채무의 전부 또는 일부가 소멸한 때에 확정되며, 환급세액의 경우에는 각 개별 세법에서 규정한 환급요건에 따라 확정되는 것이다. 그리고 환급가산금은 위 각국세환급금이 확정되면 그 환급금액에 대하여 국세기본법 제52조 및 같은 법 시행령 제30조 제 2 항 소정의 기산일과 이율에 따라 당연히 확정되며 국세환급금(가산금 포함)결정에 의하여 비로소 환급청구권이 확정되는 것은 아니므로, 국세환급금결정이나 이 결정을 구하는 신청에 대한 **환급거부결정 등은** 납세의무자가 갖는 환급청구권의 존부나 범위에 구체적이고 직접적인 영향을 미치는 처분이 아니어서 항고소송의 대상이 되는 **처분이라고 볼 수 없다**(대판 전원합의체 1989. 6. 15, 88누6436). [해설] 국세환급청구권은 부당이득반환의 법리에 따라 확정되며 환급결정에 의해 확정되는 것이 아니다.

[판례 2] **국가공무원법상 당연퇴직**은 결격사유가 있을 때 법률상 당연히 퇴직하는 것이지, 공무원관계를 소멸시키기 위한 별도의 행정처분을 요하는 것이 아니며, 당연퇴직의 인사발령은 법률상 당연히 발생하는 **퇴직사유를 공적으로 확인하여 알려 주는 이른바 관념의 통지에 불과**하고 공무원의 신분을 상실시키는 새로운 형성적 행위가 아니므로 행정소송의 대상이 되는 독립한 행정처분이라고 할 수 없다(대판 1995. 11. 14, 95누2036).

[판례 3] 기반시설부담금 지체가산금 환급신청에 대한 거부통보는 항고소송의 대상인 처분에 해당한다(대판 2018. 6. 28, 2016두50990).

바. 내부행위 ① 어떤 행위가 국민의 권리의무관계에 직접 영향을 미치지

않는 내부적 의사결정에 불과한 경우(예 토지대장상의 소유자명의변경신청 거부, 무허가건물관리대장 등재 삭제행위 등) 항고소송의 대상이 되는 처분이 되지 않는다. 그러나 지목변경신청 반려행위, 건축물용도변경신청 거부, 토지대장 또는 건축물대장 직권 말소행위 등 국민의 권리의무에 영향을 미치는 것은 처분이다.

[판례 1] **병역법상 신체등위판정(身體等位判定)**은 행정청이라고 볼 수 없는 군의관이 하도록 되어 있으며, 그 자체만으로 바로 병역법상의 권리의무가 정하여지는 것이 아니라 그에 따라 지방병무청장이 병역처분을 함으로써 비로소 병역의무의 종류가 정하여지는 것이므로 항고소송의 대상이 되는 행정처분이라 보기 어렵다(대판 1993. 8. 27, 93누3356).

[판례 2] 한국자산공사가 해당 부동산을 인터넷을 통하여 **재공매(입찰)하기로 한 결정 자체**는 내부적인 의사결정에 불과하여 항고소송의 대상이 되는 행정처분이라고 볼 수 없다(대판 2007. 7. 27, 2006두8464〈공매처분취소〉).

[판례 3] 지적공부 소관청의 **지목변경신청 반려행위**는 국민의 권리관계에 영향을 미치는 것으로서 항고소송의 대상이 되는 **행정처분에 해당**한다(대판 전원합의체 2004. 4. 22, 2003두9015).

[판례 4] 건축물대장의 작성은 건축물의 소유권을 제대로 행사하기 위한 전제요건으로서 건축물 소유자의 실체적 권리관계에 밀접하게 관련되어 있으므로 **건축물대장 소관청의 작성신청 반려행위는 국민의 권리관계에 영향을 미치는 것으로서 항고소송의 대상이 되는 행정처분에 해당한다**(대판 2009. 2. 12, 2007두17359).

[판례 5] **자동차운전면허대장상 일정한 사항의 등재행위**는 행정소송의 대상이 되는 독립한 행정처분으로 볼 수 없다(대판 1991. 9. 2, 91누1400).

[판례 6] 관할관청이 무허가건물의 무허가건물관리대장 **등재 요건에 관한 오류를 바로잡으면서 해당 무허가건물을 무허가건물관리대장에서 삭제하는 행위**는 항고소송의 대상이 되는 행정처분이 아니다(대판 2009. 3. 12, 2008두11525).

[판례 7] (1) **행정청 내부에서의 행위나 알선, 권유, 사실상의 통지 등**과 같이 상대방 또는 기타 관계자들의 법률상 지위에 직접적인 법률적 변동을 일으키지 아니하는 행위는 **항고소송의 대상이 아니다.** (2) 원고가 뉴스보도 프로그램 내 개별 코너에서 해난구조전문가와 다이빙벨 관련 인터뷰를 하자, 피고가 원고에게 인터뷰 내용이 불명확한 내용을 사실인 것으로 방송하여 시청자를 혼동하게 하였다는 이유로 해당 방송프로그램의 관계자에 대한 징계를 명하는 제재조치명령과 고지방송명령을 한 사안에서, **고지방송명령 부분에 대하여는 행정처분에 해당하지 않는다**고 한 사례(대판 2023. 7. 13, 2016두34257).

② 처분의 준비를 위한 결정, 처분의 기초자료를 제공하기 위한 결정 등은 원칙상 내부행위이고 처분이 아니다. 벌점부과를 처분으로 보지 않은 사례(벌점부과가 국민의 권리에 직접 영향을 미치지 않는 경우)와 처분으로 본 사례(벌점부과가 국민의

권리에 직접 영향을 미치는 경우)가 있다.

[판례 1] **운전면허 행정처분처리대장상 벌점의 배점**은 자동차운전면허의 취소, 정지처분의 기초자료로 제공하기 위한 것이고 그 배점 자체만으로는 아직 국민에 대하여 구체적으로 어떤 권리를 제한하거나 의무를 명하는 등 법률적 규제를 하는 효과를 발생하는 요건을 갖춘 것이 아니어서 그 무효확인 또는 취소를 구하는 소송의 대상이 되는 **행정처분이라고 할 수 없다**(대판 1994. 8. 12, 94누2190).

[판례 2] **시험승진후보자명부에서의 삭제행위**는 결국 그 명부에 등재된 자에 대한 승진 여부를 결정하기 위한 행정청 내부의 준비과정에 불과하고, 그 자체가 어떠한 권리나 의무를 설정하거나 법률상 이익에 직접적인 변동을 초래하는 별도의 행정처분이 된다고 할 수 없다(대판 1997. 11. 14, 97누7325〈정직처분취소〉). [해설] 시험승진후보자명부에서의 삭제행위는 일단 승진대상자에서 제외하는 것이므로 처분이라고 보는 것이 타당하다.

[판례 3] **하도급법상 벌점 부과행위**는 입찰참가자격의 제한 요청 등의 기초자료로 사용하기 위한 것이고 사업자의 권리·의무에 직접 영향을 미치는 행위라고 볼 수 없으므로 항고소송의 대상이 되는 **행정처분에 해당하지 아니한다**(대판 2023. 1. 12, 2020두50683).

[판례 4] 건설기술 진흥법 제53조 제 1 항에서 규정한 벌점부과를 처분으로 본 사례(대판 2024. 4. 25, 2023두54242〈벌점부과처분취소〉).

그러나 처분의 준비행위 또는 기초가 되는 행위라고 하더라도 국민의 권익에 직접 영향을 미치고 국민의 권리구제를 위하여 이를 다투도록 할 필요가 있는 경우에는 조기의 권리구제를 위해 처분성을 인정하여야 할 것이다.

[판례] **세무조사결정**은 납세의무자의 권리·의무에 직접 영향을 미치는 공권력의 행사에 따른 행정작용으로서 **항고소송의 대상이 된다**(대판 2011. 3. 10, 2009두23617·23624).

③ 행정조직법상 행정기관 상호간의 행위도 내부행위로서 처분이 아니다. 예를 들면, 행정기관 상호간의 협의(대판 1971. 9. 14, 71누99)나 동의는 처분이 아니다.

④ 지방자치단체의 장이 기관위임사무를 국가에 대해 처리한 것은 법리상 행정조직 내부행위이므로 위임자인 국가는 기관위임사무의 처리에 관하여 지방자치단체의 장을 상대로 취소소송을 제기할 수 없다(대판 2007. 9. 20, 2005두6935〈국토이용계획변경신청거부처분취소〉: 국가기관인 충북대학교 총장의 국토이용계획변경(구 국토이용관리법령상 국가의 기관위임사무임) 신청에 대한 지방자치단체의 장(충청남도 연기군수)의 거부는 내부행위라고 한 사례).

사. 중간행위 어떤 행정목적을 달성하기 위하여 여러 단계의 행위를 거쳐 최종적인 처분이 행해지는 경우가 있다. 이 경우 중간행위가 그 자체로서 일정한

법적 효과를 가져오거나 국민의 권익에 직접 영향을 미치면 해당 행위는 처분이 되고 항고소송의 대상이 되지만, 그렇지 않으면 내부행위에 불과하여 항고소송의 대상이 되지 않으며 이 경우에 중간행위의 위법은 종국처분을 다툼에 있어 종국처분의 위법사유로 주장될 수 있을 뿐이다.

(가) 부분허가 부분허가는 그 자체가 규율하는 내용에 대한 종국적인 결정이므로 행정행위의 성질을 가진다. 부분허가가 있게 되면 금지의 해제 등 일정한 법적 효과가 발생한다. 따라서 부분허가는 항고소송의 대상이 되는 처분이다(대판 1998. 9. 4, 97누19588: 원자력법상의 원자로시설부지사전승인을 '사전적 부분허가'로 보면서 처분으로 본 사례).

(나) 사전결정 사전결정은 그 자체가 행정행위이다.

[판례 1] 구 건축법상 '건축에 관한 계획의 사전결정'을 처분으로 본 사례(대판 1996. 3. 12, 95누658).

[판례 2] 폐기물관리법령상의 폐기물처리업허가 전의 사업계획에 대한 적정통보 또는 부적정통보를 행정처분으로 본 사례(대판 1998. 4. 28, 97누21086).

[판례 3] 국제선정기항공운송사업노선면허 전의 운수권배분처분(사전결정)이 항고소송의 대상이 되는 행정처분에 해당한다고 한 사례(대판 2004. 11. 26, 2003두10251·10268).

(다) 가행정행위 가행정행위(잠정적 행정행위)는 본행정행위가 있기까지 잠정적으로 행정법상 권리와 의무를 확정하는 행정의 행위형식이므로 가행정행위는 잠정적이기는 하지만 직접 법적 효력을 발생시키므로 행정행위이며 따라서 처분이라고 보아야 할 것이다. 소득액 등이 확정되지 아니한 경우에 과세관청이 상대방의 신고액에 따라 잠정적으로 세액을 결정하는 것 등을 들 수 있다.

(라) 확 약 확약에 관하여 **다수설**은 확약이 원칙상 행정청에 대하여 구속력을 가지므로 처분이라고 보고 있지만(긍정설), 확약은 사정변경에 따라 바뀔 수 있으므로 종국적 규율성을 갖지 못한다는 점에서 처분이 아니라고 보는 견해(부정설)도 있다. **판례**는 부정설을 취하고 있다(대판 1995. 1. 20, 94누6529: 어업권면허에 선행하는 우선순위결정은 강학상 확약이지만 행정처분은 아니라고 한 사례).

(마) 공시지가결정 **판례**는 개별공시지가결정과 표준공시지가결정을 항고소송의 대상이 되는 처분으로 보고 있다(대판 1993. 6. 11, 92누16706; 대판 1995. 3. 28, 94누12920).

아. 거부행위의 처분성[2008 사시 사례, 2008 행시(일반행정직) 사례, 2013 변시, 2014

행시] 행정처분의 거부도 행정소송법상 처분에 해당한다. 다만, 신청에 따르는 거부행위가 처분이 되기 위하여는 다음과 같은 요건을 충족하여야 한다. ① 처분을 요구할 신청권이 있어야 한다. ② 신청에 대한 거부의 의사표시가 있어야 한다. ③ 신청에 대한 거부가 신청인의 권익에 직접 영향을 미쳐야 한다.

① 처분을 요구할 수 있는 법규상 또는 조리상의 신청권이 있어야 한다(대판 1989. 11. 28, 89누3892).

[판례] 행정관청이 국민으로부터 어떤 신청을 받고서 한 거부행위가 행정처분이 되기 위해서는 그 신청에 따른 행정행위를 요구할 수 있는 법규상 또는 조리상의 권리가 있어야 하고, 이러한 근거 없이 한 국민의 신청을 받아들이지 아니한 경우에는 이를 행정처분이라 할 수 없다(대판 1989. 11. 28, 89누3892; 대판 1995. 5. 26, 93누21729).

이에 대하여 신청권의 존재 여부를 본안의 문제라고 보고, 신청권이 없는 신청에 대한 거부도 처분에 해당할 수 있다고 보는 견해가 있다.

실정법령상 신청권이 규정되어 있지 않는 경우에 조리상 신청권이 인정될 수 있는지가 문제된다. 일반적으로 말하면 처분신청을 통해 보호받을 법적 이익이 있는 자에게는 명문의 규정이 없는 경우에도 조리상 신청권이 인정된다.

거부처분의 처분성을 인정하기 위한 전제요건이 되는 신청권의 존부는 구체적 사건에서 신청인이 누구인가를 고려하지 않고 관계 법규의 해석에 의하여 일반 국민에게 그러한 신청권을 인정하고 있는가를 살펴 추상적으로 결정되는 것이고, 신청인이 그 신청에 따른 단순한 응답을 받을 권리를 넘어서 신청의 인용이라는 만족적 결과를 얻을 권리를 의미하는 것은 아니므로, 국민이 어떤 신청을 한 경우에 그 신청의 근거가 된 조항의 해석상 행정발동에 대한 개인의 신청권을 인정하고 있다고 보이면 그 거부행위는 항고소송의 대상이 되는 처분으로 보아야 하고, 구체적으로 그 신청이 인용될 수 있는가 하는 점은 본안에서 판단하여야 할 사항이다(대판 2009. 9. 10, 2007두20638: 금강수계 중 상수원 수질보전을 위하여 필요한 지역의 토지 등의 소유자가 국가에 그 토지 등을 매도하기 위하여 매수신청을 하였으나 유역환경청장 등이 매수거절의 결정을 한 사안에서 그 매수 거부행위가 항고소송의 대상이 되는 행정처분에 해당한다고 한 사례).

법규상 또는 조리상 신청권의 인정 여부에 관한 판례는 다음과 같다.

[판례 1] 판례는 원칙상 행정계획변경신청권을 인정하지 않지만, 예외적으로 ① 일정한

행정처분을 구하는 신청을 할 수 있는 법률상 지위에 있는 자의 국토이용계획변경신청을 거부하는 것이 실질적으로 해당 행정처분 자체를 거부하는 결과가 되는 경우(대판 2003. 9. 23, 2001두10936). 즉 폐기물처리업허가를 받기 위해서는 용도지역을 변경하는 국토이용계획변경이 선행되어야 할 경우, 폐기물처리업허가를 신청하고자 하는 자는 국도이용계획변경을 신청할 권리를 갖는다. ② 구속적 행정계획내의 주민이 해당 구속적 행정계획의 변경을 신청하는 경우: i) 도시계획구역 내 토지 등을 소유하고 있는 사람 등 도시계획결정에 이해관계가 있는 주민이 도시시설계획의 입안권자 내지 결정권자에게 도시계획시설의 입안 내지 변경을 요구하는 경우(대판 2015. 3. 26, 2014두42742〈도시계획시설결정폐지신청거부처분취소〉, ii) 문화재보호구역 내의 토지소유자가 문화재보호구역의 지정해제를 신청하는 경우(대판 2004. 4. 27, 2003두8821) 등에는 조리상 행정계획변경을 신청할 권리를 인정한다.

[판례 2] 토지소유자에게 자신의 토지에 대한 보안림의 해제신청권을 인정한 사례(대판 2006. 6. 2, 2006두2046).

[판례 3] 국가지정문화재의 보호구역에 인접한 나대지에 건물을 신축하기 위한 국가지정문화재 현상변경신청권을 인정한 사례(대판 2006. 5. 12, 2004두9920).

[판례 4] 행정청이 행한 공사중지명령의 상대방은 그 명령 이후에 그 원인사유가 소멸하였음을 들어 행정청에게 공사중지명령의 철회를 요구할 수 있는 조리상의 신청권이 있다고 한 사례(대판 2005. 4. 14, 2003두7590; 대판 1997. 12. 26, 96두17745). [해설] 판례는 원칙상 처분의 취소·철회권을 인정하지 않는다. 제소기간이 이미 도과하여 불가쟁력이 생긴 행정처분에 대하여는 개별 법규에서 그 변경을 요구할 신청권을 규정하고 있거나 관계 법령의 해석상 그러한 신청권이 인정될 수 있는 등 특별한 사정이 없는 한 국민에게 그 행정처분의 변경을 구할 신청권이 있다 할 수 없다(대판 2007. 4. 26, 2005두11104).

[판례 5] 조리상 검사임용신청권을 인정한 사례(대판 1991. 2. 12, 90누5825).

[판례 6] 기간제로 임용된 국공립대학 교수에 대한 재임용거부의 처분성을 인정한 사례(대판 전원합의체 2004. 4. 22, 2000두7735).

[판례 7] 국·공립 대학교원 임용지원자에게 임용 여부에 대한 응답신청권을 인정하지 않은 사례(대판 2003. 10. 23, 2002두12489). 그러나 판례는 임용지원자가 해당 대학의 교원임용규정 등에 정한 심사단계 중 중요한 대부분의 단계를 통과하여 다수의 임용지원자 중 유일한 면접심사 대상자로 선정되는 등으로 장차 나머지 일부의 심사단계를 거쳐 대학교원으로 임용될 것을 상당한 정도로 기대할 수 있는 지위에 이르렀다면, 그러한 임용지원자는 임용에 관한 법률상 이익을 가진 자로서 임용권자에 대하여 나머지 심사를 공정하게 진행하여 그 심사에서 통과되면 대학교원으로 임용해 줄 것을 신청할 조리상의 권리가 있다고 보고, 그에 대한 교원신규채용 중단조치는 유일한 면접심사 대상자로서 임용에 관한 법률상 이익을 가지는 임용지원자에 대한 신규임용을 사실상 거부하는 종국적인 조치에 해당하는 것이므로 항고소송의 대상이 되는 행정처분이라고 보았다(대판 2004. 6. 11, 2001두7053).

[판례 8] 피해자의 의사와 무관하게 주민등록번호가 유출된 경우에는 조리상 주민등록번호의 변경을 요구할 신청권을 인정함이 타당하고, 구청장의 주민등록번호 변경신청 거부행위는 항고소송의 대상이 되는 행정처분에 해당한다(대판 2017. 6. 15, 2013두2945).

② 거부의 의사표시가 있어야 한다. 거부의 의사표시는 묵시적일 수도 있다. 법령상 일정한 기간이 지났음에도 가부간의 처분이 없는 경우 거부가 의제되는 경우도 있다.

③ 거부된 공권력 행사가 처분성을 가져야 한다. 달리 말하면 처분인 공권력 행사의 거부이어야 한다. 따라서 국유잡종(일반)재산의 대부신청의 거부(대판 1998. 9. 22, 98두7602)는 처분이 아니다.

④ 거부행위가 신청인의 권익에 직접적인 영향을 미쳐야 한다.

자. 반복된 행위

① 침해적 행정처분이 내려진 후에 내려진 동일한 내용의 반복된 침해적 행정처분은 처분이 아니다.

[판례] 제 2 차, 제 3 차의 계고처분은 새로운 철거의무를 부과한 것이 아니고 다만 대집행기한의 연기 통지에 불과하므로 행정처분이 아니다(대판 1994. 10. 28, 94누5144).

② 판례는 동일한 내용의 신청에 대한 거부를 새로운 처분으로 본다(대판 1992. 10. 27, 92누1643).

③ 절차상 또는 형식상 하자로 인하여 무효인 행정처분이 있은 후 행정청이 관계 법령에서 정한 절차 또는 형식을 갖추어 다시 동일한 행정처분을 하였다면 해당 행정처분은 종전의 무효인 행정처분과 관계 없이 새로운 행정처분이라고 보아야 한다(대판 2007. 12. 27, 2006두3933; 대판 2014. 3. 13, 2012두1006〈국방·군사시설사업실시계획승인고시처분무효확인및취소〉).

차. 변경처분의 경우 변경처분에는 소극적 변경처분(일부취소)과 적극적 변경처분이 있다.

변경처분이 당초 처분을 취소하고 행해지는 새로운 처분이면 변경처분을 대상으로 항고소송을 제기하여야 하고, 변경처분이 당초 처분의 효력 중 일부만을 취소하는 데 그치며 새로운 처분이 아닌 경우에는 당초 처분을 대상으로 항고소송을 제기하여야 한다.

(가) 감액처분의 경우 행정청이 금전부과처분(당초의 처분)을 한 후 감액처

분을 한 경우에는 감액처분이 항고소송의 대상이 되는 것이 아니며 처음의 부과처분 중 감액처분에 따라 취소되지 않고 남은 부분(당초의 처분)이 항고소송의 대상이 된다.

[판례] 과징금부과처분에서 행정청이 납부의무자에 대하여 부과처분을 한 후 그 부과처분의 하자를 이유로 과징금의 액수를 감액하는 경우에 그 **감액처분은 감액된 과징금 부분에 관하여만 법적 효과가 미치는 것**으로서 처음의 부과처분과 별개 독립의 과징금 부과처분이 아니라 그 실질은 당초 부과처분의 변경이고, 그에 의하여 **과징금의 일부취소라는 납부의무자에게 유리한 결과를 가져오는 처분**이므로 처음의 부과처분이 전부 실효되는 것은 아니며, **그 감액처분으로도 아직 취소되지 않고 남아 있는 부분이 위법하다고 하여 다투는 경우 항고소송의 대상은 처음의 부과처분 중 감액처분에 의하여 취소되지 않고 남은 부분이고 감액처분이 항고소송의 대상이 되는 것은 아니다**(대판 2008. 2. 15, 2006두3957〈과징금납부명령무효확인 등〉). [평석] 처분사유의 변경, 새로운 재량권 행사 등으로 일부취소를 새로운 처분으로 볼 수 있는 경우에는 일부취소의 경우에도 새로운 처분인 일부취소처분이 항고소송의 대상이 되는 것으로 보아야 할 것이다.

(나) 증액처분의 경우　　증액처분의 경우에 당초의 처분은 증액처분에 흡수되어 소멸되므로 증액처분이 항고소송의 대상이 된다.

[판례 1] 국세기본법 제22조의2의 시행 이후에도 **증액경정처분이 있는 경우**, 당초 신고나 결정은 증액경정처분에 흡수됨으로써 독립한 존재가치를 잃게 된다고 보아야 하므로, 원칙적으로는 당초 신고나 결정에 대한 불복기간의 경과 여부 등에 관계없이 **증액경정처분만이 항고소송의 심판대상이 되고**(흡수설), 납세의무자는 그 항고소송에서 당초 신고나 결정에 대한 위법사유도 함께 주장할 수 있다(대판 2009. 5. 14, 2006두17390〈종합소득세등부과처분취소〉).

[판례 2] 증액경정처분이 있는 경우 당초처분은 증액경정처분에 흡수되어 소멸하고, **소멸한 당초처분의 절차적 하자는 존속하는 증액경정처분에 승계되지 아니한다**(대판 2010. 6. 24, 2007두16493〈상속세부과처분취소〉).

(다) 적극적 변경처분의 경우 [2013 행시(일반행정직)]　　처분청이 직권으로 제재처분을 적극적으로 감경 · 변경한 경우(예 허가취소처분을 영업정지처분으로 변경한 경우)에는 당초 처분을 전부 변경하는 경우와 당초 처분을 일부만 변경하는 경우가 있다.

당초 처분을 전부 변경하는 적극적 변경처분의 경우 당초 처분은 효력을 상실하므로 변경처분을 대상으로 항고소송을 제기하여야 한다. 이 경우 변경처분취소소송의 제소기간은 변경처분시를 기준으로 한다.

> [판례] 당초 관리처분계획의 경미한 사항을 변경하는 경우와는 달리 **당초 관리처분계획의 주요 부분을 실질적으로 변경하는 내용으로 새로운 관리처분계획을 수립하여 시장·군수의 인가를 받아 고시된 경우에는 당초 관리처분계획은 그 효력을 상실한다**고 할 것이다. 이 경우 변경된 당초 관리처분계획의 무효확인을 구하는 소는 존재하지 않는 행정처분을 대상으로 한 것으로서 소의 이익이 없어 부적법하게 된다(대판 2011. 2. 10, 2010두19799; 대판 2012. 3. 29, 2010두7765〈조합결의무효확인〉).

다만, ① 선행처분의 내용 중 일부만을 소폭 변경하는 정도에 불과한 경우(대판 2012. 10. 11, 2010두12224), ② 당초처분과 동일한 요건과 절차가 요구되지 않는 경미한 사항에 대한 변경처분과 같이 분리가능한 일부변경처분의 경우(대판 2010. 12. 9, 2009두4555)에는 선행처분이 소멸한다고 볼 수 없다(대판 2012. 10. 11, 2010두12224). 이 경우 선행처분과 후행변경처분을 별도로 다툴 수 있고, 후행처분 취소소송의 제소기간 준수 여부는 후행변경처분을 기준으로 판단하여야 한다. 선행처분의 취소를 구하는 소를 제기한 후 후행처분의 취소를 구하는 청구를 추가하여 청구를 변경하였다면 후행처분에 관한 제소기간 준수 여부는 청구변경 당시를 기준으로 판단하여야 한다(대판 2012. 12. 13, 2010두20782·20799(병합)〈집단에너지사업허가처분취소〉).

> [판례] (1) 종전 처분을 변경하는 내용의 후속처분이 있는 경우, 항고소송의 대상: 기존의 행정처분을 변경하는 내용의 행정처분이 뒤따르는 경우(처분의 변경의 경우), 후속처분이 종전처분을 완전히 대체하는 것이거나 그 주요 부분을 실질적으로 변경하는 내용인 경우(전부변경의 경우)에는 특별한 사정이 없는 한 종전처분은 그 효력을 상실하고 후속처분만이 항고소송의 대상이 되지만(대법원 2012. 10. 11. 선고 2010두12224 판결 등 참조), 후속처분의 내용이 종전처분의 유효를 전제로 그 내용 중 일부만을 추가·철회·변경하는 것이고 그 추가·철회·변경된 부분이 그 내용과 성질상 나머지 부분과 불가분적인 것이 아닌 경우(일부변경의 경우)에는, 후속처분에도 불구하고 종전처분이 여전히 항고소송의 대상이 된다고 보아야 한다. 따라서 종전처분을 변경하는 내용의 후속처분이 있는 경우 법원으로서는, 후속처분의 내용이 종전처분 전체를 대체하거나 그 주요 부분을 실질적으로 변경하는 것인지, 후속처분에서 추가·철회·변경된 부분의 내용과 성질상 그 나머지 부분과 **가분적인지 등을 살펴** 항고소송의 대상이 되는 행정처분을 확정하여야 한다. (2) 종전 영업시간 제한(0시부터 8시까지 제한) 및 의무휴업일 지정(매달 둘째, 넷째 주 일요일을 의무휴업일로 지정) 처분의 내용 중 영업시간 제한 부분만을 일부 변경하는 후속처분(영업시간 제한만을 0시부터 8시까지 제한에서 0시부터 10시로 제한하는 후속처분)이 있는 경우, 후속처분에도 불구하고 종전 처분도 여전히 항고소송의 대상이 된다. (3) 후속처분은 종전처분 전체를 대체하거나 그 주요 부분을 실질적으로 변경하는 내용이 아니라, 의무휴업일 지정 부분을

그대로 유지한 채 영업시간 제한 부분만을 일부 변경하는 것으로서, 후속처분에 따라 추가된 영업시간 제한 부분은 그 성질상 종전처분과 가분적인 것으로 여겨지므로 후속처분으로 종전처분이 소멸하였다고 볼 수는 없고, 종전처분과 그 유효를 전제로 한 후속처분이 병존하면서 위 원고들에 대한 규제 내용을 형성한다고 할 것이나. 그러므로 이와 다른 전제에서 2014. 8. 25.자 처분에 따라 종전처분이 소멸하여 그 효력을 다툴 **법률상 이익(소의 이익)**이 없게 되었다는 취지의 피고 동대문구청장의 이 부분 상고이유 주장은 이유 없다(대판 전원합의체 2015. 11. 19, 2015두295〈대형마트영업시간제한등처분취소〉).

카. 사법행위(私法行爲)와 처분 행정청의 일방적 결정이 공법적 효과를 가져오는 경우에는 처분이지만, 사법적 효과만을 가져오는 경우에는 사법행위이다.

판례는 국유 잡종재산(일반재산)의 매각, 대부행위(대판 1993. 12. 21, 93누13735), 기부채납계약(지방자치단체 외의 자가 부동산 등의 소유권을 무상으로 지방자치단체에 이전하여 지방자치단체가 이를 취득하는 계약)(대판 2022. 4. 28, 2019다272053), 공사도급계약 등은 국가가 사경제주체로서 상대방과 대등한 위치에서 행하는 사법상의 법률행위라고 보고 있다. 그러나 국유재산 무단점유자에 대한 변상금부과처분은 행정소송의 대상이 되는 행정처분이라고 본다(대판 1988. 2. 23, 87누1046).

판례는 법령에 근거한 입찰참가자격제한조치, 법령이나 계약의 근거가 없이 내부규정에 근거한 일방적인 입찰참가자격제한조치를 처분으로 보고 있다. 이에 반하여 계약(공법상 계약 또는 사법상 계약)에 근거한 입찰참가자격제한은 처분이 아니고, 계약상의 의사표시(공법상 의사표시 또는 사법상 의사표시)로 본다. 조달계약에서의 낙찰적격자 심사에 있어서 내부규정에 근거한 감점통보조치도 처분이 아니라 계약사무처리상 사법상 통지행위로 본다. 다만, 계약(사법상 계약)에 근거한 것이라도 조달청이 한 나라장터 종합쇼핑몰거래정지조치는 국가, 지방자치단체 및 공공기관 등 여러 기관에 대한 조달 참가를 제한하는 것이므로 처분으로 보았다.

[판례 1] **국가나 지방자치단체에 근무하는 청원경찰에 대한 징계처분에 대한 불복방법**(항고소송): 국가나 지방자치단체에 근무하는 청원경찰은 국가공무원법이나 지방공무원법상의 공무원은 아니지만, 다른 청원경찰과는 달리 그 임용권자가 행정기관의 장이고, 국가나 지방자치단체로부터 보수를 받으며, 산업재해보상보험법이나 근로기준법이 아닌 공무원연금법에 따른 재해보상과 퇴직급여를 지급받고, 직무상의 불법행위에 대하여도 민법이 아닌 국가배상법이 적용되는 등의 특질이 있으며 그 외 임용자격, 직무, 복무의무내용 등을 종합하여 볼 때, 그 근무관계를 사법상의 고용계약관계로 보기는 어려우므로 그에 대한 징계처분의 시정을 구하는 소는 **행정소송의 대상**이지 민사소송의 대상이 아니다(대판

1993. 7. 13, 92다47564〈파면처분취소〉).

[판례 2] 피고가 사법상 계약인 물품구매(제조)계약 추가특수조건에 근거하여 한 나라장터 종합쇼핑몰 거래정지 조치 비록 추가특수조건이라는 사법상 계약에 근거한 것이기는 하지만 공권력의 행사로서 그 상대방인 원고의 권리·의무에 직접 영향을 미치므로 항고소송의 대상에 해당한다(대판 2018. 11. 29, 2015두52395). [해설] 원심은 '이 사건 거래정지 조치가 법률유보의 원칙에 위배되어 위법하다'고 판단하였지만, 대법원은 그렇게 보지 않았다.

타. 행정소송 이외의 특별불복절차가 마련된 처분 행정청의 과태료부과처분, 통고처분, 검사의 불기소처분, 불기소처분 결과통지(대판 2018. 9. 28, 2017두47465) 또는 공소제기(대판 2000. 3. 28, 99두11264), 형집행정지취소처분은 다른 불복절차로 다투도록 특별히 규정되어 있으므로 항고소송의 대상이 되는 처분이 아니라는 것이 일반적 견해이며 판례의 입장이다.

[판례] 수도조례 및 하수도사용조례에 기한 과태료의 부과 여부 및 그 당부는 **최종적으로 질서위반행위규제법에 의한 절차에 의하여 판단되어야 한다고 할 것이므로, 행정청의 과태료부과처분은** 행정청을 피고로 하는 **행정소송의 대상이 되는 행정처분이라고 볼 수 없다**(대판 2012. 10. 11, 2011두19369〈추징금등부과처분취소〉).

파. 경 고 경고는 상대방의 권리의무에 직접 영향을 미치는 경우 항고소송의 대상이 되는 처분이고, 그렇지 않은 경우에는 처분이 아니다.

[판례 1] **행정규칙에 의한 '불문경고조치'**가 비록 법률상의 징계처분은 아니지만 위 처분을 받지 아니하였다면 차후 다른 징계처분이나 경고를 받게 될 경우 징계감경사유로 사용될 수 있었던 표창공적의 사용가능성을 소멸시키는 효과와 1년 동안 인사기록카드에 등재됨으로써 그동안은 장관표창이나 도지사표창 대상자에서 제외시키는 효과 등이 있다는 이유로 항고소송의 대상이 되는 **행정처분에 해당한다**고 한 사례(대판 2002. 7. 26, 2001두3532).

[판례 2] **금융감독원장이 종합금융주식회사의 전 대표이사**에게 재직중 위법·부당행위 사례를 첨부하여 금융관련법규를 위반하고 신용질서를 심히 문란하게 한 사실이 있다는 내용으로 **'문책경고장'**(상당)**을 보낸 행위**가 항고소송의 대상이 되는 **행정처분에 해당하지 아니한다**고 한 사례(대판 2005. 2. 17, 2003두10312). [해설] 관련 법령의 개정으로 처분으로 볼 여지가 있게 되었다.

[판례 3] **금융기관의 임원에 대한 금융감독원장의 문책경고**는 그 상대방에 대한 직업선택의 자유를 직접 제한하는 효과를 발생하게 하는 등 상대방의 권리의무에 직접 영향을 미치는 행위로서 항고소송의 대상이 되는 **행정처분에 해당**한다고 한 사례(대판 2005. 2. 17,

2003두14765).

[판례 4] 구 서울특별시교육·학예에 관한 감사규칙(1999. 1. 15. 교육규칙 제540호로 개정되고 2002. 6. 25. 교육규칙 제605호로 폐지된 것) 제11조, '서울특별시교육청감사결과지적사항 및 법률위반공무원처분기준'에 정해진 경고는, 교육공무원의 신분에 영향을 미치는 교육공무원법령상의 징계의 종류에 해당하지 아니하고, 인사기록카드에 등재되지도 않으며, '2001년도정부포상업무지침'에 정해진 포상추천 제외대상이나 교육공무원징계양정 등에 관한 규칙 제 4 조 제 1 항 단서에 정해진 징계감경사유 제외대상에 해당하지도 않을 뿐만 아니라, '서울특별시교육청교육공무원평정업무처리요령'에 따라 근무평정자가 위와 같은 경고를 이유로 경고를 받은 자에게 상위권 평점을 부여하지 않는다고 하더라도 그와 같은 사정은 경고 자체로부터 직접 발생되는 법률상 효과라기보다는 경고를 받은 원인이 된 비위사실이 인사평정 당시의 참작사유로 고려되는 사실상 또는 간접적인 효과에 불과한 것이어서 교육공무원으로서의 신분에 불이익을 초래하는 법률상의 효과를 발생시키는 것은 아니라 할 것이다. 따라서 위와 같은 경고는, 교육공무원법, 교육공무원징계령, 교육공무원징계양정 등에 관한 규칙에 근거하여 행해지고, 인사기록카드에 등재되며, '2001년도정부포상업무지침'에 따른 포상추천 제한사유 및 교육공무원징계양정 등에 관한 규칙 제 4조 제 1 항 단서에 정해진 징계감경사유 제외대상에 해당하는 **불문(경고)과는 달리**, 항고소송의 대상이 되는 행정처분에 해당하지 않는다고 할 것이다(대판 2004. 4. 23, 2003두13687〈경고처분취소〉).

[판례 5] **공정거래위원회**가 '표시·광고의 공정화에 관한 법률'에 위반하여 허위·과장의 광고를 하였다는 이유로 청구인들에 대하여 한 **경고는** 청구인들의 권리의무에 직접 영향을 미치는 **처분**으로서 행정소송의 대상이 되므로, 위 헌법소원심판청구는 법률이 정한 구제절차를 거치지 않고 제기된 것이어서 부적법하다(헌재 2012. 6. 27, 2010헌마508〈경고의결처분취소〉).

하. 그 밖의 사례

[판례 1] **농지개량조합과 그 직원과의 관계**는 사법상의 근로계약관계가 아닌 **공법상의 특별권력관계**이고, 그 조합의 직원에 대한 징계처분의 취소를 구하는 소송은 **행정소송사항**에 속한다(대판 1995. 6. 9, 94누10870〈파면처분취소〉).

[판례 2] **해양수산부장관의 항만 명칭결정**은 국민의 권리의무나 법률상 지위에 직접적인 법률적 변동을 일으키는 행위가 아니므로 항고소송의 대상이 되는 **행정처분이 아니라고** 한 사례(대판 2008. 5. 29, 2007두23873〈항만명칭결정처분 등 취소〉).

[판례 3] 정보통신윤리위원회가 **특정 인터넷사이트를 청소년유해매체물로 결정한 행위**가 항고소송의 대상이 되는 **행정처분**에 해당한다고 한 사례(대판 2007. 6. 14, 2005두4397〈청소년유해매체결정취소〉). [해설] 현재 정보통신윤리위원회는 방송통신심의위원회로 개편되었다.

(2) 행정심판의 재결에 불복하여 취소소송을 제기하는 경우

1) 원처분주의

행정심판의 재결에 불복하여 취소소송을 제기하는 경우에 원처분을 대상으로 하여야 하는가 아니면 재결을 대상으로 하여야 하는가에 관하여 원처분주의(원처분을 대상으로 하도록 하는 제도)와 재결주의(재결을 대상으로 하도록 하는 제도)가 대립하고 있다.

현행 행정소송법은 **원처분주의**를 채택하고 있다. 즉 행정소송법 제19조는 "취소소송은 처분등을 대상으로 한다. 다만, 재결취소소송의 경우에는 재결 자체에 고유한 위법이 있음을 이유로 하는 경우에 한한다"라고 규정하고 있다.

다만, 후술하는 바와 같이 개별법률에서 예외적으로 재결주의를 채택하고 있는 경우가 있다.

2) 원처분이 대상이 되는 경우

가. 일부취소재결과 적극적 변경재결의 경우 항고소송의 대상 [2009, 2013 사시 사례] 판례는 불이익처분에 대한 취소심판에서 일부인용재결이나 수정재결이 내려진 경우 원처분주의의 원칙상 재결은 소송의 대상이 되지 못하고 일부취소 되고 남은 원처분이나 변경재결로 변경되어 남은 원처분이 취소소송의 대상이 된다고 한다.

> [판례 1] **감봉처분**을 소청심사위원회가 **견책처분**으로 변경한 재결에 대한 취소소송에서 소청심사위원회의 재량권의 일탈이나 남용은 재결에 고유한 하자라고 볼 수 없다고 하면서 해당 변경재결에 대한 취소소송을 인정하지 않은 사례(대판 1993. 8. 24, 93누5673).
> [판례 2] 해임처분을 소청심사위원회가 **정직 2월로 변경**한 경우 원처분청을 상대로 정직 2월의 처분(원처분)에 대한 취소소송을 제기한 사건에서 본안판단을 한 사례(대판 1997. 11. 14, 97누7325).

이에 대하여 일부취소재결의 경우 일부취소되고 남은 원처분이 항고소송의 대상이 되지만, 수정재결(변경재결)의 경우에 있어서는 재결이 원처분을 완전히 대체하는 새로운 처분이므로 행정심판위원회가 피고가 되고, 수정재결이 취소소송의 대상이 되어야 한다는 견해가 있는데, 이 견해가 타당하다.

나. 적극적 변경명령재결의 경우 [2009, 2013 사시 사례, 2014 변시 사례] 판례는 적극적 변경명령재결(원처분인 영업정지처분을 과징금부과처분으로 변경하라는 명령재결)에

따라 변경처분이 행해진 경우에 다투고자 하는 경우 변경되고 남은 원처분(과징금 부과처분)을 취소소송의 대상으로 하여야 한다고 본다(대판 2007. 4. 27, 2004두9302).

다. 기각재결의 경우 기각재결에 주체에 관한 위법, 절차에 관한 위법 및 형식에 관한 위법이 있는 경우 이들 위법은 재결 자체에 고유한 하자로서 이들 하자를 다투는 경우 기각재결이 항고소송의 대상이 된다. 그러나 기각재결의 당부를 다투는 경우에는 원처분주의에 따라 원처분을 다투어야 한다.

3) 재결이 대상이 되는 경우

재결이 항고소송의 대상이 되는 경우는 행정심판의 재결이 그 자체에 고유한 위법이 있어 행정소송법 제19조에 따라 항고소송의 대상이 되는 경우(원처분주의하에서 재결이 대상이 되는 경우)와 개별법률에서 재결주의를 취하는 결과 해당 법률상의 재결이 항고소송의 대상이 되는 경우로 나뉜다.

가. 재결자체에 고유한 위법이 있는 경우 행정심판의 재결은 재결 자체에 고유한 위법이 있는 경우에 한하여 항고소송의 대상이 된다(행정소송법 제19조 단서).

(가) 재결 자체에 고유한 위법의 인정범위 재결 자체에 고유한 위법에는 재결의 주체에 관한 위법, 재결의 절차에 관한 위법, 재결의 형식에 관한 위법, 재결의 내용에 관한 위법이 있다.

가) 재결의 주체에 관한 위법 ① 권한이 없는 행정심판위원회의 재결의 경우, ② 행정심판위원회의 구성상 하자가 있는 경우를 그 예로 들 수 있다.

나) 재결의 절차에 관한 위법 행정심판법상의 심판절차를 준수하지 않은 경우를 그 예로 들 수 있다. 다만, 행정심판법 제34조에서 규정하고 있는 재결기간은 훈시규정으로 해석되므로 재결기간을 넘긴 경우에도 그것만으로는 절차의 위법이 있다고 볼 수 없다.

다) 재결의 형식에 관한 위법 ① 문서로 하지 아니한 재결, ② 재결에 주문만 기재되고 이유가 전혀 기재되어 있지 않거나 이유가 불충분한 경우, ③ 재결서에 기명날인을 하지 아니한 경우 등을 그 예로 들 수 있다.

라) 재결의 내용에 관안 위법

a. 인용재결의 경우 ① 인용재결의 내용상 위법에는 행정심판이 소송요건을 충족하지 못하여 부적법한 경우 각하재결을 하여야 함에도 인용재결을 한 경우 또는 원처분이 적법함에도 인용재결을 한 경우가 있다. ② 인용재결의 부당(원처분이 적법함에도 인용재결을 한 것)이 행정소송법 제19조 단서의 재결 자체에 고

유한 위법이 있는 경우에 해당한다는 것이 판례의 입장이다.

[판례] **이른바 복효적 행정행위, 특히 제 3 자효를 수반하는 행정행위에 대한 행정심판청구의 인용재결에 대하여 제 3 자가 재결취소를 구할 소의 이익이 있는지 여부:** 이른바 복효적 행정행위, 특히 제 3 자효를 수반하는 행정행위에 대한 행정심판청구에 있어서 그 청구를 인용하는 내용의 **재결로 인하여 비로소 권리이익을 침해받게 되는 자**는 그 인용재결에 대하여 다툴 필요가 있고, 그 인용재결은 원처분과 내용을 달리하는 것이므로 그 인용재결의 취소를 구하는 것은 원처분에는 없는 재결에 고유한 하자를 주장하는 셈이어서 당연히 **항고소송의 대상**이 된다(대판 2001. 5. 29, 99두10292: 행정청이 골프장 사업계획승인을 얻은 자의 사업시설 착공계획서 신고(자기완결적 신고)를 수리한 것에 대하여 인근 주민들이 그 수리처분의 취소를 구하는 행정심판을 청구하자 재결청이 그 청구를 인용하여 수리처분을 취소하는 형성적 재결을 하였고, 수리처분의 상대방이 제기한 취소재결취소소송에서 그 수리처분취소 심판청구는 행정심판의 대상이 되지 아니하여 부적법 각하하여야 함에도 위 재결은 그 청구를 인용하여 수리처분을 취소하였으므로 재결 자체에 고유한 하자가 있다고 본 사례).

이에 대하여는 적법한 처분임에도 인용재결을 한 것은 행정소송법 제19조 단서의 재결 자체에 고유한 위법이 아니라 새로운 처분(행정소송법 제19조 본문의 처분)인 인용재결의 위법이라고 보아야 한다는 소수견해가 있고, **이 견해가 타당하다.**

③ **인용재결의 내용상 위법을 다투는 자**는 제 3 자효를 수반하는 행정행위에 대한 행정심판청구에 있어서 그 청구를 인용하는 내용의 재결로 인하여 비로소 권리이익을 침해받게 되는 자(예 건축허가자 또는 인근주민)이다.

그러나 인용재결로 새로이 어떠한 권리이익도 침해받지 아니하는 자인 경우에는 그 재결의 취소를 구할 원고적격이 없다.

[판례] **제 3 자효를 수반하는 행정행위에 대한 행정심판청구의 인용재결에 대하여 제 3 자가 재결취소를 구할 소의 이익이 있는지 여부:** 제 3 자효를 수반하는 행정행위에 대한 행정심판청구에 있어서 그 청구를 인용하는 내용의 재결로 인하여 비로소 권리이익을 침해받게 되는 자(예컨대, 제 3 자가 행정심판청구인인 경우의 행정처분 상대방 또는 행정처분 상대방이 행정심판청구인인 경우의 제 3 자)는 재결의 당사자가 아니라고 하더라도 그 인용재결의 취소를 구하는 소를 제기할 수 있으나, 그 인용재결로 인하여 새로이 어떠한 권리이익도 침해받지 아니하는 자인 경우에는 그 재결의 취소를 구할 소의 이익이 없다(대판 1995. 6. 13, 94누15592: 처분상대방이 아닌 제 3 자가 당초의 양식어업면허처분에 대하여는 아무런 불복조치를 취하지 않고 있다가 도지사가 그 어업면허를 취소하여 처분상대방인 면허권자가 그 어업면허취소처분의 취소를 구하는 행정심판을 제기하고 이에 재결기관인 수산청장이 그 심판청구를 인용하는 재결을 하자 비로소 그 제 3 자가 행정소송으로 그 인용재결을 다투고 있는 경우, 수산청장의 그 인용재결은 도지사의 어업면허취소로 인하여 상실된 면허권자의 어업면허권을

회복하여 주는 것에 불과할 뿐 인용재결로 인하여 제 3 자의 권리이익이 새로이 침해받는 것은 없고, 가사 그 인용재결로 인하여 그 면허권자의 어업면허가 회복됨으로써 그 제 3 자에 대하여 사실상 당초의 어업면허에 따른 효과와 같은 결과를 초래한다고 하더라도 이는 간접적이거나 사실적·경제적인 이해관계에 불과하므로, 그 제 3 자는 인용재결의 취소를 구할 소의 이익이 없다고 본 사례). **[평석]** 이 사안에서 제 3 자는 원상회복된 양식어업면허처분을 다투어야 할 것이다. 다만, 불복제기기간은 원상회복된 최초의 양식어업면허처분이 있은 날을 기준으로 기산하여야 한다.

④ 인용재결의 부당(원처분의 적법)을 이유로 인용재결의 취소를 구하는 소송에서 인용재결의 당부(當否)가 심판의 대상이 되는데, 이 경우 인용재결의 당부는 원처분의 당부(위법·적법의 문제)도 포함한다. 인용재결이 부당한 경우 인용판결(취소판결)을 내리고 인용재결이 정당한 경우 기각판결을 내린다.

⑤ 취소재결의 부당이라는 위법사유로 취소재결이 취소된 경우.

b. 각하재결의 경우 적법한 행정심판청구를 각하한 재결은 심판청구인의 실체심리를 받을 권리를 박탈한 것으로서 원처분에 없는 재결 자체에 고유한 위법이 있는 경우에 해당하고 따라서 각하재결은 취소소송의 대상이 된다고 하였다(대판 2001. 7. 27, 99두2970). 각하재결의 경우 각하재결에 대한 취소소송을 제기함이 없이 원처분에 대한 취소소송을 제기할 수 있고, 이렇게 하는 것이 실무의 통례이다.

(나) 재결 자체의 고유한 위법을 이유로 한 재결의 취소의 효과 재결 자체에 고유한 위법으로 재결이 취소된 경우 재결취소판결의 효과는 다음과 같다. ① 재결의 주체에 관한 위법, 재결의 절차에 관한 위법 및 재결의 형식에 관한 위법으로 재결이 취소된 경우 행정심판기관은 다시 재결을 하여야 한다. ② 인용재결(취소재결)의 부당(원처분이 적법함에도 인용재결을 한 것)을 이유로 인용재결이 취소된 경우 행정심판기관은 다시 재결을 할 필요가 없고 인용재결의 취소로 원처분은 원상을 회복하게 된다. ③ 각하재결을 하여야 함에도 인용재결을 하여 해당 인용재결이 취소판결로 취소된 경우 원처분의 효력이 원상회복되고, 행정심판기관은 취소판결의 기속력에 따라 각하재결을 하여야 한다.

(다) 재결 자체에 고유한 위법이 없음에도 재결에 대해 취소소송을 제기한 경우의 판결 판례는 재결취소소송에서 재결에 고유한 하자가 없는 경우 기각재결을 하여야 한다는 입장이다.

[판례] (1) 재결취소소송에 있어 재결 자체에 고유한 위법이 없는 경우 법원이 취할 조치:

행정소송법 제19조는 취소소송은 행정청의 원처분을 대상으로 하되(원처분주의), 다만 "재결 자체에 고유한 위법이 있음을 이유로 하는 경우"에 한하여 행정심판의 재결도 취소소송의 대상으로 삼을 수 있도록 규정하고 있으므로 재결취소소송의 경우 재결 자체에 고유한 위법이 있는지 여부를 심리할 것이고, 재결 자체에 고유한 위법이 없는 경우에는 원처분의 당부와는 상관없이 해당 재결취소소송은 이를 기각하여야 한다. (2) 행정심판청구에 대한 재결에 대하여 전심절차를 거칠 필요가 있는지 여부: 행정심판법 제39조가 심판청구에 대한 재결에 대하여 다시 심판청구를 제기할 수 없도록 규정하고 있으므로, 이 재결에 대하여는 바로 취소소송을 제기할 수 있다(대판 1994. 1. 25, 93누16901〈투전기영업허가거부처분취소〉: 의무이행심판청구에 대한 기각재결에 대해 취소소송을 제기하면서 원처분주의에 따라 원처분을 대상으로 하여야 함에도 기각재결을 대상으로 한 사례).

그러나 재결에 고유한 하자가 아닌 하자를 이유로 재결을 대상으로 항고소송을 제기한 경우에는 소송의 대상을 잘못한 것이므로 각하재결을 하여야 하고, 재결에 고유한 하자를 주장하였지만, 재결에 고유한 하자가 존재하지 아니하는 경우에는 본안심리를 한 후 기각재결을 하여야 한다고 보는 것이 타당하다.

(라) 인용재결 취소판결의 효력 인용재결의 부당(원처분의 적법)을 이유로 인용재결이 취소된 경우 행정심판기관은 다시 재결을 할 필요가 없고, 취소재결로 취소된 원처분은 취소재결의 취소로 원상을 회복한다.

나. 개별법률에 따라 재결이 항고소송의 대상이 되는 경우(재결주의) 개별법률에서 예외적으로 재결주의를 규정하고 있는 경우가 있는데, 이 경우에는 원처분이 아니라 재결이 항고소송의 대상이 된다.

개별법률에서 재결주의를 명시적으로 규정한 경우뿐만 아니라 명시적 규정이 없더라도 개별법상 행정심판기관이 처분청보다 전문성과 권위를 갖고 있는 관계로 재결이 처분을 대체하는 행정의 최종적 결정의 성격을 갖는 경우에는 재결주의를 취한 것으로 해석하는 것이 타당하다.

[판례] 위법한 원처분을 소송의 대상으로 하여 다투는 것보다는 행정심판에 대한 재결을 다투는 것이 당사자의 권리구제에 보다 효율적이고, 판결의 적정성을 더욱 보장할 수 있는 경우에는 행정심판에 대한 재결에 대하여만 제소하도록 하는 것이 국민의 재판청구권의 보장이라는 측면에서 더욱 바람직한 경우도 있으므로, 개별법률에서 이러한 취지를 정하는 때에는 원처분주의의 적용은 배제되고 재결에 대해서만 제소를 허용하는 이른바 '**재결주의**'가 인정된다(헌재 2001. 6. 28, 2000헌바77).

(가) 감사원의 변상판정에 대한 재심의 판정 감사원법 제36조는 회계관계직

원에 대한 감사원의 변상판정(원처분)에 대하여 감사원에 재심의를 청구할 수 있도록 하고 있고, 감사원법 제40조는 감사원의 재심의 판정(재결)에 대하여는 감사원을 당사자로 하여 행정소송을 제기할 수 있다고 규정하고 있다. **판례**는 이 규정의 해석에 있어서 "감사원의 변상판정처분에 대하여서는 행정소송을 제기할 수 없고, 재결에 해당하는 재심의 판정에 대하여서만 감사원을 피고로 하여 행정소송을 제기할 수 있다"고 판시하였다(대판 1984. 4. 10, 84누91).

(나) 노동위원회의 처분에 대한 중앙노동위원회의 재심판정 노동위원회법 제26조 제 1 항은 "중앙노동위원회는 당사자의 신청이 있는 경우 지방노동위원회 또는 특별노동위원회의 처분을 재심하여 이를 승인·취소 또는 변경할 수 있다"고 규정하고 있고, 제27조 제 1 항은 "중앙노동위원회의 처분에 대한 소송은 중앙노동위원회 위원장을 피고로 하여 처분의 송달을 받은 날부터 15일 이내에 제기하여야 한다"고 규정하고 있다. **판례**에 따르면 노동위원회의 처분에 대해 행정소송을 제기하는 경우 중앙노동위원회에 대한 행정심판전치주의가 적용되고, 중앙노동위원회의 재심판결에 불복하는 취소소송을 제기하는 경우 재결주의에 따라 중앙노동위원회의 재심판정을 대상으로 중앙노동위원장을 피고로 하여 재심판정취소의 소를 제기하여야 한다(대판 1995. 9. 15, 95누6724).

(다) 중앙토지수용위원회의 이의재결에 대한 불복(원처분주의) 구 토지수용법 하에서 **판례**는 "중앙토지수용위원회의 이의신청에 대한 재결에 불복이 있는 자는 행정소송을 제기할 수 있다"라는 동법 제75조의2가 재결주의를 취하고 있다고 보았다.

그러나 전술한 바와 같이 현행 토지보상법상 재결주의가 포기된 것으로 해석하는 것이 **일반적 견해이며 판례의 입장**이다(대판 2010. 1. 28, 2008두1504). 따라서 중앙토지수용위원회의 이의재결에 불복하여 취소소송을 제기하는 경우 원처분인 수용재결을 대상으로 하여야 한다.

(라) 특허심판원의 심결에 대한 불복(재결주의) 특허출원에 대한 심사관의 거절결정에 대하여 특허심판원에 심판청구를 한 후 소송을 제기하는 경우 특허심판원의 심결을 소송대상으로 하여 특허법원에 심결취소를 요구하는 소를 제기하여야 한다(특허법 제186조, 제189조).

(마) 재결주의에서의 청구, 심리 및 판결 ① 개별법률에서 재결주의를 정하는 경우에는 재결에 대해서만 제소하는 것이 허용되므로 그 논리적인 전제로서

취소소송을 제기하기 전에 행정심판을 필요적으로 경유할 것이 요구된다(헌재 2001. 6. 28, 2000헌바77).

② 재결주의의 경우에는 행정심판의 재결에 불복하여 취소소송을 제기하고자 하는 경우에 행정심판의 재결을 대상으로 취소소송을 제기하여야 한다. 그러나 원처분이 당연무효인 경우에는 재결취소의 소뿐만 아니라 원처분무효확인소송도 제기할 수 있다(대판 전원합의체 1993. 1. 19, 91누8050).

③ 재결취소의 소에서는 재결고유의 하자뿐만 아니라 원처분의 하자도 주장할 수 있다(대판 1991. 2. 12, 90누288).

④ 재결주의에서 기각재결의 취소는 원처분의 취소를 가져오고, 인용재결의 취소는 원처분의 소급적 부활을 가져온다.

2. 부작위위법확인소송의 대상: 부작위 [1999 행시 약술]

부작위위법확인소송의 대상은 부작위이다.

부작위위법확인소송에서의 '부작위'란 행정청이 당사자의 신청에 대하여 상당한 기간 내에 일정한 처분을 하여야 할 법률상 의무가 있음에도 불구하고 이를 하지 아니하는 것을 말한다(법 제 2 조 제 1 항 제 2 호). 즉 행정청의 모든 부작위가 모두 부작위위법확인소송의 대상이 되는 것이 아니며 다음과 같은 일정한 요건을 갖추어야 한다.

(1) 행정청의 처분의무의 존재(달리 말하면 신청인에게 법규상 또는 조리상 신청권의 존재)

행정소송법 제 2 조 제 1 항 제 2 호가 부작위의 성립요건으로 '일정한 처분을 하여야 할 법률상 의무가 있을 것'을 요구하고 있으므로 **해석론**으로는 신청권을 부작위의 성립요건으로 보아야 한다. **판례**도 부작위가 성립하기 위하여는 법규상 또는 조리상의 신청권이 있어야 한다고 하며 신청권이 없는 경우 부작위가 있다고 할 수 없고 원고적격도 없다고 한다(대판 2000. 2. 25, 99두11455).

(2) 당사자의 처분의 신청

당사자의 처분의 신청이 있어야 한다. 달리 말하면 신청이 있어야 하며 신청의 대상은 처분이어야 한다.

① 신청이 있어야 한다. **입법론**으로는 행정처분에 신청을 전제로 하지 않는 경우(예 사립학교 정상화시 정이사 임명)도 있으므로 신청을 부작위의 요건으로 하지

않는 것이 타당하다.

② 처분에 대한 신청이 아닌 경우에는 부작위위법확인소송의 대상이 되는 부작위가 아니다.

[판례] 국유개간토지의 매각신청은 국유개간토지의 매각행위가 처분이 아니므로 처분의 신청이 아니다(대판 1991. 11. 8, 90누9391).

③ 신청이 적법할 것(신청요건을 갖출 것)을 요하지 않는다. 신청권자의 신청이 있는 경우 행정청은 신청요건의 충족 여부와 무관하게 응답의무를 지며 신청요건이 충족되지 않은 경우 행정절차법에 따라 보완을 명하여야 하고 보완을 하지 않는 경우 반려처분(거부처분)을 할 수 있기 때문이다.

후술하는 바와 같이 신청의 적법성은 소송요건의 문제가 아니라 본안의 문제라고 보아야 한다. 신청요건의 결여가 중대하여 처분을 할 수 없을 정도인 경우에 행정청의 부작위는 정당하다고 보아야 한다.

(3) 상당한 기간의 경과

상당한 기간이란 사회통념상 행정청이 해당 신청에 대한 처분을 하는 데 필요한 합리적인 기간을 말한다.

법령에서 신청에 대한 처리기간을 정하고 있는 경우에 해당 처리기간이 경과하였다고 하여 당연히 부작위가 되지는 않지만 그 처리기간이 경과하면 특별한 사정이 없는 한 상당한 기간이 경과하였다고 보아야 한다. 그런데 부작위위법확인소송의 소송요건의 충족 여부는 사실심변론종결시를 기준으로 판단하므로 사실심의 변론종결시까지 상당한 기간이 경과하였으면 되고, 통상 이때까지는 상당한 기간이 경과할 것이므로 이 요건은 실제에 있어서는 크게 문제되지 않는다.

(4) 처분의 부존재

신청에 대하여 가부(可否)간에 처분이 행해지지 않았어야 한다. 신청에 대해 거부처분을 한 것도 응답의무를 이행한 것이 되며 행정청의 부작위는 성립하지 않는다.

[판례] **당사자의 신청에 대한 행정청의 거부처분이 있은 경우에 부작위 위법확인소송이 허용되는지 여부(소극)**: 당사자의 신청에 대한 행정청의 거부처분이 있는 경우에는 행정청이 당사자의 신청에 대하여 상당한 기간 내에 일정한 처분을 하여야 할 법률상의 응답의무를

이행하지 아니함으로써 야기된 부작위라는 위법상태를 제거하기 위하여 제기하는 부작위위법확인소송은 허용되지 아니한다(대판 1991. 11. 8, 90누9391〈부작위위법확인〉).

법령이 법령에서 정한 일정한 기간이 경과한 경우에는 거부한 것으로 의제하는 규정을 두는 경우가 있는데, 이 경우에 법령에서 정한 기간이 경과하였음에도 실제로 처분이 행해지지 않았으면 거부처분이 있는 것으로 되므로 해당 거부처분에 대하여 취소소송을 제기하여야 하며 부작위위법확인소송을 제기할 수는 없다.

부작위위법확인소송 계속중 거부처분이 있게 되면 부작위위법확인소송은 소의 이익이 상실되며 원고는 거부처분취소소송으로 소의 변경을 신청할 수 있다(후술 '소의 변경' 참조).

3. 당사자소송의 대상

(1) 일반적 고찰

당사자소송의 대상은 '행정청의 처분 등을 원인으로 하는 법률관계와 그 밖의 공법상의 법률관계'이다. 즉 당사자소송의 대상은 공법상 법률관계이다.

① **'행정청의 처분 등을 원인으로 하는 법률관계'**란 행정청의 처분 등에 따라 발생·변경·소멸된 공법상의 법률관계를 말한다. 예를 들면, 공무원 면직처분이 무효임을 전제로 당사자가 여전히 공무원으로서의 권리·의무를 지니는 공무원의 지위에 있다는 법률관계의 확인을 구하는 공무원의 지위확인을 구하는 소송 및 미지급퇴직연금지급청구소송은 당사자소송으로 제기하여야 한다.

② **'그 밖의 공법상의 법률관계'**란 처분 등을 원인으로 하지 않는 그 밖에 공법이 규율하는 법률관계를 말한다. 예를 들면, 처분의 개입이 없이 법률 그 자체에 의하여 인정되는 공법상 지위의 취득·상실에 관한 다툼(예 광주민주화운동관련 보상금지급청구권은 공권이며 광주민주화운동관련 보상금지급청구소송은 당사자소송으로 제기하여야 한다), 공법상 계약 등 일정한 비권력적인 법적 지위에 관한 다툼 등이 그 예이다.

③ 공법상 계약은 공법상 당사자소송의 대상이다. 예를 들면, 전문직공무원 채용계약은 공법상 계약이고, 전문직공무원 채용계약의 해지를 다투기 위하여는 전문직공무원 채용계약 해지의 무효확인을 구하는 소송을 당사자소송으로 제기하여야 한다.

행정소송규칙 제19조 제 4 호에 따르면 공법상 계약에 따른 권리·의무의 확인 또는 이행청구 소송은 당사자소송의 대상이 된다.

④ 행정소송규칙 제19조 제 2 호에 따르면 그 존부 또는 범위가 구체적으로 확정된 공법상 법률관계 그 자체에 관한 다음 각 목의 소송은 당사자소송의 대상이 된다: 가. 납세의무 존부의 확인, 나.「부가가치세법」 제59조에 따른 환급청구, 다.「석탄산업법」 제39조의3 제 1 항 및 같은 법 시행령 제41조 제 4 항 제 5 호에 따른 재해위로금 지급청구, 라.「5·18민주화운동 관련자 보상 등에 관한 법률」 제5조, 제 6 조 및 제 7 조에 따른 관련자 또는 유족의 보상금 등 지급청구, 마. 공무원의 보수·퇴직금·연금 등 지급청구, 바. 공법상 신분·지위의 확인.

⑤ 행정소송규칙 제19조 제 3 호에 따르면 처분에 이르는 절차적 요건의 존부나 효력 유무에 관한 다음 각 목의 소송은 당사자소송의 대상이 된다: 가.「도시 및 주거환경정비법」 제35조 제 5 항에 따른 인가 이전 조합설립변경에 대한 총회결의의 효력 등을 다투는 소송, 나.「도시 및 주거환경정비법」 제50조 제 1 항에 따른 인가 이전 사업시행계획에 대한 총회결의의 효력 등을 다투는 소송, 다.「도시 및 주거환경정비법」 제74조 제 1 항에 따른 인가 이전 관리처분계획에 대한 총회결의의 효력 등을 다투는 소송.

[판례] (1) 공기업·준정부기관의 계약상대방에 대한 입찰참가자격 제한 조치가 법령에 근거한 행정처분인지 계약에 근거한 권리행사인지 판단하는 방법: 공기업·준정부기관이 법령 또는 계약에 근거하여 선택적으로 입찰참가자격 제한 조치를 할 수 있는 경우, **계약상대방에 대한 입찰참가자격 제한 조치가 법령에 근거한 행정처분인지 아니면 계약에 근거한 권리행사인지는 원칙적으로 의사표시의 해석 문제**이다. 이때에는 공기업·준정부기관이 계약상대방에게 통지한 문서의 내용과 해당 조치에 이르기까지의 과정을 객관적·종합적으로 고찰하여 판단하여야 한다. 그럼에도 불구하고 공기업·준정부기관이 법령에 근거를 둔 행정처분으로서의 입찰참가자격 제한 조치를 한 것인지 아니면 계약에 근거한 권리행사로서의 입찰참가자격 제한 조치를 한 것인지 여부가 여전히 **불분명한 경우에는, 그에 대한 불복방법 선택에 중대한 이해관계를 가지는 그 조치 상대방의 인식가능성 내지 예측가능성을 중요하게 고려하여 규범적으로 이를 확정함이 타당하다**(대법원 2018. 10. 25. 선고 2016두33537 판결 참조). (2) 다음과 같은 이유에서 입찰참가자격 제한 조치가 계약에 근거한 권리행사가 아니라 공공기관의 운영에 관한 법률(이하 '공공기관운영법'이라 한다) 제39조 제 2 항에 근거한 행정처분으로 봄이 타당하다고 한 사례: (1) 피고는 입찰참가자격 제한 조치를 하기 전 원고에게 "처분사전통지서(청문실시통지)"라는 제목으로 공기업·준정부기관 계약사무규칙 제16조에 의한 입찰참가자격 제한 처분을 할 계획이라는 취지와 함께 그 법적 근거로 공공기관운영법 제39조와 계약상 근거 규정을 함께 기재한 문서를 교부하였고, 행정절차법에 따른 절차 등을 진행하였다. (2) 피고는 입찰참가자격 제한 조치를 하면서 원고에게 교부한 통지서에, 제재 근거로 "계약규정 제26조 제 1 항, 계약규정 시행규칙 제97조

제 1 항 제 8 호 및 [별표 2]의 제10호 '나'목"을, 제재 기간을 "6월(한수원 한정)"로 각 기재하였다. 그러나 그 이의신청 방법에 대해서는 공기업·준정부기관 계약사무규칙 제15조 제 1 항과 계약상 근거 규정을 함께 기재하였다. (3) 또한 피고는 위 통지서에 입찰참가자격 제한 조치에 대한 쟁송 방법으로 "행정심판법 제27조 또는 행정소송법 제20조에 따라 소정의 기간 내에 행정심판을 청구하거나 행정소송을 제기할 수 있음을 알려 드립니다. 행정심판 청구 및 행정소송 제기의 제척기간은 다음과 같습니다. 1) 행정심판: 처분이 있음을 알게 된 날로부터 90일 이내에 청구(단, 처분이 있었던 날로부터 180일이 지나면 청구하지 못함) 2) 행정소송: 처분 등이 있음을 안 날로부터 90일 이내에 제기(단, 처분 등이 있는 날로부터 1년을 경과하면 이를 제기하지 못함)"라고 기재하였다. (4) **이처럼 피고가 행정처분과 계약에 근거한 권리행사 중에서 어떠한 수단을 선택하여 입찰참가자격 제한 조치를 취한 것인지 객관적으로 불분명하나, 앞서 본 피고의 절차 진행 및 통지 내용 등 여러 사정에 비추어 보면, 원고가 피고의 입찰참가자격 제한 조치를 행정처분이 아니라고 인식하였을 것으로 기대하기는 어려워 보인다**(대판 2019. 2. 14, 2016두33292〈부정당업자제재처분취소〉).

(2) 구체적 사례

1) 항고소송사건인지 당사자소송사건인지가 다투어진 사례

가. 행위의 성질이 기준이 되는 경우 [2015 입법고시] 계쟁행위가 처분인 경우에는 항고소송을 제기하여야 하고, 계쟁행위가 비권력적인 공행정작용인 경우에는 공법상 당사자소송을 제기하여야 한다.

[판례 1] **지방전문직공무원 채용계약의 해지에 대한 불복**(당사자소송): 지방전문직공무원 채용계약의 해지에 대하여는 불이익처분을 받은 지방경력직공무원 등에게 적용되는 소청제도는 물론 행정심판절차에 의한 불복도 허용되지 않고 있는 것으로 해석되고, 이와 같은 법령의 규정 취지와 그 밖에 공무원의 자격, 임용, 보수, 복무, 신분보장, 징계 등에 관한 관계법령의 규정내용에 미루어 보면, **현행 실정법이** 지방전문직공무원 채용계약 해지 의사표시를 **일반공무원에 대한 징계처분과는 달리 항고소송의 대상이 되는 처분 등의 성격을 가진 것으로 인정하지 아니하고,** 지방전문직공무원규정 제 7 조 각 호의 1에 해당하는 사유가 있을 때 지방자치단체가 채용계약관계의 한쪽 당사자로서 **대등한 지위에서 행하는 의사표시로 취급하고 있는 것으로 이해**되므로 지방전문직공무원 채용계약 해지 의사표시에 대하여는 항고소송이 아닌 **공법상의 당사자소송**으로 그 의사표시의 무효확인을 청구할 수 있다고 보아야 할 것이다(대판 1993. 9. 14, 92누4611). **[평석]** 징계적 성격의 해촉은 성질상 처분으로 보아야 한다는 견해가 있다.

[판례 2] **시립합창단원의 재위촉 거부**(당사자소송): **시립합창단원에 대한 재위촉 거부가 항고소송의 대상인 처분에 해당하는지 여부**(소극): 지방자치법 제 9 조 제 2 항 제 5 호 (라)목 및 (마)목 등의 규정에 의하면, 광주광역시립합창단의 활동은 지방문화 및 예술을 진흥시키

고자 하는 광주광역시의 공공적 업무수행의 일환으로 이루어진다고 해석될 뿐 아니라, 그 단원으로 위촉되기 위하여는 공개전형을 거쳐야 하고 지방공무원법 제31조의 규정에 해당하는 자는 단원의 직에서 해촉될 수 있는 등 단원은 일정한 능력요건과 자격요건을 갖추어야 하며, 상임단원은 일반공무원에 준하여 매일 상근하고 단원의 복무규율이 정하여져 있으며, 일정한 해촉사유가 있는 경우에만 해촉되고, 단원의 보수에 대하여 지방공무원의 보수에 관한 규정을 준용하는 점 등에서는 **단원의 지위가 지방공무원과 유사한 면이 있으나,** 한편 단원의 위촉기간이 정하여져 있고 재위촉이 보장되지 아니하며, 단원에 대하여는 지방공무원의 보수에 관한 규정을 준용하는 이외에는 지방공무원법 기타 관계 법령상의 지방공무원의 자격, 임용, 복무, 신분보장, 권익의 보장, 징계 기타 불이익처분에 대한 행정심판 등의 불복절차에 관한 규정이 준용되지도 아니하는 점 등을 종합하여 보면, **광주광역시문화예술회관장의 단원 위촉은** 광주광역시문화예술회관장이 행정청으로서 공권력을 행사하여 행하는 행정처분이 아니라 공법상의 근무관계의 설정을 목적으로 하여 광주광역시와 단원이 되고자 하는 자 사이에 대등한 지위에서 의사가 합치되어 성립하는 **공법상 근로계약에 해당한다고 보아야 할 것**이므로, 시립합창단원으로서 위촉기간이 만료되는 자들의 재위촉신청에 대하여 광주광역시문화예술회관장이 실기와 근무성적에 대한 평정을 실시하여 **재위촉을 하지 아니한 것을 항고소송의 대상이 되는 불합격처분이라고 할 수는 없고 공법상 당사자소송을 제기**하여야 한다(대판 2001. 12. 11, 2001두7794).

[판례 3] 지방계약직 공무원에 대한 **징계적 성격의 보수의 삭감**에 대해서도 **항고소송**을 제기하여야 한다(대판 2008. 6. 12, 2006두16328).

[판례 4] **읍·면장의 이장의 임명 및 면직**이 행정처분이 아니라 **공법상 계약 및 그 계약을 해지하는 의사표시**라고 본 사례(대판 2012. 10. 25, 2010두18963).

[판례 5] 중소기업 정보화지원사업에 따른 지원금 출연을 위하여 중소기업청장이 체결하는 협약의 해지 및 그에 따른 환수통보는 공법상 계약에 따라 행정청이 대등한 당사자의 지위에서 하는 의사표시로 보아야 하고, 이를 행정청이 우월한 지위에서 행하는 공권력의 행사로서 행정처분에 해당한다고 볼 수는 없다(대판 2015. 8. 27, 2015두41449〈정보화지원사업참여제한처분무효확인〉).

[판례 6] 공기업·준정부기관의 계약상대방에 대한 **입찰참가자격 제한 조치**는 법령에 근거한 경우 원칙상 행정처분이고, 계약에 근거한 경우 원칙상 처분이 아니라 계약상의 의사표시이다. 공기업·준정부기관이 법령에 근거를 둔 행정처분으로서의 입찰참가자격 제한 조치를 한 것인지 아니면 계약에 근거한 권리행사로서의 입찰참가자격 제한 조치를 한 것인지 여부가 여전히 불분명한 경우에는, 그에 대한 불복방법 선택에 중대한 이해관계를 가지는 그 조치 상대방의 인식가능성 내지 예측가능성을 중요하게 고려하여 규범적으로 이를 확정함이 타당하다(대판 2019. 2. 14, 2016두33292).

[판례 7] 군인연금법령상 급여를 받으려고 하는 사람은 우선 관계 법령에 따라 국방부장관 등에게 급여지급을 청구하여 국방부장관 등이 이를 거부하거나 일부 금액만 인정하는 급여지급결정을 하는 경우 그 결정을 대상으로 항고소송을 제기하는 등으로 구체적 권리

를 인정받은 다음 비로소 당사자소송으로 그 급여의 지급을 구해야 한다. 이러한 구체적인 권리가 발생하지 않은 상태에서 곧바로 국가를 상대로 한 당사자소송으로 급여의 지급을 소구하는 것은 허용되지 않는다(대판 2021. 12. 16, 2019두45944).

나. 금전급부에 관한 소송 등[2013 변시 사례] 금전지급신청에 대해 금전지급을 거부하는 행정청의 결정이 있는 경우에 항고소송으로 다투어야 하는지, 당사자소송으로 다투어야 하는지 아니면 민사소송으로 다투어야 하는지가 애매한 경우가 있다. 이 경우에는 문제된 구체적 권리의 존부(存否) 또는 범위가 행정청의 결정에 따라 비로소 창설되거나 구체적으로 확정되는 경우 및 행정청의 결정에 따라 권리의 존부 및 범위가 공식적으로 확인되는 경우에는 항고소송을 제기하여야 한다는 것이 판례의 입장이다. 판례는 금전지급결정의 처분성이 인정되는 경우 항고소송으로 다투도록 하고, 당사자소송을 인정하지 않는다. 권리의 존부 및 범위가 법령 등에 바로 구체적으로 명확하게 확정되어 있어 금전지급결정 또는 거부결정이 단순한 사실행위에 불과한 경우에는 문제된 권리가 공권이면 당사자소송, 사권이면 민사소송을 제기하여야 한다.

[판례] **사회보장수급권은** 관계 법령에서 정한 **실체법적 요건을 충족시키는 객관적 사정이 발생하면 추상적인 급부청구권의 형태로 발생**하고, 관계 법령에서 정한 절차·방법·기준에 따라 **관할 행정청에 지급 신청을 하여 관할 행정청이 지급결정을 하면 그때 비로소 구체적인 수급권으로 전환**된다(대법원 2019. 12. 27. 선고 2018두46780 판결 등 참조). 급부를 받으려고 하는 사람은 우선 관계 법령에 따라 행정청에 그 지급을 신청하여 **행정청이 거부하거나 일부 금액만 지급하는 결정을 하는 경우 그 결정에 대하여 항고소송을 제기**하여 취소 또는 무효확인 판결을 받아 그 기속력에 따른 재처분을 통하여 구체적인 권리를 인정받아야 한다. 따라서 **사회보장수급권의 경우 구체적인 권리가 발생하지 않은 상태에서 곧바로 행정청이 속한 국가나 지방자치단체 등을 상대로 한 당사자소송이나 민사소송으로 급부의 지급을 소구하는 것은 허용되지 않는다**(대법원 2019. 6. 13. 선고 2017다277986, 277993 판결 등 참조)(대판 전원합의체 2021. 3. 18, 2018두47264).

(가) 항고소송을 제기하여야 하는 경우

[판례 1] **공무원연금 지급거부**: 구 공무원연금법(1995. 12. 29. 법률 제5117호로 개정되기 전의 것) 제26조 제 1 항, 제80조 제 1 항, 공무원연금법 시행령 제19조의2의 각 규정을 종합하면, 같은 법 소정의 급여는 급여를 받을 권리를 가진 자가 해당 공무원이 소속하였던 기관장의 확인을 얻어 신청하는 바에 따라 **공무원연금관리공단이 그 지급결정을 함으로써 그 구체적인 권리가 발생하는 것이므로, 공무원연금관리공단의 급여에 관한 결정은 국민의 권**

리에 직접 영향을 미치는 것이어서 **행정처분에 해당**하고, 공무원연금관리공단의 급여결정에 불복하는 자는 공무원연금급여재심위원회의 심사결정을 거쳐 공무원연금관리공단의 급여결정을 대상으로 행정소송(항고소송)을 제기하여야 한다(대판 1996. 12. 6, 96누6417).

[판례 2] **의료보호비용지급거부**: 구 의료보호법 제 1 조, 제 4 조, 제 6 조, 제11조, 제21조, 같은 법 시행령 제17조 제 1 항, 제 2 항, 제21조, 같은 법 시행규칙 제28조, 제29조에 따른 의료보호의 목적, 의료보호대상자의 선정절차, 기금의 성격과 조성방법 및 운용절차, 보호기관의 심사결정의 내용과 성격, 진료기관의 보호비용의 청구절차 등에 비추어 볼 때, **진료기관의 보호기관에 대한 진료비지급청구권은** 계약 등의 법률관계에 의하여 발생하는 사법상의 권리가 아니라 법에 의하여 정책적으로 특별히 인정되는 **공법상의 권리라고 할 것**이고, 법령의 요건에 해당하는 것만으로 바로 구체적인 진료비지급청구권이 발생하는 것이 아니라 보호기관의 심사결정에 의하여 비로소 구체적인 청구권이 발생한다고 할 것이므로, **진료기관은** 법령이 규정한 요건에 해당하여 진료비를 지급받을 추상적인 권리가 있다 하더라도 진료기관의 보호비용 청구에 대하여 **보호기관이 심사결과 지급을 거부한 경우에는** 곧바로 민사소송은 물론 공법상 당사자소송으로도 지급청구를 할 수는 없고, 지급거부결정의 취소를 구하는 **항고소송을 제기하는 방법으로 구제받을 수밖에 없다**(대판 1999. 11. 26, 97다42250).

[판례 3] 「민주화운동관련자 명예회복 및 보상 등에 관한 법률」 제 2 조 제 1 호·제 2 호 본문, 제 4 조, 제10조, 제11조, 제13조 규정들의 취지와 내용에 비추어 보면, 같은 법 제 2 조 제 2 호 각 목은 민주화운동과 관련한 피해 유형을 추상적으로 규정한 것에 불과하여 제 2 조 제 1 호에서 정의하고 있는 민주화운동의 내용을 함께 고려하더라도 **그 규정들만으로는 바로 법상의 보상금 등의 지급 대상자가 확정된다고 볼 수 없고, '민주화운동관련자 명예회복 및 보상심의위원회'에서 심의·결정을 받아야만 비로소 보상금 등의 지급 대상자로 확정될 수 있다.** 따라서 그와 같은 심의위원회의 결정은 국민의 권리의무에 직접 영향을 미치는 **행정처분에 해당**한다고 하고, 「민주화운동관련자 명예회복 및 보상 등에 관한 법률」 제17조는 보상금 등의 지급에 관한 소송의 형태를 규정하고 있지 않지만, **위 규정 전단에서 말하는 보상금 등의 지급에 관한 소송은** '민주화운동관련자 명예회복 및 보상심의위원회'의 보상금 등의 지급신청에 관하여 전부 또는 일부를 기각하는 결정에 대한 불복을 구하는 소송이므로 **취소소송을 의미한다**(대판 전원합의체 2008. 4. 17, 2005두16185〈민주화운동관련자불인정처분취소〉).

[판례 4] 하천법상 토지수용위원회의 보상재결을 처분으로 보고 이를 다투기 위하여는 항고소송을 제기하여야 한다고 한 사례(대판 2001. 9. 14, 2001다40879).

[판례 5] 지방계약직공무원에 대한 보수의 삭감: 보수의 삭감은 이를 당하는 공무원의 입장에서는 징계처분의 일종인 감봉과 다를 바 없다(대판 2008. 6. 12, 2006두16328〈전임계약직공무원(나급)재계약거부처분및감봉처분취소〉).

[판례 6] 재활용자원화시설의 민간위탁대상자 선정행위를 처분으로 본 사례(대판 2007. 9. 21, 2006두7973〈고양시재활용자원화시설민간위탁대상자선정취소처분취소〉).

[판례 7] 요양기관의 국민건강보험공단에 대한 요양급여비용청구권은 요양기관의 청구에 따라 공단이 지급결정을 함으로써 구체적인 권리가 발생하는 것이지, 공단의 결정과 무관하게 국민건강보험법령에 의하여 곧바로 발생한다고 볼 수 없다(대판 2023. 8. 31, 2021다243355).

(나) 당사자소송을 제기하여야 하는 경우

[판례 1] **광주민주화운동관련 보상청구:** 신청 후 일정기간 내에 지급에 관한 결정을 하지 않는 경우에는 바로 소송을 제기할 수 있도록 하고 있는 점 등에 비추어 볼 때 보상심의위원회의 결정을 거치는 것은 보상금지급에 관한 소송을 제기하기 위한 전치요건에 불과하다 할 것이므로 **보상심의위원회의 결정은 항고소송의 대상이 되는 행정처분이라 볼 수 없고, 위 보상금지급에 관한 권리는 같은 법이 특별히 인정하고 있는 공법상의 권리**라 할 것이므로 그에 관한 소송은 당사자소송에 의하여야 할 것이다(대판 1992. 12. 24, 92누3335).
[판례 2] **미지급퇴직연금 지급청구소송:** 공무원연금관리공단의 인정에 의하여 퇴직연금을 지급받아 오던 중 구 공무원연금법령의 개정 등으로 퇴직연금 중 일부 금액의 지급이 정지된 경우에는 당연히 **개정된 법령에 따라 퇴직연금이 확정되는 것이고, 공무원연금관리공단의 퇴직연금 결정과 통지에 의하여 비로소 그 금액이 확정되는 것이 아니므로,** 공무원연금관리공단이 퇴직연금 중 일부 금액에 대하여 지급거부의 의사표시를 하였다고 하더라도 그 의사표시는 행정처분이 아니며, 이 경우 미지급퇴직연금에 대한 지급청구권은 공법상 권리로서 그의 지급을 구하는 소송은 공법상의 법률관계에 관한 소송인 공법상 당사자소송에 해당한다(대판 2004. 7. 8, 2004두244).

(다) 민사소송을 제기하여야 하는 경우

[판례 1] 국세기본법 제51조 및 제52조의 국세환급금 및 국세가산금결정에 관한 규정은 이미 납세의무자의 환급청구권이 확정된 국세환급금 및 가산금에 대하여 내부적 사무처리절차로서 과세관청의 환급절차를 규정한 것에 지나지 않고 그 규정에 의한 국세환급금(가산금 포함)결정에 의하여 비로소 환급청구권이 확정되는 것은 아니므로, **국세환급금결정**이나 이 결정을 구하는 신청에 대한 **환급거부결정** 등은 납세의무자가 갖는 환급청구권의 존부나 범위에 구체적이고 직접적인 영향을 미치는 처분이 아니어서 항고소송의 대상이 되는 **처분이라고 볼 수 없다**(대판 전원합의체 1989. 6. 15, 88누6436).
[판례 2] 조세부과처분의 당연무효를 전제로 하여 이미 납부한 세금의 반환을 청구하는 것은 민사상의 부당이득반환청구로서 민사소송절차에 따라야 한다(대판 1995. 4. 28, 94다55019).

2) 당사자소송인지 민사소송인지가 다투어진 사례

가. 당사자소송과 민사소송의 대상 구분 일반적으로 말하면 당사자소송은

공법관계를 대상으로 하고, 민사소송은 사법관계를 대상으로 한다.

나. 구체적 사례

(가) 처분 등을 원인으로 하는 법률관계를 대상으로 하는 소송 판례는 소송물을 기준으로 그것이 공법관계이면 당사자소송, 사법관계이면 민사소송으로 본다.

(나) 법률관계의 성질이 기준이 되는 경우 법률관계에 관한 소송의 경우 공법상 법률관계(공권)에 관한 소송은 공법상 당사자소송으로 제기되어야 하며 사법상 법률관계(사권)에 관한 소송은 민사소송으로 제기되어야 한다.

가) 금전급부청구소송 공법상 금전급부청구권에 근거한 청구는 공법상 당사자소송으로, 사법상 금전급부청구권에 근거한 청구는 민사소송으로 제기하여야 한다. **판례**는 금전급부청구권이 처분 등이 원인이 되어 발생한 경우에도 그 금전급부청구권이 사법상의 금전급부청구권과 성질상 다르지 않다고 보이는 경우 사권으로 본다.

그리고 금전급부가 사회보장적 급부의 성격을 가지거나 정책적 지원금의 성격을 가지는 경우에는 공법상 당사자소송의 대상이 되는 것으로 본다.

a. 판례가 공법상 당사자소송으로 본 사례

[판례 1] **석탄가격안정지원금 청구소송**: 석탄가격안정지원금은 석탄의 수요 감소와 열악한 사업환경 등으로 점차 경영이 어려워지고 있는 석탄광업의 안정 및 육성을 위하여 국가 정책적 차원에서 지급하는 지원비의 성격을 갖는 것이고, 석탄광업자가 석탄산업합리화사업단에 대하여 가지는 위와 같은 **지원금지급청구권은 석탄사업법령에 의하여 정책적으로 당연히 부여되는 공법상의 권리**이므로, 석탄광업자가 석탄사업합리화사업단을 상대로 석탄산업법령 및 석탄가격안정지원금 지급요령에 의하여 지원금의 지급을 구하는 소는 민사소송이 아니라 공법상의 법률관계에 관한 소송인 공법상의 당사자소송에 해당한다(대판 1997. 5. 30, 96다28960).

[판례 2] **광주민주화운동관련자 보상 등에 관한 법률에 의한 보상금청구소송**(대판 1992. 12. 24, 92누3335).

[판례 3] **퇴직연금 결정 후의 퇴직연금청구소송**(대판 2004. 7. 8, 2004두244), **퇴역연금 결정 후의 퇴역연금청구소송**(대판 2003. 9. 5, 2002두3522).

[판례 4] (1) **지방소방공무원의 근무관계**는 사법상의 근로계약관계가 아닌 **공법상의 근무관계**에 해당하고, 그 근무관계의 주요한 내용 중 하나인 지방소방공무원의 보수에 관한 법률관계는 공법상의 법률관계라고 보아야 한다. (2) **지방소방공무원의 초과근무수당 지급청구권**은 법령의 규정에 의하여 직접 그 존부나 범위가 정하여지고 법령에 규정된 수당의 지급요건에 해당하는 경우에는 곧바로 발생한다고 할 것이므로, 지방소방공무원이 자신

이 소속된 지방자치단체를 상대로 초과근무수당의 지급을 구하는 청구에 관한 소송은 행정소송법 제 3 조 제 2 호에 규정된 **당사자소송의 절차**에 따라야 한다(대판 2013. 3. 28, 2012다102629).

b. 판례가 민사소송으로 본 사례 　판례는 국가배상청구소송, 공법상 부당이득반환청구소송 등을 민사소송으로 보고 있다. 그러나 다수설은 공법상 당사자소송으로 보아야 한다고 주장한다.

[판례] 부당이득반환청구: 조세부과처분의 당연무효를 전제로 하여 이미 납부한 세금의 반환을 청구하는 것은 민사상의 부당이득반환청구로서 민사소송절차에 따라야 한다(대판 1995. 4. 28, 94다55019).

c. 손실보상금청구소송

① 행정소송규칙 제19조 제 1 호에 따르면 다음 각 목의 손실보상금에 관한 소송은 당사자소송의 대상이 된다: 가.「공익사업을 위한 토지 등의 취득 및 보상에 관한 법률」제78조 제 1 항 및 제 6 항에 따른 이주정착금, 주거이전비 등에 관한 소송. 나. 공익사업을 위한 토지 등의 취득 및 보상에 관한 법률」제85조 제 2 항에 따른 보상금의 증감(增減)에 관한 소송, 다.「하천편입토지 보상 등에 관한 특별조치법」제 2 조에 따른 보상금에 관한 소송.

② 판례는 법령에서 보상금액을 행정청이 일방적으로 결정하도록 규정하면서 불복방법에 대하여는 특별한 규정을 두지 않은 경우(예 도로법 제99조)에 보상금액을 다투기 위하여는 행정청의 보상금결정처분에 대한 취소 또는 무효확인소송을 제기하여야 한다고 본다. 다만, 행정청이 결정한 보상금의 청구는 공법상 당사자소송에 따른다.

③ 법령에서 전심절차를 거쳐 보상금지급청구의 소를 제기하도록 하는 규정만 두고 있는 경우(예 징발법 제19조, 제24조의2)에는 공법상 당사자소송으로 보상금지급청구를 하여야 한다.

④ 법령에서 손실보상을 인정하면서 보상금 결정방법 및 불복절차에 관하여 아무런 규정을 두지 않은 경우(예 소방기본법 제25조 제 4 항)에 손실보상금청구는 공법상 당사자소송에 따른다. **최근 대법원 전원합의체 판결**(2006. 5. 18, 2004다6207)은 손실보상청구가 민사소송이 아니라 당사자소송의 대상이 된다고 판례를 변경하였다.

[판례] **구 하천법 등에서 하천구역으로 편입된 토지에 대하여 손실보상청구권을 규정한 것**은 헌법 제23조 제 3 항이 선언하고 있는 손실보상청구권을 구체화한 것으로서, 하천법 그 자체에 의하여 직접 사유지를 국유로 하는 이른바 입법적 수용이라는 국가의 공권력 행사로 인한 토지소유자의 손실을 보상하기 위한 것으로 그 법적 성질은 **공법상의 권리**이므로, 구 하천법(1984. 12. 31. 법률 제3782호로 개정된 것, 이하 '개정 하천법'이라 한다) 부칙 제 2 조 또는 '법률 제3782호 하천법 중 개정 법률 부칙 제 2 조의 규정에 의한 보상청구권의 소멸시효가 만료된 하천구역 편입토지 보상에 관한 특별조치법'(이하 '특별조치법'이라 한다) 제 2 조에 의한 손실보상의 경우에도 이를 둘러싼 쟁송은 공법상의 법률관계를 대상으로 하는 행정소송절차에 의하여야 할 것이다. 한편, 특별조치법 제 2 조 소정의 손실보상청구권은 1984. 12. 31. 전에 토지가 하천구역으로 된 경우에는 당연히 발생되는 것이지, 관리청의 보상금지급결정에 의하여 비로소 발생하는 것은 아니므로, 행정소송법 제 3 조 제 2 호 후단 소정의 공법상의 법률관계에 관한 소송으로서 그 법률관계의 한쪽 당사자를 피고로 하는 **당사자소송**에 의하여야 할 것이다(대판 전원합의체 2006. 5. 18, 2004다6207).

나) 공법상 신분 또는 지위 등의 확인소송(당사자소송) 판례는 다음과 같은 공법상 신분 또는 지위 등의 확인소송을 당사자소송으로 보고 있다: 공무원(대판 1998. 10. 23, 98두12932) 또는 농지개량조합직원의 지위확인소송(대판 1977. 7. 22, 76다2517), 재개발조합을 상대로 조합원자격 유무에 관한 확인을 구하는 소송(대판 전원합의체 1996. 2. 15, 94다31235), 연금수혜대상자확인(대판 1991. 1. 25, 90누3041), 훈장종류확인(대판 1990. 10. 23, 90누4440), 영관생계보조기금권리자확인(대판 1991. 1. 25, 90누3041).

(다) 행위의 성질이 기준이 되는 경우 비권력적 행위에 있어서는 행위의 목적이 공익과 밀접한 관련이 있는지를 검토하여야 할 것이다. 행위의 유형과 관련하여서는 사법분야에서와 동일한 행위유형을 채택하고 있는지 아니면 사법분야에서는 찾아보기 어려운 행위유형으로 채택하고 있는지를 살펴보아야 할 것이다. 사법분야와 동일한 유형을 행위유형으로 채택하고 있는 경우에는 사법상 법률행위에 관한 규정(예 계약의 해제, 취소)과 다른 별도의 규정을 두고 있는지를 검토하여야 한다.

비권력적 공법행위(예 공법상 계약, 공법상 합동행위)에 관한 소송은 원칙상 당사자소송이고, 사법행위(예 사법상 계약)에 관한 소송은 민사소송이다.

[판례 1] **시립무용단원의 해촉에 대한 불복(당사자소송): 서울특별시립무용단원의 위촉은 공법**

상의 계약이라고 할 것이고, 따라서 그 단원의 해촉에 대하여는 공법상의 당사자소송으로 그 무효확인을 청구할 수 있다(대판 1995. 12. 22, 95누4636).

[판례 2] **지방전문직공무원채용계약 해지의 의사표시의 무효확인소송(당사자소송)**(대판 1996. 5. 31, 95누10617)

[판례 3] 주택재건축정비사업조합을 상대로 관리계획처분안에 대한 조합총회결의의 무효확인을 구하는 소송(당사자소송)(대판 전원합의체 2009. 9. 17, 2007다2428). [해설] 재건축조합총회의 관리처분계획안 결의는 공법상 합동행위이다.

Ⅱ. 원고적격[2009 행시(일반행정) 사례]

원고적격이란 구체적인 소송에서 원고로서 소송을 수행하여 본안판결을 받을 수 있는 자격을 말한다.

국가 등의 기관은 권리능력이 없으므로 당사자능력이 없고 원칙상 행정소송에서 원고적격이 없지만, 다른 기관의 처분에 의해 국가기관이 권리를 침해받거나 의무를 부과받는 등 중대한 불이익을 받았음에도 그 처분을 다툴 별다른 방법이 없고, 그 처분의 취소를 구하는 항고소송을 제기하는 것이 유효·적절한 권익구제수단인 경우에는 국가기관에게 당사자능력과 원고적격을 인정하여야 한다(대판 2013. 7. 25, 2011두1214〈불이익처분원상회복등요구처분취소〉). 이에 대하여 행정기관은 권리능력이 없으므로 소송상 당사자능력이 없고, 기관소송의 당사자는 될 수 있지만 항고소송에서도 당사자능력을 인정할 수 없다는 비판이 있다.

국가나 지방자치단체가 행정처분의 상대방인 경우에는 해당 처분을 다툴 원고적격이 있다(대판 2014. 2. 27, 2012두22980; 대판 2014. 3. 13, 2013두15934).

1. 항고소송에서의 원고적격[2011 행시(재경직) 사례, 2017 행시]

(1) 의 의

원고적격이란 구체적인 소송에서 원고로서 소송을 수행하여 본안판결을 받을 수 있는 자격을 말한다. 항고소송에서 원고적격의 문제는 구체적인 행정처분에 대하여 누가 원고로서 취소소송 등 항고소송을 제기하여 본안판결을 받을 자격이 있느냐에 관한 문제이다.

행정소송법 제12조는 '원고적격'이라는 표제하에 "취소소송은 처분 등의 취소를 구할 법률상 이익이 있는 자가 제기할 수 있다. 처분 등의 효과가 기간의 경과, 처분 등의 집행 그 밖의 사유로 인하여 소멸된 뒤에도 그 처분 등의 취소로 인하여 회복되는 법률상 이익이 있는 자의 경우에는 또한 같다"라고 규정하고 있는데, 전단은 취소소송의 원고적격을 규정하고 있고, 후단은 취소소송의 협의의 소의 이익을 규정하고 있다.

행정소송법 제35조는 다음과 같이 무효등확인소송의 원고적격을 규정하고 있다. "무효등확인소송은 처분 등의 효력 유무 또는 존재 여부의 확인을 구할 법률상 이익이 있는 자가 제기할 수 있다."

행정소송법 제36조는 다음과 같이 부작위위법확인소송의 원고적격을 규정하고 있다. "부작위위법확인소송은 처분의 신청을 한 자로서 부작위의 위법의 확인을 구할 법률상 이익이 있는 자만이 제기할 수 있다."

(2) 원고적격의 요건 [2016 변시]

판례는 원고적격의 요건으로 "법률상 보호되는 개별적·직접적·구체적 이익의 침해"를 요구하고 있다.

1) "법률상 이익"에 관한 학설

현행 행정소송법상 '법률상 이익'의 개념과 관련하여 '법적 이익구제설'과 '보호할 가치 있는 이익구제설'이 대립하고 있다. 그런데 종래에는 이론상 항고소송에서의 원고적격의 범위와 관련하여 권리구제설, 법률상 보호되는 이익구제설(법적 이익구제설), 보호할 가치 있는 이익구제설, 적법성보장설이 대립하고 있었다.

가. 권리구제설(권리회복설) 권리구제설은 처분 등으로 인하여 권리가 침해된 자만이 항고소송을 제기할 수 있는 원고적격을 갖는다는 견해이다.

오늘날 권리와 법률상 보호된 이익을 동의어로 이해하므로 권리구제설은 법률상 보호된 이익구제설(법적 이익구제설)과 동일하다.

나. 법률상 보호된 이익구제설(법적 이익구제설) 법적 이익구제설은 처분 등에 따라 법적 이익이 침해된 자만이 항고소송을 제기할 수 있는 원고적격을 갖는다는 견해이다. 법적 이익이란 법으로 보호된 개인적 이익(사익)을 말한다.

법적 이익구제설에도 보호규범과 피보호이익을 어떻게 보는가에 따라 다양한 견해가 존재한다. 보호규범을 좁게 보는 견해는 처분의 근거법규에 한정하고(제 1 설), 보다 넓게 보는 견해는 처분의 근거법규뿐만 아니라 관계법규까지 보호규범으로 본다(제 2 설). 이보다 더 넓게 보는 견해는 이에 추가하여 헌법규정(자유권 등 구체적 기본권)이 보충적으로 보호규범이 된다고 본다(제 3 설). 절차규정을 보호규범에 포함시키는 견해도 있다(제 4 설). 보호규범을 가장 넓게 보는 견해는 이에 추가하여 민법규정도 보호규범에 포함시킨다(제 5 설). 현재 제 2 설 내지 제 4 설이 주로 주장되고 있다.

보호규범에 따라 보호되는 **피보호이익**은 통상 개인(자연인, 법인, 법인격 없는 단체)의 개인적(사적) 이익을 말한다.

다. 소송상 보호할 가치 있는 이익구제설 **소송상 보호할 가치 있는 이익구제설**은 소송법적 관점에서 재판에 의하여 보호할 만한 가치가 있는 이익이 침해된 자는 항고소송의 원고적격이 있다고 본다. 이 견해는 원고적격의 문제는 소송법상의 문제라는 것에 근거하고 있다.

라. 적법성보장설 **적법성보장설**은 항고소송의 주된 기능을 행정통제에서 찾고, 처분의 위법성을 다툴 적합한 이익을 갖는 자에게 원고적격을 인정하는 견해이다. 이 견해는 항고소송을 행정의 적법성을 통제하는 소송(객관소송)으로 보는 것에 근거하고 있다.

마. 판 례 **판례**는 원칙상 '법적 이익구제설'에 입각하고 있다. 판례는 **처분의 근거법규 및 관계법규**(예 환경영향평가법)**에 의해 보호되는 직접적이고 구체적인 개인적 이익**(사익)**을 법률상 이익**으로 보고 있다. 공익보호의 결과로 국민 일반이 공통적으로 가지는 일반적·간접적·추상적 이익과 같이 사실적·경제적 이해관계를 갖는 데 불과한 경우는 여기에 포함되지 아니한다(대판 2024. 3. 12, 2021두58998).

[판례] **법률상 보호되는 이익**이라 함은 해당 처분의 근거 법규 및 관련 법규에 의하여 보호되는 **개별적·직접적·구체적 이익이 있는 경우**를 말하고, 공익보호의 결과로 국민 일반이 공통적으로 가지는 일반적·간접적·추상적 이익이 생기는 경우에는 법률상 보호되는 이익이 있다고 할 수 없다(대판 전원합의체 2006. 3. 16, 2006두330〈새만금사건〉).

판례는 법률상 이익의 범위를 넓혀가는 경향이 있다. **해당 처분의 근거 법규 및 관련 법규에 의하여 보호되는 법률상 이익**은 해당 처분의 근거 법규의 명문 규정에 의하여 보호받는 법률상 이익, 해당 처분의 근거 법규에 의하여 보호되지는 아니하나 해당 처분의 행정목적을 달성하기 위한 일련의 단계적인 관련 처분들의 근거 법규에 의하여 명시적으로 보호받는 법률상 이익, 해당 처분의 근거 법규 또는 관련 법규에서 명시적으로 해당 이익을 보호하는 명문의 규정이 없더라도 근거 법규 및 관련 법규의 합리적 해석상 그 법규에서 행정청을 제약하는 이유가 순수한 공익의 보호만이 아닌 **개별적·직접적·구체적 이익을 보호하는 취지가 포함되어 있다고 해석되는 경우까지를 말한다**(대판 2024. 3. 12, 2021두58998).

판례는 이해관계인의 절차적 권리(법적 이익)도 법률상 이익으로 본다. 이해관계인이 아닌 주민의 절차적 참가권은 법률상 이익이라고 할 수 없다.

[판례] 甲 학교법인의 정상화 과정에서 서울특별시교육감이 임시이사들을 해임하고 정이사를 선임한 사안에서, **사립학교법 제25조의3 제 1 항이** 학교법인을 정상화하기 위하여 임시이사를 해임하고 이사를 선임하는 절차에서 **이해관계인에게 어떠한 청구권 또는 의견진술권을 부여하고 있지 않으므로, 乙 학교법인이 임시이사 해임 및 이사 선임에 관하여 사립학교법에 의해 보호받는 법률상 이익이 없다**고 본 사례(대판 2014. 1. 23, 2012두6629〈임시이사해임처분취소등〉). [해설] 반대해석을 하면 의견진술권이 있는 이해관계인은 법적 이익이 있다고 할 수 있다.

바. 결 어 현행 행정소송법의 해석론으로는 법적 이익구제설이 타당하다. 그 이유는 현행 행정소송법이 항고소송의 주된 기능을 권익구제로 보고 주관소송으로 규정하고 있기 때문이다.

다음과 같은 이유에서 법적 이익구제설 중 제 5 설이 타당하다.

① 항고소송을 권익구제제도로 본다면 현행 행정소송법상의 '법률상 이익'은 그 이익이 개인적 이익이면 실체법이든 절차법이든 법에 의해 보호되는 이익으로 보는 것이 타당하다. ② 헌법이나 그 밖의 일반법질서(민법 포함)에 의해 보호되는 이익이 침해된 자에게도 항고소송의 원고적격을 인정하여야 할 것이다. 헌법상 구체적 기본권이 침해된 자에게는 원고적격을 인정하여야 한다. 그러나 법률에 의해 구체화되어야 비로소 구체적 기본권이 되는 추상적 기본권이 침해된 것만으로는 원고적격을 인정할 수 없다.

2) 판례에서의 원고적격의 요건

판례는 원고적격의 요건으로 "법률(처분의 근거법규 및 관계법규)상 보호되는 개별적·직접적·구체적 이익의 침해"를 요구하고 있다.

가. 법적 이익(법률상 보호되는 이익) ① 처분의 근거법규 및 관계법규에 따라 보호되는 이익의 침해가 있어야 한다.

[판례 1] **해당 처분의 근거법규 및 관련법규에 의하여 보호되는 법률상 이익이란** 해당 처분의 근거법규(근거법규가 다른 법규를 인용함으로 인하여 근거법규가 된 경우까지를 아울러 포함한다)의 명문규정에 의하여 보호받는 법률상 이익, 해당 처분의 근거법규에 의하여 보호되지는 아니 하나 해당 처분의 행정목적을 달성하기 위한 일련의 단계적인 관련처분들의 근거법규에 의하여 명시적으로 보호받는 법률상 이익, **해당 처분의 근거법규 또는 관련법규**에서 명시적으로 해당 이익을 보호하는 명문의 규정이 없더라도 근거법규 및 관련법규의 합리적 해석상 그 법규에서 행정청을 제약하는 이유가 순수한 공익의 보호만이 아닌 개별적·직접적·구체적 이익을 보호하는 취지가 포함되어 있다고 해석되는 경우까지를 말

한다(대판 2004. 8. 16, 2003두2175: 주택건설사업계획승인처분의 대상이 된 사업부지 밖의 토지소유자에게는 그 처분의 취소를 구할 원고적격이 없다고 본 사례).

[판례 2] 사립학교 소속 직원의 호봉산정이나 보수에 관하여 규정하고 있는 **사립학교법 제70조의2 제 1 항 및 그에 따른 각 사립학교의 정관 등이 사립학교법 제43조와 함께 피고 교육감의 학교법인 이사장 및 학교장에 대한 호봉정정 및 급여환수 명령(이 사건 각 명령)의 근거법규 내지 관련 법규에 해당**하고, **사립학교 사무직원의 이익을 개별적·직접적·구체적으로 보호하고 있는 규정으로 볼 수 있고,** 나아가 이 사건 각 명령(호봉정정명령 등)으로 인하여 원고들은 급여가 실질적으로 삭감되거나 기지급된 급여를 반환하여야 하는 **직접적이고 구체적인 손해를 입게 되므로,** 원고들은 이 사건 각 명령(호봉정정명령 등)을 다툴 개별적·직접적·구체적 이해관계가 있다고 볼 수 있으므로 **원고(직원)들이 제 3 자에 대한 피고 교육감의 학교법인 이사장 및 학교장에 대한 호봉정정 및 급여환수 명령(이 사건 각 명령)으로 인해 법률상 보호되는 이익을 침해당한 자에 해당한다**고 한 사례(대판 2023. 1. 12, 2022두56630〈호봉정정명령 등 취소〉).

② 사실상 이익 또는 반사적 이익의 침해만으로는 원고적격이 인정되지 않는다. 공익보호의 결과로 국민 일반이 공통적으로 가지는 일반적·간접적·추상적 이익과 같이 사실적·경제적 이해관계를 갖는 데 불과한 경우는 법률상 이익에 포함되지 아니한다(대판 2024. 3. 12, 2021두58998).

[판례 1] 구 담배사업법(2007. 7. 19. 법률 제8518호로 개정되기 전의 것)과 그 시행령 및 시행규칙의 관계규정을 종합해 보면, 담배 일반소매인의 지정기준으로서 일반소매인의 영업소 간에 일정한 거리제한을 두고 있는 것은 담배유통구조의 확립을 통하여 국민의 건강과 관련되고 국가 등의 주요 세원이 되는 담배산업 전반의 건전한 발전 도모 및 국민경제에의 이바지라는 공익목적을 달성하고자 함과 동시에 일반소매인 간의 과당경쟁으로 인한 불합리한 경영을 방지함으로써 일반소매인의 경영상 이익을 보호하는 데에도 그 목적이 있다고 보이므로, 일반소매인으로 지정되어 영업을 하고 있는 기존업자의 신규 일반소매인에 대한 이익은 단순한 사실상의 반사적 이익이 아니라 법률상 보호되는 이익이라고 해석함이 상당하다(대판 2008. 3. 27, 2007두23811〈담배소매인지정처분취소〉: 담배 일반소매인으로 지정되어 영업 중인 기존업자의 이익을 법률상 보호되는 이익으로 본 사례).

[판례 2] **일반소매인으로 지정되어 영업을 하고 있는 기존업자의 신규 일반소매인에 대한 이익은 단순한 사실상의 반사적 이익이 아니라 법률상 보호되는 이익**으로서 기존 일반소매인이 신규 일반소매인 지정처분의 취소를 구할 원고적격이 있다고 보아야 할 것이나(대판 2008. 3. 27, 2007두23811 참조), 한편 **구내소매인과 일반소매인 사이에서는** 구내소매인의 영업소와 일반소매인의 영업소 간에 거리제한을 두지 아니할 뿐 아니라 건축물 또는 시설물의 구조·상주인원 및 이용인원 등을 고려하여 동일 시설물 내 2개소 이상의 장소에 구내소매인을 지정할 수 있으며, 이 경우 일반소매인이 지정된 장소가 구내소매인 지정대상

이 된 때에는 동일 건축물 또는 시설물 안에 지정된 일반소매인은 구내소매인으로 보고, 구내소매인이 지정된 건축물 등에는 일반소매인을 지정할 수 없으며, 구내소매인은 담배진열장 및 담배소매점 표시판을 건물 또는 시설물의 외부에 설치하여서는 아니 된다고 규정하는 등 일반소매인의 입장에서 구내소매인과의 과당경쟁으로 인한 경영의 불합리를 방지하는 것을 그 목적으로 할 수 있다고 보기 어려우므로, **일반소매인으로 지정되어 영업을 하고 있는 기존업자의 신규 구내소매인에 대한 이익은 법률상 보호되는 이익이 아니라 단순한 사실상의 반사적 이익이라고 해석함이 상당하므로, 기존 일반소매인은 신규 구내소매인 지정처분의 취소를 구할 원고적격이 없다**(대판 2008. 4. 10, 2008두402〈담배소매인지정처분취소〉).

[판례 3] 제주 강정마을 일대가 **절대보전지역**으로 유지됨으로써 **주민들인 원고들이 가지는 주거 및 생활환경상 이익은 그 지역의 경관 등이 보호됨으로써 반사적으로 누리는 것**일 뿐 근거 법규 또는 관련 법규에 의하여 보호되는 개별적·직접적·구체적 이익이라고 할 수 없다고 한 사례(대판 2012. 7. 5, 2011두13187·13914(병합)〈절대보전지역변경처분무효확인 등〉).

[판례 4] 상수원보호구역 설정의 근거가 되는 수도법 제 5 조 제 1 항 및 동 시행령 제 7 조 제1 항이 보호하고자 하는 것은 상수원의 확보와 수질보전일 뿐이고, 그 상수원에서 급수를 받고 있는 지역주민들이 가지는 상수원의 오염을 막아 양질의 급수를 받을 이익은 직접적이고 구체적으로는 보호하고 있지 않음이 명백하여 위 지역주민들이 가지는 이익은 상수원의 확보와 수질보호라는 공공의 이익이 달성됨에 따라 반사적으로 얻게 되는 이익에 불과하므로 지역주민들에 불과한 원고들에게는 위 상수원보호구역변경처분의 취소를 구할 법률상의 이익이 없다(대판 1995. 9. 26, 94누14544). [해설] 생각건대 상수원보호구역 설정 및 해제의 근거가 되는 수도법규정이 상수원의 수질보호와 함께 물이용자의 개인적 이익도 직접 보호하는 것을 목적으로 하고 있다고 볼 수도 있고, 현재와 같이 한강수계 상수원수질개선 및 주민지원 등에 관한 법률 및 동법 시행령 제19조에 따라 수도사업자가 물이용부담금을 납부하고(이 물이용부담금은 수도요금에 전가될 것이다) 이 재원으로 상수원보호구역에 재정지원을 하고 있는 점 등을 아울러 고려하면 상수원보호구역을 규율하는 수도법규정으로 인하여 수돗물 이용자가 받는 이익은 법적 이익이라고 볼 수도 있다.

③ **헌법상 기본권**이 원고적격의 요건인 법률상 이익이 될 수 있는지에 관하여 아직 이를 적극적으로 인정하고 있는 **대법원 판례**는 없고, 추상적 기본권(예 환경권)의 침해만으로는 원고적격을 인정할 수 없다는 **대법원 판례**가 있을 뿐이다.

[판례] 환경영향평가 대상지역 밖에 거주하는 주민에게 헌법상의 환경권 또는 환경정책기본법에 근거하여 공유수면매립면허처분과 농지개량사업 시행인가처분의 무효확인을 구할 원고적격이 없다고 한 사례: 헌법 제35조 제 1 항에서 정하고 있는 **환경권에 관한 규정만으로는 그 권리의 주체·대상·내용·행사방법 등이 구체적으로 정립되어 있다고 볼 수 없고,** 환경정책기본법 제 6 조도 그 규정 내용 등에 비추어 국민에게 구체적인 권리를 부여한 것으로 볼 수

없다는 이유로, 환경영향평가 대상지역 밖에 거주하는 주민에게 **헌법상의 환경권 또는 환경정책기본법에 근거하여 공유수면매립면허처분과 농지개량사업 시행인가처분의 무효확인을 구할 원고적격이 없다고 한 사례**(대판 전원합의체 2006. 3. 16, 2006두330〈정부조치계획취소등〉〈새만금사건〉).

이에 반하여 헌법재판소는 기본권주체의 원고적격을 인정하고 있다.

[판례] 설사 국세청장의 지정행위의 근거규범인 이 사건 조항들이 단지 공익만을 추구할 뿐 청구인 개인의 이익을 보호하려는 것이 아니라는 이유로 청구인에게 취소소송을 제기할 법률상 이익을 부정한다고 하더라도, 청구인의 **기본권인 경쟁의 자유가** (보충적으로) 바로 행정청의 지정행위(납세병마개 제조자지정행위)의 취소를 구할 **법률상 이익이 된다 할 것**이다(헌재 1998. 4. 30, 97헌마141).

나. 개인적 이익(사적 이익) 법으로 보호되는 개인적 이익(사적 이익)이 있는 자만이 항고소송을 제기할 원고적격이 있고, 공익의 침해만으로는 원고적격이 인정될 수 없다. 그러나 구성원의 법률상 이익의 침해를 이유로 원고적격을 인정받을 수는 없다.

처분 등으로 법인 또는 단체의 개인적 이익(사적 이익)이 침해된 경우에도 그 법인 또는 단체에게 원고적격이 인정된다.

[판례 1] 약제를 제조·공급하는 **제약회사**가 보건복지부 고시인 '약제급여·비급여 목록 및 급여 상한금액표' 중 약제의 상한금액 인하 부분에 대하여 그 취소를 구할 **원고적격이 있다**고 한 사례(대판 2006. 12. 21, 2005두16161〈보험약가인하처분취소〉).
[판례 2] (1) **구 사립학교법령 및 상지학원 정관 규정은 학교직원의 학교운영참여권을 구체화하여 이를 보호하고 있다고 해석되므로,** 상지대학교 교수협의회 및 총학생회에게 학교법인 정상화 과정에서 이루어진 이사선임처분의 취소를 구할 원고적격을 인정할 수 있다. (2) **개방이사에 관한 구 사립학교법령 및 상지학원 정관 규정이 학교직원의 법률상 이익을 보호하고 있다고 보더라도, 학교직원들로 구성된 원고 노동조합의 법률상 이익까지 보호하고 있는 것으로 해석할 수는 없으므로** 전국대학노동조합 상지대학교지부에게 위와 같은 처분의 취소를 구할 원고적격을 인정할 수 없다(대판 2015. 7. 23, 2012두19496·19502〈이사선임처분취소〉). [해설] 공익단체의 설립목적 실현을 위한 이익을 개인적 이익으로 보고, 처분의 근거 및 관계 법령에 의해 보호되면 법률상 이익으로 본 판례로 볼 수도 있다.

다. 직접적·구체적 이익 처분 등에 따라 침해되는 법적 이익은 직접적·구체적 이익이어야 하며 간접적이거나 추상적인 이익이 침해된 자에게는 원고적격이 인정되지 않는다.

[판례 1] '법률상 보호되는 이익'의 의미: 행정처분의 직접 상대방이 아닌 제 3 자라 하더라도 해당 행정처분으로 인하여 법률상 보호되는 이익을 침해당한 경우에는 그 처분의 무효확인을 구하는 행정소송을 제기하여 그 당부의 판단을 받을 자격이 있다 할 것이며, 여기에서 말하는 법률상 보호되는 이익이라 함은 해당 처분의 근거 법규 및 관련 법규에 의하여 보호되는 **개별적·직접적·구체적 이익**이 있는 경우를 말하고, **공익보호의 결과로 국민 일반이 공통적으로 가지는 일반적·간접적·추상적 이익이 생기는 경우에는 법률상 보호되는 이익이 있다고 할 수 없다**(대판 전원합의체 2006. 3. 16, 2006두330〈정부조치계획취소등〉〈새만금사건〉). **[해설]** 이론상으로는 법규에 의해 보호되는 이익은 법의 보호범위내에 있는지 여부만으로 결정되고, 직접성·구체성은 이익의 요소가 아니라 침해의 요소로 보는 것이 타당하다.

[판례 2] (1) 행정소송법 제12조에서 말하는 '법률상 이익'의 의미: 행정소송법 제12조에서 말하는 '법률상 이익'이란 해당 행정처분의 근거 법률에 의하여 보호되는 **직접적이고 구체적인 이익을 말하고, 해당 행정처분과 관련하여 간접적이거나 사실적·경제적 이해관계를 가지는 데 불과한 경우는 여기에 포함되지 않으나,** 행정처분의 직접 상대방이 아닌 제 3 자라고 하더라도 해당 행정처분으로 인하여 법률상 보호되는 이익을 침해당한 경우에는 취소소송을 제기하여 그 당부의 판단을 받을 자격이 있다. (2) 구 임대주택법상 임차인대표회의도 임대주택 분양전환승인처분에 대하여 취소소송을 제기할 원고적격이 있는지 여부(적극): 구 임대주택법(2009. 12. 29. 법률 제9863호로 개정되기 전의 것) 제21조 제 5 항, 제 9 항, 제34조, 제35조 규정의 내용과 입법 경위 및 취지 등에 비추어 보면, 임차인대표회의도 해당 주택에 거주하는 임차인과 마찬가지로 임대주택의 분양전환과 관련하여 그 승인의 근거 법률인 구 임대주택법에 의하여 보호되는 구체적이고 직접적인 이익이 있다고 봄이 상당하다. 따라서 임차인대표회의는 행정청의 분양전환승인처분이 승인의 요건을 갖추지 못하였음을 주장하여 그 취소소송을 제기할 원고적격이 있다고 보아야 한다(대판 2010. 5. 13, 2009두19168〈분양전환승인의취소〉).

[판례 3] **아파트관리사무소 소장**으로 근무하면서 관리사무소를 위하여 종합소득세의 신고·납부, 경정청구 등의 업무를 처리하였다는 것만으로는, 위 소장에게 **경정청구를 거부한 과세관청의 처분에 대해 취소를 구할 법률상의 이익이 있다고 보기 어렵다**고 한 사례(대판 2003. 9. 23, 2002두1267〈종합소득세환급경정청구거부처분취소〉).

[판례 4] 법인의 주주가 당해 법인에 대한 행정처분의 취소를 구할 원고적격이 있는 경우: **법인의 주주는 법인에 대한 행정처분에 관하여 사실상이나 간접적인 이해관계를 가질 뿐이어서 스스로 그 처분의 취소를 구할 원고적격이 없는 것이 원칙이라고 할 것이지만**, 그 처분으로 인하여 법인이 더 이상 영업 전부를 행할 수 없게 되고, 영업에 대한 인·허가의 취소 등을 거쳐 해산·청산되는 절차 또한 처분 당시 이미 예정되어 있으며, 그 후속절차가 취소되더라도 그 처분의 효력이 유지되는 한 당해 법인이 종전에 행하던 영업을 다시 행할 수 없는 **예외적인 경우에는 주주도 그 처분에 관하여** 직접적이고 구체적인 법률상 이해관계를 가진다고 보아 **그 효력을 다툴 원고적격이 있다**(대판 2005. 1. 27, 2002두5313: 부실금융기관의 정비를 목적으로 은행의 영업 관련 자산 중 재산적 가치가 있는 자산 대부분과 부채 등이

타에 이전됨으로써 더 이상 그 영업 전부를 행할 수 없게 되고, 은행업무정지처분 등의 효력이 유지되는 한 은행이 종전에 행하던 영업을 다시 행할 수는 없는 경우, **은행의 주주에게 당해 은행의 업무정지처분 등을 다툴 원고적격이 인정된다고 한 사례**). **다만, 법인의 주주가 법인에 대한 행정처분**(운송사업양도·양수신고수리처분) **이후의 주식 양수인인 경우에는** 특별한 사정이 없는 한 **그 처분에 대하여 간접적·경제적 이해관계를 가질 뿐** 법률상 직접적·구체적 이익을 가지는 것은 아니므로 그 처분의 취소를 구할 원고적격이 인정되지 않는다(대판 2010. 5. 13, 2010두2043〈운송사업양도·양수신고수리처분취소〉).

[판례 5] **의사협회의 원고적격을 부정한 사례:** 사단법인 대한의사협회는 의료법에 의하여 의사들을 회원으로 하여 설립된 사단법인으로서, 국민건강보험법상 요양급여행위, 요양급여비용의 청구 및 지급과 관련하여 **직접적인 법률관계를 갖지 않고 있으므로,** 보건복지부 고시인 '건강보험요양급여행위 및 그 상대가치점수 개정'으로 인하여 자신의 법률상 이익을 침해당하였다고 할 수 없다는 이유로 위 고시의 취소를 구할 원고적격이 없다고 한 사례(대판 2006. 5. 25, 2003두11988).

라. 법률상 이익이 침해되거나 침해될 우려(개연성)가 있을 것 처분 등에 의해 법률상 이익이 현실적으로 침해된 경우(예 허가취소)뿐만 아니라 침해가 예상되는 경우(예 건축허가)에도 원고적격이 인정된다. 침해가 예상되는 경우에는 그 침해의 발생이 단순히 가능성이 있는 것만으로는 안 되고 확실하거나 개연성이 있어야 한다. 판례는 "침해의 우려"라는 표현을 쓰고 있는데, 우려는 모호한 개념이며 이 경우의 "우려"는 개연성을 의미한다고 보아야 한다.

[판례 1] 김해시장이 낙동강에 합류하는 하천수 주변의 토지에 구 산업집적활성화 및 공장설립에 관한 법률 제13조에 따라 공장설립을 승인하는 처분을 한 사안에서, 공장설립으로 수질오염 등이 발생할 우려가 있는 취수장에서 물을 공급받는 부산광역시 또는 양산시에 거주하는 주민들도 위 처분의 근거 법규 및 관련 법규에 의하여 **법률상 보호되는 이익이 침해되거나 침해될 우려가 있는** 주민으로서 원고적격이 인정된다고 한 사례(대판 2010. 4. 15, 2007두16127〈공장설립승인처분취소〉).

[판례 2] (1) **민간투자사업시행자지정처분 자체로 제 3 자의 재산권이 침해되지 않고,** 구 민간투자법 제18조에 의한 타인의 토지출입 등, 제20조에 의한 토지 등의 수용·사용은 사업실시계획의 승인을 받은 후에야 가능하다. 그러므로 **원고(서울-춘천고속도로건설사업시행지 토지소유자)들의 재산권은 사업실시계획의 승인 단계에서 보호되는 법률상 이익이라고 할 것이므로, 그 이전인 사업시행자지정처분 단계에서는 원고들의 재산권 침해를 이유로 그 취소를 구할 수 없다.** (2) 이 사건 사업에 대한 사전환경성검토협의나 환경영향평가협의는 모두 이 사건 사업시행자지정처분 이후에 이루어져도 적법하고, 반드시 이 사건 사업시행자지정처분 전에 사전환경성검토협의나 환경영향평가협의 절차를 거칠 필요는 없다. 그러므로 환경정책기본법이나 '환경·교통·재해 등에 관한 영향평가법'에 의해 보호되는 원고(인근주

민)들의 환경이익은 이 사건 **사업시행자지정처분의 단계에서는 아직 법률에 의하여 보호되는 이익이라고 할 수 없다**(대판 2009. 4. 23, 2008두242〈민간투자시설사업시행자지정처분취소〉).

법률상 이익의 침해 또는 침해의 우려(개연성)는 원칙상 원고가 입증(증명)하여야 한다. 다만, 환경영향평가대상지역 또는 영향권 내의 주민 등에 대하여는 특단의 사정이 없는 한 환경상 이익에 대한 침해 또는 침해 우려가 있는 것으로 사실상 추정되므로 법률상 이익의 침해 또는 침해의 우려 없음을 피고가 입증하여야 한다.

[판례 1] (1) **행정처분으로써 이루어지는 사업으로 환경상 침해를 받으리라고 예상되는 영향권의 범위가 그 처분의 근거 법규 등에 구체적으로 규정되어 있는 경우, 영향권 내의 주민에게 행정처분의 취소 등을 구할 원고적격이 인정되는지 여부(원칙적 적극) 및 영향권 밖의 주민에게 원고적격이 인정되기 위한 요건:** 행정처분의 근거 법규 또는 관련 법규에 그 처분으로써 이루어지는 행위 등 사업으로 인하여 환경상 침해를 받으리라고 예상되는 **영향권의 범위가 구체적으로 규정되어 있는 경우**에는, 그 영향권 내의 주민들에 대하여는 해당 처분으로 인하여 직접적이고 중대한 환경피해를 입으리라고 예상할 수 있고, 이와 같은 환경상의 이익은 주민 개개인에 대하여 개별적으로 보호되는 직접적·구체적 이익으로서 그들에 대하여는 **특단의 사정이 없는 한 환경상 이익에 대한 침해 또는 침해 우려가 있는 것으로 사실상 추정되어 법률상 보호되는 이익으로 인정됨으로써 원고적격이 인정**되며, 그 **영향권 밖의 주민들은** 해당 처분으로 인하여 그 처분 전과 비교하여 수인한도를 넘는 환경피해를 받거나 받을 우려가 있다는 자신의 환경상 이익에 대한 **침해 또는 침해 우려가 있음을 증명하여야만** 법률상 보호되는 이익으로 인정되어 **원고적격이 인정**된다. (2) 김해시장이 소감천을 통해 낙동강에 합류하는 하천수 주변의 토지에 구 산업집적활성화 및 공장설립에 관한 법률 제13조에 따라 **공장설립을 승인하는 처분을 한 사안**에서, 상수원인 물금취수장이 소감천이 흘러 내려 낙동강 본류와 합류하는 지점 근처에 위치하고 있는 점, 수돗물은 수도관 등 급수시설에 의해 공급되는 것이어서 거주지역이 물금취수장으로부터 다소 떨어진 곳이라고 하더라도 수돗물의 수질악화 등으로 주민들이 갖게 되는 환경상 이익의 침해나 그 우려는 그 수돗물을 공급하는 취수시설이 입게 되는 수질오염 등의 피해나 그 우려와 동일하게 평가될 수 있는 **점 등에 비추어, 공장설립으로 수질오염 등이 발생할 우려가 있는 물금취수장에서 취수된 물을 공급받는 부산광역시 또는 양산시에 거주하는 주민들도** 위 처분의 근거 법규 및 관련 법규에 의하여 개별적·구체적·직접적으로 보호되는 환경상 이익, 즉 **법률상 보호되는 이익이 침해되거나 침해될 우려가 있는 주민으로서 원고적격이 인정된다고 한 사례**(대판 2010. 4. 15, 2007두16127〈공장설립승인처분취소〉). **[해설]** 이 사건에서 원고인 수돗물을 공급받는 자는 영향권 밖의 주민이지만, 상수원인 취수장이 영향권 내에 있는 점, 수돗물은 수도관 등 급수시설에 의해 공급되는 것이어서 거주지역이 물금취수장으로부터 다소 떨어진 곳이라고 하더라도 수돗물의 수질악화 등으로 주민들이 갖게 되는 환

경상 이익의 침해나 그 우려는 그 수돗물을 공급하는 취수시설이 입게 되는 수질오염 등의 피해나 그 우려와 동일하게 평가될 수 있는 점 등을 고려하여 원고가 갖는 법률상 이익인 환경상 이익의 침해 우려가 있다고 본 사례이다. 이 판례에 의하면 수돗물을 공급받는 자가 영향권 밖에 거주하더라도 취수장이 영향권내에 있으면 원고적격을 인정받을 수 있다는 결과가 된다.

[판례 2] **행정처분의 근거 법규 등에 의하여 환경상 이익에 대한 침해 또는 침해 우려가 있는 것으로 사실상 추정되어 원고적격이 인정되는 사람의 범위:** 환경상 이익에 대한 침해 또는 침해 우려가 있는 것으로 사실상 추정되어 원고적격이 인정되는 사람에는 환경상 침해를 받으리라고 예상되는 영향권 내의 주민들을 비롯하여 (영향권 밖에 거주하더라도) **그 영향권 내에서 농작물을 경작하는 등 현실적으로 환경상 이익을 향유하는 사람도 포함**된다. 그러나 단지 그 영향권 내의 건물·토지를 소유하거나 환경상 이익을 일시적으로 향유하는 데 그치는 사람은 포함되지 않는다(대판 2009. 9. 24, 2009두2825〈개발사업시행승인처분취소〉).

(3) 구체적 사례

1) 불이익처분의 상대방

불이익처분의 상대방은 직접 개인적 이익의 침해를 받은 자로서 원고적격이 인정된다(대판 2018. 3. 27, 2015두47492).

2) 제 3 자의 원고적격

행정처분의 상대방이 아닌 제 3 자라 하더라도 그 처분 등으로 인하여 법률상 보호되는 이익을 침해당한 경우에는 취소소송을 제기하여 그 당부의 판단을 받을 자격이 있다. 위 **법률상 보호되는 이익이란 해당 처분의 근거법률에 의하여 보호되는 직접적이고 구체적인 이익을 말하고** 간접적이거나 사실적·경제적 이해관계를 가지는데 불과한 경우는 여기에 해당되지 않는다(대판 1997. 4. 25, 96누14906〈시외버스운송사업양도양수인가처분취소〉).

[판례 1] 학술지원사업 과제에 관하여 산학협력단을 상대방으로 한 사업비 환수처분 취소소송에서 해당 과제 연구책임자의 원고적격이 인정된다고 한 사례(대판 2025. 2. 13, 2024두57996).

[판례 2] [신규 약국개설등록처분 취소소송에서 인근 약국개설자의 원고적격이 문제된 사건] (1) 취소소송은 처분 등의 취소를 구할 법률상 이익이 있는 자가 제기할 수 있다(행정소송법 제12조 전문). 행정처분의 직접 상대방이 아닌 제 3 자라 하더라도 당해 행정처분으로 인하여 '법률상 보호되는 이익'을 침해당한 경우에는 취소소송을 제기하여 그 당부의 판단을 받을 자격이 있고, '법률상 보호되는 이익'은 당해 처분의 근거 법규 및 관련 법규에 의하여 보호되는 개별적·직접적·구체적 이익을 말한다(대법원 2006. 3. 16. 선고 2006두

330 전원합의체 판결, 대법원 2025. 2. 13. 선고 2024두57996 판결 등 참조). (2) 다른 약사에 대한 약국개설등록처분으로 인하여 조제 기회를 전부 또는 일부라도 상실하게 된 **기존 약국개설자는** 특별한 사정이 없는 한 **해당 처분(다른 약사에 대한 약국개설등록처분)의 취소를 구할 법률상 이익**이 있다(원칙적 적극)(대판 2025. 9. 11, 2024두34276〈약국개설등록처분취소〉).

3) 경업자소송 [1998 사시 사례, 2009 행시(재경 등) 사례, 2012 변시 사례]

경업자소송이란 여러 영업자가 경쟁관계에 있는 경우에 경쟁관계에 있는 영업자에 대한 처분 또는 부작위를 경쟁관계에 있는 다른 영업자가 다투는 소송을 말한다.

가. 기존업자의 신규업자에 대한 인·허가처분의 취소청구 판례는 신규업자에 대한 인·허가처분으로 **기존업자의 법률상 이익이 침해되는 경우**에는 기존업자에게 원고적격을 인정하고, **기존업자의 단순한 경제적·사실상 이익만이 침해되는 경우**에는 기존업자에게 원고적격을 인정하지 않고 있다.

판례는 일반적으로 **기존업자가 특허기업인 경우**에는 그 기존업자가 그 특허로 인하여 받은 영업상 이익은 법률상 이익이라고 보아 원고적격을 인정하고, **기존업자가 허가를 받아 영업하는 경우**에 그 기존업자가 그 허가로 인하여 받는 영업상 이익은 반사적 이익 또는 사실상 이익에 불과한 것으로 보아 원고적격을 부정하는 경향이 있다. 다만, **허가의 경우에도 허가요건규정**(예 허가요건 중 거리제한규정 또는 영업구역규정이 두어지는 경우)**이 공익뿐만 아니라 개인의 이익도 보호하고 있다라고 해석되는 경우에는 기존 허가권자가 해당 허가요건에 위반하는 제 3 자에 대한 허가를 다툴 원고적격을 가진다고 본다.**

예를 들면, 허가요건 중 거리제한규정 또는 영업구역규정이 두어지는 경우에는 이 거리제한규정 또는 영업구역규정에 의해 기존업자가 독점적 이익을 누리고 있는 경우에 그 이익이 법률상 이익에 해당하는 것으로 해석된다.

따라서 허가와 특허의 구별 없이 처분의 근거법규 및 관계법규에 따라 기존업자의 영업상 이익이 직접·구체적으로 보호되고 있는지 여부, 달리 말하면 기존업자의 영업상 이익이 단순한 사실상의 반사적 이익인지 여부를 기준으로 기존업자의 원고적격을 인정하는 것이 타당하다. 이는 오늘날 허가와 특허의 구별이 상대화되고 있는 점에서도 타당하다.

최근 판례는 허가와 특허의 구별 없이 처분의 근거가 되는 법률이 해당 업자들 사이의 과당경쟁으로 인한 경영의 불합리를 방지하는 것을 그 목적으로 하고 있는 경우 취소를 구할 원고적격을 인정하고 있다.

[판례 1] **일반적으로 면허나 인·허가 등의 수익적 행정처분의 근거가 되는 법률이 해당 업자들 사이의 과당경쟁으로 인한 경영의 불합리를 방지하는 것도 그 목적으로 하고 있는 경우**, 다른 업자에 대한 면허나 인·허가 등의 수익적 행정처분에 대하여 미리 같은 종류의 면허나 인·허가 등의 수익적 행정처분을 받아 영업을 하고 있는 기존의 업자는 경업자에 대하여 이루어진 면허나 인·허가 등 행정처분의 상대방이 아니라 하더라도 해당 행정처분의 취소를 구할 **원고적격이 있다**(대판 2006. 7. 28, 2004두6716 등 참조).

[판례 2] **일반소매인으로 지정되어 영업을 하고 있는 기존업자의 신규 일반소매인에 대한 이익은 단순한 사실상의 반사적 이익이 아니라 법률상 보호되는 이익**으로서 기존 일반소매인이 신규 일반소매인 지정처분의 취소를 구할 원고적격이 있다고 보아야 할 것이나(대판 2008. 3. 27, 2007두23811 참조), 한편 **구내소매인과 일반소매인 사이에서는** 구내소매인의 영업소와 일반소매인의 영업소 간에 거리제한을 두지 아니할 뿐 아니라 건축물 또는 시설물의 구조·상주인원 및 이용인원 등을 고려하여 동일 시설물 내 2개소 이상의 장소에 구내소매인을 지정할 수 있으며, 이 경우 일반소매인이 지정된 장소가 구내소매인 지정대상이 된 때에는 동일 건축물 또는 시설물 안에 지정된 일반소매인은 구내소매인으로 보고, 구내소매인이 지정된 건축물 등에는 일반소매인을 지정할 수 없으며, 구내소매인은 담배진열장 및 담배소매점 표시판을 건물 또는 시설물의 외부에 설치하여서는 아니 된다고 규정하는 등 **일반소매인의 입장에서 구내소매인과의 과당경쟁으로 인한 경영의 불합리를 방지하는 것을 그 목적으로 할 수 있다고 보기 어려우므로, 일반소매인으로 지정되어 영업을 하고 있는 기존업자의 신규 구내소매인에 대한 이익은 법률상 보호되는 이익이 아니라 단순한 사실상의 반사적 이익이라고 해석함이 상당하므로, 기존 일반소매인은 신규 구내소매인 지정처분의 취소를 구할 원고적격이 없다**(대판 2008. 4. 10, 2008두402〈담배소매인지정처분취소〉).

(가) 기존업자가 특허기업인 경우 원고적격 인정

① 신규노선 연장인가처분에 대한 해당 노선의 기존사업자의 취소청구소송에서 원고적격 인정(대판 1974. 4. 9, 73누173).

② 동일한 사업구역 내의 동종의 사업용화물자동차면허대수를 늘리는 보충인가처분에 대한 기존 개별화물자동차운송사업자의 취소청구에서 원고적격 인정(대판 1992. 7. 10, 91누9107).

(나) 기존업자가 허가기업인 경우 원칙상 원고적격 부인

① 석탄가공업에 관한 기존허가업자의 신규허가에 대한 취소소송에서 원고적격 부인(대판 1980. 7. 22, 80누33).

② 그 밖에 동일한 취지의 판례: 타인에 대한 양곡가공시설 이설 승인처분 취소처분을 취소한 처분에 대한 기존양곡가공업자의 불복(대판 1990. 11. 13, 89누756), 물품수입허가에 대한 같은 품종의 제조판매업자의 취소청구(대판 1971. 6. 29, 69누91), 숙박업구조변경허가처분에 대한 기존 숙박업자의 취소청구(대판 1990. 8. 14, 89누7900) 등에서 원고적격 부인.

(다) 기존업자가 허가기업인 경우 예외적으로 원고적격 인정 허가요건으로 거리제한 또는 영업허가구역규정이 있는 경우 해당 규정은 공익뿐만 아니라 기존허가업자의 영업상 개인적 이익을 보호하고 있는 것으로 볼 수 있으므로 기존허가업자에게 신규허가를 다툴 원고적격이 인정될 수 있다.

[판례] 갑이 적법한 약종상허가를 받아 **허가지역 내에서 약종상영업을 경영**하고 있음에도 불구하고 행정관청이 구 약사법 시행규칙(1969. 8. 13. 보건사회부령 제344호)을 위배하여 같은 약종상인 을에게 을의 영업허가지역이 아닌 **갑의 영업허가지역 내로 영업소를 이전하도록 허가**하였다면 갑으로서는 이로 인하여 기존업자로서의 법률상 이익을 침해받았음이 분명하므로 갑에게는 행정관청의 영업소이전허가처분의 취소를 구할 법률상 이익이 있다(대판 1988. 6. 14, 87누873).

나. 기존 경업자에 대한 수익처분을 다투는 소송 행정청이 경쟁관계에 있는 기존의 업자에게 보조금의 지급 등 수익적 처분을 하여 다른 경업자에게 불리한 경쟁상황을 야기한 경우에 다른 경업자는 그 수익적 처분을 다툴 원고적격이 있는가.

① 이 경우에 수익적 처분의 요건법규가 공익뿐만 아니라 경쟁관계에 있는 자의 경제적 이익도 보호하고 있다고 여겨지는 경우에는 경업자에게 원고적격이 인정될 수 있다.

② 수익적 처분의 근거법규가 없거나 해당 수익적 처분의 근거법규가 처분의 상대방이 아닌 경업관계에 있는 제 3 자의 이익까지도 보호하고 있다고 해석되기 어려운 경우에도 수익적 처분으로 기존의 경업자에게 불리한 경쟁상황을 야기하는 **헌법상 기본권인 경쟁의 자유를 침해**하는 것이므로 경쟁의 자유는 구체적 기본권인 직업의 자유에 포함되므로 헌법상 기본권을 원고적격의 인정기준이 되는 법률상 이익에 포함되는 것으로 보고 경업자에게 원고적격을 인정하는 것이 타당하다.

다. 기존 경업자에 대한 규제권 발동의 거부 또는 부작위를 다투는 소송 행정청에 대하여 경쟁관계에 있는 경업자의 불공정행위에 대하여 규제권을 발동할 것을 청구하였음에도 해당 행정청이 규제권을 발동하지 않는 경우(거부 또는 부작위의 경우)에 규제권 발동을 청구한 경업자는 거부처분의 취소소송 또는 부작위위법확인소송을 제기할 원고적격을 가지는가.

이 경우에 원고적격은 행정청의 규제권의 근거가 되는 법규가 공정한 경쟁질서의 확보라는 공익 이외에 다른 경업자의 개인적 이익도 보호하고 있다고 해석되는 경우에 인정된다. 또한 헌법상 기본권도 보충적으로 원고적격 인정의 근거가 될 수 있다고 본다면 법률상 이익을 보호하는 처분의 근거 및 관계법규가 없는 경우 경업자의 불공정행위로 불리한 경쟁관계에 놓이게 된 경업자에게는 영업의 자유라는 기본권 침해를 근거로 행정청의 규제권의 불행사를 다툴 원고적격을 가진다고 볼 수 있다. 만일 기본권의 침해만으로 항고소송의 원고적격이 인정되지 않는다면 헌법소원이 가능하다.

4) **경원자소송** [2008 행시(재경직) 사례, 2011 사시 사례, 2014 행시 사례]

경원자소송(競願者訴訟)이란 수인(數人)의 신청을 받아 일부에 대하여만 인·허가 등의 수익적 행정처분을 할 수 있는 경우에 인·허가 등을 받지 못한 자가 인·허가처분에 대하여 제기하는 항고소송을 말한다.

경원자관계에 있는 경우에는 각 경원자에 대한 인·허가 등이 배타적 관계에 있으므로 자신의 권익을 구제하기 위하여는 타인에 대한 인·허가 등을 취소할 법률상 이익이 있다고 보아야 한다.

판례도 경원관계에 있어서 경원자에 대하여 이루어진 허가 등 처분의 상대방이 아닌 자가 그 처분의 취소를 구할 당사자적격이 있다고 보고 있다. 다만, **명백한 법적 장애**로 인하여 원고 자신의 신청이 인용될 가능성이 처음부터 배제되어 있는 경우에는 해당 처분의 취소를 구할 정당한 이익이 없다(대판 2009. 12. 10, 2009두8359〈로스쿨예비인가처분취소청구사건〉).

[판례 1] **제 3 자에게 경원자(競願者)에 대한 수익적 행정처분의 취소를 구할 당사자적격이 있는 경우**: 인·허가 등의 수익적 행정처분을 신청한 수인이 서로 경쟁관계에 있어서 일방에 대한 허가 등의 처분이 타방에 대한 불허가 등으로 귀결될 수밖에 없는 때 허가 등의 처분을 받지 못한 자는 비록 경원자에 대하여 이루어진 허가 등 처분의 상대방이 아니라 하더라도 해당 처분의 취소를 구할 원고 적격이 있다. **다만**, 명백한 법적 장애로 인하여 원고 자신의 신청이 인용될 가능성이 처음부터 배제되어 있는 경우에는 해당 처분의 취소를

구할 정당한 이익이 없다(대판 2009. 12. 10, 2009두8359〈로스쿨예비인가처분취소청구사건〉).

[판례 2] **인·허가 등의 수익적 행정처분을 신청한 수인이 서로 경쟁관계에 있어서 일방에 대한 허가 등의 처분이 타방에 대한 불허가 등으로 귀결될 수밖에 없는 때**(이른바 경원관계에 있는 경우로서 동일 대상 지역에 대한 공유수면매립면허나 도로점용허가 혹은 일정지역에 있어서의 영업허가 등에 관하여 거리제한규정이나 업소개수제한규정 등이 있는 경우를 그 예로 들 수 있다) 허가 등의 처분을 받지 못한 자는 비록 경원자에 대하여 이루어진 허가 등 처분의 상대방이 아니라 하더라도 해당 처분의 취소를 구할 당사자적격이 있다 할 것이고, … 액화석유가스충전사업의 허가기준을 정한 전라남도 고시에 의하여 고흥군 내에는 당시 1개소에 한하여 LPG 충전사업의 신규허가가 가능하였는데, 원고가 한 허가신청은 관계법령과 위 고시에서 정한 허가요건을 갖춘 것이고, 피고보조참가인(이하 '참가인'이라 부른다)들의 그것은 그 요건을 갖추지 못한 것임에도 피고는 이와 반대로 보아 원고의 허가신청을 반려하는 한편 참가인들에 대하여는 이를 허가하는 이 사건 처분을 하였다는 것인바, 그렇다면 원고와 참가인들은 경원관계에 있다 할 것이므로 원고에게는 이 사건 처분의 취소를 구할 당사자적격이 있다고 하여야 함은 물론 나아가 이 사건 처분이 취소된다면 원고가 허가를 받을 수 있는 지위에 있음에 비추어 처분의 취소를 구할 정당한 이익도 있다고 하여야 할 것이다(대판 1992. 5. 8, 91누13274).

또한 신청에 대한 거부처분의 상대방은 거부처분의 취소를 구할 원고적격이 있으므로 경원자관계에 있는 자는 타인에 대한 허가처분의 취소를 구하거나 자신에 대한 불허가처분(거부처분)의 취소를 구할 수 있고, 또한 양자를 관련청구소송으로 병합하여 제기할 수도 있다.

5) 인인소송(인근주민소송)[1998 입법고시 약술, 2002 사시 사례, 2006 입법고시 사례, 2014 행시 사례]

인인소송(隣人訴訟)이란 어떠한 시설의 설치를 허가하는 처분에 대하여 해당 시설의 인근주민이 다투는 소송을 말한다.

판례에 따르면 인근주민에게 시설설치허가를 다툴 원고적격이 인정되기 위해서는 다투어진 처분의 근거법규 및 관계법규가 공익뿐만 아니라 인근주민의 개인적 이익도 보호하고 있고(예 환경영향평가법), 그러한 법률상 이익이 침해되었거나 침해될 우려가 있음을 입증하여야 한다. 인근주민의 이익이 처분의 근거법규 또는 관계법규에 의해 보호되는 이익이 아니거나(달리 말하면 반사적 이익이거나), 법률상 이익이더라도 침해될 우려가 없을 때에는 그 인근주민에게 원고적격이 인정되지 않는다.

대법원은 시설의 설치를 함에 있어 환경영향평가를 실시하여야 하는 경우에

환경영향평가법도 시설허가처분의 근거법규 또는 관계법규로 보고 환경영향평가 대상지역에 거주하는 주민 또는 대상지역 밖의 주민에게 일정한 요건하에 해당 시설허가처분을 다툴 원고적격을 인정하고 있다.

가. 허가요건규정의 해석에 의해 원고적격의 인정 여부가 결정된 사례[2003 입법고시 사례]

(가) 원고적격이 인정된 사례

[판례 1] **도시계획법상 주거지역에 설치할 수 없는 연탄공장 건축허가처분에 대한 지역주민의 원고적격 인정:** 위와 같은 도시계획법과 건축법의 규정 취지에 비추어 볼 때 이 법률들이 주거지역 내에서의 일정한 건축을 금지하고 또는 제한하고 있는 것은 도시계획법과 건축법이 추구하는 공공복리의 증진을 도모하고자 하는 데 그 목적이 있는 동시에 한편으로는 주거지역 내에 거주하는 사람의 **개인적 이익인 '주거의 안녕과 생활환경을 보호'**하고자 하는 데도 그 목적이 있는 것으로 해석이 된다. 그러므로 주거지역 내에 거주하는 사람이 받는 위와 같은 보호이익은 단순한 반사적 이익이나 사실상의 이익이 아니라 바로 **법률에 의하여 보호되는 이익**이라고 판시하였다(대판 1975. 5. 13, 73누96).

[판례 2] **동지(同旨)의 판례:** LPG 자동차충전소설치허가처분에 대한 인근주민의 원고적격 인정(대판 1983. 7. 12, 83누59).

[판례 3] 구 산업집적활성화 및 공장설립에 관한 법률 제 8 조 제 4 호, 구 국토의 계획 및 이용에 관한 법률 시행령 제56조 제 1 항 [별표 1] 제 1 호 (라)목 (2) 등의 규정 취지 및 **수돗물을 공급받아 마시거나 이용하는 주민들이 (개인적 이익(사익)인) 환경상 이익의 침해를 이유로 공장설립승인처분의 취소 등을 구할 원고적격을 인정받기 위한 요건:** 공장설립승인처분의 근거 법규 및 관련 법규인 구 산업집적활성화 및 공장설립에 관한 법률(2006. 3. 3. 법률 제7861호로 개정되기 전의 것) 제 8 조 제 4 호가 산업자원부장관으로 하여금 관계 중앙행정기관의 장과 협의하여 '환경오염을 일으킬 수 있는 공장의 입지제한에 관한 사항'을 정하여 고시하도록 규정하고 있고, 이에 따른 산업자원부 장관의 공장입지기준고시(제2004-98호) 제 5 조 제 1 호가 '상수원 등 용수이용에 현저한 영향을 미치는 지역의 상류'를 환경오염을 일으킬 수 있는 공장의 입지제한지역으로 정할 수 있다고 규정하고, 국토의 계획 및 이용에 관한 법률 제58조 제 3 항의 위임에 따른 구 국토의 계획 및 이용에 관한 법률 시행령(2006. 8. 17. 대통령령 제19647호로 개정되기 전의 것) 제56조 제 1 항 [별표 1] 제 1 호 (라)목 (2)가 '개발행위로 인하여 당해 지역 및 그 주변 지역에 수질오염에 의한 환경오염이 발생할 우려가 없을 것'을 개발사업의 허가기준으로 규정하고 있는 **취지는,** 공장설립승인처분과 그 후속절차에 따라 공장이 설립되어 가동됨으로써 그 배출수 등으로 인한 수질오염 등으로 직접적이고도 중대한 환경상 피해를 입을 것으로 예상되는 주민들이 환경상 침해를 받지 아니한 채 물을 마시거나 용수를 이용하며 쾌적하고 안전하게 생활할 수 있는 개별적 이익까지도 구체적·직접적으로 보호하려는 데 있다. 따라서

수돗물을 공급받아 이를 마시거나 이용하는 주민들로서는 위 근거 법규 및 관련 법규가 환경상 이익의 침해를 받지 않은 채 깨끗한 수돗물을 마시거나 이용할 수 있는 자신들의 생활환경상의 개별적 이익을 직접적·구체적으로 보호하고 있음을 증명하여 **원고적격을 인정**받을 수 있다(대판 2010. 4. 15, 2007두16127〈공장설립승인처분취소〉: 김해시장이 낙동강에 합류하는 하천수 주변의 토지에 구 산업집적활성화 및 공장설립에 관한 법률 제13조에 따라 공장설립을 승인하는 처분을 한 사안에서, 공장설립으로 수질오염 등이 발생할 우려가 있는 취수장에서 물을 공급받는 부산광역시 또는 양산시에 거주하는 주민들도 위 공장설립인가처분의 근거법규 및 관련 법규에 의하여 법률상 보호되는 이익이 침해되거나 침해될 우려가 있는 주민으로서 원고적격이 인정된다고 한 사례).

(나) 원고적격이 부정된 사례

[판례 1] **상수원보호구역의 변경에 대한 그 상수원으로부터 급수를 받는 인근주민의 원고적격 부인**: "상수원보호구역 설정의 근거가 되는 수도법 제 5 조 제 1 항 및 동 시행령 제 7 조 제 1 항이 보호하고자 하는 것은 **상수원의 확보와 수질보전**일 뿐이고, **그 상수원에서 급수를 받고 있는 지역주민들이 가지는 상수원의 오염을 막아 양질의 급수를 받을 이익은 직접적이고 구체적으로는 보호하고 있지 않음이 명백하여 위 지역주민들이 가지는 이익은 상수원의 확보와 수질보호라는 공공의 이익이 달성됨에 따라 반사적으로 얻게 되는 이익에 불과**하므로 지역주민들에 불과한 원고들에게는 위 상수원보호구역변경처분의 취소를 구할 법률상의 이익이 없다"라고 판시하였다(대판 1995. 9. 26, 94누14544). **[해설]** 상기 대판 2010. 4. 15, 2007두16127 참조 및 비교. 생각건대, 상수원에서 급수를 받고 있는 지역주민들이 가지는 상수원의 오염을 막아 양질의 급수를 받을 이익은 법률상 보호되고 있는 개인적(사적) 이익으로 보는 것이 타당하다.

[판례 2] 국유도로의 공용폐지처분 및 다른 문화재의 발견을 원천적으로 봉쇄한 피고의 주택건설사업계획승인처분을 다툴 인근주민의 원고적격의 부인(대판 1992. 9. 22, 91누13212).

[판례 3] 개발제한구역 중 일부 취락을 개발제한구역에서 해제하는 내용의 도시관리계획변경결정에 대하여, 개발제한구역 해제대상에서 누락된 토지의 소유자는 위 결정의 취소를 구할 법률상 이익이 없다고 한 사례(대판 2008. 7. 10, 2007두10242).

나. 환경영향평가법을 근거법규 및 관계법규로 보고 환경영향평가대상 지역주민에게 원고적격을 인정한 사례　　판례는 환경영향평가법을 환경영향평가 대상사업에 대한 허가처분의 근거법률 또는 관계법률로 보고, 환경영향평가법령은 공익으로서의 환경상 이익뿐만 아니라 개인적 이익으로서의 환경상 이익도 보호하고 있다고 본다.

[판례] 구 환경영향평가법 제 1 조, 제 3 조, 제 9 조, 제16조, 제17조, 제27조 등의 규정 취지는 환경영향평가를 실시하여야 할 사업(이하 '대상사업'이라 한다)이 환경을 해치지 아니하는 방법으로 시행되도록 함으로써 당해 사업과 관련된 환경공익을 보호하려는 데 그치는 것이 아니라, 당해 사업으로 인하여 직접적이고 중대한 환경피해를 입으리라고 예상되는 환경영향평가대상지역 안의 주민들이 전과 비교하여 수인한도를 넘는 환경침해를 받지 아니하고 쾌적한 환경에서 생활할 수 있는 개별적 이익까지도 보호하려는 데에 있는 것이다(대판 2006. 6. 30, 2005두14363).

환경영향평가 대상지역 안에 있는 주민에게 당연히 원고적격이 인정되는 것은 아니며 환경영향평가의 대상이 되는 개발사업의 승인으로 환경상의 개인적 이익이 직접 구체적으로 침해될 것이 추정되어 원고적격이 있는 것으로 **추정**될 뿐이다. 따라서 환경영향평가 대상지역 안에 있는 주민에게 환경상의 개인적 이익이 직접 구체적으로 침해될 것이 예상되지 않는 경우에는 환경영향평가 대상지역 안에 있는 주민일지라도 원고적격이 인정되지 않는다.

[판례] **환경영향평가 대상지역 안의 주민에게 공유수면매립면허처분과 농지개량사업 시행인가처분의 무효확인을 구할 원고적격이 인정되는지 여부(적극)**: 공유수면매립면허처분과 농지개량사업 시행인가처분의 근거법규 또는 관련법규가 되는 구 공유수면매립법, 구 농촌근대화촉진법, 구 환경보전법(폐지), 구 환경보전법 시행령, 구 환경정책기본법, 구 환경정책기본법 시행령의 각 관련규정의 취지는, 공유수면매립과 농지개량사업시행으로 인하여 직접적이고 중대한 환경피해를 입으리라고 예상되는 **환경영향평가 대상지역 안의 주민들**이 전과 비교하여 수인한도를 넘는 환경침해를 받지 아니하고 쾌적한 환경에서 생활할 수 있는 **개별적 이익**까지도 이를 보호하려는 데에 있다고 할 것이므로, 위 주민들이 공유수면매립면허처분 등과 관련하여 갖고 있는 위와 같은 **환경상의 이익은** 주민 개개인에 대하여 개별적으로 보호되는 **직접적·구체적 이익**으로서 그들에 대하여는 특단의 사정이 없는 한 환경상의 이익에 대한 침해 또는 침해우려가 있는 것으로 사실상 **추정**되어 공유수면매립면허처분 등의 무효확인을 구할 원고적격이 인정된다(대판 전원합의체 2006. 3. 16, 2006두330〈새만금사건〉).

다. 환경영향평가 대상지역 밖의 주민에게 원고적격 인정 [2010 행시(재경직) 사례, 2015 사시] 환경영향평가 대상지역 밖의 주민이라 할지라도 처분으로 인하여 그 처분 전과 비교하여 수인한도를 넘는 환경피해를 받거나 받을 우려가 있는 경우에는, 그 처분으로 인하여 환경상 이익에 대한 침해 또는 침해 우려(개연성)가 있다는 것을 입증(증명)함으로써 그 처분의 무효확인을 구할 원고적격을 인정받을 수 있다(대판 전원합의체 2006. 3. 16, 2006두330〈새만금사건〉).

라. 영향권이 정해진 경우에 주민에게 환경상 이익의 침해를 이유로 한 원고적격 인정요건 행정처분의 근거법령상 처분으로 환경상 침해를 받으리라고 예상되는 영향권의 범위가 구체적으로 규정된 경우, **영향권 내의 주민들에 대하여는** 해당 처분으로 인하여 직접적이고 중대한 환경피해를 입으리라고 예상할 수 있고, 영향권 내의 주민들이 갖는 환경상의 이익은 주민 개개인에 대하여 개별적으로 보호되는 직접적·구체적 이익으로서 그들에 대하여는 특단의 사정이 없는 한 그 환경상 이익에 대한 침해 또는 침해 우려가 있는 것으로 **사실상 추정**되어 법률상 보호되는 이익으로 인정됨으로써 원고적격이 인정되며, **그 영향권 밖의 주민들은** 해당 처분으로 인하여 그 처분 전과 비교하여 **수인한도를 넘는** 환경피해를 받거나 받을 우려가 있다는 자신의 환경상 이익에 대한 **침해 또는 침해 우려가 있음을 입증하여야만** 법률상 보호되는 이익으로 인정되어 원고적격이 인정된다. 그리고 **환경상 이익에 대한 침해 또는 침해 우려가 있는 것으로 사실상 추정되어 원고적격이 인정되는 자는** 환경상 침해를 받으리라고 예상되는 영향권 내의 주민들을 비롯하여 그 영향권 내에서 농작물을 경작하는 등 현실적으로 환경상 이익을 향유하는 자도 포함된다고 할 것이다. 다만, 단지 그 영향권 내의 건물·토지를 소유하거나 일시적으로 향유하는 데 그치는 자는 포함되지 않는다(대판 2009. 9. 24, 2009두2825〈개발사업시행승인처분취소〉).

[판례] 구 폐기물처리시설설치촉진및주변지역지원등에관한법률(2002. 2. 4. 법률 제6656호로 개정되기 전의 것) 및 같은법시행령의 관계 규정의 취지는 **처리능력이 1일 50t인 소각시설을 설치하는 사업으로 인하여 직접적이고 중대한 환경상의 침해를 받으리라고 예상되는 직접영향권 내에 있는 주민들이나** 폐기물소각시설의 부지경계선으로부터 300m **이내의 간접영향권 내에 있는 주민들이** 사업 시행 전과 비교하여 수인한도를 넘는 환경피해를 받지 아니하고 쾌적한 환경에서 생활할 수 있는 개별적인 이익까지도 이를 보호하려는 데에 있다 할 것이므로, 위 주민들이 소각시설입지지역결정·고시와 관련하여 갖는 위와 같은 환경상의 이익은 주민 개개인에 대하여 개별적으로 보호되는 직접적·구체적 이익으로서 **그들에 대하여는 특단의 사정이 없는 한 환경상의 이익에 대한 침해 또는 침해우려가 있는 것으로 사실상 추정되어** 폐기물 소각시설의 입지지역을 결정·고시한 **처분의 무효확인을 구할 원고적격이 인정된다고 할 것**이고, 한편 **폐기물소각시설의 부지경계선으로부터 300m 밖에 거주하는 주민들도** 위와 같은 소각시설 설치사업으로 인하여 사업 시행 전과 비교하여 수인한도를 넘는 환경피해를 받거나 받을 우려가 있음에도 폐기물처리시설 설치기관이 주변영향지역으로 지정·고시하지 않는 경우 같은 법 제17조 제 3 항 제 2 호 단서 규정에 따라 당해 폐기물처리시설의 설치·운영으로 인하여 **환경상 이익에 대한 침해 또는 침해우려가 있다는 것**

을 입증함으로써 그 처분의 무효확인을 구할 원고적격을 인정받을 수 있다(대판 2005. 3. 11, 2003두13489).

6) 부작위위법확인소송과 거부처분취소소송에서의 원고적격

부작위위법확인소송과 거부처분취소소송에서도 원고적격이 인정되기 위하여는 법률상 이익의 침해가 있어야 한다. 다만, 거부처분이나 부작위의 요소로서 신청권을 요구하는지 여부에 따라 원고적격의 판단방식이 다르게 된다.

판례 및 다수설과 같이 거부처분이나 부작위의 요소로서 신청권을 요구하는 입장에 서는 경우 거부처분이나 부작위가 있으면 신청권이 있는 자에게 원고적격이 당연하게 인정된다. 그 이유는 신청권을 갖는 자는 법률상 이익을 당연히 갖고 있고, 거부처분이나 부작위로 당연히 그 법률상 이익이 침해되었기 때문이다.

거부처분이나 부작위의 요소로서 신청권을 요구하지 않는 입장에 서는 경우에는 부작위위법확인소송과 거부처분취소소송에서 원고적격을 인정하기 위하여는 일반원칙에 따라 법률상 이익의 침해가 있어야 한다.

2. 당사자소송에서의 원고적격

당사자소송에서의 원고적격에 관한 특별규정은 존재하지 않고, 민사소송에서의 소의 이익에 관한 법리가 적용된다.

당사자소송에서 원고적격이 있는 자는 당사자소송을 통하여 주장하는 공법상 법률관계의 주체이다.

3. 민중소송 및 기관소송에서의 원고적격

민중소송 및 기관소송에서는 법에서 정한 자에게 원고적격이 인정된다.

Ⅲ. 협의의 소의 이익: 권리보호의 필요 [2015 변시 사례]

'협의의 소의 이익'이란 구체적 사안에 있어서 계쟁처분에 대하여 취소 또는 무효확인 등 판단을 행할 구체적·현실적 필요성이 있는 것을 말하는데, 협의의 소의 이익을 '판단의 구체적 이익 또는 필요성' 또는 '권리보호의 필요'라고도 부른다.

소의 이익을 요하는 이유는 남소를 막고, 권리구제를 위하여 본안판결이 필요로 하는 사건에 법원의 능력을 집중할 수 있도록 하기 위한 것이다. 그렇지만 소의 이익을 과도하게 좁히면 원고의 재판을 받을 권리를 부당하게 제한하는 것이 된다.

1. 취소소송 및 무효확인소송에서의 협의의 소의 이익[2017 행시: 취소소송에서의 협의의 소의 이익, 2012·2013·2016·2019 변시, 2019 5급공채]

(1) 소의 이익의 유무의 판단기준: 현실적인 법률상 이익[2015 행시 시례]

취소소송(무효확인소송)에서 소의 이익은 **계쟁처분의 취소(무효확인)를 구할 현실적인 법률상 이익**이 있는지 여부를 기준으로 판단된다.

일반적으로 원고적격이 있는 자가 항고소송을 제기한 경우에는 원칙상 협의의 소의 이익(권리보호의 필요)이 있는 것으로 보아야 한다. 그런데 소송목적이 실현된 경우(예 처분의 효력이 소멸한 경우(영업정지나 면허정지기간이 지난 경우), 권익침해가 해소된 경우 등), 원상회복이 불가능한 경우 및 보다 실효적인 권리구제절차가 있는 경우에는 소의 이익이 부정된다. 다만, 이 경우에도 취소를 구할 현실적 이익이 있는 경우에는 소의 이익이 인정된다.

행정처분을 다툴 소의 이익은 개별·구체적 사정을 고려하여 판단하여야 한다(대판 2020. 4. 9, 2019두49953).

수익처분의 상대방은 그의 권리나 법률상 보호되는 이익이 침해되었다고 볼 수 없으므로 달리 특별한 사정이 없는 한 취소를 구할 이익이 없다(대판 1995. 8. 22, 94누8129). 그러나 수익처분의 취소로 구제할 현실적 이익이 있는 경우 수익처분의 상대방에게도 해당 처분의 취소를 구할 이익이 인정될 수 있다. 예를 들면, 부관부 수익적 행정처분의 상대방은 해당 처분의 취소를 구할 이익이 있다.

행정소송법 제12조 후문은 "처분 등의 효과가 기간의 경과, 처분 등의 집행 그 밖의 사유로 인하여 소멸된 뒤에도 그 처분 등의 취소로 인하여 회복되는 법률상 이익이 있는 자의 경우에는 또한 같다"라고 규정하고 있다.

[판례] (1) 국민의 정보공개청구권은 법률상 보호되는 구체적인 권리이므로, 공공기관에 대하여 정보의 공개를 청구하였다가 공개거부처분을 받은 청구인은 행정소송을 통하여 그 공개거부처분의 취소를 구할 법률상의 이익이 있고, 그 밖에 추가로 어떤 이익이 있어야 하는 것은 아니다(대법원 2003. 12. 12. 선고 2003두8050 판결, 대법원 2004. 9. 23. 선고 2003두1370 판결 등 참조). 공개청구의 대상이 되는 정보가 이미 공개되어 있다거나 다른 방법으로 손쉽게 알 수 있다는 사정만으로 소의 이익이 없다거나 비공개결정이 정당화될 수 없다(대법원 2007. 7. 13. 선고 2005두8733 판결, 대법원 2010. 12. 23. 선고 2008두13101 판결 등 참조). (2) 감봉 1개월의 징계처분을 받은 원고가 징계위원들의 성명과 직위에 대한 정보공개청구를 하였다가 거부처분을 받은 사안에서, 비록 **징계처분에 대한 항고 절차에서 원고가 징계위원회 구성에 절차상 하자가 있다는 점을 알게 되었다거나 징계처분이 취소되었다**

고 하더라도, 그와 같은 사정들만으로 위 거부처분의 취소를 구할 법률상 이익이 없다고 볼 수 없고, 피고가 원고의 정보공개청구를 거부한 이상 원고로서는 **여전히 정보공개거부처분의 취소를 구할 법률상 이익을 갖는다**는 이유로 원심판결을 파기한 사례(대판 2022. 5. 26, 2022두34562; 대판 2022. 5. 26, 2022두33439: 견책징계처분 취소사건에서 원고의 청구를 기각하는 판결이 확정된 사례).

1) 소의 이익에서의 법률상 이익

행정소송법 제12조 후문은 소의 이익으로 **'법률상 이익'**을 요구하고 있다. 행정소송법 제12조 후문의 '법률상 이익'(法律上 利益)은 취소소송을 통하여 구제되는 기본적인 법률상 이익뿐만 아니라 부수적인 법률상 이익도 포함한다고 보는 점에서 원고적격에서의 법률상 이익보다 넓은 개념이라는 것이 **다수견해**이다.

예를 들면, 파면처분을 다투는 중 원고가 정년에 달한 경우 기본적 권리인 공무원의 지위의 회복은 불가능하지만, **봉급청구 등 부수적 이익**이 있으므로 해당 파면처분을 취소할 소의 이익이 있다.

그런데 이 **부수적 이익**에 어떠한 이익이 포함될 것인지에 관하여는 견해가 나뉘고 있다. 행정소송법 제12조 후문의 '법률상 이익'에는 명예, 신용의 이익은 포함되지 않는다는 견해, 명예나 신용의 이익도 경우에 따라서는 포함된다는 견해가 있다.

판례는 행정소송법 제12조 소정의 '법률상 이익'을 전문의 그것과 후문의 그것을 구별하지 않고 모두 '해당 처분의 근거 법률에 의하여 보호되는 직접적이고 구체적인 이익'이라고 해석하고, 간접적이거나 사실적·경제적 이해관계를 가지는 데 불과한 경우는 여기에 해당되지 아니한다고 보고 있다(대판 전원합의체 1995. 10. 17, 94누14148).

[판례] **원고가 처분이 위법하다는 점에 대한 판결을 받아 피고에 대한 손해배상청구소송에서 이를 원용할 수 있는 이익은 사실적·경제적 이익에 불과**하여 소의 이익에 해당하지 않는다(대판 2002. 1. 11, 2000두2457).

2) 소송을 통해 구제할 수 있는 현실적 이익

소송에 의해 보호되는 이익은 현실적 이익이어야 한다. 달리 말하면 소송을 제기할 현실적 필요성이 있어야 한다. 막연한 이익이나 추상적인 이익만으로는 소의 이익을 인정할 수 없다. 또한 보다 실효적인 구제수단이 있는 경우에도 소의 이익이 부정된다.

[판례] [1] **경원관계에 있어 경원자에 대한 수익적 처분의 취소를 구하지 아니하고 자신에 대한 거부처분의 취소만을 구하는 소에 협의의 소의 이익이 인정되는지 여부(적극)**: 인가·허가 등 수익적 행정처분을 신청한 여러 사람이 서로 경원관계에 있어서 한 사람에 대한 허가 등 처분이 다른 사람에 대한 불허가 등으로 귀결될 수밖에 없을 때 허가 등 처분을 받지 못한 사람은 그 신청에 대한 거부처분의 직접 상대방으로서 원칙적으로 자신에 대한 거부처분의 취소를 구할 **원고적격이 있고**, 그 취소판결이 확정되는 경우 그 판결의 직접적인 효과로 경원자에 대한 허가 등 처분이 취소되거나 그 효력이 소멸되는 것은 아니더라도 행정청은 취소판결의 기속력에 따라 그 판결에서 확인된 위법사유를 배제한 상태에서 취소판결의 원고와 경원자의 각 신청에 관하여 처분요건의 구비 여부와 우열을 다시 심사하여야 할 의무가 있으며, 그 재심사 결과 경원자에 대한 수익적 처분이 직권취소되고 취소판결의 원고에게 수익적 처분이 이루어질 가능성을 완전히 배제할 수는 없으므로, 특별한 사정이 없는 한 경원관계에서 허가 등 처분을 받지 못한 사람은 자신에 대한 거부처분의 취소를 구할 **소의 이익이 있다**고 보아야 할 것이다. [2] **주유소 운영사업자 선정**에 관하여 경원관계에 있는 소외인과 원고 중 소외인에 대하여 사업자 선정처분이, 원고에 대하여 불선정처분이 내려진 사안에서, 원고에 대한 사업자 불선정처분을 취소하는 판결이 선고·확정되더라도, 경원관계에 있는 소외인에 대한 사업자 선정처분이 취소되지 아니하는 이상, 원고가 주유소 운영사업자로 선정될 수 없다는 이유로 원고에게 그 불선정처분의 취소를 구할 소의 이익이 없다고 판단한 원심을 파기한 사례(대판 2015. 10. 29, 2013두27517〈주유소운영사업자불선정처분취소〉).

(2) 구체적 사례(유형별 고찰)

취소소송에서 소의 이익이 있는지의 문제를 ① 처분의 효력이 소멸한 경우, ② 처분 후의 사정변경으로 권익침해가 해소된 경우, ③ 원상회복이 불가능한 경우, ④ 보다 실효적인 권리구제절차가 있는 경우 등으로 나누어 다루기로 한다.

1) 처분의 효력이 소멸한 경우 [2013 행시(일반), 2017 사시]

가. 원 칙 처분의 효력이 소멸한 경우에는 통상 해당 처분의 취소를 통하여 회복할 법률상 이익이 없다.

예를 들면, 인·허가처분의 효력을 일정기간 정지하는 처분에 있어서 효력정지기간이 경과하여 처분의 효력이 소멸되면 해당 효력정지처분을 다툴 소의 이익이 없는 것이 원칙이다. 그러나 기간을 정한 제재적 처분에 대해 집행정지결정이 있는 경우에는 제재기간의 진행이 정지되어 집행정지된 기간만큼 제재기간이 순연되는 데 불과하고 제재적 처분의 효력이 소멸된 것이 아니므로 처분시 표시된 제재적 처분의 기간이 경과하였어도 그 처분의 취소를 구할 소의 이익이 있다(대판 1974. 1. 29, 73누202). 행정처분이 취소되면 그 처분은 효력을 상실하여 더 이상 존재하지 않는 것이고, 존재하지 않는 행정처분을 대상으로 한 취소소송은 소의 이익이 없어 부적법하다(대판 2010. 4. 29, 2009두16879〈공익근무요원소집처분취소〉).

그러나 처분의 효력이 일부만 소멸한 경우에는 취소를 구할 소의 이익이 있다.

예를 들면, 위법한 영업허가처분의 취소처분이 직권취소되면 취소소송의 원고는 영업허가자의 지위를 회복하므로 소의 이익이 없게 되지만, 금전부과처분을 감액하는 처분을 한 경우에는 감액되고 남은 부분에 대한 처분(당초처분)은 효력을 유지하므로 취소를 구할 소의 이익이 존속한다. 그러나 일부 직권취소의 경우에도 처분사유가 변경되면 종전 처분은 효력을 상실하여 종전 처분을 다툴 소의 이익이 없고, 일부 직권취소가 새로운 처분으로서 취소소송의 대상이 되어야 한다.

[판례 1] [1] **처분청이 당초의 운전면허 취소처분을 신뢰보호의 원칙과 형평의 원칙에 반하는 너무 무거운 처분으로 보아 이를 철회하고 새로이 265일간의 운전면허 정지처분을 하였다면, 당초의 처분인 운전면허 취소처분은** 철회로 인하여 **그 효력이 상실되어 더 이상 존재하지 않는 것**이고 그 후의 운전면허 정지처분만이 남아 있는 것이라 할 것이며, 한편 존재하지 않는 행정처분(운전면허취소처분)을 **대상으로 한 취소소송은 소의 이익이 없어 부적법**하다. [2] 운전면허 정지처분에서 정한 정지기간이 상고심 계속 중에 경과한 이후에는 운전면허자에게 그 운전면허 정지처분의 취소를 구할 법률상의 이익이 없다(대판 1997. 9. 26, 96누1931 〈자동차운전면허취소처분취소〉). **[평석]** 이 판결문에서의 "철회"가 강학상 철회인지는 의문이며 오히려 강학상 직권취소로 보는 것이 타당하다. 이 사건은 운전면허 취소처분을 취소하고 운전면허정지처분을 한 경우이지만, 운전면허취소처분을 운전면허정지처분으로 변경한 경우에도 변경처분은 당초 처분(운전면허 취소처분)의 취소를 포함하므로 동일하게 보아야 할 것이다. 이 사건에서 원고가 운전면허정지처분도 다투고자 한다면 처분 변경으로 인한 소의 변경을 청구할 수 있다.

[판례 2] **입찰참가자격제한에 대한 취소소송계속중 처분청이 납품업자에 대한 입찰참가자격 제한처분을 직권으로 취소하고** 제 1 심판결의 취지(처분사유는 존재하지만 재량권의 일탈·남용이 있다는 것)에 따라 **그 제재기간만을 3개월로 감경하여 입찰참가자격을 제한하는 내용의 새로운 처분을 다시 한 경우**, 당초의 입찰참가자격 제한처분은 적법하게 취소되었다고 할 것이어서 그 처분의 취소를 구할 **소의 이익이 없다**고 한 사례(대판 2002. 9. 6, 2001두5200〈부정당업자제재등처분취소〉).

[판례 3] 보충역편입처분 및 공익근무요원소집처분의 취소를 구하는 소의 계속 중 병역처분변경신청에 따라 제 2 국민역편입처분으로 병역처분이 변경된 경우, 보충역편입처분은 제 2 국민역편입처분을 함으로써 취소 또는 철회되어 그 효력이 소멸하였고, 공익근무요원소집처분의 근거가 된 보충역편입처분이 취소 또는 철회되어 그 효력이 소멸한 이상

공익근무요원소집처분 또한 그 효력이 소멸하였다는 이유로, 종전 보충역편입처분 및 공익근무요원소집처분의 취소를 구할 소의 이익이 없다고 한 사례(대판 2005. 12. 9, 2004두6563).

나. 예 외 그러나 처분의 효력기간의 경과 등으로 그 행정처분의 효력이 상실된 경우에도 해당 처분을 취소할 현실적 이익이 있는 경우에는 그 처분의 취소를 구할 소의 이익이 있다.

(가) 제재적 처분의 전력(이력)이 장래의 제재적 처분의 가중요건인 경우 [2000, 2013 행시, 2003, 2013 사시, 2007 입법고시] 제재적 처분이 장래의 제재적 처분의 가중요건 또는 전제요건으로 되어 있는 경우에는 제재기간이 지나 제재처분의 효력이 소멸된 경우에도 소의 이익이 인정된다.

가중요건이 법령 또는 행정규칙에 의해 규정되어 있는 경우에는 가중된 제재처분을 받을 위험(불이익)이 현실적이므로 가중된 제재처분을 받을 위험(불이익)을 제거하기 위하여 정지기간이 지난 정지처분의 취소를 구할 이익이 있다(대판 1991. 8. 27, 91누3512; 대판 2006. 6. 22, 2003두1684; 대판 2009. 5. 28, 2008추56).

다만, 만약 일정 기간의 경과 등으로 실제로 가중된 제재처분을 받을 우려가 없어졌다면 위 처분에서 정한 정지기간이 경과함으로써 다른 특별한 사정이 없는 한 그 처분의 취소를 구할 법률상 이익은 소멸되었다고 보아야 한다(대판 2005. 4. 15, 2004두12889).

예를 들면, 업무정지처분을 받은 후 새로운 업무정지처분을 받음이 없이 1년이 경과하여 실제로 가중된 제재처분을 받을 우려가 없어졌다면 위 처분에서 정한 정지기간이 경과한 이상 특별한 사정이 없는 한 그 처분의 취소를 구할 소의 이익이 없다(대판 2000. 4. 21, 98두10080).

(나) 전부변경처분이 있어 계쟁처분의 효력이 소멸되었어도 후속행위의 효력을 상실시킬 이익이 있는 경우 당초처분에 대한 취소소송의 계속 중 전부변경처분이 있어 계쟁처분의 효력이 소멸된 경우 원칙상 소의 이익이 없지만, 당초처분을 기초로 일련의 후속행위가 이루어져 후속행위의 효력을 상실시킬 이익이 있는 경우에는 당초처분의 취소나 무효확인을 구할 소의 이익이 있다(판례).

2) 처분 후의 사정변경으로 권익침해가 해소된 경우인지 여부

① 처분 후의 사정변경으로 권리와 이익의 침해 등이 해소된 경우에는 그 처

분의 취소를 구할 소의 이익이 없다.

[판례 1] 치과의사국가시험 합격은 치과의사 면허를 부여받을 수 있는 전제요건이 된다고 할 것이나 국가시험에 합격하였다고 하여 위 면허취득의 요건을 갖추게 되는 이외에 그 자체만으로 합격한 자의 법률상 지위가 달라지게 되는 것은 아니므로 불합격처분 이후 새로 실시된 국가시험에 합격한 자들로서는 더 이상 위 불합격처분의 취소를 구할 소의 이익이 없다(대판 1993. 11. 9, 93누6867). **[해설]** 국가배상청구소송에서 위법성을 주장할 이익을 소의 이익으로 보는 견해에 따르면 소의 이익이 있다고 보아야 한다.

[판례 2] 사법시험 제 2 차 시험 불합격처분 이후에 새로이 실시된 제 2 차와 제 3 차 시험에 합격한 사람이 불합격처분의 취소를 구할 법률상 이익이 없다(대판 2007. 9. 21, 2007두12057〈불합격처분취소〉).

② 처분 후에 사정변경이 있더라도 권익침해가 해소되지 않은 경우에는 소의 이익이 있다.

[판례 1] 퇴학처분을 받은 후 고등학교졸업학력검정고시에 합격하였다 하더라도 고등학교졸업이 대학입학자격이나 학력인정으로서의 의미밖에 없다고 할 수 없고, 고등학교졸업학력검정고시에 합격하였다 하여 고등학교 학생으로서의 신분과 명예가 회복될 수 없는 것이므로 퇴학처분을 받은 자는 퇴학처분의 위법을 주장하여 퇴학처분의 취소를 구할 소송상의 이익이 있다(대판 1992. 7. 14, 91누4737).

[판례 2] **징계에 관한 일반사면과 동 징계처분의 취소를 구할 소송상 이익의 유무(적극)**: 징계에 관한 일반사면이 있었다고 할지라도 **사면의 효과는 소급하지 아니하므로 파면처분으로 이미 상실된 원고의 공무원지위가 회복될 수 없는 것이니** 원고로서는 동 파면처분의 위법을 주장하여 그 취소를 구할 소송상 이익이 있다고 할 것이다(대판 전원합의체 1981. 7. 14, 80누536〈파면처분취소〉). **[해설]** 대판 1965. 5. 25, 63누195를 변경한 전원합의체 판결이다.

3) 원상회복이 불가능한 경우

행정처분의 무효확인 또는 취소를 구하는 소에서, 비록 행정처분의 위법을 이유로 무효확인 또는 취소 판결을 받더라도 처분에 의하여 발생한 위법상태를 원상으로 회복시키는 것이 불가능한 경우에는 원칙적으로 무효확인 또는 취소를 구할 이익이 없다. 다만, 원상회복이 불가능하더라도 무효확인 또는 취소로써 회복할 수 있는 다른 권리나 이익(부수적 이익)이 남아 있는 경우 예외적으로 무효확인 또는 취소를 구할 이익이 인정된다(대판 2016. 6. 10, 2013두1638〈조례무효확인〉). 또한 원상회복이 불가능하게 보이는 경우라 하더라도, 동일한 소송 당사자 사이에서 그 행정처분과 동일한 사유로 위법한 처분이 반복될 위험성이 있어 행정처분의 위법성 확인 내지 불분명한 법률문제에 대한 해명이 필요하다고 판단되는 경우 등에는 행정의 적법성 확보와 그에 대한 사법통제, 국민의 권리구제 확대 등의 측면에서 여전히 그 처분의 취소를 구할 이익이 있다(대판 2019. 5. 10, 2015두46987).

[판례] 피고는 **원심(항소심) 계속 중 이 사건 처분**(**세무조정반지정처분**(원고 법무법인은 2017. 11. 28. 피고에게 조정반 지정 신청을 하여 2017. 12. 15. 조정반으로 지정(**효력기간 2018. 12. 31.**)**취소처분**)과 관련하여 **행정절차상 하자가 있음을 이유**로 2019. 7. 9. **직권으로 이 사건 처분을 취소하였고 이 사건 처분의 (직권)취소 대상이었던 원고에 대한 조정반 지정의 효력기간이 경과**한 사실을 인정할 수 있지만, 피고는 직권으로 이 사건 처분을 취소한 뒤 **다시 이 사건 각 시행령 조항을 근거로 원고에 대한 2018년도 조정반 지정처분을 취소**하였고, 이후 원고가 2019년과 2020년에도 조정반 지정 신청을 하였으나 피고는 여전히 원고가 이 사건 각 시행령 조항에서 정한 조정반 대상에 해당하지 않는다는 이유로 원고가 **조정반 지정에서 제외**됨을 통지한 사실을 알 수 있다. 따라서 이 사건 각 시행령 조항이 존재하는 한 세무사 자격을 가지고 세무조정 업무를 수행할 수 있는 변호사가 구성원이거나 소속된 법무법인이 조정반 지정 신청을 하더라도 **이 사건 처분과 동일한 사유의 처분이 반복될 위험성이 있어 이 사건 처분의 위법성을 확인할 필요가 있으므로** 원고가 이 사건 처분의 취소를 구할 **소의 이익이 인정**된다고 한 사례(대판 전원합의체 2021. 9. 9, 2019두53464〈조정반지정취소처분취소청구〉).

가. 처분의 집행 등으로 원상회복이 불가능한 경우인지 여부 [2002 사시 사례]

[판례 1] 건축허가가 건축법 소정의 이격거리(離隔距離)를 두지 아니하고 건축물을 건축하도록 되어 있어 위법하다 하더라도 **건축이 완료된 경우**에는 그 건축허가를 받은 대지와 접한 대지의 소유자인 원고가 위 건축허가처분의 취소를 받아 이격거리를 확보할 단계는 지났으며, 민사소송으로 위 건축물 등의 철거를 구하는 데 있어서도 위 처분의 취소가 필요한 것이 아니므로 원고로서는 위 **처분의 취소를 구할 법률상의 이익이 없다**(대판 1992. 4. 24, 91누11131).

[판례 2] 건축법 소정의 이격거리를 두지 아니하고 건축물을 건축한 후 그에 대한 준공검사의 처분이 행해진 경우 준공검사가 취소되어도 위법부분을 시정시키는 효과는 없고 시정명령은 행정청에 의한 별도의 판단에 의해 행해지는 것이므로 **인근주민은 일조권의 보호를 위해 준공검사처분의 취소를 구할 소의 이익이 없다**(대판 1994. 1. 14, 93누20481). **[평석]** 이 경우 당사자는 별도의 소송(민사소송)으로 위법부분의 철거 내지 시정을 청구하거나 손해배상을 청구할 수밖에 없다.

[판례 3] 건물의 철거명령에 대한 취소소송이 제기된 경우 당해 건물이 대집행의 실행에 의해 이미 철거되어 버렸다면 철거명령이 취소되어도 원상회복이 불가능하므로 철거명령의 취소소송에 있어서 소의 이익이 없다.

[판례 4] 현역입영대상자가 입영한 후에도 현역입영통지처분의 취소를 구할 소송상의 이익이 있다(대판 2003. 12. 26, 2003두1875).

나. 그 밖에 원상회복이 불가능한 경우인지 여부 특정일로 예정되어 있는 집회시위의 불허가처분의 취소소송 중 그 특정기일이 경과한 경우에는 소의 이익이 존재하지 않는다.

[판례 1] 채석허가취소처분에 대한 취소소송계속 중에 원고가 이 사건 채석허가기간의 연장허가신청을 하였으나 반려되자 이에 대하여는 불복하지 않은 상태에서 채석허가기간이 만료된 경우에는 그 채석허가취소처분이 취소되더라도 원상회복이 불가능하기 때문에 원고에게는 그 채석허가취소처분의 취소를 구할 소의 이익이 없게 되었다고 할 것이다(대판 2006. 1. 26, 2004두2196〈채석허가취소처분취소〉).
[판례 2] 진주의료원 폐업결정 후 진주의료원을 해산한다는 내용의 이 사건 조례가 제정·시행되었고, 이 사건 조례가 무효라고 볼 사정도 없으므로, 진주의료원을 폐업 전의 상태로 되돌리는 원상회복은 불가능하다고 판단된다. 따라서 조례로 결정하여야 함에도 경상남도지사가 권한없이 행한 이 사건 폐업결정은 법적으로 권한 없는 자에 의하여 이루어진 것으로서 위법하다고 하더라도, 그 취소를 구할 소의 이익을 인정하기는 어렵다(대판 2016. 8. 30, 2015두60617〈폐업처분 무효확인 등〉).

다. 기본적인 권리회복은 불가능하나 부수적 이익이 있는 경우(소의 이익 인정)[2009 행시(재경직 등) 사례, 2011 일반행정 사례] 기본적인 권리회복은 불가능하다 하더라도 판결의 소급효에 의하여 해당 처분이 소급적으로 취소되게 됨으로써 원고의 법률상 이익에 해당하는 부수적인 이익이 구제될 수 있는 경우에는 소의 이익이 인정된다.

[판례 1] 해임처분 무효확인 또는 취소소송 계속 중 임기가 만료되어 해임처분의 무효확인 또는 취소로 지위를 회복할 수는 없다고 할지라도, 그 무효확인 또는 취소로 해임처분일부터 임기만료일까지 기간에 대한 보수 지급을 구할 수 있는 경우에는 해임처분의 무효확인 또는 취소를 구할 법률상 이익이 있다. 해임권자와 보수지급의무자가 다른 경우에도 마찬가지이다(대판 2012. 2. 23, 2011두5001〈해임처분무효〉).
[판례 2] (1) **공장건물의 멸실 여부에 불구하고 그 공장등록취소처분의 취소를 구할 법률상의 이익이 있는 경우:** 일반적으로 공장등록이 취소된 후 그 공장 시설물이 어떠한 경위로든 철거되어 다시 복구 등을 통하여 공장을 운영할 수 없는 상태라면 이는 공장등록의 대상이 되지 아니하므로 외형상 공장등록취소행위가 잔존하고 있다고 하여도 그 처분의 취소를 구할 법률상의 이익이 없다 할 것이나, 위와 같은 경우에도 유효한 공장등록으로 인하여 공장등록에 관한 해당 법률이나 다른 법률에 의하여 보호되는 직접적·구체적 이익이

있다면, 당사자로서는 공장건물의 멸실 여부에 불구하고 그 공장등록취소처분의 취소를 구할 법률상의 이익이 있다. (2) 공장등록이 취소된 후 그 공장시설물이 철거되었고 관계 법령상 다시 복구 등을 통하여 공장을 운영할 수 없는 상태라 하더라도 대도시 안의 공장을 지방으로 이전할 경우 조세특례제한법상의 세액공제 및 소득세 등이 감면혜택이 있고, 공업배치 및 공장설립에 관한 법률상의 간이한 이전절차 및 우선 입주의 혜택이 있는 경우, 그 공장등록취소처분의 취소를 구할 소의 이익이 있다(대판 2002. 1. 11, 2000두3306). [해설] 이 사건에서 공장등록취소처분의 취소로 공장등록이 원상회복되어도 관련 법령상 공장의 복구는 불가능하지만, 공장의 지방이전에 따른 혜택 등의 부수적 이익이 있으므로 소의 이익이 있는 것이다.

[판례 3] 공공용지의 취득 및 손실보상에 관한 특례법 제 8 조 제 1 항 소정의 **이주대책업무가 종결되고 그 공공사업을 완료하여 사업지구 내에 더 이상 분양할 이주대책용 단독택지가 없는 경우에도 이주대책대상자 선정신청을 거부한 행정처분의 취소를 구할 법률상 이익이 있는지 여부(적극)**: 공공용지의 취득 및 손실보상에 관한 특례법 제 8 조 제 1 항에 의하면 사업시행자는 이주대책의 수립, 실시의무가 있고, 그 의무이행에 따른 이주대책계획을 수립하여 공고하였다면, **이주대책대상자라고 하면서 선정신청을 한 자에 대해 대상자가 아니라는 이유로 거부한 행정처분에 대하여 그 취소를 구하는 것은 이주대책대상자라는 확인을 받는 의미도 함께 있는 것**이며, 사업시행자가 하는 확인, 결정은 이주대책상의 택지분양권이나 아파트 입주권 등을 받을 수 있는 구체적인 권리를 취득하기 위한 요건에 해당하므로 **현실적으로 이미 수립, 실시한 이주대책업무가 종결되었고, 그 사업을 완료하여 이 사건 사업지구 내에 더 이상 분양할 이주대책용 단독택지가 없다 하더라도 보상금청구권 등의 권리를 확정하는 법률상의 이익은 여전히 남아 있는 것**이므로 그러한 사정만으로 이 거부처분의 취소를 구할 법률상 이익이 없다고 할 것은 아니다(대판 1999. 8. 20, 98두17043〈단독주택용지조성원가공급거부처분취소〉). [해설] 사례에서 법률상 이익은 협의의 소의 이익을 말한다.

4) 보다 실효적인 권리구제절차가 있는지 여부

해당 취소소송보다 실효적인(직접적인) 권리구제절차가 있는 경우에는 소의 이익이 부정된다. 그렇지만 다른 권리구제절차가 있는 경우에도 취소를 구할 현실적 이익이 있어 문제의 취소소송이 분쟁해결의 유효적절한 수단이라고 할 수 있는 경우에는 소의 이익이 인정된다.

[판례] 행정청이 한 처분 등의 취소를 구하는 소송은 처분에 의하여 발생한 위법 상태를 배제하여 원래 상태로 회복시키고 처분으로 침해된 권리나 이익을 구제하고자 하는 것이다. 따라서 해당 처분 등의 취소를 구하는 것보다 실효적이고 직접적인 구제수단이 있음에도 처분 등의 취소를 구하는 것은 특별한 사정이 없는 한 분쟁해결의 유효적절한 수단이라고 할 수 없어 법률상 이익이 있다고 할 수 없다(대판 2017. 10. 31, 2015두45045).

가. 인가처분 취소소송에서의 소의 이익 기본행위의 하자를 이유로 기본행위를 다투는 소송이 기본행위의 하자를 이유로 인가처분을 다투는 것보다는 더 실효적인 권리구제이므로 기본행위의 하자를 이유로 인가처분의 취소 또는 무효확인을 구할 소의 이익이 없다는 것이 **판례의 입장**이다(대판 1996. 5. 16, 95누4810).

[판례] **재건축조합설립인가를 강학상 인가로 보는 구법하에서** 기본행위인 조합설립에 하자가 있는 경우에는 민사쟁송으로써 따로 그 기본행위의 취소 또는 무효확인 등을 구하는 것은 별론으로 하고 기본행위의 불성립 또는 무효를 내세어 바로 그에 대한 감독청의 인가처분의 취소 또는 무효확인을 구하는 소구할 법률상 이익이 있다고 할 수 없다(대판 2000. 9. 5, 99두1854)〈재건축조합설립인가무효확인처분등〉. [해설] 기본행위의 하자를 이유로 기본행위를 다투는 소송이 기본행위의 하자를 이유로 인가처분을 다투는 것보다 더 실효적인 권리구제수단이므로 기본행위의 하자를 이유로 인가처분의 취소나 무효확인을 구할 소의 이익이 없다. **그런데 현행법상 재건축조합의 설립인가처분은** 강학상 인가가 아니라 **강학상 특허라는 것이 판례의 입장**이고, 조합설립인가처분이 있는 경우에는 조합설립결의의 무효확인을 구할 소의 이익이 없고, 조합설립결의의 하자는 인가처분을 다투면서 주장하여야 한다고 본다(대판 2009. 9. 24, 2008다60568; 2010. 4. 8, 2009다27636).

나. 지위승계신고수리처분의 무효확인을 구할 소의 이익[2005 행시(일반행정직) 사례] 사업양도양수신고의 수리는 강학상 인가가 아니라 사업허가의 수허가자의 명의변경이라는 변경허가의 실질을 갖는다. 그리고 사업양도행위의 무효확인을 구하는 민사소송을 제기하는 것이 가능하더라도 사업양도양수신고의 수리를 취소하거나 무효확인받으면 영업허가자의 지위를 유지하는 현실적 이익이 있으므로 사업양도행위의 무효를 이유로 사업양도양수신고수리처분의 취소나 무효확인을 구할 소의 이익이 있다고 보아야 한다.

[판례] 사업양도·양수에 따른 허가관청의 지위승계신고의 수리는 적법한 사업의 양도·양수가 있었음을 전제로 하는 것이므로 그 수리대상인 사업양도·양수가 존재하지 아니하거나 무효인 때에는 수리를 하였다 하더라도 그 수리는 유효한 대상이 없는 것으로서 당연히 무효라 할 것이고, **사업의 양도행위가 무효라고 주장하는 양도자는 민사쟁송으로 양도·양수행위의 무효를 구함이 없이** 막바로 허가관청을 상대로 하여 행정소송으로 사업양도·양수에 따른 허가관청의 **지위승계신고수리처분의 무효확인을 구할 법률상 이익이 있다**(대판 2005. 12. 23, 2005두3554). [평석] 양도인은 사업양도에 따른 지위승계수리처분의 무효확인을 통해 영업자의 지위를 유지할 현실적 이익이 있다.

다. 거부처분 취소재결에 따른 후속처분이 있는 경우 거부처분 취소재결의 취소를 구하는 소의 이익(부정) 거부처분취소재결의 취소를 구하는 것은 실효적이고 직접적인 권리구제수단이 될 수 없어 분쟁해결의 유효적절한 수단이라고 할 수 없으므로 소의 이익이 없다(대판 2017. 10. 31, 2015두45045). 거부처분취소재결에 따라 후속처분이 행해진 경우 후속처분을 다투는 취소소송을 제기할 수 있다.

5) 동일한 사유로 위법한 처분이 반복될 위험성이 있는 경우 소의 이익(인정)

행정처분의 무효확인 또는 취소를 구하는 소가 제소 당시에는 소의 이익이 있어 적법하였는데, 소송계속 중 해당 행정처분이 기간의 경과 등으로 그 효과가 소멸한 때에 처분이 취소되어도 원상회복이 불가능하다고 보이는 경우라도, **그 행정처분과 동일한 사유로 위법한 처분이 반복될 위험성이 있어 행정처분의 위법성 확인 내지 불분명한 법률문제에 대한 해명이 필요한 경우**에는 행정의 적법성 확보와 그에 대한 사법통제, 국민의 권리구제 확대 등의 측면에서 **예외적으로 그 처분의 취소를 구할 소의 이익을 인정할 수 있다.** 여기에서 '그 행정처분과 동일한 사유로 위법한 처분이 반복될 위험성이 있는 경우'란 불분명한 법률문제에 대한 해명이 필요한 상황에 관한 대표적인 예시일 뿐이며, **반드시 '해당 사건의 동일한 소송 당사자 사이에서' 반복될 위험이 있는 경우만을 의미하는 것은 아니다.** 달리 말하면 다른 사건에서도 또는 당사자(처분 상대방)가 달라도 위법한 처분이 반복될 위험성이 있어 행정처분의 위법성 확인 내지 불분명한 법률문제에 대한 해명이 필요한 경우에는 소의 이익이 인정될 수 있다(대판 2020. 12. 24, 2020두30450; 대판 2024. 4. 16, 2022두57138: 이러한 법리는 행정처분의 일종인 중재재정에 대한 무효확인 또는 취소를 구하는 소의 경우에도 마찬가지로 적용된다고 한 사례).

[판례] 피고(교도소장)가 제 1 심판결 선고 이후 원고를 위 '접견내용 녹음·녹화 및 접견 시 교도관 참여대상자'에서 해제하기는 하였지만 앞으로도 원고에게 '접견내용 녹음·녹화 및 접견 시 교도관 참여대상자' 지정행위(이 사건 처분)와 같은 **포괄적 접견제한처분을 할 염려가 있는 것으로 예상**되므로 이 사건 소는 여전히 법률상 이익(소의 이익)이 있다고 본 원심판단을 정당한 것으로 수긍한 사례(대판 2014. 2. 13, 2013두20899).

6) 단계적 행정결정에서의 소의 이익[2017 행시]

선행처분의 효력이 소멸한 경우에도 선행처분과 후행처분이 단계적인 일련의 절차로 연속하여 행하여져 후행처분이 선행처분의 적법함을 전제로 이루어짐에 따라 선행처분의 하자가 후행처분에 승계된다고 볼 수 있어 이미 소를 제기하여 다투고 있는 선행처분의 위법성을 확인하여 줄 필요가 있는 경우 등에는 행정의 적법성 확보와 그에 대한 사법통제, 국민의 권리구제의 확대 등의 측면에서 여전히 그 선행처분의 취소를 구할 법률상 이익이 있다(대판 전원합의체 2007. 7. 19, 2006두19297〈임원취임승인취소처분〉: 경기학원 임시이사 사건).

[판례 1] 원자로 및 관계 시설의 부지사전승인처분은 그 자체로서 건설부지를 확정하고 사전공사를 허용하는 법률효과를 지닌 독립한 행정처분이기는 하지만, 건설허가 전에 신청자의 편의를 위하여 미리 그 건설허가의 일부 요건을 심사하여 행하는 사전적 부분 건설허가처분의 성격을 갖고 있는 것이어서 나중에 건설허가처분이 있게 되면 그 건설허가처분에 흡수되어 독립된 존재가치를 상실함으로써 그 건설허가처분만이 쟁송의 대상이 되는 것이므로, **부지사전승인처분의 취소를 구하는 소는 소의 이익을 잃게 되고**, 따라서 부지사전승인처분의 위법성은 나중에 내려진 건설허가처분의 취소를 구하는 소송에서 이를 다투면 된다(대판 1998. 9. 4, 97누19588〈부지사전승인처분취소〉). [해설] 부지사전승인처분의 위법사유가 건설허가처분의 위법사유가 되는 경우(예 부지사전승인처분에 중요한 실체상 하자가 있는 경우 등)에는 부지사전승인처분의 취소를 구할 소의 이익이 있다고 보는 것이 타당하다. 이러한 해결이 경기임시이사사건에서의 대법원 전원합의체판결의 취지에 합치한다.

[판례 2] 구 도시 및 주거환경정비법상 조합설립추진위원회 구성승인처분을 다투는 소송 계속 중 조합설립인 가처분이 이루어진 경우 조합설립추진위원회 구성승인처분에 대하여 취소 또는 무효확인을 구할 법률상 이익이 있는지 여부(소극): 구 도시 및 주거환경정비법(2009. 2. 6. 법률 제9444호로 개정되기 전의 것, 이하 '구도시정비법'이라고 한다) 제13조 제 1 항, 제 2 항, 제14조 제 1 항, 제15조 제 4 항, 제 5 항 등 관계 법령의 내용, 형식, 체제 등에 비추어 보면, 조합설립추진위원회(이하 '추진위원회'라고 한다) 구성승인처분은 조합의 설립을 위한 주체인 추진위원회의 구성행위를 보충하여 그 효력을 부여하는 처분으로서 조합설립이라는 종국적 목적을 달성하기 위한 중간단계의 처분에 해당하지만, 그 법률요건이나 효과가 조합설립인가처분의 그것과는 다른 독립적인 처분이기 때문에, 추진위원회 구성승인처분에 대한 취소 또는 무효확인 판결의 확정만으로는 이미 조합설립인가를 받은 조합에 의한 정비사업의 진행을 저지할 수 없다. 따라서 추진위원회 구성승인처분을 다투는 소송 계속 중에 조합설립인가처분이 이루어진 경우에는, 추진위원회 구성승인처분에 위법이 존재하여 조합설립인가 신청행위가 무효라는 점 등을 들어 직접 조합설립인가처분을 다툼으로써 정비사업의 진행을 저지하여야 하고, 이와는 별도로 추진위원회 구성승인처분에 대하여 취소 또는 무효확인을 구할 법률상의 이익은 없다고 보아야 한다(대판 2013. 1. 31, 2011두11112 · 11129〈조합설립추진위원회설립승인무효확인 · 조합설립추진위원회설립승인무효확인〉).

7) 기 타

[판례 1] 동일한 내용의 후행거부처분의 존재와 선행거부처분 취소소송의 소의 이익: 행정청의 후행거부처분은 소극적 행정행위로서 현존하는 법률관계에 아무런 변동도 가져오는 것이 아니므로, 그 거부처분이 공정력이 있는 행정행위로서 취소되지 아니하였다고 하더라도, 원고가 그 거부처분의 효력을 직접 부정하는 것이 아닌 한 선행거부처분보다 뒤에 된 동일한 내용의 후행거부처분 때문에 선행거부처분의 취소를 구할 법률상 이익이 없다고 할 수는 없다(대판 1994. 4. 12, 93누21088〈토지형질변경허가반려처분취소〉).

[판례 2] [1] 구 주택법상 입주자나 입주예정자는 사용검사처분의 무효확인 또는 취소를 구할 법률상 이익(소의 이익)이 없다. [2] 입주자나 입주예정자들은 사용검사처분의 무효확인을 받거나 처분을 취소하지 않고도 민사소송 등을 통하여 분양계약에 따른 법률관계 및 하자 등을 주장·증명함으로써 사업주체 등으로부터 하자의 제거·보완 등에 관한 권리구제를 받을 수 있다(대판 2015. 1. 29, 2013두24976〈사용검사처분취소〉).

2. 무효확인소송에서의 소의 이익과 확인의 이익 [2010 입법고시 사례, 2015 사시]

무효확인소송에서도 취소소송에서 논한 소의 이익이 요구된다.

그런데 그 이외에 무효확인소송에 있어서 일반 확인소송(민사소송인 확인소송)에서 요구되는 '확인의 이익(즉시확정의 이익)'이 요구되는지에 관하여 견해가 대립하고 있다.

(1) 긍정설(즉시확정이익설, 필요설)

긍정설은 무효확인소송이 실질적으로 확인소송으로서의 성질을 가지고 있으므로 확인소송에 있어서의 일반적 소송요건인 '확인의 이익'이 요구된다고 한다.

확인소송은 현존하는 원고의 권리 또는 법률상 지위에 대한 불안이나 위험을 제거하기 위하여 확인판결을 받는 것이 유효적절한 권리구제수단일 때 인정되는 것이다. 달리 말하면 확인소송은 보다 실효적인 구제수단이 가능하면 인정되지 않는다. 이를 **확인소송의 보충성**이라 한다.

이 견해에 따르면 무효를 전제로 하는 현재의 법률관계에 관한 소송으로 구제되지 않을 때에만 무효확인소송이 보충적으로 인정된다. 따라서 무효인 행정처분이 집행되지 않은 경우(예 세금을 납부하지 않은 경우)에는 집행의무를 면하기 위하여 처분의 무효확인을 받을 이익이 있지만, 무효인 행정처분이 이미 집행된 경우(예 세금을 이미 납부한 경우)에 그에 따라 형성된 위법상태의 제거를 위한 직접적인 소송방법(부당이득반환청구소송)이 있을 때에는, 그 원인인 처분의 무효확인을 구하고 행정청이 그 무효확인판결을 존중하여 그 위법상태를 제거하여 줄 것을 기대하는 것은 간접적인 방법이므로, 행정처분의 무효확인을 독립한 소송으로 구할 소의 이익이 없다고 본다.

(2) 부정설(불필요설)

부정설(불필요설)은 무효확인소송에서 취소소송에서와 같이 소의 이익이 요구될 뿐 확인의 이익이 요구되지 않는다고 한다. 이 견해가 다수견해이며 그 논거는 다음과 같다. ① 무효확인판결 자체만으로도 판결의 기속력(원상회복의무)에 의해 판결의 실효성을 확보할 수 있으므로 민사확인소송에서와 같이 분쟁의 궁극적 해결을 위한 확인의 이익 여부를 논할 이유가 없다. ② 행정소송은 공익을 추구하는 행정작용에 대해 특수한 취급을 하기 위하여 별도로 마련된 소송제도로서 민사소송과는 그 목적과 취지를 달리 하므로 민사소송에서의 확인의 이익론이 행정소송에서 그대로 타당할 수는 없다.

(3) 판　　례

종래 판례는 긍정설(필요설, 즉시확정이익설)을 취하고 있었다.

[판례] 직접 민사소송으로 부당이득의 반환 또는 행정처분에 의해 경료된 소유권이전등기의 말소를 구할 수 있는 경우, 행정처분의 무효확인 또는 행정처분에 대한 무효선언을 구하는 의미에서의 처분취소를 구할 소의 이익이 없다. 행정처분에 대한 무효확인의 소에 있어서 확인의 이익은 그 대상인 법률관계에 관하여 당사자 사이에 분쟁이 있고, 그로 인하여 원고의 권리 또는 법률상의 지위에 불안·위험이 있어 판결로써 그 법률관계의 존부를 확정하는 것이 위 불안·위험을 제거하는 데 필요하고도 적절한 경우에 인정되는 것이므로, 과세처분과 압류 및 공매처분이 무효라 하더라도 직접 민사소송으로 체납처분에 의하여 충당된 세액에 대하여 부당이득으로 반환을 구하거나 공매처분에 의하여 제 3 자 앞으로 경료된 소유권이전등기에 대하여 말소를 구할 수 있는 경우에는 위 과세처분과 압류 및 공매처분에 대하여 소송으로 무효확인을 구하는 것은 분쟁해결에 직접적이고 유효·적절한 방법이라 할 수 없어 소의 이익이 없다고 할 것이고, 이러한 법리는 행정처분에 대한 무효선언을 구하는 의미에서 처분취소를 구하는 소에서도 마찬가지라 할 것이다(대판 2006. 5. 12, 2004두14717〈체납처분에 의한 공매처분취소〉).

현재 대법원은 판례를 변경하여 무효확인소송에서 부정설과 같이 행정처분의 근거 법률에 의해 보호되는 직접적이고 구체적인 이익이 있는 경우에는 이와 별도로 민사소송(확인소송)에서 요구하는 확인의 이익(무효확인소송의 보충성)을 요구하지 않는 것으로 하였다(부정설).

[판례] **행정처분의 근거 법률에 의해 보호되는 직접적이고 구체적인 이익이 있는 경우 이와 별도로 무효확인소송의 보충성이 요구되는지 여부**(소극): 행정소송은 행정청의 위법한 처분 등을 취소·변경하거나 그 효력 유무 또는 존재 여부를 확인함으로써 국민의 권리 또는 이익의 침해를 구제하고, 공법상의 권리관계 또는 법적용에 관한 다툼을 적정하게 해결함을 목적으로 하는 것이므로, 대등한 주체 사이의 사법상 생활관계에 관한 분쟁을 심판대상으로 하는 민사소송과는 그 목적, 취지 및 기능 등을 달리한다. 또한 행정소송법 제 4 조에서는 무효확인소송을 항고소송의 일종으로 규정하고 있고, 행정소송법 제38조 제 1 항에서는 처분 등을 취소하는 확정판결의 기속력 및 행정청의 재처분 의무에 관한 행정소송법 제30조를 무효확인소송에도 준용하고 있으므로 무효확인판결 자체만으로도 실효성을 확보할 수 있다. 그리고 무효확인소송의 보충성을 규정하고 있는 외국의 일부 입법례와는 달리 우리나라 행정소송법에는 명문의 규정이 없어 이로 인한 명시적 제한이 존재하지 않는다. 이와 같은 사정을 비롯하여 행정에 대한 사법통제, 권익구제의 확대와 같은 행정소송의 기능 등을 종합하여 보면, **행정처분의 근거 법률에 의하여 보호되는 직접적이고 구체적인 이익이 있는 경우에는 행정소송법 제35조에 규정된 '무효확인을 구할 법률상 이익'이 있다고 보아야 하고, 이와 별도로 무효확인소송의 보충성이 요구되는 것은 아니므로 행정처분의 무효를 전제로 한 이행소송 등과 같은 직접적인 구제수단이 있는지 여부를 따질 필요가 없다고 해석함이 상당**하다(대판 전원합의체 2008. 3. 20, 2007두6342〈하수도원인자부담금부과처분취소〉).

(4) 결어(불필요설)

무효확인판결에는 기속력으로 원상회복의무(위법상태제거의무)가 인정되므로 취소소송에서 요구되는 소의 이익과 별도로 확인의 이익이 추가로 요구되지 않는다고 보는 부정설이 타당하다.

3. 부작위위법확인소송에서의 소의 이익

① 당사자의 신청이 있은 이후 당사자에게 생긴 사정의 변화로 인하여 부작위가 위법하다는 확인을 받는다고 하더라도 종국적으로 침해되거나 방해받은 권리와 이익을 보호·구제받는 것이 불가능하게 되었다면 그 부작위가 위법하다는 확인을 구할 이익은 없다(대판 2002. 6. 28, 2000두4750: 지방자치단체가 조례를 통하여 노동운동이 허용되는 사실상의 노무에 종사하는 공무원의 구체적 범위를 규정하지 않고 있는 것에 대하여 버스전용차로 통행위반 단속업무에 종사하는 자가 부작위위법확인의 소를 제기하였으나 상고심 계속중에 정년퇴직한 경우, 위 조례를 제정하지 아니한 부작위가 위법하다는 확인을 구할 소의 이익이 상실되었다고 한 사례).

② 변론종결시까지 처분청이 처분(거부처분 포함)을 한 경우에는 부작위상태가 해소됨으로 소의 이익이 없게 된다(대판 1990. 9. 25, 89누4758).

4. 공법상 당사자소송에서의 소의 이익

행정소송법은 공법상 당사자소송에 대하여는 원고적격이나 소의 이익에 관한 규정을 두고 있지 않다. 따라서 공법상 당사자소송의 소의 이익에 관하여는 민사소송법이 준용된다(행정소송법 제 8 조 제 2 항).

공법상 법률관계의 확인을 구하는 당사자소송의 경우 즉 공법상 당사자소송인 확인소송의 경우에는 항고소송인 무효확인소송에서와 달리 확인의 이익이 요구된다.

[판례 1] **확인의 소에서 확인의 이익**은 원고의 권리 또는 법률상 지위에 현존하는 불안·위험이 있고 그 불안·위험을 제거하기 위하여 확인판결을 받는 것이 가장 유효적절한 수단일 때에만 인정된다(대판 2011. 9. 8, 2009다67115〈이사회결의무효확인〉). [해설] 보다 실효적인 구제수단이 없는 경우 확인의 이익이 없다. 즉 이행청구를 할 수 있는 경우임에도 별도로 그 이행의무의 존재 확인을 구하거나 손해배상청구를 할 수 있는 경우임에도 별도로 그 침해되는 권리의 존재 확인을 구하는 것은 특별한 사정이 없는 한 불안 제거에 별다른 실효성이 없고 소송경제에 비추어 유효·적절한 수단이라 할 수 없어 분쟁의 종국적인 해결 방법이 아니므로 확인의 이익이 없다(대판 2023. 12. 21, 2023다275424).

[판례 2] **확인의 이익: 지방자치단체와 채용계약에 의하여 채용된 계약직공무원이 그 계약기간 만료 이전에 채용계약 해지 등의 불이익을 받은 후 그 계약기간이 만료된 때**에는 그 채용계약 해지의 의사표시가 무효라고 하더라도, 지방공무원법이나 지방계약직공무원규정 등에서 계약기간이 만료되는 계약직공무원에 대한 재계약의무를 부여하는 근거규정이 없으므로 **계약기간의 만료로 당연히 계약직공무원의 신분을 상실하고 계약직공무원의 신분을 회복할 수 없는 것**이므로, 그 해지의사표시의 무효확인청구는 과거의 법률관계의 확인청구에 지나지 않는다 할 것이고, 한편 과거의 법률관계라 할지라도 현재의 권리 또는 법률상 지위에 영향을 미치고 있고 현재의 권리 또는 법률상 지위에 대한 위험이나 불안을 제거하기 위하여 그 법률관계에 관한 확인판결을 받는 것이 유효 적절한 수단이라고 인정될 때에는 그 법률관계의 확인소송은 즉시확정의 이익이 있다고 보아야 할 것이나, 계약직공무원에 대한 채용계약이 해지된 경우에는 공무원 등으로 임용되는 데에 있어서 법령상의 아무런 제약사유가 되지 않을 뿐만 아니라, 계약기간 만료 전에 채용계약이 해지된 전력이 있는 사람이 공무원 등으로 임용되는 데에 있어서 그러한 전력이 없는 사람보다 사실상 불이익한 장애사유로 작용한다고 하더라도 그것만으로는 법률상의 이익이 침해되었다고 볼 수는 없으므로 **그 무효확인을 구할 이익이 없다**(대판 2002. 11. 26, 2002두1496 등 참조). 또한 이 사건과 같이 이미 채용기간이 만료되어 소송 결과에 의해 법률상 그 직위가 회복되

지 않는 이상 채용계약 해지의 의사표시의 무효확인만으로는 당해 소송에서 추구하는 권리구제의 기능이 있다고 할 수 없고, **침해된 급료지급청구권이나 사실상의 명예를 회복하는 수단은 바로 급료의 지급을 구하거나 명예훼손을 전제로 한 손해배상을 구하는 등의 이행청구소송으로 직접적인 권리구제방법이 있는 이상 무효확인소송은 적절한 권리구제수단이라 할 수 없어 확인소송의 또 다른 소송요건을 구비하지 못하고 있다 할 것**이며, 위와 같이 직접적인 권리구제의 방법이 있는 이상 무효확인 소송을 허용하지 않는다고 해서 당사자의 권리구제를 봉쇄하는 것도 아니다(대판 전원합의체 2000. 5. 18, 95재다199 등 참조). 원심이 같은 취지에서 이 사건 소 중 채용계약 해지의사표시의 무효확인청구부분은 확인의 이익이 없어 부적법하다고 판단한 조치는 수긍이 가고, 거기에 상고이유에서 주장하는 바와 같은 확인의 이익에 관한 법리오해 등의 위법이 없다(대판 2008. 6. 12, 2006두16328〈전임계약직공무원(나급)재계약거부처분및감봉처분취소〉).

[판례 3] 도시 및 주거환경정비법(이하 '도시정비법'이라고 한다)상 주택재건축정비사업조합이 도시정비법 제48조에 따라 수립한 관리처분계획에 대하여 관할 행정청의 인가·고시가 있게 되면 관리처분계획은 행정처분으로서 효력이 발생하게 되므로, 총회결의의 하자를 이유로 하여 행정처분의 효력을 다투는 항고소송의 방법으로 관리처분계획의 취소 또는 무효확인을 구하여야 하고, 그와 별도로 행정처분에 이르는 절차적 요건 중 하나에 불과한 총회결의의 부분만을 따로 떼어내어 효력 유무를 다투는 확인의 소를 제기하는 것은 특별한 사정이 없는 한 허용되지 않는다(대판 전원합의체 2009. 9. 17, 2007다2428; 대판 2012. 3. 29, 2010두7765〈조합결의무효확인〉).

5. 기관소송 · 민중소송에서의 소의 이익

민중소송이나 기관소송은 개별법률에 특별한 규정이 있는 경우에 법률에 정한 자에 한하여 제기할 수 있다(법 제45조). 따라서 통상 소의 이익은 문제되지 않는다. 다만, 당선인이 사퇴하거나 사망한 때에는 당선무효확인소송을 제기할 소의 이익이 없다.

Ⅳ. 피고적격이 있는 행정청을 피고로 할 것 [2007 행시(재경직 및 기타) 약술]

1. 항고소송의 피고

행정소송법은 항고소송의 피고를 행정주체로 하지 않고 처분 등을 한 행정청으로 하고 있다(법 제13조). 이렇게 한 것은 처분을 실제로 한 행정청을 피고로 하는 것이 효율적이고, 행정통제기능을 달성하는 데 보다 실효적이기 때문이다.

(1) 처분 등을 행한 행정청 [2012, 2013 사시 사례, 2017 변시]

취소소송은 다른 법률에 특별한 규정이 없는 한 그 처분 등을 행한 행정청을 피고로 한다.

'처분 등을 행한 행정청'이란 실제로 그의 이름으로 처분을 한 행정기관을 말한다. 정당한 권한을 가진 행정청인지 여부는 불문한다. 처분권한이 있는지 여부는 본안의 문제이다.

'행정청'에는 본래의 행정청(국가 또는 지방자치단체의 행정청 및 공공단체) 이외에 법령에 의하여 행정권한의 위임 또는 위탁을 받은 행정기관, 공공단체 및 그 기관 또는 사인이 포함된다(행정소송법 제 2 조 제 2 항). 공무수탁사인이 자신의 이름으로 처분을 한 경우에 공무수탁사인이 피고가 된다.

재결이 항고소송의 대상이 되는 경우에는 행정심판위원회가 피고가 된다.

(2) 구체적 사례(유형별 고찰)

1) 처분청과 통지한 자가 다른 경우

처분청과 통지한 자가 다른 경우에는 처분청이 피고가 된다(대판 1990. 4. 27, 90누233).

[판례] 대통령에 의하여 서훈취소가 결정된 후에 국가보훈처장이 '독립유공자 서훈취소결정 통보'를 한 사건에서 서훈취소의 처분청은 대통령으로서 대통령이 피고가 되어야 하고, 대통령의 처분을 통보한 국가보훈처장을 피고로 한 것은 잘못이라고 한 사례(대판 2014. 9. 26, 2013두2518〈독립유공자서훈취소결정무효확인등〉).

2) 권한의 위임(또는 위탁)의 경우

권한의 위임이 있는 경우에는 수임기관은 자신의 이름으로 처분을 하며 이 경우에 수임행정기관이 피고가 된다.

내부위임의 경우에는 처분권한이 이전되지는 않는다. 따라서 내부위임의 경우에 처분은 위임청의 이름으로 행해져야 한다. 이 경우에 항고소송의 피고는 처분청인 위임청이 된다. 그런데 내부위임의 경우에 위법한 것이기는 하지만 수임기관이 자신의 이름으로 처분을 행하는 경우가 있다. 이 경우에 항고소송의 대상이 되는 처분청이란 실제로 처분을 한 행정청을 말하므로 내부위임을 받아 실제로 처분을 한 행정청(수임기관)을 피고로 하여야 한다(대판 1994. 8. 12, 94누2763: 내부위임을 받은 경찰서장이 한 자동차운전면허정지처분에 대해 지방경찰청장을 피고로 취소소송을 제기한 것은 부적법하다고 한 사례).

권한의 위탁을 받은 공공단체 또는 사인도 그의 이름으로 처분을 한 경우에 처분청이 된다.

[판례 1] 성업공사(현재의 자산관리공사)가 체납압류된 재산을 공매하는 것은 세무서장의 공매권한위임에 의한 것으로 보아야 할 것이므로, 성업공사가 한 그 공매처분에 대한 취소 등의 항고소송을 제기함에 있어서는 **수임청으로서 실제로 공매를 행한 성업공사를 피고로 하여야 하고**, 위임청인 세무서장은 피고적격이 없다(대판 1997. 2. 28, 96누1757).
[평석] 사례에서 '위임'은 강학상 위탁에 해당한다. 판례는 성업공사를 세무서장의 수탁기관으로 보았으나 성업공사를 세무서장의 수탁청이 아니라 대행기관으로 보아야 하는 것은 아닌지 검토를 요한다. 강학상 대행으로 본다면 피대행기관인 세무서장이 피고가 된다.
[판례 2] **에스에이치공사가 택지개발사업 시행자인 서울특별시장으로부터 이주대책 수립권한을 포함한 택지개발사업에 따른 권한을 위임 또는 위탁받은 경우**, 이주대책 대상자들이 에스에이치공사 명의로 이루어진 이주대책에 관한 처분에 대한 취소소송을 제기함에 있어 정당한 피고는 에스에이치공사가 된다고 한 사례(대판 2007. 8. 23, 2005두3776〈입주권확인〉).

3) 권한의 대리의 경우

대리기관이 대리관계를 표시하고 피대리행정청을 대리하여 행정처분을 한 때에는 피대리행정청이 피고로 되어야 한다(대판 2018. 10. 25, 2018두43095).

대리권을 수여받은 행정청이 대리관계를 밝힘이 없이 자신의 명의로 행정처분을 한 경우, 처분명의자인 해당 행정청이 항고소송의 피고가 되어야 하는 것이 원칙이다. 다만, 비록 대리관계를 명시적으로 밝히지는 아니하였다 하더라도 처분명의자가 피대리행정청 산하의 행정기관으로서 실제로 피대리행정청으로부터 대리권한을 수여받아 피대리행정청을 대리한다는 의사로 행정처분을 하였고 처분명의자는 물론 그 상대방도 그 행정처분이 피대리행정청을 대리하여 한 것임을 알고서 이를 받아들인 예외적인 경우에는 피대리행정청이 피고가 되어야 한다(대결 2006. 2. 23, 2005부4: 근로복지공단의 이사장으로부터 보험료의 부과 등에 관한 대리권을 수여받은 지역본부장이 대리의 취지를 명시적으로 표시하지 않고서 산재보험료 부과처분을 한 경우, 그러한 관행이 약 10년간 계속되어 왔고, 실무상 근로복지공단을 상대로 산재보험료 부과처분에 대한 항고소송을 제기하여 온 점 등에 비추어 지역본부장은 물론 그 상대방 등도 근로복지공단과 지역본부장의 대리관계를 알고 받아들였다는 이유로, 위 부과처분에 대한 항고소송의 피고적격이 근로복지공단에 있다고 한 사례).

[판례] 항고소송은 다른 법률에 특별한 규정이 없는 한 원칙적으로 소송의 대상인 행정처분을 외부적으로 행한 행정청을 피고로 하여야 하고(행정소송법 제13조 제 1 항 본문), 다만

대리기관이 대리관계를 표시하고 피대리 행정청을 대리하여 행정처분을 한 때에는 피대리 행정청이 피고로 되어야 한다(대결 2006. 2. 23, 2005부4 참조). 피고 한국농어촌공사가 '피고 농림축산식품부장관의 대행자' 지위에서 위와 같은 납부통지를 하였음을 분명하게 밝힌 이상, 피고 농림축산식품부장관이 이 사건 농지보전부담금 부과처분을 외부적으로 자신의 명의로 행한 행정청으로서 항고소송의 피고가 되어야 하고, 단순한 대행자에 불과한 피고 한국농어촌공사를 피고로 삼을 수는 없다(대판 2018. 10. 25, 2018두43095).

4) 합의제 행정청

합의제 행정청이 처분청인 경우에는 특별한 규정(예 노동위원회법 제27조)이 없는 한 합의제 행정청이 피고가 된다. 즉 공정거래위원회, 중앙토지수용위원회, 감사원 등이 피고가 된다. 다만, 노동위원회법은 중앙노동위원회의 처분에 대한 소송의 피고를 중앙노동위원회위원장으로 규정하고 있다(노동위원회법 제27조).

5) 지방의회와 지방자치단체의 장

조례가 항고소송의 대상이 되는 경우에는 조례를 공포한 지방자치단체의 장이 피고가 된다. 교육·학예에 관한 조례는 시·도교육감이 피고가 된다(대판 1996. 9. 20, 95누8003).

그러나 지방의회의원에 대한 징계의결이나 지방의회의장선거의 처분청은 지방의회이므로 이들 처분에 대한 취소소송의 피고는 지방의회가 된다(대판 1993. 11. 26, 93누7341; 대판 1995. 1. 12, 94누2602).

2. 당사자소송의 피고

당사자소송은 '국가·공공단체 그 밖의 권리주체'를 피고로 한다(행정소송법 제39조). 여기에서 '그 밖의 권리주체'란 공권력을 수여받은 행정주체인 사인, 즉 공무수탁사인 등을 의미한다.

당사자소송의 피고는 권리주체를 피고로 하는 점에서 처분청을 피고로 하는 항고소송과 다르다.

사인(私人)을 피고로 하는 당사자소송도 가능하다(대판 2019. 9. 9, 2016다262550; **도시·군계획시설사업**의 사업시행자는 사인인 해당 토지의 소유자 등을 상대로 동의의 의사표시를 구하는 소를 제기할 수 있다고 한 사례).

3. 피고 경정

원고가 피고를 잘못 지정한 때에는 법원은 원고의 신청에 의하여 결정으로써 피고의 경정을 허가할 수 있다(법 제14조 제 1 항). 법 제14조 제 1 항에 따른 피고경정은 사실심 변론을 종결할 때까지 할 수 있다(행정소송규칙 제 6 조).

행정소송에서 원고가 처분청이 아닌 행정관청을 피고로 잘못 지정하였다면 법원으로서는 석명권을 행사하여 원고로 하여금 피고를 처분청으로 경정하게 하여 소송을 진행케 하여야 할 것이다(대판 1990. 1. 12, 89누1032).

[판례] 세무서장의 위임에 의하여 성업공사가 한 공매처분에 대하여 피고 지정을 잘못하여 피고적격이 없는 세무서장을 상대로 그 공매처분의 취소를 구하는 소송이 제기된 경우, 법원으로서는 석명권을 행사하여 피고를 성업공사로 경정하게 하여 소송을 진행하여야 한다(대판 1997. 2. 28, 96누1757).

피고의 경정결정이 있은 때에는 새로운 피고에 대한 소송은 처음에 소를 제기한 때에 제기된 것으로 보고(법 제14조 제 4 항), 종전의 피고에 대한 소송은 취하된 것으로 본다.

취소소송이 제기된 후에 제13조 제 1 항 단서 또는 제13조 제 2 항에 해당하는 사유가 생긴 때에는 법원은 당사자의 신청 또는 직권에 의하여 피고를 경정한다(법 제14조 제 6 항). 이 경우에는 제 4 항 및 제 5 항의 규정을 준용한다. 행정소송법 제14조는 무효등확인소송, 부작위위법확인소송 및 당사자소송에 준용되고 있다.

행정소송법은 소의 종류의 변경에 따르는 피고의 경정을 인정하고 있다(제21조 제 4 항).

Ⅴ. 제소기간 [2006 행시 사례]

1. 항고소송의 제소기간 내에 제기할 것 [2013 입법고시 사례]

항고소송에서 제소기간은 행정의 안정성과 국민의 권리구제를 조화하는 선에서 결정하여야 하며 기본적으로 입법정책에 속하는 문제이다.

취소소송은 처분등이 있음을 안 날부터 90일이내에 제기하여야 한다. 다만, 제18조 제 1 항 단서에 규정한 경우와 그 밖에 행정심판청구를 할 수 있는 경우 또는 행정청이 행정심판청구를 할 수 있다고 잘못 알린 경우에 행정심판청구가 있은 때의 기간은 재결서의 정본을 송달받은 날부터 기산한다(법 제20조 제 1 항).
취소소송은 처분등이 있은 날부터 1년(제 1 항 단서의 경우는 재결이 있은 날부터 1년)을 경과하면 이를 제기하지 못한다. 다만, 정당한 사유가 있는 때에는 그러하지 아니하다(제 2 항).
제 1 항의 규정에 의한 기간은 불변기간으로 한다(제 3 항).

무효등확인소송을 제기하는 경우에는 제소기간에 제한이 없다(법 제38조 제 1 항).

(1) 행정심판을 거친 경우 취소소송의 제기기간

행정심판을 거쳐 취소소송을 제기하는 경우 취소소송은 재결서의 정본을 송달받은 날부터 90일 이내에 제기하여야 한다(법 제20조 제 1 항 단서). 행정소송법 제20조 제 1 항의 행정심판은 행정심판법에 따른 일반행정심판과 행정심판법 제 4 조에서 정하고 있는 특별행정심판을 의미한다(대판 2014. 4. 24, 2013두10809). 여기에서 **'행정심판을 거쳐 취소소송을 제기하는 경우'**란 행정심판을 거쳐야 하는 경우와 그 밖에 행정심판청구를 할 수 있는 경우 또는 행정청이 행정심판청구를 할 수 있다고 잘못 알린 경우에 행정심판청구를 한 경우를 말한다(법 제20조 제 1 항 단서). 그리고 **'재결서의 정본을 송달받은 날'**이란 재결서 정본을 본인이 직접 수령할 경우에 한하는 것이 아니라, 보충송달, 유치송달, 공시송달 등 민사소송법이 정한 바에 따라 적법하게 송달된 모든 경우를 포함한다(행정심판법 제48조, 제57조). 한편 **'재결이 있은 날'**이란 재결이 내부적으로 성립한 날을 말하는 것이 아니라 '재결의 효력이 발생한 날'을 말한다(대판 1990. 7. 13, 90누2284). 그런데 재결서 정본을 송달받은 날부터 90일이 경과하면 제소기간은 경과하게 되므로, 결국 재결이 있은 날부터 1년 내라는 제소기간은 거의 무의미하다. **입법론**으로는 90일의 제소기간 기산점을 재결서 정본을 송달받은 날로 할 것이 아니라 재결 있음을 안 날로 함이 타당하다는 주장이 있다(법원행정처, 「법원실무제요 행정」, 216쪽).

행정청이 행정심판청구를 할 수 있다고 잘못 알려 행정심판의 청구를 한 경우에 그 제소기간을 행정심판 재결서의 정본을 송달받은 날부터 기산하여야 하는 것(대판 2006. 9. 8, 2004두947)은 잘못 알릴 당시 불가쟁력이 발생하지 않았어야 한다.

[판례 1] 행정심판제기기간을 넘긴 것을 이유로 한 각하재결이 있은 후 취소소송을 제기하는 경우에는 행정소송법 제20조 제 1 항 단서가 적용되지 아니한다(대판 2011. 11. 24, 2011두18786).

[판례 2] (1) **행정소송법 제20조 제 1 항의 취지**는 불가쟁력이 발생하지 않아 적법하게 불복청구를 할 수 있었던 처분 상대방에 대하여 행정청이 법령상 행정심판청구가 허용되지 않음에도 행정심판청구를 할 수 있다고 잘못 알린 경우에, 잘못된 안내를 신뢰하여 부적법한 행정심판을 거치느라 본래 제소기간 내에 취소소송을 제기하지 못한 자를 구제하려는 데에 있다. (2) 이와 달리 이미 제소기간이 지남으로써 **불가쟁력이 발생하여 불복청구를 할 수 없었던 경우라면** 그 이후에 **행정청이 행정심판청구를 할 수 있다고 잘못 알렸다고 하더**

라도 그 때문에 처분 상대방이 적법한 제소기간 내에 취소소송을 제기할 수 있는 기회를 상실하게 된 것은 아니므로 **이러한 경우에 잘못된 안내에 따라 청구된 행정심판 재결서 정본을 송달받은 날부터 다시 취소소송의 제소기간이 기산되는 것은 아니다.** 불가쟁력이 발생하여 더 이상 불복청구를 할 수 없는 처분에 대하여 행정청의 잘못된 안내가 있었다고 하여 처분 상대방의 불복청구 권리가 새로이 생겨나거나 부활한다고 볼 수는 없기 때문이다(대판 2012. 9. 27, 2011두27247〈부당이득금부과처분취소〉).

재결서의 정본을 송달받지 못한 경우에는 재결이 있은 날부터 1년이 경과하면 취소소송을 제기하지 못한다. 다만, 정당한 사유가 있는 때에는 그러하지 아니하다(법 제20조 제 2 항).

(2) 행정심판을 거치지 않고 직접 취소소송을 제기하는 경우

행정심판을 거치지 않고 직접 취소소송을 제기하는 경우 취소소송은 처분 등이 있음을 안 날부터 90일 이내에 제기하여야 하고(법 제20조 제 1 항 본문), 처분 등이 있은 날부터 1년을 경과하면 이를 제기하지 못한다. 다만, 정당한 사유가 있는 때에는 그러하지 아니하다(법 제20조 제 2 항).

행정소송법 제20조 제 1 항에서 말하는 “취소소송은 처분 등이 있음을 안 날부터 90일 이내에 제기하여야 한다”는 제소기간은 불변기간이다(제20조 제 3 항). **불변기간이란 법정기간으로서 법원 등이 변경할 수 없는 기간을 말한다.**

1) 처분이 있음을 안 경우

가. 처분이 송달된 경우 **‘처분이 있음을 안 날’**이란 ‘당사자가 통지·공고 그 밖의 방법에 따라 해당 처분이 있었다는 사실을 현실적으로 안 날’을 의미한다.

행정처분은 상대방에게 고지되어야 효력을 발생하게 되므로, 처분이 있음을 알기 전에 행정처분이 상대방에게 고지되었어야 한다(대판 2014. 9. 25, 2014두8254).

처분의 통지가 도달한 때 그 처분이 있음을 알았다고 추정한다(판례). 당사자는 통지가 도달한 때 도달된 통지를 볼 수 없었다는 반증을 제기할 수 있다.

[판례] 처분에 관한 서류가 당사자의 주소지에 송달되는 등 사회통념상 처분이 있음을 당사자가 알 수 있는 상태에 놓여진 때에는 반증이 없는 한 그 처분이 있음을 알았다고 추정할 수 있다(대판 1999. 12. 28, 99두9742: 아르바이트 직원이 납부고지서를 수령한 경우, 납부의무자는 그 때 부과처분이 있음을 알았다고 추정할 수 있다고 한 사례).

행정심판(취소소송) 제기기간의 계산의 예를 들면, 2000년 3월 5일에 처분이 있음을 알았다면 기간계산의 원칙의 하나인 초일은 산입하지 않는다는 원칙에 따라 3월 6일부터 기산하여 90일(26일+30일+31일+3일)째가 되는 날인 6월 3일의 오후 12시까지 행정심판(취소소송)을 제기할 수 있다.

나. 처분이 공고 또는 고시된 경우 처분이 공고 또는 고시의 방법에 의해 통지되는 경우에는 원고가 실제로 공고 또는 고시를 보았으면 해당 공고 또는 고시를 본 날이 '처분이 있음을 안 날'이 될 것이다.

문제는 원고가 공고 또는 고시를 보지 못한 경우인데 이 경우에 심판청구 또는 취소소송 기간의 계산은 어떻게 되는가. 이에 관하여 고시 또는 공고의 효력발생일에 알았다고 보아야 한다는 견해와 실제로 안 날을 처분이 있음을 안 날로 보아야 한다는 견해의 대립이 있다.

① **판례**는 고시 또는 공고에 의하여 행정처분을 하는 경우에는 고시 또는 공고의 **효력발생일**에 그 행정처분이 있음을 알았던 것으로 보아 기산하여야 한다고 보고 있다(대판 1995. 8. 22, 94누5694; 대판 2006. 4. 14, 2004두3847)(자세한 것은 전술 '행정행위의 효력발생요건' 참조). **고시 또는 공고는** 특별한 규정이 없는 한 「행정업무의 효율적 운영에 관한 규정」 제 6 조 제 3 항에 따라 **고시 또는 공고**가 **있은 후 5일이 경과한 날 효력을 발생**한다(대판 2000. 9. 8, 99두11257; 대판 2007. 6. 14, 2004두619).

② 다만, 개별토지가격결정의 경우에 있어서와 같이 **처분의 효력이 각 상대방에 대해 개별적으로 발생하는 경우**에는 그 처분은 **실질에 있어서 개별처분이라고 볼 수 있으므로** 공고 또는 고시가 효력을 발생하여도 통지 등으로 실제로 알았거나 알 수 있었던 경우를 제외하고는 처분이 있음을 알았다고 할 수 없고, 처분이 있음을 알지 못한 경우의 불복제기기간(행정심판의 경우 처분이 있은 날로부터 180일 이내, 행정소송의 경우 처분이 있은 날로부터 1년 이내)이 적용되고(대판 1993. 12. 24, 92누17204). 행정심판법 제27조 제 3 항 단서의 정당한 사유가 적용된다(대판 1995. 8. 25, 94누13121).

③ 또한 특정인에 대한 행정처분을 **주소불명 등의 이유로 송달할 수 없어 관보 등에 공고**(행정절차법상 공고)**한 경우**에 상대방이 그 처분이 있음을 안 날은 상대방이 처분 등을 현실적으로 안 날을 말한다(대판 2006. 4. 28, 2005두14851).

다. 민사소송법상 소송행위의 추완규정 준용 민사소송법 제173조 제 1 항의 소송행위의 추완에 관한 규정[55]은 취소소송에도 준용된다.

---

55) 제173조(소송행위의 추후보완) ① 당사자가 책임질 수 없는 사유로 말미암아 불변기간을 지

[판례] 당사자가 책임질 수 없는 사유로 인하여 이를(제소기간을) 준수할 수 없었던 경우에는 동법 제 8 조에 의하여 준용되는 민사소송법 제173조 제 1 항에 의하여 그 사유가 없어진 후 2주일 내에 해태된 제소행위를 추완할 수 있다고 할 것이며, 여기서 **당사자가 책임질 수 없는 사유**란 당사자가 그 소송행위를 하기 위하여 일반적으로 하여야 할 주의를 다하였음에도 불구하고 그 기간을 준수할 수 없었던 사유를 말한다(대판 2001. 5. 8, 2000두6916: 당사자가 행정처분시나 그 이후 행정청으로부터 행정심판 제기기간에 관하여 법정 심판청구기간보다 긴 기간으로 잘못 통지받아 행정소송법상 법정 제소기간을 도과하였다고 하더라도, 그것이 당사자가 책임질 수 없는 사유로 인한 것이라고 할 수는 없다고 한 사례).

라. 불고지·오고지의 경우 행정소송법에는 행정소송의 제기에 필요한 사항의 고지의무 및 불고지·오고지의 효과에 관한 규정이 없으므로 행정소송 제기기간에 관한 불고지·오고지는 행정소송제기기간에 영향을 미치지 않는다(대판 2001. 5. 8, 2000두6916). 입법의 불비이다. 입법론으로는 행정소송법에도 고지제도를 규정하는 것이 타당하다.

행정절차법 제26조는 "행정청이 처분을 할 때에는 당사자에게 그 처분에 관하여 행정심판 및 행정소송을 제기할 수 있는지 여부, 그 밖에 불복을 할 수 있는지 여부, 청구절차 및 청구기간, 그 밖에 필요한 사항을 알려야 한다"고 규정하고 있다. 판례는 이 규정 위반의 하자는 처분의 취소사유가 되지 않는다고 본다(대판 2016. 10. 27, 2016두41811).

2) 처분이 있음을 알지 못한 경우

처분이 있음을 알지 못한 경우 취소소송은 처분 등이 있은 날부터 1년(제 1 항 단서의 경우는 재결이 있은 날부터 1년)을 경과하면 이를 제기하지 못한다. 다만, 정당한 사유가 있는 때에는 그러하지 아니하다(법 제20조 제 2 항).

가. 원칙(처분 등이 있은 날부터 1년) 처분 등이 있은 날부터 1년 이내에 취소소송을 제기하여야 한다. '처분이 있은 날'이란 ① 통지가 있는 처분의 경우 통지가 도달하여 처분의 효력이 발생한 날을 말하고, ② 통지가 없는 처분의 경우(예 권력적 사실행위, 서훈 취소 등 처분의 상대방이 없는 경우)에는 외부에 표시되어 효력을 발생한 날을 말한다.

도달은 우편법상의 배달과는 다른 개념으로 우편법 제31조에 따른 적법한 배달이 있었다 하여 '도달'되었다고 단정할 수 없다(대판 1993. 11. 26, 93누17478). 그리

킬 수 없었던 경우에는 그 사유가 없어진 날부터 2주 이내에 게을리 한 소송행위를 보완할 수 있다. 다만, 그 사유가 없어질 당시 외국에 있던 당사자에 대하여는 이 기간을 30일로 한다.

고 '송달받은 자'와 관련하여 판례는 비록 가족이라 하더라도 별거하는 경우 적법한 수령인이 될 수 없는 반면, 비록 친척이 아니더라도 생계를 같이하며 동거하는 경우는 적법한 수령인이 될 수 있다고 보고 있다(예 ① 친구의 주소지에 5년 이상 주민등록을 하여 둔 경우 그 친구의 처(대판 1984. 10. 10, 84누195). ② 그리고 거주자 부재시 등기우편물을 수령하여 전달하여 온 주거지 아파트 경비원(대판 1994. 1. 11, 93누16804) 등이 수령한 경우도 적법한 도달로 본다).

나. 예외(정당한 사유가 있는 경우) 취소소송은 처분이 있은 날부터 1년(제1항 단서의 경우는 재결이 있은 날부터 1년)을 경과하면 이를 제기하지 못하지만, 정당한 사유가 있는 때에는 1년이 경과하여도 제기할 수 있다. 어떠한 사유가 정당한 사유에 해당하는가는 건전한 사회통념에 의해 판단하여야 한다.

행정처분의 직접 상대방이 아닌 제 3 자는 일반적으로 처분이 있는 것을 바로 알 수 없는 처지에 있으므로, 행정소송법 제20조 제 2 항 본문의 취소소송 제기기간 내에 처분이 있음을 알았거나 쉽게 알 수 있었기 때문에 취소소송을 제기할 수 있었다고 볼 만한 특별한 사정이 없는 한, 행정소송법 제20조 제 2 항 본문의 취소소송 제기기간을 배제할 동조 단서 소정의 정당한 사유가 있는 때에 해당한다(대판 1992. 7. 28, 91누12844 참조).

3) '처분이 있음을 안 경우'와 '알지 못한 경우'의 관계

이 두 경우 중 어느 하나의 제소기간이 도과하면 원칙상 취소소송을 제기할 수 없다. 다만, 처분이 있은 날로부터 1년 이내에 처분이 있음을 안 때에는 그때부터 90일 이내에 취소소송을 제기할 수 있다고 보아야 한다.

4) 이의신청을 거쳐 취소소송을 제기하는 경우

행정심판이 아닌 이의신청을 거쳐 행정심판 또는 취소소송을 제기하는 경우 불복기간은 불복기간에 관한 명문의 규정이 없는 경우 원칙상 처분이 있음을 안 날로부터 90일 이내이다. 다만, 명문의 규정이 있는 경우(예 지방자치법 제140조 제 5 항)에는 그에 따른다.

(3) 제소기간의 기산점

행정심판을 거치지 않은 경우에는 처분이 있음을 안 날 또는 처분이 있은 날, 행정심판을 거친 경우에는 재결서 정본을 송달받은 날이 제소기간의 기산점이다.

그 밖의 특수한 경우의 제소기간의 기산점은 아래와 같다.

1) 위헌결정으로 취소소송의 제기가 가능하게 된 경우 제소기간의 기산점

처분 당시에는 취소소송의 제기가 법제상 허용되지 않아 소송을 제기할 수 없다가 위헌결정으로 인하여 비로소 취소소송을 제기할 수 있게 된 경우에는 객관적으로는 '위헌결정이 있은 날', 주관적으로는 '위헌결정이 있음을 안 날'에 비로소 취소소송을 제기할 수 있게 되어 이때를 제소기간의 기산점으로 삼아야 한다(대판 2008. 2. 1, 2007두20997〈교원소청심사위원회결정취소〉: 헌법재판소의 2006. 2. 23. 선고 2005헌가7 결정 등으로 교원만이 심사위원회의 결정에 대하여 소송을 제기할 수 있도록 하였던 구 교원지위법 제10조 제 3 항이 효력을 상실함에 따라 위 위헌결정 후 개정된 법률이 시행되기 전에라도 학교법인 등 심사위원회의 결정에 대하여 그 취소를 구할 법률상 이익이 있는 자는 교원이 아니더라도 행정소송법 제12조에 의하여 취소소송을 제기할 수 있게 된 사례).

2) 변경명령재결에 따라 변경처분이 있은 경우 제소기간의 기산점

변경명령재결에 따른 변경처분의 경우에 취소소송의 대상은 변경된 내용의 당초 처분이며 제소기간은 행정심판재결서 정본을 송달받은 날로부터 90일 이내이다(대판 2007. 4. 27, 2004두9302〈식품위생법위반 과징금부과처분취소〉: 처분청이 3월의 영업정지처분이라는 당초처분을 하였고, 이에 대하여 행정심판청구를 하자 "처분청이 원고에 대하여 한 3월의 영업정지처분을 2월의 영업정지에 갈음하는 과징금부과처분으로 변경하라"는 일부기각(일부인용)의 이행재결(처분명령재결)을 하였으며, 처분청이 위 재결취지에 따라 "3월의 영업정지처분을 과징금 560만 원으로 변경한다"는 취지의 후속 변경처분을 하였고, 청구인은 과징금부과처분(당초처분)의 취소를 구하는 소를 제기하였다. 이 경우 청구인은 행정심판재결서 정본을 송달받은 날로부터 90일 이내 이 사건 취소소송을 제기하여야 한다고 한 사례).

3) 조세심판에서의 재조사결정의 경우 제소기간의 기산점

조세심판에서의 재결청의 재조사결정은 처분청의 후속 처분에 의하여 그 내용이 보완됨으로써 심사청구 또는 심판청구에 대한 결정으로서의 효력이 발생한다고 할 것이므로, 조세심판에서의 재결청의 재조사결정에 따른 행정소송의 제소기간의 기산점은 후속 처분의 통지를 받은 날이다(대판 전원합의체 2010. 6. 25, 2007두12514〈부가가치세부과처분취소〉).

4) 직권변경처분에 대한 취소소송에서 제소기간의 기산점

직권에 의한 변경처분을 다투는 소송의 제소기간은 해당 변경처분이 있은 때를 기준으로 한다.

사후부담 부가처분 또는 변경처분의 취소를 구하는 소를 제기하는 경우, 제

소기간은 해당 처분이 있은 때를 기준으로 한다(대판 2014. 2. 21, 2011두20871).

(4) 소 제기기간 준수 여부의 기준시점 [2009 사시 사례]

① 소 제기기간 준수 여부 원칙상 소 제기시를 기준으로 한다.

② 소의 변경이 있는 경우 소 제기기간 준수 여부의 기준시점은 다음과 같다. i) 소의 종류의 변경의 경우에는 새로운 소에 대한 제소기간의 준수는 변경된 소가 제기된 때를 기준으로 하여야 한다. ii) 청구취지를 **교환적으로 변경**하여 종전의 소가 취하되고 새로운 소가 제기된 것으로 변경되었을 때에 새로운 소에 대한 제소기간의 준수 등은 원칙적으로 **소의 변경이 있은 때**를 기준으로 판단된다(대판 2013. 7. 11, 2011두27544〈주택재건축정비사업조합설립인가처분취소〉). 그러나 선행처분의 취소를 구하는 소가 그 후속처분의 취소를 구하는 소로 교환적으로 변경되었다가 **다시 선행처분의 취소를 구하는 소로 변경된 경우** 후속처분의 취소를 구하는 소에 선행처분의 취소를 구하는 취지가 그대로 남아 있었던 것으로 볼 수 있다면 선행처분의 취소를 구하는 소의 제소기간은 최초의 소가 제기된 때를 기준으로 정하여야 한다(대판 2013. 7. 11, 2011두27544〈주택재건축정비사업조합설립인가처분취소〉).

(5) 부작위위법확인소송의 소의 제기기간

부작위는 특정시점에 성립하여 종결되는 것이 아니라 계속되는 것이므로 부작위위법확인소송은 원칙상 제소기간의 제한을 받지 않는다고 보는 것이 타당하다. 의무이행심판을 거친 경우에도 그렇게 보는 것이 타당하다.

그러나 **판례**는 행정심판을 거치지 않은 경우에는 부작위위법확인소송의 특성상 제소기간의 제한을 받지 않는다고 보고, 행정심판을 거친 경우에는 행정소송법 제20조가 정한 제소기간 내(재결서의 정본을 송달받은 날부터 90일 이내)에 부작위위법확인의 소를 제기하여야 한다고 본다.

[판례] **부작위위법확인의 소는** 부작위상태가 계속되는 한 그 위법의 확인을 구할 이익이 있다고 보아야 하므로 **원칙적으로 제소기간의 제한을 받지 않는다. 그러나** 행정소송법 제38조 제 2 항이 제소기간을 규정한 같은 법 제20조를 부작위위법확인소송에 준용하고 있는 점에 비추어 보면, **행정심판 등 전심절차를 거친 경우에는 행정소송법 제20조가 정한 제소기간 내에 부작위위법확인의 소를 제기하여야 한다**(대판 2009. 7. 23, 2008두10560).

(6) 제소기간제한의 적용제외

무효등확인소송의 경우에도 제소기간의 제한이 없다. 다만, 무효선언을 구하는 취소소송의 경우에는 취소소송에서와 같이 제소기간의 제한이 있다(대판 1993. 3. 12, 92누11039).

행정심판전치주의하에서 행정심판 제기 후 60일이 지나도 재결이 없는 경우 언제든지 취소소송을 제기할 수 있다(행정소송법 제18조 제 2 항 제 1 호).

2. 당사자소송의 제소기간

당사자소송에 관하여 법령에 제소기간이 정하여져 있는 때에는 그 기간은 불변기간으로 한다(법 제41조). 그러나 행정소송법에는 당사자소송의 제기기간에 관한 제한이 없다. 따라서 당사자소송의 제기기간에는 원칙상 제한이 없고, 이 경우에는 공법상 권리가 시효 등에 의해 소멸되지 않는 한 당사자소송을 제기할 수 있다.

3. 제소기간 준수 여부의 판단

제소기간의 준수 여부는 소송요건으로서 법원의 직권조사사항이다(대판 1987. 1. 20, 86누490; 대판 2013. 3. 14, 2010두2623). 소송요건인 제소기간의 준수 여부는 취소소송의 대상이 되는 개개의 처분마다 독립적으로 판단하여야 한다(대판 2023. 8. 31, 2023두39939: 징수처분과 독촉처분 취소소송의 제소기간 경과 여부가 문제된 사안).

Ⅵ. 행정심판전치주의가 적용되는 경우 그 요건을 충족할 것

[2008 공인노무사 약술]

1. 행정심판임의주의 — 예외적 행정심판전치주의

행정소송법은 행정심판을 원칙상 임의적인 구제절차로 규정하고 있다. 즉 취소소송은 법령의 규정에 의하여 해당 처분에 대한 행정심판을 제기할 수 있는 경우에도 이를 거치지 아니하고 제기할 수 있다.

다만, 다른 법률에 해당 처분에 대한 행정심판의 재결을 거치지 아니하면 취소소송을 제기할 수 없다는 규정이 있는 때에는 그러하지 아니하다(법 제18조 제 1 항).

2. 행정심판전치주의의 인정례

행정심판임의주의에 대한 예외로서의 행정심판전치주의는 개별법의 규정에 의해 인정되고 있다.

예를 들면, 국세기본법 제56조 제 2 항은 국세처분에 대하여 행정심판전치주의를 채택하고 있다. 국세기본법상의 행정심판은 임의절차인 이의신청, **필요적 전치절차인 심사청구 또는 심판청구**(심사청구와 심판청구 중 하나를 거쳐야 함)의 2심급으로 되어 있다. 심사청구라 함은 처분청의 상급행정청인 국세청장이 재결청인 국세심판을 말하며 심판청구라 함은 재결청인 조세심판원장이 조세심판관회의 또는 조세심판관합동회의의 의결에 따라 행하는 국세심판을 말한다(국세기본법 제78조). 다만, 국세처분을 받은 자는 감사원에 심사청구를 할 수 있는데 이 경우에는 국세기본법에 의한 심사청구 및 심판청구를 제기할 수 없고, 감사원의 심사청구에 불복하는 자는 행정소송을 제기하여야 한다(국세기본법 제55조 제 5 항, 제56조 제 4 항, 감사원법 제46조의2). 지방세부과처분에 대한 이의신청 및 심사청구는 임의절차이다(지방세기본법 제117조 제 1 항).

또한 공무원의 의사에 반하는 불이익처분이나 부작위에 대한 **소청심사청구** 및 **도로교통법상 처분에 대한 행정심판청구**도 행정소송의 의무적 전치절차이다(국가공무원법 제16조 제 2 항, 교육공무원법 제53조 제 1 항, 지방공무원법 제20조의2, 도로교통법 제142조).

3. 행정심판전치주의의 적용범위

행정심판전치주의는 취소소송과 부작위위법확인소송에서 인정되며(행정소송법 제18조 제 1 항, 제38조 제 2 항) 무효확인소송에는 적용되지 않는다(법 제38조 제 1 항). 무효선언을 구하는 취소소송은 그 형식이 취소소송이므로 행정심판전치주의가 적용되어야 한다(대판 전원합의체 1976. 2. 24, 75누128; 대판 1987. 6. 9, 87누219). 무효선언을 구하는 취소소송에서 행정심판전치주의의 요건을 충족하지 않은 경우에는 무효확인소송으로 소의 변경을 하면 된다.

주위적 청구가 무효확인소송이라 하더라도 병합 제기된 예비적 청구가 취소소송인 경우 예비적 청구인 취소소송에 필요적 전치주의의 적용이 있다(대판 1994. 4. 29, 93누12626).

4. 행정심판전치주의의 예외

(1) 행정심판의 재결 없이 행정소송을 제기할 수 있는 경우

다음과 같은 사유가 있는 때에는 행정심판의 재결(裁決)을 거치지 아니하고 취소소송을 제기할 수 있다(법 제18조 제 2 항). ① 행정심판청구가 있은 날로부터 60일이 지나도 재결이 없는 때. 행정심판청구가 있은 날로부터 60일이 경과하였음에도 재결이 없는 때에는 청구인은 곧 행정소송을 제기할 수도 있고, 재결을 받은 후 행정소송을 제기할 수도 있다. ② 처분의 집행 또는 절차의 속행으로 생길 중대한 손해를 예방하여야 할 긴급한 필요가 있는 때. ③ 법령의 규정에 의한 행정심판기관이 의결 또는 재결을 하지 못할 사유가 있는 때. ④ 그 밖의 정당한 사유가 있는 때.

(2) 행정심판의 제기 없이 행정소송을 제기할 수 있는 경우

다음과 같은 사유가 있는 때에는 행정심판을 제기함이 없이 취소소송을 제기할 수 있다(법 제18조 제 3 항). ① 동종사건에 관하여 이미 행정심판의 기각재결이 있은 때. 여기에서 **동종사건**이란 '해당 사건은 물론 해당 사건과 기본적인 점에서 동질성이 인정되는 사건'을 말한다(대판 1993. 9. 28, 93누9132; 대판 1992. 11. 24, 92누8972). ② 서로 내용상 관련되는 처분 또는 같은 목적을 위하여 단계적으로 진행되는 처분 중 어느 하나가 이미 행정심판의 재결을 거친 때. '**서로 내용상 관련되는 처분**'이란 각각 별개의 처분이지만 내용적으로 서로 일련의 상관관계가 있는 복수의 처분을 말한다. 예를 들면, 국세의 납세고지처분과 국세징수법상의 가산금 및 중가산금징수처분(대판 1986. 7. 22, 85누297) 등을 들 수 있다. '**같은 목적을 위하여 단계적으로 진행되는 처분**'이란 동일한 행정 목적을 위하여 행해지는 둘 이상의 서로 연속되는 처분을 말한다. 예를 들면, 대집행계고와 대집행영장에 의한 통지(대판 1979. 7. 24, 79누129), 건물철거명령과 그에 대한 계고처분(대판 1979. 7. 24, 79누129), 체납처분에 있어서의 독촉과 압류 등의 관계가 그러하다. ③ 행정청이 사실심의 변론종결 후 소송의 대상인 처분을 변경하여 해당 변경된 처분에 관하여 소를 제기하는 때. ④ 처분을 행한 행정청이 행정심판을 거칠 필요가 없다고 잘못 알린 때.

5. 행정심판전치주의의 이행 여부의 판단

(1) 적법한 행정심판청구

행정심판전치주의의 요건을 충족하기 위하여는 행정심판이 적법하여야 한다. 행정심판을 제기하였지만 부적법 각하된 때에는 행정청에게 계쟁처분에 대한 실질심사의 기회를 주지 못하였기 때문에 행정심판을 거친 것으로 볼 수 없다.

(2) 직권조사사항

행정심판의 전치는 항고소송의 소송요건이므로 법원의 직권조사사항에 속한다.

(3) 판단의 기준시

행정심판전치주의의 요건을 충족하였는지의 여부는 사실심변론종결시를 기준으로 판단하여야 한다(대판 1987. 4. 28, 86누29; 대판 1987. 9. 22, 87누176). 즉 행정소송 제기시에는 행정심판전치주의의 요건이 충족되지 않았더라도 사실심변론종결시까지 행정심판전치주의의 요건을 충족하면 된다.

Ⅶ. 관할법원

1. 항고소송의 관할법원

취소소송의 제 1 심 관할법원은 피고의 소재지를 관할하는 행정법원으로 한다. 다만, 중앙행정기관 또는 그 장이 피고인 경우의 관할법원은 대법원소재지의 행정법원으로 한다(법 제 9 조 제 1 항). 토지의 수용 기타 부동산 또는 특정의 장소에 관계되는 처분 등에 대한 취소소송은 그 부동산 또는 장소의 소재지를 관할하는 행정법원에 이를 제기할 수 있다(법 제 9 조 제 2 항). 국가의 사무를 위임 또는 위탁받은 공공단체 또는 그 장에 대하여 그 지사나 지역본부 등 종된 사무소의 업무와 관련이 있는 소를 제기하는 경우에는 그 종된 사무소의 소재지를 관할하는 행정법원에 제기할 수 있다(행정소송규칙 제 5 조 제 1 항).

토지의 수용 기타 부동산 또는 특정의 장소에 관계되는 처분 등에 대한 취소소송은 그 부동산 또는 장소의 소재지를 관할하는 행정법원에 이를 제기할 수 있다(법 제 9 조 제 3 항).

행정법원이 설치되지 않은 지역에 있어서의 행정법원의 권한에 속하는 사건은 행정법원이 설치될 때까지 해당 지방법원본원이 관할한다(법원조직법 부칙 제 2 조). 그런데 현재 서울에만 행정법원이 설치되었을 뿐이다.

2. 당사자소송의 관할법원

당사자소송의 관할법원은 취소소송의 경우와 같다. 다만, 국가 또는 공공단체가 피고인 경우에는 관계행정청의 소재지를 피고의 소재지로 본다(행정소송법 제40조). 여기에서 **'관계행정청'**이란 형식적 당사자소송의 경우에는 해당 법률관계의 원인이 되는 처분을 한 행정청을 말하고, 실질적 당사자소송에서는 해당 공법상 법률관계에 대하여 직접적인 관계가 있는 행정청을 말한다.

3. 행정소송의 관할의 성격: 전속관할

행정소송의 관할은 행정법원의 전속관할이므로 민사법원은 계쟁사건의 관할이 행정법원인 경우 해당 사건을 행정법원으로 이송하여야 한다. 계쟁행정사건의 관할이 행정법원이 아니라 지방법원인 경우에는 그러하지 아니하다.

제 4 항 행정소송에서의 가구제 [2017 경감승진 약술〈행정소송상 가구제〉]

Ⅰ. 개 설

가구제란 소송의 실효성을 확보하기 위하여 본안판결 확정 전에 잠정적으로 행해지는 원고의 권리를 보전하기 위한 수단을 말한다.

현행 행정소송법은 가구제로 집행정지만 규정하고 가처분에 관한 규정을 두고 있지 않은데, 민사집행법상의 가처분을 행정소송에도 준용하여 수익적 처분의 신청에 대한 거부처분에 대하여 적극적으로 임시의 지위를 정하는 가처분을 인정할 수 있는지 그리고 예상되는 침해적 처분에 대하여 해당 처분의 잠정적 금지를 구하는 가처분을 인정할 수 있는지에 관하여 논의가 있다. 또한 당사자소송에 민사집행법상의 가처분이나 가압류가 준용될 수 있는지도 문제된다.

Ⅱ. 행정소송법상의 집행정지 [2004 입법고시 약술, 2002 행시 사례, 1998 사시 사례]

행정소송법상 집행정지라 함은 계쟁 처분등의 효력이나 그 집행 또는 절차의 속행을 잠정적으로 정지하는 법원의 결정을 말한다. 집행정지는 권리구제의 실효성을 보장하기 위해 인정되는데, 반면에 집행정지가 되면 처분의 집행으로 인한 행정목적의 달성이 잠정적으로 중지된다. 집행정지제도는 집행정지를 통한 권리구제의 실효성 보장과 계쟁처분의 집행을 통한 행정목적의 달성(계쟁처분의 실효성 보장)을 조화시키는 제도로 입법되고 운용되어야 한다.

1. 집행부정지의 원칙

취소소송의 제기는 처분 등의 효력이나 그 집행 또는 절차의 속행에 영향을 주지 아니한다(법 제23조 제 1 항). 이와 같이 위법한 처분 등을 다투는 항고소송이 제기된 경우에도 처분 등의 효력을 잠정적으로나마 정지시키지 않고 처분 등의 후속적인 집행을 인정하는 것을 '**집행부정지의 원칙**'이라 한다. 이와 같이 현행 행정소송법이 집행부정지의 원칙을 채택한 것은 행정목적의 실효적인 달성을 보장하기 위한 것이다.

2. 예외적인 집행정지

집행부정지의 원칙을 엄격히 적용하는 경우에는 행정소송을 제기하여 승소한 경우에도 이미 처분이 집행되는 등의 사정에 의해 회복할 수 없는 손해를 입게 되어 권리구제가 되지 못하는 경우가 있게 되므로 행정소송법은 행정구제의 실효성을 확보하기 위하여 다음과 같이 일정한 요건을 갖춘 경우 예외적으로 집행정지를 인정하고 있다.

> 취소소송이 제기된 경우에 처분 등이나 그 집행 또는 절차의 속행으로 인하여 생길 회복하기 어려운 손해를 예방하기 위하여 긴급한 필요가 있다고 인정할 때에는 본안이 계속되고 있는 법원은 당사자의 신청 또는 직권에 의하여 처분 등의 효력이나 그 집행 또는 절차의 속행의 전부 또는 일부의 정지(이하 '집행정지'라 한다)를 결정할 수 있다. 다만, 처분의 효력정지는 처분 등의 집행 또는 절차의 속행을 정지함으로써 목적을 달성할 수 있는 경우에는 허용되지 아니한다(법 제23조 제 2 항).

독일 등에서와 같이 항고소송이 제기되면 자동적으로 집행정지효과가 발생하는 것을 원칙으로 하고, 일정한 요건을 갖춘 경우 예외적으로 즉시집행을 인정하는 입법례도 있다.

3. 집행정지의 요건

(1) 신청요건

집행정지신청이 신청요건을 결여하여 부적법하면 각하된다.

1) 정지대상인 처분 등의 존재

행정소송법상의 집행정지는 종전의 상태, 즉 원상을 회복하여 유지시키는 소극적인 것이며 종전의 상태를 변경시키는 적극적인 조치로 활용될 수 없다. 따라서 집행정지는 **침해적 처분**을 대상으로 하여 인정되며 ① 처분 전이거나 ② 부작위 또는 ③ 처분 소멸 후에는 회복시킬 대상이 없으므로 허용되지 아니한다.

그리하여 집행정지가 허용될 수 있는 본안소송은 취소소송과 무효등확인소송이며 부작위위법확인소송은 제외된다.

거부처분[56]에 대하여 집행정지가 가능한지에 관하여 견해의 대립이 있다. **판례**는 다음과 같이 부정설을 취하고 있다. 신청에 대한 거부처분의 효력을 정지하더라도 거부처분이 없었던 것과 같은 상태, 즉 거부처분이 있기 전의 신청시의 상태로 되돌아가는 데에 불과하고 행정청에게 신청에 따른 처분을 하여야 할 의무가 생기는 것이 아니므로, 거부처분의 효력정지는 그 거부처분으로 인하여 신청인에게 생길 손해를 방지하는 데 아무런 보탬이 되지 아니하여 그 효력정지를 구할 이익이 없다(대결 1991. 5. 2, 91두15; 1995. 6. 21, 95두26). 생각건대, 거부처분의 집행정지에 의하여 거부처분이 행하여지지 아니한 상태로 복귀됨에 따라 신청인에게 어떠한 법적 이익(예 강제출국당하지 않을 권리)이 있다고 인정되는 경우가 있을 수 있고, 그러한 경우에는 **예외적으로** 집행정지신청의 이익이 있다고 할 것이며 따라서 **집행정지 신청을 인정**하여야 할 것이다(서울고결 1991. 10. 10, 91부450).

거부처분이라 하더라도 집행정지의 신청의 이익이 있다고 볼 수 있는 경우로는 ① 연장허가신청에 대한 거부처분이 있을 때까지 권리가 존속한다고 법에 특별한 규정이 있는 경우, ② 인·허가 등에 붙여진 기간이 갱신기간(조건의 존속기간)이라고 볼 수 있는 경우, ③ 1차 시험 불합격처분(서울행판 2003. 1. 14, 2003아957), ④ 외국인의 체류연장신청거부(이 경우 거부처분이 집행정지되면 강제출국당하지 않을 이익이 있다) 등이 있다.

2) 적법한 본안소송의 계속

행정소송법상의 집행정지는 민사소송에서의 가처분과는 달리 적법한 본안소송이 계속중일 것을 요한다. 집행정지의 신청은 원칙상 본안소송의 제기 후 또는 적어도 본안소송의 제기와 동시에 하여야 하지만, 집행정지의 신청이 본안소송보다 먼저 행해진 경우에도 신청에 대한 결정 전에 본안소송이 제기되면 하자가 보완된다. 실무에 있어서는 통상 본안소송의 제기와 집행정지신청이 동시에 행해진다.

계속된 본안소송은 소송요건(행정심판전치, 제소기간 등)을 갖춘 적법한 것이어야 한다(대결 1999. 11. 26, 99부3). 본안소송의 요건은 집행정지의 신청에 대한 결정 전에 갖추어지면 된다.

집행정지결정을 한 후에라도 본안소송이 취하되어 소송이 계속하지 아니한 것으로 되면 집행정지결정은 당연히 그 효력이 소멸되는 것이고 별도의 취소조치를 필요로 하는 것이 아니다(대결 2007. 6. 28, 2005무75).

56) 2007 행시(일반행정) 사례, 2004 사시 사례 약술형, 논거 제시형, 2011 행시(재경직) 사례 약술형.

3) 신청인적격

집행정지를 신청할 수 있는 자는 본안소송의 당사자이다. 신청인은 '법률상 이익'이 있는 자이어야 한다. 집행정지신청요건인 '법률상 이익'은 항고소송의 요건인 '법률상 이익'과 동일하다.

제 3 자효행정행위에서 소송당사자인 제 3 자의 집행정지신청도 가능하다고 보는 것이 일반적 견해이다.

4) 신청이익

신청이익이란 집행정지결정으로 현실적으로 보호될 수 있는 이익을 말한다. 달리 말하면 집행정지결정의 현실적 필요성을 말하며 본안소송에서 협의의 소의 이익에 대응하는 것이다.

[판례] 미결수용중 다른 교도소로 이송(안양교도소로부터 진주교도소로 이송)된 피고인이 그 이송처분의 취소를 구하는 행정소송을 제기하고 아울러 그 효력정지를 구하는 신청을 제기한 데 대하여 **법원에서 위 이송처분의 효력정지신청을 인용하는 결정을 하였고** 이에 따라 신청인이 **다시 이송되어 현재 위 이송처분이 있기 전과 같은 교도소(안양교도소)에 수용중이라 하여도** 이는 원심법원의 효력정지결정에 의한 것이어서 **그로 인하여 효력정지신청이 그 신청의 이익이 없는 부적법한 것으로 되는 것은 아니다**(대판 1992. 8. 7, 92두30).

(2) 본안요건

1) 회복하기 어려운 손해발생의 우려

회복하기 어려운 손해란 특별한 사정이 없는 한 금전으로 보상할 수 없는 손해를 말하는데, '금전으로 보상할 수 없는 손해'란 금전보상이 불가능한 경우뿐만 아니라 금전보상으로는 사회관념상 행정처분을 받은 당사자가 참고 견딜 수 없거나 또는 참고 견디기가 현저히 곤란한 경우의 유형·무형의 손해를 말한다(대결 1987. 6. 23, 86두18; 대결 2003. 10. 9, 2003무23).

회복하기 어려운 손해는 신청인의 개인적 손해에 한정되고, 공익상 손해 또는 신청인 외에 제 3 자가 입은 손해는 포함되지 않는다(서울행판 2010. 3. 12, 2009아3749).

[판례 1] 예산회계법에 의한 부정사업자 입찰자격정지처분으로 본안소송이 종결될 때까지 입찰참가불능으로 입은 손해는 쉽사리 금전으로 보상할 수 있는 성질의 것이 아니다(대결 1986. 3. 21, 86두5).

[판례 2] 상고심에 계속중인 형사피고인을 안양교도소로부터 진주교도소로 이송하면 회복하기 어려운 손해가 발생할 염려가 있다(대판 1992. 8. 7, 92두30).

[판례 3] **기업의 손해가 '회복하기 어려운 손해'에 해당하기 위한 요건**: 항정신병 치료제의 요양급여 인정기준에 관한 보건복지부 고시(처분)의 효력이 계속 유지됨으로 인한 **제약회사의 경제적 손실, 기업 이미지 및 신용의 훼손으로 인한 손해**가 금전으로 보상될 수 없어 '회복하기 어려운 손해'에 해당한다고 하기 위해서는 **그 경제적 손실이나 기업 이미지 및 신용의 훼손으로 인하여 사업자의 자금사정이나 경영전반에 미치는 파급효과가 매우 중대하여 사업 자체를 계속할 수 없거나 중대한 경영상의 위기를 맞게 될 것으로 보이는 등의 사정이 존재하여야 한다**(대결 2003. 10. 9, 2003무23: 항정신병 치료제의 요양급여 인정기준에 관한 보건복지부 고시의 효력이 계속 유지됨으로 인한 제약회사의 경제적 손실, 기업 이미지 및 신용의 훼손은 '회복하기 어려운 손해'에 해당하지 않는다고 한 사례).

[판례 4] **국토해양부 등에서 발표한 '4대강 살리기 마스터플랜'에 따른 '한강 살리기 사업' 구간 인근에 거주하는 주민들이 각 공구별 사업실시계획승인처분에 대한 효력정지를 신청한 사안**에서, 위 사업구간에 편입되는 팔당지역 농지 대부분이 국가 소유의 하천부지이고, 유기농업에 종사하는 주민들 대부분은 국가로부터 하천점용허가를 받아 경작을 해 온 점, 위 점용허가의 부관에 따라 허가를 한 행정청은 공익상 또는 법령이 정하는 것에 따르거나 하천정비사업을 시행하는 경우 허가변경·취소 등을 할 수 있는 점 등에 비추어, 주민들 중 환경영향평가대상지역 및 근접 지역에 거주하거나 소유권 기타 권리를 가지고 있는 사람들이 위 사업으로 인하여 토지 소유권 기타 권리를 수용당하고 이로 인하여 정착지를 떠나 타지로 이주를 해야 하며 더 이상 농사를 지을 수 없게 되고 팔당지역의 유기농업이 사실상 해체될 위기에 처하게 된다고 하더라도, **그러한 손해는 행정소송법 제23조 제 2 항에서 정하고 있는 효력정지 요건인 금전으로 보상할 수 없거나 사회관념상 금전보상으로는 참고 견디기 어렵거나 현저히 곤란한 경우의 유·무형 손해에 해당하지 않는다**고 본 원심판단을 수긍한 사례(대판 전원합의체 2011. 4. 21, 2010무111〈4대강(한강)사건〉).

세금부과처분 등 금전부과처분에 따라 부과된 금전을 납부함으로 인하여 받는 손해는 본안소송에서 부과처분이 취소되면 그 반환을 청구할 수 있으므로 통상 '회복하기 어려운 손해'라고 볼 수 없지만, 경우에 따라서는 금전납부로 인하여 받는 손해가 '회복하기 어려운 손해'에 해당할 수 있다. **판례**는 금전부과처분이 사업자의 자금사정이나 경영전반에 미치는 파급효과가 매우 중대한 경우 그로 인한 손해는 회복하기 어려운 손해에 해당한다고 보았다(대판 2001. 10. 10, 2001무29).

[판례] **과징금납부명령의 처분이 사업자의 자금사정이나 경영전반에 미치는 파급효과가 매우 중대하다는 이유로 그로 인한 손해는 '회복하기 어려운 손해'에 해당한다고 한 사례**(대결 2001. 10. 10, 2001무29: 사업여건의 악화 및 막대한 부채비율로 인하여 외부자금의 신규차입이 사실상 중단된 상황에서 285억원 규모의 과징금을 납부하기 위하여 무리하게 외부자금을 신규차입

하게 되면 주거래은행과의 재무구조개선약정을 지키지 못하게 되어 사업자가 중대한 경영상의 위기를 맞게 될 것으로 보이는 경우, 그 과징금납부명령의 처분으로 인한 손해는 효력정지 내지 집행정지의 적극적 요건인 '회복하기 어려운 손해'에 해당한다고 한 사례)가 있다.

'회복하기 어려운 손해'의 주장·소명책임은 신청인에게 있다(대결 1999. 12. 20, 99무42).

2) 긴급한 필요의 존재

'긴급한 필요'란 회복하기 어려운 손해의 발생이 절박하여 손해를 회피하기 위하여 본안판결을 기다릴 여유가 없는 것을 말한다(대결 1994. 1. 17, 93두79).

판례는 본안청구의 승소가능성은 집행정지의 요건은 아니지만, '긴급한 필요'의 판단에 있어서 고려요소의 하나가 된다고 본다.

3) 공공복리에 중대한 영향을 미칠 우려가 없을 것

집행정지는 공공복리에 중대한 영향을 미칠 우려가 있을 때에는 허용되지 아니한다(법 제23조 제3항). 이는 구체적인 경우에 있어서 처분의 집행에 의해 신청인이 입을 손해와 처분의 집행정지에 의해 영향을 받을 공공복리(처분의 집행으로 달성하고자 하는 공익)를 비교형량하여 정하여야 한다.

[판례] 피신청인 보건복지부장관이 의대정원을 2025년부터 2,000명 증원할 것이라는 이 사건 증원발표를 하고, 이후 피신청인 교육부장관이 2025학년도 전체 의대정원을 2,000명 증원하여 각 대학별로 배정하는 이 사건 증원배정을 하자, 의대 교수, 전공의, 의과대학 재학생 및 의과대학 입학 희망 수험생들로 구성된 신청인들이 이 사건 증원발표 및 증원배정처분에 대한 취소를 청구하는 소를 제기하면서 그 처분의 집행정지를 신청한 사안에서, 의대정원이 증원되지 않음으로써 발생하게 될 사회적 불이익이 적절한 의대교육을 받지 못하게 되는 의대 재학 중 신청인들의 불이익보다 크다고 보아 공공복리를 보다 중시할 필요가 있다고 본 원심판단은 정당하다고 한 사례(대결 2024. 6. 19, 2024무689).

'공공복리에 중대한 영향을 미칠 우려'의 주장·소명책임은 행정청에게 있다(대결 1999. 12. 20, 99무42).

4) 본안청구가 이유 없음이 명백하지 아니할 것

본안청구가 이유 없음이 명백하지 아니할 것이 행정소송법상 명문으로 집행정지의 요건으로 규정되어 있지는 않지만 집행정지의 요건(소극적 요건)이 될 것인지에 관하여 학설상 견해의 대립이 있다.

집행정지는 가구제이므로 본안문제인 행정처분 자체의 적법 여부는 그 판단대상이 되지 않는 것이 원칙이지만, 집행정지는 인용판결의 실효성을 확보하기 위하여 인정되는 것이며 행정의 원활한 수행을 보장하며 집행정지신청의 남용을 방지할 필요도 있으므로 본안청구가 이유 없음이 명백하지 아니할 것을 집행정지의 소극적 요건으로 하는 것이 타당하다는 것이 일반적 견해이다. 판례도 이러한 입장을 취하고 있다(대결 1992. 8. 7, 92두30).

4. 집행정지결정

집행정지의 요건이 충족된 경우에 본안이 계속되고 있는 법원은 당사자의 신청 또는 직권에 의하여 처분 등의 효력이나 그 집행 또는 절차의 속행의 전부 또는 일부의 정지를 결정할 수 있다(법 제23조 제 2 항).

신청요건을 결여한 경우 각하결정을 내리고, 본안요건이 결여된 경우 기각결정을 내린다.

실무상 집행정지는 심급별로 행해진다. 제 1 심판결에서 인용판결을 받은 경우 즉시 제 1 심법원에 집행정지를 신청하고, 이 경우 제 1 심법원은 집행정지결정을 내려주는 경우가 많다.

5. 집행정지결정의 내용

집행정지결정에는 처분의 효력이나 그 집행 또는 절차의 속행의 전부 또는 일부의 정지가 있다(법 제23조 제 2 항).

(1) 처분의 효력정지

처분의 효력정지란 처분의 효력이 존재하지 않는 상태에 놓는 것을 말한다.

처분의 효력정지는 처분 등의 집행 또는 절차의 속행을 정지함으로써 목적을 달성할 수 있는 경우에는 허용되지 아니한다(법 제23조 제 2 항). 따라서 효력정지는 통상 허가의 취소와 같이 별도의 집행행위 없이 처분목적이 달성되는 처분에 대하여 행해진다.

(2) 처분의 집행정지

처분의 집행정지란 대집행의 정지와 같이 처분의 집행을 정지하는 것을 말한다. 예를 들면, ① 출국명령을 다투는 사건에서 강제출국을 위한 행정강제를 할 수 없게 하는 것, ② 철거명령에 대한 집행정지신청에 대해 대집행을 정지시키는 것이다.

(3) 절차속행의 정지

절차속행의 정지란 여러 단계의 절차를 통하여 행정 목적이 달성되는 경우에 절차의 속행을 정지하는 것을 말한다. 예를 들면, 체납처분의 속행정지, 대집행영장에 의한 통지를 다투는 사건에서 대집행을 정지시키는 것을 들 수 있다.

(4) 처분의 일부에 대한 집행정지

행정소송법은 처분의 일부에 대한 집행정지도 가능하다고 규정하고 있다. 그런데 계쟁처분이 재량행위인 경우에도 처분의 일부에 대한 집행정지가 처분청의 재량권에 비추어 가능한 것인지 문제된다. 생각건대, 집행정지는 계쟁처분의 효력을 종국적으로 정지시키는 것이 아니라 잠정적으로 집행을 정지하는 것에 그치는 것이므로 처분의 일부에 대한 집행정지가 처분청의 재량권을 침해하는 것은 아닌 것으로 보는 것이 타당하다. 판례도 재량행위인 과징금처분의 일부에 대한 집행정지도 가능한 것으로 보고 있다(대결 2011. 5. 2, 2011무6[57]).

일부효력정지의 하나로 조건부 효력정지(예 집회금지통고의 조건(예 대통령실 등 보호시설로부터 일정 거리 유지)부 효력정지)를 인정할 수 있다.

6. 집행정지의 효력

(1) 형 성 력

집행정지 중 효력정지는 처분의 효력을 잠정적으로 상실시키는 효력을 갖는다. 효력정지는 장래에 향하여 효력을 가지며 소급효가 없다. 따라서 국립대학생 퇴학처분의 효력이 정지되어도 수업일수는 장래에 향하여서만 인정된다.

(2) 기 속 력

집행정지결정은 취소판결의 기속력에 준하여 해당 사건에 관하여 당사자인 행정청과 관계행정청을 기속한다(법 제23조 제 6 항). 따라서 행정소송법 제23조에 따른 집행정지결정이 있으면 결정 주문에서 정한 정지기간 중에는 처분을 실현하기 위한 조치를 할 수 없다(대판 2003. 7. 11, 2002다48023; 대판 2020. 9. 3, 2020두34070). 또한 처분의 효력을 정지하는 집행정지결정이 있으면 그 정지기간 중에는 처분이 없었던 것과 같은 상태가 되므로, 행정소송법 제23조 제 6 항, 제30조 제 1 항이 정

57) 과징금처분의 일부에 대해 집행정지를 결정한 서울고결 2010. 12. 27, 2010아165에 대한 공정거래위원회의 재항고에 대해 심리불속행 기각결정을 한 사례.

한 집행정지결정의 기속력에 따라 처분청은 그 즉시 원상회복이나 결과제거조치를 취하여야 한다(대결 2025. 9. 9, 2025무565).

(3) 집행정지 효력의 시적 범위

집행정지의 효력은 해당 결정의 주문에 표시된 시기까지 존속하다가 그 시기의 도래와 동시에 당연히 소멸한다(대판 2003. 7. 11, 2002다48023〈부당이득금〉).

효력정지결정이 실효되면 효력정지된 계쟁처분의 효력이 되살아난다(대판 2017. 7. 11, 2013두25498). 효력정지된 계쟁처분이 금전을 계속적으로 지급하는 금전지급처분 취소처분인 경우 효력정지결정의 효력이 소멸하고, 금전교부결정 취소처분의 효력이 되살아나면 특별한 사정이 없는 한 행정청으로서는 효력정지기간 동안 교부된 금전의 반환을 명하여야 한다(대판 2017. 7. 11, 2013두25498).

집행정지기간은 법원이 그 시기와 종기를 정한다. 법원은 집행정지의 종기를 본안판결 선고일부터 30일 이내의 범위에서 정한다. 다만, 법원은 당사자의 의사, 회복하기 어려운 손해의 내용 및 그 성질, 본안 청구의 승소가능성 등을 고려하여 달리 정할 수 있다(행정소송규칙 제10조). 처분의 효력을 소급하여 정지하는 것은 허용되지 않는다.

종기의 정함이 없으면 본안판결확정시까지 정지의 효력이 존속한다(대결 1962. 3. 9, 62두1). 종기의 결정방식으로는 본안판결선고시, 본안판결확정시 또는 본안판결선고일로 1월까지 등의 방식이 있는데, 재판실무에서는 본안판결선고일부터 30일까지를 가장 많이 이용한다.

(4) 본안소송과 집행정지결정의 효력

본안에서 계쟁 처분이 최종적으로 적법한 것으로 확정되면(기각판결이 확정되면) 집행정지결정이 실효되고(집행정지결정의 효력이 소급하여 소멸하지 않는다) 처분을 다시 집행할 수 있게 된다. 이 경우 처분청으로서는 당초 집행정지결정이 없었던 경우와 동등한 수준으로 해당 처분이 집행되도록 필요한 조치를 취하여야 한다(대판 2020. 9. 3, 2020두34070). 이렇게 보는 것은 집행정지에 의해 잠정 정지되었던 계쟁처분의 실효적 집행을 통한 행정목적 달성을 보장하기 위해서 필요하다. 또한 집행정지는 인용판결의 실효성을 확보하기 위한 것이므로 기각판결이 확정된 경우에는 집행정지로 인한 직접적 이익을 배제하거나 환수하는 것이 집행정지제도의 본질에 합치한다.

[판례 1] 행정소송법 제23조에 의한 집행정지결정의 효력은 결정주문에서 정한 시기까지 존속하며 그 시기의 도래와 동시에 효력이 당연히 소멸하는 것이므로, 일정기간 동안 영업을 정지할 것을 명한 행정청의 영업정지처분에 대하여 법원이 집행정지결정을 하면서 주문에서 당해 법원에 계속중인 본안소송의 판결선고시까지 처분의 효력을 정지한다고 선언하였을 경우에는 처분에서 정한 영업정지기간의 진행은 그 때까지 저지되는 것이고 본안소송의 판결선고에 의하여 당해 정지결정의 효력은 소멸하고 이와 동시에 당초의 영업정지처분의 효력이 당연히 부활되어 처분에서 정하였던 정지기간(정지결정 당시 이미 일부 진행되었다면 나머지 기간)은 이 때부터 다시 진행한다(대판 1999. 2. 23, 98두14471〈영업정지처분취소〉).

[판례 2] 보조금 교부결정의 일부를 취소한 행정청의 처분에 대한 효력정지결정의 효력이 소멸하여 보조금 교부결정 취소처분의 효력이 되살아난 경우, 특별한 사정이 없는 한 행정청으로서는 구 보조금의 예산 및 관리에 관한 법률 제31조 제 1 항에 따라 취소처분에 의하여 취소된 부분의 보조사업에 대하여 효력정지기간 동안 교부된 보조금의 반환을 명하여야 한다(대판 2017. 7. 11, 2013두25498〈부당이득금반환결정처분취소〉).

인용판결이 확정되어도 집행정지결정이 실효된다.

7. 집행정지결정에 대한 불복과 취소

집행정지의 결정 또는 기각의 결정에 대하여는 즉시항고할 수 있다. 민사소송에서 즉시항고의 경우 결정의 집행을 정지하는 효력이 있다. 이 경우 집행정지의 결정에 대한 즉시항고에는 결정의 집행을 정지하는 효력이 없다(법 제23조 제 5 항).

집행정지의 결정이 확정된 후 집행정지가 공공복리에 중대한 영향을 미치거나 그 정지사유가 없어진 때에는 당사자의 신청 또는 직권에 의하여 결정으로써 집행정지의 결정을 취소할 수 있다(법 제24조 제 1 항). 집행정지결정의 취소결정에 대하여는 즉시항고할 수 있다. 취소결정에 대한 즉시항고는 결정의 집행을 정지하는 효력이 없다(제 2 항).

Ⅲ. 가처분의 가부

1. 행정소송법상 가처분의 인정필요성

현행 집행정지제도는 처분 등을 전제로 그 효력 등을 정지시키는 소극적 형성을 내용으로 하는 것이고, 적극적으로 수익적 처분을 받은 것과 동일한 상태를 창출하는 기능 또는 행하여지려고 하는 침해적 처분을 금지시키는 기능을 수행할 수는 없다. 따라서 행정소송을 통한 국민의 권리구제의 실효성을 높이기 위하여 행정소송에도 가처분을 인정할 필요가 있다.

2. 항고소송에서의 가처분의 인정 여부

현행 행정소송법은 가처분에 관한 규정을 두고 있지 않다. 그리하여 현행 행정소송법하에서도 민사집행법상의 가처분을 행정소송에도 준용하여 행정소송에서도 가처분을 인정할 수 있는지에 관하여 견해가 대립하고 있다. **판례는 부정설**을 취하고 있다(대결 1992. 7. 6, 92마54). 생각건대, 현행법의 해석상 행정소송법이 민사집행법의 가처분과는 다른 가구제(假救濟)제도(집행정지제도)를 마련한 것은 공익과의 관련성 때문에 민사집행법의 가처분을 그대로 적용할 수 없다는 입장에서 민사집행법상의 가처분을 배제하고 특별한 규정을 둔 것이므로 가처분에 관한 민사집행법상의 규정은 행정소송에는 적용되지 않는다고 할 것이다.

그러나 **입법론**으로는 의무이행소송과 예방적 금지소송을 인정하고 권리구제의 실효성을 위하여 가처분을 인정하여야 한다.

3. 공법상 당사자소송에서의 가구제

공법상 당사자소송에서는 집행정지가 인정되지 않는다.

공법상 당사자소송에서는 항고소송에서 가처분 인정의 부정적 논거가 되는 가처분의 특례규정인 집행정지 등 가처분에 관한 특례규정이 없고, 당사자소송은 민사소송과 유사하므로 민사집행법상의 가처분이 준용된다는 것이 **판례 및 학설의 일반적 견해**이다.

공법상 당사자소송에서 가압류가 인정되고, 재산권의 청구를 인용하는 판결을 하는 경우에 가집행선고를 할 수 있다. 행정소송법 제43조는 "국가를 상대로 하는 당사자소송의 경우에는 가집행선고를 할 수 없다."라고 규정하고 있었는데, 이 규정은 피고가 국가인 경우에만 가집행선고를 제한하는 것은 피고가 공공단체인 경우에 비해 이유없는 차별을 하는 것으로 평등원칙 위반으로 위헌(단순위헌)이라는 결정이 내려졌다(헌재 2022. 2. 24, 2020헌가12).

제 5 항 행정소송의 심리

Ⅰ. 개 설

소송의 심리란 소에 대한 판결을 하기 위하여 그 기초가 될 소송자료를 수집하는 절차를 말한다.

소송의 심리에 관한 원칙으로 당사자주의와 직권주의가 있다.

당사자주의란 소송의 심리에 있어서 소송의 개시, 심판대상의 특정, 증거조사, 소송진행 및 종료 등에 관하여 당사자에게 주도권을 부여하는 소송원칙을 말한다. 당사자주의는 직권주의에 대응하는 소송원칙으로서 민사소송의 기본적인 소송원칙이다.

당사자주의는 처분권주의와 변론주의를 내용으로 한다. **처분권주의**란 소송의 개시, 심판대상의 특정 및 절차의 종결에 대하여 당사자에게 주도권을 인정하고 그 처분에 맡기는 소송원칙을 말한다. **변론주의**란 재판의 기초가 되는 자료(사실 및 증거)의 수집·제출을 당사자의 권능과 책임으로 하는 소송원칙을 말한다. 처분권주의와 변론주의를 혼동하는 경우가 있지만, 처분권주의는 당사자의 소송물에 대한 처분자유를 뜻하는 것인 반면에 변론주의는 당사자의 소송자료에 대한 수집책임을 뜻하는 것이므로 양자를 구별하는 것이 타당하다.

직권주의란 소송절차에 있어서 법원에게 심판에 관한 여러 권한을 집중시키는 소송원칙을 말한다. 직권주의는 직권탐지주의(또는 직권심리주의) 또는 직권증거조사주의 등을 그 내용으로 한다. **직권심리주의**란 소송의 심리에 있어서 법원이 당사자의 사실상의 주장에 근거하지 않거나 그 주장에 구속되지 않고 적극적으로 직권으로 필요한 사실상의 탐지 또는 증거조사를 행하는 소송원칙을 말하는데, 사실의 탐지의 면을 강조할 때 직권탐지주의라고도 한다. 직권심리주의는 변론주의에 대응하는 원칙이다. **직권증거조사주의**란 법원이 필요하다고 인정할 때 직권으로 증거조사를 행할 수 있는 소송원칙을 말한다.

민사소송은 당사자주의(처분권주의 및 변론주의)를 기본원칙으로 하고 직권주의는 극히 예외적으로 인정되고 있다. 행정소송에도 당사자주의가 기본적인 소송원칙으로 적용되는데, 행정소송은 공익과 관련이 있으므로 행정소송의 공익성에 비추어 직권주의가 민사소송에 비하여 보다 널리 적용되고 있다. 즉 행정소송법은 제26조에서 직권심리주의를 보충적인 소송원칙으로 인정하고 있다.

Ⅱ. 심리의 내용

심리는 그 내용에 따라 요건심리와 본안심리로 나눌 수 있다.

1. 요건심리

요건심리란 제기된 소가 소송요건을 갖춘 것인지의 여부를 심리하는 것을 말한다. 요건심리의 결과 소송요건을 갖추지 않은 것으로 인정될 때에는 해당 소는 부적법한 소가 되고 각하판결이 내려진다.

소송요건으로는 관할권, 제소기간, 처분성, 원고적격, 소의 이익, 전심절차, 당사자능력, 중복소송이 아닐 것, 기판력에 반하지 않을 것 등이 있다.

소송요건은 직권조사사항이다. 따라서 당사자의 주장이 없다고 하더라도 법원이 직권으로 조사할 수 있다.

소송요건의 존부는 변론종결시를 기준으로 판단한다. 따라서 제소 당시 소송요건이 존재하지 않아도 변론종결시까지 이를 갖추면 된다. 그리고 제소 당시 소송요건을 충족하여도 변론종결시 소송요건이 결여되면 각하판결을 내린다. 또한 사실심에서 변론종결시까지 당사자가 주장하지 않던 직권조사사항에 해당하는 사항을 상고심에서 비로소 주장하는 경우 그 직권조사사항에 해당하는 사항은 상고심의 심판범위에 해당한다(대판 2004. 12. 24, 2003두15195). 소송요건은 사실심변론종결시는 물론 상고심에서도 존속하여야 한다(대판 2007. 4. 12, 2004두7924).

2. 본안심리

본안심리란 요건심리의 결과 해당 소송이 소송요건을 갖춘 것으로 인정되는 경우 사건의 본안에 대하여 실체적 심사를 행하는 것을 말한다. 본안심리의 결과 청구가 이유 있다고 인정되면 청구인용판결을 하고, 청구가 이유 없다고 인정되면 청구기각판결을 한다.

Ⅲ. 심리의 범위

1. 불고불리의 원칙

행정소송에도 민사소송에서와 같이 불고불리의 원칙이 적용된다(법 제 8 조, 대판 1987. 11. 10, 86누491). **불고불리의 원칙**(不告不理의 原則)이란 법원은 소송의 제기가 없으면 재판할 수 없고, 소송의 제기가 있는 경우에도 당사자가 신청한 사항에 대하여 신청의 범위 내에서 심리·판단하여야 한다는 원칙을 말한다(민사소송법 제203조).

[판례 1] 행정소송에 있어서도 원고의 청구취지, 즉 청구범위·액수 등은 모두 원고가 청구하는 한도를 초월하여 판결할 수 없다(대판 1956. 3. 30, 4289행상18).

[판례 2] 처분권주의에 관한 민사소송법 제203조가 준용되는 행정소송에서 심판 대상은 원고의 의사에 따라 특정되고, 법원은 당사자가 신청한 사항에 대하여 신청 범위 내에서 판단하여야 한다(대판 2022. 2. 10, 2019두50946).

(1) 취소소송에서의 심판의 범위

취소소송에서의 소송물(소송상 청구)은 처분의 위법성 일반과 계쟁처분의 취소이다. 처분의 동일성 내에서 개개의 위법사유는 심판의 범위에 속한다. 일부취소를 청구하였음에도 처분의 전부를 취소하는 것은 심판의 범위를 벗어나는 것이지만, 전부취소를 청구한 경우 일부취소하는 것은 심판의 범위에 들어간다. 사정판결을 할 것인지의 여부도 심판의 대상에 포함된다.

(2) 무효확인소송에서의 심판의 범위

무효확인소송에서는 처분의 위법 여부와 무효 여부가 심판의 대상이 된다. 무효확인청구에는 취소의 청구가 포함되어 있다고 보는 것이 판례의 입장이며 이러한 입장에 서는 경우 계쟁처분의 취소 여부도 심판의 대상이 된다(이견 있음). 무효확인소송에서는 사정판결을 할 것인지 여부는 심판의 대상이 되지 않는다.

(3) 부작위위법확인소송에서의 심판의 범위

부작위위법확인소송에서 심판의 범위가 부작위의 위법 여부만에 그친다는 것이 판례의 입장이다(대판 1990. 9. 25, 89누4758).

2. 재량문제의 심리

행정청의 재량행위도 행정소송의 대상이 된다. 재량행위도 재량권의 일탈·남용이 있는 경우에는 부당에 그치는 것이 아니라 위법하게 된다. 따라서 법원은 재량행위에 대하여 취소소송이 제기된 경우에는 각하할 것이 아니라 본안심리를 하여 재량권의 일탈·남용 여부를 판단하여 재량권의 일탈·남용이 있으면 인용판결을 하고(행정소송법 제27조) 재량권의 일탈·남용이 없으면 기각판결을 하여야 한다.

행정소송법 제27조는 "행정청의 재량에 속하는 처분이라도 재량권의 한계를 넘거나 그 남용이 있는 때에는 법원은 이를 취소할 수 있다"라고 규정하여 법원이 재량권의 일탈·남용 여부에 대하여 심리·판단할 수 있음을 명백히 하였다.

그러나 법원은 재량권 행사가 부당한 것인지 여부는 심리·판단할 수 없다.

3. 법률문제 · 사실문제

법원은 소송의 대상이 된 처분 등의 모든 법률문제 및 사실문제에 대하여 처음부터 새롭게 다시(de novo) 심사할 수 있다.

Ⅳ. 심리의 일반원칙

1. 민사소송법상의 심리절차의 준용

행정소송사건의 심리절차에 관하여 행정소송법에 특별한 규정이 없는 경우에는 법원조직법과 민사소송법 및 민사집행법의 관련규정이 준용(準用)되는데(법 제8조 제2항), 행정소송법에 제26조(직권심리) 및 제25조(행정심판기록의 제출명령)를 제외하고는 특별한 규정이 없으므로 민사소송의 심리에 관한 일반원칙인 공개심리주의, 쌍방심리주의, 구술심리주의, 변론주의 등이 행정소송의 심리에도 적용된다.

2. 행정소송법상의 특수한 소송절차

(1) 직권심리주의

1) 의 의

직권심리주의란 소송자료의 수집을 법원이 직권으로 할 수 있는 소송심리원칙을 말한다.

행정소송은 공익과 관련이 있으므로 행정소송에 있어서는 당사자의 노력에 의해 실체적 진실이 밝혀지지 않는 경우에는 법원이 적극적으로 개입하여 실체적 진실을 밝혀내어 적정한 재판이 되도록 하여야 한다. 이를 위하여 행정소송법 제26조는 직권심리주의를 인정하고 있다. 즉 행정소송법 제26조는 “법원이 필요하다고 인정할 때에는 직권으로 증거조사를 할 수 있고, 당사자가 주장하지 아니한 사실에 대하여 판단할 수 있다”라고 규정하고 있다.

2) 직권탐지 인정 여부 및 인정범위

행정소송법 제26조가 법원에게 직권증거조사만을 인정한 것인지 아니면 직권증거조사와 함께 일정한 한도 내에서 직권탐지까지 인정한 것인지에 관하여 학설이 대립하고 있다.

판례는 행정소송에서 직권탐지를 극히 예외적으로만 인정하고 있다. 판례가 인정하는 직권탐지주의의 범위는 다음과 같다. ① 당사자주의, 변론주의가 원칙이며 직권탐지주의는 예외이다. ② 직권탐지는 소송기록에 나타난 사실에 한정된다.

예를 들면, 증거신청서류에 나타난 사실에 대하여도 당사자가 주장하지 않은 사실의 직권탐지가 가능하다. ③ 직권탐지는 직권증거조사와 함께 직권으로 탐지한 사실을 판결의 기초로 삼을 수 있다는 것을 내용으로 한다. ④ 행정소송에 있어서 직권주의가 가미되었다고 하여서 당사자주의와 변론주의를 기본구조로 하는 이상 주장·입증책임이 전도된 것이라고 할 수 없다(대판 1981. 6. 23, 80누510). ⑤ 청구의 범위 내에서만 직권탐지가 가능하다. ⑥ 기본적 사실관계의 동일성이 없는 사실을 직권으로 심사하는 것은 직권심사주의의 한계를 벗어난 것으로서 위법하다(대판 2013. 8. 22, 2011두26589〈국가유공자비해당결정처분취소〉). ⑦ 직권탐지는 법원이 필요하다고 인정할 때에 한한다. 판례는 일정한 요건하에 직권탐지의무를 인정하고 있다. ⑧ 단순한 법률상의 주장(예 어떤 권리의 소멸시효기간이 얼마나 되는지에 관한 주장)은 변론주의의 적용 대상이 되지 않으므로 법원이 직권으로 판단할 수 있다(대판 2023. 12. 14, 2023다248903).

[판례 1] **행정소송법 제26조**가 법원은 필요하다고 인정할 때에는 직권으로 증거조사를 할 수 있고, 당사자가 주장하지 아니한 사실에 대하여도 판단할 수 있다라고 규정하고 있지만, 이는 행정소송의 특수성에 연유하는 **당사자주의, 변론주의에 대한 일부예외 규정일 뿐** 법원이 아무런 제한 없이 당사자가 주장하지 아니한 사실을 판단할 수 있는 것은 아니고, **일건 기록에 현출되어 있는 사항에 관하여서만 직권으로 증거조사를 하고 이를 기초로 하여 판단할 수 있을 따름**이고, 그것도 **법원이 필요하다고 인정할 때에 한하여** 청구의 범위 내에서 증거조사를 하고 판단할 수 있을 뿐이다(대판 1994. 10. 11, 94누4820; 1985. 2. 13, 84누467).

[판례 2] [1] 직권심리에 관한 행정소송법 제26조의 법의와 법원의 석명권의 한계: 행정소송법 제26조는 법원이 필요하다고 인정할 때에는 직권으로 증거조사를 할 수 있고 당사자가 주장하지 아니한 사실에 대하여 판단할 수 있다고 규정하고 있으나, 이는 행정소송에 있어서 원고의 청구범위를 초월하여 그 이상의 청구를 인용할 수 있다는 뜻이 아니라 **원고의 청구범위를 유지하면서 그 범위 내에서 필요에 따라 주장 외의 사실에 관하여 판단할 수 있다는 뜻**이고 또 법원의 석명권은 당사자의 진술에 모순, 흠결이 있거나 애매하여 그 진술의 취지를 알 수 없을 때 이를 보완하여 명료하게 하거나 입증책임 있는 당사자에게 입증을 촉구하기 위하여 행사하는 것이지 그 정도를 넘어 **당사자에게 새로운 청구를 할 것을 권유하는 것은 석명권의 한계를 넘어서는 것**이다. [2] 국세징수법 제24조 제 1 항에 의한 압류처분에 대한 무효확인청구와 같은 법 제53조에 의한 압류해제신청을 거부한 처분에 대한 취소청구는 각 별개의 독립된 청구이므로, 참가압류처분무효확인청구의 소송에서 심판의 대상이 되지 아니한 참가압류해제신청에 대한 거부처분에 관하여 직권으로 심리판단하지 아니하거나, 석명권을 행사하여 원고에게 예비적으로 위 거부처분의 취소청구로 개정하도록 권유하지 아니하였다고 하여 행정소송에 있어서의 직권심리조사의 범위에

관한 법리오해나 석명권 불행사의 위법을 저질렀다고 할 수 없다고 한 사례(대판 1992. 3. 10, 91누6030〈참가압류무효확인〉).

[판례 3] 행정소송에 있어서 처분청의 처분권한 유무는 직권조사사항이 아니다(대판 전원합의체 1997. 6. 19, 95누8669〈위원취임승인취소처분등취소〉).

[판례 4] [1] 행정소송에서 기록상 자료가 나타나 있다면 당사자가 주장하지 않더라도 판단할 수 있다. [2] 시외버스운송사업계획변경 인가처분에 대한 취소소송에서, 당사자가 그 처분으로 변경된 여객자동차 운수회사 노선이 고속형 시외버스운송사업에 해당하고, 해당 행정청은 처분권한이 없다고 주장하면서 관련 판결문을 제출한 사안에서, 원심으로서는 당사자가 제출한 소송자료 등 기록에 나타난 자료에 의하여 위 처분으로 변경된 노선이 관련 법령이 규정한 고속형 시외버스운송사업에 해당하는지 등을 중심으로 처분의 위법 여부를 판단했어야 한다는 이유로, 이와 달리 판단한 원심판결에 필요한 심리를 다하지 않고 판단을 누락한 위법이 있다고 한 사례(대판 2011. 2. 10, 2010두20980〈여객자동차운송사업계획변경인가처분취소〉).

3) 당사자소송에의 준용

취소소송의 직권심리주의를 규정하는 행정소송법 제26조는 공법상 당사자소송에 준용된다(법 제44조 제 1 항).

(2) 행정심판기록제출명령

행정소송법 제25조는 원고의 입증방법의 확보를 위하여 행정심판기록제출명령제도를 규정하고 있다. ① 행정심판기록의 제출명령은 당사자의 신청에 의해 법원이 재결을 행한 행정청에 대하여 결정으로써 행한다(법 제25조 제 1 항). ② 제출명령을 받은 행정청은 지체 없이 해당 행정심판에 관한 기록을 법원에 제출하여야 한다(제 2 항).

행정심판기록제출명령을 규정하는 행정소송법 제25조는 공법상 당사자소송에 준용된다(법 제44조 제 1 항).

Ⅴ. 심리과정의 제문제

1. 관련청구소송의 병합 [2010 입법고시 사례, 2015 사시, 2016 사시, 2018 변시]

(1) 의 의

행정소송법상 **관련청구소송의 병합**이란 취소소송, 무효등확인소송 또는 당사자소송(이하 '취소소송 등'이라 한다)에 해당 취소소송 등과 관련이 있는 청구소송(관련청구소송)을 병합하여 제기하는 것을 말한다. 관련청구의 병합을 인정하는 것은 소송경제를 도모하고, 서로 관련 있는 사건 사이에 판결의 모순저촉을 피하기 위한 것이다.

행정소송법은 다음과 같이 관련청구소송의 병합을 인정하고 있다. 취소소송에는 사실심의 변론종결시까지 관련청구소송을 병합하거나 피고 외의 자를 상대로 한 관련청구소송을 취소소송이 계속된 법원에 병합하여 제기할 수 있다(법 제10조 제 2 항). 이 규정은 무효등확인소송 및 당사자소송에 준용된다(법 제38조 제 1 항, 제44조 제 2 항).

(2) 종 류

관련청구소송의 병합에는 계속중인 취소소송 등에 관련청구소송을 병합하는 후발적 병합과 취소소송 등과 관련청구소송을 함께 제기하는 원시적 병합이 있다.

(3) 요 건

1) 취소소송 등에 병합할 것

취소소송 등과 취소소송 등이 아닌 관련청구소송의 병합은 취소소송 등에 병합하여야 한다. 취소소송 등이 주된 소송이다. 취소소송 등간의 병합은 어느 쪽에든지 병합할 수 있다. 민사소송에 취소소송이나 당사자소송을 병합할 수는 없다.

2) 각 청구소송이 적법할 것

주된 취소소송 등과 관련청구소송은 각각 소송요건을 갖추어야 한다.

3) 관련청구소송이 병합될 것

'관련청구소송'이란 주된 취소소송 등의 대상인 처분 등과 관련되는 손해배상·부당이득반환·원상회복 등 청구소송 및 취소소송을 말한다(법 제10조 제 1 항).

예를 들면, 처분에 대한 취소소송에 해당 처분으로 인한 손해에 대한 국가배상청구소송을, 조세부과처분취소소송에 조세과오납금환급청구소송을, 압류처분취소소송에 압류등기말소청구소송을 병합하는 것이다.

항고소송에 당사자소송을 병합할 수 있는지 여부도 문제될 수 있으나 양 청구가 상호 관련되는 청구인 경우에는 병합이 가능하다고 보아야 할 것이다(대판 1992. 12. 24, 92누3335).

당사자소송에 항고소송을 병합할 수도 있다(행정소송법 제44조 제 1 항, 제10조).

4) 주된 취소소송이 사실심 계속중일 것(후발적 병합의 경우)

주된 취소소송이 사실심의 변론종결 전이어야 한다.

(4) 병합의 형태가 소송법상 허용되어야 한다

[판례] 행정처분에 대한 무효확인과 취소청구는 서로 양립할 수 없는 청구로서 주위적·예비적 청구로서만 병합이 가능하고 선택적 청구로서의 병합이나 단순 병합은 허용되지 아니한다(대판 1999. 8. 20, 97누6889).

(5) 병합요건의 조사

병합요건은 법원의 직권조사사항이다. 병합요건이 충족되지 않은 경우 변론을 분리하여 별도의 소로 분리심판하여야 하는 것이 원칙이다.

(6) 병합된 관련청구소송에서의 판결

① **판례는** 본래의 '취소소송 등'이 부적법하여 각하되면 그에 병합된 관련청구소송도 소송요건을 흠결하여 부적합하다고 보고, 각하되어야 한다고 한다(대판 2011. 9. 29, 2009두10963〈영업권보상〉).

② 행정처분의 취소를 구하는 취소소송에 해당 처분의 취소를 선결문제로 하는 부당이득반환청구가 병합된 경우, 그 청구가 인용되려면 그 소송절차에서 판결에 의해 해당 처분이 취소되면 충분하고 해당 처분의 취소가 확정되어야 하는 것은 아니다(대판 2009. 4. 9, 2008두23153).

2. 소의 변경

(1) 의 의

소의 변경이란 청구의 변경을 말한다. 행정소송법은 소의 변경에 관하여 특별한 규정을 두고 있다. 즉 행정소송법은 소의 종류의 변경에 관한 규정(제21조)과 처분변경에 따른 소의 변경에 관한 규정(제22조)을 두고 있다. 그런데 행정소송법상 명문으로 인정된 소의 종류의 변경과 처분변경으로 인한 소의 변경 이외에도 민사소송법상의 소의 변경에 관한 규정(제262조 및 제263조)이 행정소송에서도 준용될 수 있다.

(2) 행정소송법상 소의 변경

1) 소의 종류의 변경

가. 의 의 행정소송에는 여러 종류가 있는데 권리구제를 위하여 어떠한 소송의 종류를 선택하여야 하는지 명확하지 않은 경우가 적지 않아 소송 종류

의 선택을 잘못할 위험이 있다. 따라서 행정구제의 실효성을 높이기 위하여 행정소송간의 소의 변경을 인정할 필요가 있다. 그리하여 행정소송법은 행정소송간의 소의 변경을 인정하고 있다(법 제21조, 제37조, 제42조).

법원은 취소소송을 해당 처분 등에 관계되는 사무가 귀속하는 국가 또는 공공단체에 대한 당사자소송 또는 취소소송 외의 항고소송으로 변경하는 것이 상당하다고 인정할 때에는 청구의 기초에 변경이 없는 한 사실심의 변론종결시까지 원고의 신청에 의하여 결정으로써 소의 변경을 허가할 수 있다(법 제21조 제 1 항). 행정소송법 제21조의 규정은 무효등확인소송이나 부작위위법확인소송을 취소소송 또는 당사자소송으로 변경하는 경우에 준용한다(법 제37조). 행정소송법 제21조의 규정은 당사자소송을 항고소송으로 변경하는 경우에 준용한다(법 제42조).

나. 종　　류

(가) 항고소송간의 변경 　항고소송간에는 소의 변경이 가능하다. 취소소송을 취소소송 외의 항고소송(무효등확인소송 또는 부작위위법확인소송)으로(법 제21조 제 1 항), 무효등확인소송을 취소소송 또는 부작위위법확인소송으로, 부작위위법확인소송을 다른 종류의 항고소송으로 변경하는 것이 가능하다(법 제37조).

(나) 항고소송과 당사자소송간의 변경 　취소소송, 무효등확인소송을 해당 처분 등에 관계되는 사무가 귀속되는 국가 또는 공공단체에 대한 당사자소송으로 변경하거나(법 제21조 제 1 항, 제37조) 당사자소송을 항고소송으로 변경하는(법 제42조) 것이 가능하다. 이 경우의 소의 변경에는 당사자(피고)의 변경이 수반된다. 이 점은 민사소송에서의 소의 변경과 다르다.

[판례 1] 원고가 고의 또는 중대한 과실 없이 당사자소송으로 제기하여야 할 것을 항고소송으로 잘못 제기한 경우에, 당사자소송으로서의 소송요건을 결하고 있음이 명백하여 당사자소송으로 제기되었더라도 어차피 부적법하게 되는 경우가 아닌 이상, 법원으로서는 원고가 당사자소송으로 소 변경을 하도록 하여 심리·판단하여야 한다(대판 2016. 5. 24, 2013두14863).

[판례 2] 원고가 고의 또는 중대한 과실 없이 항고소송으로 제기해야 할 것을 당사자소송으로 잘못 제기한 경우에, 항고소송의 소송요건을 갖추지 못했음이 명백하여 항고소송으로 제기되었더라도 어차피 부적법하게 되는 경우가 아닌 이상, 법원으로서는 원고가 항고소송으로 소 변경을 하도록 석명권을 행사하여 행정청의 처분이나 부작위가 적법한지 여부를 심리·판단해야 한다(대판 2021. 12. 16, 2019두45944).

다. 요 건

① 청구의 기초에 변경이 없을 것(청구의 기초가 동일할 것).

② 소를 변경하는 것이 상당하다고 인정될 것.

③ 변경의 대상이 되는 소가 사실심에 계속되어 있고, 사실심변론종결 전일 것.

④ 새로운 소가 적법할 것.

⑤ 원고의 신청이 있을 것.

라. 효 과 소의 변경을 허가하는 결정이 확정되면 새로운 소는 제소기간과 관련하여 변경된 소를 제기한 때에 제기된 것으로 보며 변경된 소는 취하된 것으로 본다(법 제21조 제 4 항).

예를 들면, 당사자소송을 항고소송으로 변경하는 경우에 당사자소송이 해당 항고소송의 불복기간 내에 제기되었으면 해당 항고소송은 소제기기간을 준수한 것이 된다.

변경된 소의 소송자료는 새로운 소의 소송자료가 된다.

마. 불복방법 소의 변경을 허가하는 결정에 대하여 새로운 소의 피고와 변경된 소의 피고는 즉시항고할 수 있다(법 제21조 제 3 항).

2) 처분변경으로 인한 소의 변경

가. 의 의 **처분변경으로 인한 소의 변경**이란 행정청이 소송의 대상인 처분을 소가 제기된 후 변경한 때에는 원고의 신청에 의하여 법원의 허가를 받아 소를 변경하는 것을 말한다. 행정소송법 제22조가 이를 규정하고 있다.

행정소송이 제기된 뒤에 행정청이 소송의 대상이 된 처분을 변경하면 민사소송법에 의한 소의 변경이 인정되지 않는 경우에는 원고는 종전의 처분에 대한 소송을 취하하고 새로운 처분에 대한 새로운 소송을 제기하여야 권익구제를 받을 수 있게 되는데, 이는 소송경제 및 권익구제기능에 반한다. 따라서 행정소송법 제22조는 처분변경으로 인한 소의 변경을 인정하였다.

처분변경으로 인한 소의 변경은 취소소송, 무효등확인소송 및 당사자소송에서 인정되고 있다(법 제22조 제 1 항, 제38조 제 1 항, 제44조 제 1 항).

나. 요 건

(가) 처분의 변경이 있을 것 행정청이 소송의 대상인 처분을 소가 제기된 후 변경하였어야 한다. 소송의 대상인 처분이 변경되어야 하며 관련되는 처분이 변경된 경우는 이 요건에 해당하지 않는다.

처분의 변경은 처분청이나 상급감독청의 직권에 의해 행해지거나 취소소송의 계속중 행정심판의 재결에 의해 소송의 대상인 처분이 일부취소되거나 적극적으로 변경됨으로써 행해질 수 있다.

(나) 처분의 변경이 있음을 안 날로부터 60일 이내일 것 원고는 처분의 변경이 있음을 안 날로부터 60일 이내에 소의 변경을 신청하여야 한다(법 제22조 제 2 항).

(다) 그 밖의 요건 구소(舊訴)가 계속중이고 사실심변론종결 전이어야 하고, 변경되는 신소(新訴)가 적법하여야 한다. 다만, 변경 전의 처분에 대하여 행정심판전치절차를 거쳤으면 새로운 처분에 대하여 별도의 전심절차를 거치지 않아도 된다(제 3 항).

다. 절 차 처분변경으로 인한 소의 변경은 원고의 신청에 의해 법원의 허가결정에 의해 행해진다(법 제22조 제 1 항).

라. 효 과 처분변경으로 인한 새로운 청구는 행정심판의 전치가 요구되는 경우에도 행정심판전치요건을 갖춘 것으로 본다(제 3 항).

(3) 민사소송법에 의한 소의 변경

행정소송법의 소의 변경에 관한 규정은 민사소송법의 소의 변경에 관한 규정에 대한 특칙이라 할 것이고 행정소송법상의 소의 변경에 관한 규정이 민사소송법상의 소의 변경을 배척하는 것이라고 할 수 없으므로 행정소송에 관하여 원칙상 민사소송법에 의한 소의 변경이 가능하다(대판 1999. 11. 26, 99두9407).

행정소송과 관련한 소의 변경에서 행정소송법에 의해 명문으로 인정되는 경우 이외에 소의 변경의 필요성이 있는 경우는 행정소송과 민사소송 사이의 소의 변경과 처분의 변경을 전제로 하지 않고 소의 종류를 변경하지 않고 청구의 내용만을 변경하는 경우를 들 수 있다.

1) 항고소송과 민사소송 사이의 소의 변경

판례는 당사자의 권리구제나 소송경제의 측면에서 행정소송과 민사소송 간의 소 변경이 가능하다고 보고 있다(대판 2023. 6. 29, 2022두44262).

2) 처분의 변경을 전제로 하지 않고 소의 종류를 변경하지 않는 청구의 변경

청구의 기초에 변경이 없는 범위 내에서 청구의 변경이 인정된다고 보아야 한다. 예를 들면, 처분의 전부취소소송을 일부취소소송으로 변경하거나 처분의 일부취소소송을 처분의 전부취소소송으로 변경하는 것이 가능하다.

이 경우에 새로운 소의 소제기기간의 준수 여부는 변경된 소송이 제기된 때를 기준으로 판단하여야 한다.

3. 소송의 이송

(1) 이송의 의의

소송의 이송이란 어느 법원에 일단 계속(係屬)된 소송을 그 법원의 결정에 의하여 다른 법원으로 이전하는 것을 말한다. **소송계속**(訴訟繫屬)이란 어떤 소송사건이 판결절차의 대상으로 되어 있는 것을 말한다.

이송은 법원간의 소송의 이전이므로 동일법원 내에서 담당재판부를 달리하는 것은 사무분담의 문제이다. 행정법원의 역할까지 겸하는 지방법원에서 민사사건을 담당하는 재판부와 행정사건을 담당하는 재판부간의 사건의 이전도 사무분담의 문제이다.

(2) 행정소송법에 의한 이송: 관련청구소송의 이송

취소소송과 관련청구소송(① 해당 처분 등과 관련되는 손해배상·부당이득반환·원상회복 등 청구소송, ② 해당 처분 등과 관련되는 취소소송)이 각각 다른 법원에 계속되고 있는 경우에 관련청구소송이 계속된 법원이 상당하다고 인정하는 때에는 당사자의 신청 또는 직권에 의하여 관련청구소송을 취소소송이 계속된 법원으로 이송할 수 있다(법 제10조 제 1 항).

행정소송법이 관련청구소송의 이송을 규정한 것은 취소소송과 관련청구소송이 상호 밀접한 관련을 가진 소송임에도 다른 관할법원에서 심리되는 것은 소송경제에도 반하고 취소소송법원의 판결과 관련청구소송법원의 판결이 상호 모순될 우려도 있기 때문에 이들 관련청구소송을 주된 청구소송이 계속된 법원으로 이송하여 병합심리할 수 있도록 하기 위한 것이다.

취소소송에 관한 행정소송법 제10조 제 1 항은 무효등확인소송, 부작위법확인소송(제38조) 및 당사자소송(제44조 제 2 항)에도 준용된다.

(3) 민사소송법에 의한 이송

1) 관할 위반을 이유로 한 이송

행정소송법 제 7 조는 원고의 고의 또는 중대한 과실 없이 행정소송이 심급(審級)을 달리하는 법원에 잘못 제기된 경우에 민사소송법 제34조 제 1 항을 적용하여 이를 관할법원에 이송하도록 규정하고 있다.

행정소송법 제 7 조가 적용되는 경우(행정소송이 심급을 달리하는 법원에 잘못 제기된 경우) 이외에는 민사소송법 제34조에 의한 이송이 준용된다(행정소송법 제 8 조 제 2 항).

관할 위반으로 인한 이송은 법원이 직권으로 이송하고 당사자의 신청권은 인정되지 않는다. 따라서 이송을 기각하는 결정이 있더라도 이에 대하여 불복할 수 없다(대결 전원합의체 1993. 12. 6, 93마524).

[판례] (1) KAI(한국항공우주산업)와 정부가 체결한 '한국형 헬기 개발사업에 대한 물품·용역협약'은 공법상 계약이다. (2) KAI(한국항공우주산업)이 대한민국에 '한국형 헬기 개발사업'을 하다 발생한 초과비용 126억원을 청구하는 민사소송을 대법원이 민사재판이 아닌 행정재판으로 다시 하도록 서울행정법원에 이송한 사례(대판 2017. 11. 13, 2015다215526). [해설] 1·2심 법원은 사법상 계약으로 보았다. '한국형 헬기 개발사업에 대한 물품·용역협약'을 단순한 물품조달계약으로 보면 사법상 계약으로 볼 수 있지만, 연구개발계약으로 본다면 공법상 계약으로 보는 것이 타당하다.

2) 편의에 의한 이송

행정소송에도 민사소송법 제35조가 준용될 수 있다. 법원은 그 관할에 속한 소송에 관하여 현저한 손해 또는 지연을 피하기 위한 필요가 있는 때에는 직권 또는 당사자의 신청에 의하여 소송의 전부나 일부를 다른 관할법원에 이송할 수 있다. 다만, 전속관할이 있는 소는 그러하지 아니하다.

4. 소송참가

소송참가란 현재 계속중인 타인간의 소송에 제 3 자가 자기의 이익을 옹호하기 위하여 참가하는 것을 말한다.

행정소송법은 ① 제 3 자의 소송참가(법 제16조)와 ② 행정청의 소송참가(법 제17조)를 규정하고 있다. 행정소송법은 취소소송에 관하여 위와 같이 소송참가를 규정하고 이들 규정을 무효등확인소송(법 제38조 제 1 항), 부작위위법확인소송(법 제38조 제 2 항), 당사자소송(법 제44조)에 준용하고 있고, 민중소송 및 기관소송에는 그 성질에 반하지 않는 한 준용되는 것으로 하고 있다(법 제46조 제 1 항). 다만, 제 3 자에 의한 재심청구에 관한 제31조는 당사자소송에는 준용되지 않는다.

(1) 행정소송법상 제 3 자의 소송참가 [2008 공인노무사 약술, 2011 사시 사례]

1) 의 의

제 3 자의 소송참가란 소송의 결과에 이하여 권리 또는 이익의 침해를 받을 제 3 자가 있는 경우에 당사자 또는 제 3 자의 신청 또는 직권에 의하여 그 제 3 자를 소송에 참가시키는 제도를 말한다(법 제16조).

제 3 자의 소송참가는 제 3 자의 권익을 보호하기 위하여 인정된 제도이다. 취소소송에 있어서 원고승소판결은 소송당사자가 아닌 제 3 자에게도 효력을 미친다. 이러한 경우에 제 3 자를 소송에 참가시켜 제 3 자에게 공격방어방법을 제출하는 기회를 줌으로써 그의 권익을 보호할 필요가 있다.

제 3 자의 소송참가가 인정되는 경우는 대체로 제 3 자효 행정행위에 대한 취소소송의 경우이다.

2) 참가의 요건

가. 타인간의 취소소송 등의 계속 　소송이 어떠한 심급에 있는가는 묻지 않고 인정되지만, 소가 적법하여야 한다.

나. 소송의 결과에 의해 권리 또는 이익의 침해를 받을 제 3 자일 것 　제 3 자란 소송당사자 이외의 자를 말한다. 국가 또는 지방자치단체가 제 3 자가 되는 경우도 있을 수 있다. '침해된 권리 또는 이익에 있어서 이익'이란 법률상 이익을 말하고 단순한 사실상 이익 및 경제상 이익은 포함되지 않는다(대판 2008. 5. 29, 2007두23873).

소송의 결과에 의해 권리 또는 이익을 침해받는다라는 것은 판결의 형성력에 의해 권리 또는 이익을 박탈당하는 경우뿐만 아니라 판결의 행정청에 대한 기속력에 따른 행정청의 새로운 처분에 의해 권리 또는 이익의 침해를 받는 경우를 포함한다.

전자의 예로는 수용된 토지의 소유자가 토지수용위원회를 피고로 수용재결의 취소소송을 제기하여 승소한 때에는 사업시행자도 그 취소의 효과를 받게 되어 해당 토지의 소유권을 상실하게 된다. 따라서 사업시행자는 피고가 패소하지 않도록 소송에 참가하여 자신의 이익을 옹호할 필요가 있다. 후자의 예로는 경원관계(競願關係)에 있는 여러 신청인 가운데서 허가를 받지 못한 자가 자신에 대한 거부처분의 취소소송을 제기하여 승소하면 다른 신청인에 대한 허가처분이 당연히 효력을 상실하게 되지는 않지만 판결의 기속력에 의해 처분청은 다른 신청에 대한 허가처분을 취소할 수 있기 때문에 허가처분을 받은 자는 소송참가할 수 있는 제 3 자가 된다. 만일 이 경우에 허가를 받지 못한 신청인이 허가처분의 취소를 청구한 경우에 이 소송에서 허가처분이 취소되면 허가를 받은 제 3 자는 판결의 형성력에 의해 허가처분의 효력을 상실하게 되므로 제 3 자로서 소송참가를 할 수 있는데, 이 경우의 소송참가는 전자의 예에 속한다.

소송의 결과에 대하여 이해관계가 있다는 것만으로는 소송참가가 인정되지 않는다.

3) 참가의 절차

제 3 자의 소송참가는 당사자 또는 제 3 자의 신청 또는 직권에 의하여 결정으로써 행한다(법 제16조 제 1 항).

4) 참가인의 지위

소송참가인에 대해서는 민사소송법 제67조의 규정이 준용되므로(법 제16조 제 4 항) 참가인은 피참가인과의 사이에 필수적 공동소송에 있어서의 공동소송인에 준하는 지위에 서게 되나, 당사자에 대하여 독자적인 청구를 하는 것이 아니므로 강학상 공동소송적 보조참가인의 지위와 유사한 것으로 보는 것이 통설이다. 참가인은 집행정지결정의 취소를 청구할 수 있고, 참가인은 피참가인의 행위와 저촉되는 행위를 할 수 있고, 독립하여 상소할 수 있으며 참가인의 상소기간은 피참가인의 그것과 독립하여 기산된다.

참가인은 현실적으로 소송행위를 하였는지 여부에 관계없이 참가한 소송의 판결의 효력을 받는다.

5) 제 3 자의 재심청구

처분 등을 취소하는 판결에 의하여 권리 또는 이익의 침해를 받은 제 3 자는 자기에게 책임 없는 사유로 소송에 참가하지 못함으로써 판결의 결과에 영향을 미칠 공격 또는 방어방법을 제출하지 못한 때에는 이를 이유로 확정된 종국판결에 대하여 재심의 청구를 할 수 있다(법 제31조 제 1 항). 제 3 자의 재심청구는 확정판결이 있음을 안 날로부터 30일 이내, 판결이 확정된 날로부터 1년 이내에 제기하여야 한다(제 2 항). 재심청구기간은 불변기간이다(제 3 항).

행정소송법 제31조의 해석상 소송참가를 한 제 3 자는 판결 확정 후 행정소송법 제31조에 의한 재심의 소를 제기할 수 없다.

(2) 행정청의 소송참가

행정청의 소송참가란 관계행정청이 행정소송에 참가하는 것을 말한다.

법원은 다른 행정청을 소송에 참가시킬 필요가 있다고 인정할 때에는 당사자 또는 해당 행정청의 신청 또는 직권에 의하여 결정으로써 그 행정청을 소송에 참가시킬 수 있다(법 제17조 제 1 항).

예를 들면, 처분청의 감독청, 재결이 취소소송의 대상이 되고 있는 경우에 있어서의 원처분청이 소송참가할 수 있는 행정청이라고 할 수 있다. 계쟁처분 또는 재결에 대해 조사를 담당하거나, 동의 등을 한 협력청이 여기에서의 '다른 행정청'에 해당하는지 논란이 제기될 수 있지만 긍정하는 것이 타당하다.

(3) 민사소송법상 보조참가

행정소송 사건에서 민사소송법상 보조참가의 요건을 갖춘 경우 민사소송법상 보조참가가 허용되고 그 성격은 공동소송적 보조참가이다(대결 2013. 7. 12, 2012무84〈시정명령등취소청구의소〉; 대판 2013. 3. 28, 2011두13729〈사업시행인가처분취소〉).

5. 소송 중 처분사유의 추가 · 변경 [2009 행시(일반행정직) 사례, 2008 사시 사례, 2012 사시 사례]

(1) 의 의

처분사유란 처분의 적법성을 유지하기 위하여 처분청에 의해 주장되는 처분의 사실적·법적 근거를 말한다. 징계제재처분의 경우 징계사유와 제재사유만을 처분사유로 보고, 재량고려사항은 처분사유로 보지 않는다. 이에 반하여 거부처분에서는 재량고려사유를 처분사유로 본다.

행정청이 다툼의 대상이 되는 처분을 행하면서 처분사유를 밝힌 후 해당 처분에 대한 소송의 계속중 해당 처분의 적법성을 유지하기 위하여 처분 당시 제시된 처분사유를 변경하거나 다른 사유를 추가할 수 있는가 하는 것이 문제되는데, 이를 **처분사유의 추가·변경의 문제**라고 한다. 추가·변경의 대상이 되는 처분사유는 처분시에 존재하던 사유이어야 한다.

원고의 방어권 보장을 위해서는 처분사유의 추가변경을 인정하지 않는 것이 타당하다. 반면에, 분쟁의 일회적 해결 및 소송경제를 위해서는 처분사유의 추가변경을 가능한 한 넓게 인정하는 것이 타당하다. 왜냐하면 소송에서 처분사유의 추가변경을 부정하더라도 처분청은 직권으로 처분사유를 추가·변경하여 동일한 내용의 처분을 할 수 있으므로 분쟁과 소송이 반복될 우려가 크기 때문이다.

처분사유 자체가 아니라 처분사유의 근거가 되는 기초사실 내지 평가요소에 지나지 않는 사정은 추가로 주장할 수 있다(대판 2018. 12. 13, 2016두31616: '품행 미단정'을 이유로 한 귀화허가거부처분에서 '품행 미단정'이라는 판단 결과를 이 사건 처분의 처분사유로 보아야 하고, 피고가 원심에서 추가로 제시한 불법체류 전력 등의 제반 사정은 이 사건 처분의 처분사유 자체가 아니라 그 근거가 되는 기초사실 내지 평가요소에 지나지 않으므로, 피고는 이러한 사정을 추가로 주장할 수 있다고 한 사례).

(2) 유사제도와의 관계

1) 이유제시의 하자의 보완과의 구별과 관계

가. 양자의 구별　　처분사유의 추가·변경은 이유제시의 하자의 보완과 구별하여야 한다.

① 이유제시의 하자의 치유는 처분시에 존재하던 하자가 사후에 보완되어 없어지는 것인데 반하여 행정처분사유의 변경과 추가는 처분시에 이미 존재하였지만, 처분사유로 하지 않았던 사유를 소송계속중에 처분사유로 주장하는 것이다. ② 이유제시의 하자의 치유는 절차의 하자에 관한 문제로서 행정작용법의 문제라면 처분사유의 추가·변경은 실체법상의 적법성의 주장에 관한 소송법상의 문제이다.

나. 양자의 관계　　양자는 위와 같이 상호 구별되지만, 서로 밀접한 관계를 갖는다. 처분사유는 처분의 이유를 이루는 것이고, 판례와 같이 처분이유의 사후제시로 인한 처분의 하자의 치유를 쟁송제기 전으로 제한하는 경우에는 소송계속중의 처분사유의 추가·변경은 제한적으로 인정될 수밖에 없다. 즉 이유제시제도는 처분사유의 추가·변경의 제한사유의 하나이다.

2) 하자의 치유와의 구별

하자의 치유는 처분시의 하자를 사후보완하는 것인데 반하여 처분사유의 추가·변경은 처분시에 하자 있는 처분을 전제로 하지 않으며 처분시에 이미 존재하던 사실이나 법을 주장하는 것인 점에서 하자의 치유와 구별된다. 또한 하자의 치유는 처분의 하자론이라는 행정작용법의 문제이고, 처분사유의 추가·변경은 소송의 심리에 관한 소송법상의 문제이다.

3) 위법판단 기준시와의 관계

엄밀히 말하면 처분사유는 처분시에 존재하던 사유이므로 위법판단의 기준시와는 무관한 것이다. 그런데 위법판단의 기준시에 관하여 판결시설 또는 절충설을 취하는 경우에는 피고인 처분청은 소송계속중 처분 이후의 사실적·법적 상황을 주장할 수 있게 된다. 이것은 엄밀한 의미의 처분사유의 추가·변경은 아니지만, 처분의 정당화사유로 주장된다는 점에서 처분사유의 추가·변경과 유사하다.

4) 처분청 직권에 의한 처분사유의 추가·변경

처분청은 언제든지 소송과 무관하게 직권으로 처분의 처분사유를 추가·변경할 수 있다. 이 경우 추가·변경된 처분사유가 변경 전 처분사유와 기본적 사실관계의 동일성이 없으면 처분이 변경된 것이 된다. 이 경우 계쟁처분인 종전 처분은 효력을 상실하므로 법원은 별도의 소의 이익이 없는 한 소 각하판결을 하여야 한다. 처분의 상대방은 처분변경으로 인한 소변경을 신청할 수 있다.

(3) 처분사유의 추가·변경의 법적 근거 및 허용 여부

행정소송법에 소송계속중의 처분사유의 추가·변경에 관한 명문의 규정은 없다. 그러나 처분사유의 변경으로 소송물의 변경이 없는 한 소송경제, 분쟁의 일회적 해결 및 공익보장 및 실체적 진실발견을 위해 처분사유의 변경을 인정하는 것이 판례 및 학설의 일반적 견해이다.

다만, 처분사유의 추가·변경은 원고의 방어권 및 신뢰를 침해하고, 이유부기제도의 취지를 훼손할 수 있으므로 일정한 한계 내에서 인정되어야 한다.

결국 처분사유의 추가·변경은 판례에 의해 그 인정범위가 결정될 것이다.

(4) 허용범위 및 한계

처분사유의 추가·변경의 허용범위(허용의 기준)에 관하여는 견해(제한적 허용설에는 기본적 사실관계 동일설, 소송물기준설, 개별적 결정설이 있다)가 나뉘고 있다. 판례는 기본적 사실관계의 동일성이 유지되는 한도 내에서 처분사유의 추가·변경을 인정하고 있다. 행정소송규칙은 행정청은 사실심 변론을 종결할 때까지 당초의 처분사유와 기본적 사실관계가 동일한 범위 내에서 처분사유를 추가 또는 변경할 수 있다(제 9 조)고 이를 명문화하고 있다.

기본적 사실관계와 동일성이 인정되지 않는 별개의 사실을 들어 처분사유로 주장하는 것이 허용되지 않는다고 해석하는 이유는 행정처분의 상대방의 방어권을 보장함으로써 실질적 법치주의를 구현하고 행정처분의 상대방에 대한 신뢰를 보호하고자 함에 그 취지가 있다(대판 2003. 12. 11, 2001두8827).

1) 기본적 사실관계의 동일성이 유지될 것

이유제시제도의 취지 및 행정처분의 상대방인 국민에 대한 신뢰보호 및 행정처분 상대방의 방어권 보장의 관점에서 기본적 사실관계에 있어서의 동일성이 유지되는 한도 내에서만 가능하다.

'**기본적인 사실관계의 동일성**'은 처분사유를 법률적으로 평가하기 이전의 구체적인 사실에 착안하여 그 기초가 되는 사회적 사실관계가 기본적인 점에서 동일한지 여부에 따라 판단한다(대판 2001. 3. 23, 99두6392; 대판 2007. 7. 27, 2006두9641).

처분의 사실관계에 변경이 없는 한 적용법령(처분의 근거규정)만을 추가하거나 변경하는 것은 항상 가능하고 법원은 추가·변경된 법령에 기초하여 처분의 적법여부를 판단할 수 있다(대판 1988. 1. 19, 87누603). 처분의 법적 근거가 변경됨으로써 처분의 사실관계가 변경되고, 사실관계의 기본적 동일성이 인정되지 않는 경우에는 처분의 법적 근거의 변경이 인정될 수 없다.

[판례] 처분청이 처분 당시 적시한 구체적 사실을 변경하지 아니하는 범위 내에서 단지 처분의 근거 법령만을 추가·변경하는 것은 새로운 처분사유의 추가라고 볼 수 없으므로 이와 같은 경우에는 처분청이 처분 당시 적시한 구체적 사실에 대하여 처분 후 추가·변경한 법령을 적용하여 처분의 적법 여부를 판단하여도 무방하다. 그러나 처분의 근거 법령을 변경하는 것이 종전 처분과 동일성을 인정할 수 없는 별개의 처분을 하는 것과 다름없는 경우에는 허용될 수 없다(대판 2011. 5. 26, 2010두28106〈변상금부과처분취소〉).

2) 추가·변경사유의 기준시

판례와 같이 위법판단의 기준시에 관하여 처분시설을 취하는 경우 위법성 판단은 처분시를 기준으로 판단되므로 추가사유나 변경사유는 처분시에 객관적으로 존재하던 사유이어야 한다. 처분 이후에 발생한 새로운 사실적·법적 사유를 추가·변경할 수는 없다.

3) 소송물의 범위 내일 것(처분의 동일성이 유지될 것)

처분사유의 추가·변경은 취소소송의 소송물의 범위 내에서만 가능하다. 처분사유의 변경으로 처분이 변경됨으로써 소송물이 변경된다면 청구가 변경되는 것이므로 이 경우에는 소의 변경을 하여야 한다. 달리 말하면, 처분사유의 추가·변경은 처분의 동일성이 유지되는 한도 내에서 인정된다. 그런데 처분의 동일성은 처분사유의 동일성을 요소로 하는 것이므로 처분사유의 추가·변경에 있어서 처분의 동일성이 유지될 것(소송물의 범위 내일 것)이라는 요건과 처분사유의 기본적 사실관계의 동일성이 유지될 것이라는 요건은 결과적으로 일치하게 된다.

4) 사실심 변론종결시 이내일 것

행정청의 처분사유의 추가·변경은 사실심 변론종결시까지만 허용된다.

[판례] **취소소송에서 행정청의 처분사유의 추가·변경 시한(=사실심 변론종결시)**: 행정청은 기본적 사실관계의 동일성이 있다고 인정되는 한도 내에서만 다른 처분사유를 추가, 변경할 수 있다고 할 것이나 이는 사실심 변론종결시까지만 허용된다(대판 1999. 8. 20, 98두17043〈단독주택용지조성원가공급거부처분취소〉: 원고가 이주대책신청기간이나 소정의 이주대책실시(시행)기간을 모두 도과하여 실기한 이주대책신청을 하였으므로 원고에게는 이주대책을 신청할 권리가 없고, 사업시행자가 이를 받아들여 택지나 아파트공급을 해 줄 법률상 의무를 부담한다고 볼 수 없다는 피고의 상고이유의 주장은 원심에서는 하지 아니한 새로운 주장일 뿐만 아니라 사업지구 내 가옥 소유자가 아니라는 이 사건 처분사유와 기본적 사실관계의 동일성도 없으므로 적법한 상고이유가 될 수 없다고 한 사례).

5) 결 어

생각건대, 분쟁의 일회적 해결과 소송경제를 위해 소송물의 변경이 없는 한 처분사유의 추가변경을 인정하는 **소송물기준설**이 타당하다. 그런데 일반 항고소송의 경우 소송물을 '처분의 위법성 일반'으로 보고, 처분사유가 변경되면 처분도 변경된다는 견해를 취하면 **'기본적 사실관계의 동일성 기준설'과 '소송물기준설'은 결과적으로 동일한 결론에 이른다.**

그러나 조세항고소송에서의 소송물은 처분의 위법성이 아니라 '정당한 세액의 객관적 존부'이므로 조세항고소송에서는 소송물의 범위내에서는 기본적 사실관계의 동일성이라는 제한없이 처분사유의 추가·변경이 인정된다(판례).

이렇게 본다면 **판례는 소송물기준설을 택하고 있다고 볼 수도 있다.**

[판례] **경정거부처분 취소소송의 소송물은 정당한 세액의 객관적 존부이다.** 과세관청으로서는 소송(조세소송) 도중이라도 **사실심 변론종결 시까지는** 해당 처분에서 인정한 과세표준 또는 세액의 정당성을 뒷받침할 수 있는 새로운 자료를 제출하거나 **처분의 동일성이 유지되는 범위에서 그 사유를 교환·변경할 수 있고, 반드시 처분 당시의 자료만으로 처분의 적법 여부를 판단하여야 하거나 당초의 처분사유만을 주장할 수 있는 것은 아니다**(대법원 2002. 9. 24. 선고 2000두6657 판결, 대법원 2009. 5. 14. 선고 2006두17390 판결 등 참조). 원고들은 이 사건 사용료에 특허권 이외의 다른 권리의 사용대가는 포함되어 있지 않다는 전제에서 경정청구를 하였고, 이에 대하여 피고는 원심에서 이 사건 사용료에는 국내원천소득으로서 원천징수대상인 저작권, 노하우, 영업상의 비밀 등의 사용대가가 포함되어 있다고 주장함으로써 **처분의 동일성이 유지되는 범위에서 그 사유를 추가하거나 변경하였다**고 볼 수 있다(대판

2022. 2. 10, 2019두50946). [해설] 조세취소소송의 소송물은 처분사유에 의해 특정되는 '처분의 위법성 일반'을 소송물로 하는 일반 취소소송과 달리 '정당한 세액의 객관적 존부'이다.

(5) 구체적 사례

판례는 당초의 처분사유와 기본적인 사실관계의 동일성이 인정되는 범위 내에서는 처분사유의 추가 또는 변경이 가능하다고 판시하고 있고(대판 1992. 2. 14, 91누3895), 학설도 대체로 이에 찬동하고 있다.

1) 기본적 사실관계의 동일성을 부정한 사례

가. 거부처분사유의 추가·변경

[판례 1] 충전소설치허가신청에 대하여 처분청이 첫째로, 충전소설치 예정지의 인근주민들이 충전소설치를 반대하고, 둘째로 위 전라남도 고시에 자연녹지의 경우 충전소의 외벽으로부터 100미터 내에 있는 건물주의 동의를 받도록 되어 있는데 그 설치예정지로부터 80미터에 위치한 전주이씨제각 소유주의 동의가 없다는 이유로 이를 반려하였는데, 처분청이 상고심에서 충전소설치 예정지역 인근도로가 낭떠러지에 접한 S자 커브의 언덕길로 되어 있어서 교통사고로 인한 충전소폭발의 위험이 있어 허가하지 아니하였다는 주장을 하는 것은 피고 처분청이 당초 위 반려처분의 근거로 삼은 사유와는 그 **기본적 사실관계에 있어서 동일성이 인정되지 아니하는 별개의 사유라 할 것**이므로 이제 와서 이를 들어 원고의 신청이 허가요건을 구비하지 아니하였다고 내세울 수 없다(대판 1992. 5. 8, 91누13274).
[판례 2] 온천으로서의 이용가치, 기존의 도시계획 및 공공사업에의 지장 여부 등을 고려하여 이 사건 온천발견신고수리를 거부한 것은 적법하다는 취지의 피고의 주장은 … 규정온도가 미달되어 온천에 해당하지 않는다는 당초의 이 사건 처분사유와는 기본적 사실관계를 달리하여 … 이를 거부처분의 사유로 추가할 수는 없다(대판 1992. 11. 24, 92누3052).
[판례 3] 당초의 정보공개거부처분사유인 공공기관의 정보공개에 관한 법률 제 7 조(현행 제 9 조) 제 1 항 제 4 호 및 제 6 호의 사유는 새로이 추가된 같은 항 제 5 호의 사유와 기본적 사실관계의 동일성이 인정되지 않는다고 한 사례(대판 2003. 12. 11, 2001두8827).

나. 제재처분사유인 법령위반사유의 추가·변경

[판례 1] '**용도변경허가를 받지 않고** 문화집회시설군에 속하는 **위락시설**[건축법 시행령 제14조 제 5 항 제 4 호 (다)목]**의 일종인 무도학원으로 용도변경을 하였다.**'는 건축물의 불법용도변경에 대한 **시정명령의 당초 처분사유와** '용도변경허가[일반업무시설(사무실) 부분]를 받거나 신고[교육연구시설(직업훈련소) 부분]하는 절차를 거치지 않고 근린생활시설군에 속하는 **제 2 종 근린생활시설[같은 항 제 7 호 (나)목]의 일종인 학원으로 용도변경을 하였다.**'는 **추가된 처분사유는** 위반행위의 내용(건축물의 실제 사용 용도)이 다르고 그에 따라 용도변경

을 위하여 거쳐야 하는 절차, 변경하려는 용도의 건축기준, 용도변경 허용가능성이 달라지므로 **기본적 사실관계의 동일성이 인정되지 않는다**고 보아야 한다(대판 2020. 12. 24, 2019두55675〈학원등록거부처분등취소청구의소〉).

[판례 2] 의료보험요양기관 지정취소처분의 당초의 처분사유인 구 의료보험법 제33조 제 1 항이 정하는 본인부담금 수납대장을 비치하지 아니한 사실과 항고소송에서 새로 주장한 처분사유인 같은 법 제33조 제 2 항이 정하는 보건복지부장관의 관계서류 제출명령에 위반하였다는 사실은 기본적 사실관계의 동일성이 없다(대판 2001. 3. 23, 99두6392). [해설] 처분청은 보건복지부장관의 관계서류 제출명령에 위반하였다는 사실을 처분사유로 하여 별개의 새로운 의료보험요양기관 지정취소(강학상 철회)처분을 할 수 있다.

다. 징계사유(제재처분사유)의 추가·변경 징계처분이나 제재처분의 경우에는 징계사유(비위사실)나 제재사유(법위반사실)가 변경되면 원칙상 내용의 변경이 없어도 처분이 변경되는 것으로 보아야 한다. 다만, 징계처분사유와 동일성을 가지는 범위 내에서는 처분사유의 추가가 인정될 수 있다.

징계사유나 제재사유의 변경 없이 재량고려사항만 추가·변경하는 것은 처분의 변경이 아니라고 보아야 한다. 징계사유나 제재사유의 변경 없이 재량고려사항만 추가·변경하는 것은 처분의 기본적 사실관계에 변경을 가져오지 않기 때문이다.

[판례] 구청 위생과 직원인 원고가 이 사건 당구장이 정화구역 외인 것처럼 허위표시를 함으로써 정화위원회의 심의를 면제하여 허가처분하였다는 당초의 징계사유와 정부문서규정에 위반하여 이미 결제된 당구장허가처분서류의 도면에 상사의 결제를 받음이 없이 거리표시를 기입하였다는 원심인정의 비위사실과는 기본적 사실관계가 동일하지 않다(대판 1983. 10. 25, 83누396).

라. 침해적 처분사유의 추가·변경

[판례] 입찰참가자격을 제한시킨 당초의 처분 사유인 정당한 이유 없이 계약을 이행하지 않은 사실과 항고소송에서 새로 주장한 계약의 이행과 관련하여 관계공무원에게 뇌물을 준 사실은 기본적 사실관계의 동일성이 없다고 한 사례(대판 1999. 3. 9, 98두18565).

2) 기본적 사실관계의 동일성을 인정한 사례

가. 처분의 사실관계에 변경 없는 처분의 근거법령만의 추가·변경

[판례] 원고의 택시지입제 경영이 구 여객자동차운수사업법(이하 '법'이라 한다) 제76조 제 1 항 단서 중 제 8 호(필요적 취소사유)의 규정에 의한 명의이용금지를 위반한 때에 해당한다는 이유로 1999. 4. 20.자로 자동차운송사업면허취소처분(이하 '이 사건 처분'이라 한다)

을 한 사실, … 위 위헌결정에 의하여 이 사건 처분의 당초 근거규정인 이 사건 법률조항은 그 효력을 상실하였으나, 피고는 명의이용금지 위반의 기본적 사실관계는 변경하지 아니한 채 효력이 유지되고 있는 같은 법 제76조 제 1 항 본문 및 제 8 호(임의적 취소사유)로 그 법률상 근거를 적법하게 변경하였으니 이 사건 처분이 법률의 근거가 없는 위법한 처분이라고 할 수는 없다고 할 것이다(대판 2005. 3. 10, 2002두9285).

나. 법령위반사유의 추가·변경

[판례] 지입제 운영행위에 대하여 자동차운송사업면허를 취소한 행정처분에 있어서 당초의 취소근거로 삼은 구 자동차운수사업법 제26조(명의의 유용금지)를 위반하였다는 사유와 직영으로 운영하도록 한 면허조건을 위반하였다는 사유는 기본적 사실관계에 있어서 동일하다(대판 1992. 10. 9, 92누213).

다. 거부처분사유의 추가·변경

[판례 1] 당초의 정보공개거부처분사유인 검찰보존사무규칙 제20조 소정의 신청권자에 해당하지 아니한다는 사유는 새로이 추가된 거부처분사유인 공공기관의 정보공개에 관한 법률 제 7 조(현행 제 9 조) 제 1 항 제 6 호의 사유(개인에 관한 정보)와 그 기본적 사실관계의 동일성이 있다(대판 2003. 12. 11, 2003두8395).

[판례 2] 주택신축을 위한 산림형질변경허가신청에 대하여 행정청이 거부처분을 하면서 당초 거부처분의 근거로 삼은 준농림지역에서의 행위제한이라는 사유와 나중에 거부처분의 근거로 추가한 자연경관 및 생태계의 교란, 국토 및 자연의 유지와 환경보전 등 중대한 공익상의 필요라는 사유는 기본적 사실관계에 있어서 동일성이 인정된다(대판 2004. 11. 26, 2004두4482).

6. 화해와 조정

(1) 민사소송법상 화해의 준용

항고소송의 공익성에 비추어 민사소송법상의 화해에 관한 규정(제225조 이하)이 준용될 수 없다는 것이 지배적인 견해이다. 공익소송인 민중소송이나 기관소송에서는 더욱 그러하다.

당사자소송에서는 민사소송법상 화해에 관한 규정이 준용된다는 것이 지배적 견해이다.

(2) 민사소송법상 조정의 준용

항고소송의 공익성에 비추어 항고소송에 민사조정법상의 조정에 관한 규정을 준용하지 않는 것이 지배적 견해이다. 그렇지만, 실무상 조정권고에 의한 사실상의 조정이 행해지고 있다. 즉 재판장은 신속하고 공정한 분쟁 해결과 국민의 권익구제를 위하여 필요하다고 인정하는 경우에는 소송계속 중인 사건에 대하여 직권으로 소의 취하, 처분등의 취소 또는 변경, 그 밖에 다툼을 적정하게 해결하기 위해 필요한 사항을 서면으로 권고할 수 있다(행정소송규칙 제15조 제 1 항). 재판장은 제 1 항의 권고를 할 때에는 권고의 이유나 필요성 등을 기재할 수 있다(제 2항). 재판장은 제 1 항의 권고를 위하여 필요한 경우에는 당사자, 이해관계인, 그 밖의 참고인을 심문할 수 있다(제 3 항). 예를 들면, 재판장이 행정청에 대하여는 법원이 적절하다고 인정하는 처분으로 변경할 것을, 원고에 대하여는 행정청이 그와 같이 변경처분을 하면 소를 취하할 것을 권고하는 조정권고를 행하고, 행정청이 변경처분을 하면 원고가 소를 취하하는 방식이다.

Ⅵ. 주장책임과 입증책임

1. 주장책임

(1) 의 의

주장책임이란 당사자가 유리한 사실을 주장하지 않으면 그 사실은 없는 것으로 취급되어 불이익한 판단을 받게 되는데, 이 경우에 있어서의 해당 당사자의 불이익을 받는 지위를 말한다.

주장책임은 변론주의하에서는 **주요사실(主要事實)**은 당사자가 변론에서 주장하지 않으면 판결의 기초로 삼을 수 없다는 점으로부터 나온다.

(2) 직권탐지주의와 주장책임

직권탐지주의하에서 주장책임은 완화된다. 다만, 주장되지 않은 사실에 있어서 직권탐지가 의무가 아닌 한 주장책임이 문제될 수 있다.

(3) 주장책임의 내용

① 주장책임은 **주요사실**에 대하여만 인정되며 간접사실과 보조사실은 주장책임의 대상이 되지 않는다. 왜냐하면 변론주의는 주요사실에 대해서만 인정되고 간접사실과 보조사실은 그 적용이 없기 때문이다. **주요사실**이란 법률효과를 발생시키는 법규의 직접 요건사실을 말하고, **간접사실**이란 주요사실을 확인하는 데 도움이 됨에 그치는 사실을 말한다. 증거능력(엄격한 증명의 자료로 사용될 수 있는 법률상

자격)이나 증거가치에 관한 사실을 **보조사실**이라 하는 데 간접사실에 준하여 취급된다.

② 어느 당사자든지 변론에서 주장하였으면 되고 반드시 주장책임을 지는 당사자가 주장하여야 하는 것은 아니다.

③ 기록상 자료가 나타나 있음에도 당사자가 주장하지 아니하였다는 이유로 판단하지 아니한 것은 위법하다(대판 1992. 2. 28, 91누6597).

④ 항고소송에 있어서 원고는 전심절차에서 주장하지 아니한 공격방어방법을 소송절차에서 주장할 수 있다(대판 1996. 6. 14, 96누754).

2. 입증책임(증명책임)

(1) 의 의

입증책임이란 소송상 증명을 요하는 어느 사실의 존부가 확정되지 않은 경우 해당 사실이 존재하지 않는 것으로 취급되어 불리한 법률판단을 받게 되는 당사자 일방의 위험 또는 불이익을 말한다.

입증책임의 문제는 심리의 최종단계에 이르러서도 어떤 사실의 존부에 대하여 법관에게 확신이 서지 않을 때에 누구에게 불이익을 부담하도록 하느냐의 문제이다.

직권탐지주의하에서도 어떠한 사실이 입증되지 않는 경우가 있을 수 있으므로 입증책임은 변론주의뿐만 아니라 직권탐지주의에 의한 절차에서도 문제된다.

증명책임은 사실에 관한 것이며 법에 관한 것은 아니다. 법에 관한 판단은 법원이 책임을 진다.

(2) 입증책임의 분배

입증책임의 분배란 어떤 사실의 존부가 확정되지 않은 경우에 당사자 중 누구에게 불이익을 돌릴 것인가의 문제이다. 입증책임을 지는 자가 소송상 증명을 요하는 어느 사실이 입증되지 않는 경우에 불이익을 받게 된다.

특히 국가배상법상 과실과 같이 입증이 곤란한 사실에 대하여는 누가 입증책임을 부담하는가에 의해 소송의 승패가 좌우되므로 입증책임의 분배는 매우 중요한 문제이다.

예를 들면, 만일 국가배상법상의 과실의 존재를 원고가 입증하여야 한다면 과실이 입증되지 않는 경우에 국가배상책임이 인정되지 않게 되고, 국가배상법상의 과실의 부존재를 피고가 입증하여야 한다면 과실의 부존재가 입증되지 않은 경우 피고가 국가배상책임을 지게 된다.

(3) 행정소송에서의 증명책임

행정소송법은 증명책임에 관한 규정을 두고 있지 않다. 따라서 민사소송법 규정이 행정소송에서의 증명책임에 준용된다. 그러므로 행정소송에서의 증명책임은 원칙적으로 민사소송 일반원칙에 따라 당사자 간에 분배되고, 행정소송의 특성을 고려하여야 한다.

1) 취소소송에 있어서의 입증책임

오늘날 공정력은 절차법적 효력으로서 잠정적 통용력에 불과하며 적법성을 추정하는 효력은 아니라고 보고 있다. 따라서 오늘날의 일반적인 견해는 공정력과 입증책임 사이에는 아무런 관련이 없다고 본다.

처분의 적법성을 주장하는 피고 처분청에게 적법사유에 대한 증명책임이 있고(대판 2017. 6. 19, 2013두17435; 대판 2023. 6. 29, 2020두46073), 처분제외사유의 증명책임은 원고에게 있다.

2) 무효확인소송에서의 입증책임

행정처분의 당연무효를 주장하여 그 무효확인을 구하는 행정소송에 있어서는 원고에게 그 행정처분이 무효인 사유를 주장·입증할 책임이 있다(대판 1992. 3. 10, 91누6030).

3) 부작위위법확인소송에서의 입증책임

처분이 없는 사실의 존재는 부작위를 주장하는 원고에게 입증책임이 있다.

(4) 증명의 정도

판례에 따르면 민사소송이나 행정소송에서 사실의 증명은 추호의 의혹도 없어야 한다는 자연과학적 증명이 아니고, 특별한 사정이 없는 한 경험칙에 비추어 모든 증거를 종합적으로 검토하여 볼 때 어떤 사실이 있었다는 점을 시인할 수 있는 고도의 개연성을 증명하는 것(통상인이라면 의심을 품지 않을 정도일 것)이면 충분하다(대판 2018. 4. 12, 2017두74702; 대판 2019. 11. 28, 2017두57318 등).

(5) 사실확인서의 증거가치

행정청이 현장조사를 실시하는 과정에서 조사상대방으로부터 구체적인 위반

사실을 자인하는 내용의 확인서를 작성받았다면, 그 확인서가 작성자의 의사에 반하여 강제로 작성되었거나 또는 내용의 미비 등으로 구체적인 사실에 대한 증명자료로 삼기 어렵다는 등의 특별한 사정이 없는 한 그 확인서의 증거가치를 쉽게 부정할 수 없다(대판 2017. 7. 11, 2015두2864).

(6) 관련 확정판결의 사실인정의 구속력

행정소송의 수소법원이 관련 확정판결의 사실인정에 구속되는 것은 아니지만, 관련 확정판결에서 인정한 사실은 행정소송에서도 유력한 증거자료가 되므로, 행정소송에서 제출된 다른 증거들에 비추어 관련 확정판결의 사실 판단을 채용하기 어렵다고 인정되는 특별한 사정이 없는 한, 이와 반대되는 사실은 인정할 수 없다(대판 2019. 7. 4, 2018두66869).

제 6 항 행정소송의 판결

Ⅰ. 판결의 의의

판결이란 법률상 쟁송을 해결하기 위하여 법원이 소송절차를 거쳐 내리는 결정을 말한다.

Ⅱ. 판결의 종류

1. 소송판결과 본안판결

소송판결이란 종국판결 중 소송요건 또는 상소요건의 흠결이 있는 경우에 소송을 부적법하다 하여 각하하는 판결을 말한다(소송요건에 관한 판결). 소송요건의 결여는 변론종결시를 기준으로 판단한다. 소각하판결, 소송종료선언이나 소취하무효선언판결 등은 소송판결이다.

본안판결이란 본안심리의 결과 청구의 전부 또는 일부를 인용하거나 기각하는 종국판결을 말한다. 본안판결은 내용에 따라 인용판결과 기각판결로 나뉜다.

2. 인용판결과 기각판결

(1) 인용판결

인용판결이란 본안심리의 결과, 원고의 주장이 이유 있다고 하여 그 청구의 전부 또는 일부를 인용하는 판결을 말한다. 인용판결은 소의 종류에 따라 이행판결, 확인판결, 형성판결로 나뉜다.

(2) 기각판결

기각판결이란 본안심리의 결과, 원고의 주장이 이유 없다고 하여 그 청구를 배척하는 판결을 말한다.

원고의 청구가 이유 있다고 인정하는 경우에도 그 처분을 취소 또는 변경하는 것이 현저히 공공복리에 적합하지 아니하다고 인정하는 때에는 법원은 원고의 청구를 기각할 수 있는데, 이러한 기각판결을 **사정판결**이라 한다.

3. 형성판결, 확인판결과 이행판결

(1) 형성판결

형성판결이란 일정한 법률관계를 형성·변경 또는 소멸시키는 것을 내용으로 하는 판결을 말한다. 형성판결의 예로는 취소소송에서의 인용판결(취소판결)을 들 수 있다.

형성판결은 적극적 형성판결과 소극적 형성판결로 나뉜다. **적극적 형성판결**은 법률관계를 적극적으로 형성하는 판결을 말하고(처분의 내용자체가 다르거나 처분사유간 기본적 사실관계가 일치하지 않는 것. 예 영업허가취소처분 → 영업정지처분), **소극적 형성판결**은 처분의 전부 또는 일부의 취소와 같이 법률관계를 소극적으로 형성하는 판결을 말한다(원처분과 분리되거나 특정가능성이 인정되는 것. 예 3개월의 영업정지처분 → 1개월의 영업정지처분).

(2) 확인판결

확인판결이란 확인의 소에서 일정한 법률관계나 법률사실의 존부를 확인하는 판결을 말한다. 확인판결의 예로는 무효등확인소송에서의 인용판결, 부작위위법확인소송에서의 인용판결, 법률관계의 확인을 구하는 당사자소송에서의 인용판결을 들 수 있다.

(3) 이행판결

이행판결이란 피고에 대하여 일정한 행위를 명하는 판결을 말한다. 항고소송에서의 의무이행소송이 인정되고 있지 않으므로 항고소송에서는 이행판결이 있을 수 없으나 공법상 당사자소송에서는 국가 또는 공공단체에 대하여 일정한 행위를 명하는 이행판결이 있을 수 있다.

Ⅲ. 항고소송에서의 위법판단의 기준시

처분은 그 당시의 사실상태 및 법률상태를 기초로 하여 행해지게 된다. 그런데 처분 후 사실상태 또는 법률상태가 변경되는 경우가 있다. 이 경우에 있어서 법원이 본안심리의 결과 처분의 위법 여부를 판단함에 있어서 어느 시점의 법률상태 및 사실상태를 기준으로 하여야 할 것인가 하는 문제가 제기되는데, 이에 관하여 취소소송의 본질을 무엇으로 볼 것인가에 따라 처분시설, 판결시설, 절충설 등이 대립하고 있다.

1. 처분시설

처분시설(處分時說)이란 처분의 위법 여부의 판단은 처분시의 사실 및 법률상태를 기준으로 하여 행하여야 한다는 견해를 말한다. 이 견해가 통설이다.

처분시설의 주요 **논거**는 다음과 같다. 취소소송에 있어서 법원의 역할은 처분의 사후심사이며, 법원이 처분 후의 사정에 근거하여 처분의 적법 여부를 판단하는 것(판결시설)은 행정청의 제 1 차적 판단권을 침해하는 것이 되고 법원이 감독행정청의 역할을 하는 것이 되어 타당하지 않다.

2. 판결시설

판결시설이란 처분의 위법 여부의 판단은 판결시(구두변론종결시)의 사실 및 법률상태를 기준으로 행하여야 한다는 견해이다.

판결시설의 주요 **논거**는 다음과 같다. 취소소송의 본질은 처분으로 인하여 형성된 위법상태를 배제하는 데 있으므로 원칙적으로 판결시의 법 및 사실상태를 기준으로 판결하여야 한다고 본다.

3. 절 충 설

절충설은 원칙상 처분시설이 타당하다고 하면서도 예외적으로 계속적 효력을 가진 처분(예 물건의 압수처분, 공물의 공용개시행위, 통행금지구역의 설정)이나 미집행의 처분(예 집행되지 않은 철거명령)에 대한 소송에 있어서는 판결시설을 취하는 것이 타당한 경우가 있다고 보는 견해이다. 이에 추가하여 거부처분취소소송(예 난민인정불허가결정)의 경우에도 실질적으로 의무이행소송과 유사한 성격을 갖는다는 점에서 위법판단시점을 판결시로 보는 것이 타당하다는 견해가 있다.

4. 판 례

판례는 처분시설을 취하고 있다(대판 1996. 12. 20, 96누9799; 대판 2005. 4. 15, 2004두10883). 즉 행정처분의 위법 여부는 행정처분이 있을 때의 법령과 사실 상태를 기준으로 판단하여야 하며, 법원은 행정처분 당시 행정청이 알고 있었던 자료뿐만 아니라 사실심 변론종결 당시까지 제출된 모든 자료를 종합하여 처분 당시 존재하였던 객관적 사실을 확정하고 그 사실에 기초하여 처분의 위법 여부를 판단할 수 있다(대판 2019. 7. 25, 2017두55077).

[판례] 항고소송에서 행정처분의 위법 여부는 행정처분이 있을 때의 법령과 사실 상태를 기준으로 판단하여야 하고, 법원은 행정처분 당시 행정청이 알고 있었던 자료뿐만 아니라 사실심 변론종결 당시까지 제출된 모든 자료를 종합하여 처분 당시 존재하였던 객관적 사실을 확정하고 그 사실에 기초하여 처분의 위법 여부를 판단할 수 있다(대판 전원합의체 2024. 7. 18, 2022두43528).

특히 사실관계(안전, 위험, 인과관계 등 포함)의 판단은 판결시의 과학기술 등 증가자료에 의한다. 법령의 해석도 처분시의 법령해석에 구속되지 않고 언제든 자유롭게 할 수 있다. 예를 들면, 산업재해로 인한 사망자의 유족에 대한 '유족급여및장의비지급처분'에 대한 취소소송에서 업무와 사망 사이의 상당인과관계의 인정에 있어서 처분시의 고시('개정 전 고시')는 행정규칙으로 대외적 구속력이 없으므로(법령이 아니므로) 처분시의 '개정 전 고시'를 적용할 의무는 없고, 해당 불승인처분이 있은 후 '개정된 고시'(「뇌혈관 질병 또는 심장 발병 및 근골격계 질병의 업무상 질병 인정 여부 결정에 필요한 사항」(2017. 12. 29. 고용노동부 고시 제2017-117호))의 규정 내용과 개정 취지를 참작하여 상당인과관계의 존부를 판단할 수 있다고 한 대법원 판례(대판 2020. 12. 24, 2020두39297)가 있다. 부당해고 구제신청에 대한 중앙노동위원회의 명령 또는 결정의 취소를 구하는 소송에서 그 명령 또는 결정이 적법한지는 그 명령 또는 결정이 이루어진 시점을 기준으로 판단하여야 하고, 그 명령 또는 결정의 기초가 된 사실이 동일하다면 노동위원회에서 주장하지 아니한 사유도 행정소송에서 주장할 수 있다(대판 2021. 7. 29, 2016두64876〈부당해고구제재판정취소〉).

[판례 1] **항고소송에서 행정처분의 적법 여부는 행정처분 당시를 기준으로 판단하여야 하는지 여부(원칙적 적극) 및 이때 행정처분의 위법 여부를 판단하는 기준 시점이 처분 시라는 의미:** 항고소송에서 **행정처분의 적법 여부는 특별한 사정이 없는 한 행정처분 당시를 기준으로 판단**

하여야 한다. 여기서 **행정처분의 위법 여부를 판단하는 기준 시점에 관하여 판결시가 아니라 처분 시라고 하는 의미는** 행정처분이 있을 때의 법령과 사실상태를 기준으로 하여 위법 여부를 판단하며 처분 후 법령의 개폐나 사실상태의 변동에 영향을 받지 않는다는 뜻이지 처분 당시 존재하였던 자료나 행정청에 제출되었던 자료만으로 위법 여부를 판단한다는 의미는 아니다. 그러므로 **처분 당시의 사실상태 등에 관한 증명은 사실심 변론종결 당시까지 할 수 있고, 법원은 행정처분 당시 행정청이 알고 있었던 자료뿐만 아니라 사실심 변론종결 당시까지 제출된 모든 자료를 종합하여 처분 당시 존재하였던 객관적 사실을 확정하고 그 사실에 기초하여 처분의 위법 여부를 판단할 수 있다**(대판 2017. 4. 7, 2014두37122〈건축허가복합민원신청불허재처분취소〉).

[판례 2] **항고소송에서 처분의 위법 여부는 특별한 사정이 없는 한 그 처분 당시의 법령을 기준으로 판단하여야 한다. 이는 신청에 따른 처분의 경우에도 마찬가지이다**(대법원 2020. 1. 16. 선고 2019다264700 판결등 참조). **그러나** 「뇌혈관 질병 또는 심장 질병 및 근골격계 질병의 업무상 질병 인정 여부 결정에 필요한 사항」(2013. 6. 28. 고용노동부 고시 제2013-32호, 이하 **'개정 전 고시'라고 한다)은 대외적으로 국민과 법원을 구속하는 효력은 없으므로**, 근로복지공단이 처분 당시에 시행된 '개정 전 고시'를 적용하여 산재요양 불승인처분을 한 경우라고 하더라도 해당 불승인처분에 대한 항고소송에서 **법원은 '개정 전 고시'를 적용할 의무는 없고**, 해당 불승인처분이 있은 후 개정된 「뇌혈관 질병 또는 심장 질병 및 근골격계 질병의 업무상 질병 인정 여부 결정에 필요한 사항」(2017. 12. 29. 고용노동부 고시 제2017-117호, 이하 **'개정된 고시'라고 한다)의 규정 내용과 개정 취지를 참작하여 상당인과관계의 존부를 판단할 수 있다**(대판 2020. 12. 24, 2020두39297).

[판례 3] 행정소송에서 행정처분의 위법 여부는 행정처분이 행하여졌을 때의 법령과 사실상태를 기준으로 하여 판단하여야 하고, 처분 후 법령의 개폐나 사실상태의 변동에 의하여 영향을 받지는 않는다(대판 2007. 5. 11, 2007두1811〈공사중지명령처분취소〉: 공사중지명령 이후에 발생한 사실상태를 이유로 공사중지명령이 재량권을 일탈·남용한 것이라고 본 원심을, 공사중지명령 이후에 발생한 사실상태를 이유로 공사중지명령의 해제 요구 및 그 요구에 대한 거부처분에 대한 취소청구를 할 수 있음은 별론으로 하고, 적법하였던 공사중지명령이 위법하게 되는 것은 아니라고 하여 파기한 사례).

부당해고 구제신청에 관한 중앙노동위원회의 명령 또는 결정의 취소를 구하는 소송에서 그 명령 또는 결정이 적법한지는 그 명령 또는 결정이 이루어진 시점을 기준으로 판단하여야 하고, 그 명령 또는 결정 후에 생긴 사유를 들어 적법 여부를 판단할 수는 없으나, 그 명령 또는 결정의 기초가 된 사실이 동일하다면 노동위원회에서 주장하지 아니한 사유도 행정소송에서 주장할 수 있다(대판 2021. 7. 29, 2016두64876〈부당해고구제재심판정취소〉).

5. 결론(처분시설)

취소소송은 행정청이 내린 처분을 다투어 취소를 구하는 소송이므로 처분의 위법판단의 기준시를 원칙상 처분시로 보아야 한다. 다만, 후술하는 바와 같이 거부처분취소소송에서 위법판단의 기준시는 처분시로 보되 취소판결의 기준시는 판결시로 보는 것이 거부처분취소소송의 문제점을 보완하여 의무이행소송과 유사한 권리구제기능을 수행할 수 있으므로 타당하다.

6. 행정처분의 위법 여부를 판단하는 기준시점이 처분시라는 의미

행정처분의 위법 여부를 판단하는 기준 시점에 대하여 판결시가 아니라 처분시라고 하는 의미는 처분시 적용할 법령과 행정처분이 있을 때의 사실상태를 기준으로 하여 위법 여부를 판단할 것이며, 처분 후 법령의 개폐나 사실상태의 변동에 영향을 받지 않는다는 뜻이지, 처분 당시 보유하였던 처분자료나 행정청에 제출되었던 자료만으로 위법 여부를 판단한다는 의미는 아니다. 처분의 위법판단의 기준시 문제는 사실심변론종결시의 소송자료를 기초로 판결을 내린다는 것과는 별개의 문제이다.

[판례 1] 행정소송에서 행정처분의 위법 여부는 행정처분이 행하여졌을 때의 법령과 사실상태를 기준으로 하여 판단하여야 하고, 처분 후 법령의 개폐나 사실상태의 변동에 의하여 영향을 받지는 않으므로, 난민 인정 거부처분의 취소를 구하는 취소소송에서도 그 거부처분을 한 후 국적국의 정치적 상황이 변화하였다고 하여 처분의 적법 여부가 달라지는 것은 아니다(대판 2008. 7. 24, 2007두3930〈난민인정불허가결정취소〉).

[판례 2] 항고소송에서 행정처분의 적법 여부는 특별한 사정이 없는 한 행정처분 당시를 기준으로 판단하여야 한다. 여기서 행정처분의 위법 여부를 판단하는 기준 시점에 관하여 판결시가 아니라 처분시라고 하는 의미는 행정처분이 있을 때의 법령과 사실상태를 기준으로 하여 위법 여부를 판단하며 처분 후 법령의 개폐나 사실상태의 변동에 영향을 받지 않는다는 뜻이지 처분 당시 존재하였던 자료나 행정청에 제출되었던 자료만으로 위법 여부를 판단한다는 의미는 아니다. 그러므로 처분 당시의 사실상태 등에 관한 증명은 사실심 변론종결 당시까지 할 수 있고, 법원은 행정처분 당시 행정청이 알고 있었던 자료뿐만 아니라 사실심 변론종결 당시까지 제출된 모든 자료를 종합하여 처분 당시 존재하였던 객관적 사실을 확정하고 그 사실에 기초하여 처분의 위법 여부를 판단할 수 있다(대판 2017. 4. 7, 2014두37122〈건축허가복합민원신청불허재처분취소〉).

처분시설을 취하는 경우 처분 후의 법 및 사실관계의 변경은 사정판결 사유가 될 수 있다.

7. 부작위위법확인소송의 위법판단의 기준시

부작위위법확인소송은 아무런 처분을 전제로 하지 않고, 인용판결의 효력(행정소송법 제38조 제 2 항, 제30조 제 2 항)과의 관계에서 볼 때 현재의 법률관계에 있어서의 처분권 행사의 적부(適否)에 관한 것이라고 할 수 있기 때문에 판결시설이 타당하다는 것이 **통설이며 판례의 입장**이다(대판 1990. 9. 25, 89누4758〈교원임용의무불이행위법확인 등〉).

8. 거부처분취소소송에서의 위법판단 및 판결의 기준시

거부처분의 위법판단의 기준시란 거부처분의 위법 여부를 판단하는 기준시이고, **판결의 기준시**란 소송상 청구의 인용 여부를 결정하는 기준시이다. 거부처분취소소송에서 위법판단 및 판결의 기준시에 대해서는 ① 처분시로 보는 견해, ② 위법판단시·판결시구별설 및 ③ 판결시로 보는 견해 등이 대립하고 있다.

(1) 처분시설

처분시설은 취소소송에서의 위법판단의 기준시에 관하여 처분시설을 취하고, 거부처분취소소송에서도 동일한 이유로 처분시설이 타당하다고 보는 견해이다. 이 견해가 **판례**의 입장이다.

처분시설에 따르면 처분시를 기준으로 거부처분의 위법 여부를 판단하고 위법하면 인용판결을, 적법하면 기각판결을 내리는 것이 논리적이라고 본다. 처분시설에 따르면 처분시를 기준으로 거부처분(예 난민인정불허가결정)이 위법하면 처분 후 근거법령이 변경되거나 사실관계가 변경된 경우에도 해당 거부처분을 취소하여야 한다.

그런데 처분시설에 따르면 거부처분 후 확정판결 전에 법령이 개정되거나 사실관계에 변동이 생겨 만일 판결시를 기준으로 판결을 내린다면 기각판결을 내려야 하는 경우에 인용판결을 내려야 하고, 이 경우 처분청이 처분 후의 사정변경을 이유로 다시 거부처분을 할 수 있게 되어 인용판결이 권리구제에 기여하지 못하고 인용판결 후의 새로운 거부처분에 대하여 다시 소송이 제기되도록 하여 불필요하게 **소송이 반복되는** 결과를 가져온다. 또한 판결의 권위를 떨어뜨리며 판결에 대한 국민의 불신을 야기할 수도 있다.

(2) 위법판단시·판결시구별설

위법판단시·판결시구별설은 소송경제와 신속한 권리구제를 도모하기 위하여 거부처분취소소송에서 거부처분의 위법은 처분시를 기준으로 하되 인용판결은 판결시를 기준으로 하여야 한다는 견해이다.

이 견해에 따르면 거부처분이 해당 거부처분시를 기준으로 적법하면 기각되고, 위법한 경우 사정변경이 없으면 인용판결을 하고, 사정변경이 있으면 판결시를 기준으로 인용하는 것이 타당한 경우에는 인용을 하고, 판결시를 기준으로 공익을 고려하여 인용하는 것이 타당하지 않은 경우에는 기각판결을 하게 된다.

(3) 판결시설

판결시설은 거부처분취소소송에서 인용판결은 행정소송법 제30조 제 2 항과 결부하여 행정청에게 신청에 따른 처분의무를 부과한다는 점에서 실질적으로 의무이행소송과 유사한 성격을 가지므로 이행소송의 일반적인 법리에 따라 거부처분의 위법성 판단시점을 판결시로 하는 것이 타당하다는 견해이다.

이 견해에 따르면 거부처분시를 기준으로 거부처분이 적법한지 여부를 묻지 않고, 판결시를 기준으로 거부처분이 적법하면 기각판결, 판결시를 기준으로 위법하면 인용판결을 하게 된다. 이 견해에 따르면 거부처분이 거부처분시를 기준으로 적법한 경우에도 사정변경에 따라 판결시를 기준으로 위법하면 인용판결을 하게 된다.

이 견해는 거부처분취소소송이 처분청의 일차적 판단권 행사의 결과인 처분을 사후적으로 취소하는 취소소송이라는 점을 간과하고, 처분권을 대신 행사한다는 점과 거부처분취소소송을 실질적으로 명문의 규정 없이 전형적인 의무이행소송과 같게 보는 점에서 문제가 있다.

(4) 결론(위법판단시·판결시구별설)

다음과 같은 이유에서 거부처분취소소송에서 위법판단시와 판결시를 구별하는 견해가 타당하다. ① 항고소송을 통한 위법한 처분의 통제 및 국민의 권리구제라는 항고소송의 기능에 합치한다. ② 행정청의 1차적 판단권의 존중과 분쟁의 일회적 해결의 요청을 조화시키는 견해이다. ③ 의무이행소송이 도입되지 않은 상황하에서 어느 정도 의무이행소송의 권리구제기능을 성취할 수 있다.

(5) 의무이행소송에서의 위법 판단 및 판결의 기준시

의무이행소송에서 판결의 기준시는 판결시가 된다. 다만, 의무이행소송에서도 거부처분의 위법 여부를 판단하고 동 거부처분을 취소하여야 하는지, 그리고 거부처분의 위법판단의 기준시를 처분시로 하는 것이 타당한지 판결시로 하는 것이 타당한지에 관하여 견해의 대립이 있다.

Ⅳ. 취소소송의 판결의 종류

1. 각하판결

취소소송의 소송요건을 결여한 부적법한 소에 대하여는 본안심리를 거절하는 각하판결을 내린다. 소송요건의 충족 여부는 변론종결시(판결시)를 기준으로 판단한다.

통상 소송요건의 심리 후 소송요건이 하나라도 충족되지 않으면 각하판결을 하고, 소송요건이 모두 충족된 경우에는 본안심리로 이행한다. 그런데 본안심리 중 소송요건의 결여가 확인된 경우(예 소송요건의 충족 여부에 대한 판단이 잘못된 경우 또는 계쟁처분의 효력의 소멸 등으로 소의 이익이 없어지게 된 경우 등)에는 소송요건의 충족 여부에 대한 판단을 다시 하여 소송요건의 충족되지 않는 경우에는 변론을 종결하고 각하판결을 한다.

2. 기각판결

본안심리의 결과 원고의 취소청구가 이유 없다고 판단되는 경우 기각판결을 내린다. 기각판결은 다음과 같은 경우에 내린다. ① 계쟁처분이 위법하지 아니하고 적법하거나 단순한 부당에 그친 경우, ② 사정판결을 할 경우에도 기각판결을 내린다.

3. 인용판결(취소판결)

(1) 의 의

취소소송에서의 인용판결이란 취소법원이 본안심리의 결과 원고의 취소청구 또는 변경청구가 이유 있다고 인정하는 경우, 해당 처분의 전부 또는 일부를 취소하는 판결을 말한다.

(2) 종　　류

취소소송에서의 인용판결에는 처분이나 재결에 대한 취소판결, 무효선언을 하는 취소판결이 있다. 또한 계쟁처분에 대한 전부취소판결과 일부취소판결이 있다.

행정소송법 제 4 조 제 1 호에서 취소소송을 행정청의 위법한 처분 등을 취소 또는 변경하는 소송으로 정의하고 있는데, 여기에서 '**변경**'은 소극적 변경(일부취소)을 의미한다(대판 1964. 5. 19, 63누177).

(3) 일부취소의 가능성 [2014 변시 사례]

1) 일부취소의 인정기준

처분의 일부만이 위법한 경우에 위법한 부분만의 일부취소가 가능한지가 문제된다. 처분의 일부취소의 가능성은 일부취소의 대상이 되는 부분의 **분리취소가능성**에 따라 결정된다.

일부취소되는 부분이 분리가능하고, 당사자가 제출한 자료만으로 일부취소되는 부분을 명확히 확정할 수 있는 경우에는 일부취소가 가능하지만, 일부취소되는 부분이 분리가능하지 않거나 당사자가 제출한 자료만으로 일부취소되는 부분을 명확히 확정할 수 없는 경우에는 일부취소를 할 수 없다.

2) 일부취소에 관한 판례

가. 일부취소가 가능한 경우　① 조세부과처분과 같은 금전부과처분이 기속행위인 경우에 있어서 부과금액의 산정에 잘못이 있는 경우에 당사자가 제출한 자료에 따라 정당한 부과금액을 산정할 수 있는 때에는 부과처분 전체를 취소할 것이 아니라 정당한 부과금액을 초과하는 부분만 일부취소하여야 한다.

[판례 1] 과세처분취소소송의 심판대상과 자료의 제출시한 및 취소 범위: 과세처분취소소송의 처분의 적법 여부는 과세액이 정당한 세액을 초과하느냐의 여부에 따라 판단되는 것으로서 당사자는 사실심변론종결시까지 객관적인 조세채무액을 뒷받침하는 주장과 자료를 제출할 수 있고 **이러한 자료에 의하여 적법하게 부과될 정당한 세액이 산출되는 때에는 그 정당한 세액을 초과하는 부분만 취소하여야 할 것**이고 전부를 취소할 것이 아니다(대판 2000. 6. 13, 98두5811).

[판례 2] 개발부담금부과처분 취소소송에 있어 당사자가 제출한 자료에 의하여 적법하게 부과될 정당한 부과금액을 산출할 수 없을 경우에는 부과처분 전부를 취소할 수밖에 없으나, **그렇지 않은 경우에는 그 정당한 금액을 초과하는 부분만 취소**하여야 한다(대판 2004. 7. 22, 2002두868).

② 여러 개의 운전면허를 가진 사람이 음주운전을 한 경우 취소되는 운전면허는 음주운전 당시 운전한 차량의 종류에 따라 그 범위가 달라진다(대판 2004. 12. 23, 2003두3017; 대판 2004. 12. 24, 2004두10159).

[판례] 제 1 종 보통 및 대형운전면허의 소지자가 제 1 종 보통운전면허로 운전할 수 있는 차를 음주운전한 경우 면허 모두의 취소가능성(긍정): 제 1 종 보통·대형 및 특수면허를 가지고 있는 자가 **레이카크레인을 음주운전한 행위는 제 1 종 특수면허의 취소사유에 해당될 뿐 제 1 종 보통 및 대형면허의 취소사유는 아니므로,** 3종의 면허를 모두 취소한 처분 중 제 1 종 보통 및 대형면허에 대한 부분은 위법하므로 이를 이유로 **분리하여 취소하면 될 것**이며 제 1 종 특수면허부분은 재량권의 일탈·남용이 있는 경우에 한하여 취소될 수 있다(대판 전원합의체 1995. 11. 16, 95누8850). [평석] 승용차를 음주운전한 경우에 제 1 종 보통면허와 함께 대형면허를 취소한 것은 적법하다. 왜냐하면 제 1 종 보통면허만 취소하면 대형면허로 승용차를 운전할 수 있으므로 음주운전에 대한 제재로서 운전면허를 취소한 효과가 없기 때문이다. 또한 음주운전에 대한 면허취소처분은 음주운전을 막아 교통상 위해를 방지한다는 목적을 갖는 경찰조치의 성격도 가지므로 음주운전을 한 자가 보유하는 다른 운전면허도 취소할 필요가 있다. 판례도 이러한 입장을 취하고 있다(대판 1997. 3. 11, 96누15176).

③ 행정청이 여러 개의 위반행위에 대하여 하나의 제재처분을 하였으나, 위반행위별로 제재처분의 내용을 구분하는 것이 가능하고 여러 개의 위반행위 중 일부의 위반행위에 대한 제재처분 부분만이 위법하다면, 법원은 제재처분 중 위법성이 인정되는 부분만 취소하여야 하고 제재처분 전부를 취소하여서는 아니된다(대판 2020. 5. 14, 2019두63515).

[판례] 피고는 세 가지 처분사유에 관하여 각각 1개월의 영업정지를 결정한 다음 이를 합산하여 원고에 대하여 3개월의 영업정지를 명하는 이 사건 처분을 하였으므로, 설령 원심의 판단처럼 이 사건 처분 중 제 2 처분사유, 제 3 처분사유는 인정되는 반면, 제 1 처분사유가 인정되지 않는다고 하더라도 이 사건 처분 중 제 1 처분사유에 관한 1개월 영업정지 부분만 취소하여야 한다(대판 2020. 5. 14, 2019두63515〈영업정지처분취소〉).

나. 일부취소가 불가능한 경우 일부취소가 불가능한 경우에는 전부취소를 하여야 하는데, 그 예는 다음과 같다.

① 과징금 부과처분과 같이 재량행위인 경우에는 처분청의 재량권을 존중하여야 하고, 법원이 직접 처분을 하는 것은 인정되지 아니하므로 전부취소를 하여 처분청이 재량권을 행사하여 다시 적정한 처분을 하도록 하여야 한다. 재량행위의 일

부취소는 행정청의 재량권에 속하는 것이므로 인정될 수 없다(대판 1982. 9. 28, 82누2).

[판례 1] **영업정지처분이 적정한 영업정지기간을 초과하여서 위법한 경우 그 초과부분만을 취소할 수 없다:** 행정청이 영업정지처분을 함에 있어서 그 정지기간을 어느 정도로 할 것인지는 행정청의 재량권에 속하는 사항인 것이며, 다만 그것이 공익의 원칙이나 평등의 원칙 또는 비례의 원칙 등에 위반하여 재량권의 한계를 벗어난 재량권 남용에 해당하는 경우에만 위법한 처분으로서 사법심사의 대상이 되는 것이나, 법원으로서는 영업정지처분이 재량권 남용이라고 판단될 때에는 위법한 처분으로서 그 처분의 취소를 명할 수 있을 뿐이고, **재량권의 한계 내에서 어느 정도가 적정한 영업정지기간인지를 가리는 일은 사법심사의 범위를 벗어난다**(대판 1982. 9. 28, 82누2).

[판례 2] 자동차운수사업면허조건 등을 위반한 사업자에 대하여 행정청이 행정제재수단으로 사업정지를 명할 것인지, 과징금을 부과할 것인지, 과징금을 부과키로 한다면 그 금액은 얼마로 할 것인지에 관하여 재량권이 부여되었다 할 것이므로 **과징금부과처분이 법이 정한 한도액을 초과하여 위법할 경우 법원으로서는 그 전부를 취소할 수밖에 없고,** 그 한도액을 초과한 부분이나 법원이 적정하다고 인정되는 부분을 초과한 부분만을 취소할 수 없다(대판 1998. 4. 10, 98두2270: 금 1,000,000원을 부과한 해당 처분 중 금 100,000원을 초과하는 부분은 재량권 일탈·남용으로 위법하다며 그 일부분만을 취소한 원심판결을 파기한 사례).

그러나 공정거래위원회가 위반행위에 대한 과징금을 부과하면서 여러 개의 위반행위에 대하여 외형상 하나의 과징금 납부명령을 하였으나 여러 개의 위반행위 중 일부의 위반행위에 대한 과징금 부과만이 위법하고, 소송상 그 일부의 위반행위를 기초로 한 과징금액을 산정할 수 있는 자료가 있는 경우에는, 하나의 과징금 납부명령일지라도 그 일부의 위반행위에 대한 과징금액에 해당하는 부분만을 취소하여야 한다(대판 2019. 1. 31, 2013두14726).

② 금전부과처분에서 당사자가 제출한 자료에 따라 적법하게 부과될 부과금액을 산출할 수 없는 경우에는 동 금전부과처분이 기속행위일지라도 법원이 처분청의 역할을 할 수는 없으므로 금전부과처분의 일부취소가 인정되지 않는다.

[판례 1] 개발부담금부과처분 취소소송에 있어 당사자가 제출한 자료에 의하여 **적법하게 부과될 정당한 부과금액을 산출할 수 없을 경우**에는 부과처분 전부를 취소할 수밖에 없다(대판 2004. 7. 22, 2002두868).

[판례 2] 수 개의 위반행위에 대하여 하나의 과징금납부명령을 하였으나 수 개의 위반행위 중 일부의 위반행위만이 위법하지만, 소송상 그 일부의 위반행위를 기초로 한 과징금액을 산정할 수 있는 자료가 없는 경우에는 하나의 과징금납부명령 전부를 취소할 수밖에 없다(대판 2004. 10. 14, 2001두2881).

(4) 일부취소의무

일부취소가 가능한 경우에는 원칙상 전부취소를 하여서는 안 되며 일부취소를 하여야 한다(대판 2012. 3. 29, 2011두9263〈국가유공자요건비해당처분취소〉).

[판례] 하천관리청이 하천점용허가를 받지 않고 무단으로 하천을 점용·사용한 자에 대하여 변상금을 부과하면서 여러 필지 토지에 대하여 외형상 하나의 변상금부과처분을 하였으나, 여러 필지 토지 중 일부에 대한 변상금 부과만이 위법한 경우에는 변상금부과처분 중 위법한 토지에 대한 부분만을 취소하여야 하고, 그 부과처분 전부를 취소할 수는 없다(대판 2024. 7. 25, 2024두38025〈원상회복명령 및 변상금부과처분의 취소〉).

4. 사정판결 [2009 행시(재경 등) 사례, 2018 경감승진 약술〈사정판결〉]

(1) 의 의

사정판결이란 취소소송에 있어서 본안심리 결과, 원고의 청구가 이유 있다고 인정하는 경우(처분이 위법한 것으로 인정되는 경우)에도 공공복리를 위하여 원고의 청구를 기각하는 판결을 말한다. 즉 행정소송법 제28조 제 1 항 전단은 "원고의 청구가 이유 있다고 인정되는 경우에도 그 처분이나 재결을 취소·변경하는 것이 현저히 공공복리에 적합하지 아니하다고 인정하는 때에는 법원은 원고의 청구를 기각할 수 있다"고 규정하고 있다. 사정판결제도가 법치행정에 반하는 위헌적인 제도가 아니라는 것이 다수의 견해이며 **판례**의 입장이다(대판 2009. 12. 10, 2009두8359).

(2) 사정판결의 요건

① 처분이 위법하여야 한다.

② 처분을 취소하는 것이 현저히 공공복리에 적합하지 아니하다고 인정되어야 한다. 이 요건의 인정은 위법한 처분을 취소하여 개인의 권익을 구제할 필요와 그 취소로 인하여 발생할 수 있는 공공복리에 대한 현저한 침해를 비교형량하여 결정하여야 한다.

공공복리라는 개념은 매우 모호한 개념인데, 공익과 같은 의미로 해석할 수 있을 것이다.

사정판결의 요건은 매우 엄격하고 제한적으로 해석되어야 한다(대판 1995. 6. 13, 94누4660).

③ 사정판결의 경우 처분 등의 위법성은 처분시를 기준으로 판단하고, 처분

등을 취소하는 것이 현저히 공공복리에 적합하지 아니한지 여부는 **사실심 변론을 종결할 때를 기준**으로 판단한다(행정소송규칙 제14조).

[판례 1] 징계면직된 검사의 복직이 검찰조직의 안정과 인화를 저해할 우려가 있다는 등의 사정은 현저히 공공복리에 반하는 사유라고 볼 수 없다는 이유로, **사정판결을 할 경우에 해당하지 않는다**고 본 사례(대판 2001. 8. 24, 2000두7704).

[판례 2] 관리처분계획의 수정을 위한 조합원총회의 재결의를 위하여 시간과 비용이 많이 소요된다는 등의 사정만으로는 재결의를 거치지 않음으로써 위법한 관리처분계획을 취소하는 것이 현저히 공공복리에 적합하지 아니하다고 볼 수 없다는 이유로 **사정판결의 필요성을 부정한 사례**(대판 2001. 10. 12, 2000두4279).

[판례 3] 기반시설부담계획의 부분적 위법사유를 이유로 그 전부를 취소하는 것은 현저히 공공복리에 적합하지 아니하여 **사정판결을 할 사유가 있다**고 볼 여지가 있다고 한 사례(대판 2016. 7. 14, 2015두4167〈기반시설부담금 부과처분 취소〉).

[판례 4] 환지예정지지정처분취소소송에서 환지예정지지정처분이 토지평가협의회의 심의를 거치지 아니하고 결정된 토지 등의 가격평가에 터잡은 것으로 그 절차에 하자가 있는 위법한 처분이다. 그러나 환지예정지지정처분의 기초가 된 가격평가의 내용이 일응 적정한 것으로 보일 뿐만 아니라 환지계획으로 인한 환지예정지지정처분을 받은 이해관계인들 중 원고를 제외하고는 아무도 위 처분에 관하여 불복하지 않고 있으므로 원고에 대한 환지예정지지정처분을 위법하다 하여 이를 취소하고 새로운 환지예정지를 지정하기 위하여 환지계획을 변경할 경우 위 처분에 불복하지 않고 기왕의 처분에 의하여 이미 사실관계를 형성하여 온 다수의 다른 이해관계인들에 대한 환지예정지지정처분까지도 변경되어 기존의 사실관계가 뒤엎어지고 새로운 사실관계가 형성되어 혼란이 생길 수도 있게 되는 반면 위 처분으로 원고는 이렇다 할 손해를 입었다고 볼 만한 사정도 엿보이지 않고 가사 손해를 입었다 할지라도 청산금보상 등으로 전보될 수 있는 점 등에 비추어 보면 위 처분이 토지평가협의회의 심의를 거치지 아니하고 결정된 토지 등의 가격평가에 터잡은 것으로 그 절차에 하자가 있다는 사유만으로 이를 취소하는 것은 현저히 공공복리에 적합하지 아니하다고 보여 **사정판결을 할 사유가 있다**(대판 1992. 2. 14, 90누9032).

[판례 5] 화약류저장시설 건축허가를 취소하는 처분에 비교적 가벼운 절차적 위법사유가 있지만, 건축부지가 산림이 우거진 개발제한구역내 보전임지로서 화약류저장시설의 건축을 불허가하여야 할 공익이 크고 원고가 건축공사에 착공조차 하지 않아 그 손실 정도가 크지 않은 경우(대판 2005. 12. 8, 2003두10046).

[판례 6] 법학전문대학원 예비인가처분의 취소를 구하는 사안에서 이미 법학전문대학원이 개원하여 입학생까지 받아들여 교육을 하고 있는 경우(대판 2009. 12. 10, 2009두8359).

(3) 사정판결의 절차 등

법원이 사정판결을 함에 있어서는 미리 원고가 그로 인하여 입게 될 손해의 정도와 배상방법 그 밖의 사정을 조사하여야 한다(법 제28조 제 2 항).

당사자의 주장이 없더라도 직권으로 사정판결을 할 수 있다(대판 1992. 2. 14, 90누9032). 물론 사정판결은 피고인 행정청의 청구에 따라 행해질 수도 있다.

사정판결을 하는 경우 법원은 그 판결의 주문에서 그 처분 등이 위법함을 명시하여야 한다.

(4) 효 과

사정판결은 원고의 청구를 기각하는 판결이므로 취소소송의 대상인 처분 등은 해당 처분이 위법함에도 그 효력이 유지된다.

사정판결이 있는 경우 원고의 청구가 이유 있음에도 불구하고 원고가 패소한 것이므로 소송비용은 승소자인 피고가 부담한다.

(5) 원고의 권익구제

사정판결로 해당 처분 등이 적법하게 되는 것은 아니므로 원고가 해당 처분 등으로 손해를 입은 경우 손해배상청구를 할 수 있다.

원고는 피고인 행정청이 속하는 국가 또는 공공단체를 상대로 손해배상, 제해시설(除害施設)의 설치 그 밖에 적당한 구제방법의 청구를 해당 취소소송 등이 계속된 법원에 병합하여 제기할 수 있다(법 제28조 제 3 항).

(6) 적용범위

행정소송법상 사정판결은 취소소송에서만 인정되고, 무효등확인소송과 부작위위법확인소송에는 준용되고 있지 않다(제38조). 사정판결이 무효등확인소송에도 인정될 수 있는지에 관하여 견해가 대립하고 있다. 판례는 부정설을 취하고 있다. 즉 당연무효의 행정처분을 소송목적물로 하는 행정소송에서는 존치시킬 효력이 있는 행정행위가 없기 때문에 행정소송법 제28조 소정의 사정판결을 할 수 없다(대판 1996. 3. 22, 95누5509).

Ⅴ. 부작위위법확인소송의 판결의 종류

1. 각하판결

부작위위법확인소송의 소송요건을 결여한 부적법한 소에 대하여는 본안심리를 거절하는 각하판결을 내린다. 부작위 자체가 성립하지 않는 경우 및 부작위가 성립하였으나 소송계속중 처분이 내려져 소의 이익이 상실된 경우에는 각하판결을 내린다.

부작위위법확인소송 계속 중 행정청이 당사자의 신청에 대하여 상당한 기간이 지난 후 처분등을 한 경우 법원은 각하판결을 하면서 소송비용의 전부 또는 일부를 피고가 부담하게 할 수 있다(행정소송규칙 제17조).

2. 기각판결

본안심리의 결과 원고의 부작위위법확인청구가 이유 없다고 판단되는 경우에는 기각판결을 내린다.

신청권을 소송요건의 문제가 아니라 본안의 문제로 보는 견해에 따르면 신청권이 존재하지 않는 경우 기각판결을 하여야 한다.

실체적 심리설에 따르는 경우 실체법상 신청에 따른 처분을 해 주어야 하는 경우 인용판결을 하고 신청에 따른 처분을 해 줄 의무가 없는 경우 기각판결을 한다.

3. 인용판결

본안심리의 결과 원고의 부작위위법확인청구가 이유 있다고 인정하는 경우에는 (부작위 상태가 계속되는 경우) 인용판결(부작위위법확인판결)을 내린다.

Ⅵ. 무효등확인소송의 판결의 종류

1. 각하판결

무효등확인소송이 소송요건을 결여한 경우에는 본안심리를 거절하는 각하판결을 내린다.

2. 기각판결

본안심리의 결과 원고의 무효등확인청구가 이유 없다고 판단되는 경우 기각판결을 내린다. 기각판결은 다음과 같은 경우에 내린다.

① 계쟁처분이 적법하거나 위법하지 아니하고 단순한 부당에 그친 경우.

② 계쟁처분이 위법하지만 해당 위법이 중대하거나 명백하지 않은 경우. 다만, 판례는 무효확인청구에는 취소청구가 포함된 것으로 보고 해당 무효확인소송이 취소소송의 소송요건을 충족하고 있는 경우 취소판결을 할 수 있다고 본다(이견 있음. 자세한 것은 전술 '소송의 종류' 참조).

3. 인용판결

본안심리의 결과 원고의 무효등확인청구가 이유 있다고 인정하는 경우(무효인 경우)에는 인용판결(무효등확인판결)을 내린다.

Ⅶ. 공법상 당사자소송의 판결의 종류

1. 각하판결

당사자소송이 소송요건을 결여한 경우에는 본안심리를 거절하는 각하판결을 내린다.

2. 기각판결

본안심리의 결과 원고의 청구가 이유 없다고 판단되는 경우에는 기각판결을 내린다.

3. 인용판결

본안심리의 결과 원고의 청구가 이유 있다고 인정하는 경우에는 인용판결을 내리는데, 당사자소송의 소의 종류에 따라 확인판결을 내리기도 하고 이행판결을 내리기도 한다.

Ⅷ. 취소판결의 효력

확정된 취소판결의 효력에는 형성력, 기속력 및 기판력이 있는데, **형성력과 기속력은 인용판결에 인정되는 효력**이고, 기판력은 인용판결뿐만 아니라 기각판결에도 인정되는 효력이다.

1. 형 성 력

(1) 의　　의

형성력이란 판결의 취지에 따라 기존의 법률관계 또는 법률상태를 변동시키는 힘을 말한다. 계쟁처분 또는 재결의 취소판결이 확정된 때에는 해당 처분은 처분청의 취소를 기다릴 것 없이 당연히 효력을 상실한다. 형성력은 위법상태를 시정하여 원상을 회복하는 소송이라는 취소소송의 목적을 달성하도록 하기 위하여 인정되는 효력이다.

취소판결은 계쟁처분을 취소하는 것인데, 취소는 형성력을 갖는 행위이다.

취소판결에서 취소는 법적 행위에 대하여는 법적 효력을 상실시키는 효력을 갖고(법적 효력을 상실시키는 효력도 위법상태를 배제하는 효력의 하나라고 할 수 있다), 사실행위에 있어서는 위법상태를 배제하는 효력을 갖는다.

(2) 형성력의 내용

취소판결의 형성력은 형성효, 소급효 및 대세효로 이루어진다. 즉 취소판결은 계쟁처분의 효력을 소급적으로 상실시키며 제 3 자에 대하여도 효력이 있다.

1) 형 성 효

형성효란 계쟁처분의 효력을 상실(배제)시키는 효력을 말한다. 사실행위의 경우에는 그 지배력을 배제하는 의미를 갖는다.

2) 소 급 효

취소판결의 취소의 효과는 원칙상 처분시에 소급하는데, 이를 취소판결의 **소급효**라 한다.

소급효가 미치는 결과 취소된 처분을 전제로 형성된 법률관계는 모두 효력을 상실한다.

> 영업허가취소처분을 취소하는 판결이 확정되면 영업허가취소처분이 소급적으로 소멸하고 영업허가가 원상회복되므로 영업허가취소처분 후 행한 영업이 무허가영업이 되지 않는다.

3) 제 3 자효(대세적 효력, 대세효)

가. 의 의 취소판결의 취소의 효력(형성효 및 소급효)은 소송에 관여하지 않은 제 3 자에 대하여도 미치는데 이를 취소의 **대세적 효력**(대세효)이라 한다. 행정소송법 제29조 제 1 항은 이를 명문으로 규정하고 있다. 대세적 효력(對世的 效力)을 인정한 취지는 행정상 법률관계를 통일적으로 규율하고자 하는 데 그 기본적인 취지가 있다.

취소판결의 효력이 제 3 자에도 미침으로 인하여 제 3 자가 예측하지 못한 손해를 입을 수 있으므로 행정소송법은 제 3 자의 권리를 보호하기 위하여 제 3 자의 소송참가제도(제16조)와 제 3 자의 재심청구제도(제31조)를 인정하고 있다.

나. 제 3 자의 범위 행정상 법률관계를 통일적으로 규율하고자 하는 대세효 인정의 취지에 비추어 취소판결의 효력이 미치는 제 3 자는 모든 제 3 자를 의미하는 것으로 보는 것이 타당하다.

다. 취소판결의 제 3 자효의 내용 취소판결의 형성력은 제 3 자에 대하여도 발생하며 제 3 자는 취소판결의 효력에 대항할 수 없다.

일반처분의 취소의 효과가 소송을 제기하지 않은 자에게도 미치는가에 관하여 견해가 대립되고 있다. 생각건대, 일반처분의 취소의 제 3 자에 대한 효력에 관하여 장래효와 소급효를 구별하는 것이 타당하다. ① 일반처분이 취소되면 일반처분은 장래에 향하여 절대적으로 효력을 상실한다. ② 일반처분의 취소의 소급효는 불가쟁력의 발생 여부에 따라 달라진다고 보는 것이 타당하다. 불가쟁력이 발생한 제 3 자에 대하여는 법적 안정성을 보장하기 위하여 일반처분의 취소판결이 소급효를 갖지 않는다고 보아야 한다. 달리 말하면 일반처분을 근거로 이미 법률관계가 형성되었고, 취소소송제기기간이 지난 경우에는 일반처분에 근거하여 형성된 기성의 법률관계를 다투면서 일반처분의 취소를 원용할 수 없다. 불가쟁력이 발생하지 않은 제 3 자에 대해서는 일반처분의 취소의 소급효가 미친다고 보아야 한다.

라. 취소된 처분을 전제로 형성된 법률관계의 효력 상실

① 취소판결의 형성효, 소급효와 대세효로 인하여 취소된 처분에 따라 형성된 법률관계는 그 효력을 상실한다. 예를 들면, 환지처분이 취소되면 환지취득자는 환지처분에 따라 취득한 소유권을 상실하고 종전의 토지에 대한 소유권을 취득한다.

② 취소처분의 소급효와 대세효로 인하여 취소된 처분을 기초로 하여 형성된 법률관계도 그 효력을 상실한다.

예를 들면, 공매처분이 취소되면 공매처분을 기초로 하여 체결된 사법상 매매계약은 효력을 상실하며 그에 따라 형성된 경락인의 소유권취득도 그 효력을 상실한다. 따라서 체납자가 경락인을 상대로 한 소유권이전등기말소청구를 인용하여야 한다. 이 경우 경락인은 공무원에게 고의 또는 과실이 있는 경우 국가배상을 청구할 수 있다(대판 2008. 7. 10, 2006다23664: 경매 담당공무원이 이해관계인에 대한 기일통지를 잘못한 것이 원인이 되어 경락허가결정이 취소된 사안에서, 그 사이 경락대금을 완납하고 소유권이전등기를 마친 경락인에 대하여 국가배상책임을 인정한 사례).

③ 취소된 처분을 전제로 하여 행해진 처분 등 행위는 달리 특별한 사정이 없는 한 소급하여 효력을 상실한다.

[판례] 「도시 및 주거환경정비법」상 주택재개발사업조합의 조합설립인가처분이 법원의 재판에 의하여 취소된 경우, 주택재개발사업조합이 조합설립인가처분 취소 전에 「도시 및 주거환경정비법」상 적법한 행정주체 또는 사업시행자로서 한 결의 등 처분은 원칙상 소급

하여 효력을 상실한다. 다만, 이때 종전 결의 등 처분의 법률효과를 다투는 소송의 당사자지위까지 함께 소멸하는 것은 아니다(대판 2012. 3. 29, 2008다95885〈주민총회결의무효확인〉).

④ 취소된 처분에 의해 형성된 법률관계를 기초로 하여 행해진 사법상 행위에 의하여 권리를 취득한 자는 선의·악의를 불문하고 취소판결의 대세효에 대항할 수 없고 이를 용인하여야 한다.

[판례] **행정처분을 취소하는 확정판결이 제 3 자에 대하여도 효력이 있다**고 하더라도 일반적으로 판결의 효력은 주문에 포함한 것에 한하여 미치는 것이니 그 취소판결 자체의 효력으로써 그 행정처분을 기초로 하여 **새로 형성된**(새로운 사법상의 매매계약에 의해 형성된) **제 3 자의 권리까지 당연히 그 행정처분 전의 상태로 환원되는 것이라고는 할 수 없고, 단지 취소판결의 존재와 취소판결에 의하여 형성되는 법률관계를 소송당사자가 아니었던 제 3 자라 할지라도 이를 용인하지 않으면 아니 된다는 것을 의미하는 것**에 불과하다 할 것이며, 따라서 취소판결의 확정으로 인하여 해당 행정처분을 기초로 새로 형성된 제 3 자의 권리관계에 변동을 초래하는 경우가 있다 하더라도 이는 **취소판결 자체의 형성력에 기한 것이 아니라 취소판결의 위와 같은 의미에서의 제 3 자에 대한 효력의 반사적 효과**로서 그 취소판결이 제 3 자의 권리관계에 대하여 그 변동을 초래할 수 있는 새로운 법률요건이 되는 까닭이라 할 것이다(대판 1986. 8. 19, 83다카2022: 환지계획변경처분에 의해 취득한 토지를 제 3 자에게 양도한 후 동 환지계획변경처분이 취소된 경우 취소소송을 제기한 자가 동 취소판결을 근거로 동 토지를 양수한 제 3 자에 대한 소유권이전등기말소를 청구한 사건).

⑤ 처분의 발령요건 내지 처분사유로 되어 있는 처분이 취소되면 해당 처분은 그 발령요건 내지 처분사유를 상실하게 되어 더 이상 그 효력을 유지할 수 없다(대판 2025. 2. 13, 2024두57996: 구 학술진흥법상 학술지원 대상자 선정제외처분은 사업비 환수처분의 존재를 그 발령요건 내지 처분사유로 하고 있으므로, 사업비 환수처분을 취소하면서 학술지원 대상자 선정제외처분을 취소하지 않은 원심판결 중 원고 패소 부분에는 구 학술진흥법 제20조 제 1 항의 학술지원 대상자 선정제외처분의 발령요건 등에 관한 법리오해로 판결에 영향을 미친 잘못이 있다고 보아, 원심판결 중 원고 패소 부분을 파기 · 자판하여 학술지원 대상자 선정제외처분을 취소한 사례).

(3) 취소판결의 형성력의 준용

행정소송법 제29조 제 1 항의 취소판결의 형성력은 집행정지결정 또는 집행정지결정의 취소결정에 준용되고(법 제29조 제 2 항), 무효확인소송에도 준용된다(법 제38조 제 1 항).

2. 기 속 력 [2005 행시(재경직) 약술]

(1) 의 의

기속력(羈束力)이란 행정청에 대하여 판결의 취지에 따라 행동하도록 당사자인 행정청과 그 밖의 관계행정청을 구속하는 효력을 말한다. 즉 처분이나 재결을 취소 또는 변경하는 판결이 확정되면 소송당사자인 행정청과 관계행정청은 그 내용에 따라 행동할 실체법적 의무를 지게 되는 것이다. 그리하여 기속력을 **구속력**이라 부르는 견해도 있다. 행정소송법은 "처분 등을 취소하는 확정판결은 그 사건에 관하여 당사자인 행정청과 그 밖의 관계행정청을 기속한다"(제30조 제 1 항)고 규정하고 있다.

기속력은 인용판결이 확정된 경우에 한하여 인정되고 기각판결에는 인정되지 않는다. 따라서 취소소송의 기각판결이 있은 후에도 처분청은 해당 처분을 직권으로 취소할 수 있다.

(2) 성 질

기속력의 성질을 무엇으로 볼 것인가에 관하여 기판력설과 특수효력설이 대립하고 있다.

통설은 특수효력설을 취하고, **판례**도 특수효력설을 취하는 것으로 보인다(대판 1957. 2. 6, 4290행상23; 대판 2016. 3. 24, 2015두48235).

기속력은 취소판결의 실효성을 확보하기 위하여 행정소송법이 특별히 부여한 효력이며 기판력과는 그 본질을 달리한다. i) 기판력은 법원과 소송당사자 및 이와 동일시할 수 있는 자에 미치는데, 기속력은 처분청 및 관계행정청을 구속한다. ii) 기판력은 주문에 포함된 것에 한정되는데, 기속력은 주문 및 이유인 위법사유에 미친다. iii) 기판력은 동일한 처분에 대해서만 미치는데, 기속력은 동일한 처분뿐만 아니라 새로운 처분에도 미친다.

(3) 내 용

기속력은 소극적 효력(반복금지효)과 적극적 효력(원상회복의무, 재처분의무)으로 나뉠 수 있다.

1) 소극적 효력: 반복금지효(저촉금지효) [2007 사시 사례, 2009 사시 사례, 2012 사시 사례]

취소판결이 확정되면 처분청 및 관계행정청은 취소된 처분에서 행한 과오와 동일한 과오를 반복해서는 안 되는 구속을 받는다. 달리 말하면, 처분청 및 관계 행정청은 판결의 취지에 저촉되는 처분을 하여서는 안 된다.

저촉금지효(반복금지효)는 동일한 행위의 반복을 금지하고, 판결의 취지에 반하는 행위(달리 말하면 동일한 과오를 반복하는 행위)를 금지하는 효력이다. **판결의 취지**란 판결의 주문과 판결이유를 말하고, **취소판결의 취지**란 취소된 처분이 위법하다는 것과 취소판결의 이유가 된 위법사유를 말한다.

① **동일한 처분의 반복금지**: 취소된 처분과 동일한 처분을 하는 것은 취소판결의 기속력(반복금지효)에 반한다. '**동일한 처분**'이란 동일 사실관계 아래에서 동일 당사자에 대하여 동일한 내용을 갖는 행위를 말한다.

i) 처분의 사실관계가 동일하지 않으면 취소판결이 확정된 후 동일 당사자에 대하여 동일한 내용의 처분을 하여도 기속력에 반하는 것이 아니다. 처분의 사실관계가 동일한지 동일하지 않은지는 종전 처분에 관하여 위법한 것으로 판결에서 판단된 사유(소송 중 처분상대방의 명시적 동의에 따라 당초 거부처분사유와 기본적 사실관계의 동일성이 인정되지 않지만 추가 · 변경이 허용된 처분사유 포함(대판 2024. 11. 28, 2023두61349))와 기본적 사실관계에 있어 동일성이 인정되는 사유인지 여부에 따라 판단되어야 한다. 따라서 새로운 처분의 처분사유와 종전 처분에 관하여 위법한 것으로 판결에서 판단된 사유가 기본적 사실관계에 있어 동일성이 없으면, 새로운 처분이 종전 처분에 대한 판결의 기속력에 저촉되지 않는다(대판 2005. 12. 9, 2003두7705 참조).

> 예를 들면, 어떠한 행정법규 위반을 이유로 한 허가취소처분(철회)이 그에 대한 허가취소판결에 의해 취소되었더라도 행정청은 이제는 다른 행정법규 위반을 이유로 해당 허가를 취소(철회)할 수 있다. 동일한 법규 위반사실에 대하여 법적 근거만을 변경하여 동일 허가 등을 철회할 수는 없다. 또한 취소된 처분의 징계사유와 다른 징계사유를 내세워 동일한 내용의 징계처분을 할 수 있다.

ii) 처분의 기본적 사실관계가 동일하다면 적용법규정을 달리하거나 처분사유를 변경하여 동일한 내용의 처분을 하는 것은 동일한 행위의 반복에 해당한다(대판 1990. 12. 11, 90누3560).

iii) 취소사유가 절차 또는 형식의 흠인 경우에 행정청이 적법한 절차 또는 형식을 갖추어 행한 동일한 내용의 처분은 새로운 처분으로 취소된 처분과 동일한 처분이 아니다.

② **판결의 이유에서 제시된 위법사유의 반복금지**: 기속력은 판결의 이유에 제시된 위법사유에 대하여 미치므로 판결의 이유에서 제시된 위법사유를 다시 반복하는 것은 동일한 처분이 아닌 경우에도 동일한 과오를 반복하는 것으로서 기속력에 반한다.

i) 취소판결에서 위법으로 판단된 처분사유를 포함하여 동일한 내용의 또는 다른 내용의 처분을 하는 것은 동일한 과오를 반복하는 것으로서 기속력에 반한다.

ii) 법규 위반을 이유로 내린 영업허가취소처분이 비례의 원칙 위반으로 취소된 경우에 동일한 법규 위반을 이유로 영업정지처분을 내리는 것은 기속력에 반하지 않지만, 법규 위반사실이 없는 것을 이유로 영업허가취소처분이 취소된 경우에 동일한 법규 위반을 이유로 영업정지처분을 내리는 것은 기속력에 반한다.

iii) 여러 법규 위반을 이유로 한 영업허가취소처분이 처분의 이유로 된 법규 위반 중 일부가 인정되지 않고 나머지 법규 위반으로는 영업허가취소처분이 비례의 원칙에 위반된다고 취소된 경우에 판결에서 인정되지 않은 법규 위반사실을 포함하여 다시 영업정지처분을 내리는 것은 동일한 행위의 반복은 아니지만 판결의 취지에 반한다.

③ **취소된 행위를 기초로 한 처분의 금지**: 행정청은 취소된 행위를 기초로 하는 일체의 처분을 하여서는 안 된다.

2) 원상회복의무(위법상태제거의무) [2010 입법고시 사례]

취소판결의 기속력에 원상회복의무(위법상태제거의무)가 포함되는지에 관하여 명문의 규정은 없지만, 행정소송법 제30조에 근거하여 이를 긍정하는 것이 타당하다. 판례도 이를 긍정하고 있다.

[판례] 어떤 행정처분을 위법하다고 판단하여 취소하는 판결이 확정되면 행정청은 행정소송법 제30조의 취소판결의 기속력에 따라 그 판결에서 확인된 위법사유를 배제한 상태에서 다시 처분을 하거나 그 밖에 위법한 결과를 제거하는 조치를 할 의무가 있다(대판 2019. 10. 17, 2018두104).

취소판결이 확정되면 행정청은 취소된 처분에 따라 초래된 위법상태를 제거하여 원상회복할 의무를 진다. 이를 취소판결의 원상회복의무라 한다.

예를 들면, 재산의 압류처분이 취소되면 행정청은 해당 재산을 반환해야 할 의무를 진다. 또한 파면처분이 취소되면 파면되었던 원고를 복직시켜야 한다. 또한 병역의무 기피자의 명단공표가 취소되면 그 명단공표를 중단하고, 그 공표된 명단을 삭제하여야 한다.

취소된 위법한 처분이 없었을 것을 전제로 원상회복을 행하여야 한다. 따라서 파면처분의 취소에 따른 원상회복은 동일 직급으로 복직시키는 것도 원상회복으로 보는 견해도 있으나 원직에의 복직을 말하며, 경우에 따라서는 승급, 승진도 시켜 주어야 한다.

[판례] 건축물의 불법용도 변경에 대한 **시정명령이 위법**하고 이를 기초로 이루어진 이행강제금 부과처분 역시 **위법하다는 이유로, 이행강제금 부과처분을 취소하는 판결이 선고·확정된 경우에** 처분청은 시정명령의 위법한 결과를 제거하는 조치, 즉 **시정명령을 직권으로 취소하는 처분을 할 의무가 있다**(대판 2020. 12. 24, 2019두55675〈학원등록거부처분등취소청구의소〉).

처분상대방이 집행정지결정을 받지 못했으나 본안소송에서 해당 제재처분이 위법하다는 것이 확인되어 취소하는 판결이 확정되면, 처분청은 그 제재처분으로 처분상대방에게 초래된 불이익한 결과를 제거하기 위하여 필요한 조치를 취하여야 한다(대판 2020. 9. 3, 2020두34070).

3) 재처분의무 [2003 사시 사례, 2008 입법고시 약술, 2010 공인노무사 사례, 2014 행시 사례]

가. 거부처분취소에 따른 재처분의무 판결에 의하여 취소 또는 변경되는 처분이 당사자의 신청을 거부하는 것을 내용으로 하는 경우에는 그 처분을 행한 행정청은 판결의 취지에 따라 다시 이전의 신청에 대한 가부간의 처분을 하여야 한다(법 제30조 제 2 항). 당사자가 처분을 받기 위해 신청을 다시 할 필요는 없다.

행정청의 재처분의 내용은 '판결의 취지'를 존중하는 것이면 된다. 반드시 원고가 신청한 내용대로 처분해야 하는 것은 아니다.

재처분의무의 내용은 해당 거부처분의 취소사유에 따라 다르다.

① 거부처분이 형식상 위법(무권한, 형식의 하자, 절차의 하자)을 이유로 취소된 경우: 이 경우에는 적법한 절차를 거치는 등 적법한 형식을 갖추어 신청에 따른 가부간의 처분을 하여야 한다. 행정청은 실체적 요건을 심사하여 신청된 대로 처분을 할 수도 있고 다시 거부처분을 할 수도 있다.

② 거부처분이 실체상 위법을 이유로 취소된 경우

i) 이 경우에 위법판단기준시에 관하여 판례와 같이 처분시설을 취하는 경우 거부처분 이후의 사유(법령의 변경 또는 사실상황의 변경)를 이유로 다시 거부처분을

하는 것은 재처분의무를 이행한 것이다.

[판례] **거부처분취소의 확정판결을 받은 행정청이 거부처분 후에 법령이 개정·시행된 경우, 새로운 사유로 내세워 다시 거부처분을 한 경우도 행정소송법 제30조 제 2 항 소정의 재처분에 해당하는지 여부(적극):** 행정처분의 적법 여부는 그 행정처분이 행하여진 때의 법령과 사실을 기준으로 하여 판단하는 것이므로 거부처분 후에 법령이 개정·시행된 경우에는 개정된 법령 및 허가기준을 새로운 사유로 들어 다시 이전의 신청에 대한 거부처분을 할 수 있으며 그러한 처분도 행정소송법 제30조 제 2 항에 규정된 재처분에 해당된다(대결 1998. 1. 7, 97두22: 건축불허가처분을 취소하는 판결이 확정된 후 국토이용관리법 시행령이 준농림지역 안에서의 행위제한에 관하여 지방자치단체의 조례로써 일정 지역에서 숙박업을 영위하기 위한 시설의 설치를 제한할 수 있도록 개정된 경우, 해당 지방자치 단체장이 위 처분 후에 개정된 신 법령에서 정한 사유를 들어 새로운 거부처분을 한 것이 행정소송법 제30조 제 2 항 소정의 확정판결의 취지에 따라 이전의 신청에 대한 처분을 한 경우에 해당한다고 한 사례).

ii) 위법판단의 기준시에 관하여 판결시설(또는 위법판단시·판결시구별설)을 취하면 사실심변론종결시 이전의 사유를 내세워 다시 거부처분을 할 수 없다.

iii) 위법판단기준시 및 판결기준시에 관하여 어느 견해를 취하든지 사실심변론종결 이후에 발생한 새로운 사유를 근거로 다시 이전의 신청에 대한 거부처분을 할 수 있다.

[판례] 행정소송법 제30조 제 2 항에 의하면, 행정청의 거부처분을 취소하는 판결이 확정된 경우에는 그 처분을 행한 행정청은 판결의 취지에 따라 이전의 신청에 대하여 재처분할 의무가 있고, 이 경우 확정판결의 당사자인 처분 행정청은 그 행정소송의 사실심 변론종결 이후 발생한 새로운 사유를 내세워 다시 이전의 신청에 대하여 거부처분을 할 수 있으며, 그러한 처분도 이 조항에 규정된 재처분에 해당한다(대판 1999. 12. 28, 98두1895).

iv) 거부처분시 이전에 존재하던 다른 사유를 근거로 다시 거부처분을 할 수 있는지가 문제된다. 거부처분사유가 달라지면 거부처분의 동일성이 달라지며 거부처분사유도 기본적 사실관계의 동일성이 인정되는 한도 내에서만 처분사유의 추가변경이 인정된다는 판례의 입장을 취하면 거부처분 이전에 존재하던 사유 중 처분사유와 다른 사유(기본적 사실관계에 동일성이 없는 사유)를 근거로 다시 거부처분을 하는 것이 가능하다. 이 경우 동 거부처분은 새로운 처분이 되며 재처분의무를 이행한 것이 된다.

나. 절차상의 위법을 이유로 신청에 따른 인용처분(예: 건축허가)이 취소된 경우의

재처분의무 ① **기속력 일반**에 따르면 절차상 위법(넓은 의미의 형식상 위법)을 이유로 처분이 취소된 경우에 재처분의무를 규정한 법령이 있는 경우에는 재처분을 하여야 하고, 재처분의무를 규정한 법령이 없고 처분청이 결정재량권을 갖는 경우에는 재처분을 할 것인지는 처분청의 재량에 속한다. 처분청이 선택재량권을 갖는 경우에는 원래의 처분과 다른 처분을 할 수도 있다. 기속행위의 경우에는 처분요건에 해당하면 재처분의무를 규정한 법령이 없더라도 당연히 법에 따른 재처분을 하여야 한다.

② 행정소송법 제30조 제 3 항은 신청에 따른 처분이 절차의 위법을 이유로 취소된 경우에는 거부처분취소판결에 있어서의 재처분의무에 관한 제30조 제 2 항의 규정을 준용하는 것으로 규정하고 있다. 여기에서 '**신청에 따른 처분**'이란 '신청에 대한 인용처분'을 말한다. 그리고 여기에서 '절차'란 좁은 의미의 절차(예 상급기관의 승인, 다른 기관의 동의, 의결, 대외적 표시)뿐만 아니라 처분을 하기 위한 구체적 요건(예 합의제기관의 구성, 정당한 권한의 보유 등) 및 형식을 포함한다(법원행정처, 「행정」, 389~390쪽). **입법취지**는 신청에 따른 인용처분에 따라 권익을 침해당한 제 3 자의 제소에 따라 절차에 위법이 있음을 이유로 취소된 경우에는 판결의 취지에 따른 적법한 절차에 따라 신청에 대한 가부간의 처분을 다시 하도록 하여 신청인의 권익을 보호하기 위한 것이다. 여기에서 '**절차의 위법**'은 실체법상(내용상)의 위법에 대응하는 넓은 의미의 형식상의 위법을 말하며 협의의 절차의 위법뿐만 아니라 권한·형식의 위법을 포함하는 것으로 해석하여야 한다.

③ 국가공무원법 제78조의3 제 1 항 제 2 호에 따르면 징계처분권자(대통령이 처분권자인 경우에는 처분 제청권자)는 절차상의 흠을 이유로 소청심사위원회 또는 법원에서 **징계처분등의 무효 또는 취소**(취소명령 포함)의 **결정이나 판결을 받은 경우**에는 다시 징계 의결 또는 징계부가금 부과 의결(이하 "징계의결등"이라 한다)을 요구하여야 한다.

④ 확정판결에 따라 절차의 하자를 시정하여 한 처분은 취소되거나 무효확인된 종전 처분과 다른 내용의 처분인 경우뿐만 아니라 동일한 내용의 처분이라도 그 종전 처분과 다른 새로운 처분이다.

다. 종전 거부처분 이후 법령 등의 변경과 재처분내용의 문제[2010 행시(일반행정직), 2013 변시]

(가) 거부처분 가능 여부 재처분은 새로운 처분이므로 재처분시의 법령 및

사실상태를 기초로 하여 행해져야 한다. 따라서 종전의 거부처분 후 법령 및 사실상태에 변경이 있는 경우에 위법판단의 기준시에 관하여 **처분시설**에 따르면 처분청은 재처분으로 다시 거부처분을 할 수 있고 이 거부처분이 기속력인 재처분의무에 반하지 않지만, **판결시설**에 따르면 사실심변론종결 이전의 법령 및 사실상태의 변경을 이유로 다시 거부처분을 할 수 없다.

> [판례] **종전 처분 후 발생한 새로운 사유를 내세워 다시 거부처분을 하는 것이 처분 등을 취소하는 확정판결의 기속력에 위배되는지 여부(소극):** [1] 행정처분의 적법 여부는 그 행정처분이 행하여진 때의 법령과 사실을 기준으로 하여 판단하는 것이므로 확정판결의 당사자인 처분 행정청은 **종전 처분 후에 발생한 새로운 사유를 내세워 다시 거부처분을 할 수 있고,** 그러한 처분도 행정소송법 제30조 제 2 항 소정의 재처분에 해당한다. 여기에서 **새로운 사유인지는, 종전 처분에 관하여 위법한 것으로 판결에서 판단된 사유와, 기본적 사실관계의 동일성이 인정되는 사유인지 여부에 따라 판단**되어야 한다. [2] 원고가 아파트 건설사업계획승인신청을 하였으나 미디어밸리의 시가화 예정 지역이라는 이유로 거부되자 그 취소소송에서 처분 사유가 구체적이고 합리적이지 못하여 재량권 남용이라는 이유로 그 처분의 취소판결이 확정된 후 피고가 종전 처분 후이지만 종전 소송의 사실심 변론종결 이전에 발생한 개발제한지역 지정의 새로운 사실을 이유로 한 거부처분이 위 취소 확정판결의 기속력에 반하지 않는다는 원심을 수긍한 사례(대판 2011. 10. 27, 2011두14401〈건축불허가처분취소〉)

다만, 처분청이 취소판결 이후에 재처분을 부당하게 늦추면서 인위적으로 새로운 사유를 만든 경우 그 새로운 사유를 들어 다시 거부처분을 하는 것은 신의성실의 원칙에 반하고 재결의 기속력을 무력화시키는 행위이므로 인정될 수 없다.

(나) 원고의 신뢰의 보호: 새로운 거부처분의 위법 여부 처분시의 법령(개정 전 법령)의 존속에 대한 국민의 신뢰, 인용판결에 대한 신뢰와 거부처분 후 개정된 법령의 적용에 관한 공익 사이의 이익형량의 결과 전자가 후자보다 더 보호가치가 있다고 인정되는 경우에는 그러한 국민의 신뢰를 보호하기 위하여 처분 후의 개정 법령을 적용하지 말고 개정 전 법령을 적용하여야 한다.

라. 거부처분취소에 따른 재처분의무의 실효성 확보: 간접강제 [2013 변시, 2014 행시 사례]

(가) 의 의 행정소송법은 거부처분취소에 따른 재처분의무의 실효성을 확보하기 위하여 간접강제제도를 두고 있다. 즉 행정청이 거부처분의 취소판결의 취지에 따라 처분을 하지 아니하는 때에는 1심 수소법원은 당사자의 신청에 따른

결정으로써 상당한 기간을 정하고 행정청이 그 기간 내에 이행하지 아니하는 때에는 그 지연기간에 따라 일정한 배상을 할 것을 명하거나 즉시 손해배상할 것을 명할 수 있다(법 제34조 제 1 항). 이를 **간접강제결정**이라고 한다.

(나) 요　　건　　처분청이 거부처분의 취소판결의 취지에 따라 재처분을 하지 않았어야 한다(재처분의무의 불이행). 재처분을 하지 않았다는 것은 아무런 재처분을 하지 않은 것뿐만 아니라 재처분이 기속력에 반하여 당연무효가 된 것을 포함한다(대결 2002. 12. 11, 2002무22).

(다) 절　　차　　간접강제의 결정에도 불구하고 해당 행정청이 판결의 취지에 따른 처분을 아니하는 경우에 신청인은 그 간접강제결정을 채무명의(債務名義)로 하여 집행문(執行文)을 부여받아 이행강제금을 강제집행할 수 있다.

실무상 이행강제금결정에 대해 민사소송법상의 청구이의의 소가 허용되고 있고, 이 청구이의의 소가 제기되면 이행강제금결정의 집행이 정지되게 되어 있어 실무상 간접강제의 실효성이 크게 제약을 받고 있다.

(라) 인정범위　　간접강제제도는 거부처분취소소송에 인정되고 있는데, 부작위위법확인소송에 준용되고 있으나(법 제38조 제 2 항) 무효확인판결에는 준용되고 있지 않은데(대결 1998. 12. 24, 98무37), 이는 입법의 불비이다.

(마) 배상금의 성질과 배상금의 추심　　**간접강제결정**에 기한 **배상금**은 거부처분취소판결이 확정된 경우 그 처분을 행한 행정청으로 하여금 확정판결의 취지에 따른 재처분의무의 이행을 확실히 담보하기 위한 것으로서, 확정판결의 취지에 따른 재처분의 지연에 대한 제재나 손해배상이 아니고 **재처분의 이행에 관한 심리적 강제수단**에 불과한 것이다. 따라서 간접강제결정에서 정한 의무이행기한이 경과한 후에라도 확정판결의 취지에 따른 재처분의 이행이 있으면 특별한 사정이 없는 한 배상금을 추심함으로써 심리적 강제를 꾀할 목적이 상실되어 처분상대방이 더 이상 배상금을 추심하는 것은 허용되지 않는다(대판 2004. 1. 15, 2002두2444).

4) 판결의 기속력의 취지에 따른 그 밖의 구제조치

행정청의 계쟁처분에 의해 신청의 기회가 박탈된 경우에 계쟁처분이 소급적으로 취소되면 그 수익적 행정처분의 신청의 기회를 인정하는 것이 취소판결의 기속력의 취지와 법치행정의 원리에 부합하며 그 신청에 대해 취소된 계쟁처분의 효력을 주장하여 거부하는 것은 신의성실의 원칙에 반한다(대판 2019. 1. 31, 2016두52019).

[판례] 직업능력개발훈련과정 인정제한처분에 대한 쟁송절차에서 해당 제한처분이 위법한 것으로 판단되어 취소되거나 당연무효로 확인된 경우, 사업주가 해당 제한처분 때문에 관계 법령이 정한 기한 내에 하지 못했던 훈련과정 인정신청과 훈련비용 지원신청을 사후적으로 할 수 있는 기회를 주어야 한다고 한 사례(대판 2019. 1. 31, 2016두52019).

(4) 범 위

1) 주관적 범위

기속력은 **당사자인 행정청과 그 밖의 관계행정청**을 기속한다(법 제30조 제 1 항). 여기에서 '**관계행정청**'이란 해당 판결에 따라 취소된 처분 등에 관계되는 어떠한 처분권한을 가지는 행정청, 즉 취소된 처분 등을 기초로 하여 그와 관련되는 처분이나 부수되는 행위를 할 수 있는 행정청을 총칭하는 것이라고 할 것이다.

2) 객관적 범위

기속력은 판결의 실효성을 확보하기 위하여 인정되는 효력이므로 다툼의 대상이 된 사건에 관하여서만 효력을 미친다(법 제30조 제 1 항).

기속력은 동일한 사건(기본적 사실관계가 동일한 사건)에 관해서만 미친다. 즉 당사자가 동일하고, 기본적 사실관계가 동일한 한도 내에서만 미친다.

기속력은 '**판결의 취지**'에 따라 행정청을 구속하는 효력인데, 판결의 취지는 처분이 위법이라는 것을 인정하는 **판결의 주문(主文)과 판결이유 중에 설시된 개개의 위법사유**를 포함한다(대판 2001. 3. 23, 99두5238). 그러나 판결의 결론과 직접 관계없는 방론(傍論)이나 간접사실에는 미치지 아니한다.

기판력은 후소법원을 구속하는 효력으로서 판결의 주문에 포함된 것에 한하지만, 기속력은 행정청을 구속하는 효력으로서 판결에 설시된 개개의 위법사유를 포함한다.

3) 시간적 범위[2013 변시]

처분의 위법 여부의 판단시점은 처분시이기 때문에 기속력은 처분 당시까지 존재하던 사유에 대하여만 미치고 그 이후에 생긴 사유에는 미치지 아니한다. 따라서 취소된 처분 후 새로운 처분사유가 생긴 경우(법 또는 사실상태가 변경된 경우)에는 행정청은 동일한 내용의 처분을 다시 할 수도 있다.

다만, 전술한 바와 같이 거부처분취소판결이 판결시의 법 및 사실상태를 기준으로 내려진다면 행정청은 판결시 이전의 사유를 들어 다시 거부처분을 할 수는 없다.

(5) 기속력 위반의 효과

기속력에 위반하여 한 행정청의 행위는 당연무효가 된다(대판 1990. 12. 11, 90누3560).

Ⅸ. 무효등확인판결의 효력

무효등확인판결에는 취소판결의 제 3 자효와 기속력에 관한 규정(행정소송법 제29조, 제30조)이 준용된다(법 제38조 제 1 항).

무효등확인판결에는 간접강제에 관한 규정이 준용되지 않는다.

Ⅹ. 부작위위법확인판결의 효력

부작위위법확인판결에는 취소판결의 제 3 자효와 기속력에 관한 규정(법 제29조, 제30조) 및 거부처분취소판결의 간접강제에 관한 규정(법 제34조)이 준용된다(법 제38조 제 2 항).

부작위위법확인판결의 기속력은 행정청의 판결의 취지에 따른 재처분의무이다. 그런데 부작위위법확인소송에서 인용판결의 기속력으로서의 재처분의무는 행정청의 응답의무이며 신청에 따른 특정한 내용의 처분의무가 아니다(대판 1990. 9. 25, 89누4758).

간접강제는 부작위위법확인판결에 준용된다(법 제38조 제 2 항).

[판례] 갑의 을에 대한 부작위위법확인소송의 판결이 확정된 후, **을이 그 취지에 따른 처분을 하였으므로** 갑의 간접강제신청은 그에 필요한 요건을 갖추지 못한 것이라고 한 원심을 수긍한 사례(대결 2010. 2. 5, 2009무153〈간접강제신청〉).

Ⅺ. 기각판결의 효력

기각판결에는 대세효가 인정되지 않고 당사자 사이에 상대적인 기판력만이 발생한다. 그리고 처분이 위법하지 않아 기각판결이 난 경우 처분이 적법하다는 것에 기판력이 발생한다는 것이 통설 및 판례의 입장이다.

사정판결의 경우에는 처분의 위법에 대하여 기판력이 발생한다.

XII. 기 판 력[2023 변시]

1. 의 의

기판력(旣判力)이란 일단 재판이 확정된 때에는 소송당사자는 동일한 소송물에 대하여는 다시 소를 제기할 수 없고, 설령 제기되어도 상대방은 기판사항이라는 항변을 할 수 있으며, 법원도 일사부재리의 원칙(一事不再理의 原則)에 따라 확정판결과 내용적으로 모순되는 판단을 하지 못하는 효력을 말한다.

기판력제도는 국가의 재판기관이 당사자간의 분쟁을 공권적으로 판단한 것에 기초한 법적 안정성에서 유래된 것이다. 달리 말하면, 기판력은 분쟁의 종국적인 해결을 위하여 확정판결에 따라 이미 해결된 법적 분쟁에 대하여 다시 소송으로 다투는 것을 막기 위하여 인정된 판결의 효력이다.

행정소송법은 기판력에 관한 명문의 규정을 두고 있지 않다. 행정소송에서의 판결의 기판력은 행정소송법 제 8 조 제 2 항에 따라 민사소송법상 기판력규정이 준용되어 인정되는 것이다.

기판력은 확정된 종국판결에 인정된다. 인용판결뿐만 아니라 기각판결, 소송판결(각하판결)에도 인정된다.

2. 범 위

기판력이 미치는 범위에는 주관적·객관적·시간적 범위가 있다.

(1) 주관적 범위

취소소송의 기판력은 소송당사자 및 이와 동일시할 수 있는 자에게만 미치며 제 3 자에게는 미치지 않는다. 소송참가를 한 제 3 자에게도 기판력이 미치지 않는다.

취소소송의 기판력은 해당 처분이 귀속하는 국가 또는 공공단체에도 미친다. 본래 소송의 대상은 법주체이어야 하며, 따라서 취소소송의 피고는 처분의 효과가 귀속되는 국가 또는 공공단체이어야 하는데 소송편의상 처분청을 피고로 한 것이기 때문이다. 따라서 처분청을 상대로 한 국가공무원해임처분취소소송에서 원고승소판결이 확정되면, 그 판결의 기판력은 해임처분이 효력 없음을 이유로 하여 국가를 상대로 급여지급을 청구하는 소송에도 미친다. 기판력은 처분청 이외의 다른 행정청에도 미친다고 보아야 한다. 판례도 기판력이 관계행정청에도 미치는 것으로 보고 있다(대판 1992. 12. 8, 92누6891).

(2) 객관적 범위

일반적으로 기판력은 **판결의 주문**(원고의 청구에 대한 법원의 답변. 판사가 선고기일에 이유의 요시와 함께 낭독하는 판결의 핵심)**에 포함된 것에 한하여 인정된다**(민사소송법 제216조 제 1 항). 이유부분(어떻게 주문이 도출되었는지, 원고의 청구를 어떠한 이유에서 받아들였는지(인용) 혹은 받아들이지 않았는지(기각)에 대한 설명에 해당하는 부분)은 민사소송에서와 같이 행정소송에서도 판결주문을 해석하기 위한 수단으로서의 의미를 가질 뿐 기판력에 있어서는 의미를 갖지 못한다.

① 판결의 주문에는 소송물에 관한 판단의 결론이 적시된다. 취소소송의 소송물은 위법성 일반(예 과세처분과 관련하여 취소소송의 소송물은 그 취소원인이 되는 위법성 일반이고 심판의 대상은 과세처분에 의하여 확인된 조세채무인 과세표준 및 세액의 객관적 존부임(대판 2009. 1. 15, 2006두14926))이라고 본다면 **취소소송의 기판력은 인용판결의 경우**에는 해당 처분이 위법하다는 점에 미친다. **기각판결의 경우**에는 해당 처분이 적법하다는 점에 미친다(예 과세처분 취소청구를 기각하는 판결이 확정되면 그 처분이 적법하다는 점에 관하여 기판력이 생기고 그 후 원고가 이를 무효라고 하여 무효확인을 소구할 수 없어 과세처분취소소송에서 청구가 기각된 확정판결의 기판력은 그 과세처분의 무효확인을 구하는 소송에도 미침(대판 2003. 5. 16, 2002두3669)). 다만, **사정판결의 경우**에는 해당 처분이 위법하다는 점에 기판력이 미친다. 기각판결이 난 경우에는 원고는 다른 위법사유를 들어 해당 처분의 효력을 다툴 수 없다. 취소소송의 소송물이 개개의 위법사유라고 본다면 개개의 위법사유에 관한 판단에 한하여 기판력이 미친다.

무효확인소송의 기판력은 인용판결의 경우에는 해당 처분이 위법하다는 점과 해당 처분이 무효라는 점에 대하여 미치고, **기각판결의 경우**에는 해당 처분이 무효가 아니라는 점에 미친다. 따라서 무효확인소송에서 기각판결이 난 경우에도 취소소송의 요건이 갖추어진 경우에는 취소소송을 제기할 수 있고, 국가배상청구소송도 제기할 수 있다.

소송판결(각하판결)의 기판력은 그 판결에서 확정한 소송요건의 흠결에 관하여 미친다(대판 1996. 11. 15, 96다31406; 대판 2015. 10. 29, 2015두44288).

② 기판력은 해당 처분에 한하여 미치므로 동일한 처분에는 미치나 새로운 처분에 대하여는 미치지 않는다. 이에 대하여 기속력은 동일한 처분뿐만 아니라 새로운 처분에도 미친다.

(3) 시간적 범위

기판력은 사실심변론의 종결시(사실심인 제 1 심과 제 2 심의 마지막 변론기일)를 기준으로 하여 발생한다. 처분청은 해당 사건의 사실심변론종결 이전의 주장할 수 있었던 사유를 내세워 확정판결과 저촉되는 처분을 할 수 없고 하여도 무효이다.

3. 기판력의 적용

(1) 취소소송에서의 기각판결의 무효확인소송에 대한 기판력

취소소송에서 기각판결이 확정되면 계쟁처분이 위법하지 않다는 것이 확정된다. 따라서 후에 무효확인소송에 있어서 법원은 취소소송의 기각판결의 기판력에 구속된다. 따라서 법원은 무효확인판결을 내릴 수 없다(대판 1992. 12. 8, 92누6891; 대판 1993. 4. 27, 92누9777).

이에 반하여 무효확인소송에서 기각판결이 확정되어도 무효확인소송의 대상이 된 처분의 위법을 주장하면서 취소소송이나 국가배상소송을 제기할 수 있다.

(2) 취소판결의 국가배상청구소송에 대한 기판력 [2010 사시 사례]

취소소송의 판결의 기판력이 국가배상소송에 대하여 미치는 것은 취소소송의 소송물(위법성)이 후소인 국가배상소송의 선결문제로 되는 경우이다. 과실책임의 경우에는 위법성이 선결문제가 되므로 취소소송의 판결의 기판력이 국가배상소송에 미치는지 여부가 문제된다.

취소판결의 국가배상소송에 대한 기판력의 문제는 취소소송의 소송물을 무엇으로 볼 것인가 하는 것과 취소소송에서의 위법과 국가배상소송에서의 위법을 어떻게 볼 것인가에 따라 다르다.

취소소송의 소송물을 처분의 위법성 일반으로 보는 통설 및 판례에 입각할 때 취소소송에서의 위법과 국가배상소송에서의 위법이 동일한 개념이라고 보는 협의의 행위위법설에 따르면 취소판결 및 기각판결의 기판력은 국가배상소송에 미친다. 청구기각판결의 경우에는 후소(국가배상소송)에서 그 처분의 위법성을 주장할 수 없게 되고, 청구인용판결의 경우에는 국가배상청구소송법원은 처분의 위법성을 인정하여야 한다. 행위위법설에 따르면 동일한 처분의 위법이 문제되면 취소판결의 기판력은 국가배상청구소송에 미친다고 보는 것이 논리적이다. 즉 국가배상소송에서 취소된 처분 자체가 가해행위가 되는 경우 취소소송의 인용판결의 기판력은 국가배상소송에 미친다. 그러나 취소된 처분 자체가 가해행위가 아니라 처분에 수반되

는 손해방지의무 위반이 손해의 원인이 되는 경우에는 위법의 대상이 다르므로 처분의 취소판결의 기판력은 처분에 수반되는 손해방지의무 위반으로 인한 손해에 대한 국가배상청구소송에 미치지 않는다.

(3) 국가배상판결의 취소소송에 대한 기판력

국가배상소송에서의 처분의 위법 또는 적법의 판단은 취소소송에 기판력을 미치지 않는다. 왜냐하면 국가배상소송에서의 위법 또는 적법은 기판력이 미치는 소송물이 아니기 때문이다.

제 4 절 행정구제수단으로서의 헌법소송

헌법소송에는 위헌법률심판, 헌법소원, 탄핵심판, 정해당산심판, 권한쟁의심판이 있는데, 행정구제수단으로서 중요한 것은 헌법소원과 권한쟁의심판이다.

Ⅰ. 헌법소원

헌법소원에는 두 종류가 있다. 하나는 공권력의 행사 또는 불행사로 인하여 기본권이 침해된 경우에 기본권을 침해받은 자가 제기하는 **권리구제형 헌법소원**(헌법재판소법 제68조 제 1 항에 따른 헌법소원)이고, 다른 하나는 법원에 위헌법률심판의 제청신청을 하였으나 기각된 경우에 제청신청을 한 당사자가 헌법재판소에 제기하는 **위헌심사형 헌법소원**(헌법재판소법 제68조 제 2 항에 따른 헌법소원)이다. 이 중 행정구제수단으로서 중요한 것은 권리구제형 헌법소원이다. 헌법소원에서는 공권력의 행사 또는 불행사가 다투어지는데, 여기에서의 공권력에는 행정권도 포함된다.

권리구제형 헌법소원의 소송요건은 다음과 같다. ① 공권력의 행사 또는 불행사로 자신의 기본권이 침해된 자가 제기할 것. 따라서 기본권의 주체만이 헌법소원을 제기할 수 있다. ② 공권력작용에 의해 자신의 기본권이 현재 그리고 직접 침해를 당했어야 한다 즉 자기관련성, 현재성 및 직접성이 있어야 한다. ③ 헌법소원은 다른 법률에 구제절차가 있는 경우에는 그 절차를 모두 거친 후에 심판청구를 하여야 한다(헌법재판소법 제68조 제 1 항 단서). 이를 헌법소원의 보충성 내지 보충성의 원칙이라 한다. ④ 헌법소원심판은 법이 정한 청구기간내에 제기하여야 한다(헌법재판소법 제69조). ⑤ 권리보호이익 내지 심판의 이익이 있어야 한다.

헌법재판소법 제68조 제 1 항 단서 소정의 **다른 권리구제절차**란 공권력의 행사 또는 불행사를 직접대상으로 하여 그 효력을 다툴 수 있는 권리구제절차(예 항고소송)를 의미하고, 사후적·보충적 구제수단(예 부당이득반환청구소송, 국가배상청구소송 등)을 뜻하는 것은 아니다(헌재 1989. 4. 17, 88헌마3). 따라서 항고소송이 가능한 경우(처분인 경우)에는 원칙상 헌법소원이 인정되지 않는다.

> [판례] (1) **코로나바이러스감염증-19의 예방을 위하여 음식점 및 PC방 운영자 등에게 영업시간을 제한하거나 이용자 간 거리를 둘 의무를 부여하는 심판대상고시는** 관내 음식점 및 PC방의 관리자·운영자들에게 일정한 방역수칙을 준수할 의무를 부과하는 것으로서 항고소송의 대상인 **행정처분에 해당**한다. 대법원도 심판대상고시와 동일한 규정 형식을 가진 피청구인의 대면예배 제한 고시(서울특별시고시 제2021-414호)가 항고소송의 대상인 행정처분에 해당함을 전제로 판단한 바 있다(대법원 2022. 10. 27.자 2022두48646 판결). (2) 심판대상고시의 효력기간이 경과하여 그 효력이 소멸하였으므로, 이를 취소하더라도 그 원상회복은 불가능하다. 그러나 피청구인은 심판대상고시의 효력이 소멸한 이후에도 2022. 4.경 코로나19 방역조치가 종료될 때까지 심판대상고시와 동일·유사한 방역조치를 시행하여 왔고, 향후 다른 종류의 감염병이 발생할 경우 피청구인은 그 감염병의 확산을 방지하기 위하여 심판대상고시와 동일·유사한 방역조치를 취할 가능성도 있다. 그렇다면 **심판대상고시와 동일·유사한 방역조치가 앞으로도 반복될 가능성이 있고 이에 대한 법률적 해명이 필요한 경우에 해당하므로** 예외적으로 그 처분의 취소를 구할 **소의 이익이 인정되는 경우에 해당**한다. 대법원도 피청구인의 대면예배 제한 고시(서울특별시고시 제2021-414호)에 대한 위 항고소송에서 소의 이익이 인정됨을 전제로 심리불속행으로 상고를 기각한 바 있다(대법원 2022. 10. 27.자 2022두48646 판결). (3) 그렇다면 심판대상고시는 항고소송의 대상이 되는 행정처분에 해당하고 그 취소를 구할 소의 이익이 인정된다. 따라서 이에 대한 다툼은 **우선 행정심판이나 행정소송이라는 구제절차를 거쳤어야 함에도, 이 사건 심판청구는 이러한 구제절차를 거치지 아니하고 제기된 것이므로 보충성 요건을 충족하지 못하였다. 그러므로 이 사건 헌법소원심판청구를** 모두 **각하**한다(헌재 2023. 5. 25, 2021헌마21〈코로나바이러스감염증-19의 예방을 위한 방역조치를 명하는 서울특별시고시에 관한 사건〉).

다만, 헌법재판소는 이 보충성 요건을 완화하여 해석하면서 헌법소원을 널리 인정하고 있다. 즉 헌법소원은 기존의 구제절차가 없는 경우뿐만 아니라 '헌법소원심판청구인이 그의 불이익으로 돌릴 수 없는 정당한 이유 있는 착오로 전심절차를 밟지 않은 경우 또는 전심절차로 권리가 구제될 가능성이 거의 없거나 권리구제절차가 허용되는지의 여부가 객관적으로 불확실하여 전심절차이행의 기대가능성이 없을 때'에도 예외적으로 헌법재판소법 제68조 제 1 항 단서 소정의 전심절차 이행요건은 배제된다(헌재 1989. 9. 4, 88헌마22; 헌재 1992. 4. 14, 90헌마82).

헌법소원이 인정되기 위하여는 **기본권 침해의 자기관련성·직접성 및 현재성**(권리보호의 이익)이 인정되어야 한다.

헌법소원에서의 **심판청구의 이익**(권리보호의 이익)은 항고소송에서의 소의 이익보다 다소 넓다. 이는 헌법소원이 개인의 기본권을 보장하는 주관쟁송적 성격을 가짐과 동시에 헌법질서의 수호·유지를 목적으로 하는 객관쟁송적 성격을 아울러 가지고, 헌법소원의 객관쟁송적 성격이 항고소송의 객관소송적 성격보다 강하다는 데에 기인한다. 즉 헌법소원의 대상이 된 침해행위가 이미 종료하여서 이를 취소할 여지가 없기 때문에 헌법소원이 주관적 권리구제에는 별 도움이 안 되는 경우라도 그러한 침해행위가 앞으로도 반복될 위험이 있거나 해당 분쟁의 해결이 헌법질서의 수호·유지를 위하여 긴요한 사항이어서 헌법적으로 그 해명이 중대한 의미를 지니고 있는 경우에는 심판청구의 이익을 인정하여 이미 종료한 침해행위가 위헌이었음을 선언적 의미에서 확인할 필요가 있다(헌재 1992. 1. 28, 91헌마111).

권리구제형 헌법소원의 심판은 그 사유가 있음을 안 날부터 90일 이내에, 그 사유가 있은 날부터 1년 이내에 청구하여야 한다. 다만, 다른 법률에 의한 구제절차를 거친 헌법소원의 심판은 그 최종결정을 통지받은 날로부터 30일 이내에 청구하여야 한다(법 제69조 제 1 항).

[판례 1] **수형자의 서신을 교도소장이 검열하는 행위**는 이른바 권력적 사실행위로서 행정심판이나 행정소송의 대상이 되는 행정처분으로 볼 수 있으나, **위 검열행위가 이미 완료되어 행정심판이나 행정소송을 제기하더라도 소의 이익이 부정될 수밖에 없으므로** 헌법소원심판을 청구하는 외에 다른 효과적인 구제방법이 있다고 보기 어렵기 때문에 보충성의 원칙에 대한 예외에 해당한다(헌재 1998. 8. 27, 96헌마398).

[판례 2] **교도소장의 수형자에 대한 서신발송의뢰 거부조치 및 서신검열조치에 대한 헌법소원 심판청구와 보충성의 원칙:** 수형자의 서신발송의뢰를 교도소장이 거부한 행위에 대하여는 행정심판법 및 행정소송법에 의한 심판이나 소송이 가능하므로, 이 절차를 거치지 아니한 채 제기된 심판청구 부분은 부적법하다(헌재 1998. 8. 27, 96헌마398).

Ⅱ. 권한쟁의심판

권한쟁의심판이란 국가기관 상호간, 국가기관과 지방자치단체간 및 지방자치단체 상호간에 권한의 유무 또는 범위에 관하여 다툼이 있을 때에는 해당 국가기관 또는 지방자치단체가 헌법재판소에 제기하는 권한쟁의심판을 말한다(헌법재판소법 제 2 조 제 4 호, 제61조 제 1 항).

권한쟁의심판의 종류는 다음과 같다. ① 국가기관 상호간의 권한쟁의심판(국회, 정부, 법원 및 중앙선거관리위원회 상호간의 권한쟁의심판), ② 국가기관과 지방자치단체간의 권한쟁의심판(가. 정부와 특별시·광역시 또는 도간의 권한쟁의심판, 나. 정부와 시·군 또는 지방자치단체인 구〈이하 '자치구'라 한다〉간의 권한쟁의심판), ③ 지방자치단체 상호간의 권한쟁의심판(가. 특별시·광역시 또는 도 상호간의 권한쟁의심판, 나. 시·군 또는 자치구 상호간의 권한쟁의심판, 다. 특별시·광역시 또는 도와 시·군 또는 자치구간의 권한쟁의심판).

권한쟁의심판청구는 피청구인의 처분 또는 부작위가 헌법 또는 법률에 의하여 부여받은 청구인의 권한을 침해하였거나 침해할 현저한 위험이 있는 경우에만 이를 할 수 있다(법 제61조 제 2 항).

[판례] 낙동강의 유지·보수는 원래 국가사무로서 경상남도지사에게 기관위임된 사무에 불과하므로 '청구인의 권한'이라고 할 수 없고, 따라서 피청구인의 이 사건 처분으로 인하여 '청구인의 권한'이 침해될 개연성이 없다. 이 사건 청구는 '권한의 존부와 범위'에 관한 다툼에도 해당하지 않는다(헌재 2011. 8. 30, 2011헌라1).

제 5 절 대체적 분쟁해결수단

Ⅰ. 의 의

대체적 분쟁해결수단(ADR: Alternative Dispute Resolution)이란 재판 이외의 분쟁해결수단을 말한다. 분쟁조정제도라고도 하는데, 알선, 조정, 재정 등이 있다.

Ⅱ. 종류와 그 효력

1. 알 선

알선(斡旋)이란 알선위원이 분쟁당사자의 의견을 듣고 사건이 공정하게 해결되도록 주선하여 분쟁당사자간의 화해(합의)를 유도함으로써 분쟁을 해결하는 절차를 말한다(환경분쟁조정법 제27조, 제28조).

2. 조 정

조정(調停)이란 조정기관이 분쟁당사자의 의견을 들어 직권으로 분쟁해결을 위한 타협방안(조정안)을 마련하여 분쟁당사자에게 수락을 권고하고, 분쟁당사자들이 이를 받아들임으로써 분쟁을 해결하는 방식이다.

3. 재 정

재정(裁定)이란 재정기관이 준사법적 절차에 따라 일방적으로 분쟁해결을 위한 결정을 내리는 것을 말한다.

4. 중 재

중재란 당사자의 합의에 의해 선출된 중재인의 중재판정에 의해 분쟁을 해결하는 절차를 말한다. 중재판정은 확정판결과 같은 효력을 갖는다.

5. 재판상 화해와 재판외 화해의 효력

재판상 화해는 재판상 강제력이 있는데, 재판외 화해는 민법상 계약의 구속력이 있지만, 재판상 강제력이 없다. 재판상 화해에는 기판력(민사소송법 제220조)과 강제집행력이 인정되는 것이 보통이지만, 기판력은 인정되지 않고(소송제기를 인정하지 않고), 강제집행력만을 인정하는 것도 이론상 가능하다.

Ⅲ. 행정분쟁에서의 화해 · 조정

2018년 5월 1일 시행된 개정 행정심판법은 양 당사자 간의 합의가 가능한 사건의 경우 행정심판위원회가 개입 · 조정하는 절차를 통하여 갈등을 조기에 해결할 수 있도록 행정심판에 조정을 도입하였다. 행정심판위원회는 당사자의 권리 및 권한의 범위에서 당사자의 동의를 받아 심판청구의 신속하고 공정한 해결을 위하여 조정을 할 수 있다. 다만, 그 조정이 공공복리에 적합하지 아니하거나 해당 처분의 성질에 반하는 경우에는 그러하지 아니하다(제43조의2 제 1 항). 조정은 당사자가 합의한 사항을 조정서에 기재한 후 당사자가 서명 또는 날인하고 위원회가 이를 확인함으로써 성립한다(제43조의2 제 3 항). 제 3 항에 따라 성립한 조정에 대하여는 행정심판법 제48조(재결의 송달과 효력 발생), 제49조(재결의 기속력 등), 제50(위원회의 직접 처분), 제50조의2(위원회의 간접강제), 제51조(행정심판 재청구의 금지)의 규정을 준용한다(제43조의2 제 4 항).

「부패방지 및 국민권익위원회의 설치와 운영에 관한 법률」(약칭: 부패방지권익위법)에 따르면 국민권익위원회는 다수인이 관련되거나 사회적 파급효과가 크다고 인정되는 고충민원의 신속하고 공정한 해결을 위하여 필요하다고 인정하는 경우에는 당사자의 신청 또는 직권에 의하여 조정을 할 수 있다(제45조 제 1 항). 조정은 당사자가 합의한 사항을 조정서에 기재한 후 당사자가 기명날인하거나 서명하고 권익위원회가 이를 확인함으로써 성립한다(제 2 항). 제 2 항에 따른 조정은 「민법」상의 화해와 같은 효력이 있다.

행정소송법은 조정이나 화해를 인정하는 규정을 두고 있지 않다. 항고소송에는 항고소송의 공익성에 비추어 민사소송법상 화해(제225조 이하, 제385조 이하)나 민사조정법상 조정을 준용할 수 없다. 그렇지만, 실무상 제재적 행정처분사건과 조세사건에서 사실상의 조정이 행해지고 있다. 즉 법원이 행정청에 대하여는 법원이 적절하다고 인정하는 처분으로 변경(예를 들면, 영업허가취소처분을 영업정지처분으로 변경)할 것을, 원고에 대하여는 행정청이 그와 같이 변경처분을 하면 소를 취하할 것을 권고하는 조정권고를 행하고, 행정청이 변경처분을 하면 원고가 소를 취하하는 방식이 그것이다. 당사자소송에는 민사소송법상 화해나 민사조정법상 조정이 준용될 수 있다.

주요 참고문헌

강동욱, 불심검문, 고시원, 1994.

권남규, "과소보호금지원칙의 경찰법상 적용에 관한 연구", 경찰대학 치안대학원 공공안전학과 법학석사학위논문, 2026. 2.

김남진, 경찰행정법, 경세원, 2004.

김남진 · 김연태, 행정법 I · 행정법 II, 법문사, 2018.

김남현 · 정경선 · 이운주, 경찰행정법, 경찰대학, 2002.

김남철, 행정법강론, 박영사, 2021.

김동희, 행정법 II, 박영사, 2013.

김민호, 행정법, 박영사, 2018.

김성수, 일반행정법, 홍문사, 2014.

김성수, 개별행정법, 법문사, 2004.

김성태, 위험방지작용의 이해, 홍익대학교 출판부, 2007.

김성태, 경찰 정보활동 임무 -경찰관 직무집행법의 해석과 제안-, 박영사, 2021.

김유환, 현대행정법, 박영사, 2021.

김재광, 국책사업갈등관리법론, 박영사, 2013.

김재광, 경찰관직무집행법, 학림, 2012

김재광 · 양지수, 민간경비업법론, 박영사, 2019.

김재광, 행정법담론(중판), 박영사, 2019.

김재광 · 이경락 · 김진용, 사례중심 경찰관직무집행법, 박영사, 2025.

김철용, 행정법 II, 박영사, 2008.

에버하르트 슈미트 -아스만(김현준 역), 행정법 도그마틱, 법문사, 2019.

류지태 · 박종수, 행정법신론, 박영사, 2016.

박균성, 행정법기본강의, 박영사, 2021.

박균성, 행정법강의, 박영사, 2021.

박균성, 행정법론(상)(하), 박영사, 2021.

박균성, 판례행정법, 법률신문, 2009.

박균성 · 김재광, 경찰행정법입문, 박영사, 2021.

박기호, 경찰활동과 무기사용에 관한 연구, 한국형사정책연구원, 1993.

박상희 · 서정범, 경찰작용법제의 개선방안, 한국법제연구원, 1996.

박윤흔 · 정형근, 최신행정법강의(상)(하), 박영사, 2009.

朴正勳, 행정법의 체계와 방법론, 박영사, 2005.

朴正勳, 행정소송의 구조와 기능, 박영사, 2006.

朴正勳 · 정초신, 사권보호를 위한 경찰권 발동에 관한 연구, 치안연구소, 2001.

박평준 · 박창석, 경찰행정법, 고시연구사, 2005.
볼프 R. 쉰케(서정범 역), 독일경찰법론, 세창출판사, 1998.
서정범 · 김연태 · 이기춘, 경찰법연구, 2018.
석종현 · 송동수, 일반행정법총론, 박영사, 2022.
손재영, 경찰법, 박영사, 2024.
서정범, "경찰권발동의 근거 －개괄적 수권조항을 중심으로－", 「중앙법학」 제 8 집 제 1 호 (중앙법학회), 2006.
Dieter Kugelmann(서정범 · 박병욱 역), 쿠겔만의 독일경찰법, 세창출판사, 2015.
서정범 · 김연태 · 이기춘, 경찰법연구(제 2 판), 세창출판사, 2012.
오준근, 행정절차법, 삼지원, 1998.
이기춘, 위험방지를 위한 협력의무로서 경찰책임의 귀속에 관한 연구, 고려대학교 대학원 법학과 박사학위논문, 2002. 12.
이기춘, "경찰관직무집행법 제 5 조 제 1 항과 독일경찰질서법상 개괄적 수권조항과의 비교", 「JURIST」 393호.
이승민, 프랑스법상 경찰행정에 관한 연구, 서울대학교 대학원 법학과 박사학위논문, 2010. 2.
이원우, 경제규제법론, 홍문사, 2010.
이일세, 행정법총론, 법문사, 2020.
조휘근, "경찰 손실보상과 책임자 구상", 경찰대학 치안대학원 공공안전학과 법학석사학위논문, 2026. 2.
정남철, 한국행정법론, 법문사, 2020.
정하중, 행정법개론, 법문사, 2015.
정형근, 행정법, PNC, 2018.
최영규, 경찰행정법, 법영사, 2013.
최정일, 행정법의 정석(I), 박영사, 2010.
하명호, 행정법, 박영사, 2020.
한귀현(역), 일본경찰법, 한국법제연구원, 2003.
허경미, 경찰행정법, 법문사, 2003.
홍정선, 행정법특강, 박영사, 2018.
홍정선, 기본경찰행정법, 박영사, 2013.
홍정선, 행정기본법해설, 박영사, 2021.
홍준형, 시민을 위한 행정법입문, 박영사, 2018.

판례색인

사항색인

(ㅇ)

(ㅈ)

(ㅊ)

경감승진시험 기출문제

2006년도 경감승진 경찰행정법 문제

▶ 사 례 형

甲은 제 1 종 보통자동차운전면허를 취득하고 개인택시 운송사업 면허를 받은 자인데 주취상태에서 자신의 개인택시를 운전하던 중 음주단속 중인 경찰관으로부터 음주측정을 요구받아 혈중알콜농도 0.19%의 측정치가 나왔다.

이때 甲에게 의견제출의 기회를 부여하지 않았다. 그런데 甲은 단속 당시 음주를 한 다음 자신의 택시를 주차하여 두고 귀가하려고 주차장소를 찾아가던 중이었고, 甲은 아무런 교통사고 또는 주취운전의 전력이 없었으며, 택시를 운행하여 노모와 처자의 생계를 유지하고 있었다.

甲은 이러한 사실 및 면허취소처분을 발하면서 의견제출의 기회를 주지 않은 점 등을 종합하여 보면 운전면허취소처분은 너무 가혹하다고 판단하였다.

(1) 도로교통법시행규칙 제53조 제 1 항 별표16의 법적 성질을 밝히고 이에 따른 운전면허취소처분의 실체법상 적법성을 논하시오(30점).

(2) 甲이 운전면허 취소처분시 의견제출의 기회를 부여하지 않은 절차상의 하자를 이유로 도로교통법 제101조의3에 따라 행정심판의 재결을 거친 후 취소소송을 제기한 경우 그 인용가능성에 대해서 논하라(20점).

▶ 약 술 형

1. 대집행의 요건과 절차(25점)
2. 경찰권 발동근거로서의 일반적 수권조항(25점)

2007년도 경감승진 경찰행정법 문제

▶ 사 례 형

지구대 경찰관 甲이 머리에 상처를 입고 피를 흘리고 있는 乙을 지구대에 방치해 놓아 乙은 그로부터 5시간 후 사망하였다.

(1) 국가배상청구의 인용가능성을 논하시오(40점).

(2) 국가배상인용시 국가가 경찰관에 대한 구상권 행사의 가능성 여부를 논하시오(10점).

참조 조문

경찰관직무집행법 제 4 조
국가배상법 제 2 조

▶ 약 술 형

1. 명단공표(25점)
2. 부당결부금지의 원칙(25점)

2008년도 경감승진 경찰행정법 문제

▶ 사 례 형

개인택시 운전자 甲은 택시요금 인상과 관련하여 집회를 하던 중 협상이 제대로 이루어지지 않아 시위가 과격해지면서 자신들의 택시를 도로에 끌고 나온 뒤 가스통을 도로에 넘어뜨리고 가스를 틀어 놓고 다 죽여 버리겠다면서 자신의 손에 라이터를 들고 위협을 하고 있었다. 이에 경찰서장 丙은 인근의 주민들을 대피시키면서 가스총을 발사하여 데모대를 해산시켰고, 甲 등은 택시를 도로에 둔 채 그대로 도망갔다. 경찰서장 丙은 도로에 방치된 택시를 견인하고자 하였으나 견인차량이 부족하여 인근에 있던 견인업자인 乙에게 도로의 차량을 견인하도록 명령하였다.

(1) 경찰서장 丙이 가스총을 사용하여 데모대를 해산하였는데 가스총 사용의 법적 성질을 논하고, 이때 甲 이 취소소송을 제기한 경우 그 적법성을 논하라(소송의 대상여부와 협의의 소의 이익부분만 논할 것).

(2) 택시기사 甲의 책임의 종류를 논하고, 경찰서장 丙이 견인업자 乙에게 택시를 견인토록 명령한 것에 대한 적법성을 논하라.

참조 조문

도로교통법 제35조

▶ 약 술 형

1. 비례의 원칙에 대한 법적 근거와 내용, 위반의 효과를 약술하시오(25점).
2. 행정지도의 법적 성질과 구제방법에 대하여 약술하시오(25점).

2009년도 경감승진 경찰행정법 문제

▶ 사 례 형

甲은 음주운전을 하다가 적발되어 100일의 운전면허정지처분을 받고 그 기간 중에 다시 운전을 하다가 적발되었다. A 지방경찰청장은 도로교통법 제93조 제1항 제19호와 동법 시행규칙 제91조 [별표 28]에 의하여 면허취소처분을 내렸다. 운전면허정지처분의 불복기간은 이미 경과하였다. 그런데 도로교통법과 동법 시행규칙에 의하면 운전면허정지처분의 고지는 서면으로 하여야 함에도 불구하고 A 지방경찰청장은 구두로 통보하였다(단, 운전면허정지처분에 대한 절차상 하자는 취소사유로 보며, 운전면허취소처분에는 하자가 없는 것으로 본다).

(1) 운전면허 정지처분의 절차상 하자에 대하여 논하시오(15점).

(2) 甲이 운전면허취소처분에 대하여 쟁송절차를 밟고 있는 중에 A 지방경찰청장은 운전면허정지처분에 대하여 서면으로 통보하였다. 운전면허 정지처분에 대한 절차상 하자는 치유될 수 있는가?(15점)

(3) 甲은 운전면허정지처분의 절차상 하자를 이유로 운전면허취소처분에 대한 취소소송을 제기하려고 한다. 이 경우 운전면허정지처분의 절차상 하

자는 운전면허취소처분에 승계가 되는가?(20점)

참조 조문

도로교통법 제93조, 제142조
도로교통법 시행규칙 제91조, 제93조

▶ 약 술 형

1. 행정개입청구권(25점)
2. 행정규칙형식의 법규명령(25점)

2010년도 경감승진 경찰행정법 문제

▶ 사 례 형

甲은 적법한 석유판매업자이다. 甲의 종업원 乙이 10,000리터의 기름이 실린 유조차를 운행하던 중 밤새 내린 눈으로 결빙된 도로를 과속 운행하다가 미끄러져 도로 옆 도랑으로 유조차가 전복되었다. 이로 인하여 유조차에서 유출된 기름이 丙의 농지로 흘러 오염되었다. 한편 丙의 농지 인근에는 식수로 사용되는 지하수가 있을 뿐만 아니라 丙의 농지가 상수도 취수장과 연결되어 있는 관계로 만일 비라도 오는 경우에는 농지에 흘린 기름이 인근 지하수와 취수원으로 흘러 들어가 이를 오염시킬 위험이 매우 높은 상황이다.

(1) 위 사고가 있음에도 甲, 乙, 丙 등이 아직까지 오염 토지에 대하여 아무런 조치를 하지 않는 경우, 관할 행정청은 누구에게 경찰권을 발동하여 오염원을 제거하고 지하수와 취수원을 보호할 수 있는가?(25점)

(2) 농지의 기름제거를 위해서는 신속한 방제작업이 필요한데, 사고발생지역에는 안전하고 신속한 방제작업을 할 수 있는 업체가 없어서 작입이 지연되고 있다. 이때 행정청은 인근지역의 방제전문업체인 丁에게 방제명령을 할 수 있는가?(단, (1)문과 중복된 논점은 생략할 것)(10점)

(3) 위 사건이 있은 후에 甲은 석유판매업을 그만 둘 생각으로 업소를 戊에게 양도하였다. 한편 甲은 양도하기 전에 "석유 및 석유대체연료 사업법"

제29조의 유사석유제품을 판매하다가 공무원에게 적발되어 2번의 영업정지를 받은 바 있고, 사업 재개한 상태에서 다시 유사석유제품을 판매하다 적발되었으나 이에 따른 행정처분을 받지 않은 상태에서 戊에게 양도한 것이다. 관할 행정청은 甲이 양도 이전에 "석유 및 석유대체연료 사업법" 제29조의 유사석유제품을 판매하였다는 사실을 근거로 하여 양수인인 戊에게 6개월 영업정지처분을 발령하였다. 이 처분은 적법한 것인가?(단, 시행규칙의 법적 성질에 대한 논의는 생략할 것) (15점)

참조 조문

석유 및 석유대체연료 사업법 제 7 조, 제 8 조

▶ 약 술 형

1. 자기구속의 법리(25점)
2. 행정행위의 부관에 있어서의 부담(25점)

2011년도 경감승진 경찰행정법 문제

▶ 사 례 형

甲의 아파트 위층에 거주하는 소프라노 성악가 丙은 정기연주회를 앞두고 동료 합창단원 20명을 3개월 동안 매일 집으로 불러 밤낮을 가리지 않고 성악연습을 하고 있고, 그로 인한 소음으로 극심한 스트레스를 받던 甲은 '丙의 성악연습을 제지하여 달라'며 경찰에 신고하였다.

이를 신고받은 관할 경찰서장 乙은 '아파트 안에서의 성악연습은 사주소·사생활에 해당하여 경찰권을 발동할 수 없다'고 말하며 출동하지 않았고, 결국 계속된 성악연습 소음으로 인하여 정신과의사로부터 '신경쇠약'과 '우울증' 진단을 받은 甲은 乙의 출동거부에 대하여 대한민국을 상대로 국가배상을 청구하였다(단, 환경분쟁 관련법은 고려하지 아니함).

(1) 경찰권 발동의 한계를 설명하고, 乙의 출동거부 사유가 타당한지를 판단하라(15점).

(2) 만약 乙의 출동거부 사유가 부적절하다면, 乙이 경찰권을 발동할 수 있는 실정법적 근거는 무엇인가?(15점)

(3) 甲의 국가배상 청구는 인용될 수 있는가?(단, 경찰권 발동의 근거 및 한계는 중복 서술하지 말 것)(20점)

▶ 약 술 형

1. 행정행위의 철회(25점)
2. 신뢰보호의 원칙(25점)

참조 조문

경찰관직무집행법 제 2 조
국가배상법 제 2 조

2012 경감승진 경찰행정법 문제

▶ 사 례 형

甲은 승용차를 운전하여 울산광역시 소재 한 왕복 6차선 도로(이하 '이 사건 도로'라 한다.)를 시속 약 40km 정도의 속도로 진행하던 중 반대방향에서 약 30km 정도의 속도로 진행해 오던 乙 운전의 승용차와 충돌하여 대퇴골 골절상 등을 입었다.

이 사건 도로는 중앙 2개 차로에 황색점선이 그어져 있고 일정 간격으로 가변차로 신호등이 설치되어 있었으며, 각 방향 차량 소통상태에 따라 가변차로 신호등이 작동되어 그 지시에 따라 각 방향으로 2 : 4, 3 : 3, 4 : 2로 차로가 변경되었다.

사고 발생 당시 甲은 진입점부터 사고지점 전까지 각 가변차로 신호등이 모두 3 : 3차로로 운용되고 있어 가변차로의 1차로(진행방향의 오른쪽 3번째 차로)로 진행하고 있었는데, 유독 진행방향의 마지막 가변차로 신호등(이하 '이 사건 신호등'이라 한다)만 오른쪽 2개 차로는 진행신호, 나머지 4개 차로는 진행금지신호가 켜져 있었다. 이때 반대방향에서 진행해 오던 乙은 처음 나타난 가변차로 신호등인 이 사건 신호등에 이르러 그 진행방향으로 4개 차로에 진행신호가 켜져 있음을 확인한 후 가변차로의 1차로(진행방향 오른쪽으로부터 4번째 차로)로 차로를 변경하는 순간 반대방향에서 같은 차로로 진행해 오던 甲 운전의 승용차를 충돌하게 되었던 것이다.

이에 甲은 손해배상소송을 제기하려고 준비 중에 있고, 울산광역시와 울산지방경찰청은 이러한 작동의 원인에 관하여 이 사건 신호등에 흐르는 신호 전류가 적정전압보다 낮은 전압으로 되는 바람에 모순검지기로 제어되지 아니하여 다른 신호가 발생하였을 것으로 추정되고, 이는 현재의 기술수준에 비추어 피할 수 없는 부득이한 상황이므로 예견가능성과 회피가능성이 없었다는 취지로 주장할 예정이나, 이러한 주장을 구체화할 증거는 없는 상태이다.

한편 이 사건 신호등은 울산광역시장이 설치하였고, 그 관리에 관한 권한을 관련법령에 의거 울산지방경찰청장에게 위임한 상태였다.

(1) 위 사안에서 甲이 국가배상법 제 5 조에 기초하여 손해배상청구소송을 제기한다면, 그 인용가능성에 관하여 논하라(25점).

(2) 甲은 울산광역시와 국가 중 누구를 피고로 하여 손해배상을 청구할 수 있는가?(18점)

(3) 이 사안에서 최종적인 배상책임자는 누가 될 것인가?(7점)

※ 참고조문 별첨

▶ 약 술 형

1. 법규명령의 한계와 통제(30점)
2. 판단여지(20점)

참조 조문

도로교통법 제 3 조, 제147조
도로교통법시행령 제86조
지방자치법 제141조
국가배상법 제 2 조, 제 5 조, 제 6 조

2013년 경감승진 경찰행정법 문제

甲은 만17세인 자인데, 자신과 외모가 비슷한 자신의 형의 이름으로 운전면허시험에 응시 합격하여 A지방경찰청장이 발급한 제1종 보통 운전면허를 취득하였다. 이후 甲은 자동차(이 자동차는 甲이 취득한 운전면허의 범위에 따라 운전할 수 있는 종류의 차량이다)를 운전하다가 경찰관에게 적발되었는데, 경찰에서는 甲의 이러한 운전행위가 무면허운전에 해당한다고 판단하여 甲을 도로교통법 위반(무면허운전)으로 기소하였다.

(1) 무효인 행정행위와 취소할 수 있는 행정행위의 구별 기준에 대해 설명하고, 위 사안에서 甲이 운전할 당시 甲에 대한 운전면허가 무효인지 취소사유에 불과한 하자가 있는지에 대하여 판단하라(16점).

(2) 위 사안에서 형사법원이 甲의 운전행위를 무면허운전이라고 판단할 수 있는가?(단, 위 1번 문제와 중복된 논점은 생략할 것)(17점)

(3) A지방경찰청장은 위 사안과 같이 운전면허가 발급된 사실을 발견하자 甲에 대한 운전면허를 취소하는 처분을 하였는데, 취소처분에 필요한 절차를 수행하면서도 다만 처분의 상대방인 甲에게 의견제출의 기회를 부여하지 않았다. 甲은 이에 불복하여 행정소송을 제기하였고, 법원은 A지방경찰청장이 운전면허 취소처분을 하면서 처분의 상대방에게 의견제출의 기회를 부여하지 않은 절차상의 하자가 있다는 이유로 甲에 대한 운전면허 취소처분을 취소하는 판결을 선고하였고, 이 판결은 확정되었다. 취소판결의 기속력과 관련하여, A지방경찰청장이 甲에게 의견제출의 기회를 부여하는 절차를 거치면 다시 甲에 대한 운전면허를 취소할 수 있는지 판단하라(17점).

▶ 약술형

1. 법률유보원칙(30점)
2. 일반처분(20점)

2014년 경감승진 경찰행정법 문제

甲양은 상당 기간 乙과 연인관계에 있었으나 乙이 종종 난폭적인 성향을 보임에 따라 그와 헤어지기로 결정하고 乙에게 이별을 통보하였다. 그러나 乙은 이후에도 6개월여에 걸쳐 甲에게 계속 만나 줄 것을 강요하면서, 그에 불응하는 甲양을 살해할 것이라는 협박을 계속하고 있었다. 이러한 乙의 언동으로 무서움을 느낀 甲양은 경찰서에 여러 번 자신의 신변보호를 요청하였다. 이에 경찰서장 丁은 과장들과 회의를 하였는데 乙의 행위에 대한 수사를 신속히 진행하는 것으로 결정한 후 신변보호에 대해서는 달리 적절한 조치를 취하지 아니하였다.

(1) 위 사안에서 甲양에게 경찰의 신변보호를 요청할 수 있는 청구권이 있는지 검토하시오(16점).

(2) 만약 1번의 청구권이 인정된다면 甲양이 경찰에게 신변보호 조치를 요구한 단계에서 경찰서장 丁이 아무런 조치를 하지 않은 점에 대해 甲양이 제기할 수 있는 항고소송 형태와 그 제기 요건에 대해 설명하시오(21점).
(단, 경찰이 아무런 조치를 하지 않은 것을 거부처분으로는 간주하지 말 것)

(3) 결국 甲양은 乙에게 폭행을 당해 전치 6개월의 상해를 입고 병원치료를 받게 되었다. 이에 아무런 조치를 해주지 않은 경찰관들이 그에 상응하는 징계를 받는지 여부를 알기 위해 징계위원회의 의사결정과정에 제공된 회의자료나 의사결정과정이 기록된 회의록 공개를 요구하려 한다. 이 경우 甲양이 정보를 요구할 수 있는 법적 근거를 제시하고, 甲양이 요구하는 정보가 공개할 수 있는 것인지 논하라(13점).

▶ 약 술 형

1. 행정상 즉시강제(30점)
2. 행정행위 하자의 치유(20점)

참조 조문

경찰법 제 2 조, 제 3 조
경찰관직무집행법 제 1 조, 제 2 조, 제 5 조, 제 6 조
행정소송법 제 2 조, 제 4 조

공공기관의 정보공개에 관한 법률 제 2 조, 제 3 조, 제 9 조, 제10조

2015년 경감승진 경찰행정법 문제

▶ 사 례 형

甲공연기획사는 국내외 유명가수들을 초청하여 부천실내체육관에서 콘서트를 개최하였다. 콘서트 시작 전 이미 관람인원이 시설수용 인원을 과도하게 초과하였고, 무대와 객석 사이에 안전펜스도 제대로 설치되지 않아 압사사고가 발생할 심각한 우려가 있음에도 甲공연기획사는 안전요원의 추가배치 등 적정한 안전조치를 취하지 않은 채 무리하게 콘서트를 강행하려고 하였다. 콘서트 공연장에 대형안전사고가 발생할 위험이 있다는 112신고를 받고 현장에 출동한 관한 경찰서장 乙은 관객들의 안전에 대한 심각한 위험이 존재하고 이러한 위험을 방지할 수 있는 유일한 방법은 甲 공연기획사가 콘서트를 중지하는 것이라고 판단하고 甲 공연기획사에 대하여 경찰하명에 해당하는 콘서트중지명령을 발하였다. 결국 甲 공연기획사는 콘서트중지명령이 적법한지에 대한 판단은 유보하고, 관객들에게 사과하고 콘서트를 중지하였다. 그러나 일부 관객들은 콘서트가 중지된 것에 항의하면서 도로를 점거하고 소동을 피우며 인근 상가의 간판을 떼어 내어 도로에 바리케이드를 치고 시위를 벌이고 있다.

(1) 사안에서 甲 공연기획사는 경찰서장 乙이 콘서트중지명령까지 발한 것은 지나친 처분이라고 주장한다. 이러한 주장이 타당한지 검토하시오(10점).

(2) 사안에서 바리케이드를 제거해야 할 경찰상 책임이 甲 공연기획사, 시위대, 간판 소유권자인 상가주인 중 누구에게 있는지 검토하시오(26점).

(3) 위 2번 사안에서 만약 상가주인의 상태책임을 인정할 수 없고 시위대도 모두 해산한 상태라면 경찰서장 乙이 상가주인에게 경찰권을 발동할 수 있는지 검투하시오(14점).

▶ 약 술 형

1. 이유제시(30점)
2. 기속행위와 재량행위의 구별(20점)

참조 조문

경찰관직무집행법 제1조, 제2조, 제5조
도로교통법 제7조, 제72조

2016년 경감승진 경찰행정법 문제

제1문. 경찰관 실탄발사 흉부 관통 사건

甲은 제1종 대형면허와 제1종 보통면허를 함께 보유한 택시운전기사이자 60대 가장(家長)이다. 2015. 07. 01. 술이 약한 甲은 동료들과의 회식 때문에 어쩔 수 없이 술을 마신 후 자신의 자가용승용차를 운전하여 귀가하던 중 음주운전 단속에 적발되었다. 甲에 대한 음주측정결과 혈중알콜농도가 0.12%로 나와 2015. 09. 01. 관할 지방경찰청장은 도로교통법 제93조 및 도로교통법 시행규칙 〔별표 28〕에 따라 甲의 제1종 보통면허와 제1종 대형면허를 모두 취소하는 처분을 하였다.

甲은 모든 면허가 취소되어 생계가 막막해졌다는 사실에 좌절하여 집에서 만취 상태가 될 때까지 술을 마셨고, 술을 마셔도 분이 풀리지 않자 과도를 주머니에 넣고 자신의 집 근처 A지구대에 찾아갔다. 甲은 근무교대를 준비하던 경찰관들에게 제1종 보통면허 외에 대형면허까지 취소한 것은 위법이라며 항의하고 소리를 지르면서 난동을 피우던 중 흥분한 나머지 주머니에 있던 과도를 꺼냈다.

이에 그 자리에 있던 경찰관 乙은 과도를 보자 순간 당황하여 경고나 공포탄을 사용하지 않은 채 바로 실탄을 발사하여 甲에게 흉부를 관통하는 상해를 입혔다. (총 50점)

(1) 甲은 제1종 보통면허 외에 대형면허까지 취소한 것은 위법이라고 주장하고 있는데, 이러한 甲의 주장은 타당한가? (甲의 제1종 보통면허에 대한 취소는 적법하다고 전제한다. (20점)

(2) 경찰관 乙의 무기 사용은 적법한가? (15점)

(3) 甲은 자신이 입은 상해에 대한 손해배상청구를 할 수 있는가? (15점)

▶ 약 술 형

1. 경찰하명(25점)
2. 제 3 자효(복효적) 행정행위(25점)

참조 조문

경찰관 직무집행법 제10조의4

2017년 경감승진 경찰행정법 문제

제 1 문. 인권침해적 내용의 옥외광고물 철거사건

시장 A는 광고주 甲의 옥외광고물이 추락 등 안전상 급박한 위험은 없지만 「옥외광고물 등의 관리와 옥외광고산업 진흥에 관한 법률」 제 5 조 제 2 항 제 5 호의 규정에 의한 인종차별적 또는 성차별적 내용을 담고 있어 인권침해의 우려가 있다고 판단하여 그 철거를 명하였다. 그러나 甲은 해당 광고물을 자진 철거하지 않았고, 이에 시장 A는 대집행절차에 착수하였다. 한편 시장 A는 「행정대집행법」 제 3 조 제 2 항에 의한 영장에 의한 대집행통지를 함에 있어 대집행을 시키기 위하여 파견하는 집행책임자의 성명을 甲에게 통지하지 않았다. 대집행통지행위에 대한 불가쟁력이 발생한 상황에서 甲은 통지행위의 위법을 사유로 하여 이제 '막' 시작된 대집행실행행위로서의 철거행위의 취소를 구하는 소를 제기하였다. 이와 관련하여 다음 물음에 답하시오. (다만, 위 광고물에 대하여 「행정대집행법」 제 3 조 제 1 항 및 제 2 항에 따른 대집행절차를 밟으면 그 목적을 달성하기가 곤란한 경우가 아님을 전제로 한다)

(1) 甲이 제기한 소송의 소송요건 충족 여부와 관련하여 행정소송법상 '대상적격'과 '협의의 소의 이익'에 대하여 설명하시오. (20점)

(2) 시장 A가 한 통지행위의 위법 여부 및 정도를 검토하고, 만일 위법하다면 甲은 통지행위의 위법을 이유로 철거행위의 위법을 주장할 수 있을지 설명하시오. (20점)

(3) 시장 A는 옥외광고물을 자진 철거하지 아니하는 경우 위의 대집행 외에 직접강제의 방법으로 강제 철거를 할수 있을지 설명하시오. (10점)

▶ 약 술 형

1. 정보공개청구와 불복방법(30점)
2. 행정소송상 가구제(20점)

참조 조문

「옥외광고물 등의 관리와 옥외광고산업 진흥에 관한 법률」 제 5 조, 제10조, 제10조의2

행정대집행법 제 3 조

2018년 경감승진 경찰행정법 문제

[제 1 문]

甲과 乙은 丙 소유의 집에 동거 중이다. 경찰관 A는 '남편(甲)이 칼로 자신(乙)을 위협하고 있다'는 112 신고를 접수하고 출동하여 현관문을 두드렸으나 乙의 비명소리가 들릴 뿐, 아무도 문을 열어주지 않았다. A는 수일 전에도 乙이 甲에게 폭행을 당해 112 신고를 하였던 점을 상기하고, 현관문 잠금장치를 강제로 파손하여 해제한 후 집 안으로 진입하였다. 이에 甲이 A의 멱살을 잡아 밀치고 욕설을 하며 항의하자, A는 甲을 공무집행방해죄로 현행범으로 체포하였다.

이후 검찰에서는 甲을 공무집행방해죄로 형사법원에 기소하였으며, 甲은 '경찰관 A가 집에 강제로 들어온 것은 위법하기 때문에 공무집행방해죄는 성립하지 않는다.'고 주장하고 있다.

※ 전체 논점정리와 결론은 별도로 쓰지 말고, 각 문항별로 답안을 작성할 것

1. 경찰관 A가 현관문 잠금장치를 강제로 파손하여 해제한 후 집 안으로 진입한 행위의 위법 여부를 논하시오. (20점)
2. 형사법원은 경찰관 A가 현관문 잠금장치를 강제로 파손하여 해제한 후 집 안으로 진입한 행위의 위법 여부를 직접 심리하여 공무집행방해죄에 대한 실체판결을 할 수 있는지 검토하시오. (15점)
3. A의 현관문 잠금장치 파손에 대하여 丙이 취할 수 있는 행정법상 권익구

제 수단을 검토하고, 만약 A의 현관문 잠금장치 파손이 적법하다면, 그 중 가장 효과적인 수단과 인용가능성을 논하시오. (15점)

※ 丙은 甲, 乙이 살고 있는 주택의 임대인인 것 이외에는 그들과 아무런 관계가 없음

▶ 약술형

1. 행정행위의 직권취소(25점)
2. 사정판결(25점)

참조 조문

경찰관 직무집행법 제 5 조, 제 6 조, 제 7 조

2019년 경감승진 경찰행정법 문제

甲은 A경찰서 ㅇㅇ지구대 소속 경찰관 乙이 "수상한 사람이 현관문을 두드리고 있다."는 신고를 받고도 출동을 하지 않는 등 직무를 유기하였다는 내용으로 乙을 고소하였다. 이에 관할 지방경찰청은 乙에 대해 수사를 진행하였다. 이후 甲은 관할 지방경찰청이 아무런 조치를 취하지 않는다고 판단하여 관할 지방경찰청장 丙을 상대로 '수사기록사본'의 공개를 청구하였다. 丙은 「공공기관의 정보공개에 관한 법률」 제 9 조 제 1 항 제 6 호의 규정에 의거하여 "사생활의 비밀 또는 자유를 침해할 우려가 있다."는 사유로 정보공개거부처분을 하였고 이에 甲은 丙을 상대로 거부처분취소소송을 제기하였다.

1. 丙이 취소소송 계속 중 甲에 대한 거부처분의 사유를 「공공기관의 정보공개에 관한 법률」 제 9 조 제 1 항 제 5 호 "업무의 공정한 수행에 현저한 지장을 초래한다."는 사유로 변경할 수 있는지에 대하여 논하시오. (15점)
2. 만약 甲이 거부처분취소소송에서 승소하였고 이 판결이 확정된 후 상당한 기간이 지났음에도 불구하고 丙이 아무런 조치를 취하지 않고 있는 경우, 현행 「행정소송법」상 甲의 가장 실효적인 대응 수단을 논하시오. (15점)
3. 만약 甲이 거부처분취소소송에서 승소하였고 이 판결이 확정된 후 관계법

령의 개정을 통해 위 정보공개청구를 거부할 수 있는 명백한 법적근거가 마련되어, 丙이 이에 의거하여 다시 거부처분을 하였다면, 丙이 행한 새로운 거부처분이 적법한지에 대하여 논하시오. (20점)

참고 조문

「공공기관의 정보공개에 관한 법률」

제9조(비공개 대상 정보) ① 공공기관이 보유·관리하는 정보는 공개 대상이 된다. 다만, 다음 각 호의 어느 하나에 해당하는 정보는 공개하지 아니할 수 있다.

1. 다른 법률 또는 법률에서 위임한 명령(국회규칙·대법원규칙·헌법재판소규칙·중앙선거관리위원회규칙·대통령령 및 조례로 한정한다)에 따라 비밀이나 비공개 사항으로 규정된 정보
2. 국가안전보장·국방·통일·외교관계 등에 관한 사항으로서 공개될 경우 국가의 중대한 이익을 현저히 해칠 우려가 있다고 인정되는 정보
3. 공개될 경우 국민의 생명·신체 및 재산의 보호에 현저한 지장을 초래할 우려가 있다고 인정되는 정보
4. 진행 중인 재판에 관련된 정보와 범죄의 예방, 수사, 공소의 제기 및 유지, 형의 집행, 교정(矯正), 보안처분에 관한 사항으로서 공개될 경우 그 직무수행을 현저히 곤란하게 하거나 형사피고인의 공정한 재판을 받을 권리를 침해한다고 인정할 만한 상당한 이유가 있는 정보
5. 감사·감독·검사·시험·규제·입찰계약·기술개발·인사관리에 관한 사항이나 의사결정 과정 또는 내부검토 과정에 있는 사항 등으로서 공개될 경우 업무의 공정한 수행이나 연구·개발에 현저한 지장을 초래한다고 인정할 만한 상당한 이유가 있는 정보. 다만, 의사결정 과정 또는 내부검토 과정을 이유로 비공개할 경우에는 의사결정 과정 및 내부검토 과정이 종료되면 제10조에 따른 청구인에게 이를 통지하여야 한다.
6. 해당 정보에 포함되어 있는 성명·주민등록번호 등 개인에 관한 사항으로서 공개될 경우 사생활의 비밀 또는 자유를 침해할 우려가 있다고 인정되는 정보. 다만, 다음 각 목에 열거한 개인에 관한 정보는 제외한다.
   가. 법령에서 정하는 바에 따라 열람할 수 있는 정보
   나. 공공기관이 공표를 목적으로 작성하거나 취득한 정보로서 사생활의 비밀 또는 자유를
   마. 공개하는 것이 공익을 위하여 필요한 경우로서 법령에 따라 국가 또는 지방자치단체가 업무의 일부를 위탁 또는 위촉한 개인의 성명·직업

7. 법인·단체 또는 개인(이하 "법인 등"이라 한다)의 경영상·영업상 비밀에 관한 사항으로서 공개될 경우 법인 등의 정당한 이익을 현저히 해칠 우려가 있다고 인정되는 정보. 다만, 다음 각 목에 열거한 정보는 제외한다.
   가. 사업활동에 의하여 발생하는 위해(危害)로부터 사람의 생명·신체 또는 건강을 보호하기 위하여 공개할 필요가 있는 정보
   나. 위법·부당한 사업활동으로부터 국민의 재산 또는 생활을 보호하기 위하여 공개할 필요가 있는 정보
8. 공개될 경우 부동산 투기, 매점매석 등으로 특정인에게 이익 또는 불이익을 줄 우려가 있다고 인정되는 정보

② 공공기관은 제 1 항 각 호의 어느 하나에 해당하는 정보가 기간의 경과 등으로 인하여 비공개의 필요성이 없어진 경우에는 그 정보를 공개 대상으로 하여야 한다.

③ 공공기관은 제 1 항 각 호의 범위에서 해당 공공기관의 업무 성격을 고려하여 비공개 대상 정보의 범위에 관한 세부 기준을 수립하고 이를 공개하여야 한다.

※ 전체 논점정리와 결론은 별도로 쓰지 말고, 각 문항별로 답안을 작성할 것

▶ 약 술 형

1. 공법관계와 사법관계의 구별(30점)
2. 행정형벌과 행정질서벌의 비교(20점)

2020년 경감승진 경찰행정법 문제

甲은 오랜만에 고등학교 동창생과 인근 주점에서 술을 마시던 중 자신의 차량 뒤에 주차한 다른 차량의 진로를 열어주기 위하여 음주 상태에서 약 15m 정도 자신의 차량을 운전하였다. 甲이 운전한 도로는 주점사장이 국도로 진입하기 위해 개설한 사설도로였다. 때마침 관한 지구대 경찰관 乙이 순찰 중 이와 같은 상황을 목격하고 甲에게 음주측정을 요구하였으나, 甲은 이를 거부하였다.

다음날 甲은 A시에 위치한 도로를 과속으로 운행하다가 가로수를 충돌하여 쓰러뜨리고 그대로 도주하였다. 이 사고로 도로에 쓰러진 가로수로 인해 주변 도로의 통행이 방해되었다. 한편 乙은 도주한 甲을 발견하기 위해 112 순찰차량으로

인근을 순찰하던 중 사적인 휴대전화 문자메시지를 주고받다가 신호를 위반하여 택시기사 丙이 운전하는 차량을 추돌하였다. 이로 인해 丙은 4주의 치료를 요하는 상해를 입었다.

※ 전체 논점정리와 결론은 별도로 쓰지 말고, 각 문항별로 답안을 작성할 것

1. 관할 지방경찰청장이 음주측정거부를 이유로 甲에 대하여 운전면허취소 처분을 하자, 甲이 "경찰관이 사설도로상에서 음주측정을 할 수 없음에도 불구하고, 음주측정거부를 이유로 운전면허를 취소하는 것은 위법하다."고 주장할 경우, 甲의 주장이 경찰권 행사의 관계라는 관점에서 타당한지 검토하시오. (12점)
2. 관할 경찰서장 B가 교통상 안전에 위험이 있다고 판단하고, 그 위해를 방지하기 위하여 사고가 발생한 도로의 관리청인 A시의 시장에게 도로에 쓰러진 가로수를 제거할 것을 명령할 수 있는지 검토하시오. (15점)
3. 丙이 국가배상을 청구할 경우 인용가능성을 검토하고, 경찰관 乙 개인에게도 손해배상을 청구할 수 있는지 검토하시오. (23점)

참고 조문

도로교통법

제 2 조(정의) 이 법에서 사용하는 용어의 뜻은 다음과 같다.

1. "도로"란 다음 각 목에 해당하는 곳을 말한다.
   라. 그 밖에 현실적으로 불특정 다수의 사람 또는 차마(車馬)가 통행할 수 있도록 공개된 장소로서 안전하고 원활한 교통을 확보할 필요가 있는 장소

26. "운전"이란 도로(제44조·제45조·제54조 제 1 항·제148조·제148조의2 및 제156조 제10호의 경우에는 도로 외의 곳을 포함한다)에서 차마 또는 노면전차를 그 본래의 사용방법에 따라 사용하는 것(조종을 포함한다)을 말한다.

제68조(도로에서의 금지행위 등) ② 누구든지 교통에 방해가 될 만한 물건을 도로에 함부로 내버려두어서는 아니 된다.

14호, 제16호부터 제18호까지, 제20호의 규정에 해당하는 경우에는 운전면허를 취소하여야 한다.

제71조(도로의 위법 인공구조물에 대한 조치) ① 경찰서장은 다음 각 호의 어느

하나에 해당하는 사람에 대하여 위반행위를 시정하도록 하거나 그 위반행위로 인하여 생긴 교통장해를 제거할 것을 명할 수 있다.

2. 제68조 제2항을 위반하여 물건을 도로에 내버려 둔 사람

제93조(운전면허의 취소·정지) ① 지방경찰청장은 운전면허(연습운전면허는 제외한다. 이하 이 조에서 같다)를 받은 사람이 다음 각 호의 어느 하나에 해당하면 행정안전부령으로 정하는 기준에 따라 운전면허(운전자가 받은 모든 범위의 운전면허를 포함한다. 이하 이 조에서 같다)를 취소하거나 1년 이내의 범위에서 운전면허의 효력을 정지시킬 수 있다. 다만, 제2호, 제3호, 제7호부터 제9호까지(정기 적성검사 기간이 지난 경우는 제외한다), 제14호, 제16호부터 제18호까지, 제20호의 규정에 해당하는 경우에는 운전면허를 취소하여야 한다.

1. 제44조 제1항을 위반하여 술에 취한 상태에서 자동차등을 운전한 경우
3. 제44조 제2항 후단을 위반하여 술에 취한 상태에 있다고 인정할 만한 상당한 이유가 있음에도 불구하고 경찰공무원의 측정에 응하지 아니한 경우

경찰관직무집행법

제5조(위험 발생의 방지 등) ① 경찰관은 사람의 생명 또는 신체에 위해를 끼치거나 재산에 중대한 손해를 끼칠 우려가 있는 천재(天災), 사변(事變), 인공구조물의 파손이나 붕괴, 교통사고, 위험물의 폭발, 위험한 동물 등의 출현, 극도의 혼잡, 그 밖의 위험한 사태가 있을 때에는 다음 각 호의 조치를 할 수 있다.

3. 그 장소에 있는 사람, 사물의 관리자, 그 밖의 관계인에게 위해를 방지하기 위하여 필요하다고 인정되는 조치를 하게 하거나 직접 그 조치를 하는 것

자동차손해배상보장법

제3조(자동차손해배상책임) 자기를 위하여 자동차를 운행하는 자는 그 운행으로 다른 사람을 사망하게 하거나 부상하게 한 경우에는 그 손해를 배상할 책임을 진다. 다만, 다음 각 호의 어느 하나에 해당하면 그러하지 아니하다.

1. 승객이 아닌 자가 사망하거나 부상한 경우에 자기와 운전자가 자동차의 운행에 주의를 게을리 하지 아니하였고, 피해자 또는 자기 및 운전자 외의 제3자에게 고의 또는 과실이 있으며, 자동차의 구조상의 결함이나 기능상의 장해가 없었다는 것을 증명한 경우
2. 승객이 고의나 자살행위로 사망하거나 부상한 경우

▶ 약 술 형

1. 절차상 하자있는 행정행위의 효력(30점)
2. 공무수탁사인(배점 20)

2021년 경감승진 경찰행정법 문제

운전을 유일한 생업수단으로 삼아 생활하여 온 甲은 2020. 6. 8. 21:40경 A광역시에 있는 요트장 앞도로에서 술에 취한 상태로 승용차를 운전하다가 A광역시 B경찰서 소속 경찰관에게 적발되어 음주측정을 한 결과 혈중알코올농도가 운전면허 취소처분의 기준치를 초과하는 0.15%로 나타났다. 그런데 B경찰서 담당 경찰관은 전산입력 착오로 甲을 운전면허정지 대상자로 분류하였고, 운전면허정지권자인 B경찰서장은 같은 달 15일 甲에게 정지기간이 100일로 된 '운전면허 정지처분 결정통지서'를 발송하였다. 그 통지서는 같은 달 19일 甲에게 도달하였다.

그런데 2020. 11. 2. 甲의 법규위반에 대한 전산입력 착오를 인지한 관할 지방경찰청장 乙은 적법한 절차를 거쳐 같은 달 6일「도로교통법」제93조 제1항 제1호 및「도로교통법 시행규칙」[별표 28] "운전면허 취소·정지처분 기준"에 의하여 B경찰서장의 처분과는 별도로 같은 법규위반 사실에 대하여 甲의 운전면허를 취소하는 내용의 '운전면허 취소처분 결정통지서'를 발송하였고, 그 통지서는 같은 달 10일 甲에게 도달하였다. 이에 운전면허정지기간이 도과하여 다시 운전으로 생업을 이어가던 甲은 운전면허 취소처분이 위법하다고 주장하고 있다.

※ 전체 논점정리와 결론은 별도로 쓰지 말고, 각 문항별로 답안을 작성할 것

1. 甲이 운전면허 취소처분에 대한 취소소송을 제기하였다면, 본안판결 이전에 잠정적인 권리구제를 도모할 수 있는 행정소송 수단에 관하여 검토하시오.(단, 취소소송의 적법요건은 충족하였다고 가정한다) (15점)
2. 관할 지방경찰청장 乙의 甲에 대한 운전면허 취소처분이 위법한지 검토하시오.(단, 비례의 원칙에 대한 논의는 생략할 것) (20점)
3. 甲이 운전면허 취소처분으로 인한 재산적·정신적 손해에 대해「국가배상법」에 따른 손해배상청구소송을 제기하였다면, 법원은 운전면허 취소처분

의 위법성을 심사할 수 있는지 검토하시오. (15점)

▶ 약술형

1. 경찰허가의 법적 성질과 효과(25점)
2. 사인의 공법행위로서의 신고(25점)

2022년 경감승진 경찰행정법 문제

[문제 Ⅰ]

甲은 평소 집에서 심한 고성과 욕설, 시끄러운 음악 소리 등으로 이웃 주민들로부터 수회에 걸쳐 112 신고가 있어 왔던 사람이다.

한편, 이웃주민인 乙은 甲의 이러한 행위로 잠을 이루지 못해 불면증에 시달려 정신과에서 신경쇠약과 우울증 진단을 받아 치료를 받고 있다. 그러던 어느 날 자정 무렵 甲의 집에서 심한 고성과 시끄러운 음악소리가 들리자 乙은 "옆집의 심한 고성과 음악 소리 때문에 고통스럽다. 제발 도와 달라"고 호소하며 112 신고를 하였다.

신고를 받고 출동한 경찰관 丙, 丁은 甲의 집에서 시끄러운 음악 소리와 함께 알 수 없는 고함소리가 나서 이러한 소란행위를 막고 乙을 포함한 인근주민들의 피해를 예방하기 위해 甲을 만나려 하였다. 그러나 甲은 문을 열어주지 않고 소란행위를 멈추지 않았을 뿐만 아니라 오히려 욕설을 하였다. 이에 丙, 丁은 일단 甲을 집 밖으로 나오도록 유도하는 것이 긴급히 필요하다 판단하고 甲의 집으로 통하는 전기를 일시적으로 차단하기 위해 전기차단기를 내렸다.

※ 전체 논점정리와 결론은 별도로 쓰지 말고, 각 문항별로 답안을 작성할 것

1. 乙은 甲의 소란행위를 제지하여 줄 것을 요청할 수 있는 권리가 있는지 검토하시오. (15점)
2. 경찰관 丙, 丁의 전기차단행위가 적법한 직무집행에 해당하는지 검토하시오. (20점)
3. 甲은 "경찰관 丙, 丁의 전기차단행위가 처분에 해당하고, 권리보호의 필요

가 있다"고 주장하며 취소소송을 제기하려고 한다. 甲의 이러한 주장이 타당한지 검토하시오. (15점)

[문제 Ⅱ] 다음을 약술하시오.

1. 법규명령형식의 행정규칙(30점)
2. 행정의 자동화 결정(20점)

참고 조문

경범죄 처벌법

제3조(경범죄의 종류) ① 다음 각 호의 어느 하나에 해당하는 사람은 10만원 이하의 벌금, 구류 또는 과료(科料)의 형으로 처벌한다.

21. (인근소란 등) 악기·라디오·텔레비전·전축·종·확성기·전동기(電動機) 등의 소리를 지나치게 크게 내거나 큰소리로 떠들거나 노래를 불러 이웃을 시끄럽게 한 사람

2023년 경감승진 경찰행정법 문제

[문제 Ⅰ]

(1) A경찰서 소속 경찰공무원 甲은 업무수행 중 근무지를 이탈하고 금품을 수수하는 등의 직무의무 위반행위를 하였다.

(2) 이에 A경찰서장은 관할 징계위원회에 甲에 대한 징계 의결을 요구하면서, 그 사실을 甲에게문서로 통지하였다. 관할 징계위원회는 甲의 행위에 대하여 정직 3월의 징계를 의결하였고,

그에 따라 甲은 2022. 11. 11. 동일한 내용의 징계처분을 받았다.

(3) 한편, 甲은 정직 3월의 징계처분에 불복하는 소청을 제기하였고, 소청심사위원회는 2022. 12. 28. 甲에 대한 징계처분을 감봉 3월로 변경하였다. 甲은 2022. 12. 29. 소청심사위원회의 변경재결서를 송달받았다.

※ 전체 논점정리와 결론은 별도로 쓰지 말고, 각 문항별로 답안을 작성할 것

1. 사실관계 (1)에서, 甲의 행위가 국가공무원법 상 징계 사유에 해당한다고

판단됨에도 불구하고 A경찰서장이 관할 징계위원회에 징계 의결을 요구하지 아니한 경우, 그 위법성 여부에 대하여 검토하시오. (단, 판단여지는 논외로 함) (20점)

2. 사실관계 (2)에서, 甲이 자신의 징계처분을 대상으로 취소소송을 제기하려고 할 때, 반드시

소청심사절차를 거쳐야 하는지 검토하시오. (10점)

3. 사실관계 (3)에서, 甲이 소청심사위원회의 결정에 불복하여 취소소송을 제기하고자 할 경우, 그 소송의 대상과 제소기간을 검토하시오. (20점)

[문제 Ⅱ] 다음을 약술하시오.

1. 경찰책임의 원칙 (30점)
2. 국가배상법상 이중배상금지 (20점)

참고 조문

국가공무원법

제78조(징계 사유) ① 공무원이 다음 각 호의 어느 하나에 해당하면 징계 의결을 요구하여야 하고 그 징계 의결의 결과에 따라 징계처분을 하여야 한다.

1. 이 법 및 이 법에 따른 명령을 위반한 경우
2. 직무상의 의무(다른 법령에서 공무원의 신분으로 인하여 부과된 의무를 포함한다)를 위반하거나 직무를 태만히 한 때
3. 직무의 내외를 불문하고 그 체면 또는 위신을 손상하는 행위를 한 때

경찰공무원 징계령

제 9 조(징계등 의결의 요구) ① 경찰기관의 장은 소속 경찰공무원이 다음 각 호의 어느 하나에 해당할 때에는 지체 없이 관할 징계위원회를 구성하여 징계등 의결을 요구하여야 한다. 이 경우 별지 제 1 호서식의 경찰공무원 징계 의결 또는 징계부가금 부과 의결 요구서와 별지 제 1 호의 2서식의 확인서(이하 이 조에서 "징계의결서등"이라 한다)를 관할 징계위원회에 제출하여야 한다.

1. 「국가공무원법」 제78조 제 1 항 제 1 호부터 제 3 호까지의 어느 하나에 해당하는 사유(이하 "징계 사유"라 한다)가 있다고 인정할 때
2. 제 2 항에 다른 징계 등 의결 요구 신청을 받았을 때

국가공무원법

제16조(행정소송과의 관계) ① 제75조에 따른 처분, 그 밖에 본인의 의사에 반한 불리한 처분이나 부작위(不作爲)에 관한 행정소송은 소청심사위원회의 심사·결정을 거치지 아니하면 제기할 수 없다.

행정소송법

제18조(행정심판과의 관계) ① 취소소송은 법령의 규정에 의하여 당해 처분에 대한 행정심판을 제기할 수 있는 경우에도 이를 거치지 아니하고 제기할 수 있다. 다만, 다른 법률에 당해 처분에 대한 행정심판의 재결을 거치지 아니하면 취소소송을 제기할 수 없다는 규정이 있는 때에는 그러하지 아니하다.

② 제 1 항 단서의 경우에도 다음 각호의 1에 해당하는 사유가 있는 때에는 행정심판의 재결을 거치지 아니하고 취소소송을 제기할 수 있다.

1. 행정심판청구가 있은 날로부터 60일이 지나도 재결이 없는 때
2. 처분의 집행 또는 절차의 속행으로 생길 중대한 손해를 예방하여야 할 긴급한 필요가 있는 때
3. 법령의 규정에 의한 행정심판기관이 의결 또는 재결을 하지 못할 사유가 있는 때
4. 그 밖의 정당한 사유가 있는 때

③ 제 1 항 단서의 경우에 다음 각호의 1에 해당하는 사유가 있는 때에는 행정심판을 제기함이 없이 취소소송을 제기할 수 있다.

1. 동종사건에 관하여 이미 행정심판의 기각재결이 있은 때
2. 서로 내용상 관련되는 처분 또는 같은 목적을 위하여 단계적으로 진행되는 처분 중 어느 하나가 이미 행정심판의 재결을 거친 때
3. 행정청이 사실심의 변론종결 후 소송의 대상인 처분을 변경하여 당해 변경된 처분에 관하여 소를 제기하는 때
4. 처분을 행한 행정청이 행정심판을 거칠 필요가 없다고 잘못 알린 때

제19조(취소소송의 대상) 취소소송은 처분 등을 대상으로 한다. 다만, 재결취소소송의 경우에는 재결 자체에 고유한 위법이 있음을 이유로 하는 경우에 한한다.

2025년 경감승진 경찰행정법 문제

[문제 Ⅰ]

A광역시경찰청장은 관내 자전거도로의 안전표지가 태풍으로 손상되어 그 표지의 내용이 잘못되었고 그로 인해 사고 발생의 위험이 있음을 확인하였다. 하지만 예산이 부족하여 약 1주일 뒤에 교체하기로 하였다. 그러던 중 위 자전거도로에서 전동킥보드를 타던 甲은 안전표지의 잘못된 내용으로 인하여 전치 3주의 상해를 입게 되었다. 해당 안전표지는 A광역시경찰청장이 A광역시장으로부터 위임받아 설치·관리하는 상태였다.

며칠 후 甲은 술을 마시고 혈중알코올농도 0.05%의 상태로 B아파트 단지 내 통행로에서 전동킥보드를 타던 중 적발되어 100일간의 운전면허정지처분을 받았다. 甲에게 음주운전의 전력은 없고, 甲이 탄 전동킥보드는 「도로교통법」상 '개인형 이동장치'에 해당한다. 한편 B아파트 단지는 누구나 자유롭게 드나들 수 있고 외부인의 차량 통행이 제한되지 않았다.

※ <참고 조문>을 바탕으로 하여 답안을 작성할 것

※ 전체 논점정리와 결론은 별도로 쓰지 말고, 각 문항별로 답안을 작성할 것

1. 甲은 위 안전표지로 인한 상해에 대해 「국가배상법」 제 5 조에 따라 손해배상을 청구할 수 있는지 그리고 누구에게 손해배상청구를 할 수 있는지 검토하시오. (도로의 하자를 이유로 한 손해배상과 「국가배상법」 제 2 조에 관한 논의는 제외할 것) (28점)
2. 甲이 술을 마신 상태로 아파트 단지 내에서 전동킥보드를 탄 행위가 「도로교통법」 제93조 제 1 항 제 1 호에 해당하는지 검토하시오. (15점)
3. 만약 위 운전면허정지처분을 A광역시경찰청장이 하였다면, 그 처분이 적절한지 검토하시오. (7점)

[문제 Ⅱ] 다음을 약술하시오.

1. 청문 (20점)
2. 취소소송의 원고적격 (30점)

참고 조문

※ 사례를 해결하는데 필요하거나 참조할 조항을 발췌하여 제시함.
※ "…" 또는 "생략"이라고 표시된 곳은 법령 내용 중 해당 부분이 생략되었음을 의미함.

「도로교통법」

제 2 조(정의) 이 법에서 사용하는 용어의 뜻은 다음과 같다.

1. "도로"란 다음 각 목에 해당하는 곳을 말한다.
   라. 그 밖에 현실적으로 불특정 다수의 사람 또는 차마(車馬)가 통행할 수 있도록 공개된 장소로서 안전하고 원활한 교통을 확보할 필요가 있는 장소
8. "자전거도로"란 안전표지, 위험방지용 울타리나 그와 비슷한 인공구조물로 경계를 표시하여 자전거 및 개인형 이동장치가 통행할 수 있도록 설치된 「자전거 이용 활성화에 관한 법률」 제 3 조 각 호의 도로를 말한다.
17. "차마"란 다음 각 목의 차와 우마를 말한다.
   가. "차"란 다음의 어느 하나에 해당하는 것을 말한다.
      1) 자동차
      2) 건설기계
      3) 원동기장치자전거
      4) 자전거
18. "자동차"란 철길이나 가설된 선을 이용하지 아니하고 원동기를 사용하여 운전되는 차(견인되는 자동차도 자동차의 일부로 본다)로서 다음 각 목의 차를 말한다.
   가. 「자동차관리법」 제 3 조에 따른 다음의 자동차. 다만, 원동기장치자전거는 제외한다.
19. "원동기장치자전거"란 다음 각 목의 어느 하나에 해당하는 차를 말한다.

19의2. "개인형 이동장치"란 제19호 나목의 원동기장치자전거 중 시속 25킬로미터 이상으로 운행할 경우 전동기가 작동하지 아니하고 차체 중량이 30킬로그램 미만인 것으로서 행정안전부령으로 정하는 것을 말한다.

21. "자동차등"이란 자동차와 원동기장치자전거를 말한다.

21의2. "자전거등"이란 자전거와 개인형 이동장치를 말한다.

26. "운전"이란 도로(제27조 제 6 항 제 3 호 · 제44조 · 제45조 · 제54조 제 1 항 · 제148조 · 제148조의2 및 제156조 제10호의 경우에는 도로 외의 곳을 포함한다)에서 차마 또는 노면전차를 그 본래의 사용방법에 따라 사용하는 것(조종 또는 자율주행시스템을 사용하는 것을 포함한다)을 말한다.

제 3 조(신호기 등의 설치 및 관리) ① … 광역시장 … (… 이하 "시장등"이라 한다)는 도로에서의 위험을 방지하고 교통의 안전과 원활한 소통을 확보하기 위하여 필요하다고 인정하는 경우에는 신호기 및 안전표지(이하 "교통안전시설"이라 한다)를 설치·관리하여야 한다. (단서 생략)

제44조(술에 취한 상태에서의 운전 금지) ① 누구든지 술에 취한 상태에서 자동차등 … 를 운전하여서는 아니 된다.

④ 제 1 항에 따라 운전이 금지되는 술에 취한 상태의 기준은 운전자의 혈중알코올농도가 0.03퍼센트 이상인 경우로 한다.

제80조(운전면허) ① 자동차등을 운전하려는 사람은 시·도경찰청장으로부터 운전면허를 받아야 한다. 다만, 제 2 조 제19호 나목의 원동기를 단 차 중「교통약자의 이동편의 증진법」제 2 조 제 1 호에 따른 교통약자가 최고속도 시속 20킬로미터 이하로만 운행될 수 있는 차를 운전하는 경우에는 그러하지 아니하다.

제93조(운전면허의 취소·정지) ① 시·도경찰청장은 운전면허(조건부 운전면허는 포함하고, 연습운전면허는 제외한다. 이하 이 조에서 같다)를 받은 사람이 다음 각 호의 어느 하나에 해당하면 행정안전부령으로 정하는 기준에 따라 운전면허(운전자가 받은 모든 범위의 운전면허를 포함한다. 이하 이 조에서 같다)를 취소하거나 1년 이내의 범위에서 운전면허의 효력을 정지시킬 수 있다. 다만, 제2호, 제 3 호, 제3호의2, 제7호, 제 8 호, 제8호의2, 제 9 호(정기 적성검사 기간이 지난 경우는 제외한다), 제14호, 제16호, 제17호, 제20호부터 제23호까지의 규정에 해당하는 경우에는 운전면허를 취소하여야 하고(제8호의2에 해당하는 경우 취소하여야 하는 운전면허의 범위는 운전자가 거짓이나 그 밖의 부정한 수단으로 받은 그 운전면허로 한정한다), 제18호의 규정에 해당하는 경우에는 정당한 사유가 없으면 관계 행정기관의 장의 요청에 따라 운전면허를 취소하거나 1년 이내의 범위에서 정지하여야 한다.

1. 제44조 제 1 항을 위반하여 술에 취한 상태에서 자동차등을 운전한 경우

제147조(위임 및 위탁 등) ① 시장등은 이 법에 따른 권한 또는 사무의 일부를 대통령령으로 정하는 바에 따라 시·도경찰청장이나 경찰서장에게 위임 또는 위탁할 수 있다.

③ 시·도경찰청장은 이 법에 따른 권한 또는 사무의 일부를 대통령령으로 정하는 바에 따라 관할 경찰서장에게 위임하거나 교통 관련 전문교육기관 또는 전문연구기관 등에 위탁할 수 있다.

「도로교통법 시행령」

제86조(위임 및 위탁) ① 법 제147조 제 1 항에 따라 … 광역시장은 다음 각 호의

권한을 시·도경찰청장에게 위임 … 한다. (단서 생략)

1. 법 제 3 조 제 1 항에 따른 교통안전시설의 설치·관리에 관한 권한

③ 시·도경찰청장은 법 제147조 제 3 항에 따라 다음 각 호의 권한을 관할 경찰서장에게 위임한다.

3. 법 제93조에 따른 운전면허효력 정지처분

공저자약력

박균성

서울대학교 법과대학 졸업, 서울대학교 법과대학 법학석사
프랑스 액스-마르세이유대학 법학박사
프랑스 액스-마르세이유대학 초청교수(Professeur invité)
단국대학교 법학대학 교수, 서울대학교·사법연수원 강사
한국공법학회 학술장려상 수상(1996. 6), 2018년 법의 날 황조근정훈장 수훈
세계인명사전 마르퀴즈 후즈후 등재(2007. 11)
한국법학교수회 회장, 사법행정자문회의 위원, 법제처 자체평가위원장
국무총리 행정심판위원회 위원, 중앙행정심판위원회 위원
법원행정처 행정소송법개정위원회 위원, 헌법재판소법 개정위원회 자문위원
한국법제연구원 자문위원, 법제처 행정심판법개정심의위원회 위원
법제처 법령해석심의위원회 위원, 감사원 정책자문위원, 중앙토지수용위원회 위원
민주화운동관련자 명예회복 및 보상심의위원회 위원(대법원장 추천)
사학분쟁조정위원회 위원(대법원장 추천), 법무부 정책위원회 위원
한국공법학회 회장, 한국인터넷법학회 회장, 한국행정판례연구회 연구이사
한국토지보상법연구회 회장, 한국토지공법학회 부회장, 입법이론실무학회 회장
사법시험, 행정고시, 입법고시, 변호사시험, 승진시험, 외무고시, 변리사, 기술고시, 감정평가사, 관세사, 세무사, 서울시·경기도 등 공무원시험 등 시험위원
현, 경희대학교 법학전문대학원 고황명예교수
한국공법학회 고문, 한국행정법학회 법정이사
국가행정법제위원회 민간위원장

[주요저서]
행정법강의(제23판), 박영사, 2026
행정법 기본강의(제18판), 박영사, 2026
행정법론(상)(제25판), 박영사, 2026
행정법론(하)(제24판), 박영사, 2026
정책, 규제와 입법(제 2 판), 박영사, 2025
박균성 교수의 경세치국론, 박영북스, 2012
행정법연습(제 5 판), 삼조사, 2015
행정법입문(제12판), 박영사, 2025
환경법(제11판, 공저), 박영사, 2023
경찰행정법(제 8 판, 공저), 박영사, 2026
경찰행정법입문(제 9 판, 공저), 박영사, 2025

김재광

경희대학교 및 동 대학원 졸업(법학박사 — 행정법전공)
서울대학교 행정대학원 정보통신방송정책과정 수료
서울대학교 법학연구소 객원연구원 역임
경희대학교 법과대학·법과대학원/숙명여대 법과대학 강사 역임
국무총리 소속 한국법제연구원 연구위원 역임
행정고시, 경찰공무원시험 등 국가시험 위원 역임
경찰청 새경찰추진자문위원회 위원 역임
경찰의 날 기념 행정자치부장관 감사장 수상(2006)
경찰의 날 기념 경찰청장 감사장 수상(2003, 2005, 2008, 2023)
경찰청장 감사패 수상(2016), 경찰청장 감사장 수상(2017)
교육과학기술부장관 표창장 수상(2012), 법제처장 표창장 수상(2019)
경찰청 성과평가위원회 위원, 행정안전부 자문위원(전자정부, 개인정보보호, 자치행정), 법무부 범죄피해자보호위원회 위원, 국민권익위원회 규제개선위원회 위원, 식품의약품안전처 식품위생심의위원회 위원, 국무총리 소속 포항지진진상조사위원회 자문위원, 법제처 행정법제 혁신 자문위원회 위원, 충남경찰청 경찰개혁자문위원장, 충청남도행정심판위원회 위원, 한국법제연구원 연구자문위원, 한국법학교수회 부회장(사무총장 역임), 국민권익위원회 소속 중앙행정심판위원회 비상임위원, 국민권익위원회 공공재정환수법 해석자문위원, 서울시 시민감사옴부즈만위원회 법률자문단 자문위원, 국립경찰대학 발전자문협의회 위원, 경찰수사연수원 발전자문위원회 위원, 충청남도교육청행정심판위원회 위원, 충남도의회 윤리심사자문위원회 위원, 충남도의회 정책위원회 위원, 충남도의회 입법평가위원회 위원, 아산시 지방세심의위원회 위원, 아산문화재단 인사위원회 위원, 아산소방서·천안동남소방서·천안서북소방서·예산소방서 징계심의위원회 위원, 우정인재개발원 정보공개심의위원회 위원, 한국학술단체총연합회 이사, 국토교통부 소속 중앙토지수용위원회 비상임위원, 대한행정사회 고문, 대전일보 칼럼니스트 역임
한국공법학회 회장(제43대. 1956년 창립), 한국사이버안보법정책학회 회장, 입법이론실무학회 회장, 한국행정법학회

부회장, 한국토지공법학회 부회장, 한국지방자치법학회 부회장, 한국토지보상법연구회 부회장 역임
선문대학교 인문사회대학 학장·이니티움교양대학 학장·자유전공대학 학장·성화학숙 관장 역임
현재 선문대학교 경찰행정법학과 교수·인권센터장·교무처장
한국토지보상법연구회 회장, 한국공법학회 고문, 한국사이버안보법정책학회 고문, 입법이론실무학회 고문

[주요저서]

경찰법가론, 한국법제연구원, 2007
경찰관직무집행법, 학림, 2012
관광법규론(제 2 판, 공저), 학림, 2013
정보법판례백선(Ⅱ)(공저), 박영사, 2016
민간경비업법(공저), 박영사, 2019
행정법담론(중판), 박영사, 2019
경찰행정법(제 8 판, 공저), 박영사, 2026
사례중심 경찰관직무집행법(공저), 박영사, 2025
도로교통법 전문개정방안연구, 2002
민간경비 관련법제의 개선방안 연구, 2004
경범죄처벌법 전문개정방안연구, 2006
교통안전법·제도 개선방안 연구, 2009
전자정부법, 한국법제연구원, 2010
사회갈등시설법론(제 3 판), 한국학술정보, 2013
국책사업갈등관리법론, 박영사, 2013
광고판례백선(공저), 정독, 2019
법학산책(제 3 판), 박영사, 2023
사이버안보와 법(공저), 박영사, 2021
경찰행정법입문(제 9 판, 공저), 박영사, 2024
경찰관직무집행법의 개선방안 연구, 2003
도로교통법 시행령·시행규칙 전문개정방안연구, 2005
총포·도검·화약류등 단속법 전문개정방안연구, 2007
경범죄처벌법 하위법령 개정방안 연구, 2012 등 다수

제 8 판
경찰행정법

초판발행 2010년 2월 5일
제 8 판발행 2026년 2월 28일

지은이 박균성·김재광
펴낸이 안종만·안상준

편 집 김선민
기획/마케팅 정연환
표지디자인 벤스토리
제 작 고철민·김원표

펴낸곳 (주) 박영사
서울특별시 금천구 가산디지털2로 53, 210호(가산동, 한라시그마밸리)
등록 1959. 3. 11. 제300-1959-1호(倫)
전 화 02)733-6771
f a x 02)736-4818
e-mail pys@pybook.co.kr
homepage www.pybook.co.kr
ISBN 979-11-303-9835-8 93360

정 가 55,000원